U0630071

2019 年国家社科基金重大招标项目
《西夏文佛教文献遗存唐译经的整理与综合研究》的系列成果
成果批准号 19ZDA240

本书系国家古籍整理出版专项经费资助项目

上海师范大学资助出版

英藏黑水城西夏文佛教文献整理考释

〔下册〕

崔红芬　文志勇

编著

社会科学文献出版社
SOCIAL SCIENCES ACADEMIC PRESS (CHINA)

作者简介

崔红芬

河北河间人，1989 年毕业于兰州大学外语系俄语专业，2006 年 6 月毕业于兰州大学敦煌学研究所，获历史学博士学位。2008 年 7 月首都师范大学历史学院博士后出站。现为上海师范大学人文学院教授，博士生导师。主持完成国家社科基金项目 2 项，国家社科基金重大招标子课题 2 项，2018 年获批在研国家社科基金重大冷门绝学项目 1 项，2019 年主持国家社科基金重大招标项目 1 项。主要从事历史文献及西夏佛教研究，发表专业论文百余篇，出版论著 6 部，译著 4 部等。

文志勇

甘肃兰州市人，1989 年毕业兰州大学外语系俄语专业，后转业到高校工作。2011 年陕西师范大学西北民族研究院博士毕业，主要从事历史文献学及民族学等研究。现为上海师范大学人文学院副教授，硕士生导师，先后发表论文、译文 40 余篇，与他人合作翻译出版译著 5 部；参与国家社科基金 4 项，2019 年主持国家社科基金 1 项，2019 年主持国家社科基金重大招标子课题 1 项等。

目　录

西夏文华严类经典

西夏文法华类经典

西夏文宝积类经典

西夏文涅槃类经典

西夏文本缘类经典

西夏文经集类经典

西夏文密教类经典

西夏文大集部类经典

西夏文疑伪类经典

西夏文禅宗类经典

西夏文律论疏等

赞颂、忏法与仪轨

藏传佛教经论赞

发愿文

西夏文华严类经典

一 《大方广佛华严经》

西夏文《大方广佛华严经》的遗存情况非常复杂，有黑水城出土的，也有灵武、敦煌等地出土的，目前有关《大方广佛华严经》的研究成果有：王国维的《元刊本西夏文〈华严经〉残卷跋》一文对上虞罗氏、仁和邵氏并藏西夏字经折本《大方广佛华严经》进行初步考证，认为其是元代刊印之物，非西夏原品，应是管主八负责刊印的。[①]1932年出版的《国立北平图书馆馆刊》第四卷第三号“西夏文专号”之“启事”提及：“民国十八年秋，本馆购入宁夏发见之西夏文佛经百余册，皆属宋元旧椠，蔚然成为大观。”但“启事”并没有记述购入过程、地点等具体情况。罗福苌对西夏文《大方广佛华严经》（卷一）进行夏汉对译释读。[②]周叔迦《馆藏西夏文经典目录》收录有《大方广佛华严经》。[③]罗福成《各家藏西夏文书籍略记》也提到杭县邵氏和上虞罗氏藏西夏文《大方广佛华严经》。[④]王静如《西夏文木活字版佛经与铜牌》对宁夏收藏两包佛经的情况做了介绍，并考证其题款、格式和活字版特征，认为其是灵武出土活字版《大方广佛华严经》。牛达生还对罗雪樵藏卷及灵武出《大方广佛华严经》的版本做了考证研究。[⑤]张思温对其收藏西夏

---

① 王国维：《观堂集林》（外二种），河北教育出版社，2001，第519~520页。

② 《国立北平图书馆馆刊》第四卷第三号“西夏文专号”，京华印书局，1932，第179~184页。

③ 《国立北平图书馆馆刊》第四卷第三号“西夏文专号”，京华印书局，1932，第259~318页。

④ 《国立北平图书馆馆刊》第四卷第三号“西夏文专号”，京华印书局，1932，第361页。

⑤ 牛达生：《元刊木活字西夏文佛经〈大方广佛华严经〉的发现、研究及版本价值》，《第二届中国印刷史学术研讨会论文集》，1996。

文《大方广佛华严经》的来源、版本及装帧情况做了介绍。[①] 白滨则根据当事人留存的著录和研究著作等探讨了这批西夏文佛经文献出土的时间、地点、数量、种类及国内诸家收藏和流失海外的情况等，对已有定论的元刊活字本《大方广佛华严经》的时间问题提出质疑。[②] 日本西田龙雄对日本藏 11 卷本西夏文《大方广佛华严经》的全文进行了释读研究，著有《西夏文华严经》（1~3 册）。[③]

《大方广佛华严经》，简称《华严经》，中国历史上先后多次对其进行翻译，存在不同版本。其一是晋译《华严经》、《六十华严经》或《旧译华严经》，东晋佛驮跋陀罗义熙十四年（418）在扬州开译，南朝宋永初二年（421）译毕，五十卷，慧观等校定重审，开为六十卷，二者同时流行。其二是唐实叉难陀等在证圣元年（695）至圣历二年（699）间译《华严经》（八十卷）。其三是唐般若译本《大方广佛华严经》（四十卷）。般若译四十卷《华严经》最后一品《入不思议解脱境界普贤行愿品》单行本单独流传。在黑水城出土西夏文佛教文献中《华严经》比较丰富，既有《八十华严经》《六十华严经》的内容，也有《四十华严经》和《普贤行愿品》的内容。下面对英藏黑水城唐实叉难陀译《大方广佛华严经》和东晋佛驮跋陀罗译“大方广佛华严经”进行录文和释读。但佛驮跋陀罗译本仅发现一件。

1.Or.12380-1050（K.K.Ⅱ.0297.z）残存 1 页 2 行，字数无法确定，栏线无存，写本，刊布者将其定名为《金刚般若波罗蜜多经论释》。现将西夏文录文并对译如下：

……[illegible][④] [illegible][⑤] [illegible]

……诸佛一切边界无碍解脱有不尽大神通力

① 石宗源主编《张思温文集》，甘肃民族出版社，1999，第 374~376 页。

② 白滨：《宁夏灵武出土西夏文文献探考》，《宁夏社会科学》2006 年第 1 期。

③ 〔日〕西田龙雄：《西夏文华严经》（1~3 册），京都大学文学部，1975~1977。

④ 西夏文“[illegible]”译为“边界”“边际”，表示无穷。

⑤ □中西夏文依国图藏 B11.096[6.04] 西夏文《华严经》卷 46 补录。

[illegible]……

示现诸佛一切边际无清净世界有众生乐依……

Or.12380-1050（K.K.Ⅱ.0297.z）残经翻译如下：

……一切诸佛有无边界碍解脱，示现无尽大神通力，一切诸佛有无边际清净世界，依众生乐……

比对《大正藏》，可以确定残经内容非为《金刚般若波罗蜜多经论释》，而是于阗国三藏实叉难陀译《大方广佛华严经》第四十六卷“佛不思议法品第三十三之一”的相应内容：

> 一切诸佛有无边际无碍解脱，示现无尽大神通力；一切诸佛有无边际清净世界，随众生乐现众佛土。①

2.Or.12380-1122（K.K.Ⅱ.0254.m）残存 1 页 3 行，写本，上栏线单栏，下栏线无存，刊布者将其定名为“佛经”，残经上有编号 1122。现将西夏文录文并对译如下：

[illegible]②[illegible]……	如真诸漏舍离……
[illegible]……	成就于了达菩提……
[illegible]□[illegible]……	如真□乱坏少……

Or.12380-1122（K.K.Ⅱ.0254.m）残经翻译如下：

如真，舍离诸漏……成就于，了达菩提……如真，□乱坏少……

比对《大正藏》，可以确定残经内容为于阗国三藏实叉难陀译《大方广佛华严经》第三十卷“十回向品第二十五之八”的相应内容：

① （唐）实叉难陀译《大方广佛华严经》卷 46，《大正藏》第 10 册，第 279 号，第 242 页中栏 8~10。

② 西夏文“[illegible]”译为“诸漏”，“漏”是“烦恼”的异名。总摄三界诸烦恼为三漏。

真如，舍离诸漏，善根回向亦复如是，令一切众生成就法智，了达于法，圆满菩提，无漏功德。譬如真如，无有少法而能坏乱……[①]

3.Or.12380-1197（K.K.Ⅱ.0236.o）残存 1 页 8 行，写本，栏线无存，上部分残缺，刊布者将其定名为“佛经”，依据西夏文《华严经》补录，现将西夏文录文并对译如下：

[illegible]
念中法界众生一切之心相皆知彼一切处皆佛
[illegible][②][illegible]
现彼等之见令方便以摄受诸佛一切一念中法
[illegible]
界众生一切之心所乐依法说示现皆降伏令诸
[illegible]
佛一切一

Or.12380-1197（K.K.Ⅱ.0236.o）残经翻译如下：

……念中，皆知法界一切众生之心相，彼一切处皆现佛，彼等令见之，以方便摄受，一切诸佛一念中，法界一切众生之依心所乐，示现说法，令皆降伏，一切诸佛一……

比对《大正藏》，初步确定残经为于阗国三藏实叉难陀译《大方广佛华严经》第四十七卷“佛不思议法品第三十三之二”的相应内容：

一切诸佛于一念中，尽知法界一切众生所有心相，于一切处普现佛兴，令其得见，方便摄受。一切诸佛于一念中，普随法界一切

① （唐）实叉难陀译《大方广佛华严经》卷 30，《大正藏》第 10 册，第 279 号，第 164 页上栏 17~20。

② 西夏文“[illegible]”译为“一念”，指极为短促的时刻，也译为“刹那”。

众生心乐欲解，示现说法，令其调伏，一切诸佛于一念中。[1]

4.Or.12380-1736（K.K.）残存 1 页 2 行，写本，栏线无存，残缺严重，刊布者将其定名为“佛经”，现将西夏文录文并对译如下：

……蘢豼豥皣絣隁[2]……	……香云无量佛刹（佛国）……
……蘢荾菞皴豖兙罷豵……	……香与遇者身安乐得……

Or.12380-1736（K.K.）残经翻译如下：

……香云，无量佛刹（佛国）……与遇香者，得身安乐……

5.Or.12380-1737（K.K.）残存 1 页 3 行，写本，栏线无存，残缺严重，刊布者将其定名为“佛经”，现将西夏文录文并对译如下：

……觞蟊豨蘢膔豭[3]皴……	……消灭彼香味闻者……
……[貉]豰蔬……	……烦恼有……
……楯氝豖……	……二万一……

Or.12380-1737（K.K.）残经翻译如下：

……消灭，闻彼香味者……有烦恼……二万一……

Or.12380-1736（K.K.）和 Or.12380-1737（K.K.）残缺严重，比对《大正藏》，初步确定残经内容为佛驮跋陀罗译《大方广佛华严经》第三十二卷“如来相海品第二十九”的相应内容：

香云，普熏无量，佛刹微尘数世界众生，其蒙香者，身心

① （唐）实叉难陀译《大方广佛华严经》卷 47，《大正藏》第 10 册，第 279 号，第 251 页上栏 4~9。

② 西夏文“絣隁”译为“佛刹”“佛土”“佛国”。

③ 西夏文“蘢膔豭”译为“闻香味”。

快乐，譬如比丘入第四禅。若有众生得闻此香，诸罪业障皆悉除灭，于色、声、香、味、触内，有五百烦恼，其外亦有五百烦恼、二万一千欲行烦恼。[①]

6.Or.12380-1996（K.K.）残存 1 页 4 行，每行 13~15 字，上栏线单栏，下栏线无存，写本卷轴装，残经上有编号 1996，刊布者将其定名为《大方广佛华严经》，现将西夏文录文并对译如下：

[illegible][②][illegible][③][illegible][④][illegible]

莲花上住旃檀摩尼以彼（其）身成威德

[illegible]

宝王以彼（其）峰成妙香摩尼以彼（其）轮成焰

[illegible][⑤][illegible][⑥][illegible]

藏金刚以共同已成香水一切彼（其）

[illegible][⑦]

中（间）漂华众宝林成妙花繁盛香草地

Or.12380-1996（K.K.）残经翻译如下：

住……莲花上，旃檀摩尼，以成其身，威德宝王，以成其峰，妙香摩尼，以成其轮，以焰藏金刚已共同成一切香水，其香水间漂华，众宝成林，妙花已开，香草地……

比对《大正藏》，可以确定残经内容为实叉难陀译《大方广佛华严

---

① （东晋）佛驮跋陀罗译《大方广佛华严经》卷 32,《大正藏》第 9 册，第 278 号，第 606 页中栏 4~9。

② 西夏文“[illegible]”译为“坐莲花上”,“[illegible]”译为“莲花”。

③ 西夏文“[illegible]”译为“旃檀”，西夏文依据西田龙雄《西夏文华严经》(第 2 册）补录。

④ 西夏文“[illegible]”译为“旃檀摩尼”。旃檀，为香木名，也称与东，有除疾身安之乐。摩尼，又称末尼，或为珠宝。

⑤ 西夏文“[illegible]”译为“焰藏金刚”。

⑥ 西夏文“[illegible]”两个相同字连用，译为“共同”“俱同”。

⑦ 西夏文“[illegible]”译为“香草地”。汉文本为“香草布地”。

经》第八卷“华藏世界品第五之一”的相应内容：

……住日珠王莲华之上，栴檀摩尼，以为其身，威德宝王，以为其峰，妙香摩尼，而作其轮，焰藏金刚，所共成立，一切香水，流注其间，众宝为林，妙华开敷，香草布地。[①]

7.Or.12380-2023（K.K.Ⅱ.0290.a）残存1页10行，每行14字，写本卷轴装，上下栏线单栏，刊布者将其定名为“佛经”，残经原卷上有编号2023，现将西夏文录文并对译如下：

[illegible][②][illegible]

（解）脱门最中稀有圣者是解脱证得使

[illegible][③][illegible][④][illegible]

何时成夜神答言善男子过去世于

[illegible][⑤][illegible]

世界变尘微数劫已经及劫一有名

[illegible][⑥][illegible]

者垢离光明世界一有名者法界功

[illegible]

德云众生一切之现具业摩尼王海

[illegible]

以体成相莲花如四天下尘微数（等）香

① （唐）实叉难陀译《大方广佛华严经》卷8，《大正藏》第10册，第279号，第39页下栏4~8。

② □中的西夏文依据国图藏B11.120[5.08]西夏文《华严经》卷71补录。

③ 西夏文“[illegible]”译为“夜神”。

④ 西夏文“[illegible]”译为“答言”“答曰”“回答”。

⑤ 西夏文“[illegible]”译为“尘土”“尘埃”，国图藏西夏文《华严经》卷71（B11.120[5.08]）无此字。

⑥ 西夏文“[illegible]”译为“离垢”，指离烦恼之垢染。

[illegible]①[illegible]

摩尼须弥山智中住如来一切之本

[illegible]

愿声起具莲花以庄严须弥山尘微

[illegible]②[illegible]

数（等）香摩尼以装饰须弥山尘埃数（等）四

[illegible]③

天下有一一四天下百千亿那由他

Or.12380-2023（K.K.Ⅱ.0290.a）残经翻译如下：

（解）脱门最为稀有，圣者证得是解脱，使为何时？夜神答言：善男子，于过去世，已经世界变（转）尘微数劫，及一有劫名者，垢离光明世界，一有名者，法界功德云。现一切众生之具业，以摩尼王海为体，相莲如花。住四天下尘微数香摩尼须弥山智中，以莲花具起一切如来之本愿音，以香摩尼装饰庄严须弥山尘微数，有须弥山尘埃数四天下，一一四天下百千亿那由他……

比对《大正藏》，可以确定残经内容为实叉难陀译《大方广佛华严经》第七十一卷之“入法界品第三十九之十二”的相应内容：

> ……此解脱门，如是希有，圣者证得，其已久如。夜神言：“善男子，乃往古世，过世界转微尘数劫，有劫名离垢光明，有世界名法界功德云，以现一切众生业摩尼王海为体，形如莲华，住四天下微尘数香摩尼须弥山网中，以出一切如来本愿音莲华，而为庄严。须弥山微尘数莲华，而为眷属。须弥山微尘数香摩尼，以为间错。有须弥山微尘数四天下，一一四天下有百千亿那由他……”④

---

① 西夏文“[illegible]”译为“须弥山智”，而汉文本为“须弥山网”。

② 西夏文“[illegible]”译为“装饰”“严饰”“校饰”，汉文本为“间错”。

③ 西夏文“[illegible]”译为“那由他”，又作“那庾多”“那术”，诸师定那由他之数不同。

④（唐）实叉难陀译《大方广佛华严经》卷 71，《大正藏》第 10 册，第 279 号，第 389 页上栏 4~13。

8.Or.12380-2025（K.K.Ⅱ.0290.b）残存 1 页 8 行，每行 13~14 字，写本卷轴装，上下栏线单栏，刊布者将其定名为“佛经”，残经原卷上有编号 2025，现将西夏文录文并对译如下：

[illegible][1] [illegible]

名者功德焰海次佛世出名者智日

[illegible][2] [illegible]

普光明次佛世出名者普贤圆满智

[illegible]

次佛世出名者神通智明（光）王次佛世

[illegible]

出名者福德华妙灯次佛世出名者

[illegible]

智师子幢王次佛世出名者日光普

[illegible]

明王次佛世出名者须弥宝庄严相

[illegible]

次佛世出名者日光普明次佛世

[illegible]

出名者法王功德月次佛世出名者

Or.12380-2025（K.K.Ⅱ.0290.b）残经翻译如下：

……名者功德焰海；次出世佛，名者智日普光明；次出世佛，名者普贤圆满智；次出世佛，名者神通智光王；次出世佛，名者福德华妙灯；次出世佛，名者智师子幢王；次出世佛，名者日光普明王；次出世佛，名者须弥宝庄严相；次出世佛，名者日光普明（照）；次出世佛，名者法王功德月；次出世佛，名者……

---

① 西夏文“[illegible]”译为“次出世佛”，汉文本为“次有佛兴”。

② 西夏文“[illegible]”译为“普贤”。

比对《大正藏》，可以确定残经内容为于阗国三藏实叉难陀译《大方广佛华严经》第七十一卷之“入法界品第三十九之十二”的相应内容：

……名功德焰海；次有佛兴，名智日普光明；次有佛兴，名普贤圆满智；次有佛兴，名神通智光王；次有佛兴，名福德华光灯；次有佛兴，名智师子幢王；次有佛兴，名日光普照王；次有佛兴，名须弥宝庄严相；次有佛兴，名日光普照；次有佛兴，名法王功德月；次有佛兴……①

Or.12380-2023（K.K.Ⅱ.0290.a） 和 Or.12380-2025（K.K.Ⅱ.0290.b）残经皆为实叉难陀译《大方广佛华严经》的内容。Or.12380-2023（K.K.Ⅱ.0290.a）在前，Or.12380-2025（K.K.Ⅱ.0290.b）在后，二者不能缀合，中间有佚文。

9.Or.12380-2063（K.K.）残存1页4行，字数无法确定，写本卷轴装，栏线无存，以赞颂形式出现，刊布者将其定名为“佛经”，此残经的相应卷数在国图西夏文藏经中有保存，编号为B11.118[6.23]，然而国图西夏文藏经与英藏残存相同的内容缺失，无法比对。现将西夏文录文并对译如下：

[illegible] [illegible] [illegible]□□
六第最深法　七第法慧音　八第须□□
[illegible] [illegible] [illegible]□□
九第胜光明　十第妙宝光　是又后□□
[illegible]□[illegible] [illegible]②[illegible] [illegible]□□
及十佛□出　一第梵光明　二第虚□□
[illegible] [illegible]□□□ □□□□□

① （唐）实叉难陀译《大方广佛华严经》卷71，《大正藏》第10册，第279号，第388页中栏21~27。

② 西夏文“[illegible]”译为“第一”。“[illegible]”译为“第二”。

三第法界身　四第□□□　　□□□□□

Or.12380-2063（K.K.）残经翻译如下：

第六最深法，第七法慧音；第八须□□，第九胜光明。

第十妙宝光，此以后□□；及十佛□出，第一梵光明。

第二虚□□，第三法界身；第四□□□，□□□□□。

比对《大正藏》，可以确定残经内容为于阗国三藏实叉难陀译《大方广佛华严经》第七十卷之“入法界品第三十九之十一”的相应内容：

> 第六甚深法，第七法慧音；第八须弥幢，第九胜光明。
> 第十妙宝光，从此后次第；复有十佛出，第一梵光明。
> 第二虚空音，第三法界身；第四光明轮，第五智慧幢。①

10.Or.12380-2179RV（K.K.Ⅱ.0265.j）残存左右两页，右面存5行，左面存5行，无栏线，写本，每行字数不等，刊布者将其定名为“佛经”，现将西夏文录文并对译如下：

（右面）

[illegible]②[illegible]③[illegible]④

头（上）出帝（君）青色如身体圆满尼去（拘）陀树

[illegible]⑤[illegible]⑥[illegible]⑦[illegible]

---

① （唐）实叉难陀译《大方广佛华严经》卷70，《大正藏》第10册，第279号，第381页中栏21~27。

② 西夏文“[illegible]”译为“青色”。

③ □表示残缺内容，依据国图藏B11.124[5.12]西夏文《华严经》卷57补录。

④ 西夏文“[illegible]”译为“尼去陀树”，其中“[illegible]”音为“khju”（去），汉文译为“拘”，此处辅音字母“q”与“j”存在差异。

⑤ 西夏文“[illegible]”译为“太子”，“[illegible]”有“大”“太”之意，与汉文意义相同。

⑥ 西夏文“[illegible]”译为“父王”。

⑦ 西夏文“[illegible]”译为“奉诏”“奉旨”。

如尔时太子父王诏依十千婇女与

[illegible][1][illegible]

引导香苗园中往游戏乐行太子

[illegible]

尔时妙宝车上而往彼车种种庄严

[illegible][2][illegible]

皆俱大摩尼狮子座上其已坐五

（中间缺失部分）

[illegible]

百婇女各宝绳以带（引、领）持依往停（住）快不

[illegible][3][illegible][4][illegible]

慢不百千万人诸宝盖受百千万人诸

[illegible][5][illegible]

宝幢受百千万人诸宝幡受百千万

[illegible]

人诸乐伎为百千万人诸香好烧百

[illegible][6][illegible]

千万人诸妙华（花）撒头（首）尾围绕侍奉者

[illegible][7][illegible]

成道同正平下高不有众宝杂花其

---

① 西夏文“[illegible]”译为“引导”“相随”“伴随”。

② 西夏文“[illegible]”译为“师子坐”“狮子座”，佛为人中狮子，佛所坐宝座，故名狮子座。

③ 西夏文“[illegible]”译为“五百婇女各以宝绳引持往停，不快不慢”，汉文为“五百采女各执宝绳牵驭而行，进止有度，不迟不速”。

④ 西夏文“[illegible]”译为“宝盖”，饰以宝玉的天盖，是佛、菩萨、诸佛师高座上所悬之物。

⑤ 西夏文“[illegible]”译为“宝幢”，以宝珠装饰的幢竿。

⑥ 西夏文“[illegible]”译为“侍奉”。

⑦ 西夏文“[illegible]”译为“道同”“同道”。

[illegible]

上遮拨（撒、扯、拉）宝树列行宝网障盖种种楼

[illegible] [1] [illegible]

阁放放不断彼楼阁中或亦珍宝有

[illegible]

积或亦诸庄严具有行（列）或亦种种食

[illegible]

吃准备（供给）或亦种种藏衣宝挂或亦诸

[illegible]

身佑具准备或亦庄严女人住令及

[illegible] [2] [illegible]

无量侍者及领诸人所需依悉皆施

[illegible] [3] [illegible]

给（与）取女人一有名者善现自女一有

[illegible] [4] [illegible]

名所者妙德具足故容颜好色相端

[illegible] [5] [illegible] [6] [illegible]

净细粗增和长短自高足够眼经头（首）

[illegible] [7] [illegible] [8] [illegible]

悉皆紫青声梵音如工巧皆能辨

---

① 西夏文“[illegible]”直译为“楼阁遣送”，结合上下文，为楼阁中珠宝放光的意思，汉文可译为“大放、放光”，汉文本为“种种楼阁延袤其间”，西夏文本和汉文本所反映的意思不同，描述的角度也不同。

② 西夏文“[illegible]”两个字连用，可译为“所需”“所用”。

③ 西夏文“[illegible]”译为“女人”“妇人”，汉文本为“母人”。

④ 西夏文“[illegible]”译为“容颜”，“[illegible]”译为“端好”“端正”，“[illegible]”译为“容颜端好”“容颜美好”。

⑤ 西夏文“[illegible]”译为“粗细增和”，此处描绘女人的身材，应译为“胖瘦合适”。

⑥ 西夏文“[illegible]”译为“长短自高足够”，此处描绘女人的身材，应译为“高矮高度得当”。

⑦ 西夏文“[illegible]”译为“梵音”“梵声”。

⑧ 西夏文“[illegible]”译为“工巧”。

[illegible]①[illegible]

论解（通）达勤有不懈慈愍不害敬常具

[illegible]②

足正直柔安痴离欲

（左面）

[illegible]

少诸伪谄（诈）无妙

[illegible]

宝车上坐婇女围绕母与引导王城

[illegible]

中出太子如（于）前面顷刻所车其太子言

[illegible]

说句（词）应（合）见心爱染生自母之说我是

[illegible]

人之侍奉心欲若我言依不来令故

Or.12380-2179RV（K.K.Ⅱ.0265.j）残经翻译如下：

头（上）……出帝青色，如身体圆满，如尼去（拘）陀树。尔时，太子依受父王诏，与十千婇女相随往香苗园中游戏行乐。此时，太子而往妙宝车上，彼车皆种种庄严，置大摩尼狮子座，坐其上。五百婇女各以宝绳引持往停，不快不慢。百千万人受诸宝盖，百千万人受诸宝幢，百千万人受诸宝幡，百千万人为诸乐伎，百千万人烧诸好香，百千万人撒诸妙华（花），头尾围绕为侍奉者，同道正平，没有下高，

① 西夏文“[illegible]”译为“常敬”，汉文本为“惭愧”。

② 从“[illegible]”到“[illegible]”共18行西夏文为Or.12380-2179RV（K.K.Ⅱ.0265.j）残经所缺，依据国图藏B11.124[5.12]西夏文《华严经》卷57补录。

众宝杂花扯遮其上，宝树列行，宝网盖障，种种楼阁不断放光，彼楼阁中或亦积有珍宝，或亦列有诸庄严具，或亦准备（供给）种种吃食，或亦挂种种藏衣宝，或亦准备诸佑身具，或亦令有端庄（庄严）女人，及无量侍者，及领诸人，随所需悉皆施与，有一女（妇）人，名者善现，各有一女者，名者妙德具足，容颜端好，色相端净，胖瘦合适，高矮高度得当，眼前头发悉皆紫青，声如梵音，工巧皆能，通达辩论，勤有不懈，慈愍不害，具足敬常，正直安柔，离痴少欲，无诸伪谄（诈），坐妙宝车上，婇女围绕，顷刻太子乘车于前面引导，与其母出王城。见太子言语合词，心生爱染，而告自母：我心欲侍奉是人，若依我言，故令不来……

比对《大正藏》，可以确定残经内容为于阗国三藏实叉难陀译《大方广佛华严经》卷七十五之"入法界品第三十九之十六"的相应内容：

……顶上肉髻，皮肤细软如真金色，身毛上靡，发帝青色，其身洪满如尼拘陀树。尔时，太子受父王教，与十千采女，诣香芽园，游观戏乐。太子是时，乘妙宝车，其车具有种种严饰，置大摩尼师子之座，而坐其上，五百采女各执宝绳牵驭而行，进止有度，不迟不速，百千万人持诸宝盖，百千万人持诸宝幢，百千万人持诸宝幡，百千万人作诸妓乐，百千万人烧诸名香，百千万人散诸妙华，前后围绕，而为翊从，道路平正，无有高下，众宝杂华散布其上，宝树行列，宝网弥覆，种种楼阁延袤其间，其楼阁中，或有积聚种种珍宝，或有陈列诸庄严具，或有供设种种饮食，或有悬布种种衣服，或有备拟诸资生物，或复安置端正女人，及以无量僮仆、侍从。随有所须悉皆施与，时有母人名为善现，将一童女名具足妙德，颜容端正，色相严洁，洪纤得所，修短合度，目发绀青，声如梵音，善达工巧，精通辩论，恭勤匪懈，慈愍不害，具足惭愧，柔和质直，离痴寡欲，无诸谄诳，乘妙宝车，采女围绕，及与其母从王城出，先太子行，见其太子言辞讽咏，心生爱染，而白母言：我

心愿得敬事此人，若不遂情，当自殒灭……[1]

11.Or.12380-2982RV（K.K.Ⅱ.0260.f）残存2页5行，写本卷轴装，刊布者将其定名为“佛经”，现将西夏文录文并对译如下：

（右面）

[illegible][2] [illegible][3]
所等辩才与所等语言与所等
[illegible][4] [illegible]
悲与所等思说可不解脱

（左面）

[illegible]
一念三世法皆知　众生一切之根悟
[illegible]
譬如善巧大幻师　念念边无事示现
[illegible]
众生之心种种行　昔世诸业愿力依

Or.12380-2982RV（K.K.Ⅱ.0260.f）残经左右面相连，可缀合。

残经内容为实叉难陀译《大方广佛华严经》第八十卷“入法界品第三十九之二十一”的相应内容：

① （唐）实叉难陀译《大方广佛华严经》卷75，《大正藏》第10册，第279号，第407页上栏15~中栏12。

② 西夏文“[illegible]”译为“与辩才所等”，汉文本为“辩才等”。

③ 西夏文“[illegible]”译为“与语言所等”，汉文本为“言辞等”。

④ 西夏文“[illegible]”译为“不可思议”。

一身充满一切世界，刹等、行等、正觉等、神通等、法轮等、辩才等、言辞等、音声等、力无畏等、佛所住等、大慈悲等、不可思议解脱自在悉皆同等。

一念悉知三世法，亦了一切众生根。

譬如善巧大幻师，念念示现无边事。

随众生心种种行，往昔诸业誓愿力。[①]

12.Or.12380-3094（K.K.II.0270.pp）残存 2 页 5 行，字数无法确定，写本，栏线无存，刊布者将其定名为“残片”，此残经的相应卷数依据西田龙雄《西夏文华严经》补录，然与英藏残存相同的内容正好缺失，无法比对。现将西夏文录文并对译如下：

（右面）

[illegible][②]

悟

[illegible]

热烦无（恼）龙王大悲至（普）盖云以世间一

[illegible]

切之苦离解脱门得尔时比楼博茶

[illegible]

龙王佛威力依诸龙众一切之普观

[illegible]

终即颂言所说

（左面）

① （唐）实叉难陀译《大方广佛华严经》卷 80，《大正藏》第 10 册，第 279 号，第 442 页中栏 21~ 下栏 10。

② 西夏文“[illegible]”（悟）居中，参照国图藏西夏文《华严经》，此字为卷 1~10 的帙号。

[illegible]　[illegible]

众生诸有中逼迫　业烦流转救者无

[illegible]　[illegible]

佛大悲以解脱令　热无大龙是（此）悟能

Or.12380-3094（K.K.Ⅱ.0270.pp）残经翻译如下：

无热烦（恼）龙王，得以大悲普盖云离一切世间之苦解脱门。尔时，比楼博茶龙王依佛威力，普观一切诸龙之众终，即颂言所说。

……

众生逼迫诸有中，业烦流转无救者。

佛以大悲令解脱，无热大龙能悟此。

此残经残缺非常严重。比对《大正藏》，可以确定残经内容为于阗国三藏实叉难陀译《大方广佛华严经》第三卷“世主妙严品第一之三”的相应内容：

> ……无热恼龙王，得以大悲普覆云灭一切世间苦解脱门。尔时，毗楼博叉龙王，承佛威力，普观一切诸龙众已，即说颂言：
>
> ……
>
> 众生逼迫诸有中，业惑漂转无人救。
>
> 佛以大悲令解脱，无热大龙能悟此。①

13.Or.12380-3101（K.K.Ⅱ.0237.c）残存 1 页 3 行，写本，栏线无存，刊布者将其定名为“佛经”，此残经的相应卷数依据西田龙雄《西夏文华严经》（第 2 册）补录，然而与英藏残存相同的内容正好缺失，无法比对。现将西夏文录文并对译如下：

---

①（唐）实叉难陀译《大方广佛华严经》卷 3，《大正藏》第 10 册，第 279 号，第 11 页中栏 17~29。

[illegible][1]
彼于世界一有名者净妙庄严藏佛
[illegible][2] [illegible][3] [illegible]
名最上慧大师子是如高上佛国微
[illegible][4]
尘数世界彼于世界一有名莲华座

Or.12380-3101（K.K.Ⅱ.0237.c）残经翻译如下：

于彼世界有一名者，净妙庄严藏，佛名最上慧大师子。如是高上佛国微尘数世界，于彼世界有一名莲华座。

比对《大正藏》，可以确定残经内容为于阗国三藏实叉难陀译《大方广佛华严经》第九卷“华藏世界品第五之二”的相应内容：

> 此上过佛刹微尘数世界，有世界，名净妙庄严藏，佛号无上慧大师子。此上过佛刹微尘数世界，有世界，名出现莲华座。[5]

14.Or.12380-3101V（K.K.Ⅱ.0237.c）残存 1 页 2 行，写本，栏线无存，刊布者将其定名为“佛经”，残经上有编号 3101。此残经的相应卷数依据西田龙雄《西夏文华严经》（第 2 册）补录，然与英藏残存相同的内容正好缺失，无法比对。现将西夏文录文并对译如下：

[illegible]
于世界一有名者坚固地佛名妙音

① 西夏文“[illegible]”译为“净妙庄严藏佛”。
② 西夏文“[illegible]”译为“无上慧大师子”“最上慧大师子”。
③ 西夏文“[illegible]”译为“高上”“悬险”，汉文本为“上过”。
④ 西夏文“[illegible]”译为“莲花座”。
⑤（唐）实叉难陀译《大方广佛华严经》卷 9，《大正藏》第 10 册，第 279 号，第 45 页下栏 23~24。

[illegible][①][illegible]

最胜天是如高上佛国微尘数世界

Or.12380-3101V（K.K.Ⅱ.0237.c）残经翻译如下：

于世界有一名者坚固地，佛名妙音最胜天。如是高上佛国微尘数世界。

比对《大正藏》，可以确定残经内容为于阗国三藏实叉难陀译《大方广佛华严经》第九卷“华藏世界品第五之二”的相应内容：

> 此上过佛刹微尘数世界，有世界，名坚固地；佛号美音最胜天。此上过佛刹微尘数世界。[②]

Or.12380-3101（K.K.Ⅱ.0237.c） 和 Or.12380-3101V（K.K.Ⅱ.0237.c）出自同一部残经，Or.12380-3101（K.K.Ⅱ.0237.c）的内容在前，Or.12380-3101V（K.K.Ⅱ.0237.c）的内容在后，中间有残缺，不能完全缀合。

15.Or.12380-3446RV（K.K.）上下栏线单栏，写本经折装，存 2 折页，每页 6 行，原经卷上有编号 3446，有长行，有赞文，刊布者定名为“佛经”，残缺内容依据日本西田龙雄《西夏文华严经》（第 1 册）相关内容补录，现将西夏文录文并对译如下：

（右面）

[illegible][③][illegible][④][illegible]

自性无开示解脱门得净觉月天子众生一

[illegible]

① 西夏文“[illegible]”译为“妙音最胜天”。

② （唐）实叉难陀译《大方广佛华严经》卷 9，《大正藏》第 10 册，第 279 号，第 46 页上栏 9~11。

③ 西夏文“[illegible]”译为“净觉月天子”。

④ 西夏文“[illegible]”译为“众生”，与日本藏第二卷所用西夏文“[illegible]”（众生）不同，二处西夏文意思相同。

切广大业功起解脱门得大威德光明天子

[illegible] [1] [illegible] [2]

疑鬼一切皆除解脱门得尔时月天子佛神

[illegible] [3] [illegible] [4]

力依月宫殿一切中诸天众聚而普（至）观颂言

[illegible]

乃说

[illegible]　[illegible]

佛光明放界中至　十方诸刹土照耀

（左面）

[illegible]　[illegible]

思说无广大法宣　众生愚鬼夜常毁

[illegible]　[illegible] [5] [illegible]

境界边无尽次无　无量劫中常开示

[illegible]　[illegible]

种种自在众生教　花髻是如佛之受

[illegible]　[illegible]

众生心海念念异　佛智广博皆知悟

[illegible]　[illegible]

皆之法说心欢令　是妙光明解脱也

[illegible]　[illegible] [6] [illegible]

---

① 西夏文“[illegible]”译为“疑”，“[illegible]”译为“鬼魅”，“[illegible]”译为“疑惑”。

② 西夏文“[illegible]”译为“佛神”“神灵”，依据西田龙雄《西夏文华严经》（第 2 册）补录。

③ 西夏文“[illegible]”译为“月宫殿”“月宫”。

④ 西夏文“[illegible]”译为“观颂言”“观赞言”，依据西田龙雄《西夏文华严经》（第 2 册）补录。

⑤ 西夏文“[illegible]”译为“无量劫”，劫指时节、大时。无量劫指世界成败周期。

⑥ 西夏文“[illegible]”译为“恶道”，乘恶行而往道途，指地狱、畜生等。

众生圣安乐无有　迷恶道沉诸苦受

Or.12380-3446RV（K.K.）残经翻译如下：

得开示……无自性解脱门，净慧月天子广得一切众生起大业功解脱门，大威德光明天子得皆除一切疑鬼解脱门。尔时，月天子依佛神力，普观一切月宫殿中诸天众聚，而颂言乃说：

佛放光明至界中，照耀十方诸刹土；
宣说无思广大法，常毁众生愚惑夜。
境界边无无次尽，无量劫中常开示；
种种自在教众生，花髻如是受之佛。
众生心海念念异，佛智广博皆知悟；
皆之法说令心欢，是妙光明解脱也。
众生无有圣安乐，沉迷恶道受诸苦。

比对《大正藏》，可以确定残经为于阗国三藏实叉难陀译《大方广佛华严经》第二卷“世主妙严品第一之二”的相应内容：

……得开示一切法如幻如虚空无相无自性解脱门，净觉月天子，得普为一切众生起大业用解脱门，大威德光明天子，得普断一切疑惑解脱门。尔时，月天子承佛神力，普观一切月宫殿中诸天众会，而说颂曰：

佛放光明遍世间，照耀十方诸国土；
演不思议广大法，永破众生痴惑暗。
境界无边无有尽，于无量劫常开导；
种种自在化群生，华髻如是观于佛。
众生心海念念殊，佛智宽广悉了知；
普为说法令欢喜，此妙光明之解脱。
众生无有圣安乐，沉迷恶道受诸苦。[①]

① （唐）实叉难陀译《大方广佛华严经》卷 2，《大正藏》第 10 册，第 279 号，第 10 页中栏 3~14。

16.Or.12380-3617（K.K.Ⅱ.0260.f）残存1页18行，写本卷轴装，隐约可见上栏线单栏，下栏线无存，刊布者将其定名为“佛经”，现将西夏文录文并对译如下：

[illegible]……

无转（变）如来……

[illegible]……

如来之供养……

[illegible][1][illegible]……

次依世出……

[illegible][2][illegible]……

界微尘数世界中次依世出诸……

[illegible][3][illegible][4][illegible]……

不乃至说可不说可不转佛国尘……

[illegible]……

供养缘故菩提心一发我又不……

[illegible]……

不乃至说可无说可无转世界严……

[illegible]……

千大千世界微尘数世界严净……

[illegible]……

无说可无转三千大千世界……

[illegible][5][illegible]……

又不一如来之遗法住缘……

---

① 西夏文“[illegible]”译为“依次”“次第”。

② 西夏文“[illegible]”译为“出世”，汉文本为“兴世”。

③ 西夏文“[illegible]”译为“不可说”。

④ 西夏文“[illegible]”译为“不可说转”。

⑤ 西夏文“[illegible]”译为“遗法”“遗教”，指佛去而遗于世的教法。

[illegible]……

无转（变）如来之遗法住持（执）缘故……

[illegible]……

遗法住持缘故菩提心一发……

[illegible]……

如来之遗法住执（持）缘故菩……

[illegible]……

如来之遗法住持缘如……

[illegible]……

微尘数世界中如……

[illegible]……

说一佛之誓愿满……

[illegible]……

一佛之法眼持……

[illegible]……

一众生之心……

Or.12380-3617（K.K.Ⅱ.0260.f）残经翻译如下：

无转（变）如来……如来之供养……依次出世……界微尘数世界中依次出世诸……不……乃至不可说不可说转佛国尘……不缘（为）供养，故我又一发菩提心……乃至无可说无可说转世界，……严……严净千大千世界微尘数世界……无可说可说转三千大千世界……又不缘（为）住执（持）一如来之遗法……缘（为）住持……无可说转如来之遗法，……故……缘（为）住持……遗法，故一发菩提心……缘住执（持）如来之遗法，故菩……缘住持……如来之遗法如……微尘数世界中如……说，满……一佛之誓愿……持一佛之法眼……一众生之心……

比对《大正藏》，可初步确定残经为实叉难陀译《大方广佛华严经》第六十四卷“入法界品第三十九之五”的相应内容：

乃至不为供养不可说不可说转世界中次第兴世诸如来故发菩提心；不为供养一三千大千世界微尘数世界中，次第兴世诸如来，故发菩提心，乃至不为供养，不可说不可说转佛刹微尘数世界中，次第兴世诸如来，故发菩提心。不为严净一世界，故发菩提心，乃至不为严净不可说不可说转世界，故发菩提心。不为严净一三千大千世界微尘数世界，故发菩提心，乃至不为严净不可说不可说转三千大千世界微尘数世界，故发菩提心。不为住持一如来遗法，故发菩提心，乃至不为住持，不可说不可说转如来遗法，故发菩提心。不为住持一世界如来遗法，故发菩提心，乃至不为住持不可说不可说转世界如来遗法，故发菩提心。不为住持一阎浮提微尘数世界如来遗法，故发菩提心，乃至不为住持，不可说不可说转佛刹微尘数世界如来遗法，故发菩提心。如是略说，不为满一佛誓愿故，不为往一佛国土故，不为入一佛众会故，不为持一佛法眼故，不为转一佛法轮故，不为知一世界中诸劫次第故，不为知一众生心海故。[1]

17.Or.12380-3619（K.K.Ⅱ.0262.i）残存1页8行，写本，栏线无存，上半部分残缺，刊布者将其定名为“佛经”，残经上有编号3619。现将西夏文录文并对译如下：

……[illegible][2][illegible]	……行悉皆杂无佛之住所诸
……[illegible]	……事为一切智住无量法说
……[illegible]	……通智慧测说可无世间一
……[illegible]	……一切见最妙广大无量边
……[illegible]	……世界一切悉开悟能世出
……[illegible]	……为不退智成诸佛
……[illegible]	……得及种种语言开

① （唐）实叉难陀译《大方广佛华严经》卷64，《大正藏》第10册，第279号，第344页中栏13~27。

② 西夏文“[illegible]”译为“佛之住所”，汉文本为“住佛所住”。

……[illegible][illegible][illegible]　　　　　　……成就法

Or.12380-3619（K.K.Ⅱ.0262.i）残经翻译如下：

……行悉皆无杂，住佛之所诸……为……事，住一切智，说无量法……通智慧不可思议，一切世间……见一切……最妙广大无量边……一切世界悉能开悟，世出…… 成为不退智，诸佛……得及……开种种语言……成就法……

比对《大正藏》，可初步确定残经为于阗国三藏实叉难陀译《大方广佛华严经》第四十七卷“佛不思议法品第三十三之二”的相应内容：

> 智慧说法平等清净，身、语、意行悉皆无杂，住佛所住，诸佛种性，以佛智慧而作佛事；住一切智，演无量法，无有根本，无有边际，神通智慧不可思议，一切世间无能解了；智慧深入，见一切法微妙广大无量无边，三世法门咸善通达，一切世界悉能开晓；以出世智，于诸世间作不可说种种佛事，成不退智，入诸佛数；虽已证得不可言说离文字法，而能开示种种言辞；以普贤智集诸善行，成就一念相应妙慧。①

18.Or.12380-3673（K.K.Ⅱ.0258.w）残存1页1行9个西夏字，刊布者将其定名为“《华严经》卷二十一题签”，其内容为“[illegible][illegible][illegible][illegible][illegible][illegible][illegible][illegible][illegible]”，即“《大华严经典》第二十一”的封面。

19.Or.12380-3702a（K.K.Ⅱ.0257.k）残存1页，上栏线无存，下栏线单栏，写本，上半部分残缺严重，从照片看为8行，在此录入7行，因残缺严重无法得知每行的字数，刊布者定名为“佛经”，从刊布照片判断，此残经应为卷轴装，残缺部分根据国图西夏文《华严经》（B11.096[6.04]）补录。现将西夏文录文并对译如下：

---

①（唐）实叉难陀译《大方广佛华严经》卷47，《大正藏》第10册，第279号，第250页上栏27~中栏7。

[illegible][1][illegible]

一名种种名无何云也诸法体性说

[illegible]

可无也诸法一切向无处无集说可

[illegible]

无散说可无一说可无多（余）说可无声

[illegible][2][illegible][3][illegible]

音无获言语皆断世俗依种种言语

[illegible][4][illegible][5][illegible][6][illegible]

所有喜爱应无做作应无虚妄想著

[illegible][7][illegible]

一切远离是如最为彼岸于到是者

[illegible][8][illegible]

九第善巧（造）方便也诸佛一切法一切

Or.12380-3702a（K.K.Ⅱ.0257.k）内容翻译如下：

无一名，无种种名，何云也？诸法体性，无（不）可说也。一切诸法无向（方）无处，无（不）可集说。无（不）可散说，无（不）可一说，无（不）可多说，声音无获，言语皆断。依世俗种种言语，无应所有喜爱，无应做作，远离一切虚妄想著，如是最为（究竟）到于彼岸，

---

① 西夏文“[illegible]”译为“体性”，物之实质为体，体之无改为性，故体即性。

② 西夏文“[illegible]”译为“无获”，汉文译为“无逮”，意思相同。

③ 西夏文“[illegible]”译为“世俗”。

④ 西夏文“[illegible]”译为“喜爱”“喜欢”，汉文译作“攀缘”。

⑤ 西夏文“[illegible]”译为“做作”“造作”。

⑥ 西夏文“[illegible]”中“[illegible]”译为“虚”“谀”“妄”“诈”，“[illegible]”译为“虚妄”“虚诳”，佛教术语，无实云虚，反真云妄。

⑦ 西夏文“[illegible]”直译为“最为”，汉文译为“究竟”。

⑧ 西夏文“[illegible]”中“[illegible]”译为“利益”“方”，“[illegible]”译为“搜寻”“寻找”，“[illegible]”译为“方便”。“[illegible]”译为“善造方便”“善巧方便”。方便即用契于一切众生之机之方法。

是者第九善巧方便也。一切诸佛法一切。

比对《大正藏》，确定残经内容为于阗国三藏实叉难陀译《大方广佛华严经》第四十六卷“佛不思议法品第三十三之一”结尾处的内容：

无一名，无种种名，何以故？诸法体性，不可说故。一切诸法，无方无处，不可集说，不可散说，不可一说，不可多说，音声莫逮，言语悉断。虽随世俗种种言说，无所攀缘，无所造作，远离一切虚妄想著，如是究竟到于彼岸。是为第九善巧方便，一切诸佛知一切法本性寂静。[①]

20.Or.12380-3702aV（K.K.Ⅱ.0257.k）残存 1 页，上栏线单栏，下栏线无存，写本，从照片看为 9 行，在此录入 8 行，因残缺严重无法得知每行的字数，刊布者定名为“佛经”，从刊布照片判断，此残经应为卷子装，残缺部分根据国图西夏文《华严经》（B11.096[6.04]）补录。现将西夏文录文并对译如下：

[illegible]

亦无诸数法离诸法一切彼岸于到

[illegible][②][illegible]

众法藏为无量智具种种世间世间

[illegible][③][illegible][④][illegible]

出法了（解）达智慧损无无量自主贤（神）力

[illegible][⑤][illegible]

① （唐）实叉难陀译《大方广佛华严经》卷 46，《大正藏》第 10 册，第 279 号，第 246 页上栏 21~27。

② 西夏文“[illegible]”译为“众法藏”。

③ 西夏文“[illegible]”译为“世间出世间法”。

④ 西夏文“[illegible]”译为“无损”“无碍”。

⑤ 西夏文“[illegible]”译为“众生”，而国图藏西夏文《华严经》用“[illegible]”表示众生。西夏文“众生”有不同的表述，从中也可知，黑水城版本与国图藏西夏文版本非同一版本。

示（变）现法界众生一切之降伏是者五

[illegible]

第善巧方便也诸佛一切法一切见

[illegible]

处（可）无一非异非量非量无非来非往

[illegible][1][illegible]

非皆自性无知及世间诸法与亦不

[illegible]

违一切智者自性无间法一切见法

Or.12380-3702aV（K.K.Ⅱ.0257.k）残经翻译如下：

……亦无，离诸数法，到于诸一切法彼岸，为众法藏，具无量智，了（解）达种种世间、出世间法，智慧无损，示现无量自主神力，降伏一切法界之众生，是者第五善巧方便也。一切诸佛、一切法无可见，非一、非异、非量、非无量、非来、非往，皆无知自性，及亦与世间世法不违。一切智者，无自性间见一切法……

比对《大正藏》，可以确定此残经内容为于阗国三藏实叉难陀译《大方广佛华严经》第四十六卷“佛不思议法品第三十三之一”的相应内容：

> 亦无有住，离诸数法，到于一切诸法彼岸，而为众法藏，具无量智，了达种种世、出世法，智慧无碍，示现无量自在神力，调伏一切法界众生，是为第五善巧方便。一切诸佛知一切法不可见，非一、非异，非量、非无量，非来、非去，皆无自性，亦不违于世间诸法。一切智者，无自性中见一切法。[2]

---

① 西夏文“[illegible]”译为“非来非往”“非来非去”。

② （唐）实叉难陀译《大方广佛华严经》卷46，《大正藏》第10册，第279号，第245页下栏24~246页上栏2。

比对 Or.12380-3702a（K.K.Ⅱ.0257.k）和 Or.12380-3702aV（K.K.Ⅱ.0257.k），可以确定它们出自同部残经，内容属于实叉难陀译《大方广佛华严经》第四十六卷“佛不思议法品第三十三之一”，从残存内容判断，Or.12380-3702aV（K.K.Ⅱ.0257.k）在前，Or.12380-3702a（K.K.Ⅱ.0257.k）在后，为结尾处的内容，二者不能缀合，中间有佚文。

21.Or.12380-3702b（K.K.Ⅱ.0257.k）残存1页，上栏线无存，下栏线单栏，写本，从照片看为9行，在此录入7行，因残缺严重无法得知每行的字数，刊布者定名为“佛经”，从刊布照片判断，此残经应为卷子装，残缺部分根据国图西夏文《华严经》（B11.096[6.04]）补录。现将西夏文录文并对译如下：

……□□□□□[illegible]	……□□□□□一切皆
……□□□□[illegible]	……□□□□净增受法
……□□□□[illegible]	……□□□□众善行令
……□□□[illegible]	……□□□诸佛一切诸
……□□[illegible]	……□□皆舍离染著应
……□[illegible]	……□性无乐若一切悉
……[illegible]□	……净持最终圆满诸□

Or.12380-3702b（K.K.Ⅱ.0257.k）内容翻译如下：

……□□□□□一切皆……□□□□净增受法，……□□□□令行众善，……□□□一切诸佛、诸……□□应皆□所离□……□无性乐，若一切悉……净持应□□圆界诸□……

比对《大正藏》，可初步确定残经为于阗国三藏实叉难陀译《大方广佛华严经》第四十七卷“佛不思议法品第三十三之二”的相应内容：

一切诸佛一切善业，皆已清净，一切生智皆已明洁，而以生法诱导群迷，令其开悟，具行众善，为众生故，示诞王宫，一切诸佛于诸色欲宫殿妓乐皆已舍离，无所贪染，常观诸有空无体性，一切乐具悉不真实，持佛净戒究竟圆满。[1]

22.Or.12380-3702bV（K.K.Ⅱ.0257.k）残存1页，上栏线单栏，下栏线无存，写本，从照片看为9行，在此录入8行，因残缺严重无法得知每行的字数，刊布者定名为“佛经”，从刊布照片判断，此残经应为卷子装，上栏线单栏。现将西夏文录文并对译如下：

[illegible]……	不能十……
[illegible]……	法界皆至……
[illegible]……	增寿现菩萨……
[illegible][2][illegible]……	色相无量威德……
[illegible]……	无量言说无量三……
[illegible]……	部界以人天魔梵沙……
□[illegible]……	□等一切之摄智大……
□□□[illegible]□□□……	□□□一切□□□……

Or.12380-3702bV（K.K.Ⅱ.0257.k）残经翻译如下：

……不能十……法界皆至……现寿增，……菩萨……无量色相，威德……无量言辞，无量三……部界，摄以一切人天魔梵，沙……□等之，大智……□□□一切□□□……

比对《大正藏》，可以确定残经为于阗国三藏实叉难陀译《大方广佛华严经》第四十七卷“佛不思议法品第三十三之二”的相应内容：

> ……何等为十？所谓一切诸佛，于尽虚空遍法界，一切世界，兜率陀天，皆现受生，修菩萨行，作大佛事，无量色相，无量威德，无量光明，无量音声，无量言辞，无量三昧，无量智慧，

---

① （唐）实叉难陀译《大方广佛华严经》卷47，《大正藏》第10册，第279号，第246页下栏16~22。

② 西夏文“[illegible]”译为“无量色相”，“色相”指色身相貌现于外而可见。

所行境界，摄取一切人天魔梵，沙门婆罗门，阿修罗等，大慈无碍……①

比对 Or.12380-3702b（K.K.Ⅱ.0257.k）和 Or.12380-3702bV（K.K.Ⅱ.0257.k），可以确定它们出自同部残经，内容属于实叉难陀译《大方广佛华严经》第四十七卷“佛不思议法品第三十三之二”，从残存内容判断，Or.12380-3702bV（K.K.Ⅱ.0257.k）在前，Or.12380-3702b（K.K.Ⅱ.0257.k）在后，为结尾处的内容，二者不能缀合，中间有佚文。

23.Or.12380-3702c（K.K.Ⅱ.0257.k）残存 1 页 9 行，上栏线无存，下栏线单栏，写本，因残缺严重无法得知每行的字数，刊布者定名为“佛经”，从刊布照片判断，此残经应为卷子装，残缺部分根据国图西夏文《华严经》（B11.097[6.05]）补录。现将西夏文录文并对译如下：

[illegible]

一切中而满皆色相圆满佛身现是

[illegible]

者一者第（次）大者相有有名者佛眼光明

[illegible]

云摩尼王以种种庄严金色光生眉

[illegible]②[illegible]

间毫白相于已出光明与一法（礼）彼光

[illegible]

世界一切中皆照是者二也次大者

[illegible]③[illegible]

相有有名者法界而满云上妙宝轮以

① （唐）实叉难陀译《大方广佛华严经》卷 47，《大正藏》第 10 册，第 279 号，第 246 页中栏 21~26。

② 西夏文“[illegible]”译为“眉间”，“[illegible]”译为“白毫”，“[illegible]”译为“眉间白毫”。

③ 西夏文“[illegible]”译为“妙宝轮”，转生轮四轮之一。

[illegible]

庄严为如来福智灯光明放十方法界

[illegible]

一切诸界海皆照彼中皆诸佛一

[illegible]

切诸菩萨现是者三也次大者相一

残经翻译如下：

……一切中皆满，色相圆满，现佛身。是者一也，次所有大者相，名者佛眼光明云，以摩尼王种种庄严，生金色光，于眉间已出毫白相，光明与一法（礼），彼光普照一切世界中，是者二也。次所有大者相，名者而满法界云，上妙宝轮，以为庄严，放如来福智灯光明，普照十方一切法界，彼诸界海中皆现一切诸佛、诸菩萨，是者三也。次所有大者相……

比对《大正藏》，可以确定残经为于阗国三藏实叉难陀译《大方广佛华严经》第四十八卷“如来十身相海品第三十四”的相应内容：

> ……充满一切无边世界，悉现佛身，色相圆满，是为一。次有大人相，名佛眼光明云，以摩尼王，种种庄严，出金色光，如眉间毫相，所放光明，其光普照一切世界，是为二。次有大人相，名充满法界云，上妙宝轮，以为庄严，放于如来福智灯明，普照十方一切法界，诸世界海，于中普现一切诸佛，及诸菩萨，是为三。次有大人相……[①]

24.Or.12380-3702cV（K.K.Ⅱ.0257.k）残存 1 页，上栏线单栏，下栏线无存，写本，从照片看为 9 行，在此录入 8 行，因残缺严重无法得知每行的字数，刊布者定名为“佛经”，从刊布照片判断，此残经应为

① （唐）实叉难陀译《大方广佛华严经》卷 48，《大正藏》第 10 册，第 279 号，第 251 页下栏 1~5。

卷子装。现将西夏文录文并对译如下：

[illegible]

海大声音海清净力海显现是者八

[illegible]

也次大者相所有名者光明圆满云上

[illegible]

妙琉璃摩尼王种种宝华以庄严为众

[illegible]

宝一切大焰网释十向世界一切中

[illegible]

而满众生一切皆自各前面如来坐

[illegible] [1]

见诸佛及诸菩萨之法身功德赞叹

[illegible] [2] [illegible]

如来之清净境界入令是这九也次

[illegible]

大者相所有名者菩萨一切之行藏

Or.12380-3702cV（K.K.Ⅱ.0257.k）残经翻译如下：

显现……海，大声音海，清净力海，是者八也。次所有大者相，名者光明圆满云，上妙琉璃摩尼王，种种宝华以为庄严，一切众宝大焰网而释满（放）十方，一切世界中一切众生皆各自见如来坐前面，赞叹诸佛及诸菩萨之法身功德，令入如来之清净境界，是这九也。次所有大者相，名者一切菩萨之行藏……

比对《大正藏》，可以确定残经为于阗国三藏实叉难陀译《大方广佛华严经》第四十八卷“如来十身相海品第三十四”的相应内容：

① 西夏文“[illegible]”译为“显”“现”“耀”“叹”“誉”，“[illegible]”译为“赞叹”“赞誉”。

② 西夏文“[illegible]”中“[illegible]”译为“呼告”“境界”，“[illegible]”译为“境界”，指得果报界域。

……于中显现一切诸佛众色相海、大音声海、清净力海，是为八。次有大人相，名圆满光明云，上妙琉璃摩尼王种种宝华以为庄严，一切众宝舒大焰网充满十方，一切世界一切众生悉见如来现坐其前，赞叹诸佛及诸菩萨法身功德，令入如来清净境界，是为九。次有大人相，名普照一切菩萨行藏光明云……[①]

比对 Or.12380-3702c（K.K.Ⅱ.0257.k）和 Or.12380-3702cV（K.K.Ⅱ.0257.k）的内容，可知 Or.12380-3702c（K.K.Ⅱ.0257.k）在前，Or.12380-3702cV（K.K.Ⅱ.0257.k）在后，中间不能完全相接。

比较 Or.12380-3617（K.K.Ⅱ.0260.f）、Or.12380-3702a（K.K.Ⅱ.0257.k）、Or.12380-3702aV（K.K.Ⅱ.0257.k）、Or.12380-3702b（K.K.Ⅱ.0257.k）、Or.12380-3702bV（K.K.Ⅱ.0257.k）、Or.12380-3702c（K.K.Ⅱ.0257.k） 和 Or.12380-3702cV（K. K.Ⅱ.0257.k）残经，可以确定它们为同一版本《华严经》的残存，内容属于第四十六、四十七、四十八、六十四卷。

25.Or.12380-3779.7（K.K.）由多个残页组成，下面是其中一件，存 3 行，写本，上下栏线无存，残缺严重，现将西夏文录文并对译如下：

……𘜶𘓺𗥃𗗙……	……时佛国正……
……𗏁𗏹𗖵𗋽𗋐𘝵……	……平等故碍无法……
……𘏨𘓐𘓐𘃡𘃡……	……智一切悉皆……

比对《大正藏》，初步确定残经为于阗国三藏实叉难陀译《大方广佛华严经》第三十卷“十回向品第二十五之八”的相应内容：

……得一切佛刹平等，普严净一切世界故；得一切众生平等，普为转无碍法轮故；得一切菩萨平等，普出生一切智愿故；得一切

① （唐）实叉难陀译《大方广佛华严经》卷 48，《大正藏》第 10 册，第 279 号，第 251 页下栏 25~252 页上栏 2。

诸佛平等……[①]

26.Or.12380-3827（K.K.）残经为汉文，存1残片6行，上下栏线无存，写本，刊布者定名为“佛经”，残片上有编号3827。现将汉文内容移录如下：

……观察一一力中……
……应咨问闻……
……观察……
……界如幻如……
……如变化若……
……行相……

比对《大正藏》，可以确定残经为实叉难陀译《大方广佛华严经》第十七卷“梵行品第十六”的相应内容：

于如来十力，一一观察；一一力中，有无量义，悉应咨问。闻已，应起大慈悲心，观察众生而不舍离；思惟诸法，无有休息；行无上业，不求果报；了知境界如幻如梦，如影如响，亦如变化。若诸菩萨能与如是观行相应，于诸法中不生二解，一切佛法疾得现前，初发心时即得阿耨多罗三藐三菩提，知一切法即心自性，成就慧身，不由他悟。[②]

① （唐）实叉难陀译《大方广佛华严经》卷30，《大正藏》第10册，第279号，第164页中栏3~6。

② （唐）实叉难陀译《大方广佛华严经》卷17，《大正藏》第10册，第279号，第88页下栏25~89页上栏3。

二 《华严经·普贤行愿品》及其科文

（一）《华严经·普贤行愿品》

黑水城文献中除了遗存唐实叉难陀译《大方广佛华严经》的西夏文本以外，还保存有唐罽宾国三藏般若汉译四十卷《大方广佛华严经》的西夏文本，其中最后一卷《入不思议解脱境界普贤行愿品》简称《普贤行愿品》。《普贤行愿品》汉译本在敦煌和黑水城文献中保存非常之多，[①]而对西夏文本的辨识则自聂历山始，他曾与日本学者石滨纯太郎先生合作对西夏文《普贤行愿品》做了译读。[②]戈尔巴乔娃和克恰诺夫合作编著的《西夏文写本与刊本》首次收录了西夏文《普贤行愿品》，[③]但与此同时，他们又把蝴蝶装刻本的《普贤行愿品》误断为“西夏文学原著”，定名为“到贤”，这件刻本首尾皆佚，仅在版口保留了经题的简称“普贤”，而编者又误识西夏“普”字为“到”的缘故。[④]西田龙雄指出了这一错误，并提及英国国家图书馆收藏的第2967号残页也是《普贤行愿品》。[⑤]1999年克恰诺夫对俄罗斯科学院东方研究所圣彼得堡分

---

① 〔俄〕孟列夫：《黑城出土汉文遗书叙录》，王克孝译，宁夏人民出版社，1994，第5页。

② 〔俄〕聂历山、〔日〕石滨纯太郎：《西夏语译大方广佛华严经入不可思议解脱境界普贤行愿品》，《Mayra》№2，国际佛教学研究所，1933。又见 Н. А. Невский, *Тангутская филология*, Москва: Издательство восточной литературы,1960, т.1, стр.93。

③ З. И. Горбачёва и Е. И. Кычанов, *Тангутские рукописи и ксилографы*, Москва: Издательство восточной литературы, стр.119.

④ З. И. Горбачёва и Е. И. Кычанов, *Тангутские рукописи и ксилографы*, Москва: Издательство восточной литературы, стр.60.

⑤ 〔日〕西田龙雄：《西夏文华严经》（第3册），京都大学出版社，1977，第22页。

所收藏的西夏文《普贤行愿品》进行辨别，把原来误识的“到贤”残经也改正了过来。[①]崔红芬曾对英藏黑水城西夏文 Or.12380-3084aRV（K.K.Ⅱ.0232.cc）、Or.12380-3084bRV（K.K.Ⅱ.0232.cc） 和 Or.12380-2964（K.K.Ⅱ.0240. bb）《普贤行愿品》残页进行释读考证。[②]此外，英藏黑水城文献中还有不同残页的《普贤行愿品》保存。下面对英藏黑水城文献中残存西夏文《普贤行愿品》残经进行录文、释读和翻译。

1.Or.12380-0058（K.K.Ⅱ.0283.ooo）残存左右 2 页，右面存 5 行，上栏线单栏，左面存 5 行，刻本，刊布者将其定名为“佛经”，现将西夏文录文并对译如下：

（右面）

[illegible]……　常安乐当得诸病苦……

[illegible][③][illegible]……　皆可成善业修者皆……

[illegible]……　一切门皆愿……

[illegible]……　诸众生诸恶……

[illegible]……　一受意……

翻译如下：

当常得安乐，诸病苦……修善业者皆可成，皆……一切门皆愿……诸众生……诸恶……一受意……

（左面）

[illegible]……　业厌……

[illegible]……　善男子是者……

[illegible]……　足圆满也若诸……

① Е. И. Кычанов, *Каталог тангутских буддийских памятников*, Киото: Университет Киото, 1999, стр. 318-320.〔俄〕克恰诺夫编著《俄藏黑水城西夏文佛经叙录》，崔红芬、文志勇译，甘肃文化出版社，2021，第 287~288 页。

② 崔红芬：《英藏西夏文〈华严经普贤行愿品〉残叶释读》，《文献》2009 年第 2 期。

③ 西夏文“[illegible]”译为“修善业”，善业指五戒十善等善事之作业。

[illegible]……　　入方故众生一切之……
[illegible]……　　三藐三菩提为然……

翻译如下：

业……厌……善男子，是者……足圆满也。若诸……入，方故一切之众生……三藐三菩提为然……

比对《大正藏》，可以确定残页为罽宾国三藏般若译《大方广佛华严经》第四十卷“入不思议解脱境界普贤行愿品”的相应内容，左右面内容可缀合，相应汉文本内容如下：

> ……愿令众生常得安乐，无诸病苦，欲行恶法皆悉不成，所修善业，皆速成就，关闭一切诸恶趣门，开示人天涅槃正路，若诸众生，因其积集诸恶业故，所感一切极重苦果，我皆代受，令彼众生悉得解脱，究竟成就无上菩提，菩萨如是所修回向，虚空界尽，众生界尽，众生业尽，众生烦恼尽，我此回向无有穷尽，念念相续无有间断，身语意业无有疲厌。善男子，是为菩萨摩诃萨十种大愿具足圆满。若诸菩萨，于此大愿，随顺趣入，则能成熟一切众生，则能随顺阿耨多罗三藐三菩提。①

2.Or.12380-0125（K.K.）残存1页3行，栏线无存，刻本，刊布者定名为“残片”，现将西夏文录文并对译如下：

……[illegible]……　　……色身种种……
……[illegible]②[illegible]……　　……种族类种……
……[illegible]……　　……种种乐欲……

---

① （唐）般若译《大方广佛华严经》卷40，《大正藏》第10册，第293号，第846页上栏29~中栏13。

② 西夏文“[illegible]”译为“族类”。

翻译如下：

……色身，种种…… 种族类，种……种种乐欲……

比对《大正藏》，可确定残经为般若译《大方广佛华严经》第四十卷“入不思议解脱境界普贤行愿品”的相应内容：

> 或有依空及诸卉木而生住者，种种生类、种种色身、种种形状、种种相貌、种种寿量、种种族类、种种名号、种种心性、种种知见、种种欲乐、种种意行、种种威仪、种种衣服、种种饮食……[1]

3.Or.12380-0224RV（K.K.）残存 2 页 14 行，每行 14 字，上下栏线单栏，刻本，刊布者将其定名为“佛经”。现将西夏文录文并对译如下：

（右面）

[illegible][2][illegible][3][illegible]

觉成也譬如旷野沙粗中大树王植

[illegible]

若树根水得故枝叶花果悉皆茂盛

[illegible]

死生旷野中菩提树王亦彼已如也

[illegible]

众生一切者树根也诸佛菩萨者花

[illegible][4][illegible]

果也大悲水以众生治利方故诸佛

[illegible]

---

① （唐）般若译《大方广佛华严经》卷 40，《大正藏》第 10 册，第 293 号，第 845 页下栏 27~846 页上栏 2。

② 西夏文“[illegible]”译为“旷野”“野外”。

③ 西夏文“[illegible]”译为“粗沙”“沙粗”“沙碛”。

④ 西夏文“[illegible]”译为“利治”“利益”“饶益”。

菩萨之智慧花果成就能也是者何

[illegible]

云若诸菩萨大悲水以众生治利故

（左面）

[illegible]

方阿耨多罗三藐三菩提成就能也

[illegible]

方是菩提众生于缚有若众生无故

[illegible]

菩萨一切常最上正等觉成不能善

[illegible]

男子汝于义中是如解应若众生于

[illegible][1] [illegible]

心平等方故大悲圆满成就能大悲

[illegible][2] [illegible]

心以众生而为方故如来供养成就

[illegible][3] □□[illegible]

能菩萨是如众生圆满□□空界尽

翻译如下：

成……觉也。譬如旷野粗沙中植大树王，若树根得水，故枝叶、花果悉皆茂盛。生死旷野中菩提树王，亦已如彼也。一切众生者树根也，诸佛菩萨者花果也。以大悲水，利治众生，方故能成就诸佛、菩萨之智

① 西夏文“[illegible]”译为“平等心”，指证诸法平等之理，于一切众生之上，不起怨亲等差别之见。

② 西夏文“[illegible]”译为“大悲心”，指拔除众生之苦的心。

③ 西夏文“[illegible]”译为“圆满”，汉文本为“随顺”。

慧花果也。是者何云？若诸菩萨，以大悲水，利治众生，方故能成就阿耨多罗三藐三菩提也。故是菩提，缚有于众生。若无众生，故一切菩萨，常不能成最上正等觉。善男子，汝于义中，应如是解？若于众生心平等故，方能成就圆满大悲，以大悲心，而为众生故，方能成就供养如来，菩萨如是圆满众生，□□空界尽。

比对《大正藏》，可以确定残页为罽宾国三藏般若译《大方广佛华严经》第四十卷“入不思议解脱境界普贤行愿品”的相应内容：

> ……成等正觉。譬如旷野沙碛之中有大树王，若根得水，枝叶、华果悉皆繁茂。生死旷野菩提树王，亦复如是，一切众生而为树根，诸佛菩萨而为华果，以大悲水，饶益众生，则能成就诸佛、菩萨智慧华果。何以故？若诸菩萨，以大悲水，饶益众生，则能成就阿耨多罗三藐三菩提故。是故菩提，属于众生，若无众生，一切菩萨，终不能成无上正觉。善男子，汝于此义，应如是解，以于众生心平等故，则能成就圆满大悲，以大悲心，随众生故，则能成就供养如来，菩萨如是随顺众生，虚空界尽。[①]

4.Or.12380-0254（K.K.Ⅱ.0284.jj）残存2页10行，在此仅录入右面5行，字数不能确定，下半部分残缺，刻本，上栏线双栏，刊布者将其定名为“佛经经颂”。现将西夏文录文并对译如下：

[illegible]□[illegible]……	菩萨摩诃萨□无垢……
[illegible][②]□[illegible]……	诸大声闻□智舍利……
[illegible]……	等上始成……
[illegible][③][illegible]……	夜叉乾达……

① （唐）般若译《大方广佛华严经》卷40，《大正藏》第10册，第293号，第845页上栏14~26。

② 西夏文“[illegible]”译为“大声闻”。声闻，舍罗婆迦，为佛小乘法中弟子。

③ 西夏文“[illegible]”译为“夜叉”“药叉”，也称捷疾鬼、勇健、轻捷。

[Tangut script][1] [Tangut script]…… 摩睺罗伽……

解读 Or.12380-0254（K.K.Ⅱ.0284.jj）内容，可确定左右两页并不属于同一部佛经，刊布者将其混淆，认为其是同一部佛经。重新确定右面为般若译《大方广佛华严经》第四十卷“入不思议解脱境界普贤行愿品”的内容。而左面则为《瑜伽集要焰口施食仪》的相应内容，故此将左右两页分别归类，般若译《大方广佛华严经》第四十卷“入不思议解脱境界普贤行愿品”的相应内容如下：

> 贤劫一切诸大菩萨，无垢普贤菩萨而为上首；一生补处住灌顶位诸大菩萨，及余十方种种世界普来集会一切刹海极微尘数，诸菩萨摩诃萨众、大智舍利弗、摩诃目犍连等，而为上首。诸大声闻，并诸人天一切世主，天龙、夜叉、乾闼婆、阿修罗、迦楼罗、紧那罗、摩睺罗、伽人、非人等一切大众，闻佛所说，皆大欢喜，信受奉行。[2]

5.Or.12380-0257（K.K.Ⅱ.0284.mm）残存 1 页 3 行，以偈颂形式出现，7 字 1 句，14 字 1 行，上下栏线双栏，刻本经折装，刊布者将其定名为“佛经经颂”。现将西夏文录文并对译如下：

[Tangut script] [Tangut script][3] [Tangut script]
若人是胜愿王于 一遍耳经尊起能
[Tangut script][4] [Tangut script]
胜菩提求心恋渴 胜功德得彼如超
[Tangut script][5] [Tangut script] □□□□□□□

① 西夏文“[Tangut script]”译为“摩睺罗”，八部众之一。

② （唐）般若译《大方广佛华严经》卷 40，《大正藏》第 10 册，第 293 号，第 848 页中栏 16~23。

③ 西夏文“[Tangut script]”译为“一遍经耳”“一经于耳”。

④ 西夏文“[Tangut script]”译为“恋慕”“仰思”，“[Tangut script]”译为“渴”，“[Tangut script]”译为“渴仰”“渴慕”。

⑤ 西夏文“[Tangut script]”译为“恶知识”“恶师友”。

恶知识与常远离　　□□□□□□□

翻译如下：

若人于是胜愿王，一遍经耳能起尊；

求胜菩提心渴仰，超得胜功德如彼。

与恶知识常远离，□□□□□□□。

比对《大正藏》，可以确定残页为罽宾国三藏般若译《大方广佛华严经》第四十卷“入不思议解脱境界普贤行愿品”的相应内容：

若人于此胜愿王，一经于耳能生信；

求胜菩提心渴仰，获胜功德过于彼。

即常远离恶知识，永离一切诸恶道。[1]

6.Or.12380-0378（K.K.Ⅱ.0285.ddd）残存 1 折页 6 行，上下栏线单栏，刻本经折装，每行 14 字，由 2 句颂构成，刊布者定名为“佛经经颂”，现将西夏文录文并对译如下：

[illegible][2][illegible]　　[illegible]

三世人狮子一切　　我一念以皆故见

[illegible]　　[illegible]

佛之境界及威力　　幻如解脱我常入

[illegible]　　[illegible]

一毛尖于尘微中　　三世庄严刹出现

[illegible]　　[illegible]

十方刹尘诸毛尖　　我皆深入严净能

[illegible]　　[illegible]

---

① （唐）般若译《大方广佛华严经》卷 40，《大正藏》第 10 册，第 293 号，第 846 页上栏 21~23。

② 西夏文“[illegible]”译为“人师子”“人狮子”，佛之称号之一。

未来世于世照灯　　道成法转众生习

絣𤼽[1]𦁼𢞥□𢻓𥚃　　𦄒𥚑𢪂𦈪𦆅𦛍[2]𦂌

佛事终及□涅槃　　我皆处到亲近为

翻译如下：

三世一切人狮子，我以一念故皆见；

佛之境界及威力，如幻解脱我常入。

于一毛尖尘微中，出现三世庄严刹；

十方刹尘诸毛尖，我皆深入能严净。

于未来世照世灯，成道转法众生习；

终佛事及□涅槃，我皆处到为亲近。

比对《大正藏》，可以确定残经为般若译《大方广佛华严经》第四十卷“入不思议解脱境界普贤行愿品”的相应内容。不同的是，西夏文内容是“三世一切人狮子，我以一念故皆见；佛之境界及威力，如幻解脱我常入”，而汉文本内容是“我于一念见三世，所有一切人师子；亦常入佛境界中，如幻解脱及威力”，二者顺序略有不同。汉文本相应内容如下：

我于一念见三世，所有一切人师子；

亦常入佛境界中，如幻解脱及威力。

于一毛端极微中，出现三世庄严刹；

十方尘刹诸毛端，我皆深入而严净。

所有未来照世灯，成道转法悟群有；

究竟佛事示涅槃，我皆往诣而亲近。[3]

---

① 西夏文“絣𤼽”译为“佛事”，指诸佛之教化。

② 西夏文“𦆅𦛍”译为“亲近”。

③（唐）般若译《大方广佛华严经》卷40，《大正藏》第10册，第293号，第846页下栏8~13。

7.Or.12380-0393RV（K.K.Ⅱ.0285.）残存 2 页 12 行，每行 14 字，由 2 句颂构成，上栏线无存，上半部分残缺，下栏线双栏，刻本，残经仅存下半部分内容，刊布者定名为“佛经”，现将西夏文录文并对译如下：

（右面）

□□□□□□□ □[illegible]
□□□□□□□ □大清净妙庄严
□□□□□□□ □□[illegible][1][illegible]
□□□□□□□ □□菩提树下坐
□□□□□□□ [illegible]
□□□□□□□ 思苦当离常安乐
□□□□□□□ [illegible]
□□□□□□□ 苦恼除断尽不果
□□□□□□□ [illegible][2][illegible]
□□□□□□□ 施（趣）一切中宿命识
□□□□□□□ □□[illegible]□
□□□□□□□ □□无坏无破□

翻译如下：

□□□□□□□，□大清净妙庄严；
□□□□□□□，□□菩提树下坐。
□□□□□□□，当离思苦常安乐；
□□□□□□□，断除苦恼尽不果。
□□□□□□□，一切趣中识宿命；
□□□□□□□，□□□无坏无破。

（左面）

① 西夏文“[illegible]”译为“菩提树”。菩提树被视为佛教圣树，是智慧和知识的象征。

② 西夏文“[illegible]”译为“宿命”，即宿世之生命。

□□□□□□□□ □□[illegible][illegible][illegible][illegible]□
□□□□□□□□ □□人不人乃□
□□□□□□□□ [illegible][illegible][illegible][illegible][illegible][illegible]□
□□□□□□□□ 皆诸言依法说□
□□□□□□□□ [illegible][illegible][illegible][illegible][illegible]□□
□□□□□□□□ 常菩提心不□□
□□□□□□□□ [illegible][illegible][illegible][illegible][illegible][illegible][illegible]
□□□□□□□□ 妙行一切皆成就
□□□□□□□□ □□[illegible][illegible][illegible][illegible][illegible]
□□□□□□□□ □□道中解脱得
□□□□□□□□ □□□[illegible][illegible][illegible][illegible]
□□□□□□□□ □□□如空尽行

翻译如下：
□□□□□□□□，乃□□□人非人；
□□□□□□□□，皆依诸言□说法。
□□□□□□□□，常菩提心不□□；
□□□□□□□□，一切妙行皆成就。
□□□□□□□□，□□道中得解脱；
□□□□□□□□，□□□如空尽行。

比对《大正藏》，可以确定残页为般若译《大方广佛华严经》第四十卷“入不思议解脱境界普贤行愿品”的相应内容：

所有十方一切刹，广大清净妙庄严；
众会围绕诸如来，悉在菩提树王下。
十方所有诸众生，愿离忧患常安乐；
获得甚深正法利，灭除烦恼尽无余。
我为菩提修行时，一切趣中成宿命；
常得出家修净戒，无垢无破无穿漏。

天龙夜叉鸠槃荼，乃至人与非人等；
所有一切众生语，悉以诸音而说法。
勤修清净波罗蜜，恒不忘失菩提心；
灭除障垢无有余，一切妙行皆成就。
于诸惑业及魔境，世间道中得解脱；
犹如莲华不著水，亦如日月不住空。[①]

8.Or.12380-0623V（K.K.）残存 2 页 7 行，应是每行 14 字，由 2 句颂构成，残经仅存下半部分内容，下栏线单栏，刻本经折装，刊布者定名为“佛经”。现将西夏文录文并对译如下：

□□□□□□□□　□□□□[Tangut][Tangut][Tangut]
□□□□□□□□　□□□□一切海
□□□□□□□□　□□□□[Tangut][Tangut][Tangut]
□□□□□□□□　□□□□劫海经
□□□□□□□□　□□□□□[Tangut][Tangut]
□□□□□□□□　□□□□□行愿
□□□□□□□□　[Tangut][Tangut][Tangut][②][Tangut][Tangut][Tangut][Tangut]
□□□□□□□□　普贤行以菩提悟
□□□□□□□□　□[Tangut][Tangut][Tangut][Tangut][Tangut][Tangut][③]
□□□□□□□□　□之名者普贤尊
□□□□□□□□　□□□□□[Tangut][Tangut]
□□□□□□□□　□□□□□与殊
□□□□□□□□　□□□[Tangut][Tangut][Tangut][Tangut]
□□□□□□□□　□□□亦彼当如

① （唐）般若译《大方广佛华严经》卷 40，《大正藏》第 10 册，第 293 号，第 847 页中栏 8~12。

② 西夏文“[Tangut][Tangut][Tangut]”译为“普贤行”。

③ 西夏文“[Tangut][Tangut][Tangut]”译为“普贤尊”。

翻译如下：

□□□□□□□，□□□□一切海；
□□□□□□□，□□□□经劫海。
□□□□□□□，□□□□□行愿；
□□□□□□□，普贤行以悟菩提。
□□□□□□□，□之名者普贤尊；
□□□□□□□，□□□□□与殊。
□□□□□□□，□□□亦彼当如。

比对《大正藏》，可以确定残页为罽宾国三藏般若译《大方广佛华严经》第四十卷“入不思议解脱境界普贤行愿品”的相应内容：

> 普能清净诸行海，圆满一切诸愿海；
> 亲近供养诸佛海，修行无倦经劫海。
> 三世一切诸如来，最胜菩提诸行愿；
> 我皆供养圆满修，以普贤行悟菩提。
> 一切如来有长子，彼名号曰普贤尊；
> 我今回向诸善根，愿诸智行悉同彼。
> 愿身口意恒清净，诸行刹土亦复然；
> 如是智慧号普贤，愿我与彼皆同等。①

9.Or.12380-0693（K.K.Ⅱ.0253.t）残存 1 页 6 行，下栏线双栏，刻本，刊布者定名为“佛经”。现将西夏文录文并对译如下：

……[illegible]	……故深信解起者
……[illegible]	……口意也以常敬礼修
……[illegible]	……皆不可说不可说佛刹最
……[illegible]	……数身显一一身不可说不可

① （唐）般若译《大方广佛华严经》卷 40，《大正藏》第 10 册，第 293 号，第 847 页下栏 22~27。

……[illegible]	……触尘埃数佛之礼敬虚空
……[illegible]	……彼虚空界尽不可

翻译如下：

……故起深信解者……以……口意也，常修礼敬，触显……皆不可说不可说佛刹最……数身……一一身礼敬不可说不可……尘埃之数佛。虚空……彼虚空界尽，不可……

比对《大正藏》，可以确定西夏文残经为般若译《大方广佛华严经》第四十卷“入不思议解脱境界普贤行愿品”的相应内容：

> 我以普贤行愿力故，起深信解，如对目前，悉以清净身语意业，常修礼敬，一一佛所皆现不可说不可说佛刹极微尘数身，一一身遍礼不可说不可说佛刹极微尘数佛。虚空界尽，我礼乃尽。而虚空界不可尽故。[①]

10.Or.12380-0699（K.K.V.b.010.a.xlii）残存 1 页 2 行，字数无法确定，下栏线双栏，刻本蝴蝶装，刊布者将其定名为“佛经”，现将西夏文录文并对译如下：

……[illegible]	……最妙
……[illegible][②][illegible]	……音声海出也

比对《大正藏》，可以初步确定残经为般若译《大方广佛华严经》第四十卷“入不思议解脱境界普贤行愿品”的相应内容：

> ……各以出过辩才天女微妙舌根，一一舌根，出无尽音声海。[③]

---

① （唐）般若译《大方广佛华严经》卷 40，《大正藏》第 10 册，第 293 号，第 844 页下栏 3~8。

② 西夏文“[illegible]”译为“声音海”。

③ （唐）般若译《大方广佛华严经》卷 40，《大正藏》第 10 册，第 293 号，第 844 页下栏 16~17。

11.Or.12380-0700（K.K.Ⅲ.020.e）残存2页6行，上栏线单栏，下栏线双栏，刻本蝴蝶装，分析这两个残页，可以确定二者并非出自同部佛经，刊布者定名为“佛经经颂”。现将左面西夏文录文并对译如下：

……[illegible]	……时虚空
……[illegible]	……虚空界尽不可
……[illegible]	……是如众生界
……[illegible]	……我礼敬

比对《大正藏》，可确定Or.12380-0700（K.K.Ⅲ.020.e）残经为罽宾国三藏般若译《大方广佛华严经》第四十卷“入不思议解脱境界普贤行愿品”的相应内容：

虚空界尽，我礼乃尽，而虚空界不可尽故，我此礼敬无有穷尽。如是乃至众生界尽，众生业尽，众生烦恼尽，我礼乃尽。[①]

比较Or.12380-0699（K.K.V.b.010.a.xlii）和Or.12380-0700（K.K.Ⅲ.020.e）残经，可以确定它们为同经残存，因残缺严重，二者不能缀合，有较多佚文。

12.Or.12380-0738（K.K.）残存1页4行，以佛经经颂形式出现，14字1句，2句1行，上栏线单栏，刻本，刊布者定名为“佛经”。现将西夏文录文并对译如下：

□□□□□[illegible]　□□□□□□□

□□□□□灯明　□□□□□□□

[illegible]□□□　□□□□□□□

我皆劝请□□□　□□□□□□□

① （唐）般若译《大方广佛华严经》卷40，《大正藏》第10册，第293号，第844页下栏7~9。

[illegible]□ □□□□□□□

诸佛若涅槃欲□ □□□□□□□

[illegible]□□ □□□□□□□

惟愿刹尘劫□□ □□□□□□□

翻译如下：

□□□□□灯明，□□□□□□□；

我皆劝请□□□，□□□□□□□。

诸佛若涅槃欲□，□□□□□□□；

惟愿刹尘劫□□，□□□□□□□。

比对《大正藏》，可确定残经内容为般若译《大方广佛华严经》第四十卷“入不思议解脱境界普贤行愿品”的相应内容：

> 十方所有世间灯，最初成就菩提者；
> 我今一切皆劝请，转于无上妙法轮。
> 诸佛若欲示涅槃，我悉至诚而劝请；
> 唯愿久住刹尘劫，利乐一切诸众生。①

13.Or.12380-0746（K.K.Ⅱ.0275.vvv）残存1页4行，应为经颂，1句7字，下栏线双栏，刻本，刊布者定名为“佛经经颂”，现将西夏文录文并对译如下：

□□□□□□□ □[illegible]

□□□□□□□ □恶道一切远离

□□□□□□□ [illegible]

□□□□□□□ 是普贤最胜愿具

① （唐）般若译《大方广佛华严经》卷40，《大正藏》第10册，第293号，第847页上栏20~23。

□□□□□□□□　[illegible][1]

□□□□□□□□　是人人中生来能

□□□□□□□□　[illegible]□[2]

□□□□□□□□　是人不离成就□

翻译如下：

□□□□□□□□，远离□一切恶道；

□□□□□□□□，具是普贤最胜愿。

□□□□□□□□，是人能来人中生；

□□□□□□□□，是人不离□成就。

比对《大正藏》，可确定残经为般若译《大方广佛华严经》第四十卷“入不思议解脱境界普贤行愿品”的相应内容：

即常远离恶知识，永离一切诸恶道；

速见如来无量光，具此普贤最胜愿。

此人善得胜寿命，此人善来人中生；

此人不久当成就，如彼普贤菩萨行。

14.Or.12380-0754（K.K.）残存 1 页 4 行，字数无法确定，上栏线无存，下栏线双栏，刻本，残经仅存下半部分内容，刊布者定名为“佛经”，现将西夏文录文并对译如下：

□□□□□□□□　□□[illegible]

□□□□□□□□　□□普贤行愿品

□□□□□□□□　[illegible][3][illegible]

□□□□□□□□　最上法界真回向

① 西夏文“[illegible]”译为“是人能来人中生”，汉文本为“此人善来人中生”。

② Or.12380-0746（K.K.Ⅱ.0275.vvv）残经最后两句话的顺序与汉文本正好前后对调。

③ 残缺西夏文依据 Or.12380-2390RV（K.K.Ⅱ.0260.d）残经补录，放在□中。

□□□□□□□□　□[illegible][1]

□□□□□□□□　□谛共同三昧印

□□□□□□□□　□□□[illegible]

□□□□□□□□　□□□一切回向

翻译如下：

□□□□□□□□，□□普贤行愿品；

□□□□□□□□，回向无上真法界。

□□□□□□□□，□谛共混三昧印；

□□□□□□□□，回向一切□□□。

比对《大正藏》，可以确定残经为般若译《大方广佛华严经》第四十卷“入不思议解脱境界普贤行愿品”的内容，但西夏文的有些表述与汉文本不同，依据 Or.12380-2390RV（K.K.Ⅱ.0260.d）残经，相应汉文本如下：

> 若人诵此普贤愿，我说少分之善根；
> 一念一切悉皆圆，成就众生清净愿。
> 我此普贤殊胜行，无边胜福皆回向；
> 普愿沉溺诸众生，速往无量光佛刹。[2]

15.Or.12380-0768（K.K.I.ii.02.q）残存 1 折页 6 行，字数不全，上半部分残缺，仅存下半部分，应该是每行 14 字，缺少上半部分的 7 个字，下栏线单栏，刻本，刊布者将其定名为“佛经经颂”。现将西夏文录文并对译如下：

□□□□□□□　[illegible]

---

① 西夏文“[illegible]”译为“三昧印”，指入定相的印契。

② （唐）般若译《大方广佛华严经》卷 40，《大正藏》第 10 册，第 293 号，第 848 页中栏 6~9。

□□□□□□□□　二乘学有及学无
□□□□□□□□　[illegible]
□□□□□□□□　功德有者皆随喜
□□□□□□□□　[illegible][1][illegible]
□□□□□□□□　往昔菩提成就者
□□□□□□□□　[illegible][2]
□□□□□□□□　最上妙法轮传说
□□□□□□□□　[illegible]
□□□□□□□□　我皆心诚以劝请
□□□□□□□□　[illegible]
□□□□□□□□　众生一切之利乐

翻译如下：

□□□□□□□□，二乘有学及无学；
□□□□□□□□，有功德者皆随喜。
□□□□□□□□，往昔菩提成就者；
□□□□□□□□，传说最上妙法轮。
□□□□□□□□，我皆以诚心劝请；
□□□□□□□□，利乐一切之众生。

比对《大正藏》，可确定残经为般若译《大方广佛华严经》第四十卷“入不思议解脱境界普贤行愿品”的相应内容：

> 十方一切诸众生，二乘有学及无学；
> 一切如来与菩萨，所有功德皆随喜。
> 十方所有世间灯，最初成就菩提者；
> 我今一切皆劝请，转于无上妙法轮。
> 诸佛若欲示涅槃，我悉至诚而劝请；

① 西夏文“[illegible]”译为“往昔”“先前”，汉文本为“最初”。

② 西夏文“[illegible]”译为“传说”“转说”，汉文本为“转于”。

唯愿久住刹尘劫，利乐一切诸众生。[①]

或为《瑜伽集要焰口施食仪》的相关内容：

十方一切诸众生，二乘有学及无学；
一切如来与菩萨，所有功德皆随喜。
十方所有世间灯，最初成就菩提者；
我今一切皆劝请，转于无上妙法轮。
诸佛若欲示涅槃，我悉至诚而劝请；
唯愿久住刹尘劫，利乐一切诸众生。[②]

16.Or.12380-0783（K.K.Ⅱ.0239.qqq）残存 1 页 4 行，上栏线无存，下栏线单栏，刻本，刊布者定名为“佛经”，现将西夏文录文并对译如下：

……[illegible]	……以我皆依学皆昔已
……[illegible][③][illegible][④][illegible]	……众生界尽众生业尽
……[illegible]	……是依学执尽可无念
……[illegible][⑤][illegible]	……身口意疲倦不得

翻译如下：

……以……我皆随学，昔已皆……众生界尽，众生业尽……执是随学无尽处，念……身口意不得疲倦……

---

① （唐）般若译《大方广佛华严经》卷 40，《大正藏》第 10 册，第 293 号，第 847 页上栏 18~23。

② 《瑜伽集要焰口施食仪》，《大正藏》第 21 册，第 1320 号，第 475 页中栏 8~13。

③ 西夏文“[illegible]”译为“众生界”，与佛界相对。

④ 西夏文“[illegible]”译为“众生业”。

⑤ 西夏文“[illegible]”译为“疲倦”“疲劳”，汉文本为“疲厌”。

比对《大正藏》，可确定残经为罽宾国三藏般若译《大方广佛华严经》第四十卷“入不思议解脱境界普贤行愿品”的相应内容：

我皆随学，如是虚空界尽，众生界尽，众生业尽，众生烦恼尽，我此随学无有穷尽，念念相续无有间断，身语意业无有疲厌。[1]

17.Or.12380-0803（K.K.Ⅱ.0282.Ⅲ）残存1页7行，上栏线无存，下栏线单栏，左侧栏线单栏，刻本蝴蝶装，刊布者定名为“佛经”。现将西夏文录文并对译如下：

……[illegible]	……养无量功德者法
……[illegible][2][illegible]	……分中一不及千
……[illegible]	……胝那由他分迦罗
……[illegible]	……波尼沙陀分中亦
……[illegible]	……如来者法之尊敬说
……[illegible]	……也若诸菩萨法供养
……[illegible]	……供养成就是如修行者供

翻译如下：

……养无量功德者，法……分中不及一，千……胝那由他分、迦罗……波尼沙陀分，中亦……如来者尊敬之法，说……也。若诸菩萨，法供养……供养成就，如是修行者供……

比对《大正藏》，可知Or.12380-0803（K.K.Ⅱ.0282.Ⅲ）残经为罽宾国三藏般若译《大方广佛华严经》第四十卷“入不思议解脱境界普贤行愿品”的相应内容：

---

① （唐）般若译《大方广佛华严经》卷40，《大正藏》第10册，第293号，第845页下栏21~23。

② 西夏文“[illegible]”译为“不及一”。

如前供养无量功德，比法供养，一念功德，百分不及一，千分不及一，百千俱胝那由他分、迦罗分、算分、数分、谕分、优婆尼沙陀分，亦不及一。何以故？以诸如来尊重法故，以如说修行出生诸佛故。若诸菩萨，行法供养，则得成就供养如来，如是修行是真供养故。①

18.Or.12380-0968（K.K.Ⅱ.0281.a.vi）残存 1 页 6 行，上栏线单栏，刻本，刊布者定名为“佛经”，现将西夏文录文并对译如下：

蝌祇禘繖效綫纖② □□□□□□□

急速皆至神灵力 □□□□□□□

祓㪍繖膌㳄賅纖 □□□□□□□

智行普修功德力 □□□□□□□

繖蕭効祓緻禠纖 □□□□□□□

普净庄严胜福力 □□□□□□□

㒞養絎敽蔵敹纖 □□□□□□□

定慧方便诸威力 □□□□□□□

𗼃敽禰禰䙰蕭纖③ 𗗙□□□□□□

善业一切清净力 烦□□□□□□

蔵𗋽禰禰𗍳𗎘纖 繖□□□□□□

诸魔一切降伏力 至□□□□□□

翻译如下：

急速皆至神灵力，□□□□□□□；

智行普修功德力，□□□□□□□。

① （唐）般若译《大方广佛华严经》卷 40，《大正藏》第 10 册，第 293 号，第 844 页上栏 8~14。

② 西夏文“效綫纖”译为“神灵力”“神通力”，“神”为不测之义，“通”为无碍之义，“神通力”指不可测又无碍之力。

③ 西夏文“䙰蕭纖”译为“清净力”，指离恶行之过失，离烦恼之垢染之力。

普净庄严胜福力，□□□□□□□；

定慧方便诸威力，□□□□□□□。

清净一切善业力，烦□□□□□□；

降伏一切诸魔力，至□□□□□□。

比对《大正藏》，可确定残经为般若译《大方广佛华严经》第四十卷“入不思议解脱境界普贤行愿品”的相应内容：

> 速疾周遍神通力，普门遍入大乘力；
> 智行普修功德力，威神普覆大慈力。
> 遍净庄严胜福力，无著无依智慧力；
> 定慧方便诸威力，普能积集菩提力。
> 清净一切善业力，摧灭一切烦恼力；
> 降伏一切诸魔力，圆满普贤诸行力。[①]

19.Or.12380-1372（K.K.）残存1页4行，字数无法确定，写本，栏线无存，刊布者将其定名为《大般若波罗蜜多经》，现将西夏文录文并对译如下：

……[Tangut]□[Tangut]……	……名□依……
……[Tangut][Tangut][Tangut][Tangut][Tangut][Tangut]……	……佛所起于所来……
……[Tangut][Tangut][Tangut][Tangut][②]𗗙𗗙……	……善知识海一切……
……[Tangut]𗗙𗗙……	……海一切……

翻译如下：

……依名□……佛所于起所来……一切善知识海……一切海……

比对《大正藏》，可以确定残经内容非为《大般若波罗蜜多经》，而

① （唐）般若译《大方广佛华严经》卷40，《大正藏》第10册，第293号，第846页下栏14~19。

② 西夏文“[Tangut][Tangut][Tangut][Tangut]”译为“善知识海”。

是般若译《大方广佛华严经》第二十七卷“入不思议解脱境界普贤行愿品”的相应内容：

> 种种名号，相续次第，我皆了知，又彼一一诸佛世尊，从初发心，求一切智，所发一切大誓愿海，所事一切善知识海，所有供养一切佛海，所行一切菩萨行海。[①]

20.Or.12380-1895（K.K.）残存1页3行，以偈颂形式出现，每行由2句组成，每句7字，刊布者定名为“佛经”，写本。现将西夏文录文并对译如下：

□□□□□□□　□[illegible][illegible][illegible]□[illegible][illegible]
□□□□□□□　□净浊无□处无
[illegible]□[illegible][illegible][illegible][illegible][illegible]　□[illegible][illegible][illegible][illegible][illegible][illegible]
力□国土诸众生　□一切彼中失像
[illegible][illegible][illegible][illegible][illegible][illegible][illegible][②]　□□□□□□□
佛身功德海是如　□□□□□□□

翻译如下：
□□□□□□□，□净浊无□处无；
力□国土诸众生，□一切中失彼像。
如是佛身功德海，□□□□□□□。

比对《大正藏》，可确定残经为般若译《大方广佛华严经》第三十九卷“入不思议解脱境界普贤行愿品”的相应内容：

> 譬如大海宝充满，清净无浊无有边；

① （唐）般若译《大方广佛华严经》卷27，《大正藏》第10册，第293号，第787页上栏16~21。

② 西夏文“[illegible][illegible][illegible][illegible][illegible][illegible][illegible]”译为“如是佛身功德海”，汉文本为“佛身功德海亦尔”。

四洲所有诸众生，一切于中现其像。

佛身功德海亦尔，无垢无浊量无边。[1]

21.Or.12380-1895V（K.K.Ⅱ.0262.b）残存1页2行，以偈颂形式出现，每行由2句组成，每句7字，写本，刊布者定名为“佛经”，现将西夏文录文并对译如下：

[illegible][2][illegible][3]　□□□□□□□

若大臣为王佑助　□□□□□□□

[illegible][4][illegible][5][illegible]　[illegible]

十方利益不至无　众生一切知无能

翻译如下：

若为大臣佑助王，□□□□□□□；

十方利益无不至，一切众生不能知。

比对《大正藏》，可确定残经为般若译《大方广佛华严经》第三十九卷“入不思议解脱境界普贤行愿品”的相应内容：

或作辅弼诸大臣，善用诸王治政法；

十方利益皆周遍，了达世间无有余。[6]

比较Or.12380-1895（K.K.）和Or.12380-1895V（K.K.Ⅱ.0262.b）残

① （唐）般若译《大方广佛华严经》卷39，《大正藏》第10册，第293号，第842页上栏18~20。

② 西夏文“[illegible]”译为“愚臣”“大臣”。

③ 西夏文“[illegible]”译为“若为大臣佑助王”，“[illegible]”译为“佑助”“辅助”，汉文本为“或作辅弼诸大臣”。

④ 此字可能打错，应为“[illegible]”。

⑤ 西夏文“[illegible]”译为“十方利益”，“[illegible]”译为“利益”。利益是令众生常安隐、得涅槃。

⑥ （唐）般若译《大方广佛华严经》卷39，《大正藏》第10册，第293号，第843页下栏25~26。

经，可知二者为同部经的残存，Or.12380-1895V（K.K.Ⅱ.0262.b）在前，Or.12380-1895（K.K.）在后，中间有残缺，不能缀合。

因为 Or.12380-1895（K.K.）和 Or.12380-1895V（K.K.Ⅱ.0262.b）仅存偈语，没有其他内容参照，既可以定为实叉难陀译《大方广佛华严经》第八十卷“入法界品第三十九之二十一”的内容，也可以定为般若译《大方广佛华严经》第三十九卷“入不思议解脱境界普贤行愿品”的内容。暂且将二者定为般若译《大方广佛华严经》的内容，若有相同版本残经或其他内容发现，再做进一步判断。

22.Or.12380-2230b（K.K.Ⅱ.0253.b）残存 1 折页 6 行，上下栏线单栏，刻本经折装，应是偈颂内容，满行 14 字，刊布者定名为“佛经经颂”。现将西夏文录文并对译如下：

毹繉敽繉絣緝戮[①]　彨緵穮穮蘢牸蕣

愿我寿命尽时时　障损一切皆能（愿）灭

斘蕔皾綷[②]蹝緢荗　豴羓甤藒皾牸艵

阿弥陀佛面前见　立即安乐国能生

繉毻皾糺緛艵懡　絴豥蒰敹毹藒繉

我彼国于已生及　故前是大愿成就

穮穮皾甤絣懡緻　荗糀繉□蘢皾藒

一切圆满尽无停　诸众生□皆利乐

□綷繗縟蘢詜蔳　緔□礽緵蔳糀艵

□佛众集皆清净　时□胜莲花中生

□□□□□□□　絴□□□豯敹豨

□□□□□□□　故□□□菩提记

翻译如下：

愿我寿命尽终时，皆能灭一切障损；

---

① 西夏文“緝戮”译为“时时”“同时”。

② 西夏文“斘蔕皾綷”译为“阿弥陀佛”。

面前见阿弥陀佛，立即能生安乐国。

我及已生于彼国，故前成就是大愿；

一切圆满尽无停，□皆利乐诸众生。

□佛众集皆清净，时□生胜莲花中；

□□□□□□□，故□□□菩提记。

比对《大正藏》，可确定残经为罽宾国三藏般若译《大方广佛华严经》第四十卷“入不思议解脱境界普贤行愿品”的相应内容：

> 愿我临欲命终时，尽除一切诸障碍；
>
> 面见彼佛阿弥陀，即得往生安乐刹。
>
> 我既往生彼国已，现前成就此大愿；
>
> 一切圆满尽无余，利乐一切众生界。
>
> 彼佛众会咸清净，我时于胜莲华生；
>
> 亲睹如来无量光，现前授我菩提记。[1]

23.Or.12380-2244（K.K.Ⅱ.0266.d）残存1页6行，刻本，下栏线双栏，字数无法确定，上栏线及上半部分内容残缺，残经上有编号2244，刊布者将其定名为“佛经”。现将西夏文录文并对译如下：

> ……[illegible]
>
> ……且说而闻大惊怖起还宫中入皇
>
> ……[illegible]？[illegible][2][illegible]
>
> ……之？喊所尔知使外及诸人诸多王子之
>
> ……[illegible][3][illegible]
>
> ……得且说而闻德（正）时彼皇后是言闻

---

① （唐）般若译《大方广佛华严经》卷40，《大正藏》第10册，第293号，第848页上栏9~14。

② 西夏文“[illegible]”译为“诸处”“诸多”“一切”“处处”等。

③ 西夏文“[illegible]”译为“皇后”。

……[illegible]

……恼起哭啼泪涂国王处所往是

……[illegible]□□[illegible]□

……大外及诸人我□□应最□

……[illegible]□□[illegible]

……而闻我王是言闻及□□者

翻译如下：

……且说而闻起大惊怖，还宫中入皇……之？喊入尔知使外及诸人诸多王子之……得且说而正闻。时，彼皇后闻是言……起恼哭啼流泪，所往国王处是……大外及诸人我□□应最□……而闻，我王闻是言及□□者……

比对《大正藏》，可以初步确定残经为罽宾国三藏般若译《大方广佛华严经》第二十五卷“入不思议解脱境界普贤行愿品”的相应内容：

……

时，诸大臣闻是语已，共诣王所，悉举其手高声唱言：“大王！当知如太子意毁坏王法，祸及万人，若王爱念不速治责，王之宝祚亦不久立。”王闻此言，赫然大怒，令诛太子及诸罪人。王后闻之，愁忧号哭，毁形降服，尘土坌身，与千采女及诸眷属，驰诣王所，举体投地，顶礼王足，俱白王言：“唯愿大王，慈恕太子，赐其余命。”王即回意，语太子言：“此诸狱囚罪在难赦，故我敕汝莫救罪人，若救罪人必当杀汝……”①

24.Or.12380-2390RV（K.K.Ⅱ.0260.d）残存 2 折页，每折页 6 行，上栏线无存，下栏线单栏，刻本，每行由两个 7 字句的颂文构成，刊布者将其定名为“佛经”。现将西夏文录文并对译如下：

① （唐）般若译《大方广佛华严经》卷 25，《大正藏》第 10 册，第 293 号，第 774 页中栏 12~22。

（右面）

□□□□□□□□　□[illegible]
□□□□□□□□　□愿终了（究竟）常无尽
□□□□□□□□　[illegible][1]
□□□□□□□□　众宝庄严佛供养
□□□□□□□[illegible]　[illegible][2]
□□□□□□□施　一切尘刹数劫经
□□□□[illegible]　[illegible]
□□□□愿王于　耳经一遍起能信
□□□□□□□□　[illegible]
□□□□□□□□　胜功德得彼如超
□□□□□□□□　[illegible]
□□□□□□□□　恶道一切皆分离

翻译如下：

□□□□□□□□，□愿终了（究竟）常无尽；
□□□□□□□□，庄严众宝供养佛。
□□□□□□□施，一切尘刹经数劫；
于□□□□愿王，经耳一遍能起信。
□□□□□□□□，胜功德得彼如超；
□□□□□□□□，一切恶道皆分离。

（左面）

□□□□□□□□　□[illegible]
□□□□□□□□　□思量时皆圆满
□□□□□□□[illegible]　□[illegible]

① 西夏文“[illegible]”译为“庄严众宝供养佛”，汉文本为“庄严众宝供如来”。
② 西夏文“[illegible]”译为“一切尘刹经数劫”，汉文本为“经一切刹微尘劫”。

□□□□□□□行　□无胜福皆回向
□□□□□[illegible]　[illegible]
□□□□□□众生　无量光佛国能生
□□□□□□□□　[illegible]
□□□□□□□□　最上法界真回向
□□□□□□□□　□[illegible]
□□□□□□□□　□谛共混三昧印
□□□□□□□□　□□□[illegible]
□□□□□□□□　□□□一切回向

翻译如下：

□□□□□□□□，□思量时皆圆满；
□□□□□□□行，□无胜福皆回向。
□□□□□□众生，能生无量光佛国；
□□□□□□□□，回向最上法界真。
□□□□□□□□，□谛共混三昧印；
□□□□□□□□，回向一切□□□。

比对《大正藏》，可以确定残经为般若译《大方广佛华严经》第四十卷“入不思议解脱境界普贤行愿品”的相应内容：

（右面）

如是一切无尽时，我愿究竟恒无尽；
十方所有无边刹，庄严众宝供如来。
最胜安乐施天人，经一切刹微尘劫；
若人于此胜愿王，一经于耳能生信。
求胜菩提心渴仰，获胜功德过于彼；
即常远离恶知识，永离一切诸恶道。[①]

① （唐）般若译《大方广佛华严经》卷40,《大正藏》第10册，第293号，第846页上栏18~23。

（左面，6行中仅前3行与汉文本内容相似，最后3行内容与汉文本不一致）

一念一切悉皆圆，成就众生清净愿；
我此普贤殊胜行，无边胜福皆回向。
普愿沉溺诸众生，速往无量光佛刹。
□□□□□□□，回向无上真法界。
□□□□□□□，共混□谛三昧印；
□□□□□□□，回向一切□□□。[①]

比对《大正藏》，可以发现残经在翻译时既借鉴汉文本也参照其他文本。

25.Or.12380-2758（K.K.Ⅱ.0297.r）残存1页3行，上下栏线双栏，刻本，残经上有编号2758，刊布者将其定名为“佛经”。现将西夏文录文并对译如下：

𘟣𗍫□□𘉐𗀔𗗙	无量□□中安住
𗆫𗉅𗗂𘘚𘘚𗧓𗤶	神灵力一切了达
𘛄𗄈𗴂𘘦[②]𘂤𗭪𗣫[③]	文殊师利勇健智

翻译如下：

安住无量□□中，了达一切神通力；文殊师利勇猛智……

比对《大正藏》，可知残页为罽宾国三藏般若译《大方广佛华严经》第四十卷“入不思议解脱境界普贤行愿品”的相应内容：

---

① （唐）般若译《大方广佛华严经》卷40，《大正藏》第10册，第293号，第848页中栏7~9。

② 西夏文“𘛄𗄈𗴂𘘦”译为“文殊师利”。

③ 西夏文“𘂤𗭪𗣫”译为“勇健智”，汉文本为“勇猛智”。

安住无量诸行中，了达一切神通力；文殊师利勇猛智。[①]

26.Or.12380-2869aRV（K.K.）残存 1 折页 9 行，上栏线无存，下栏线单栏，刻本经折装，应是偈颂内容，7 个字一句，一行由 2 句共 14 字构成，刊布者定名为“佛经”。现将西夏文录文并对译如下：

（右面）

□□□□[illegible][illegible][illegible]　　□□□□□□□
□□□□于微尘　　□□□□□□□
□□□□[illegible]□□　　□□□□□□□
□□□□诸□□　　□□□□□□□
[illegible][illegible][illegible]□[illegible][illegible][illegible]　　□□□□□□□
未来世□世照灯　　□□□□□□□
[illegible][illegible][illegible][illegible][illegible][illegible][illegible][②]　　□□□□□□□
佛事缘了变（示）涅槃　　□□□□□□□

（左面）

[illegible][illegible][illegible][illegible][illegible][illegible][illegible][③]　　□□□□□□□
速令皆普神通力　　□□□□□□□
□[illegible][illegible]□[illegible][illegible][illegible]　　□□□□□□□
□行普□功德力　　□□□□□□□
□□□□□□□　　□□□□□□□
□□□□□□□　　□□□□□□□
□□[illegible][illegible][illegible][illegible]□　　□□□□□□□

① （唐）般若译《大方广佛华严经》卷 40，《大正藏》第 10 册，第 293 号，第 846 页下栏 29。

② 西夏文“[illegible][illegible]”译为“了缘”“缘终”，“[illegible][illegible][illegible][illegible][illegible][illegible][illegible]”译为“佛事缘了变涅槃”，汉文本为“究竟佛事示涅槃”。

③ 西夏文“[illegible][illegible][illegible][illegible][illegible][illegible][illegible]”译为“速令普皆神通力”，汉文本为“速疾周遍神通力”。

□□□寻诸威□　　　□□□□□□□
□□□[illegible][illegible]□□　　　□□□□□□□
□□□一切□□　　　□□□□□□□

比对《大正藏》，可以确定残经为般若译《大方广佛华严经》第四十卷“入不思议解脱境界普贤行愿品”的相应内容：

于一毛端极微中，出现三世庄严刹；
十方尘刹诸毛端，我皆深入而严净。
所有未来照世灯，成道转法悟群有；
究竟佛事示涅槃，我皆往诣而亲近。
速疾周遍神通力，普门遍入大乘力；
智行普修功德力，威神普覆大慈力。
遍净庄严胜福力，无着无依智慧力；
定慧方便诸威力，普能积集菩提力。
清净一切善业力，摧灭一切烦恼力；
降伏一切诸魔力，圆满普贤诸行力。
普能严净诸刹海，解脱一切众生海；
善能分别诸法海，能甚深入智慧海。[①]

27.Or.12380-2869bRV（K.K.）残存 1 折页 12 行，应是偈颂内容，7 个字一句，1 行由 2 句共 14 字构成，上栏线无存，下栏线单栏，刻本经折装，刊布者定名为“佛经”。现将西夏文录文并对译如下：

（右面）

□□□□□□□　　[illegible][②]

---

① （唐）般若译《大方广佛华严经》卷 40，《大正藏》第 10 册，第 293 号，第 847 页下栏 10~21。

② 西夏文“[illegible]”译为“我以一念皆如见”，汉文本为“我于一念见三世”，西夏文本没有强调“见三世”之意。

□□□□□□□□　我一念以皆如见
□□□□□□□□　□𗙏𗖵𗡶𗖰𗗙𗖻[①]
□□□□□□□□　□如解脱我常入
□□□□□□□□　□□□□𗪘𗏹𗋽
□□□□□□□□　□□□□国（刹）出现
□□□□□□□□　□□□𗊬𗂧𗏁𗖵
□□□□□□□□　□□□庄严净能
□□□□□□□□　□□□□𗘂𗖵□
□□□□□□□□　□□□□众生□
□□□□□□□□　□𗏁𗗁𗗙𗍫𗖵□
□□□□□□□□　□皆处常亲近□

翻译如下：

□□□□□□□□，我以一念皆如见；
□□□□□□□□，如我常入解脱□。
□□□□□□□□，出现□□□□国；
□□□□□□□□，能□□□庄严净。
□□□□□□□□，□□□□众生□；
□□□□□□□□，□皆处常亲近□。

（左面）

□□□□□□□□　𗗙𗓱𗏁𗖻𗗟𗗂𗗙
□□□□□□□□　普门皆如大乘力
□□□□□□□□　□□□□𗗟𗏺𗗙
□□□□□□□□　□□□□大慈力
□□□□□□□□　□□□□𗊬𗘂𗗙

① 西夏文“□𗙏𗖵𗡶𗖰𗗙𗖻”译为“如我常入解脱□”，汉文本为“亦常入佛境界中”，西夏文本把“佛境界”理解为“解脱境界”，故此用词也有差异。

□□□□□□□ □□□□智慧力

□□□□□□□ □□□□[illegible]

□□□□□□□ □□□□菩提力

□□□□□□□ [illegible]

□□□□□□□ 烦恼一切未离力

□□□□□□□ [illegible]

□□□□□□□ 普贤诸行圆满力

翻译如下：

□□□□□□□，以大乘力趣普门；

□□□□□□□，□大慈力□□□。

□□□□□□□，□□□□大智力；

□□□□□□□，□□□□菩提力。

□□□□□□□，永除一切烦恼力；

□□□□□□□，圆满普贤诸行力。

比对《大正藏》，可确定残经为般若译《大方广佛华严经》第四十卷“入不思议解脱境界普贤行愿品”的相应内容：

> 我于一念见三世，所有一切人师子；
> 亦常入佛境界中，如幻解脱及威力。
> 于一毛端极微中，出现三世庄严刹；
> 十方尘刹诸毛端，我皆深入而严净。
> 所有未来照世灯，成道转法悟群有；
> 究竟佛事示涅槃，我皆往诣而亲近。
> 速疾周遍神通力，普门遍入大乘力；
> 智行普修功德力，威神普覆大慈力。
> 遍净庄严胜福力，无著无依智慧力；
> 定慧方便诸威力，普能积集菩提力。
> 清净一切善业力，摧灭一切烦恼力；

降伏一切诸魔力，圆满普贤诸行力。[1]

解读 Or.12380-2869aRV（K.K.）和 Or.12380-2869bRV（K.K.）残经，我们可以确定其为般若译《大方广佛华严经》第四十卷“入不思议解脱境界普贤行愿品”的内容，但它们的顺序应是 Or.12380-2869aRV（K.K.）右面 +Or.12380-2869bRV（K.K.）右面 +Or.12380-2869aRV（K.K.）左面 +Or.12380-2869bRV（K.K.）左面，Or.12380-2869aRV（K.K.）为同页残经的上半部分，而 Or.12380-2869bRV（K.K.）为同页残经下半部分，二残页的内容有一定的重合。

28.Or.12380-2942（K.K.Ⅱ.0233.iii）残存 1 页 6 行，7 字一句，1 行 2 句共 14 字，上下栏线单栏，刻本经折装，残经原卷上有编号 2942，残卷右上角残缺严重，刊布者将其定名为《金刚般若波罗蜜多经》。现将西夏文录文并对译如下：

□□□□□□□　□□[illegible][2]
□□□□□□□　□□普贤行巧言
□□□□□□□　□□□[illegible]
□□□□□□□　□□□心欢心生
□□□□□□□　□[illegible]
□□□□□□□　□诸佛子众围绕
□□□[illegible]□□　[illegible]
□□□广求□□　未来劫尽厌倦无
[illegible]　[illegible]
愿诸佛之法执依　菩提行一切现光
[illegible]　[illegible]
最终清净普贤道　未来劫尽常修习

① （唐）般若译《大方广佛华严经》卷 40，《大正藏》第 10 册，第 293 号，第 847 页下栏 8~19。

② 西夏文“[illegible]”译为“巧说”“巧言”，汉文本为“显示”。

翻译如下：

□□□□□□□，□□巧言普贤行；
□□□□□□□，□□□生欢喜心。
□□□□□□□，□诸佛子众围绕；
□□□广求□□，未来劫尽无厌倦。
愿依执之诸佛法，光现一切菩提行；
最终清净普贤道，未来劫尽常修习。

般若译《大方广佛华严经》第四十卷“入不思议解脱境界普贤行愿品”的相关内容如下：

> 所有益我善知识，为我显示普贤行；
> 常愿与我同集会，于我常生欢喜心。
> 愿常面见诸如来，及诸佛子众围绕；
> 于彼皆兴广大供，尽未来劫无疲厌。
> 愿持诸佛微妙法，光显一切菩提行；
> 究竟清净普贤道，尽未来劫常修习。①

29.Or.12380-2961（K.K.Ⅱ.0290.b）残存 1 页 7 行，上下栏线单栏，刻本，残经上有编号 2961，刊布者将其定名为“佛经经颂”，现将西夏文录文并对译如下：

[illegible]
我愿三世依皆学　　速大菩提成就得
[illegible]
十方一切世界中　　广大清净妙庄严
[illegible]
众聚围绕诸如来　　各自菩提树下坐
[illegible]

① （唐）般若译《大方广佛华严经》卷 40，《大正藏》第 10 册，第 293 号，第 847 页下栏 19~24。

十方世界诸众生　　思苦当离常安乐

[illegible]　　[illegible][1][illegible]

深大德法利敬得　　烦恼灭断尽不停

[illegible]　　[illegible]□□□□

我菩提因修行时　　趣一切□□□□

[illegible]　　□□□□□□□

常家出得净戒修　　□□□□□□□

翻译如下：

我愿皆依三世学，速得成就大菩提；

十方一切世界中，广大清净妙庄严。

众聚围绕诸如来，各自菩提树下坐；

十方世界诸众生，当离思苦常安乐。

敬得大深德（正）法利，灭断烦恼尽不停；

我因菩提修行时，一切趣□□□□。

常得出家修净戒，□□□□□□□。

比对《大正藏》，可以确定残经为般若译《大方广佛华严经》第四十卷“入不思议解脱境界普贤行愿品”的相应内容：

> 我愿普随三世学，速得成就大菩提；
> 所有十方一切刹，广大清净妙庄严。
> 众会围绕诸如来，悉在菩提树王下；
> 十方所有诸众生，愿离忧患常安乐。
> 获得甚深正法利，灭除烦恼尽无余；
> 我为菩提修行时，一切趣中成宿命。
> 常得出家修净戒，无垢无破无穿漏。[2]

---

① 西夏文“[illegible]”译为“灭断烦恼”“断除烦恼”。

② （唐）般若译《大方广佛华严经》卷40，《大正藏》第10册，第293号，第847页上栏29~中栏6。

30.Or.12380-2964（K.K.Ⅱ.0240.bb）残存1页7行，每行14字，右面两行残缺严重，Or.12380-2964（K.K.Ⅱ.0240.bb）残经属于另一刻本，刻本经折装，上下栏线单栏，内容与Or.12380-3084bRV（K.K.Ⅱ.0232.cc）重合，二者可以相互补充，残经原卷上有编号2964，刊布者将其定名为“佛经”，现将西夏文录文并对译如下：

[illegible]
安□□□□得到后立即阿弥陀佛
[illegible]
文殊师利菩萨普贤菩萨观自在菩
[illegible][1] [illegible]
萨弥勒菩萨等见此诸菩萨色相正
[illegible]
端德功具足所共围绕是人自莲花
[illegible]
中生见佛蒙记受得记受已及数无
[illegible]
百千万亿那由他劫经十方说可不
[illegible]
说可不世界皆普智慧力以众生心

翻译如下：

得……安□□□□后，到立即见阿弥陀佛、文殊师利菩萨、普贤菩萨、观自在菩萨、弥勒菩萨等，此诸菩萨色相正端，功德具足，所共围绕，是人自见，生莲花中，蒙佛受记，得记受已，及经无数百千万亿那由他劫，普皆十方不可说不可说世界，以智慧力，众生心……

比对《大正藏》，可以确定残经为罽宾国三藏般若译《大方广佛华

---

① 西夏文“[illegible]”译为“文殊师利菩萨、普贤菩萨、观自在菩萨、弥勒菩萨”。

严经》第四十卷“入不思议解脱境界普贤行愿品”的相应内容：

> 到已即见阿弥陀佛、文殊师利菩萨、普贤菩萨、观自在菩萨、弥勒菩萨等。此诸菩萨，色相端严，功德具足，所共围绕，其人自见，生莲华中，蒙佛授记，得授记已，经于无数百千万亿那由他劫，普于十方不可说不可说世界，以智慧力，随众生心而为利益。①

31.Or.12380-2967（K.K.Ⅱ.0243.q）残存1页7行，满行15字，上下栏线单栏，刻本，蝴蝶装，刊布者将其定名为“残片”，现将西夏文录文并对译如下：

[illegible]
养真是也此广大最胜供养虚空界尽
[illegible]
众生界尽众生业尽众生烦恼尽故我
[illegible]
供养乃尽若虚空界乃至烦恼尽可不
[illegible]□[illegible]②[illegible]
故我此供养亦□尽可不念念续续间
[illegible]
断无有身语意业厌疲无有
[illegible]□[illegible]□[illegible]
及□善男子业障如□说者菩萨自念
[illegible]□[illegible]□□□□□[illegible]
我所□无有□□□□□身语意发

① （唐）般若译《大方广佛华严经》卷40，《大正藏》第10册，第293号，第846页下栏13~18。

② 西夏文“[illegible]”译为“念念续续”“念念相续”。

翻译如下：

……是真供养也，此广大最胜供养，虚空界尽，众生界尽，众生业尽，众生烦恼尽，故我供养乃尽。若虚空界乃至烦恼不可尽故，故我此供养亦□不可尽。念念相续，无有间断，身语意业，无有疲厌。

复次，善男子，言业障如□者，菩萨自念：我所□无有□□□□□，发身语意……

比对《大正藏》，可以确定残经为罽宾国三藏般若译《大方广佛华严经》第四十卷“入不思议解脱境界普贤行愿品”的相应内容：

> 是真供养故，此广大最胜供养，虚空界尽，众生界尽，众生业尽，众生烦恼尽，我供乃尽。而虚空界，乃至烦恼不可尽故，我此供养亦无有尽。念念相续，无有间断，身语意业，无有疲厌。
>
> 复次，善男子，言忏除业障者，菩萨自念：我于过去无始劫中，由贪瞋痴，发身口意。[1]

32.Or.12380-2968RV（K.K.）残存 2 页 14 行，满行 15 字，上下栏线单栏，刻本经折装，刊布者将其定名为“佛经”。现将西夏文录文并对译如下：

（右面）

[illegible]

入故方众生一切之成就能阿耨多罗

[illegible][2][illegible][3][illegible]

三藐三菩提随顺能普贤菩萨之诸行

[illegible]

愿海亦成满能也是故善男子汝是义

① （唐）般若译《大方广佛华严经》卷 40，《大正藏》第 10 册，第 293 号，第 844 页下栏 24~845 页上栏 19。

② 西夏文“[illegible]”译为“阿耨多罗三藐三菩提”。

③ 西夏文“[illegible]”译为“随顺”“自然”。

[illegible]
于是如知应若善男子善女人有十方
[illegible]
无量无边说处无说处无佛国最稀尘
[illegible]
尘数世界一切中最妙七宝满及诸人
[illegible]
天最胜安乐及尔时世界一切中众生

（左面）

[illegible]
之布施尔时世界一切中诸佛菩萨之
[illegible]
供养尔时佛国最稀微尘数劫经续续
[illegible]
不断德功得者若及人有是愿王闻一
[illegible]
遍耳经德功得者昔德功与比（喻）百分中
[illegible][1] [illegible][2] [illegible]
一无及千分中一无及所至优波尼沙
[illegible][3] [illegible]
陀分中亦一不及若及人有深信心以
[illegible]
此大愿于受持读诵乃至一妙句

---

① 西夏文“[illegible]”译为“百分中不及一”，汉文本为“百分不及一”。
② 西夏文“[illegible]”译为“百分中不及一，千分中不及一”。
③ 西夏文“[illegible]”译为“优波尼沙陀分中亦不及一”。

Or.12380-2968RV（K.K.）残经翻译如下：

……入，故方能成就一切之众生，能随顺阿耨多罗三藐三菩提，亦能成满普贤菩萨诸行愿海也。是故，善男子，汝于是义，应如是知。若有善男子、善女人，满十方无量无边不可说不可说佛国最微尘数一切世界中最妙七宝，及诸人天最胜安乐，及布施尔时一切世界中一切众生，供养尔时一切世界中诸佛和菩萨。经尔时佛刹极微尘数劫，相续不断，得功德者，若复有人，闻是愿王，一经遍耳，得功德者，比前功德，百分中不及一，千分中不及一，又如乃至优波尼沙陀分中亦不及一。若及有人，以深信心，于此大愿，受持读诵，乃至一妙句……

比对《大正藏》，可确定残经为般若译《大方广佛华严经》第四十卷“入不思议解脱境界普贤行愿品”的相应内容：

> ……入，则能成熟一切众生，则能随顺阿耨多罗三藐三菩提，则能成满普贤菩萨诸行愿海。是故善男子，汝于此义，应如是知。若有善男子、善女人，以满十方无量无边、不可说不可说佛刹最微尘数一切世界，上妙七宝及诸人天最胜安乐，布施尔所一切世界所有众生，供养尔所一切世界诸佛菩萨，经尔佛刹极微尘数劫，相续不断所得功德。若复有人，闻是愿王，一经遍耳，所有功德比前功德百分不及一，千分不及一，乃至优波尼沙陀分亦不及一。或复有人，以深信心，于此大愿，受持读诵，乃至书写一……①

33.Or.12380-3084aRV（K.K.Ⅱ.0232.cc）残存2折页14行，右面存7行，刻本经折装，上下栏线单栏，以经颂形式，每行14字，左面残页右下角残缺，残经原卷上有编号3084/1，刊布者定名为“佛经”，现将西夏文录文并对译如下：

（右面）

[illegible]　[illegible]□□

① （唐）般若译《大方广佛华严经》卷40，《大正藏》第10册，第293号，第846页中栏11~23。

我清净身口意以　一切礼敬无□□

[illegible]

普贤行愿威神力　如来一切尽□□

[illegible]

一身化为刹尘身　一一刹尘佛敬礼

[illegible]

彼一尘中尘数佛　各处菩萨会中住

[illegible]

尽无法界尘于如　诸佛充满皆深信

[illegible]

各自音声海一切　悉皆尽无妙言出

[illegible]

后未来劫一切尽　佛之深太德海赞

（左面）

[illegible]

能读及诵能诵及持能□□□□□□

[illegible]

广说是诸人等彼一念□行愿□□□

[illegible]

成就得福聚得者无量边无其烦恼□

[illegible]

苦海中众生之安济出□能皆阿弥陀

[illegible]

佛极乐世界生往令尔时普贤菩萨摩

[illegible]

诃萨复是义说欲十方皆观故颂言说

[illegible]

三世人狮子一切　十方世界中住者

比较左右残页的内容，可以确定左面在前，右面在后，翻译如下：

能……能读及诵，能诵及持，□□□□□□广说，是诸人等彼一念□，行愿□□□得成就，得福聚者无量无边，其烦恼□苦海中拔济众生，能之出□，皆令往生阿弥陀佛极乐世界。尔时，普贤菩萨摩诃萨，欲重说是义，普观十方，故说颂言：

三世一切人狮子，住十方世界中者；

我以清净身口意，一切礼敬无□□。

普贤行愿威神力，如来一切尽□□；

一身化为刹尘身，一一敬礼刹尘佛。

彼一尘中尘数佛，各处菩萨会中住；

无尽法界尘于如，深信诸佛皆充满。

各自一切音声海，悉皆无尽妙言出；

后未来一切劫尽，赞佛之深太德海。

比对《大正藏》，可确定残经为般若译《大方广佛华严经》第四十卷“入不思议解脱境界普贤行愿品”的相应内容：

> 应当谛受，受已能读，读已能诵，诵已能持，乃至书写，广为人说。是诸人等于一念中，所有行愿皆得成就，所获福聚无量无边，能于烦恼大苦海中拔济众生，令其出离，皆得往生阿弥陀佛极乐世界。尔时，普贤菩萨摩诃萨欲重说此义，普观十方，而说颂言：
>
> 三世一切人狮子，所有十方世界中；
>
> 我以清净身语意，一切遍礼尽无余。
>
> 普贤行愿威神力，普现一切如来前；
>
> 一身复现刹尘身，一一遍礼刹尘佛。
>
> 于一尘中尘数佛，各处菩萨众会中；
>
> 无尽法界尘亦然，深信诸佛皆充满。

各以一切声音海，普出无尽妙言辞；
尽于未来一切劫，赞佛甚深功德海。[①]

34.Or.12380-3084bRV（K.K.Ⅱ.0232.cc）残存 2 折页 14 行，右面存 7 行，右下角残缺，左面存 7 行，左下角残缺，上下栏线单栏，刻本经折装，原卷上有编号 3084/2，刊布者定名为“佛经”。现将西夏文录文并对译如下：

（右面）

[illegible]
即（速）阿弥陀佛文殊师利菩萨普贤菩萨
[illegible]
观自在菩萨弥勒菩萨等是诸菩萨□
[illegible][②] [illegible]
色相端正德功具足皆共围绕其人自
[illegible]
莲花中生见佛奉记受记受终及数
[illegible][③]
无百千万亿那由他劫经十方说可无
[illegible]
说可无世间皆普智慧力以众生一切
[illegible][④] [illegible][⑤]
利益为也及当（真）菩提道场坐魔军降服

---

① （唐）般若译《大方广佛华严经》卷 40，《大正藏》第 10 册，第 293 号，第 846 页上栏 29~下栏 29。

② 西夏文“[illegible]”译为“色相端庄”“色相端正”。

③ □中的西夏文依据 Or.12380-2964（K.K.Ⅱ.0240.bb）补录，二者内容虽有重复，但属于不同版本。

④ 西夏文“[illegible]”译为“菩提道场”，即佛成就菩提之道场。

⑤ 西夏文“[illegible]”译为“魔军”，“[illegible]”译为“降伏”，“[illegible]”译为“降伏魔军”。

（左面）

[illegible][1] [illegible]

正等觉成妙法轮转佛刹最微尘埃数

[illegible]

世界（间）众生之菩提心生令能其性依

[illegible][2] [illegible]

教习成就乃至未来劫海尽众生一切

[illegible]□[illegible]

之广利益能善男子其诸众生是□愿

[illegible]

王若闻若信受持读诵他对广说德功

[illegible]□□□

有者佛世尊除及他知者无故□□□

[illegible]□□□□□□□

是愿王闻疑念不生□□□□□□□

翻译如下：

即阿弥陀、文殊师利菩萨、普贤菩萨，是观自在菩萨、弥勒菩萨等，是诸菩萨□色相端正，功德具足，皆共围绕，其人□见，生莲花中，奉佛记受，受记终，及经无□百千万亿那由他劫，□□说不可说世界，皆普以智慧力随众生心□为利益也。及当坐菩提道场，降服魔军，成正等觉，转妙法轮，能令佛刹最微尘埃数世界众生之发菩提心，依其性，教化成就，乃至尽未来劫海，广能利益一切之众生。善男子，其诸众生若闻若信是□愿王，受持读诵，广对他说，有功德者，除佛世尊及无他知者。故□□□闻是愿王，不生疑念□□□□□□□。

---

① 西夏文“[illegible]”译为“妙法轮”，佛所转法轮，绝妙不可思议。

② 西夏文“[illegible]”译为“未来劫”。

比对《大正藏》，可确定残经为般若译《大方广佛华严经》第四十卷“入不思议解脱境界普贤行愿品”的相应内容：

> 到已即见阿弥陀佛、文殊师利菩萨、普贤菩萨、观自在菩萨、弥勒菩萨等。此诸菩萨，色相端严，功德具足，所共围绕，其人自见，生莲华中，蒙佛授记，得授记已，经于无数百千万亿那由他劫，普于十方不可说不可说世界，以智慧力，随众生心而为利益。不久当坐菩提道场，降伏魔军，成等正觉，转妙法轮，能令佛刹极微尘数世界众生发菩提心，随其根性，教化成熟，乃至尽于未来劫海，广能利益一切众生。善男子！彼诸众生若闻、若信此大愿王，受持读诵，广为人说，所有功德，除佛世尊余无知者。是故汝等闻此愿王，莫生疑念，应当谛受。①

Or.12380-3084aRV（K.K.Ⅱ.0232.cc）和 Or.12380-3084bRV（K.K.Ⅱ.0232.cc）残经为罽宾国三藏般若译《大方广佛华严经》第四十卷“入不思议解脱境界普贤行愿品”的相应内容。英藏黑水城文献刊布的残片的顺序不对，应为 Or.12380-3084bRV（KK.Ⅱ.0232.cc）右面 +Or.12380-3084bRV（KK.Ⅱ.0232.cc）左面 +Or.12380-3084aRV（K.K.Ⅱ.0232.cc）左面 +Or.12380-3084aRV（KK.Ⅱ.0232.cc）右面。

35.Or.12380-3186（K.K.Ⅱ.0270.s）残存 1 页 6 行，7 字一句，两句为 1 行，每行 14 字，上下栏线单栏，刻本经折装，刊布者定名为“佛经经颂”。现将西夏文录文并对译如下：

[illegible]　[illegible]

我者利益善知识　我对普贤行巧言

[illegible]　[illegible]

愿常我与同聚集　愿我于心欢心生

① （唐）般若译《大方广佛华严经》卷 40，《大正藏》第 10 册，第 293 号，第 846 页下栏 13~25。

[illegible][1]　[illegible]
愿常诸佛面敬见　及诸佛子众绕围
[illegible]　[illegible]
皆之□大供养为　未来劫尽厌倦无
[illegible]　[illegible]
愿诸佛之法持依　菩提行悉皆显明
[illegible]　[illegible]
皆尽清净普贤道　未来劫尽常修习

翻译如下：
善知识利益我者，对我巧言普贤行；
愿与我同常聚集，愿于我生欢喜心。
愿常面见敬诸佛，及诸佛子众绕围；
皆为之□大供养，未来劫尽无厌倦
愿依持之诸佛法，光现一切菩提行；
最终清净普贤道，未来劫尽常修习。

比对《大正藏》，可确定残经为般若译《大方广佛华严经》第四十卷“入不思议解脱境界普贤行愿品”的相应内容：

所有益我善知识，为我显示普贤行；
常愿与我同集会，于我常生欢喜心。
愿常面见诸如来，及诸佛子众围绕；
于彼皆兴广大供，尽未来劫无疲厌。
愿持诸佛微妙法，光显一切菩提行；
究竟清净普贤道，尽未来劫常修习。[2]

---

① 西夏文“[illegible]”译为“愿常面见敬诸佛”，汉文本为“愿常面见诸如来”，西夏文本强调了“面见佛”和“敬佛”两个层面的意义。

② （唐）般若译《大方广佛华严经》卷40，《大正藏》第10册，第293号，第846页下栏19~24。

Or.12380-2942（K.K.Ⅱ.0233.iii） 和 Or.12380-3186（K.K.Ⅱ.0270.s）残经完全重合，但字迹不同，可以确定它们不是同一版本的佛经。

36.Or.12380-3203RV（K.K.Ⅱ.0295.s）残存 2 折页，每折页 7 行，上下栏线单栏，刻本，每行 14 字，由 2 句构成，残经原卷上有编号 3203，刊布者定名为“佛经经颂”，现将西夏文录文并对译如下：

（右面）

[illegible]　　[illegible]
清净波罗蜜勤修　　常菩提心不失忘
[illegible]　　[illegible]
垢障除灭停无有　　妙行一切皆成就
[illegible]　　[illegible]
魔境及诸烦恼于　　世界道中解脱得
[illegible][①][illegible]　　[illegible][②]
比如莲华水不著　　亦日月如空中行
[illegible]　　[illegible]
恶道一切苦悉除　　诸众生等皆乐给
[illegible]　　[illegible]
是如刹尘劫数经　　十方利益常无尽
[illegible]　　[illegible]
我常众生随顺为　　未来劫一切皆经

翻译如下：

勤修清净波罗蜜，常不忘失菩提心；
灭除垢障无有停，一切妙行皆成就。
于诸烦恼及魔境，世界道中得解脱；
比如莲华不著水，亦如日月空中行。

---

① 西夏文“[illegible]”译为“莲华”“莲花”。

② 西夏文“[illegible]”译为“空中行”，汉文本为“不住空”。

悉除一切恶道苦，给诸众生等皆乐；
如是数经刹尘劫，十方利益常无尽。
我常随顺为众生，皆经一切未来劫。
（左面）

[illegible]
众会围绕诸如来　自各菩提树下坐
[illegible]
十方世界诸众生　思苦劳离常安乐
[illegible]
深大正法利敬得　烦恼灭断无尽停
[illegible]
我菩提为修行时　施一切中宿命识
[illegible]
常家□得净度修　垢无毁无破裂无
[illegible][1]　[illegible][2][illegible]
天龙夜叉鸠槃荼　所至人非人乃等
[illegible]
众生一切言语依　一切言依法说为

翻译如下：
众会围绕诸如来，各自菩提树下坐；
十方世界诸众生，思离劳苦常安乐。
敬得甚深正法利，灭断烦恼无尽停；
我为菩提修行时，施一切中识宿命。
常得□家净修度，无垢无毁无破裂；

① 西夏文“[illegible]”译为“天龙、夜叉、鸠槃荼”，为八部众之三。
② 西夏文“[illegible]”译为“人非人”，是紧那罗的别名。

天龙夜叉鸠槃荼，所至人乃非人等。
一切众生依言语，依一切言为说法。

Or.12380-3203RV（K.K.Ⅱ.0295.s）残经左右两面可缀合，左面内容在前，右面内容在后，为般若译《大方广佛华严经》第四十卷“入不思议解脱境界普贤行愿品”的相应内容：

众会围绕诸如来，悉在菩提树王下；
十方所有诸众生，愿离忧患常安乐。
获得甚深正法利，灭除烦恼尽无余；
我为菩提修行时，一切趣中成宿命。
常得出家修净戒，无垢无破无穿漏；
天龙夜叉鸠槃荼，乃至人与非人等。
所有一切众生语，悉以诸音而说法；
勤修清净波罗蜜，恒不忘失菩提心。
灭除障垢无有余，一切妙行皆成就；
于诸惑业及魔境，世间道中得解脱。
犹如莲华不著水，亦如日月不住空；
悉除一切恶道苦，等与一切群生乐。
如是经于刹尘劫，十方利益恒无尽；
我常随顺诸众生，尽于未来一切劫。①

37.Or.12380-3204RV（K.K.）残存2折页，每折页7行，上下栏线单栏，刻本，每行14字，由2句构成，残经原卷上有编号3204，刊布者定名为“佛经经颂”，现将西夏文录文并对译如下：

（右面）

[illegible]

① （唐）般若译《大方广佛华严经》卷40，《大正藏》第10册，第293号，第847页中栏2~15。

天龙夜叉鸠槃荼　所至人非人乃等
[illegible]
众生一切言语依　一切言依法说为
[illegible][1][illegible]　[illegible][2][illegible]
清净波罗蜜勤修　常菩提心不失忘
[illegible]
垢障除灭停无有　妙行一切皆成就
[illegible]
魔境及诸烦恼于　世界道中解脱得
[illegible]
比如莲华水不著　亦日月如空中行
[illegible]
恶道一切苦悉除　诸众生等皆乐给

翻译如下：
天龙夜叉鸠槃荼，所至人乃非人等；
一切众生依言语，依一切言为说法。
勤修清净波罗蜜，常不忘失菩提心；
灭除垢障无有停，一切妙行皆成就。
于诸烦恼及魔境，世界道中得解脱；
比如莲华不著水，亦如日月空中行。
悉除一切恶道苦，给诸众生等皆乐。
（左面）

[illegible]
是如刹尘劫数经　十方利益常无尽
[illegible]

---

① 西夏文“[illegible]”译为“波罗蜜”，即到彼岸。
② 西夏文“[illegible]”译为“菩提心”，菩提即为道，求真道之心。

我常众生随顺为　未来劫一切皆经

繖敍缑帴敍繖牖　繶絺帴敍敍毹兟

普贤广大行常修　最上圆满大菩提

緂兹敍祇矟毹繖　敍兟敍兟矟纟彳

我与修行同有者　何生处各同集会

豖級豨敍[1]兟矟敍　敍兟敍敍矟敍敍

身口意业皆同等　行愿一切同修习

緂豨敍敍敍敍敍　緂豨繖敍敍敍敍

我之利益善知识　我对普贤行示说

敍繖緂兹矟纟彳　繖緂敍敍□□□

愿常我与同集会　常我于心□□□

翻译如下：

如是数经刹尘劫，十方利益常无尽；

我常随顺为众生，皆经一切未来劫。

常修普贤广大行，圆满最上大菩提；

有与我同修行者，何生处各同集会。

身口意业皆同等，一切行愿同修习；

我之利益善知识，对我示说普贤行。

常愿与我同集会，于我常□□□心。

比对《大正藏》，可确定残经为般若译《大方广佛华严经》第四十卷“入不思议解脱境界普贤行愿品”的相应内容：

天龙夜叉鸠槃茶，乃至人与非人等；

所有一切众生语，悉以诸音而说法。

勤修清净波罗蜜，恒不忘失菩提心；

灭除障垢无有余，一切妙行皆成就。

于诸惑业及魔境，世间道中得解脱；

① 西夏文“豖級豨敍”译为“身语意业”“身口意业”。

犹如莲华不著水，亦如日月不住空。
悉除一切恶道苦，等与一切群生乐；
如是经于刹尘劫，十方利益恒无尽。
我常随顺诸众生，尽于未来一切劫；
恒修普贤广大行，圆满无上大菩提。
所有与我同行者，于一切处同集会；
身口意业皆同等，一切行愿同修学。
所有益我善知识，为我显示普贤行；
常愿与我同集会，于我常生欢喜心。
愿常面见诸如来，及诸佛子众围绕。[①]

Or.12380-3203RV（K.K.Ⅱ.0295.s）和 Or.12380-3204RV（K.K.）在内容上有一定的重合，但从字迹判断，它们不是同一部残经，属于不同版本。

38.Or.12380-3212RV（K.K.）残存 2 折页，每折页 6 行，每行 14 字，由 2 句构成，刻本经折装，上下栏线双栏，残经原卷上有编号 3212，刊布者将其定名为“佛经经颂”。现将西夏文录文并对译如下：

（右面）

[illegible]　[illegible]
我彼（此）诸有一切中　福智修者常不尽
[illegible]　[illegible][②][illegible]
定慧方便及解脱　诸尽无功德藏得
[illegible]　[illegible]
一尘埃中尘数国　一一中思问佛有
[illegible]　[illegible]

① （唐）般若译《大方广佛华严经》卷 40，《大正藏》第 10 册，第 293 号，第 847 页中栏 7~21。

② 西夏文“[illegible]”译为“功德藏”，即功德之宝藏。

一一佛各集（会）中处　常菩提行说我见

[illegible]

十方诸国海皆尽　一一毛头三世海

[illegible]

佛海不亦国土海　我皆修行劫海经

（左面）

[illegible]

我□利益善知识　我之普贤行指说

[illegible]

愿常我与同聚集　常我于心喜心生

[illegible]

愿常诸佛面□见　及诸佛子众围绕

[illegible]

皆之广大供养为　未来劫尽倦怠无

[illegible]

愿诸佛之法持依　菩提行悉皆显明

[illegible]

最终清净普贤道　未来劫尽□□□

解读 Or.12380-3212RV（K.K.）残经内容，可以确定 Or.12380-3212RV（K.K.）左面内容在前，右面内容在后，左右面可以缀合。翻译如下：

利益我□善知识，我之指说普贤行；

常愿与我同聚集，于我常生欢喜心。

愿常面见诸佛□，及诸佛子众围绕；

皆为广大供养之，未来劫尽无疲倦。

愿依持诸佛之法，悉皆显明菩提行；

最终（究竟）清净普贤道，尽未来劫□□□。
我彼一切诸有中，修福智者常不尽；
定慧方便及解脱，得诸无尽功德藏。
一尘埃中尘数国，一一中有思问佛；
一一佛处各会中，我说常见菩提行。
皆尽十方诸国（刹）海，一一毛头三世海；
佛海不亦国土海，我皆修行经劫海。

Or.12380-3212RV（K.K.）残经与般若译《大方广佛华严经》第四十卷“入不思议解脱境界普贤行愿品”的内容相同：

所有益我善知识，为我显示普贤行；
常愿与我同集会，于我常生欢喜心。
愿常面见诸如来，及诸佛子众围绕；
于彼皆兴广大供，尽未来劫无疲厌。
愿持诸佛微妙法，光显一切菩提行；
究竟清净普贤道，尽未来劫常修习。
我于一切诸有中，所修福智恒无尽；
定慧方便及解脱，获诸无尽功德藏。
一尘中有尘数刹，一一刹有难思佛；
一一佛处众会中，我见恒演菩提行。
普尽十方诸刹海，一一毛端三世海；
佛海及与国土海，我遍修行经劫海。①

39.Or.12380-3213RV（K.K.）残存2折页，每折页6行，每行14字，由2句构成，上下栏线单栏，刻本经折装，残经原卷上有编号3213，刊布者将其定名为“佛经经颂”。现将西夏文录文并对译如下：

① （唐）般若译《大方广佛华严经》卷40，《大正藏》第10册，第293号，第847页中栏19~下栏1。

（右面）

[illegible]　[illegible]
一身化为刹尘身　一一刹尘佛敬礼
[illegible]　[illegible]
彼一尘中尘数佛　各处菩萨会中住
[illegible]　[illegible]
尽无法界尘于如　诸佛充满皆深信
[illegible]　[illegible]
各自音声海一切　悉皆尽无妙言出
[illegible]　[illegible]
后未来劫一切尽　佛之深大德海赞
[illegible]　[illegible]
诸最胜妙华珠鬘　伎乐涂香及伞盖

翻译如下：
一身化为刹尘身，一一敬礼刹尘佛；
彼一尘中尘数佛，各处菩萨会中住。
无尽法界尘于如，深信诸佛皆充满；
各自一切声音海，悉皆无尽妙言出。
后未来一切劫尽，赞佛之深大德海；
最胜诸妙华珠鬘，伎乐涂香及伞盖。
（左面）

[illegible]　[illegible]
是如最胜庄严具　诸如来悉我供养
[illegible]　[illegible]
最胜衣服最胜香　末香烧香及灯烛
[illegible]　[illegible]

一一皆须弥聚如　我皆诸佛悉供养

[illegible]　[illegible]

我广大胜解心以　三世佛一切深信

[illegible]　[illegible]

皆普贤行愿力以　诸如来悉皆供养

[illegible]　[illegible]

我昔诸恶业造者　皆始无贪嗔痴故

翻译如下：

如是最胜庄严具，我悉供养诸如来；

最胜衣服最胜香，末香烧香及灯烛。

一一皆如须弥聚，我悉供养皆诸佛；

我以广大胜解心，深信一切三世佛。

皆以普贤行愿力，悉皆供养诸如来；

我昔造诸恶业者，故皆无始贪嗔痴。

比对《大正藏》，可确定残经为般若译《大方广佛华严经》第四十卷“入不思议解脱境界普贤行愿品”的相应内容：

一身复现刹尘身，一一遍礼刹尘佛；

于一尘中尘数佛，各处菩萨众会中。

无尽法界尘亦然，深信诸佛皆充满；

各以一切音声海，普出无尽妙言辞。

尽于未来一切劫，赞佛甚深功德海；

以诸最胜妙华鬘，妓乐涂香及伞盖。

如是最胜庄严具，我以供养诸如来；

最胜衣服最胜香，末香烧香与灯烛。

一一皆如妙高聚，我悉供养诸如来；

我以广大胜解心，深信一切三世佛。

悉以普贤行愿力，普遍供养诸如来；

我昔所造诸恶业，皆由无始贪恚痴。①

40.Or.12380-3215RV（K.K.0288.a.xi）残存 2 折页，每折页 6 行，刻本经折装，每行 14 字，由 2 句颂构成，残经原卷上有编号 3215，刊布者定名为“佛经经颂”。现将西夏文录文并对译如下：

（右面）

[illegible]	[illegible]
三世人狮子一切	我一念以皆故见
[illegible]	[illegible]
佛之境界及威力	幻如解脱我常入
[illegible]	[illegible]
一毛尖于尘微中	三世庄严刹出现
[illegible]	[illegible]
十方刹尘诸毛尖	我皆深入严净能
[illegible]	[illegible]
未来世于世照灯	道成法转众生习
[illegible]	[illegible]
佛事终及□涅槃	我皆处到亲近为

翻译如下：

三世一切人狮子，我以一念故皆见；

佛之境界及威力，如幻解脱我常入。

于一毛尖尘微中，出现三世庄严刹；

十方刹尘诸毛尖，我皆深入能严净。

于未来世照世灯，成道转法众生习；

终佛事及□涅槃，我皆处到为亲近。

① （唐）般若译《大方广佛华严经》卷 40，《大正藏》第 10 册，第 293 号，第 846 页上栏 5~15。

（左面）

[illegible]　[illegible]
如来悉皆语清净　一言中有声海具
[illegible]　[illegible][1][illegible]
诸众生之喜声依　一一皆佛辩海出
[illegible]　[illegible]
三世诸如来一切　彼尽无言语海又
[illegible]　[illegible]
理趣妙法轮常转　我深智以皆入能
[illegible]　[illegible]
我未来世深悟能　劫一切尽一念为
[illegible]　[illegible]
流处未来劫一切　一念妙时我皆入

翻译如下：
悉皆如来语清净，一言中具有声海；
依诸众生之喜声，一一皆佛出辩海。
三世一切诸如来，又彼无尽言语海；
常转理趣妙法轮，我以深智皆能入。
我能深悟未来世，尽一切劫为一念；
流处一切未来劫，一念妙时我皆入。

Or.12380-3215RV（K.K.0288.a.xi）残经左面内容在前，右面内容在后，而且右面内容前 4 句与汉文本内容正好相反，西夏文内容是“三世一切人狮子，我以一念故皆见；佛之境界及威力，如幻解脱我常入”，而汉文本的内容是“我于一念见三世，所有一切人师子；亦常入佛境界中，如幻解脱及威力”。

① 西夏文“[illegible]”译为“辩海”。

般若译《大方广佛华严经》第四十卷“入不思议解脱境界普贤行愿品”的相应内容如下：

一切如来语清净，一言具众音声海；
随诸众生意乐音，一一流佛辩才海。
三世一切诸如来，于彼无尽语言海；
恒转理趣妙法轮，我深智力普能入。
我能深入于未来，尽一切劫为一念；
三世所有一切劫，为一念际我皆入。
我于一念见三世，所有一切人师子；
亦常入佛境界中，如幻解脱及威力。
于一毛端极微中，出现三世庄严刹；
十方尘刹诸毛端，我皆深入而严净。
所有未来照世灯，成道转法悟群有；
究竟佛事示涅槃，我皆往诣而亲近。①

比对 Or.12380-3212RV（K.K.）、Or.12380-3213RV（K.K.）和 Or.12380-3215RV（K.K.0288.a.xi），可确定它们为同版次《入不思议解脱境界普贤行愿品》，其顺序为 Or.12380-3213RV（K.K.）右、左，Or.12380-3212RV（K.K.）左、右，Or.12380-3215RV（K.K.0288.a.xi）左、右，中间有佚文。

41.Or.12380-3501（K.K.II.0258.d）残存 1 页 9 行，具体每行字数不能确定，写本，上栏线无存，下栏线单栏，原残经上有编号 3501，刊布者将其定名为“佛经”。现将西夏文录文并对译如下：

……[illegible]……
……思念……
……[illegible]□□[illegible]（[illegible]□□）

① （唐）般若译《大方广佛华严经》卷 40，《大正藏》第 10 册，第 293 号，第 846 页下栏 2~13。

……愿□□力依我等有聚同殊愿起（诸多□□）

……䧧婦豸蕆荡荡豸𥘊䧧婦紕蕆荡荡紕

……刹尘身显一一身上刹尘头显一一头

荡荡㲉㣃䧧婦紌蕆荡荡紌㲉𦆭緭㦪𧃹

一一口中刹尘舌显一一舌以最妙清净

……㲉𥟇㡭貶𧅫㡭𦚢𦂲𥟇𦇓[1]𥡗𧬋蕆𦂲𦆞貶

……方法界虚空界尽佛法僧之赞叹写敬虚

𧅫㡭𦚢糀㲉𣏽𦚢糀㲉𦘎𦚢𦀖𦅺𢙊𢙊𢔩𢔩

空界尽众生业尽众生恼尽于至念念续续

……㲉𣏽𦅺𦆓𦂲𦆞（𦀖𦒰𥚐𢧐𦣝𦁇）㥟𦀖㲉𦃃（𦆭𦂿□□）𦅡𦂲

……意也常愿写敬（愿依皆当成就）及愿我等（有集□□）同殊

……緭𦃀𦼁𦃃緭𧵢𢓜𦃃緭……

……妙花香天妙光明天妙……

……𦋺𦋺……

……种种……

翻译如下：

……思念……依愿□□力，我等有聚同殊起愿（诸多□□）……刹尘显身，一一身上刹尘显头，一一头……一一口中刹尘显舌，一一舌以最妙清净……方法界、虚空界尽，赞叹敬写之佛法僧，于虚空界尽，众生业尽，众生恼尽，至念念续续……意也愿常敬写（依愿皆当成就）及愿我等（有集□□）同殊……妙花香天、妙光明天、妙……种种……

比对《大正藏》，可以初步确定残经为罽宾国三藏般若译《大方广佛华严经》第四十卷“入不思议解脱境界普贤行愿品”的相应内容，但是汉文本与西夏文本有一定的差距，类似摘抄。此残经也与唐实叉难陀译八十卷《华严经》内容差别较大，暂且定名为四十卷《华严经》，汉文本相应内容如下：

---

① 西夏文“𦂲𥟇𦇓”译为“佛法僧”，佛教三宝。

一一佛所皆现不可说不可说佛刹极微尘数身，一一身遍礼不可说不可说佛刹极微尘数佛……各以出过辩才天女微妙舌根，一一舌根出无尽音声海，一一音声出一切言辞海，称扬赞叹一切如来诸功德海，穷未来际相续不断，尽于法界无不周遍。如是虚空界尽、众生界尽、众生业尽量、众生烦恼尽，我赞乃尽。而虚空界乃至烦恼无有尽故，我此赞叹无有穷尽，念念相续，无有间断，身、语、意业无有疲厌。复次，善男子！言广修供养者，所有尽法界、虚空界十方三世一切佛刹极微尘中，一一各有一切世界极微尘数佛，一一佛所种种菩萨海会围绕，我以普贤行愿力故，起深信解，现前知见，悉以上妙诸供养具而为供养。所谓华云、鬘云、天音乐云、天伞盖云、天衣服云、天种种香、涂香、烧香、末香，如是等云……[①]

42.Or.12380-3831.1（K.K.）[②] 右面为汉文，刻本蝴蝶装，上栏线单栏，内容为般若译《大方广佛华严经》第四十卷之“如前供养无量功德，比法供养，一念功德，百分不及一，千分不及一，百千俱胝那由他分、迦罗分、算分、数分、谕分、优婆尼沙陀分，亦不及一。何以故？以诸如来尊重法故，以如说修行出生诸佛故。若诸菩萨，行法供养，则得成就供养如来”。[③]

其左面为汉文，内容为般若译《大方广佛华严经》第四十卷之“宫城内外，象马车乘，珍宝伏藏，如是一切无复相随，唯此愿王不相舍离，于一切时引导其前。一刹那中即得往生极乐世界，到已即见阿弥陀佛、文殊师利菩萨、普贤菩萨、观自在菩萨、弥勒菩萨等，此诸菩萨色相端严”。[④]

---

① （唐）般若译《大方广佛华严经》卷 40，《大正藏》第 10 册，第 293 号，第 844 页下栏 12~24。

② 刊布者将 Or.12380-3831.1（K.K.）定名为《大方广佛华严经普贤行愿品》。

③ （唐）般若译《大方广佛华严经》卷 40，《大正藏》第 10 册，第 293 号，第 844 页下栏 7~14。

④ （唐）般若译《大方广佛华严经》卷 40，《大正藏》第 10 册，第 293 号，第 846 页下栏 10~15。

43.Or.12380-3871（K.K.）(45-40）存 2 残页，残缺严重，其中右面残片 2 行上栏线无存，下栏线单栏，右面残页 4 行上栏线单栏，下栏线无存；左面是 14 字一行的偈诵，下栏线单栏，上栏线无存，写本经折装，两个残页的字迹不一致，刊布者定名为《大般若波罗蜜多经》。通过比对《大正藏》，可以确定 Or.12380-3871（K.K.）(45-40）的右面为玄奘译《大般若波罗蜜多经》第二百一十六卷“初分难信解品第三十四之三十五”的相应内容。

而左面残页是 14 字一行的偈诵，下栏线单栏，上栏线无存，写本经折装，刊布者也定名为《大般若波罗蜜多经》，定名错误，现将左面西夏文录文并对译如下：

[illegible]　[illegible]

若人是胜愿王于　一遍耳经愿发应

[illegible]　[illegible]

胜菩提求心成渴　胜功德的比超多

[illegible]　□□□□□[illegible]

恶知识与常远离　□□□□□分别

□[illegible]　[illegible]□□□□□□□

□无量光佛之见　是□□□□□□□

□□[illegible]　□□□□□□□□

□□胜寿命得能　□□□□□□□□

□□□□□□□[illegible]　□□□□□□□□

□□□□□□□如　□□□□□□□□

可以确定 Or.12380-3871（K.K.）(45-40）残经左面不属于玄奘译《大般若波罗蜜多经》，而是般若译《大方广佛华严经》第四十卷“入不思议解脱境界普贤行愿品”的相应内容：

若人于此胜愿王，一经于耳能生信；

求胜菩提心渴仰，获胜功德过于彼。
即常远离恶知识，永离一切诸恶道；
速见如来无量光，具此普贤最胜愿。
此人善得胜寿命，此人善来人中生；
此人不久当成就，如彼普贤菩萨行。①

44.Or.12380-3871（K.K.）(45-41）残存2页12行，残缺严重，栏线无存，尤其下半部分残片有错位情况，写本经折装，刊布者定名为《大般若波罗蜜多经》。现将西夏文录文并对译如下：

（右面）

[illegible][illegible][illegible]□□□□　□□□□□□□
授记毕□□□□　□□□□□□□
[illegible][illegible][illegible][illegible]□□□　□□□□□□□
大十方至□□□　□□□□□□□
[illegible][illegible][illegible][illegible]□□□　□□□□□□□
虚空界尽□□□　□□□□□□□
[illegible][illegible][illegible][illegible][illegible]□□　[illegible][illegible]□□□[illegible][illegible]
一切尽无故□□　我愿□□□不尽
[illegible][illegible][illegible][illegible][illegible]□□　□□[illegible][illegible][illegible][illegible][illegible]
边无国土中□□　□□庄严佛供养
□□□□[illegible][illegible]□　□[illegible][illegible][illegible][illegible][illegible]□
□□□□天人□　□刹尘数劫经□

比对《大正藏》，可以确定刊布者定名错误，残经右面内容不是玄奘译《大般若波罗蜜多经》，而是般若译《大方广佛华严经》第四十卷"入不思议解脱境界普贤行愿品"的相应内容：

① （唐）般若译《大方广佛华严经》卷40，《大正藏》第10册，第293号，第848页上栏20~26。

蒙彼如来授记已，化身无数百俱胝；
智力广大遍十方，普利一切众生界。
乃至虚空世界尽，众生及业烦恼尽，
如是一切无尽时，我愿究竟恒无尽。
十方所有无边刹，庄严众宝供如来；
最胜安乐施天人，经一切刹微尘劫。[①]

（左面）

[illegible]□□□□□□　□□□□□□□
力□□□□□□　□□□□□□□
[illegible][illegible][illegible]□□□□　□□□□□[illegible][illegible]
愿王生□□□□　□□□□□消灭
[illegible][illegible]□[illegible]□□□　[illegible]□□□□[illegible][illegible]
族及□色□□□　相□□□□圆满
[illegible][illegible][illegible][illegible]□□□　[illegible][illegible][illegible][illegible][illegible][illegible][illegible]
及之皆降□□□　三界供养应受理
[illegible][illegible][illegible][illegible]□□□　[illegible][illegible][illegible][illegible][illegible][illegible][illegible]
大树下往□□□　坐毕界魔界降伏
□□□□[illegible][illegible][illegible]　[illegible][illegible][illegible][illegible]□□□
□□□□法轮转　众生一切□□□

可以确定 Or.12380-3871（K.K.）（45-41）残经左面不属于玄奘译《大般若波罗蜜多经》，而是般若译《大方广佛华严经》第四十卷“入不思议解脱境界普贤行愿品”的相应内容：

往昔由无智慧力，所造极恶五无间；

① （唐）般若译《大方广佛华严经》卷 40，《大正藏》第 10 册，第 293 号，第 848 页上栏 15~20。

诵此普贤大愿王，一念速疾皆销灭。
族姓种类及容色，相好智慧咸圆满；
诸魔外道不能摧，堪为三界所应供。
速诣菩提大树王，坐已降伏诸魔众；
成等正觉转法轮，普利一切诸含识。[①]

比对 Or.12380-3871（K.K.）（45-41）左右面和 Or.12380-3871（K.K.）（45-40）残经左面，可以确定它们为同部残经，其顺序为 Or.12380-3871（K.K.）（45-41）右面 +Or.12380-3871（K.K.）（45-40）左面 +Or.12380-3871（K.K.）（45-41）左面。

45.Or.12380-3927（K.K.）残存 1 页 5 行，刻本经折装，上下栏线单栏，原文献上有编号 3927，刊布者定名为《菩提道次第六加行法》。现将西夏文从右向左录文并对译如下：

……[illegible]
……令
……[illegible]
……卷九十第
□□□□□[illegible]　[illegible]
□□□□□一切　十方世界中住应
[illegible]　[illegible]
我清净身语意以　一切礼敬不常无
[illegible]　[illegible]
普贤愿行威神力　如来一切处皆现

翻译如下：
……令

① （唐）般若译《大方广佛华严经》卷 40，《大正藏》第 10 册，第 293 号，第 848 页上栏 15~19。

……第九十卷

□□□□□一切，十方世界中应住；

我以清净身语意，一切礼敬不常无。

普贤行愿威神力，皆现一切如来处。

从偈语内容看，刊布者定名错误，非《菩提道次第六加行法》，残经或为般若译《大方广佛华严经》第四十卷之“入不思议解脱境界普贤行愿品”的内容，或为《瑜伽集要焰口施食仪》的内容，或为唐澄观撰《大方广佛华严经普贤行愿品别行疏钞》第六卷、《药师七佛供养仪轨如意王经》等的相应内容。但在六句偈语前出现“第九十卷”等内容又与上述所列佛经对不上。考虑到前述编号也有“所有十方世界中，三世一切人师子；我以清净身语意，一切遍礼尽无余。普贤行愿威神力，普现一切如来前”的内容，确定残经为唐般若译《大方广佛华严经》第四十卷之“入不思议解脱境界普贤行愿品”，故将 Or.12380-3927（K.K.）残经暂定为唐般若译《大方广佛华严经》第四十卷之“入不思议解脱境界普贤行愿品”。

46.Or.12380-3934（K.K.）残存 1 页 7 行，上下栏线单栏，满行 14 字，刻本经折装，刊布者定名为《大方广佛华严经普贤菩萨行愿品下》，现将西夏文录文并对译如下：

[illegible]

尽众生烦恼尽亦我是回向未尽可

[illegible]

无念念续续间断不有身语意业厌

[illegible]

倦不有

[illegible][1]

善男子是者菩萨摩诃萨十种大愿

① 西夏文“[illegible]”译为“十种大愿”“十大愿”，即普贤十大愿。

[illegible]

具足圆满也若诸菩萨是大愿于随

[illegible]

顺趣入方故众生一切之成就能阿

[illegible]

耨多罗三藐三菩提随顺能普贤菩

翻译如下：

尽，众生烦恼尽，我亦是回向未刻尽，无念念续续，不有间断，身语意业不有厌倦。善男子，是者菩萨摩诃萨十种大愿具足圆满也，若诸菩萨，于是大愿随顺趣入，方故能成就一切之众生，能随顺阿耨多罗三藐三菩提，普贤菩……

解读 Or.12380-3934（K.K.）残经，可知刊布者定名基本正确。比对《大正藏》，可以确定残页为般若译《大方广佛华严经》第四十卷“入不思议解脱境界普贤行愿品”的相应内容：

……虚空界尽，众生界尽，众生业尽，众生烦恼尽，我此回向无有穷尽，念念相续无有间断，身语意业无有疲厌。善男子，是为菩萨摩诃萨十种大愿具足圆满。若诸菩萨，于此大愿，随顺趣入，则能成熟一切众生，则能随顺阿耨多罗三藐三菩提，则能成满普贤菩萨诸行愿海。①

（二）《华严经·普贤行愿品》科文

1.Or.12380-3483（K.K.）残存 1 页，分上下两部分，上部分为图表，下部分为经文，原文献上有编号 3483，刊布者定名为《金刚般若波罗蜜经》，有残缺，但是从版式判断不应为《金刚般若波罗蜜经》。现

① （唐）般若译《大方广佛华严经》卷 40，《大正藏》第 10 册，第 293 号，第 846 页上栏。

将西夏文残经录文并对译如下：

[illegible]	[illegible]☐☐☐☐☐
三尽无捆（缚）	（菩）提心不离供养☐☐☐☐☐
	[illegible]☐☐[illegible]
	善男子昔说供养无☐☐德
	[illegible]☐☐
	功者法供养一念德功☐☐
	[illegible]☐☐☐☐☐
	譬百分中一无☐☐☐☐☐
[illegible]	[illegible]☐☐☐☐☐
四业障忏除	一无及百千无☐☐☐☐☐
	[illegible]☐☐☐☐[illegible]
	分迦罗分算分☐☐☐☐分
	[illegible]☐☐☐[illegible]
	优波尼沙陀分☐☐☐无及

比对《大正藏》，可以确定残经为罽宾国三藏般若译《大方广佛华严经》第四十卷之“入不思议解脱境界普贤行愿品”的相应内容，刊布者定名为《金刚般若波罗蜜经》有误，残经的相应内容为：

> ……不离菩提心供养。善男子，如前供养无量功德，比法供养，一念功德，百分不及一，千分不及一，百千俱胝那由他分，迦罗分、算分、数分、谕分、优婆尼沙陀分，亦不及一。[①]

西夏不仅对鸠摩罗什翻译《金刚般若波罗蜜经》做了科文注解，还对罽宾国三藏般若译《大方广佛华严经》做了科文注解，方便信众了解

① （唐）般若译《大方广佛华严经》卷40，《大正藏》第10册，第293号，第844页下栏。

和掌握经文。

Or.12380-3483（K.K.）残经科判题解仅存有“三无尽缚”“四忏除业障”。

2.Or.12380-3484（K.K.Ⅱ.0243.t）残存 1 页，分上下两部分，上部分为图表，下部分为经文，原文献上有编号 3484，刊布者定名为《金刚般若波罗蜜经》，有残缺。现将西夏文残经录文并对译如下：

[illegible]□□□□□	[illegible]□□□□□□□□
二□□□□□	（供）养为□□□□□□□□
	[illegible]
	善男子诸供养中法供养
	[illegible]□□□□□□□□
	最上□□□□□□□□
	[illegible]□□□□□□
	是者合依□□□□□□
	[illegible]□□□□□□
	利益供养□□□□□□
[illegible]	[illegible]
二问解	菩萨苦法供养善根勤修
	[illegible]□□
	供养菩萨业无者供（养）□□

比对《大正藏》，可以确定残经为般若译《大方广佛华严经》第四十卷之“入不思议解脱境界普贤行愿品”的相应内容，刊布者定名为《金刚般若波罗蜜经》有误，残经的相应内容为：

以如是等诸供养具，常为供养。善男子，诸供养中法供养最。所谓如说修行供养，利益众生供养，摄受众生供养，代众生苦供养，勤修善根供养，不舍菩萨业供养。[1]

科判题解仅存“二□□□□□”“二问解”等。

从 Or.12380-3483（K.K.）和 Or.12380-3484（K.K.Ⅱ.0243.t）的内容、字体判断，二者为同版佛经，Or.12380-3484（K.K.Ⅱ.0243.t）的内容在前，Or.12380-3483（K.K.）的内容在后，二者内容基本可以缀合。

① （唐）般若译《大方广佛华严经》卷 40，《大正藏》第 10 册，第 293 号，第 844 页下栏。

西夏文法华类经典

一 《妙法莲华经》与《妙法莲华经心》

（一）《妙法莲华经》

《妙法莲华经》是最负盛名的大乘般若经典之一，也是中国早期翻译过来的经典，天台宗尊奉此经为“宗经”。《妙法莲华经》传入中国，先后六次被翻译，现存三种译本。一是后秦龟兹国三藏法师鸠摩罗什奉诏译《妙法莲华经》（七卷），见《大正藏》第 262 号；二是西晋月氏国三藏竺法护译《正法华经》（十卷），见《大正藏》第 263 号；三是隋天竺三藏阇那崛多共笈多译《添品妙法莲华经》（七卷），见《大正藏》第 264 号。此外，还有个别单品的汉译本流传，《妙法莲华经》以鸠摩罗什汉译本最为流行。《妙法莲华经》汉译本传入西夏境内，并被翻译成西夏文，汉文本、西夏文本在西夏都十分流行。

在《英藏黑水城文献》中存有多件以鸠摩罗什汉译本为底本的西夏文《妙法莲华经》残经，据考此经在元昊、秉常时期已被译成西夏文，仁孝皇帝在位时再次校勘。《妙法莲华经》西夏文本、汉文本还见于俄[①]、

---

① 俄藏西夏文《妙法莲华经》参见 Е. И. Кычанов，*Каталог тангутских буддийских памятников*，Киото：Университет Киото，1999г，стр.293-299.№8-81，танг138、430，инв.№5605、6360、6253、5838、3259、64、63、719、68、6253、2436、66、564、4631、4011、6723、4562、6310、7231、3900、2317、6452、67、927、782、4674、3901、4562、6452、7231、692、805、229。《妙法莲华经》，〔俄〕克恰诺夫编著《俄藏黑水城西夏文佛经叙录》，崔红芬、文志勇译，甘肃文化出版社，2021，第 256~270 页，见《大正藏》第 262 号，西田龙雄《西夏文佛经目录》第 229 号，格林斯坦德《西夏文大藏经》第 238~257、1502~1521 页，以及№ 82-83，танг219《观世音菩萨普门品》，инв.№574、（1~6 册）TK1、2、3、4、9、10、11、15、157 等，《观世音菩萨普门品》TK90、91、93、94、95、96、105、113、138、154、155、156 等，上海古籍出版社，1993~1997。〔俄〕孟列夫：《黑城出土汉文遗书叙录》，王克孝译，宁夏人民出版社，1994，第 107~116 页。

中[①]等国的收藏，鸠摩罗什的译经在西夏境内十分流行，除《妙法莲华经》和《妙法莲华经·观世音菩萨普门品》单品外，还有西夏文《金刚般若波罗蜜经》、《摩诃般若波罗蜜经》、《大宝积经》之“富楼那会”“善臂菩萨会”、《佛说阿弥陀经》、《维摩诘所说经》、《大智度论》和《发菩提心经论》等。在黑水城出土的众多西夏文佛经中，残存的《妙法莲华经》和《观世音菩萨普门品》占相当大的分量，说明《妙法莲华经》和《观世音菩萨普门品》是西夏时期较流行的佛经。

通过对《英藏黑水城文献》西夏文佛经的整理释读，可以初步确定在《英藏黑水城文献》中共有 20 多件《妙法莲华经》残经。刊布者对残经的定名存在错误，或者诸多残经未定名，例如刊布者将 Or.12380-0690（K.K.Ⅱ.0280.a.ix）、Or.12380-1513（K.K.Ⅱ.0281.x）、Or.12380-1979（K.K.）、Or.12380-1058（K.K.Ⅱ.0281.rrr）、Or.12380-1074（K.K.）等定名为《妙法莲华经》有误，分别见不同残经的解读。

《英藏黑水城文献》中除了西夏文本的《妙法莲华经》[②]外，还有《妙法莲华经心》的内容。下面对英藏西夏文《妙法莲华经》进行释续。

1.Or.12380-0046（K.K.Ⅱ.0283.ccc）残存 1 页 7 行，上栏线单栏，下栏线无存，刻本经折装，刊布者将其定名为“佛经”。现将西夏文录文并对译如下：

𗅋𗣼𗤁𗍫[③]𗧓……

未成今日世……

① 参见《中国藏西夏文文献》（1~20 册），甘肃人民出版社，2005。第 6 册收录国家图书馆藏 B11.055[1.17] 刻本经折装《添品妙法莲华经》（第 132~190 页）；第 16 册收录敦煌研究院藏 G11.033[D.0670] 刻本经折装《观世音菩萨普门品》和 G11.034[D.0752-1、D0696、D0815] 刻本《观世音菩萨普门品》（3 件）（第 47~88 页）、甘肃省博物馆藏 G21.035[13212] 刻本经折装《妙法莲华经》（卷 7）（第 293 页）等；第 17 册收录内蒙古自治区博物馆藏 M11.010 刻本经折装《观世音菩萨普门品》（第 70 页）和 M21.150 写本《观世音菩萨普门品》封面（第 250 页）。

② 王龙在《英藏黑水城文献〈法华经〉残叶考释》（《西夏学》第 8 辑，上海古籍出版社，2011）中所列 Or.12380-1513、1058、1074、0690、1979、3490、3703、3829、3831 等皆定名为《妙法莲华经》，其中存在一些问题或定名不准确，尚需要核对。

③ 西夏文“𗤁𗍫”译为“今日”。

[illegible]……

教导示以阿耨多罗三藐三菩提……

[illegible]……

求心所起使我说……

[illegible]……

得使是如大功德事为……

[illegible]……

等又法说言所……

[illegible]……

佛之知应亦悟（达）……

[illegible]……

悟佛度灭及向是……

Or.12380-0046（K.K.Ⅱ.0283.ccc）残经翻译如下：

……未成。今日世……以示教导，阿耨多罗三藐三菩提……使所求起心，我说……使得如是大功德。为事……等又所言说法……佛之应知，亦悟（达）……悟，佛灭度及向是……

比对《大正藏》，确定残经为鸠摩罗什译《妙法莲华经》第五卷“从地踊出品第十五”或隋阇那崛多共笈多译《添品妙法莲华经》第五卷“从地踊出品第十四”的相应内容：

> ……一切世间，甚为希有。今日世尊方云得佛道时，初令发心，教化示导，令向阿耨多罗三藐三菩提。世尊，得佛未久，乃能作此大功德事。我等虽复信佛，随宜所说，佛所出言，未曾虚妄，佛所知者，皆悉通达，然诸新发意菩萨，于佛灭后，若闻是语，或不信受，而起破法罪业因缘。[1]

---

① （后秦）鸠摩罗什译《妙法莲华经》卷5，《大正藏》第9册，第262号，第41页下栏。（隋）阇那崛多共笈多译《添品妙法莲华经》卷5，《大正藏》第9册，第264号，第175页下栏。

2.Or.12380-0049（K.K.Ⅱ.0283.fff）残存 1 页 6 行，字数不能确定，上栏线无存，下栏线单栏，刻本，刊布者定名为“佛经经颂”。现将西夏文录文并对译如下：

□□□[illegible]	[illegible]	□□□六子	悉皆千万亿
□□[illegible]	[illegible]	□□于所来	首面敬佛足
□□□[illegible]	[illegible]	□□□师法	我及一切足
□[illegible]	[illegible]□[illegible]	□劫是善显	众生达□缘
□□□[illegible]	[illegible]□[illegible]	□□□千万	一切皆□动
□□□□□	□□□[illegible]	□□□□□	□□□相见

Or.12380-0049（K.K.Ⅱ.0283.fff）残经翻译如下：

□□□六子，悉皆千万亿；于□□所来，首面敬佛足。

□□□师法，足我及一切；□劫是善显，达众生□缘。

□□□千万，一切皆□动；□□□□□，□□□相见。

比对《大正藏》，确定残经为《妙法莲华经》第三卷“化城喻品第七”的相应内容：

彼佛十六子，皆与其眷属；千万亿围绕，俱行至佛所。

头面礼佛足，而请转法轮；圣师子法雨，充我及一切。

世尊甚难值，久远时一现；为觉悟群生，震动于一切。

东方诸世界，五百万亿国；梵宫殿光曜，昔所未曾有。

诸梵见此相，寻来至佛所。[1]

3.Or.12380-0228（K.K.Ⅱ.0284.o）残存 1 页 9 行，每行 15 字，上下栏线均为单栏，刻本，残缺严重，刊布者将其定名为“佛经”。现将西夏文录文并对译如下：

---

① （后秦）鸠摩罗什译《妙法莲华经》卷 3，《大正藏》第 9 册，第 262 号，第 26 页上栏。

□□[illegible]

□□如来方及彼之辩论尽使无能汝

[illegible]

汝等彼富楼那之惟我法说若持助敬

[illegible]□□□□□□[illegible]

且已过□□□□□□亦佛之平等若

□□□□□□□□□□[illegible]

□□□□□□□□□□皆悟第也及

□□□□□□□□□□□□[illegible]

□□□□□□□□□□□□损无智

□□□□□□□□□□□□□[illegible]

□□□□□□□□□□□□□佛国

□□□□□□□□□□□[illegible]

□□□□□□□□□□□方便力以

□□□□□□□□□□□□□[illegible]

□□□□□□□□□□□□□僧祇

□□□□□□□□□□□[illegible]

□□□□□□□□□□□菩提生起

Or.12380-0228（K.K.Ⅱ.0284.o）残经翻译如下：

□□如来，方及使汝无能尽彼之辩论。汝等彼富楼那之，惟若持助我说法，敬说且已过□□□□□□亦佛之平等。若□□□□□□□□□□皆第悟也，及□□□□□□□□□□□□无损智。□□□□□□□□□□□□□佛国□□□□□□□□□□□以方便力□□□□□□□□□□□□□僧祇□□生起□□□□□□□□□□□菩提。

比对《大正藏》，确定残经为鸠摩罗什译《妙法莲华经》第四卷“五百弟子受记品第八”或隋阇那崛多共笈多译《添品妙法莲华经》第四卷“五百弟子授记品第八”的相应内容：

……自舍如来，无能尽其言论之辩。汝等勿谓富楼那，但能护持助宣我法，亦于过去九十亿诸佛所，护持助宣佛之正法，于彼说法人中亦最第一，又于诸佛所说空法，明了通达，得四无碍智，常能审谛清净说法，无有疑惑，具足菩萨神通之力，随其寿命常修梵行，彼佛世人，咸皆谓之实是声闻，而富楼那以斯方便，饶益无量百千众生，又化无量阿僧祇人，令立阿耨多罗三藐三菩提。[①]

4.Or.12380-0320J（K.K.Ⅱ.0285）残经为汉文本，存1残页5行，栏线无存，刻本，刊布者将其定名为《妙法莲华经》“观世音菩萨普门品第二十五”。

前3行为鸠摩罗什译《妙法莲华经》第七卷“观世音菩萨普门品第二十五”的内容（其中黑体内容为黑水城汉文本）：

无尽意！观世音菩萨有如是等大**威神力**，**多**所饶益，是故众生常应**心念**。**若有**女人，设欲求男，礼拜供养观世音菩萨，便生福德智慧之男；设欲求女，便生端正有相之女。宿殖德本，众人爱敬。[②]

后2行为鸠摩罗什译《妙法莲华经》第七卷“观世音菩萨普门品第二十五”的内容（其中黑体内容为黑水城汉文本）：

无尽意！是观世音菩萨成就如是**功德**，**以种**种形，游诸国土，度脱众生。是**故汝等**，应当一心供养观世音菩萨。[③]

① （后秦）鸠摩罗什译《妙法莲华经》卷4，《大正藏》第9册，第262号，第27页中栏。（隋）阇那崛多共笈多译《添品妙法莲华经》卷4，《大正藏》第9册，第264号，第162页上栏。

② （后秦）鸠摩罗什译《妙法莲华经》卷7，《大正藏》第9册，第262号，第57页上栏5~中栏9。

③ （后秦）鸠摩罗什译《妙法莲华经》卷7，《大正藏》第9册，第262号，第57页中栏。

故此，Or.12380-0320J（K.K.Ⅱ.0285）残经为《妙法莲华经》的相应内容。中间省略很多内容，雕印者出于什么考虑，尚不得而知。

5.Or.12380-0712（K.K.）残经存1页3行，刻本，字数不能确定，残缺严重，刊布者将其定名为“佛经”。现将西夏文录文并对译如下：

……[西夏文]□[西夏文]……	……予嘱□汝等……
……[西夏文]……	……众生一切皆已闻……
……[西夏文]……	……大慈悲有吝惜应无……

Or.12380-0712（K.K.）残经翻译如下：

……予嘱□汝等……一切众生皆已闻……有大慈悲，无应吝惜……

比对《大正藏》，确定残经为鸠摩罗什译《妙法莲华经》第六卷“嘱累品第二十二”的相应内容：

> 今以付嘱汝等，汝等当受持读诵，广宣此法，令一切众生普得闻知，所以者何？如来有大慈悲，无诸悭吝，亦无所畏。①

6.Or.12380-0721（K.K.Ⅱ.0279.ee）残经存1页5行，上栏线无存，下栏线单栏，刻本，字数不能确定，残缺严重，每行存1~6字不等，刊布者将其定名为“佛经经颂”。现将西夏文录文并对译如下：

□□□□	□□□[西夏文]	□□□□	□□□使
□□□□	□□[西夏文]	□□□□	□□谁能
□□□□	[西夏文]②	□□□□	应度灭亦
□□□[西夏文]	[西夏文]③	□□□来	及我身又

---

① （后秦）鸠摩罗什译《妙法莲华经》卷6，《大正藏》第9册，第262号，第52页下栏。

② 西夏文“[西夏文]”译为“亦应灭度”，汉文本为“虽久灭度”。

③ 西夏文“[西夏文]”译为“又及我身”，汉文本为“及与我身”。

□□[illegible] [illegible][1]	□□子等　法护能者

翻译如下：

□□□□，□□□使；□□□□，□□谁能。

□□□□，亦应灭度；□□□来，又及我身。

□□子等，能护法者。

比对《大正藏》，确定残经为鸠摩罗什译《妙法莲华经》第四卷“见宝塔品第十一”的相应内容：

> 读说斯经，今于佛前，自说誓言，其多宝佛，虽久灭度。
> 以大誓愿，而师子吼，多宝如来，及与我身，所集化佛。
> 当知此意，诸佛子等，谁能护法，当发大愿，令得久住。[2]

7.Or.12380-0763（K.K.）残存 1 页 4 行，栏线无存，刻本，字数不能确定，残缺严重，刊布者将其定名为“佛经”。现将西夏文录文并对译如下：

……[illegible][3][illegible]……	……药王菩萨摩诃萨及……
……[illegible]……	……萨二万菩萨善亲……
……[illegible]……	……起惟愿世尊……
……[illegible]……	……是……

翻译如下：

……药王菩萨摩诃萨，及……萨，二万菩萨善亲……起惟愿：世尊……是……

比对《大正藏》，确定残经为鸠摩罗什译《妙法莲华经》第四卷

---

① 西夏文“[illegible]”译为“能护法者”，汉文本为“谁能护法”。

② （后秦）鸠摩罗什译《妙法莲华经》，《大正藏》第 9 册，第 262 号，第 33 页下栏。

③ 西夏文“[illegible]”译为“药王菩萨摩诃萨”。

“劝持品第十三”或隋阇那崛多共笈多译《添品妙法莲华经》第四卷“劝持品第十二”的相应内容：

> 尔时，药王菩萨摩诃萨，及大乐说菩萨摩诃萨，与二万菩萨眷属俱，皆于佛前作是誓言：唯愿世尊不以为虑，我等于佛灭后……[1]

8.Or.12380-0771（K.K.Ⅱ.0230.rr）残存 1 页 2 行，残页右面栏线单栏，上下栏线无存，写本，刊布者定名为“佛经”。现将西夏文录文并对译如下：

□□□□　[illegible]　[illegible]　□□□□

□□□□　涅槃得能　六神通起　□□□□

□□□□　□□[illegible]　[illegible][2][illegible]　□□□□

□□□□　□□定行　独觉得者　□□□□

翻译如下：

□□□□，能得涅槃；起六神通，□□□□。

□□□□，□行□定；得独觉者，□□□□。

比对《大正藏》，确定残经为《妙法莲华经》第三卷“药草喻品第五”的内容：

> 知无漏法，能得涅槃；起六神通，及得三明。
>
> 独处山林，常行禅定；得缘觉证，是中药草。[3]

---

① （后秦）鸠摩罗什译《妙法莲华经》卷 4，《大正藏》第 9 册，第 262 号，第 35 页下栏。（隋）阇那崛多共笈多译《添品妙法莲华经》卷 4，《大正藏》第 9 册，第 264 号，第 170 页中栏。

② 西夏文“[illegible]”译为“独觉”，汉文本为“缘觉”。

③ （后秦）鸠摩罗什译《妙法莲华经》卷 3，《大正藏》第 9 册，第 262 号，第 19 页下栏。

9.Or.12380-0774（K.K.Ⅱ.0230.u）残存 1 页 6 行，每行 4 句，每句 4 字，上栏线无存，下栏线单栏，刻本，残缺严重，刊布者将其定名为“佛经”。现将西夏文录文并对译如下：

□□□□　[illegible]□[illegible][illegible]　□□[illegible][illegible]　[illegible][illegible][illegible][illegible]①
□□□□　多□是如　□□宣说　他事不为
□□□□　[illegible][illegible][illegible][illegible]②　[illegible]□[illegible][illegible]　[illegible][illegible][illegible][illegible]
□□□□　疲倦不起　世□皆治　雨普利如
□□□[illegible]　[illegible][illegible][illegible][illegible]③　□□[illegible][illegible]　[illegible][illegible][illegible][illegible]
□□□上　戒持戒毁　□□具足　及不具足
[illegible][illegible][illegible][illegible]　[illegible][illegible][illegible][illegible]　[illegible][illegible][illegible][illegible]　[illegible][illegible][illegible][illegible]
正见邪见　根利根钝　法雨至雨　疲倦不起
□□[illegible][illegible]　[illegible][illegible][illegible][illegible]　[illegible][illegible][illegible][illegible]　[illegible][illegible][illegible][illegible]④
□□一切　我法闻者　各许依持　各地于住
□□□□　[illegible][illegible][illegible]□　[illegible][illegible][illegible][illegible]⑤　□□□[illegible]
□□□□　轮王转□　诸王为者　□□□也

Or.12380-0774（K.K.Ⅱ.0230.u）残经翻译如下：

□□□□，□多如是；宣说□□，不为他事。
□□□□，不起疲倦；世□皆治，如雨普利。
□□□上，持戒毁戒；□□具足，及不具足。
正见邪见，利根钝根；法雨至雨，不起疲倦。
一切□□，闻我法者；依持各许，住于各地。
□□□□，轮王转□；为诸王者，□□□也。

---

① 西夏文“[illegible]”译为“不为他事”，汉文本为“曾无他事”。
② 西夏文“[illegible]”译为“不起疲倦”，汉文本为“终不疲厌”。
③ 西夏文“[illegible]”译为“持戒毁戒”“持戒破戒”。
④ 西夏文“[illegible]”译为“住于各地”，汉文本为“住于诸地”。
⑤ 西夏文“[illegible]”译为“为诸王者”，汉文本为“释梵诸王”。

比对《大正藏》，可以确定残经为鸠摩罗什译《妙法莲华经》第三卷“药草喻品第五”的相应内容：

> 如为一人，众多亦然，常演说法，曾无他事。
> 去来坐立，终不疲厌，充足世间，如雨普润。
> 贵贱上下，持戒毁戒，威仪具足，及不具足。
> 正见邪见，利根钝根，等雨法雨，而无懈倦。
> 一切众生，闻我法者，随力所受，住于诸地。
> 或处人天，转轮圣王，释梵诸王，是小药草。[1]

10.Or.12380-0865（K.K.）残存 1 页 6 行，上栏线单栏，下栏线无存，刻本，残缺严重，刊布者将其定名为“佛经”。现将西夏文录文并对译如下：

[illegible]□□[illegible]
天王□□梵
[illegible]　[illegible]　□□□□□
今何因缘依　我等诸宫殿　□□□□□
[illegible]　[illegible]　□□□□□
庄严昔与异　是如妙相者　□□□□□
[illegible]□　[illegible]□　□□□□□
大德天生□　佛界中出□　□□□□□
[illegible]□[illegible]
尔时五百□于诸梵天王
□□□□[illegible]
□□□□诸天华与共

① （后秦）鸠摩罗什译《妙法莲华经》卷 3，《大正藏》第 9 册，第 262 号，第 19 页下栏。

Or.12380-0865（K.K.）残经翻译如下：

天王……梵

今依何因缘，我等诸宫殿；□□□□□，庄严与昔异。

如是妙相者，□□□□□；大德天生□，佛界中出□。

□□□□□尔时五百□于诸梵天王，□□□□诸天华与共。

比对《大正藏》，可确定残经为鸠摩罗什译《妙法莲华经》第三卷“化城喻品第七”的相应内容：

> 时，彼众中，有一大梵天王，名曰尸弃，为诸梵众而说偈言：
>
> 今以何因缘，我等诸宫殿；威德光明曜，严饰未曾有。
>
> 如是之妙相，昔所未闻见；为大德天生？为佛出世间？
>
> 尔时，五百万亿诸梵天王与宫殿俱，各以衣裓盛诸天华，共诣下方，推寻是相。①

11.Or.12380-0961（K.K.）残存1页4行，上栏线无存，下栏线单栏，刻本，每行4句，每句4字，残缺严重，刊布者将其定名为“佛经”。现将西夏文录文并对译如下：

□□□□	𗧓𗤋𗣼𗡞②	𘃡𗢸𗖵𗏁③	𗦻𗷖𗒛𗤶
□□□□	我后佛成	勤定行者	上药草是
□□□□	𗣼𗹦𘃡𗱕④	𗤋𗂸𗾞𗖵	𗋕𗣼𗡞𗡪
□□□□	佛道勤修	常慈悲行	自佛成知
□□□□	𗼃𗫨𗡞𗡞	𗢳𗦫𗾆𗆐	𗂧𗧘𗨻𗡶
□□□□	树小名成	神灵安住	不退轮转

① （后秦）鸠摩罗什译《妙法莲华经》卷3，《大正藏》第9册，第262号，第24页下栏10~20。

② 西夏文“𗧓𗤋𗣼𗡞”译为“我成佛后”，汉文本为“我当作佛”。

③ 西夏文“𘃡𗢸𗖵𗏁”译为“行勤定者”，汉文本为“行精进定”。

④ 西夏文“𗣼𗹦𘃡𗱕”译为“勤修佛道”，汉文本为“专心佛道”。

□□□□　□[illegible][illegible][illegible]　[illegible][illegible][illegible][illegible]　[illegible]□□□
□□□□　□众生度　是如菩萨　树□□□

Or.12380-0961（K.K.）残经翻译如下：

□□□□，我成佛后；行勤定者，是上药草。
□□□□，勤修佛道；常行慈悲，自知成佛。
□□□□，成名小树；安住神通，转不退轮。
□□□□，度□众生；如是菩萨，树□□□。

比对《大正藏》，可以确定残经为鸠摩罗什译《妙法莲华经》第三卷“药草喻品第五”的相应内容：

> 求世尊处，我当作佛，行精进定，是上药草。
> 又诸佛子，专心佛道，常行慈悲，自知作佛。
> 决定无疑，是名小树，安住神通，转不退轮。
> 度无量亿，百千众生，如是菩萨，名为大树。[①]

12.Or.12380-1893（K.K.）残存1页9行，其中1行西夏字无存，4字1句，下半部分残缺严重，上栏线单栏，下栏线无存，刻本，残经上有编号1893，刊布者将其定名为“陀罗尼”。现将西夏文录文并对译如下：

[illegible][illegible]□□　□□□□　□□□□　□□□□
众生□□　□□□□　□□□□　□□□□
[illegible][illegible]□□　□□□□　□□□□　□□□□
若人□□　□□□□　□□□□　□□□□
[illegible][illegible]□□　□□□□　□□□□　□□□□
漏无□□　□□□□　□□□□　□□□□
……

① （后秦）鸠摩罗什译《妙法莲华经》卷3，《大正藏》第9册，第262号，第19页下栏。

[illegible]	□□□□	□□□□	□□□□
世尊处求	□□□□	□□□□	□□□□
[illegible]	□□□□	□□□□	□□□□
及诸佛子	□□□□	□□□□	□□□□
[illegible]	□□□□	□□□□	□□□□
疑心无者	□□□□	□□□□	□□□□
□□[illegible]	[illegible]□	□□□□	□□□□
□□量亿	百千众□	□□□□	□□□□
□[illegible]	[illegible]□□	□□□□	□□□□
□平等说	一味□□	□□□□	□□□□

比对《大正藏》，确定残经非“陀罗尼”，刊布者定名错误，应为鸠摩罗什译《妙法莲华经》第三卷“药草喻品第五”的相应内容，因为残缺严重，西夏文残存内容在下文中用黑体表示：

一切众生，闻我法者；随力所受，住于诸地。
或处人天，转轮圣王；释梵诸王，是小药草。
知**无漏**法，能得涅槃；起六神通，及得三明。
独处山林，常行禅定；得缘觉证，是中药草。
求世尊处，我当作佛；行精进定，是上药草。
又诸佛子，专心佛道；常行慈悲，自知作佛。
决定**无疑**，是名小树；安住神通，转不退轮。
度无**量亿**，**百千众**生；如是菩萨，名为大树。
佛**平等说**，如**一味**雨……①

13.Or.12380-2237（K.K.Ⅱ.0281.a.vii）残存1页7行，残缺严重，字数不能确定，上栏线无存，下栏线单栏，刻本，原残经上有编号

① （后秦）鸠摩罗什译《妙法莲华经》卷3，《大正藏》第9册，第262号，第19页下栏。

2237，刊布者定名为“佛经”。现将西夏文录文并对译如下：

……[illegible]□[illegible]	……思何云女□染
……[illegible]	……菩提何云得能佛
……[illegible]	……以行修诸度行故
……□[illegible]	……□种障得一者梵
……[illegible]	……君身无得三者
……[illegible]	……王身得莫
……[illegible]	……身立受佛成

Or.12380-2237（K.K.Ⅱ.0281.a.vii）翻译如下：

……思，云何女□染……云何能得菩提？佛……以修行行诸度，故……得□种障一者梵……无得君身，三者……莫得王身……身立受成佛……

比对《大正藏》，可以确定残经为鸠摩罗什译《妙法莲华经》第四卷“提婆达多品第十二”的相应内容：

> ……是事难信，所以者何？女身垢秽非是法器，云何能得无上菩提？佛道悬旷经无量劫，勤苦积行具修诸度，然后乃成。又女人身犹有五障：一者不得作梵天王，二者帝释，三者魔王，四者转轮圣王，五者佛身。云何女身速得成佛？①

14.Or.12380-2240（K.K.Ⅱ.0282.kkk）残存 2 折页，每折页 5 行，下半部分残缺严重，字数不能确定，上栏线单栏，下栏线无存，刻本，原残经上有编号 2240，刊布者定名为“佛经”，现将西夏文录文并对译如下：

---

① （后秦）鸠摩罗什译《妙法莲华经》卷 4，《大正藏》第 9 册，第 262 号，第 35 页下栏。

（右面）

[illegible][illegible][illegible][illegible]□ □□□□□ □□□□□
天女妙服□ □□□□□ □□□□□
[illegible][illegible][illegible][illegible]□ □□□□□ □□□□□
香觉（闻）皆知□ □□□□□ □□□□□
[illegible][illegible][illegible][illegible]□ □□□□□ □□□□□
禅入禅出□ □□□□□ □□□□□
[illegible][illegible][illegible][illegible][illegible] [illegible][illegible][illegible][illegible]□ □□□□□
有顶于乃至 先生及死□ □□□□□
[illegible][illegible][illegible][illegible][illegible] [illegible][illegible][1][illegible][illegible][illegible] □□□□□
诸比丘众等 法依常精进 □□□□□

（左面）

[illegible][illegible][illegible][illegible][illegible] [illegible][illegible][illegible][illegible][illegible] □□□□□
若经典诵读 若树林下住 □□□□□
[illegible][illegible][illegible][illegible]□ □□□□□ □□□□□
是经典持□ □□□□□ □□□□□
[illegible][illegible][2][illegible][illegible][illegible] □□□□□ □□□□□
禅入若经诵 □□□□□ □□□□□
[illegible][illegible][illegible][illegible]□ □□□□□ □□□□□
诸多住世□ □□□□□ □□□□□
[illegible][illegible][illegible][illegible]□ □□□□□ □□□□□
香觉皆知□ □□□□□ □□□□□

① 西夏文“[illegible][illegible]”译为“依法”。

② 西夏文“[illegible][illegible]”译为“入禅”“坐禅”“入定”。

Or.12380-2240（K.K.Ⅱ.0282.kkk）翻译如下：

天女□妙服，□□□□□；□□□□□，闻香皆□知。

□□□□□，□□□□□；禅入出禅□，□□□□□。

□□□□□，乃至于有顶；先生及死□，□□□□□。

诸比丘众等，依法常精进；□□□□□，若诵读经典。

若住树林下，□□□□□；持是经典□，□□□□□。

□□□□□，入禅若诵经；□□□□□，□□□□□。

诸多住世□，□□□□□；□□□□□，闻香皆□知。

□□□□□，□□□□□。

比对《大正藏》，可以确定残经为鸠摩罗什译《妙法莲华经》第六卷“法师功德品第十九”或阇那崛多共笈多译《添品妙法莲华经》第六卷“法师功德品第十八”的相应内容：

> 天女所著衣，好华香庄严，周旋游戏时，闻香悉能知。
> 如是展转上，乃至于梵世，入禅出禅者，闻香悉能知。
> 光音遍净天，乃至于有顶，初生及退没，闻香悉能知。
> 诸比丘众等，于法常精进，若坐若经行，及读诵经法。
> 或在林树下，专精而坐禅，持经者闻香，悉知其所在。
> 菩萨志坚固，坐禅若读诵，或为人说法，闻香悉能知。
> 在在方世尊，一切所恭敬，愍众而说法，闻香悉能知。
> 虽未得菩萨，无漏法生鼻。①

15.Or.12380-2359（K.K.Ⅱ.0233.eee）残存1页，上下栏线单栏，写本，残缺严重，残经上有编号2359，刊布者将其定名为“佛经”，现将西夏文录文并对译如下：

① （后秦）鸠摩罗什译《妙法莲华经》卷6，《大正藏》第9册，第262号，第48页下栏。（隋）阇那崛多共笈多译《添品妙法莲华经》卷6，《大正藏》第9册，第264号，第182页下栏。

[illegible]	各八灾与无道及
[illegible]	文殊师利菩萨
[illegible]	观世音菩萨
[illegible]	得大势菩萨
[illegible]①	常精进菩萨

Or.12380-2359（K.K.Ⅱ.0233.eee）残经翻译如下：

……各八灾与无道及

文殊师利菩萨、观世音菩萨、得大势菩萨、常精进菩萨……

比对《大正藏》，初步确定残经为鸠摩罗什译《妙法莲华经》第一卷“序品第一”或阇那崛多共笈多译《添品妙法莲华经》第一卷“序品第一”的内容，但残经第一行的内容与汉文本不太符合，相应内容如下：

……名称普闻无量世界，能度无数百千众生，其名曰：文殊师利菩萨、观世音菩萨、得大势菩萨、常精进菩萨……②

16.Or.12380-2525RV（K.K.）残存 2 折页，每折页 6 行，共 12 行，右面折页有品题，上半部分残缺严重，上栏线无存，下栏线单栏，残经上有编号 2525，刻本经折装，刊布者将其定名为“提婆达多品第十二”，现将西夏文录文并对译如下：

（右面）

……[illegible]	……第

[illegible]

① 西夏文“[illegible]”译为“常精进菩萨”。

② （后秦）鸠摩罗什译《妙法莲华经》卷 1，《大正藏》第 9 册，第 262 号，第 1 页下栏。（隋）阇那崛多共笈多译《添品妙法莲华经》卷 1，《大正藏》第 9 册，第 264 号，第 135 页上栏 11~17。

奉天显道耀武宣文神谋睿智制义去邪惇睦懿恭皇帝嵬名　贤校

……[illegible]　　……婆多品十二第

……[illegible]　　……四众等对说我依

……[illegible]　　……净经典所求缘懈

……[illegible]　　……国王为愿依最上

翻译如下：

……第

奉天显道耀武宣文神谋睿智制义去邪惇睦懿恭皇帝嵬名　贤校

……婆多品第十二

对……四众等说，我依……因所求净经典……懈……为国王，依愿最上……

（左面）

……[illegible][1][illegible]　　……六波罗蜜圆满欲

……[illegible][2][illegible]　　……无象马七宝国城

……[illegible][3][illegible][4][illegible]　　……骨髓身肉足手命

……[illegible][5][illegible][6][illegible]　　……民庶寿量无量法

……[illegible][7][illegible]　　……我之已嘱咐为鼓

……[illegible]　　……我之大乘法说善

翻译如下：

---

① 西夏文“[illegible]”译为“六波罗蜜”。波罗蜜是菩萨之行，有六种，即檀波罗蜜、尸罗波罗蜜、羼提波罗蜜、毗梨耶波罗蜜、禅波罗蜜、般若波罗蜜。

② 西夏文“[illegible]”译为“七宝”“七珍”，在各经典中名称略有差异。

③ 西夏文“[illegible]”译为“骨髓”。

④ 西夏文“[illegible]”译为“肉身”。

⑤ 西夏文“[illegible]”译为“庶民”“人民”。

⑥ 西夏文“[illegible]”译为“寿量”“寿命”。

⑦ 西夏文“[illegible]”译为“嘱咐”“吩咐”。

……欲圆满六波罗蜜……无象、马、七宝、国城……骨髓、身、肉、足、手，命……民庶寿量无量，法……我之已嘱咐，为鼓……说我之大乘善法……

比对《大正藏》，可以确定残经为鸠摩罗什译《妙法莲华经》第四卷“提婆达多品第十二”或阇那崛多共笈多译《添品妙法莲华经》第四卷“见宝塔品第十一”的相应内容：

> 尔时，佛告诸菩萨及天人四众，吾于过去无量劫中，求《法华经》无有懈惓，于多劫中常作国王，发愿求于无上菩提，心不退转，为欲满足六波罗蜜，勤行布施，心无吝惜象、马、七珍、国城、妻子、奴婢、仆从、头目、髓脑、身、肉、手、足，不惜躯命。时世人民寿命无量，为于法故，捐舍国位，委政太子，击鼓宣令四方求法：谁能为我说大乘者。①

17.Or.12380-2744（K.K.Ⅱ.0275.jj）残存1页5行，上下栏线单栏，刻本，残经上有编号2744，每行8字，刊布者将其定名为“佛经”，现将西夏文录文并对译如下：

□□□□[illegible]	□□□□忍辱地住
□□□[illegible]	□□□心无及如法
□[illegible]	□相观察不行不分
[illegible]□[illegible]	之行□也（是）菩萨摩诃
[illegible]	萨菩萨摩诃萨国王

翻译如下：

……忍辱地住……无及……观察如法相，不行不分之行。□是菩萨

① （后秦）鸠摩罗什译《妙法莲华经》卷4，《大正藏》第9册，第262号，第34页中栏。（隋）阇那崛多共笈多译《添品妙法莲华经》卷4，《大正藏》第9册，第264号，第169页上栏。

摩诃萨……菩萨摩诃萨，国王……

比对《大正藏》，可以确定残经为鸠摩罗什译《妙法莲华经》第五卷“安乐行品第十四”或隋阇那崛多共笈多译《添品妙法莲华经》第五卷“安乐行品第十三”的相应内容：

> ……住忍辱地，柔和善顺而不卒暴，心亦不惊，又复于法无所行，而观诸法如实相，亦不行不分别，是名菩萨摩诃萨行处。云何名菩萨摩诃萨亲近处？菩萨摩诃萨，不亲近国王、王子、大臣、官长。[1]

18.Or.12380-2763（K.K.Ⅱ.0279.n）残存1页6行，上下栏线单栏，每行15字，刻本经折装，残经上有编号2763，有长行，有偈诵，刊布者将其定名为《七宝华踏佛陀罗尼经》，现将西夏文录文并对译如下：

[illegible]

长为彼之及向阿耨多罗三藐三菩提

[illegible]

得使尔时世尊是义复显欲颂言所说

[illegible]　[illegible][2][illegible]　[illegible]

我大（太）子为时　罗睺子长为　我今佛道成

[illegible][3][illegible]　[illegible]　[illegible]□

法受法子成　未来世中亦　无量亿佛□

□[illegible]□[illegible]　[illegible]□　[illegible]□□□□

□菩提□成　一心佛道□　罗□□□□

---

① （后秦）鸠摩罗什译《妙法莲华经》卷5，《大正藏》第9册，第262号，第37页上栏。（隋）阇那崛多共笈多译《添品妙法莲华经》卷5，《大正藏》第9册，第264号，第171页中栏。

② 西夏文“[illegible]”译为“长子”。

③ 西夏文“[illegible]”译为“法子”，指随顺佛道，为法所资养者。

□[illegible]□[illegible]□

□我□长□

翻译如下：

为长彼之及向，使得阿耨多罗三藐三菩提。尔时，世尊，欲重显是义，所说颂言：

我为太子时，罗睺为长子；我今成佛道，法受成法子。

亦未来世中，□无量亿佛；成□菩提□，一心□佛道。

罗□□□□，□我□长□。

19.Or.12380-2763V（K.K.Ⅱ.0279.n）残存1页5行，上下栏线单栏，每行15字，刻本经折装，刊布者将其定名为“佛经”，现将西夏文录文并对译如下：

[illegible]□□□□□□□□□□□□□

者天□□□□□□□□□□□□□

[illegible]□□□□□□□□□□

如来之供养□□□□□□□□□□

[illegible]□[illegible]□□□□

一礼彼七宝花踏佛□庄严□□□□

[illegible]①[illegible]□[illegible]

数德（正）法象法学正学□等皆山海慧自

[illegible]②[illegible]

主（在）神王如来与一礼不异彼佛之亦子

翻译如下：

……者，天□□□□□□□□□□□□□，供养之如来□□□□□

① 西夏文“[illegible]”译为“正法、像法”，教法住世有正法、像法、末法三期。

② 西夏文“[illegible]”译为“自在神王”“自在通王”。

□□□□□，一礼彼七宝花踏佛□，庄严□□□□数，正法、象法，正学□学等，皆与山海慧自在神（通）王如来一礼不异。彼佛之子亦……

将 Or.12380-2763（K.K.Ⅱ.0279.n） 和 Or.12380-2763V（K.K.Ⅱ.0279.n）残经与《大正藏》进行比对，可以确定刊布者定名存在错误，非《七宝华踏佛陀罗尼经》和“佛经”，而是鸠摩罗什所译《妙法莲华经》第四卷“授学无学人记品第九”的相应内容，残经顺序为 Or.12380-2763V（K.K.Ⅱ.0279.n）在前，Or.12380-2763（K.K.Ⅱ.0279.n）在后，二者缀合后的内容如下：

……号蹈七宝华如来，应供正遍，知明行足，善逝世间，解无上士，调御丈夫，天人师，佛世尊，当供养十世界微尘等数诸佛如来，常为诸佛而作长子，犹如今也。是蹈七宝华佛，国土庄严，寿命劫数，所化弟子，正法、像法，亦如山海慧自在通王如来无异。亦为此佛而作长子，过是已后，当得阿耨多罗三藐三菩提。尔时，世尊，欲重宣此义，而说偈言：

我为太子时，罗睺为长子；我今成佛道，受法为法子。
于未来世中，见无量亿佛；皆为其长子，一心求佛道。
罗睺罗密行，唯我能知之；现为我长子。①

20.Or.12380-2768（K.K.Ⅱ.0233.jjj）残存 1 页 1 行，上下栏线单栏，右侧单栏，共 15 字，刻本，残经上有编号 2768，刊布者将其定名为《七宝华踏佛陀罗尼经》，现将西夏文录文并对译如下：

[illegible]
是诸菩萨皆是婆娑世界向下虚空中

将 Or.12380-2768（K.K.Ⅱ.0233.jjj）与《大正藏》进行比对，可以

① （后秦）鸠摩罗什译《妙法莲华经》卷 4，《大正藏》第 9 册，第 262 号，第 30 页上栏。

确定刊布者定名存在错误，其非《七宝华踏佛陀罗尼经》，而是鸠摩罗什所译《妙法莲华经》第五卷“从地踊出品第十五”的相应内容：

先尽在此娑婆世界之下，此界虚空中住……[1]

21.Or.12380-3019（K.K.Ⅱ.0262.pin.viii）残存 1 页 4 行，上下栏线单栏，刻本经折装，残经上有编号 3019，刊布者将其定名为“佛经经颂”，现将西夏文录文并对译如下：

[illegible] [illegible] □□□□□
希得大□算 譬如贫穷人 □□□□□
[illegible][2] [illegible] □□□□□
彼家大权有 食甘善有食 □□□□□
[illegible] [illegible] [illegible]□□□□
穷人□中生 悄悄自已出 时□□□□
[illegible] [illegible] [illegible]□□□
彼人所起及 游行彼国至 诸多□□□

Or.12380-3019（K.K.Ⅱ.0262.pin.viii）翻译如下：

得希大□算，譬如贫穷人；□□□□□，彼家有大权（贵）。

有甘食善食，□□□□□；穷人□中生，悄悄自已出。

时□□□□，彼人及所起；游行至彼国，诸多□□□。

比对《大正藏》，可以确定残经为鸠摩罗什译《妙法莲华经》第四卷“五百弟子受记品第八”或隋阇那崛多共笈多译《添品妙法莲华经》第四卷“五百弟子授记品第八”的相应内容：

---

① （后秦）鸠摩罗什译《妙法莲华经》卷 5，《大正藏》第 9 册，第 262 号，第 39 页下栏 28。

② 西夏文“[illegible]”译为“有大贵”“有大势”“有大权”。

便自以为足，譬如贫穷人，往至亲友家，其家甚大富。

具设诸肴膳，以无价宝珠，系着内衣里，默与而舍去。

时卧不觉知，是人既已起，游行诣他国，求衣食自济。[①]

22.Or.12380-3054（K.K.Ⅱ.0244.ttt）残存1折页5行，每行15字，上下栏线单栏，刻本经折装，残经上有编号3054，刊布者将其定名为“佛经”，现将西夏文录文并对译如下：

[illegible]□□□□□

解之化教成就本愿是如□□□□□

[illegible]□□□□

阿难佛前面自授记及国土□□□□

[illegible]□□[illegible]

愿圆具足故大欢喜起有未□□立即

[illegible][②][illegible]

过去无量千万亿诸佛之法受者思解

[illegible]□[illegible]

达碍无是时闻与一法如□本愿亦知

Or.12380-3054（K.K.Ⅱ.0244.ttt）翻译如下：

教化成就解之，本愿如是□□□□□。阿难自佛前面授记，及国土□□□□愿圆具足，故起大欢喜心，未□□有，立即思解过去无量千万亿诸佛之受法者。达无碍，闻是时，亦知与一法如□本愿。

比对《大正藏》，可以确定残经为鸠摩罗什译《妙法莲华经》第四卷“授学无学人记品第九”或阇那崛多共笈多译《添品妙法莲华经》第

① （后秦）鸠摩罗什译《妙法莲华经》卷4，《大正藏》第9册，第262号，第29页上栏。（隋）阇那崛多共笈多译《添品妙法莲华经》卷4，《大正藏》第9册，第264号，第163页下栏。

② 西夏文“[illegible]”译为“受法”，汉文本为“法藏”。

四卷“授学无学人记品第九”的相应内容：

> ……教化成就诸菩萨众，其本愿如是，故获斯记。阿难面于佛前，自闻授记及国土庄严，所愿具足，心大欢喜得未曾有，即时忆念过去无量千万亿诸佛法藏，通达无碍，如今所闻，亦识本愿。[①]

23.Or.12380-3193（K.K.Ⅱ.0246.b）残存1页，刻本经折装，存6行，每行15字，上下栏线单栏，残经原卷上有编号3193，刊布者将其定名为“佛经”，现将西夏文录文并对译如下：

[illegible]
尔时世尊是偈说毕弥勒菩萨对说（告）我
[illegible][②][illegible]
今于大众中汝等对示（宣）阿逸多是先（前）见
[illegible]
未曾地下所出无量数无阿僧祇诸大
[illegible][③][illegible]
菩萨摩诃萨者我于娑婆世界中阿耨
[illegible]
多罗三藐三菩提得我又向是诸菩萨
[illegible]
之教化导示所降伏及道心其生令我

① （后秦）鸠摩罗什译《妙法莲华经》卷4，《大正藏》第9册，第262号，第30页上栏1~7。（隋）阇那崛多共笈多译《添品妙法莲华经》卷4，《大正藏》第9册，第264号，第164页中栏。

② 西夏文“[illegible]”译为“阿逸多”“阿氏多”“阿嗜多”“阿恃多”“阿夷多”，指弥勒菩萨。

③ 西夏文“[illegible]”译为“娑婆世界”，为释迦牟尼佛教化的世界，此界众生安于十恶，堪于忍受诸苦恼而不肯出离，为三恶五趣杂会之所。

Or.12380-3193（K.K.Ⅱ.0246.b）翻译如下：

尔时，世尊说是偈已，对弥勒菩萨说：我今于大众中，对汝宣等，阿逸多，是前未曾见，无量无数阿僧祇地下所出，诸大菩萨摩诃萨者，[①]我于娑婆世界中得阿耨多罗三藐三菩提，我又向是诸菩萨之所教化示导，降伏及令生其道心，我……

比对《大正藏》，可知残经为鸠摩罗什奉诏译《妙法莲华经》第五卷“从地踊出品第十五”或阇那崛多共笈多译《添品妙法莲华经》第五卷“从地踊出品第十四”的相应内容：

> 尔时，世尊说此偈已，告弥勒菩萨，我今于此大众，宣告汝等，阿逸多，是诸大菩萨摩诃萨，无量无数阿僧祇从地踊出，汝等昔所未见者，我于是娑婆世界得阿耨多罗三藐三菩提已，教化示导是诸菩萨，调伏其心，令发道意。[②]

24.Or.12380-3216（K.K.Ⅱ.0276.f）残存2页共9行，满行15字，刻本经折装，上下栏线单栏，残经原卷上有编号3216，刊布者将其定名为“佛经”，现将西夏文录文并对译如下：

[illegible]

缘种种信解种种相貌菩萨道行□□

[illegible]

后诸佛般涅槃入然□□诸佛般涅槃

[illegible]

以后佛舍利之七宝佛塔修而亦见尔

[illegible]

① 此句顺序与汉文本有所不同。

② （后秦）鸠摩罗什译《妙法莲华经》卷5,《大正藏》第9册，第262号，第41页上栏。（隋）阇那崛多共笈多译《添品妙法莲华经》卷5,《大正藏》第9册，第264号，第175页中栏。

时弥勒菩萨是如念作是此世尊神幻
[illegible]
显者何故依是瑞相有今佛世尊三
[illegible][1][illegible]
昧所入者测言可无有未曾事是谁之
[illegible]
问我应答能者何然说复是念作文殊
[illegible][2]□[illegible]
师利法王子□昔过去无量诸佛处方
□□□□□□□[illegible]
□□□□□□□相见曾我今其之

Or.12380-3216（K.K.Ⅱ.0276.f）翻译如下：

……缘，种种信解，种种相貌，行菩萨道。□□后诸佛入于般涅槃，□□诸佛般涅槃以后，亦见以佛舍利而修七宝佛塔。尔时，弥勒菩萨作如是念："是此世尊显（现）神幻者，依何故有是瑞相。今佛世尊所入三昧者，不可思议未曾有事，是之问谁，我应能答者，然何说？"复作是念："文殊师利法王子，□昔□□过去无量诸佛处，方□□□曾见□□相，我今其之……"

比对《大正藏》，可以确定残经是鸠摩罗什译《妙法莲华经》第一卷"序品第一"或阇那崛多共笈多译《添品妙法莲华经》第一卷"序品第一"的相应内容：

> ……种种因缘，种种信解，种种相貌，行菩萨道。复见诸佛般涅槃者，复见诸佛般涅槃后，以佛舍利起七宝塔。尔时，弥勒菩萨作是念："今者世尊现神变相，以何因缘而有此瑞，今佛世尊入

① 西夏文"[illegible]"译为"三昧"，旧称"三摩提""三摩帝"，可译为"定""正受"，表示正心行处、息虑凝心。

② 西夏文"[illegible]"译为"文殊师利法王子"。

于三昧，是不可思议现希有事，当以问谁，谁能答者?”复作此念：“是文殊师利法王之子，已曾亲近供养过去无量诸佛，必应见此稀有之相，我今当问……”①

25.Or.12380-3223（K.K.Ⅱ.0257.i）残存 1 页 6 行，每行 15 字，上下栏线单栏，刻本经折装，残经原卷上有编号 3223，前几行残缺严重，刊布者定名为“佛经”，现将西夏文录文并对译如下：

[illegible]□□□□□□□□□□□□□

先此□□□□□□□□□□□□□

[illegible]

复次常进精若善男子善女人□经典

[illegible]□□□[illegible]

受持读诵书写解说故千二□□□德

[illegible]□□□

功得诸味善恶甘及无甘苦粗□□□

[illegible]②

根于至时一起变化皆上味成天露甘

[illegible]

如不善者无若舌根以大众聚中言说

Or.12380-3223（K.K.Ⅱ.0257.i）翻译如下：

先此□□□□□□□□□□□□□。复次，常进精，若善男子、善女人，受持□经典，读诵、书写、解说，故得千二□□□德功，诸味善、恶、甘及无甘、苦粗□□于□根，至时一起变化皆成上味，如天甘

① （后秦）鸠摩罗什译《妙法莲华经》卷 1，《大正藏》第 9 册，第 262 号，第 2 页中栏 16~24。（隋）阇那崛多共笈多译《添品妙法莲华经》卷 1，《大正藏》第 9 册，第 264 号，第 135 页中栏 23~ 下栏 2。

② 西夏文“[illegible]”译为“甘露”，即天酒，味甘如蜜，天人所食。

露，无不善者。若以舌根，大众聚中言说。

比对《大正藏》，可以确定残经为鸠摩罗什译《妙法莲华经》第六卷“法师功德品第十九”或阇那崛多共笈多译《添品妙法莲华经》第六卷“法师功德品第十八”的相应内容：

……先得此鼻相。

复次，常精进，若善男子、善女人，受持是经，若读、若诵、若解说、若书写，得千二百舌功德。若好、若丑、若美、不美，及诸苦涩物，在其舌根，皆变成上味，如天甘露，无不美者。若以舌根，于大众中有所演说。①

26.Or.12380-3831.2（K.K.）残存左右两个残页，为汉文，两个残页字体不一致，应属于不同版本佛经。右面残页上栏线单栏，刻本，字数不能确定，存5行；左面残页下栏线单栏，刻本，存4行。刊布者定名为《大方广佛华严经普贤行愿品》，但比对《大正藏》收录的佛经，可以确定刊布者定名错误。

右面是《妙法莲华经》第六卷“观世音菩萨普门品第二十五”的内容，相应内容为：

云雷鼓掣电，降雹澍大雨；念彼观音力，应时得消散。

众生被困厄，无量苦逼身；观音妙智力，能救世间苦。

具足神通力，广修智方便。②

左面则是《妙法莲华经》第三卷“化城喻品第七”的相应内容：

不识苦尽道，不知求解脱；长夜增恶趣，减损诸天众。从冥入

---

①（后秦）鸠摩罗什译《妙法莲华经》卷6，《大正藏》第9册，第262号，第49页中栏14~19。

②（后秦）鸠摩罗什译《妙法莲华经》卷7，《大正藏》第9册，第262号，第58页上栏10~14。

于冥，永不闻佛名；今佛得最上，安隐无漏道。我等及天人，为得最大利；是故咸稽首，归命无上尊。[①]

故此，Or.12380-3831.2（K.K.）残经虽皆属于鸠摩罗什译《妙法莲华经》，但属于不同品目，残存内容分别属于《妙法莲华经》第七卷“观世音菩萨普门品第二十五”和第三卷“化城喻品第七”的相应内容。

27.Or.12380-3822（K.K.）残经为汉文本，存 1 页 8 行，下栏线单栏，上栏线无存，刻本，刊布者将其定名为《金刚经》，现将汉文移录如下：

……日月灯明，如是二万佛，皆同一字，号日月灯明，又同一姓，姓颇罗堕。弥勒当知，初佛后佛，皆同一字，名日月灯明，十号具足。所可说法，初中后善。其最后佛，未出家时有八王子：一名有意，二名善意，三名无量意，四名宝意，五名增意，六名除疑意，七名向意，八名法意。是八王子，威德自在，各领四天下，是诸王子，闻父……[②]

比对《大正藏》，可确定残经内容是《金刚经》，刊布者定名错误，其内容应属于鸠摩罗什译《妙法莲华经》第一卷“序品第一”的相应内容。

（二）《妙法莲华经心》

西夏文文献中除《妙法莲华经》外，还有《妙法莲华经心》。《妙法莲华经心》不见于《大正藏》，俄藏和英藏黑水城文献都有保存，俄藏馆册号为 4072，文献比较完整，而英藏文献则比较残缺，只保存了开

① （后秦）鸠摩罗什译《妙法莲华经》卷 3，《大正藏》第 9 册，第 262 号，第 22 页下栏 22~27。

② （后秦）鸠摩罗什译《妙法莲华经》卷 1，《大正藏》第 9 册，第 262 号，第 3 页下栏 27~4 页上栏 6。

头部分。《妙法莲华经心》之“心”主要指“心要”，也就是以言简意赅的四句偈扼要说明经文大意，为信众讲述如何诵持供养《妙法莲华经》及诵持的诸功德。

1.Or.12380-3956（K.K.）残存1页11行，无栏线，写本，存经题，刊布者定名为“《妙法莲华经典心》一卷”，现将西夏文录文并对译如下：

[illegible]	妙法莲华经典心一卷
[illegible]	尔时释迦牟尼佛王
[illegible][1][illegible]	舍城耆阇山崛中住
[illegible]	大菩萨摩诃萨及比
[illegible]	丘比丘尼优婆塞优
[illegible]	婆夷国王大臣并诸
[illegible]	庶民天龙八部鬼神
[illegible]	一切皆来聚集心归
[illegible]	佛法说且闻如来大
[illegible]	众之妙法莲华经典
[illegible]	心所言

Or.12380-3956（K.K.）翻译如下：

《妙法莲华经心》一卷

尔时，释迦牟尼佛住王舍城耆阇崛山中，大菩萨摩诃萨及比丘、比丘尼、优婆塞、优婆夷，国王、大臣并诸庶民、天龙八部、一切鬼神，皆来聚会，归心并听闻佛法。如来对诸大众所说《妙法莲华经心》。

2.Or.12380-3957（K.K.）残存1页9行，每行5或8字，无栏线，写本，刊布者定名为“佛经”。现将西夏文录文并对译如下：

---

① 西夏文“[illegible]”译为“耆阇崛山”，其中“[illegible]”的顺序颠倒，且“[illegible]”书写错误。

[illegible] [1]	诸法本从来
[illegible]	常自寂灭相
[illegible] [2]	后来佛成得
[illegible]	佛子修行故
[illegible] [3]	佛缘有众生
[illegible]	善知识等对言说是
[illegible]	妙句偈者心意愚昧
[illegible] [4]	诸老人及文字不识
[illegible]	妇人等故方所说我

Or.12380-3957（K.K.）翻译如下：

诸法从本来，常自寂灭相；后来得成佛，佛子故修行。

佛对有缘众生、善知识等所说此四句偈者，及对心意愚昧、老人、不识字、女人等所说，我……

译释解读 Or.12380-3956（K.K.）、Or.12380-3957（K.K.），可确定其出自同部残经，即《妙法莲华经心》，两个编号残存内容正好相接。翻译如下：

《妙法莲华经心》一卷

尔时，释迦牟尼佛住王舍城耆阇崛山中，大菩萨摩诃萨及比丘、比丘尼、优婆塞、优婆夷，国王、大臣并诸庶民、天龙八部、一切鬼神，皆来聚会，归心并听闻佛法。如来对诸大众所说《妙法莲华经心》。

诸法从本来，常自寂灭相；后来得成佛，佛子故修行。

佛对有缘众生、善知识等所说此四句偈者，及对心意愚昧、老人、不识字、女人等所说，我……

---

① 西夏文“[illegible]”译为“从本来”“于本以来”。

② □中的西夏文依据俄藏黑水城西夏文馆册第 4072 号《妙法莲华经心》补录。

③ 西夏文“[illegible]”译为“有缘众生”。

④ 西夏文“[illegible]”译为“不识文字”“不识字”。

二 《妙法莲华经·观世音菩萨普门品》及其他

《英藏黑水城文献》中除了西夏文本《妙法莲华经》以外，还有汉文本《妙法莲华经》第二十五品《观世音菩萨普门品》，例如：Or. 12380-3490（K.K.）、Or.12380-3703（K.K.Ⅱ.0281.a.i）、Or.12380-3829.1（K.K.）、Or.12380-3829.1V（K.K.）、Or.12380-3829.2（K.K.）、Or.12380-3829.3RV（K.K.）为汉文本《观世音菩萨普门品》的内容。而刊布者也存在对汉文本《观世音菩萨普门品》定名错误的情况，如刊布者将 Or.12380-3831.2（K.K.）定名为《大方广佛华严经·普贤行愿品》是错误的。实际上此残经右面为《观世音菩萨普门品》的"云雷鼓掣电，降雹澍大雨，念彼观音力，应时得消散。众生被困厄，无量苦逼身，观音妙智力，能救世间苦"。

此外，还存有《观世音菩萨普门品》和《妙法莲华经》的发愿文，具体如下。

1.Or.12380-0723（K.K.）残存 1 页 4 行，字数不能确定，残缺严重，上栏线单栏，下栏线无存，刻本，刊布者将其定名为"佛经"，现将西夏文录文并对译如下：

□[illegible]……	□且说诸以者……
□□[illegible]……	□□南无观世……
□□□[illegible]……	□□□脱得佛……
□[illegible]……	□观世音菩萨摩诃……

Or.12380-0723（K.K.）翻译如下：

以诸者□且说……□□南无观世……□□得□脱，佛……□观世音菩萨摩诃……

比对《大正藏》，可以确定残经为鸠摩罗什译《妙法莲华经·观世音菩萨普门品》的相应内容：

> ……众商人闻俱发声言：南无观世音菩萨，称其名故，即得解脱，无尽意，观世音菩萨摩诃萨。[①]

2.Or.12380-3428（K.K.）残存2页，上栏线单栏，下栏线不存，写本，共存10行，原经卷上有编号3428，刊布者定名为《妙法莲华经》。现将西夏文录文并对译如下：

（右面）

□□□□□□□□□[illegible]……

□□□□□□□□□圆……

[illegible]□[illegible]□[illegible]□□[illegible]……

当□天□上黑□□能离……

□□[illegible][②][illegible]……

□□当无六趣众生安乐当得……

[illegible]……

随喜者菩提心乃生受持诵读者……

□□□[illegible]……

□□□得……

（左面）

□□□□[illegible]……

① （后秦）鸠摩罗什译《妙法莲华经》卷7,《大正藏》第9册，第262号，第56页下栏26~57页上栏1。

② 西夏文“[illegible]”译为“六趣众生”“六道众生”，指众生因业行差别而趣向不同。

□□□□缘大愿所起（发）净财已舍匠……

□[illegible]……

□行心诚心令莲花经典一部刻……

□□[illegible]……

□□所终愿圆所满是功德……

□□[illegible]……

□□之咒赞德行深广海与……

[illegible]□[illegible]……

坚固（秘）山与经□皇后福

Or.12380-3428（K.K.）残经并非《妙法莲华经》经文，从翻译内容判断，此残页应是《妙法莲华经》的刊刻题记或是发愿文。

□□□□□□□□□圆……当能离□天□上黑□□……当无□□六趣众生当得安乐……随喜者乃生菩提心，受持诵读者得……□□□……□□□□因所发大愿，已舍净财，匠……□行心、诚心，令刻《莲花经典》一部……□□所终，愿圆所满，是功德……□□之咒赞，德行深广与海……经与坚固山……□皇后福……

3.Or.12380-3703（K.K.Ⅱ.0281.a.i）残存2页8行，汉文本，上下栏线单栏，刻本经折装，原经卷上有编号3703，刊布者定名为“佛经”。比对《大正藏》的内容，可以确定残页为鸠摩罗什译《妙法莲华经》第七卷“观世音菩萨普门品第二十五”的相应内容：

佛言：“若复有人受持观世音菩萨名号，乃至一时礼拜、供养，是二人福，正等无异，于百千万亿劫不可穷尽。无尽意！受持观世音菩萨名号，得如是无量无边福德之利。”

无尽意菩萨白佛言：“世尊！观世音菩萨，云何游此娑婆世界？云何而为众生说法？方便之力，其事云何？”[①]

① （后秦）鸠摩罗什译《妙法莲华经》卷7，《大正藏》第9册，第262号，第57页上栏16~20。

《英藏黑水城文献》Or.12380-3216（K.K.II.0276.f）、Or.12380-2359（K.K.II.0233.eee）残经为鸠摩罗什译《妙法莲华经》第一卷“序品第一”，Or.12380-0774（K.K.II.0230.u）、Or.12380-0961（K.K.）、Or.12380-1893（K.K.）残经为第三卷“药草喻品第五”，Or.12380-3831.2（K.K.）、Or.12380-0049（K.K.II.0283.fff）残经为第三卷“化城喻品第七”，Or.12380-3019（K.K.II.0262.pin.viii）、Or.12380-0228（K.K.II.0284.o）残经为第四卷“五百弟子受记品第八”，Or.12380-3054（K.K.II.0244.ttt）、Or.12380-2763V（K.K.II.0279.n）、Or.12380-2763（K.K.II.0279.n）、残经为第四卷“授学无学人记品第九”，Or.12380-0721（K.K.II.0279.ee）残经为第四卷“见宝塔品第十一”，Or.12380-2237（K.K.II.0281.a.vii）、Or.12380-2525RV（K.K.）残经为第四卷“提婆达多品第十二”，Or.12380-0763（K.K.）残经为第四卷“劝持品第十三”，Or.12380-2744（K.K.II.0275.jj）残经为第五卷“安乐行品第十四”，Or.12380-3193（K.K.II.0246.b）、Or.12380-0046（K.K.II.0283.ccc）、Or.12380-2768（K.K.II.0233.jjj）残经为第五卷“从地踊出品第十五”，Or.12380-3223（K.K.II.0257.i）、Or.12380-2240（K.K.II.0282.kkk）残经为第六卷“法师功德品第十九”，Or.12380-0712（K.K.）残经为第六卷“嘱累品第二十二”，Or.12380-0723（K.K.）、Or.12380-3703（K.K.II.0281.a.i）残经为《妙法莲华经·观世音菩萨普门品》，Or.12380-3956（K.K.）、Or.12380-3957（K.K.）为《妙法莲华经心》的相应内容。可见，《英藏黑水城文献》中西夏文《妙法莲华经》不是一部完整佛经，缺少第二卷和第七卷，其他卷的品数也并不齐全。因为西夏文残经残缺较为严重，残存内容不能很好组合，故此有些残经内容既可确定为鸠摩罗什译《妙法莲华经》相应内容，也可认为是阇那崛多共笈多译《添品妙法莲华经》相应内容，但比对俄藏黑水城西夏文和俄藏汉文本《妙法莲华经》，我们可以确定英藏西夏文《妙法莲华经》的残经是依据鸠摩罗什汉译本翻译成西夏文的。

英藏西夏文《妙法莲华经》过于残缺，无法判断翻译时期，借助俄藏黑水城西夏文《妙法莲华经》的题记等，可以确定西夏文本在大安十年（1084）以前翻译成。《妙法莲华经》两次被翻译成西夏文，足以证明统治者对此经的重视。

西夏文宝积类经典

一 《大宝积经》

《大宝积经》是通论大乘一切法门各经的总括，诸翻译家以不同经名陆续译出二十三会八十余卷，称为“旧译”，菩提流志新译出二十六会三十九卷半，称为“新译”，现存《大宝积经》是新译与旧译合并而成的，共收录四十九会。依据《开元录》的体系，宝积、华严、般若、大集和涅槃部被称为中国汉传佛教五大部经。菩提流志汇编本《大宝积经》流传到西夏，被翻译成西夏文，在西夏境内流行不同版本。[①]西夏文《大宝积经》在俄藏黑水城文献和英藏黑水城佛教文献中都有保存。罗福成最早对西夏文《大宝积经》卷二十七进行释文研究。[②]日本西田龙雄将《大宝积经》列入西夏文佛经目录第 70 号。[③]之后，克恰诺夫在《俄藏黑水城西夏文佛经叙录》中收录《大宝积经》(第 97~102 号)。[④]

英藏黑水城西夏文《大宝积经》残经过于残缺，我们无法判断《大宝积经》翻译成西夏文的时间，只能借助俄藏黑水城西夏文《大宝积经》的题记初步判断其翻译成西夏文的大致时间。俄藏黑水城西夏文《大宝积经》存多种版式，有写本经折装、刻本经折装和写本贝叶装等。《大宝积经》(第 97 号，西夏特藏第 357 号，馆册第 368 号）经后有题

---

① 崔红芬:《英藏西夏文〈大宝积经〉译释研究》,《西夏学》(第 10 辑)，上海古籍出版社，2014。

② 罗福成:《〈大宝集经〉第二十七卷释文》，载《国立北平图书馆馆刊》第四卷第三号“西夏文专号”，京华印书局，1932，第 195~198 页。

③〔日〕西田龙雄:《西夏文华严经》(第 3 册)，京都大学文学部，1977，第 23 页。

④〔俄〕克恰诺夫编著《俄藏黑水城西夏文佛经叙录》，崔红芬、文志勇译，甘肃文化出版社，2021，第 289~316 页。

记为“秉常皇帝（德成国主增福正民大明皇帝嵬名尊号）及其母梁皇太后（天生全能禄番祐圣正国皇太后梁氏尊号）御译，发愿者嵬啄由牢（Нгве-жвей Гхеы-лхиуо）”。[①] 西夏文《大宝积经》（第 97 号，西夏特藏第 357 号，馆册第 481 号）经题后有“秉常皇帝（德成主国增福正民大明皇帝嵬名尊号）及其母梁皇太后［天生全能禄番法礼（奉法）正国皇太后梁氏尊号］御译”。[②] 西夏文《大宝积经》（第 97 号，西夏特藏第 357 号，馆册第 502 号）经题后有“秉常皇帝（德成主国增福正民大明皇帝嵬名尊号）及其母梁皇太后［天生全能禄番法礼（奉法）正国皇太后梁氏尊号］御译，校勘者野利宝成（Гхи-рие Лдиэ-шие）”。[③] 秉常是西夏第三位皇帝，在位时间为 1067~1086 年，其母亲梁皇太后死于大安十一年（1085），秉常时期母后干政严重，秉常和其母皆有尊号，且他们的尊号经常一起出现。可以说《大宝积经》在秉常时期被翻译成西夏文，在仁孝时期被再次校勘，它受到统治者和僧界的广泛关注，一些官员和信众发愿施印或抄写西夏文《大宝积经》。

《大宝积经》主要叙说菩萨修行法及授记成佛等，泛论大乘佛教的各种主要法门，涉及范围甚广，《大宝积经论》卷一记载：

> 问曰：汝欲释《宝积经》，应先释此法，问以何义故，名为《宝积》? 答曰：大乘法宝中，一切诸法差别义摄取故，所有大乘法宝中，诸法差别相者，彼尽摄取义故，名曰《宝积》，一聚、二积、三阴、四合和，义一名异，是中一切大乘法中……彼法门中，此一切诸相现所说故。彼大乘法宝中，所有诸相尽摄取故。此妙法门名为《宝积》。问曰：云何彼大乘正法宝中所有诸相，而此法门中所

① 〔俄〕克恰诺夫编著《俄藏黑水城西夏文佛经叙录》，崔红芬、文志勇译，甘肃文化出版社，2021，第 290 页。

② 〔俄〕克恰诺夫编著《俄藏黑水城西夏文佛经叙录》，崔红芬、文志勇译，甘肃文化出版社，2021，第 294 页。

③ 〔俄〕克恰诺夫编著《俄藏黑水城西夏文佛经叙录》，崔红芬、文志勇译，甘肃文化出版社，2021，第 296 页。

摄取成，答曰：迦叶有四法退失智慧。[①]

《大宝积经》备受历代高僧关注，它传入中土很早，最早有月支国沙门支娄迦谶所译《宝积经》(一卷，安公云，一名《摩尼宝》，光和二年出。旧录云:《摩尼宝经》二卷)。[②]魏晋南北朝隋唐诸译家以不同经名陆续译出二十三会八十多卷，菩提流志新译出二十六会三十九卷半。唐菩提流志新译之后，收录以前单品译经，汇编四十九会，辑成《大宝积经》。《大宝积经》每一会相当于一部经，也都各有其独立的主题。除了西夏文残经内容外,《大宝积经》中旧译经还有西晋竺法护译《宝髻菩萨会》，西晋聂道真译《无垢施菩萨应辩会》，梁曼陀罗仙译《法界体性无分别会》，唐玄奘译《菩萨藏会》，唐义净译《佛说入胎藏会》，元魏佛陀扇多译《大乘十法会》《无畏德菩萨会》，后秦鸠摩罗什译《富楼那会》《善臂菩萨会》，北齐那连提耶舍译《菩萨见实会》，隋阇那崛多译《护国菩萨会》《贤护长者会》，隋达摩笈多译《善住意天子会》，曹魏康僧铠译《郁伽长者会》，元魏月婆首那译《摩诃迦叶会》，元魏菩提流支译《弥勒菩萨问八法会》，东晋竺难提译《大乘方便会》，北梁道龚译《宝梁聚会》等。

《大宝积经》四十六会《文殊说般若会》属于般若部，主要论述“般若性空”的思想。第五会《无量寿如来会》主要宣说弥陀净土的信仰。第二会、第三会、第七会、第十一会、第二十四会等则弘扬密教的重要义理。第一会《三律仪会》、第二十三会《摩诃迦叶会》等属于律部。因此,《大宝积经》每一会各有特色，从整体看，各会之间缺乏连贯性。

《大宝积经》作为比较有特色的大乘佛经的汇编，西夏文残经中就有竺法护单译经，如太康九年(288)译《密迹经》(或《密迹金刚力士经》七卷)与《大宝积经·密迹金刚力士会》相同。另外竺法护于

---

① (元魏)菩提流支译《大宝积经论》,《大正藏》第26册，第1523号，第204页上栏10～中栏4。

② (梁)释僧祐:《出三藏记集》，中华书局，1995，第27页。

太康八年（287）译《普门经》（或《佛说普门品经》一卷）与《大宝积经·文殊师利普门会》为同本异译；太康十年（289）十二月二日译《佛说离垢施女经》（一卷）与《大宝积经·无垢施菩萨应辩会》为同本异译；竺法护译《弥勒菩萨所问本愿经》（一卷）与《大宝积经·弥勒所问会》为同本异译。

西夏文中梁三藏曼陀罗仙译“文殊师利说般若会第四十六之二”与曼陀罗仙所译《文殊师利所说摩诃般若波罗蜜经》（上、下）为同本异译。《开元释教录》卷六记载：“沙门曼陀罗仙，梁言‘弱声’，亦云‘弘弱’。扶南国人，神解超悟幽明毕观，无惮夷险志存开化，大赍梵经远来贡献。以武帝天监二年癸未届于梁都，敕僧伽婆罗令共翻译，遂出《文殊般若》等经三部。虽事传译未善梁言，故所出经文多隐质。”[①] 同书还载：“自武帝天监元年壬午至敬帝太平二年丁丑，凡经四主五十六年缁素八人，所出经律论及诸传记等并新集失译诸经，总四十六部二百一卷。”其中沙门曼陀罗仙译三部一十一卷经。[②] 梁朝三藏曼陀罗仙在南方翻译的经典也传至北方和西北，在河北南响堂石窟第二窟内前壁左侧北齐（565~577）刻经保存有梁扶南国[③] 三藏曼陀罗仙译《文殊师利所说摩诃般若波罗蜜经》（下）或唐时编录《大宝积经·文殊说般若会》。

此经由唐菩提流志编入《大宝积经》之中，再后来弘传西夏，被翻译成西夏文。有关菩提流志翻译整合《大宝积经》的内容《宋高僧传·菩提流志传》有载，其内容为：

> 年逾耳顺，方乃回心，知外法之乖违，悟释门之渊默，隐居山谷，积习头陀。初依耶舍瞿沙三藏学诸经论，其后游历五天，遍亲

---

① （唐）智升撰《开元释教录》卷 6，《大正藏》第 55 册，第 2154 号，第 537 页中栏 10~15。

② （唐）智升撰《开元释教录》卷 6，《大正藏》第 55 册，第 2154 号，第 536 页下栏 19~22。

③ 扶南国在《三国志》、《晋书》、《宋书》、《南齐书》、《梁书》和《陈书》等都有记载，扶南国信仰佛教。其中《晋书》卷 97 记载：“扶南，西去林邑三千余里，在海大湾中，其境广袤三千里，有城邑宫室，人皆丑黑卷发，倮身跣行。”

讲肆。高宗大帝闻其远誉，挹彼高风，永淳二年，遣使迎接。天后复加郑重，令住东洛福先寺译《佛境界》《宝雨》《华严》等经，凡十一部。中宗神龙二年，又住京兆崇福寺，译《大宝积经》。属孝和厌代，睿宗登极，敕于北苑白莲池、甘露亭，续其译事，翻度云毕，御序冠诸。其经旧新凡四十九会，总一百二十卷。①

菩提流志于神龙二年（706）在崇福寺开始翻译《大宝积经》，到睿宗时期（710~712）才受皇帝之命，在北苑白莲池和甘露亭等地将新旧经共四十九会编录为《大宝积经》，然后入藏流行。

西夏文残经中还存在唐实叉难陀翻译的《文殊师利授记经》的内容，《宋高僧传·实叉难陀传》载：

释实叉难陀，一云施乞叉难陀，华言学喜，葱岭北于阗人也。智度恢旷，风格不群，善大小乘，旁通异学。天后明扬佛日，崇重大乘，以《华严》旧经，处会未备，远闻于阗有斯梵本，发使求访，并请译人，叉与经夹同臻帝阙，以证圣元年乙未于东都大内大遍空寺翻译。天后亲临法座，焕发序文，自运仙毫，首题名品。南印度沙门菩提流志、沙门义净同宣梵本，后付沙门复礼、法藏等于佛授记寺译成八十卷。圣历二年功毕。至久视庚子，驾幸颍川三阳宫，诏叉译大乘《入楞伽经》，天后复制序焉。又于京师清禅寺及东都佛授记寺译《文殊授记》等经，前后总出一十九部……②

实叉难陀于久视元年（700）译出《文殊授记经》即《文殊师利授记经》，在睿宗时期被菩提流志编入《大宝积经》之中。

《大宝积经》其入藏分类也多有变化，《开元释教录》将汉文佛经分为大乘经律论和小乘经律论，大乘经律论以般若、宝积、大集、华严

① （宋）赞宁撰《宋高僧传》卷3，范祥雍点校，中华书局，1997，第43页。

② （宋）赞宁撰《宋高僧传》卷3，范祥雍点校，中华书局，1997，第31~32页。

和涅槃为五大部经。明智旭于崇祯八年至永历八年（1635~1654）编撰《阅藏知津》，一改《开元释教录》的体系，将汉文佛经分为华严、方等、般若、法华和涅槃五部，其中方等部包括宝积和密教仪轨等。[①]《大正新修大藏经全览》又将“宝积”单独列出，分为“阿含、本缘、般若、法华、华严、宝积、涅槃、大集、经集、密教、律部、释经论、毗昙、中观、瑜伽、论集”等。[②]及至吕澂编《新编汉文大藏经目录》将《大宝积经》列入第1号。[③]可见，《大宝积经》是受到历代重视的一部大乘经典。

在《英藏黑水城文献》中，刊布者将其定名为《大宝积经》或《大宝积经》题签的仅有4件，即Or.12380-0933（K.K.Ⅱ.0281a.xxix）和Or.12380-3669a（K.K.Ⅱ.0257.i）定名为《大宝积经》题签，Or.12380-1920（K.K.）和Or.12380-1223（K.K.Ⅱ.0230.h）定名为《大宝积经》，但实际情况不只这些。下面我们进行梳理考释。

1.Or.12380-0408（K.K.Ⅱ.0285.a.x）残存1页3行，刊布者定名为“佛经”；Or.12380-0408V（K.K.Ⅱ.0285.a.x）残经存1页3行，刊布者将其定名为“佛经经颂”。这两个残经均为写本，残缺严重。现将西夏文录文并对译如下：

Or.12380-0408（K.K.Ⅱ.0285.a.x）内容：

□□□□□□□[illegible]　[illegible]

□□□□□□□念　善思念非正念非

□□□□[illegible]　[illegible]

□□□□离思起　彼分离者真实无

□□□□□□□□　□[illegible]□□□□□□

□□□□□□□□　□如□□□□□□

① （明）智旭撰《阅藏知津》（四十八卷），《大正新修昭和法宝总目录》第3册，第1007~1252页。

② 《大正新修大藏经全览》，《大正新修昭和法宝总目录》第3册，第80~86页。

③ 吕澂编《新编汉文大藏经目录》，齐鲁书社，1980，第1页。

翻译如下：

□□□□□□□念，非善思念非正念；

□□□起□离思（想），彼分离者无真实。

□□□□□□□□，如□□□□□□□。

Or.12380-0408V（K.K.Ⅱ.0285.a.x）内容：

[illegible]……	波离是者声乘闻人……
[illegible]……	萨乘人胜殊慢所者何所……
□□□[illegible]……	□□□念为我……

翻译如下：

（优）波离，是者声闻乘人……（菩）萨乘人胜殊所慢者，何所……□□□为念，我……

Or.12380-0408（K.K.Ⅱ.0285.a.x）和 Or.12380-0408V（K.K.Ⅱ.0285.a.x）字迹一致，确定为同部佛经的残存。比对《大正藏》，可以确定残经为大唐三藏菩提流志译《大宝积经》第九十卷“优波离会第二十四”的内容。比对佛经内容之后，确定 Or.12380-0408（K.K.Ⅱ.0285.a.x）经颂内容在后，Or.12380-0408V（K.K.Ⅱ.0285.a.x）佛经长行内容在前，二者之间有佚文，不能缀合，调整后内容如下：

优波离！有声闻乘持清净戒，于菩萨乘名大破戒。有菩萨乘持清净戒，于声闻乘名大破戒。云何名为声闻乘人虽持净戒，于菩萨乘名大破戒？优波离，声闻乘人，乃至不应起于一念更受后身……[①]

若有比丘念诸佛，非善思惟非正念；

于佛妄生分别想，而此分别无真实。

① （唐）菩提流志译《大宝积经》卷 90，《大正藏》第 11 册，第 310 号，第 516 页下栏 20~23。

若有思惟于空法，如是凡夫住邪道。[1]

2.Or.12380-0933（K.K.Ⅱ.0281.a.xxix）[2] 残存1页1行，写本，应为佛经经套题签，刊布者将其定名为“《大宝积经》第十三题签”，现将西夏文录文并对译如下：

[illegible]　大宝积经典卷十三第

翻译为：《大宝积经》第十三卷

《大宝积经》卷十三应该是西晋三藏竺法护译“密迹金刚力士会第三之六”的内容。

3.Or.12380-1064（K.K.Ⅱ.0280.jj）残存1页5行，残缺严重，字数无法确定，上栏线单栏，下栏线无存，刻本，刊布者将其定名为“佛经”，现将西夏文录文并对译如下：

[illegible]□[illegible]……	狮勇子□诸佛……
[illegible]……	圆满如真如圆满……
[illegible]□[illegible]……	亦□不有也善男子……
[illegible]□[illegible]……	满□所……
□[illegible]……	□圆……

Or.12380-1064（K.K.Ⅱ.0280.jj）翻译如下：

狮勇子□：诸佛……圆满如真如圆满……亦□不有也。善男子……满□所……□圆……

比对《大正藏》，可以确定残经为实叉难陀译《大宝积经》第六十卷“文殊师利授记会第十五之三”的相应内容：

---

① （唐）菩提流志译《大宝积经》卷90，《大正藏》第11册，第310号，第518页中栏2~10。

② 崔红芬：《英藏西夏文〈大宝积经〉译释研究》，《西夏学》第10辑，上海古籍出版社，2014。

师子勇猛言："云何圆满诸佛法耶？"答言："佛法圆满如真如圆满，真如圆满如虚空圆满，如是佛法真如虚空亦无有二，善男子，如汝所言：云何圆满诸佛法者，如色圆满乃至识圆满，佛法圆满亦复如是。"[①]

可见，英藏西夏文《大宝积经》存西晋三藏竺法护译的"密迹金刚力士会第三之六"、大唐三藏菩提流志奉诏译"无尽慧菩萨会第四十五"、梁三藏曼陀罗仙译"文殊师利说般若会第四十六之二"、大唐三藏菩提流志奉诏译"优波离会第二十四"、西晋三藏竺法护译"密迹金刚力士会第三之一"、大唐于阗三藏实叉难陀译"文殊师利授记会第十五之三"、大唐三藏菩提流志译"勤授长者会第二十八"等内容，涉及四十九会之七会内容，从南北朝到唐诸多译经僧的译本都存在。

4.Or.12380-1223（K.K.Ⅱ.0230.h）[②]残存 1 页 3 行，上栏线单栏，下栏线无存，写本，刊布者将其定名为《大宝积经》，现将西夏文录文并对译如下：

[illegible][③][illegible]……	菩萨及四部众般若波罗……
[illegible]	行
[illegible]	大宝积经典卷百十六第

Or.12380-1223（K.K.Ⅱ.0230.h）翻译如下：

菩萨及四部众，般若波罗……行

大宝积经典第百十六卷

比对《大正藏》，可以确定残经内容为梁三藏曼陀罗仙译《大宝积经》卷一百一十六"文殊师利说般若会第四十六之二"结尾处的内容：

---

① （唐）实叉难陀译《大宝积经》，《大正藏》第 11 册，第 310 号，第 346 页中栏 23~24。

② 崔红芬：《英藏西夏文〈大宝积经〉译释研究》，《西夏学》第 10 辑，上海古籍出版社，2014。

③ 西夏文"[illegible]"译为"四部众"，也称"四众"，指比丘、比丘尼、优婆塞、优婆夷。

……尔时诸大菩萨及四部众，闻说般若波罗蜜，欢喜奉行。

《大宝积经》第一百一十六卷[①]

5.Or.12380-1920（K.K.）[②]残存1页5行，写本，残缺严重，字数无法确定，上栏线单栏，残经原版上有编号1920，刊布者将其定名为《大宝积经》，现将西夏文录文并对译如下：

[illegible]……	识除灭汝受持应……
[illegible]……	者优波离诸比丘众……
[illegible]……	菩萨摩诃萨世间一切……
[illegible]……	佛等所言闻皆大……
[illegible]……	大宝积经典……

Or.12380-1920（K.K.）翻译如下：

除灭……识，汝应受持……者优波离，诸比丘众……菩萨摩诃萨，一切世间……闻佛等所言，皆大……

大宝积经典……

比对《大正藏》，可以确定残经为菩提流志译《大宝积经》第九十“优波离会第二十四”的相应内容：

……亦名摧灭心识，汝应受持，佛说此经已。尊者优波离，诸比丘众，文殊师利，并诸菩萨摩诃萨，及一切世间天人阿修罗等，闻佛所说，皆大欢喜，信受奉行。

《大宝积经》第九十卷[③]

---

① （梁）曼陀罗仙译《大宝积经》卷116，《大正藏》第11册，第310号，第657页上栏3~4。

② 崔红芬：《俄藏西夏文〈大宝积经〉译释研究》，《西夏学》第10辑，上海古籍出版社，2014。

③ （唐）菩提流志译《大宝积经》卷90，《大正藏》第11册，第310号，第519页中栏11~15。

6.Or.12380-1968（K.K.）残存1页7行，上栏线单栏，下栏线无存，写本，残缺十分严重，字数无法确定，残经原版上有编号1968，刊布者将其定名为“佛经”，现将西夏文录文并对译如下：

□□[illegible]……

□□佛处（所）正法听闻受持诵读……

□[illegible]……

□处诸佛国土中最上菩……

[illegible]……

依义正等觉说尔时尊……

[illegible]……

希（少）有善逝是广大法门何……

[illegible]……

是法门名者菩萨……

[illegible]□[illegible]……

是也如名□汝受持应……

[illegible]① [illegible]……

百长者诸菩……

Or.12380-1968（K.K.）翻译如下：

□□佛处听闻正法，受持诵读……□处诸佛国土中最上菩……依义说正等觉。尔时，尊……希有，善逝。是何广大法门……是法门名者菩萨……是也如名□汝应受持……百长者，诸菩……

比对《大正藏》，可以确定残经为大唐三藏菩提流志译《大宝积经》第九十六卷“勤授长者会第二十八”的相应内容：

于诸佛所听闻正法，受持读诵为他广说，过二十五劫，各于诸

① 西夏文“[illegible]”译为“富有”“长者”，指积财具德的人。

佛刹中成无上菩提，皆同一字号胜莲花藏如来应正等觉。尔时，尊者阿难白佛言：世尊，希有，世尊。希有，善逝。当何名此广大法门，云何奉持？佛告阿难：是法门名菩萨瑜伽师地。亦名勇猛授长者所问：如是名号汝当受持？佛说此经已，尊者阿难，及诸比丘，五百长者，诸菩萨众……①

7.Or.12380-2605（K.K.Ⅱ.0232.n）② 残存 1 页 7 行，字数不能确定，上栏线无存，下栏线单栏，写本，残经上有编号 2605，刊布者将其定名为“佛经”，现将西夏文录文并对译如下：

西夏文	对译
……[illegible]	……也答言佛法圆满者故真
……[illegible]	……满如是如佛法如真虚空
……[illegible]	……法云何圆满说使者色圆
……[illegible]	……彼已如狮子勇言色
……[illegible]	……男子于意云何汝见
……[illegible]	……也文殊师利言善男
……[illegible]	……满者何云若诸法于

Or.12380-2605（K.K.Ⅱ.0232.n）翻译如下：

……也？答言：“佛法圆满者，故真……如……满，如是佛法，如真虚空……法……使说：云何圆满者，色圆……彼已如。”狮子勇言：“色……”（善）男子，于意云何？汝见……也。文殊师利言：“善男（子）……满者，云何？若于诸法……”

比对《大正藏》，可以确定残经为实叉难陀译《大宝积经》第六十卷“文殊师利授记会第十五之三”的相应内容：

① （唐）菩提流志译《大宝积经》卷 96，《大正藏》第 11 册，第 310 号，第 543 页上栏 13~20。

② 崔红芬：《俄藏西夏文〈大宝积经〉译释研究》，《西夏学》第 10 辑，上海古籍出版社，2014。

……答言："佛法圆满，如真如圆满，真如圆满如虚空圆满，如是佛法，真如虚空亦无有二。善男子，如汝所言：云何圆满诸佛法者？如色圆满乃至识圆满，佛法圆满亦复如是。"师子勇猛言："何者是色等圆满？"文殊师利言："善男子，于意云何？汝所见色是常耶。"答言："不也。"文殊师利言："善男子！若法非常非无常，彼有增减耶？"[1]

8.Or.12380-2666（K.K.Ⅱ.0245.c）残存 1 页 6 行，上栏线无存，下栏线单栏，写本，残经原卷上有编号 2666，刊布者将其定名为"残片"，现将西夏文录文并对译如下：

……[illegible][2][illegible]	……正受诸多解入监护神（通）达
……[illegible]	……复又不问三宝旨教言
……[illegible][3][illegible]	……诸声闻独觉之地
……[illegible][4][illegible]	……四梵行招摄恩皆利学
……[illegible]	……与智至三界常行日月
……[illegible]	……子慧生老病

Or.12380-2666（K.K.Ⅱ.0245.c）翻译如下：

……正受，诸多监护通达解（达）入……又不复问，三宝旨教言……诸声闻独觉之地……招摄四梵行恩皆利学……与智常行至三界，日月……子慧生老病……

比对《大正藏》，可以确定残经为西晋三藏竺法护译《大宝积经》第八卷"密迹金刚力士会第三之一"的相应内容：

---

① （唐）实叉难陀译《大宝积经》卷 60，《大正藏》第 11 册，第 310 号，第 346 页中栏 28~ 下栏 1。

② 西夏文"[illegible]"译为"监护""监督"。

③ 西夏文"[illegible]"译为"独觉""缘觉""辟支"。

④ 西夏文"[illegible]"译为"四梵行""四梵住"，指慈悲喜舍四无量心。

……一切禅思三昧正受，将护畅达处处所入，十方闻声受无重问，不断三宝训诲言教，积德无量兴隆道宝，过诸声闻缘觉之地，行无尽慈遵无极哀，摄四梵行四恩普济随时开度，过三脱门至三达智，周旋三界犹如日月，往来四域如转轮圣王，以勇猛慧度生老死。[①]

9.Or.12380-3435RV（K.K.）残存 2 折页，上下栏线单栏，刻本经折装，每行 18 字，左面残缺严重，原经卷上有编号 3435，刊布者将其定名为《大般若波罗蜜多经》，现将西夏文录文并对译如下：

（右面）

□□□□□□□□□□□□□□禠羿[②]敥繗
□□□□□□□□□□□□□□法舟以众
□敪㾓䋀𘃡敥□□□□□□□□□□□□
□蠢（愚）者之学三□□□□□□□□□□□□
𗼃𗵆𗁅𗯭𗋽𗊢𗯴□□□□□𗑗𗭪𗚉𗯭𗋽𗋖
尘中出十二海度□□□□□处来往十二缘
𗍊𗏁𗵆𗣼𗼻𗦳𗀔𗕪𗖵𗂧𘆄𗪉𗓼𗯨𗼻𗦳𗓼
济聚中诸菩萨功德具足彼名者月施菩萨月
𗏊𗼻𗦳[③]𗥤𗏊𗼻𗦳[④]𗱕𗏊𗼻𗦳[⑤]𗍫𗏊𗼻𗦳[⑥]𗍫𗱕𗼻
明（光）菩萨寂明菩萨首明菩萨光明菩萨光首菩
𗦳𗱕𗤓𗼻𗦳𗱕𗥤𗼻𗦳𗗙𗏹𗼻𗦳𗢳𗗦𗼻𗦳[⑦]𗢳
萨首集（积）菩萨首寂菩萨钩锁菩萨龙喜菩萨龙

① （西晋）竺法护译《大宝积经》卷 8，《大正藏》第 11 册，第 310 号，第 42 页中栏 23~28。
② 西夏文“禠羿”译为“法舟”，指佛法，能度人出生死海。
③ 西夏文“𗓼𗏊𗼻𗦳”译为“月明菩萨”，汉文本为“月英菩萨”。
④ 西夏文“𗥤𗏊𗼻𗦳”译为“寂明菩萨”，汉文本为“寂英菩萨”。
⑤ 西夏文“𗱕𗏊𗼻𗦳”译为“首明菩萨”，汉文本为“首英菩萨”。
⑥ 西夏文“𗍫𗏊𗼻𗦳”译为“光明菩萨”，汉文本为“光英菩萨”。
⑦ 西夏文“𗢳𗗦𗼻𗦳”译为“龙喜菩萨”，汉文本为“龙忻菩萨”。

[illegible][illegible][illegible][illegible][illegible][illegible][illegible][illegible][illegible][illegible][1][illegible][illegible][illegible][illegible][illegible][illegible][illegible][illegible]

施菩萨像受菩萨天甘菩萨缘胜菩萨缘手菩萨

翻译如下：

□□□□□□□□□□□□□以□法舟度众□，愚者之三学□□□□□□□□□□□出□尘中十二海□□□□往来□处济聚十二缘中。诸菩萨具足功德，彼名者月施菩萨、月明（光）菩萨、寂明菩萨、首明菩萨、光明菩萨、光首菩萨、首集（积）菩萨、首寂菩萨、钩锁菩萨、龙喜菩萨、龙施菩萨、执像菩萨、甘天菩萨、缘胜菩萨、缘手菩萨。

（左面）

□□□□□□□□□□□□[illegible][illegible][illegible][illegible][illegible][illegible]

□□□□□□□□□□□□心中应无如莲

□□□□□□□□□□□□[illegible][illegible][illegible][illegible][illegible][illegible]

□□□□□□□□□□□□空已如喜恶应

□□□□□□□□□□□□□[illegible][illegible][illegible][illegible][illegible]

□□□□□□□□□□□□□及官服受如

□□□□□□□□□□□□□□[illegible][illegible][illegible][illegible]

□□□□□□□□□□□□□□菩萨之济

□□□□□□□□□□□□□□[illegible][illegible][illegible][illegible]

□□□□□□□□□□□□□□本无法显

□□□□□□□□□□□□□□[illegible][illegible][illegible][illegible]

□□□□□□□□□□□□□□十八法以

翻译如下：

□□□□□□□□□□□□心中应无如莲□□□□□□□□□□□

① 西夏文“[illegible][illegible][illegible][illegible]”译为“甘（甜）天菩萨”，汉文本为“蜜天菩萨”。

已如□空应□喜恶□□□□□□□□□及如受官服，□□□□□□□□□□□□□□菩萨之济□□□□□ □□□□□□□□□□本无法显□□□□□□□□□□□□□□□以十八法。

比对《大正藏》，可以确定残经并不属于《大般若波罗蜜多经》，而是竺法护译《大宝积经》第八卷“密迹金刚力士会第三之一”的相应内容，依据残经内容，其顺序应调整为Or.12380-3435RV（K.K.）左面＋Or.12380-3435RV（K.K.）右面，调整后佛经内容如下：

……出入五趣如炬照冥，心无所著犹如莲华生于污泥，行无增损犹如虚空无所增爱，颁宣三藏如国明君赐报印绶拜与官号，超俗八法不以戚忻，游入八难化众危厄，以慧成就转不退轮，解众废乱显示正真本无之法，发训超分至一切智三界为震，佛十八法，诲诸愚冥，离于三毒如吹浮云，以道法舟往度众生，劝十二海脱生死轮，往来三处济十二因，诸会菩萨具足功勋，其名曰月施菩萨、月英菩萨、寂英菩萨、首英菩萨、光英菩萨、光首菩萨、首积、首寂、钩锁、龙忻、龙施、执像、蜜天、缘胜、缘手……①

10.Or.12380-3669a（K.K.Ⅱ.0257.i）残存1页1行，写本，应为佛经经套题签，刊布者将其定名为“《大宝积经》题签”，现将西夏文录文并对译如下：

[illegible]　　　　大宝积经典百十五第

翻译为:《大宝积经》第百十五卷

《大宝积经》第一百十五卷是菩提流志译“无尽慧菩萨会第四十五”的内容。

11.Or.12380-3840（K.K.）残经为汉文，存1页13行，上下栏线

① （西晋）竺法护译《大宝积经》卷8，《大正藏》第11册，第310号，第42页中栏28~下栏11。

单栏，写本，刊布者将其定名为《佛说三十五佛名经》，残存汉文本内容如下：

> 佛说□□五佛名经积经优
>
> 婆离会第九十卷
>
> 大唐三藏菩提流志奉诏译
>
> 复次，舍利子[①]！若有菩萨犯波罗夷者，应对净戒[②]十比丘前，以质直心殷重忏悔。犯僧残者，对五净僧殷重忏悔。若为女人染心所触，及因相顾而生爱着，应对一二净戒僧前殷重忏悔。舍利子！若诸菩萨成就五无间罪，犯波罗夷或犯僧（以下残）。

此残经说明，西夏人非常了解《佛说三十五佛名经》的出处，在标题做了标注，即出自《大宝积经》第九十卷之“优波离会第二十四”，为唐菩提流志所译。

---

① 汉文大藏经本为“舍利弗”，指佛十大弟子之一，以智慧第一。

② 汉文大藏经本为“清净”。

二 《佛说如来不思议秘密大乘经》

《佛说如来不思议秘密大乘经》是宋代僧人法护等翻译完成的。法护中印度人（一说北天竺人），经常和惟净一起翻译佛经，他们的译经已经处在宋译经的晚期。《佛说如来不思议秘密大乘经》（二十卷）为宋代法护所译，法护是中印度僧人[①]，卒于嘉祐三年（1058），寿九十有六，那么法护应该生于宋乾德元年（963），他“闻宋室龙兴，尊崇象教，舍利译馆，专侍梵僧，遍翻经论，欲观光上国，以证所闻”[②]，于景德元年（1004）春到达京师，旋即被召入译院，开始了在中土翻译佛经的历程。《佛祖统纪》第四十四卷记载：“景德元年……西天三藏法护来，进佛舍利贝叶梵经，赐紫衣束帛，馆于译经院。”[③]法护在宋代经历宋真宗和宋仁宗两朝。法护译经要晚于天息灾、法天、施护等人的译经，天禧元年（1017）在施护去世之后，诏法护与惟净“并充译经三藏，加俸给”。[④]《佛祖统纪》第四十四卷载：“天禧三年八月……译经三藏法护等，请以御注《四十二章经》御注遗教经，入藏颁行，诏可。”[⑤]《佛祖统纪》第四十五卷记载：“天圣元年……南海驻辇国遣使进金叶天竺梵经，

---

① 《大中祥符法宝录》记载法护为北天竺人。

② （民国）喻谦昧庵氏撰《新续高僧传四集》卷 1“宋京师传法院沙门释法护传”，北洋印刷影印本，1923。

③ （宋）志磐撰《佛祖统纪》卷 44，《大正藏》第 49 册，第 2035 号，第 402 页下栏 17~19。

④ （宋）吕夷简等撰《景祐新修法宝录》卷 16，《宋藏遗珍》第 115 册，上海碛砂藏影印会，1935。

⑤ （宋）志磐撰《佛祖统纪》卷 44，《大正藏》第 49 册，第 2035 号，第 406 页中栏 4~6。

诏三藏法护译之。”[①]“景祐二年……上御制天竺字源序赐译经院，是书即法护、惟净，以华梵对翻为七卷，声明之学实肇于兹。其所序云：翻宣表率则有天息灾等三藏五人（西土四人天息灾、施护、法贤、法护，东土一人，则惟净耳）笔受缀文证义，则自法进至慧灯七十九人。五竺贡梵经僧，自法军至法称八十人。此土取经僧得还者，自辞浣至栖秘百三十八人，梵本一千四百二十八，译成五百六十四卷。”[②]“庆历元年，三藏法师惟净言：‘西土进经新旧万轴。’”[③]

法护聪睿超伦，五乘三学靡不研贯，所演经说，妙达其源，前后译经十有二部，其中有《佛说大乘入诸佛境界智光明庄严经》（五卷），与惟净同译《佛说身毛喜竖经》（三卷），《佛说如来不思议秘密大乘经》（二十卷），即《大宝积经》第三《金刚力士会》同本异译，分作二十五品，《海意菩萨所问净印法门经》（十八卷），即《大集经海慧菩萨品》（第五），《大乘中观释论》（九卷）。因为翻译《大乘中观释论》赐以朝散大夫试鸿胪卿，号为“光梵大师”。[④]庆历七年（1047）御制译经颂赐三藏法护。

《佛说如来不思议秘密大乘经》（二十卷），即《大宝积经》第三《金刚力士会》同本异译，分作二十五品。《大宝积经》作为比较有特色的大乘佛经的汇编，西夏文残经中就有竺法护单译经，如太康九年（288）译《密迹经》（或《密迹金刚力士经》七卷）与唐编录《大宝积经·密迹金刚力士会》相同。《开元释教录》第十一卷（别录之一）有“第三密迹金刚力士会七卷，西晋三藏竺法护译（勘同编入）”。[⑤]《贞元新定释教目录》第

---

① （宋）志磐撰《佛祖统纪》卷45，《大正藏》第49册，第2035号，第408页下栏2~3。

② （宋）志磐撰《佛祖统纪》卷45，《大正藏》第49册，第2035号，第409页下栏24~410页上栏3。

③ （宋）志磐撰《佛祖统纪》卷45，《大正藏》第49册，第2035号，第410页上栏15~16。

④ （民国）喻谦昧庵氏撰《新续高僧传四集》卷1“宋京师传法院沙门释法护传”，北洋印刷影印本，1923。

⑤ （唐）智升撰《开元释教录》卷11（别录之一），《大正藏》第55册，第2154号，第584页上栏27~28。

二十卷有“第三密迹金刚力士会七卷（西晋三藏竺法护译），勘同编入”。[①]

宋代法护译《佛说如来不思议秘密大乘经》是西晋竺法护译《密迹经》的同本异译，可见，《密迹经》作为密教经典还是比较流行的，西晋竺法护初译，收录佛经目录之中，到宋代再次翻译。法护翻译佛经基本上是和惟净共同翻译的。《大中祥符法宝录》卷十五记载：

诏北天竺沙门法护、京太平兴国寺沙门惟净同译经文，法护华言：梵云达里摩波罗。本北天竺迦湿弥罗国人，婆罗门之族也，姓憍尸迦，植性简易，风骨俊奕，幼怀志向，卓然不群，未出家，日习四围陀典及诸记论，后诣中天竺摩伽陀国坚固铠宫寺，依沙门苏誐多室利波罗，华言：善逝吉祥。护出家，年满受具，依沙门希有乘、沙门妙意尊、沙门布施铠为受学阿阇梨，习毗尼藏，深闲持犯，传声明论，洞究字源，通八转之音，融三乘之学。后又询访名师，传受大乘经论，以至笔札偈句，尤所精练。年二十五与法门兄觉吉祥智发志结侣来诣京师，冒险忘疲，数年而至，以梵经为献。上召见，赐紫衣束帛，馆于皇建院。景德三年十一月，诏令参证梵文，四年十一月，赐号“传梵大师”。大中祥符二年，上以法护艺业精明，堪预传演，诏令同译经文，仍加俸给，由是译经沙门自法贤而降至法护为第五人焉。

沙门惟净，姓李氏，故吴王犹子，生于金陵。七岁依京大相国寺释自崇出家，太平兴中太宗皇帝初启译场，尝求通梵学者，欲令相续传演，乃诏中使王文寿于京城选聪晤童子五十人，俾攻梵学。惟净始年十一，以诵《法华经》首应是选，是年七月引对。上令诵所习经，颇嘉其精敏，诏依三藏沙门法贤为受学阿阇梨，遂传声明、悉昙章及梵经义理。惟净受教，有同宿习。明年以习梵章通利，始落发受具。雍熙三年亲观梵经以进，诏补梵学充职，又受瑜伽秘密教法。仅二十载，由是梵字本母，悉洞达之，每一睹梵章，

① （唐）圆照撰《贞元新定释教目录》卷 20，《大正藏》第 55 册，第 2157 号，第 912 页下栏 6~7。

历然如诵，至于天竺音义，无不通究。复对注真言，诠解密印多所允协，常以华竺之文对参奥义，自得古师翻译之旨，传《维摩》《般若心经》，通因明论，洞晓精要。端拱二年十月召见，太宗亲加抚谕，诏充笔受，赐紫衣，别加颁赍，仍给月俸。淳化三年十月，赐号“光梵大师”。咸平四年充证梵文。景德三年证梵义。大中祥符二年，上以惟净不游天竺，自晓梵章，求之古人，斯为难矣。诏令同译经文，复加俸给。由法贤至惟净为第六人。[①]

宋代设立译场，皇帝要求只翻译新经，然而当时佛教在印度已经日益衰微，来自印度的新经自然不多。在宋仁宗天圣五年（1027）法护和惟净两度上奏已无新经可译，请旨停止译经，但仁宗以佛教有益于教化而诏不准。然而，此后的翻译时断时续，勉强持续到宋徽宗政和初年（1111~1117）。法护译经收录于《大正藏》的有:《佛说开觉自性般若波罗蜜多经》《佛说大乘菩萨藏正法经》《佛说大乘入诸佛境界智光明庄严经》《大乘集菩萨学论》《大乘中观释论》《施设论》《圣佛母般若波罗蜜多九颂精义论》《佛说八种长养功德经》《佛说出生一切如来法眼遍照大力明王经》《佛说大悲空智金刚大教王仪轨经》等。

《佛祖统纪》第五十一卷记载:“仁宗赐三藏法护普明慈觉传梵大师。”[②]“至和元年，敕三藏法护戒德高胜，可特赐六字师号，曰‘普明慈觉传梵大师’。”[③]“嘉祐三年译经三藏银青光禄大夫试光禄卿普明慈觉传梵大师法护亡，寿九十六。”[④]

克恰诺夫编著的《俄藏黑水城西夏文佛经叙录》中没有提及法护所译《佛说如来不思议秘密大乘经》（二十卷），而在英藏黑水城西夏文佛经存在一个残经。

---

① （宋）赵安仁、杨亿等编《大中祥符法宝录》卷15“圣代翻宣录中之十四　藏乘区别年代指明二之十三”，上海碛砂藏影印会，1935。

② （宋）志磐撰《佛祖统纪》卷51，《大正藏》第49册，第2035号，第454页中栏7~8。

③ （宋）志磐撰《佛祖统纪》卷45，《大正藏》第49册，第2035号，第412页下栏21~22。

④ （宋）志磐撰《佛祖统纪》卷45，《大正藏》第49册，第2035号，第413页上栏8~9。

Or.12380-1323（K.K.Ⅱ.0277.oo）残存 1 页 3 行，上栏线单栏，下栏线无存，写本，每行存 2~5 字不等，刊布者将其定名为“佛经”，现将西夏文录文并对译如下：

𗍫𗗙𗍳𗌰𗊈……	一者身密二……
𗌰𗐱……	密之……
𗂧𗉘……	云如……

比对《大正藏》，可以确定残经为宋西天译经三藏朝散大夫试光禄卿传梵大师赐紫沙门臣法护等译《佛说如来不思议秘密大乘经》第六卷“如来身密不思议品第七之一”的内容：

……一者身密，二者语密，三者心密，云何名为如来身密？[①]

① （宋）法护等译《佛说如来不思议秘密大乘经》卷 6，《大正藏》第 11 册，第 312 号，第 716 页下栏 11~12。

三 《佛说阿弥陀经》

随着大乘佛教经典的流传，宣传阿弥陀净土信仰的经典也传入中土，并被翻译流传开来。大乘佛教宣称，东南西北、四维上下处处都有佛，每个佛都有自己的净土，其实在佛经中主要描写的是阿弥陀佛西方净土、药师佛东方净土和弥勒佛兜率天净土等，而以描绘西方净土、称赞阿弥陀佛的经典最为常见。英藏黑水城中存的《佛说阿弥陀经》是鸠摩罗什的译经，它是净土信仰的主要典籍之一。净土宗以三宗一论为所依据的典籍，三经是曹魏康僧铠译《无量寿经》二卷、刘宋畺良耶舍译《观无量寿佛经》一卷、后秦鸠摩罗什译《阿弥陀经》一卷。一论是元魏菩提流支译《往生论》即《无量寿经优婆提舍愿生偈》一卷。阿弥陀佛在佛教中非常重要，据估计，现存大乘佛典中含有赞颂阿弥陀佛内容的经典约占三分之一。[①]《阿弥陀经》和西方净土信仰在西夏时期依然盛行，净土信仰对中土佛教、文化艺术等产生很多影响。

俄藏黑水城西夏文佛经有《佛说阿弥陀经》（第 106~109 号，西夏特藏 147 号，馆册 763、803、4844、4773、7564、6761 号）《西方净土十疑论》（第 318 号，西夏特藏 184 号，馆册 6743 号）、《净土求生顺要论》（第 319~320 号，西夏特藏 393 号，馆册 7832、6904 号）、《净土十疑论》（天台宗创始人智顗著）（第 436~437 号，西夏特藏 392 号，馆册 825、708 号）、《十疑论》（第 438 号，西夏特藏 365 号，馆册 2324 号）、《最乐净国生求颂》（第 449 号，西夏特藏 408 号，馆册

---

① 任继愈主编《中国佛教史》第一卷，中国社会科学出版社，1997，第 439 页。

2265号）、《西方求生念佛顺要论》（第614号，西夏特藏470号，馆册6833号）等。

在英藏黑水城西夏文文献中《佛说阿弥陀经》遗存不多，下面对其进行释读。

1.Or.12380-3420（K.K.Ⅱ.0261.g）残存1页，上下栏线单栏，刻本经折装，存6行，满行15字，原残卷上有编号3420，刊布者将其定名为“佛经”，现将西夏文录文并对译如下：

[illegible]

子我是利益（方便）见依故是言说若诸众生

[illegible]

是说闻时大愿发以彼国能生且说应

[illegible]

说我

[illegible]①[illegible]

舍利子我今阿弥陀佛之不可思量功

[illegible]②[illegible]

德方便赞叹然（其）如东方阿閦比佛须弥

[illegible]③[illegible]④[illegible]⑤[illegible]⑥[illegible]

相佛大须弥佛须弥光佛妙声佛是如

Or.12380-3420（K.K.Ⅱ.0261.g）翻译如下：

……子，我依见是利益（方便），故说是言，若诸众生闻是说时，应说发以大愿，且说我能生彼国。舍利子，然如我今赞叹阿弥陀佛之不

---

① 西夏文“[illegible]”译为“舍利子”，汉文本为“舍利弗”。

② 西夏文“[illegible]”译为“东方阿閦比佛”，指金刚界五佛之一。

③ 西夏文“[illegible]”译为“须弥相佛”。

④ 西夏文“[illegible]”译为“大须弥佛”。

⑤ 西夏文“[illegible]”译为“须弥光佛”。

⑥ 西夏文“[illegible]”译为“妙声佛”。

可思量方便功德，东方阿閦比佛、须弥相佛、大须弥佛、须弥光佛、妙声佛，是如……

比对《大正藏》，可以确定残经应为鸠摩罗什译《佛说阿弥陀经》的相应内容：

> ……舍利弗，我见是利，故说此言，若有众生闻是说者，应当发愿生彼国土。舍利弗，如我今者赞叹阿弥陀佛不可思议功德，东方亦有阿閦鞞佛、须弥相佛、大须弥佛、须弥光佛、妙音佛，如是等恒河沙数诸佛。[1]

2.Or.12380-3713（K.K.）残存 1 页 7 行，上半部分残缺，上栏线无存，下栏线单栏，刻本，原残卷上有编号 3713，左上角有粘贴来的其他残经的西夏字，刊布者将其定名为《佛说阿弥陀经》，现将西夏文录文并对译如下：

……[illegible][2][illegible]	……之实罪报依已生时
……[illegible][3][illegible]	……国中三恶道无一一
……[illegible]	……三恶道名亦无及实者何
……[illegible]	……弥陀佛法声流传欲
……[illegible]	……彼佛国中微风动
……[illegible]	……网上最妙声出
……[illegible]	……彼声闻者

Or.12380-3713（K.K.）翻译如下：

……之依实时罪报已生……国中无三恶道，一一……亦无三恶道名，及何实者……阿弥陀佛，欲法声流传……彼佛国中，微风动……网

① （后秦）鸠摩罗什译《佛说阿弥陀经》，《大正藏》第 12 册，第 366 号，第 347 页中栏 15~21。

② 西夏文“[illegible]”译为“实依罪报所生”，汉文本为“实是罪报所生”。

③ 西夏文“[illegible]”译为“三恶道”，汉文本为“三恶趣”，指地狱、饿鬼、畜生三处。

上出最妙声……彼声闻者。

比对《大正藏》，确定残经应为鸠摩罗什译《佛说阿弥陀经》的相应内容：

> 此鸟实是罪报所生。所以者何？彼佛国土无三恶趣。舍利弗！其佛国土尚无三恶道之名，何况有实？是诸众鸟皆是阿弥陀佛，欲令法音宣流变化所作。舍利弗！彼佛国土，微风吹动，诸宝行树及宝罗网出微妙音，譬如百千种乐同时俱作，闻是音者皆自然生念佛、念法、念僧之心。[①]

3.Or.12380-3713V（K.K.）残存1页6行，上半部分残缺，上栏线无存，下栏线单栏，刻本，刊布者将其定名为《佛说阿弥陀经》，现将西夏文录文并对译如下：

……[illegible]	……常种种特殊杂
……[illegible][②][illegible][③][illegible][④]	……雀鹦鹉舍利迦陵频伽
……[illegible]	……彼诸鸟等日夜六时
……[illegible][⑤][illegible]	……以是如五根五力七
……[illegible]	……等法唯说国中众生
……[illegible]	……念法归念

Or.12380-3713V（K.K.）翻译如下：

……常种种特殊杂……雀、鹦鹉、舍利、迦陵频伽……彼诸鸟

---

① （后秦）鸠摩罗什译《佛说阿弥陀经》,《大正藏》第12册，第366号，第347页上栏17~23。

② 西夏文“[illegible]”译为“鹦鹉”。

③ 西夏文“[illegible]”译为“舍利”，指佛、高僧火化后的遗骨，有骨舍利、发舍利、肉舍利等。

④ 西夏文“[illegible]”译为“迦陵频伽”，又称妙音鸟。

⑤ 西夏文“[illegible]”译为“五根五力”，“五根”指眼、耳、鼻、舌、身。“五力”指信力、精进力、念力、定力、慧力。

等，日夜六时……以是如五根、五力、七……等法，唯说国（土）中众生……念法，归念……

比对《大正藏》，可以确定残经应为鸠摩罗什译《佛说阿弥陀经》的相应内容：

> 彼国常有种种奇妙杂色之鸟——白鹄、孔雀、鹦鹉、舍利、迦陵频伽、共命之鸟。是诸众鸟，昼夜六时出和雅音，其音演畅五根、五力、七菩提分、八圣道分如是等法。其土众生闻是音已，皆悉念佛、念法、念僧。[①]

Or.12380-3713（K.K.）和 Or.12380-3713V（K.K.）残经顺序为 Or.12380-3713V（K.K.）在前，Or.12380-3713（K.K.）在后，基本可以缀合。

4.Or.12380-3714（K.K.Ⅱ.0248.g）残存 2 页 12 行，上半部分残缺，上栏线无存，下栏线单栏，刻本，刊布者将其定名为《佛说阿弥陀经》，现将西夏文录文并对译如下：

（右面）

……𗗙𗏁𗖵𗴴𗼃𗣼	……之说是国（土）于生
……𗼃𗤓𗧓𗍫𗒹𗢳𗦇𗰜	……于世界一有名者最
……𗥤𗧅𗦷𗗚𗖰𗏹𗥃	……陀现在正法言然
……𗰜𗦳𗢳𗓁𗫻𗴴𗉘	……最乐名成彼国中
……𗭍𗧅𗧊𗰜𗦳𗏁	……受故方最乐说
……𗉘𗒘𗎹𗐁𗐔𗒘𗎹𗐁	……中七重树网七重树

（左面）

……𗖻𗓁𗡶𗱕𗡶𗤋𗖵	……以成周围围绕是

① （后秦）鸠摩罗什译《佛说阿弥陀经》，《大正藏》第 12 册，第 366 号，第 347 页上栏 12~16。

……[illegible][1][illegible]	……中七宝池有八功德水
……[illegible]	……里四面阶道金银
……[illegible]	……及楼阁有彼亦金
……[illegible][2][illegible][3][illegible]	……珠赤玛瑙以装饰池
……[illegible]	……青光青色黄

翻译如下：

……少之说是国（土）于生……于世界一有名者最……陀，现在说正法，然……名成极乐，彼土中……受，故方说极乐……中七重树网，七重树……以成周围围绕，是……中有七宝池，八功德水……里四面阶道，金、银……及有楼阁，彼亦以金……赤珠、玛瑙及装饰，池……青光青色，黄……

比对《大正藏》，可以确定残经为鸠摩罗什译《佛说阿弥陀经》的相应内容：

佛告长老舍利弗：从是西方过十万亿佛土，有世界名曰极乐。其土有佛，号阿弥陀，今现在说法。舍利弗！彼土何故名为极乐？其国众生无有众苦，但受诸乐，故名极乐。又舍利弗！极乐国土，七重栏楯、七重罗网、七重行树，皆是四宝周匝围绕，是故彼国名曰极乐。又舍利弗！极乐国土有七宝池，八功德水充满其中，池底纯以金沙布地，四边阶道，金、银、琉璃、颇梨合成。上有楼阁，亦以金、银、琉璃、颇梨、车渠、赤珠、马瑙而严饰之。池中莲花，大如车轮，青色青光，黄色黄光。[4]

---

① 西夏文“[illegible]”译为“七宝池”。

② 西夏文“[illegible]”译为“赤珠”，七宝之一。

③ 西夏文“[illegible]”译为“玛瑙”，七宝之一。

④（后秦）鸠摩罗什译《佛说阿弥陀经》，《大正藏》第12册，第366号，第346页下栏10~16。

5.Or.12380-3714V（K.K.Ⅱ.0248.g）残存 1 页 7 行，上半部分残缺，下栏线单栏，刻本，右半部分是正字，左半部分是西夏字的反字，从内容判断是 Or.12380-3714（K.K.Ⅱ.0248.g）残经粘连揭开所致，刊布者将其定名为《佛说阿弥陀经》，现将西夏文录文并对译如下：

……[西夏文][1][西夏文]	……光白最妙香善舍利子
……[西夏文]	……功德庄严成就
……[西夏文][2][西夏文]	……中常天乐鸣金黄以
……[西夏文][3][西夏文]	……曼陀罗花雨彼国众
[西夏文]……[西夏文]□[西夏文]	生……以众妙花宝□最（皆）
……[西夏文]	……为往斋时至时及本
……[西夏文]	……遍行舍利子最

翻译如下：

……光白，最妙香善。舍利子……成就功德庄严……中常鸣天乐，金黄以……雨曼陀罗花。彼国众生……以众妙花宝□最（皆）……为往斋时，至时及本……遍行。舍利子，最……

比对《大正藏》，可以确定残经为鸠摩罗什译《佛说阿弥陀经》的相应内容：

> 白色白光，微妙香洁。舍利弗！极乐国土成就如是功德庄严。又舍利弗！彼佛国土，常作天乐，黄金为地，昼夜六时天雨曼陀罗华。其国众生，常以清旦，各以衣祴盛众妙华，供养他方十万亿佛；即以食时，还到本国，饭食经行。舍利弗！极乐国土成就如是功德庄严。[4]

---

① 西夏文“[西夏文]”译为“最妙善香”，汉文本为“微妙香洁”。

② 西夏文“[西夏文]”译为“黄金”。

③ 西夏文“[西夏文]”译为“曼陀罗花”。

④ （后秦）鸠摩罗什译《佛说阿弥陀经》，《大正藏》第 12 册，第 366 号，第 347 页上栏 7~12。

英藏黑水城西夏文残经中仅仅发现五件《佛说阿弥陀经》，其中 Or.12380-3713（K.K.）、Or.12380-3713V（K.K.）、Or.12380-3714（K.K.Ⅱ.0248.g）和 Or.12380-3714V（K.K.Ⅱ.0248.g）为同部残经，其顺序为 Or.12380-3714V（K.K.Ⅱ.0248.g）+Or.12380-3713V（K.K.）+ Or.12380-3713（K.K.），而 Or.12380-3714V（K.K.Ⅱ.0248.g）左面又与 Or.12380-3714（K.K.Ⅱ.0248.g）左面相连。

四 《文殊师利所说不思议佛境界经》

《文殊师利所说不思议佛境界经》是唐代高僧菩提流志翻译的。菩提流志，南天竺人，婆罗门种。唐高宗时期来至大唐，经历武则天、唐中宗、唐睿宗、唐玄宗朝，弘传佛法，翻译佛经，推动唐朝译经事业的发展。《文殊师利所说不思议佛境界经》的西夏译本在黑水城得以保存，说明西夏时期已经把此经翻译成西夏文。西夏文本《文殊师利所说不思议佛境界经》在英藏黑水城中发现不多。

Or.12380-0957（K.K.Ⅱ.0269.c）残存1页4行，栏线无存，刻本，字数无法确定，刊布者将其定名为“佛经”，现将西夏文录文并对译如下：

……[illegible]…… ……漏已离心解脱得自……

……[illegible]…… ……文殊师利菩萨之……

……[illegible]…… ……假若众生是甚深妙法……

……[illegible]……[illegible]…… ……应……起证悟求……

Or.12380-0957（K.K.Ⅱ.0269.c）翻译如下：

……已离……漏心得解脱，自……文殊师利菩萨之……假若众生是甚深妙法……应起……求证悟……

比对《大正藏》，可确定残经为菩提流志译《文殊师利所说不思议佛境界经》卷上的相应内容：

……永尽诸漏心得解脱，各各脱身所著上衣，以奉文殊师利菩萨，而作是言：若有众生得闻于此甚深妙法，应生信受，若不生信，欲求证悟，终不可得。[①]

西夏文本《文殊师利所说不思议佛境界经》在俄藏黑水城西夏文佛经文献中也有保存，西夏文刻本经折装《文殊师利所说不思议佛境界经》（第104号、西夏特藏第312号、馆册第6714号）译自汉文，见《大正藏》第340号，即《文殊师利所说不思议佛境界经》，以及西田龙雄《西夏文佛经目录》第132号。

查阅佛经目录和高僧传记，我们可以确定，菩提流志在武则天时期将此经翻译成汉文。《宋高僧传·菩提流志传》记载："（菩提流志）年十二，就外道出家，事波罗奢罗，学声明、僧佉等论。历数、咒术、阴阳、谶纬，靡不该通。年逾耳顺，方乃回心，知外法之乖违，悟释门之渊默，隐居山谷，积习头陀。初依耶舍瞿沙三藏学诸经论，其后游历五天，遍亲讲肆。高宗大帝闻其远誉，挹彼高风，永淳二年，遣使迎接。天后复加郑重，令住东洛福先寺译《佛境界》《宝雨》《华严》等经，凡十一部。"[②]这里提到的《佛境界》应是《文殊师利所说不思议佛境界经》。《大周刊定众经目录》卷一记载："《文殊师利所说不思议佛境界经》一部二卷（或一卷二十七纸），右大周长寿二年三藏法师菩提留志于大周东寺译。"[③]《文殊师利所说不思议佛境界经》是在武则天大周长寿二年（693）翻译完成的。《文殊师利所说不思议佛境界经》在译成汉文以后，被收录于佛经目录。《见实三昧经》（一部十四卷）、《阿惟越致遮经》（一部二卷）、《东方最胜灯王如来经》（一卷）、《决定总持经》（一卷）和《文殊师利所说不思议佛境

---

① （唐）菩提流志译《文殊师利所说不思议佛境界经》卷上，《大正藏》第12册，第340号，第110页中栏12~15。

② （宋）赞宁撰《宋高僧传》卷3，范祥雍点校，中华书局，1997，第43页。

③ （唐）明佺等撰《大周刊定众经目录》卷1，《大正藏》第55册，第2153号，第380页上栏6~9。

界经》(一卷)同帙。[①]此经亦被收录在《开元释教录》中,《得无垢女经》(一卷)、《如幻三昧经》(二卷)、《圣善住意天子所问经》(三卷)、《太子刷护经》(一卷)、《太子和休经》和《文殊师利所说不思议佛境界经》(二卷)同帙。[②]

① (唐)明佺等撰《大周刊定众经目录》卷13,《大正藏》第55册,第2153号,第459页中栏17。

② (唐)智升撰《开元释教录》卷19,《大正藏》第55册,第2154号,第681页上栏21~27。

西夏文涅槃类经典

《大般涅槃经》

随着大乘经典的流行，涅槃经典也传至中土，被翻译成汉文流传，形成南北涅槃学派，对中国佛教义理产生了很大影响。《佛说大般泥洹经》在中国被先后多次翻译，《大正藏》收录东晋平阳沙门释法显译《大般涅槃经》、北凉天竺三藏昙无谶译《大般涅槃经》、宋代沙门慧严等依泥洹经加之《大般涅槃经》和大唐南海波凌国沙门若那跋陀罗译《大般涅槃经后分》等。另外，据载还有东汉支谶译《梵般泥洹经》（二卷）、曹魏安法贤译《大般涅槃经》（二卷）和吴支谦译《大般泥洹经》（二卷），皆早佚。

从残存西夏文《大般涅槃经》判断，西夏文本是根据昙无谶汉译本翻译而成。

1.Or.12380-0247（K.K.Ⅱ.0284.dd）残存 1 页 11 行，写本卷子装，无栏线，上部分残缺严重，字数不能确定，刊布者将其定名为“佛经”，现将西夏文录文并对译如下：

……[illegible]	……见
……[illegible]	……殊功德及彼
……[illegible]	……佛善男子对说
……[illegible]	……宣说功德能又
……[illegible]	……罗睺罗如观何云及
……[illegible]	……而不失令具后

……[illegible][1]　　……独一阿鼻地狱

……[illegible]　　……亦彼人独缘世间

……[illegible]　　……众生之虚为以地

……[illegible]□　　……譬国土中□

……[illegible]□□　　……如□□

Or.12380-0247（K.K.Ⅱ.0284.dd）翻译如下：

……见……殊功德及彼……佛对善男子说……能宣说功德又……观……如罗睺罗。云何？及……而不令失具后……独一阿鼻地狱……亦彼人独缘世间……众生之为虚，以地……譬国土中□……如□□。

比对《大正藏》，可以确定残经为昙无谶译《大般涅槃经》第四卷“如来性品第四之一”的相应内容：

能说十善增上功德及其义味，是故启请应先制戒。佛言：“善男子！若言如来能为众生宣说十善增上功德，是则如来视诸众生如罗睺罗，云何难言将无？”“世尊！欲令众生入于地狱，我见一人有堕阿鼻地狱因缘，尚为是人，住世一劫若减一劫，我于众生有大慈悲，何缘当诳如子想者，令入地狱。”“善男子！如王国内，有纳衣者，见衣有孔，然后方补，如来亦尔。”[2]

2.Or.12380-0515（K.K.Ⅱ.0229.j）残存 1 页 12 行，写本，字数无法确定，刊布者将其定名为《大般涅槃经》第二十五卷，现将西夏文录文并对译如下：

[illegible]

大般涅槃经典卷二十五第

---

① 西夏文“[illegible]”译为“阿鼻地狱”，指罪大恶极之人死后灵魂所去之处。

② （北凉）昙无谶译《大般涅槃经》卷 4，《大正藏》第 12 册，第 374 号，第 387 页上栏 14~27。

[illegible]

天生全能番禄法式国正皇太后梁氏　贤译

[illegible]

德成国主福盛民正大明皇帝嵬名　贤译

[illegible]

遍照尊贵德王菩萨品十第之五

[illegible]

复次善男子菩萨摩诃萨大般涅

[illegible]□[illegible]……

槃经典修七□功德……

□□[illegible]……

□□善男子菩萨摩诃萨……

□□□□[illegible]……

□□□□萨皆妙经典……

□□□[illegible]……

□□□大般涅槃经典……

□□□□[illegible]……

□□□□法有大般涅槃经典……

□□□□[illegible]……

□□□□行一切勤修……

□□□□[illegible]……

□□□□说者彼义……

Or.12380-0515（K.K.II.0229.j）翻译如下：

大般涅槃经典第二十五卷

天生全能禄番奉法正国皇太后梁氏　贤译

德成主国增福正民大明皇帝嵬名　贤译

遍照尊贵德王菩萨品第十之五

复次，善男子，修菩萨摩诃萨大般涅槃经典，修七□功德……□□。

善男子，菩萨摩诃萨……

□□□□萨皆妙经典……□□□大般涅槃经典……□□有□□法大般涅槃经典……□□□勤修一切□行……□□□□说者彼义……

比对《大正藏》，可确定残经为昙无谶译《大般涅槃经》第二十五卷“光明遍照高贵德王菩萨品第十之五”的相应内容：

> 复次，善男子！云何菩萨摩诃萨修大涅槃微妙经典？具足成就第七功德？善男子！菩萨摩诃萨修大涅槃微妙经典，作是思惟，何法能为大般涅槃而作近因。菩萨即知有四种法为大涅槃而作近因。若言勤修一切苦行，是大涅槃近因缘者，是义不然。所以者何？①

3.Or.12380-2552（K.K.Ⅱ.0233.s）残存 1 页 4 行，刻本，在第一行西夏文后有一小字，译为“三”，下栏线单栏，上半部分残缺严重，字数无法确定，残经上有编号 2552，刊布者将其定名为“佛经”，现将西夏文录文并对译如下：

……[illegible]②

……种妙色香花出及诸白鹤雁鸭

……□[illegible]□[illegible]

……□飞禽彼中界集彼也广□之

……[illegible]□[illegible]□[illegible]□□□

……香花树□香正□如□□□

……[illegible]□[illegible]□□□

……水池中利彼家□园□□□

Or.12380-2552（K.K.Ⅱ.0233.s）翻译如下：

① （北凉）昙无谶译《大般涅槃经》卷 25，《大正藏》第 12 册，第 374 号，第 510 页中栏 14~19。

② 西夏文“[illegible]”译为“诸白鹤、雁鸭”，汉文本笼统称为“众鸟禽兽”。

出……种妙色香花，及诸白鹤、雁鸭……□飞禽，彼界中彼集也。广□之 ……香花树□香正□如□□□ ……水池中利彼家□园□□□。

比对《大正藏》，可以确定残经为昙无谶译《大般涅槃经》第十四卷“圣行品第七之四”的相应内容：

> ……多诸香花周遍严饰，众鸟禽兽，不可称计，甘果滋繁，种别难计。复有无量藕根、甘根、青木香根，我于尔时独处其中，唯食诸果。①

4.Or.12380-2607RV（K.K.Ⅱ.0274.1）残存 2 页，右面存 5 行，下栏线单栏，左面存 5 行，上栏线单栏，写本，两面字数皆无法确定，刊布者将其定名为“佛经”，现将西夏文录文并对译如下：

（右面）

……[西夏文] ……法说为
……[西夏文] ……一切者若如来于
……[西夏文] ……第义谛是何云也诸
……[西夏文] ……第义谛故世谛所说
……[西夏文] ……第义谛

（左面）

[西夏文]…… 如来何云……
[西夏文]…… 出亦彼已……
[西夏文]…… 男子有两种道一者……
[西夏文]…… 常菩提相亦有二种一……
[西夏文]…… 亦彼已……

① （北凉）昙无谶译《大般涅槃经》卷 14,《大正藏》第 12 册，第 374 号，第 510 页中栏 14~19。

Or.12380-2607RV（K.K.Ⅱ.0274.1）翻译如下：

……为说法……一切者，若于如来……是第□义谛。何云也？诸……第□义谛，故所说世谛……第□义谛……

云何如来出？亦彼已。男子，道有两种，一者……常，菩提相亦有二种，一……亦彼已……

比对《大正藏》，可以确定残经为昙无谶译《大般涅槃经》第十七卷“梵行品第八之三”的相应内容，两面顺序应该是右面在前，左面在后，但二者之间还残缺一些内容。因西夏文残缺严重，仅将汉文本列于下面：

> ……如来有时演说世谛，众生谓佛说第一义谛，有时演说第一义谛，众生谓佛说于世谛……云何如来说言可得，菩提涅槃亦复如是。佛言：如是，如是。善男子！道有二种：一者常，二者无常。菩提之相亦有二种：一者常，二者无常。①

5.Or.12380-2647（K.K.Ⅱ.0282.m）残存 1 页 4 行，上栏线无存，下栏线单栏，写本，残经上有编号 2647，刊布者将其定名为“佛经”，现将西夏文录文并对译如下：

……[illegible]②[illegible]

……分别故上智说诸声闻独觉

……[illegible]

……善男子是如等义彼经典中说

……[illegible]③[illegible]

……善男子诸入者门也门也知故中

……[illegible]

① （北凉）昙无谶译《大般涅槃经》卷 17，《大正藏》第 12 册，第 374 号，第 465 页中栏 26~ 下栏 13。

② 西夏文“[illegible]”译为“言上智”，汉文本为“是名上智”。

③ 西夏文“[illegible]”译为“知诸入门者也，门也”，汉文本为“知诸入者，名之为门”。

……无量相皆诸苦也分离故上智说

……[illegible]

……之知应非如是等义彼经典中

……[illegible]□□□[illegible]

……善男子诸界者缘是□□□是

Or.12380-2647（K.K.Ⅱ.0282.m）翻译如下：

……分别……故言上智，诸声闻独觉 ……善男子，如是等义，彼经典中说 ……善男子，知诸入门者也，门也，故中 ……分别无量相，皆诸苦也，故说上智……之应知非……如是等义，彼经典中……善男子，□诸界者，因是□□，是……

比对《大正藏》，可以确定残经为昙无谶译《大般涅槃经》第十三卷“圣行品第七之三”的相应内容：

> 分别诸阴有无量相，悉是诸苦，非诸声闻、缘觉所知，是名上智。善男子！如是等义，我于彼经竟不说之。善男子！知诸入者，名之为门，亦名为苦，是名中智；分别诸入，有无量相，悉是诸苦，非诸声闻、缘觉所知，是名上智，如是等义，我于彼经亦不说之，善男子！知诸界者，名之为分……①

6.Or.12380-2657（K.K.Ⅱ.0245.d）残存 1 页 4 行，上栏线无存，下栏线单栏，写本经折装，字数不能确定，刊布者将其定名为《大般若波罗蜜多经》，现将西夏文录文并对译如下：

……[illegible]

……五戒行护持威仪具足世中一切

……[illegible]

① （北凉）昙无谶译《大般涅槃经》卷 13，《大正藏》第 12 册，第 374 号，第 442 页中栏 25~下栏 2。

……者中度未脱者之脱令未来世于

……[illegible]

……种续不绝断令修习大乘大庄严

……[illegible]□[illegible]□□□[illegible]

……无量正□成□□□之正等慈

Or.12380-2657（K.K.Ⅱ.0245.d）翻译如下：

……护持五戒行，威仪具足，一切世中……者中度未脱者令之脱，于未来世……令种续不绝断，修习大乘大庄严……成无量正□□□□之正等慈。

比对《大正藏》，可以确定原定名有误，不是《大般若波罗蜜多经》，其内容属于昙无谶译《大般涅槃经》第一卷“寿命品第一”，因西夏文残缺严重，将汉文本相应内容列于下面：

> ……**受持五戒，威仪具足**，其名曰威德无垢称王优婆塞、善德优婆塞等，而为上首，深乐观察诸对治门。所谓苦、乐、常、无常、净、不净、我、无我、实、不实、归依、非归依、众生、非众生、恒非恒、安非安、为无为、断不断、涅槃、非涅槃、增上、非增上，常乐观察如是等法对治之门，亦欲乐闻无上大乘，如所闻已能为他说，善持净戒渴仰大乘，既自充足，复能充足余渴仰者，善能摄取无上智慧，爱乐大乘，守护大乘，善能随顺**一切世间，度未度者，解未解者。绍三宝种使不断绝，于未来世当转法轮，以大庄严而自庄严，心常深味清净戒行，悉能成就如是功德**，于诸众生生大悲心，平等无二如视一子。①

从汉文本的内容判断，西夏文本在抄写的过程中，丢失很多内容，汉文本黑体部分为西夏文所存内容。

① （北凉）昙无谶译《大般涅槃经》卷1，《大正藏》第12册，第374号，第366页中栏16~29。

7.Or.12380-2706b（K.K.Ⅱ.0242.a.x.）残存 1 页 2 行，栏线无存，刻本，残缺十分严重，刊布者定名为“佛经”，现将西夏文录文并对译如下：

[illegible][illegible][illegible]……[illegible]……　　不坏身……何……

……[illegible]……[illegible]……　　……因……大……

比对《大正藏》，可以确定残经为昙无谶译《大般涅槃经》第三卷“寿命品第一之三”的相应内容：

云何得长寿，金刚不坏身？复以何因缘，得大坚固力？[1]

8.Or.12380-2893aV（K.K.）残存 1 页 3 行，下栏线单栏，刻本，残缺十分严重，刊布者定名为“佛经”，现将西夏文录文并对译如下：

[illegible][illegible][illegible][illegible][illegible]　[illegible]□□□□　金刚不坏身　何□□□□

□□[illegible][illegible][illegible]　[illegible][illegible][illegible]□□　□□由缘依　大坚固□□

□□[illegible][illegible][illegible]　□[illegible][illegible][illegible]□　□□经典依　□众生缘□

比对《大正藏》，可以确定残经为昙无谶译《大般涅槃经》第三卷“寿命品第一之三”的相应内容：

……金刚不坏身？复以何因缘，得大坚固力？云何于此经。
究竟到彼岸？愿佛开微密；广为众生说，云何得广大。
为众作依止……[2]

① （北凉）昙无谶译《大般涅槃经》卷 3，《大正藏》第 12 册，第 374 号，第 379 页下栏 14。

② （北凉）昙无谶译《大般涅槃经》卷 3，《大正藏》第 12 册，第 374 号，第 379 页下栏 14~18。

Or.12380-2706b（K.K.Ⅱ.0242.a.x.）和 Or.12380-2893aV（K.K.）残经虽然不是同版本佛经，但它们遗存内容基本相同，说明《大般涅槃经》在西夏文中有不同版本。

9.Or.12380-3302RV（K.K.Ⅱ.0254.c）残存 2 页，右面为经题，左面为经题、译者和开头的一点内容，栏线无存，写本。刊布者定名为“1、汉文账册，2、大般涅槃经第二十一卷”。其实右面是由汉文与西夏文《大般涅槃经》两部分组成，左面是西夏文，汉文应是其他佛经的内容。现将西夏文录文并对译如下：

（右面）

[illegible]

大涅槃经典二十一第

（左面）

[illegible]

大般涅槃经典二十一第

[illegible][1] [illegible]

天生全能 禄番奉法 正国皇太后梁氏　贤译

[illegible][2] [illegible]

德成主国 增福正民 大明皇帝嵬名　贤译

[illegible]

光明遍照高贵德王菩萨品第十之一

[illegible]

尔时世尊光明普照贵高德王菩萨摩

[illegible]

① 克恰诺夫译为“天生全能禄番奉法正国皇太后梁氏”。

② 克恰诺夫译为“就德”。

诃萨对言说善男子假若菩萨摩诃萨

翻译如下：

（右面）

大涅槃经典第二十一

（左面）

大般涅槃经典第二十一

天生全能禄番奉法正国皇太后梁氏　贤译

德成主国增福正民大明皇帝嵬名　贤译

光明遍照高贵德王菩萨品第十之一

尔时，世尊对光明普照贵高德王、菩萨摩诃萨言说：善男子，假若菩萨摩诃萨……

比对《大正藏》，此残存内容应为昙无谶译《大般涅槃经》第二十一卷“光明遍照高贵德王菩萨品第十之一”的相应内容：

> 尔时，世尊告光明遍照高贵德王菩萨摩诃萨言：善男子！若有菩萨摩诃萨……①

西夏文《大般涅槃经》经题后出现两位译者的尊号，即“天生全能禄番奉法正国皇太后梁氏”和“德成主国增福正民大明皇帝嵬名”，这两个尊号是秉常与其母梁氏的尊号。②秉常和其母去世只相差一年，秉常卒于天安礼定元年（1086），其母亲梁皇太后卒于大安十一年（1085），而秉常和其母的尊号又常常一起出现，故《大般涅槃经》的西夏文翻译应在1085年以前完成。

10.Or.12380-3441（K.K.）残经为写本，栏线无存，存1页6行，每行21~22字不等，原经卷上有编号3441，刊布者定名为《大般若波

① （北凉）昙无谶译《大般涅槃经》卷21，《大正藏》第12册，第374号，第487页上栏7~8。

② 崔红芬、文志勇：《西夏皇帝尊号考略》，《宁夏大学学报》（人文社会科学版）2006年第5期。

罗蜜多经》，现将西夏文录文并对译如下：

[illegible]
出说彼经典闻及恶法与远离善法修习故出说彼人人
[illegible][1][illegible]
所及有无足俱（具）也何因缘依人无足俱也彼人大般涅槃
[illegible][2][illegible]
常乐我净信人如来之身无常我无安无净无说也如
[illegible]
来之二种涅槃有一者为有二者为无为有涅槃者常
[illegible]
乐我净无为无涅槃者常乐我净有佛性众生皆有及
[illegible]
人已定一切皆有无说故人不具足说善男子信心二

Or.12380-3441（K.K.）翻译如下：

……出，闻说彼经典，及与恶法远离，修习善法，故说彼有出，人人所及无具足也。依何因缘，人无俱足也。彼人信《大般涅槃》常乐我净，人说如来之身无常、无我、无安、无净也。如来有二种之涅槃，一者有为，二者无为。有为涅槃者，无常乐我净。无为涅槃者，有常乐我净。有众生皆有佛性，无说一切人皆已定有，故人说不具足。善男子，信心二……

比对《大正藏》，可以确定残经为昙无谶译《大般涅槃经》第三十六卷“迦叶菩萨品第十二之四”的相应内容：

……是名为出，何因缘故名之为出？闻是经已远离恶法，修习

---

① 西夏文“[illegible]”译为“俱足”，实际上西夏文常用“[illegible]”表示“具足”。

② 西夏文“[illegible]”译为“常乐我净”，指佛涅槃之功德。

善法，是名为出。是人虽信亦不具足，何因缘故信不具足？是人虽信《大般涅槃》常乐我净，言如来身无常、无我、无乐、无净。如来则有二种涅槃，一者有为，二者无为。有为涅槃，无常乐我净。无为涅槃，有常乐我净。虽信佛性是众生有，不必一切皆悉有之，是故名为信不具足。善男子，信有二……[1]

11.Or.12380-3441V（K.K.）残经为写本，存1页4行，残缺严重，栏线无存，刊布者定名为《大般若波罗蜜多经》，现将西夏文录文并对译如下：

[illegible]□[illegible]□

种有一者信二者求是如人者信及□而寻求处□

[illegible]□□[illegible]□□□

信无足俱（具）说信及二有□□依起二思依起□□□

[illegible]□[illegible]□□□□□□□□□□□□□□□

闻□起生思依无生□□□□□□□□□□□□□□□

[illegible]□□□□□□□□□□□□□□□□□□□□

得者信起□□□□□□□□□□□□□□□□□□□□

Or.12380-3441V（K.K.）翻译如下：

有……种，一者信，二者求，如是人者及□信而□寻求处，言信无（不）具足。信及有二，依□□起（生），二依思起（生），□□□闻□起（生），无依思生，□□□□□□□□□□□□□□□得者，起信□□□□□□□□□□□□□□□□□□□□。

比对《大正藏》，可以确定残经为昙无谶译《大般涅槃经》第三十六卷“迦叶菩萨品第十二之四”的相应内容：

---

① （北凉）昙无谶译《大般涅槃经》卷36，《大正藏》第12册，第374号，第575页中栏20~27。

……种，一者信，二者求。如是之人虽复有信不能推求，是故名为信不具足。信复有二，一从闻生，二从思生，是人信心从闻而生不从思生，是故名为信不具足。复有二种，一信有道，二信得者，是人信心，唯信有道。[①]

比对 Or.12380-3441（K.K.）和 Or.12380-3441V（K.K.），可确定二者为同版次《大般涅槃经》，可以缀合。

12.Or.12380-3592（K.K.Ⅱ.0281.j）残经存 13 行，栏线无存，写本，残缺严重，无法判断每行字数，刊布者将其定名为“佛经”，现将西夏文录文并对译如下：

……[illegible]……	……涅槃……
……[illegible]……	……善男子是……
……[illegible]……	……过去诸多与……
……[illegible]……	……功德应修德……
……[illegible]□[illegible]……	……故□北之言……
……[illegible]……	……诸天闻及彼声……
……[illegible]□[illegible]□[illegible]……	……无□忏心所□是……
……[illegible]□[illegible]……	……何云与无亲□且诸……
……[illegible]□[illegible]……	……我等是□世尊……
……[illegible]……	……尔时五万三千诸……
……[illegible]……	……依法……
……[illegible]……	……是也无……
……[illegible]……	……识亦……

Or.12380-3592（K.K.Ⅱ.0281.j）翻译如下：

……涅槃……善男子是……过去诸多与……应修功德，德……故□

① （北凉）昙无谶译《大般涅槃经》卷 36，《大正藏》第 12 册，第 374 号，第 575 页中栏 27~下栏 2。

北之言……诸天闻及彼声……无□忏心所□是……云何与无亲□且诸……我等是□世尊……尔时，五万三千诸……依法……是也。无……识亦……

比对《大正藏》，可确定残经为昙无谶译《大般涅槃经》第三十四卷“迦叶菩萨品第十二之二”的相应内容。因西夏文残缺严重，只将《大正藏》收入汉文本相应内容列于下面：

> 若言如来毕竟涅槃、不毕竟涅槃，是人不解如来意故，作如是说。善男子！是香山中有诸仙人五万三千，皆于过去迦叶佛所，修诸功德未得正道，亲近诸佛听受正法。如来欲为如是人故，告阿难言：“过三月已，吾当涅槃。”诸天闻已，其声展转乃至香山。诸仙闻已，即生悔心，作如是言：“云何我等得生人中，不亲近佛？诸佛如来出世甚难，如优昙花，我今当往至世尊所听受正法。”善男子！尔时，五万三千诸仙即来我所，我时即为如应说法：“诸大士！色是无常。何以故？色之因缘是无常故，无常因生，色云何常？乃至识亦如是。”[①]

13.Or.12380-3600（K.K.Ⅱ.0238.g.iii）残存1页13行，栏线无存，写本，卷轴装，原残经上有编号3600，刊布者将其定名为“佛经”，现将西夏文录文并对译如下：

……[Tangut][②][Tangut]……	……燃百千日明之是……
……[Tangut]□[Tangut]……	……众花之何使如□果……
……[Tangut]……	……合等大海日明众花须弥……
……[Tangut][③][Tangut]……	……少许供具养且亦……
……[Tangut][④]……	……香花伎乐幡盖纯具……

① （北凉）昙无谶译《大般涅槃经》卷34，《大正藏》第12册，第374号，第564页下栏6~17。

② 西夏文“[Tangut]”译为“百千日明”，汉文本为“百千日”。

③ 西夏文“[Tangut]”译为“少许”，汉文本为“微末”。

④ 西夏文“[Tangut]”，依据李范文的字典，表示希求式的前缀之一，加在动词之前，表示说话者期待宾语实现或不要实现的愿望。

……[illegible]……	……应无满何云也如来……
……[illegible]……	……诸恶趣中诸苦恼受……
……[illegible]……	……已受使说……
……[illegible]□[illegible]……	……尔时东方无量无边□合……
……[illegible]……	……界彼于佛国一有名者意……
……[illegible][1] [illegible][2]……	……来依理（应供）正等觉明行圆满……
……[illegible]……	……降最上者天人师佛世尊……
……[illegible]……	……弟子之……

翻译如下：

……燃……百千日之明，是……之众花，何使如□果……合等大海、日明、众花、须弥……少许供养具且亦……香花、伎乐、幡盖纯具……应无满，云何也？如来……诸恶趣中受诸苦恼……已受使说……尔时，东方无量无边□合……界，于彼佛国有一名者意……来、依理（应供）、正等觉、明行圆满……降、最上者、天人师、佛世尊……弟子之……

比对《大正藏》，可以确定残经为昙无谶译《大般涅槃经》第一卷"寿命品第一"的相应内容。因西夏文残缺严重，仅将汉文本列于下面：

> ……然一小灯助百千日，春夏之月众花茂盛，有持一花益于众花，以亭历子益须弥山，岂当有益大海、日明、众花、须弥。世尊！我今所奉微末供具亦复如是。若以三千大千世界满中香花、伎乐、幡盖供养如来尚不足言，何以故？如来为诸众生，常于地狱、饿鬼、畜生诸恶趣中受诸苦恼是故。世尊！应见哀愍受我等供。尔时，东方去此无量无数阿僧祇恒河沙数微尘等世界，彼有佛土，名意乐美音，佛号虚空等如来、应供、正遍知、明行足、善逝、世间解、无上士、调

---

① 西夏文"[illegible]"译为"正等觉"，汉文本为"正遍知"。

② 西夏文"[illegible]"译为"明行圆满"，汉文本为"明行足"。

御丈夫、天人师、佛世尊。尔时，彼佛即告第一大弟子言……[1]

14.Or.12380-3601（K.K.Ⅱ.0238.g.i）残存1页12行，栏线无存，写本，原残经上有编号3601，刊布者将其定名为“佛经”，现将西夏文录文并对译如下：

……[illegible]……	……妙吃食……
……[illegible]……	……佛对言说惟愿如来我等……
……[illegible]……	……如来时知默然无（不）……
……[illegible]……	……思方所……
……[illegible][2][illegible]……	……王波旬及彼亲属……
……[illegible]□[illegible][3]……	……与魔□门已解清凉……
……[illegible][4]……	……等是此他事莫为……
……[illegible]□□[illegible]……	……最□□欢供养所（而）……
……[illegible]……	……且说时魔中是彼……
……[illegible][5][illegible]……	……勇火焰盛者以皆尊佛……
……[illegible]□[illegible]……	……盛□常……
……[illegible]……	……受供养……

Or.12380-3601（K.K.Ⅱ.0238.g.i）翻译如下：

……妙吃食……对佛言说：惟愿如来，我等……如来时知默无（不）……思方所……王波旬及彼亲属……与魔□门，已解清凉……等，是此他事莫为……最□□欢而供养……且说时魔中是彼……勇火焰盛

---

① （北凉）昙无谶译《大般涅槃经》卷1，《大正藏》第12册，第374号，第370页中8~23。

② 西夏文“[illegible]”译为“波旬”，其中“[illegible]”意为“报”“波”“保”，音为“po”；“[illegible]”意为“谁”“何”，音“sjwi”，“[illegible]”字的发音受到西北方言影响。

③ 西夏文“[illegible]”译为“清凉”。

④ 西夏文“[illegible]”译为“莫为他事”，汉文本为“无所能为”。

⑤ 西夏文“[illegible]”译为“勇盛火焰者”，汉文本为“炽然炎火”。

者，皆以尊佛……盛□常……受供养……

比对《大正藏》，可以确定残经内容为昙无谶译《大般涅槃经》第一卷“寿命品第一”的相应内容。因西夏文残缺严重，仅将汉文本列于下面：

> ……上妙甘膳，来诣佛所，稽首佛足而白佛言：唯愿如来，哀受我等，最后供养。如来知时，默然不受，诸阿修罗不果所愿，心怀愁恼却住一面。
>
> 尔时，欲界魔王波旬，与其眷属、诸天婇女、无量无边阿僧祇众，开地狱门，施清冷水。因而告曰：汝等今者，无所能为，唯当专念如来应正遍知，建立最后随喜供养，当令汝等长夜获安。时魔波旬于地狱中，悉除刀剑无量苦毒，炽然炎火，注雨灭之，以佛神力，复发是心，令诸眷属……所持供养倍胜一切人、天所设。[①]

15.Or.12380-3601V（K.K.Ⅱ.0238.g.i）残存1页11行，栏线无存，写本，刊布者将其定名为“佛经”，现将西夏文录文并对译如下：

……[illegible]……	……妙声音所出妙食物……
……[illegible]□[illegible]……	……欲佛对言说世尊□愿……
……[illegible]……	……受使说如来时知默然……
……[illegible][②][illegible]……	……故心意悲思方一面住善……
……[illegible]……	……无生集尔时大……
……[illegible]……	……天下至欲界人天日……
……[illegible]□[illegible]……	……绢□盖持皆短者梵……
……[illegible]……	……所来佛足之依欲……
……[illegible]……	……之最后供养已受……

① （北凉）昙无谶译《大般涅槃经》卷1，《大正藏》第12册，第374号，第370页上栏2~8。

② 西夏文“[illegible]”译为“心意悲思”，汉文本为“心怀愁恼”。

……[illegible][illegible][illegible][illegible][illegible][illegible][1][illegible][illegible][illegible]……	……诸梵愿圆未满故心意……
……[illegible]□□□□[illegible][illegible][illegible]……	……国□□□□王无量……

Or.12380-3601V（K.K.Ⅱ.0238.g.i）翻译如下：

……所出妙声音，妙食物……欲对佛言说：世尊，使说□愿……受，如来时知默……故心意悲思，方住一面善……无生集。尔时，大……至天下，欲界人、天日……持绢□盖皆短者梵……来……所，佛足，对……依欲……之最后供养，已受……诸梵未满圆愿，故心意……国□□□□王，无量……

比对《大正藏》，可以确定残经为昙无谶译《大般涅槃经》第一卷"寿命品第一"的相应内容。因西夏文残缺严重，仅将汉文本列于下面：

> ……微风吹幡出妙音声，持上甘膳来诣佛所，稽首佛足白佛言：世尊，唯愿如来，哀受我等，最后供养，如来知时，默然不受，是诸天等不果所愿，心怀愁恼，却住一面，上至有顶，其余梵众一切来集。尔时，大梵天王及余梵众，放身光明遍四天下，欲界人、天、日、月、光明，悉不复现，持诸宝幢缯彩幡盖，幡极短者悬于梵宫至娑罗树间，来诣佛所，稽首佛足，白佛言：世尊！唯愿如来，哀受我等，最后供养，如来知时，默然不受。尔时，诸梵不果所愿，心怀愁恼，却住一面。尔时，毗摩质多阿修罗王，与无量阿修罗大眷属俱。[2]

比对 Or.12380-3600（K.K.Ⅱ.0238.g.iii）、Or.12380-3601V（K. K.Ⅱ.0238.g.i）和 Or.12380-3601（K.K.Ⅱ.0238.g.i）三个编号的残经，可以确定其为同部同卷《大般涅槃经》。从字体判断，这三个编号的残经应是同一时期施舍的佛经，根据遗存内容，可确定三个残经的顺序为 Or.12380-

① 西夏文"[illegible][illegible][illegible][illegible][illegible][illegible]"译为"诸梵未满圆愿"，汉文本为"诸梵不果所愿"。

② （北凉）昙无谶译《大般涅槃经》卷 1，《大正藏》第 12 册，第 374 号，第 369 页下栏 24~370 页上栏 2。

3601V（K.K.Ⅱ.0238.g.i）+Or.12380-3601（K.K.Ⅱ.0238.g.i）+ Or.12380-3600（K.K.Ⅱ.0238.g.iii），三者基本可以缀合，但有缺文。

16.Or.12380-3661a（K.K.）残存 1 残片，残缺严重，上栏线单栏，下栏线无存，写本，但存有卷号 3661/1，刊布者定名为“佛经”，现将西夏文录文并对译如下：

[illegible]……	知足亦说……
[illegible]……	无说少欲者须……
[illegible][1][illegible][2]……	独觉及少欲知足……
[illegible]……	不少欲无……
[illegible]……	种种欲知足……
□[illegible]……	□无善无善……
[illegible]……	圣人菩萨……
[illegible]……	得无赞说无赞……
[illegible]……	烦故足……
[illegible]……**[illegible]**……	诃萨大乘……**故知足**……
[illegible][3][illegible] **[illegible]**……	佛性见欲 **有知足无说**……
……**[illegible]**……	……**不说不足知**……
……**[illegible]**……	……**不足知**……
……[illegible]……	……寂……

翻译如下：

说……亦知足……说……无少欲者。须……独觉及少欲知足……不少欲无……种种欲知足……□无善无善……圣人菩萨……得……无赞说，无赞……烦，故足……诃萨，大乘……**故知足**……欲见佛性**有知足无说**（曰）……**不说**（曰）**不足知**……**不足知**……寂……

---

① 西夏文“[illegible]”译为“独觉”，汉文本为“辟支佛”。

② 西夏文“[illegible]”译为“少欲知足”，指“阿罗汉”。

③ 西夏文“[illegible]”译为“佛性”，指一切众生皆有觉悟之性。

比对《大正藏》，可以确定残经为昙无谶译《大般涅槃经》第二十七卷“师子吼菩萨品第十一之一”的相应内容，因残缺严重，黑体部分即图 1 方框中的内容，应与前面几行内容相连，将汉文本相应内容列于下面：

有亦少欲亦知足，有不知足不少欲，少欲者，谓须陀洹。知足者，谓辟支佛，少欲知足者，谓阿罗汉。不少欲不知足者，所谓菩萨。善男子，少欲知足，复有二种：一者善，二者不善。不善者，所谓凡夫。善者，圣人菩萨，一切圣人虽得道果不自称说，不称说，故心不恼恨，是名知足。善男子，菩萨摩诃萨修习大乘大涅槃经，欲见佛性，是故修习少欲知足。云何寂静？寂静有二：一者心静，二者身静。①

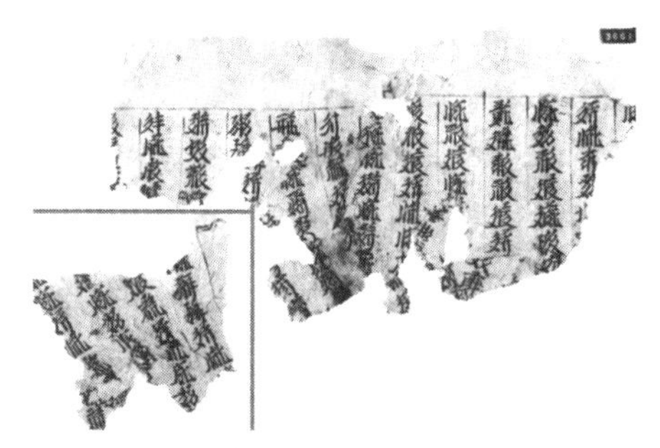

图 1　Or.12380-3661a（K.K.）

17.Or.12380-3661aV（K.K.）残存 1 残片，残缺严重，上栏线无存，下栏线单栏，写本，刊布者定名为“佛经”，现将西夏文录文并对译如下：

……[illegible]	……身口意
……[illegible]□[illegible]	……乐□类四重罪（恶）
……[illegible]	……是如人者身心寂静
……[illegible]	……是假若比

① （北凉）昙无谶译《大般涅槃经》卷 27，《大正藏》第 12 册，第 374 号，第 526 页下栏 11~19。

……[illegible]	……净诸无善业一
……[illegible]	……业一切修习欲
……[illegible]	…… 佛性
……[illegible]	……正念名也正
……[illegible]	……三昧者
[illegible]	正慧
[illegible]	故解

图 2 方框中内容单独录文如下：

……[illegible]	……悟也身心皆
……[illegible]	……也心也定
……[illegible]	……我无
……[illegible]	……故定

图 2　Or.12380-3661aV（K.K.）

翻译如下：

……身口意……乐□类四重罪（恶）……是如人者，身心寂静……是……假若比……净，诸不善业一……欲修习一切……业……佛性……名正念也。正……三昧者……正慧……故解。

图 2 方框中的内容翻译如下：

……悟也身心皆……也心也定……我无……故定。

比对《大正藏》，可以确定残经为昙无谶译《大般涅槃经》第二十七卷“师子吼菩萨品第十一之一”的相应内容，因残缺严重，仅将汉文本内容列于下面：

不能深观无常无乐、无我无净，以是义故。凡夫之人不能寂静身口意业。一阐提辈犯四重禁、作五逆罪，如是之人，亦不得名身心寂静。云何精进？若有比丘欲令身口意业清净，远离一切诸不善业，修习一切诸善业者，是名精进。是勤精进者，系念六处，所谓佛、法、僧、戒、施、天，是名正念。具正念者，所得三昧，是名正定。具正定者，观见诸法犹如虚空，是名正慧。具正慧者，远离一切烦恼诸结，是名解脱。得解脱者，为诸众生称美解脱，言是解脱常恒不变，是名赞叹解脱。解脱即是无上大般涅槃。涅槃者即是烦恼诸结火灭。又涅槃者，名为室宅。何以故？[①]

图 2 方框中的相应内容为：

有身心寂静。又有身心俱不寂静。身寂静心不寂静者，或有比丘坐禅静处，远离四众，心常积集贪欲、瞋痴，是名身寂静心不寂静。心寂静身不寂静者，或有比丘亲近四众、国王大臣，断贪恚痴，是名心寂静身不寂静。[②]

Or.12380-3661a（K.K.）和 Or.12380-3661aV（K.K.）为同一部同一版式佛经，即昙无谶译《大般涅槃经》第二十七卷“师子吼菩萨品第十一之一”的内容。比对其内容和版式，可知 Or.12380-3661a（K.K.）为残经上半部分，Or.12380-3661aV（K.K.）为残经下半部分，因为残缺内

---

① （北凉）昙无谶译《大般涅槃经》卷 27，《大正藏》第 12 册，第 374 号，第 526 页下 18~527 页上栏 6。

② （北凉）昙无谶译《大般涅槃经》卷 27，《大正藏》第 12 册，第 374 号，第 526 页下栏 25~29。

容较多，二者不能完全缀合。

18.Or.12380-3944（K.K.b.oi.k）残存1页7行，每行11~17字，写本经折装，无栏线，在残经空白处还有一行横排西夏字，刊布者将其定名为《大般涅槃经》卷二十四，现将西夏文录文并对译如下：

[illegible]

亦彼（其）已如有□功德人天一切量测不能是

[illegible] [1] [illegible] [2]

故金刚三昧说也善男子譬如寡（穷）人金刚宝

[illegible] [3] □□[illegible]

得故尽寡（穷）倦□□恶邪毒与远离也菩萨摩

[illegible]

诃萨亦彼已如彼三昧得故烦恼诸苦诸魔

[illegible]

邪毒与远离能也是故金刚三昧说是者菩

[illegible]

萨大涅槃修六第功德具足成就是也

[illegible]

大般涅槃经典卷二十四第

横写西夏字录文并对译为：

[illegible] [4] [illegible] [5]　　也是就成足具德功六第

① 西夏文“[illegible]”译为“穷人”。

② 西夏文“[illegible]”译为“金刚宝”。

③ 西夏文“[illegible]”译为“穷倦”，汉文本为“贫穷”，西夏文强调了“穷困”和“疲倦”的意思。

④ 残经原文此字可能有误。

⑤ 此行西夏文“[illegible]”译为“具足成就第六功德是也”，重复倒数第二行的内容。

Or.12380-3944（K.K.b.oi.k）翻译如下：

亦已如其，□有功德一切人天不能量测，是故说金刚三昧也。善男子，譬如穷人得金刚宝，故尽与穷倦、□□、恶邪毒远离也。菩萨摩诃萨亦已如彼，得此三昧，故能与烦恼诸苦、诸魔邪毒远离也。是故说金刚三昧者，是菩萨修大涅槃，具足成就第六功德是也。

大般涅槃经典第二十四卷

也是就成足具德功第六

比对《大正藏》，可知残经为昙无谶译《大般涅槃经》第二十四卷“光明遍照高贵德王菩萨品第十之四”的相应内容：

> 金刚三昧亦复如是，所有功德一切人天不能评量，是故复名金刚三昧。善男子！譬如贫人得金刚宝，则得远离贫穷困苦、恶鬼邪毒。菩萨摩诃萨亦复如是，得是三昧，则能远离烦恼诸苦、诸魔邪毒，是故复名金刚三昧，是名菩萨修大涅槃，具足成就第六功德。
>
> 大般涅槃经第二十四卷[①]

通过上述释文，可以确定残存西夏文《大般涅槃经》分别为《大般涅槃经》第一卷“寿命品第一”（卷号重复，但内容不重复）、第四卷“如来性品第四之一”、第十三卷“圣行品第七之三”、第十四卷“圣行品第七之四”、第十七卷“梵行品第八之三”、第二十一卷“光明遍照高贵德王菩萨品第十之一”、第二十四卷“光明遍照高贵德王菩萨品第十之四”、第二十五卷“光明遍照高贵德王菩萨品第十之五”、第二十七卷“师子吼菩萨品第十一之一”（卷号重复，但内容不重复）、第三十四卷“迦叶菩萨品第十二之二”、第三十六卷“迦叶菩萨品第十二之四”（卷号重复，但内容不重复）等。

《大般涅槃经》译本有南北之分，东晋法显与佛陀跋陀罗于义熙十三年（417）译出的《大般泥洹经》（六卷）为昙无谶译本《大般涅槃

---

① （北凉）昙无谶译《大般涅槃经》卷 24，《大正藏》第 12 册，第 374 号，第 510 页上栏 28~ 中栏 16。

经》初分异译，相当于昙无谶译本的前 10 卷。南朝宋慧严、慧观与谢灵运等以昙无谶译本为主，并依法显等译《大般泥洹经》增加品目，从原本寿命品分出经叙、纯陀、哀叹、长寿等 4 品，从如来性品分出四相、四依、邪正、四谛、四倒、如来性、文字、鸟喻、月喻、菩萨等 10 品，改为 25 品 36 卷，亦名《大般涅槃经》，此经被称为“南本涅槃”，而以昙无谶所译为“北本涅槃”，在北方流传的仍是昙无谶的译本。

西夏文本缘类经典

诸法皆依因缘生灭，本缘是诸法生成的根本。本缘同于本生，指佛陀、菩萨等在过去世中受生不同身份而行菩萨道的故事，为十二部经之一。此类经典在《英藏黑水城文献》中保存较少，也比较零散，仅遗存《方广大庄严经》《悲华经》《百喻经》等，下面将遗存的西夏文残经录文和译释，不再逐一介绍。

一 《方广大庄严经》

《方广大庄严经》，总十二卷，是垂拱元年（685）中天竺沙门地婆诃罗在西太原寺归宁院翻译完成。此经收录在《大周刊定众经目录》《开元释教录》《开元释教录略出》《贞元新定释教目录》等中。沙门地婆诃罗（日照）洞明八藏，博晓五明；戒行高奇，学业勤悴；而咒术尤工。高宗仪凤初年至长安，译《密严》等经，至是共译十八部凡三十四卷，太后亲制序。“仪凤四年五月，表请翻度所赍经夹。仍准玄奘例，于一大寺别院安置，并大德三五人同译。至天后垂拱末，于两京东西太原寺（西太原寺后改名西崇福寺，东太原寺后改名大福先寺）及西京广福寺，译《大乘显识经》《大乘五蕴论》等凡一十八部。沙门战陀般若提婆译语，沙门慧智证梵语。敕诸名德助其法化，沙门道成、薄尘、嘉尚、圆测、灵辩、明恂、怀度证义，沙门思玄、复礼缀文笔受，天后亲敷睿藻制序冠首焉。”[①]《方广大庄严经》在俄藏黑水城文献中无存，英藏黑水城文献也仅存一个残页。

Or.12380-1025（K.K.0119.c）残存1页2行，字数无法确定，上栏线单栏，下栏线无存，写本，刊布者将其定名为“佛经”，现将西夏文录文并对译如下：

𗵒𗏁𗍫𗍫𗾞……	法云一切覆……
𗐋𗔅𘃞𗗙𗱕……	涅槃证得令……

① （宋）赞宁撰《宋高僧传》卷3，中华书局，1997，第32~33页。

Or.12380-1025（K.K.0119.c）翻译如下：

法云覆一切……令得证涅槃……

比对《大正藏》，可以确定残经为唐地婆诃罗译《方广大庄严经》第八卷“严菩提场品第二十”的相应内容：

> 法云覆一切，普雨于法雨；
> 灭众生烦恼，令得于涅槃。[①]

① （唐）地婆诃罗译《方广大庄严经》卷 8，《大正藏》第 3 册，第 187 号，第 589 页上栏 11~12。

二 《悲华经》

晋武帝时，昙无谶至凉州，译《悲华经》《大般涅槃经》等十一部，凡一百四卷。俄藏黑水城文献中未见刊布《悲华经》，在中国藏西夏文献中保存有元刊《悲华经》第九卷（B11.049[3.17]），有秉常尊号“德成主国增福正民大明皇帝嵬名”和其母亲梁氏的尊号“天生全能禄番祐圣正国皇太后梁氏”，可确定此经在秉常时期被翻译成西夏文，仁孝皇帝时期再次校勘。英藏黑水城文献中保存一个残片。

Or.12380-1025（K.K.0119.c）残存 1 页 3 行，字数无法确定，写本，上下栏线无存，刊布者将其定名为“佛经”，现将西夏文录文并对译如下：

……𗹙𘃜𗭊……	……智慧力……
……𘂆𗼃𗭊……	……菩提力……
……𗭊……	……力……

翻译如下：

……智慧力……菩提力……力……

比对《大正藏》，初步确定残经为北凉昙无谶译《悲华经》第一卷“陀罗尼品第二”的相应内容：

> 得智慧力，得寂静力，得思惟力，得诸通力，得念力，得菩提力，得坏一切魔力，得摧伏一切外道力，得坏一切诸烦恼力。[①]

① （北凉）昙无谶译《悲华经》卷 1，《大正藏》第 3 册，第 157 号，第 168 页下栏 28~169 页上栏 2。

三 《百喻经》

《百喻经》，全称《百句譬喻经》，尊者僧伽斯那撰，由南朝萧齐天竺三藏法师求那毗地译。《百喻经》顾名思义是用百篇比喻故事阐释佛教思想的佛教典籍，现有九十余篇，若算上卷首引言和卷尾颂共有百则。《百喻经》结构形式单一，每篇都采用“两步式”，即先讲故事作为引子，然后再比喻。

1.Or.12380-0260（K.K.Ⅱ.0231.h.）残存 1 页 6 行，字数无法确定，写本，刊布者将其定名为“佛经”，现将西夏文录文并对译如下：

……[illegible]……	……饼半……
……[illegible]……	……譬如人□已饿缘七烤饼……
……[illegible]……	……立即已饱彼人嗔起手……
……[illegible]……	……今已饱我者是饼半缘也……
……[illegible]……	……用饼半以饱以知如前……
……[illegible]……	……彼与而其前所……

Or.12380-0260（K.K.Ⅱ.0231.h.）翻译如下：

……半饼……

……譬如□人，因已饿，七烤饼……立即已饱。彼人起嗔，手……今已饱，“我者缘是饼半也……用以饼半饱，以知如前……与彼，而其前所……”

比对《大正藏》，可以确定残经为求那毗地译《百喻经》第三卷之

“（四四）欲食半饼喻”的相应内容：

譬如有人，因其饥故食七枚煎饼，食六枚半已便得饱满，其人恚悔，以手自打而作是言：“我今饱足由此半饼，然前六饼唐自捐弃，设知半饼能充足者，应先食之。”[①]

2.Or.12380-0534（K.K.II.0231.h.）残存 1 页 4 行，字数无法确定，写本，下栏线单栏，上栏线无存，刊布者将其定名为“佛经”，现将西夏文录文并对译如下：

……[illegible]	……吃六饼半已吃以后
……[illegible]	……手以胸垂是如言说我
……[illegible]	……前六吃者枉进去
……[illegible]	……世间人

Or.12380-0534（K.K.II.0231.h.）翻译如下：

……已吃六饼半，吃以后……以手垂胸，如是言说：“我……前六吃者枉进去（而去）……”世间人……

比对《大正藏》，可确定残经为《百喻经》第三卷“（四四）欲食半饼喻”的相应内容：

食六枚半已便得饱满，其人恚悔，以手自打而作是言：“我今饱足由此半饼，然前六饼唐自捐弃，设知半饼能充足者，应先食之。”世间之人亦复如是，从本以来常无有乐，然其痴倒横生乐想。如彼痴人于半番饼生于饱想，世人无知以富贵为乐。[②]

---

① （萧齐）求那毗地译《百喻经》卷 3，《大正藏》第 4 册，第 209 号，第 549 页下栏 26~29。

② （萧齐）求那毗地译《百喻经》卷 3，《大正藏》第 4 册，第 209 号，第 549 页下栏 29~550 页上栏 3。

比较 Or.12380-0260（K.K.II.0231.h.）和 Or.12380-0534（K.K.II. 0231.h.）残经内容，可以发现 Or.12380-0260（K.K.II.0231.h.）残经结尾处内容与 Or.12380-0534（K.K.II.0231.h.）残经前半部分内容重复，Or.12380-0534（K.K.II.0231.h.）接续 Or.12380-0260（K.K.II.0231.h.）的内容。从二者字体和版式判断，它们属于不同抄本残经。

西夏文经集类经典

经集类所收经典，与大集、宝集类性质相同，属于多部佛经的集成，或与净土、禅宗等相关，《英藏黑水城文献》中遗存《金光明最胜王经》《药师琉璃光七佛本愿功德经》《佛说观弥勒菩萨上生兜率天经》《佛说无常经》《正法念处经》《佛为海龙王说法印经》《佛说佛名经》《观察诸法行经》《妙法圣念处经》《佛说观佛三昧海经》《维摩诘所说经》《佛说除盖障菩萨所问经》《大佛顶如来密因修证了义诸菩萨万行首楞严经》《十二缘生祥瑞经》。下面对《英藏黑水城文献》中遗存的西夏文残经进行录文和翻译。

一 《金光明最胜王经》

《金光明最胜王经》是对唐以后的佛教信仰产生很大影响的一部佛经，被视为护国经典之一。《金光明最胜王经》前后多次被翻译。一是北凉昙无谶译本《金光明经》(四卷)。二是隋释宝贵集《合部金光明经》(八卷)，这部合集本是把昙无谶的四卷本，隋阇那崛多五卷本及梁真谛译出的四品等诸多译本合成的一部八卷二十四品本。阇那崛多和真谛的译本已佚。三是唐义净本《金光明最胜王经》(十卷)。

《金光明最胜王经》被视为诸经之王，它对河西地区佛教发展产生了深远的影响。从藏经洞出土佛教文献看，《金光明最胜王经》在《敦煌劫余录》中收录有 569 卷，在《斯坦因劫经录》中有 240 卷，共为 809 卷，是隋唐时代流行最广的六部经之一。[①] 在河西洞窟中还保存了《金光明最胜王经变》及画稿，据施萍婷先生研究统计敦煌共存十铺，分布在隋代第 417 窟，中唐第 158、154、133 窟，晚唐第 156、196、85、138 窟，宋代第 55 窟中。[②] 作为护国经典之一的《金光明最胜王经》在西夏也备受重视，藏品很多。西夏佛教发展在很大程度上与河西地区是一脉相承的。西夏文《金光明最胜王经》在周叔迦先生的《馆藏西夏文经典目录》中首次被收录。[③] 王静如先生在《西夏研究》(第二辑

---

① 周丕显:《敦煌佛经略考》,《敦煌学辑刊》1987 年第 2 期。

② 施萍婷:《〈金光明经变〉研究》,《石窟考古》(1987 年敦煌石窟研究国际讨论会文集),辽宁美术出版社，1990，第 414~455 页。

③ 周叔迦:《馆藏西夏文经典目录》,《国立北平图书馆馆刊》第四卷第三号“西夏文专号”，京华印书局，1932，第 259~271 页。

和第三辑）中对其进行了对译。[①] 史金波先生对国图藏《金光明最胜王经》之“流传序”做了汉译和研究。[②] 崔红芬对《金光明最胜王经》也有考证探讨。[③] 西夏文本和汉文本《金光明最胜王经》在俄藏、英藏黑水城文献和中国藏西夏文献中皆有保存。下面对英藏黑水城文献中西夏文《金光明最胜王经》进行译释整理。

1.Or.12380-0005（K.K.Ⅱ.0283.e）残存 1 页 4 行，字数不能确定，上栏线无存，下栏线单栏，刻本，刊布者定名为“佛经论释”，现将西夏文录文并对译如下：

……[illegible]	……女神及诸一切大众希
……[illegible]	……遍右绕方对面住（坐）
……[illegible][④][illegible]	……依坐处所生（起）左肩半
……[illegible]	……合佛对

翻译如下：

女神及诸一切大众，希……右绕□遍，方对面坐……依……坐处所起，半左肩……合……对佛……

比对《大正藏》，可以确定残经为义净译《金光明最胜王经》第三卷“灭业障品第五”的相应内容：

> ……是时帝释、一切天众，及恒河女神并诸大众，蒙光希有，皆至佛所，右绕三匝，退坐一面。
>
> 尔时，天帝释承佛威力，即从座起，偏袒右肩，右膝著地，合掌向佛，而白佛言……[⑤]

① 王静如：《西夏研究》（第 2、3 辑），中央研究院历史语言研究所，1933。

② 史金波：《西夏文〈金光明最胜王经〉序跋考》，《世界宗教研究》1983 年第 3 期。

③ 崔红芬：《西夏〈金光明最胜王经〉信仰研究》，《敦煌研究》2008 年第 2 期。

④ 西夏文“[illegible]”译为“左肩”，汉文本为“右肩”，西夏文与汉文表述不同，说明西夏人和汉人着衣习惯存在差异。

⑤ （唐）义净译《金光明最胜王经》卷 3，《大正藏》第 16 册，第 665 号，第 413 页下栏 21~25。

2.Or.12380-0052（K.K.Ⅱ.0283.iii）残存1页6行，字数不能确定，上栏线双栏，下栏线无存，刻本，经文行间有小字，刊布者定名为“佛经”，现将西夏文录文并对译如下：

[illegible]……	佛……
[illegible]……	二子往……
[illegible]……	共舍处已归彼……
[illegible][1] [illegible]……	乐说辞醉酒而……
[illegible]……	十三天上已生……
[illegible]	第九
[illegible]……	因依是天上已生……

翻译如下：

佛……二子往……共已归舍处，彼……乐说辞，醉酒而……已生十三天上……

（第九）

依是因已生天上……

比对《大正藏》，可以确定残经内容为义净译《金光明最胜王经》第九卷“长者子流水品第二十五”的相应内容：

> ……其二子，为彼池鱼，施水施食，并说法已，俱共还家，是长者子流水，复于后时，因有聚会，设众伎乐，醉酒而卧，时十千鱼，同时命过生三十三天，起如是念，我等以何善业因缘，生此天中……[2]

3.Or.12380-0074（K.K.Ⅱ.0283.a.v）残存1页3行，栏线无存，写

① 西夏文“[illegible]”译为“醉酒”。

② （唐）义净译《金光明最胜王经》卷9，《大正藏》第16册，第665号，第450页上栏20~24。

本，刊布者将其定名为“佛经”，现将西夏文录文并对译如下：

……[illegible]……	……尔时释帝天……
……[illegible]……	……右膝地著……
……[illegible]……	……善男子善女人阿耨……

翻译如下：

……尔时，释帝天……右膝著地……善男子、善女人……阿耨……

比对《大正藏》，可以确定残经为义净译《金光明最胜王经》第三卷“灭业障品第五”的相应内容：

> 尔时，天帝释承佛威力，即从座起，偏袒右肩，右膝著地，合掌向佛。而白佛言：“世尊！云何善男子、善女人愿求阿耨多罗三藐三菩提，修行大乘，摄受一切邪倒有情，曾所造作业障罪者，云何忏悔，当得除灭？”①

4.Or.12380-0179（K.K.）残存 1 页 1 行，上栏线单栏，下栏线无存，写本，刊布者将其定名为“佛经”，仅存西夏文“[illegible]”（金光明最），具体内容不存。

5.Or.12380-0223RV（K.K.）残存 2 页 12 行，上半部分残缺，上栏线无存，下栏线双栏，刻本经折装，字数不能确定，刊布者将其定名为“佛经”，现将西夏文录文并对译如下：

（右面）

……[illegible]	……世尊真实慧也真实
……[illegible]	……平等众生一切善恶
……[illegible]	……无闷生于所来恶依

① （唐）义净译《金光明最胜王经》卷 3，《大正藏》第 16 册，第 665 号，第 413 页下栏 24~28。

……[illegible]　　……为贪嗔痴以缠缚
……[illegible]　　……识时僧未识时善恶
……[illegible]　　……罪为恶心缘故佛身

翻译如下：

……世尊，真实慧也，真实……平等……一切众生善恶……于……无……生死所来，依恶……为贪嗔痴以缠缚……识……时，未识僧时，善恶……为……罪，恶心缘故，佛身……

（左面）

……[illegible][1][illegible]
……和合僧离阿罗汉杀父杀
……[illegible]
……四意三种行十恶业为自为
……[illegible]
……随喜诸善人于妄诽谤起斗权
……[illegible][2][illegible]
……不真真说不净食饮一切之施予
……[illegible][3]
……中父母有者相共恼害若窣堵婆（波）
……[illegible][4][illegible][5][illegible][6][illegible]
……四方僧财现前僧财盗自所用分世尊

---

① 西夏文“[illegible]”译为“离和合僧”“破和合僧”，五逆罪之一。
② 西夏文“[illegible]”译为“不实说真”，汉文本为“以伪为真”。
③ 西夏文“[illegible]”译为“窣堵婆”“窣堵波”，指佛塔，“[illegible]”音为“Sjwi tu po”，发音不同。
④ 西夏文“[illegible]”中“[illegible]”译为“和尚”“僧人”，“[illegible]”译为“和尚财”“僧财”，“[illegible]”译为“四方僧财”。
⑤ 西夏文“[illegible]”译为“现前僧财”“现前僧物”，汉文本为“现前僧物”。
⑥ 西夏文“[illegible]”译为“盗自分所用”，汉文本为“自在而用”。

翻译如下：

……离和合僧，杀阿罗汉，杀父……四意三种行，为十恶业，自为（作）……随喜，于诸善人，妄起诽谤，斗权……不真说真，不净食饮，施予之一切，……中所有父母者，共恼害，若窣堵波……四方僧财、现前僧财，盗自分所用，世尊……

比对《大正藏》，可以确定残经为义净译《金光明最胜王经》第三卷“灭业障品第五”的相应内容，左面内容与右面内容可缀合：

> ……世尊，以真实慧，以真实眼、真实证明、真实平等，悉知悉见一切众生善恶之业。我从无始生死以来，随恶流转，共诸众生造业障罪，为贪瞋痴之所缠缚，未识佛时，未识法时，未识僧时，未识善恶，由身语意，造无间罪，恶心出佛身血，诽谤正法，破和合僧，杀阿罗汉，杀害父母，身三语四意三种行，造十恶业，自作教他，见作随喜，于诸善人，横生毁谤，斗秤欺诳，以伪为真，不净饮食，施与一切，于六道中所有父母，更相恼害，或盗窣堵波物、四方僧物、现前僧物，自在而用，世尊，法律不乐奉行。①

6.Or.12380-0225（K.K.Ⅱ.0284.k）残存 1 页 6 行，上半部分残缺，下栏线单栏，刻本，字数不能确定，刊布者将其定名为《金光明最胜王经》卷六，现将西夏文录文并对译如下：

……[illegible]	……法说处往且是如所
……[illegible]② [illegible]	……天大吉祥天坚固地
……[illegible]	……八部诸夜叉神大自
……[illegible]③ [illegible]	……大将诃利谛母五百

① （唐）义净译《金光明最胜王经》卷 3，《大正藏》第 16 册，第 665 号，第 414 页上栏 11~23。

② 西夏文“[illegible]”译为“大吉祥天”“功德天”，主富贵之天女。

③ 西夏文“[illegible]”译为“诃利谛母”“鬼子母”。

……[illegible]　　　　……海龙王无量百千

……[illegible]　　　　……是如等众法闻故

翻译如下：

……往说法处，且如是所……大天吉祥天、坚固地……八部、诸夜叉大神、自……大将、诃利谛母、五百……海龙王、无量百千……如是等众闻法，故……

比对《大正藏》，可以确定残经为义净译《金光明最胜王经》第六卷“四天王护国品第十二”的相应内容：

> ……请说法者，升座之时，便为我等烧众名香，供养是经。世尊，时彼香烟于一念顷上升虚空，即至我等诸天宫殿，于虚空中，变成香盖。我等天众闻彼妙香，香有金光，照曜我等所居宫殿，乃至梵宫及以帝释，大辩才天，大吉祥天，坚牢地神，正了知大将，二十八部诸药叉神，大自在天，金刚密主，宝贤大将，诃利底母，五百眷属，无热恼池龙王，大海龙王所居之处，世尊如是等众……[1]

7.Or.12380-0234（K.K.II.0284.n）残存 1 页 6 行，刻本，字数不能确定，栏线不存，残缺严重，刊布者将其定名为“佛经”，现将西夏文录文并对译如下：

……[illegible][2]……　　　　……胜因陀罗……

……[illegible][3] [illegible]……　　　　……三菩提成人（族）姓皆……

……[illegible][4]……　　　　……眼清净优钵若罗香山……

① （唐）义净译《金光明最胜王经》卷 6，《大正藏》第 16 册，第 665 号，第 429 页上栏 11~21。

② 西夏文“[illegible]”译为“因陀罗”，是佛教三十三之一，指帝释天。

③ 西夏文“[illegible]”译为“种姓”“种族”。

④ 西夏文“[illegible]”译为“优钵若罗香山”，“[illegible]”译为“优钵若罗”“乌钵罗花”“郁钵罗花”“优钵刺花”，汉文常译为“青莲花”或“红莲花”。

……[illegible]…… ……十千诸佛世间出现……

……[illegible]…… ……言说世尊是十千识……

……[illegible]…… ……欲缘方此所来何云如来……

翻译如下：

……胜因陀罗……成……三菩提，种族皆……眼清净，优钵罗香山……十千诸佛出现世间……言说：世尊，是十千识……欲……故方来此所，云何如来……

比对《大正藏》，可以确定残经为义净译《金光明最胜王经》第九卷“授记品第二十三”的相应内容：

> ……于最胜因陀罗高幢世界，得成阿耨多罗三藐三菩提，同一种姓，又同一名，号曰：面目清净优钵罗香山，十号具足，如是次第，十千诸佛出现于世。
>
> 尔时，菩提树神白佛言：“世尊！是十千天子，从三十三天为听法，故来诣佛所，云何如来便与授记当得成佛？”①

8.Or.12380-0251（K.K.Ⅱ.0284.cc）残存1页5行，每行16~17字不等，有残缺，上下栏线双栏，刻本，刊布者将其定名为“佛经”，现将西夏文录文并对译如下：

□□□[illegible]□

□□□成得也世尊我彼诸天子六波□

□□□□□□[illegible]□□[illegible]

□□□□□□足修行而缚尔见□□手

[illegible]

足头眼骨髓亲属妻子妻眷象马车乘三众

---

①（唐）义净译《金光明最胜王经》卷9，《大正藏》第16册，第665号，第447页上栏25~中栏2。

𗼃𘎪𗡞𘛽𘃞𘜶𘉊𗗌𘂀𘃡𗵘𗀓□□𗇋𘃛𗧓

奴使应家宫殿园林金银琉璃□□玛瑙珊

𗎫𗴴𘓄𗾖𘋨𘇂𘄽[1] 𘓐𗤫𘎪𘞂□𘎪𗥞𗥞𘂁□

瑚琥珀碧玉蚌白食饮衣服□卧医药者□

翻译如下：

□□□得成……也。世尊，我……彼诸天子，□足修行六波□□□□□□而尔见缚□□手。

足、头眼、骨髓、亲属、妻子、妻眷、象马、车乘、三众、奴使、仆使、宫殿、园林、金银、琉璃、□□、玛瑙、珊瑚、琥珀、碧玉、白蚌、食饮、衣服、□卧、医药者，□。

比对《大正藏》，可以确定残经为义净译《金光明最胜王经》第九卷“授记品第二十三”的相应内容：

……云何如来便与授记当得成佛？世尊！我未曾闻是诸天子，具足修习六波罗蜜多难行苦行，舍于手足、头目、髓脑、眷属、妻子、象马、车乘、奴婢、仆使、宫殿、园林、金银、琉璃、车磲、玛瑙、珊瑚、虎珀、璧玉、珂贝、饮食、衣服、卧具、医药。[2]

9.Or.12380-0282（K.K.Ⅱ.0284.Ⅲ）残存1页5行，上栏线无存，下栏线双栏，刻本，刊布者将其定名为《般若经》，现将西夏文录文并对译如下：

……𗏁𗱕 𗢳𘅞[3] 𗱕𘅞　　……跋捺 萨（引）诃（引）

……𘓁𗱕𘛽𘜶𗗚𘎪𘓐　　……不染陀罗尼句若

……𗗙𘊏𘓐𘂦　　……是人若一

① 西夏文“𘇂𘄽”译为“白蚌”，汉文本为“珂贝”。

② （唐）义净译《金光明最胜王经》卷9，《大正藏》第16册，第665号，第447页中栏1~6。

③ 西夏文“𘅞”译为“引”或“长”，表示声音的延长。

……[illegible]	……百千劫而起正愿
……[illegible]	……恶之损

翻译如下：

……跋捺 萨引诃引……不染陀罗尼句，若……是人若一……百千劫，而发正愿……恶之损……

比对《大正藏》，可以确定残经为义净译《金光明最胜王经》第七卷“无染著陀罗尼品第十三”的相应内容：

> ……阿毗婆驮（引）莎诃
>
> 佛告舍利子：“此无染著陀罗尼句，若有菩萨能善安住、能正受持者，当知是人若于一劫、若百劫、若千劫、若百千劫，所发正愿无有穷尽，身亦不被刀杖、毒药、水火、猛兽之所损害。何以故？”①

10.Or.12380-0285（K.K.II.0284.ooo）残存 1 页 3 行，有残缺，上栏线无存，下栏线双栏，写本，刊布者将其定名为“佛经”，现将西夏文录文并对译如下：

……[illegible]	……九第
……[illegible]	……菩萨摩诃萨人天
……[illegible]	……一第义醒悟

翻译如下：

……第九

……菩萨摩诃萨、人、天……醒悟……第一义

比对《大正藏》，可知残经为义净译《金光明最胜王经》第五卷“重显空性品第九”的相应内容：

---

① （唐）义净译《金光明最胜王经》卷 7,《大正藏》第 16 册，第 665 号，第 433 页上栏 19~25。

重显空性品第九

尔时，世尊说此咒已，为欲利益菩萨摩诃萨、人、天、大众，令得悟解甚深真实第一义故，重明空性而说颂曰……①

11.Or.12380-0301a（K.K.II.0284.a.v）存 1 个残片 3 行，栏线无存，写本，刊布者将其定名为“佛经”，现将西夏文录文并对译如下：

Or.12380-0301a（K.K.II.0284.a.v）：

……菞㭘蘢豜㭘　　……菩萨摩诃萨

……菞㭘蘢豜㭘　　……菩萨摩诃萨

……菞㭘蘢豜㭘　　……菩萨摩诃萨

翻译如下：

……菩萨摩诃萨……菩萨摩诃萨……菩萨摩诃萨。

比对《大正藏》，可以初步确定残经为义净译《金光明最胜王经》第五卷“金胜陀罗尼品第八”的相应内容：

南谟普贤菩萨摩诃萨、南谟无尽意菩萨摩诃萨、南谟大势至菩萨摩诃萨、南谟慈氏菩萨摩诃萨、南谟善慧菩萨摩诃萨。②

Or.12380-0301b（K.K.II.0284.a.v）与 Or.12380-0301a（K.K.II.0284.a.v）字体相同，应为同批印佛经，但二者内容不同，故将 Or.12380-0301b（K.K.II.0284.a.v）放在《佛说佛名经》部分考释。

12.Or.12380-0302（K.K.II.0284.a.vi）存 1 个残片，共 3 行，上下栏线单栏，写本，刊布者将其定名为“佛经”，现将西夏文录文并对译如下：

---

① （唐）义净译《金光明最胜王经》卷 5，《大正藏》第 16 册，第 665 号，第 424 页上栏 20~22。

② （唐）义净译《金光明最胜王经》卷 5，《大正藏》第 16 册，第 665 号，第 423 页下栏 19~22。

西夏文	对译
……祇敠瓮絣	……敬礼坐佛
豜考絣缅敠穖絾[①]祇彰殇檷……	尔时佛妙幢菩萨对言说汝……
絪瓪虘……	百千万……

翻译如下：

……敬礼坐……佛……尔时，佛对妙幢菩萨言说：“汝……百千万……”

比对《大正藏》，可以初步确定残经为义净译《金光明最胜王经》第九卷“授记品第二十三”的相应内容：

> 时有十千天子，最胜光明而为上首，俱从三十三天来至佛所，顶礼佛足，却坐一面，听佛说法。尔时，佛告妙幢菩萨言：“汝于来世过无量无数百千万亿那庾多劫已，于金光明世界，当成阿耨多罗三藐三菩提……”[②]

13.Or.12380-0361（K.K.II.0285.mm）存 1 个残片，共 2 行，栏线无存，写本，刊布者将其定名为“佛经”，现将西夏文录文并对译如下：

西夏文	对译
……緂荗䉈䄍彂考散虘……	……缘也是法言时三万……
……颣荿瓮犕兡穖絾慨……	……忍得无量诸菩萨不……

翻译如下：

……故也。说是法时，三万……得……忍……无量诸菩萨不……

比对《大正藏》，可以确定残经为义净译《金光明最胜王经》第四卷“最净地陀罗尼品第六”的相应内容：

> 以何因缘说诸行法无有去来？由一切法体无异故。说是法时，

① 西夏文“缅敠穖絾”译为“妙幢菩萨”。

② （唐）义净译《金光明最胜王经》卷 9，《大正藏》第 16 册，第 665 号，第 447 页上栏 5~10。

三万亿菩萨摩诃萨得无生法忍，无量诸菩萨不退菩提心，无量无边苾刍、苾刍尼得法眼净，无量众生发菩萨心。[①]

14.Or.12380-0376（K.K.Ⅱ.0285.bbb）残存1页4行，刻本，上下栏线双栏，刊布者定名为《金光明最胜王经》，现将西夏文录文并对译如下：

[illegible]
量众生皆智大聪慧辩才得无量福德集
[illegible]
摄受诸思（忧）恼离喜乐心起众论悟能出离
[illegible]
道得及不退转速菩提证
[illegible]
金光明最胜王经典卷六第

翻译如下：

……量众生，皆得大智聪慧辩才，摄受无量福德集（聚），离诸忧恼，生喜乐心，能悟众论，得出离道，及不退转，速菩提证。

金光明最胜王经典第六卷

比对《大正藏》内容，可以确定残经为义净译《金光明最胜王经》第六卷结尾处的内容：

……于大众中，说是法时，无量众生皆得大智聪睿辩才，摄受无量福德之聚，离诸忧恼，发喜乐心，善明众论，登出离道，不复退转，速证菩提。

金光明最胜王经第六卷[②]

---

① （唐）义净译《金光明最胜王经》卷4，《大正藏》第16册，第665号，第422页中栏1~5。

② （唐）义净译《金光明最胜王经》卷6，《大正藏》第16册，第665号，第432页下栏6~9。

15.Or.12380-0382（K.K.Ⅱ.0285.hhh）残存1页3行，上下栏线双栏，刻本经折装，行间有小字，可译为“第五”，刊布者定名为“陀罗尼”，现将西夏文录文并对译如下：

[illegible]　[illegible]　[illegible]
老（拉）尼帝老（拉）尼帝　磨拶令磨拶令　噎窒哩
[illegible]
第五
[illegible]　[illegible]
咩窒令　娑（引）哈（引）
[illegible][1][illegible]
佛善住菩萨对说是陀罗尼三世佛之母

翻译如下：
老（拉）尼帝老（拉）尼帝　磨拶令磨拶令　噎窒哩
（第五）
咩窒令　娑（引）哈（引）
佛对善住菩萨说：“是陀罗尼，三世佛之母……”

比对《大正藏》内容，可以确定残经为义净译《金光明最胜王经》第五卷“金胜陀罗尼品第八”的相应内容：

陀罗尼曰：

南谟喝濑　怛娜怛喇夜也　怛侄他　君睇　君睇　矩折囇　矩折囇　壹窒哩　蜜窒哩　莎诃

佛告善住菩萨：“此陀罗尼，是三世佛母……”[2]

① 西夏文“[illegible]”译为“善住菩萨”。
② （唐）义净译《金光明最胜王经》卷5，《大正藏》第16册，第665号，第423页下栏24~27。

16.Or.12380-0569（K.K.Ⅱ.0233.kk）残存 1 页 4 行，字数不能确定，每行存 1~6 字不等，栏线无存，写本，刊布者定名为“佛经”，现将西夏文录文并对译如下：

……[illegible]……　　……菩萨殊妙善根……
……[illegible]……　　……王是闻为……
……[illegible]……　　……众生一切……
……[illegible]……　　……者……

翻译如下：

……菩萨殊妙善根……王，为闻是……一切众生……者……

比对《大正藏》内容，可以确定残经为义净译《金光明最胜王经》第四卷“最净地陀罗尼品第六”的相应内容：

> 是能成熟不退地菩萨殊胜善根，是第一法印，是众经王故，应听闻受持读诵。何以故？善男子！若一切众生，未种善根，未成熟善根……①

17.Or.12380-0573（K.K.Ⅱ.0233.oo）残存 1 页 4 行，字数不能确定，栏线无存，写本，刊布者定名为“佛经”，现将西夏文录文并对译如下：

……[illegible]……　　……说佛对言说世尊……
……[illegible]……　　……量难初中后善文……
……[illegible]……　　……受持故是……
……[illegible]……　　……是如是如……

① （唐）义净译《金光明最胜王经》卷 4，《大正藏》第 16 册，第 665 号，第 422 页上栏 7~10。

翻译如下：

……说……对佛言说：世尊……难量，初中后善，文……受持故，是……如是，如是……

比对《大正藏》，可以确定残经为义净译《金光明最胜王经》第四卷“最净地陀罗尼品第六”的相应内容：

> ……顶礼佛足而白佛言：“世尊！此《金光明最胜王经》，希有难量，初中后善，文义究竟，皆能成就一切佛法。若受持者，是人则为报诸佛恩。”佛言：“善男子！如是，如是。”①

Or.12380-0569（K.K.Ⅱ.0233.kk）和 Or.12380-0573（K.K.Ⅱ.0233.oo）残经为同部佛经。Or.12380-0573（K.K. Ⅱ.0233.oo）残经内容在前，Or.12380-0569（K.K.Ⅱ.0233.kk）残经内容在后，二者基本可以缀合。

18.Or.12380-0576（K.K.Ⅱ.0233.rr）存 1 个残片，共 1 行 11 字，栏线无存，写本，刊布者将其定名为“佛经”，现将西夏文录文并对译如下：

□[illegible]	□城镇村落遍行（过）行空泽中

比对《大正藏》，可以确定残经为义净译《金光明最胜王经》第九卷“长者子流水品第二十五”的相应内容：

> 渐次游行城邑聚落，过空泽中深险之处……②

19.Or.12380-0650（K.K.Ⅱ.0244.aa）存 1 个残片，共 4 行，栏线无存，写本，残缺严重，刊布者将其定名为“佛经”，现将西夏文录文并

① （唐）义净译《金光明最胜王经》卷 4,《大正藏》第 16 册，第 665 号，第 421 页上栏 1~4。

② （唐）义净译《金光明最胜王经》卷 9,《大正藏》第 16 册，第 665 号，第 449 页上栏 4~5。

对译如下：

……瓶旐犯瓶覆……　　……睡立即困中……
……秅豨瓻爾纖……　　……割为牙齿落……
……蘐髟……　　……已怕……
……僦瓻……　　……是于……

翻译如下：

……立即困睡中……为割……牙齿落……已怕……于是……

比对《大正藏》，可以确定残经为义净译《金光明最胜王经》第十卷“舍身品第二十六”的相应内容：

> ……便于梦中见不祥相，被割两乳，牙齿堕落，得三鸽雏，一为鹰夺，二被惊怖。地动之时，夫人遂觉，心大愁恼……[①]

20.Or.12380-0922（K.K.II.0270.ii）残存 1 页 6 行，字数不能确定，上栏线双栏，下栏线无存，刻本，刊布者定名为“佛经”，现将西夏文录文并对译如下：

瓲緷蔬脜……　　引彼池中……
嵒□燍緃膌僦……　　真□显明王是……
□□蔬绒黻黹……　　□□池边至往……
□□绒肃蘐佯豟薎……　　□□水中已死生见……
敥豨膌緷豟蔽煺嫛……　　说为王彼言闻及喜……
夎姺獢豥姧豵[②]嬂蕭……　　时佛菩提树神善女……

① （唐）义净译《金光明最胜王经》卷 10，《大正藏》第 16 册，第 665 号，第 452 页中栏 7~10。

② 西夏文“獢豥姧豵”译为“菩提树神”，指守护菩提树的天力。

翻译如下：

……引彼池中……真□显明王是……□□池边至往……□□水中已见生死……为王说，闻彼言及喜……时，佛……菩提树神、善女……

比对《大正藏》，可以确定残经为义净译《金光明最胜王经》第九卷“长者子流水品第二十五”的相应内容：

> ……王可遣使，并我二子往彼池所验其虚实，彼十千鱼为死为活，王闻是语，即便遣使及子向彼池边，见其池中多有曼陀罗花，积成大聚，诸鱼并死，见已驰还，为王广说。王闻是已，心生欢喜，叹未曾有。尔时，佛告菩提树神：“善女天……”①

21.Or.12380-0949（K.K.）存 1 个残片，共 3 行，下栏线双栏，上栏线无存，刻本，残缺严重，刊布者将其定名为“佛经”，现将西夏文录文并对译如下：

□□□[illegible][illegible]　[illegible][illegible][illegible][illegible][illegible]　□□□时了　及亦六时知
□□□[illegible][illegible]　[illegible]□□□□　□□□差令　味□□□□
□□□[illegible][illegible]　□□□□□　□□□入时　□□□□□

翻译如下：

□□□时了，及亦知六时；
□□□差令，味□□□□。
□□□入时，□□□□□。

比对《大正藏》，可以确定残经为义净译《金光明最胜王经》第九卷“除病品第二十四”的相应内容：

> 医人解四时，复知其六节；明闲身七界，食药使无差。

① （唐）义净译《金光明最胜王经》卷 9，《大正藏》第 16 册，第 665 号，第 450 页中栏 23~29。

谓味界血肉，膏骨及髓脑；病入此中时，知其可疗不？[①]

22.Or.12380-0952（K.K.）存 1 个残片，共 3 行，下栏线双栏，上栏线无存，刻本，残缺严重，刊布者将其定名为“佛经”，现将西夏文录文并对译如下：

…… □□[illegible][②][illegible]	…… □□非孝子非
…… □□[illegible]	…… □□依罚判应
…… □□[illegible]	…… □□是王之护

翻译如下：

……非□□非孝子……依□□应判罚……□护□之是王。

比对《大正藏》，可以确定残经为义净译《金光明最胜王经》第八卷“王法正论品第二十”偈诵的相应内容：

此是非法人，非王非孝子；若于自国中，见行非法者。

如法当治罚，不应生舍弃；是故诸天众，皆护持此王。[③]

23.Or.12380-0953（K.K.II.0282.a.xii）存 1 个残片，共 5 行，下栏线双栏，上栏线无存，刻本，残缺严重，刊布者将其定名为“佛经”，现将西夏文录文并对译如下：

□□□□□□□	[illegible]
□□□□□□□	身心所令欢喜生
□□□□□□□	[illegible]□□[illegible]

① （唐）义净译《金光明最胜王经》卷 9，《大正藏》第 16 册，第 665 号，第 448 页上栏 15~18。

② 西夏文“[illegible]”译为“孝子”。

③ （唐）义净译《金光明最胜王经》卷 8，《大正藏》第 16 册，第 665 号，第 442 页中栏 19~22。

□□□□□□□　住处□□是人护
□□□□□□□　□□𗂧𗏹𗃛𗃛𗠁
□□□□□□□　□□中不可思议
□□□□□□□　□□□□𗏁𗏁𗠁
□□□□□□□　□□□□退转不
□□□□□□□　□□□𗄊□□□
□□□□□□□　□□□健□□□

翻译如下：
□□□□□□□，身所令心生欢喜；
□□□□□□□，□□住处护是人。
□□□□□□□，□□中不可思议；
□□□□□□□，□□□□不退转。
□□□□□□□，□□□健□□□。

比对《大正藏》，可以确定残经为义净译《金光明最胜王经》第六卷“四天王护国品第十二”的相应内容：

若有人能听此经，身心踊跃生欢喜；
常有百千药叉众，随所住处护斯人。
于此世界诸天众，其数无量不思议；
悉共听受此经王，欢喜护持无退转。
若人听受此经王，威德勇猛常自在。[①]

24.Or.12380-0959（K.K.）存1个残片，共5行，下栏线双栏，上栏线无存，刻本，残缺严重，刊布者将其定名为“佛经”，现将西夏文录文并对译如下：

① （唐）义净译《金光明最胜王经》卷6，《大正藏》第16册，第665号，第432页中栏18~22。

……[illegible]　　……获得正
……[illegible]　　……若苾刍
……[illegible]　　……善男子善女人
……[illegible]　　……解说为故
……[illegible]　　……学应

翻译如下：

……获得正……若苾刍……善男子、善女人……为……解说，故……应……学。

比对《大正藏》，可以确定残经为义净译《金光明最胜王经》第十卷“付嘱品第三十一”的相应内容：

> 即是无上菩提正因，所获功德于恒沙劫说不能尽。若有苾刍、苾刍尼、邬波索迦、邬波斯迦，及余善男子、善女人等，供养恭敬，书写流通，为人解说，所获功德亦复如是，是故汝等应勤修习。①

25.Or.12380-0984（K.K.Ⅱ.0260.t.ii）存 1 个残片，共 2 行，栏线无存，刻本，残缺严重，刊布者将其定名为“佛经”，现将西夏文录文并对译如下：

……[illegible]……　　……王大外……
……[illegible]……　　……失说而闻我……

比对《大正藏》，可以确定残经为义净译《金光明最胜王经》第十卷“舍身品第二十六”的相应内容：

> 时彼夫人闻是语已，生大忧恼，悲泪盈目，至大王所，白言：“大王！我闻外人作如是语：‘失我最小所爱之子。’”王闻语已，惊

① （唐）义净译《金光明最胜王经》卷 10，《大正藏》第 16 册，第 665 号，第 456 页下栏 13~17。

惶失所……[1]

26.Or.12380-0987（K.K.Ⅱ.0275.qqq）残存1页4行，字数不能确定，因残缺严重栏线无存，刻本，刊布者定名为“佛经”，现将西夏文录文并对译如下：

……[illegible]……　　……品五第……
……[illegible]……　　……分别住……
……[illegible]……　　……中大光明放无量……
……[illegible]……　　……国土皆明间显（现）十方……

翻译如下：

……品第五……

……住分别……中放大光明，无量……国（刹）土，皆显明间，十方……

比对《大正藏》，可以确定残经为义净译《金光明最胜王经》第三卷“灭业障品第五”的相应内容：

> 灭业障品第五
>
> 尔时，世尊住正分别，入于甚深微妙静虑，从身毛孔，放大光明，无量百千种种诸色、诸佛刹土，悉现光中，十方恒河沙校量譬喻所不能及。[2]

27.Or.12380-1030（K.K.Ⅲ.017.b）残存1页5行，字数不能确定，残缺严重，上栏线单栏，下栏线无存，写本，刊布者将其定名为“佛经”，现将西夏文录文并对译如下：

---

① （唐）义净译《金光明最胜王经》卷10，《大正藏》第16册，第665号，第452页中栏18~21。

② （唐）义净译《金光明最胜王经》卷3，《大正藏》第16册，第665号，第413页下栏13~16。

[illegible][1]……	莲花譬如品……
[illegible]……	尔时佛菩提……
[illegible]……	妙花幢下……
[illegible]……	又及忏悔……
□[illegible]……	□彼言宝……

翻译如下：

莲华譬喻品……

尔时，佛菩提……妙花幢下……又及忏悔……□彼言宝……

比对《大正藏》，可以确定残经为义净译《金光明最胜王经》第五卷“莲华喻赞品第七”的相应内容：

> 尔时，佛告菩提树神，善女天，汝今应知妙幢，夜梦见妙金鼓，出大音声，赞佛功德，并忏悔法。此之因缘，我为汝等，广说其事，应当谛听，善思念之……[2]

28.Or.12380-1071（K.K.）残存 1 页 1 行，字数不能确定，残缺严重，写本，刊布者将其定名为“名号”，仅存西夏文“[illegible]”（乾达婆主），据此初步确定其为《金光明最胜王经》第五卷的相应内容。

29.Or.12380-1083（K.K.Ⅱ.0280.a.viii）残存 1 页 6 行，字数不能确定，残缺严重，下栏线单栏，上栏线无存，写本，刊布者将其定名为“佛经”，现将西夏文录文并对译如下：

……[illegible]	……界百亿日月
……[illegible]	……土界至及是
……[illegible]	……界中天龙夜叉乾达婆阿

① 西夏文“[illegible]”译为“莲华譬喻品”“莲华喻赞品”。

② （唐）义净译《金光明最胜王经》卷 5，《大正藏》第 16 册，第 665 号，第 422 页中栏 28~ 下栏 3。

……[illegible]	……罗摩睺罗叉
……[illegible]	……皆而满种种香
……[illegible]□□[illegible]	……宫□□是土

翻译如下：

……界，百亿日月……土界至及是……界中天龙、夜叉、乾达婆、阿……罗、摩睺罗叉……皆而满种种香……宫□，□是土……

比对《大正藏》，可以确定残经为义净译《金光明最胜王经》第六卷“四天王护国品第十二”的相应内容：

> ……遍至三千大千世界，百亿日月，百亿妙高山王，百亿四洲，于此三千大千世界一切天龙、药叉、健闼婆、阿苏罗、揭路荼、紧那罗、莫呼洛伽宫殿之所，于虚空中，充满而住，种种香烟，变成云盖，其盖金色，普照天宫，如是三千大千世界。[①]

30.Or.12380-1310（K.K.II.0279.vv）残存 1 页 3 行，下栏线单栏，上栏线无存，残缺严重，写本，刊布者将其定名为“佛经”，现将西夏文录文并对译如下：

……[illegible]	……使有受若
……[illegible]	……供养敬
……[illegible]	……依安稳得令应汝诸

翻译如下：

……使有受，若……敬供养……依……应令得安稳，汝诸……

比对《大正藏》，初步确定残经为义净译《金光明最胜王经》第六卷“四天王护国品第十二”的相应内容：

---

① （唐）义净译《金光明最胜王经》卷 6，《大正藏》第 16 册，第 665 号，第 429 页上栏 27~ 中栏 2。

愿与安乐，以是因缘，能令汝等现受胜报。若有人王，恭敬供养此《金光明最胜经典》，汝等应当勤加守护，令得安隐，汝诸四王及余眷属、无量无数百千药叉护是经者……[1]

31.Or.12380-1312（K.K.II.0279.ii）残存 1 页 3 行，上栏线单栏，下栏线无存，残缺严重，写本，刊布者将其定名为“佛经经颂”，现将西夏文录文并对译如下：

[illegible]　[illegible]□□□　□□□□□
水洒心忠令　手举□□□　□□□□□
[illegible]　[illegible]□□□□　□□□□□
慈母中宫住　五□□□□　□□□□□
[illegible]□□　□□□□□　□□□□□
天后之□□　□□□□□　□□□□□

翻译如下：

水洒令心忠，举手□□□；□□□□□，慈母住中宫。

五□□□□，□□□□□；天后之□□，□□□□□。

□□□□□。

比对《大正藏》，可以确定残经不能定名为“佛经经颂”，而为义净译《金光明最胜王经》第十卷“舍身品第二十六”的相应内容：

以水洒令苏，举手号啕哭；菩萨舍身时，慈母在宫内。
五百诸婇女，共受于妙乐；夫人之两乳，忽然自流出。
遍体如针刺。[2]

① （唐）义净译《金光明最胜王经》卷 6，《大正藏》第 16 册，第 665 号，第 427 页中栏 27~29。

② （唐）义净译《金光明最胜王经》卷 10，《大正藏》第 16 册，第 665 号，第 453 页中栏 9~13。

比对 Or.12380-1312（K.K.Ⅱ.0279.ii）、Or.12380-1310（K.K.Ⅱ.0279. vv）残经字体、版式等，可以确定二者为同部同版佛经。

32.Or.12380-1354（K.K.）存 1 个残片，共 4 行，栏线无存，写本，残缺严重，刊布者将其定名为“佛经”，现将西夏文录文并对译如下：

□□□□□　[illegible][illegible]□□□　□□□□□

□□□□□　见及□□□　□□□□□

□□□□[illegible]　[illegible][illegible][illegible]□[illegible]　[illegible]□□□□

□□□□度　妙菩提□大　深□□□□

□□□□□　[illegible][illegible][illegible][illegible][illegible]　□□□□□

□□□□□　虎面前身投　□□□□□

□□□□□　□□□[illegible][illegible]　□□□□□

□□□□□　□□□子食　□□□□□

比对《大正藏》，可以确定残经为义净译《金光明最胜王经》第十卷“舍身品第二十六”的相应内容。西夏文残缺严重，残存内容以黑体标出，相应汉文本如下：

彼萨埵王子，**见**此起悲心；愿求无上道，当**度**一切众。

系想**妙菩提**，广**大深**如海；即上高山顶，**投身**饿**虎前**。

虎羸不能食，以竹自伤颈；遂啖王**子**身，唯有余骸骨。①

33.Or.12380-1357（K.K.）残存 1 页 4 行，下栏线单栏，上栏线无存，残缺严重，写本，刊布者将其定名为“佛经”，现将西夏文录文并对译如下：

……[illegible]……　　　　……之……

① （唐）义净译《金光明最胜王经》卷 10，《大正藏》第 16 册，第 665 号，第 454 页上栏 8~13。

……[illegible]……	……言说胜妙根因缘……
……[illegible]……	……使者言故也……
……[illegible]……	……是金光明……

翻译如下：

……之……言说，胜妙善根因缘……使者言故也……是《金光明》……

比对《大正藏》，可以确定残经为义净译《金光明最胜王经》第九卷“授记品第二十三”的相应内容：

> 如汝所说，皆从胜妙善根因缘，勤苦修已，方得授记。此诸天子，于妙天宫，舍五欲乐，故来听是《金光明经》……[1]

34.Or.12380-1379（K.K.）残存 1 页，共 3 个字，上栏线单栏，下栏线无存，残缺严重，写本，刊布者将其定名为《金光明最胜王经》，西夏文为“[illegible]”（金光明）。

35.Or.12380-1391（K.K.Ⅱ.0240.k）残存 1 页 4 行，字数不能确定，残缺严重，上栏线单栏，写本，刊布者将其定名为“佛经”，现将西夏文录文并对译如下：

[illegible]……	王速（即）天……
[illegible]……	思心燃烧如……
[illegible]……	各王子求欲……
□□[illegible]□[illegible]……	□□方□方……

比对《大正藏》，初步确定残经为义净译《金光明最胜王经》第十卷“舍身品第二十六”的相应内容：

① （唐）义净译《金光明最胜王经》卷 9，《大正藏》第 16 册，第 665 号，第 447 页中栏 12~15。

王即与夫人，严驾而前进；号动声凄感，忧心若火然。

士庶百千万，亦随王出城；各欲求王子，悲号声不绝。

王求爱子故，目视于四方。[①]

Or.12380-1391（K.K.Ⅱ.0240.k）残缺严重，与 Or.12380-1392（K.K.）比较，二者字体一致，为同一版本佛经。

36.Or.12380-1392（K.K.）残存 1 页 5 行，字数不能确定，残缺严重，栏线无存，写本，有分题出现，刊布者将其定名为《金光明最胜王经》，现将西夏文录文并对译如下：

[illegible]	金光明最胜王经典卷三第
……[illegible]	……品五第
……[illegible]……	……世尊正分离住应……
……[illegible]……	……大光明放……
……[illegible]……	……皆光中显（现）……

翻译如下：

金光明最胜王经典第三卷

……品第五

……世尊，应住正分离……大光明放……皆光中显……

比对《大正藏》，可以确定残经为义净译《金光明最胜王经》第三卷“灭业障品第五”的相应内容：

金光明最胜王经

灭业障品第五

尔时，世尊住正分别，入于甚深微妙静虑，从身毛孔，放大光

① （唐）义净译《金光明最胜王经》卷 10，《大正藏》第 16 册，第 665 号，第 453 页下栏 19~23。

明，无量百千种种诸色，诸佛刹土，悉现光中……[1]

37.Or.12380-1415（K.K.II.0279.fff）残存 1 页 5 行，栏线无存，写本，其中一行仅存一个字，不可辨识，因此这里只录 4 行，刊布者定名为“佛经”，现将西夏文录文并对译如下：

……[illegible]……	……土中众生一切之劝最……
……[illegible]……	……令者比可无也苦恼一切……
……[illegible]……	……者比可无也恐苦恼……
……[illegible]□□□□[illegible]……	……解脱得□□□□无也三……

翻译如下：

……土中一切众生，劝令……最……者，无比可也。一切苦恼……者，无可比也。恐苦恼……得解脱□□无□□也。三……

比对《大正藏》，可以确定残经为义净译《金光明最胜王经》第三卷“灭业障品第五”的相应内容：

> 三世刹土一切众生，劝令除灭极重恶业，不可为比。一切苦恼劝令解脱，不可为比。一切怖畏苦恼逼切，皆令得脱，不可为比。三世佛前，一切众生所有功德，劝令随喜，发菩提愿，不可为比。[2]

38.Or.12380-1990（K.K.）残存 1 页 4 行，字数无法确定，残经上有编号 1990，残缺严重，上栏线无存，下栏线单栏，写本，刊布者将其定名为“人天观察品第十”，现将西夏文录文并对译如下：

……[illegible]	……能及经持者

① （唐）义净译《金光明最胜王经》卷 3，《大正藏》第 16 册，第 665 号，第 413 页下栏 13~15。

② （唐）义净译《金光明最胜王经》卷 3，《大正藏》第 16 册，第 665 号，第 416 页下栏 5~8。

……敠豨敍䨐纖　　……等菩提成时

……𥏊　　……人

……𥏊膡𦳚𤌏𦋺𢰈　　……人天观察品十

翻译如下：

……能……及持经者……成……等菩提。时……人……

……观察人天品……十

比对《大正藏》，可以确定残经为义净译《金光明最胜王经》第五卷“依空满愿品第十”的相应内容：

……发心拥护，及持经者，当获无边殊胜之福，速成无上正等菩提。时梵王等闻佛语已，欢喜顶受。

《金光明最胜王经》“四天王观察人天品第十一”①

39.Or.12380-2109（K.K.）残存1页6行，每行3句，每句5字，残经原经上有编号2109，上下栏线单栏，写本，刊布者定名为“佛经经颂”。现将西夏文录文并对译如下：

𦟛緌毹祘②䌷　𦳝𢗖𦳝𦋺𦀿　𦳢𤌏刕𡩧𢗖

是缘圆寂证　净不净品于　世尊一味知

𢗖𦵹𦾧𥡴緌　𦁤𥩫𦳝𥹾𢪓　𦳢𤌏𢕷𡩣𠃑

不分别法缘　最清净获得　世尊边无身

刕𦐈𧍔𦫵𦌊　𦳢𦪈𢰈③𥿈𢰈　𥡴𦌊𥊾𦳚𧡪

一字说未曾　诸学子众之　法雨皆满令

𡬧𦳝𦌊𩊪𦳚　𤸁𥡴𥡴𥊾𡩣　𢕷𦍃𧄍𤃶𦀿

佛众生相观　种一切皆无　方彼苦恼于

① （唐）义净译《金光明最胜王经》卷5，《大正藏》第16册，第665号，第426页下栏22~24。

② 西夏文“毹祘”译为“圆寂”“涅槃”“灭度”。

③ 西夏文“𦪈𢰈”译为“学子”“弟子”。

[illegible]

常于若起也 苦乐常不（无）常 我有我无等

[illegible]

不一不亦异 不生不亦灭 是如众多义

翻译如下：

是缘证圆寂，于净不净品；世尊知一味，缘不分别法。

获得最清净，世尊无边身；未曾说一字，诸学子之众。

法雨令皆满，佛观众生相；一切种皆无，方于彼苦恼。

于常若起也，苦乐常无常；有我无我等，不一亦不异。

不生亦不灭，如是众多义。

比对《大正藏》，可以确定残经为义净译《金光明最胜王经》第四卷“最净地陀罗尼品第六”的相应内容：

> 是故证圆寂，于净不净品；世尊知一味，由不分别法。
>
> 获得最清净，世尊无边身；不说于一字，令诸弟子众。
>
> 法雨皆充满，佛观众生相；一切种皆无，然于苦恼者。
>
> 常兴于救护，苦乐常无常；有我无我等，不一亦不异。
>
> 不生亦不灭，如是众多义。[①]

40.Or.12380-2243（K.K.Ⅱ.0270.I）（K.K.Ⅱ.0280.a.xiii）残经由两个残页组成，刻本，残经上有编号2243，右面存3行，上栏线无存，下栏线双栏，且中间缺字，左面存4行，每行由3句组成，每小句5字，每行共15字，刊布者将其定名为“佛经”，现将西夏文录文并对译如下：

（右面）

[illegible] 光明势力威力勇男容颜美好

① （唐）义净译《金光明最胜王经》卷4，《大正藏》第16册，第665号，第421页下栏9~18。

[illegible]□[illegible]　　也世尊我坚牢地神□法味得

……[illegible][1][illegible]　　……广七千平而地圆皆

翻译如下：

光明势力，威力勇男，容颜美好也。世尊，我坚牢地神，□得法味……广七千平，而土地皆……

比对《大正藏》，可以确定右面为义净译《金光明最胜王经》第八卷“坚牢地神品第十八”的相应内容：

> ……光辉气力，勇猛威势，颜容端正，倍胜于常。世尊！我坚牢地神，蒙法味已令赡部洲纵广七千逾缮那地，皆悉沃壤，乃至如前，所有众生皆受安乐。[2]

（左面）

□□[illegible]　[illegible]　[illegible]

□□燃足无　诸人恐怖令　遍山（纵广）薄相显

□□□[illegible]　[illegible]　[illegible]□

□□□又驰　彼如余碍施　围绕侍者□

□□□□[illegible]　[illegible]　[illegible]□□□

□□□□之　母者偷女也　围绕□□□

□□□□□　□□[illegible]　□□□□□

□□□□□　□□勇汝之　□□□□□

① 西夏文“[illegible]”译为“平而土地”。“[illegible]”为“平坦”，音“ju”，即“余”“逾”；“[illegible]”为“而”，音“rjar”，即“罗”“啰”；“[illegible]”为“地”“土地”，音“lji”，即“勒”；“[illegible]”为“院”“圆”等，音为“io”即“讹”。“[illegible]”音译为“逾啰勒讹”，汉文本为“逾缮那地”，西夏文本与汉文本存在发音的差异。“逾缮那”旧译“由旬”“由延”，表示长度单位。

② （唐）义净译《金光明最胜王经》卷8，《大正藏》第16册，第665号，第440页中栏13~17。

翻译如下：

□□无燃足，令诸人恐怖；纵广显薄相，□□□又驰。

彼如余碍施，围绕侍者□；□□□□之，母者偷女也。

围绕□□□，□□□□□；□□勇汝之，□□□□□。

Or.12380-2243（K.K.Ⅱ.0270.I）（K.K.Ⅱ.0280.a.xiii）左面残缺严重，具体内容尚待考证。

41.Or.12380-2564RV（K.K.Ⅱ.0250.c）残存2折页，右面折页6行，上栏线双栏，刻本，其中左面折页仅4字为正面字，其他为右面的反印，右面残经有编号2564，刊布者将其定名为“佛经经颂”，现将西夏文录文并对译如下：

（右面）

[illegible][1][illegible]　[illegible]□□□□

是缘当释迦佛见　德之人□□□□

[illegible]　[illegible]□□□□

金龙金光我子是　过去善□□□□

[illegible]　[illegible]□□□

世世愿依我家生　最上菩提□□□

[illegible]　[illegible][2][illegible]□□□□

假若众生救护无　长夜轮□□□□

[illegible]　[illegible]□□□□

我未来世依归为　彼常安□□□□

[illegible]　[illegible]□□□□□

三有众苦愿除灭　各自□□□□□

翻译如下：

是缘当见释迦佛，德之人□□□□；

① 西夏文“[illegible]”译为“释迦佛”，即释迦牟尼。

② 西夏文“[illegible]”译为“长夜”。

金龙金光是我子，过去□□善□□。

世世依愿生我家，最上菩提□□□；

假若众生无救护，长夜轮□□□□。

我未来世为归依，彼常安□□□□；

三有众苦愿除灭，各自□□□□□。

（左面）

[illegible][illegible][illegible][illegible]□□□　□□□□□□□

未来世于□□□　□□□□□□□

翻译如下：

于未来世□□□，□□□□□□□。

比对《大正藏》，可以确定残经为义净译《金光明最胜王经》第五卷“莲华喻赞品第七”的相应内容：

因斯当见释迦佛，记我当绍人中尊；

金龙金光是我子，过去曾为善知识。

世世愿生于我家，共授无上菩提记；

若有众生无救护，长夜轮回受众苦。

我于来世作归依，令彼常得安隐乐；

三有众苦愿除灭，悉得随心安乐处；

于未来世修菩提，皆如过去成佛者。①

42.Or.12380-2572（K.K.II.0258.f）残存1页3行，字数不能确定，上栏线双栏，写本，残经上有编号2572，刊布者将其定名为“佛经”，现将西夏文录文并对译如下：

① （唐）义净译《金光明最胜王经》卷5，《大正藏》第16册，第665号，第423页上栏27~中栏4。

[illegible]……

生无缘（故）也菩提……

[illegible]……

众生名得处无声闻声……

[illegible]……

名得处无菩萨菩萨名得处无佛……

翻译如下：

……无生故也。菩提……众生名无可得，声闻、声……名无可得，菩萨、菩萨名无可得，佛……

比对《大正藏》，可以确定残经为义净译《金光明最胜王经》第四卷“最净地陀罗尼品第六”的相应内容：

> ……以一切法皆无生故，菩提不可得，菩提名亦不可得，众生、众生名不可得，声闻、声闻名不可得，独觉、独觉名不可得，菩萨、菩萨名不可得，佛、佛名不可得……[①]

43.Or.12380-2576（K.K.Ⅱ.0244.hhh）残存1页5行，字数不能确定，上栏线单栏，下栏线无存，刻本，残经上有编号2576，刊布者将其定名为“佛经”，现将西夏文录文并对译如下：

□[illegible]……	□死悉皆远离……
[illegible][②]……	尔时索诃（娑婆）世界主梵天……
[illegible]……	合敬持佛对言说世尊……
[illegible]……[illegible]……	妙法门……我……
[illegible]……	也一切合护……

① （唐）义净译《金光明最胜王经》卷4，《大正藏》第16册，第665号，第418页上栏13~16。

② 西夏文“[illegible]”译为“娑婆世界主梵天”，汉文本为“索诃世界主梵天王”，索诃即娑婆。

翻译如下：

□死，悉皆远离……尔时，娑婆世界主梵天……合持敬对佛言说：“世尊，我……妙法门……也，合护一切……”

比对《大正藏》，可以确定残经为义净译《金光明最胜王经》第七卷“如意宝珠品第十四”的相应内容：

> ……于一切恐怖乃至枉死，悉皆远离。
>
> 尔时，索诃世界主梵天王，即从座起，合掌恭敬白佛言：“世尊！我亦有陀罗尼微妙法门，于诸人、天为大利益，哀愍世间，拥护一切，有大威力……”①

44.Or.12380-2641（K.K.II.0290.d）残存1页4行，上下栏线单栏，写本，经题重复两次，原经卷上有编号2641。刊布者将其定名为《金光明最胜王经》，现将西夏文录文并对译如下：

[illegible]	金光明最胜王经典卷二第
[illegible]	一遍诵者
[illegible]	二遍诵者
[illegible]	金光明最胜王经典卷二第

翻译如下：

金光明最胜王经典第二卷

一遍诵者

二遍诵者

金光明最胜王经典第二卷

Or.12380-2641（K.K.II.0290.d）残页的重复经题估计是书写习字或诵读者所抄写。

---

①（唐）义净译《金光明最胜王经》卷7，《大正藏》第16册，第665号，第434页上栏1~6。

45.Or.12380-2674RV（K.K.V.b.05.h）残存 2 页，右面存 7 行，左面存 4 行，上栏线无存，下栏线单栏，写本，刊布者将其定名为《大般若波罗蜜多经》，现将西夏文录文并对译如下：

（右面）

……[illegible]

……承（受）住处（可）国土中假若饥饿怨盗不（非）

……[illegible][1][illegible]

……者有时我等天众皆护脑（头）为彼民

……[illegible]

……安令诸妄灾无为皆我等天有

……[illegible]

……若是经典供养者有时我等亦佛

……[illegible]

……供养写敬且说

……[illegible]

……天王及诸梵众乃至四王诸夜叉

……[illegible]

……令汝等最深妙法闻得

翻译如下：

……承……可住国土中。假若饥饿、怨、盗、不（非）……者，有时，我等天众皆为护脑，令彼民……若是供养经典者，我等亦佛……供养写敬且说……天王及诸梵众，乃至四王、诸夜……令汝等闻得最深妙法……

（左面）

……[illegible]□[illegible]□□□

① 西夏文“[illegible]”中“[illegible]”为“守护”，“[illegible]”为“头”“脑”，“[illegible]”译为“皆为护头”“皆为护首”，汉文本为“拥护”，西夏文的书写疑有误。

……等愿依□金□□□

……[illegible]

……及法说师之守护且说若诸灾

……[illegible]

……为且众善能具色力满足辩

……[illegible]

……意安稳令且说时会中听者等者

翻译如下：

……等依愿守护□金□□□……及说法师且说。若诸灾……为且能具众善，色力满足，辩……令意安稳，且说时，会中听者等者……

比对《大正藏》，可知残经不是《大般若波罗蜜多经》的内容，而是义净译《金光明最胜王经》第五卷“依空满愿品第十”的相应内容，左面内容在前，右面内容在后：

……我等皆愿守护流通是《金光明》微妙经典，及说法师。若有诸难，我当除遣令具众善，色力充足，辩才无碍，身意泰然。时，会听者皆受安乐，所在国土，若有饥馑、怨贼、非人为恼害者，我等天众皆为拥护，使其人民安隐丰乐，无诸枉横，皆是我等天众之力。若有供养是经典者，我等亦当恭敬供养，如佛不异。尔时，佛告大梵天王，及诸梵众，乃至四王、诸药叉等，善哉！善哉！汝等得闻甚深妙法，复能于此微妙经王……[1]

46.Or.12380-2792（K.K.II.0279.q）残存 1 页 6 行，字数不能确定，栏线不存，写本，残经上有编号 2792，刊布者将其定名为《大般若波罗蜜多经》，现将西夏文录文并对译如下：

① （唐）义净译《金光明最胜王经》卷 5，《大正藏》第 16 册，第 665 号，第 426 页下栏 12~18。

……[illegible][1][illegible]……

……五浊诸恶光……

……[illegible][2][illegible]……

……业为五不断罪三……

……[illegible][3][illegible][4][illegible]……

……师生婆罗门众之不敬鬼……

……[illegible]……

……中失（堕）应各彼明（光）依岂住处于是诸……

[illegible]……

是明见及彼明（光）力依皆安乐得胜……

□[illegible]……

□殊色相具足福智庄严诸佛见……

翻译如下：

……五浊诸恶，光……为……业五不断罪……三……不敬师生、婆罗门之众，应堕……鬼……中，彼各依光于岂住处，是诸……是见明，及依彼光力皆得安乐，胜……□殊，色相具足，福智庄严，见诸佛……

比对《大正藏》，可以确定残经非为《大般若波罗蜜多经》，而是义净译《金光明最胜王经》第三卷“灭业障品第五”的相应内容：

> ……五浊恶世，为光所照，是诸众生，作十恶业五无间罪，诽谤三宝，不孝尊亲，轻慢师长，婆罗门众，应堕地狱、饿鬼、傍生。彼各蒙光至所住处，是诸有情见斯光已，因光力故皆得安乐，端正姝妙，色相具足，福智庄严，得见诸佛。[5]

① 西夏文“[illegible]”译为“五浊”，指五种浑浊不净之法。

② 西夏文“[illegible]”译为“五无间罪”“五不断罪”“五无间业”“五逆罪”。

③ 西夏文“[illegible]”译为“师生”，汉文本为“师长”。

④ 西夏文“[illegible]”译为“婆罗门”。

⑤（唐）义净译《金光明最胜王经》卷3，《大正藏》第16册，第665号，第413页下栏16~21。

47.Or.12380-2842（K.K.II.0282.dd）存 1 个残片，共 5 行，栏线无存，刻本，残缺严重，刊布者将其定名为“佛经”，现将西夏文录文并对译如下：

……[illegible]…… ……佛寿具阿难陀……

……[illegible]…… ……位所说辞令时……

……[illegible]…… ……说世尊趺结……

……[illegible]…… ……立即位上足……

……[illegible]…… ……言说汝等……

比对《大正藏》，可以确定残经为义净译《金光明最胜王经》第十卷“舍身品第二十六”的相应内容：

佛告具寿阿难陀：“汝可于此树下为我敷座。”时阿难陀受教敷已，白言：“世尊！其座敷讫，唯圣知时。”尔时，世尊即于座上加趺而坐，端身正念，告诸苾刍：“汝等……”①

48.Or.12380-2855（K.K.II.0230.d）残存 1 页 4 行，字数不能确定，下栏线双栏，刻本，残经上有编号 2855，刊布者将其定名为《金光明最胜王经》，现将西夏文录文并对译如下：

……[illegible]

……皆阿耨

……[illegible]……[illegible]

……多罗三藐三菩提……还令且说梵

……[illegible]

……修行九十大

① （唐）义净译《金光明最胜王经》卷 10，《大正藏》第 16 册，第 665 号，第 450 页下栏 22~451 页上栏 3。

……[illegible]

……受三千阿僧

比对《大正藏》，可以确定残经是义净译《金光明最胜王经》第五卷“依空满愿品第十”的相应内容：

“……愿令我等功德善根悉皆不退，回向阿耨多罗三藐三菩提。”“梵王，是诸苾刍，依此功德，如说修行，过九十大劫，当得解悟出离生死。”尔时，世尊即为授记：“汝诸苾刍，过三十阿僧祇劫，当得作佛……”①

49.Or.12380-2856（K.K.Ⅱ.0295.aa）残存 1 页 4 行，字数不能确定，上栏线双栏，刻本，残经上有编号 2856，刊布者将其定名为《金光明最胜王经》，现将西夏文录文并对译如下：

[illegible]……	我求应……
[illegible]……	寿命……
[illegible]……	广……
[illegible]……	我……

比对《大正藏》，可以确定残经是义净译《金光明最胜王经》第十卷“付嘱品第三十一”的相应内容：

世尊！我等咸有欣乐之心，于佛世尊无量大劫勤修苦行，所获甚深微妙之法菩提正因，恭敬护持，不惜身命。佛涅槃后，于此法门广宣流布，当令正法久住世间。②

① （唐）义净译《金光明最胜王经》卷 5，《大正藏》第 16 册，第 665 号，第 426 页中栏 15~20。

② （唐）义净译《金光明最胜王经》卷 10，《大正藏》第 16 册，第 665 号，第 455 页下栏 21~25。

比对 Or.12380-2855（K.K.Ⅱ.0230.d）和 Or.12380-2856（K.K.Ⅱ.0295.aa），可确定二者为同版次同卷《金光明最胜王经》，Or.12380-2855（K.K.Ⅱ.0230.d）在前，Or.12380-2856（K.K.Ⅱ.0295.aa）在后，不能缀合。

50.Or.12380-2858（K.K.Ⅱ.0275.dd）残存 1 页 6 行，字数不能确定，上栏线双栏，下栏线无存，刻本，下半部分残缺严重，残经上有编号 2858，刊布者将其定名为《金光明最胜王经》，现将西夏文录文并对译如下：

[西夏文]……	金光明最……
[西夏文]……	天依道……
[西夏文]……	业障……
[西夏文]……	尔时世……
[西夏文]……	身毛……
[西夏文]……	诸佛……

翻译如下：

金光明最……

天依道……

业障……

尔时，世……身毛……诸佛……

比对《大正藏》，可以初步确定残经是义净译《金光明最胜王经》第三卷“灭业障品第五”的相应内容：

> 奉天显道……
>
> 灭业障品第五
>
> 尔时，世尊住正分别，入于甚深微妙静虑，从身毛孔，放大光明，无量百千种种诸色，诸佛刹土。[①]

① （唐）义净译《金光明最胜王经》卷 3，《大正藏》第 16 册，第 665 号，第 413 页下栏 13~15。

51.Or.12380-2860（K.K.Ⅱ.0267.v）残存 1 页 4 行，字数不能确定，下栏线双栏，上栏线无存，刻本，残经上有编号 2860，刊布者将其定名为《金光明最胜王经》，现将西夏文录文并对译如下：

……[illegible]　　……帝贤校
……[illegible]　　……已终
……[illegible]　　……之彼
……[illegible]　　……陀所

比对《大正藏》，可以初步确定残经是义净译《金光明最胜王经》第七卷“无染著陀罗尼品第十三”的相应内容：

……帝贤校
……已毕
尔时，世尊告具寿舍利子：“今有法门，名无染着陀罗尼，是诸菩萨所修行法，过去菩萨之所受持，是菩萨母。”说是语已。具寿舍利子白佛言：“世尊！陀罗尼者……”[①]

52.Or.12380-2862RV（K.K.Ⅱ.0267.t）残存 2 个残片，每片 6 行，上栏线双栏，下栏线无存，刻本经折装，下半部分残缺严重，左面为右面的反字，内容与右面一样，刊布者将其定名为“佛经”，现将西夏文录文并对译如下：

（右面）

[illegible]……　　及……
[illegible]……　　无……
[illegible]……　　十……

---

① （唐）义净译《金光明最胜王经》卷 7，《大正藏》第 16 册，第 665 号，第 432 页下栏 17~20。

[illegible]……　　我若……

[illegible]……　　是……

[illegible]……　　尔时……

（左面）

与右面内容相同，只是西夏字为反字，不录。

53.Or.12380-2863RV（K.K.）残存 2 个残片，共 8 行，上栏线无存，下栏线双栏，刻本经折装，上半部分残缺严重，刊布者将其定名为《金光明最胜王经》，现将西夏文录文并对译如下：

……[illegible]　　……敬礼为

……[illegible]　　……闻非

……[illegible]　　……闻法得

……[illegible]　　……言善哉善哉

（中间缺）

……[illegible]　　……应

……[illegible]　　……及

……[illegible]　　……诸大

……[illegible]　　……行

Or.12380-2862RV（K.K.II.0267.t）和 Or.12380-2863RV（K.K.）均为义净译《金光明最胜王经》第二卷“梦见金鼓忏悔品第四”的相应内容，但中间残缺内容较多，相应汉文本如下：

合掌一心赞叹佛，生生常忆宿世事。

诸根清净身圆满，殊胜功德皆成就；

愿于未来所生处，常得人天共瞻仰。

非于一佛十佛所，修诸善根今得闻；

百千佛所种善根，方得闻斯忏悔法。

尔时，世尊闻此说已，赞妙幢菩萨言：“善哉！善哉！善男子！如汝所梦，金鼓出声赞叹如来真实功德，并忏悔法；若有闻者，获福甚多，广利有情，灭除罪障。汝今应知此之胜业，皆是过去赞叹发愿，宿习因缘，及由诸佛威力加护，此之因缘，当为汝说。”时诸大众闻是法已，咸皆欢喜，信受奉行。[①]

54.Or.12380-2866RV（K.K.）残存2个残片，共10行，下栏线双栏，上栏线无存，刻本，残缺严重，刊布者将其定名为“佛经”，现将西夏文录文并对译如下：

（右面）

□□□□□□□□ □□□□□□□[illegible] □□□□□□□□ □□□□□□□无

□□□□□□□□ □□□□[illegible][illegible][illegible] □□□□□□□□ □□□□坚固缚

□□□□□□□□ □□□□□□□[illegible] □□□□□□□□ □□□□□□□中

□□□□□□□□ □□□□□□□[illegible] □□□□□□□□ □□□□□□□生

□□□□□□□□ □□□□□□□[illegible] □□□□□□□□ □□□□□□□善

（左面）

□□□□□□□□ □□□□□□□[illegible] □□□□□□□□ □□□□□□□无

□□□□□□□□ □□□□□□□[illegible] □□□□□□□□ □□□□□□□离

□□□□□□□□ □□□□[illegible][illegible][illegible][②] □□□□□□□□ □□□□诸胜类

□□□□□□□□ □□□□□[illegible][illegible] □□□□□□□□ □□□□□事念

□□□□□□□□ □□□□□[illegible][illegible] □□□□□□□□ □□□□□成就

① （唐）义净译《金光明最胜王经》卷2，《大正藏》第16册，第665号，第413页中栏24~下栏5。

② 西夏文“[illegible][illegible][illegible]”译为“诸胜类”“诸胜族”。

比对《大正藏》，可以初步确定残经为义净译《金光明最胜王经》第二卷“梦见金鼓忏悔品第四”的相应内容：

能招可厌不善趣，愿得消灭永无余。
一切众生于有海，生死羂网坚牢缚；
愿以智剑为断除，离苦速证菩提处。
众生于此赡部内，或于他方世界中；
所作种种胜福因，我今皆悉生随喜。
以此随喜福德事，及身语意造众善；
愿此胜业常增长，速证无上大菩提。
所有礼赞佛功德，深心清净无瑕秽；
回向发愿福无边，当超恶趣六十劫。
若有男子及女人，婆罗门等诸胜族；
合掌一心赞叹佛，生生常忆宿世事。
诸根清净身圆满，殊胜功德皆成就。[①]

55.Or.12380-2877（K.K.II.0282.bb）残存 1 页 4 行，字数不能确定，残缺严重，上栏线双栏，下栏线无存，刻本，刊布者将其定名为《金光明最胜王经》，现将西夏文录文并对译如下：

[illegible]……	不畏惊恐离故……
[illegible][②]……	譬如风轮那罗严……
[illegible]□[illegible]……	第四□精波罗蜜……
□□□□[illegible]……	□□□□清凉之……

翻译如下：

① （唐）义净译《金光明最胜王经》卷 2，《大正藏》第 16 册，第 665 号，第 413 页中栏 13~24。

② 西夏文“[illegible]”译为“那罗延”，表示拥有大力的印度古身，意译为“金刚力士”，“[illegible]”音为“no”，“[illegible]”音为“lo”，“[illegible]”音为“ja”。

不畏，离惊恐故……譬如风轮那罗严……第四□精波罗蜜……□□□□清凉之……

比对《大正藏》，可以确定残经为义净译《金光明最胜王经》第四卷“最净地陀罗尼品第六”的相应内容：

> ……独步无畏离惊恐故，是名第三忍辱波罗蜜因。譬如风轮那罗延力，勇壮速疾心不退故，是名第四勤策波罗蜜因。譬如七宝楼观有四阶道，清凉之风来吹四门受安隐乐……[1]

56.Or.12380-3377（K.K.Ⅱ.0241.h）残存1页8行，上下栏线双栏，刻本经折装，原卷子上有编号3377，刊布者定名为《金光明最胜王经》，现将西夏文录文并对译如下：

[illegible]□□　□□□□□　□□□□□

昔彼利□□　□□□□□　□□□□□

[illegible]　[illegible]□□□　□□□□□

菩萨身舍时　是如□□□　□□□□□

[illegible]　[illegible]　[illegible]□□□

后来众生利　是者身舍处　七宝□□□

[illegible]　[illegible]　[illegible]□

无量时所经（过）方地下隐没　昔本愿力□

[illegible]　[illegible]　[illegible]

缘依救度行　人天利益故　方地下跃显

□□[illegible][2]

□□世尊彼昔缘故所说时无量阿僧祇

□□□[illegible]

① （唐）义净译《金光明最胜王经》卷4，《大正藏》第16册，第665号，第418页上栏23~27。

② 西夏文“[illegible]”译为“阿僧祇”“无数”。

□□□有皆大思欢有未曾赞皆阿耨多

[illegible]□

罗三藐三菩提心所生及树神对言说□

翻译如下：

昔彼利□□，□□□□□；□□□□□，菩萨舍身时。如是□□□，□□□□□；后来利众生，是者舍身处。七宝□□□，所经无量时；地下方隐没，昔本愿力□。依缘行救度，利益人天故；地下方跃显。□□，世尊，说是往昔因缘时，无量阿僧祇、□□□有皆大欢喜，赞未曾有，皆所生阿耨多罗三藐三菩提心，及对树神言说：……

比对《大正藏》，可以确定残经是义净译《金光明最胜王经》第十卷“舍身品第二十六”的相应内容：

> ……我为汝等说，往昔利他缘；如是菩萨行，成佛因当学。
> 菩萨舍身时，发如是弘誓；愿我身余骨，来世益众生。
> 此是舍身处，七宝窣堵波；以经无量时，遂沈于厚地。
> 由昔本愿力，随缘兴济渡；为利于人天，从地而涌出。
> 尔时，世尊说是往昔因缘之时，无量阿僧企耶、人天大众皆大悲喜，叹未曾有，悉发阿耨多罗三藐三菩提心，复告树神。①

57.Or.12380-3378（K.K.Ⅱ.0267.a）残存 1 页 6 行，满行 16 字，上栏线双栏，下栏线无存，刻本经折装，原卷子上有编号 3378，刊布者定名为《金光明最胜王经》，现将西夏文录文并对译如下：

[illegible]②[illegible]□□□□

尔时四天王是赞闻及心欢所□□□□

① （唐）义净译《金光明最胜王经》卷 10，《大正藏》第 16 册，第 665 号，第 454 页中栏 13~23。

② 西夏文“[illegible]”译为“四天王”，指东方提多罗吒、南方毗流离、西方毗流波叉、北方毗沙门。

[illegible]□□□□
说世尊我等往昔是如最深最□□□□
[illegible]□□□
尔曾言欢悲心生啼哭泪生身□□□
[illegible]□□□□
说无希有事得陀罗花摩诃曼□□□□
[illegible]□□□□□□□
以佛上所撒是如胜殊□□□□□□□
[illegible]□□□□□□□□□
对言说世尊我等□□□□□□□□□

翻译如下：

尔时，四天王闻是赞后，所□心欢□□□说："世尊，我等往昔尔曾……如是最深最□□□□。"心生欢悲，啼哭流泪，身□□□得不□议希有事，以陀罗花，摩诃曼□□□□□所撒佛上，如是胜殊□□□□□□□对言说："世尊，我等……"

比对《大正藏》，可以确定残经是义净译《金光明最胜王经》第六卷"四天王护国品第十二"的相应内容：

> 尔时，四天王闻是颂已，欢喜踊跃，白佛言："世尊！我从昔来未曾得闻如是甚深微妙之法。"心生悲喜，涕泪交流，举身战动，证不思议希有之事，以天曼陀罗花、摩诃曼陀罗花而散佛上，作是殊胜供养佛已，白佛言："世尊！我等四王各有五百药叉、眷属……"[①]

58.Or.12380-3379RV（K.K.Ⅱ.0254.d）残存 2 页 12 行，上下栏线双栏，刻本经折装，原卷子上有编号 3379，刊布者定名为"佛经"，现将西夏文录文并对译如下：

① （唐）义净译《金光明最胜王经》卷 6，《大正藏》第 16 册，第 665 号，第 432 页中栏 24~下栏 2。

（右面）

[illegible][1] [illegible]

是时真未得且说王是言闻悲痛言说呼（哀）

[illegible][2] [illegible]

哉呼（哀）哉我爱应子已失具说

[illegible]　[illegible]

初子有时心欢少　后子失时苦忧多

[illegible]　[illegible][3]

若我子重命得故　我当死我何悲痛

[illegible][4] [illegible]

皇后闻后忧恼心恐箭所中如悲痛言说

[illegible]　[illegible][5]

我之三子及侍者　皆彼林中游行往

（左面）

[illegible][6]　[illegible][7]

爱所最小独无归　已定分离灾难有

[illegible]

次大臣有王处所来王臣之问爱子何在

[illegible]

---

① 西夏文“[illegible]”译为“真未得”，汉文本为“犹未见”。

② 西夏文“[illegible]”译为“哀哉”，汉文本为“苦哉”。

③ 西夏文“[illegible]”译为“我当我死何悲痛”，汉文本为“纵我身亡不为苦”。

④ 西夏文“[illegible]”译为“皇后闻后，忧恼心惊，如箭所中”，汉文本为“夫人闻已，忧恼缠怀，如被箭中”。

⑤ 西夏文“[illegible]”译为“皆往此林中行游”，汉文本为“俱往林中共游赏”。

⑥ 西夏文“[illegible]”译为“所爱最小独无归”，汉文本为“最小爱子独不还”。

⑦ 西夏文“[illegible]”译为“已定分离有灾难”，汉文本为“定有乖离灾厄事”。

其大臣者恼啼哭喉舌已干答作不能皇

[illegible]

后曰问

[illegible]　[illegible][1]

子幼何在所说令　我之热烦身长烧

[illegible][2]　[illegible][3]

闷忧迷惑本心失　今我身心不破令

翻译如下：

……是时，真未得，且告，王闻是言，悲痛言说："哀哉，哀哉，我应已失爱子。"说：

"初有子时心欢少，后失子时忧苦多；若我子重得命故，我当我死何悲痛。"

皇后闻后，忧恼心惊，如箭所中，悲痛言说：

"我之三子及侍者，皆往此林中行游；所爱最小独无归，已定分离有灾难。"

次有大臣来王处所，王问臣："爱子何在？"其大臣者，烦恼啼哭，喉舌已干，不能作答，皇后问曰：

"令所说幼子何处，我之热恼身长烧；忧闷迷惑失本心，令我身心今不破。"

比对《大正藏》，可以确定残经内容为义净译《金光明最胜王经》第十卷"舍身品第二十六"的相应内容：

> ……"闻王子在，愿勿忧愁，其最小者，今犹未见。"王闻是语，悲叹而言："苦哉，苦哉，失我爱子。初有子时欢喜少，后失子时忧苦多；若使我儿重寿命，纵我身亡不为苦。"

---

① 西夏文"[illegible]"译为"我之热恼身长烧"，汉文本为"我身热恼遍烧然"。

② 西夏文"[illegible]"译为"忧闷迷惑失本心"，汉文本为"闷乱荒迷失本心"。

③ 西夏文"[illegible]"译为"令我身心今不破"，汉文本为"勿使我胸今破裂"。

夫人闻已，忧恼缠怀，如被箭中，而嗟叹曰：

“我之三子并侍从，俱往林中共游赏；最小爱子独不还，定有乖离灾厄事。”

次第二臣来至王所，王问臣曰：“爱子何在？”第二大臣懊恼啼泣，喉舌干燥口不能言，竟无辞答，夫人问曰：

“速报小子今何在，我身热恼遍烧然；闷乱荒迷失本心，勿使我胸今破裂。”①

59.Or.12380-3380（K.K.Ⅱ.0292.h）残存1页6行，满行16字，上下栏线双栏，刻本经折装，刊布者定名为《金光明最胜王经》治除病品第二十四，现将西夏文录文并对译如下：

[illegible]

我是时皆记受与（于）未来世中阿耨多罗三

[illegible]

藐三菩提成时彼树神佛所说闻心欢信

[illegible]

受

[illegible]

金光明最胜王经典病治除品二十四第

[illegible]

佛菩提树神善女天对言说谛听谛听心

[illegible]②[illegible]

诚念应是十千天子本愿因故今汝对说

翻译如下：

① （唐）义净译《金光明最胜王经》卷10，《大正藏》第16册，第665号，第452页中栏15~452页下栏5。

② 西夏文“[illegible]”译为“应诚心念”，汉文本为“善思念之”。

……是时，我皆受记，于未来世中成阿耨多罗三藐三菩提。时彼树神闻佛所说，心欢信受。

《金光明最胜王经典》“治除病品第二十四”

佛对菩提树神、善女天言说：谛听，谛听，应心诚念，是十千天子，本愿因故，今为汝使说……

比对《大正藏》，可以确定残经是义净译《金光明最胜王经》第九卷“授记品第二十三”结尾部分和“除病品第二十四”开头部分的相应内容：

> ……是故我今皆与授记，于未来世当成阿耨多罗三藐三菩提，时彼树神闻佛说已，欢喜信受。
>
> 金光明最胜王经除病品第二十四
>
> 佛告菩提树神、善女天：“谛听！谛听！善思念之，是十千天子本愿因缘，今为汝说。”[①]

60.Or.12380-3380V（K.K.Ⅱ.0292.h）残存 1 页 6 行，每行 16 字，上下栏线双栏，刻本经折装，刊布者定名为《金光明最胜王经》，现将西夏文录文并对译如下：

[illegible]

为使善女天已过无量思说处无阿僧祇

[illegible][②][illegible]

劫如前面尔时佛有世间出现名者宝髻

[illegible]

如来依义正遍知明行圆满善逝世间悟（解）

① （唐）义净译《金光明最胜王经》卷 9，《大正藏》第 16 册，第 665 号，第 447 页中栏 12~22。

② 西夏文“[illegible]”译为“阿僧祇劫”，汉文本为“阿僧企耶劫”。

[illegible]①[illegible]

男子之降服最上者天人师佛世尊善女

[illegible]

天时彼世尊涅槃以后德（正）法已灭其相法

[illegible]②[illegible]

中王有名者天自在光常正法以民庶为

翻译如下：

……使为……善女天，过去无量不可思议阿僧祇劫如面前。尔时，有佛出现世间，名者宝髻如来，依正义遍知，明行圆满，善逝世间解。降服男子者、无上者、天人师、佛世尊。善女天，时，彼世尊，涅槃以后，正法已灭，其相法中，有王名者天自在光，常以正法为庶民。

Or.12380-3380V（K.K.II.0292.h）与 Or.12380-3380（K.K.II.0292.h）残经内容相连，中间没有缺字。Or.12380-3380V（K.K.II.0292.h）也是“除病品第二十四”的内容。义净译《金光明最胜王经》的相应内容如下：

> 今为汝说。善女天，过去无量不可思议阿僧企耶劫，尔时，有佛出现于世。名曰宝髻如来，应正遍知，明行足，善逝世间解。无上士、调御丈夫、天人师、佛、世尊。善女天，时彼世尊，般涅槃后，正法灭已，于像法中，有王名曰天自在光，常以正法化于人民。③

总之，我们通过比对这几个残经，可以确定它们都是《金光明最胜王经》，从版式、字体等方面判断，这几页残经是同一刻本的遗存，Or.12380-3378（K.K.II.0267.a）为第十二“四天王护国品”的内容，Or.12380-3380（K.K.II.0292.h）为第二十三“授记品”和第二十四

① 西夏文“[illegible]”译为“调伏之男子”，汉文本为“调御丈夫”，佛十号之一。

② 此处三个字根据王静如《西夏研究》（第3辑）第270页内容补录。

③（唐）义净译《金光明最胜王经》卷9，《大正藏》第16册，第665号，第447页中栏23~29。

“除病品”的内容，Or.12380-3380V（K.K.Ⅱ.0292.h）接在 Or.12380-3380（K.K.Ⅱ.0292.h）后面，为第二十四“除病品”的内容，Or.12380-3379RV（K.K.Ⅱ.0254.d）为第二十六“舍身品”前半部分内容，Or.12380-3377（K.K.Ⅱ.0241.h）则为第二十六“舍身品”后半部分内容。

61.Or.12380-3381（K.K.Ⅱ.0253.i）残存 1 页 4 行，每行 3 句，每句 5 字，上下栏线双栏，刻本经折装，刊布者定名为《金光明最胜王经》，现将西夏文录文并对译如下：

[illegible]□[illegible][illegible][illegible]　[illegible][illegible][illegible][illegible][illegible]　□□□□□
夏□热咸醋　秋时冷甜腻　□□□□□
[illegible][illegible][illegible][illegible][illegible]　[illegible][illegible][illegible][illegible][illegible]　[illegible][illegible][illegible][illegible][illegible][1]
是如四时中　药及食饮服　是如食饮故
[illegible][illegible][illegible][illegible][illegible]　[illegible][illegible][illegible][illegible][illegible][2]　[illegible][illegible][illegible][illegible][illegible]
众病生处无　食后垢因病　食消时热因
[illegible][illegible][illegible][illegible][illegible]　[illegible][illegible][illegible][illegible][illegible]　[illegible][illegible][3][illegible][illegible][illegible][4]
食消及风起　时依病然识　病根知解又

翻译如下：

夏□热咸醋，秋时冷甜腻；□□□□□，如是四时中。
服药及食饮，如是食饮故；众病无处生，食后病因垢。
食消时因热，食消及风起；依时然识病，病根又知解。

比对《大正藏》，可以确定残经应为义净译《金光明最胜王经》第九卷“除病品第二十四”的相应内容：

夏腻热咸醋，秋时冷甜腻；冬酸涩腻甜，于此四时中。

---

① 西夏文“[illegible][illegible][illegible][illegible][illegible]”译为“如是饮食故”，汉文本为“若依如是味”。
② 西夏文“[illegible][illegible][illegible][illegible][illegible]”译为“食后病因垢”，汉文本为“食后病由癊”。
③ 西夏文“[illegible][illegible]”译为“病根”“病源”。
④ 西夏文“[illegible][illegible][illegible][illegible][illegible]”译为“病根又知解”，汉文本为“既识病源已”。

服药及饮食，若依如是味；众病无由生，食后病由瘥。

食消时由热，消后起由风；准时须识病，既识病源已。[1]

残经 Or.12380-3377（K.K.Ⅱ.0241.h）、Or.12380-3378（K.K.Ⅱ.0267.a）、Or.12380-3379RV（K.K.Ⅱ.0254.d）、Or.12380-3380（K.K.Ⅱ.0292.h）、Or.12380-3380V（K.K.Ⅱ.0292.h）、Or.12380-3381（K.K.Ⅱ.0253.i）皆为同一版本的《金光明最胜王经》。

62.Or.12380-3390（K.K.）存 2 折页，刻本经折装，上下栏线双栏，每折页 6 行，每行 16 字，刊布者将其定名为“佛经”，现将西夏文录文并对译如下：

(右面)

[illegible]□[illegible]□[illegible]□□

光及势力无有恶趣增□人天□除□□

[illegible][2][illegible]

水中没涅槃道与背世尊我等四王及有?

[illegible]

亲属及夜叉等是事见时彼国土弃（舍）守护

[illegible]

心无惟我等是王之舍弃及不有及亦无

[illegible]□

量国土守护者诸大善神亦悉皆舍往□

□□□[illegible]□□□

□□□彼国所定种种灾难生国□□□

（左面）

① （唐）义净译《金光明最胜王经》卷 9，《大正藏》第 16 册，第 665 号，第 448 页上栏 23~29。

② 西夏文“[illegible]”译为“涅槃道”，汉文本为“涅槃路”，意思一致。

□□□[illegible]□□□

□□□一切善心无惟捆缚杀害□□□

□□□[illegible]□

□□□罪无者诬诸疾病行星恶时出□

[illegible][1][illegible]

与通显日蚀月蚀白黑霓虹本吉祥显星

□[illegible]

□地动井中声出雨疾风恶不时依起常

[illegible][2][illegible]□

饥渴遇苗果无成彼方怨盗多有国土□

[illegible]□□□□

庶民之侵扰诸苦恼受身各本□□□□

Or.12380-3390（K.K.）翻译如下：

无有□光及势力，增恶趣除□人天，没□□水中，背与涅槃道。世尊，我等四王及有？亲属及夜叉等见是事时，弃（舍）彼国土，无守护心，及不惟我等舍弃之是王，及亦有无量守护国土者、诸大善神亦悉皆往舍，□□□□，彼国定所生种种灾难，国□□□□。一切□□无善心，惟捆缚，杀害□□□□□□□诬无罪者，行诸疾病，恶星出时，与□日蚀、月蚀通显，白黑霓虹显不吉祥，星□地动，井中出声，雨疾风恶，不依时起，常遇饥渴，苗果无成，多有彼方怨盗侵扰，国土□庶民，受诸苦恼，各身本□□□□……

比对《大正藏》，可以确定残经内容为义净译《金光明最胜王经》第六卷“四天王护国品第十二”的相应内容：

……无有威光及以势力，增长恶趣，损减人天，坠生死河，乖

① 西夏文“[illegible]”译为“日蚀月蚀”，汉文本为“两日”。

② 西夏文“[illegible]”译为“常遇饥渴，苗果无成”，汉文本为“常遭饥馑，苗实不成”。

涅槃路。世尊！我等四王并诸眷属及药叉等见如斯事，舍其国土，无拥护心，非但我等舍弃是王，亦有无量守护国土诸大善神，悉皆舍去。既舍离已，其国当有种种灾祸，丧失国位。一切人众皆无善心，惟有系缚，杀害瞋诤，互相谗谄，枉及无辜，疾疫流行，彗星数出，两日并现，博蚀无恒，黑白二虹，表不祥相，星流地动，井内发声，暴雨恶风，不依时节，常遭饥馑，苗实不成，多有他方怨贼侵掠，国内人民，受诸苦恼，土地无有可乐之处。世尊！我等四王及与无量百千天神……①

63.Or.12380-3404（K.K.Ⅱ.0121.a）残存 1 页，上下栏线双栏，刻本经折装，原文献上有编号 3404，为佛经经颂，5 字 1 句，每行 3 句，共 15 字，刊布者定名为“佛经经颂”，现将西夏文录文并对译如下：

[illegible]□[illegible]② [illegible] □□□□□
夏□热咸醋 秋时冷甜腻 □□□□□
[illegible] [illegible] [illegible]
如是四时中 药及食饮服 是如食饮故
[illegible] [illegible] [illegible]
众病生处无 食后垢因病 食消时热因
[illegible] [illegible] [illegible]
食消及风起 时依病然识 病根知解又
[illegible]③ [illegible]④ [illegible]□□
病依药言辞 病相当差亦 往昔本□□

① （唐）义净译《金光明最胜王经》卷 6，《大正藏》第 16 册，第 665 号，第 429 页下栏 29~430 页上栏 13。

② Or.12380-3404（K.K.Ⅱ.0121.a）残经前四行与 Or.12380-3381（K.K.Ⅱ.0253.i）残经相同，□中内容可相互补录。

③ 西夏文“[illegible]”译为“依病言说药”，汉文本为“随病而设药”。

④ 西夏文“[illegible]”译为“病相亦当差”，汉文本为“假令患状殊”。

[illegible][1] [illegible]□□□ [illegible]□□□

风疾酥油饮 热病□□□ 诟病□□□

翻译如下：

夏□热咸醋，秋时冷甜腻；□□□□□，如是四时中。

服药及食饮，如是食饮故；疾病无处生，食后病因垢。

食消时因热，食消后风起；依时然识病，病根又知解。

依病言说药，病相亦当差；往昔本□□，风疾饮酥油。

热病□□□，诟病□□□。

比对《大正藏》，可以确定残经为义净译《金光明最胜王经》第九卷“除病品第二十四”的相应内容：

> 夏腻热咸醋，秋时冷甜腻；冬酸涩腻甜，于此四时中。
> 服药及饮食，若依如是味；众病无由生，食后病由癊。
> 食消时由热，消后起由风；准时须识病，既识病源已。
> 随病而设药，假令患状殊；先须疗其本，风病服油腻。
> 患热利为良，癊病应变吐。[2]

64.Or.12380-3405（K.K.II.0266.h）残存 1 页，下栏线双栏，上栏线无存，刻本经折装，原文献上有编号 3405，为佛经经颂，5 字 1 句，每行 3 句，共 15 字，刊布者定名为“佛经经颂”，现将西夏文录文并对译如下：

□□□□□ [illegible][3][illegible] [illegible]

□□□□□ 是南河洲中 林果苗木神

□□□□□ [illegible] [illegible]

□□□□□ 心常欢喜得 苗果皆成就

① 西夏文“[illegible]”译为“风疾饮酥油”，汉文本为“风病服油腻”。

② （唐）义净译《金光明最胜王经》卷 9，《大正藏》第 16 册，第 665 号，第 448 页上栏 23~ 中栏 3。

③ 西夏文“[illegible]”译为“南河洲”。

□□□□縱 㚸㚷𢐀𢿿𢿿 𢽤㚧𥟖𦬫𦍗
□□□□出 果悉皆茂盛 大地上而满
□□□□□ 㥯𦈫𦸗𥚁𡲬 𦍗𥛨𦅈𦅀縱
□□□□□ 复有园果中 悉皆妙花出
□□𢼄𢼅𦅉 𦈫𧇾𩉞𦿆𦍰 𦍗𦍗𦅉𦅈𦅀
□□常馥芬 众草诸木树 悉皆最妙花
㥯𦅙□㚸縱 𩉞𩉞𦍗□□ 𦽮𦿆𦍰𦍗𦍗[①]
复味□果出 所诸皆□□ 是赡部河洲

翻译如下：

□□□□□，是南河洲中；林果苗木神，□□□□□。

心常得欢喜，苗果皆成就；□□□□出，果悉皆茂盛。

大地上而满，□□□□□；复有园果中，悉皆出妙花。

□□常馥芬，众草诸树木；悉皆最妙花，复味出□果。

所诸皆□□，是赡部河洲。

比对《大正藏》，可以确定残经为义净译《金光明最胜王经》第九卷“诸天药叉护持品第二十二”的相应内容：

> 舍离于衰相，于此南洲内；林果苗稼神，由此经威力。
> 心常得欢喜，苗实皆成就；处处有妙花，果实并滋繁。
> 充满于大地，所有诸果树；及以众园林，悉皆生妙花。
> 香气常芬馥，众草诸树木；咸出微妙花，及生甘美果。
> 随处皆充遍，于此赡部洲。[②]

65.Or.12380-3406（K.K.II.0282.ggg）残存 1 页，上下栏线双栏，

① 西夏文“𦽮𦿆”译为“赡部河洲”，其中“𦽮𦿆”的音为“sja phu”，出现“zhan”与“shan”，“bu”与“pu”的差异。汉文本为“赡部州”。

②（唐）义净译《金光明最胜王经》卷 9，《大正藏》第 16 册，第 665 号，第 446 页中栏 19~28。

刻本经折装，原文献上有编号 3406，存佛经经题，但内容不全，刊布者定名为《金光明最胜王经》，现将西夏文录文并对译如下：

[illegible]

金光明最胜王经典

[illegible]

奉天显道耀武宣文神谋睿智制义去邪惇睦懿恭皇帝嵬名　贤校

[illegible]

染著无陀罗尼品十三第

[illegible]

尔时世尊具寿舍利子对言说今法门有

[illegible]

名者染著无陀罗尼说诸菩萨之修所行

[illegible]

法也过去菩萨所能持菩萨之母也是言

Or.12380-3406（K.K.Ⅱ.0282.ggg）翻译如下：

金光明最胜王经

奉天显道耀武宣文神谋睿智制义去邪惇睦懿恭皇帝嵬名　贤校

无染著陀罗尼品第十三

尔时，世尊，对具寿舍利子言说，今有法门，名者曰无染著陀罗尼，诸菩萨之所修行法也。过去菩萨之所能持，菩萨母也，是言……

比对《大正藏》，确定残经为义净译《金光明最胜王经》第七卷“无染著陀罗尼品第十三”的相应内容：

> 尔时，世尊告具寿舍利子：“今有法门，名无染著陀罗尼，是诸菩萨所修行法，过去菩萨之所受持，是菩萨母。”说是语已……[①]

① （唐）义净译《金光明最胜王经》卷 7，《大正藏》第 16 册，第 665 号，第 432 页下栏 17~19。

从字体和版式判断，Or.12380-3404（K.K.Ⅱ.0121.a）、Or.12380-3405（K.K.Ⅱ.0266.h）、Or.12380-3406（K.K.Ⅱ.0282.ggg）残经属于同一版本。

66.Or.12380-3408（K.K.Ⅱ.0265.b）残存1页，上下栏线双栏，刻本经折装，左边残缺严重，原文献上有编号3408，存9行，满行16字，刊布者定名为《金光明最胜王经》，现将西夏文录文并对译如下：

[illegible]

无有无及是大□用应百千事业一切悉

[illegible]（九）

第八（九）

[illegible]

皆□集

[illegible]

世尊是因缘依诸赡部河洲中安稳娱乐

[illegible]

民庶茂盛诸衰恼无众生一切皆安乐受

[illegible][1][illegible]

是如身意娱乐受缘（因）此经典王于□起喜

[illegible]

敬岂所住□皆受持□□□□□□恭赞叹

[illegible]

及亦彼□言大师之法王□□□□□□□

[illegible]

众生缘□□□最胜王何云也□□□□□

[illegible]

世尊是□□□□□□□□□□□□□收者

① 西夏文“[illegible]”译为“身意娱乐”“身意安乐”，汉文本为“身心快乐”。

翻译如下：

无有……及是大□，应用……百千一切事业，悉……

第八（九）

皆□集。世尊，依是因缘，诸赡部河洲中，安稳娱乐，民庶茂盛，无诸衰恼，一切众生，皆受安乐。因受如是身意娱乐，于此经典王，起□喜敬，岂所住□，皆受持□□□□□恭赞叹，及亦彼□言大师之法王□□□□□缘（因）□众生，□□□□□□□最胜王。何云也？世尊，是□□□□□□□□□□□收者。

比对《大正藏》，可以确定残经为义净译《金光明最胜王经》卷八“坚牢地神品第十八”的相应内容：

> 无不堪能，又此大地，凡有所须，百千事业，悉皆周备。世尊，以是因缘，诸赡部洲，安隐丰乐，人民炽盛，无诸衰恼，所有众生，皆受安乐。既受如是身心快乐，于此经王，深加爱敬，所在之处，皆愿受持，供养恭敬，尊重赞叹。又复于彼说法大师法座之处，悉皆往彼，为诸众生，劝请说是最胜经王。何以故？世尊，由说此经，我之自身，并诸眷属，咸蒙利益，光辉气力。勇猛威势，颜容端正，倍胜于常。①

67.Or.12380-3409（K.K.II.0270.w）残存1页9行，中间有3行字体为反面，每行16~17字，上下栏线双栏，刻本经折装，原文献上有编号3409，与Or.12380-3408（K.K.II.0265.b）残经字迹相同，刊布者定名为《大般若波罗蜜多经》，现将西夏文录文并对译如下：

（右面）

[illegible]

八第心起（发）如（现）前证处三摩地摄受起能九第

① （唐）义净译《金光明最胜王经》卷8，《大正藏》第16册，第665号，第440页中栏5~14。

[illegible]

心起智藏三摩地摄受起能十第心起精

[illegible]

进三摩地摄受起能善男子是者菩萨摩

（此处三行为西夏字的反面，不录）

（左面）

[illegible]

行二第地于戒波罗蜜行三第地于忍波

[illegible][1][illegible]

罗蜜行四第地于勤波罗蜜行五第地于

[illegible][2][illegible][3][illegible]

定波罗蜜行六第地于慧波罗蜜行七第

翻译如下：

（右面）

八第发心摄受能生如前证处（住）三摩地，第九发心摄受能生智藏三摩地，第十发心摄受能生精进三摩地。善男子，是者菩萨摩（后缺）

（左面）

行……于第二地行戒波罗蜜，于第三地行忍波罗蜜，于第四地行勤波罗蜜，于第五行地定波罗蜜，于第六地行慧波罗蜜，第七（后缺）

比对《大正藏》，可以确定残经为唐义净译《金光明最胜王经》第四卷“最净地陀罗尼品第六”的相应内容，刊布者定为《大般若波罗蜜多经》错误，但是残经右面三行内容在前，左面三行的内容在后，左右刊印顺序正好颠倒。汉文本相应内容如下（加粗的字属于缺少部分）：

---

① 西夏文“[illegible]”译为“勤波罗蜜”。

② 西夏文“[illegible]”译为“定波罗蜜”。

③ 西夏文“[illegible]”译为“慧波罗蜜”。

于第二地行戒波罗蜜，于第三地行忍波罗蜜，于第四地行勤波罗蜜，于第五地行定波罗蜜，于第六地行慧波罗蜜，于第七地行方便胜智波罗蜜，**于第八地行愿波罗蜜，于第九地行力波罗蜜，于第十地行智波罗蜜**。

善男子，菩萨摩诃萨最初发心摄受能生妙宝三摩地，第二发心摄受能生可爱乐三摩地，第三发心摄受能生难动三摩地，第四发心摄受能生不退转三摩地，第五发心摄受能生宝花三摩地，第六发心摄受能生日圆光焰三摩地，第七发心摄受能生一切愿如意成就三摩地，第八发心摄受能生现前证住三摩地，第九发心摄受能生智藏三摩地，第十发心摄受能生勇进三摩地。善男子，是名菩萨摩诃萨十种发心。①

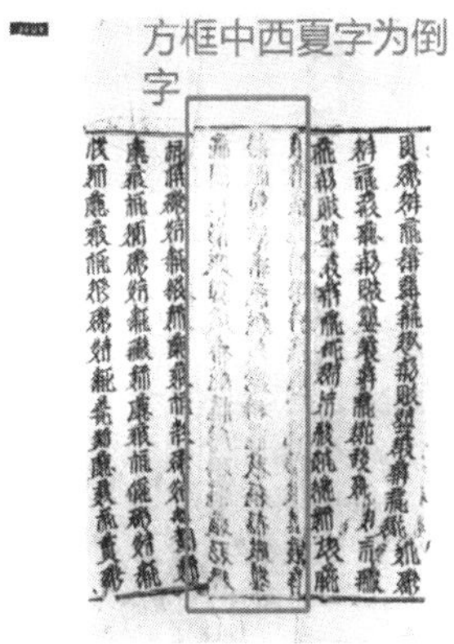

图 3　Or.12380-3409（K.K.Ⅱ.0270.w）

68.Or.12380-3414RV（K.K.）残存 2 页，上下栏线双栏，刻本经折装，原文献上有编号 3414，存 12 行，每行 16 字，刊布者定名为“佛经”，现将西夏文录文并对译如下：

（右面）

□□□□[illegible]

① （唐）义净译《金光明最胜王经》卷 4,《大正藏》第 16 册，第 665 号，第 420 页上栏 12~27。

□□□□及彼众中善住菩萨摩诃萨对

□□□□□[illegible]

□□□□□陀罗尼有名者金胜假若善

[illegible]

男子善女人又过去未来现在诸佛之如

[illegible]

见供养写□求欲故是陀罗尼受持应何

[illegible]

云也是陀罗尼者过去现在未来诸佛之

[illegible]

母是故是缘陀罗尼受持故大福德俱昔

翻译如下：

□□□□及彼众中，对善住菩萨摩诃萨□□：□□□，有陀罗尼名者金胜。假若善男子、善女人，又欲求见过去、未来、现在诸佛之如供养写□故，应受持是陀罗尼。何云也？是陀罗尼者过去、现在、未来诸佛之母。是故是因受持陀罗尼，故俱大福德，昔……（后缺）

（左面）

左面前三行的第 1~5 字及后三行西夏字皆为右面残页的西夏字倒字，由粘贴所致（以□表示），粘贴的字是右面西夏字，不录。现将其他西夏文录文并对译如下：

□□□□□[illegible]□□[illegible]

□□□□□于诸善本□□今受持得戒

□□□□□[illegible][1][illegible]

□□□□□不缺障损无有已定最深法

□□□□□[illegible]

① 西夏文“[illegible]”译为“已定”“所定”“决定”。

□□□□□应世尊立即咒持法所说为

翻译如下：

□□□□□于诸善本□□，今得受持，戒□□□□□不缺，无有障损，因已定最深法□□□□□。世尊，立即为所说咒持法（后缺）。

比对《大正藏》，可以确定残经为义净译《金光明最胜王经》第五卷“金胜陀罗尼品第八”的相应内容：

尔时，世尊复于众中，告善住菩萨摩诃萨：“善男子！有陀罗尼名曰金胜。若有善男子、善女人，欲求亲见过去、未来、现在诸佛恭敬供养者，应当受持此陀罗尼，何以故？此陀罗尼乃是过、现、未来诸佛之母，是故当知持此陀罗尼者，具大福德已。于过去无量佛所，殖诸善本，今得受持，于戒清净，不毁不缺，无有障碍，决定能入甚深法门。”世尊即为说持咒法，先称诸佛及菩萨名。①

图 4　Or.12380-3414RV（K.K.）

69.Or.12380-3415（K.K.Ⅱ.0275.w）残存 1 页 3 行，每行 7 字一句，共 2 句 14 字，上下栏线双栏，刻本经折装，原文献上有编号 3415，刊布者定名为“佛经经颂”，现将西夏文录文并对译如下：

① （唐）义净译《金光明最胜王经》卷 5，《大正藏》第 16 册，第 665 号，第 423 页中栏 24~ 下栏 4。

[illegible][1] [illegible]　[illegible]

美丑容颜皆俱有　眼目见者皆恐令

[illegible]　[illegible]

无量胜行世间度　依诚信者皆摄受

[illegible][2] [illegible]　[illegible][3] [illegible][4] [illegible]

若山帐及险深住　若又地洞水边住

Or.12380-3415（K.K.Ⅱ.0275.w）翻译如下：

美丑容颜皆俱有，眼目令见者皆恐；

无量胜行度世间，依诚信者皆摄受。

若住山帐及深险，若又住地洞水边。

比对《大正藏》，可以确定残经为义净译《金光明最胜王经》第七卷“大辩才天女品第十五之一”的相应内容：

好丑容仪皆具有，眼目能令见者怖；

无量胜行超世间，归信之人咸摄受。

或在山岩深险处，或居坎窟及河边。[5]

从字体和版式判断，Or.12380-3404（K.K.Ⅱ.0121.a）、Or.12380-3405（K.K.Ⅱ.0266.h）、Or.12380-3406（K.K.Ⅱ.0282.ggg）、Or.12380-3408（K.K.Ⅱ.0265.b）、Or.12380-3409（K.K.Ⅱ.0270.w）、Or.12380-3414RV（K.K.）、Or.12380-3415（K.K.Ⅱ.0275.w）为同版次《金光明最胜王经》，顺序为Or.12380-3409（K.K.Ⅱ.0270.w）+Or.12380-3414RV（K.K.）+ Or.12380-3406（K.K.Ⅱ.0282.ggg）+Or.12380-3415（K.K.Ⅱ.0275.w）+Or.12380-

① 西夏文“[illegible]”译为“容颜”“容貌”，“[illegible]”译为“美丑容颜”。

② 西夏文“[illegible]”译为“山帐”“山堂”“山舍”，汉文本为“山岩”。

③ 西夏文“[illegible]”译为“地洞”，汉文本为“坎窟”。

④ 西夏文“[illegible]”译为“水边”，汉文本为“河边”。

⑤（唐）义净译《金光明最胜王经》卷7，《大正藏》第16册，第665号，第437页上栏12~14。

3408（K.K.Ⅱ.0265.b）+Or.12380-3405（K.K.Ⅱ.0266.h）+Or.12380-3404（K.K.Ⅱ.0121.a）+，内容不能完成缀合，有佚文。

70.Or.12380-3467（K.K.）（2-1）残存25行，满行16字，刻本经折装，上下栏线单栏，刊布者定名为《大般若波罗蜜多经》，现将西夏文录文并对译如下：

[illegible]

准备彼国坏往应说世尊是经典王威神

[illegible]

力缘故尔时边近彼怨主有他处害□及

[illegible]

境界中多灾难有疾病具生时王见及即

[illegible]

四军起彼国方往杀害心欲我等尔时无

[illegible]

量边无夜叉诸圣报者与自各身隐以守

[illegible]

护是助彼怨主自然降服令此国来亦不

[illegible]

敢又兵马争斗毁处何有

[illegible]

尔时佛四天王对言说善哉善哉汝等四

[illegible]

王是如经典之护持能且独说我昔过去

[illegible][1][illegible]

百千俱胝那由多劫中诸苦行修阿耨多

[illegible]

① 西夏文“[illegible]”译为“苦行”“难行苦行”，指佛法以外外道所教的行业。

罗三藐三菩提得一切智证今是法说假

[illegible]

如人王是经典之受持恭敬供养故灾难

[illegible]

皆灭安稳获得又亦城邑村落之守护乃

[illegible]

至怨贼悉皆归散使又亦赡部河洲中诸

[illegible]

王一切之常衰恼斗争事一切皆无令四

[illegible]

王知应是赡部河洲八万四千城邑村落

[illegible]

八万四千诸王王等自各国内诸娱乐受

[illegible]

皆自在得宝财一切具足用受者无侵败（负）

[illegible] [1] [illegible]

昔寿缘依果报受也恶念无生他国无爱

[illegible]

皆少欲利乐之心生斗争捆缚等苦无有

[illegible]

国界庶民彼然安受者爱心生上下和合

[illegible] [2] [illegible] [3] [illegible]

乳水混如相互尊敬心欢戏行慈悲自谦

[illegible]

善根增长是缘故依是赡部河洲中安稳

---

① 西夏文“[illegible]”译为“果报”。

② 西夏文“[illegible]”译为“水乳交融”。

③ 西夏文“[illegible]”译为“相互尊敬”。

[illegible][1] [illegible][2] [illegible]

娱乐庶民盛增大地润滑冬夏和合时节

[illegible][3] [illegible][4] [illegible]

无失日月星辰常道无舍风雨时依诸灾

Or.12380-3467（K.K.）（2-1）翻译如下：

应说……准备往坏彼国。世尊，缘是经典王威神力故，尔时，近边有彼怨主□害他处及境，界中多有灾难，疾病具生。时，王见及即起四军，往彼国方，心欲杀害。我等尔时与无量无边夜叉、诸圣报者，自各隐身，以是助守护，令彼怨主自然降服，亦不敢来是国，又何有兵马斗争毁处？尔时，佛对四天王言说：“善哉，善哉，汝等四王能护持如是之经典且独说。我昔过去百千俱胝那由多劫中，修诸苦行，得阿耨多罗三藐三菩提，证一切智，今说是法，假如人王受持是之经典，恭敬供养，故灾难皆灭，获得安稳。又亦守护之城邑、村落，乃至使怨贼悉皆归散，又亦令赡部河洲中一切诸王之常皆无衰恼、斗争一切事。四王应知，是赡部河洲八万四千城邑村落、八万四千诸王、王等，自各国内皆受诸娱乐，得自在，一切大财具足用受者，无侵败，昔寿依缘受果报也，无生恶念，无贪他国，皆少生欲利乐之心，无有斗争捆缚等苦，国界庶民自然受安者，生爱心，上下和合，如水乳交融，相互尊敬，心欢行戏，慈悲自谦，增长善根，依是缘故，是赡部河洲中安稳娱乐，庶民增盛，大地润滑，冬夏和合，时节无失，日月星辰，不舍常道，风雨依时，诸灾……”

比对《大正藏》，可以确定残经为义净译《金光明最胜王经》第六卷“四天王护国品第十二”的相应内容：

---

① 西夏文“[illegible]”译为“大地润滑”，汉文本为“大地沃壤”。

② 西夏文“[illegible]”译为“冬夏和合”，汉文本为“寒暑调和”。

③ 西夏文“[illegible]”译为“时节无失”，汉文本为“时不乖序”。

④ 西夏文“[illegible]”译为“不舍常道”，汉文本为“常度无亏”。

当具四兵坏彼国土。世尊！以是经王威神力故，是时邻敌更有异怨，而来侵扰于其境界，多诸灾变，疫病流行。时，王见已即严四兵，发向彼国欲为讨罚。我等尔时当与眷属无量无边药叉诸神，各自隐形，为作护助，令彼怨敌自然降伏，尚不敢来至其国界，岂复得有兵戈相罚。尔时，佛告四天王："善哉！善哉！汝等四王，乃能拥护如是经典。我于过去百千俱胝那庾多劫，修诸苦行，得阿耨多罗三藐三菩提，证一切智，今说是法，若有人王受持是经，恭敬供养者，为消衰患，令其安隐，亦复拥护城邑聚落，乃至怨贼悉令退散，亦令一切赡部洲内所有诸王，永无衰恼、斗诤之事。四王当知！此赡部洲八万四千城邑聚落、八万四千诸人王等，各于其国受诸快乐，皆得自在，所有财宝丰足受用，不相侵夺，随彼宿因而受其报，不起恶念贪求他国，咸生少欲利乐之心，无有斗战系缚等苦。其土人民自生爱乐，上下和穆，犹如水乳，情相爱重，欢喜游戏，慈悲谦让，增长善根。以是因缘，此赡部洲安隐丰乐，人民炽盛，大地沃壤，寒暑调和，时不乖序，日月星宿，常度无亏，风雨随时，离诸灾横。"①

71.Or.12380-3467（K.K.）（2-2）残存 25 行，满行 16 字，刻本经折装，上下栏线单栏，有 20 行与 Or.12380-3467（K.K.）（2-1）内容重复，最后 5 行接在前 20 行后面，也就是只有黑体部分与 Or.12380-3467（K.K.）（2-1）不重合。刊布者定名为《大般若波罗蜜多经》，现将西夏文录文并对译如下：

[illegible]

护是助彼怨主自然降服令此国来亦不

[illegible]

敢又兵马争斗毁处何有

① （唐）义净译《金光明最胜王经》卷 6，《大正藏》第 16 册，第 665 号，第 427 页下栏 6~28。

[illegible]

尔时佛四天王对言说善哉善哉汝等四

[illegible]

王是如经典之护持能且独说我昔过去

[illegible]

百千俱胝那由多劫中诸苦行修阿耨多

[illegible]

罗三藐三菩提得一切智证今是法说假

[illegible]

如人王是经典之受持恭敬供养故灾难

[illegible]

皆灭安稳获得又亦城邑村落之守护乃

[illegible]

至怨贼悉皆归散使又亦赡部河洲中诸

[illegible]

王一切之常衰恼斗争事一切皆无令四

[illegible]

王知应是赡部河洲八万四千城邑村落

[illegible]

八万四千诸王王等自各国内诸娱乐受

[illegible]

皆自在得宝财一切具足用受者无侵败

[illegible]

昔寿缘依果报受也恶念无生他国无爱

[illegible]

皆少欲利乐之心生斗争捆缚等苦无有

[illegible]

国界庶民彼然安受者爱心生上下和合

[illegible]

乳水混如相互尊敬心欢戏行慈悲自谦

[illegible]

善根增长是缘故依是赡部河洲中安稳

[illegible]

娱乐庶民盛增大地润滑冬夏和合时节

[illegible]

无失日月星辰常道无舍风雨时依诸灾

[illegible] [1] [illegible] [2] [illegible]

难离资器食财悉皆具足悭吝心无常布

[illegible]

施行十善业具若人死时多天上生天众

[illegible]

增盛王大若未来世于诸人王有是经典

[illegible]

之闻受供养恭敬及是经典受持者四部

[illegible]

众之尊敬赞叹又汝等及又诸报者无量

Or.12380-3467（K.K.）（2-2）与 Or.12380-3467（K.K.）（2-1）残经重复内容不再翻译，仅将不重复内容翻译如下：

风雨依时，离诸灾难，资器食财，悉皆具足，心无悭吝，常行布施，具十善业，若人死时，多生天上，增盛天众。王大，若于未来世有诸人王受闻是之经典，供养恭敬，及是受持经典者，又四部之众尊敬赞叹汝等，又及诸报者，无量……

比对《大正藏》，可以确定残经为义净译《金光明最胜王经》第六卷“四天王护国品第十二”的相应内容：

---

① 西夏文“[illegible]”译为“资器食财”，汉文本为“资产财宝”。

② 西夏文“[illegible]”译为“悉皆具足”，汉文本为“皆悉丰盈”。

资产财宝，皆悉丰盈，心无悭鄙，常行慧施，具十善业，若人命终，多生天上，增益天众。大王！若未来世有诸人王听受是经，恭敬供养并受持是经，四部之众尊重称赞。复欲安乐饶益汝等，及诸眷属无量百千诸药叉众。[①]

72.Or.12380-3489（K.K.）残存1页，上栏线无存，下栏线单栏，原文献上有编号3489，残缺严重，写本，刊布者定名为“佛经”，现将西夏文录文并对译如下：

……[illegible]	……假若
……[illegible]	……四种胜
……[illegible]	……卧具
……[illegible]	……诵读
……[illegible]□□[illegible]	……心依□□皆
……[illegible]	……名成假若国土
……[illegible]	……皆安乐

翻译如下：

……假若……四种胜……卧具……诵读……依心□□皆……名成……假若国土……皆安乐……

尽管Or.12380-3489（K.K.）残缺严重，但比对《大正藏》，可以初步确定此残经为义净译《金光明最胜王经》第三卷“灭业障品第五”的相应内容：

若有国土宣说是经，沙门、婆罗门得四种胜利。云何为四？一者，衣服、饮食、卧具、医药，无所乏少。二者，皆得安心，思惟读诵。三者，依于山林，得安乐住。四者，随心所愿，皆得满足。

---

① （唐）义净译《金光明最胜王经》卷6，《大正藏》第16册，第665号，第428页上栏15~20。

是名四种胜利。若有国土，宣说是经，一切人民皆得丰乐，无诸疾疫，商估往还，多获宝货，具足胜福，是名种种功德利益。①

73.Or.12380-3507V（K.K.Ⅱ.0258.n）残存1页14行，汉文，栏线无存，写本卷轴装，刊布者定名为“汉文《金光明最胜王经》如来寿量品第二”，比对《大正藏》，可以确定残经为义净译《金光明最胜王经》第一卷“如来寿量品第二”的相应内容。现将汉文相应内容移录如下（黑体部分是黑水城遗存内容）：

寿命长短，何以故？善男子！我等不见诸天世**间梵**、**魔**、沙门、**婆罗门等，人及**非人，有能算**知佛之寿量，知其齐限；惟除无上**正遍知者。**时四如来欲说释迦牟尼佛所**有寿量，以佛威**力，欲色界天诸龙**、**鬼神**、**健**闼婆、阿苏罗、**揭路茶**、**紧那罗**、**莫呼洛伽，及无量**百千亿那**庾多菩萨摩诃萨，悉来集会，入妙幢菩萨净妙**室中。

尔时，四佛于大众中，欲显释迦牟尼如**来所有寿量，而说颂曰：**

一切诸海水，可**知其渧数；无有能数知**，释迦之寿量。
析诸妙高山，**如芥可知数；无有能数知**，释迦之寿量。
一切大地土，**可知其尘数；无有能数知，释**迦之寿量。
假使量虚空，**可得尽边际；无有能度知，释**迦之寿量。
若人住亿劫，**尽力常算数；亦复不能知，世尊之**寿量。②

74.Or.12380-3755.1（K.K.Ⅱ.0246.o）残存1页9行，下栏线双栏，上栏线无存，刻本经折装，刊布者定名为“佛经”，现将西夏文录文并对译如下：

……[illegible]　　……诸兽恶鬼恶人不（非）人

① （唐）义净译《金光明最胜王经》卷3，《大正藏》第16册，第665号，第417页中栏28~下栏6。

② （唐）义净译《金光明最胜王经》卷1，《大正藏》第16册，第665号，第405页上栏3~22。

……[illegible][1][illegible]	……苦难恐惧解五障解脱
……[illegible]	……陀罗尼得金
……[illegible]	……舍
……[illegible]	……目余（吾）栗（哩）
……[illegible]	……栗（哩）答萨（长）
……[illegible]□□[illegible]	……（长）嘛□□阿地布
……[illegible] [illegible] [illegible]	……啰进 披啰进 阿地
……[illegible] [illegible]□	……披啰进 跋□

翻译如下：

……诸恐惧兽恶、鬼恶、人非人……苦难，解脱五障……得陀罗尼，金……舍。

……目吾哩……哩答萨长……长嘛□□阿地布……啰进 披啰进 阿地……披啰进 跋□……

比对《大正藏》，可以确定残经为义净译《金光明最胜王经》第四卷“最净地陀罗尼品第六”的相应内容：

> 若有诵持此陀罗尼咒者，脱诸怖畏恶兽、恶鬼、人非人等，怨贼灾横及诸苦恼，解脱五障，不忘念九地。善男子！菩萨摩诃萨于第十地得陀罗尼，名破金刚山。
>
> 怛侄他 悉提（去）苏悉提（去）谟折你木察你毗木底庵末丽毗末丽涅末丽 忙揭丽呬囒若揭鞞 曷喇怛娜揭鞞 三曼多跋侄丽 萨婆……[2]

75.Or.12380-3755.2（K.K.Ⅱ.0246.o）残存1页10行，下栏线双栏，上栏线无存，刻本经折装，刊布者定名为“佛经”，现将西夏文录

---

① 西夏文“[illegible]”译为“五障”，指烦恼障、业障、生障、法障、所知障。

② （唐）义净译《金光明最胜王经》卷4,《大正藏》第16册，第665号，第421页中栏8~15。

文并对译如下：

……[illegible]　　……第

[illegible]

奉天显道耀武宣文神谋睿智制义去邪惇睦懿恭皇帝　贤校

……[illegible]　　……无量亿众与

……[illegible]　　……合掌恭敬

……[illegible]　　……为得菩

……[illegible][1]　　……现在心

……[illegible]　　……得可无菩

……[illegible]　　……可无菩提者宣说可

……[illegible][2][illegible]　　……不有为巧应无众

……[illegible]　　……诸法最深

翻译如下：

……第……

奉天显道耀武宣文神谋睿智制义去邪惇睦懿恭皇帝　贤校

……无量亿众与……合掌恭敬……为得菩……现在心……无可得，菩……无可……菩提者，宣说可……不有……无应为巧，众……诸法最深……（后缺）

比对《大正藏》，确定残经为义净译《金光明最胜王经》第四卷“最净地陀罗尼品第六”的相应内容：

最净地陀罗尼品第六

奉天显道耀武宣文神谋睿智制义去邪惇睦懿恭　皇帝　贤校

尔时，师子相无碍光焰菩萨，与无量亿众，从座而起，偏袒右

① 西夏文“[illegible]”译为“现在心”。

② 西夏文“[illegible]”译为“为巧”“做作”“造作”。

肩，右膝著地，合掌恭敬，顶礼佛足，以种种花香宝幢幡盖而供养已，白佛言："世尊！以几因缘得菩提心？何者是菩提心？世尊！即于菩提，现在心不可得，未来心不可得，过去心不可得。离于菩提，菩提心亦不可得。菩提者，不可言说，心亦无色无相，无有事业，非可造作，众生亦不可得，亦不可知。世尊！云何诸法甚深之义而可得知？"[①]

76.Or.12380-3791（K.K.Ⅱ.0255.v）残存 1 页，写本，刊布者将其定名为《金光明最胜王经》第二包首，仅存西夏文"[illegible]"（《金光明》第二）。

① （唐）义净译《金光明最胜王经》卷 4，《大正藏》第 16 册，第 665 号，第 417 页下栏 23~418 页上栏 3。

二 《药师琉璃光七佛本愿功德经》及其他

（一）《药师琉璃光七佛本愿功德经》

药师经典宣扬圆入世出世间之法，是圆通显密之法。自《拔除过罪生死得度经》翻译以来，共有五个译本，其一是东晋帛尸梨密多罗（317~322）所译《佛说灌顶拔除过罪生死得度经》，为《佛说大灌顶神咒经》之第十二卷，此本也被称为《药师琉璃光经》（或俗称《灌顶经》）。其二是刘宋孝武帝大明元年（457），慧简于秣陵鹿野寺译《药师琉璃光经》（已佚）。其三是大业十一年（615），达摩笈多于东都洛水南上林园重译《佛说药师如来本愿经》。其四是唐永徽元年（650），玄奘在长安大慈恩寺译《药师琉璃光如来本愿功德经》。其五是唐中宗神龙三年（707）义净在佛光寺所译《药师琉璃光七佛本愿功德经》。这五个译本中除慧简本佚失外，以玄奘译《药师琉璃光如来本愿功德经》比较流行，以义净译《药师琉璃光七佛本愿功德经》最为完整，此经广宣七佛微妙大愿功德，是娑婆世界众生之无上法宝。而在黑水城文献中以义净译本为最多。

在英藏黑水城西夏文佛经残卷中不仅保存有义净译《药师琉璃光七佛本愿功德经》，还保存有大元三藏沙门沙啰巴奉诏译《药师琉璃光王七佛本愿功德经念诵仪轨供养法》和德慧集《药师琉璃光七佛烧施法事》等。

1.Or.12380-2645（K.K.Ⅱ.0282.h）残存 1 页 7 行，没有栏线，写本，字数不能确定，刊布者将其定名为“佛经”，现将西夏文录文并对译如下：

[illegible][1][illegible]

等□护金刚持菩萨及诸释梵四天王

□□□□[illegible]

□□□□护来彼人五无断罪及业障

[illegible]

一切□□□灭病无寿长横死及诸疾

[illegible]

病无□□盗者害侵来欲争斗战□诉

[illegible]

讼随恨天恶饥渴天□水涨是如

[illegible]

一切皆灭共慈心起父母与所

[illegible]

一切意依皆得

翻译如下：

（前缺）等，□护金刚持菩萨及诸释梵四天王□□□□来护彼人，无五断罪及一切业障，□□□灭，无病寿长，无横死及诸疾病，□□盗者□欲来侵，斗争战□，随诉讼恨天恶、饥渴、天□水涨，如是一切皆灭，共起慈心，与一切父母，所依意皆得（后缺）

通过解读 Or.12380-2645（K.K.Ⅱ.0282.h）残经，可以确定其为义净译《药师琉璃光七佛本愿功德经》（卷下）的相应内容：

……彼诸如来及诸菩萨悉皆护念，执金刚菩萨并诸释梵四天王等，亦来拥卫此人。所有五无间罪、一切业障，悉皆消灭，无病延

① 西夏文“[illegible]”译为“金刚持菩萨”。

年亦无横死及诸疾疫，他方贼盗欲来侵境，斗诤战阵，言讼仇隙，饥俭旱涝，如是等怖一切皆除，共起慈心犹如父母，有所愿求，无不遂意。[①]

2.Or.12380-2646（K.K.Ⅱ.080.ww）残存1页6行，写本，满行为17字，上下及右侧栏线单栏，上有编号2646，刊布者将其定名为《药师琉璃光七佛护摩法事》，现将西夏文录文并对译如下：

[illegible]……

药师琉璃光……

[illegible][②]……

尔时佛文殊师利……

[illegible]……

菩萨道行时所起……

□[illegible]□[illegible]……

□严□若一劫……

[illegible]……

能及彼佛国所（一）然清……

□[illegible]□[illegible]

□趣苦恼声亦无净琉璃以□成城二宫殿

翻译如下：

药师琉璃光……

尔时，佛□文殊师利……行菩萨道时，所起（发）……□□严。若一劫……能……及彼佛国一然清……无……□趣苦恼声，亦以净琉璃成□，城二宫殿（后缺）

---

① （唐）义净译《药师琉璃光七佛本愿功德经》（卷下），《大正藏》第14册，第451号，第417页上栏8~16。

② 西夏文“[illegible]”译为“文殊师利”，“文殊师利”又称“曼殊师利”“曼殊室利”，汉文本为“曼殊室利”。

通过解读 Or.12380-2646（K.K.Ⅱ.080.ww）残经，可以确定其为义净译《药师琉璃光七佛本愿功德经》（卷下）的相应内容：

> 尔时，佛告曼殊室利，彼药师琉璃光如来行菩萨道时，所发大愿及彼佛土功德庄严。我于一劫若过一劫说不能尽，然彼佛土纯一清净，无诸欲染亦无女人及三恶趣苦恼之声，以净琉璃而为其地，城阙宫殿及诸廊宇轩窗罗网皆七宝成……[①]

3.Or.12380-3085（K.K.Ⅱ.0250.d）残存 1 折页 6 行，上下栏线单栏，右侧栏线单栏，写本，有经题和翻译者的名称。现将西夏文录文并对译如下：

[illegible]

药师琉璃光七佛之本愿德功经典上卷

[illegible]

大唐三藏法师义净佛光寺舍内所译

[illegible]

天力治大孝智净广德称邪拒正入永平皇帝嵬名贤译

[illegible][②][illegible][③][illegible]

是如闻我一时薄伽梵诸国旨（教）化广严城到

[illegible]

乐音树下大比丘众八千人与聚会又三万六

[illegible]

千菩萨摩诃萨名者文殊师利菩萨观自在

① （唐）义净译《药师琉璃光七佛本愿功德经》卷下，《大正藏》第 14 册，第 451 号，第 413 页下栏 6~11。

② 西夏文“[illegible]”同于“[illegible]”，译为“薄伽梵”，此处“[illegible]”音为“pha”，与“[illegible]”音为“pho”有差异，此处“[illegible]”受方音影响。

③ 西夏文“[illegible]”译为“广严城”。

翻译如下：

药师琉璃光七佛之本愿德功经典上卷

大唐三藏法师义净佛光寺舍内所译

天力大治智孝广净称德拒邪入正永平皇帝嵬名贤译

如是我闻，一时薄伽梵，教化诸国到广严城乐音树下，与大比丘众八千人聚会，又三万六千菩萨摩诃萨，名者文殊师利菩萨、观自在……

Or.12380-3085（K.K.Ⅱ.0250.d）残经因为有经题存在，判断经名没有问题。对比《大正藏》，可以确定残经为义净译《药师琉璃光七佛本愿功德经》（卷上）的相应内容：

> 如是我闻，一时薄伽梵，游化诸国至广严城在乐音树下，与大苾刍众八千人俱，菩萨摩诃萨三万六千，其名曰曼殊室利菩萨、观自在菩萨……①

（二）《药师琉璃光王七佛本愿功德经念诵仪轨供养法》

1.Or.12380-0768（K.K.I.ii.02.q）残存 1 折页 6 行，每行字数不能确定，应该是缺少 7 个字，上栏线无存，下栏线单栏，刻本，刊布者将其定名为“佛经经颂”，现将西夏文录文并对译如下：

[illegible]　二乘学有及学无
[illegible]　功德有者皆随喜
[illegible]　往昔菩提成就者
[illegible]　最上妙法轮传说
[illegible]　我皆心诚以劝请
[illegible]　众生一切之利乐

① （唐）义净译《药师琉璃光七佛本愿功德经》卷上，《大正藏》第 14 册，第 451 号，第 409 页上栏 8~11。

通过解读 Or.12380-0768（K.K.I.ii.02.q）残经，可以确定其或为沙门沙啰巴译《药师琉璃光王七佛本愿功德经念诵仪轨供养法》的相应内容：

十方所有诸众生，二乘有学及无学；
一切如来与菩萨，所有功德皆随喜。
十方所有世间灯，最初成就菩提者；
我今一切皆劝请，转于无上妙法轮。
诸佛皆欲示涅槃，我悉志诚而劝请；
唯愿久住刹尘劫，利乐一切诸众生。①

或为般若译《大方广佛华严经》第四十卷“入不思议解脱境界普贤行愿品”的相应内容：

十方一切诸众生，二乘有学及无学，
一切如来与菩萨，所有功德皆随喜。
十方所有世间灯，最初成就菩提者，
我今一切皆劝请，转于无上妙法轮。
诸佛若欲示涅槃，我悉至诚而劝请，
唯愿久住刹尘劫，利乐一切诸众生。②

2.Or.12380-2490（K.K.I）残存 1 行，上栏线无存，下栏线单栏，写本，刊布者将其定名为“《七佛围绕法事》第三第四第五”，现将西夏文录文并对译如下：

[illegible]　　七佛中国法事第三四五卷

---

① （元）沙啰巴译《药师琉璃光王七佛本愿功德经念诵仪轨供养法》，《大正藏》第 19 册，第 926 号，第 43 页上栏 25~30。

② （唐）般若译《大方广佛华严经》卷 40，《大正藏》第 10 册，第 293 号，第 847 页上栏 18~23。

仅存 1 行，很难确定具体内容，从七佛看，或许与“药师”仪轨有关。

（三）《药师琉璃光七佛烧施法事》

Or.12380-2627（K.K.Ⅱ.076.r）残存 2 行，仅存经题和集传佛经的僧人，残经上有编号 2627，刊布者将其定名为《药师琉璃光七佛护摩法事》，现将西夏文录文并对译如下：

[illegible][1]　　药师琉璃光七佛之烧施法事

[illegible]□　　兰山师沙门德慧集□

通过解读 Or.12380-2627（K.K.Ⅱ.076.r）残经，可以确定其为《药师琉璃光七佛烧施法事》及“兰山沙门德慧集”的标题，具体的内容无存。

综上所述，西夏文 Or.12380-3085（K.K.Ⅱ.0250.d）、Or.12380-2646（K.K.Ⅱ.080.ww）和 Or.12380-2645（K.K.Ⅱ.0282.h）为义净译《药师琉璃光七佛本愿功德经》的内容，西夏文 Or.12380-0768（K.K.I.ii.02.q）为《药师琉璃光王七佛本愿功德经念诵仪轨供养法》的内容，西夏文 Or.12380-2627（K.K.Ⅱ.076.r）为《药师琉璃光七佛烧施法事》的内容。除英藏黑水城文献中保存西夏文药师经以外，俄藏黑水城西夏文佛教文献中第 145~148 号亦为《药师琉璃光七佛本愿功德经》，有写本卷子装和写本蝴蝶装两类。在馆册第 885、7827 号中存在仁孝皇帝“奉天显道耀武宣文神谋睿智制义去邪惇睦懿恭皇帝嵬名”尊号。在英藏黑水城文献 Or.12380-3085（K.K.Ⅱ.0250.d）残经中出现“[illegible]”（天力大治智孝广净称德拒邪人正永平皇帝嵬名）的尊号。此尊号可能与平定任得敬之乱有关。乾祐元年（1170）在金的支持下，仁孝帝依靠帝派势力诛杀任得敬，铲除了任氏一党。可能是为

① 西夏文“[illegible]”译为“烧施法事”。

了庆贺这一事件，又上尊号为“天力大治智孝广净称德拒邪入正永平皇帝嵬名”。

“永平皇帝”的尊号在仁孝寿陵出土的残碑 M2X：6+490 中也有记载。除了俄藏黑水城佛经外，日本石滨纯太郎赠给罗福成的《佛说佛母出生三法藏般若波罗蜜多经》第十七卷首行也题有“天力大治、智孝广净、宣德尽忠、永平皇帝嵬名御校”。[①] 如果克恰诺夫推断无误，就说明仁孝帝在乾祐元年又有了新尊号，但原来的尊号也继续使用，所以就有两种尊号同时出现在同一部佛经题记之中的情况。俄藏《佛说圣佛母三法藏出生般若波罗蜜多经》（馆册第 49 号）有天力大治智孝广净称德拒邪（宣）入正永平皇帝嵬名御译字样，第 17 ~ 18 章中所题汉文年款为乾祐十三年（1182）八月二十二日，说明这个尊号最迟在乾祐十三年已经使用，与克恰诺夫的推断基本吻合。[②]

《药师琉璃光七佛本愿功德经》主要讲述的是药师佛于过去世行菩萨道时，曾发十二个根本大愿，愿众生解除各种疾苦，能够消灾延寿。药师法是圆融世出世间之法，是圆通显密之法，是释迦、药师、大日，非一非二，本师本尊一具之法，是般若空、般若不空双显之法，是法性、法相双融之法，是曼殊室利、执金刚对扬之法，是在生活中了生死之法。

西夏文 Or.12380-0768（K.K.I.ii.02.q）为沙啰巴译《药师琉璃光王七佛本愿功德经念诵仪轨供养法》。沙啰巴何许人也？《佛祖历代通载》卷 22 记载：

（延祐）……弘教佛智三藏法师入寂，公积宁氏，讳沙啰巴观照，事上师著栗夫学佛氏法，善吐番文字，颇得秘密之要。世祖皇帝尝受教于帝师发思巴，诏师译语，辞致明辨，允惬圣衷，诏赐

① 宁夏博物馆发掘整理，李范文编释《西夏陵墓出土残碑粹编》，文物出版社，1984，第 15 页。

② 崔红芬、文志勇：《西夏皇帝尊号考略》，《宁夏大学学报》（人文社会科学版）2006 年第 5 期。

“大辩广智法师”，河西之人，尊其道而不敢名，止称其氏，至呼其子弟，皆曰：“此积宁法师家。”其为见重如此，公昆弟四人，公其季也，总丱之岁，依帝师发思巴剃染为僧，学诸部灌顶之法。……朝廷久选能者，欲使正之，以白帝师，佥谓诸色之人岂无能者，必以为识时务孰与公贤，以诏授江浙等处释教总统。既至削去烦苛，务从宽大，其人安之。既而改授福建等处释教总统，以其气之正，数与同列，乖迕而不合。公谓天下何事，况教门乎！盖吾人之庸自扰之耳。夫设官愈多，则事愈烦，今诸僧之苦，盖事烦而官多也。十羊九牧，其为苛扰，可胜言哉，建言罢之。以闻，诏罢诸路总所，议者称其高。公既得请，乃遁迹垄坻，筑室种树，盖将终焉。至大中以皇太子令召至京师，诏授光禄大夫、司徒。仁宗皇帝龙德渊潜之日，尝问法于公。知公之贤，既践天位，眷遇益隆，诏给廪既，馆于庆寿寺，诏公所译皆板行之。公幼而颖悟，诸国语言皆不学而能，自为儿，人皆以为必成大器。既长，果能树立，致位三公……延祐元年十月五日殁，年五十有六。其始疾也，诏赐中统钞万缗，俾求医药。[①]

沙啰巴[②]（1258~1314），又称沙啰巴观照，法号佛智，秦州人，很小出家，跟随多位师父修学秘法、诸部灌顶之法。世祖皇帝时翻译佛经，被授以江浙等处释教总统、福建等处释教总统，武宗至大年间（1308~1311）诏至京师，授光禄大夫、司徒，仁宗时馆于庆寿寺，诏公所译皆板行之。大德三年（1299）二月朝廷罢福建行省，五月罢江南诸路释教总统所，江浙释教总统沙啰巴因而卸任，大德五年（1301）回到京城。程钜夫（1249~1318）在燕京见过沙啰巴，并写诗赠与沙啰巴，《送司徒沙罗巴法师归秦州》诗文如下：

① （元）念常集《佛祖历代通载》卷 22,《大正藏》第 49 册，第 2036 号，第 729 页下栏 4~730 页上栏 19。

② 有人认为他是吐蕃僧人，有人认为他是蒙古僧人，也有人认为他是西夏僧人。

秦州法师沙罗巴，前身恐是鸠摩罗。读书诵经逾五年，洞视孔释为一家。帝闻其人征自遐，辩勇精进世莫加。视人言言若空花，我自翼善刊淫侉。雄文大章烂如霞，又如黄河发昆阿。世方浩浩观流波，五护尊经郁嘉峒。受诏翻译无留瑕，辞深义奥极研摩。功力已被恒河沙，经成翩然妙莲华。大官宠锡真浮苴，舍我竟去不可遮。青天荡荡日月赊，何时能来煮春茶？[①]

从上述记载可以确定，沙啰巴是元代僧人，修习密法，翻译佛经，《大正藏》中收录的沙啰巴译经有第925号《药师琉璃光王七佛本愿功德经念诵仪轨》、第926号《药师琉璃光王七佛本愿功德经念诵仪轨供养法》、第976号《佛顶大白伞盖陀罗尼经》、第1189号《佛说文殊菩萨最胜真实名义经》、第1417号《佛说坏相金刚陀罗尼经》和第1645号《彰所知论》等。据《送司徒沙罗巴法师归秦州》记载，沙啰巴还翻译了五部尊经，五部尊是藏地佛教的五尊救苦救难的女性神灵（大千摧碎佛母、大孔雀佛母、大随求佛母、大寒林佛母、大秘咒随持佛母），属于密乘事续部明母续类，每组尊神各有一部经文，总称为五部（护）尊经，即《摧破大千经》、《佛母大孔雀明王经》、《圣明咒大随求佛母陀罗尼经》、《大寒林佛母经》和《大真言随持经》。

沙啰巴翻译的《药师琉璃光王七佛本愿功德经念诵仪轨供养法》何时被翻译成西夏文？国家图书馆藏西夏文《过去庄严劫千佛名经》发愿文记载了有关元代刊刻佛经的内容，依据西夏文，我们重新翻译如下：

……后奉护城帝[②]敕，与南北经重校，令国土盛。慧提照世，法雨普润天下，大夏为池，诸藏潮毁全无。皇初界朝，中界寂澄，上师结合胜弱，修造一藏旧经。至元七年（1270），化身一行国师，广生佛事，具令校有译无，如度意宝，印制三藏新经。后我世祖皇帝，恩德满贯天下，令国土通。高道胜比万古，四海平安。八方由旬时经，深信三宝。因欲

① （元）程钜夫：《程钜夫集》，张文澍校点，吉林文史出版社，2009，第427页。

② “护城帝”即指仁孝。

重举法幢，法事慧宝，深穷禅法密律，志多长意。上圣愿满求缘，清（净）源、鲜卑吃粗尚等，可以至使无悟德音，圣旨已出，江南杭州实板应终已成，以主事僧鲜卑土清（净）诏行……先后二十多人，至元三十年（1293）万寿寺中印刻所需千种，施财超万秩等。成宗帝朝，大德六年（1302）夏初大凡完毕，依诏施印十藏。武宗皇帝圣威神功无比，僧尼大居法门，殊匿治知金轮。今帝尔时东宫隐龙，起广大愿，已施印五十藏。如今皇帝（仁宗皇帝），一得至尊至圣，胜南面中上万乘诸主，文武奇出，深悟明晓佛法才行，大吉功德，皆如高大，帝道日新，佛事无有继断，受以七宝，四海如子，治知十善，依行八方，习德欲缘，依诏重印五十藏应已成。知院净德法处大臣心重，敕受使令二师知总勾管，至大四年（1311）七月十一开始，皇庆元年（1312）八月望日印毕，知院中治二使依表自进杂校缺译经，圣二名新正颠倒而于合，短窄广平，缚牌庄悬，种事多已正知。依敕普施万代法眼不绝，读诵供养千劫善缘常求，闷迷言悟，最上佛种，守护圣德多言。以是善典，唯愿：今如皇帝圣寿万岁，愿降圣皇太后贤寿当为无尽，宫正皇后与天寿长同等……时大元国皇庆元年岁次壬子秋中望日……

这一发愿文既反映了西夏时期佛教兴盛，译校佛经的盛况，也列举出蒙元统治者曾多次修造和刊印河西字大藏经。其一，皇初界朝，中界寂澄，上师结合胜弱，修造一藏旧经。其二，至元七年开始，统治者令搜集西夏旧版，由一行慧觉负责刊印。其三，至元三十年在杭州万寿寺经板已刻完，根据需要刊印河西字大藏经千余种。其四，成宗大德六年夏初，依诏施印十藏。其五，武宗皇帝施印五十藏。其六，仁宗皇庆元年八月望日印五十藏。

蒙元曾先后六次修造和刊印河西字大藏经，前两次应该在修造西夏旧版或在旧版基础上重新翻译缺失的经文，及至至元三十年万寿寺经板雕刻完毕，后几次刊印的河西字大藏经应是依据杭州路万寿寺雕版进行刊印的。可以推测，沙啰巴所译《药师琉璃光王七佛本愿功德经念诵仪轨供养法》在至元三十年左右被翻译成西夏文，之后由管主八负责雕版刊印，在西北地区流行。

Or.12380-2627（K.K.Ⅱ.076.r）西夏文残经为德慧集《药师琉璃光七佛烧施法事》的内容。德慧是西夏时期著名的高僧，德慧由法师升任国师，精通显宗和密宗，他既主持皇室的法事活动，又参与多部佛经的翻译和校勘，与皇室关系密切。在俄藏黑水城汉文和西夏文佛经题记和发愿文中，德慧共有三个师号，依次是兰山觉行法师、兰山觉行国师和兰山智昭国师。在大庆年间（1140~1148），德慧称山觉行法师，到天盛十七年（1165）左右升为国师，为兰山觉行国师，及至乾祐十五年（1184）左右再次改为兰山智昭国师。依据佛经题记出现的时间判定，德慧的佛事活动主要集中在仁孝时期。德慧不同师号前都有“兰山”二字，“兰山”应指“贺兰山”。贺兰山是西夏佛教圣地，《嘉靖宁夏新志》记载，到明代时“（贺兰山）上有颓寺百余所，并元昊故宫遗址”。[①]从考古发掘看，西夏五台山清凉寺、拜寺沟方塔、拜寺口双塔以及山嘴沟石窟寺等遗址都位于贺兰山一带。西夏文《佛说圣佛母般若诵持顺要论》（西夏特藏第140号，馆册第6360号）题记有“兰山寺国师沙门德慧奉敕翻译并改写”，这再次证明德慧是贺兰山某座寺院的高僧。

德慧与皇室关系密切，得到皇室的重用，为皇室法会或译经服务，他不仅主持皇室重大法事活动，而且常常奉诏翻译佛经，在俄藏黑水城文献中常常有“兰山觉行国师沙门德慧奉敕译”和“兰山智昭国师沙门奉敕译”等。限于材料，德慧不同师号具体更迭时间和原因还不是很明了，估计与他的佛学修养或得到皇室的赏识有关。

德慧在佛学方面有很深的造诣，他是位显、密兼修的高僧，精通汉文、西夏文、藏文和梵文，在天庆到乾祐年间奉敕翻译和校勘多种经文，不少经文译自藏文和梵文，德慧为西夏佛经的译释和弘传做出一定贡献。德慧精通般若类经典，还熟悉藏传佛教的经典和仪轨等，在皇室法会上，他除讲演《金刚般若经》和《般若心经》等经文外，还主持烧结灭恶趣中围坛仪，为各族信众祈福禳灾。

西夏时期，佛教发展受世俗化等因素的影响，很多西夏僧人出家不

① （明）胡汝砺编，（明）管律重修，陈明猷校勘《嘉靖宁夏新志》，宁夏人民出版社，1982，第12页。

废俗姓，在法名前往往冠以俗家姓氏。可是，关于德慧既没有其俗家姓氏的记载，也未在佛经文献和史料中找到反映其民族的任何线索，目前仍不能确定德慧所属民族。

三 《佛说观弥勒菩萨上生兜率天经》

弥勒音译为“弥帝隶”“梅怛丽药”等，意为慈氏，此为姓，名为阿逸多。佛教认为弥勒在释迦牟尼圆寂 56 亿年以后在龙华树下成佛，普度众生，是大乘佛教的未来佛。弥勒净土包括上生和下生，上生指信众死后能往生弥勒净土，下生指信众随未来佛弥勒下生于转轮王的理想国土。弥勒常常以菩萨和未来佛两种形象出现。释迦佛曾预言弥勒“次当作佛”，即将成为未来佛。弥勒的特色是“具凡夫身，未断诸漏”，“虽复出家，不修禅定，不断烦恼”。弥勒的净土是“兜率陀天”，众生如有“不厌生死，乐生天者，爱敬无上菩萨心者”，只要“持五戒、八斋、具足戒，身心清净，不求断结，修十善法”，死后也可以往生兜率天，亲近弥勒菩萨。

弥勒信仰随着弥勒经典的翻译而流行开来，弥勒信仰的经典有《佛说观弥勒菩萨上生兜率天经》《弥勒下生经》《佛说弥勒下生成佛经》《佛说弥勒来时经》《佛说弥勒大成佛经》等，另外，还有很多经典中也都涉及弥勒信仰内容。下面对英藏黑水城文献中西夏文《佛说观弥勒菩萨上生兜率天经》的残经进行解释分析。

1.Or.12380-0065（K.K.II.0283.vvv）残存 1 页 3 行，栏线无存，刻本，刊布者将其定名为“佛经”，现将西夏文录文并对译如下：

……[illegible]……	……出一一……
……[illegible]……	……具足是如天乐不鼓……
……[illegible]……	……乐器受（执）皆起……

翻译如下：

……出一一……具足，如是天乐不鼓……执乐器，皆起……

比对《大正藏》，可以确定残经为沮渠京声译《佛说观弥勒菩萨上生兜率天经》的相应内容：

> 一一莲华上有无量亿光，其光明中具诸乐器，如是天乐不鼓自鸣，此声出时，诸女自然执众乐器，竞起歌舞。①

2.Or.12380-0075（K.K.Ⅱ.0283.a.vi）残存1页3行，上下栏线无存，右面栏线单栏，栏线较粗，刻本，刊布者将其定名为“佛经”，现将西夏文录文并对译如下：

……[illegible]……	……地法轮行宣说树于……
……[illegible]□[illegible]……	……诸众□一切出……
……[illegible]……	……轮回（轮转）……

Or.12380-0075（K.K.Ⅱ.0283.a.vi）翻译如下：

乐音中演说不退转地法轮之行，其树生叶如颇梨色，一切众色入颇梨树色中是诸光明，右旋婉转流出众音，众音演说大慈大悲法……

比对《大正藏》，可以确定残经为沮渠京声译《佛说观弥勒菩萨上生兜率天经》的相应内容：

> 时乐音中演说不退转地法轮之行。其树生果如颇梨色，一切众色入颇梨色中，是诸光明右旋婉转流出众音，众音演说大慈大悲法。②

① （刘宋）沮渠京声译《佛说观弥勒菩萨上生兜率天经》，《大正藏》第14册，第452号，第419页上栏16~19。

② （刘宋）沮渠京声译《佛说观弥勒菩萨上生兜率天经》，《大正藏》第14册，第452号，第418页下栏29~419页上栏3。

3.Or.12380-0098（K.K.）残存1页2行，上下栏线无存，刻本，刊布者将其定名为“佛经”，现将西夏文录文并对译如下：

……𘟣𗧓𗫂……　　　　……诸宝冠……
……𗧓𗅲𗇋……　　　　……宝宫七……

比对《大正藏》，可以确定残经为沮渠京声译《佛说观弥勒菩萨上生兜率天经》的相应内容：

时诸天子作是愿已，是诸宝冠化作五百万亿宝宫，一一宝宫有七重垣，一一垣七宝所成……[①]

4.Or.12380-0147（K.K.）残存1页4行，上下栏线无存，刻本，刊布者将其定名为《金光明经》，现将西夏文录文并对译如下：

……𗧓□𗙼……　　　　……宝□各……
……𗇋𗧓……　　　　……七宝……
……𗼃……　　　　……色……
……𘃸𗰞𗒘……　　　　……金光有……

比对《大正藏》，可以确定残经为沮渠京声译《佛说观弥勒菩萨上生兜率天经》的相应内容：

一一宝宫有七重垣，一一垣七宝所成，一一宝出五百亿光明，一一光明中有五百亿莲华，一一莲华化作五百亿七宝行树，一一树叶有五百亿宝色，一一宝色有五百亿阎浮檀金光……[②]

① （刘宋）沮渠京声译《佛说观弥勒菩萨上生兜率天经》，《大正藏》第14册，第452号，第418页下栏21~24。

② （刘宋）沮渠京声译《佛说观弥勒菩萨上生兜率天经》，《大正藏》第14册，第452号，第418页下栏23~27。

5.Or.12380-0159（K.K.）残存 1 页 6 行，上下栏线无存，刻本，刊布者将其定名为《金光明经》，现将西夏文录文并对译如下：

……[illegible]……	……足知天……
……[illegible]……	…… 为者正观名……
（第三行不清不可录）	
……[illegible]……	……而起衣服修（整）……
……[illegible]……	……世尊足知天……
……[illegible]……	……是大……

Or.12380-0159（K.K.）翻译如下：

……足知天……为者名正观……而起，整衣服……世尊，足知天……是（此）大……

比对《大正藏》，可以确定残经为沮渠京声译《佛说观弥勒菩萨上生兜率天经》的相应内容：

> ……作是观者名为正观，若他观者名为邪观。尔时，优波离即从座起，整衣服，头面作礼，白佛言："世尊！兜率陀天上乃有如是极妙乐事，今此大士何时于阎浮提没生于彼天？"①

6.Or.12380-0697（K.K.0121.s）残存 1 页 4 行，上下栏线无存，刻本，刊布者将其定名为《金光明经》，现将西夏文录文并对译如下：

……[illegible]……	……万……
……[illegible]……	……净（莲花）如无量亿……
……[illegible]……	……乐器具足是如……
……[illegible]……	……者时诸女 ……

① （刘宋）沮渠京声译《佛说观弥勒菩萨上生兜率天经》，《大正藏》第 14 册，第 452 号，第 419 页下栏 4~11。

Or.12380-0697（K.K.0121.s）翻译如下：

……万……莲花如无量亿……具足乐器，如是……者时，诸女……

比对《大正藏》，可以确定残经为沮渠京声译《佛说观弥勒菩萨上生兜率天经》的相应内容：

> 诸栏楯间自然化生九亿天子五百亿天女，一一天子手中化生无量亿万七宝莲华，一一莲华上有无量亿光，其光明中具诸乐器，如是天乐不鼓自鸣，此声出时，诸女自然执众乐器，竞起歌舞。[1]

7.Or.12380-0730（K.K.II.0244.ll）残存 1 页 4 行，上栏线单栏，下栏线无存，刻本，刊布者将其定名为“佛经”，现将西夏文录文并对译如下：

[illegible]……	旷野……
[illegible]……	坐床起……
[illegible]……	辉百千……
[illegible]……	舍利金……

Or.12380-0730（K.K.II.0244.ll）翻译如下：

旷野……坐床起……辉百千……舍利……金……

比对《大正藏》，可以确定残经为沮渠京声译《佛说观弥勒菩萨上生兜率天经》的相应内容：

> 弥勒先于波罗捺国劫波利村波婆利大婆罗门家生，却后十二年二月十五日，还本生处，结加趺坐，如入灭定，身紫金色光明艳赫

① （刘宋）沮渠京声译《佛说观弥勒菩萨上生兜率天经》，《大正藏》第 14 册，第 452 号，第 419 页上栏 14~19。

如百千日，上至兜率陀天，其身舍利如铸金像不动不摇。①

8.Or.12380-0928（K.K.Ⅱ.0264.g）残存 1 页 3 行，上栏线双栏，下栏线无存，刻本，刊布者将其定名为“佛经”，残缺内容依据俄藏西夏文《弥勒上生经》补录，补录后，可知每行字数为 18 字，现将西夏文录文并对译如下：

[illegible]
世尊一声音以百亿陀罗尼门说是陀罗尼说
[illegible]
毕尔时会中菩萨一有名者弥勒佛所说依立
[illegible]
即百万亿陀罗尼门悟座处而起衣服理整手

Or.12380-0928（K.K.Ⅱ.0264.g）翻译如下：

世尊以一声音，说百亿陀罗尼门，说是陀罗尼毕。尔时，会中菩萨有一名者弥勒，依所佛说，立即悟百万亿陀罗尼门，座处而起，理整衣服，手（后缺）

比对《大正藏》，可以确定残经为沮渠京声译《佛说观弥勒菩萨上生兜率天经》的相应内容：

尔时，世尊以一音声，说百亿陀罗尼门，说此陀罗尼已。尔时，会中有一菩萨名曰弥勒，闻佛所说，应时即得百万亿陀罗尼门，即从座起整衣服，叉手合掌住立佛前。②

① （刘宋）沮渠京声译《佛说观弥勒菩萨上生兜率天经》,《大正藏》第 14 册，第 452 号，第 419 页下栏 14~18。实际上，俄藏黑水城汉文《观弥勒菩萨上生兜率天经》（TK60）中的相应内容为：“此大士何时于阎浮提没生于彼天，佛告优波离，却后十二年二月十五日于波罗捺国劫波利村波婆利大婆罗门家，本所生处，结加趺坐，如入灭定，身紫金色，光明艳赫，如百千日上至兜率陀天，其身舍利，如铸金像，不动不摇……”

② （刘宋）沮渠京声译《佛说观弥勒菩萨上生兜率天经》,《大正藏》第 14 册，第 452 号，第 418 页中栏 28~ 下栏 3。

9.Or.12380-0929（K.K.Ⅱ.0256.e）残存 1 页 6 行，字数不能确定，上栏线无存，下栏线双栏，刻本，刊布者将其定名为“佛经”，现将西夏文录文并对译如下：

[illegible]	宝以合成诸栏楯间自然九亿天
[illegible]	子五百亿天女化生一一天子手
[illegible]	中无量亿万七宝莲华化出一一
[illegible][1][illegible]	莲华上无量亿光出彼光明中诸
[illegible][2][illegible][3][illegible]	乐器具足是如天乐不击自鸣是
[illegible]	声出时诸女自然众乐器受皆起

Or.12380-0929（K.K.Ⅱ.0256.e）翻译如下：

以……宝合成，诸栏楯间，自然化生九亿天子、五百亿天女，一一天子手中化出无量亿万七宝莲华，一一莲华上出无量亿光，彼光明中具足诸乐器，如是天乐不鼓（击）自鸣，是出声时，诸女自然执众乐器，皆起……

比对《大正藏》，可以确定残经为沮渠京声译《佛说观弥勒菩萨上生兜率天经》的相应内容：

> 一一栏楯万亿梵摩尼宝所共合成，诸栏楯间自然化生九亿天子五百亿天女，一一天子手中化生无量亿万七宝莲华，一一莲华上有无量亿光，其光明中具诸乐器，如是天乐不鼓自鸣，此声出时，诸女自然执众乐器，竞起歌舞。[4]

比对 Or.12380-0928（K.K.Ⅱ.0264.g）和 Or.12380-0929（K.K.Ⅱ.0256.

---

① 西夏文“[illegible]”译为“出”，汉文本为“有”。

② 西夏文“[illegible]”译为“具足诸乐器”，汉文本为“具诸乐器”。

③ 西夏文“[illegible]”译为“天乐不击自鸣”，也就是“天乐不鼓自鸣”。

④（刘宋）沮渠京声译《佛说观弥勒菩萨上生兜率天经》，《大正藏》第 14 册，第 452 号，第 419 页上栏 14~19。

e），可确定二者为同版次《佛说观弥勒菩萨上生兜率天经》，Or.12380-0928（K.K.Ⅱ.0264.g）内容在前，Or.12380-0929（K.K.Ⅱ.0256.e）内容在后，二者不能缀合，有佚文。

10.Or.12380-0966（K.K.Ⅱ.0297.i）残存1页4行，字数不能确定，栏线无存，刻本，刊布者将其定名为“发愿文”，现将西夏文录文并对译如下：

……[illegible]…… ……及又弥勒菩萨……

……[illegible]…… ……各愿发我……

……[illegible]…… ……未来世于弥勒……

……[illegible]…… ……上能生且……

Or.12380-0966（K.K.Ⅱ.0297.i）翻译如下：

……及又弥勒菩萨……各发愿我……于未来世弥勒……能生……上且……

比对《大正藏》，可以确定残经为沮渠京声译《佛说观弥勒菩萨上生兜率天经》的相应内容：

> ……礼弥勒足，绕佛及弥勒菩萨百千匝，未得道者各发誓愿：“我等天人八部，今于佛前发诚实誓愿，于未来世值遇弥勒，舍此身已皆得上生兜率陀天。”①

11.Or.12380-0967（K.K.Ⅱ.0297.aa）残存1页4行，字数不能确定，栏线无存，刻本，刊布者将其定名为“发愿文”，现将西夏文录文并对译如下：

……[illegible]…… ……伽土（度）阿罗……

① （刘宋）沮渠京声译《佛说观弥勒菩萨上生兜率天经》，《大正藏》第14册，第452号，第420页下栏4~7。

……[illegible]……　　　　……光明见立即……

……[illegible]……　　　　……优波离对说佛……

……[illegible]……　　　　……天生欲者……

Or.12380-0967（K.K.Ⅱ.0297.aa）翻译如下：

……伽土（度）、阿罗……见光明立即……对优波离说：佛……欲生……天者……

比对《大正藏》，可以确定残经为沮渠京声译《佛说观弥勒菩萨上生兜率天经》的相应内容：

> ……弥勒菩萨成多陀阿伽度、阿罗诃、三藐三佛陀时，如此行人见佛光明即得授记。佛告优波离："佛灭度后，四部弟子、天、龙、鬼神，若有欲生兜率陀天者，当作是观系念思惟。"[①]

Or.12380-0966（K.K.Ⅱ.0297.i）、Or.12380-0967（K.K.Ⅱ.0297.aa）为同一版本残经，Or.12380-0966（K.K.Ⅱ.0297.i）在后，Or.12380-0967（K.K.Ⅱ.0297.aa）在前，二者之间残缺严重，不能缀合。

12.Or.12380-1001（K.K.Ⅱ.0254.iv）残存1页3行，上栏线无存，下栏线双栏，刻本，刊布者将其定名为"佛经"，残缺内容依据俄藏西夏文《弥勒上生经》补录，补录后，可知每行字数为18字，现将西夏文录文并对译如下：

[illegible][②][illegible]

厚薄十四由旬及五百亿龙王有彼垣围绕一

[illegible][③][illegible]

① （刘宋）沮渠京声译《佛说观弥勒菩萨上生兜率天经》，《大正藏》第14册，第452号，第420页中栏15~21。

② 西夏文"[illegible]"译为"厚薄"，汉文本为"厚"。

③ 西夏文"[illegible]"译为"行雨"，汉文本为"雨"，西夏文更加形象地描绘了龙王行雨的情况。

一龙王五百亿七宝树行雨垣上庄严彼随风

[illegible]

起是树吹动树枝互触声出苦空无常我无诸

Or.12380-1001（K.K.Ⅱ.0254.iv）翻译如下：

厚薄十四由旬，及有五百亿龙王围绕彼垣，一一龙王行雨五百亿七宝树，庄严垣上，随彼起风，吹动是树，树枝互触出声，苦空无常无我诸……

比对《大正藏》，可以确定残经为沮渠京声译《佛说观弥勒菩萨上生兜率天经》的相应内容：

> 厚十四由旬，五百亿龙王围绕此垣，一一龙王雨五百亿七宝行树，庄严垣上，自然有风吹动此树，树相振触，演说苦、空、无常、无我诸波罗蜜。①

13.Or.12380-2238（K.K.Ⅱ.0282.a.viii）残存 1 页 5 行，残缺严重，字数不能确定，上下栏线单栏，刻本，原残经上有编号 2238，刊布者定名为“佛经”，残缺部分依据俄藏西夏文《弥勒上生经》补录，补录后的字数初步确定为每行 13 字，现将西夏文录文并对译如下：

[illegible]　　十五日本生处于波罗捺国劫波

[illegible]②[illegible]　　利野村波婆利大婆罗门家脚交

[illegible]③[illegible]④[illegible]　　趺坐灭定入如身紫金色光明奕

---

① （刘宋）沮渠京声译《佛说观弥勒菩萨上生兜率天经》，《大正藏》第 14 册，第 452 号，第 418 页下栏 4~7。

② 西夏文“[illegible]”（于本生处波罗捺国劫波利野村波婆利大婆罗门家）与汉文本顺序不同，汉文本在前面。

③ 西夏文“[illegible]”译为“交脚趺坐”，其中“[illegible]”译为“趺坐”，也就是“结跏趺坐”。

④ 西夏文“[illegible]”译为“入灭定”，其中“[illegible]”译为“灭定”。

[illegible] 奕百千日如足知天上生往此身

[illegible] 舍利金珠像如不动不摇身围光

Or.12380-2238（K.K.II.0282.a.viii）翻译如下：

……十五日，于本生处波罗捺国劫波利野村波婆利大婆罗门家，交脚趺坐，如入灭定，身紫金色，光明奕奕，如百千日，往生知足天上，此身舍利如金珠像，不动不摇，围身光……

比对《大正藏》，可以确定残经为沮渠京声译《佛说观弥勒菩萨上生兜率天经》的相应内容：

> ……十五日，还本生处，结加趺坐，如入灭定，身紫金色光明艳赫如百千日，上至兜率陀天，其身舍利如铸金像，不动不摇，身圆光中有首楞严三昧般若波罗蜜字义炳然。[3]

14.Or.12380-2873（K.K.II.0265.I）残存 1 页 4 行，上栏线双栏，下栏线无存，刻本经折装，残经上存编号 2873，刊布者将其定名为《金光明最胜王经》，其内容与 Or.12380-0929（K.K.II.0256.e）有重复，故此残缺部分依据俄藏西夏文《弥勒上生经》补录，补录后的字数初步确定为每行 18 字，现将西夏文录文并对译如下：

[illegible]

此摩尼光空中轮回化四十九重最妙宝宫成

[illegible]

一一长栏万亿梵摩尼宝以合成诸栏楯间自

① 西夏文“[illegible]”（此身舍利如金珠像），与汉文本略有不同，汉文本突出了铸造的金像。

② 西夏文“[illegible]”译为“围身光”，汉文本为“身圆光”，指身光。

③ （刘宋）沮渠京声译《佛说观弥勒菩萨上生兜率天经》，《大正藏》第 14 册，第 452 号，第 419 页下栏 16~20。

④ 西夏文“[illegible]”译为“轮回”，汉文本用“回旋”。

[illegible]

然九亿天子五百亿天女化生一一天子手中

[illegible]

无量亿万七宝莲华化出一一莲华上无量亿

Or.12380-2873（K.K.II.0265.I）翻译如下：

此摩尼光轮回空中，化成四十九重最妙宝宫，一一长栏以万亿梵摩尼宝合成。诸栏楯间自然化生九亿天子、五百亿天女，一一天子手中化出无量亿万七宝莲华，一一莲华上……无量亿……

比对《大正藏》，可知残经为沮渠京声译《佛说观弥勒菩萨上生兜率天经》的相应内容：

> 此摩尼光回旋空中，化为四十九重微妙宝宫，一一栏楯万亿梵摩尼宝所共合成，诸栏楯间自然化生九亿天子五百亿天女，一一天子手中化生无量亿万七宝莲华，一一莲华上有无量亿光。①

15.Or.12380-2874（K.K.）残存 1 页 4 行，上栏线双栏，下栏线无存，刻本经折装，残经上存编号 2874，刊布者将其定名为《金光明最胜王经》，残缺部分依据俄藏西夏文《弥勒上生经》补录，补录后的字数初步确定为每行 18 字，现将西夏文录文并对译如下：

[illegible]

宝器化出一一器中天上诸露甘自然已满左

[illegible] ② [illegible]

方肩上无量璎珞负荷右方肩上无量乐器负

[illegible]

---

①（刘宋）沮渠京声译《佛说观弥勒菩萨上生兜率天经》，《大正藏》第 14 册，第 452 号，第 419 页上栏 12~17。

② 西夏文“[illegible]”译为“璎珞”。

担水中已出云如空住菩萨之六波罗蜜赞叹

[illegible]

若人知足天上生时自然是如天女侍奉得及

Or.12380-2874（K.K.）翻译如下：

化出……宝器，一一器中天上诸甘露自然已满，左方肩上负荷无量璎珞，右方肩上负担无量乐器，如云住空已出水中，赞叹菩萨之六波罗蜜，若人生知足天上时，自然得如天女侍奉，及……

比对《大正藏》，可知残经为沮渠京声译《佛说观弥勒菩萨上生兜率天经》的相应内容：

> 手中自然化五百亿宝器，一一器中天诸甘露自然盈满，左肩荷佩无量璎珞，右肩复负无量乐器，如云住空从水而出，赞叹菩萨六波罗蜜，若有往生兜率天上，自然得此天女侍御。[①]

16.Or.12380-2874V（K.K.）残存 1 页 4 行，字数不能确定，上栏线双栏，下栏线无存，刻本经折装，残经上存编号 2874，刊布者将其定名为《金光明最胜王经》，残缺部分依据俄藏西夏文《弥勒上生经》补录，补录后的字数初步确定为每行 18 字，现将西夏文录文并对译如下：

[illegible]

百亿宝珠以合成一一渠中八味水有八色具

[illegible][②][illegible]

足彼水上流梁栋间流四门外方四花化出花

[illegible]

中水出宝花流如一一花上二十四天女住身

① （刘宋）沮渠京声译《佛说观弥勒菩萨上生兜率天经》，《大正藏》第 14 册，第 452 号，第 419 页上栏 25~29。

② 西夏文“[illegible]”译为“水上”，与“[illegible]”（天上）、“[illegible]”（肩上）所用的“上”不同。

[illegible]

色最妙身相庄严诸菩萨如手中自然五百亿

Or.12380-2874V（K.K.）翻译如下：

以百亿宝珠合成，一一渠中有八味水，八色具足，彼水上流动梁栋间，四门外方化出四花，水出花中如宝花流，一一花上住二十四天女，身色最妙如诸菩萨身相庄严，手中自然五百亿……

比对《大正藏》，可以确定残经为沮渠京声译《佛说观弥勒菩萨上生兜率天经》的相应内容：

> 一一渠有五百亿宝珠而用合成，一一渠中有八味水，八色具足，其水上涌游梁栋间。于四门外化生四花，水出华中如宝花流，一一华上有二十四天女，身色微妙如诸菩萨庄严身相，手中自然化五百亿宝器。①

比较 Or.12380-2874（K.K.）和 Or.12380-2874V（K.K.）残经内容，可以确定 Or.12380-2874V（K.K.）在前，Or.12380-2874（K.K.）在后，二者可以缀合，为同一部佛经。再结合 Or.12380-2873（K.K.Ⅱ.0265.Ⅰ）的内容与字体、版式，可以判断它们都属于同一部佛经的残存，它们的顺序为 Or.12380-2873（K.K.Ⅱ.0265.Ⅰ）+ Or.12380-2874V（K.K.）+ Or.12380-2874（K.K.）。

17.Or.12380-3021（K.K.Ⅱ.0259.nnn）残存 1 页 6 行，字数不能确定，上下皆残，栏线无存，刻本，刊布者将其定名为"佛经"，现将西夏文录文并对译如下：

……[illegible]……　　……时合掌敬礼是……

……[illegible]……　　……敬者百亿劫……

---

①（刘宋）沮渠京声译《佛说观弥勒菩萨上生兜率天经》，《大正藏》第 14 册，第 452 号，第 419 页上栏 20~26。

……[illegible]…… ……于龙花菩提……
……[illegible]…… ……无量大众坐……
……[illegible]…… ……佛又及闻……
……[illegible]…… ……得者各自愿发我……

Or.12380-3021（K.K.Ⅱ.0259.nnn）翻译如下：

……时，合掌敬礼，敬是……者，百亿劫……于龙花菩提……无量大众坐……佛又及闻……得者各自发愿起我……

比对《大正藏》，可以确定残经应为沮渠京声译《佛说观弥勒菩萨上生兜率天经》的相应内容：

> ……但闻弥勒名，合掌恭敬，此人除却五十劫生死之罪。若有敬礼弥勒者，除却百亿劫生死之罪，设不生天，未来世中龙花菩提树下亦得值遇，发无上心。说是语时，无量大众即从坐起，顶礼佛足礼弥勒足，绕佛及弥勒菩萨百千匝，未得道者各发誓愿，我等天人八部……①

18.Or.12380-3511（K.K.Ⅱ.0255.d）残存 1 页，上栏线单栏，下栏线无存，刻本，原文献上有编号 3511，残缺严重，刊布者定名为“佛经”。西夏文《弥勒上生经》在俄藏黑水城文献中也有保存，故此残缺部分依据俄藏补录，现将西夏文录文并对译如下：

[illegible] 叉乾达婆等大众一切佛光明见
[illegible]② 云如皆集
[illegible]③ [illegible] 尔时世尊广长舌相出千光明放

① （刘宋）沮渠京声译《佛说观弥勒菩萨上生兜率天经》，《大正藏》第 14 册，第 452 号，第 420 页中栏 21~ 下栏 3。

② 西夏文“[illegible]”译为“皆如云集”，汉文本为“悉皆云集”。

③ 西夏文“[illegible]”译为“广长舌相”，三十二相之一。

[illegible]	一一光明各千色有一一色中无
[illegible][1][illegible]	量化佛有是诸化佛口异声同皆
[illegible]	诸大菩萨清净神广思说可不诸
[illegible]	陀罗尼法说是者阿难陀目佉陀
[illegible]	罗尼空慧陀罗尼碍无性陀罗尼
[illegible]	大解脱相无陀罗尼是也尔时世
[illegible][2][illegible]	尊一声音以百亿陀罗尼门说是
[illegible]	陀罗尼言终尔时集中菩萨一有
[illegible]	名者弥勒佛所言依立即百万亿

Or.12380-3511（K.K.Ⅱ.0255.d）翻译如下：

叉乾达婆等一切大众，见佛光明，皆如云集。尔时，世尊出广长舌相，放千光明，一一光明各有千色，一一色中有无量化佛。是诸化佛口异声同，皆说诸大菩萨清净，神广不可思议诸陀罗尼法。是者阿难陀目佉陀罗尼、空慧陀罗尼、无碍性陀罗尼、大解脱无相陀罗尼是也。尔时，世尊以一声音，说百亿陀罗尼门。言是陀罗尼终。尔时，集中菩萨有一名者弥勒，依佛所言，立即百万亿……

比对《大正藏》，可以确定残经内容与沮渠京声译《佛说观弥勒菩萨上生兜率天经》基本一致，具体内容为：

天龙、夜叉、乾闼婆等一切大众，睹佛光明，悉皆云集。尔时，世尊出广长舌相，放千光明，一一光明各有千色，一一色中有无量化佛。是诸化佛异口同音，皆说清净诸大菩萨甚深不可思议诸陀罗尼法。所谓阿难陀目佉陀罗尼、空慧陀罗尼、无碍性陀罗尼、大解脱无相陀罗尼。尔时，世尊以一音声，说百亿陀罗尼门，说此陀罗尼已。尔时，会中有一菩萨，名曰弥勒，闻佛所说，应时即得

---

① 西夏文“[illegible]”译为“异口同声”“异口同音”。

② 西夏文“[illegible]”译为“声音”，汉文本为“音”。

百万亿……[1]

19.Or.12380-3768（K.K.）残存 2 页 10 行，上半部分残缺，下栏线单栏，刻本经折装，刊布者将其定名为“佛经”，残缺内容依据俄藏西夏文《弥勒上生经》补录，补录后，可知字数为每行 13 字，现将西夏文录文并对译如下：

（右面）

[illegible]	罗伽等是诸大众若弥勒菩萨摩
[illegible]	诃萨之名闻时闻终欢喜恭敬礼
[illegible]	拜是人寿尽指弹停时立即足知
[illegible][2][illegible]	天生得前与不异唯弥勒名闻者
[illegible][3][illegible]	寿尽之后冥暗各地边邪见诸恶

翻译如下：

（前缺）罗伽等，是诸大众，若闻弥勒菩萨摩诃萨之名时，闻终欢喜，恭敬礼拜，是人寿尽，指弹停时，立即得生足知天，与前不异。唯闻弥勒名者，寿尽之后，冥暗各边地、邪见、诸恶……

比对《大正藏》，可以确定残经为沮渠京声译《佛说观弥勒菩萨上生兜率天经》的内容：

> ……伽等是诸大众，若有得闻弥勒菩萨摩诃萨名者，闻已欢喜恭敬礼拜，此人命终如弹指顷即得往生，如前无异；但得闻是弥勒

① 参见（刘宋）沮渠京声译《佛说观弥勒菩萨上生兜率天经》，《大正藏》第 14 册，第 452 号，第 418 页中栏 22~ 下栏 2。

② 西夏文“[illegible]”译为“妙足天”“知足天”“喜足天”“喜乐天”，汉文本为“兜率天”，为欲界六天之第四层天，是佛教中弥勒说法度生之天。

③ 西夏文“[illegible]”译为“冥暗各边地”，汉文本为“黑暗处、边地”。

名者，命终亦不堕黑暗处、边地、邪见诸恶……[①]

（左面）

[illegible]	花摩诃曼陀罗花持彼上所散颂
[illegible][②]	言善哉善哉善男子汝阎浮提中
[illegible]	福业广修缘是处生来令此者足
[illegible]	知天也今是天主名者弥勒汝依
[illegible]	归应闻随敬礼礼毕一心以眉间

翻译如下：

持……花、摩诃曼陀罗花，所散彼上，颂言：善哉，善哉！善男子，汝阎浮提中缘广修福业，令生来是处。此者知足天也。今是天主名者弥勒，应汝归依，随闻敬礼，礼毕，以一心眉间……

比对《大正藏》，可以确定残经为沮渠京声译《佛说观弥勒菩萨上生兜率天经》的相应内容：

持天曼陀罗花、摩诃曼陀罗华，以散其上，赞言：善哉！善哉！善男子！汝于阎浮提广修福业，来生此处，此处名兜率陀天，今此天主名曰弥勒，汝当归依。应声即礼，礼已。谛观眉间白毫相光。[③]

---

① （刘宋）沮渠京声译《佛说观弥勒菩萨上生兜率天经》，《大正藏》第 14 册，第 452 号，第 420 页中栏 1~5。实际上，俄藏黑水城汉文《观弥勒菩萨上生兜率天经》（TK60）中的相应内容为："……伽等，是诸大众，若有得闻弥勒菩萨摩诃萨名者，闻已欢喜，恭敬礼拜。此人命终，如弹指顷刻，即得往生如前无异，但得闻是弥勒名者，命终亦不坠黑暗处、边地、邪见诸恶……"

② 西夏文"[illegible]"译为"阎浮提"，其中"[illegible]"音为"thji"，此处出现"t"与"d"发音的不同。

③ （刘宋）沮渠京声译《佛说观弥勒菩萨上生兜率天经》，《大正藏》第 14 册，第 452 号，第 420 页中栏 3~5。实际上，俄藏黑水城汉文《观弥勒菩萨上生兜率天经》（TK60）中的相应内容为："……持天曼陀罗花、摩诃曼陀罗花，以散其上，赞言：善哉，善哉！善男子，汝于阎浮提广修福业，来生此处。此处名兜率陀天。今此天主名曰'弥勒'。汝当归依，应声即礼。礼已，谛观眉间白毫相光……"

比较 Or.12380-3768（K.K.）残经左右面内容，可以确定其左面内容在前，右面的内容在后。

20.Or.12380-3768V（K.K.）残存 2 页 10 行，上半部分残缺，下栏线单栏，刻本经折装，刊布者将其定名为“佛经”，现将西夏文录文并对译如下：

（右面）

……[illegible]	……供养
……[illegible]□	……向弥勒□
……[illegible]□□	……相光放□□
……[illegible]□	……是人之世来□
……[illegible]□□	……上生得弥勒□□

翻译如下：

……供养……向弥勒□……放……相光□□……是人之世来□……上得生弥勒□□……

（左面）

……[illegible]	……说若善男子善女人
……[illegible]□	……业为是菩萨□
……[illegible]□□	……人诚忏悔彼□□
……[illegible]□[illegible]	……来□于诸众生
……[illegible]	……身相（像）为造

翻译如下：

……说：若善男子、善女人，为……业，是菩萨□……人诚忏悔，彼□□……于……来□诸众生……为造身像（后缺）

比对《大正藏》，可以确定残经为沮渠京声译《佛说观弥勒菩萨上生兜率天经》的相应内容，但 Or.12380-3768V（K.K.）右面内容在后，左面内容在前，调整顺序后内容为：

> 佛告优波离："若善男子、善女人，犯诸禁戒造众恶业，闻是菩萨大悲名字，五体投地诚心忏悔，是诸恶业速得清净。未来世中诸众生等，闻是菩萨大悲名称，造立形像，香花衣服缯盖幢幡礼拜系念，此人命欲终时，弥勒菩萨放眉间白毫大人相光，与诸天子雨曼陀罗花，来迎此人。此人须臾即得往生，值遇弥勒……"①

从 Or.12380-3768（K.K.）、Or.12380-3768V（K.K.）字迹、内容等判断，它们为同部残经，其顺序为 Or.12380-3768（K.K.）左面 +Or.12380-3768（K.K.）右面 + Or.12380-3768V（K.K.）左面 +Or.12380-3768V（K.K.）右面。

上述西夏文佛经刊布者或定名为"佛经"，或定名为《金光明最胜王经》，实际上皆为《佛说观弥勒菩萨上生兜率天经》。《佛说观弥勒菩萨上生兜率天经》是主要描述弥勒从人间上生兜率天的经典。与《弥勒下生经》同为弘传弥勒信仰的重要经典。除了英藏黑水城西夏文《佛说观弥勒菩萨上生兜率天经》外，俄藏黑水城文献中也保存有丰富的《佛说观弥勒菩萨上生兜率天经》，其中黑水城出土文献中有很多是弥勒信仰佛典，俄藏汉文本是刘宋沮渠京声译本，《观弥勒菩萨上生兜率天经》有四种版本，皆为刻本经折装，甲种本为 TK58、59，乙种本为 TK86、87，丙种本为 TK60，丁种本为 TK81、82、83、84、85。

藏品中还有线订册页装《弥勒上生经讲经文》（写本，TK267）和《赞佛称赞慈尊》（写本，A8）等，《赞佛称赞慈尊》的正文有七部分，即弥勒真言、寅朝礼、五方礼、三皈依、尊天乐、四菩萨和大献乐启请并真言。

俄藏黑水城西夏文文献中《观弥勒菩萨足知皇上生观经》（第 149~158 号，西夏特藏第 320 号）译自汉文，见《大正藏》第 452 号，

---

① （刘宋）沮渠京声译《佛说观弥勒菩萨上生兜率天经》，《大正藏》第 14 册，第 452 号，第 420 页中栏 6~13。

即《佛说观弥勒菩萨上生兜率天经》、西田龙雄《西夏文佛经目录》第6号、格林斯坦德《西夏文大藏经》第2025~2032页。仁孝皇帝执政末期大量印行此经，1189年十月仁孝皇帝为纪念父母举行大法会，将此经西夏文文本散施10万卷。在西夏藏品中只见《弥勒上生天经》，而没有《弥勒下生天经》。西夏文《佛说观弥勒菩萨上生兜率天经》在秉常皇帝时期被翻译成西夏文，仁孝皇帝（奉天显道耀武宣文神谋睿智制义去邪惇睦懿恭皇帝嵬名）御校勘。

四 《佛说无常经》

继科兹洛夫之后，1914 年斯坦因率领的英国探险队再次对黑水城进行考古发掘，所获珍贵西夏文献现藏英国国家图书馆东方写本与印本部。英藏、俄藏黑水城文献的刊布为我们更好地了解其真正内容提供了便利。在俄藏黑水城汉文佛经和英藏西夏文佛经中都存有《佛说无常经》的残本。下面对英国国家图书馆藏 Or.12380-3700aRV（K.K.Ⅱ.0258.m）、Or.12380-3700b（K.K.Ⅱ.0258.m）和 Or.12380-3700bV（K.K.Ⅱ.0258.m）等号西夏文残经进行释读研究和重新缀合，然后把俄藏汉文、英藏西夏文《佛说无常经》与敦煌藏经洞出土的《佛说无常经》做比较研究。

Or.12380-3700aRV（K.K.Ⅱ.0258.m）、Or.12380-3700b（K.K.Ⅱ.0258.m）和 Or.12380-3700bV（K.K.Ⅱ.0258.m）三个编号的残经刊布在《英藏黑水城文献》（第 4 册），其他编号刊布在第 5 册，刊布者把它们仅定名为“佛经”，对残经的形制、尺寸和保存状况等都未做介绍。[①] 但从刊布照片判定，这组西夏文残经为刻本蝴蝶装，首尾皆残，四边皆有栏线，左右外边双栏，其余单栏。这三个编号的残经上半部分残缺，仅存下半部分。我们首先对这三个编号的残经分别进行录文释读，然后根据其内容对残经进行重新缀合。

1.Or.12380-3700aRV（K.K.Ⅱ.0258.m）存左右两个残页，刻本，蝴蝶装，上半部分残缺，只有下半部分，下栏线单栏，上栏线无存，左右

① 上海古籍出版社、英国国家图书馆、西北第二民族学院编纂《英藏黑水城文献》（第 4 册），上海古籍出版社，2005，第 360~361 页。

外栏线双栏，粗线，左右中间栏线单栏，细线，刊布者定名为“佛经”，右面残页版心处有一个“[illegible]”（五），左面残页有一个“[illegible]”（四），现将西夏文录文并对译如下：

（右面）

……[illegible]	……是三事因故如来依
……□[illegible]	……□中出现诸众生之
……[illegible]	……降（调）伏事说尔时世
……[illegible]	……说
□□□□□□□□	[illegible][1][illegible]
□□□□□□□□	内身变化亦是如
□□□□□□□[illegible]	[illegible]
□□□□□□□无	诸智有人观察应

翻译如下：

……是因三事故，如来依□□□，出现□□□诸众生，□□□□□调伏事。尔时世□□□□说：

□□□□□□□，内身变化亦如是；

□□□□□□□不，诸有智人应观察。

（左面）

……[illegible][2][illegible]	……实光润不实念可
……□[illegible]	……□若老病死世中
……[illegible]	……理正等觉世间不
……□[illegible]	……□正法及又降（调）服
……[illegible]	……是老病死诸世界

---

① 义净译《佛说无常经》用“衰变”，西夏文残经用“[illegible]”（变化），二者用词在表示“身体变化”程度上存在一定差异。

② 义净译《佛说无常经》用“光泽”，西夏文残经用“[illegible]”（光润）。

……[illegible]　　　　……不光润不念可不

翻译如下：

……实不光润，实不可念，□□□□，若老病死世间，□□□□，如来应正等觉，不出于世，应□□□□□法及调伏□，□□□□，此老病死，于诸世间，□□□□，是不光润，是不可念，不□□……

2.Or.12380-3700b（K.K.Ⅱ.0258.m）亦存左右两个残页，上半部分残缺，仅存下半部分，两个残页中间似有字存在，但已无法判断。现将西夏文录文并对译如下：

（右面）

……[illegible]　　　　……多林给孤独园林

……[illegible]　　　　……苾刍所说三种法

……[illegible]　　　　……爱可不光润不念

……[illegible]　　　　……三者何云老病死

……[illegible]　　　　……此老病死诸世界

翻译如下：

……多林给孤独园林，□□所说□苾刍，□三种法，□□□□，□□可爱，不光润，不念，□□□，何者三，云老病死，□□□□，此老病死，□诸世界。

（左面）

□□□□□　[illegible]　　　　□□□□□　是亦皆竭枯

□□□□□　[illegible]　　　　□□□□□　时至皆灭尽

□□□□□　[illegible]　　　　□□□□□　无常无被不

□□□□□　[illegible]　　　　□□□□□　下轮王于至

□□□□□　[illegible]　　　　□□□□□　千子皆围绕

□□□□□　[illegible]　　　　□□□□□　暂时停处无

翻译如下：

□□□□□，亦复皆枯竭；□□□□□，时至皆灭尽。

□□□□□，不被无常吞；□□□□□，下至于轮王。

□□□□□，千子皆围绕；□□□□□，暂时无停处。

可以确定残经左右两面虽定为一个编号，但其内容并不能缀合在一起，应为两个不同的残经，待下面残经释读完后，再重新缀合。

3.Or.12380-3700bV（K.K.II.0258.m）也存两个残页，同样仅存下半部分，左右残页之间有一个“[illegible]”（三）。现将西夏文录文并对译如下：

（右面）

□□□□□ [illegible] □□□□□ 缘依众苦受

□□□□□ [illegible] □□□□□ 水汲用轮如

□□□□□ [illegible]① □□□□□ 各自绕与同

□□□□□ [illegible] □□□□□ 独觉声闻亦

□□□□□ [illegible]② □□□□□ 民愚此依明

□□□□□ [illegible] □□□□□ 兄弟亲属等

（左面）

□□□□□ [illegible] □□□□□ 何云不思想

□□□□□ [illegible] □□□□□ 实真法谛听

□□□□□ [illegible] □□□□□ 不死门行应

□□□□□ [illegible] □□□□□ 热除清凉得

□□□□□ [illegible] □□□□□ 诸烦恼断应

① 义净译《佛说无常经》用“吐丝还自缠”，而西夏文用“[illegible]”（各自绕与同），没有“吐丝”一词，但也表现出“蚕吐丝做茧”的意思。

② 义净译《佛说无常经》用“何况于凡夫”，而西夏文则用“[illegible]”（民愚此依明），“尚舍无常身，愚民依此明”能更加体现出西夏人认识到世间一切皆无常，由此而产生的明悟。

□□□□□　[illegible]

□□□□□　时薄伽梵[1]室利佛[2]

翻译如下：

□□□□□，依缘受众苦；□□□□□，汲水如用轮。

□□□□□，与同各自绕；□□□□□，独觉亦声闻。

□□□□□，愚民依此明；□□□□□，兄弟亲属等。

□□□□□，何云不思想；□□□□□，谛听实真法。

□□□□□，应行不死门；□□□□□，除热得清凉。

□□□□□，应断诸烦恼。

□□□□，□时薄伽梵，在室利佛……

4.Or.12380-3745（K.K.）存一个残页，共6行，刻本蝴蝶装，上栏线单栏，下栏线无存，右面栏线单栏，细线，左面栏线粗线，现将西夏文录文并对译如下：

[illegible]　□□□□□　　大海深底无　□□□□□

[illegible]　□□□□□　　大地及日月　□□□□□

[illegible]　□□□□□　　彼中而种几　□□□□□

[illegible]　□□□□□　　上思无处起　□□□□□

[illegible]　□□□□□　　七宝常及随　□□□□□

[illegible][3][illegible]　□□□□□　　彼而寿尽时　□□□□□

翻译如下：

大海深无底，□□□□□，

大地及日月，□□□□□，

彼中而几种，□□□□□。

---

① 薄伽梵，是梵语音译，指佛，中文称为世尊。

② 室利佛指室罗伐城、罗伐悉底城，即舍卫城。

③ 西夏文“[illegible]”（二）可能有误，抄写者可能采用了“二”的发音，怀疑其只是发音“而”。

上起无思处，□□□□□，
七宝及常随，□□□□□，
彼而寿尽时，□□□□□。

前文对 Or.12380-3700b（K.K.Ⅱ.0258.m）进行了翻译，Or. 12380-3700b（K.K.Ⅱ.0258.m）左面仅存下半部分，上半部分残缺，Or.12380-3745（K.K.）仅存上半部分，下半部分残缺，比对二者，Or.12380-3745（K.K.）与 Or.12380-3700b（K.K.Ⅱ.0258.m）左面可以相接，拼接后相应内容为：

[illegible] [illegible]　　大海深底无　是亦皆竭枯
[illegible] [illegible]　　大地及日月　时至皆灭尽
[illegible] [illegible]　　彼中而种几　无常无被不
[illegible] [illegible]　　上思无处起　下轮王于至
[illegible] [illegible]　　七宝常及随　千子皆围绕
[illegible] [illegible]　　彼而寿尽时　暂时停处无

Or.12380-3745（K.K.）与 Or.12380-3700b（K.K.Ⅱ.0258.m）左面拼接后相应内容可见义净译《佛说无常经》：

大海深无底，亦复皆枯竭，
大地及日月，时至皆归尽，
未曾有一事，不被无常吞。
上至非想处，下至转轮王，
七宝镇随身，千子常围绕，
如其寿命尽，须臾不暂停。[1]

① （唐）义净译《佛说无常经》，《大正藏》第 17 册，第 801 号，第 745 页中栏 27~下栏 3。

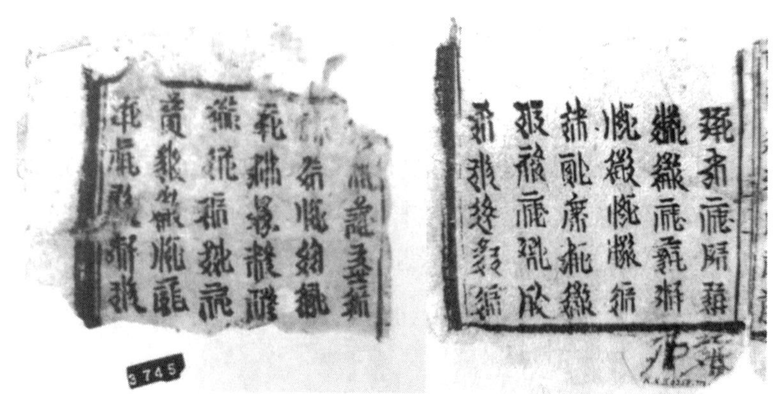

图 5　Or.12380-3745（K.K.）+Or.12380-3700b（K.K.Ⅱ.0258.m）左面

5.Or.12380-3745V（K.K.）存一个残页，共 6 行，刻本蝴蝶装，上栏线单栏，下栏线无存，右面栏线单栏，粗线，左面栏线细线，现将西夏文录文并对译如下：

[illegible]……	心所非也是……
[illegible]……	应正等觉世……
[illegible]……	证应法以及……
[illegible]……	尊重言说……
[illegible]……	庄严皆坏……
[illegible]……	法灭……

Or.12380-3745V（K.K.）残页内容与 Or.12380-3700aRV（K.K. Ⅱ.0258.m）右面正好相接，拼接后内容如下，其中黑体西夏字为 Or. 12380-3700aRV（K.K.Ⅱ.0258.m）残经（右面）的相应内容：

[illegible]

心所非也是三事因故如来依

[illegible]

应正等觉世中出现诸众生之

[illegible]
证应法以及降（调）伏事说尔时世
[illegible]
尊重言所说
[illegible]
□□庄严皆坏□　内身变化亦是如
[illegible]
□□□法灭□无　诸智有人观察应

Or.12380-3745V（K.K.）和 Or.12380-3700aRV（K.K.Ⅱ.0258.m）残经（右面）拼合后翻译如下：

所非心也。因依是三事，故如来、应、正等觉出现世中，以诸众生之应证法及降（调）伏事。尔时世尊重所说言："□□庄严皆□坏，内身变化亦如是；□□□法无灭□，诸有智人应观察。"

义净所译《佛说无常经》的相应内容如下：

是不称意。由此三事，如来、应、正等觉出现于世，为诸众生说所证法及调伏事。尔时，世尊重说颂曰："外事庄彩咸归坏，内身衰变亦同然；唯有胜法不灭亡，诸有智人应善察。"①

Or.12380-3700aRV（K.K.Ⅱ.0258.m）右面残页版心处有一个"[illegible]"（五），左面残页有一个"[illegible]"（四），而 Or.12380-3745V（K.K.）也有西夏字，不是很清楚，估计为"[illegible]"（五）"[illegible]"（三）半边。

① （唐）义净译《佛说无常经》，《大正藏》第 17 册，第 801 号，第 745 页下栏 23~28。

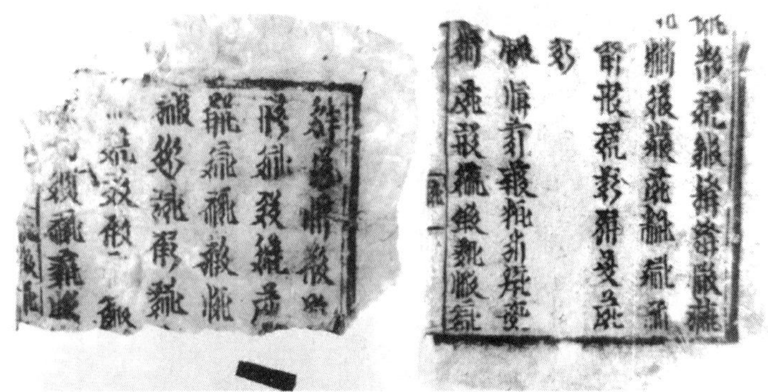

图 6　Or.12380-3745V（K.K.）+Or.12380-3700aRV（K.K.Ⅱ.0258.m）右面拼接

目前在黑水城文献中发现五个编号的西夏文《佛说无常经》，其中 Or.12380-3700aRV（K.K.Ⅱ.0258.m）、Or.12380-3700b（K.K.Ⅱ.0258.m）和 Or.12380-3700bV（K.K.Ⅱ.0258.m）三个编号的残经刊布在《英藏黑水城文献》（第 4 册），而 Or.12380-3745（K.K.）、Or.12380-3745V（K.K.）刊布在《英藏黑水城文献》（第 5 册）中。《英藏黑水城文献》（第 4 册）刊布的三个编号的残页仅存下半部分，而《英藏黑水城文献》（第 5 册）刊布的两个编号仅存上半部分，比对分析这些残经，可以确定它们属于同一版本。通过对解读内容的分析比对，我们把上述残经翻译的内容与义净汉译本《佛说无常经》的内容进行比勘，重新对西夏文残经进行缀合，Or.12380-3745（K.K.）与 Or.12380-3700b（K.K.Ⅱ.0258.m）左面上下拼合，Or.12380-3745V（K.K.）和 Or.12380-3700aRV（K.K.Ⅱ.0258.m）残经右面上下拼合。全部残页的顺序应是 Or.12380-3745（K.K.）+Or.12380-3700b（K.K.Ⅱ.0258.m）左面 +Or.12380-3700bV（K.K.Ⅱ.0258.m）右面 + Or.12380-3700bV（K.K.Ⅱ.0258.m）左面 +Or.12380-3700b（K.K.Ⅱ.0258.m）右面 + Or.12380-3700aRV（K.K.Ⅱ.0258.m）左面 +Or.12380-3700V（K.K.）+ Or.12380-3700aRV（K.K.Ⅱ.0258.m）右面，五个编号的残页可以缀合，但依然缺少四个残页上半部分的内容。

缀合后残经内容如下：

大海深无底，亦复皆枯竭；大地及日月，时至皆灭尽。

未曾有一事，不被无常吞；上至非想处，下至于轮王。

七宝镇随身，千子皆围绕；如其寿命尽，暂时无停处。

□□□□□，依缘受众苦；□□□□□，汲水如用轮。

□□□□□，同与各自绕；□□□□□，亦独觉声闻。

□□□□□，民愚依此明；□□□□□，兄弟亲属等。

□□□□□，云何不思想；□□□□□，谛听实真法。

□□□□□，应行不死门；□□□□□，除热得清凉。

□□□□□，应断诸烦恼。

如是我闻，一时薄伽梵，在室利佛□多林给孤独园林，□□□说□苾刍，□三种法，□□□□，□□可爱，不光润，不念，□□□，何者三，云老病死，□□□□，此老病死，□诸世界。……实不光润，实不念，□□□□，若老病死，□□□□，如来应正等觉，不出于世，应□□□□□法及调伏□，□□□□，此老病死，于诸世间，□□□□，是不光润，是不可念，所非心也。因依是三事，故如来、应、正等觉出现世中，以诸众生之应证法及降（调）伏事。尔时世尊重所说言："□□庄严皆□坏，内身变化亦如是；□□□法无灭□，诸有智人应观察。"

义净译《佛说无常经》相应的内容是：

大海深无底，亦复皆枯竭；大地及日月，时至皆归尽。

未曾有一事，不被无常吞；上至非想处，下至转轮王。

七宝镇随身，千子常围绕；如其寿命尽，须臾不暂停。

还漂死海中，随缘受众苦；循环三界内，犹如汲井轮。

亦如蚕作茧，吐丝还自缠；无上诸世尊，独觉声闻众。

尚舍无常身，何况于凡夫；父母及妻子，兄弟并眷属。

目观生死隔，云何不愁叹；是故劝诸人，谛听真实法。

共舍无常处，当行不死门；佛法如甘露，除热得清凉。

一心应善听，能灭诸烦恼。

如是我闻，一时薄伽梵在室罗伐城逝多林给孤独园①。尔时，佛告诸苾刍，有三种法，于诸世间，是不可爱，是不光泽，是不可念，是不称意。何者为三，谓老病死。汝诸苾刍，此老病死，于诸世间，实不可爱，实不光泽，实不可念，实不称意。若老病死，世间无者，如来应正等觉，不出于世，为诸众生说所证法及调伏事，是故应知。此老病死，于诸世间，是不可爱，是不光泽，是不可念，是不称意。由此三事，如来应正等觉，出现于世为诸众生，说所证法及调伏事。尔时，世尊，重说颂曰：

外事庄彩咸归坏，内身衰变亦同然；唯有胜法不灭亡，诸有智人应善察……②

从《英藏黑水城文献》刊布图版看，Or.12380-3700bV（K.K.Ⅱ.0258.m）残经版心有西夏字“𗕘”（三）。Or.12380-3700aRV（K.K.Ⅱ.0258.m）的右面版心有西夏字“𗏵”（五），左面版心有西夏字“𗏁”（四）。而Or.12380-3745V（K.K.）也有西夏字，不是很清楚，估计为“𗏵”（五）“𗕘”（三）半边。因刊布者将Or.12380-3700b（K.K.Ⅱ.0258.m）左右两个残页紧挨着拼在一起，无法判断其版心具体数字。把版心中这几个西夏文数字与残经内容结合起来分析，我们发现，这些西夏文数字是在告诉我们残经排列顺序，相当于现在书籍的页码。

这种情况在俄藏黑水城西夏文佛教文献中非常多见，类似的页码或用汉字标注，或用西夏文数字标注，或用汉字和西夏文数字混合方式进行标注。克恰诺夫在《俄藏黑水城西夏文佛经叙录》的绪论中提

---

① “逝多林给孤独园”，又称“祇树给孤独园”，简称“祇洹精舍”或“祇园精舍”。这是佛陀在舍卫城中说法的所在地。关于给孤独园之创建由来，据北本《大般涅槃经》卷29和《五分律》卷25所载，舍卫城须达长者凤怜孤独，好行布施，人誉为给孤独长者，彼皈依佛陀后，欲觅一地为佛陀建筑精舍，见祇陀太子之花园颇为清净闲旷，乃欲购之，然为太子所拒。太子为令长者却步，遂以黄金铺满花园为出售条件，须达长者乃以象驮黄金铺地。太子为其诚心所感，遂将园中所有林木奉施佛陀，故以二人名字命名为祇树给孤独园。它与王舍城之竹林精舍并称为佛教最早之两大精舍。参见慈怡法师主编《佛光大辞典》，佛光出版社，1999，第5194页。

② （唐）义净译《佛说无常经》，《大正藏》第17册，第801号，第745页下栏15~25。

到:“我们发现了一个以前没有注意到的新特点，即卷轴装和经折装佛经在抄写、刊印的过程当中是标有页码及其他标号的。通常在页面边角处标有（手写或是刊印）经文名称的缩写及该页经文在整篇文章中的顺序页码。这些记号并不显眼，它属于辅助性的装帧标记。等佛经装帧完毕后，因为书页装订而相互粘合在一起，所以这些标记也就‘消失’不见了。但是，当装帧的佛经散开时，就又会发现这些标记。这对于我们鉴定现存的残片具有很重要的意义。……在小册子和蝴蝶装佛经中，往往一个页面分成左右两面，所以会出现某页右面（a 面）或左面（b 面）的说法。对这类经书的页码，应理解为现代意义上的页码。如果原件上标有页码，那它应该在页面中间的空白处（白口处），连接一个整页面的右左两面，页面应从右往左翻。计算经文数量时，每一面的左右面都应算作单独的一页。按照惯例，小册子和蝴蝶装经书，也是仅一面刊印和书写经文，反面一般不刊印和书写经文。”[①]

从克恰诺夫所描述的俄藏蝴蝶装残经页码看，一个页码数字表示左右两面。但英藏 Or.12380-3700aRV（K.K.Ⅱ.0258.m）左右两残页分别用数字𗍫、𗏁（四、五），与克恰诺夫的描述并不完全一致。Or.12380-3700bV（K.K.Ⅱ.0258.m）版心处有“𗕘”（三），但“三”字靠向左页这面。是右面还有一个数字，还是两个残页间用一个数字表示呢？总体考虑这三个残经版式和顺序，可以初步判定，一整页残经的左右面如克恰诺夫的描述，是由一个数字表示。我们见到的西夏文残经是蝴蝶装散开的情况，佛经散开后又看到其当时装帧时的标注，即英藏西夏文残经 Or.12380-3700b（K.K.Ⅱ.0258.m）左面与右面应是一个整页，用一个数字，可以推断是“二”。Or.12380-3700bV（K.K.Ⅱ.0258.m）右面与其左面是一个整页，用“三”表示左右页。Or.12380-3700b（K.K.Ⅱ.0258.m）右面与 Or.12380-3700aRV（K.K.Ⅱ.0258.m）左面是一个整页，用“四”表示。Or.12380-3700aRV（K.K.Ⅱ.0258.m）右面与残缺的左面合

① 汉文参见崔红芬译《俄藏黑水城西夏文佛经文献叙录 · 绪论》,《西夏研究》2011 年第 4 期，第 27 页。又见〔俄〕克恰诺夫编著《俄藏黑水城西夏文佛经叙录》，崔红芬、文志勇译，甘肃文化出版社，2021，第 15 页。

成一个整页，用“五”表示左右两面。

总之,《佛说无常经》之“无常”思想在我国广为流传，在义净之前有关无常思想的经典已经传译开来，迨义净译出《佛说无常经》以后，其流传更广，不仅在中原流行，还传播到藏地和西夏，以及国外。西夏人还将其翻译成西夏文，在黑水城和敦煌藏品中保存有多文本、多版式的《佛说无常经》。对黑水城藏品中《佛说无常经》的考证，不仅在研究文献装帧和版本等方面具有一定价值，而且在当下社会，“无常”思想仍然具有现实意义，在物欲横流、道德缺失的社会，我们提倡无常道理，它可以帮助人们调整心态，以平常心看待财色权，克制自身的欲望，多做对社会有益的事情，善待自己，善待亲人。

五 《正法念处经》

《正法念处经》是元魏婆罗门瞿昙般若流支所译，共70卷，属于小乘经典，但也有大乘佛经的趣旨。此经内容涉及地狱、饿鬼、畜生、天界等，宣说了三界六道的因果，也体现了人们对于净土的向往。如《正法念处经》叙文讲道：

> 爰有舍城妙说时将感通，法螺良药响授斯在。从善业之本，极身念之际，标品有七、明义者五，至如违俗绝世，托想菩提，眷彼天人，深嗟鬼畜，鉴兹因果，冥心是缘，笃诚修行，又悟前旨，载怀依仰，形殊理一，大觉下临，昭然独晓，四摄六通，网罗群智，赞扬妙德，事属斯文。直以风殊俗外，词翰乖绝，倾耳注目，隔若山河，将恐灵教有亏，玄旨多坠。有婆罗门人瞿昙流支、比丘昙林、僧昉等，并钩深索隐，言通理接，延居第馆，四事无违，乃译明兹典，名“正法念处”。起自兴和岁阳玄默，终于武定渊献之季，条流积广，合七十卷。微言不昧，弘之在我，大崇觉典，克宣灵迹。此乃济四部于法桥，刷六尘于定水，心般业重，无德而言。虽龙树不追、马鸣日远，申法尊道，夫岂异昔？所以缁素击节，雅俗倾首，义有存焉，永法三界云尔。[①]

瞿昙流支、比丘昙林、僧昉等参与此经的翻译，翻译地点记载不

① （元魏）般若流支译《正法念处经》叙，《大正藏》第17册，第721号，第1页中栏1~17。

同，《历代三宝纪》记载："《正法念处经》七十卷，兴和元年（539），于邺城大丞相高澄第译，昙林、僧昉等笔受。"[①]《大唐内典录》载"《正法念处经》七十卷（兴和元年邺城大丞相高澄弟译，昙林、僧昉等笔受）"。[②]《正法念处经》七十卷，一千一百九十九纸，元魏菩提流支于洛都译。此经在南北朝被翻译成汉文，逐渐入藏流通。《正法念处经》也传入西夏，被翻译成西夏文，在黑水城文献中得以保存下来，其中英藏黑水城文献如下。

1.Or.12380-1335（K.K.）残存1页1行，为经题，写本，刊布者将其定名为"《正法念处经》第十卷题签"，现将西夏文录文并对译如下：

□[illegible]　　□法念处经典卷十第

比对《大正藏》，可以确定残经为《正法念处经》的题名。

2.Or.12380-1881b（K.K.）残存2页11行，栏线无存，刻本，刊布者将其定名为"佛经"，残缺严重，现将西夏文录文并对译如下：

（右面）

……[illegible]……

……彼于……

……[illegible]□[illegible]……

……拔及重拔是如□重拔……

……[illegible]□[illegible]……

……触身□令彼处多金刚嘴蜜蜂住……

……[illegible]……

……摩（魔）罗人彼咸血取灰……

……[illegible]……

---

① （隋）费长房：《历代三宝纪》卷9，《大正藏》第49册，第2034号，第86页下栏15~16。

② （唐）道宣：《大唐内典录》卷4，《大正藏》第55册，第2149号，第269页下栏23。

……倍渴身……

翻译如下：

于……彼……拔及重拔，如是□重拔……令……触身□。彼处多金刚嘴蜜蜂，住……摩（魔）罗人取彼咸血灰……倍渴……身……

Or.12380-1881b（K.K.）右面残缺严重，比对《大正藏》，可以确定残经是般若流支译《正法念处经》第十一卷“地狱品之七”的相应内容，汉文本为：

> 彼一切苦此中具受。五倍更重，复有胜者，所谓：彼处阎魔罗人以极细钳稍拔其肉，如毛根许，拔已复拔，如是连拔，置其口中，驱令自食。彼处多有金刚嘴蜂，触罪人身有热血出，味咸如盐，阎魔罗人取彼咸血置罪人口，驱令食之，彼既食已，十倍饥渴，烧其身心。[①]

（左面）

……[illegible]……	……一切皆所受然常……
……[illegible]……	……中剑行利人剑行……
……[illegible][②][illegible]□[illegible]……	……时剑利挂□身独……
……[illegible]……	……各行及彼道半人一……
……[illegible]□[illegible]……	……挂者彼人见及□心……
……[illegible]……	……等者无兵……

Or.12380-1881b（K.K.）左面残缺严重，比对《大正藏》，可以确定残经是般若流支译《正法念处经》第十一卷“地狱品之七”的相应内

① （元魏）般若流支译《正法念处经》卷11，《大正藏》第17册，第721号，第61页下栏24~62页上栏1。

② 西夏文“[illegible]”译为“利剑”，汉文本为“利刀”。

容，汉文本为：

彼一切苦此中具受。复有胜者：阎魔罗人取地狱人，以严利刀削其身肉，皆悉令尽，唯有骨在。见本怨家执诸骨人，以此打彼，以彼打此。以恶业故，骨为金刚，有头破者、身中破者，或有罪人一切身分皆悉破者，有作孔者，有骨干者，或有罪人失身分者，复有以骨更互打者，有以焰石而打之者。①

比较 Or.12380-1881b（K.K.）左右面的内容，可以确定右面内容在后，左面内容在前，二者不能缀合。

3.Or.12380-1882a（K.K.）残存 2 页 8 行，栏线无存，刻本，刊布者将其定名为“佛经”，残缺严重，将西夏文录文并对译如下：

（右面）

……[illegible]……

……业所来是亦忍……

……[illegible]……

……和五蕴故（因）合掌（手）受者 ……

……[illegible]……

……今……

（左面）

……[illegible]…… ……有彼及别处……

……[illegible]…… ……中十第别住处也……

……[illegible]…… ……彼若人生杀……

……[illegible]…… ……见行喜余为业……

① （元魏）般若流支译《正法念处经》卷 11，《大正藏》第 17 册，第 721 号，第 60 页中栏 21~27。

……[illegible]…… ……善比 ……

Or.12380-1882a（K.K.）残经残缺严重，比对《大正藏》，可以确定残经为般若流支译《正法念处经》第十二卷“地狱品之八”的相应内容，汉文本为：

又彼比丘知业果报，观大焦热之大地狱，复有何处？彼见闻知：复有异处名苦鬘处，是彼地狱第十别处。众生何业生于彼处？彼见有人杀生、偷盗、邪行、饮酒、妄语、邪见，乐行多作，业及果报如前所说。复有恶淫，有善比丘持戒正行……[1]

4.Or.12380-1882b（K.K.）残存 2 页 7 行，刻本，上栏线双栏，下栏线无存，刊布者将其定名为“佛经”，残缺严重，现将西夏文录文并对译如下：

（左面）

……[illegible]…… ……贪 ……

……[illegible]…… ……若断缚 ……

……[illegible]…… ……愚痴自心坏 ……

……[illegible]…… ……方畜生中堕 ……

……[illegible]…… ……应不为作 ……

（右面）

……[illegible]…… ……如我 ……

……[illegible]…… ……有二种 ……

① （元魏）般若流支译《正法念处经》卷 12，《大正藏》第 17 册，第 721 号，第 70 页下栏 25~28。

Or.12380-1882a（K.K.）残经残缺严重，比对《大正藏》，可以确定残经为般若流支译《正法念处经》第十八卷“畜生品第五之一”的相应内容，因西夏文残缺严重，将汉文本列于下面，西夏文残存内容用黑体表示：

若行**贪**嫉者，堕饿鬼畜生；互共相残害，或**打缚**系闭。
则受饿畜生，故应舍愚痴；**愚痴自坏心**，远离于戒施。
为爱所诳惑，**则堕畜生中**；不识行邪正，食所不应食。
应作而不作，不解法非法……
……有**二种龙王**。[①]

5.Or.12380-1887b（K.K.）残存2页9行，左右页内容不同，在此仅录右面3行，字数无法确定，上栏线无存，下栏线双栏，刻本，刊布者将其定名为“佛经”，现将西夏文录文并对译如下：

（右面）

……[illegible]	……彼身焰燃
……[illegible]	……地狱中是（此）
……[illegible]	……悉皆

释读Or.12380-1887b（K.K.）残经，比对《大正藏》，可以确定残经为般若流支译《正法念处经》第十四卷“地狱品之十”的相应内容，西夏文残存内容以黑体表示：

焰火普燃，**彼身焰燃**，十由旬量，有十一苦，顶苦最重，**诸地**

① （元魏）般若流支译《正法念处经》卷18，《大正藏》第17册，第721号，第105页上栏22~中栏6。

狱中，此苦最胜，彼处复有火相似山，彼山一切炎火普燃。[①]

Or.12380-1887b（K.K.）左面的字迹与右面不同，初步确定其为《发菩提心经论》的相应内容，故此左面放在《发菩提心经论》部分释读。

① （元魏）般若流支译《正法念处经》卷14，《大正藏》第17册，第721号，第84页上栏7~8。

六 《佛为海龙王说法印经》

义净是唐代著名高僧，中国古代四大译经僧之一，也是继法显、玄奘之后又一位西行求法的僧人。《宋高僧传》载："年十有五便萌其志，欲游西域，仰法显之雅操，慕玄奘之高风，加以勤无弃时，手不释卷，弱冠登具，愈坚贞志，咸亨二年，年三十有七，方遂发足。"[①]咸亨二年（671）冬天，义净和善行在广州搭乘波斯商船向南方出发，载初元年（689）回到广府住制旨寺（后称光孝寺）。永昌元年（689）他再度从广州搭乘商船赴室利佛逝翻译佛经，在室利佛逝停留4年之久，武周长寿二年（693）义净法师再次回到广州，证圣元年（695）抵达洛阳，并开始了在两京的译经弘法活动。义净法师游历天竺求法，回到大唐后主要进行著述、译经和授徒活动，遍翻三藏，专攻律典，翻译经律、仪轨等60多部300多卷，还撰写了《大唐西域求法高僧传》《南海寄归内法传》等。《佛为海龙王说法印经》是义净译经之一，《续古今译经图纪》载："又至睿宗景云二年辛亥复译《称赞如来功德神咒经》（一卷）、《佛为海龙王说法印经》（一卷）、《略教诫经》（一卷）、《能断金刚般若波罗蜜多经论释一部》（三卷）、《能断金刚般若波罗蜜多经论颂》（一卷）、《因明正理门论》（一卷）、《观总相论颂》（一卷）、《止观门论颂》（一卷）、《手杖论》（一卷）、《一百五十赞佛颂》（一卷）、《法华论一部》（五卷）、《集量论一部》（四卷），合从天后久视元年庚子，至睿宗景云

① （宋）赞宁撰《宋高僧传》卷1，范祥雍点校，中华书局，1997，第1页。

二年辛亥，都译五十六部总二百三十卷。”[①] 唐景云二年（711）《佛为海龙王说法印经》在大荐福寺被翻译完成，收录在《开元释教录》中，有“景云二年闰六月二十三日，于大荐福寺翻经院译，沙门玄伞、智积等笔受”的记载。[②] 圆照撰《贞元新定释教目录》延续此说。

《佛为海龙王说法印经》传入西夏，被翻译成西夏文，可惜在俄藏和中国藏文献中未有发现，目前只在英藏黑水城西夏文文献中保存。聂鸿音对此有录文[③]，本录文参照聂先生的录文完成。

Or.12380-3621（K.K.Ⅱ.0275.a）残存 1 页 11 行，写本，无栏线，刊布者将其定名为《佛海龙王法印言经》，最后 2 行残缺严重，其他基本完整，现将西夏文录文并对译如下：

[illegible][④][illegible][⑤][illegible]

佛海龙王之法印说经典

[illegible][⑥][illegible][⑦][illegible]

是如闻我一时薄伽梵大海龙王宫中住大比丘众千二百五十

[illegible]

人及菩萨摩诃萨众集尔时娑伽（竭）啰龙王座处而起佛足之

[illegible]

礼敬佛对言说世尊少许法受持因多众福报而其得说佛海龙

[illegible]

王之说四种殊胜法有假如受法读诵理依知解故威力所大不尽

[illegible]

然多福德得八万四千法藏读诵功德与一致不异四者又何也此

① （唐）智升:《续古今译经图纪》,《大正藏》第 55 册，第 2152 号，第 370 页下栏 11~19。

② （唐）智升:《开元释教录》卷 9,《大正藏》第 55 册，第 2154 号，第 567 页上栏 13~14。

③ 聂鸿音:《英藏西夏文〈海龙王经〉考补》,《宁夏社会科学》2007 年第 1 期。

④ 西夏文“[illegible]”译为“海龙王”。

⑤ 西夏文“[illegible]”译为“法印”。

⑥ 西夏文“[illegible]”译为“大海龙王宫”，汉文本没有“大”字。

⑦ 西夏文“[illegible]”译为“大比丘”，其中“[illegible]”译为“比丘”，而“[illegible]”音“phji”。

[illegible] [1] [illegible] [2] [illegible]
者 诸行无常 一切皆苦 诸法我无 寂灭乐为 念诵众龙王
[illegible]
此者四种殊胜法也菩萨摩诃萨此依不尽法智得立即生无证速
[illegible]
圆寂乃至是缘汝等常念诵应尔时世尊是四法句终经典言时是诸声
[illegible] [3] [illegible] [4] [illegible]
闻大菩萨众及天龙八部阿修罗伽（竭）达婆等佛所言闻皆大欢喜愿受
[illegible]
而行佛海龙王之法印说经典终

Or.12380-3621（K.K.Ⅱ.0275.a）翻译如下：

佛说海龙王之法印经典

如是我闻，一时，薄伽梵在大海龙王宫中，大比丘众千二百五十人及菩萨摩诃萨众集。尔时，娑伽（竭）啰龙王座处而起，礼敬之佛足，白佛言说："世尊，因众多受持法少许，而其得福报多？"佛对海龙王之说："有四种殊胜法，假如受法读诵，依理知解，故所大威力不尽，然得多福德，与读诵八万四千法藏功德一致不异。四者为何也？此者念诵诸行无常，一切皆苦，诸法我无，寂灭为乐。众龙王，此者四者殊胜法也。菩萨摩诃萨依此得无尽法智，立即证无生，乃至速圆寂，汝是缘等，应常念诵。"尔时，世尊说四句法经典终时，是诸声闻、大菩萨众，及天龙、八部、阿修罗、伽达婆等闻佛所言，皆大欢喜，信受而行。

佛说海龙王之法印经典 终

比对《大正藏》，残存内容应为义净译《佛为海龙王说法印经》的

① 西夏文"[illegible]"译为"诸法无我"。

② 西夏文"[illegible]"译为"寂灭为乐"。

③ 西夏文"[illegible]"译为"天龙八部"。

④ 西夏文"[illegible]"译为"伽达婆"，西夏文《弥勒上生经》中"[illegible]"为"乾达婆"，"[illegible]"（khja）与"[illegible]"（khjā）不同。

相应内容：

如是我闻，一时薄伽梵在海龙王宫，与大苾刍众千二百五十人俱，并与众多菩萨摩诃萨俱。尔时娑竭罗龙王即从座起，前礼佛足，白言："世尊！颇有受持少法，得福多不?"佛告海龙王："有四殊胜法，若有受持、读诵、解了其义，用功虽少，获福甚多，即与读诵八万四千法藏功德无异。云何为四？所谓念诵诸行无常、一切皆苦、诸法无我、寂灭为乐。龙王当知！是谓四殊胜法，菩萨摩诃萨无尽法智，早证无生，速至圆寂，是故汝等常应念诵。"尔时世尊说是四句法印经时，彼诸声闻、大菩萨众，及天龙八部、阿苏罗、揵达婆等，闻佛所说，皆大欢喜，信受奉行。

佛为海龙王说法印经[①]

① （唐）义净译《佛为海龙王说法印经》，《大正藏》第15册，第599号，第157页中栏10~20。

七 《佛说佛名经》

随着佛教传入和佛经的翻译，《佛说佛名经》逐渐被翻译成汉文，称颂佛名是僧人日常持诵的内容，称诵佛名与礼忏拜佛紧密联系在一起。《佛说佛名经》有多部，最早是元魏三藏菩提流支翻译的《佛说佛名经》（12卷）、失译的《佛说佛名经》（30卷）、隋朝阇那崛多译《五千五百佛名神咒除障灭罪经》（8卷）和隋那连提耶舍译《百佛名经》（1卷）。

《大唐开元释教广品历章》记载了《佛说佛名经》一部十二卷（或十三卷二百八十七纸，或分为二十卷），是元魏正光年间天竺沙门菩提流支于洛阳胡相国第译，侍中崔光等笔受；《三劫三千佛名经》（二部三卷六十八纸），即《过去庄严劫千佛名经》卷上（亦名《集诸佛大功德山》）、《现在贤劫千佛名经》卷中（亦名《集诸佛大功德山》）、《未来星宿劫千佛名经》卷下（亦名《集诸佛大功德山》）；《五千五百佛名经》（一部八卷一百五十二纸），即《五千五百佛名神祝除障灭罪经》第一卷（隋开皇年间崛多共笈多等于大兴善寺译）、《五千五百佛名经》第二卷、《五千五百佛名经》第三卷、《五千五百佛名经》第四卷、《五千五百佛名经》第五卷、《五千五百佛名经》第六卷、《五千五百佛名经》第七卷、《五千五百佛名经》第八卷，为隋开皇十三年八月阇那崛多等于大兴善寺译，沙门僧昙等笔受，开皇十四年九月收录于《费长房录》。

俄藏黑水城文献保存西夏文《现在贤劫千佛名经》（馆册第7777、8098、7845、611、8029、938、7382、8102、937、8029、8327、8028、939、5362、5536、8101、4934、231、7188、7872、230、

8328、610、935、936、7381、736、612、613、614、615、6547、934、2861、5359、6177、227、228、229、59、60、61、4934、7189号）等，写本经折装、刻本经折装。

英藏西夏文《佛说佛名经》残页由于残缺严重，我们无法具体判定到底是哪一部。因残经内容既与《佛说佛名经》内容相同，也与《现在贤劫千佛名经》、《过去庄严劫千佛名经》和《慈悲水忏法》等内容相同，若没有其他佛经的残存内容参照，很难确定残经是哪一部具体佛经或具体卷数，故此下文中将涉及的相关佛经的内容一并列出。下面将西夏文残经录文并翻译如下，在释读过程中分别列出残经内容属于哪一部或哪几部佛经。

1.Or.12380-0066（K.K.Ⅱ.0283.www）残存 1 页 2 行，上栏线单栏，下栏线无存，刻本，刊布者将其定名为“佛经”，现将西夏文录文并对译如下：

[illegible]……　　南无无量……
[illegible]……　　南无药……

解读 Or.12380-0066（K.K.Ⅱ.0283.www）残经，可知其内容或为菩提流支译《佛说佛名经》第一卷，或为《佛说佛名经》第二卷：

……南无无量功德王佛、南无弥留灯王佛、南无药王声声王佛……[①]

或为《慈悲道场忏法》第三卷“显果报第一”：

……南无无量尊丰佛、南无无量尊离垢王佛、南无德首佛、南

① （元魏）菩提流支译《佛说佛名经》卷 1，《大正藏》第 14 册，第 440 号，第 117 页下栏 22~24。或《佛说佛名经》卷 2，《大正藏》第 14 册，第 441 号，第 192 页下栏 29~193 页上栏 3。

无药王菩萨、南无药上菩萨……[①]

2.Or.12380-0068aRV（K.K.Ⅱ.0283.yyy）残存1页4行，上栏线单栏，下栏线无存，刻本，刊布者将其定名为“佛经”，现将西夏文录文并对译如下：

纫𗱕……	南无……
纫𗱕𗫂……	南无常……
纫𗱕𗗙……	南无身……
纫𗱕……	南无……

Or.12380-0068aRV（K.K.Ⅱ.0283.yyy）残经或为《佛说佛名经》第二卷的相应内容：

……南无常精进佛、南无尼拘律佛、南无阿叔迦佛、南无金色律佛、南无华开佛、南无善决定佛、南无波头摩光佛、南无华身佛、南无手脚柔濡触身佛、南无日轮佛、南无闻满足佛、南无相身身佛……[②]

或为菩提流支译《佛说佛名经》第一卷的相应内容：

……南无常修行佛、南无常精进佛、南无尼拘律佛、南无阿叔迦佛、南无金色佛、南无华开佛、南无善决定佛、南无波头摩光佛、南无华身佛、南无手脚柔软触身佛、南无日轮佛、南无闇（丹本作闻）满足佛、南无相身身佛……[③]

① 《慈悲道场忏法》卷3，《大正藏》，第45册，第1909号，第935页中栏26~28。

② 《佛说佛名经》卷2，《大正藏》第14册，第441号，第193页下栏3~8。

③ （元魏）菩提流支译《佛说佛名经》卷1，《大正藏》第14册，第440号，第117页中栏25~下栏1。

3.Or.12380-0068b（K.K.Ⅱ.0283.yyy）残存 1 页 2 行，上栏线单栏，下栏线无存，刻本，刊布者将其定名为“佛经”，现将西夏文录文并对译如下：

繳……　　　　　　　舍……
叕䄊㸚？……　　　　南无脱？……

Or.12380-0068b（K.K.Ⅱ.0283.yyy）残经或为《佛说佛名经》的相应内容，具体卷数待考。

比对 Or.12380-0066（K.K.Ⅱ.0283.www）、Or.12380-0068aRV（K.K.Ⅱ.0283.yyy）和 Or.12380-0068b（K.K.Ⅱ.0283.yyy），可确定三者为同版次佛经。

4.Or.12380-0183（K.K.）残存 1 页 3 行，上栏线无存，下栏线单栏，写本，刊布者将其定名为“佛经”，现将西夏文录文并对译如下：

……緋　　　佛……
……緋　　　佛……
……𗠁𗗙　　悲生……

Or.12380-0183（K.K.）残经或为《佛说佛名经》的相应内容，具体卷数待考。

5.Or.12380-0240（K.K.Ⅱ.0284.z）残存 1 页 6 行，满行 16 字，上下栏线单栏，刻本经折装，上半部分残缺严重，刊布者将其定名为“佛经”，现将西夏文录文并对译如下：

𗩨𗗚𗽀𗃛𗤒𗗚𗹙𗼃𗪘𗒹[①]𗧘𗏁𗑗𗥫𗗙□
往若薪草烧若地显燃灯等以诸虫类□
□□□𗥃𗯝𗋽𗏹𗂧𗹦𗗚𗍫𗅉𗏁𗥫𗥫

① 西夏文“𗹙𗼃𗪘𗒹”译为“燃烧地亮”，汉文本为“露灯烛”。

□□□饮时动摇不视若水热失以虫

□□□□[illegible]

□□□□乃至行住坐卧四威仪中常空

□□□□□[illegible]

□□□□□众生之杀害弟子等定愚识

□□□□□□□[illegible]

□□□□□□□心归悉皆罪如及弟子

[illegible][1]□

等始无于所来今日于至粗杖木枷锁□

翻译如下：

……往，若烧薪草，若以燃灯地显等，诸虫类□□□□饮时，不视动摇，若以热水失（杀）虫□□□□乃至行、住、坐、卧四威仪中，常空杀害□□□□□之众生，弟子等定愚识□□□□□□□心悉皆归罪如及弟子等，于无始所来至于今日，粗杖……木枷锁□……

解读 Or.12380-0240（K.K.II.0284.z）残经，比对《大正藏》，可以确定残经或为《佛说佛名经》第五卷的相应内容：

> ……或然樵薪，或露灯烛，焚诸虫类，或食酱酢，不看摇动，或泻汤水，浇杀虫蚁，如是乃至行、住、坐、卧四威仪中，恒常伤杀飞空着地细微众生，弟子以凡夫识暗不觉不知，今日发露归命忏悔。
>
> 又复弟子等，从无始已来至于今日，或以鞭杖枷锁、桁械压立、拷掠打掷，手脚蹴蹋，缠缚笼系，断绝水谷。[2]

或为《佛说佛名经》第二十卷的相应内容：

> 或然樵薪，或露灯烛，焚诸虫类，或食酱酢，不看摇动，或泻

① 西夏文“[illegible]”译为“木枷锁”。

② 《佛说佛名经》卷 5，《大正藏》第 14 册，第 441 号，第 209 页上栏 21~22。

汤水浇杀虫蚁，如是乃至行、住、坐、卧四威仪中，恒常伤杀飞空着地细微众生。弟子！以凡夫识暗不觉不知，今日发露归命忏悔。

又复，弟子等！从无始已来至于今日，或以鞭杖枷锁、桁械压立、拷掠打掷，手脚蹴蹋，缠缚笼系，断绝水谷。[①]

或为《过去庄严劫千佛名经》的相应内容：

或然樵薪，或露灯烛，烧诸虫类，或食酱醋，不看摇动，或写汤水，浇杀虫蚁，如是乃至行、住、坐、卧四威仪中，恒常伤杀，飞空、着地细微众生。弟子，以凡夫识暗，不觉不知，今日发露皆悉忏悔。

又复弟子，无始以来至于今日，或以鞭杖枷锁，桁械压拉，考掠打掷，手脚蹴蹋，的缚笼系，断绝水谷。[②]

或为《现在贤劫千佛名经》的相应内容：

或然樵薪，或露灯烛，烧诸虫类；或食酱醋，不看摇动；或写汤水，浇杀虫蚁。如是乃至行、住、坐、卧四威仪中，恒常伤杀，飞空着地，细微众生。弟子等，以凡夫识暗，不觉不知，今日至诚皆悉忏悔。

又复弟子，无始已来至于今日，或以鞭杖枷锁、拷掠打掷、手脚蹴踏、的缚笼系、断绝水谷。[③]

具体属于哪一部，尚需要其他内容或残经作为参考。

6.Or.12380-0301b（K.K.Ⅱ.0284.a.v）残经左面存1页3行，无栏线，写本，残缺严重，刊布者将其定名为“佛名经”，现将西夏文录文

① 《佛说佛名经》卷20,《大正藏》第14册，第441号，第268页中栏26~下栏7。

② （刘宋）畺良耶舍译《过去庄严劫千佛名经》,《大正藏》第14册，第446a号，第367页中栏11~21。

③ 《现在贤劫千佛名经》,《大正藏》第14册，第447a号，第379页上栏4~13。

并对译如下：

……𘟣　　　　……佛

……𗼃𘟣　　　　……王佛

……𗧓？𗼃𘟣　　　　……福？王佛

翻译比较 Or.12380-0301b（K.K.Ⅱ.0284.a.v）残经左面，可确定其属于《佛说佛名经》，具体卷数待考，其内容或为：

……南无奋迅王佛、南无增上火成就王佛、南无增上勇猛佛、南无勇施佛、南无智施佛、南无然灯佛、南无然灯火佛、南无净然灯佛、南无功德然灯佛、南无福德然灯佛、南无宝然灯佛、南无大然灯佛……①

……南无善色王佛、南无成就义佛、南无师子山（丹本作仙）佛、南无天佛、南无施佛、南无快藏佛、南无福德光明佛、南无净佛、南无然灯王佛、南无智生佛……②

……南无善成王佛、南无灯王佛、南无电光佛、南无光王佛、南无光明佛、南无具足赞佛、南无华藏佛、南无弗沙佛、南无身端严佛、南无净义佛、南无灭猛军佛、南无福威德佛、南无力行佛……③

7.Or.12380-0304（K.K.Ⅱ.0284.a.viii）残经，无栏线，写本，刊布者将其定名为“佛名经题签”，可确定其属于《佛说佛名经》，但具体卷数待考。

8.Or.12380-0315（K.K.Ⅱ.0285.a.xix）残经左面存 1 页 4 残片，无栏线，刻本，残缺严重，刊布者将其定名为“佛名经”，现将西夏文录

① （元魏）菩提流支译《佛说佛名经》卷 2，《大正藏》第 14 册，第 440 号，第 120 页上栏 22~27。

② （元魏）菩提流支译《佛说佛名经》卷 4，《大正藏》第 14 册，第 440 号，第 132 页中栏 7~10。

③ 《佛说佛名经》卷 30，《大正藏》第 14 册，第 441 号，第 298 页中栏 25~29。

文并对译如下：

右面上面和下面接存四个“[illegible]”（南）字。

左面上面为：

[illegible]（以中）

左面下面为：

[illegible]（南）

[illegible]（空界）

翻译 Or.12380-0315（K.K.Ⅱ.0285.a.xix）残经，可确定其属于《佛说佛名经》，但具体卷数待考。从字迹判断，此残页与前述 Or.12380-0066（K.K.Ⅱ.0283.www）、Or.12380-0068aRV（K.K.Ⅱ.0283.yyy）、Or.12380-0068b（K.K.Ⅱ.0283.yyy）为同版次佛经。

9.Or.12380-0320k（K.K.Ⅱ.0285.）残存 1 页 10 行，应分为上下两排，写本，残缺严重，有的行只有两个字，刊布者将其定名为“佛名经”，现将西夏文录文并对译如下：

[illegible]？[illegible]	南无卧？佛
[illegible]……[illegible]　[illegible]……	南无……意佛　南无……
[illegible]……	南无……
[illegible]……[illegible]	南无……佛
[illegible]□[illegible]	南无集德□佛
[illegible]	南无妙声音佛
[illegible]	南无义住
[illegible]	南无
[illegible]□[illegible]	南无□佛
[illegible]	南无宝喜佛

解读 Or.12380-0320k（K.K.Ⅱ.0285.）残经，比对《大正藏》，可以确定残经为《慈悲道场忏法》第九卷或《佛说佛名经》第三十卷的相应内容，具体为哪部经尚待考证。

……南无弥勒佛、南无释迦牟尼佛、南无人月佛、南无罗睺佛、南无甘露明佛、南无妙意佛、南无焰明佛、南无一切主佛、南无乐智佛、南无山王佛、南无寂灭佛、南无德聚佛、南无天王佛、南无妙音声佛、南无妙华佛、南无住义佛、南无功德威聚佛、南无智无等佛、南无甘露音佛、南无善守佛、南无利慧佛、南无思解脱义佛、南无音胜佛、南无梨陀行佛、南无善义佛、南无无过佛、南无行善佛……①

……南无善明佛、南无众德上明佛、南无宝德佛、南无人月佛、南无罗睺佛、南无甘露明佛、南无妙音佛、南无大明佛、南无一切主佛、南无乐智佛、南无山王佛、南无寂灭佛、南无德聚力佛、南无天王佛、南无妙音声佛、南无妙花佛、南无住义佛、南无功德威聚佛、南无智无等佛、南无甘露音佛、南无善手佛、南无利慧佛、南无思解脱义佛、南无胜音佛、南无梨陀行佛、南无喜义佛、南无无过佛、南无行善佛、南无花藏佛、南无妙色佛、南无乐说佛、南无善济佛、南无众王佛、南无离畏佛、南无乐智佛、南无辩才日佛……②

10.Or.12380-0406RV（K.K.Ⅱ.0285.a. viii）残存 1 页 2 行，写本，刊布者将其定名为“佛名经”，现将西夏文录文并对译如下：

[illegible]　　南无虚空藏菩萨
[illegible]　　北方多闻天王

结合西夏文形制，可以确定其为菩萨、天王名牌。

11.Or.12380-0492（K.K.Ⅱ.0229.dd）残存 1 页 6 行，残缺严重，写本，刊布者将其定名为“佛名经”，现将西夏文录文并对译如下：

---

① 《慈悲道场忏法》卷 9，《大正藏》第 45 册，第 1909 号，第 959 页上栏 29~ 中栏 10。

② 《佛说佛名经》卷 30，《大正藏》第 14 册，第 441 号，第 299 页中栏 2~15。原文中“南无乐智佛”重复。

[illegible][illegible]□□[illegible][illegible]	南无□□那佛
[illegible][illegible][illegible][illegible][illegible]	南无水天佛
[illegible][illegible][illegible][illegible][illegible]	南无坚德佛
[illegible][illegible][illegible]□[illegible][illegible]	南无正□德佛
[illegible][illegible][illegible][illegible]……[illegible]	南无无量……佛
[illegible][illegible]……[illegible][illegible][illegible]	南无……花妙佛

解读 Or.12380-0492（K.K.Ⅱ.0229.dd）残经，比对《大正藏》，可以确定残经或为《佛说佛名经》第十六卷的相应内容：

……南无婆留那佛、南无水天佛、南无坚德佛、南无栴檀功德佛、南无无量掬光佛、南无光德佛、南无无忧德佛、南无那罗延佛、南无功德华佛……[①]

或为《佛说佛名经》第二十卷的相应内容：

南无娑留那佛、南无水天佛、南无坚德佛、南无栴檀功德佛、南无无量掬光佛、南无光德佛、南无无忧德佛、南无那罗延佛、南无功德华佛……[②]

或为《瑜伽集要焰口施食仪》的相应内容：

南无娑留那佛、南无水天佛、南无坚德佛、南无栴檀功德佛、南无无量掬光佛、南无光德佛、南无无忧德佛、南无那罗延佛、南无功德花佛……[③]

① 《佛说佛名经》卷16,《大正藏》第14册，第441号，第245页下栏10~12。
② 《佛说佛名经》卷20,《大正藏》第14册，第441号，第265页下栏12~15。
③ 《瑜伽集要焰口施食仪》,《大正藏》第21册，第1320号，第474页下栏9~17。

或为《慈悲道场忏法》第二卷的相应内容：

……南无娑留那佛、南无水天佛、南无坚德佛、南无旃檀功德佛、南无无量菊光佛、南无光德佛、南无无忧德佛、南无那罗延佛、南无功德华佛。[①]

至于 Or.12380-0492（K.K.Ⅱ.0229.dd）残经属于哪一部佛经，还需要结合上下文判断。

12.Or.12380-0581（K.K.Ⅱ.0233.nnn）残存 1 页 5 行，写本，残缺严重，有的只有两个字，刊布者将其定名为“佛名经”，现将西夏文录文并对译如下：

……[illegible]	……佛
……[illegible][illegible]	……善佛
……[illegible][illegible]	……无佛
……[illegible]	……佛
……[illegible][illegible]	……德佛

解读 Or.12380-0581（K.K.Ⅱ.0233.nnn）残经，可以确定其属于《佛说佛名经》或《现在贤劫千佛名经》，因为过于残缺，具体是哪一部经或哪一卷内容，无法判断。

或为《佛说佛名经》第十九卷的相应内容：

……南无威音王佛、南无无数光佛、南无思善佛、南无分身诸佛、南无日月净明德佛、南无浮华宿王智佛、南无无净庄严王佛、南无龙尊王佛、南无云雷音佛、南无云雷宿王华智佛、南无宝王佛、南无威德宝王佛、南无光明王佛……[②]

① 《慈悲道场忏法》卷 2，《大正藏》第 45 册，第 1909 号，第 928 页下栏 8~11。

② 《佛说佛名经》卷 19，《大正藏》第 14 册，第 441 号，第 264 页上栏 21~26。

或为《现在贤劫千佛名》的相应内容：

……南无高大身佛、南无上善佛、南无宝上佛、南无无量光佛、南无海德佛、南无宝印手佛、南无月盖佛、南无多焰佛、南无顺寂灭佛、南无智称佛、南无智觉佛、南无功德光佛、南无声流布佛……[1]

13.Or.12380-0582（K.K.Ⅱ.0233.ppp）残存1页2行，写本，残缺严重，有的只有两个字，刊布者将其定名为“佛名经”，现将西夏文录文并对译如下：

……[illegible] ……龙明佛
……[illegible] ……名佛

解读 Or.12380-0582（K.K.Ⅱ.0233.ppp）残经，因为过于残缺，具体是哪一部经或哪一卷内容，无法判断。残经内容或为：

……南无上师子音佛、南无乐戏佛、南无龙明佛、南无华山佛、南无龙喜佛、南无香自在佛、南无大名佛、南无天力佛、南无德鬘佛、南无龙手佛、南无善行意佛……[2]

……南无上师子音佛、南无乐戏佛、南无龙明佛、南无花山佛、南无大名佛、南无香自在佛、南无龙喜佛、南无天力佛、南无德鬘佛、南无龙首佛、南无目庄严佛……[3]

……南无上师子音佛、南无乐戏佛、南无龙明佛、南无华山佛、南无龙喜佛、南无香自在王佛、南无宝焰山佛、南无天力佛、

① 《现在贤劫千佛名经》,《大正藏》第14册，第447b号，第385页下栏18~22。
② 《佛说佛名经》卷29,《大正藏》第14册，第441号，第295页上栏19~22。
③ 《现在贤劫千佛名经》,《大正藏》第14册，第447a号，第377页上栏17~20。

南无德鬘佛、南无龙首佛……[①]

……南无上师子音佛、南无乐戏佛、南无龙明佛、南无华山佛、南无龙喜佛、南无香自在佛、南无大名佛、南无天力佛、南无德鬘佛、南无龙手佛、南无善行意佛……[②]

14.Or.12380-0620（K.K.Ⅱ.0230.oo）残存 1 残片 3 行，写本，现将西夏文录文并对译如下：

……绛　　　　……佛

□□绛　　　　□□佛

□□臁绛　　　□□王佛

Or.12380-0620（K.K.Ⅱ.0230.oo）残经具体属于哪一部经或哪一卷待考。残存内容或为：

……南无不厌见身佛、南无师子声佛、南无不空见佛、南无起行佛、南无一切行清净佛、南无庄严王佛、南无大山王佛……[③]

……南无均宝盖佛、南无摩尼盖佛、南无金盖佛、南无奋迅王佛、南无增上火成就王佛、南无增上勇猛佛……[④]

……南无放光明佛、南无俱苏摩成就佛、南无放盖佛、南无称力王佛、南无净声佛、南无胜佛……[⑤]

……南无火奋迅通佛、南无曜声佛、南无无限光佛、南无善寂

---

① 《现在贤劫千佛名经》,《大正藏》第 14 册，第 447b 号，第 384 页中栏 4~7。

② 《慈悲道场忏法》卷 5,《大正藏》第 45 册，第 1909 号，第 945 页中栏 15~19。

③ （元魏）菩提流支译《佛说佛名经》卷 1,《大正藏》第 14 册，第 440 号，第 114 页上栏 22~29。

④ （元魏）菩提流支译《佛说佛名经》卷 2,《大正藏》第 14 册，第 440 号，第 120 页上栏 21~23。

⑤ （元魏）菩提流支译《佛说佛名经》卷 3,《大正藏》第 14 册，第 440 号，第 126 页下栏 12~14。

慧月声自在王佛、南无成就佛、南无最上威佛……[①]

……南无导师佛、南无大臂佛、南无大力佛、南无宿王佛、南无修药佛、南无名相佛、南无大明佛……南无仁爱佛、南无大威德佛、南无无量明佛、南无梵王佛、南无龙德佛、南无坚步佛、南无不虚见佛、南无精进德佛、南无欢喜佛、南无善守佛、南无不退佛、南无师子相佛、南无胜知佛、南无法氏佛、南无喜王佛、南无妙御佛、南无爱作佛、南无德臂佛、南无香象佛、南无观视佛……[②]

类似的内容很多，因缺少相关的参照内容，很难判断是哪一部经或哪一卷的具体内容。

15.Or.12380-0687（K.K.Ⅱ.0270.tt.x）残存1页3行，每行之间以图案分开，写本，残缺严重，刊布者将其定名为“佛名经”，现将西夏文录文并对译如下：

[illegible]	南无□功德佛
[illegible]	南无无量威德华明佛
[illegible]	南无明德佛

解读Or.12380-0687（K.K.Ⅱ.0270.tt.x）残经，可以确定其或为《佛说佛名经》第十六卷的相应内容：

……南无栴檀功德佛、南无无量掬光佛、南无光德佛……[③]

或为《佛说佛名经》第二十卷的相应内容：

① 《过去庄严劫千佛名经》,《大正藏》第14册，第446b，第371页中栏5~7。
② 《现在贤劫千佛名经》,《大正藏》第14册，第447a号，第376页上栏26~中栏18。
③ 《佛说佛名经》卷16,《大正藏》第14册，第441号，第247页下栏10~12。

……南无栴檀功德佛、南无无量掬光佛、南无光德佛……[①]

或为《瑜伽集要焰口施食仪》的相应内容：

……南无栴檀功德佛、南无无量掬光佛、南无光德佛……[②]

或为《慈悲道场忏法》第二卷的相应内容：

……南无栴檀功德佛、南无无量菊光佛、南无光德佛……[③]

类似的内容很多，因缺少相关的参照内容，很难判断是哪一部经或哪一卷的具体内容。

16.Or.12380-0689（K.K.Ⅱ.0280.a.vi）残存 1 页 6 行，残缺严重，上栏线无存，下栏线单栏，刻本经折装，刊布者将其定名为“佛经”，现将西夏文录文并对译如下：

……[illegible]	……若□于诈□□
……[illegible]	……为如是等罪□□无今
……[illegible]	……皆罪忏及初无□□□若城
……[illegible]	……利送解盗市□□□□□
……[illegible]	……不理侵败刀者下已令若
……[illegible]	……缚天陀□毁别□法为

解读 Or.12380-0689（K.K.Ⅱ.0280.a.vi）残经，可以确定其为《佛说佛名经》第六卷或第二十一卷的相应内容：

① 《佛说佛名经》卷 20，《大正藏》第 14 册，第 441 号，第 247 页下栏 10~12。
② 《瑜伽集要焰口施食仪》，《大正藏》第 21 册，第 1320 号，第 474 页下栏 7~13。
③ 《慈悲道场忏法》卷 2，《大正藏》第 45 册，第 1909 号，第 928 页下栏 9~10。

或商侣博货、邸店市易，轻秤小斗、减割尺寸、盗窃分铢、欺罔圭合，以粗易好，以短换长，巧欺百端，希望毫利。如是等罪无量无边，今日惭愧归命忏悔。又复，弟子等！从无始已来至于今日，穿逾墙壁断道抄掠，抵捍债息、负债违要、面欺心口，或非道陵夺、鬼神禽兽、四生之物，或假托卜相，取人财宝，如是乃至以利求利，恶求多求，无厌无足，如是等罪，无量无边不可说尽，今日至到向十方佛、尊法、圣众前归命忏悔。[①]

或为《现在贤劫千佛名经》的相应内容：

或攻城破邑，烧村坏栅，偷卖良人，誸他奴婢；或复枉押无罪之人，使其形沮，血刃身被徒锁，家业破散，骨肉生离，分张异域，生死隔绝，如是等罪无量无边，今日至诚皆悉忏悔。又复，无始已来至于今日，或商贾博贸，邸店市易，轻秤小斗、减割尺寸、盗窃分铢、欺罔圭合，以粗易好，以短换长，巧欺百端，悕望毫利。如是等罪无量无边，今日至诚，皆悉忏悔。[②]

17.Or.12380-0740（K.K.Ⅱ.0276.ff）残存1页3行，残缺严重，上栏线单栏，下栏线无存，刻本，刊布者将其定名为“佛经”，现将西夏文录文并对译如下：

[illegible]…… 不有庄严不为闪灯……
[illegible]…… 明彼障是如等罪今皆……
[illegible]…… 不初无于所来今日……

翻译如下：

---

① 《佛说佛名经》卷6，《大正藏》第14册，第441号，第212页下栏10~15；《佛说佛名经》卷21，《大正藏》第14册，第441号，第273页上栏1~6。

② 《现在贤劫千佛名经》，《大正藏》第14册，第447a号，第380页中栏13~18。

不有庄严，不为闪灯……障彼……明，如是等罪，今皆……不……无初于所来今日……

解读 Or.12380-0740（K.K.Ⅱ.0276.ff）残经，可以确定其为《现在贤劫千佛名经》的相应内容：

……或裸露像身，初不严饰，或遮掩灯烛，或关闭殿宇，障佛光明，如是等罪，今悉忏悔。

……又复无始已来至于今日。[①]

18.Or.12380-0741（K.K.Ⅱ.0276.aa）残存 1 页 4 行，上栏线无存，下栏线单栏，刻本，刊布者将其定名为“佛经”，现将西夏文录文并对译如下：

……敽瓻綫禰豽蘢	……若尊像之身衣
……彾禨敽膌蕵敥骳[②]緈	……明盖若殿堂关闭佛
……緉膩	……忏悔
……敽緈禨緥膍禰	……若佛法中不净

Or.12380-0741（K.K.Ⅱ.0276.aa）残经因残缺严重，无法确定其具体为哪部佛经。

或为《现在贤劫千佛名经》的相应内容：

或裸露像身，初不严饰；或遮掩灯烛，或关闭殿宇，障佛光明。如是等罪，今悉忏悔。又复无始已来至于今日，或于法间，以不净手把捉经卷。[③]

或为《佛说佛名经》第二十四卷的相应内容：

---

① 《现在贤劫千佛名经》,《大正藏》第 14 册，第 447a 号，第 382 页下栏 4~5。

② 西夏文“敥骳”译为“关闭”。

③ 《现在贤劫千佛名经》,《大正藏》第 14 册，第 447a 号，第 382 页中栏 28~ 下栏 6。

或裸露像身永不严饰，或遮掩灯烛，关闭殿宇，障佛光明。如是等罪，无量无边，今日至诚发露忏悔。又复，弟子等！从无始已来至于今日，或于法间，以不净手把捉经卷。[①]

或为《慈悲水忏法》卷下的相应内容：

或裸露像前，初不严饰。遮掩灯烛，关闭殿宇，障佛光明，如是等罪，今日至诚皆悉忏悔。又复无始以来至于今日，或于法间，以不净手把捉经卷。[②]

从 Or.12380-0740（K.K.Ⅱ.0276.ff）和 Or.12380-0741（K.K.Ⅱ.0276.aa）内容看，二者应可上下缀合。

19.Or.12380-0816（K.K.Ⅲ.017.m）残存 1 页 6 行，残缺严重，写本，每行仅存 1~2 字，刊布者将其定名为“佛名经”，现将西夏文录文并对译如下：

……𗼃　　　　……佛
……𗼃　　　　……佛
……𗼃　　　　……佛
……𗼃　　　　……佛
……𗤁　　　　……火
……𘃡𗏹　　　……功德

Or.12380-0816（K.K.Ⅲ.017.m）残经因为过于残缺，只能初步确定其为《佛说佛名经》。

20.Or.12380-0874（K.K.Ⅱ.0279.ppp）残存 1 页 3 行，每行之间有花纹，上栏线无存，下栏线单栏，写本，残缺严重，每行仅存 1~2 字，

① 《佛说佛名经》卷 24,《大正藏》第 14 册，第 441 号，第 281 页中栏 24~28。
② 《慈悲水忏法》卷下,《大正藏》第 45 册，第 1910 号，第 975 页中栏 3~7。

刊布者将其定名为“佛名经”，现将西夏文录文并对译如下：

……𘓺　　　　……佛
……𘓺　　　　……佛
……𘓺　　　　……佛

Or.12380-0874（K.K.Ⅱ.0279.ppp）残经因为过于残缺，只能初步确定其为《佛说佛名经》。

21.Or.12380-0875（K.K.Ⅱ.0281.nnn）残存 1 页 2 行，残缺严重，上栏线无存，下栏线单栏，写本，刊布者将其定名为“佛名经”，现将西夏文录文并对译如下：

……[illegible][illegible]𘓺　　　　……楼明佛
……[illegible][illegible]𘓺　　　　……圣赞佛

该残经字体与 Or.12380-0876（K.K.Ⅱ.0281.a.viii）相同，可以确定 Or.12380-0875（K.K.Ⅱ.0281.nnn）属于《佛说佛名经》、《现在贤劫千佛名经》或《慈悲道场忏法》等，参见下面相似内容：

……南无甘露王佛、南无弥楼明佛、南无圣赞佛、南无广照佛……[1]

……南无甘露主佛、南无弥楼明佛、南无圣赞佛、南无广照佛、南无威德佛……[2]

……南无饶益慧佛、南无甘露王佛、南无弥楼明佛、南无圣赞佛、南无广照佛、南无持寿佛……[3]

……南无大慈佛、南无甘露主佛、南无弥楼明佛、南无圣赞

① 《佛说佛名经》卷 30,《大正藏》第 14 册，第 441 号，第 298 页中栏 21。
② 《现在贤劫千佛名经》,《大正藏》第 14 册，第 447a 号，第 382 页上栏 11。
③ 《现在贤劫千佛名经》,《大正藏》第 14 册，第 447b 号，第 387 页上栏 14。

佛、南无广照佛、南无文殊师利菩萨……[①]

22.Or.12380-0876（K.K.Ⅱ.0281.a.viii）残存1页5行，下栏线单栏，写本，上方有花纹，残缺严重，刊布者将其定名为“佛名经”，现将西夏文录文并对译如下：

纲{纲{纲{纲{纲	南无信戒佛
纲{纲{纲{纲{纲	南无宝乐佛
纲{纲{纲{纲{纲	南无法明佛
纲{纲□□纲{纲	南无□□具佛
纲{纲……纲	南无……佛

解读Or.12380-0876（K.K.Ⅱ.0281.a.viii）残经，比对《大正藏》，可以确定残经为《现在贤劫千佛名经》、《佛说佛名经》或《慈悲道场忏法》的相应内容：

……南无信戒佛、南无乐宝佛、南无明法佛、南无具威德佛、南无大慈佛……[②]

……南无信戒佛、南无乐实佛、南无明法佛、南无具威德佛、南无大慈佛、南无上慈佛……[③]

……南无信戒佛、南无至妙道佛、南无乐宝佛、南无明法佛、南无具威仪佛、南无大慈佛、南无上慈佛……[④]

……南无信戒佛、南无至妙道佛、南无乐实佛、南无明法佛、南无具威德佛、南无至寂灭佛、南无上慈佛、南无大慈佛……[⑤]

---

① 《慈悲道场忏法》卷9，《大正藏》第45册，第1909号，第962页上栏23~27。

② 《现在贤劫千佛名经》，《大正藏》第14册，第447a号，第382页中栏8~10。

③ 《现在贤劫千佛名经》，《大正藏》第14册，第447b号，第387页中栏11~13。

④ 《佛说佛名经》卷30，《大正藏》第14册，第441号，第298页上栏5~8。

⑤ 《慈悲道场忏法》卷9，《大正藏》第45册，第1909号，第962页上栏23~27。

23.Or.12380-0877（K.K.Ⅱ.0276.y）残存1页3行，写本，每行之间存有花纹，残缺严重，刊布者将其定名为“佛名经”，现将西夏文录文并对译如下：

……𗏁𘓺𗂧　　……功德佛
……𗏁𗥃𗑠𗂧　　……德花光佛
……𗂧　　……佛

解读Or.12380-0877（K.K.Ⅱ.0276.y）残经，比对《大正藏》，可以确定残经为《佛说佛名经》的相应内容。残存内容或为：

……南无一切功德佛、南无佛华成就功德佛、南无善住慧佛、南无无量步佛、南无不空胜佛、南无宝步佛……①

……南无乐积光明功德佛、南无不二轮佛、南无无量光明佛、花光佛、南无无量声佛、南无高明佛……②

南无宝成就佛、南无一切功德佛、南无佛华成就功德佛、南无善住慧佛、南无无量步佛……③

24.Or.12380-0878（K.K.）残存1页1行，刻本，残缺严重，刊布者将其定名为“佛名经”，现将西夏文录文并对译如下：

……𗰜𗣼𗂧　　……法相佛

解读Or.12380-0878（K.K.）残经，比对《大正藏》，可以确定残

① （元魏）菩提流支译《佛说佛名经》卷3，《大正藏》第14册，第440号，第127页中栏16~18。

② （元魏）菩提流支译《佛说佛名经》卷3，《大正藏》第14册，第440号，第128页下栏8~10。

③ 《佛说佛名经》卷5，《大正藏》第14册，第441号，第207页上栏12~14。

经为《佛说佛名经》或《现在贤劫千佛名经》的相应内容。残存内容或为：

……南无法相佛、南无智音佛、南无虚空佛、南无祠音佛、南无慧音差别佛……①

……南无大音佛、南无法相佛、南无智音佛、南无虚空佛、南无祠音佛、南无慧音差别佛……②

……南无大音佛、南无法相佛、南无智音佛、南无虚空佛、南无祠音佛、南无慧音差别佛、南无月焰佛……③

25.Or.12380-0879（K.K.）残存1页4行，刻本，残缺严重，每行存1~2个字，刊布者将其定名为"佛名经"，现将西夏文录文并对译如下：

……𘟩𗪘　　……月佛

……𗏁𗪘　　……无佛

……𗹦𗪘　　……离佛

……𗪘　　……佛

解读 Or.12380-0879（K.K.）残经，比对《大正藏》，因为残经过于残缺，其为《佛说佛名经》的相应内容，具体内容不能确定。

26.Or.12380-0901（K.K.）残存1页3行，残缺严重，写本，每行存2个字，刊布者将其定名为"残片"，现将西夏文录文并对译如下：

𗼃𗅋……　　南无……

𗼃𗅋……　　南无……

𗼃𗅋……　　南无……

① 《佛说佛名经》卷30，《大正藏》第14册，第441号，第298页中栏23~26。

② 《现在贤劫千佛名经》，《大正藏》第14册，第447a号，第381页中栏17~20。

③ 《现在贤劫千佛名经》，《大正藏》第14册，第447b号，第386页下栏26~29。

从 Or.12380-0901（K.K.）残经残存内容看，可以确定其为《佛说佛名经》的相应内容。

27.Or.12380-0903（K.K.）残存 1 页 3 行，残缺严重，写本，每行存 2~3 个字，刊布者将其定名为“佛名经”，现将西夏文录文并对译如下：

紋褫…… 南无……
紋褫貺…… 南无光……
紋褫…… 南无……

从 Or.12380-0903（K.K.）残经残存内容看，可以确定其为《佛说佛名经》的相应内容。

28.Or.12380-0915（K.K.）残存 1 页 5 行，残缺严重，仅 1 行存 5 个字，其余存 1 个字，写本，刊布者将其定名为“佛名经”，现将西夏文录文并对译如下：

紋褫甖敍敍絆 南无喜庄严佛
紋…… 南（无）……
紋…… 南（无）……
紋…… 南（无）……
紋…… 南（无）……

解读 Or.12380-0915（K.K.）残经，比对《大正藏》，可以确定残经为《佛说佛名经》、《现在贤劫千佛名经》或《慈悲道场忏法》的相应内容。

……南无供养佛、南无喜庄严佛、南无舍尸鸡兜佛、南无弗若功德光佛、南无大威德佛、南无等宝盖佛、南无那罗延佛、南无成就行佛……①

① （元魏）菩提流支译《佛说佛名经》卷 12，《大正藏》第 14 册，第 440 号，第 179 页中栏 14~17。

……南无供养佛、南无喜庄严佛、南无舍尸鸡兜佛、南无弗若功德光佛、南无大威德佛、南无等宝盖佛、南无那罗延佛……[①]

……南无觉相佛、南无喜庄严佛、南无示济佛、南无香象佛、南无众炎佛、南无慈相佛、南无妙香佛、南无坚铠佛……[②]

……南无觉想佛、南无喜庄严佛、南无香济佛、南无香象佛、南无众焰佛、南无慈相佛、南无妙香佛、南无坚铠佛……[③]

……南无觉想佛、南无喜庄严佛、南无香济佛、南无胜慧佛、南无离爱佛、南无慈相佛、南无妙香佛、南无坚铠佛……[④]

……南无觉想佛、南无喜庄严佛、南无香济佛、南无香象佛、南无众炎佛、南无慈相佛、南无妙香佛、南无坚铠佛……[⑤]

残存内容具体属于哪一部经或哪一卷，尚需其他材料进一步佐证。

29.Or.12380-0916（K.K.）残存 1 页 4 行，残缺严重，写本，刊布者将其定名为“佛名经”，现将西夏文录文并对译如下：

……[illegible][illegible]	……无佛
……[illegible]	……佛
……[illegible]□[illegible]	……舍□佛
……[illegible]	……寅

解读 Or.12380-0916（K.K.）残经，比对《大正藏》，可以初步确定残经属于《佛说佛名经》。

30.Or.12380-0917（K.K.）残存 1 页 1 行，残缺严重，仅存 5 个字，刻本，下方有花纹，刊布者将其定名为“佛名经”，现将西夏文录文并对译如下：

---

① 《佛说佛名经》卷 27，《大正藏》第 14 册，第 441 号，第 289 页中栏 26~28。

② 《佛说佛名经》卷 29，《大正藏》第 14 册，第 441 号，第 296 页中栏 16~19。

③ 《现在贤劫千佛名经》，《大正藏》第 14 册，第 447a 号，第 378 页中栏 13~16。

④ 《现在贤劫千佛名经》，《大正藏》第 14 册，第 447b 号，第 385 页上栏 7~10。

⑤ 《慈悲道场忏法》卷 7，《大正藏》第 45 册，第 1909 号，第 952 页上栏 24~28。

[illegible]　　南无供养佛

解读 Or.12380-0917（K.K.）残经，比对《大正藏》，可以初步确定残经为菩提流支译《佛说佛名经》第二卷、第三卷、第五卷、第十二卷，或为《佛说佛名经》第三卷、第六卷、第十二卷、第二十七卷等的相应内容。

31.Or.12380-0918（K.K.）残存 1 页 2 行，刻本，残缺严重，仅存 4 个字，两行之间有花纹，刊布者将其定名为“佛名经”，现将西夏文录文并对译如下：

……[illegible]　　……佛
……[illegible]　　……净施佛

解读 Or.12380-0918（K.K.）残经，比对《大正藏》，可以初步确定残经为《佛说佛名经》第十六卷、第二十卷的相应内容。

32.Or.12380-0919（K.K.）残存 1 页 3 行，刻本，残缺严重，每行仅存 5~6 个字，两行之间有花纹，刊布者将其定名为“佛名经”，现将西夏文录文并对译如下：

[illegible]　　南无□功德佛
[illegible]　　南无日藏合佛
[illegible]　　南无上智佛

解读 Or.12380-0919（K.K.）残经，比对《大正藏》，可以初步确定残经为《佛说佛名经》、《十方千五百佛名经》或《现在贤劫千佛名经》的相应内容。

33.Or.12380-0920（K.K.Ⅱ.0280.www）残存 1 页 2 行，残缺严重，仅存 8 个字，写本，上面有花纹，刊布者将其定名为“佛名经”，现将西夏文录文并对译如下：

纫𗪘𗳒……𗵐	南无法……佛
纫𗪘𗼕……𗵐	南无最……佛

解读 Or.12380-0920（K.K.Ⅱ.0280.www）残经，比对《大正藏》，可以初步确定残经为《佛说佛名经》、《五千五百佛名经》、《过去庄严劫千佛名经》或《现在贤劫千佛名经》等的相应内容。

34.Or.12380-0921（K.K.Ⅱ.0236.vv）残存 1 页 6 行，残缺严重，上下栏线单栏，写本，刊布者将其定名为“佛名经”，现将西夏文录文并对译如下：

……𗵐	……佛
□□𗘦𗵐	□□净佛
𗏁𗑗𗵐	等定佛
𗍫𗗙𗵐	不坏佛
𗉣𗗿𗵐	灭垢佛
𗗟𗍫𗏁𗵐	方不等佛

解读 Or.12380-0921（K.K.Ⅱ.0236.vv）残经，比对《大正藏》，可以初步确定残经为《佛说佛名经》第三十卷、《现在贤劫千佛名经》或《慈悲道场忏法》第九卷的相应内容：

> 南无自在王佛、南无无量净佛、南无等定佛、南无不坏佛、南无灭垢佛、南无不失方便佛……[①]

但具体是哪一部佛经还需结合上下文，才能确定。

35.Or.12380-1013（K.K.Ⅲ.028.b）残存 1 页 6 行，残缺严重，栏线无存，写本，残经上有经题为“佛名经”，现将西夏文录文并对译如下：

---

① 《慈悲道场忏法》卷 9，《大正藏》第 45 册，第 1909 号，第 960 页上栏 26~28。

……[西夏文]……	……佛……
……[西夏文]……	……名佛……
……[西夏文] [西夏文]	……佛　满意佛
……[西夏文] [西夏文]? [西夏文]	……佛　悟？无佛
……[西夏文] [西夏文]	……佛　梵天佛
……[西夏文]……	……佛……

解读 Or.12380-1013（K.K.Ⅲ.028.b）残经，比对《大正藏》，可以确定残经或为《现在贤劫千佛名经》的相应内容：

> 南无住义佛、南无满意佛、南无上赞佛、南无无忧佛、南无无垢佛、南无梵天佛、南无花根（丹本作相）佛、南无身差别佛、南无法明佛。[①]

或为《佛说佛名经》第二十九卷的相应内容：

> 南无住义佛、南无宝天佛、南无满意佛、南无上赞佛、南无无垢佛、南无无忧佛、南无梵天佛、南无华相佛、南无身差别佛、南无法明佛。[②]

36.Or.12380-1020（K.K.Ⅲ.028.u）残存 1 页 3 行，残缺严重，仅存 10 个字，栏线无存，写本，刊布者将其定名为“佛经”，现将西夏文录文并对译如下：

[西夏文]……[西夏文]	南无……佛
[西夏文]……[西夏文]	南无……佛

---

① 《现在贤劫千佛名经》，《大正藏》第 14 册，第 447a 号，第 377 页上栏 28~ 中栏 2。

② 《佛说佛名经》卷 29，《大正藏》第 14 册，第 441 号，第 295 页下栏 29~296 页上栏 4。

纫瓶敪……緋	南无人……佛

解读 Or.12380-1020（K.K.Ⅲ.028.u）残经，比对《大正藏》，可以初步确定残经为《佛说佛名经》、《现在贤劫千佛名经》、《过去庄严劫千佛名经》或《慈悲道场忏法》的相应内容，具体为哪一部佛经，只有发现相似残经才可做比对研究。

37.Or.12380-1048（K.K.Ⅱ.0281.kk）残存 1 页 4 行，栏线无存，写本，刊布者将其定名为“佛名经”，现将西夏文录文并对译如下：

……蠫菔緥豩俿……	……经典中说人……
……燚菞緢𢈞虩……	……此往（昔）善典所……
……纫瓶秷氚緋……	……南无旃檀佛……
……纫瓶緢緎緋……	……南无善面佛……

解读 Or.12380-1048（K.K.Ⅱ.0281.kk）残经，比对《大正藏》，可以初步确定残经或属于《佛说佛名经》。

38.Or.12380-1243（K.K.V.b.020.b. xxi）残存 1 页 5 行，上栏线无存，下栏线单栏，写本，刊布者将其定名为“佛名经”，现将西夏文录文并对译如下：

……敽敪敿□	……智庄严□
……禨繖	……法昔
……禨矛矛緥敓	……法一切中度
……綘 緋	……足 佛
……緋	……佛

解读 Or.12380-1243（K.K.V.b.020.b. xxi）残经，比对《大正藏》，可以初步确定残经或为《佛说佛名经》的相应内容：

南无大智庄严身佛、南无智称佛、南无佛法首佛、南无一切众生德佛、南无过一切法门佛、南无自在因陀罗佛、南无满足意佛。[①]

39.Or.12380-1865RV（K.K.II.0277.m）残存2页10行，残缺严重，上栏线单栏，下栏线无存，刻本，残经上原有编号1865，残经上有经题《现在贤劫千佛名经》，现将西夏文录文并对译如下：

（右面）

[illegible][②][illegible]……　　现在贤劫千佛名……

[illegible]

奉天显道耀武宣文神谋睿智制义去邪惇睦懿恭皇帝嵬名　贤校

[illegible][③][illegible]……　　尔时喜王菩萨佛之……

[illegible]……　　此众中菩萨摩诃萨……

[illegible]……　　八万四千……

（左面）

[illegible]……　　罗尼门得……

[illegible]……　　今是会中菩萨大……

[illegible]……　　八万四千诸波罗蜜……

□□[illegible]……　　□□是诸菩萨是……

[illegible]……　　成四如来向……

解读Or.12380-1865RV（K.K.II.0277.m）残经，比对《大正藏》，可以确定残经为《现在贤劫千佛名经》的相应内容：

① （元魏）菩提流支译《佛说佛名经》卷10，《大正藏》第14册，第440号，第169页下栏5~9。或《佛说佛名经》卷22，《大正藏》第14册，第441号，第274页中栏15~18。

② 西夏文“[illegible]”译为“现在贤劫”。

③ 西夏文“[illegible]”译为“喜王菩萨”。

现在贤劫千佛名经

奉天显道耀武宣文神谋睿智制义……

尔时，喜王菩萨白佛言："世尊，今此众中颇有菩萨摩诃萨得是三昧，亦得八万四千波罗蜜门，诸三昧门陀罗尼门者不？"佛告喜王："今此会中有菩萨大士得是三昧，亦能入八万四千诸波罗蜜，及诸三昧陀罗尼门，此诸菩萨于是贤劫中，皆当得阿耨多罗三藐三菩提。除四如来于此劫中得成佛已。"[①]

40.Or.12380-2189（K.K.V.b.020.a.xxvii）残存1页7行，写本，仅存下半部分，单栏，每行字数不等，原残经上有编号2189，刊布者定名为"佛名经"，现将西夏文录文并对译如下：

[illegible]

南无□□佛　南无□一切成就佛

[illegible]

南无自力佛　南无依胜□□功持佛

[illegible]

南无□明佛　南无胜□□□佛

[illegible]

南无寂成就佛　南无佛功德胜□佛

[illegible]

南无无佛　南无得佛眼佛

[illegible]

南无□□佛　南无大慈悲成就佛

[illegible]

南无□□佛　南无众生无住真际王佛

① 《现在贤劫千佛名经》，《大正藏》第14册，第447a号，第376页上栏9~19。

解读 Or.12380-2189（K.K.V.b.020.a.xxvii）残经，比对《大正藏》，可以确定残经为《佛说佛名经》第二十二卷的相应内容：

……南无忍自在王佛、南无成就一切称佛、南无三世智转自在佛、南无胜归依功德善住佛、南无种种摩尼光佛、南无胜功德佛、南无佛功德胜佛、南无无余证佛、南无得佛眼佛、南无随过去佛佛、南无大慈成就悲胜佛、南无住持师子智佛、南无无众生住实际王佛……[①]

41.Or.12380-2245a（K.K.Ⅱ.0280.a.iii）残经残缺严重，共 3 残片，皆为下半部分，下栏线单栏，上栏线无存，写本，残经上有编号 2245，刊布者将其定名为"佛名经"，现将西夏文录文并对译如下：

……[illegible][illegible]𗗙　　……宣意佛
……[illegible]　　……相
……𗗙　　……佛
……𗗙　　……佛

……[illegible][illegible]　　……色蜜
……[illegible][illegible]𗗙　　……光明佛
……[illegible]𗗙　　……祥佛

……[illegible]𗗙　　……知佛
……[illegible]𗴢𗗙　　……喜王佛
……𗗙　　……佛

解读 Or.12380-2245a（K.K.Ⅱ.0280.a.iii）残经，比对《大正藏》，

① 《佛说佛名经》卷 22，《大正藏》第 14 册，第 441 号，第 274 页中栏 8~16。

可以确定残经为《现在贤劫千佛名经》的相应内容，因为残页内容过于残缺，只能根据仅存几个佛名进行判断，相应内容为：

> 南无欢喜佛、南无善守佛、南无不退佛、南无师子相佛、南无胜知佛、南无法氏佛、南无喜王佛、南无妙御佛、南无爱作佛、南无德臂佛、南无香象佛、南无观视佛、南无云音佛、南无善思佛、南无善意佛、南无离垢佛、南无月相佛、南无大名佛、南无珠髻佛、南无威猛佛、南无师子步佛、南无德树佛、南无欢释（丹本作观择）佛、南无慧聚佛、南无安住佛、南无有意佛、南无鸯伽陀佛、南无无量意佛、南无妙色佛、南无多智佛、南无光明佛、南无坚戒佛、南无吉祥佛、南无宝相佛、南无莲华佛、南无那罗延佛、南无安乐佛、南无智积佛、南无德敬佛……[①]

42.Or.12380-2288（K.K.Ⅱ.0248.m）残存 1 页 6 行，上栏线单栏，下栏线无存，写本，刊布者将其定名为“佛名经”。现将西夏文录文并对译如下：

[illegible][illegible]	[illegible][illegible]𘜶	[illegible][illegible]	[illegible]□[𘜶]	南无	德相佛	南无	罗□佛
[illegible][illegible]	[illegible][illegible]𘜶	[illegible][illegible]	[illegible][illegible][𘜶]	南无	众主佛	南无	梵声佛
[illegible][illegible]	[illegible][illegible]𘜶	[illegible][illegible]	[illegible][illegible][𘜶]	南无	边牢佛	南无	无高佛
[illegible][illegible]	[illegible][illegible]𘜶	[illegible][illegible]	[illegible]□[𘜶]	南无	明造佛	南无	大□佛
[illegible][illegible]	[illegible][illegible]𘜶	[illegible][illegible]	□□[𘜶]	南无	金刚佛	南无	□□佛
[illegible][illegible]	[illegible][illegible]𘜶	[illegible][illegible]	□□[𘜶]	南无	恐无佛	南无	□□佛

解读 Or.12380-2288（K.K.Ⅱ.0248.m）残经，可以确定其或为《佛说佛名经》第二十九卷的相应内容：

---

① 《现在贤劫千佛名经》,《大正藏》第 14 册，第 447a 号，第 376 页中栏 14~27。

南无德相佛、南无罗睺佛、南无众主佛、南无梵声佛、南无坚际佛、南无不高佛、南无作明佛、南无大山佛、南无金刚佛、南无将众佛、南无无畏佛……①

或为《现在贤劫千佛名经》的相应内容：

南无德相佛、南无罗睺佛、南无众主佛、南无梵声佛、南无坚际佛、南无不高佛、南无作明佛、南无大山佛、南无金刚佛、南无将众佛……②

43.Or.12380-2545（K.K.Ⅱ.0279.iii）残存 1 页 5 行，上栏线单栏，下栏线无存，刻本，残缺严重，字数无法确定，残经上有编号 2545，刊布者将其定名为“佛经”，现将西夏文录文并对译如下：

蕠綀蕠□蕠……	若总若□若……
蕠□蕠嬡毤□緶……	若□若说不□应……
蘢蒱軗纛敽皾瓎……	皆令消灭也相忏……
瓎瓛皈緆□瓎□……	忏次口四□忏□……
瓎豜③ 肴骸……	忏悔三身……

解读 Or.12380-2545（K.K.Ⅱ.0279.iii）残经，比对《大正藏》，可以确定残经或为《佛说佛名经》第五卷相应的内容：

……今当次第更复一一别相忏悔。若总、若别、若粗、若细、若轻、若重、若说不说，品类相从愿皆消灭，别相忏悔者，先忏身

① 《佛说佛名经》卷 29，《大正藏》第 14 册，第 441 号，第 295 页中栏 7~10。

② 《现在贤劫千佛名经》，《大正藏》第 14 册，第 447a 号，第 376 页中栏 6~9。

③ 西夏文“瓎豜”译为“忏悔”。

三次忏口四，其余诸障次第稽颡，身三业者。[①]

或为《现在贤劫千佛名经》的相应内容：

> ……今当次第更复一一别相忏悔。若总、若别、若粗、若细、若轻、若重、若说不说，品类相从愿皆消灭，别相忏者，先忏身三次忏口四，其余诸障次第稽颡，身三业者。[②]

因为残经过于残缺，并且缺少上下文的对照，我们只能把《佛说佛名经》和《现在贤劫千佛名经》的相关内容列举出来，以后发现其上下文时再做进一步的确定。

44.Or.12380-2895a（K.K.Ⅱ.0282.a.xxv）残存 1 页 2 行，上半部分残缺严重，上栏线无存，下栏线单栏，刻本，刊布者将其定名为“佛名经”，现将西夏文录文并对译如下：

……𗍫　　　　……佛
……𗼃𗍫　　　……明佛

翻译 Or.12380-2895a（K.K.Ⅱ.0282.a.xxv）残经，初步确定其为《佛说佛名经》、《现在贤劫千佛名经》、《过去庄严劫千佛名经》或《未来星宿劫千佛名经》等的相应内容，但具体属于哪一部尚待考。

45.Or.12380-2895bRV（K.K.Ⅱ.0282.a.xxv）残存 1 页 6 行，上半部分残经严重，上栏线无存，下栏线单栏，刻本，刊布者将其定名为“佛名经”，现将西夏文录文并对译如下：

……𘟂𗫂𗍫　　　……胜相佛

① 《佛说佛名经》卷 5，《大正藏》第 14 册，第 441 号，第 208 页中栏 21~25。
② 《现在贤劫千佛名经》，《大正藏》第 14 册，第 447a 号，第 378 页上栏 8~13。

……[西夏字][西夏字]𘓐　　……有坚佛
……[西夏字]𘓐　　……离佛
……𘓐　　……佛
……[西夏字][西夏字]𘓐　　……有见佛
……[西夏字][西夏字]𘓐　　……金山佛

解读 Or.12380-2895bRV（K.K.Ⅱ.0282.a.xxv）残经，可知其或为菩提流支译《佛说佛名经》第三卷的相应内容：

……南无金山佛、南无师子德佛、南无不可称幢佛、南无光明佛、南无称愿佛、南无坚精进佛、南无无譬喻称佛、南无离畏佛、南无应天佛……[①]

或为《佛说佛名经》第二十九卷的相应内容：

……南无金山佛、南无师子德佛、南无胜相佛、南无明赞佛、南无坚精进佛、南无具足赞佛、南无离畏佛、南无应天佛、南无大灯佛……[②]

或为《现在贤劫千佛名经》的相应内容：

……南无金山佛、南无师子德佛、南无胜相佛、南无明赞佛、南无坚精进佛、南无具足赞佛、南无离畏佛、南无应天佛、南无大灯佛、南无世明佛……[③]

---

① （元魏）菩提流支译《佛说佛名经》卷3，《大正藏》第14册，第440号，第130页中栏3~6。

② 《佛说佛名经》卷29，《大正藏》第14册，第441号，第295页下栏8~11。

③ 《现在贤劫千佛名经》，《大正藏》第14册，第447a号，第377页上栏5~8。

或为《慈悲道场忏法》第五卷“解怨释结第三”的相应内容：

……南无金山佛、南无师子德佛、南无胜相佛、南无明赞佛、南无坚精进佛、南无具足赞佛、南无离畏佛、南无应天佛……①

46.Or.12380-2895cRV（K.K.Ⅱ.0282.a.xxv）残存1页4行，上面有花纹，上栏线无存，下栏线无存，刻本，刊布者将其定名为“佛名经”，现将西夏文录文并对译如下：

𗒘𗒐……	南无……
𗒘𗒐……	南无……
𗒘𗒐……	南无……
𗒘𗒐……	南无……

Or.12380-2895cRV（K.K.Ⅱ.0282.a.xxv）因残缺严重，仅能初步确定为“佛名经”类的经典，具体属于哪一部的哪一卷尚待考证。

47.Or.12380-2895d（K.K.Ⅱ.0282.a.xxv）残存1页2行，上面有花纹，栏线无存，刻本，刊布者将其定名为“佛名经”，现将西夏文录文并对译如下：

𗒘𗒐□𗀔𗖵……	南无□众佛……
𗒘𗒐𗰁𗧯𗖵……	南无游行佛……

Or.12380-2895d（K.K.Ⅱ.0282.a.xxv）因为残缺严重，无法确定其具体属于哪一部佛经，或为《佛说佛名经》第二十九卷的相应内容：

……南无定众佛、南无众王佛、南无游步佛、南无安意

① 《慈悲道场忏法》卷5，《大正藏》第45册，第1909号，第944页下栏11~15。

佛……[①]

或为《现在贤劫千佛名经》的相应内容：

……南无众王佛、南无游步佛、南无安隐佛 或南无宝赞佛、南无众王佛、南无游步佛、南无安隐佛……[②]

或为《慈悲道场忏法》第五卷“解怨释结第三”的相应内容：

……南无宝众佛、南无众王佛、南无游步佛、南无安隐佛……[③]

48.Or.12380-2895dV（K.K.Ⅱ.0282.a.xxv）残存1页2行，上面有花纹，栏线无存，刻本，刊布者将其定名为“佛名经”，现将西夏文录文并对译如下：

[illegible]……	南无名相佛……
[illegible]……	南无定意佛……

解读Or.12380-2895dV（K.K.Ⅱ.0282.a.xxv）残经，可知其或为《佛说佛名经》第二十九卷的相应内容：

……南无名相佛、南无法积佛、南无定义佛、南无施愿佛……[④]

或为《现在贤劫千佛名经》的相应内容：

① 《佛说佛名经》卷29，《大正藏》第14册，第441号，第295页下栏17~18。
② 《现在贤劫千佛名经》，《大正藏》第14册，第447a号，第377页下栏13~15。
③ 《慈悲道场忏法》卷5，《大正藏》第45册，第1909号，第945页中栏12~13。
④ 《佛说佛名经》卷29，《大正藏》第14册，第441号，第295页下栏16~17。

……南无山顶佛、南无名相佛、南无法积佛、南无定义佛、南无施愿佛……[①]

49.Or.12380-2896RV（K.K.）残存 1 页 3 行，上栏线无存，下栏线单栏，刻本，有大字有小字，刊布者将其定名为“佛经”，现将西夏文录文并对译如下：

大字西夏文为：

[illegible]	提言多也世尊

此句话相似内容较多，不好确定具体是哪一部经典。

小字西夏文为：

……𘓐	……佛
……[illegible]𘓐	……明佛

翻译 Or.12380-2896RV（K.K.）残经，可以初步确定其为《佛说佛名经》、《现在贤劫千佛名经》、《过去庄严劫千佛名经》或《未来星宿劫千佛名经》等的相应内容，但具体属于哪一部尚待考。

大字西夏字与小字西夏字不是同一佛经。

50.Or.12380-2897（K.K.）残存 2 页 3 行，存上下 2 残片，上栏线单栏，下栏线无存，刻本，刊布者将其定名为“佛经”，现将西夏文录文并对译如下：

上部分残片：

𗏁𘄽……	南无……
𗏁𘄽……	南无……

① 《现在贤劫千佛名经》,《大正藏》第 14 册，第 447a 号，第 377 页上栏 12~14。

下部分残片：

[illegible]…… 以福生……

翻译 Or.12380-2897（K.K.）残经，可知其为《现在贤劫千佛名经》或《佛说佛名经》第四卷、第十九卷、第三十卷等的相应内容。

51.Or.12380-2897V（K.K.）残存 2 页 2 行，存上下 2 残片，上栏线单栏，下栏线无存，刻本，上残片为 Or.12380-2897（K.K.）残经的反字，不录，下残片为“[illegible]…… 南无……”，可将其定名为“佛名经”类的残片。

52.Or.12380-2917（K.K.V.b.08.o）残存 1 页 5 行，上半部分残缺严重，上栏线无存，下栏线单栏，刻本，刊布者将其定名为“佛经”，现将西夏文录文并对译如下：

……[illegible]	……是缘诸佛菩萨旨学
……[illegible]	……令善知识者道得
……[illegible]□[illegible]	……今日心□佛处
……[illegible]	……南无德念佛
……[illegible]	……南无思议善佛

解读 Or.12380-2917（K.K.V.b.08.o）残经，比对《大正藏》，可以确定残经为《现在贤劫千佛名经》的相应内容：

> ……所以诸佛菩萨，教令亲近善友共行忏悔，善知识者，于此得道中则为全利，是故弟子，今日至诚归依诸佛。
>
> 南无梵德佛、南无华天佛、南无宝积佛、南无善思议佛……[①]

① 《现在贤劫千佛名经》,《大正藏》第 14 册，第 447a 号，第 376 页下栏 22~26。

53.Or.12380-2917V（K.K.V.b.08.o）残存 1 页 5 行，每行下半部分可以看清，上半部分残经严重，上栏线无存，下栏线单栏，刻本，刊布者将其定名为“佛经”，现将西夏文录文并对译如下：

……[illegible][1]□□	……报恶业□□
……[illegible]	……方故苦报得故
……[illegible]	……受又非是者何云如
……[illegible]	……者诸人赞显（叹）彼皆恭敬
……[illegible]	……受于乐报得能知且

解读 Or.12380-2917V（K.K.V.b.08.o）残经，比对《大正藏》，可以确定残经为《现在贤劫千佛名经》的相应内容：

> ……是其过去生中，生报、后报、恶业熟故，现在善根力弱，不能排遣，是故得此苦报，岂关现在作善，而招恶报，何以知然？现见世间，为善之者，为人所赞叹，人所尊重，故知未来必招乐果，过去既有如此恶业……[2]

翻译比对 Or.12380-2917（K.K.V.b.08.o）和 Or.12380-2917V（K.K.V.b.08.o）残经内容，可以确定二者属于《现在贤劫千佛名经》，Or.12380-2917V（K.K.V.b.08.o）在 Or.12380-2917（K.K. V.b.08.o）之前，二者可以缀合。

54.Or.12380-2927（K.K.Ⅱ.0281.Ⅱ）残存 1 页 4 行，栏线无存，写本，残经上有编号 2927，刊布者将其定名为“佛名经”，现将西夏文录文并对译如下：

[illegible] [illegible]	声好佛　南无法

---

① 西夏文“[illegible]”译为“恶业”，即从事五戒十善等善事。

② 《现在贤劫千佛名经》，《大正藏》第 14 册，第 447a 号，第 376 页下栏 17~22。

[illegible]	业佛　南无声
[illegible]	名赞佛　南无世
[illegible]	众相佛　南无

解读 Or.12380-2927（K.K.Ⅱ.0281.Ⅱ），比对《大正藏》，可以确定残经为《现在贤劫千佛名经》的相应内容：

南无善灭（丹本作寂）佛、南无梵命佛、南无智喜佛、南无神相（丹本作地）佛、南无如众王佛、南无持相佛、南无爱日佛、南无罗睺月佛、南无花明佛、南无药师上佛、南无持势力佛、南无福德明佛、南无喜明佛、南无好音佛、南无法自在佛、南无梵音佛、南无善业佛、南无音（丹本作意）无错佛、南无大施佛、南无名赞佛、南无世自在佛、南无德流布佛、南无众相佛……①

55.Or.12380-2959（K.K.Ⅱ.0239.yy）残存 1 页 3 行，刻本，佛名与绘画结合，刊布者将其定名为“佛名经”，现将西夏文录文并对译如下：

[illegible]	南无莲花光贤游戏（行）佛
[illegible]	南无财德佛
[illegible]	南无德念佛

解读 Or.12380-2959（K.K.Ⅱ.0239.yy）残经，比对《大正藏》，可以确定残经为《佛说佛名经》第二十卷的相应内容：

南无莲花光游戏神通佛、南无财功德佛、南无德念佛……②

或者可以确定为菩提流志译《大宝积经》第九十卷“优波离会第

① 《现在贤劫千佛名经》,《大正藏》第 14 册，第 447a 号，第 382 页下栏 11~20。

② 《佛说佛名经》卷 20,《大正藏》第 14 册，第 441 号，第 265 页中栏 12。

二十四”的相应内容：

南无莲花光游戏神通佛、南无财功德佛、南无德念佛……[1]

至于究竟是哪一部佛经，仅仅根据这三个佛名还是很难确定。

56.Or.12380-3055（K.K.II.0272.g）残存1页5行，每行14字，上下栏线单栏，刻本经折装，残经有编号3055，刊布者将其定名为“佛经”，现将西夏文录文并对译如下：

[illegible]

不受若自借索若彼之（向）借若变若借

[illegible][2][illegible][3][illegible]

期漏依忘若三宝财短（杂）混用分若大

[illegible][4][illegible]□[illegible]□□[illegible]□

众有米面薪（柴）应（樵）盐□醋□□果木□

□[illegible]

□深数种丝幡盖香花油灯等财自

[illegible]

意用分及彼之受若佛之花果摘僧

翻译如下：

不受……若自借索，若向彼借，若变（复）借，若借期依漏忘，若三宝财，杂混分用，若大众有米面、樵薪（柴）、盐□、醋□、□果、木□、□深数种丝幡盖、香花、灯油等财，自意分用，及给彼受，若摘佛之花果，僧……

① （唐）菩提流志译《大宝积经》卷90，《大正藏》第11册，第310号，第515页下栏27。

② 西夏文“[illegible]”译为“三宝财”“三宝物”。

③ 西夏文“[illegible]”译为“杂混共用”。

④ 西夏文“[illegible]”译为“米面”，汉文本为“谷米”。

解读 Or.12380-3055（K.K.Ⅱ.0272.g）残经，比对《大正藏》，可以确定残经为《现在贤劫千佛名经》的相应内容：

……今日至诚皆悉忏悔，或是佛法僧物，或拟招提僧物，或盗取误用恃势不还，或自借或贷人，或复换贷漏忘；或三宝物，混乱杂用，或以众物谷米、樵薪，盐豉、酱醋、菜茹、果实，钱帛、竹木、缯彩、幡盖，香花、油烛随情逐意，或自用或与人；或摘佛花果，用僧鬘物……[①]

57.Or.12380-3056（K.K.Ⅱ.0258.d）残存 1 页 5 行，每行 12~13 字，上下栏线单栏，刻本经折装，残经上有编号 3056，刊布者定名为“佛经”，现将西夏文录文并对译如下：

[illegible] 林入烦恼台上所出明无□中至
[illegible] 往彼依定池干枯智慧莲花无也
[illegible] 戒树残缺三昧花叶无处少壮□
[illegible] 遣无量无边罪触（造）明无心覆种种
[illegible] 诸罪为深十恶五逆尘沙如□

翻译如下：

入……林，上烦恼台，至往所出无明□中，依彼定（禅）池干枯，无智慧莲花也。戒数残缺，无三昧花叶处，少壮□遣，造罪无量无边，无明覆心，为种种诸罪深，十恶五逆数，如尘沙□。

解读 Or.12380-3056（K.K.Ⅱ.0258.d）残经，比对《大正藏》，可以确定残经为《现在贤劫千佛名经》的相应内容：

……行三障路，入八邪林，上烦恼台，升无明殿，遂使禅池枯

① 《现在贤劫千佛名经》,《大正藏》第 14 册，第 447a 号，第 380 页上栏 28~ 中栏 5。

竭，靡引智慧之莲，戒树摧残，不生三昧华叶，盛年放逸，造过无量无边，无明覆心，为罪非一，十恶五逆，数若尘沙。[1]

Or.12380-3055（K.K.Ⅱ.0272.g）和 Or.12380-3056（K.K.Ⅱ.0258.d）为同部佛经。

58.Or.12380-3057（K.K.Ⅱ.0244.a.i）残存 1 页 5 行，上下栏线单栏，刻本经折装，有经题存在，残经上有编号 3057，刊布者将其定名为“佛经”，现将西夏文录文并对译如下：

[illegible][2][illegible]

现在贤劫千佛名经典上卷

[illegible]

天力治大孝智净广德称邪拒正入永平皇帝嵬名 贤校

[illegible]

尔时喜王菩萨佛对言说世尊

[illegible]

今此众中菩萨摩诃萨得三昧

[illegible]

得及八万四千波罗蜜门诸三

解读 Or.12380-3057（K.K.Ⅱ.0244.a.i）残经，比对《大正藏》，可以确定残经为《现在贤劫千佛名经》的相应内容：

尔时，喜王菩萨白佛言：“世尊，今此众中颇有菩萨摩诃萨得是三昧，亦得八万四千波罗蜜门，诸三昧门陀罗尼门者不？”[3]

① 《现在贤劫千佛名经》,《大正藏》第 14 册，第 447a 号，第 383 页上栏 25~29。

② 西夏文“[illegible]”译为“现在贤劫千佛名经典”。

③ 《现在贤劫千佛名经》,《大正藏》第 14 册，第 447a 号，第 376 页上栏 11~14。

上述 Or.12380-3055（K.K.Ⅱ.0272.g）、Or.12380-3056（K.K.Ⅱ.0258.d）和 Or.12380-3057（K.K.Ⅱ.0244.a.i）残经皆属于《现在贤劫千佛名经》，版式不同，但字体接近，我们可以判断，此经存在不同版本。

59.Or.12380-3172（K.K.）刊布者定名为“佛经”和“佛名经”，刻本，而刊布者将 Or.12380-3172V（K.K.）残经定名为“佛经”，仔细辨认两个残经，发现 Or.12380-3172（K.K.）和 Or.12380-3172V（K.K.）分别是由两个不同的残片组成，Or.12380-3172（K.K.）右面的 3 行和 Or.12380-3172V（K.K.）右面的 3 行应该是同一片残经，内容为《佛说佛名经》，而 Or.12380-3172（K.K.）左面的 4 行和 Or. 12380-3172V（K.K.）左面的 4 行为同一部残经，内容应该是《金刚般若波罗蜜经》。现将西夏文录文并对译如下：

Or.12380-3172（K.K.）右面：

絩䥥？絣	高（上）圆？佛
□□絣	□□佛
□□絣	□□佛

Or.12380-3172（K.K.）左面：

䋲䕵䘻……	是若法……
𦁐𦕁䋲……	于中是……
𦄲䩖䊱𦐒𦄲𥧌……	我人众生命者……
□□𢔱䘻𣲫𢔱䏸	□□无法亦无取

Or.12380-3172V（K.K.）右面：

□□絣	□□佛
□□絣	□□佛
𦍑□絣	智□佛

Or.12380-3172V（K.K.）左面：

□□[illegible]……	□□汝等真……
□□[illegible]？……	□□如知应烦？……
[illegible]……	法者说……
□□□……	□□□……

Or.12380-3172（K.K.）右面与 Or.12380-3172V（K.K.）右面重新缀合为：

[illegible]？[illegible]	高（上）圆？佛
□□[illegible]	□□佛
□□[illegible]	□□佛
□□[illegible]	□□佛
□□[illegible]	□□佛
[illegible]□[illegible]	智□佛

60.Or.12380-3180（K.K.Ⅱ.0282.aaa）残经刊布者将其定名为“佛经”，存1页5行，每行12字，刻本，原残经上有编号3180。现将西夏文录文并对译如下：

[illegible]①[illegible]	罪者诸众生之牢狱恶鬼中落
□□[illegible]②[illegible]	□□令能若畜生中落故豺虎
[illegible]	狼午鹰鸟等身受若毒蛇蝮蝎
[illegible]	等身受常恶心有（生）若鹿獐熊牛
[illegible]	等身受常恐怖生若人中生故

① 西夏文“[illegible]”译为“恶鬼”“鬼魅”。

② 西夏文“[illegible]”译为“畜生”。

《佛说佛名经》第五卷的相应内容如下：

……二俱是恶业，死堕叫唤地狱，故知杀害及以食啖，罪深河海过重丘岳，然弟子等，从无始已来不遇善友皆为此业。是故经言：杀害之罪能令众生堕于地狱饿鬼受苦，若在畜生则受虎狗豺狼鹰鹞等身，或受毒蛇蝮蝎等身，常怀恶心，或受獐鹿熊罴等身，常怀恐怖，若生人中得二种果报……[①]

《现在贤劫千佛名经》的相应内容如下：

……二俱是恶业，死堕叫唤地狱，故知杀害及以食啖，罪深河海过重丘岳，然弟子等，从无始已来不遇善友皆为由此业。是故经言：杀害之罪能令众生堕于地狱饿鬼受苦，若在畜生则受虎豹豺狼鹰鹞等身，或受毒蛇蝮蝎等身，常怀恶心，或受獐鹿熊罴等身，常怀恐怖，若生人中得二种果报……[②]

解读 Or.12380-3180（K.K.Ⅱ.0282.aaa）残经内容，可以确定其属于《佛说佛名经》或《现在贤劫千佛名经》，只有再发现其他残经，才能最后确定是哪一部佛经。

61.Or.12380-3194（K.K.Ⅱ.0262.c）残存 1 页 6 行，每行 12~13 字不等，上下栏线单栏，写本经折装，刊布者将其定名为“五戒八斋文”。现将西夏文录文并对译如下：

[illegible][③][illegible]

善亲相互无信义非业为若四

[illegible]

① 《佛说佛名经》卷 5，《大正藏》第 14 册，第 441 号，第 208 页下栏 2~11。

② 《现在贤劫千佛名经》，《大正藏》第 14 册，第 447a 号，第 378 页上栏 27~ 中栏 7。

③ 西夏文“[illegible]”译为“善亲”，汉文本为“朋友”。

过重六重八重圣道障碍业为若

[illegible]

五戒八斋犯毁业为若五篇七

[illegible] [1] [illegible]

聚多犯毁业为若优婆塞戒重

[illegible] [2] [illegible]

轻垢业为若菩萨戒清净说依行

[illegible] [3] [illegible]

不能若先后利求（方便）净行污垢业

翻译如下：

善亲相互无信为非义业，若为四重、六重、八重障业，若犯五戒、毁八斋业，若毁犯五篇七聚业，若优婆塞为轻重垢业，若菩萨戒不能清净依说行业，先后求利（方便）污垢净行业。

解读 Or.12380-3194（K.K.Ⅱ.0262.c）残经内容，可以确定其属于《佛说佛名经》或《现在贤劫千佛名经》的内容。

《佛说佛名经》第四卷的相应内容为：

> 朋友无信犯不义之业，或作四重、六重、八重障圣道业，毁犯五戒、破八斋业，五篇七聚，多缺犯业，优婆塞戒轻重垢业，或菩萨戒不能清净如说行业，前后方便污梵行业。[4]

《佛说佛名经》第十九卷的相应内容为：

> 朋友不信不义之业，或作四重、六重、八重障圣道业，毁犯五

---

① 西夏文“[illegible]”译为“优婆塞戒”。

② 西夏文“[illegible]”译为“菩萨戒”，大乘菩萨僧的戒律。

③ 西夏文“[illegible]”译为“净业”，清净的善业，也是往生极乐净土的业因。

④ 《佛说佛名经》卷 4，《大正藏》第 14 册，第 441 号，第 205 页上栏 17~20。

戒、破八斋业，五篇七聚，多缺犯业，优婆塞戒轻重垢业，或菩萨戒不能清净如说行业，前后方便污梵行业。[①]

《现在贤劫千佛名经》的相应内容为：

轻慢师长，无礼敬业，朋友不信不义之业，或作四重、六重、八重障圣道业，毁犯五戒、破八斋业，五篇七聚多缺犯业，优婆塞戒轻重垢业，或菩萨戒不能清净如说行业，前后方便污梵行业。[②]

因为缺少参照，很难判断到底是哪一部佛经，暂且定为这两部佛经，待发现残经其他内容时，再根据内容做具体判断。

62.Or.12380-3225（K.K.I.ii.02.k）刊布者将其定名为“佛经”，上下栏线单栏，刻本经折装，存1折页6行，每行16字，原残经上有编号3225，现将西夏文录文并对译如下：

[illegible]□
以压拉拷打足手以蹴棰笸入捆缠水□
[illegible]
断为是如种种诸恶方便以众生之恼嫉
[illegible]
今日心诚悉皆罪忏愿弟子等生杀等罪
[illegible]
过忏故所生德功依寿寿生且金刚身当
[illegible]
得寿命限量当无永怨恨与能离杀嫉思
[illegible]□□□□[illegible]

① 《佛说佛名经》,《大正藏》第14册，第441号，第264页下栏29~265页上栏4。

② 《现在贤劫千佛名经》,《大正藏》第14册，第447a号，第377页中栏11~16。

愿无诸众生于子□□□□离魔难祸苦

翻译如下：

以……以压拉拷打，捆缠足手入蹴棰筐，为断水□，如是种种，诸恶方便以恼嫉之众生。今日诚心悉皆罪忏，愿如弟子等，故忏生杀等罪过，所生德功，依寿寿生且当得金刚身，寿命当无限量，与怨恨能永离，无杀嫉思愿。于诸众生子□□□□离魔难祸苦。

《现在贤劫千佛名经》的相应内容是：

……或以鞭杖枷锁，拷掠打掷，手脚蹴踏，的缚笼系，断绝水谷，如是种种，诸恶方便，苦恼众生。今日至诚，皆悉忏悔，愿弟子等，承是忏悔杀害等罪，所生功德，生生世世，得金刚身，寿命无穷，永离怨憎，无杀害想，于诸众生得一子地，若见危难急厄之者……[①]

《佛说佛名经》第五卷的相应内容是：

……或以鞭杖枷锁，桁械压立，拷掠打掷，手脚蹴蹋，缠缚笼系，断绝水谷，如是种种，诸恶方便苦恼众生。今日至诚向十方佛尊法圣众，归命忏悔，愿弟子等，承是忏悔杀害等罪，所生功德，愿生生世世得金刚身寿命无穷。永离怨憎，无杀害想，于诸众生得一子地，若见危难急厄之者……[②]

《慈悲水忏法》的相应内容为：

……或以鞭杖枷锁，桁械压拉，拷掠打掷，手脚蹴踏，拘缚笼系，断绝水谷，如是种种，诸恶方便苦恼众生。今日至诚向十方佛

① 《现在贤劫千佛名经》，《大正藏》第 14 册，第 447a 号，第 379 页上栏 13~17。

② 《佛说佛名经》卷 5，《大正藏》第 14 册，第 441 号，第 209 页上栏 22~ 中栏 1。

> 尊法圣众，皆悉忏悔，愿承是忏悔杀害等罪，所生功德，生生世世得金刚身，寿命无穷，永离怨憎无杀害想，于诸众生得一子地，若见危难急厄之者……①

解读其内容，可以确定其属于《佛说佛名经》、《现在贤劫千佛名经》或《慈悲水忏法》的内容，只有再发现其他相同残经，才能最后确定是哪一部佛经。

西夏文残经内容与《现在贤劫千佛名经》和《慈悲水忏法》的内容最为接近。

63.Or.12380-3226（K.K.Ⅱ.0248.a）残经，刊布者将其定名为“佛经”，上下栏线单栏，刻本经折装，存 1 折页 6 行，除最后一行 4 字外，每行 16 字，原残经上有编号 3226，现将西夏文录文并对译如下：

[illegible]

信心生难六根具难善亲遇难我等是□

[illegible]

昔善根所种依如人身得六根具足善亲

[illegible]

与遇正法亦闻且其中自各何能以勤进

[illegible]

精无生依未来世于长万苦中譬溺出分

[illegible]

投譬无谓故方今日日下心归敬常生以

[illegible]

悉皆罪忏

翻译如下：

① 《慈悲水忏法》卷中，《大正藏》第 45 册，第 1910 号，第 972 页中栏 23~29。

……信心难生，六根难具，善亲难遇，我等是□，昔善根所种，如依人身得六根具足，与善亲遇，亦闻正法，且其中各自何以无能勤生精进，依于未来世，譬长溺万苦中谓无譬出投离。故方今日当下以生诚心常敬，悉皆罪忏。

《佛说佛名经》第九卷的相应内容如下：

> ……众僧难值，信心难生，六根难具，善友难得，怖心难发，而今相与宿植善根得此人身六根完具，又值善友得闻正法，于其中间复各不能尽心精勤，恐于未来长溺万苦无有出期，是故今日应须至诚惭愧，稽颡归依佛。[①]

《现在贤劫千佛名经》的相应内容是：

> ……众僧难值，信心难生，六根难具，善友难得，而今相与宿殖善根，得此人身六根完具，又值善友得闻正法，于其中间，复各不能尽心精勤，恐于未来长溺万苦无有出期，是故今日至到惭愧，皆悉忏悔。[②]

《慈悲水忏法》的相应内容是：

> ……众僧难值，信心难生，六根难具，善友难得，而今相与宿植善根得此人身六根完具，又值善友得闻正法，于其中间复各不能尽心精勤，恐于未来长溺万苦无有出期，是故今日至诚求哀忏悔。[③]

解读 Or.12380-3226（K.K.II.0248.a）残经，可以确定其属于《佛

---

① 《佛说佛名经》卷 9,《大正藏》第 14 册，第 441 号，第 222 页上栏 20~ 中栏 4。

② 《现在贤劫千佛名经》,《大正藏》第 14 册，第 447a 号，第 382 页中栏 23~27。

③ 《慈悲水忏法》卷下,《大正藏》第 45 册，第 1910 号，第 975 页中栏 23~27。

说佛名经》、《现在贤劫千佛名经》或《慈悲水忏法》的内容，具体是哪一部佛经尚待考证。

64.Or.12380-3514（K.K.Ⅱ.0244.gg）残存 1 页 15 行，但每行仅存 1~2 字，残缺严重，上栏线无存，下栏线单栏，写本，原佛经上有编号 3514，刊布者将其定名为“佛名经”，现将西夏文录文并对译如下：

……[Tangut]𗧓	……明佛
……𗧓	……佛
……[Tangut]𗧓	……义佛
……𗧓	……佛
……𗧓	……佛
……[Tangut]𗧓	……异佛
……[Tangut]𗧓	……德佛
……[Tangut]𗧓	……爱（喜）佛
……[Tangut]𗧓	……山佛
……[Tangut]𗧓	……主佛
……[Tangut]𗧓	……力佛
……[Tangut]𗧓	……手佛
……𗧓	……佛
……𗧓	……佛
……[Tangut]𗧓	……明佛

解读 Or.12380-3514（K.K.Ⅱ.0244.gg）残经，我们只能确定它属于“佛名经”，因过于残缺，很难具体判断是哪一部“佛名经”，但是根据个别残存西夏字，初步确定其为《过去庄严劫千佛名经》的相应内容：

南无一念光佛、南无无边功德宝作佛、南无大护佛、南无天幢佛、南无无迷步佛、南无妙眼佛、南无善悦怿佛、南无乐说庄严云吼佛、南无施光佛、南无怀天佛、南无解脱光佛、南无持德佛、南无润意佛、南无道光佛、南无海丰佛、南无道喜佛、南无广大善眼净除疑佛、南无乐说山佛、南无世主身佛、南无法力自在胜佛、南无法起佛、南无法体胜佛、南无无迷思佛、南无德上佛、南无无谄名称佛、南无大净佛、南无大众自在勇猛佛、南无天光明佛、南无悦摄佛。[①]

65.Or.12380-3657b（K.K.）残存 1 页 5 行，上下栏线单栏，分为两部分内容，上半部分为佛像，下半部分为对应佛名，刻本，刊布者将其定名为“佛名经”。现将西夏文录文并对译如下：

[illegible]	南无琉璃藏佛
[illegible]	南无名宣佛
[illegible]	南无利寂佛
[illegible]	南无教训佛
[illegible]	南无月明佛

比对《大正藏》，可以确定残经属于《现在贤劫千佛名经》，而不能定名为《佛说佛名经》，《现在贤劫千佛名经》的相应内容如下：

南无琉璃藏佛、南无名闻佛、南无利寂佛、南无教化佛、南无月明佛……[②]

66.Or.12380-3664（K.K.）、Or.12380-3665（K.K.）、Or.12380-3666（K.K.）残存 1 页 5 行，Or.12380-3665（K.K.）、Or.12380-3666（K.K.）内容缺，分为上下两排，第一排上方画佛像，下面对应佛名，第二排也是

---

① 《过去庄严劫千佛名经》，《大正藏》第 14 册，第 446b 号，第 372 页下栏 25~373 页上栏 4。

② 《现在贤劫千佛名经》，《大正藏》第 14 册，第 447a 号，第 381 页上栏 10~12。

如此，刻本，刊布者将其定名为“佛名经”。现将西夏文录文并对译如下：

纨禄巍纖纬　纨禄瓾翗纬	南无坚力佛　南无安乐佛
纨禄缬绞纬　纨禄蕍□纬	南无妙义佛　南无净□佛
纨禄艛緻（绶）纬　纨禄缬繖纬	南无敬愧（颜）佛　南无妙至佛
纨禄绶翗纬　纨禄蘸兹纬	南无欲乐佛　南无楼至佛
氺毛翙繖殒纬缀	于已至千佛名

《佛说佛名经》第三十卷的相应内容如下：

> 南无坚音佛、南无安乐佛、南无妙义佛、南无爱净佛、南无惭愧颜佛、南无妙髻佛、南无欲乐佛、南无楼至佛。
>
> 此贤劫中诸佛出世名号如是。若人闻此千佛名字。[①]

《现在贤劫千佛名经》的相应内容如下：

> ……南无坚音佛、南无安乐佛、南无妙义佛、南无受净佛、南无惭愧颜佛、南无妙髻佛、南无欲乐佛、南无楼至佛。
>
> 从此已上一千佛。[②]

《慈悲道场忏法》第十卷的相应内容为：

> ……南无坚音佛、南无安乐佛、南无妙义佛、南无爱净佛、南无惭愧颜佛、南无妙髻佛、南无欲乐佛、南无楼志佛、南无药王菩萨、南无药上菩萨、南无无边身菩萨、南无观世音菩萨。
>
> 又复归依如是十方尽虚空界一切三宝。[③]

---

① 《佛说佛名经》卷 30，《大正藏》第 14 册，第 441 号，第 300 页中栏 21~26。

② 《现在贤劫千佛名经》，《大正藏》第 14 册，第 447a 号，第 383 页上栏 17~21。

③ 《慈悲道场忏法》卷 10，《大正藏》第 45 册，第 1909 号，第 966 页下栏 21~27。

由此可见,《佛说佛名经》、《现在贤劫千佛名经》和《慈悲道场忏法》等都有相应的佛的名号,但通过比对最后一句,可以确定Or.12380-3664(K.K.)残经应为《现在贤劫千佛名经》,而不宜定名为“佛名经”。

67.Or.12380-3765.4(K.K.)残经存1页6行,上栏线单栏,下栏线无存,写本,残页上有编号3765/7,残经上3765/7与3765.4有差异。刊布者将其定名为《金刚般若波罗蜜经》,现将西夏文录文并对译如下:

[illegible]……

愿眼根忏悔功德依眼……

[illegible]……

佛菩萨清净法身令二相……

[illegible]……

耳根忏悔功德依耳以常十向……

□□□□[illegible]……

□□□□法依奉行愿……

□□[illegible]……

□□依鼻以香积法位入香当……

□□□[illegible]……

□□□与舍离愿是舌根忏悔功德……

翻译如下:

愿依忏悔眼根功德,眼……佛菩萨清净法身,令二相。依忏悔耳根功德,以耳,常十向……□□□依□法奉行,愿依……□□以鼻香积入法位香。当与舍离……□□□。愿是忏悔舌根功德……

解读Or.12380-3765.4(K.K.)残经,可以确定刊布者定名错误,其并非《金刚般若波罗蜜经》,而为《佛说佛名经》第七卷或者《现在贤劫千佛名经》的相应内容。

《佛说佛名经》第七卷汉文本内容如下:

> 愿以忏悔眼根功德，愿令此眼，彻见十方诸佛菩萨清净法身，不以二相。愿以忏悔耳根功德，愿令此耳，常闻十方诸佛贤圣所说正法如教奉行。愿以忏悔鼻根功德，愿令此鼻常闻香积入法位香，舍离生死不净臭秽。愿以忏悔舌根功德，愿令此舌……①

《现在贤劫千佛名经》的相应内容如下：

> 愿以忏悔眼根功德，愿令此眼，彻见十方诸佛菩萨清净法身，不以二相。愿以忏悔耳根功德，愿令此耳，常闻十方诸佛贤圣，所说正法如教奉行。愿以忏悔鼻根功德，愿令此鼻，常闻香积，入法位香，舍离生死，不净臭秽。愿以忏悔舌根功德，愿令此舌……②

68.Or.12380-3765.4V（K.K.）残存1页6行，上栏线单栏，下栏线无存，写本，刊布者将其定名为《金刚般若波罗蜜经》，现将西夏文录文并对译如下：

[illegible]□[illegible]……	愿弟子等是淫欲□忏悔功德……
□□[illegible]……	□□世世生各彼……
□□□□[illegible]……	□□□□相善光妙当为……
[illegible]□[illegible]……	当□乐见亲属行……
[illegible]……	信观五色境（界）于……
[illegible]……	发所亦邪想无起中睡……

翻译如下：

愿弟子等，忏悔是淫欲□功德……□□世世生各彼……□□□□相善光妙，当为……当□乐见亲属行……信观……于五色境（界）……

---

① 《佛说佛名经》卷7，《大正藏》第14册，第441号，第216页上栏15~20。

② 《现在贤劫千佛名经》，《大正藏》第14册，第447a号，第381页下栏27~382页上栏4。

发……睡中所亦无起邪想……

解读 Or.12380-3765.4V（K.K.）残经，可以确定刊布者定名错误，其并非《金刚般若波罗蜜经》，而为《佛说佛名经》第七卷或者《现在贤劫千佛名经》的相应内容。

《佛说佛名经》第七卷汉文本内容如下：

> 愿弟子等，承是忏悔淫欲等罪所生功德，愿生生世世，自然化生不由胞胎，清净皎洁相好光丽，六情开朗聪利分明，了达恩爱犹如桎梏，观此六尘如幻如化，于五欲境决定厌离，乃至梦中不起邪想，内外因缘永不能动。①

《现在贤劫千佛名经》的相应内容如下：

> 愿弟子等，承是忏悔淫欲等罪所生功德，生生世世，自然化生，不由胞胎，清净皎洁，相好光丽，六情开朗，聪利分明，了达恩爱犹如桎梏，观此六尘如幻如化，于五欲境决定厌离，乃至梦中不起邪想，内外因缘永不能动。②

比对 Or.12380-3765.4（K.K.）、Or.12380-3765.4V（K.K.）内容，可知它们为同部残经，刊布者定名错误，它们并非《金刚般若波罗蜜经》，而为《佛说佛名经》第七卷或者《现在贤劫千佛名经》的相应内容，顺序为 Or.12380-3765.4V（K.K.）在前，Or.12380-3765.4（K.K.）在后，二者可缀合。

69.Or.12380-3799.1（K.K.Ⅱ.0231.q）残存 1 页 1 行，下栏线单栏，上栏线无存，写本，残页上有编号 3799，刊布者将其定名为“佛名经”，Or.12380-3799.1（K.K.Ⅱ.0231.q） 和 Or.12380-3799.1V（K.K.Ⅱ.0231.q）

① 《佛说佛名经》卷 7，《大正藏》第 14 册，第 441 号，第 216 页上栏 10~14。

② 《现在贤劫千佛名经》，《大正藏》第 14 册，第 447a 号，第 381 页下栏 23~27。

有密切关系，Or.12380-3799.1V（K.K.Ⅱ.0231.q）为反面，且 Or.12380-3799.1（K.K.Ⅱ.0231.q）西夏字反字为粘贴所致，故不录，仅将 Or.12380-3799.1（K.K.Ⅱ.0231.q）西夏文录文并对译如下：

絣　　　　纵𦁷𧀍𧐁緂[①]

佛　　　　南莫释迦磨

通过上述释读，可以确定其为《佛说佛名经》、《现在贤劫千佛名经》、《过去庄严劫千佛名经》或《慈悲道场忏法》的相应内容，因为残缺十分严重，很难确定到底属于哪一部经典，待相类残经刊布，方可最后判断。

① 西夏文“緂”为“磨”“摩”，音（mo），可能是西夏人发音所致，应为“𧀍𧐁𧐃𦀗絣”。

八 《观察诸法行经》《妙法圣念处经》

（一）《观察诸法行经》

《观察诸法行经》收录在《历代三宝纪》中，之后的《一切经音义》《大唐内典录》《古今译经图纪》《大周刊定众经目录》《开元释教录》《开元释教录略出》《贞元新定释教目录》等皆有收录。阇那崛多，北印度犍陀罗国人，刹帝利人，少怀达量长垂清范，游涉行化，来达中土，最初在周武帝时期，翻译了《金色仙人问经》（二卷）、《妙法莲华普门重颂偈经》（一卷）、《种种杂咒经》（一卷）、《佛语经》（一卷），总四部合五卷，沙门圆明笔受。隋文帝开皇七年（587）至十五年（595）奉敕在大兴善寺翻译佛经，译经一百五十卷，其中《观察诸法行经》则是阇那崛多于开皇十五年（595）四月二十四日翻，五月二十五日讫，沙门僧昙、道邃、僧琨、明芬、道密、学士费长房笔受，他们晓殊俗语，明深秘旨，凡所翻译不劳传度，理会义门，口圆词体。

《观察诸法行经》随着西夏向宋请赐藏经而传入西夏，被翻译成西夏文，俄藏黑水城文献和中国藏未见保存，而英藏黑水城西夏文文献得以保存。下面对英藏黑水城西夏文《观察诸法行经》进行释读。

Or.12380-0725（K.K.）残存 1 页 2 行，字数不能确定，残缺严重，上栏线单栏，下栏线无存，写本，刊布者将其定名为“佛经”，现将西夏文录文并对译如下：

[illegible][1][illegible]……　　俱胝那由多劫等……

[illegible]□□[illegible]……　　边无□□愿起诸中……

翻译如下：

俱胝那由多劫等……无边□□发愿诸中……

解读 Or.12380-0725（K.K.）残经，比对《大正藏》，可以初步确定残经为阇那崛多译《观察诸法行经》第一卷“无边善方便行品第一”的相应内容：

> ……百千俱致那由多劫，善说一句，信解诸法，犹如幻焰、水月、梦影响等。无来、无去、无生、无灭、空无相、无愿，显不可取，无有障碍。善知无边智慧，善觉诸众生心行智，如彼众生信解。[2]

（二）《妙法圣念处经》

《妙法圣念处经》由宋法天翻译，法天是天竺摩伽陀国人，宋初来至鄜州，与河中梵学僧法进共同翻译佛经，翻译完成《无量寿经》《尊胜经》《七佛赞呗伽陀》，太祖建隆六年[3]召见，赐紫，开始译经事业，法天和后来至宋的天息灾、施护等共同译经，法天所译《妙法圣念处经》收录在《天圣释教总录》《大中祥符法宝录》中。《妙法圣念处经》主要讲述善恶因果差别，诸众生行施、忍正、见慈悲、尊重如来、尊重三宝、信受佛教等，并且弘扬《妙法圣念处经》等正法门，可断贪瞋痴三毒以及由三毒而造诸恶业，趣证菩提，命终之后，可往生诸天。此经

---

① 西夏文“[illegible]”译为“俱胝那由多劫”。“俱胝”，也称“拘致”，译为“亿”；“那由多”，也称“那庾多”“那述”，相当于“亿”。

② （隋）阇那崛多译《观察诸法行经》卷 1，《大正藏》第 15 册，第 649 号，第 727 页中栏 21~25。

③ 宋太祖建隆只有四年，即 960~963 年，建隆六年有误，或为乾德二年（964）。

传入西夏，被翻译成西夏文，在俄藏、英藏黑水城文献中皆有保存，俄藏为馆册第 6039 号，写本经折装，存 29 页。下面对英藏黑水城西夏文《妙法圣念处经》进行释读。

Or.12380-1884b（K.K.）残存 2 页 7 行，字数不能确定，残缺严重，上栏线无存，下栏线双栏，刻本，刊布者将其定名为“佛经”，现将西夏文录文并对译如下：

（右面）

……[illegible]	……诱
……[illegible][illegible][illegible][illegible]	……具性尘垢
……[illegible][illegible]	……国王
……[illegible][illegible][illegible][illegible][illegible][illegible]	……降伏往时贪嗔
……[illegible][illegible][illegible]	……了依方

（左面，更加残缺，下栏线双栏，只有 2 个字可辨认）

……[illegible]……	……为……
……[illegible]……	……然（随）……

解读 Or.12380-1884b（K.K.）残经，比对《大正藏》，可以初步确定残经内容为法天译《妙法圣念处经》第一卷的相应内容，西夏文残缺严重，汉文本相应内容为：

> 离染侵害。譬如金体，性离尘垢，比丘当知，若至亲友及往非亲，应离贪、恚，了知损益。若罪非罪，安隐艰辛，方便降伏，为说法要，随彼利、钝，聪明、愚昧，导以胜、劣，诫之正说。[1]

---

① （宋）法天译《妙法圣念处经》卷 1，《大正藏》第 17 册，第 722 号，第 420 页中栏 18~21。

九 《佛说观佛三昧海经》

《佛说观佛三昧海经》，又称《观佛三昧经》《观佛经》，为东晋佛陀跋陀罗在扬州所译，共十卷。该经宣说观佛三昧，以教化世人，可得解脱。《佛说观佛三昧海经》大概随着西夏请赐佛经而传入西夏，西夏人将其翻译成西夏文。该经的西夏文本在英藏黑水城文献中得以保存，现进行释读。

Or.12380-0504a（K.K.）残经由 5 个残片组成，上面 2 个残片，下面 3 个残片，字数不能确定，残缺严重，从字体判断它们并非同一部残经的残片，分属不同残经，刊布者将其定名为“佛经”[①]。

下面 3 个残片之中间残片录文如下：

……[illegible]……	……苦事八万亿千……
……[illegible]……	……集及五百亿虫有……
……[illegible]……	……鼻……
……[illegible]……	……焰赤……

比对 Or.12380-0504a（K.K.）残经，初步确定其为佛陀跋陀罗译《佛说观佛三昧海经》第五卷“观佛心品第四”的内容。残存西夏文以黑体表示，《佛说观佛三昧海经》相应内容为：

① 惠宏、段玉泉编《西夏文献解题目录》中将其笼统定名为《金刚般若波罗蜜经》，错误。

此城苦事八万亿千，苦中苦者集在此城。五百亿虫，虫八万四千嘴，嘴头火流如雨而下满阿鼻城。[①]

① （东晋）佛陀跋陀罗译《佛说观佛三昧海经》卷5，《大正藏》第15册，第643号，第668页下栏25~27。

十 《维摩诘所说经》

《维摩诘所说经》有多种译本，如吴支谦译《佛说维摩诘经》（二卷十四品）、后秦三藏鸠摩罗什译《维摩诘所说经》（三卷十四品）、唐玄奘译《说无垢称经》（六卷十四品）。失佚的有严佛调于东汉灵帝中平五年（188）译《古维摩诘经》（一卷）、西晋元康元年（291）竺叔兰译《异毗摩罗诘经》（三卷）、西晋太安二年（303）竺法护译《维摩诘所说法门经》（一卷）。

《维摩经略疏垂裕记》记载："一、后汉清信士严佛调译一卷，名《古维摩经》。二、吴朝支谦译两卷，名《维摩诘说不思议法门经》。三、西晋竺法护翻一卷，名《维摩诘所说法门经》。四、西晋竺叔兰翻三卷，名《毗摩罗诘经》。五、姚秦鸠摩罗什翻三卷，即今所解本也。至唐朝玄奘三藏又翻六卷，名《佛说无垢称经》。于今世则有六译。智者在隋但见五译。"①

在诸多版本的《维摩诘所说经》中，以鸠摩罗什的译本最为著名和流行，此译本传入西夏，在黑水城中得以保存，根据俄罗斯已故学者克恰诺夫统计，黑水城应保存2个译本，即支谦译本和鸠摩罗什译本。西夏特藏第172号《维摩诘经》即《大正藏》第474号《佛说维摩诘经》，有馆册第7762、2875、7923号，写本蝴蝶装，经题后有秉常皇帝及其母梁皇太后御译字样。西夏特藏第171号《维摩诘所说经》，见《大正藏》第475号《维摩诘所说经》，该经在秉常皇帝执政时期，即11世

---

① （宋）智圆：《维摩经略疏垂裕记》卷1，《大正藏》第38册，第1779号，第715页中栏15~22。

纪后半期由僧人广智翻译成西夏文，有馆册第6046、2529、709、119、2560、2881、2311、5727、233、232、4236、361、362、2310、737号，有写本经折装、刻本蝴蝶装、刻本经折装，其中馆册第709、119、2311、5727号经题后有秉常皇帝及其母梁皇太后御译字样，经文刊印于仁孝皇帝执政时期，即12世纪中期。

西夏文《维摩诘所说经》在英藏黑水城文献中也有保存，基本皆是鸠摩罗什的译本。

1.Or.12380-0617（K.K.Ⅱ.0230.kk）残经有1个残片4行，字数不能确定，活字本，残缺严重，刊布者将其定名为“佛经”[①]，现将西夏文录文并对译如下：

……[illegible]……	……今世……
……[illegible]……	……言是……
……[illegible]……	……降伏是地狱……
……[illegible]……	……于也是愚人生……

Or.12380-0617（K.K.Ⅱ.0230.kk）残经过于残缺，但可以确定为鸠摩罗什译《维摩诘所说经》卷下“香积佛品第十”的相应内容：

> “今世尊释迦牟尼以何说法？”维摩诘言：“此土众生刚强难化，故佛为说刚强之语以调伏之。言是地狱、是畜生、是饿鬼，是诸难处，是愚人生处……”[②]

① 惠宏、段玉泉编《西夏文献解题目录》中将其笼统定名为《金刚般若波罗蜜经》，错误。

② （后秦）鸠摩罗什译《维摩诘所说经》卷下，《大正藏》第14册，第475号，第552页下栏25~26。

图 7　Or.12380-0617（K.K.Ⅱ.0230.kk）

2.Or.12380-1121（K.K.Ⅱ.0239.kk）残存 1 页 2 行，字数不能确定，活字本，刊布者将其定名为《维摩诘经》，现将西夏文录文并对译如下：

……[illegible]……　　……维摩诘言说所言皆……

……[illegible]　　……经典上卷

解读 Or.12380-1121（K.K.Ⅱ.0239.kk）残经，比对《大正藏》，可以确定残经为鸠摩罗什译《维摩诘所说经》卷上“菩萨品第四”结尾处的相应内容：

……称述维摩诘所言，皆曰：“不任诣彼问疾。”

维摩诘经上卷[①]

① （后秦）鸠摩罗什译《维摩诘所说经》卷上，《大正藏》第 14 册，第 475 号，第 542 页上栏 24~25。

图 8　Or.12380-1121（K.K.II.0239.kk）

3.Or.12380-3016（K.K.II.0244.qqq）残存 1 页 7 行，字数不能确定，原残经上有编号 3016，活字版，刊布者将其定名为《维摩诘所说经》，现将西夏文录文并对译如下：

……[illegible]……	……具说维摩……
……[illegible][1][illegible]……	……坚固真谛汝等……
……[illegible]□[illegible]……	……众生之治□故彼国土中……
……[illegible][2][illegible]……	……胜是者何云是娑婆世界中
……[illegible]……	……彼净土中是言无有十……
……[illegible]……	……之摄净戒以戒毁之摄……
……[illegible]……	……以怠慢之摄……

翻译 Or.12380-3016（K.K.II.0244.qqq）残经，比对《大正藏》，可以确定残经为《维摩诘所说经》卷下“香积佛品第十”的相应内容：

维摩诘言：“此土菩萨于诸众生大悲坚固，诚如所言。然其一世饶益众生，多于彼国百千劫行。所以者何？此娑婆世界有十事善

① 西夏文“[illegible]”同于“[illegible]”译为“真谛”，指真实无妄的出世间法。

② 西夏文“[illegible]”译为“娑婆世界”。

法，诸余净土之所无有。何等为十？以布施摄贫穷，以净戒摄毁禁，以忍辱摄瞋恚，以精进摄懈怠，以禅定摄乱意，以智慧摄愚痴，说除难法度八难者，以大乘法度乐小乘者，以诸善根济无德者，常以四摄成就众生，是为十。”[①]

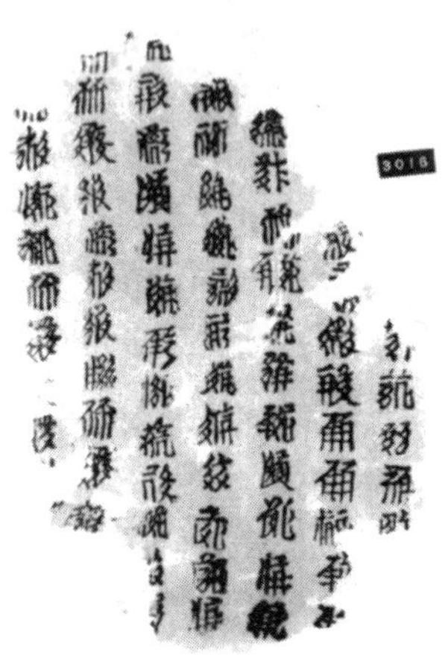

图 9　Or.12380-3016（K.K.II.0244.qqq）

4.Or.12380-3492（K.K.II.0244.ooo）残存 6 行，每行 7~8 字，原残经上有编号 3492，活字版，刊布者将其定名为“佛经”，现将西夏文录文并对译如下：

……[illegible]……	……摄智慧以愚痴对摄……
……[illegible][②][illegible]……	……灭大乘法以小乘乐……
……[illegible]……	……人之利常四摄以……
……[illegible]……	……菩萨言菩萨几法成……
……[illegible]……	……离净土生也维摩是……
……[illegible]……	……界中诸行作悟净……

① （后秦）鸠摩罗什译《维摩诘所说经》卷下，《大正藏》第 14 册，第 475 号，第 553 页上栏 19~28。

② 西夏文“[illegible]”译为“大乘法”。

翻译如下：

……摄……以智慧对摄愚痴……以……灭……以大乘法乐小乘……对利人，常以四摄……菩萨言：菩萨成就几法……离……生净土也。维摩是……界中作诸行，悟净……

解读 Or.12380-3492（K.K.II.0244.ooo）残经，比对《大正藏》，可以确定残经为鸠摩罗什译《维摩诘所说经》卷下“香积佛品第十”的相应内容：

> ……以智慧摄愚痴，说除难法度八难者。以大乘法度乐小乘者，以诸善根济无德者，常以四摄成就众生，是为十。彼菩萨曰：“菩萨成就几法？于此世界行无疮疣生于净土。”维摩诘言：“菩萨成就八法，于此世界行无疮疣生于净土。何等为八？”①

① （后秦）鸠摩罗什译《维摩诘所说经》卷下，《大正藏》第14册，第475号，第553页上栏25~中栏2。

十一 《佛说除盖障菩萨所问经》

《佛说除盖障菩萨所问经》为宋法护等译，一部二十卷。《天圣释教总录》（下册）和《景祐新修法宝录》皆有收录，《佛说除盖障菩萨所问经》自天禧三年（1019）十一月开始翻译至天圣元年（1023）四月译成，然后进上，入藏流通。

《佛说除盖障菩萨所问经》传入西夏，被翻译成西夏文，在英藏黑水城文献中得以保存。

Or.12380-0971（K.K.II.0281.a.xxv）残存1页6行，栏线无存，刻本，字数不能确定，刊布者将其定名为“佛经”，现将西夏文录文并对译如下：

……[illegible]□[illegible][illegible][illegible]……	……恼□引及天……
……[illegible][illegible][illegible][illegible][illegible]……	……至罗种明种……
……[illegible][illegible][illegible][illegible][illegible]……	……无众及龙王……
……[illegible]□[illegible][illegible][illegible]……	……王□护龙王……
……[illegible][illegible][illegible][illegible]……	……龙王等无……
……[illegible][illegible]……	……大树……

解读Or.12380-0971（K.K.II.0281.a.xxv）残经，可以初步确定其为法护等译《佛说除盖障菩萨所问经》第一卷的内容，但内容并不完全一致，《佛说除盖障菩萨所问经》相应内容如下：

……导师等，善分魔王子众、大梵天主等。梵众天中诸天子众、大自在天主等，五净居天诸天子众、毗摩质多罗阿修罗王、大力阿修罗王、罗睺阿修罗王等，无数百千阿修罗众、阿那婆达多大龙王、摩那斯大龙王、娑伽罗大龙王、阿难多大龙王、嚩苏枳大龙王等，无数百千龙王之众、吉祥威光龙王子等。[①]

① （宋）法护译《佛说除盖障菩萨所问经》卷 1，《大正藏》第 14 册，第 489 号，第 705 页上栏 2~8。

十二 《大佛顶如来密因修证了义诸菩萨万行首楞严经》

《大佛顶如来密因修证了义诸菩萨万行首楞严经》，一名《中印度那兰陀大道场经》，于灌顶部录出别行。唐神龙元年（705）中天竺沙门般剌蜜帝（释极量）于广州制止道场译出，菩萨戒弟子前正谏大夫同中书门下平章事清河房融笔授，乌长国沙门弥伽释迦译语。《开元释教录》、《开元释教录略出》、《贞元新定释教目录》及后来的《金藏》等皆收录，房山石经保存辽石刻《大佛顶如来密因修证了义诸菩萨万行首楞严经》。宋天圣八年（1030）赐紫金鱼袋王随作《首楞严经疏序》，认为"《大佛顶密因了义首楞严经》者，乃竺乾之洪范，法苑之宝典也"；译经三藏朝散大夫试鸿胪卿光梵大师赐紫惟净也有"《大佛顶如来密因修证了义诸菩萨万行首楞严经》者，菩萨行门，诸佛心印。开有为即尘沙妙用，归无相即法界真源。不有不空，绝名相于言罠之外。现因示果，分阶位于神化之中。境不碍心，惑不碍智。七大之性大无所待，八还之法还无所从。所以了真如心，息虚妄本，起方便慧，宣秘密言，万法以之圆融"[①]的感悟。

此经在俄藏黑水城汉文文献中有保存，存《首楞严经》（卷十），它作为A20《大随求陀罗尼》《一切如来心陀罗尼》《唐梵般若心经》褙纸保存。在西夏方塔出土汉文文献中存一残片，15.1厘米 ×19厘米，为

① （宋）王随撰《首楞严经疏序》，《首楞严义疏注经》卷1，《大正藏》第39册，第1799号，第823页上栏9~中栏2。

某纸之左半页，存8行，有中缝，下部残缺，所节抄为《大佛顶万行首楞严经》卷第五的内容。在英藏黑水城文献中发现了西夏文本，说明此经也被翻译成西夏文，因仅发现一个残片，西夏文的翻译时间和翻译者皆无法考证。

Or.12380-0289（K.K.II.0284.sss.）残经存1页6行，上栏线无存，下栏线单栏，刻本，字数不能确定，刊布者将其定名为“佛经”，现将西夏文录文并对译如下：

……[illegible]	……勤不有亦
……[illegible]	……有为不清
……[illegible][1][illegible]	……斋戒为
……[illegible]	……持时戒行所
……[illegible]	……以后皆触罪过
……[illegible]	……为也

比对《大正藏》，可以初步确定残经为般剌蜜谛译《大佛顶如来密因修证了义诸菩萨万行首楞严经》第七卷的相应内容：

> 未得戒者，令其得戒；未精进者，令得精进；无智慧者，令得智慧；不清净者，速得清净；不持斋戒自成斋戒。阿难！是善男子持此咒时，设犯禁戒于未受时，持咒之后众破戒罪。[2]

---

① 西夏文“[illegible]”译为“斋戒”。清心不净，禁身之过，为斋戒。

② （唐）般剌蜜谛译《大佛顶如来密因修证了义诸菩萨万行首楞严经》卷7，《大正藏》第19册，第945号，第137页上栏25~中栏14。

十三 《十二缘生祥瑞经》

《十二缘生祥瑞经》是西天译经三藏朝散大夫试鸿胪少卿传法大师臣施护所译，此经在《天圣释教总录》（下卷）和《大中祥符法宝录》第四卷等皆有收录。其中《大中祥符法宝录》记载，为《十二缘生祥瑞经》小乘经藏收，佛为无量百千天人演说上下二卷，通明世闲人之吉凶、生年、月日、星曜所直各有何相，以机被人天，故小乘收。《十二缘生祥瑞经》卷上曰："十二缘生吉祥瑞应，谓从无明乃至老死，轮转次第，于十二月，各生祥瑞，而乃有异。始十月乃至九月，又从一日乃至十五，试于祥瑞，快乐忧苦，其事非一。"[①]《十二缘生祥瑞经》将无明、行、识、名色、六入、触、受、爱、取、有、生、老死等十二支，与十二月各月的一至十五日相配列，依其诞生之日配合十二支，可决定此人一生所受苦乐及其寿命、得病之日与病状、盗难所来的方位、未来所有的功德等。下卷列图，依乌鸟鸣吟之日与方位以判断吉凶。

《十二缘生祥瑞经》传入西夏，并翻译成西夏文，为《𗏁𗍫𗄭𗒛𗗚𗗙𗙏𗴂》(《十二缘生瑞相经典》)。此经西夏文本在黑水城文献中得以保存，《西夏文写本与刊本》最早记录了此经编号，即馆册第891、4810、7166。克恰诺夫以此为基础，将俄藏西夏文佛经重新整理编目，1999年以俄文出版的《俄藏黑水城西夏文佛经叙录》也收录此经，西夏特藏第363号，馆册第891号为写本卷子装，存上部，馆册第7166号为写本小册子，存下部。克恰诺夫对编号进行了调整，纠正了之前的错误。

① （宋）施护译《十二缘生祥瑞经》卷上，《大正藏》第16册，第719号，第845页上栏17~21。

此经在西田龙雄《西夏文佛经目录》中也有收录，即第127号。英藏西夏文献也保存此经西夏文本残页，即 Or.12380-3584（K.K.II.0270.0），刊布者定名为"佛经"。

Or.12380-3584（K.K.II.0270.0）残存1页14行，写本，无栏线，左右残缺较为严重，残经上有编号3854，现将西夏文录文并对译如下：

图10　Or.12380-3584（K.K.II.0270.0）

[illegible]①[illegible]②[illegible]

触支四日六入五日名色六日识支七日

[illegible]

行支八日明无九日老死十日生支十一有支十二取支

[illegible]

及婆柰引二合婆柰六末具月于起一日取支二日爱

[illegible]③[illegible]

支三日受支四日触支五日六入六日名色七

[illegible]

日识支八日行支九日明无十日老死十一生

[illegible]

① 西夏文"[illegible]"译为"触支"。

② 西夏文"[illegible]"译为"四日六入"。

③ 西夏文"[illegible]"译为"受支"。

支十二有支

[illegible]

及阿湿缚二合喻若七末具月于起一日有支二

[illegible]

日取支三日爱支四日受支五日触支六日六入

[illegible]

七日名色八日识支九日行支十日明无十一

[illegible]

老死十二生支

[illegible]

及迦哩底二合迦八末具月于起一日生支二日支有支

[illegible]

三日取支四日爱支五日受支六日触支其日

[illegible]

六入八日名色九日识支十日行支十一明无十二老死

[illegible]

及末引灵二合尸哩沙二合九末具月于起一日老死

Or.12380-3584（K.K.II.0270.0）残页内容对应的汉文本《十二缘生祥瑞经》卷上内容如下：

……三日触支、四日六入、五日名色、六日识支、七日行支、八日无明、九日老死、十日生支、十一有支、十二取支。

又从婆（引）捺啰（二合）婆捺（六）么洗（月）：一日取支、二日爱支、三日受支、四日触支、五日六入、六日名色、七日识支、八日行支、九日无明、十日老死、十一生支、十二有支。

又从阿湿嚩（二合）喻若（七）么洗（月）：一日有支、二日取支、三日爱支、四日受支、五日触支、六日六入、七日名色、八日识支、九日行支、十日无明、十一老死、十二生支。

又从迦哩底（二合）迦（八）么洗（月）：一日生支、二日有支、三日取支、四日爱支、五日受支、六日触支、七日六入、八日名色、九日识支、十日行支、十一无明、十二老死。

又从么（引）陵誐（二合）尸哩沙（二合九）么洗（月）：一日老死……[①]

① （宋）施护译《十二缘生祥瑞经》卷上，《大正藏》第 16 册，第 719 号，第 845 页中栏 21~下栏 8。

西夏文密教类经典

一 《佛说圣曜母陀罗尼经》

俄藏、英藏和中国藏西夏文献中皆存有西夏文《圣曜母陀罗尼经》（即《佛说圣曜母陀罗尼经》），以俄藏黑水城西夏文《圣曜母陀罗尼经》为最多。西田龙雄首次对西夏文《圣曜母陀罗尼经》进行编目，录入《西夏文华严经》（第三册）第201号。[①]在戈尔巴乔娃、克恰诺夫编著的《西夏文写本与刊本》中第142号为《圣曜母陀罗尼经》，馆册为第571、572、577、696、699、705、706、2528、6484、6541、6879号。[②]克恰诺夫将其收入《俄藏黑水城西夏文佛经叙录》之中，共收录12件，即馆册第571、2528、6484、572、6879、577、6541、696、705、699、706、5402号，其中馆册第571、2528号为写本蝴蝶装，其余编号为刻本经折装。[③]

梳理已刊布的《英藏西夏文文献》，可以发现刊布者将Or.12380-2691（K.K.Ⅱ.0265.b）、Or.12380-2911（K.K.）、Or.12380-3181（K.K.Ⅱ.0246.c）和Or.12380-3185（K.K.Ⅱ.0265.d）等定名为《佛说圣曜母陀罗尼经》，但通过释读西夏文残经，可以确定Or.12380-3185（K.K.Ⅱ.0265.d）并非《佛说圣曜母陀罗尼经》，而是《佛顶心观世音菩萨大陀罗尼经》，因此本章不予讨论。《英藏黑水城文献》中遗存西夏文

---

① 〔日〕西田龙雄：《西夏文华严经》（第三册），京都大学出版社，1977，第42页。

② 〔俄〕戈尔巴乔娃、克恰诺夫编著《西夏文写本与刊本》（翻译打印稿未正式出版），白滨译，1964。

③ 〔俄〕克恰诺夫编著《俄藏黑水城西夏文佛经叙录》，崔红芬、文志勇译，甘肃文化出版社，2021，第400~402页。

《佛说圣曜母陀罗尼经》的残经如下。

1.Or.12380-2691（K.K.Ⅱ.0265.b）残存 1 页 5 行，上栏线双栏，刻本，存经题和翻译者的信息，刊布者将其定名为《佛说圣曜母陀罗尼经》，现将西夏文录文并对译如下：

[illegible]
佛说圣曜母陀罗尼经典
[illegible]
奉天显道耀武宣文神谋睿智制义去邪惇睦懿恭皇帝嵬名　贤校
[illegible]
是如闻我一时佛阿拏迦嚩帝大
[illegible][1][illegible]
城中住尔时数无天龙夜叉乾达
[illegible]
婆阿修罗迦楼罗紧那罗摩睺罗

Or.12380-2691（K.K.Ⅱ.0265.b）翻译如下：
佛说圣曜母陀罗尼经
奉天显道 耀武宣文 神谋睿智 制义去邪 惇睦懿恭皇帝嵬名 贤校
如是我闻，一时，佛在阿拏迦嚩帝大城中。尔时，无数天龙、夜叉、乾达婆、阿修罗、迦楼罗、紧那罗、摩睺罗……

比对《大正藏》，可以确定残经为法天译《佛说圣曜母陀罗尼经》的相应内容：

> 如是我闻，一时，佛在阿拏迦嚩帝大城。尔时，有无数天龙、夜叉、乾闼婆、阿修罗、迦楼罗、紧那罗、摩睺罗、伽人、非

---

① 西夏文“[illegible]”译为“尔时”，但西夏文中常以“[illegible]”表示尔时。

人……[1]

2.Or.12380-2911（K.K.）残存1页3行，上栏线双栏，刻本蝴蝶装，刊布者将其定名为“佛经”，现将西夏文录文并对译如下：

[illegible][illegible][illegible][illegible]……	大菩萨敬……
[illegible][illegible]……	善后……
……[illegible][illegible][illegible]……	……白具足……

解读Or.12380-2911（K.K.）残经，比对《大正藏》，可以确定残经为法天译《佛说圣曜母陀罗尼经》的相应内容：

如是等诸大菩萨恭敬围绕，佛为说法，初善、中善、后善，其义深远，其语巧妙，纯一无杂，具足清白，庄严如意。[2]

3.Or.12380-2911V（K.K.）残存1页3行，上下栏线无存，刻本蝴蝶装，刊布者将其定名为“佛经”，现将西夏文录文并对译如下：

……[illegible][illegible]……	……心怒……
……[illegible][illegible]……	……若人……
……[illegible][illegible][illegible]……	……若人明……

解读Or.12380-2911V（K.K.）残经，比对《大正藏》，可以确定残经为法天译《佛说圣曜母陀罗尼经》的相应内容：

……心多忿怒恼害众生，或断命根或耗人财宝，或减人精神或

① （宋）法天译《佛说圣曜母陀罗尼经》，《大正藏》第21册，第1303号，第421上栏22~25。

② （宋）法天译《佛说圣曜母陀罗尼经》，《大正藏》第21册，第1303号，第421中栏3~6。

促人年寿，如是损恼一切众生……[1]

Or.12380-2911（K.K.）与 Or.12380-2911V（K.K.）在版式、字体、装帧等方面是相同的，从释读内容看，Or.12380-2911（K.K.）的内容在前，Or.12380-2911V（K.K.）的内容在后，二者基本可以缀合。

4.Or.12380-3018（K.K.Ⅱ.0246.f）残存 1 页 5 行，刻本，上栏线单栏，刊布者将其定名为“佛经”，现将西夏文录文并对译如下：

[illegible]□□□□	摩睺罗伽人非人及□□□□
[illegible]□□□□	金星水星土星太阴□□□□
[illegible]□□□□	计都是如等二十七□□□□
[illegible][2]□□□□	金刚三昧庄严道场□□□□
[illegible]□□□□	绕及数无千菩萨摩□□□□

Or.12380-3018（K.K.Ⅱ.0246.f）翻译如下：

摩睺罗、伽人、非人，及□□□□金星、水星、土星、太阴、□□□□、计都，如是等二十七□□□□，金刚三昧庄严道场，□□□□绕及数无千菩萨摩□□□□……

比对《大正藏》，可以确定残经为法天译《佛说圣曜母陀罗尼经》的相应内容：

> ……罗摩睺罗、伽人、非人，及木星、火星、金星、水星、土星、太阴、太阳、罗睺、计都，如是等二十七曜恭敬围绕，此大金刚三昧庄严道场。复有无数千菩萨摩诃萨众……[3]

---

① （宋）法天译《佛说圣曜母陀罗尼经》，《大正藏》第 21 册，第 1303 号，第 421 中栏 10~12。

② 西夏文“[illegible]”译为“金刚三昧庄严道场”。

③ （宋）法天译《佛说圣曜母陀罗尼经》，《大正藏》第 21 册，第 1303 号，第 421 上栏 22~27。

5.Or.12380-3181（K.K.Ⅱ.0246.c）残存 1 页 5 行，上栏线单栏，刻本，存经题和翻译者的信息，刊布者将其定名为《佛说圣曜母陀罗尼经》，最后一行残缺 6 个西夏字，依据 Or.12380-2691（K.K.Ⅱ.0265.b）补录，Or.12380-3181（K.K.Ⅱ.0246.c）和 Or.12380-2691（K.K.Ⅱ.0265.b）残经内容基本相同，只是版本不同，现将西夏文录文并对译如下：

[illegible]

佛说圣曜母陀罗尼经典

[illegible]

奉天显道耀武宣文神谋睿智制义去邪惇睦懿恭皇帝嵬名　贤校

[illegible]

是如闻我一时佛阿拏迦嚩帝

[illegible]

大城中住尔时数无天龙夜叉

[illegible]

乾达婆阿修罗迦楼罗紧那罗

Or.12380-3181（K.K.Ⅱ.0246.c）翻译如下：

佛说圣曜母陀罗尼经

奉天显道 耀武宣文 神谋睿智 制义去邪 惇睦懿恭皇帝嵬名 贤校

如是我闻，一时，佛在阿拏迦嚩帝大城中。尔时，无数天龙、夜叉、乾达婆、阿修罗、迦楼罗、紧那罗……

6.Or.12380-3902（K.K.）残存 1 页 15 行，上栏线双栏，刻本蝴蝶装，版心处有“圣曜母”字样，刊布者将其定名为《佛说圣曜母陀罗尼经》，现将西夏文录文并对译如下：

[illegible]　大城中住尔时数无天龙夜叉

[illegible]　乾达婆阿修罗迦楼罗紧那罗

[illegible]　摩睺罗伽人非人及木星火星

金星水星土星太阴太阳罗睺
计都是如等二十七星有是大
金刚三昧庄严道场之敬礼围
绕及数无千菩萨摩诃萨中是
之名者金刚手菩萨金刚愤怒
菩萨金刚军菩萨金刚波尼菩
萨金刚主菩萨金刚庄严菩萨
金刚明菩萨金刚敷菩萨观自
在菩萨普观世菩萨吉祥菩萨
莲花幢菩萨莲花藏菩萨莲花
眼菩萨慈氏菩萨文殊师利法
王子菩萨摩诃萨是如等诸大

Or.12380-3902（K.K.）翻译如下：

……大城，尔时，有无数天龙、夜叉、乾闼婆、阿修罗、迦楼罗、紧那罗、摩睺罗、伽人、非人，及木星、火星、金星、水星、土星、太阴、太阳、罗睺、计都。如是等二十七曜恭敬围绕此大金刚三昧庄严道场。复有无数千菩萨摩诃萨众，其名曰金刚手菩萨、金刚忿怒菩萨、金刚军菩萨、金刚播尼菩萨、金刚主菩萨、金刚庄严菩萨、金刚明菩萨、金刚敷菩萨、观自在菩萨、普观世菩萨、吉祥菩萨、莲华幢菩萨、莲华藏菩萨、莲华目菩萨、慈氏菩萨、文殊师利法王子菩萨摩诃萨，如是……

西夏文《圣曜母陀罗尼经》是根据法天译的汉文本翻译完成的。《敦煌学大辞典》记载："《诸星母陀罗尼经》，唐法成译，一卷……有异译本唐法天译《圣曜母陀罗尼经》一卷，法天译本为历代大藏经所收。"[①] 这里提到的法天不是唐朝时期的僧人，应是宋代来中原译经的印度僧人。继唐开元三大士等翻译密教经典之后，宋初又出现一个译经高

① 季羡林主编《敦煌学大辞典》，上海辞书出版社，1998，第703页。

潮期。赵匡胤一改后周废佛的局面，积极提倡佛教，西去求法、东来弘教的僧众日渐增多，天息灾、法天、施护等来宋译经，使宋代译经达到高峰。

太平兴国七年（982）译经院建成，法天等在译经院译弘法，根据《大中祥符法宝录》卷七记载，淳化元年（990）十月译成经集一十一卷，其中就包括法天译出《佛说圣曜母陀罗尼经》（一部一卷），此经收录在大乘经秘密部中，与《毗沙门天王经》《解忧经》《圣观自在菩萨梵赞》《佛一百八名赞》《文殊师利一百八名赞》皆是“三藏沙门法天译，法贤证梵义，施护证梵文，沙门清诏、令遵、惟净笔受，沙门慧达缀文，沙门惠温、守密、智逊、慧超、知则、守遵、归省、云胜证义，太仆少卿张洎润文，殿头高品杨继诠、供奉官张美监译”。[①]《圣曜母陀罗尼经》在淳化元年（990）被翻译为汉文，之后给皇帝进上，得到准奏入藏流行，在《大中祥符法宝录》中《佛说圣曜母陀罗尼经》是“迹”字号。在《天圣释教总录》中《佛说圣曜母陀罗尼经》与另外十经共一十部一十卷并大乘律一卷附共一十一卷同帙“俊”字号。自太祖以来迄于真宗四十余年中，法天累承恩，锡赐天竺三藏、朝散大夫、试鸿胪卿号，曰“传教大师”。

法天本《佛说圣曜母陀罗尼经》是何时被翻译成西夏文的呢？根据英藏黑水城西夏文《圣曜母陀罗尼经》残经我们无法做出判断。我们可以借助俄藏黑水城西夏文《圣曜母陀罗尼经》题记和题记中出现的皇帝尊号间接判断佛经的翻译年代。根据俄藏西夏文《圣曜母陀罗尼经》题记，可以确定其在仁孝乾祐年间（1170~1193）以前被翻译成西夏文并在广大信众中流行和传抄，用于祭奠亡故的亲人和散施积累功德。

---

① （宋）赵安仁、杨亿等编《大中祥符法宝录》卷7“别明 圣代翻宣录中之六 藏乘区别年代指明二之五”，《宋藏遗珍》第108册，上海碛砂藏影印会，1935。

二 《佛说炽盛光大威德消灾吉祥陀罗尼经》

唐宋时期，密教得到很大程度的发展，密教经典被大量翻译为汉文流行，其中不少是关于天体星曜信仰方面的。作为“开元三大士”之一的不空和精通天文历算的一行等人的译经活动极大地推动了炽盛光佛及诸星曜崇拜的传播，这类佛经、陀罗尼有：不空译的《佛说炽盛光佛大威德消灾吉祥陀罗尼经》《文殊师利菩萨及诸仙所说吉凶时日善恶宿曜经》《七曜星辰别行法》《大圣妙吉祥菩萨说除灾教令法轮》、金俱吒译的《七曜攘灾决》及据一行思想而编写的《梵天火罗九曜》等。西夏是11世纪至13世纪初期以党项人为主体在西北建立的一个民族政权，西夏统治者推崇佛教，有关炽盛光佛和诸星曜的经典也被译成西夏文或以汉文的形式在西夏境内流行。人们信仰崇拜诸星曜神灵，是希望通过对诸神灵的供奉和法事祈祷来消除灾难，祈求福寿。他们认为众星宿运动对人的命运有着某种神奇的力量，星曜位置的变化预示着世间祸福，只有按佛经的规定，设立坛城，献上祭品，作法念咒，借助炽盛光佛的法力，才能消除灾星所带来的侵害。《佛说炽盛光佛大威德消灾吉祥陀罗尼经》在俄藏和英藏黑水城文献中皆有保存。俄藏汉文《佛说金轮佛顶大威德炽盛光如来陀罗尼经》（TK129）尾题后附有九曜真言及诵念的时间等。这些星曜神灵会在一定的时辰降临人间，带来灾祸，只要在神灵降临的日子做法事，诵念真言，就可以攘除诸多灾难。如《罗睺星真言》（八日）、《金星真言》（十五日）、《计都真言》（十八日）、《土星真言》（十九日）、《水星真言》（二十一日）、《木星真言》（二十五日）、《大阴星真言》（二十六日）、《太阳星真言》（二十七日）、《火星真言》

（二十九日）等，后有施印题记：伏愿天威振远，圣寿无疆，金枝郁茂，重臣千秋，蠢动含灵，法界存亡，齐成佛道。[①]

下面对英藏黑水城文献中的西夏文《佛说炽盛光大威德消灾吉祥陀罗尼经》进行释读。

1.Or.12380-3182（K.K.Ⅱ.0227.h）残存 1 页 5 行，上下栏线单栏，刻本经折装，刊布者定名为“佛经”，残经上有编号 3182，现将西夏文录文并对译如下：

[illegible][②][illegible]□[illegible]	有无量福田得□除灭令
[illegible]	尔时如来是说真经典名言文
[illegible]	殊师利菩萨摩诃萨又诸声闻
[illegible]	四众虚行大天并诸曜圣众
[illegible]	一切诸佛敕依顶礼受持各本

翻译如下：

有得无量福田（天），其灾祸除灭，尔时，如来言说是真经名，文殊室利菩萨摩诃萨、又诸声闻、四众、虚行大天并诸星曜一切圣众，皆依佛敕顶礼奉持，各□本。

比对《大正藏》，可以确定残经为不空译《佛说炽盛光大威德消灾吉祥陀罗尼经》的相应内容：

> 令诸有情获福无量，其灾即除，尔时，如来说是陀罗尼经已。时曼殊室利菩萨摩诃萨及诸声闻、四众、游空大天及诸星辰一切圣众，咸依佛敕顶礼奉持，各还本宫。[③]

---

① 上海古籍出版社，中国社会科学院民族所等编《俄藏黑水城文献》（第 3 册），上海古籍出版社，1996，第 79 页。

② 西夏文“[illegible]”译为“福田”。

③（唐）不空译《佛说炽盛光大威德消灾吉祥陀罗尼经》，《大正藏》第 19 册，第 963 号，第 338 页上栏 20~25。

2.Or.12380-2845RV（K.K.Ⅱ.0282.zz）残存2页10行，每行14字，上下栏线单栏，写本经折装，残经上有2845号，现将西夏文残经录文并对译如下：

（右面）

[illegible]

星□□□□圣众一切□□□□□

[illegible]

罗王如来所言大威德炽盛光灾难

[illegible]

除言真□我若国王及诸大臣住处

[illegible]

宫殿及诸国土若五曜逼迫罗睺慧

[illegible]

星邪星本命星宫及诸星宫照至□

翻译如下：

星□□□□一切圣众□□□□□罗王如来所言：我……大威德炽盛光除灾难言真。若国王及诸大臣住处宫殿及诸国土，若五曜逼迫，罗睺、慧星、邪星、本命星宫及诸星宫照至□……

（左面）

[illegible]

王位处若国于家于及国至各逼迫

[illegible]

□时若还若入诸灾难为故惟清净

[illegible] ① [illegible]

① 西夏文"[illegible]"译为"设置道场"。

各道场广设是真言百八遍诵若千
[illegible]□□[illegible][illegible][illegible][illegible][illegible][illegible][illegible][illegible][illegible][illegible][illegible]
遍□□以二日三日四日乃至七日
[illegible]□□□□□[illegible][illegible][illegible][illegible][illegible]□[illegible][illegible]
诵□□□□□严心诚受持□生灾

翻译如下：

王位处，若于国于家及至国各□逼迫时，若还若入为诸灾难，故惟清净各设置典场，诵是真言百八遍，若千遍，以□□二日三日四日乃至七日，诵□□□□□严，诚心受持，□生灾……

解读 Or.12380-2845RV（K.K.II.0282.zz）残经，可以确定其为不空译《佛说炽盛光大威德消灾吉祥陀罗尼经》的相应内容：

> ……告诸宿曜游空天众九执大天，及二十八宿十二宫神一切圣众，我今说过去娑罗王如来所说：炽盛光大威德陀罗尼除灾难法，若有国王及诸大臣所居之处及诸国界，或被五星陵逼。罗睺、彗孛、妖星、照临所属本命宫宿及诸星位，或临帝座于国于家及分野处。陵逼之时，或退或进作诸障难者，但于清净处置立道场，念此陀罗尼一百八遍或一千遍，若一日二日三日乃至七日，依法修饰坛场，至心受持读诵，一切灾难皆悉消灭，不能为害……[①]

3.Or.12380-1375（K.K.）残存 1 页 5 行，下栏线单栏，写本，字数不能确定，残缺严重，刊布者定名为《金光明最胜王经论释》，现将西夏文录文并对译如下：

……[illegible][illegible]	……言真
……[illegible][illegible][illegible][illegible][illegible]	……住处宫殿及

① （唐）不空译《佛说炽盛光大威德消灾吉祥陀罗尼经》，《大正藏》第 19 册，第 963 号，第 337 页下栏 14~24。

……[illegible]　　……逼罗睺慧星
……[illegible]　　……及诸星宫照
……[illegible]　　……若国于家于及国

解读 Or.12380-1375（K.K.）残经，可以确定其并非属于《金光明最胜王经论释》，而是不空译《佛说炽盛光大威德消灾吉祥陀罗尼经》的内容：

> ……如来所说，炽盛光大威德陀罗尼除灾难法。若有国王及诸大臣所居之处及诸国界，或被五星陵逼，罗睺、彗孛、妖星、照临所属本命宫宿及诸星位，或临帝座于国于家及分野处……①

Or.12380-1375（K.K.）残经与 Or.12380-2845RV（K.K.Ⅱ.0282.zz）残经有部分内容重复。

4.Or.12380-1377（K.K.）残存 1 页 3 行，上栏线无存，下栏线单栏，写本，字数不能确定，残缺严重，刊布者定名为“佛经”，现将西夏文录文并对译如下：

……[illegible]　　……行未有九
……[illegible]　　……宫圣众
……[illegible]　　……所

解读 Or.12380-1377（K.K.）残经，可以初步确定其为不空译《佛说炽盛光大威德消灾吉祥陀罗尼经》的相应内容：

> 尔时释迦牟尼佛在净居天宫，告诸宿曜游空天众、九执大天，及二十八宿、十二宫神一切圣众。我今说过去娑罗王如来所说，炽

① （唐）不空译《佛说炽盛光大威德消灾吉祥陀罗尼经》，《大正藏》第 19 册，第 963 号，第 337 页下栏 16~23。

盛光大威德陀罗尼除灾难法。[1]

英藏黑水城文献中除了《佛说炽盛光大威德消灾吉祥陀罗尼经》外，还有《十二宫吉祥颂》。

5.Or.12380-2764RV（K.K.Ⅱ.0277.ff）残存 2 页，刻本，其中右面存 1 残页 4 行，以图表形式出现，左面存 1 残页 3 行，上下栏线单栏，满行 15 字，残经上有编号 2764，刊布者将其定名为《十二宫吉祥颂》。

（左面）

[illegible]……[illegible]

一切……解脱

[illegible]

十二宫吉祥颂

[illegible]

最上导师人天供养处佛之礼敬今皆

解读 Or.12380-2764RV（K.K.Ⅱ.0277.ff）残经左面，可以确定其为赞叹“十二宫”的内容，我们可以把它列到星曜的经典里面。在俄藏、英藏黑水城文献和河西地区壁画中保存有许多关于星曜神灵的内容[2]，这也正说明了西夏时期星曜崇拜的兴盛。

① （唐）不空译《佛说炽盛光大威德消灾吉祥陀罗尼经》，《大正藏》第 19 册，第 963 号，第 337 页下栏 14~17。

② 东千佛洞第 1 窟东壁（左壁）正中绘炽盛光佛经变一铺，莫高窟第 61 窟甬道南壁、北壁上各绘有一幅《炽盛光佛图》，贺兰县宏佛塔出土两幅彩绘绢质《炽盛光佛图》，俄罗斯艾尔米塔什博物馆藏黑水城出土绢质卷轴彩绘《炽盛光佛图》，艾尔米塔什博物馆藏黑水城出土蓝白方格纹丝制唐卡《月孛星图》，艾尔米塔什博物馆还藏有黑水城出土的《月星》和《土星》等。

三 《圣大乘胜意菩萨经》

俄藏黑水城文献中存有多种未收录于《大正藏》的西夏新译汉文佛典，俄国学者弗鲁格最早注意到不见于各种汉文大藏经的几部刻本佛经。及至孟列夫再次编目时，将其定为“新译经文”和“密教佛经”，包括《圣观自在大悲心总持功能依经录》、《佛说圣大乘三归依经》和《圣大乘胜意菩萨经》等。其中《圣大乘胜意菩萨经》和《佛说圣大乘三归依经》是由兰山智昭国师沙门德慧所译。在英藏黑水城西夏文佛教文献中也存在《圣大乘胜意菩萨经》残卷，下面对其进行释读。

1.Or.12380-3183（K.K.Ⅱ.0248.d）存在经题，上下栏线单栏，刻本经折装，残经上有编号 3183，刊布者将其定名为《圣大乘胜意菩萨经》，存 1 页 5 行，为佛经和发愿文的内容。现将西夏文录文并对译如下：

[illegible]	大众一切佛所说闻皆大心
[illegible]□[illegible]	欢信授□行
[illegible]	圣大乘胜意菩萨经典终
[illegible]	今闻父母身生天地大功与
[illegible]	同经像信养育上恩回能

残经内容翻译为：

一切大众听佛所言，皆大欢心信授□行。圣大乘胜意菩萨经典终。今闻生身父母，信仰此经，与天下大功德，能回养育之恩……

在英藏黑水城西夏文佛经中仅仅发现一件《圣大乘胜意菩萨经》，

克恰诺夫的《俄藏黑水城西夏文佛经叙录》也介绍得很少，仅在馆册第 5507 号写本蝴蝶装《佛说长寿经》中混进了西夏文《圣大乘胜意菩萨经》，克恰诺夫介绍道《佛说长寿经》只有 7 页，其余的内容是《番言圣大乘胜意菩萨经》，全文保存，每页 4 行，每行 10 个字。上边距 1.5 厘米，下边距 2 厘米。而在俄藏汉文中保存有《圣大乘胜意菩萨经》（TK145），西夏刻本经折装，未染麻纸，共 6 折 12 面，中下部残缺，面宽 9 厘米，天头 2.5 厘米，每面 6 行，上单边，宋体，首尾残，前有陀罗尼。第 4 行首题"此云《圣大乘胜意□□□》"，接着是译经者"兰山智昭国师沙门……奉天显道耀武宣文神谋睿智制义去……"，以下是经文内容，从第 7 折页开始为发愿文，施经时间为白高大夏国乾祐……甲辰九月十五日。由此可知，《圣大乘胜意菩萨经》是兰山沙门智昭国师沙门德慧翻译的。

检索俄藏黑水城汉文和西夏文佛经，兰山沙门德慧翻译的佛经还有《佛说圣大乘三归依经》，在俄藏汉文中有《佛说圣大乘三归依经》（TK121、TK122、TK311），俄藏西夏文《佛说圣大乘三归依经》有第 382、383 号，西夏特藏第 141 号，克恰诺夫认为此经译自藏文，见《藏文佛经正经全目录》第 891 号，即《圣归依三宝大乘经》，西田龙雄《西夏文佛经目录》第 200 号。其中馆册第 4940 号为刻本卷子装，仅存经首，每行 12 个字，上边距 3.5 厘米，下边距 2 厘米，经题后有仁孝皇帝（奉天显道耀武宣文神谋睿智制义去邪惇睦懿恭皇帝嵬名）御览及兰山智昭国师沙门德慧奉敕译字样。馆册第 7577 号为刻本卷子装，仅存经尾，每行 12 个字，上边距 3.5 厘米，下边距 1.5 厘米，结尾处重复经题，后记为仁孝皇帝（奉天显道耀武宣文神谋睿智制义去邪惇睦懿恭皇帝嵬名）刊印此经，西夏文本 5 万卷，汉文本 5 万卷，日期为白高国乾祐十五年（1184）九月五日。馆册第 6542 号为刻本经折装，存 14 页，仅存经首，每页 5 行，每行 12 个字，上边距 3.5 厘米，下边距 1.5 厘米，经题后有兰山智昭国师沙门德慧奉敕译字样。那么我们通过比对德慧翻译的《圣大乘胜意菩萨经》和《佛说圣大乘三归依经》，可以发现这两部佛经的汉文发愿文是相同的，应该是在同一法会上刊印施舍的。

此外，德慧传译佛经在黑水城汉文《佛说圣佛母般若波罗蜜多心经》和《持诵圣佛母般若多心经要门》（TK128）首题中也出现了，首题“此云佛说圣佛母般若波罗蜜多心经”后另双行小字“兰山觉行国师沙门德慧奉敕译，/ 奉天显道耀武宣文神谋睿智制义去邪惇睦懿恭皇帝（仁宗）详定”。首题“持诵圣佛母般若多心经要门”后的双行小字为“德慧奉敕传译”。在经文后有御制发愿文：

……朕睹胜因，遂陈诚愿。
寻命兰山觉行国师沙门德慧，重将梵本，
再译微言。仍集真空观门、施食仪轨，附于
卷末，连为一轴。于
神妣皇太后周忌之辰，开板印造番
汉共二万卷，散施臣民。请觉行国师等
烧施灭恶趣中围坛仪，并拽六道，及讲演
《金刚般若经》《般若心经》，作法华会、大乘忏
悔，放神幡，救生命，施贫济苦等事，恳伸追
荐之仪，用答劬劳之德。仰凭觉荫，冀锡冥
资，直往净方，得生佛土，永住不退，速证法
身。又愿
六朝祖宗，恒游极乐，万年社稷，永享升平。
一德大臣，百祥咸萃，更均余祉，下逮含灵。
天盛十九年岁次丁亥五月初九日，
奉天显道耀武宣文神谋睿智制义去邪惇睦懿恭皇帝 谨施。①

德慧不仅在汉文佛经题记中出现，而且还在西夏文佛经题记中多次出现。克恰诺夫认为，西夏文《佛说圣佛母般若波罗蜜多心经》（第70号，西夏特藏第139号，馆册第4336号；第77号，西夏特藏第139

① 上海古籍出版社，中国社会科学院民族所等编《俄藏黑水城文献》（第3册），上海古籍出版社，1996，第74页。

号，馆册第 5605、6360 号）译自藏文，汉文和藏文《大正藏》都收录此经，见《大正藏》第 257 号，宋施护译。另见《藏文佛经正经全目录》第 160 号，即《世尊母般若波罗蜜多心经》。经文标题后有仁孝皇帝“奉天显道光耀武宣文神谋睿智制义去邪醇睦懿恭皇帝嵬名”御校勘。

其中馆册第 4336 号题记为：

[illegible]

兰山觉行国师沙门德慧奉敕译

馆册第 5605 号《佛说圣佛母般若波罗蜜多心经》标题后有仁孝皇帝尊号“奉天显道光耀武宣文神谋睿智制义去邪醇睦懿恭皇帝嵬名”御览并核准确认，兰山觉行国师沙门德慧奉敕译并传经等。

馆册第 6360 号《佛说圣佛母般若波罗蜜多心经》标题后有仁孝皇帝尊号“奉天显道光耀武宣文神谋睿智制义去邪醇睦懿恭皇帝嵬名”御览并钦定，兰山沙门德慧奉敕译。经文题记内容为：“此经书是仁孝皇帝为纪念他去年去世的母亲而刻印出版的。他感念他的母亲在十分艰难的条件下对他的生养和教育之恩。在她去世一周年的日子，作为一个伟大的发愿者邀请兰山沙门德慧，将经文重新由梵文和藏文译成西夏文和汉文。经书印刷二万卷，散施民众。皇帝希望他母亲在西方净土世界里超生。”[①]

西夏文《三十五佛随忏悔要论》（第 103 号，西夏特藏第 301 号，馆册第 880 号）译自汉文，见《大正藏》第 326 号，不空译《佛说三十五佛名礼忏文》。经文标题后有：

[illegible]

觉行法师沙门德慧造

西夏文《佛说阿弥陀经典》（第 109 号，西夏特藏第 147 号，馆册

① 〔俄〕克恰诺夫编著《俄藏黑水城西夏文佛经叙录》，崔红芬、文志勇译，甘肃文化出版社，2021，第 511 页。

第 6761 号）译自汉文，见《大正藏》第 366 号，鸠摩罗什译《佛说阿弥陀经》。经文标题后有：

[illegible]　　贤觉帝师沙门显胜
[illegible]　　五明国师沙门拶也阿难答
[illegible]　　全解国师沙门法慧
[illegible]　　至觉国师沙门慧护（慧守）
[illegible]　　圆和法师沙门智明
[illegible]　　觉行法师沙门德慧等传

西夏文《无垢净光总持》（第 232 号，西夏特藏第 389 号，馆册第 2830 号）译自汉文，见《大正藏》第 1024 号弥陀山译《无垢净光大陀罗尼经》。经文标题后有：

[illegible]　兰山觉行法师德慧校

西夏文《佛说圣大乘三归依经》（第 382 号，西夏特藏第 141 号，馆册第 4940、7577 号；第 383 号，馆册第 6542 号）译自藏文，见《藏文佛经正经全目录》第 891 号《圣归依三宝大乘经》。馆册第 4940 号经文题记后有仁孝皇帝尊号“奉天显道光耀武宣文神谋睿智制义去邪醇睦懿恭皇帝嵬名”御览。

[illegible]　兰山智昭国师沙门德慧 奉敕译

馆册第 7577 号经文题记中有：

仁孝皇帝（尊号）刊印此经，西夏文版 5 万卷，汉文版 5 万卷。

并有刊经时间：

[illegible] 白高国乾祐十五年九月五日

馆册第 6542 号经文标题后有：

兰山智昭国师沙门德慧奉敕译。

西夏文《菩提勇识大勇识不价菩萨众之归依礼拜》（第 526 号，西夏特藏第 122 号，馆册第 4996 号）标题后有作者名字：[illegible]（德慧）。

西夏文《风气心于入顺》（第 550 号，西夏特藏第 425 号，馆册第 3808 号）指出译者：兰山沙门[illegible]（德慧）。

西夏文《佛说圣佛母般若心经诵持顺要论》（第 552 号，西夏特藏第 68 号，馆册第 4090、5253 号；第 553 号，馆册第 2829 号）译自藏文，标题后有：

兰山智昭国师沙门德慧奉敕译。仁孝皇帝尊号“奉天显道光耀武宣文神谋睿智制义去邪醇睦懿恭皇帝嵬名”御览并钦定。

题记：

为了报答父亲［[illegible]（易易）］和母亲［[illegible]（耶哈）］对上侍奉父母之敬顺、对下养育我们之恩德，我们俩人发愿用金粉抄写《般若心经》，以此纪念父母，愿他们万古常青、永垂不朽，记载父母一生功绩并向众人散经。赠经的儿子［[illegible]（梁夏萨成）］，抄经者［[illegible]（梁夏萨吉）］。

馆册第 2829 号有题记：

兰山沙门德慧奉仁孝皇帝御旨，为纪念皇太后去世一周年，于天盛十九年（1167）五月用梵文本与藏文本对照校勘并翻译经文。

译经目的是以慈航般若之船渡皇太后到达彼岸。皇帝作为大发愿者，刻印经文 2 万卷，散施官吏及民众，在祈法大会上读诵经文，好使皇太后在净土世界里超生并得到法身正果。[①]

西夏文《吉祥上乐轮随狮子卧以定正修顺要论》（第 555 号，西夏特藏第 126 号，馆册第 2521 号）标题后有：

中国大乘密教帝师、沙门慧称或慧宣编写，兰山智昭国师德慧翻译。

西夏文《吉祥上乐轮随耶稀鸠稀字咒以前尊习为识过定入顺要论》（第 557 号，西夏特藏第 128 号，馆册第 2838 号）标题后有：

[illegible]
中国大乘密咒帝师沙门慧称（慧宣）

另克恰诺夫俄译文有“兰山智昭国师”翻译字样。

西夏文《佛说圣佛母般若诵持顺要论》（第 558 号，西夏特藏第 140 号，馆册第 6360 号）译自藏文。标题后有：

仁孝皇帝尊号“奉天显道光耀武宣文神谋睿智制义去邪醇睦懿恭皇帝嵬名”御览并钦定，兰山寺国师沙门德慧奉敕翻译并改写。

西夏文《大乘默有者道中入顺大宝聚集要论》（第 600 号，西夏特藏第 340 号，馆册第 5031 号上部、馆册第 5149 号中部）译自藏文。其中馆册第 5031 号标题后有译者名字“兰山沙门德慧”，馆册第 5149 号标题后有译者名字“兰山沙门[illegible]（德慧）”，经文抄写者“[illegible]（梁

① 〔俄〕克恰诺夫编著《俄藏黑水城西夏文佛经叙录》，崔红芬、文志勇译，甘肃文化出版社，2021，第 509 页。

易宝）”，经书拥有者“Су Жиэ Чхиа”。

西夏文《大印究竟要集》（第 663 号，西夏特藏第 345 号，馆册第 824 号；第 665 号，馆册第 2526 号）译自藏文。经文标题后有“兰山沙门德慧集”。

西夏文《吉祥护法大集求主》（第 763 号，西夏特藏第 442 号，馆册第 4994 号）标题后有“兰山沙门德慧译”。

可知，德慧是西夏时期非常活跃的一位高僧，他参加翻译、编撰和校勘的经文有很多。德慧有三个封号，即觉行法师、兰山觉行国师和兰山智昭国师，先有兰山沙门、兰山觉行法师封号，后升任国师，先称作兰山觉行国师，后改为兰山智昭国师。他是贺兰山某一寺院的僧人，精通藏文、梵文和汉文，应是仁孝时期比较著名的僧人。

俄藏汉文《圣大乘胜意菩萨经》发愿文残缺严重，我们根据《俄藏黑水城文献》刊布的汉文《佛说圣大乘三归依经》（TK121）发愿文录文如下：

> 恭惟《圣大乘三归依经》者，释门密印，觉路真乘，诚振溺之要津，乃指迷之捷径，具寿舍利，独居静处以归依善逝法王，广设譬喻而演说，较量福力以难尽，穷究功能而转深，诵持者必免于轮回，佩戴者乃超于生死，劝诸信士敬此真经。朕适逢本命之年，特发利生之愿。恳命国师、法师、禅师，暨副判、提点、承旨、僧录、座主、众僧等，遂乃烧施结坛，摄瓶诵咒，作广大供养，放千种施食，读诵大藏等尊敬，讲演上乘等妙法。亦致打截截，作忏悔，放生命，喂囚徒，饭僧设贫，诸多法事。仍敕有司，印造斯经，番汉五万一千余卷，彩绘功德大小五万一千余帧，数珠不等五万一千余串，普施臣吏僧民，每日诵持供养。所获福德，伏愿皇基永固，宝运弥昌。艺祖、神宗，冀齐登于觉道；崇考、皇妣，祈早往于净方。中宫永保于寿龄，圣嗣长增于福履。然后满朝臣庶，共沐慈光，四海存亡，俱蒙善利。时白高大夏国乾祐十五年岁次甲辰九月十五日，奉天显道光耀武宣文神谋睿智制义去邪醇睦懿恭皇

帝嵬名施。[①]

由此可见，汉文、西夏文《佛说圣大乘三归依经》和《圣大乘胜意菩萨经》是在仁孝皇帝本命之年施印的。

德慧传译的这几部佛经未见收录于汉文大藏经，从佛经题记看，《佛说圣佛母般若波罗蜜多心经》和《持诵圣佛母般若多心经要门》应是德慧从梵文本重译成汉文的。《佛说圣大乘三归依经》和《圣大乘胜意菩萨经》的施经题记相同，并指出德慧奉诏译，说明这两部经是在同一法会上印造散施于信众的，但经文题记未明确指出其译自何种语言。沈卫荣先生对照《圣大乘胜意菩萨经》汉文本、藏译本的内容，推断兰山智昭国师德慧汉译本不是译自藏文，而可能是直接从梵文原本翻译过来的。由此推断《佛说圣大乘三归依经》可能也是德慧从梵文本翻译成汉文的。德慧是一位精通汉、梵和西夏文的高僧。德慧有国师的封号，天盛十九年（1167）他有兰山觉行国师沙门德慧的封号，而在乾祐十五年（1184）他又有兰山智昭国师沙门德慧的封号。德慧虽有国师封号，但两个封号的年代不同，他先有兰山觉行国师封号，后有智昭国师封号。他翻译《佛说圣佛母般若波罗蜜多心经》和《持诵圣佛母般若多心经要门》在先，而翻译《佛说圣大乘三归依经》和《圣大乘胜意菩萨经》在后。

① 上海古籍出版社、中国社会科学院民族所等编《俄藏黑水城文献》（第3册），上海古籍出版社，1996，第52页。

四 《佛说最上意陀罗尼经》

《佛说最上意陀罗尼经》是宋施护所译，收录于《天圣释教总录》《大中祥符法宝录》，属于密教经典，《房山石经》中也有保存。《佛说最上意陀罗尼经》讲述佛在救鸽城牛头精舍时说此陀罗尼，可以灭不祥事，消除病恼，增长福德。此经在俄藏黑水城文献和英藏黑水城文献中皆有收藏，下面对英藏黑水城文献中西夏文《佛说最上意陀罗尼经》进行释读。

Or.12380-3198（K.K.II.0252）存 1 折页 6 行，每行 14 字，刻本，上下栏线双栏，刊布者定名为“佛经”，现将西夏文录文并对译如下：

[illegible]	以是陀罗尼诵故厄灾中立即解脱
[illegible]	善生若善男子善女人是如为善故
[illegible] ① [illegible]	自身解脱得善生若二七日种种香
[illegible]	花食饮等先如一倍增以准备佛僧
[illegible]	之供养为故其人之父母与所然解
[illegible]	脱获得善生若三七日种种香花食

翻译如下：

……诵是陀罗尼故，以厄灾中立即解脱。善生（比丘），若善男子、善女人为如是善故，自身得解脱。善生，若二七日准备以种种香花、饮

① 西夏文“[illegible]”译为“善生”，汉文本为“比丘”。

食等为之供养佛、僧，于先增一倍，故其人父母与之所然，获得解脱。善生，若三七日种种香花、食……

与《大正藏》内容进行比对，可以确定残经内容为施护译《佛说最上意陀罗尼经》的相应内容：

> 燃大炬火用为照爆，持诵此陀罗尼，所有灾难当得解脱。比丘，若善男子、善女人能如是作者，当得自身解脱。比丘，若二七日如是备种种香花、饮食供养佛僧，一倍于前，是人所有父母同得解脱。比丘，若于三七日能如是于佛法僧倍前，以种种香花、饮食恭敬供养者。①

在英藏黑水城西夏文佛教文献中仅发现1件《佛说最上意陀罗尼经》的残经，在俄藏黑水城西夏文残经中也仅存在1件，克恰诺夫《俄藏黑水城西夏文佛经叙录》中刻本经折装《最上意经》（第351号，西夏特藏第419号，馆册第2844号）即《佛说最上意陀罗尼经》。克恰诺夫将此经列入“伪经”目录欠妥，根据上述解读，此经是根据施护的汉文本《佛说最上意陀罗尼经》翻译完成的。

继唐“开元三大士”等翻译密教经典之后，宋初又出现一个译经高潮期。赵匡胤一改后周废佛的局面，积极推行佛教，再次开创佛教兴隆之端，西去求法、东来弘教的僧众日渐增多。从北宋建立之初到仁宗景祐时期多达80人，他们当中比较著名的是法天、法贤和施护等，他们携带大量梵文经典东来，在宋朝从事译经弘法活动。施护（？~1017），乌填曩国人，其国属于北印度，故称北印度僧也。与天息灾一起来至京师，翻译佛经，弘传佛法，于太平兴国七年（982）七月翻译《佛说无能胜幡王如来庄严陀罗尼经》（一部一卷），从宋太宗受“传法大师”之号，并先后受朝散大夫、试鸿胪少卿、试鸿胪卿、朝奉大夫的官衔。端拱二年（989）四月先后译出的《佛说如意宝总持王经》（一部一卷）、

---

① （宋）施护译《佛说最上意陀罗尼经》，《大正藏》第21册，第1408号，第924页上栏5~11。

《佛说普贤曼拏罗经》(一部一卷)、《佛说持明藏八大总持王经》(一部一卷)、《佛说尊胜大明王经》(一部一卷)和《佛说最上意陀罗尼经》(一部一卷)皆出自梵文本，收录在大乘经藏秘密部中。施护在天息灾、法天相继去世之后，成为第一译主，宋真宗咸平五年(1002)为嘉勉表彰他译经的功绩，“特授试光禄卿，依前传法大师充西天译经三藏、散官如故”。施护死于天禧元年(1017)十二月十六日，宋真宗赐谥“明悟”之号。

《佛说最上意陀罗尼经》在端拱二年(989)被翻译成汉文，何时传入西夏，又何时被翻译成西夏文尚无法判断，只知《佛说最上意陀罗尼经》翻译完成后入藏流行，与西夏先后六次向宋请赐佛经有关，在请赐佛经的同时，《佛说最上意陀罗尼经》也传到西夏，之后逐渐被翻译成西夏文。黑水城文献中《佛说最上意陀罗尼经》存在较少，因此我们目前尚无法判断此经被翻译成西夏文的时间。

五 《佛说文殊菩萨最胜真实名义经》《圣妙吉祥真实名经》

（一）《佛说文殊菩萨最胜真实名义经》

Or.12380-3165（K.K.）残存 2 折页，共 12 行，1 行最多为 15 字，上下栏线单栏，刻本经折装，刊布者定名为《圣柔吉祥之名真宝颂》，现将西夏文录文并对译如下：

[illegible]

□空自□□是如名真实□□□二法

[illegible]

持意之名真实经典者□一切说□无

[illegible]

自性是也

[illegible]

三第轮之德功五十二颂

[illegible]

手金刚金刚（王）持及亦善男子善女人秘

[illegible]

□□依行修者或是清智身无二圣义

[illegible]

名真实诵名中顶珠者一切头终用无

[illegible][1][illegible]

□无增□无□贯数□增及文字如外

[illegible]

□数三□受持读诵醒悟于理依意为

[illegible]

及又亦智之记（传）句何云依大示及名义

[illegible][2][illegible]

所说各各及妙吉祥智勇识身于观

[illegible]

□心一境需定若乐及真令意为也

翻译如下：

□自□□空，是如真实名□□□二法意，持名真实经典者，□一切说□无自性是也。

第三轮之功德五十二颂

金刚手复亦持金刚王，善男子、善女人，依秘□□修行者，或是清智身，无二圣义，诵真实名中一切头顶珠者，终无用如□无增□无□贯？数□增及文字外，□数三□受持读诵，为于理依意醒悟，亦及之记（传）智句，云何，依大示及名义所说，于各各名及观妙吉祥智勇识身，□一心境需定若乐，及为意令真也。

比对《大正藏》内容，残经与沙啰巴译《佛说文殊菩萨最胜真实名义经》的内容相近：

> 如来自性，悉皆空故，此最胜名义，无二法义，若有受持，开示显发，则能利益一切众生，令离邪见、烦恼稠林。
>
> 已上第三轮功德计五十二颂句

① 西夏文“[illegible]”译为“文字”。

② 西夏文“[illegible]”译为“妙吉祥”。

金刚手执金刚菩萨摩诃萨，婆伽梵文殊智菩萨摩诃萨，一切如来智身最胜尊重无二名义，如佛顶髻大摩尼宝。若善男子、善女人，乐修习者，依此最胜秘密行门，每日三时，记念思惟，句偈义理，文句圆正，受持读诵，无诸错乱，真实知法，为人解说。依各各名一一谛观文殊菩萨智身，住普门行，一心信受，得胜解心。①

（二）《圣妙吉祥真实名经》

《圣妙吉祥真实名经》是佛教密宗重要经典之一，在日本东北帝国大学编印的《西藏大藏经总目录》中列在所有密续的第一部，其目录编号为第360号，印度和西藏的密教大师对这部密续都有所阐释，并留下一些重要的论著。《大正藏》中有四个异译本，即宋施护译《佛说最胜妙吉祥根本智最上秘密一切名义三摩地分》（二卷）（《大正藏》第1187号）、西夏金总持译《文殊所说最胜名义经》（二卷）（《大正藏》第1188号）、元沙啰巴译《佛说文殊菩萨最胜真实名义经》（一卷）（《大正藏》第1189号）和释智译《圣妙吉祥真实名经》（一卷）（《大正藏》第1190号）。尽管这四种译本内容长短不同，但其主要内容是一致的，它们都有一百七十颂，前三个译本的颂文为五字一句，最后一个译本的颂文为七字一句。在西夏文中保存有不同的译本，英藏黑水城西夏文残经有沙啰巴译本和释智译本，下面对英藏黑水城西夏文《圣妙吉祥真实名经》进行释读。

1.Or.12380-0123（K.K.）残存1页4行，上栏线单栏，下栏线无存，刻本，字数不能确定，刊布者定名为“佛经”，现将西夏文录文并对译如下：

𗴺……　　　　　　大……

① （元）沙啰巴译《佛说文殊菩萨最胜真实名义经》，《大正藏》第20册，第1189号，第824页下栏19~26。

𘜶[illegible]…… 大精虑……
𘜶[illegible]…… 大威力……
𘜶[illegible]…… 大慈悲……

解读 Or.12380-0123（K.K.）残经，可初步确定其为释智译《圣妙吉祥真实名经》的相应内容：

以大禅定住静虑，以大智慧令持身；
具足大力大方便，大愿胜智是大海。
大慈自性无量边，亦是大悲胜智慧；
有大智慧具大智，大解即是大方便。[①]

2.Or.12380-0151（K.K.）残存 1 页 6 行，上栏线单栏，下栏线无存，刻本，字数不能确定，刊布者定名为“佛经”，现将西夏文录文并对译如下：

𘜶[illegible]…… 大嗔……
𘜶[illegible]…… 大明……
𘜶…… 大……
𘜶[illegible]…… 大密……
[illegible]…… 十种……
[illegible]…… 十种……

解读 Or.12380-0151（K.K.）残经，可初步确定其为释智译《圣妙吉祥真实名经》的相应内容：

广大正觉众明主，具大寂默大寂默；

① （西夏）释智译《圣妙吉祥真实名经》，《大正藏》第 20 册，第 1190 号，第 827 页中栏 13~16。

大密咒中令出现，有大密咒自性理。
欲得十种到彼岸，住于十种彼岸中；
十彼岸到是清净，即是十种彼岸理。
尊者十地自在者，住在于彼十地中。[①]

3.Or.12380-0702（K.K.V.b.015.b）残存1页5行，上栏线无存，下栏线单栏，刻本经折装，字数不能确定，刊布者定名为"佛经"，现将西夏文录文并对译如下：

……[illegible]□[illegible]　　……大□礼
……[illegible]　　……他句无边
……[illegible]　　……示说者
……[illegible]　　……救拔者
……[illegible]　　……之因独也

解读Or.12380-0702（K.K.V.b.015.b）残经，可初步确定其为释智译《圣妙吉祥真实名经》的相应内容：

执持爱护大灵验，大义不受他恩念；
句王句主能言词，句中自在句无边。
以真实句说真实，于彼四谛宣说者；
不还之中复不还，教如缘觉及独觉。
种种决定超出中，彼诸大中独一因；
苾刍罗汉即漏尽，调伏诸根并离欲。[②]

---

① （西夏）释智译《圣妙吉祥真实名经》,《大正藏》第20册，第1190号，第827页中栏24~28。

② （西夏）释智译《圣妙吉祥真实名经》,《大正藏》第20册，第1190号，第827页下栏9~15。

4.Or.12380-0703（K.K.V.b.015.b）残存1页7行，上栏线无存，下栏线单栏，刻本经折装，每行字数不能确定，刊布者定名为“佛经”，现将西夏文录文并对译如下：

……[illegible]	…… 自性净
……[illegible]	……为造他句
……[illegible]	……于实宅住
……[illegible]	……惧令
……[illegible]	……意如
……[illegible]	……行者大威力
……[illegible]	……静多主悟以

解读Or.12380-0703（K.K.V.b.015.b）残经，可确定其为释智译《圣妙吉祥真实名经》的相应内容：

殊胜不动自性净，持于正觉妙菩提；

一切正觉现于前，智火炽焰光显盛。

（此下二十四颂，赞平等性智，故即是出现宝生佛中围即一百四名数）。

随乐成就微妙义，一切恶趣悉清净；

诸有情中殊胜尊，一切有情令解脱。

烦恼敌中独勇猛，威猛能破愚痴怨；

具吉祥智而严身，执持坚固之恶相。[1]

5.Or.12380-0704（K.K.V.b.015.b）残存1页6行，其中2行不清楚，上栏线无存，下栏线单栏，刻本经折装，字数不能确定，刊布者定名为“佛经”，现将西夏文录文并对译如下：

① （西夏）释智译《圣妙吉祥真实名经》,《大正藏》第20册，第1190号，第828页中栏9~829页中栏7。

……[西夏文 2字]	……治为
……	……
……	……
……[西夏文 4字]	……皆供养赞
……[西夏文 6字]	……生句之密咒持
……[西夏文 6字]	……第三乘旨（教）示者

解读 Or.12380-0704（K.K.V.b.015.b）残经，可确定其为释智译《圣妙吉祥真实名经》的相应内容：

是有情灯智慧炬，具大威势显光明；
是胜咒主明咒王，密咒王者作大益。
具大肉髻希有顶，大虚空主说种种；
是诸正觉胜自性，具足有情欢喜眼。
能令增长种种相，诸大仙等皆供赞；
令持三种之密咒，大记句者持密咒。
尊者守护三宝故，宣说最胜三乘法。①

6.Or.12380-0705（K.K.V.b.015.u）残存2页10行，上栏线无存，下栏线单栏，刻本经折装，字数不能确定，刊布者定名为“佛经”，现将西夏文录文并对译如下：

（右面）

□□□□□□□	[西夏文 7字，首字外加框]
□□□□□□□	金刚索是大受持
□□□□□[西夏文 2字]	□□□□□面（围）终
□□□□□□□	□□□[西夏文 4字]

① （西夏）释智译《圣妙吉祥真实名经》，《大正藏》第20册，第1190号，第828页上栏7~13。

□□□□□□□□　□□□王六面怖
□□□□□□□□　□□□□[西夏文]
□□□□□□□□　□□□□者尸体
□□□□□□□□　□□□□□[西夏文]
□□□□□□□□　□□□□□之王

翻译如下：
□□□□□□□□，是大受持金刚索。
□□□□□面（围）终。
□□□□□□□□，□□□王六面怖。
□□□□□□□□，□□□□者尸体。
□□□□□□□□，□□□□□之王。

（左面）

□□□□□□□□　□□□□[西夏文]
□□□□□□□□　□□□□金刚中
□□□□□□□□　□[西夏文][1][西夏文][2][西夏文]
□□□□□□□□　□金刚主（王）同独立（翘）
□□□□□□□□　□□□[西夏文][3][西夏文]
□□□□□□□□　□□□呵葛声出
□□□□□□□□　□□[西夏文]
□□□□□□□□　□□笑起高笑嬉
□□□□□□□□　[西夏文]
□□□□□□□□　金刚勇识大勇识

① 西夏文“[西夏文]”译为“金刚王”“金刚主”。
② 西夏文“[西夏文]”译为“同独”“独一”。
③ 西夏文“[西夏文]”音译为“呵葛”，汉文本为“曷辣”。

翻译如下：

□□□□□□□，金刚中□□□□。

□□□□□□□，□金刚主（王）同独立（翘）

□□□□□□□，□□□呵葛声出。

□□□□□□□，□□笑起高笑嬉。

□□□□□□□，金刚勇识大勇识。

解读 Or.12380-0705（K.K.V.b.015.u）残经，可确定其为释智译《圣妙吉祥真实名经》的相应内容，西夏文与汉文存在一些差异：

真胜有义之羂索，是大执持金刚索；金刚铁钩大羂索。

（此下十颂句。是出现不动佛中国，故赞大圆镜智即七十一名数。）

怖畏金刚施怖畏，金刚王者六面怖；

六眼六臂力具足，亦是骨相咬牙者。

曷辣曷辣具百面，是狱王主魔中王；

有力金刚能作怖，名称金刚金刚心。

幻化金刚具大腹，金刚中生金刚主；

是金刚心如虚空，不动独发相严身。

所著大象生皮衣，大紧呵呵皆哮吼；

希希声吼能作怖，若作笑者有响笑。

金刚喜笑大哮吼，金刚勇识大勇识。[①]

7.Or.12380-0706（K.K.V.b.015.b）残存 1 页 5 行，上栏线单栏，下栏线无存，刻本经折装，字数不能确定，刊布者定名为《圣柔吉祥之名真实诵》，现将西夏文录文并对译如下：

[illegible]　[illegible]□□□□□

① （西夏）释智译《圣妙吉祥真实名经》，《大正藏》第 20 册，第 1190 号，第 827 页中栏 23~828 页上栏 16。

无遗无缺治（饶）利为　十种□□□□□
[illegible]　[illegible]□□□□□
初无烦论无自性　如真□□□□□
[illegible]　□□□□□□□
谛宣何云所说如　□□□□□□□
[illegible]　□□□□□□□
二与已离二无说　□□□□□□□
[illegible]　□□□□□□□
我无师子声音所　□□□□□□□

翻译如下：
为饶利不遗无缺，十种□□□□□。
无初无烦论自性，真如□□□□□。
谛宣云何如所说，□□□□□□□。
与二已离说无二，□□□□□□□。
无我师子所声音，□□□□□□□。

解读 Or.12380-0706（K.K.V.b.015.b）残经，比对《大正藏》，可以确定残经为释智译《圣妙吉祥真实名经》的相应内容：

作诸利益无有遗，具有十种大自在；
离彼无垢戏论主，真如自性清净王。
言说真实不讳句，如其所说而依行；
于无二中说无二，住于真实边际中。
无我师子具音声，外道恶兽极怖畏。[①]

8.Or.12380-0805（K.K.Ⅱ.0281.a.xxxv）残存 1 页 1 行，上栏线单栏，下栏线无存，左面栏线单栏，刻本经折装，刊布者定名为“佛经经

① （西夏）释智译《圣妙吉祥真实名经》，《大正藏》第 20 册，第 1190 号，第 827 页中栏 13~16。

颂”，现将西夏文录文并对译如下：

[illegible]　[illegible]□□□□□□□
密咒明咒受持种　三□□□□□□□

翻译如下：

密咒明咒受种持，三□□□□□□□。

解读 Or.12380-0805（K.K.Ⅱ.0281.a.xxxv）残经，比对《大正藏》，可以确定残经为释智译《圣妙吉祥真实名经》的相应内容：

密咒明咒持种性，于其三种令观察。

9.Or.12380-0828RV（K.K.Ⅱ.026.r）残存 2 页 14 行，上栏线无存，下栏线单栏，左右栏线双栏，刻本蝴蝶装，刊布者定名为“佛经”，现将西夏文录文并对译如下：

（右面）

□□□□□□□　□□□□[illegible]
□□□□□□□　□□□□身如敬
□□□□□□□　□□□□[illegible]
□□□□□□□　□□□□五颂终
□□□□□□□　□□[illegible]
□□□□□□□　□□净智头顶如
□□□□□□□　[illegible]
□□□□□□□　吉祥智勇识与异
□□□□□□□　□□□□[illegible]
□□□□□□□　□□□□汝之最
□□□□□□□　□□□[illegible]
□□□□□□□　□□□令身语意

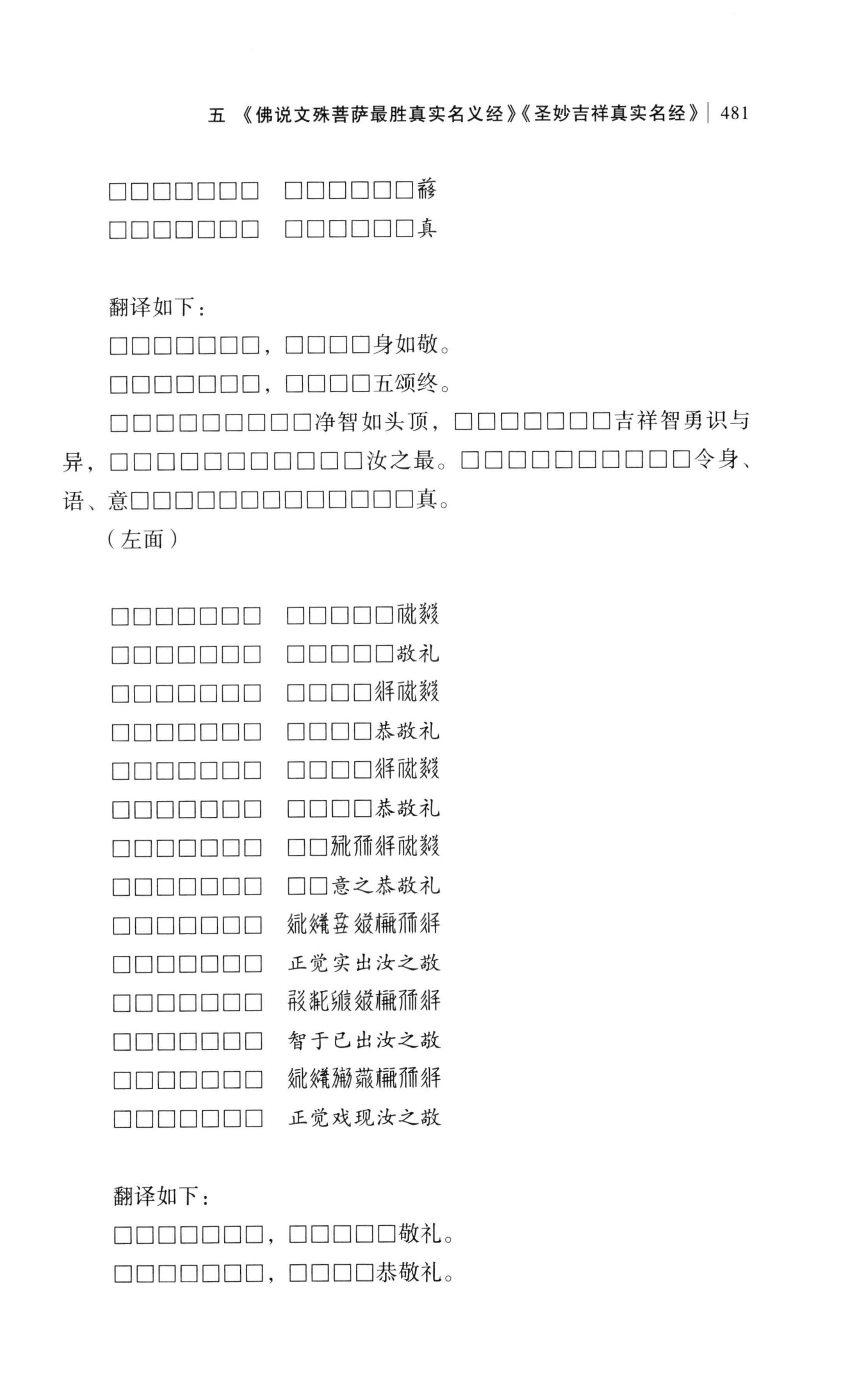

□□□□□□□□ □□□□□□[illegible]
□□□□□□□□ □□□□□□真

翻译如下：
□□□□□□□□，□□□□身如敬。
□□□□□□□□，□□□□五颂终。
□□□□□□□□□□净智如头顶，□□□□□□□吉祥智勇识与异，□□□□□□□□□□□汝之最。□□□□□□□□□□令身、语、意□□□□□□□□□□□□真。
（左面）

□□□□□□□□ □□□□□[illegible][illegible]
□□□□□□□□ □□□□□敬礼
□□□□□□□□ □□□□[illegible][illegible][illegible]
□□□□□□□□ □□□□恭敬礼
□□□□□□□□ □□□□[illegible][illegible][illegible]
□□□□□□□□ □□□□恭敬礼
□□□□□□□□ □□[illegible][illegible][illegible][illegible][illegible]
□□□□□□□□ □□意之恭敬礼
□□□□□□□□ [illegible][illegible][illegible][illegible][illegible][illegible][illegible]
□□□□□□□□ 正觉实出汝之敬
□□□□□□□□ [illegible][illegible][illegible][illegible][illegible][illegible][illegible]
□□□□□□□□ 智于已出汝之敬
□□□□□□□□ [illegible][illegible][illegible][illegible][illegible][illegible][illegible]
□□□□□□□□ 正觉戏现汝之敬

翻译如下：
□□□□□□□□，□□□□□敬礼。
□□□□□□□□，□□□□恭敬礼。

□□□□□□□，□□□□恭敬礼。

□□□□□□□，□□意之恭敬礼。

□□□□□□□，实出正觉汝之敬。

□□□□□□□，已出于智汝之敬。

□□□□□□□，正觉戏现汝之敬。

10.Or.12380-0829RV（K.K.Ⅱ.025.p）残存 2 页 14 行，上栏线无存，下栏线单栏，刻本蝴蝶装，左右栏线单栏，刻本经折装，刊布者定名为“佛经”，现将西夏文录文并对译如下：

（右面）

□□[illegible] □□□□[illegible]①

□□一切汝敬赞 □□□□身如敬

[illegible]……[illegible]……

金刚持是者……净智头顶如……

[illegible]……

一切之智身吉祥智勇识与异……

[illegible]……[illegible]

最清净名真实……汝之最

[illegible]……[illegible]

信爱乐实……身语意

[illegible]……[illegible]

令及最真……真

翻译如下：

□□一切汝敬赞，□□□□如身敬。

金刚持是者……净智如头顶……一切之智身吉祥智勇识与异……最

① Or.12380-0829RV（K.K.Ⅱ.025.p）残经与 Or.12380-0828RV（K.K.Ⅱ.026.r）残经可以相互补充，□中为补录内容。

清净名真实……汝之最……信爱乐实……令身、语、意……及最真……

（左面）

□□□□□□□　[illegible]□□[illegible]

□□□□□□□　正觉欲□□敬礼

□□□□□□□　[illegible]□□[illegible]

□□□□□□□　正觉戏□□敬礼

[illegible]　□□□□[illegible]

幻化之智汝敬赞　□□□□恭敬礼

□□□[illegible]　[illegible]□□□[illegible]

□□□如汝敬赞　正□□□恭敬礼

□□□[illegible]　[illegible]□[illegible]

□□□如汝敬赞　正□意之恭敬礼

□□□□[illegible]　[illegible]

□□□□出汝敬　正觉实出汝之敬

□□□□[illegible]　[illegible]

□□□□智汝敬　智于已出汝之敬

□□□□□□□　[illegible]

□□□□□□□　正觉戏现汝之敬

翻译如下：

□□□□□□□，□□□□□敬礼。

□□□□□□□，□□□□恭敬礼。

□□□□□□□，□□□□恭敬礼。

□□□□□□□，□□意之恭敬礼。

□□□□□□□，实出正觉汝之敬。

□□□□□□□，已出于智汝之敬。

□□□□□□□，正觉戏现汝之敬。

解读 Or.12380-0829RV（K.K.II.025.p）残经，可知其左面内容在前，

右面内容在后，与 Or.12380-0828RV（K.K.II.026.r）残经的内容一致，二者为同部残经，Or.12380-0829RV（K.K.II.025.p）残经是上半部分，Or.12380-0828RV（K.K.II.026.r）残经是下半部分，上下两部分基本可以缀合，Or.12380-0828RV（K.K.II.026.r）、Or.12380-0829RV（K.K.II.025.p）残经缀合后的内容为释智译《圣妙吉祥真实名经》的相应内容：

正觉贪著我敬礼，正觉欲者我敬礼；
正觉欢喜我敬礼，正觉戏论我敬礼。
正觉微笑我敬礼，正觉笑者我敬礼；
正觉语者我敬礼，正觉心者我敬礼。
出现无者我敬礼，出现正觉我敬礼；
出现虚空我敬礼，出现智者我敬礼。
幻化网者我敬礼，正觉显论我敬礼；
一切一切我敬礼，彼智身者我敬礼。

持金刚金刚手。此妙吉祥智勇识不共真实名，是出有坏之智身一切如来之智身，汝今应当生大欢喜，满净意乐增长无上，即能清净身、语、意三之密。若不能究竟不能清净地者，令到彼岸福智二足皆悉圆满令其清净。[①]

11.Or.12380-0862（K.K.II.0274.n）残存 1 页 6 行，上栏线单栏，下栏线无存，刻本经折装，刊布者定名为“佛经经颂”，现将西夏文录文并对译如下：

[illegible][illegible][②][illegible][illegible][illegible]……
梵言阿耶曼……
[illegible][illegible][illegible][illegible][illegible][illegible][illegible][illegible][illegible][illegible][illegible]……

① （西夏）释智译《圣妙吉祥真实名经》，《大正藏》第 20 册，第 1190 号，第 830 页上栏 29~ 中栏 11。

② 西夏文“[illegible][illegible]”译为“梵言”。

番言圣妙吉祥之名真实诵……

𗼇𗹙𘑨𘓁𗫡[1]𗣼𗠁𗑗……

妙吉祥儒童之敬礼……

𗧓𘂤𗹙𘄄𗫭𗓁𗷅　𗖵□□□□□□

尔时吉有金刚持　降□□□□□□

𗍫𗐱𘓱𘆏𘝞𘓷𗘂　𗫭𗓁□□□□□

三世中胜勇猛者　金刚□□□□□

𗰗𗕑𗥽𗬩[2]𘐞𗠦[3]𗴢　□□□□□□□

眼莲华白圆满如　□□□□□□□

翻译如下：

梵言阿耶曼……

番言诵圣妙吉祥之名真实……

敬礼妙吉祥之儒童……

尔时吉有金刚持，降□□□□□□。

三世中胜勇猛者，金刚□□□□□。

眼莲华白圆满如，□□□□□□□。

Or.12380-0862（K.K.II.0274.n）内容与释智译《圣妙吉祥真实名经》内容基本相同：

梵语阿耶曼祖悉哩捺麻捺机碇此云诵圣妙吉祥真实名……

……

敬礼孺童相妙吉祥！

复次吉祥持金刚，难调伏中胜调伏；

勇猛超出三界内，自在金刚密中胜。

眼如白莲妙端正，面貌圆满若莲华；

① 西夏文“𘓁𗫡”直译为“少壮”，在此指“儒童”。

② 西夏文“𗕑𗥽𗬩”译为“白莲华”。

③ 西夏文“𘐞𗠦”译为“圆满”，汉文本为“端正”。

自手执持胜金刚，时时仰上作抛掷。[①]

12.Or.12380-0864（K.K.）残存 1 页 7 行，栏线无存，刻本，刊布者定名为《金刚经》，现将西夏文录文并对译如下：

……[illegible]……	……儒……
……[illegible]……	……真……
……[illegible]……	……敬……
……[illegible]……	……降难伏……
……[illegible]……	……金刚自在……
……[illegible]……	……殊胜圆满……
……[illegible]……	……上方……

Or.12380-0864（K.K.）内容非《金刚经》，而是与释智译《圣妙吉祥真实名经》内容基本相同：

敬礼孺童相妙吉祥！
复次吉祥持金刚，难调伏中胜调伏；
勇猛超出三界内，自在金刚密中胜。
眼如白莲妙端正，面貌圆满若莲华；
自手执持胜金刚，时时仰上作抛掷。
复次第现忿等像，亦有无边持金刚；
勇猛调伏难调者，具威猛相极怖畏。[②]

Or.12380-0862（K.K.Ⅱ.0274.n）与 Or.12380-0864（K.K.）残经内容有一定重复。

① （西夏）释智译《圣妙吉祥真实名经》，《大正藏》第 20 册，第 1190 号，第 826 页中栏 24~28。

② （西夏）释智译《圣妙吉祥真实名经》，《大正藏》第 20 册，第 1190 号，第 826 页中栏 24~29。

13.Or.12380-1856（K.K.）残存 1 页 12 行，栏线无存，刻本，刊布者定名为“佛经”，现将西夏文录文并对译如下：

□□□□□□□ [Tangut]□□□□□□

□□□□□□□ 力□□□□□□

□□□□□□□[Tangut] [Tangut][Tangut][Tangut]□□□□

□□□□□□□能 大金刚□□□□

□□□□□□□[Tangut] [Tangut]□□□□□□

□□□□□□□行 大□□□□□□

□□□□□□[Tangut][Tangut] [Tangut][Tangut]□□□□□

□□□□□□者也 大密□□□□□

□□□□□□[Tangut][Tangut] [Tangut]□□□□□□

□□□□□□宅住 大□□□□□□

……[Tangut][Tangut][Tangut][Tangut][Tangut][Tangut]……

……之顶礼十四颂……

□□□□□[Tangut][Tangut][Tangut] [Tangut][Tangut]□□□□□

□□□□□正等觉 广大□□□□□

□□□□□□[Tangut][Tangut] [Tangut]□□□□□□

□□□□□□出起 大□□□□□□

□□□□□□[Tangut][Tangut] [Tangut]□□□□□□

□□□□□□证得 十□□□□□□

□□□□□□[Tangut][Tangut] [Tangut][Tangut]□□□□□

□□□□□□清净 十种□□□□□

□□□□□□□[Tangut] [Tangut][Tangut]□□□□□

□□□□□□□现 十种□□□□□

□□□□□□□[Tangut] [Tangut][Tangut]□□□□□

□□□□□□□有 十种□□□□□

Or.12380-1856（K.K.）内容与释智译《圣妙吉祥真实名经》内容

基本相同，因残经残缺严重，故将西夏文残存内容以黑体表示：

复大神通大名称，**大力**令他令摧伏；
三有大山悉**能**坏，持大坚固**大金刚**。
大紧即是大雄勇，于**大**怖中施怖畏；
尊**者**大种即殊胜，上师**密**咒**大**殊胜。
住在于彼大乘相，**大**乘相中最殊胜。

（此下**二十四颂**三句，是出现众明主中围，故赞清净法界一百八名数）。

广大正觉众明主，具**大**寂默大寂默；
大密咒中令**出现**，有**大**密咒自性理。
欲得十种到彼岸，住于**十**种彼岸中；
十彼岸到是**清净**，即是**十种**彼岸理。
尊者十地自在者，住在于彼十地中；
具知**十种**之自性，持于**十种**清净者。
十种义相义中义，自在寂默十力主。①

14.Or.12380-2753（K.K.V.b.015.i）残存 1 页 9 行，上栏线单栏，下栏线无存，刻本，残经上有编号 2753，刊布者定名为“佛经”，现将西夏文录文并对译如下：

[illegible] □□□□□□□
诸多至行义有行 □□□□□□□
[illegible] □□□□□□□
胜势皆胜能上势 □□□□□□□
[illegible] □□□□□□□
集中上王集之师 □□□□□□□

① （西夏）释智译《圣妙吉祥真实名经》，《大正藏》第 20 册，第 1190 号，第 827 页上栏 17~ 中栏 23。

[illegible] [illegible]□□□□□
大威力劝合受持 彼恩□□□□□
[illegible] [illegible]□□□□□
句帝句主宣说巧 增于□□□□□
[illegible][1][illegible]□□[illegible] [illegible]□□□□
真谛句□□宣说 四种谛□□□□
□□□□□□□ [illegible]□□□□
□□□□□□□ 龟（犀）角独□□□□
□□□□□□□ [illegible]□□□□□
□□□□□□□ 出大□□□□□
□□□□□□□ □[illegible]□□□□□
□□□□□□□ □与□□□□□

Or.12380-2753（K.K.V.b.015.i）内容与释智译《圣妙吉祥真实名经》内容基本相同：

游行一切有义中，速疾犹若如来心，
胜及最胜胜怨中，于转轮者施大力。
集中之师集中胜，集王集主集自在，
执持爱护大灵验，大义不受他恩念。
句王句主能言词，句中自在句无边，
以真实句说真实，于彼四谛宣说者。
不还之中复不还，教如缘觉及独觉，
种种决定超出中，彼诸大中独一因。
苾刍罗汉即漏尽，调伏诸根并离欲，
获得安乐无怖畏，成满清凉亦无浊。[2]

① 西夏文“[illegible]”译为“真谛”，二谛之一，指真实无妄。
② （西夏）释智译《圣妙吉祥真实名经》，《大正藏》第 20 册，第 1190 号，第 827 页下栏 7~16。

15.Or.12380-3032（K.K.V.b.020.a.xliii）残存 2 页 12 行，上栏线单栏，下栏线无存，刻本经折装，残经上有编号 3032，应是 7 字一句的赞颂，存上半部分，下半部分残缺，刊布者定名为“佛经”，现将西夏文录文并对译如下：

（右面）

[illegible][1][illegible] □□□□□□□□

然有羂索真胜意 □□□□□□□□

[illegible][2][illegible] □□□□□□□□

金刚铁钩大羂索 □□□□□□□□

[illegible] □□□□□□□□

清净界智一句不 □□□□□□□□

[illegible] □□□□□□□□

金刚等施畏惧令 □□□□□□□□

[illegible] □□□□□□□□

六眼六手依力有 □□□□□□□□

[illegible]□ □□□□□□□□

曷拉曷拉百亿□ □□□□□□□□

翻译如下：

然有羂索真胜意，□□□□□□□□；

金刚铁钩大羂索，□□□□□□□□。

清净界智一句不，□□□□□□□□；

金刚等施令畏惧，□□□□□□□□。

依六眼六手有力，□□□□□□□□；

曷拉曷拉百亿□，□□□□□□□□。

---

① 西夏文“[illegible]”译为“羂索”，“[illegible]”译为“大羂索”。

② 西夏文“[illegible]”译为“金刚铁钩”。

Or.12380-3032（K.K.V.b.020.a.xliii）残经右面内容与释智译《圣妙吉祥真实名经》内容基本相同：

真胜有义之羂索，是大执持金刚索，金刚铁钩大羂索。

（此下十颂句，是出现不动佛中围，故赞大圆镜智即七十一名数）。

怖畏金刚施怖畏，金刚王者六面怖；

六眼六臂力具足，亦是骨相咬牙者。

曷辣曷辣具百面，是狱王主魔中王。[①]

（左面）

[illegible]□[illegible] □□□□□□□

咒颂算□明咒王 □□□□□□□

[illegible]□ □□□□□□□

大髻希有顶冠□ □□□□□□□

[illegible] □□□□□□□

正觉一切体性上 □□□□□□□

[illegible] □□□□□□□

种种色上长令者 □□□□□□□

[illegible] □□□□□□□

三种受持密咒有 □□□□□□□

□□□□[illegible] □□□□□□□

□□□□最中尊 □□□□□□□

翻译如下：

颂咒算□咒明王，□□□□□□□；

① （西夏）释智译《圣妙吉祥真实名经》,《大正藏》第 20 册，第 1190 号，第 828 页上栏 14~19。

希有大髻顶冠□，□□□□□□□。

一切正觉体性上，□□□□□□□；

种种色上令长者，□□□□□□□。

三种受持有密咒，□□□□□□□；

□□□□最中尊，□□□□□□□。

Or.12380-3032（K.K.V.b.020.a.xliii）残经左面内容与释智译《圣妙吉祥真实名经》内容基本相同：

是胜咒主明咒王，密咒王者作大益；

具大肉髻希有顶，大虚空主说种种。

是诸正觉胜自性，具足有情欢喜眼；

能令增长种种相，诸大仙等皆供赞。

令持三种之密咒，大记句者持密咒；

尊者守护三宝故，宣说最胜三乘法。[①]

16.Or.12380-3108a（K.K.V.b.015.h）残存1页，上下栏线单栏，刻本经折装，刊布者定名为“佛经经颂”，这个残存赞颂每句7个字，1行共14字，共6行，残缺严重。经过对残存内容的解读可以确定其是《圣妙吉祥真实名经》的内容。现将西夏文录文并对译如下：

[illegible]　[illegible]□□□

吉有百手皆行以　虚空皆至□□□

[illegible]　[illegible]

大地中国家界一　足一跟以镇居住

□□[illegible]　[illegible][②][illegible]

□□爪之界以亦　净梵国家端镇住

① （西夏）释智译《圣妙吉祥真实名经》，《大正藏》第20册，第1190号，第828页上栏8~13。

② 西夏文“[illegible]”译为“净梵”。

□□□[illegible][illegible][illegible][illegible]　[illegible][illegible][illegible][illegible]□[illegible][illegible]
□□□无法之义　胜之义是□灭无
□□□□□[illegible]□　□[illegible][illegible][illegible]□□□
□□□□□义□　□及种慧□□□
□□□□□□□　□□□□[illegible][illegible][illegible]
□□□□□□□　□□□□一第意

翻译如下：
以有吉百手皆行，皆至虚空□□□；
大地中围一家界，以一足跟镇居住。
亦以□□爪之界，净梵国家端镇住；
□□□无法之义，胜之义是□无灭。
□□□□□义□，□及种慧□□□；
□□□□□□□，□□□□第一意。
其残存内容与释智译《圣妙吉祥真实名经》的内容基本相同：

吉祥百手皆圆满，遍空界中令作舞；
大地中围一界分，以一足跟坚踏之。
以足爪甲界分内，净梵世界尽令押；
无二一义法之义，即微妙义无怖义。
亦种种识具色义，于心意识具相续；
体义无余数欢喜，爱空之性殊胜智。①

17.Or.12380-3108b（K.K.V.b.015.h）残存 1 页，上下栏线单栏，刻本经折装，刊布者定名为"佛经经颂"，这个残存赞颂每句 7 个字，1 行共 14 字，共 6 行，残缺严重。现将西夏文录文并对译如下：

① （西夏）释智译《圣妙吉祥真实名经》，《大正藏》第 20 册，第 1190 号，第 829 页中栏 13~18。

[illegible]　[illegible]□□
真性大念若持也　四念住以平□□
[illegible]□[illegible]　[illegible]
菩提以支花□已　如来德功数（等）之海
[illegible][1][illegible]　[illegible]
八道支以法知解　真了德（正）慧道解者
□[illegible]　[illegible]
□情有于大受著　虚空已如著所无
□□□□[illegible]　[illegible]□□□
□□□□意依生　诸情有于□□□
□□□□□[illegible]　□[illegible]□□
□□□□□理解　□情有之意□□

翻译如下：
若持真性大念也，以四念住平□□；
以菩提支花已□，如来功德数之海。
以解八道支知法，真了德（正）慧解道者；
于□有情大受著，已如虚空无所著。
□□□□依意生，于诸有情□□□；
解□□□□□义，□有情之□□意。

比对《大正藏》，可确定残经内容与《圣妙吉祥真实名经》的内容基本相同：

> 持于广大实性念，四念住中静虑王；
> 以七觉支为花香，即是如来功德海。
> 解八道支义理故，是解真实正觉道；
> 于诸有情大分著，亦如虚空无所著。

---

① 西夏文“[illegible]”译为“八道支”，即八正道支。

一切有情意中生，速疾犹如有情意；

解诸有情根与义，能夺有情诸心意。[①]

18.Or.12380-3153（K.K.Ⅱ.0276.z）残存1页，上下栏线单栏，刻本经折装，刊布者定名为“佛经”，残存赞颂每句7个字，1行共14字，共6行。现将西夏文录文并对译如下：

□□□□[illegible]　[illegible][②][illegible]

□□□□正等觉　大牟尼有大牟尼

□□□□[illegible]□[illegible]　[illegible][③][illegible]□□

□□□□依□生　大密咒持自□□

[illegible]□□　[illegible]

十种彼岸到□□　十种彼岸到于住

[illegible]　[illegible]

十种彼岸到清净　十种彼岸到法持

[illegible]□□□□　[illegible]□□□[illegible]

十地自□□□□　十地□□□住者

[illegible]□□□　[illegible]□□[illegible]

十智清净□□□　十智清净□□者

翻译如下：

□□□□正等觉，大牟尼有大牟尼；

□□□□□依生，持大密咒自□□。

□□十种到彼岸，住于十种到彼岸；

① （西夏）释智译《圣妙吉祥真实名经》，《大正藏》第20册，第1190号，第829页中栏25~下栏1。

② 西夏文“[illegible]”之“[illegible]”为“娱乐”“游戏”，音为“mju”，即“母”“牟”，“[illegible]”为“且”“人”，音为“nji”，即“尼”“你”，从二字的意译上解释不通，音译为“牟尼”，表示“释迦牟尼”。

③ 西夏文“[illegible]”译为“大密咒”。

十种彼岸到清净，十种彼岸到法持。
十地自□□□□，十地□□□住者；
十智清净□□□，十智清净□□者。

残存内容与《圣妙吉祥真实名经》的内容相同：

> 广大正觉众明主，具大寂默大寂默；
> 大密咒中令出现，有大密咒自性理。
> 欲得十种到彼岸，住于十种彼岸中；
> 十彼岸到是清净，即是十种彼岸理。
> 尊者十地自在者，住在于彼十地中；
> 具知十种之自性，持于十种清净者。[1]

19.Or.12380-3645a（K.K.）残存 2 页，下面存 14 行，上面存 6 行，上下栏线单栏，写本蝴蝶装，残经上有编号 3645/1，每行字数不能确定，刊布者定名为《圣柔吉祥之名真实诵》，现将西夏文录文并对译如下：

（上面）

□[illegible]□□□□□	□言□□□□□
[illegible][2][illegible][3][illegible][4][illegible][5]□□□	三遏义底□□□
[illegible][illegible][illegible][illegible][illegible]□□	言圣柔吉祥□□
[illegible][illegible][illegible][illegible]□□□	柔吉祥也□□□
[illegible][illegible]□□□□□	复次□□□□□
[illegible]□□□□□□	降□□□□□□

① （西夏）释智译《圣妙吉祥真实名经》，《大正藏》第 20 册，第 1190 号，第 827 页中栏 24~29。

② 西夏文“[illegible]”译为“三”“删”“散”，音为“sa”。

③ 西夏文“[illegible]”译为“我”，音为“遏”。

④ 西夏文“[illegible]”译为“澄”“净”“湛”，音为“gji”，即“义”。

⑤ 西夏文“[illegible]”译为“停”“留”，音为“tji”即“帝”“底”“知”等。“[illegible][illegible][illegible][illegible]”意译不能解释，音译为“三遏义底”，汉文本为“嘛捺机矴”。

翻译如下：

□言□□□□□，三遏义底□□□。

言圣柔吉祥□□，柔吉祥也□□□。

复次□□□□□，降□□□□□□。

（下面）

[illegible]□□[illegible]□□	佛□□世间□□
[illegible]	吉有行星中围有
[illegible]□□[illegible]□	十方虚□□边□
□[illegible]□□□□□	□之□□□□□
[illegible]	行往之一暴（伞）广博
[illegible]	慈又悲心中绕有
[illegible]	吉有莲花舞之主
[illegible]	名真实
[illegible]	广大至主大宝暴（伞）
[illegible]	明满皆之大慈也
[illegible]	明满皆之体持者
□□□□□[illegible]	□□□□□正法
[illegible]	金刚大宝主受吉
[illegible]□□□□	宝大主□□□□

翻译如下：

佛□□世间□□，有吉行星有中围。

十方虚□□边□，□之□□□□□。

行往之一广博伞，有慈又悲心中绕。

有吉莲花舞之主。

真实名

广大边（普）主大宝伞，明满皆之大慈也。

明满皆之体持者，□□□□□正法。

金刚大宝受主吉，大宝主□□□□。

解读 Or.12380-3645a（K.K.）残经，比对《大正藏》，可以确定残经为释智译《圣妙吉祥真实名经》的相应内容，但上面残经内容与下面残经内容不相连，具体如下：

梵言圣妙吉祥真实名经
三遍义底言圣妙吉祥真实名经也
复次吉祥持金刚，难调伏中胜调伏，
（缺）
入意三界中殊胜，吉祥游宿具中围；
十方一切虚空界，建立法幢极微妙。
游行唯一广大伞，即具慈悲妙中围；
吉祥莲华舞自在，广大边主大宝伞。
具于正觉大威势，持于一切正觉身；
是诸正觉大修习，是诸正觉唯正法。
金刚大宝灌顶相，诸大宝性即自在；
世间自在诸法性，持金刚者一切王。①

图 11 Or.12380-3645a（K.K.）

20.Or.12380-3645b（K.K.）残存 1 页 7 行，上下栏线单栏，写本

① （西夏）释智译《圣妙吉祥真实名经》，《大正藏》第 20 册，第 1190 号，第 826 页中栏 24~829 页上栏 13。

蝴蝶装，字数不能确定，刊布者定名为《圣柔吉祥之名真实诵》，现将西夏文录文并对译如下：

□□□□[illegible]	□□□□种
□□□□[illegible]	□□□□上昔
[illegible]……	八手成中……
[illegible]……	那面赤……
[illegible]……	四于兵受左住手中……
[illegible]……	四分为以受种……
[illegible]……	绚回足趺坐……

翻译如下：

……种……上昔……为八手中……那赤面……于四器执于左手中……为四分以受种……庄严回足趺坐……

图 12　Or.12380-3645b（K.K.）、Or.12380-3646（缺）

从残存西夏文内容来看，残存内容不应为《圣柔吉祥之名真实诵》，刊布者定名错误。其内容是对左面菩萨像的描述，分析描述的内容，可以确定残存画像为文殊师利像，结合 Or.12380-3646 残缺，可以确定 Or.12380-3645b（K.K.）为某部与文殊相应的卷首画。

21.Or.12380-3723（K.K.Ⅱ.0274.ddd）残经为卷首版画，刻本蝴

蝶装，刊布者定名为“版画”，但从版式判断，它与 Or.12380-3723V（K.K.Ⅱ.0274.ddd）残经版式一致，可以初步确定它为西夏文《圣妙吉祥真实名经》的卷首画。

22.Or.12380-3723V（K.K.Ⅱ.0274.ddd）残存 1 页 7 行，上栏线单栏，下栏线无存，右侧栏线双栏，字数不能确定，刻本蝴蝶装，刊布者定名为“佛经”，现将西夏文录文并对译如下：

[illegible]……　　梵言阿耶曼……
[illegible]……　　番言圣妙吉祥……
[illegible]……　　妙吉祥孺童之……
[illegible]……　　尔时吉有金刚持……
[illegible]……　　三世中胜勇猛者……
[illegible]……　　眼莲华白圆满如……
[illegible]……　　自……

翻译如下：

梵言阿耶曼……
番言圣妙吉祥……
妙吉祥孺童之……
尔时吉有金刚持……
胜勇猛者三世中……
眼如白莲华圆满……
自……

此残经与释智译《圣妙吉祥真实名经》内容基本相同：

……
敬礼孺童相妙吉祥！
复次吉祥持金刚，难调伏中胜调伏；
勇猛超出三界内，自在金刚密中胜。

眼如白莲妙端正，面貌圆满若莲华；

自手执持胜金刚，时时仰上作抛掷。[1]

Or.12380-0862（K.K.II.0274.n）与 Or.12380-3723V（K.K.II.0274.ddd）内容基本一致，只是残缺内容略有不同。

23.Or.12380-3752（K.K.II.0290.m）残存 2 页 14 行，每折页 7 行，上下栏线单栏，刻本经折装，刊布者定名为《佛说文殊菩萨最胜真实名义经》，现将西夏文录文并对译如下：

（右面）

[illegible]

初轮功德之十二颂

[illegible]

手金刚金刚持及亦是名实真诵者如

[illegible]

来一切之最清最净一切解智之身语

[illegible]

意密出发处诸我觉之菩提也诸实真

[illegible]

最终正觉之如前解如来一起之上比

[illegible]

无也诸善逝之法界意以悟解魔力一

[illegible]

切诸胜势失败令十力有一切之十力

此残经与释智译《圣妙吉祥真实名经》内容基本相同，只是西夏文本添加礼赞标题：

---

① （西夏）释智译《圣妙吉祥真实名经》，《大正藏》第 20 册，第 1190 号，第 826 页中栏 24~28。

初轮功德之十二颂

持金刚金刚手，此真实名者，即是一切如来最极清净，真实洁净一切智智之性。身语意三之密，亦是一切正觉菩提，即能了解真实究竟诸正觉故。亦是无上一切如来，体解一切善逝法界，于诸胜中而能破坏一切诸魔之力，一切十力中即十力之十力。[①]

（左面）

[illegible] [illegible] 正觉贪著汝之敬 正觉欲之敬敬礼
[illegible] [illegible] 正觉欢喜汝之敬 正觉游行敬敬礼
[illegible] [illegible] 正觉少乐汝敬赞 正觉笑之敬敬礼
[illegible] [illegible] 正觉言如汝敬赞 正觉意之敬敬礼
[illegible] [illegible] 无于已出汝敬赞 正觉实出汝之敬
[illegible] [illegible] 虚空于出汝敬赞 正觉已出汝之敬
[illegible] [illegible] 幻化之网汝敬赞 正觉游显汝之敬

此残经与释智译《圣妙吉祥真实名经》内容基本相同：

正觉贪著我敬礼，正觉欲者我敬礼；
正觉欢喜我敬礼，正觉戏论我敬礼。
正觉微笑我敬礼，正觉笑者我敬礼；
正觉语者我敬礼，正觉心者我敬礼。
出现无者我敬礼，出现正觉我敬礼；
出现虚空我敬礼，出现智者我敬礼。
幻化网者我敬礼，正觉显论我敬礼。[②]

---

① （西夏）释智译《圣妙吉祥真实名经》,《大正藏》第 20 册，第 1190 号，第 830 页中栏 20~26。

② （西夏）释智译《圣妙吉祥真实名经》,《大正藏》第 20 册，第 1190 号，第 830 页中栏 3~10。

24.Or.12380-3752V（K.K.Ⅱ.0290.m）残存 2 页 14 行，上下栏线单栏，刻本经折装，刊布者定名为《佛说文殊菩萨最胜真实名义经》，现将西夏文录文并对译如下：

（右面）

[illegible]

一切一切汝之敬 智之身如敬高赞

[illegible]

五如来之赞叹五颂毕

[illegible][1] [illegible]

手金刚金刚持是者薄伽梵之智头顶

[illegible]

如来一切之智身妙吉祥智勇识与缚

[illegible]

有（属）不共最真清净名实真诵也汝之无

[illegible]

上比无大欢喜得人爱乐实发令身言（语）

[illegible]

意志密最真清净令及最真未毕最真

翻译如下：

一切一切汝之敬，如敬智之身高赞。

五如来之赞叹五颂毕

持金刚金刚手，是者薄伽梵之智头顶，一切如来之智身，妙吉祥智勇识与有不共最真清净实真名诵也。汝之得无上比无大欢喜，令人实发爱乐令，身言（语）意志密最真清净，及最真未毕最真。

---

① 西夏文“[illegible]”意译为“清夫清”，其音为“ba ya ba”，此可解释为“婆伽婆”“薄伽梵”，对应汉文本“出有坏”。

（左面）

[illegible]
未清净地及彼岸到福足智足最真明
[illegible]
终最真净令最上比无义未解解令未
[illegible]
得得令于发乃至如来一切之妙法礼
[illegible]
真实受持令缘我说释解分别显现令
[illegible]
及亦摄受我手金刚金刚持是者汝之
[illegible]
心本于密曰一切之法性摄受以摄受
[illegible]□□□□□□□□□□□□□□
我□□□□□□□□□□□□□□

翻译如下：

未清净地，及到彼岸福足智足最明真。终最（究竟）令真净，最上比无义，未解令解，未得令得，至于乃至一切如来之妙法礼令真实受持故。我令说释解分别显现及亦摄受，我持金刚金刚手，是者汝于之心本，一切密曰之法性以摄受，我摄受□□□□□□□□□□□□□□。

此残经与释智译《圣妙吉祥真实名经》内容基本相同，只是西夏文本添加了礼赞标题：

一切一切我敬礼，彼智身者我敬礼。

五如来之赞叹五颂毕

持金刚金刚手，此妙吉祥智勇识不共真实名，是出有坏之智身，一切如来之智身。汝今应当生大欢喜，满净意乐增长无上，即能清净身语意三之密。若不能究竟、不能清净地者，令到彼岸福智二足皆悉圆满令其清净，义无有上。若未解者令解，未得者令得，自此至于一切如来微妙法理真实持故，我为宣说开示显解令其摄受。持金刚金刚手。此者我于汝种性中，及一切密咒法性摄受中，而作摄受。①

Or.12380-3752（K.K.Ⅱ.0290.m）和 Or.12380-3752V（K.K. Ⅱ.0290.m）为同一版本《圣妙吉祥真实名经》内容，根据残存内容可知，刊布者对其顺序排列有误，应重新排列为：Or.12380-3752（K.K.Ⅱ.0290.m）右面 + Or.12380-3752V（K.K.Ⅱ. 0290.m）左面 + Or.12380-3752V（K.K.Ⅱ.0290.m）左面 + Or.12380-3752（K.K. Ⅱ.0290.m）右面。

25.Or.12380-3893（K.K.Ⅱ.0290.m）残存 1 页 7 行，上栏线单栏，下栏线无存，左侧栏线双栏，右侧栏线单栏，刻本蝴蝶装，刊布者定名为《第五轮功德集陀罗尼》，现将西夏文录文并对译如下：

[illegible]	五第轮功德所集依所言
[illegible]……	唵 萨末哇嘛阿跋哇 娑摩哇……
[illegible]……	捺 波兹啰 阿亚 安亚 毗……
[illegible]……	跋利束那 萨末哇嘛 耶……
[illegible]……	怛塔遏 怛末未那迦耶……
[illegible]……	须帝怛母 跋捺……
[illegible]……	塔 遏怛 吃利……

翻译如下：

第五轮功德依所集所言：

唵 萨末哇嘛阿跋哇 娑摩哇……

捺 波兹啰 阿亚 安亚 毗……

① （西夏）释智译《圣妙吉祥真实名经》,《大正藏》第 20 册，第 1190 号，第 830 页中栏 11~18。

跋利束那　萨末哇嘛　耶……

怛塔遏　怛末未那迦耶……

须帝怛母　跋捺……

塔　遏怛　吃利……

26.Or.12380-3893V（K.K.Ⅱ.0290.m）残存 1 页 7 行，上栏线单栏，下栏线无存，左侧栏线单栏，右侧栏线双栏，刻本蝴蝶装，刊布者定名为《略集门颂》，现将西夏文录文并对译如下：

[illegible]……

吃利　波遏波　末捺……

[illegible]……

哈末拶　萨末哇嘛……

[illegible]……

利须捺哇嘛怛阿须……

[illegible]

是者集谛门依高赞也

[illegible]□□□

及次吉祥金刚持　欢喜戏服□□□

[illegible][1]　[illegible]□□□

如来尊者出有出　终正觉之□□□

[illegible]□□□

彼及尊者密自在　手中金刚□□□

翻译如下：

吃利　波遏波　末捺……

哈末拶　萨末哇嘛……

---

① 西夏文“[illegible]”译为“薄伽薄”，对应汉文本为“出有坏”，此处的西夏文或是雕刻错误，或是因为西北地区的发音所致，“[illegible]”（ba）对应“薄”，“[illegible]”（ya）对应“伽”，“[illegible]”（ba）与“梵”音不能对应。

利须捺哇嘛怛阿须……
是者依集谛门高赞也
又及吉祥持金刚，欢喜戏服□□□；
如来尊者薄伽梵，□□□之终正觉。
彼及尊者密自在，手中金刚□□□。

从 Or.12380-3893（K.K.Ⅱ.0290.m）和 Or.12380-3893V（K.K. Ⅱ.0290.m）残经内容判断，二者相连，它们缀合后的内容为：

唵萨末捺麻（一）啞末瓦（二）娑末瓦（三）比熟捺末日啰（二合四）啞啞口江啊（五）不啰（二合）吉帝巴利熟捺（六）萨麻捺马（七）拽忞怛（八）萨末怛他遏怛（九）默捺葛野（十）曼祖悉哩巴梨说捺钉（十一）蒙巴怛影低阿（十二）唵萨末怛他遏怛喍哩捺野（十三）喝啰喝啰（十四）唵吽喍哩（十五）末遏鑁（十六）默捺蒙喍（十七）末机说啰（十八）摩诃钵拶（十九）萨末捺麻遏遏捺（二十）阿麻辣续巴哩熟捺（二十一）捺麻忞哩捺葛啰（三合）末啞（二十二）

复次吉祥持金刚，恳分欢喜而合掌；
如来尊者出有坏，敬礼究竟正觉已。
复次尊者密自性，持金刚之金刚王。[①]

只是西夏文陀罗尼部分与汉文并不能完全对应。

由上述释读可以确定，在西夏文残经中保存有沙啰巴和释智译《圣妙吉祥真实名经》，以释智译本为最多。在俄藏黑水城西夏文佛经文献中也保存有《圣妙吉祥真实名经》，参见克恰诺夫《俄藏黑水城西夏文佛经叙录》第 254~257 号《圣柔吉祥之名真实诵》(西夏特藏第 63 号)，克恰诺夫认为此经译自藏文，见《大正藏》第 1190 号，即《圣妙吉祥真实名经》，《藏文佛经正经全目录》第 2116 号，即《圣文殊师利

① （西夏）释智译《圣妙吉祥真实名经》，《大正藏》第 20 册，第 1190 号，第 832 页上栏 9~20。

名诵现观》，西田龙雄《西夏文佛经目录》第 267 号。其中馆册第 7578 号为写本小册子，用红线装订，9 厘米 ×7.5 厘米，64 页加 2 页插图，插图上画有法轮和神灵；全文保存，每页 7 行，每行 14 个字；凹线勾栏，上边距 0.7 厘米，下边距 0.4 厘米；经文的梵文名称有西夏文音译和意译两种；结尾处重复经题用草体书写，内容为：净本抄经者的名字（无法辨认）、陀罗尼和经文检校者的名字，经文允许者、校经文者嵬祀成茂。馆册第 728 号为刻本经折装，用蓝线装订，16.5 厘米 ×10 厘米，77 页 +2 页版画（第 1 页 a 面、第 39 页 a 面）；全文保存，每页 7 行，每行 15 个字；上边距 1.8 厘米，下边距 1.8 厘米；页面空白处有经文名称中的 1 个字、西夏文页码和汉文数字页码；经文的梵文名称有西夏文音译和意译两种；结尾处重复经题。馆册第 707 号为刻本经折装，黄绸封面只剩一半，19 厘米 ×9 厘米，20 页加 2 页尼泊尔风格的版画，尾残；上边距 1.8 厘米，下边距 1.4 厘米；经文的梵文名称有西夏文音译和意译两种；经文中有黑墨印记，其中 1 幅版画在西夏时期修复时进行过裱糊。

《圣妙吉祥真实名经》的译者标有释智，《大正藏》中标有“元讲经律论习密教土番译主聂崖沙门释智译”，那么释智是否为元代僧人呢？

在日本天理大学图书馆和台湾“中研院”历史语言研究所傅斯年图书馆也收藏有《圣妙吉祥真实名经》。林英津女士对俄藏西夏文译本和台湾“中研院”历史语言研究所的两种残本进行释文和研究，对释智究竟是不是元朝人提出了怀疑。[①] 其实对释智生活年代产生怀疑的首先是卓鸿泽先生，他提出释智所译《文殊最胜真实名义经》实际上是西夏时代作品，其根据的原本不是梵文本，而是藏文本。[②]

西夏故地出土的大量佛教藏品可进一步证明《圣妙吉祥真实名经》在西夏时已被翻译成西夏文，是一部当时较为流行的经典。俄藏黑水城

---

① 林英津：《西夏语译〈真实名经〉释文研究》，“中研院”语言学研究所，2006，第 7 页，注释 10。

② Hoong Teik Toh，*Tibetan Buddhism in Ming China*，Dissertaition，Harvard University，2004，pp.23-33.

出土西夏文《圣妙吉祥真实名经》有不同版本，如馆册第 7578 号为写本小册子，馆册第 728、695、707 号为刻本经折装。[①]

《密咒圆因往生集》之《十二因缘咒》和《文殊菩萨五字心咒》两咒都出自《圣妙吉祥真实名经》，说明《圣妙吉祥真实名经》在天庆七年（1117）以前已经翻译成西夏文且广为流行，所以才有西夏僧人将其内容集录到《密咒圆因往生集》中的事实，这为西夏翻译《圣妙吉祥真实名经》之说提供了有利证据，进而也证明译经者释智是西夏而非元代僧人。

此外，西夏统治者还把《圣妙吉祥真实名经》作为剃度番、羌行童必须诵读的佛经，而剃度汉族行童则可不诵此经。《天盛改旧新定律令》（简称《天盛律令》）卷十一“为僧道修寺庙门”规定：“番、汉、羌行童中有能晓颂经全部，则量其业行者，中书大人、承旨中当遣一二□，令如下诵经颂十一种，使依法诵之。量其行业，能诵之无障碍，则可奏为出家僧人。番羌所诵经颂：仁王护国、文殊真实名、普贤行愿品、三十五佛、圣佛母、守护国吉祥颂、观世音普门品、竭陀般若、佛顶尊胜总持、无垢净光、金刚般若与颂全。汉之所诵经诵：仁王护国、普贤行愿品、三十五佛、守护国吉祥颂、佛顶尊胜总持、圣佛母、大□□、观世音普门品、孔雀经、广大行愿品、释迦赞。”[②]

我们知道，《天盛律令》是在天盛年间（1149-1169）编订完成的，既然天盛年间已把《文殊真实名》（即《圣妙吉祥真实名经》）作为剃度党项族和藏族行童必诵经文之一，说明《圣妙吉祥真实名经》在西夏天盛年间已译为西夏文，再次证明僧释智应为西夏僧人，而非元代僧人。

---

① 〔俄〕克恰诺夫编著《俄藏黑水城西夏文佛经叙录》，崔红芬、文志勇译，甘肃文化出版社，2021，第 580 页。

② 史金波等译注《天盛改旧新定律令》，法律出版社，2000，第 404 页。

六　观音陀罗尼经典与仪轨

观世音（梵文为 Avalokiteśvara），又称观音[①]、观自在等，是佛教中主要的神灵、显密两教都十分崇奉的菩萨。观世音菩萨能闻声救苦救难，是佛教中慈悲和智慧的象征，以大慈大悲行愿而救度众生，广做佛事。观世音菩萨的大智大悲、大愿大力，无论是在大乘佛教还是在民间信仰中，都具有极其重要的地位。观世音的大慈悲精神被视为大乘佛教的根本主旨，观世音与阿弥陀佛有着特殊的关系，是“西方三圣”中的一尊。观世音菩萨随着《法华经》的翻译而逐渐流传开来。

《法华经》在佛经翻译史上先后被翻译六次，现存仅有三个译本，即西晋竺法护于太康七年（286）翻译的《正法华经》[②]（十卷二十七品，见《大正藏》第 263 号）、后秦鸠摩罗什于弘始八年（406）翻译的《妙法莲华经》[③]（七卷二十八品，见《大正藏》第 262 号）和隋仁寿元年崛多笈多二法师于仁寿元年（601）翻译的《添品妙法莲华经》（七卷二十七品，见《大正藏》第 264 号）。此外还有个别单品的汉译本，以鸠摩罗什汉译本最为流行。

随着《法华经》的翻译流传，《正法华经》第二十三品“光世音普

---

① 因避唐太宗李世民的讳而改为“观音”，但学界对此存在不同的观点。

② 《出三藏记集》（卷 2，第 23 页）记载，《正法华经》（十卷二十七品），或云《方等正法华经》，太康七年八月十日出。

③ 《出三藏记集》（卷 2，第 49 页）记载，《新法华经》（七卷）天竺沙门鸠摩罗什以伪秦姚兴弘始八年夏于长安大寺译出。又（卷 2，第 67 页）记载，《法华经》旧录有《萨昙分陀利经》，云是异出《法华》，未详谁出，今阙此经竺法护出《正法华经》（十卷），鸠摩罗什出新《妙法莲华经》（七卷）。

门品”、后来鸠摩罗什译《妙法莲华经》第二十五品“观世音菩萨普门品”及《添品妙法莲华经》第二十四品“观世音菩萨普门品”作为单独佛经而流行，尤其以鸠摩罗什译“观世音菩萨普门品第二十五品”单行本最为流行，称为《观音经》。《出三藏记集》载:“《光世音经》(一卷)出《正法华经》，或云《光世音普门品》，《观世音经》(一卷)出新《法华》。”①

观音经典的翻译除了《妙法莲华经》外，还有其他观音经典也译出较早，《出三藏记集》记载:《观世音授记经》(一卷，宋武帝时，黄龙国沙门昙无竭游西域译出)、《观世音观经》(一卷，宋孝武帝时，伪河西王从弟沮渠安阳侯于京都译出，先在高昌郡久已译出，于彼齐来京都)、《观世音忏悔除罪咒经》(一卷，永明八年十二月十五日译出，齐武皇帝时，先师献正游西域，于于阗国得《观世音忏悔咒》胡本，还京都，请瓦官禅房三藏法师法意共译出)、《观世音受决经》(竺法护出《光世音大势至受决经》一卷)、《普门经》(竺法护出《普门品》一卷，祇多蜜出《普门品》一卷)、《观世音求十方佛各为授记经》(一卷抄)、《观世音所说行法经》(一卷是咒经)、《请观世音经》(一卷，一名《请观世音菩萨消伏毒害陀罗尼咒经》)和《观世音成佛经》(一卷)等。②

随着观音经典的翻译，观音信仰逐渐兴盛起来，并流传不衰，观音成为最受中国信众欢迎的菩萨之一。观世音是大乘佛教信奉的菩萨之一，与文殊、普贤、地藏一起成为中国最受欢迎的四大菩萨。观世音菩萨在现实娑婆世界救苦救难的品格，使其成为慈悲的化身。因为观世音菩萨救苦救难，大慈与一切众生乐，大悲拔一切众生苦的德能，中国人对观世音寄予了某种特殊的感情和希望。观世音菩萨演变成最富有中国特色的菩萨，为各个阶层的信众所供奉和崇信，民间对观世音的信仰远在其他诸神之上。史载观世音信仰最早出现在三国时期，以后历代不衰，到宋代已有“家家阿弥陀，户户观世音”之说。

---

① (梁)释僧祐撰《出三藏记集》卷4，中华书局，1995，第128页。

② 参见(梁)释僧祐撰《出三藏记集》卷2、3、4，中华书局，1995，第56、61、63~64、73~74、128、184页。

《妙法莲华经》汉译本不仅传入西夏境内，而且西夏将其翻译成西夏文，汉文本、西夏文本在西夏都十分流行。在英藏黑水城文献中存有多件以鸠摩罗什汉译本为底本的西夏文《妙法莲华经》残经，据考此经在元昊、秉常时期已被译成西夏文，仁孝皇帝时再次校勘。《妙法莲华经》西夏文本、汉文本还见于俄[①]、中[②]等国的收藏，鸠摩罗什的译经在西夏境内十分流行。在黑水城出土的众多西夏文佛经中，残存的《妙法莲华经》和《观世音菩萨普门品》占相当大的分量。《妙法莲华经》是西夏时期较流行的佛经。通过对英藏黑水城文献西夏文佛经的整理释读，可以确定在英藏黑水城文献中共有23件《妙法莲华经》或《观世音菩萨普门品》残经。除了大乘显教《妙法莲华经》和《观世音菩萨普门品》外，在黑水城文献中还保存了密教的观音经典和疑伪经的观音经典，其中在俄藏黑水城汉文文献中有《佛说高王观世音经》（TK70、117、118、183）、《观自在菩萨六字大明心咒》（TK102）、《千手千眼观世音菩萨广大圆满无障碍大悲心陀罗尼》（TK123）、《圣观自在大悲心总持功能依经录》（TK164、165）、《佛顶心观世音菩萨大陀罗尼经》（卷上、卷下）（TK174）和《亲集耳传观音供养赞叹》（Φ311）等。

---

① 俄藏西夏文《妙法莲华经》参见〔俄〕克恰诺夫编著《俄藏黑水城西夏文佛经叙录》，崔红芬、文志勇译，甘肃文化出版社，2021，第265~270页，第78~81号，西夏特藏第218、430号，馆册第56253、5838、3259、64、63、719、68、6253、2436、66、564、4631、4011、6723、4562、6310、7231、3900、2317、6452、67、927、782、4674、3901、4562、6452、7231、692、805号等，以及第82~83号，西夏特藏第219号，馆册第574、575、576、757、758、760、221、586、940号等。

俄藏汉文《妙法莲华经》参见《俄藏黑水城文献》（1~6册，上海古籍出版社）TK1、2、3、4、9、10、11、15、157等，《观世音菩萨普门品》TK90、91、92、93、94、95、96、105、113、138、154、155、156等。〔俄〕孟列夫：《黑城出土汉文遗书叙录》，王克孝译，宁夏人民出版社，1994，第107~116页。

② 参见《中国藏西夏文文献》（1~20册，甘肃人民出版社，2005）之第六册收录国家图书馆藏B11.055[1.17]刻本经折装《添品妙法莲华经》（第132~190页）；第十六册收录敦煌研究院藏G11.033[D.0670]刻本经折装《观世音菩萨普门品》和G11.034[D.0752-1、D0696、D0815]刻本《观世音菩萨普门品》（3件）（第47~88页）、甘肃省博物馆藏G21.035[13212]刻本经折装《妙法莲华经》（卷7）（第293页）等；第十七册收录内蒙古自治区博物馆藏M11.010刻本经折装《观世音菩萨普门品》（第70页）和M21.150写本《观世音菩萨普门品》封面（第250页）。

俄藏西夏文文献中关于观音信仰的经典与陀罗尼有《圣六字增寿大明陀罗尼经》（第234~236号，西夏特藏第77号，馆册第910、570、8048号，见《大正藏》第1049号，《藏文大藏经正经目录》第313号，名为《圣六字大明神咒》）；《千手千眼观世音菩萨广大圆满无碍大悲心陀罗尼经》（第237号，西夏特藏第329号，馆册第619号，见《大正藏》第1060号）；《十一面神咒经》（第238号，西夏特藏第364号，馆册第6176号，见《大正藏》第1071号）；《佛顶心观世音菩萨经》（第325~330号，西夏特藏第130号，馆册第908、5963、5478、105、2900、7053号）；《佛顶心观世音菩萨治病生法经》（第331号，西夏特藏第131号，馆册第3820号）；《佛顶心观世音菩萨大陀罗尼经》（第332~334号，西夏特藏第132号，馆册第4755、116、6535号）；《佛顶心陀罗尼经》（第335~340号，西夏特藏第133号，馆册第4880、4978、5150、4357、4887、57号）；《圣观自主大悲心总持功德经韵集仪轨》（第369号，西夏特藏第83号，馆册第6881号，译自藏文，见《藏文佛经正经目录》第380号，名为《圣者大悲观自在妙集功德陀罗尼》）；《圣观自主之二十七种要论为事》（第506号，西夏特藏第85号，馆册第5958号）；《圣观自主大悲心随燃施法事》（第507号，西夏特藏第86号，馆册第5989号）；《圣观自主之因大供养净会为顺》（第532号，西夏特藏第82号，馆册第4892号）；《圣观自主大仁心求顺》（第533号，西夏特藏第87号，馆册第6502号）；《番言圣观自主千眼千手之供顺》（第544号，西夏特藏第295号，馆册第7195号）；《圣观自主意随轮要论手簮定次》（第670号，西夏特藏第84号，馆册第5869号）。[①]

另外，在武威下西沟岘出土西夏文佛经残片《圣观自在菩萨说法和称颂圣观自在菩萨的颂语》（现藏甘肃博物馆）等。甘肃博物馆还藏有《圣观自在大悲心总持》（写本）等。在敦煌发现两件西夏刻本《观世音菩萨普门品》，陈炳应和刘玉权先生对此都有研究。

除了上述有关观音信仰的经典外，在英藏黑水城西夏文残经中也

① 〔俄〕克恰诺夫编著《俄藏黑水城西夏文佛经叙录》，崔红芬、文志勇译，甘肃文化出版社，2021，第445、493、501、506、549页。

保存有《圣观自在大悲心总持功能依经录》等，共计 90 多个编号。下面对英藏黑水城西夏文《圣观自在大悲心总持功能依经录》等残经进行释读。

（一）《圣观自在大悲心总持功能依经录》

1.Or.12380-0124（K.K.）刻本，折本或册子装，上残下存，栏线无存，仅剩残片，3 字，可见下栏线单栏，刊布者定名为“残片”。这可能是《圣观自在大悲心总持功能依经录》“一心诵持大悲咒”中的字句，属于功德三偈的内容。

……[illegible]　　　　……总持咒诵则

意译如下：

一心诵持大悲咒……

2.Or.12380-0242（K.K.II.0284.bb）刻本，卷子或折本装，上下有栏线，栏线单栏，存 6 行，每行 12~14 字，刊布者定名为“陀罗尼”，实为《圣观自在大悲心总持功能依经录》之“陀罗尼”的相应内容，现将西夏文录文并对译如下：

[illegible]　[illegible]　[illegible]　[illegible]　[illegible]

护　尾列洋停　摩诃　尾列洋停　达罗

[illegible]　[illegible]　[illegible]　[illegible]

达罗　达罗尼说罗　拶拉拶拉　米

[illegible]　[illegible]　[illegible]　[illegible]　[illegible]

麻拉　阿麻拉　木列梯　阿列牙　阿瓦

[illegible]　[illegible]　[illegible]

老给梯说罗　给里舍那　阿精那

[illegible]　[illegible]　[illegible]　[illegible]

拶塔（长）麻库塔　阿兰给里塔　舍里（长）

[illegible]

罗　拉米巴　皮罗拉米　巴米拉米巴

音译如下：

睹护睹护　委呤二合阎矸　麻诃　委呤二合阎矸　捺罗捺罗　捺罗你说罗　撮辣撮辣　觅麻辣　阿麻辣　么呤二合阿呤夜二合　阿斡罗鸡帝说罗　屹里二合实捺　阿精捺　拶怛引　麻孤怛　阿兰屹呤二合怛　舍里引罗　揽末　不罗罗二合揽末　觅揽末

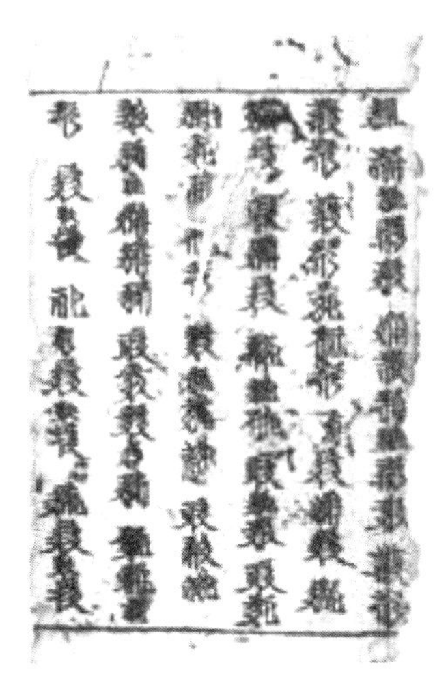

图 13　Or.12380-0242（K.K.II.0284.bb）

3.Or.12380-0288（K.K.II.0284.rrr）残存 2 片，写本，卷子装或折本装，上存下残，上栏线单栏，下栏线无存，右面 3 行，左面 6 行。刊布者定名为“陀罗尼”，实为《圣观自在大悲心总持功能依经录》之“陀罗尼”的相应内容。两面内容相连。现将西夏文录文并对译如下：

（右面）

[illegible]

米　耶达米　阿（长）列牙　阿瓦老给听

[illegible]

说罗　塔瓦　你拉干太　　那麻　耶

[illegible]

达洋　阿瓦列塔　　　　英舍（长）铭

音译如下：

盈捺合口　阿引呤夜二合　阿斡罗鸡矴说罗　怛斡　你辣干特　捺麻　纥里捺刿　哑斡呤二合怛　英折引铭

（左面）

[illegible]

阿列达　萨达那　须巴辛塔那　萨

[illegible]

瓦萨埵　那弥　帕（长）帕　麻列嘎　米少

[illegible]

达葛　塔顶达（长）　阿瓦老给　老葛麻

[illegible]

梯　老葛嘎梯　耶哈西　摩诃（长）　菩提

[illegible]

萨埵　诃　菩提萨埵　诃　摩诃（长）　菩提

[illegible]

萨埵　诃　皮列耶　菩提萨埵　诃

音译如下：

萨嚩　阿呤二合达　萨捺捺引　熟末精怛捺　萨嚩萨咄　南引巴引钵　麻呤二合遏　觅捺葛　怛宁达引　阿斡罗鸡　罗葛麻啼　罗葛遏帝　盈形兮　麻诃引　磨帝萨咄形　麻诃引　磨帝萨咄　磨帝萨咄形　不呤二合也　磨帝萨咄形

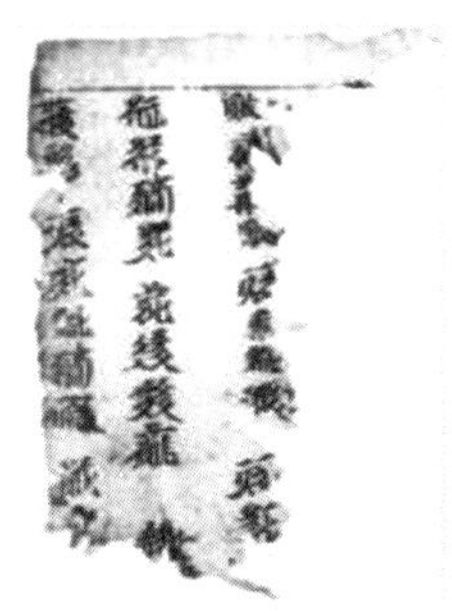

图 14　Or.12380-0288（K.K.Ⅱ.0284.rrr）

4.Or.12380-0290（K.K.Ⅱ.0284.uuu）存有 3 块残片，只有右面一块是写本，卷子装或折本装，上存下残，有上栏线，现存 4 行。刊布者定名为“佛经”，实际为《圣观自在大悲心总持功能依经录》之“陀罗尼”的相应内容，现将西夏文录文并对译如下：

[illegible]	摩诃（长）　葛鲁尼葛（长）耶
[illegible]	塔顶达（长）唵　萨瓦巴
[illegible]	达那　慎地那　葛罗（长）
[illegible]……	耶萨瓦……

音译如下：

麻诃引　葛鲁你葛引也　怛宁达引　唵　萨嚩末捺捺　齐能捺　葛啰引也　萨嚩

图 15　Or.12380-0290（K.K.Ⅱ.0284.uuu）

5.Or.12380-0318a（K.K.Ⅱ.0285）刻本，只剩残片，形制无法判断，现存4行。刊布者定名为“佛经”，实际为《圣观自在大悲心总持功能依经录》译者、起首赞颂及序分之内容。现将西夏文录文并对译如下：

[illegible]

周慧海

[illegible]

圣观自在大悲心有者之敬礼

[illegible]

是如闻我一时毁有度普塔拉山圣

[illegible]

观自在之宫中无量数无菩提勇识

意译如下：

周慧海顶礼圣观自在菩萨大悲心！

如是我闻，一时，度有坏在普陀拉山圣观自在宫，与无量无数菩提勇识俱。

图16　Or.12380-0318a（K.K.Ⅱ.0285）

6.Or.12380-0320c（K.K.Ⅱ.0285）写本，残片，已无法判断形制，现存3行，每行2~6字。刊布者定名为“经咒”，实际为《圣观自在大悲心总持功能依经录》之“陀罗尼”的相应内容。现将西夏文录文并对译如下：

……羖　殧縌繮舿　䙈……	……耶　萨瓦依梯　乌……
……燆彩蘢羖　殧縌……	……葛罗（长）耶　萨瓦……
……豱豴……	……塔星……

音译如下：

葛罗引也　萨嚩依帝　乌巴能罗斡　觅捺折捺　葛罗引也　萨嚩　末英商　得罗二合引捺也　怛星

图 17　Or.12380-0320c（K.K.II.0285）

7.Or.12380-0389（K.K.II.0285.ooo）刻本，折本或卷子装，有上栏线，上存下残，现存 6 行，每行 3~9 字。刊布者定名“陀罗尼”，实际为《圣观自在大悲心总持功能依经录》之“陀罗尼”的相应内容。现将西夏文录文并对译如下：

舷蔙　蓅綅䌓蘸羖……
莎诃　尼拉干太耶……
蔽羖　舷蔙　縒颬蔙繉……
坚耶　莎诃　萨米哈木……

[illegible]……

哈（长）那列　萨米哈木坚……

[illegible]……

喂涅（长）　达罗（长）耶　莎诃……

[illegible]……

塔（长）耶　莎诃　麻哈（长）……

[illegible]……

耶　莎哈……

音译如下：

莎诃　你辣干达也　诃也　莎诃　纤诃么　哈引那列　萨米哈木坚……喂涅引达罗引耶　莎诃……诃厮怛引也　莎哈　麻诃引……也　莎哈

图 18　Or.12380-0389（K.K.II.0285.ooo）

8.Or.12380-0448（K.K.）写本，卷子装或折本装，上存下残，有上栏线，仅剩 3 块残片，右、中每片 1 行，左面字迹已漫漶，几近白纸。刊布者定名为“佛经”，实际为《圣观自在大悲心总持功能依经录》之“陀罗尼”的内容。右、中两块内容相承，现将西夏文录文并对译如下：

[illegible]……　　　　麻改麻 米……

[illegible]……　　　　睹护睹护 尾……

音译如下：

鸽麻鸽麻　觅欣仡麻……睹护睹护　委吟二合阎矴……

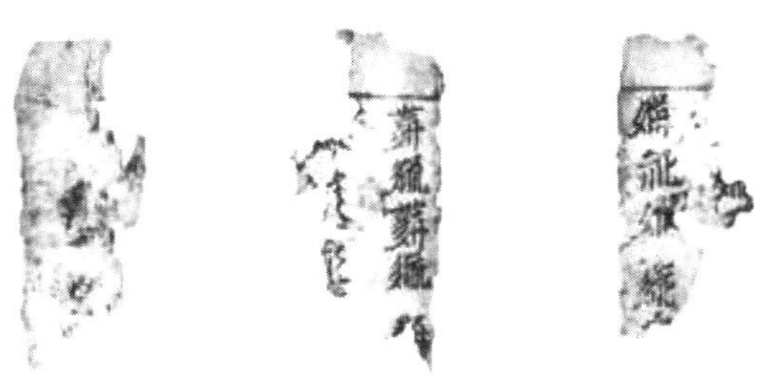

图 19　Or.12380-0448（K.K.）

9.Or.12380-0452（K.K.）写本，残片，有下栏线，存 3 行，每行 2~4 字。刊布者定名为“陀罗尼”，实际为《圣观自在大悲心总持功能依经录》之“陀罗尼”的相应内容。现将西夏文录文并对译如下：

……[illegible]　　　　……耶列达洋

……[illegible]　[illegible]……　　　　……给梯　说……

……[illegible]……　　　　……葛鲁……

音译如下：

纥里捺刹　盈形兮　阿吟夜……阿斡罗鸡帝说罗……钵罗麻昧　得里即怛　葛鲁你葛……

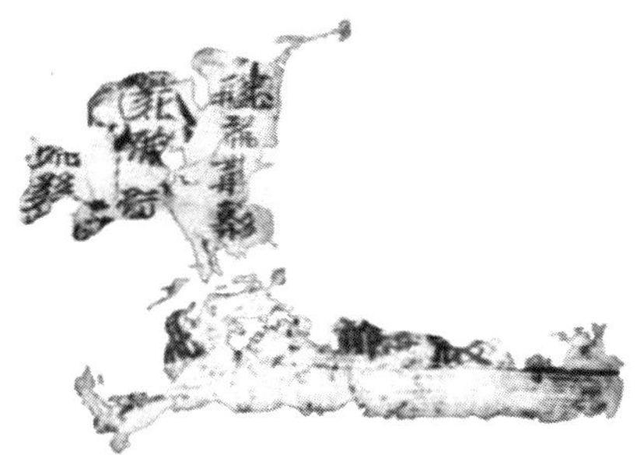

图 20　Or.12380-0452（K.K.）

10.Or.12380-0476（K.K.）存 1 片，写本，残片，形制无法判断，现存 2 行，每行 3~5 字。刊布者定名为“残片”，实际为《圣观自在大悲心总持功能依经录》之“陀罗尼”的相应内容。现将西夏文录文并对译如下：

……[illegible]……　　……（长）帕地麻 哈……

……[illegible]……　　……哈西塔……

音译如下：

……莎诃　钵能麻二合……诃断怛也……

11.Or.12380-0595（K.K.）存 1 片刻本，折本或册子装，有下栏线，现存 3 行。刊布者定名为“佛经”，实际为《圣观自在大悲心总持功能依经录》之“复说陀罗尼功德兼观自在菩萨誓愿”的相应内容。根据残字位置和内容判断，它原来每行 14 字。现将西夏文录文并对译如下：

……[illegible]

……正觉所不成我

[illegible]

若大悲心种咒诵持者无量等持及

[illegible]

辩才等不其得则正觉所不成我若

意译如下：

而堕恶趣者，则我誓不取正觉。若诵持大悲心种咒总持者不能获得无量等持及辩才者，则我誓不取正觉。

12.Or.12380-0657（K.K.Ⅱ.0276.ee）写本，折本或册子装，上残下存，可见下栏线，现存 7 行，每行 6~10 字，刊布者定名为“陀罗尼”，实际为《圣观自在大悲心总持功能依经录》之“陀罗尼”的相应内容。现将西夏文录文并对译如下：

……[illegible]　[illegible]　[illegible]　　……西马罗　西马罗　团米
……[illegible]　[illegible]　　……阿瓦老给　西团米
……[illegible]　[illegible]　　……达哈弥　达列塞衣那
……[illegible]　[illegible]　　……莎诃　辛达（长）耶
[illegible]　[illegible]　[illegible]　　达（长）耶　莎诃　辛达扬
[illegible]　[illegible]　　莎诃　尼拉干太耶
[illegible]　[illegible]　[illegible]　　瓦罗哈木坚耶　莎诃　萨米

音译如下：

斯麻二合罗　斯麻二合罗　端合口兮……阿斡罗鸡　斯端合口……捺形弥　捺呤舍喃……莎诃　星捺引也……星捺引也　莎诃　星捺养宜说罗引也……莎诃　你辣干达也……莎诃　斡罗诃么渴也　莎诃　纤诃磨诃也

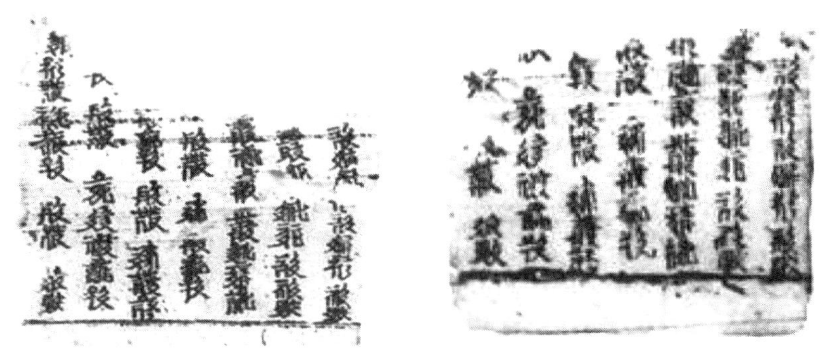

图 21　Or.12380-0657（K.K.Ⅱ.0276.ee）

13.Or.12380-0681（K.K.Ⅱ.0267.b）写本，折本或册子装，上残下存，可见下栏线，存 7 行，每行 6~10 字。刊布者定名为“陀罗尼”，实际为《圣观自在大悲心总持功能依经录》之“陀罗尼”的内容。通过比较，可知 Or.12380-0657（K.K.Ⅱ.0276.ee）和 Or.12380-0681（K.K.Ⅱ.0267.b）属于同一件文书的复印页面。现将西夏文录文并对译如下：

……[illegible]　[illegible]　[illegible]　　……西马罗　西马罗　团米
……[illegible]　[illegible]　　……阿瓦老给　西团米

……[illegible]	……达哈弥　达列塞衣那
……[illegible]	……莎诃　辛达（长）耶
……[illegible]	……达（长）耶　莎诃　辛达扬
……[illegible]	……莎诃　尼拉干太耶
……[illegible]	……瓦罗哈木坚耶　莎诃　萨米

音译如下：

斯麻二合罗　斯麻二合罗　端合口兮……阿斡罗鸡　斯端合口……捺形弥　捺吟舍喃……莎诃　星捺引也……星捺引也　莎诃　星捺养宜说罗引也……莎诃　你辣干达也……莎诃　斡罗诃么渴也　莎诃　纤诃磨诃也

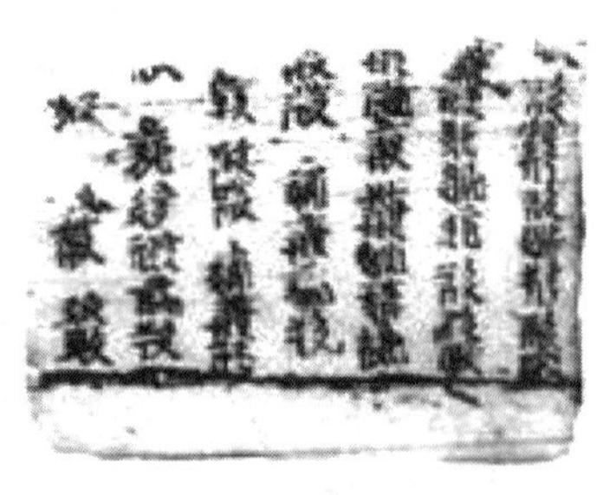
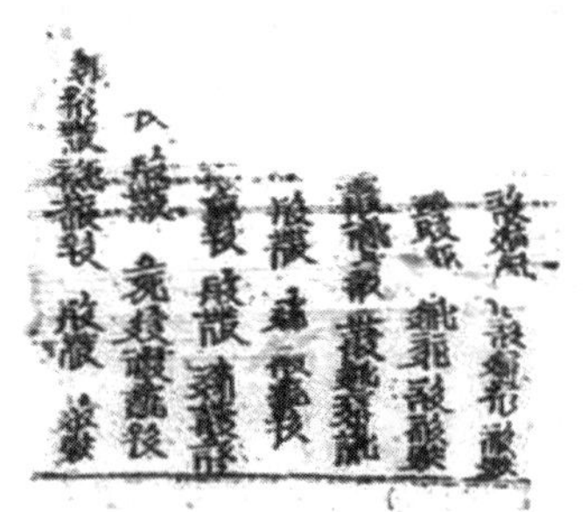

图 22　Or.12380-0681（K.K.Ⅱ.0267.b）

14.Or.12380-0665（K.K.Ⅱ.0232.r）写本，折本装，上残下存，存右、左两面，上下左右均有栏线，上下栏线单栏，左右栏线双栏，每面9行，刊布者定名为“佛经”，实际为《圣观自在大悲心总持功能依经录》的“陀罗尼功德三偈”的相应内容。现将西夏文录文并对译如下：

……[illegible]	……颂所说
[illegible]	若人山及旷野中去时
[illegible]	虎狼诸兽多凶恶数及
[illegible]	tsan pa[①] 蛇及鬼魅与遇也

① 具体指佛经中哪种蛇，未查出，故保留读音。

此皆持诵声闻时不害
若人大海船舶中入时
毒龙王及水魔凶恶数
害施魔魅鱼蛙鳖等数
此皆持闻时自各骇驰
若人争战怨主以围乎
群贼凶恶财物取作时上
一心大悲皆持咒诵则
此数害心起时退还也
若人国王打事与遇时
木项铁枉牢狱中入时
一心大悲皆持咒诵则
国王悲心起以解脱得
若人鬼神毒宫中入时

意译如下：

说清净偈颂曰：若人进山及旷野，或逢虎狼诸猛兽，若遇虮虵蝮蝎等，闻此咒声不侵害。若人乘船海中行，恶龙水怪及妖魅，鱼鳖龟蛙（虾）施毒害，闻此咒时各驰散。若人争斗怨敌缠，群贼凶恶劫财物，一心诵持大悲咒，此等害心皆退转。若人触犯王法禁，拷打枷锁关牢狱，一心诵持大悲咒，国主慈心令解脱。若入鬼神魔窟中……

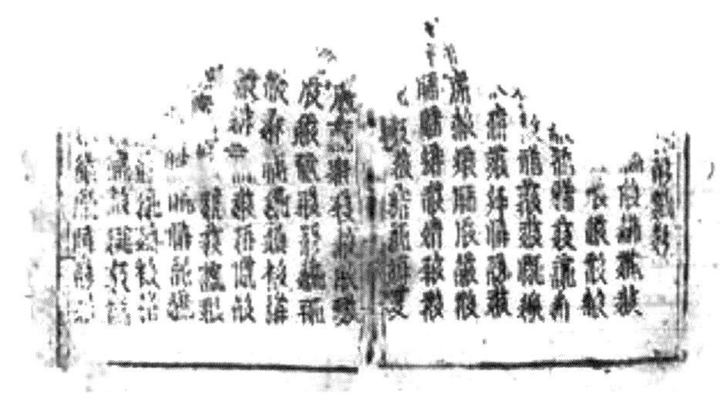

图 23　Or.12380-0665（K.K.Ⅱ.0232.r）

15.Or.12380-0666（K.K.Ⅱ.0235.ooo）写本，折本或卷子装，上栏线单栏，下半部分残缺，存7行，每行2~7字，刊布者定名为“陀罗尼”，实际为《圣观自在大悲心总持功能依经录》“陀罗尼”的相应内容。现将西夏文录文并对译如下：

豨蘢蘐羧　皴豩贩……	萨（长）达耶　喂涅比……
豩　挍皖祧　豨皝……	西　巴嘎万　老给……
豨豨蘢皖皴　蘐……	塔达（长）嘎塔　达……
祇豨豨蘐羧蘐……	皮罗萨达耶弥……
舨蔽　孀蔽　豨……	莎诃　摩哈　辛……
豨祇豨蘢……	给说罗（长）……
舨蔽……	莎诃……

音译如下：

萨引捺也　永涅合口……端合口兮　末遏宛　罗葛引……怛达引遏怛　捺……不罗二合萨捺也弥……莎诃　麻诃　星捺引也……星捺养宜说罗引也……莎诃……

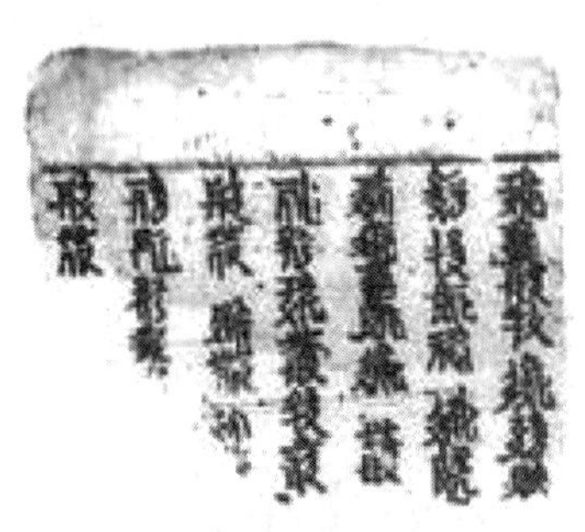

图24　Or.12380-0666（K.K.Ⅱ.0235.ooo）

16.Or.12380-0667（K.K.Ⅱ.0232.a.xii）写本，折本或册子装，上半部分残缺，栏线无存，下半部分保存，栏线单栏，现存6行。刊布者定名为“陀罗尼”，实际为《圣观自在大悲心总持功能依经录》“陀罗尼”的相应内容。现将西夏文录文并对译如下：

……[illegible]　[illegible]　[illegible]

……太　西麻哈（长）　哈拉哈拉（长）

……[illegible]　[illegible]　[illegible]　[illegible]

……列即塔　老葛星　罗改　喂塞衣

……[illegible]　[illegible]　[illegible]

……那地耶永宁（切）　塞衣喂塞衣那（长）　塞衣那

……[illegible]　[illegible]　　　……塞衣那　宁列木给舍那

……[illegible]　[illegible]　　　……捞　么和罗（长）

……[illegible]　　　……帕地

音译如下：

你辣干达　兮麻诃引　诃辣诃辣引……你吟二合精怛　罗葛星罗　仡永舍捺引……舍捺永宁切身　舍永舍捺引　舍捺……舍捺　你吟二合么屹折捺……木捞　么和罗引……钵能麻……

图 25　Or.12380-0667（K.K.II.0232.a.xii）

17.Or.12380-0680（K.K.II.0267.u）写本，折本或册子装，上存下残，有上栏线，现存 2 面，共 6 行，每行 2~5 字。刊布者定名为"佛经"，实际为《圣观自在大悲心总持功能依经录》"陀罗尼"的内容。此残片很可能与 Or.12380-0657（K.K.II.0276.ee）、Or.12380-0681（K.K.II.0267.b）属于同一版本，那么它原本可能是每面 7 行，每行 6~10 字。现将西夏文录文并对译如下：

[illegible]……	莎诃……
[illegible]……	给说罗（长）耶……
[illegible]……	莎诃……
[illegible]……	哈木坚耶……
[illegible]……	哈木坚……
[illegible]……	罗（长）耶……

音译如下：

莎诃……（星捺）养宜说罗引也……莎诃……（斡罗）诃么渴也……（纤）诃么渴（也）……捺啰引也……

图 26　Or.12380-0680（K.K.Ⅱ.0267.u）

18.Or.12380-0684（K.K.）写本，折本或册子装，存 1 片，上栏线单栏，下栏线无存，右面一块 7 行，刊布者定名为“佛经”，实际为《圣观自在大悲心总持功能依经录》“陀罗尼”的相应内容。现将西夏文录文并对译如下：

[illegible]……	巴英商……
[illegible]……	西给里塔……
[illegible]……	瓦老给听……
[illegible]……	那麻耶……
[illegible]……	萨瓦……
[illegible]……	那……
[illegible]……	米……

音译如下：

末英商……厮屹呤三合瞻……阿斡罗鸡矴说罗……捺麻　纥里捺刿……萨嚩……捺……觅捺葛……

19.Or.12380-0684V（K.K.）写本，折本装或册子装，存1片，上栏线单栏，下栏线无存，左面一块6行，每行1~4字。刊布者定名为“陀罗尼”，实际为《圣观自在大悲心总持功能依经录》“陀罗尼”的相应内容，现将西夏文录文并对译如下：

[illegible]　[illegible]……	说罗　捞……
[illegible]　[illegible]……	木列梯　阿……
[illegible]……	给里舍那……
[illegible]……	阿兰给……
[illegible]……	罗拉米……
[illegible]……	须……

音译如下：

说罗　撮辣……么呤　阿呤夜……屹里实捺……阿兰屹呤怛……罗揽末……须捺……

20.Or.12380-0742（K.K.Ⅱ.0275.fff）写本，折本或册子装，上存下残，上栏线单栏，下栏线无存，现存6行，每行5~8字，刊布者定名为“陀罗尼”，实际为《圣观自在大悲心总持功能依经录》“陀罗尼”的相应内容，现将西夏文录文并对译如下：

[illegible]　[illegible]……	则罗　哈西塔……
[illegible]　[illegible]……	萨列巴　给里塔……
[illegible]　[illegible]　[illegible]……	莎诃　摩诃（长）　葛拉……
[illegible]　[illegible]　[illegible]　[illegible]……	耶　莎诃　捞给罗　涌……
[illegible]　[illegible]……	莎诃　舍米干舍末地……

[illegible]…… 葛罗（长）耶 莎诃 目达……

音译如下：

末则罗 诃斯但也……萨呤钵 屹呤但也……莎诃 麻诃 葛辣麻光得……捺罗也 莎诃 拶屹罗 养能能罗引也……莎诃 蟾渴奢没能……葛罗也 莎诃 目捺捺……

图 27 Or.12380-0742（K.K.Ⅱ.0275.fff）

21.Or.12380-0744（K.K.Ⅱ.0275.mmm）刻本，折本或册子装，上半部分保存，上栏线单栏，现存 6 行，2 行小字，4 行大字。刊布者定名为《圣观自在大悲心总持功德经韵集》，内容为开头部分，即“译者，起首赞颂和如是我闻”等。现将西夏文录文并对译如下：

[illegible][1][illegible] 沙门拶耶阿难答传
[illegible]…… 密显法师德功司……
[illegible] 圣观自在大悲心有者之敬礼
[illegible]…… 是如闻我一时……
[illegible]…… 观自在之宫中无……
[illegible]…… 与集……

① 西夏文“[illegible]”译为“拶耶阿难答”，西夏仁孝时期著名僧人。

意译如下：

沙门拶耶阿难答传显密法师功德司顶礼圣观自在菩萨大悲心！

如是我闻，一时，度有坏在普陀拉山圣观自在宫，与无量无数菩提勇识俱。

图 28　Or.12380-0744（K.K.Ⅱ.0275.mmm）

22.Or.12380-0745（K.K.Ⅱ.0275.ttt）写本，折本或册子装，上存下残，可见上栏线及左边栏线，现存 6 行。刊布者定名为“陀罗尼”，实际为《圣观自在大悲心总持功能依经录》“陀罗尼”的内容，现将西夏文录文并对译如下：

[illegible] [illegible] [illegible]……	木坚耶　莎诃　萨……
[illegible]……	诃马哈（长）那列……
[illegible] [illegible]……	莎诃　西达喂……
[illegible] [illegible] [illegible]……	诃　帕地麻　哈西……
[illegible] [illegible] [illegible]……	哈（长）帕地麻　哈……
[illegible] [illegible]……	巴则罗　哈西……

音译如下：

么渴也　莎诃　纤诃磨诃也……莎诃　麻诃捺昤……莎诃　西捺永涅……莎诃　钵能麻　诃斯怛也……麻诃　钵能麻　诃斯怛也……末则罗　诃斯怛也

图 29　Or.1238-0745（K.K.Ⅱ.0275.ttt）

23.Or.12380-0747（K.K.）刻本，折本或册子装，上栏线无存，下栏线单栏，存 5 行，每行 2~6 字，但有些字迹漫漶不清，无法识别。刊布者定名为“陀罗尼”，实际为《圣观自在大悲心总持功能依经录》“陀罗尼”的相应内容，现将西夏文录文并对译如下：

……[illegible]　[illegible]	……改浓　帕尾塔耶
……[illegible]	……罗（长）
……[illegible]	……地罗（长）耶
……[illegible]	……宁列那达那
……[illegible]　[illegible]	……那　葛罗（长）耶

音译如下：

仡浓　钵委怛耶……捺罗引也……养能能罗引也……你呤二合捺　捺捺……捺　葛罗引也

图 30　Or.12380-0747（K.K.）

24.Or.12380-0748（K.K.）刻本，折本或册子装，上残下存，有下栏线，存6行，但后2行字迹已经漫漶不清，只能看出4行。刊布者定名为“陀罗尼”，实际为《圣观自在大悲心总持功能依经录》“陀罗尼”的相应内容，现将西夏文录文并对译如下：

……[illegible][illegible][illegible][illegible]　[illegible]	……哈木坚耶　莎
……[illegible][illegible][illegible][illegible]	……哈木坚耶
……[illegible]　[illegible][illegible]	……耶　莎诃
……[illegible][illegible]　[illegible]	……莎诃　麻

音译如下：

纤诃磨诃也　莎诃……纤诃么渴也　莎诃……捺罗也　莎诃……莎哈　麻诃

图31　Or.12380-0748（K.K.）

从外观形制上看，Or.12380-0747（K.K.）、Or.12380-0748（K.K.）属同一件文书，而且Or.12380-0748（K.K.）应当在前，Or.12380-0747（K.K.）应当在后。

25.Or.12380-0759（K.K.）刻本，折本或册子装，上残下存，可见下栏线，现存6行，每行存1~5字，实际应为每行9字。刊布者定名为“佛经”，实际为《圣观自在大悲心总持功能依经录》的发愿文，现将西夏文录文并对译如下：

[illegible]	大悲观自在之敬敬礼
[illegible]	我今识有须臾渡当能
[illegible]	大悲观自在之敬敬礼
[illegible]	我今便寻须臾得当能
[illegible]	大悲观自在之敬敬礼
[illegible]	我今智慧船以渡当能

意译如下：

顶礼大悲观自在，我今速能度有情。顶礼大悲观自在，我今速得善方便。顶礼大悲观自在，我今能乘智慧船。

图 32　Or.12380-0759（K.K.）

26.Or.12380-0765（K.K.Ⅱ.0274.yyy）写本，折本或册子装，仅存1页1行，有上栏线。刊布者定名为“陀罗尼”，实际为《圣观自在大悲心总持功能依经录》的发愿文，现将西夏文录文并对译如下：

[illegible]

梵语　摩诃　葛罗尼给　南无　阿列牙　阿瓦

[illegible]

老给提说罗　达罗你　阿牛舍莫萨

音译如下：

梵言麻诃引　葛浪祢葛　捺没　阿哩牙　阿斡浪鸡帝说泠　捺泠祢　阿宁六扭舍莫萨

27.Or.12380-0834（K.K.）刻本，或为卷子装，上下皆残，仅余中间 2~5 字，每 6 行中间留有空白形成间隔，或经折装折缝。刊布者称作“陀罗尼”，实际为《圣观自在大悲心总持功能依经录》之“圣观自在菩萨所说陀罗尼功德三偈”的内容。现将西夏文录文并对译如下：

……[illegible]……	……主菩提勇识……
……[illegible]……	……数之……
……[illegible]……	……颂所说……
……[illegible]……	……及旷野……
……[illegible]……	……兽多凶恶……
……[illegible]……	……及鬼魅……
……[illegible]……	……诵声闻……
……[illegible]……	……大海船舶……
……[illegible]……	……王及水魔……
……[illegible]……	……魅鱼蛙……
……[illegible]……	……闻时……
……[illegible]……	……争战怨主……

意译如下：

圣观自在菩萨说此总持竟，为持咒者消除灾害及诸魔障蔽故，说清净偈颂曰：

若人进山及旷野，或逢虎狼诸猛兽，
若遇蚖蚰蝮蝎等，闻此咒声不侵害。
若人乘船海中行，恶龙水怪及妖魅，
鱼鳖龟蛙（虾）施毒害，闻此咒时各驰散。
若人争斗怨敌缠。

图 33 Or.12380-0834（K.K.）

28.Or.12380-1397（K.K.0121.b）写本，上残下存，形制类似卷子装，有轻微的下栏线及行间隔竖线，存 6 行，每行存 2~9 字。刊布者定名为“佛经”，实际为《圣观自在大悲心总持功能依经录》之“陀罗尼”相应内容。根据残存字的位置和内容判断，原本或为每行 15 字。现将西夏文录文并对译如下：

□□□□□□□[illegible]

□□□□□□□目达那　葛罗（长）耶　莎

□□□□□□[illegible]

□□□□□□达　涅塞衣西定塔　给里舍

□□□□□□[illegible]

□□□□□□莎诃　瓦麻哈西塔　耶衣（长）

□□□□□□□□□[illegible]

□□□□□□□□□耶　莎诃　老给说

□□□□□□□□□□□□[illegible]

□□□□□□□□□□□□耶　莎诃

□□□□□□□□□□□□[illegible]

□□□□□□□□□□□□罗给舍

音译如下：

葛罗引也　莎诃　目捺捺　葛罗引也　莎诃　斡引麻斯干泥捺　舍断定二合怛　屹吟二合实　捺二合　阿精捺引也　莎诃　斡麻诃斯怛　月引　仡吟拶吟二合麻你　斡萨捺也　莎诃　罗鸡说　罗也　莎诃　麻

诃　罗鸡说罗也　莎诃　萨嚩西帝　说罗也　莎诃　罗屹折　罗屹折　依　莎诃

图 34　Or.12380-1397（K.K.0121.b）

29.Or.12380-1416（K.K.0279.ccc）写本，可能是卷子装，上残下存一斜角，可见轻微的下栏线和行间隔竖线，存 6 行。刊布者定名为“佛经”，实际为《圣观自在大悲心总持功能依经录》之“陀罗尼”相应内容。根据残存字的位置和内容判断，原本或为每行 8~10 字。Or.12380-1416（K.K.0279.ccc）与 Or.12380-1417（K.K.0279.rr）大概是同一件佛经残存，内容相承接，Or.12380-1417（K.K.0279.rr）内容在前，Or.12380-1416（K.K.0279.ccc）内容在后。现将西夏文录文并对译如下：

[illegible]	耶英　葛罗宁舍（长）捞里说
[illegible]	罗　给里舍竭萨里帕　给
[illegible]	里塔耶　改浓　帕尾（长）塔
[illegible]	耶哈耶哈　瓦罗（长）哈　木
[illegible]	干梯里　菩罗达哈宁
[illegible]	说罗　那（长）罗（长）耶竭巴

音译如下：

实拶也　葛罗你舍引　拶吟说……罗　屹吟二合实能二合　萨吟二合钵　屹吟二合怛也　屹哝　钵委怛　盈形盈形　斡罗引诃　麻濕得吟二合　波罗　捺诃你说罗　捺引罗引也　能末辣鲁

30.Or.12380-1417（K.K.0279.rr）写本卷子装，存 3 行。刊布者定名为“残片”，实际为《圣观自在大悲心总持功能依经录》之“陀罗尼”相应内容。Or.12380-1417（K.K.0279.rr）残存内容恰好在 Or.12380-1416（K.K.0279.ccc）之前。现将西夏文录文并对译如下：

[illegible] [illegible] [illegible]　　帕给舍　给里舍那　瓦列
[illegible] [illegible] [illegible]　　竭　给里舍那　帕塞衣尼列
[illegible] [illegible] [illegible] [illegible]　　嘎（长）塔那　哈帕地　麻哈　西塔
[illegible]　　拶耶英

音译如下：

钵屹折　屹吟二合实捺　斡吟二合能　屹吟二合实捺二合　钵舍你吟二合　遏引怛捺　形钵能麻二合　诃斯怛二合　拶也

31.Or.12380-1454（K.K.）写本，仅剩残片，上残下存，有轻微的行间隔竖线，存 3 行，每行 7~8 字。刊布者定名为“陀罗尼”，实际为《圣观自在大悲心总持功能依经录》之“陀罗尼”的相应内容，现将西夏文录文并对译如下：

……[illegible]　[illegible]　[illegible]　　……萨米　哈木坚耶　莎
……[illegible]　[illegible]　[illegible]　　……哈木坚耶　莎诃　西达
……[illegible]　[illegible]　　……帕地麻　哈西塔（长）耶

音译如下：

纤诃磨诃也　莎……纤诃么渴也　莎诃　西捺……钵能麻二合　诃斯怛引也……

32.Or.12380-1519（K.K.Ⅱ.0281.a.xii）写本卷子装，可见上下栏线，存 7 行，每 5 行之间有很宽的空白间隔。刊布者定名为“陀罗尼”，实际为《圣观自在大悲心总持功能依经录》之“陀罗尼”的内容，现将西夏文录文并对译如下：

[illegible]

列那顶宁　耶哈耶哈　波波

[illegible]

麻诃　辛地　扬给说罗　巴

[illegible]

达　巴达　瓦（长）拶米　萨（长）达耶

[illegible]

萨（长）达耶　喂涅比　西

[illegible]

马罗　西马罗　团米西　巴

[illegible]

嘎万　老给牙（长）阿瓦老给

[illegible]

西团米　塔达（长）嘎塔　达达

音译如下：

你呤二合捺宁你　依形依形　磨磨　麻诃星能　养宜说罗　末捺　末捺　斡引拶合口　萨引捺也　萨引捺也　永涅合口　厮麻二合罗　厮麻二合罗端合口兮　末遏宛　罗葛引阿斡罗鸡　厮端合口　怛达引遏怛　捺捺形弥

33.Or.12380-1857（K.K.）写本，卷子或折本装，上残下存，可见下栏线，共有2片，右面7行，左面6行，右、左两面内容相连接。刊布者定名为“佛经”，实际为《圣观自在大悲心总持功能依经录》之“发愿一偈、发愿兼功德二偈和称名念佛一至七遍，命终往生十方净土”的内容，从残存字的位置推断，满行时每行最多有14字。现将西夏文录文并对译如下：

（右面）

[illegible]

大悲观自在之敬敬礼

[illegible]

我今须臾法身与集同

[illegible]

我今刀山上上时刀山此由自令崩

[illegible]

我今水热与遇时水热火煨当柔能

[illegible]

我今地狱中去时地狱数者当枯干

[illegible]

我今饿鬼中去时饥渴数者当饱足

[illegible]

我今天非中去时恶心数者当柔能

意译如下：

顶礼大悲观自在，我今速同法性身。我今上刀山，刀山自崩坏。我今入沸汤，沸汤自清凉。我今入地狱，地狱自枯竭。我今向饿鬼，饥渴变饱足。我今向非天，恶心变柔和。

（左面）

[illegible]

此如愿起竟时心归以我之名诵应

[illegible]

及心归以我之导师光无量实来之

[illegible]

名诵其而皆持一匝乎或七匝诵

[illegible]

则百千亿劫流转罪重一切消灭若

[illegible]

此大悲心诵持则命终时时十方如

[illegible]

来皆来手伸愿依十方净国生令及

意译如下：

如此发愿已，至心诵持我之名号，也应至心诵持我导师无量光如来之名号，并诵持此总持一遍乃至七遍，则能超灭百千亿劫重罪轮回流转。诵此大悲心咒者，命终之时，诸方如来皆来授手接引，依彼之愿，令彼往生十方净国。

34.Or.12380-2362RV（K.K.Ⅱ.0240.y）写本折本装，上下有栏线，中间断裂且残缺 1 行。存 9 行，每行最多存 9 字。依据所缺行数判断，它分右、左两面，每面 5 行，刊布者定名为“佛经”，实际为《圣观自在大悲心总持功能依经录》之“第三偈颂”的内容，现将可辨识的西夏文录文并对译如下：

[illegible]　　鬼神及咒强乱扰害时

[illegible]　　一心大悲皆持咒诵则

[illegible]　　伤害作者鬼神其于拜

[illegible]　　罪大五泥妙法灭毁时

（中间断裂，且残缺“贪火炽燃愚迷心”半句。）

[illegible][1] [illegible]　　夫妻自各余中染撞起

[illegible]　　日夜三时常落不断以

[illegible]　　一心大悲皆持咒诵则

[illegible]　　欲火柔能迷心拒能也

[illegible]　　我此皆持威力广说则

---

① 西夏文“[illegible]”译为“夫妻”。

意译如下：

鬼神敌咒侵害时，一心诵持大悲咒。

行灾鬼神礼敬汝，大罪五浊妙法灭。

夫妻各自贪外染，日夜三时常堕落。

一心诵持大悲咒，欲火能柔除迷心。

我若广说咒威力，于一劫也说不尽。

图 35　Or.12380-2362RV（K.K.Ⅱ.0240.y）

35.Or.12380-2424（K.K.Ⅱ.0230.ss）写本，残片，无法判断形制，上下栏线皆不存，残片存有 5 行，每行存 3~5 字不等。刊布者定名为“残片”，实际为《圣观自在大悲心总持功能依经录》之“第三偈颂”的内容，现将西夏文录文并对译如下：

[illegible]　　一心大悲皆持咒诵则

[illegible]　　国王悲心起以解脱得

[illegible]　　若人鬼神毒宫中入时

[illegible]　　食水毒有以者杀害时

[illegible]　　一心大悲皆持咒诵则

意译如下：

一心诵持大悲咒，国主慈心令解脱。

若入鬼神魔窟中，有毒食水来相害。

一心诵持大悲咒，毒食也会变甘露。

图 36　Or.12380-2424（K.K.Ⅱ.0230.ss）

36.Or.12380-2458a（K.K.）写本，存 1 残片，形制无法判断，上下栏线皆不存，存 4 行，每行 4~6 字。刊布者定名为“陀罗尼”，实际为《圣观自在大悲心总持功能依经录》之“陀罗尼”的相应内容，现将西夏文录文并对译如下：

……[illegible][1]……	……须巴辛塔那……
……[illegible]　[illegible]　[illegible]……	……帕　麻列嘎　米……
……[illegible]……	……瓦老给老葛麻……
……[illegible]　[illegible]……	……摩诃　菩提……

音译如下：

熟末精怛捺……钵　麻吟二合遏……斡罗鸡　罗葛麻……麻诃引　磨帝……

图 37　Or.12380-2458a（K.K.）

① [illegible]，此处把[illegible]（tsin）写成[illegible]（ngie）或者[illegible]（phon），发音不对，属于手误。

37.Or.12380-2558（K.K.Ⅱ.0279.g）写本，折本或册子装，上下有单栏线。存6行，满行14字，残经上有编号2558，刊布者定名为“大悲心总持咒”，实际为《圣观自在大悲心总持功能依经录》之“观自在菩萨重说陀罗尼功德兼誓愿救度众生”的相应内容。现将西夏文录文并对译如下：

[illegible]

此大悲心诵持则命终时节十方实

[illegible]

来皆来手伸愿依十方净国生令及

[illegible]

坏有度对语说若有情大悲心种咒

[illegible]

受持恶趣中堕则我正觉所不成我

[illegible][1][illegible]

若大悲心种咒诵持者无量等持及

[illegible]

辩才等不其得则正觉所不成我若

意译如下：

诵持大悲心咒者，则彼命终时，诸如来皆来授手，依彼之愿，令其往生十方净国。又对度有坏发誓言曰：若有情能受持大悲心种咒而堕恶趣者，则我誓不取正觉。若诵持大悲心种咒者不能获无量等持及辩才者，则我誓不取正觉。

① 西夏文“[illegible]”译为“等持”，在内蒙古藏M11.005中写作[illegible]，书写有差别，但意思相同。

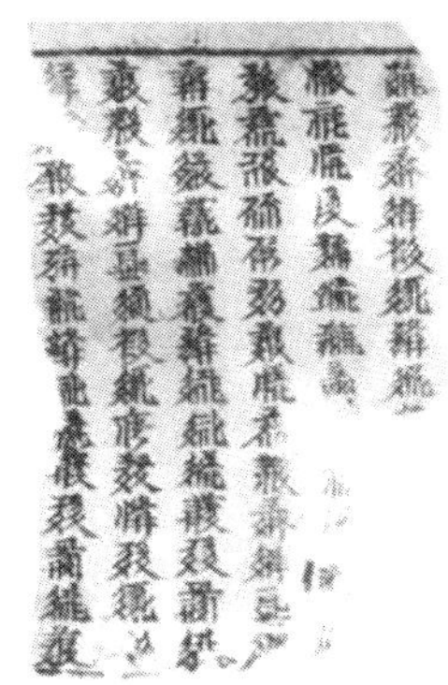

图 38　Or.12380-2558（K.K.Ⅱ.0279.g）

38.Or.12380-2631（K.K.Ⅱ.0270.b）写本，卷子装，上下及每行之间均有轻微栏线相隔。存 10 行，每行 9 字。刊布者定名为“佛经经颂”，实际为《圣观自在大悲心总持功能依经录》之“第三偈颂”的内容。现将西夏文录文并对译如下：

[illegible]　若人争战怨主以围乎

[illegible]　群贼凶恶财取作时上

[illegible]　一心大悲皆持咒诵则

[illegible]　此数害心起时退还也

[illegible]　若人国王打事与遇时

[illegible]　木项铁枉牢狱中入时

[illegible]　一心大悲皆持咒诵则

[illegible]　国王悲心起以解脱得

[illegible]　若人鬼神毒宫中入时

[illegible]　食水毒有以者杀害时

意译如下：

若人争斗怨敌缠，群贼凶恶劫财物，

一心诵持大悲咒，此等害心皆退转。

若人触犯王法禁，拷打枷锁关牢狱，

一心诵持大悲咒，国主慈心令解脱。

若入鬼神魔窟中，有毒食水来相害。

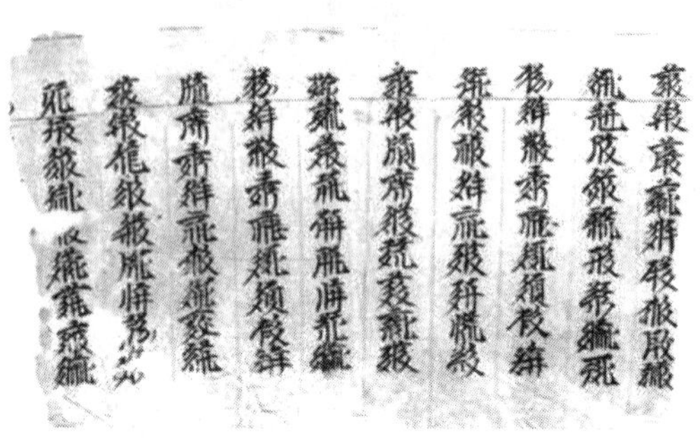

图 39 Or.12380-2631（K.K.Ⅱ.0270.b）

39.Or.12380-2887RV（K.K.）刻本，折本或册子装，上半部分残缺，栏线无存；下栏线单栏，存 2 片，每片 4 行，每行存 3~4 字。刊布者定名为“佛经”，实际为《圣观自在大悲心总持功能依经录》之“第一偈颂”的内容。现将西夏文录文并对译如下：

（右面）

[西夏文][1][西夏文]	大悲观自在之敬敬礼
[西夏文]	我今须臾涅槃山之上
[西夏文]	大悲观自在之敬敬礼
[西夏文]	我今须臾无为宫集入

意译如下：

顶礼大悲观自在，我今速登涅槃山。

顶礼大悲观自在，我今速入无为宫。

（左面）

[西夏文]	大悲观自在之敬敬礼

① 西夏文“[西夏文]”译为“大悲观自在”。

[illegible]　　我今便寻须臾得当能

[illegible]　　大悲观自在之敬敬礼

[illegible]　　我今智慧船以渡当能

意译如下：

顶礼大悲观自在，我今速得善方便。

顶礼大悲观自在，我今能乘智慧船。

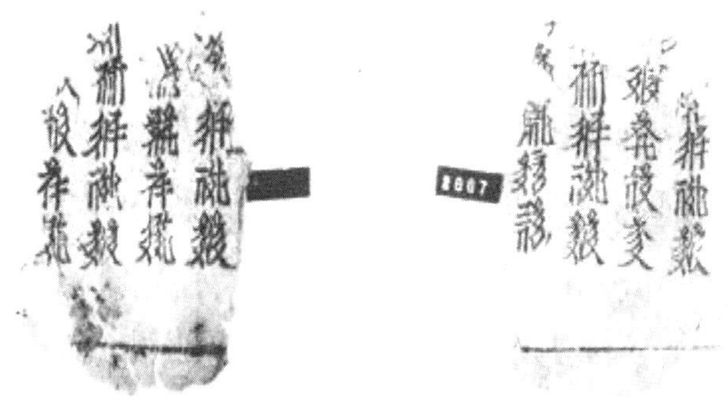

图 40　Or.12380-2887RV（K.K.）

40.Or.12380-2941（K.K.Ⅱ.0274.p）存 1 页 5 行，有 1 行仅剩半边字，因此该行不录。上下栏线单栏，经文满行 14 字，刊布者定名为《圣观自在大悲心总持功德依经录》，实际上为《圣观自在大悲心总持功能依经录》的题名及传者题名，现将西夏文录文并对译如下：

[illegible]

萨西塔　须提罗塔　萨改里西塔

[illegible]

番语圣观自在大悲心皆持功功经

[illegible]

依集

[illegible]

西天大般密怛五明国师德功司正受安仪

翻译如下：

萨兮怛　须引得罗二合引怛　三仡里兮（下残）

此云圣观自在大悲心总持功能依经录

西天大般密怛（班智达）五明国师功德司正受安仪沙门拶耶阿难答传

41.Or.12380-2997RV（K.K.Ⅱ.0255.t）存1页5行，有1行仅剩半边字因此该行不录。上栏线单栏，下栏线无存，刊布者定名为“佛经”，实际上为《圣观自在大悲心总持功能依经录》题名及传者题名。现将西夏文录文并对译如下：

[illegible][①]

萨西塔　须提罗塔　萨改里西塔

[illegible]

番语圣观自在大悲心皆持功功经

[illegible]

依集

[illegible]

西天大般密怛五明国师德功司正受安仪

翻译如下：

萨兮怛　须引得罗二合引怛　三仡里兮（下残）

此云圣观自在大悲心总持功能依经录

西天大般密怛（班智达）五明国师功德司正受安仪沙门拶耶阿难答传

42.Or.12380-3000（K.K.）存1页5行，有1行仅剩半边字，因此该行不录。上栏线单栏，下栏线无存，下半部分残缺，刊布者定名为“佛经”，实际上为《圣观自在大悲心总持功能依经录》题名及传者题名。现将西夏文录文并对译如下：

① □中的内容依据 Or.12380-2941（K.K.Ⅱ.0274.p）补录。

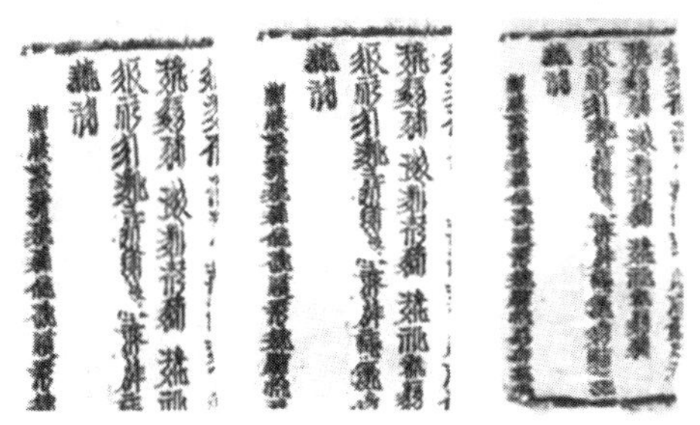

图 41　英藏 2941、2997RV、3000（从右往左排列）

[illegible] ①

萨西塔　须提罗塔　萨改里西塔

[illegible]

番语圣观自在大悲心皆持功功经

[illegible]

依集

[illegible]

西天大般密怛五明国师德功司正受安仪

翻译如下：

萨兮怛　须引得罗二合引怛　三仡里兮（下残）

此云圣观自在大悲心总持功能依经录

西天大般密怛（班智达）五明国师功德司正受安仪沙门拶耶阿难答传

43.Or.12380-2950RV（K.K.）写本，折本装，残存 2 面，每面 6 行，每行 11~13 字不等，上下栏线单栏。刊布者定名为“陀罗尼”，实际上为《圣观自在大悲心总持功能依经录》之“陀罗尼”的内容，右、左两面内容正相承接。现将西夏文录文并对译如下：

（右面）

① □中的内容依据 Or.12380-2941（K.K.II.0274.p）补录。

[illegible]

麻哈（长） 巴则罗 哈西塔（长）耶 莎诃

[illegible]

给里舍那 萨列巴 给里塔耶 改浓

[illegible]

帕尾塔耶 莎诃 摩诃（长） 葛拉麻

[illegible]

高梯 达罗（长）耶 莎诃 揢给罗

[illegible]

涌地地罗（长）耶 莎诃 舍米干舍末

[illegible]

地 宁列那达那 葛罗（长）耶 莎诃

音译如下：

麻诃引 末则罗二合 诃斯怛引也 莎诃 屹呤二合实捺 萨呤二合钵 屹呤二合怛也 仡浓二合 钵委怛耶 莎诃 麻诃引 葛辣麻光得 捺罗引也 莎诃 揢屹罗二合 养能能罗引也 莎诃 蟾渴奢没能二合 你呤二合捺 捺捺 葛罗引也 莎诃

（左面）

[illegible]

目达那 葛罗（长）耶 莎诃 瓦（长）麻

[illegible]

西葛尼达 涅塞衣西定塔 给里舍那

[illegible]

阿精那（长）耶 莎诃 瓦摩诃西塔

[illegible]

耶衣（长）改列 揢列麻宁 瓦萨那耶 莎

[illegible]

诃　老给说罗（长）耶　莎诃　摩诃　老

[illegible]

给说罗（长）耶　莎诃　萨瓦西地

音译如下：

目捺捺　葛罗引也　莎诃　斡引麻斯干泥捺　舍斯定二合怛　屹呤二合实捺二合　阿精捺引也莎诃　斡引麻诃斯怛　月引仡呤二合拶呤二合麻你　斡萨捺也　莎诃　罗鸡说罗引也　莎诃　罗鸡说罗引也　莎诃　麻诃　罗鸡说罗引也　莎诃　萨嚩西帝

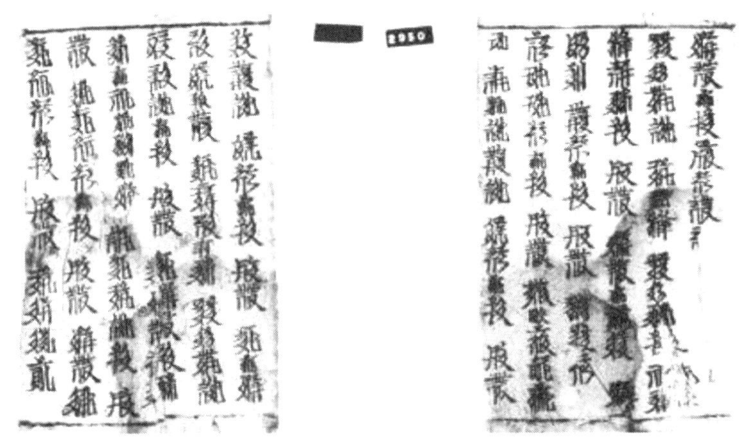

图 42　Or.12380-2950RV（K.K.）

44.Or.12380-2951（K.K.Ⅱ.0275.uu）写本，折本或册子装，存 1 页 6 行，每行 12~14 字，上下有栏线。刊布者定名为“陀罗尼”，实际上为《圣观自在大悲心总持功能依经录》之“陀罗尼”的内容，现将西夏文录文并对译如下：

[illegible]

西马罗　西马罗　团米西　巴嘎万　老

[illegible]

给牙（长）　阿瓦老给　西团米　塔达（长）嘎塔

[illegible]

达达哈弥　达列塞衣那　皮罗萨达耶

[illegible]

弥　莎诃　辛达（长）耶　莎诃　摩哈　辛

[illegible]

达（长）耶　莎诃　辛达扬给说罗（长）耶

[illegible]

莎诃　尼拉干太耶　莎诃　瓦罗哈

音译如下：

斯麻二合罗　斯麻二合罗　端合口兮　末遏宛　罗葛引　阿斡罗鸡　斯端合口　怛达引遏怛　捺捺形弥捺吟舍喃　不罗二合萨捺也弥　莎诃　星捺引也　莎诃　麻诃　星捺引也　莎诃　星捺养宜说罗引也　莎诃　你辣干达也　莎诃　斡罗诃么渴也

图 43　Or.12380-2951（K.K.II.0275.uu）

45.Or.12380-2957（K.K.II.0295.u）写本，折本或册子装，上下有粗栏线，存 6 行，每行 9 字。刊布者定名为“观音启请”，实际上为《圣观自在大悲心总持功能依经录》之“第一偈颂”的内容。现将西夏文录文并对译如下：

[illegible]	大悲观自在之敬敬礼
[illegible]	我今便寻须臾得当能
[illegible]	大悲观自在之敬敬礼
[illegible]	我今智慧船以渡当能
[illegible]	大悲观自在之敬敬礼
[illegible]	我今苦海须臾渡当能

意译如下：

顶礼大悲观自在，我今速得善方便。

顶礼大悲观自在，我今能乘智慧船。

顶礼大悲观自在，我今能速渡苦海。

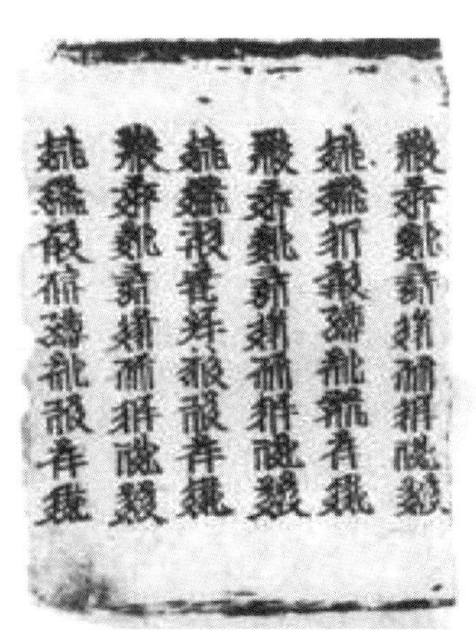

图 44　Or.12380-2957（K.K.II.0295.u）

46.Or.12380-2986RV（K.K.II.0235.e）写本，折本或册子装，存 2 面，每面 6 行，上下有栏线，右面每行 9~10 字，左面每行 7~14 字。刊布者定名为“佛经”，实际上为《圣观自在大悲心总持功能依经录》的内容，右面是“第一偈颂”的内容，左面是“观音菩萨欲说总持，如来赞许。观音即转告大众，欲受持此咒，应先发誓愿”，然后是“陀罗尼”的内容。现将西夏文录文并对译如下：

（右面）

[illegible]	大悲观自在之敬敬礼
[illegible]	我今诸法须臾之悟解
[illegible]	大悲观自在之敬敬礼
[illegible][1]	我今智眼慧须臾得当能
[illegible]	大悲观自在之敬敬礼
[illegible]	我今识有须臾渡当能

意译如下：

顶礼大悲观自在，我今速悟诸佛法。

顶礼大悲观自在，我今速能得智眼。

顶礼大悲观自在，我今速能度有情。

（左面）

[illegible]	欲使者时实如是也速所说我及诸
[illegible]	实来数也皆随喜众圣观自在菩提
[illegible]	勇识毁有度之此如语说若善生及
[illegible]	善生女善近及善近女童男童女读
[illegible]	诵受持欲者诸识有于大悲心起前
[illegible]	初此如誓愿起应

意译如下：

今正是时，宜应速说，我与诸如来也皆作随喜以助汝。圣观自在菩萨白世尊言：若有比丘、比丘尼、优婆塞、优婆夷、童男、童女愿受持

① 西北第二民族学院等编《英藏黑水城文献》（第3册），上海古籍出版社，2005，第307页，2986RV右面，写作[illegible]（智慧）。宁夏大学等编《中国藏西夏文献》（第17册），甘肃人民出版社、敦煌文艺出版社，2005，第30页，写作[illegible]（智眼）。这说明《圣观自在大悲心总持功能依经录》各抄本间还是会有一些差别。

读诵者，于诸有情应起大悲心，先应如此发誓愿曰……

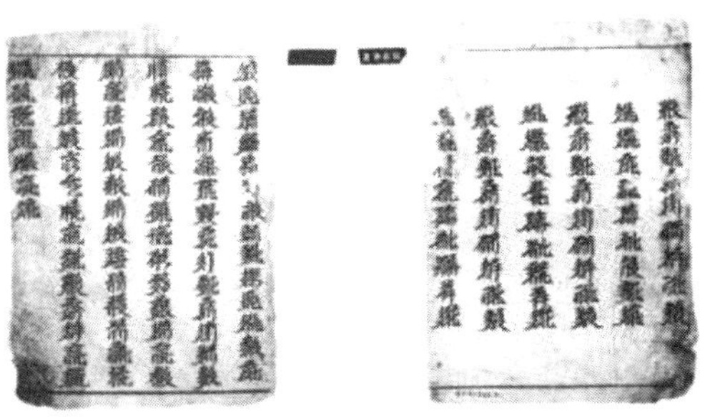

图 45　Or.12380-2986RV（K.K.Ⅱ.0235.e）

47.Or.12380-3008RV（K.K.Ⅱ.0255.u）写本，卷子或折本装，上半部分残缺，可见下栏线，存 2 面，每面 4 行。刊布者定名为“佛经”，实际上为《圣观自在大悲心总持功能依经录》之“第三偈颂”的内容。右面、左面内容之间缺少 4 行内容。现将西夏文录文并对译如下：

（右面）

[illegible]　　tsan pa 蛇及鬼魅与遇也
[illegible]　　此皆持诵声闻时不害
[illegible]　　若人大海船舶中入时
[illegible]　　毒龙王及水魔凶恶数

意译如下：

若遇蚖虵蝮蝎等，闻此咒声不侵害。

若人乘船海中行，恶龙水怪及妖魅。

（左面）

[illegible]　　一心大悲皆持咒诵则
[illegible]　　此数害心起时退还也
[illegible]　　若人国王打事与遇时
[illegible]　　木项铁枉牢狱中入时

意译如下：

一心诵持大悲咒，此等害心皆退转。

若人触犯王法禁，拷打枷锁关牢狱。

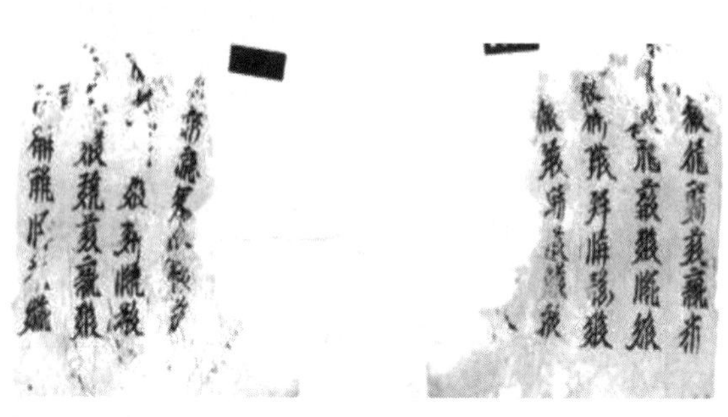

图 46　Or.12380-3008RV（K.K.Ⅱ.0255.u）

48.Or.12380-3488（K.K.Ⅱ.0280.a.i）写本，折本装，上下有单栏线，残存 3 折页，每折页 6 行，共 18 行，每行应为 9 字，有残缺。第一折页栏线下方与文字上方的空白处，印有一朵花作装饰，其他地方则印有羂索飘带图案。刊布者定名为“大慈悲心总持”，实为《圣观自在大悲心总持功能依经录》“第三偈颂”的内容。现将西夏文录文并对译如下：

[illegible]	一心大悲皆持咒诵则
[illegible]	染病拒时寿长得得也
[illegible]	龙鬼神遇扰害以施及
[illegible]	疮及疖痈脓血流过时
[illegible]	一心大悲皆持咒诵则
[illegible]	三匝唾啼涂则立即消
[illegible]	识有不善泥以动令有
[illegible]	鬼神及咒强敌扰害时
[illegible]	一心大悲皆持咒诵则
[illegible]	伤害作者鬼神其于拜
[illegible]	罪大五泥妙法灭毁时
[illegible]	贪火燃烧心者愚依迷

[illegible]　　夫妻自各余中染撞起

[illegible]　　日夜三时常堕不断以

[illegible]　　一心大悲皆持咒诵则

[illegible]　　欲火柔安迷心拒能也

[illegible]　　我此皆持威力广说则

[illegible]　　一劫说也边者数非也

意译如下：

一心诵持大悲咒，能除疾病得长寿。

遇龙鬼神侵害时，疮癞痈疖脓血流，

一心诵持大悲咒，唾沫三涂即消除。

有情不善浊心动，鬼神恶咒来侵害，

一心诵持大悲咒，行灾鬼神变恭敬。

大罪五浊妙法灭，贪火炽燃愚心迷，

夫妻相背贪外染，日夜三时常堕落，

一心诵持大悲咒，欲火能柔除迷心。

我若广说咒威力，于一劫也说不尽。

49.Or.12380-3549e（K.K.Ⅲ.021.a）写本，卷子或折本装，上下左右未见栏线。每折页 6 行，共 12 行，个别地方残破缺字。刊布者定名为“陀罗尼”，实际为《圣观自在大悲心总持功能依经录》之“陀罗尼”的内容。文中残缺的部分，笔者依据其他文本予以补足，用□表示。现将西夏文录文并对译如下：

[illegible]　[illegible]

菩提萨埵（长）耶　摩诃萨埵耶

[illegible]　[illegible][1][illegible]

摩诃（长）　葛鲁尼葛迦（长）耶

---

① [illegible]（kia），其他文献中多写作[illegible]（kia,kya）。

[illegible]

塔顶达（长）唵　萨瓦巴达那

[illegible]

慎地那　葛罗（长）耶　萨瓦

[illegible]

帕（长）帕　萨木地罗　乌趣

[illegible]

舍那　葛罗（长）耶　萨瓦依（长）

[illegible]

地　皮罗舍麻那　葛罗（长）耶

[illegible]

萨瓦依梯　乌帕地罗瓦　米

[illegible]

那舍那　葛罗（长）耶　萨瓦巴

[illegible]

英商　梯罗那（长）耶　塔星　那

[illegible]

麻西给里塔米　耶达米　阿

[illegible]

（长）列牙　阿瓦老给听说罗

音译如下：

磨地萨咄引也　麻诃萨咄也引　麻诃引　葛鲁你葛引也　怛宁达引　唵　萨嚩　末捺捺　齐能捺　葛啰引也　萨嚩　巴引钵　萨么能罗二合　乌趣舍捺　葛罗引也　萨嚩月引　帝　不罗二合舍麻捺　葛罗引也　萨嚩依帝　乌巴　能罗斡　觅　捺折捺　葛罗引也　萨嚩末英商　得罗二合引捺引也　怛星　捺麻斯屹呤三合瞻　盈捺合口　阿引呤夜二合　阿斡罗鸡矴说罗

50.Or.12380-3690.g（K.K.Ⅲ.021.g）写本，卷子或折本装，上下左

右未见栏线。从整个文书的情况来看，存左右两面，右面存 4 行，左面存 5 行，残卷上有编号 3690。刊布者译名为《圣观自在大慈心总持公德[1]经韵集》，实际上，Or.12380-3690 共 30 个小编号，其中 Or.12380-3690.e、Or.12380-3690.o、Or.12380-3690.v、Or.12380-3690.hh 不属于此经，应去除。残经内容为《圣观自在大慈心总持功德经韵集》之“发愿兼功德二偈、重说功德利益、陀罗尼”的内容，现将西夏文录文并对译如下：

（右面）

[illegible]	我今牲畜中往时
[illegible]	此由广大慧当得
[illegible]	此如愿起竟时心归以我
[illegible]	名诵应及（心归以我之）

意译如下：

我今向傍生，当得大智慧。如此发愿已，至心诵持我之名号，也应至心诵持我之导师。

（左面）

[illegible]

给里舍那　帕塞衣　尼列嘎（长）

[illegible]

塔那　哈帕地　摩诃　西塔

[illegible]

捞耶英　葛罗宁舍（长）　捞里说

[illegible]

罗　给里舍竭　萨里帕　给里

① 刊布者写为“公德”应该有误，应为“功德”。

[illegible]

塔耶　改浓　巴尾（长）塔　耶哈

音译如下：

屹呤二合实捺二合　钵舍你呤二合　遏引怛捺　形钵能麻二合　诃斯怛二合　拶也　葛罗你舍引　拶呤说罗　屹呤二合实能二合　萨呤二合钵　屹呤二合　怛也　屹哝　钵委引怛　盈形

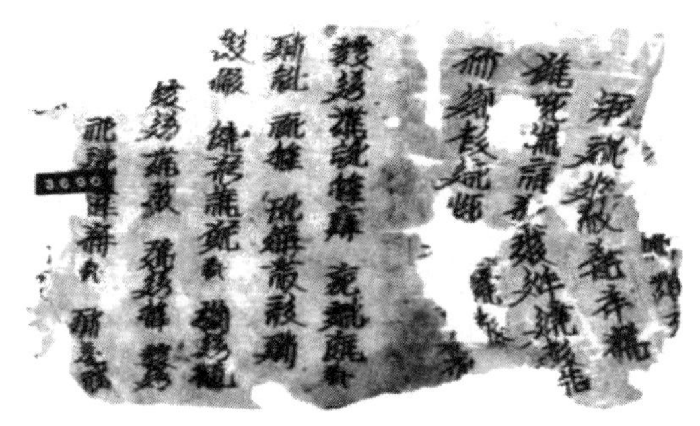

图 47　Or.12380-3690.g（K.K.Ⅲ.021.g）

51.Or.12380-3690.h（K.K.Ⅲ.021.h）存 1 页 6 行，写本，卷子或折本装，上下左右未见栏线。刊布者定名为《圣观自在大慈心总持公德[①]经韵集》，实际上应为《圣观自在大慈心总持功德经韵集》之“陀罗尼”的内容。现将西夏文录文并对译如下：

[illegible]

耶弥　莎诃　辛达（长）耶　莎诃

[illegible]

麻哈　辛达（长）耶　莎诃　辛达

[illegible]

扬给说罗（长）耶　莎诃　尼拉

[illegible]

① 刊布者写为“公德”应该有误，应为“功德”。

坚太耶　莎诃　瓦罗哈木

[illegible]

坚耶　莎诃　萨米哈木坚耶

[illegible]

莎诃　马哈（长）　那列萨米　哈

音译如下：

也弥　莎诃　星捺引也　莎诃　麻诃　星捺引也　莎诃　星捺　养宜说罗引也　莎诃　你辣干达也　莎诃　斡罗诃么渴也　莎诃　纤诃磨诃也　莎诃　麻诃引　捺呤　纤诃

52.Or.12380-3690.i（K.K.Ⅲ.021.i）存 1 页 6 行，写本，卷子或折本装，上下左右未见栏线。刊布者定名为《圣观自在大慈心总持公德[①]经韵集》，实际上应为《圣观自在大慈心总持功德经韵集》之“功德三偈”的内容。现将西夏文录文并对译如下：

[illegible]	国王悲心起以解脱得
[illegible]	若人鬼神毒宫中入时
[illegible]	食水毒有以者杀害时
[illegible]	一心大悲皆持咒诵则
[illegible]	毒有食水变以露甘为
[illegible]	女人身重子者生生时

意译如下：

国王慈心令解脱，若入鬼神毒魔窟。

以毒食水来相害，一心诵持大悲咒。

毒食也会变甘露，女人身重临产时。

① 刊布者写为“公德”应该有误，应为“功德”。

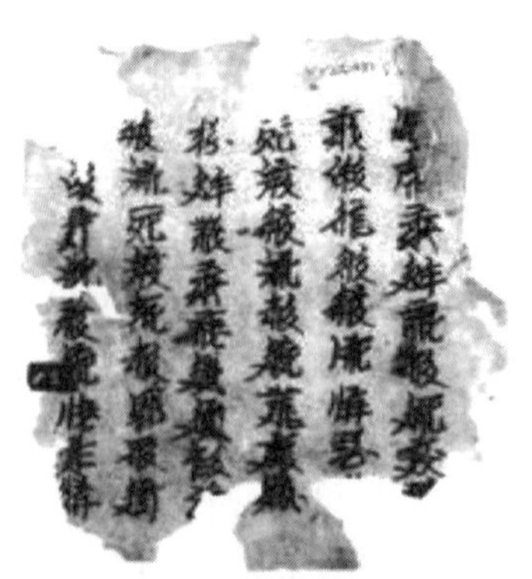

图 48　3690.h 和 3690.i（从右往左排列）

53.Or.12380-3690.j（K.K.Ⅲ.021.j）存 1 页 6 行，写本，卷子或折本装，上下左右未见栏线。刊布者定名为《圣观自在大慈心总持公德[1]经韵集》，实际上应为《圣观自在大慈心总持功德经韵集》之“陀罗尼”的内容。现将西夏文录文并对译如下：

[illegible]

木坚耶　莎诃　西达喂涅（长）

[illegible]

达罗（长）耶　莎诃　帕地麻　哈

[illegible]

西塔（长）耶　莎诃　麻哈（长）帕

[illegible]

地麻　哈西塔（长）耶　莎诃　巴

[illegible]

则罗　哈西塔（长）耶　莎诃　麻

[illegible]

哈（长）巴则罗　哈西塔（长）耶

① 刊布者写为“公德”应该有误，应为“功德”。

音译如下：

么渴也　莎诃　西捺永涅引　捺罗也　莎诃　钵能麻二合　诃斯怛引也　莎哈　麻诃　钵能麻　诃斯怛也　莎诃　末则罗　哈西塔引耶　莎诃　麻哈引　巴则罗　哈西塔引耶

54.Or.12380-3690.k（K.K.Ⅲ.021.k）存1页6行，写本，卷子或折本装，上下左右未见栏线。刊布者定名为《圣观自在大慈心总持公德[1]经韵集》，实际上应为《圣观自在大慈心总持功德经韵集》之“陀罗尼”的相应内容。现将西夏文录文并对译如下：

[illegible]
喂塞衣那塞衣那　宁列木给舍那　和
[illegible]
罗　和罗　木拶　木拶　么和罗（长）
[illegible]
么和罗（长）　哈（长）拉哈（长）列　摩
[illegible]
诃（长）　帕地麻　那（长）买列重　萨罗　萨罗
[illegible]
西里　西里　索老　索老　菩达
[illegible]
菩达　菩达耶　菩达耶　菩达耶（长）弥

音译如下：

麻诃　永舍捺舍捺　你吟二合么屹折捺　和罗各罗　么拶木拶　么和罗引么和罗引　诃引辣诃引辣　麻诃引　钵能麻　捺引没紧　萨罗　萨罗西吟　西吟　桑浪　桑浪　目涅　目涅　目捺也　目捺也　目捺也引弥

---

① 刊布者写为“公德”应该有误，应为“功德”。

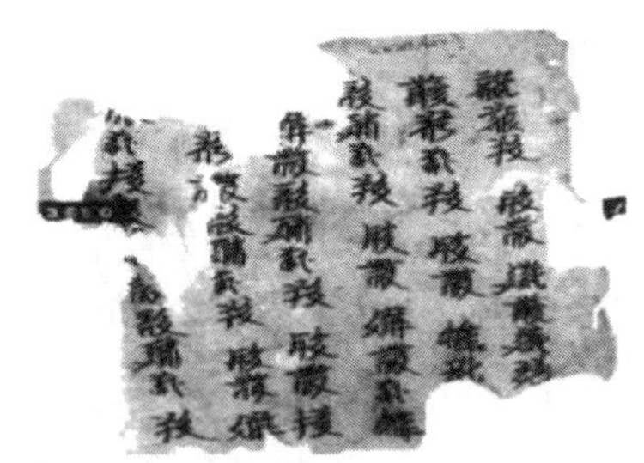

图 49　3690.j 和 3690.k（从右往左排列）

55.Or.12380-3690.l（K.K.Ⅲ.021.l）存 1 页 6 行，写本，卷子或折本装，上下左右未见栏线。刊布者定名为《圣观自在大慈心总持公德[1]经韵集》，实际上应为《圣观自在大慈心总持功德经韵集》之“陀罗尼”的相应内容。现将西夏文录文并对译如下：

[illegible]

诃（长）梯列即塔　葛鲁尼葛　高老

[illegible]

高老　葛列麻（长）萨（长）达耶

[illegible]

萨（长）达耶　米涅米　顶西　顶

[illegible]

西　铭　阿罗葛　改麻　改麻　米

[illegible]

汗改麻　西达涌给说罗　睹

[illegible]

护　睹护　尾列洋停　摩诃

音译如下：

钵罗麻昧引　得里二合即怛　葛鲁你葛　光浪光浪　葛呤二合麻引　萨

① 刊布者写为“公德”应该有误，应为“功德”。

引捺也　萨引捺也　觅涅合口　宁兮　宁兮　铭阿罗　鸽麻　鸽麻　觅欣仡麻　西捺养鸡说罗　睹护睹护　委吟二合阎矴　麻诃

56.Or.12380-3690.m（K.K.Ⅲ.021.m）存 1 页 6 行，写本，卷子或折本装，上下左右未见栏线。刊布者定名为《圣观自在大慈心总持公德[1]经韵集》，实际上应为《圣观自在大慈心总持功德经韵集》之“功德三偈”的内容。现将西夏文录文并对译如下：

[illegible]　此皆持诵声闻时不害
[illegible]　若人大海船舶中入时
[illegible]　毒龙王及水魔凶恶数
[illegible]　害施魔魅鱼蛙鳖等数
[illegible]　此皆持闻时自各骇驰
[illegible]　若人争战怨主以围乎

意译如下：

闻此咒声不侵害，若人乘船海中行。
恶龙水怪及妖魅，鱼鳖龟蛙（虾）施毒害。
闻此咒时各自驰散，若人争斗怨敌缠。

图 50　3690.l 和 3690.m（从右往左排列）

① 刊布者写为“公德”应该有误，应为“功德”。

57.Or.12380-3690.n（K.K.Ⅲ.021.n）存1页5行，写本，卷子或折本装，上下左右未见栏线。刊布者定名为《圣观自在大慈心总持公德[①]经韵集》，实际上应为《圣观自在大慈心总持功德经韵集》之“功德三偈”的内容。现将西夏文录文并对译如下：

[illegible]	一心大悲皆持咒诵则
[illegible]	伤害作者鬼神其于拜
[illegible]	罪大五泥妙法灭毁时
[illegible]	贪火燃烧心者愚依颠倒
[illegible]	夫妻自各余中染撞起

意译如下：

一心诵持大悲咒，行灾鬼神恭敬汝。

大罪五浊妙法灭，贪火炽燃愚迷心。

夫妻相背贪外染。

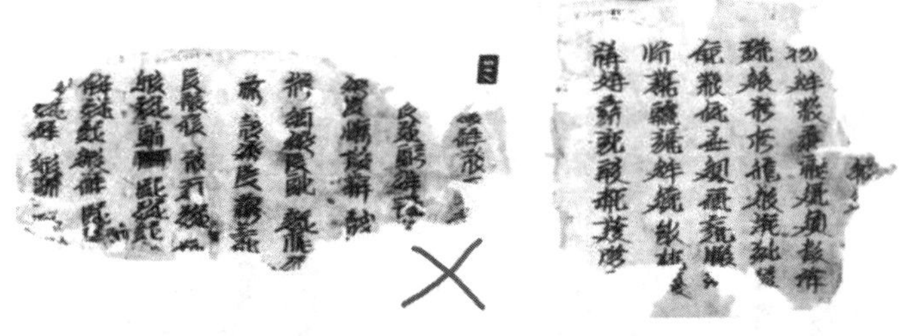

图51　3690.o为左面（是供养仪而非本“依经录”内容），3690.n为右面

58.Or.12380-3690.p（K.K.Ⅲ.021.p）存1页6行，写本，卷子或折本装，上下左右未见栏线。刊布者定名为《圣观自在大慈心总持公德[②]经韵集》，实际上应为《圣观自在大慈心总持功德经韵集》之“陀罗尼”的相应内容。现将西夏文录文并对译如下：

① 刊布者写为“公德”应该有误，应为“功德”。

② 刊布者写为“公德”应该有误，应为“功德”。

[illegible]

给说罗　巴达　巴达　瓦（长）拶

[illegible]

米　萨（长）达耶　萨（长）达耶　喂

[illegible]

涅米　西马罗　西马罗　团米

[illegible]

西　巴嘎万　老给牙（长）　阿瓦老

[illegible]

给　西团米　塔达（长）嘎塔　达

[illegible]

达哈弥　达列塞衣那　皮罗萨

音译如下：

宜说罗　末捺　末捺　斡引拶合口　萨引捺也　萨引捺也　永涅合口　斯麻二合罗　斯麻二合罗　端合口兮　末遏宛　罗葛引　阿斡罗鸡　斯端合口　怛达引遏怛　捺捺形弥　捺呤舍喃　不罗二合萨

59.Or.12380-3690.q（K.K.Ⅲ.021.q）存 1 页 5 行，写本，卷子或折本装，上下左右未见栏线。刊布者定名为《圣观自在大慈心总持公德[①]经韵集》，实际上应为《圣观自在大慈心总持功德经韵集》之“陀罗尼”的相应内容。现将西夏文录文并对译如下：

[illegible]

耶哈　尼拉干太　耶哈耶哈

[illegible]

瓦（长）麻西定塔　萨米　哈毛干

[illegible]

① 刊布者写为“公德”应该有误，应为“功德”。

哈萨　哈萨　木扎　木扎　麻诃

[illegible]

阿塔梯哈西　宁列那顶宁　耶

[illegible]

哈耶哈　波波　麻诃　辛地　扬

音译如下：

依形　你辣干达　依形　依形　斡引麻斯定二合怛　纤诃么渴　诃萨　诃萨　么拶　么拶　麻诃　啊怛得诃引斯　你呤二合捺宁你　依形　依形　磨磨　麻诃星能　养宜说罗

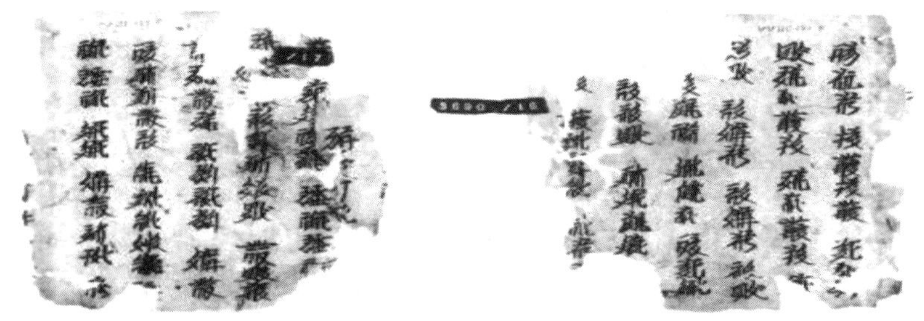

图 52　3690.p 和 3690.q（二者顺序相反，内容恰好承接）

60.Or.12380-3690.r（K.K.Ⅲ.021.r）存 1 页 5 行，写本，卷子或折本装，上下左右未见栏线。刊布者定名为《圣观自在大慈心总持公德[①]经韵集》，实际上应为《圣观自在大慈心总持功德经韵集》之“陀罗尼”的相应内容。现将西夏文录文并对译如下：

[illegible]

列牙　阿瓦老给梯　说罗

[illegible]

（长）耶　菩提萨埵耶　摩诃　萨

① 刊布者写为“公德”应该有误，应为“功德”。

[illegible]

埵耶　摩诃　葛鲁宁葛耶

[illegible]

星涅米　桃名　抹梯罗　帕

[illegible]

达（长）宁　莎诃

音译如下：

阿吟也二合　阿斡罗鸡帝说罗引也　磨帝萨咄也　麻诃　萨咄也麻诃　葛鲁你葛也　星涅合口　当名　满得罗二合　钵捺引你　莎诃

61.Or.12380-3690.s（K.K.Ⅲ.021.s）存1页6行，写本，卷子或折本装，上下左右未见栏线。刊布者定名为《圣观自在大慈心总持公德[1]经韵集》，实际上应为《圣观自在大慈心总持功德经韵集》之“功德三偈”的相应内容。现将西夏文录文并对译如下：

[illegible]	群贼凶恶财取作时上
[illegible]	一心大悲皆持咒诵则
[illegible]	此数害心起时退还也
[illegible]	若人国王打事与遇时
[illegible]	木项铁桎牢狱中入时
[illegible]	一心大悲皆持咒诵则

意译如下：

群贼凶恶夺财物，一心诵持大悲咒。

此等害心皆退转，若人触犯王法禁。

拷打枷锁关牢狱，一心诵持大悲咒。

① 刊布者写为“公德”应该有误，应为“功德”。

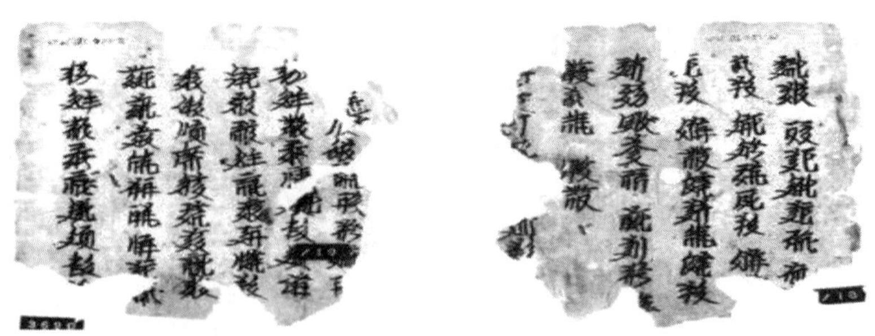

图 53　3690.r 和 3690.s（从右往左排列）

62.Or.12380-3690.t（K.K.Ⅲ.021.t）存 1 页 4 行，写本，卷子或折本装，上下左右未见栏线。刊布者定名为《圣观自在大慈心总持公德[①]经韵集》，实际上应为《圣观自在大慈心总持功德经韵集》之“陀罗尼”的相应内容。现将西夏文录文并对译如下：

[illegible]

列西　尼拉干太　西麻哈（长）　哈

[illegible]

拉哈拉（长）　喂塞衣宁列即塔　老

[illegible]

葛星　罗改　喂塞衣那（长）　塞衣那

[illegible]

地耶永宁切　塞衣喂　塞衣那（长）　塞衣那　摩诃

[illegible]

莎诃那摩巴嘎给梯

音译如下：

吟兮　你辣干达　兮麻诃引　诃辣诃辣引　永舍你吟二合精怛　罗葛星罗　仡永舍捺引　舍捺永宁切身　舍永舍捺引　舍捺　麻诃

① 刊布者写为“公德”应该有误，应为“功德”。

63.Or.12380-3690.u（K.K.Ⅲ.021.u）存1页5行，写本，卷子或折本装，上下左右未见栏线。刊布者定名为《圣观自在大慈心总持公德[1]经韵集》，实际上应为《圣观自在大慈心总持功德经韵集》之“陀罗尼”的相应内容。现将西夏文录文并对译如下：

[illegible]	摩诃　老给说罗（长）耶　莎诃
[illegible]	萨瓦西地　说罗（长）耶　莎诃
[illegible]	罗给舍　罗给舍　麻米　莎诃
[illegible]	古鲁罗给舍　木列梯那米
[illegible]	莎诃　那摩巴嘎给梯

音译如下：

麻诃　罗鸡说罗引也　莎诃　萨嚩西帝　说罗引也　莎诃　罗屹折　罗屹折　依　莎诃　孤鲁罗屹折　么呤二合引帝喃　莎诃　那摩巴嘎给梯

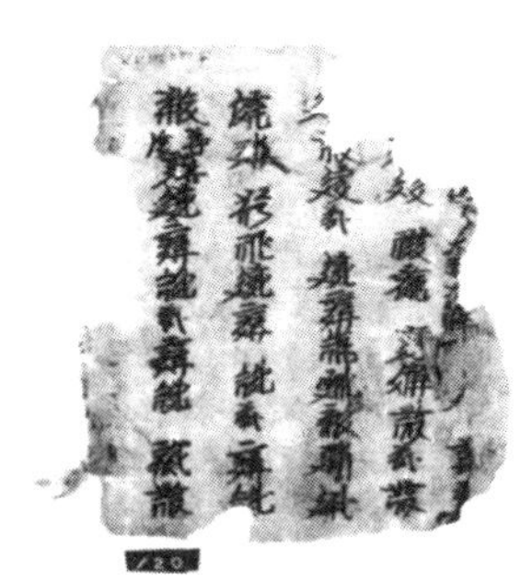

图54　3690.t和3690.u（从右往左排列）

64.Or.12380-3690.w（K.K.Ⅲ.021.w）存1页6行，写本，卷子或折本装，上下左右未见栏线。刊布者定名为《圣观自在大慈心总持公德[2]经韵集》，实际上应为《圣观自在大慈心总持功德经韵集》之“功德

① 刊布者写为“公德”应该有误，应为“功德”。

② 刊布者写为“公德”应该有误，应为“功德”。

三偈”的相应内容。现将西夏文录文并对译如下：

[illegible]	染病拒时寿长得得也
[illegible]	龙鬼神遇扰害以施及
[illegible]	疮及疖痈脓血流过时
[illegible]	一心大悲皆持咒诵则
[illegible]	三匝唾哢涂则立即消
[illegible]	识有不善泥以动令有

翻译如下：

能除疾病得长寿，遇龙鬼神侵害时。

疮癞痈疖脓血流，一心诵持大悲咒。

唾沫三涂即消除，有情不善浊心动。

65.Or.12380-3690.x（K.K.Ⅲ.021.x）存 1 页 5 行，写本，卷子或折本装，上下左右未见栏线。刊布者定名为《圣观自在大慈心总持公德[①]经韵集》，实际上应为《圣观自在大慈心总持功德经韵集》之“复说功德利益”的相应内容。现将西夏文录文并对译如下：

[illegible]	者若道中行风大与遇身
[illegible]	及毛发衣服上打次依余
[illegible]	识有上扰打则此风中者
[illegible]	识有之业重皆皆不滞不
[illegible]	缺悉皆消灭更三恶趣果

意译如下：

若行道中，遭遇大风吹身，及毛发毫端，及其衣服，依次吹拂其他众生，则凡此风中吹拂之众生，一切重业，完全彻底皆悉消除，更不复

① 刊布者写为“公德”应该有误，应为“功德”。

受三恶趣果报。

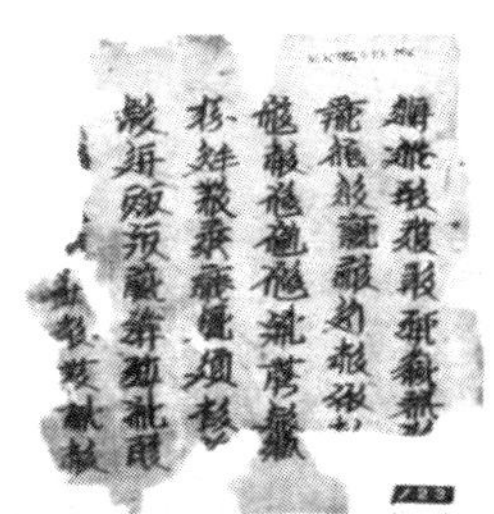

图 55　3690.x 和 3690.w（从右往左排列）

66.Or.12380-3690.y（K.K.Ⅲ.021.y）存 1 页 5 行，写本，卷子或折本装，上下左右未见栏线。刊布者定名为《圣观自在大慈心总持公德[①]经韵集》，实际上应为《圣观自在大慈心总持功德经韵集》之“复说功德利益”的相应内容。现将西夏文录文并对译如下：

[illegible]	则此水撞各诸识有数诸
[illegible]	骂骂应罪重皆皆悉皆消
[illegible]	灭清净世界花净中化生
[illegible]	更后湿蛋胎生不受此后
[illegible]	诵持所者说应何有此咒

意译如下：

则此水中所遇各诸众生，凡沾浴水者，一切重罪、无数骂詈诃责，皆悉消除，清净世界莲花中化生，更（不复受）湿、蛋、胎生，何况诵持者哉。诵持此咒者（若行道中，遭遇大风吹身，及毛发毫端）。

67.Or.12380-3690.z（K.K.Ⅲ.021.z）存 1 页 6 行，写本，卷子或折本装，上下左右未见栏线。刊布者定名为《圣观自在大慈心总持公德[②]经韵集》，实际上应为《圣观自在大慈心总持功德经韵集》之“功德三

① 刊布者写为“公德”应该有误，应为“功德”。

② 刊布者写为“公德”应该有误，应为“功德”。

偈”的相应内容。现将西夏文录文并对译如下：

[illegible]	日夜三时常落不断以
[illegible]	一心大悲皆持咒诵则
[illegible]	欲火柔能迷心拒能也
[illegible]	我此皆持威力广说则
[illegible]	一劫说也边者数非也
[illegible]	若此大悲心皆持诵持者流水乎大

意译如下：

日夜三时常堕落，一心诵持大悲咒。

欲火能柔除迷心，我若广说咒威力。

于一劫也说不尽。若有诵持此大悲心咒者，入流水中。

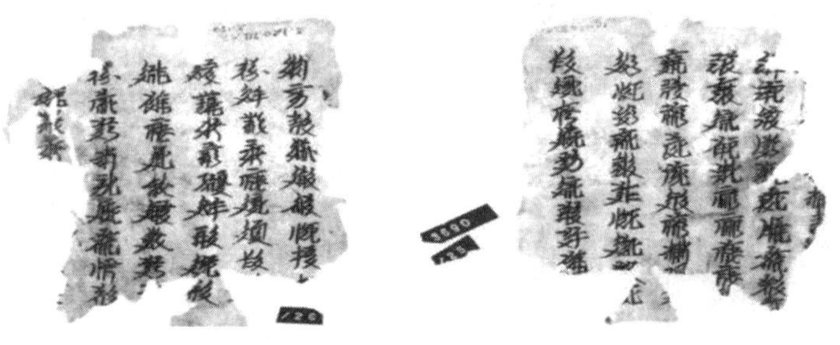

图 56　3690.y 和 3690.z（从右往左排列）

68.Or.12380-3690.aa（K.K.Ⅲ.021.aa）存 1 页 6 行，写本，卷子或折本装，上下左右未见栏线。刊布者定名为《圣观自在大慈心总持公德[①]经韵集》，实际上应为《圣观自在大慈心总持功德经韵集》之“功德三偈”的相应内容。现将西夏文录文并对译如下：

[illegible]	之伤害及诸魔灭诛故清净

① 刊布者写为“公德”应该有误，应为“功德”。

[illegible]	偈颂所说
[illegible]	若人山及旷野中去时
[illegible]	虎狼诸兽多凶恶数及
[illegible]	tsan pa 蛇及鬼魅与遇也
□□□□□□□□	□□□□□□□□

意译如下：

尔时，圣观自在菩萨说此总持竟，为持咒者消除灾害及诸魔障蔽故，说清净偈颂曰：

若人进山及旷野，或逢虎狼诸猛兽。

若遇蚖虵蝮蝎等，闻此咒声不侵害。

69.Or.12380-3690.bb（K.K.Ⅲ.021.bb）存 1 页 6 行，写本，卷子或折本装，上下左右未见栏线。刊布者定名为《圣观自在大慈心总持公德[1]经韵集》，实际上应为《圣观自在大慈心总持功德经韵集》之“功德三偈”的相应内容。现将西夏文录文并对译如下：

[illegible]	诸魔扰害苦固知受时
[illegible]	一心大悲皆持咒诵则
[illegible]	诸魔鬼神骇驰生生也
[illegible]	龙王凶恶数之毒气以
[illegible]	热病染以苦固逼迫时
[illegible]	一心大悲皆持咒诵则

意译如下：

诸魔扰害苦知受时，一心诵大悲总持咒。

诸魔鬼神所生骇驰，龙王以毒气凶恶等。

以染热病苦固煎逼，一心诵大悲总持咒。

① 刊布者写为“公德”应该有误，应为“功德”。

图 57　3690.aa 和 3690.bb（从右往左排列）

70.Or.12380-3690.cc（K.K.Ⅲ.021.cc）存 1 页 6 行，写本，卷子或折本装，上下左右未见栏线。刊布者定名为《圣观自在大慈心总持公德[①]经韵集》，实际上应为《圣观自在大慈心总持功德经韵集》之“陀罗尼”的相应内容。现将西夏文录文并对译如下：

[illegible]

老葛嘎梯　耶哈西　摩诃（长）

[illegible]

菩提萨埵　诃　菩提萨埵　诃　摩

[illegible]

诃（长）菩提萨埵　诃　皮列耶　菩提

[illegible]

萨埵　诃　葛鲁尼葛　西麻罗

[illegible]

耶列达耶　耶哈西　阿列牙

[illegible]

阿瓦老给梯　说罗（长）　帕罗麻

音译如下：

罗葛遏帝　盈形兮　麻诃引　磨帝萨咄　形　麻诃引　磨帝萨咄磨

① 刊布者写为“公德”应该有误，应为“功德”。

帝萨咄 形 不吟二合也 磨帝萨咄 形 葛鲁你葛 斯麻二合罗纥里二合捺 剡盈形兮 阿吟夜二合 阿斡罗鸡帝说罗引 钵罗麻

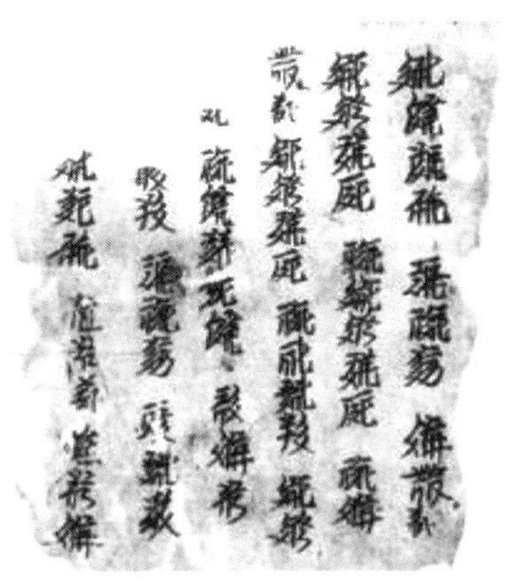

图 58 Or.12380-3690.cc（K.K.Ⅲ.021.cc）

71.Or.12380-3690.dd（K.K.Ⅲ.021.dd）存 1 页 5 行，写本，卷子或折本装，上下左右未见栏线。刊布者定名为《圣观自在大慈心总持公德[①]经韵集》，实际上应为《圣观自在大慈心总持功德经韵集》之“陀罗尼”的相应内容。现将西夏文录文并对译如下：

[illegible]

耶达洋 阿瓦列塔 英舍（长）

[illegible]

铭 萨瓦 阿列达 萨达那

[illegible]

须巴辛塔那 萨瓦萨埵 那弥

[illegible]

帕（长）帕 麻列嘎米 少达葛

[illegible]

塔顶达（长） 阿瓦老给 老葛麻梯

---

① 刊布者写为“公德”应该有误，应为“功德”。

音译如下：

纥里捺涣　哑斡呤二合怛　英折引铭　萨嚩　阿呤二合达　萨捺捺引熟末精怛捺　萨嚩萨咄　南引巴引钵　麻呤二合遏觅　捺葛　怛宁达引　阿斡罗鸡　罗葛麻啼

72.Or.12380-3690.ee（K.K.Ⅲ.021.ee）存 1 页 6 行，写本，卷子或折本装，上下左右未见栏线。刊布者定名为《圣观自在大慈心总持公德[①]经韵集》，实际上应为《圣观自在大慈心总持功德经韵集》之“陀罗尼”的相应内容。现将西夏文录文并对译如下：

[illegible]

那　葛罗（长）耶　莎诃　目达

[illegible]

那　葛罗（长）耶　莎诃　瓦（长）麻

[illegible]

西葛尼达　涅塞衣西定塔

[illegible]

给里舍那　阿精那（长）耶

[illegible]

莎诃　瓦摩诃西塔　耶衣（长）

[illegible]

改列　捞列麻宁　瓦萨那耶

音译如下：

捺　葛罗引也　莎诃　目捺捺　葛罗引也　莎诃　斡引麻斯干泥捺　舍斯定二合怛　屹呤二合实捺二合　阿精捺引也莎诃　斡引麻诃斯怛　月引仡呤二合捞呤二合麻你　斡萨捺也

① 刊布者写为“公德”应该有误，应为“功德”。

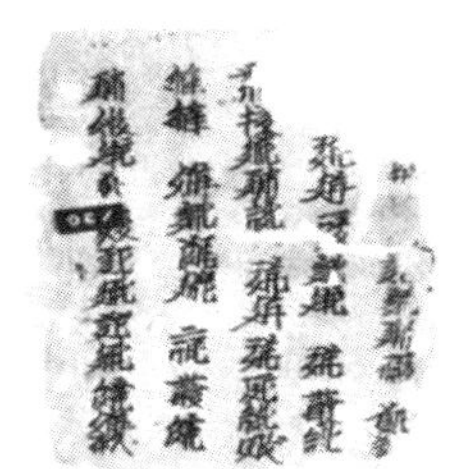

图 59　3690.dd 和 3690.ee（从右往左排列）

73.Or.12380-3690.ff（K.K.Ⅲ.021.ff）存 1 页 5 行，写本，卷子或折本装，上下左右未见栏线。刊布者定名为《圣观自在大慈心总持公德[①]经韵集》，实际上应为《圣观自在大慈心总持功德经韵集》之“陀罗尼”的相应内容。现将西夏文录文并对译如下：

[illegible]

给里塔耶　莎诃　改浓　巴尾

[illegible]

塔耶　莎诃　摩诃（长）葛拉

[illegible]

麻　高梯　达罗（长）耶　莎诃　拶

[illegible]

给罗　涌地地罗（长）耶　莎诃

[illegible]

舍米干舍末地　宁列那达

音译如下：

屹呤二合怛也　莎诃　仡浓二合　钵委怛耶　莎诃 麻诃引　葛辣麻光得　捺罗引也　莎诃　拶屹罗二合　养能能罗引也　莎诃蟾渴奢没能二合　你呤二合捺　捺捺

74.Or.12380-3690.gg（K.K.Ⅲ.021.gg）存 1 页 3 行，写本，卷子

① 刊布者写为“公德”应该有误，应为“功德”。

或折本装，上下左右未见栏线。刊布者定名为《圣观自在大慈心总持公德[①]经韵集》，实际上应为《圣观自在大慈心总持功德经韵集》之“结尾”的相应内容。现将西夏文录文并对译如下：

[illegible]	圣观自在大悲心皆持令
[illegible]	功经依录竟
[illegible]……	诵毕时月……

意译如下：

圣观自在大悲心总持功能依经录竟。诵毕时……

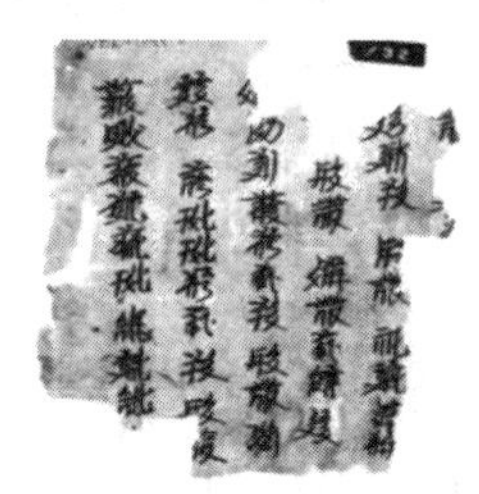

图 60 3690.ff 和 3690.gg（从右往左排列）

75.Or.12380-3690.ii（K.K.Ⅲ.021.ii）存 1 页 9 行，写本，卷子或折本装，上下左右未见栏线。从整个文书的情况来看，右面 5 行，每行 10~11 字，左面 4 行，每行 5~7 字。刊布者定名为《圣观自在大慈心总持公德[②]经韵集》，实际上应为《圣观自在大慈心总持功德经韵集》之“重说誓愿兼功德、陀罗尼”的相应内容。现将西夏文录文并对译如下：

（右面）

[illegible]

米巴 麻诃（长） 西地 须达（长）

[illegible]

① 刊布者写为“公德”应该有误，应为“功德”。

② 刊布者写为“公德”应该有误，应为“功德”。

达罗　巴拉　巴拉　麻诃（长）　巴拉

[illegible]

麻拉　麻拉　摩诃　麻拉　拶拉

[illegible]

拶拉　摩诃　拶拉　给里舍那

[illegible]

帕给舍　给里舍那　瓦列竭

音译如下：

觅揽末　麻诃引　西能　须捺引　捺罗　末辣　末辣　麻诃　末辣　麻辣　麻辣　麻诃　麻辣　撮辣　撮辣　麻诃　撮辣　屹吟二合实捺　钵屹折　屹吟二合实捺　斡吟二合能

（左面）

[illegible]	无量实来之名诵
[illegible]	皆持一匝乎或七
[illegible]	千亿劫流转罪
[illegible]	若此大悲心

音译如下：

也应至心诵持我导师无量光如来之名号，并诵持此总持一遍乃至七遍，则能灭百千亿劫重罪轮回流转。若诵持此大悲心总持者……

此外，3690 编号有 4 块残片不属于《圣观自在大慈心总持功德经韵集》：

Or.12380-3690.e（K.K.Ⅲ.021.e）存 2 页 9 行，写本，上栏线单栏，下栏线无存，其内容虽有“无量寿佛”“悲心总持咒”等，但又有“心中忆月坛”“一礼观行”，且在陀罗尼中，“薄伽梵”通常都写作“[illegible]”或“[illegible]”，而它却写作[illegible]（婆伽婆），其他陀罗尼也不能对应，因此说它不是《圣观自在大慈心总持功德经韵集》中的内容。

Or.12380-3690.o（K.K.Ⅲ.021.o）存2页9行，写本，上栏线单栏，下栏线无存，提到“手轮、左右各色供养、合掌于心上、第三、第四”等，它应当是供养仪或释文类内容。而且它的顺序似乎是从左往右，这在西夏文献中较为少见。

Or.12380-3690.v（K.K.Ⅲ.021.v）存1页10行，写本，栏线无存，残页上有编号3690。残存内容虽有“敬礼圣观自在大悲心……为利益一切有情故”，但是“悟者晨起时，先时……”，“空中诸佛……各自手中药……瓶受自之顶”这几句，在《圣观自在大慈心总持功德经韵集》汉译本中找不到相对应的内容，因此确定残经非《圣观自在大慈心总持功德经韵集》。

Or.12380-3690.hh（K.K.Ⅲ.021.hh）存1页8行，写本，栏线无存，有“坐，如此记句”，陀罗尼有“𗤶𗥃𗏴 𗵒𗤶𗡞”，也不是《圣观自在大慈心总持功德经韵集》的内容。

从我们译释的内容与鲜卑宝源汉译本的对照可知，英藏3690号中的27（g左、右分属不同的内容）片属于《圣观自在大慈心总持功德经韵集》内容。其中15片是陀罗尼，1片属于发愿兼功德二偈，8片属于赞扬总持功德无量的第三偈颂，2片是复说功德利益，1片是结尾。它们重新排列的顺序应当是：

发愿兼功德二偈：Or.12380-3690.g（K.K.Ⅲ.021.g）右。

陀罗尼：Or.12380-3690.g（K.K.Ⅲ.021.g）左、Or.12380-3690.h（K.K.Ⅲ.021.h）、Or.12380-3690.j（K.K.Ⅲ.021.j）、Or.12380-3690.k（K.K.Ⅲ.021.k）、Or.12380-3690.l（K.K.Ⅲ.021.l）、Or.12380-3690.p（K.K.Ⅲ.021.p）、Or.12380-3690.q（K.K.Ⅲ.021.q）、Or.12380-3690.r（K.K.Ⅲ.021.r）、Or.12380-3690.t（K.K.Ⅲ.021.t）、Or.12380-3690.u（K.K.Ⅲ.021.u）、Or.12380-3690.cc（K.K.Ⅲ.021.cc）、Or.12380-3690.dd（K.K.Ⅲ.021.dd）、Or.12380-3690.ee（K.K.Ⅲ.021.ee）、Or.12380-3690.ff（K.K.Ⅲ.021.ff）、Or.12380-3690.ii（K.K.Ⅲ.021.ii）。

它们按顺序排列后为：Or.12380-3690.dd（K.K.Ⅲ.021.dd）、Or.12380-3690.cc（K.K.Ⅲ.021.cc）、Or.12380-3690.l（K.K.Ⅲ.021.l）、Or.12380-

3690.ii（K.K.Ⅲ.021.ii）、Or.12380-3690.g（K.K.Ⅲ.021.g）左、Or.12380-3690.t（K.K.Ⅲ.021.t）、Or.12380-3690.k（K.K.Ⅲ.021.k）、Or.12380-3690.q（K.K.Ⅲ.021.q）、Or.12380-3690.p（K.K.Ⅲ.021.p）、Or.12380-3690.h（K.K.Ⅲ.021.h）、Or.12380-3690.j（K.K.Ⅲ.021.j）、Or.12380-3690.ff（K.K.Ⅲ.021.ff）、Or.12380-3690.ee（K.K.Ⅲ.021.ee）、Or.12380-3690.u（K.K.Ⅲ.021.u）、Or.12380-3690.r（K.K.Ⅲ.021.r）。

功德三偈：Or.12380-3690.i（K.K.Ⅲ.021.i）、Or.12380-3690.m（K.K.Ⅲ.021.m）、Or.12380-3690.n（K.K.Ⅲ.021.n）、Or.12380-3690.s（K.K.Ⅲ.021.s）、Or.12380-3690.w（K.K.Ⅲ.021.w）、Or.12380-3690.z（K.K.Ⅲ.021.z）、Or.12380-3690.aa（K.K.Ⅲ.021.aa）、Or.12380-3690.bb（K.K.Ⅲ.021.bb）。

复说功德利益：Or.12380-3690.x（K.K.Ⅲ.021.x）、Or.12380-3690.y（K.K.Ⅲ.021.y）。

结尾：Or.12380-3690.gg（K.K.Ⅲ.021.gg）。

76.Or.12380-3704b（K.K.Ⅲ.0281.a.xxxvi）存1页8行，写本，栏线无存，残页上有编号3704，分右、左2块，右面仅存3行，每行5~7字，刊布者定名为“佛经”，实际应为《圣观自在大慈心总持功德经韵集》之“观自在菩萨誓愿守护诵持此陀罗尼者，若不得等觉及无量辩才者，誓不成正觉，属重说陀罗尼功德兼誓愿”一段。左面存5行，每行存8~10字，个别字残缺。现将西夏文录文并对译如下：

（右面）

……[illegible]	……我若大悲心
……[illegible]	……持者无量等持及
……[illegible]	……不其得则正觉

意译如下：

若诵持大悲心种咒总持者不能获得无量等持及辩才者，则我誓不取正觉。

（左面）

[illegible]	尾列洋停　达罗达罗　达
[illegible]	罗尼　说罗　拶拉拶拉　米麻
[illegible]	拉　阿麻拉　木列梯　阿列牙
[illegible]	阿瓦老给梯说罗　给里舍
[illegible]	那　阿精那拶塔（长）　麻库塔

音译如下：

委吟二合阎矴　捺罗捺罗　捺罗你　说罗　撮辣撮辣　觅麻辣　阿麻辣　么吟二合　阿吟夜二合　阿斡罗鸡帝说罗　屹里二合实捺　阿精捺拶怛引　麻孤怛

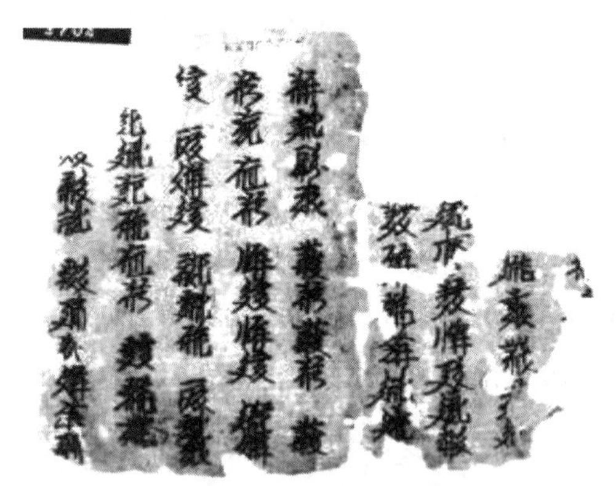

图 61　Or.12380-3704b（K.K.Ⅲ.0281.a.xxxvi）

77.Or.12380-3707（K.K.Ⅲ.0285.uuu）（2-1）写本经折装，存 2 折页，每折页 7 行，上残下存，每行仅剩 6~9 字。刊布者定名为“陀罗尼”，实际应为《圣观自在大慈心总持功德经韵集》之“陀罗尼”的内容，两面内容上下相连。现将西夏文录文并对译如下：

（右面）

……[illegible]	……木列梯　阿列牙　阿瓦
……[illegible]	……里舍那　阿精那
……[illegible]	……阿兰给里塔　舍里（长）

……[Tangut illegible]　　……罗　拉米巴　米拉米巴
……[Tangut illegible]　　……达（长）达罗　巴拉巴
……[Tangut illegible]　　……麻拉麻拉　摩诃　麻
……[Tangut illegible]　　……诃　拶拉　给里舍那

（左面）

……[Tangut illegible]　　……那　瓦列竭　给里舍那
……[Tangut illegible]　　……哈帕地　摩诃　西
……[Tangut illegible]　　……舍（长）　拶里说罗
……[Tangut illegible]　　……给里塔耶　改浓
……[Tangut illegible]　　……哈　瓦罗（长）哈　木
……[Tangut illegible]　　……达哈宁说罗　那（长）
……[Tangut illegible]　　……鲁　帕尾舍　达（长）列

音译如下：

么呤　阿呤夜　阿斡罗鸡帝说罗屹里实捺　阿精捺拶怛阿兰屹呤怛　舍里引……罗　揽末　觅揽末……达引达罗　巴拉巴……麻拉麻拉　摩诃　麻　麻诃　撮辣　屹呤实捺……实捺　斡呤能　屹呤实捺……形　钵能麻　诃厮……舍引　拶呤说罗……屹呤怛也　屹哝……形　斡罗引诃　麻……捺诃你说罗　捺引……鲁　钵委舍捺引呤……

78.Or.12380-3707（K.K.Ⅲ.0285.uuu）（2-2）写本经折装，每折页7行，上残下存，每行仅剩6~10字，刊布者定名为“陀罗尼”，实际应为《圣观自在大慈心总持功德经韵集》之“陀罗尼”的内容，两页内容上下相连。现将西夏文录文并对译如下：

（右面）

……[Tangut illegible]　　……西麻哈（长）　哈拉哈拉（长）
……[Tangut illegible]　　……老葛星　罗改　喂塞衣

……[illegible]	……塞衣喂塞衣那（长） 塞衣那
……[illegible]	……那 宁列木给舍那
……[illegible]	……木捞木捞 么和罗 罗
……[illegible]	……（长）列 摩诃（长） 帕地
……[illegible]	……萨罗萨罗 西里西

（左面）

……[illegible]	……菩达菩达 菩达耶
……[illegible]	……弥 塔瓦 尼拉干
……[illegible]	……拉干太 耶哈耶哈
……[illegible]	……米哈毛干 哈萨哈
……[illegible]	……诃阿塔梯哈西 宁列
……[illegible]	……波波 麻诃 辛地 扬
……[illegible]	……巴达 瓦（长）捞米 萨（长）达耶

音译如下：

兮麻诃引 诃辣诃辣引……罗葛星 罗仡永舍捺引……舍永舍捺 舍捺……捺 你呤么屹折捺……么捞木捞 么和罗 么和罗……麻诃 钵能麻…… 萨罗萨罗 西呤西呤……目涅目涅 目捺也……弥 怛斡 你辣干达……你辣干达 依形依形……纤诃么渴 诃萨诃萨……麻诃 啊怛得诃厮 你呤捺……磨磨 麻诃星能 养宜说罗……末捺 斡捞合口 萨捺也……

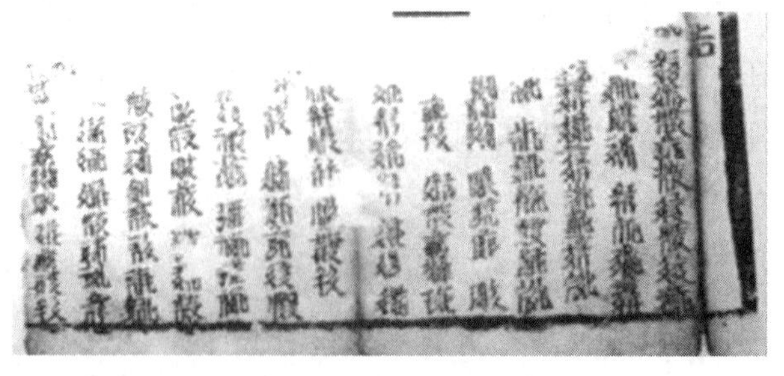

图 62 Or.12380-3707（K.K.Ⅲ.0285.uuu）（2–2）

79.Or.12380-3728.1（K.K.Ⅲ.0267.i）写本，经折装，上存下残，有上栏线，现存 2 页，分右、左两面，每面只剩 3 行，每行存 4~5 字。但从残存的形式和残存字的位置上看，它原本每面 6 行，每行 13~14 字。刊布者定名为“陀罗尼”，实际上为《圣观自在大慈心总持功德经韵集》之“陀罗尼”的相应内容。现将西夏文录文并对译如下：

（右面）

[illegible]……	和罗和罗　木……
[illegible]……	和罗　哈（长）……
[illegible]……	麻　那（长）买列……

（左面）

[illegible]……	里　索老索老……
[illegible]……	菩达耶　菩达……
[illegible]……	太　耶衣哈耶衣哈……

音译如下：

和罗和罗　木拶……和罗　诃引……钵能麻　捺引没紧……西呤　桑浪桑浪……目捺也　目捺……达　依形依形……

80.Or.12380-3728.2（K.K.Ⅲ.0267.i）写本，经折装，上存下残，有上栏线，现存 2 页，分右、左两面，每面只剩 3 行，每行剩 5 字。但从残存的形式和残存字的位置上看，它原本每面 6 行，每行 13~14 字。刊布者定名为“陀罗尼”，实际上为《圣观自在大慈心总持功德经韵集》之“陀罗尼”的内容，Or.12380-3728.1（K.K.Ⅲ.0267.i）、Or.12380-3728.2（K.K.Ⅲ.0267.i）两编号内容大体相连，只不过顺序应当颠倒过来，Or.12380-3728.2（K.K.Ⅲ.0267.i）内容在前，Or.12380-3728.1（K.K.Ⅲ.0267.i）的内容在后。现将西夏文录文并对译如下：

（右面）

[illegible]…… 麻诃（长） 西地……
[illegible]…… 拉 麻诃（长）巴……
[illegible]…… 拉 捞拉捞拉……

（左面）

[illegible]…… 帕给舍 给里……
[illegible]…… 帕塞衣尼列嘎……
[illegible]…… 塔 捞英 葛罗……

音译如下：

麻诃引 西能……辣 麻诃 末辣……麻辣 撮辣撮辣……钵屹折屹呤二合……钵舍你呤 遏怛捺……诃厮怛 捞也 葛罗你舍……

81.Or.12380-3729.1（K.K.Ⅱ.0256.d）存 1 页，刻本，折本或册子装，残存正反面，残片存 2 行，每行 9~14 字。刊布者定名为“佛经”，实际上为《圣观自在大慈心总持功德经韵集》之“发愿一偈、功德兼发愿二偈和发愿以后称念观自在菩萨名号和导师无量光佛名号”的一段内容。现将西夏文录文并对译如下：

[illegible]
我今须臾法身与集同
[illegible]
我今刀山上上时刀山此由自令崩

意译如下：

我今速同法性身。我今上刀山，刀山自崩坏。

82.Or.12380-3729.1V（K.K.Ⅱ.0256.d）存 1 页，刻本，折本或册子装，残存正反面，残片存 3 行，每行 4~11 字。刊布者定名为“佛经”，实际上为《圣观自在大慈心总持功德经韵集》之“发愿一偈、功德兼发愿二偈和发愿以后称念观自在菩萨名号和导师无量光佛名号”的一段内容。现将西夏文录文并对译如下：

……[illegible]

……归以我之导师光无量实来

……[illegible]

……其而皆持一匝乎或七匝诵

……[illegible]……

……罪重悉皆……

意译如下：

也应至心诵持我导师无量光如来之名号，并诵持此总持一遍乃至七遍，则能超灭百千亿劫重罪轮回流转。

83.Or.12380-3729.2（K.K.Ⅱ.0256.d）存 1 页，刻本，折本或册子装，残存正反面，残片存 3 行，每行 5~7 字。刊布者定名为“佛经”，实际上为《圣观自在大慈心总持功德经韵集》之“观自在菩萨重说陀罗尼功德兼发愿”的一段内容。现将西夏文录文并对译如下：

……[illegible]……　　……终时节十方实……

……[illegible]……　　……十方净国生令及……

……[illegible]……　　……大悲心种咒……

意译如下：

诵持此大悲心总持者，则彼命终之时，十方如来皆来授手接引，依彼之愿，令彼往生十方净国。又对佛发誓曰：若有情能受持大悲心种咒……

84.Or.12380-3729.2V（K.K.Ⅱ.0256.d）存 1 页，刻本，折本或册子装，残存正反面，残片存 3 行，每行 4~7 字。刊布者定名为“佛经”，实际上为《圣观自在大慈心总持功德经韵集》之“观自在菩萨重说陀罗尼功德兼发愿”的一段内容。现将西夏文录文并对译如下：

西夏文	对译
……[illegible]……	……正觉所不成我……
……[illegible]……	……愿事不成此语说……
……[illegible]……	……掌合诸识……

意译如下：

若不能成就者，则我誓不成正觉。若稍有疑惑，则所求愿事必不成就。说此语竟，于大众中端坐合掌……

85.Or.12380-3740.1（K.K.Ⅱ.0250.g）写本，经折或册页装，存2折页，上下栏线单栏，两行间有竖格存在，页面原本分右、左两面，中间白口，每折页5行，每行10~11字。刊布者定名为“佛经”，实际上为《圣观自在大慈心总持功德经韵集》之“陀罗尼”的内容。现将西夏文录文并对译如下：

西夏文	对译
[illegible]	太　那麻　耶里达洋　阿瓦列
[illegible]	塔　英舍（长）铭　萨瓦　阿列达
[illegible]	萨达那　须巴辛塔那　萨瓦
[illegible]	萨埵　那弥　帕（长）帕　麻列嘎
[illegible]	米　少达葛　塔顶达（长）　阿瓦
[illegible]	老给　老葛麻梯　老葛嘎梯
[illegible]	耶哈西　摩诃（长）　菩提萨埵
[illegible]	诃　菩提萨埵　诃　摩诃（长）　菩
[illegible]	提萨埵　诃　皮列耶　菩提萨埵
[illegible]	诃　葛鲁尼葛　西麻罗　耶里

音译如下：

捺麻　纥里捺剡　哑斡吟二合怛　英折引铭　萨嚩　阿吟二合达萨捺捺引　熟末精怛捺　萨嚩萨咄　南引巴引钵　麻吟二合遏觅捺葛　怛

宁达引　阿斡罗鸡　罗葛麻啼　罗葛遏帝　盈形兮　麻诃引　磨帝萨咄　形　麻诃引　磨帝萨咄　磨帝萨咄　形不呤二合也　磨帝萨咄形　葛鲁你葛　斯麻二合罗

86.Or.12380-3740.2（K.K.Ⅱ.0250.g）写本，经折或册页装，上下栏线单栏，存1折页，两行间有竖格存在，页面原本分右、左两面，中间白口，每折页6行，每行9~12字，此残页还有丢字后旁补的情况。刊布者定名为“佛经”，实际上为《圣观自在大慈心总持功德经韵集》之“陀罗尼”的内容。现将西夏文录文并对译如下：

[illegible]　　达洋　耶哈西　阿列牙　阿瓦
[illegible]　　老给梯　说罗（长）　帕罗麻
[illegible]　　诃（长）　梯列即塔　葛鲁尼葛
[illegible]　　高老高老　葛列麻葛　萨（长）达耶
[illegible]　　萨（长）达耶　米涅米　顶西
[illegible]　　顶西　铭阿罗葛　改麻改麻

音译如下：

纥里二合捺　刹盈形兮　阿呤夜二合　阿斡罗鸡帝说罗引　钵罗麻昧引得里二合即怛　葛鲁你葛　光浪光浪　葛呤二合麻引　萨引捺也　萨引捺也　觅涅合口　宁兮宁兮　铭阿罗　鸽麻鸽麻

87.Or.12380-3740.3（K.K.Ⅱ.0250.g）写本，经折或册页装，上下栏线单栏，存3折页，两行间有竖格存在，页面原本分右、左两面，中间白口，每折页5行，每行9~11字。刊布者定名为“佛经”，并上下排列残页，上面1页，下面2页。实际上为《圣观自在大慈心总持功德经韵集》之“陀罗尼”的内容。现将西夏文录文并对译如下：

（上面）

[illegible]　　南无　阿列牙　阿（长）瓦老给
[illegible]　　梯说罗（长）耶菩提萨埵（长）

[illegible]　　耶　摩诃萨埵耶　摩诃（长）
[illegible]　　葛鲁尼葛（长）耶　塔顶达（长）
[illegible]　　唵　萨瓦巴达那　慎地那

（下面右）

[illegible]　　葛罗（长）耶　萨瓦帕（长）帕　萨
[illegible]　　木地罗　乌趣舍那　葛罗（长）
[illegible]　　耶　萨瓦依（长）地　皮罗舍麻
[illegible]　　那　葛罗（长）耶　萨瓦依梯
[illegible]　　乌帕地罗瓦　米那舍那　葛

（下面左）

[illegible]　　罗（长）耶　萨瓦巴英商　梯罗
[illegible]　　那（长）耶　塔星　那麻　西给里
[illegible]　　塔米　耶达米　阿（长）列牙　阿瓦
[illegible]　　老给听说罗　塔瓦　你拉干

（有二行与下一页重复故只录1次）

音译如下：

捺么阿引吟夜二合　哑引斡逻鸡帝说啰引　磨地萨咄引也　麻诃萨咄也引　麻诃引　葛鲁你葛引也　怛宁达引　唵　萨嚩末捺捺　齐能捺　葛啰引也　萨嚩巴引钵　萨么能罗二合　乌趣舍捺　葛罗引也　萨嚩月引帝　不罗二合舍麻捺　葛罗引也　萨嚩依帝　乌巴　能罗斡　觅捺折捺　葛罗引也　萨嚩末英商　得罗二合引捺引也　怛星　捺麻　厮屹吟三合瞻　盈捺合口　阿引吟夜二合　阿斡罗鸡矴说罗　怛斡　你辣干特

Or.12380-3740 分成 3 个编号，即 Or.12380-3740.1（K.K.Ⅱ.0250.g）、Or. 12380-3740.2（K.K.Ⅱ.0250.g）和 Or.12380-3740.3（K.K.Ⅱ.0250.g），而

且在 Or.12380-3740.3（K.K.Ⅱ.0250.g）中叠放 2 页 3 面内容，刊布时，这些残页顺序排列错误，正确的顺序应当是 Or.12380-3740.3（K.K.Ⅱ.0250.g）、Or.12380-3740.1（K.K.Ⅱ.0250.g）、Or.12380-3740.2（K.K.Ⅱ.0250.g）。经过调整以后，上下内容相连。

88.Or.12380-3749（K.K.Ⅱ.0232.bb）存 2 折页，写本，折本或册子装，上残下存，每折页 9 行。页面中缝下部有“[illegible]”（大悲）二字，估计上部有页码。刊布者定名为《圣观自在大悲心总持功德经韵集》。现将西夏文录文并对译如下：

（右面）

[illegible][1][illegible]	伤害作者鬼神其于拜
[illegible]	罪大五泥妙法灭毁时
[illegible]	贪火燃烧心者愚依颠倒
[illegible]	夫妻自各余中染撞起
[illegible]	日夜三时常落不断以
[illegible]	一心大悲皆持咒诵则
[illegible]	欲火柔能迷心拒能也
[illegible]	我此皆持威力广说则
[illegible]	一劫说也边者数非也

意译如下：

行灾鬼神礼敬汝，大罪五浊妙法灭。

贪火炽燃愚迷心，夫妻各自贪外染。

日夜三时常堕落，一心诵持大悲咒。

欲火能柔除迷心，我若广说咒威力。

于一劫也说不尽。

（功德三偈）

---

① [illegible]，在俄藏 Инв.№.6881 中写作[illegible]，意思相同，只表明它们是不同的版本。

（左面）

[illegible]
若此大悲心皆持诵持者流水乎大
[illegible]
海中入洗澡作则此水撞各诸识有
[illegible]
数诸骂骂应罪重皆皆悉皆消灭清
[illegible]
净世界花净中化生更后湿蛋胎生
[illegible]
不受此后诵持所者说应何有此咒
[illegible]
诵者若道中行风大与遇身及毛发
[illegible]
衣服上打次依余识有上扰打则此
[illegible]
风中者识有之业重皆皆不滞不缺
[illegible]
悉皆消灭更三恶趣果报不受明满

意译如下：

若有诵持此大悲心咒者，入流水或大海中洗浴，则此水中所遇各诸众生，凡沾浴水者，一切重罪、无数骂詈诃责，皆悉消除，清净世界莲花中化生，更不复受湿、蛋、胎生，何况诵持者哉。诵持此咒者，若行道中，遇风吹身及毛发毫端及其衣服，依次吹拂其他众生，则凡此风中吹拂之众生，一切重业完全彻底皆悉消除，更不复受三恶趣果报，往生于佛前。（重说持咒功德）

89.Or.12380-3749V（K.K.Ⅱ.0232.bb）存 2 折，写本，折本或册子

装，上残下存，每面 9 行，每行 4~11 字。页面中缝下部有“[illegible]”（大悲）二字，估计上部有页码。刊布者定名为《圣观自在大悲心总持功德经韵集》。现将西夏文录文并对译如下：

（右面）

西夏文	对译
[illegible]	食水毒有以者杀害时
[illegible]	一心大悲皆持咒诵则
[illegible]	毒有食水变以露甘为
[illegible]	女人身重子者生生时
[illegible]	诸魔扰害苦固知受时
[illegible]	一心大悲皆持咒诵则
[illegible]	诸魔鬼神骇驰生生也
[illegible]	龙王凶恶数之毒气以
[illegible]	热病染以苦固逼迫时

（左面）

西夏文	对译
[illegible]	一心大悲皆持咒诵则
[illegible]	染病拒时寿长得得也
[illegible]	龙鬼神遇扰害以施及
[illegible]	疮及痈疖脓围流过时
[illegible]	一心大悲皆持咒诵则
[illegible]	三匝唾唡涂则立即消
[illegible]	识有不善泥以动令有
[illegible]	鬼神及咒强乱扰害时
[illegible]	一心大悲皆持咒诵则

意译如下：

若入鬼神魔窟中，有毒食水来相害，一心诵持大悲咒，毒食也会变甘露。女人身重临产时，诸魔扰害受苦痛，一心诵持大悲咒，诸魔鬼神皆驰散，于是顺利得产子。凶恶龙王喷毒气，热病染身痛煎逼，一心诵持大悲咒，病苦消除得长寿。遇龙鬼神相害时，疮癞痈疖脓血流，一心诵持大悲咒，唾沫三涂即消除。有情不善浊所动，鬼神敌咒侵害时。一心诵持大悲咒……

刊布者虽定名正确，但把正反面排错，正确的顺序应当是 Or. 12380-3749V（K.K.Ⅱ.0232.bb）在前，Or.12380-3749（K.K.Ⅱ.0232.bb）在后，二者内容相连接。内容是“陀罗尼功德三偈”和“观自在菩萨重说持咒功德”。

90.Or.12380-3756.1（K.K.Ⅱ.0243.j）写本卷子装，上存下残，有上栏线和竖间隔细线，大字 8 行，中间另加小字 4 行。刊布者定名为《番语圣观自在大悲心总持功德经韵集》。内容是题名及传译者。现将西夏文录文并对译如下：

[illegible]……	梵语　摩诃　葛罗……
[illegible]……	老给梯说罗……
[illegible]……	萨西塔　须提……
[illegible]……	番语圣观自在大……
[illegible]	依集
[illegible]……	般密怛五明国师德功……
[illegible]	传
……[illegible]……	……密显法师德功司……
[illegible][1][illegible]	慧海（依敕）译
[illegible]……	圣观自在大悲心……
[illegible]……	是如闻我一时……
[illegible]……	自在之宫中无……

① 内蒙古藏 M11.005 无“奉敕”二字，且“周”字错写。

意译如下：

梵言麻诃引　葛浪祢葛　捺没　阿吟夜　阿斡浪鸡帝说冷　捺冷祢　阿宁六（牛舍摩萨）萨兮怛　须引嚩罗二合引怛　三仡里兮怛此云圣观自在大悲心总持功能依经录

西天大般密怛（班智达）五明国师功德司正受安仪沙门拶耶阿难答（捺）传

显密法师功德司副受盛利（增益）沙门周慧海（奉敕）译

顶礼圣观自在菩萨大悲心！

如是我闻，一时，度有坏在普陀拉山圣观自在宫，与无量无数菩提勇识俱。

91.Or.12380-3756.2（K.K.II.0243.j）写本卷子装，上存下残，有上栏线和竖间隔细线，每页 8 行，每行存 3~8 字。刊布者定名为《番语圣观自在大悲心总持功德经韵集》。内容是观自在菩萨欲说总持。现将西夏文录文及对译如下：

[illegible]……	度演说许求……
[illegible]……	悲心以皆持说……
[illegible]……	使我及诸实来数……
[illegible]……	主菩提勇识毁有度……
[illegible]……	生及善生女善近及……
[illegible]……	读诵受持欲者诸识……
[illegible]……	前初此如誓愿……
[illegible]……	大悲观……

意译如下：

愿佛能允许我宣说此总持。佛言："善男子，汝今以大悲心欲说咒者，今正是时，宜应速说，我与诸佛如来也皆作随喜以助汝。"圣观自在菩萨白世尊言："若有比丘、比丘尼、优婆塞、优婆夷、童男、童女愿受持读诵者，于诸有情应起大悲心，先应如此发誓愿曰：'顶礼大悲观自在……'"

92.Or.12380-3756.3（K.K.Ⅱ.0243.j）写本，卷子装，上存下残，有上栏线和竖间隔细线，一页 8 行，每行存 2~7 字。刊布者定名为《番语圣观自在大悲心总持功德经韵集》。此残片与前两片内容大体上下相承，但页之间缺失数行。此残片内容发愿一偈。现将西夏文录文并对译如下：

[illegible]……	我今……
[illegible]……	大悲观自……
[illegible]……	我今便寻须……
[illegible]……	大悲观自在……
[illegible]……	我今智慧船……
[illegible]……	大悲观自在之敬……
[illegible]……	我今苦海……
[illegible]……	大悲……

意译如下：

我今速能度有情，顶礼大悲观自在。

我今速得善方便，顶礼大悲观自在。

我今能乘智慧船，顶礼大悲观自在。

我今能速渡苦海，顶礼大悲观自在……

93.Or.12380-3775.1（K.K.Ⅱ.0270.tt.viii）刻本，无法判断形制，实际上是 3 块残片，每块 3 行，每行存 3~4 字。刊布者定名为“陀罗尼”，实际上为《圣观自在大慈心总持功德经韵集》之“陀罗尼”的内容。前后顺序刊布颠倒错乱，应重新调整为右面下、左面、右面上。现将西夏文录文并对译如下：

（右面下）

……[illegible]……	……达耶　米……
……[illegible]……	……改麻改麻……
……[illegible]……	……罗　睹护睹……

音译如下：

……捺也　觅涅合口……鸽麻鸽麻……给说罗　睹护睹护……

（左面）

……[illegible]　[illegible]……　　……停　达罗……

……[illegible]　[illegible]……　　……拉拶拉　米……

……[illegible]　[illegible]……　　……列牙　阿……

音译如下：

委吟二合阎矴　捺罗……撮辣撮辣　觅麻辣……阿吟夜二合　阿斡罗鸡帝说罗……

（右面上）

……[illegible]　[illegible]……　　……竭　给里……

[illegible]　[illegible]……　　……帕地麻　哈……

……[illegible]……　　……拶里说罗……

音译如下：

实捺斡吟能　屹吟实捺……钵能麻　诃厮怛……拶吟说罗……

94.Or.12380-3825.1（K.K.）刻本，存1残片3行，每行存4~5字，无法判断形制，上下栏线无存，刊布者定名为“佛经”，实际上为《圣观自在大慈心总持功德经韵集》之“陀罗尼、观音菩萨说陀罗尼竟，及功德三偈”的内容。现将西夏文录文并对译如下：

……[illegible]　　……船中入时

……[illegible]　　……水魔凶恶数

……[illegible]　　……鱼蛙鳖等数

意译如下：

若人乘船海中行，恶龙水怪及妖魅，鱼鳖龟蛙（虾）施毒害。

95.Or.12380-3825.2（K.K.）刻本，存 2 残片 5 行，每行存 4~8 字，无法判断形制，上下栏线无存，刊布者定名为“佛经”，实际上为《圣观自在大慈心总持功德经韵集》之“陀罗尼、观音菩萨说陀罗尼竟，及功德三偈”的内容。现将西夏文录文并对译如下：

（右面）

……[illegible] [illegible]　　……罗（长）耶 菩提萨埵
……[illegible] [illegible]　　……摩诃 葛鲁宁葛耶
……[illegible]　　……帕达（长）宁

音译如下：

说罗引也　磨帝萨咄也……麻诃　葛鲁你葛也……钵捺引你……

（左面）

……[illegible]　　……菩提勇识此皆持说
……[illegible]　　……之伤害及诸魔灭

意译如下：

尔时，圣观自在菩萨说此总持竟，为持咒者消除灾害及诸魔障蔽故……

虽然 Or.12380-3825.1（K.K.）、Or.12380-3825.2（K.K.）总共剩 3 块残片，但可以判断其为《圣观自在大慈心总持功德经韵集》之“陀罗尼、观音菩萨说陀罗尼竟”的内容，其顺序应当为 Or.12380-3825.2（K.K.）在前，Or.12380-3825.1（K.K.）在后。

96.Or.12380-3915.6（K.K.）写本，折本或册子装，事实上有 2 残片，每块 6 行，每行存 3~9 字，页面残损严重，可见下栏线。刊布者定名为“佛经”，实际上为《圣观自在大慈心总持功德经韵集》之“陀罗尼”的内容，两片内容上下相承，但顺序颠倒。照片上第 3 个残片不是

《圣观自在大慈心总持功德经韵集》的内容，因为从“顶礼”一词的用法上就可以区别，因此在此不录。现将西夏文录文并对译如下：

（中间）

……[illegible]	……梯说罗
……[illegible]	……摩诃萨埵耶
……[illegible] [illegible] [illegible]	……塔顶达（长） 唵 萨
……[illegible] [illegible] [illegible]	……葛罗（长）耶 萨瓦 帕（长）帕
……[illegible]	……葛罗（长）耶
……[illegible]	……皮罗舍

音译如下：

哑斡逻鸡帝说啰……麻诃萨咄也……怛宁达引 唵 萨嚩……葛啰引也 萨嚩 巴引钵……葛罗引也……不罗舍……

（右面）

……[illegible]	……米那舍
……[illegible] [illegible]	……巴英商 梯罗
……[illegible] [illegible]	……给里塔米 耶
……[illegible]	……阿瓦老给听
……[illegible] [illegible]	……麻 耶里达洋
……[illegible] [illegible]	……萨瓦 阿列达

音译如下：

觅捺折捺……末英商 得罗捺也……厮屹吟瞻 盈捺合口……阿斡罗鸡矴说罗……捺麻 纥里捺剡……萨嚩 阿吟达……

97.Or.12380-3932（K.K.）写本，折本或卷子装，现存 6 行，保存完整，上下有粗栏线，第 5、6 行间有粘贴缝隙，每行 9~10 字。刊布者定名为“佛经”，实际上为《圣观自在大慈心总持功德经韵集》之“功德三偈”的内容。现将西夏文录文并对译如下：

[illegible]

识有不善泥（浊）以动令有（以）

[illegible][1][illegible][2][illegible]

鬼神及咒强乱扰害时

[illegible]

一心大悲皆持咒诵则

[illegible]

伤害（损毁）作（为）者鬼神其于拜（礼）

[illegible][3][illegible]

罪大五泥妙法灭毁时

[illegible][4][illegible]

贪火燃烧心者愚依颠倒

意译如下：

有情以不善浊令以动，咒鬼神及敌寇侵害者；

一心皆持大悲□咒故，为损毁者彼处礼鬼神；

五浊大罪坏灭妙法时，贪火燃烧心者依愚颠。

（二）《千手眼大悲心咒行法》

Or.12380-2740（K.K.II.0237.m）残存1页5行，上下栏线双栏，刻本经折装，原文献上有编号2740，刊布者定名为“寂照国师传”。现将西夏文录文并对译如下：

① 西夏文“[illegible]”译为“鬼神”。

② 西夏文“[illegible]”译为“敌寇”“敌人”。

③ 西夏文“[illegible]”译为“五浊”，“[illegible]”译为“五浊大罪”。

④ 西夏文“[illegible]”译为“燃烧”。

[illegible][1] [illegible]	寺寂照国师传
[illegible][2] [illegible]	一切恭敬常住三众衰（立）宝之敬
[illegible]	是诸众等各自膝跪香花禁（严）持
[illegible]	法依供养愿香花云十方界
[illegible]	佛菩萨等数无

翻译如下：

寺寂照国师传

恭敬一切，敬常住之三（众立）宝。是诸众等各自膝跪，严持香花，依法供养，愿香花云十方界，佛、菩萨等无数……

解读 Or.12380-2740（K.K.Ⅱ.0237.m）残经，可以确定其为知礼集《千手眼大悲心咒行法》[3] 的相应内容：

> 一切恭谨，一心顶礼，十方常住三宝（一礼已，烧香散华，首者唱）。是诸众等各各胡跪严持香华如法供养，愿此香华云遍满十方界，一一诸佛土无量香庄严。[4]

知礼为四明沙门，但西夏文佛经则是由某寺寂照国师传，寂照国师考证。

---

① 西夏文“[illegible]”译为“寂照国师”。

② 西夏文“[illegible]”译为“常住三众”。

③ 史金波先生将其定名为《千手千眼大悲忏法》。

④ （宋）知礼集《千手眼大悲心咒行法》,《大正藏》第 46 册，第 1950 号，第 973 页下栏 5~8。

七 《佛说最上根本大乐金刚不空三昧大教王经》

在《英藏黑水城文献》中，除了施护所译般若类经典之外，还存在法贤翻译的《佛说最上根本大乐金刚不空三昧大教王经》，在英藏黑水城西夏文残经中仅发现一件，下面对其进行释读。

Or.12380-0719（K.K.）残存 1 页 1 行，刻本，左侧栏线单栏，字数无法确定，刊布者定名为“佛经”，现将西夏文残经录文并对译如下：

[illegible]……　　　是人若坐若……

解读 Or.12380-0719（K.K.）残经，比对《大正藏》，因为残经过于残缺，只能初步确定其为法贤译《佛说最上根本大乐金刚不空三昧大教王经》第一卷“大三昧金刚真实理仪轨分第一”的相应内容：

> ……是人若坐若行。①

《佛说最上根本大乐金刚不空三昧大教王经》为法贤所译，在宋代译经的天竺僧人之中，曾经有位僧人奉诏改名，学界有观点认为是天息灾改名为法贤。《大中祥符法宝录》卷六记载：“（雍熙四年）诏天息灾

① （宋）法贤译《佛说最上根本大乐金刚不空三昧大教王经》，《大正藏》第 8 册，第 244 号，第 787 页下栏 23。

改名法贤。"[①] 另一观点认为法天即法贤。那么法贤到底是天息灾还是法天呢？

《佛祖统纪》载："（雍熙）二年上览新译经，谓宰臣曰：'天息灾等妙得翻译之体，乃诏天息灾除朝散大夫试光禄卿，法天、施护并除朝奉大夫试鸿胪卿。法天改名法贤，并月给酥酪、钱有差。新译经论并刊板印行。'"[②]

《佛祖统纪》又载："三年八月，试光禄卿天息灾亡，谥慧辩法师，敕有司具礼送终。"随后载："四年五月，试鸿胪卿法贤亡，谥玄觉法师，敕送终如慧辩礼。"[③] 故《佛祖统纪》认为，天息灾和法贤是两个人，法天才是改名为法贤的高僧。这一记载与《补续高僧传》卷一《译经篇》之"宋天息灾、法天、施护三师传"记载一致。

另，《佛祖统纪》还记载："（景祐）二年，上御制天竺字源序，赐译经院，是书即法护、惟净，以华梵对翻为七卷，声明之学，实肇于兹。其所序云：翻宣表率则有天息灾等三藏五人（西土四人，天息灾、施护、法贤、法护，东土一人，则惟净耳），笔受、缀文、证义，则自法进至慧灯七十九人。五竺贡梵经僧，自法军至法称八十人。此土取经僧得还者，自辞浣至栖秘百三十八人。梵本一千四百二十八，译成五百六十四卷。"[④]

从这些记载可知，《佛祖统纪》认为雍熙二年（985）法天改名为法贤，他是较早来到宋朝翻译佛经的印度僧人。法天来到中土，就和中国本土僧人一起从事佛经的翻译事业，先后译出多部经典。《新续高僧传四集》卷一"宋京师传法院沙门释法天传"记载：

释法天，一曰法贤，中天竺摩伽陀国人。宋初至鄜州与河中，

① 郭朋：《宋元佛教》，福建人民出版社，1981，第 9 页。

② （宋）志磐撰《佛祖统纪》卷 43，《大正藏》第 49 册，第 2035 号，第 399 页下栏 4~8。

③ （宋）志磐撰《佛祖统纪》卷 44，《大正藏》第 49 册，第 2035 号，第 402 页上栏 21~29。

④ （宋）志磐撰《佛祖统纪》卷 45，《大正藏》第 49 册，第 2035 号，第 409 页下栏 24~410 页上栏 3。

梵学僧法进共译经义，始出《无量寿经》《尊胜经》《七佛赞》，州牧王龟从润色之，献于阙下。太祖建隆六年八月召见，赐紫。初兴译事，诏童子五十人习梵书。法天所译《大方等总持宝光明经》（五卷）、《佛说未曾有正法经》（六卷）……综上所译都四十四种，大小百一十九纸，成帙者三十五卷，其所敷者，博而功亦勤也。自太祖一来迄于真宗四十余年中，累承恩锡，赐天竺三藏朝散大夫、试鸿胪卿，号曰'传教大师'。太宗雍熙二年，帝览新译经已，改其名曰法贤，盖天贤皆译音本叠韵也。咸平元年，复进所译新经，真宗为之制序。尽大藏载，法贤所译经共六十余部，中有《佛说最上根本大乐金刚不空三昧大教王经》七卷，共二十五品，首列圣教序。以咸平四年五月示寂，谥玄觉法师，敕送终如慧辨礼。[①]

《大中祥符法宝录》则载淳化元年（990）十月，法天与法贤共同翻译完成《圣曜母陀罗尼经》、《解忧经》、《圣观自在菩萨梵赞》、《佛一百八名赞》和《文殊师利一百八名赞》，经目后有"右经集三藏沙门法天译，法贤证梵义，施护证梵文，沙门清诏、令遵、惟净笔受，沙门慧达缀文，沙门惠温、守密、智逊、慧超、知则、守遵、归省、云胜证义，太仆少卿张洎润文，殿头高品杨继诠、供奉官张美监译"。[②]

若按《佛祖统纪》所载，雍熙二年（985）法天改为法贤，那就不会再出现《大中祥符法宝录》所记淳化元年（990）法天与法贤共同翻译完成《圣曜母陀罗尼经》《解忧经》的可能。《佛祖统纪》与《大中祥符法宝录》的记载存在矛盾，有些情况无法解释清楚。笔者不赞同法天改名法贤，而是倾向天息灾后改名法贤的观点。

天息灾中天竺僧人，宋太宗时期他与施护一起来至宋廷弘法，他们在译经院译经兼教授梵文，培养大量佛教人才，再一次掀起宋代译经的

① （民国）喻谦昧庵氏编辑《新续高僧传四集》卷1"宋京师传法院沙门释法天传"，癸亥秋七月北洋印刷局检字影印本。

② （宋）赵安仁、杨亿等编《大中祥符法宝录》卷7"别明 圣代翻宣录中之六 藏乘区别年代指明二之五"，《宋藏遗珍》第108册，上海碛砂藏影印会，1935。

高潮，弥补了宋代佛教人才缺乏的局面。

天息灾和施护晚于法天来到汉地，后奉召来到京师，在译经院翻译佛经，《新续高僧传四集》卷一“京师传法院沙门释天息灾传”记载：

> 释天息灾者，中天竺惹兰陀难国密林寺僧也。宋太平兴国五年二月与施护西来，止于汴京。时法天早至，方译《大乘庄严宝王经》，太宗为制大宋新译三藏圣教序，诏普度天下童男为僧，使习梵书，复敕设译经传法院于东京太平兴国之西，如唐故事，以宰辅为译经润文使，息灾译经十余部，中有《大方广菩萨藏文殊师利根本仪轨经》（二十卷，二十有八品），又《佛说大乘庄严宝王经》（四卷）……词义明晓。施护译《给孤长者女得度因缘经》，语意简括，皆依次呈览。宋自太宗尊崇梵典，译经设官，前后所译经新来一切经律都九十余部。真宗为制，继圣教序。护与息灾皆承锡三藏朝散大夫，光禄卿并号传法大师，而息灾更得紫方袍之赐。咸平三年八月，息灾示寂，谥曰“慧辨法师”，敕有司具礼送终，宠恤并优。施护者，乌埙曩国人，其国属北印度，故称北印度僧也。①

宋太宗太平兴国五年（980）天息灾与施护一起来到京师，又与先前来的法天一起翻译佛经，太平兴国七年（982）“六月译经院成，诏天息灾等居之，赐天息灾明教大师、法天传教大师、施护显教大师，令以所将梵本各译一经，诏梵学僧法进、常谨、清沼等笔受缀文，光禄卿杨说、兵部员外郎张洎润文，殿直刘素监护”。②

天息灾赐紫衣，试光禄卿，有“明教大师”之号。咸平三年（1000）圆寂，谥号“慧辨法师”。因法天、施护、天息灾等同在译经场译经，文献对于西土来华僧人的记载也比较混乱。另标有法贤译经

① （民国）喻谦昧庵氏编辑《新续高僧传四集》卷1“京师传法院沙门释天息灾传”，癸亥秋七月北洋印刷局检字影印本。

② （宋）志磐撰《佛祖统纪》卷43，《大正藏》第49册，第2035号，第398页上栏26~中栏1。

《佛说父母宝德般若波罗蜜经》《佛说较量一切佛刹功德经》《佛说大乘无量寿庄严经》《佛说妙吉祥菩萨所问大乘法螺经》《宝授菩萨菩提行经》《佛说八大菩萨经》《佛说金光童子经》《佛说尊那经》等出现“西天译经三藏朝散大夫试光禄卿明教大师臣法贤译”；而《佛说最上根本大乐金刚不空三昧大教王经》《佛说法身经》《佛说四品法门经》《佛说信解智力经》等出现“西天译经三藏朝奉大夫试光禄卿明教大师臣法贤译”；标有天息灾译经的《佛说观想佛母般若波罗蜜多菩萨经》《大方广菩萨藏文殊师利根本仪轨经》《贤圣集伽陀一百颂》则有“西天译经三藏朝散大夫试鸿胪少卿明教大师臣天息灾奉诏译”。不论是天息灾译经还是法贤译经，经题后皆有“明教大师”，法贤所译佛经赐号与天息灾的赐号一致，“明教大师”只出现在天息灾或法贤的赐号，而与法天“传教大师”的赐号不一致。这就出现了另一种观点，即天息灾在雍熙三年（986）改名法贤。[①]《大中祥符法宝录》卷六记载：

是年十月译成经集一十三卷，即《一切如来大秘密王未曾有最上微妙大曼拏罗经》（一部五卷）、《大摩里支菩萨经》（一部七卷）、《圣贤集伽陀一百颂》（一部一卷）。右经集三藏沙门天息灾译、法天证梵义，施护证梵文，沙门清沼、令遵笔受，沙门智逊、慧达缀文，沙门惠温、守峦、道真、寘显、慧超、可环、善佑、归省证义，礼部郎中张洎润文，殿头高品王文寿、杨继诠，殿直张美监译。是月四日监使引三藏等诣崇政殿捧所译经具表，上进其词曰：“臣天息灾等言：臣等今译就《一切如来大秘密王未曾有最上微妙大曼拏罗经》等三部一十三卷……”上进以闻，是日命坐赐茶，亲加抚慰，锡赐如例。诏以经集入藏颁行并度本院童行十有一人为僧。是年又诏天息灾改名法贤。端拱元年十月译成经八卷。[②]

① 郭朋：《宋元佛教》，福建人民出版社，1981，第 9 页。

② （宋）赵安仁、杨亿等编《大中祥符法宝录》卷 6“别明 圣代翻宣录中之四 藏乘区别年代指明二之三”，《宋藏遗珍》第 108 册，上海碛砂藏影印会，1935；又见《金藏》第 111 册，第 1501 号，第 734 页中栏 5~9。

尽管卷六内容有缺失，结合其他内容，可以确定天息灾改名法贤的时间应在雍熙三年（986）。故《大中祥符法宝录》（卷七）等记载的淳化元年（990）十月，法天与法贤共同翻译完成了《圣曜母陀罗尼经》《毗沙门天王经》《解忧经》《圣观自在菩萨梵赞》是比较符合逻辑的。

雍熙三年（986）以后在记载中天息灾不出现了，而改为法贤，比对《大中祥符法宝录》中译经、证义等情况，在雍熙三年以前译经中常常出现或天息灾译，法天证梵义，施护证梵文，或法天译，天息灾证梵义，施护证梵文，或施护译，天息灾证梵义，法天证梵文的情况。雍熙三年（986）以后经常出现法天译，法贤证梵义，施护证梵文，或法贤译，法天证梵义，施护证梵文，或施护译，法贤证梵义，法天证梵文等情况。

咸平元年（998）再上新译经，由真宗皇帝作序，四年五日示寂。据此可以推断，法贤于咸平元年以前翻译《佛说最上根本大乐金刚不空三昧大教王经》，咸平元年进上。《佛说最上根本大乐金刚不空三昧大教王经》被法贤翻译完成后，不仅传到西夏，被翻译成西夏文，而且也传到辽金朝，在《房山石经》（辽金刻经）中保存有《佛说最上根本大乐金刚不空三昧大教王经》，前有真宗皇帝序文，“惠”字帙，《南藏》为“温”字帙，《北藏》、《径山藏》和《龙藏》为“澄”字帙。[①] 童玮《北宋〈开宝大藏经〉雕印考释及目录还原》中《佛说最上根本大乐金刚不空三昧大教王经》（七卷，宋西天三藏明教大师法贤译）帙号为“桓”，一经七卷一帙。[②] 西夏文《佛说最上根本大乐金刚不空三昧大教王经》仅在《英藏黑水城文献》中发现一个残页，在克恰诺夫《俄藏黑水城西夏文佛经叙录》及《中国藏西夏文献》中并未发现此经。《佛说最上根本大乐金刚不空三昧大教王经》为了解西夏时期佛经流行情况和密教信仰又提供了一个新材料。

---

① 中国佛教协会、中国佛教图书文物馆编《房山石经》（辽金刻经）第27册，华夏出版社，2000，第242~290页。

② 童玮编著《北宋〈开宝大藏经〉雕印考释及目录还原》，书目文献出版社，1991，第154页。

八 《佛说智光灭一切业障陀罗尼经》

《佛说智光灭一切业障陀罗尼经》也称《智炬陀罗尼经》，是大周天授二年（691）于阗三藏提云般若在大周东寺翻译完成。《智炬陀罗尼经》与宋施护译《智光灭业障经》为同本异译。此经在英藏黑水城文献中保存也很少，仅此一件，下面对其进行释读。

Or.12380-2289（K.K.II.0237.p）残存 1 页 5 行，每行 8 字，上下栏线双栏，刻本，刊布者将其定名为“佛经”，现将西夏文录文并对译如下：

[illegible][1][illegible]　（阿）鼻地狱立即破坏百

[illegible]　千分成彼中众生速

[illegible]　解脱得及彼世界中

[illegible]　人是闻得者说处岂

[illegible]　有彼人所定诸佛及

Or.12380-2289（K.K.II.0237.p）翻译如下：

……阿鼻地狱，立即破毁成为百千分，彼中众生速得解脱，岂有彼世界中是人得闻说处者，彼人已所定，诸佛及……

比对《大正藏》，可确定残经为提云般若等译《智炬陀罗尼经》的相应内容：

---

① 西夏文“[illegible]”译为“谤”“诋”，“[illegible]”译为“破坏”“毁坏”。

……令阿毗地狱应时破坏为百千分，是中众生即得解脱，何况有人在于人间而得闻者，当知是人，则为诸佛及我等菩萨之所护念。[①]

① （唐）提云般若等译《智炬陀罗尼经》,《大正藏》第21册，第1397号，第914页中栏22~25。

九 《佛母大孔雀明王经》

有关孔雀明王信仰的经典曾多次被翻译，名称有不同，如《佛母大孔雀明王经》《佛说孔雀王咒经》《佛说大孔雀咒王经》《佛说大孔雀王神咒经》《佛说大孔雀王杂神咒经》《大金色孔雀王咒经》等。《法界圣凡水陆大斋法轮宝忏》载："唐北天竺沙门大广智不空译；第二萧梁扶南国沙门僧伽婆罗译；第三唐大荐福寺沙门释义净译，华梵音声稍别；第四东晋西域沙门帛尸犁蜜多罗译；第五译同；第六姚秦北天竺沙门鸠摩罗什译。此三皆前经之少分。"① 其中不空译《佛母大孔雀明王经》（卷上、中、下）和义净译《佛说大孔雀咒王经》（卷上、中、下）是同本异译，二者在语言表述上有一定的差异，西夏文本称《种咒王荫大孔雀经》。

俄藏黑水城文献中也存有西夏文《种咒王荫大孔雀经》（第201~213，西夏特藏第61号），克恰诺夫确定其为大兴善寺三藏沙门不空译《佛母大孔雀明王经》，存多个不同版本和装帧形式，其中馆册第6399号上卷为写本卷轴装。

写本小册子装有：馆册第11号上卷、馆册第946号中卷、馆册第714号下卷，经题后有仁孝皇帝"天力大治 孝智广净 宣德去邪入正永平皇帝嵬名"等字。

写本经折装有：馆册第950号、馆册第947号上卷、馆册第5784号中卷、馆册第4015号下卷，经题后有仁孝皇帝"奉天显道 耀武宣文神谋睿智 制义去邪 惇睦懿恭皇帝嵬名"等字；馆册第7号上卷、馆册

① 《法界圣凡水陆大斋法轮宝忏》卷1之下，《卍新续藏》第74册，第1499号，第920页下栏7~11。

第 8 号中卷、馆册第 9 号下卷，经题后皆有仁孝皇帝“天力大治 孝智广净 宣德去邪入正永平皇帝嵬名御译”等字。

馆册第 5757 号上卷、中卷、下卷为写本贝叶装。

刻本经折装有：馆册第 1 号上卷、馆册第 18 号上卷、馆册第 8355 号上卷、馆册第 6400 号上卷、馆册第 3317 号中卷、馆册第 2738 号中卷、馆册第 3884 号中卷、馆册第 2 号上卷、馆册第 3 号上卷、馆册第 6056 号上卷、馆册第 5 号中卷、馆册第 2319 号中卷、馆册第 6 号下卷、馆册第 29 号下卷、馆册第 3316 号下卷等经题后或有仁孝皇帝“奉天显道 耀武宣文 神谋睿智 制义去邪 惇睦懿恭皇帝嵬名”或有“天力大治 孝智广净 宣德去邪入正永平皇帝嵬名御校”等字样。

英藏黑水城文献中所保存的《种咒王荫大孔雀经》残缺严重，从语言表述上看，或接近不空译本，或与义净译本类似，故此我们把不空和义净译本相应内容全部列出，以便参考。

1.Or.12380-0061（K.K.Ⅱ.0283.rrr）残存 1 页 6 行，写本，上栏线单栏，下栏线无存，刊布者将其定名为“佛经”，现将西夏文录文并对译如下：

[illegible]①[illegible]

二赤有龙王白龙王作曜龙王鼓龙王亲鼓（末）

[illegible]

龙王阿没啰道及龙王珠子龙王国持龙王

[illegible]②[illegible]

增长龙王眼大龙王多闻子龙王轸面龙

[illegible]

王热（旃）无（跋）生（韦）龙王曲（乐）丹（答）

嘛（莫）龙王五智龙王五

---

① □中的西夏文据王静如《西夏研究》（第一辑）《佛母大孔雀明王经夏梵藏合璧校释》补录。

② 西夏文“[illegible]”译为“大目龙王”“广目龙王”。

[illegible]

嘛（莫）龙王热龙王毒龙王亲毒龙王部率龙

[illegible][1][illegible]

王精牟常龙王力大龙王少持龙王少者

Or.12380-0061（K.K.Ⅱ.0283.rrr）刊布者定名错误，西夏文残存内容翻译如下：

二有赤龙王、白龙王、光曜龙王、鼓龙王、亲鼓龙王、阿没啰道及龙王、珠子龙王、持国龙王、增长龙王、广目龙王、多闻子龙王、轸面龙王、旃跋韦（音译）龙王、乐答嘛（音译）龙王、五智龙王、五嘛（莫）龙王、热龙王、毒龙王、亲毒龙王、部率龙王、精牟常（音译）龙王、大力龙王、少持龙王、少者……

这段内容的残缺部分根据王静如《西夏研究》（第一册）《佛母大孔雀明王经夏梵藏合璧校释》补录，王先生的翻译与《大正藏》所收录《佛母大孔雀明王经》的翻译完全一致，但西夏文与汉文本的内容有一定的差异，《佛母大孔雀明王经》相应内容如下：

> 二赤龙王、二白龙王、花鬘龙王、赤花鬘龙王、犊子龙王、贤句龙王、鼓音龙王、小鼓音龙王、庵末罗津龙王、宝子龙王、持国龙王、增长龙王、广目龙王、多闻龙王、车面龙王、占箪野迦龙王、骄答摩龙王、半遮罗龙王、五髻龙王、光明龙王、频度龙王、小频度龙王、阿力迦龙王、羯力迦龙王、跋力迦龙王、旷野龙王、紧质韈龙王……[2]

2.Or.12380-0216（K.K.Ⅱ.0284.d）残存1页6行，字数不能确定，

---

① 西夏文“[illegible]”译为“部”“蜂”，“[illegible]”译为“蜜”，“[illegible]”译为“蜜蜂”，“[illegible]”意译为“蜜蜂龙王”，音译为“部率龙王”。

② （唐）不空译《佛母大孔雀明王经》卷中，《大正藏》第19册，第982号，第432页中栏6~14。

上栏线双栏，下栏线残缺，刻本经折装，刊布者将其定名为“佛经集颂”，现将西夏文录文并对译如下：

[illegible][1][illegible]……

等及天龙非天诸风神金翅鸟诸香食……

[illegible]……

非人肚大损施魔鬼饿鬼肉食出者……

[illegible]□[illegible]……

腐臭身臭干令者癞令者幻□令者……

[illegible]……

者监者等是言者应及诸出者集威……

[illegible]……

者又独食吃者血饮者肉食吃者……

[illegible]……

吞者脂食吃者骨髓吃者生食吃者……

解读 Or.12380-0216（K.K.II.0284.d）残经，可确定刊布者定名错误，西夏文残存内容翻译如下：

……等，及天龙、非天、诸风神、金翅鸟，施诸香食……非人大腹，魔鬼、饿鬼出食肉者……腐臭、身臭令干者，令癞者，令幻□者……者，监者等，应是言者，及诸出者集威……者，又吃独食者、饮血者、吃肉食者……吞者、吃脂食者、吃骨髓者、吃生食者……

其与不空译《佛母大孔雀明王经》卷中内容基本相同。不空译《佛母大孔雀明王经》相应内容如下：

若天、若龙，若阿苏罗、么噜多、誐噜拏、彦达嚩、紧娜啰、摩护啰誐，若药叉、罗刹娑、毕隶多、比舍遮、若步多、矩畔拏、布单那、羯咤布单那、塞建那、嗢摩那、车耶、阿钵娑么啰、坞娑

① 西夏文“[illegible]”译为“金翅鸟”，也称迦楼罗，是佛教天龙八部的护法神之一。

> 跢罗迦，及食精气者、食胎者、食血者、食肉者、食脂膏者、食髓者、食生者……[①]

3.Or.12380-0270（K.K.Ⅱ.0284.zz）残存 1 页 4 行，有残缺，字数不能确定，上栏线单栏，下栏线无存，刻本经折装，刊布者将其定名为“佛经”，现将西夏文录文并对译如下：

> [illegible]……
> 鬼母障施鬼母毁坏鬼母无鬼母……
> [illegible]……
> 夜行鬼母日行羂索鬼母……
> [illegible]……
> 伤害鬼母执器鬼母持春鬼母……
> [illegible]……
> 鬼母齿粗糙鬼母心鬼母……

翻译如下：

鬼母、施障鬼母、毁坏鬼母、无鬼母……夜行鬼母、日行羂索鬼母……伤害鬼母、执器鬼母、持春鬼母……鬼母、齿粗糙鬼母、心鬼母……

Or.12380-0270（K.K.Ⅱ.0284.zz）残经，或为不空译《佛母大孔雀明王经》卷中的相应内容，或为义净译《佛说大孔雀咒王经》卷中的相应内容，只是西夏文用鬼母，汉文本为罗刹女，内容不完全一致。

《佛母大孔雀明王经》卷中的相应内容为：

> 持地罗刹女、黑夜罗刹女、焰摩使罗刹女、无垢罗刹女、不动罗刹女、高髻罗刹女、百头罗刹女、百臂罗刹女、百目罗刹女、常

① （唐）不空译《佛母大孔雀明王经》卷中，《大正藏》第 19 册，第 982 号，第 436 页上栏 20~25。

害罗刹女、摧破罗刹女、猫儿罗刹女、末拏啰罗刹女、夜行罗刹女、昼行罗刹女、爱妆罗刹女、忿怒罗刹女、留难罗刹女、持刀棒罗刹女、持三戟叉罗刹女、牙出罗刹女、意喜罗刹女。①

《佛说大孔雀咒王经》卷中的相应内容为：

持地罗刹女、黑夜罗刹女、鬼王使罗刹女、庵末罗刹女、苏跋逻罗刹女、高髻罗刹女、百头罗刹女、百臂罗刹女、百目罗刹女、常害罗刹女、摧破罗刹女、末折唎罗刹女、跋折罗罗刹女、夜行罗刹女、昼行罗刹女、爱庄罗刹女、羯喇炭那（去音）罗刹女、轻欺罗刹女、持斧钺罗刹女、持三叉罗刹女、牙出罗刹女、意喜罗刹女。②

4.Or.12380-0845（K.K.）残存 1 页 6 行，残缺严重，字数不能确定，上栏线单栏，下栏线无存，刻本经折装，刊布者将其定名为《种咒王荫大孔雀经》，现将西夏文录文并对译如下：

[illegible]③[illegible]
种咒王荫大孔雀经典
[illegible]
奉天显道耀武宣文神谋睿智制义去邪惇睦懿恭皇帝嵬名　贤校
[illegible]……
最喜汝今及诸龙王……

① （唐）不空译《佛母大孔雀明王经》卷中，《大正藏》第 19 册，第 982 号，第 430 页上栏 25~ 中栏 6。

② （唐）义净译《佛说大孔雀咒王经》卷中，《大正藏》第 19 册，第 985 号，第 469 页下栏 24~470 页上栏 4。

③ 西夏文“[illegible]”译为“大孔雀”。

𗿒𘏞𗒘𘄿𘘦𘅥𗴿[①]……

正觉出有坏龙王……

𘜘……𘅥𗴿𗗙……

者……龙王近……

……𘅥𗴿……𘅥𗴿……

……龙王……龙王……

翻译如下：

种咒王荫大孔雀经典

奉天显道耀武宣文神谋睿智制义去邪惇睦懿恭皇帝嵬名 贤校

最喜汝今及诸龙王……正觉出有坏龙王……者……龙王……近……龙王……龙王……

比对《大正藏》，可确定残经或为不空译《佛母大孔雀明王经》卷中的相应内容：

复次，阿难陀！汝当称念，诸龙王名字。此等福德龙王，若称名者，获大利益，其名曰：佛世尊龙王、梵天龙王、帝释龙王、焰摩龙王大海龙王、海子龙王、娑蘗啰龙王……[②]

或为义净译《佛说大孔雀明咒王经》卷中的相应内容：

复次，阿难陀，汝当受持诸龙王名字获大利益。其名曰：佛世尊龙王、跋罗蚶（火含）摩龙王、因陀罗龙王、海龙王、海子龙王、娑揭罗龙王、娑揭罗子龙王……[③]

---

① 西夏文“𗒘𘄿𘘦𘅥𗴿”译为“出有坏龙王”，汉文本为“佛世尊龙王”。“出有坏”即“佛”。

② （唐）不空译《佛母大孔雀明王经》卷中，《大正藏》第19册，第982号，第432页上栏8~10。

③ （唐）义净译《佛说大孔雀咒王经》卷中，《大正藏》第19册，第985号，第470页中栏24~26。

5.Or.12380-0951（K.K.Ⅱ.0243.o）残存 1 页 5 行，字数无法确定，上栏线单栏，下栏线无存，刻本，刊布者将其定名为《种咒王荫大孔雀经》，现将西夏文录文并对译如下：

西夏文	对译
□[illegible]……	□王也及坏施……
[illegible]……	上所主悟令彼北……
[illegible] ① [illegible] ② [illegible]……	兄弟臣将部主侍……
[illegible]……	皆是种咒王荫大……
[illegible]……	覆盖器若受持治……

翻译如下：

□王也，及坏施……上所主令悟，彼北……兄弟、臣将、部主、主侍……皆是种咒王荫大……覆盖器，若受持治……

解读 Or.12380-0951（K.K.Ⅱ.0243.o）残经，可以初步确定其内容或为不空译《佛母大孔雀明王经》卷上的相应内容：

> ……大天王，名曰多闻是药叉主，以无量百千药叉，而为眷属守护北方。彼有子孙、兄弟、军将、大臣、杂使，如是等众，彼亦以此佛母大孔雀明王陀罗尼，拥护于我（某甲）并诸眷属……③

或为《佛说大孔雀咒王经》卷上的相应内容：

> 于此北方有大天王，名曰薜室罗末拏，是药叉主，以无量百千药叉而为眷属守护北方。彼有子孙、兄弟、军将、大臣、杂使，如是等众，彼亦以此大孔雀咒王，来拥护我（某甲）并诸眷属，为除

---

① 西夏文“[illegible]”译为“臣将”“大臣”，汉文本为“军将”。

② 西夏文“[illegible]”译为“部主”，汉文本为“大臣”。

③（唐）不空译《佛母大孔雀明王经》卷上，《大正藏》第 19 册，第 982 号，第 422 页上栏 22~26。

忧恼，寿命百岁，得见百秋。[①]

6.Or.12380-0969（K.K.Ⅲ.0262.m）残存1页3行，字数无法确定，栏线无存，刻本，刊布者将其定名为《种咒王荫大孔雀经》，现将西夏文录文并对译如下：

……[illegible]□[illegible]……	……那亚 舍□未……
……[illegible]	……种咒经典
[illegible]……	是如闻我一时坏有度……

分析Or.12380-0969（K.K.Ⅲ.0262.m）残经内容，可以初步确定其为《佛母大孔雀明王经》卷上的相应内容：

钵设都（二十二） 舍啰喃（引）舍单（二十三） 悉钿靓（二十四）满怛啰（二合）钵娜娑嚩（二合）贺（二十五）（引）

佛母大孔雀明王经卷上

如是我闻，一时薄伽梵在室罗伐城……[②]

7.Or.12380-1898（K.K.）残存1页9行，字数不能确定，上下栏线单栏，写本，刊布者将其定名为“佛本生经”，现将西夏文录文并对译如下：

[illegible]

龙王阿没啰道及龙王珠子龙王国

[illegible]

① （唐）义净译《佛说大孔雀咒王经》卷上，《大正藏》第19册，第985号，第463页下栏20~25。

② （唐）不空译《佛母大孔雀明王经》卷上，《大正藏》第19册，第982号，第416页上栏21。

持龙王增长龙王眼大龙王多闻子
[illegible]
龙王轸面龙王旃跋韦龙王乐答嘛
[illegible]
龙王五智龙王五嘛龙王热龙王毒
[illegible]
龙王亲毒龙王部率龙王精牟常龙
[illegible]①[illegible]②[illegible]
王大力龙王少持龙王少者龙王齐
[illegible]③[illegible]④[illegible]
跋迦龙王敬（骄）丹嘛黑龙王意妙龙王
[illegible]⑤[illegible]⑥[illegible]⑧
人龙王人本龙王人中上龙王大象（暮）
[illegible]⑧[illegible]
龙王非人龙王舟龙王上龙王巴啰

解读 Or.12380-1898（K.K.）残经，可确定刊布者定名错误，这段内容残缺部分根据王静如《西夏研究》（第一册）《佛母大孔雀明王经夏梵藏合璧校释》补录，翻译如下：

……龙王、阿没啰道及龙王、珠子龙王、持国龙王、增长龙王、广目龙王、多闻子龙王、轸面龙王、旃跋韦（音译）龙王、乐答嘛（音译）龙王、五智龙王、五嘛（莫）龙王、热龙王、毒龙王、亲毒龙王、

① 西夏文“[illegible]”译为“少持龙王”，汉文本为“频度龙王”。

② 西夏文“[illegible]”译为“少者龙王”，汉文本为“小频度龙王”。

③ 西夏文“[illegible]”译为“齐跋迦龙王”，汉文本为“阿力迦龙王”。

④ 西夏文“[illegible]”译为“敬（骄）丹嘛黑龙王”，汉文本为“羯力迦龙王”。

⑤ 西夏文“[illegible]”译为“人本龙王”，汉文本为“根人龙王”。

⑥ 西夏文“[illegible]”译为“上中人龙王”，汉文本为“上人龙王”。

⑦ 西夏文“[illegible]”为“大象”。

⑧ 西夏文“[illegible]”译为“舟”“船”，音（dzjij）“截”。

部率龙王、精牟常（音译）龙王、大力龙王、少持龙王、少者龙王、齐跋迦龙王、敬（骄）丹嘛龙王、妙意龙王、人龙王、人本龙王、上中人龙王、大象龙王、非人龙王、舟龙王、上龙王、巴啰……

王先生的翻译与《大正藏》所收录《佛母大孔雀明王经》的翻译完全一致，但西夏文与汉文本的内容有一定的差异，《佛母大孔雀明王经》相应内容如下：

> 庵末罗津龙王、宝子龙王、持国龙王、增长龙王、广目龙王、多闻龙王、车面龙王、占箪野迦龙王、骄答摩龙王、半遮罗龙王、五髻龙王、光明龙王、频度龙王、小频度龙王、阿力迦龙王、羯力迦龙王、跋力迦龙王、旷野龙王、紧质鞞龙王、紧质迦龙王、缉驮迦龙王、黑骄答摩龙王、苏么那龙王、人龙王、根人龙王、上人龙王、摩蹬迦龙王、曼拏洛迦龙王、非人龙王、颎拏迦龙王、最胜龙王、难胜龙王……[①]

Or.12380-1898（K.K.）残经前 6 行的内容与 Or.12380- 0061（K.K.Ⅱ.0283.rrr）残经相似，后 3 行是继续后延内容，为 Or.12380-0061（K.K.Ⅱ.0283.rrr）所没有，尽管 Or.12380-1898（K.K.）残缺严重，但比对王静如录文，可以确定它与 Or.12380-0061（K.K.Ⅱ.0283.rrr）不是同一版本。

8.Or.12380-2061（K.K.）残存 1 页 5 行，每行 4~17 字，上下栏线单栏，刻本经折装，刊布者将其定名为《种咒王荫大孔雀经》，现将西夏文录文并对译如下：

[illegible][②][illegible][③][illegible]

最喜汝今善生善生女善亲善亲女等四

① （唐）不空译《佛母大孔雀明王经》卷中，《大正藏》第 19 册，第 982 号，第 432 页中栏 9~18。

② 西夏文“[illegible]”译为“善生、善生女”，汉文本为“苾刍、苾刍尼”。

③ 西夏文“[illegible]”译为“善亲、善亲女”，汉文本为“邬波索迦、邬波斯迦”。

[illegible]

众之守护治为盖若及诸怨一切除灭

[illegible]

令缘是种咒王荫大孔雀者心归受持

[illegible]

诵读应也

[illegible]

怛达令 捞谛它尼迦利故鲁都鲁名哈娑哇

翻译如下：

……最喜。汝今善生、善生女、善亲、善亲女等四众之守护为盖治。若及除灭一切诸怨，令缘应是归心受持、诵读种咒王荫大孔雀者也。怛达令 捞谛它尼 迦利故鲁都鲁名哈娑哇。

其或为《佛母大孔雀明王经》卷下相应内容：

> 阿难陀！此佛母大孔雀明王，才忆念者，能除恐怖怨敌，一切厄难，何况具足读诵受持，必获安乐。阿难陀！此摩诃摩瑜利佛母明王，是能除灾祸、息怨敌者，为欲守护四众——苾刍、苾刍尼、邬波索迦、邬波斯迦——离诸怖畏故。[①]

或为《佛说大孔雀咒王经》卷下相应内容：

> 诸龙欢喜，若雨即晴，若旱即雨。若有男子、女人随所愿者，速得成就阿难陀。此大孔雀咒王，但忆念时，即能除灭一切恐怖、疾病、忧恼，何况具足读诵、受持。汝当受持此大孔雀咒王，为欲饶益守护四众。苾刍、苾刍尼、邬波索迦、邬波斯迦，离诸怖畏故。[②]

---

① （唐）不空译《佛母大孔雀明王经》卷下，《大正藏》第 19 册，第 982 号，第 439 页上栏 5~10。

② （唐）义净译《佛说大孔雀咒王经》卷下，《大正藏》第 19 册，第 985 号，第 475 页中栏 23~下栏 3。

9.Or.12380-2559（K.K.Ⅱ.0232.q）残存1页5行，字数无法确定，上下残缺，栏线无存，刻本，残经上有编号2559，刊布者将其定名为《种咒王荫大孔雀经》，现将西夏文录文并对译如下：

……[illegible]……	……纪怛虫毒鲁怛迦怛……
……[illegible]……	……蜂毒巴怛得毒怛恼……
……[illegible]……	……毒蝎毒非人毒疑……
……[illegible]……	……一切中当吉祥及吉祥……
……[illegible]……	……种咒王荫大孔雀……

翻译如下：

……纪怛虫毒、鲁怛迦怛……蜂毒、巴怛得毒、怛恼……毒、蝎毒、非人疑毒……一切中当吉祥及吉祥……种咒王荫大孔雀……

其或为《佛母大孔雀明王经》卷下相应内容：

> 跋磋那婆毒、诃罗遏啰毒、迦罗俱咤毒、牙齿毒、螫毒、根毒、末毒、疑毒、眼毒、电毒、云毒、蛇毒、龙毒、蛊毒、魅毒、一切鼠毒、蜘蛛毒、象毒、虾蟆毒、蝇毒及诸蜂毒、人毒、人非人毒、药毒、咒毒，如是等一切诸毒，愿皆除灭，令我（某甲）及诸眷属，悉除诸毒，获得安隐，寿命百年，愿见百秋。阿难陀！帝释天王亦随喜宣说，此佛母大孔雀明王真言曰。①

或为《佛说大孔雀咒王经》卷下相应内容：

> 大孔雀咒王力，能除一切毒令毒入地，令我某甲及诸眷属皆得安隐，又诸龙毒，蛊魅毒，人非人毒，齿啮毒，雷雨毒，蛇鼠毒，蜂、蝇、蜈蚣、虾蟆等毒，疥、癞、痈、疽、漏、痤诸毒，药毒、

① （唐）不空译《佛母大孔雀明王经》卷下，《大正藏》第19册，第982号，第435页上栏20~29。

咒毒、人毒、非人毒，如是等毒愿皆除灭，我某甲及诸眷属，悉除毒苦，消散入地，莎诃。

阿难陀！此大孔雀咒王，是帝释天王随喜宣说。①

10.Or.12380-2571（K.K.Ⅱ.0261.c）残存1页4行，字数无法确定，上下残缺，栏线无存，刻本，残经上有编号2571，刊布者将其定名为《种咒王荫大孔雀经》，现将西夏文录文并对译如下：

……𗹙𗡡𗹙𗡡𗤁……

……曼列曼列尼……

……𘃽𗏁𘃽𗏁𘃽𗏁……

……锉老锉老锉老……

……𗘯𗰜𗍫𗗧𗭒……

……西没娑婆哈……

……𗣼𗫂𗈪𗿒𗱕𗆮𗏹𗓁𗑗𗓆……

……种咒王荫大孔雀真实最……

其或为《佛说大孔雀咒王经》卷下的相应内容：

慕哩慕哩、鸡伐掇、曼睇曼持掇计、嗷囇嗷囇嗷囇、揭囇竭（去引）囇、发囇发囇、发利倂、惮帝惮底倂、惮底丽、舍羯掇、莫羯掇、捺睇捺地倂、室里室里室里莎诃。

阿难陀！此大孔雀咒王。②

11.Or.12380-2837（K.K.Ⅱ.0295.f）残存1页4行，上下栏线单栏，

① （唐）义净译《佛说大孔雀咒王经》卷下，《大正藏》第19册，第985号，第472页下栏14~27。

② （唐）义净译《佛说大孔雀咒王经》卷下，《大正藏》第19册，第985号，第472页上栏9~14。

刻本经折装，残经上存编号 2837。刊布者将其定名为“佛经经颂”，现将西夏文录文并对译如下：

[illegible][1][illegible][2][illegible]　[illegible][3][illegible]
贪嗔又及愚痴等　彼等世间三毒也
[illegible][4][illegible]　[illegible]
坏有正觉毒不有　正觉谛以毒真坏
[illegible]　[illegible]
贪嗔又及愚痴等　彼等世间三毒也
[illegible][5][illegible]　[illegible]
坏有法之毒不有　法之谛以毒真坏

解读 Or.12380-2837（K.K.Ⅱ.0295.f）残经内容，可以确定刊布者定名错误，残经为不空译《佛母大孔雀明王经》卷下、义净译《佛说大孔雀咒王经》卷下或施护译《佛说守护大千国土经》卷下的相应内容，但西夏文残经内容与三个译文存在一定差异。

西夏文本翻译如下：

贪嗔复次愚痴等，彼等世间三毒也；
有坏正觉不有毒，以正觉谛破真毒。
贪嗔复次愚痴等，彼等世间三毒也；
有坏法之不有毒，以法之谛破真毒。

或为不空译《佛母大孔雀明王经》卷下的相应内容：

---

① 西夏文“[illegible]”译为“贪嗔”。

② 西夏文“[illegible]”中“[illegible]”为“愚”“蠢”，“[illegible]”为“愚蠢”“愚痴”“愚蒙”。

③ 西夏文“[illegible]”译为“世间三毒”，“[illegible]”译为“毒”“蛊”，“[illegible]”译为“三毒”。

④ 西夏文“[illegible]”即“[illegible]”，指“出有坏”，汉文本译为“薄伽梵”，佛陀名号之一。“出”表示超出、超越，指佛陀超越了痛苦轮回和小乘身灭灭智的境界，达到了真正实相。“有”表示拥有、具有，指佛陀具有四无畏、十力、十八不共法的诸功德。“坏”表示摧坏、摧毁，指佛陀已经破除有漏的业障。“出有坏”表示佛陀从诸苦中解脱，具有一切功德，破除一切有漏业障。

⑤ 西夏文“[illegible]”译为“有坏法”，即“出有坏法”，指“佛法”。

贪欲瞋恚痴，是世间三毒；
诸佛皆已断，实语毒消除。
贪欲瞋恚痴，是世间三毒；
达磨皆已断，实语毒消除。[1]

或为义净译《佛说大孔雀咒王经》卷下的相应内容：

贪欲瞋恚痴，是世间三毒；
佛陀皆已断，实语毒消除。
贪欲瞋恚痴，是世间三毒；
达摩皆已断，实语毒消灭。[2]

或为施护译《佛说守护大千国土经》卷下的相应内容：

贪欲瞋恚痴，是世间三毒；
诸佛皆远离，实语毒消除。
贪欲瞋恚痴，是世间三毒；
达摩皆远离，实语毒消除。[3]

12.Or.12380-2857（K.K.Ⅱ.0260.i）残存1页7行，字数不能确定，上栏线无存，下栏线双栏，刻本经折装，残经上存编号2857，刊布者将其定名为《金光明最胜王经》，定名错误，应为《佛母大孔雀明王经》的内容，从英藏黑水城文献残存内容看，其版式应与王静如《西夏研究》（第一册）《佛母大孔雀明王经夏梵藏合璧校释》提供版式相同，应为每

① （唐）不空译《佛母大孔雀明王经》卷下，《大正藏》第19册，第982号，第439页上栏13~17。

② （唐）义净译《佛说大孔雀咒王经》卷下，《大正藏》第19册，第985号，第475页下栏6~10。

③ （宋）施护译《佛说守护大千国土经》卷下，《大正藏》第19册，第999号，第590页中栏7~11。

行 16 字，□根据王静如提供的照片补足，现将西夏文录文并对译如下：

[illegible][1][illegible][2][illegible][3]

龙王灰黄龙王柔持龙王兀巴拉（罗）那龙王

[illegible][4][illegible][5]

爪有龙王茂盛龙王解脱龙王意有龙王

[illegible]

真脱龙王巴罗龙王疾上龙王医罗龙王

[illegible]

集聚龙王欢喜龙王亲喜龙王照有龙王

[illegible]

见合大龙王上有龙王上第蚁有龙王妙

[illegible]

面龙王镜面龙王香持龙王狮子持龙王

[illegible][1][illegible]

飞羽龙王二黑龙王白精龙王二小白龙

翻译如下：

……龙王、灰黄龙王、柔持龙王、兀巴罗（拉）那龙王、有爪龙王、茂盛龙王、解脱龙王、有意龙王、真脱龙王、巴罗龙王、疾上龙王、医罗龙王、集聚龙王、欢喜龙王、亲喜龙王、照有龙王、见合大龙王、上有龙王、第一有蚁龙王、妙面龙王、镜面龙王、香持龙王、狮子持龙王、飞羽龙王、二黑龙王、白精龙王、二小白龙……

Or.12380-2857（K.K.Ⅱ.0260.i）残存内容与不空译《佛母大孔雀明

① 西夏文“[illegible]”译为“灰黄龙王”，音译为“毗能龙王”，汉文本为“劫比罗龙王”。

② 西夏文“[illegible]”译为“持柔龙王”，音译为“兀耶龙王”，汉文本为“势婆洛迦龙王”。

③ “[illegible]”音译为“兀巴拉（罗）那龙王”，汉文本为“势婆洛迦龙王”。

④ 西夏文“[illegible]”译为“茂盛龙王”，汉文本为“增长龙王”。

⑤ 西夏文“[illegible]”译为“有意龙王”，汉文本为“智慧龙王”。

⑥ 西夏文“[illegible]”译为“白精龙王”，汉文本为“二白龙王”。

王经》卷中的内容存在一定差异，有些龙王名称对不上。不空译《佛母大孔雀明王经》卷中的相应内容如下：

> ……羯句擿迦龙王、劫比罗龙王、势婆洛迦龙王、青莲华龙王、有爪龙王、增长龙王、解脱龙王、智慧龙王、极解脱龙王、毛緂马胜二龙王、医罗迷罗二龙王、难陀跋难陀二龙王、阿齿罗龙王、大善现龙王、遍黑龙王、遍虫龙王、妙面龙王、镜面龙王、承迎龙王、巇驮啰龙王、师子洲龙王、达弭拏龙王、二黑龙王、二白龙王、二小白龙王。①

其残存内容与义净译《佛说大孔雀咒王经》卷中的相应内容也不完全相同，义净译经相应内容如下：

> ……龙王、青黄龙王、大山龙王、小山龙王、嗢钵罗龙王、有爪龙王、增盛龙王、解脱龙王、有意龙王、极木叉龙王、甘跋罗龙王、阿说迦龙王、医罗迷罗龙王、颎齿罗龙王、大善现龙王、拥护龙王、钵利枳都龙王、好面龙王、出生龙王、健陀罗龙王、师子龙王、达罗弥罗龙王、一首龙王、三首龙王、多首龙王。②

故此，Or.12380-2857（K.K.Ⅱ.0260.i）残经应为不空译《佛母大孔雀明王经》卷中或义净译《佛说大孔雀咒王经》卷中的内容。

比对 Or.12380-0061（K.K.Ⅱ.0283.rrr）和 Or.12380-2857（K.K.Ⅱ.0260.i）两个残经，可知二者为同部残经，内容基本可以缀合，两残页间相差 5 行，Or.12380-0061（K.K.Ⅱ.0283.rrr）内容在前，Or.12380-2857（K.K.Ⅱ.0260.i）内容在后。

---

①（唐）不空译《佛母大孔雀明王经》卷中，《大正藏》第 19 册，第 982 号，第 432 页中栏 20~28。

②（唐）义净译《佛说大孔雀咒王经》卷中，《大正藏》第 19 册，第 985 号，第 471 页上栏 10~15。

13.Or.12380-3416（K.K.Ⅱ.0275.kk）残存 1 页 4 行，每行 16 字，上下栏线双栏，刻本经折装，原文献上有编号 3416，刊布者定名为《大般若波罗蜜多经》，现将西夏文录文并对译如下：

[illegible]①[illegible]②[illegible]

吃者脓食饮者粪屎食吃者尿食饮者残

[illegible]③[illegible]④[illegible]⑤[illegible]

食饮者唾食饮者嗽鼻来食吃者鼻食吃

[illegible]⑥[illegible]⑦[illegible]

者不净食吃者吐食吃者洞流食饮者等

[illegible]□□□□[illegible]

诸□□□□心起甚行心生明命取者等

解读 Or.12380-3416（K.K.Ⅱ.0275.kk）残经，可以确定其内容并不属于《大般若波罗蜜多经》，刊布者定名错误。其残存内容与不空译《佛母大孔雀明王经》卷中和义净译《佛说大孔雀咒王经》卷上内容基本相同。

翻译如下：

吃□者，饮脓食者，吃粪屎食者，饮尿食者，饮残食者，饮唾食者，来吃嗽鼻食者，吃鼻食者，吃不净食者，吃吐食者，饮洞流食者等，诸□□□□起心，生甚行心，取明命者等。

---

① 西夏文“[illegible]”中“[illegible]”译为“粪”“屎”，“[illegible]”译为“室”“厩”，“[illegible]”译为“大便”“粪屎”。

② 西夏文“[illegible]”译为“尿”“小便”，“[illegible]”译为“食小便者”。

③ 西夏文“[illegible]”译为“残余”，“[illegible]”译为“残食”，“[illegible]”译为“食残食者”。

④ 西夏文“[illegible]”译为“唾”，“[illegible]”为“唾食”“吐食”，“[illegible]”译为“食唾食者”。

⑤ 西夏文“[illegible]”中“[illegible]”译为“咳嗽”，“[illegible]”译为“鼻涕”“涕”，“[illegible]”译为“涎涕”，“[illegible]”译为“食涎涕者”。

⑥ 西夏文“[illegible]”译为“吐”“呕吐”，“[illegible]”译为“吐食”，“[illegible]”译为“食吐食者”。“[illegible]”译为“唾”，“[illegible]”译为“吐”“呕吐”，二者强调“唾”“吐”的不同。

⑦ 西夏文“[illegible]”译为“洞流食”“漏食”。

不空译《佛母大孔雀明王经》卷中的相应内容如下：

> ……食脓者、食大便者、食小便者、食涕唾者、食涎者、食洟者、食残食者、食吐者、食不净物者、食漏水者，如是等鬼魅所恼乱时，愿佛母明王拥护于我（某甲）并诸眷属，令离忧苦寿命百年。①

义净译《佛说大孔雀咒王经》卷上的相应内容如下：

> ……食脓者、食大便者、食小便者、食唾者、食涎者、食洟者、食残食者、食吐者、食不净物者、食漏水者，诸如是等有毒害心，伺断他命作无利益者，皆来听我读诵此大孔雀咒王经。②

虽然残经残缺严重，但仔细比对西夏文残存内容，可知其内容更接近义净译本，可以确定此残经为《佛说大孔雀咒王经》。

14.Or.12380-3394（K.K.Ⅱ.0261.a）残存1页6行，每行16~17字不等，上下栏线双栏，刻本经折装，刊布者将其定名为“佛经”，现将西夏文录文并对译如下：

[illegible]

胆病垢病若集病及疾病一切中善生娑

[illegible]

婆停之愿若又济覆盖若受持治为和乐安

[illegible]③[illegible]

① （唐）不空译《佛母大孔雀明王经》卷中，《大正藏》第19册，第982号，第427页下栏4~8。

② （唐）义净译《佛说大孔雀咒王经》卷上，《大正藏》第19册，第985号，第459页中栏10~14。

③ 西夏文“[illegible]”译为“兵器”“武器”。

乐令及罚判弃舍兵器弃舍毒求除令毒

[illegible]

愿除灭地界记当脑疾当无若头疾若食

[illegible]

无食若眼耳鼻疾若口齿腔疾若颈喉心

[illegible]

疾有若心脏疾若胸肋脊疾若腹疾膀（胱）疾

解读 Or.12380-3394（K.K.Ⅱ.0261.a）残经，可确定刊布者定名错误。胆病、垢病，若集病及一切疾病中，善生娑婆愿停之。若又济覆盖，若持治为和安，令安乐，及判罚舍弃兵器，舍弃求毒，除令毒。愿灭除地界记，当头疾当无，若头疾、若食无食、若眼、耳、鼻病、若口齿腔病、若颈喉心病、若心脏病、若胸肋脊疾，若腹疾膀（胱）疾……

残存内容或为真智等译《佛说大白伞盖总持陀罗尼经》的相应内容：

> 依胆起病，依痰起病，依俱集起病，一切疾病身病等愿令遣除。
>
> 又复身分病，不进饮食病、眼病、鼻病、口病、项颈病、心病、咽喉病、耳病、齿病、心热恼病、脑病、半肋病、背节病、腹病、腰病、谷道病、腿胋病、胫病、手病、足病、肢病、众肢病等，愿令遣除，愿令拥护。[①]

或为不空译《佛母大孔雀明王经》的相应内容，但可以确定西夏文与汉文依据的底本有差异，汉文相应内容如下：

> 或三集病，饮食不消，头痛半痛、眼耳鼻痛、唇口颊痛、牙齿舌痛，及咽喉痛、胸胁背痛、心痛肚痛、腰痛腹痛、髀痛膝痛，或四肢痛，隐密处痛，遍身疼痛，如是过患悉皆除灭。愿护于我某

① （元）真智等译《佛说大白伞盖总持陀罗尼经》，《大正藏》第 19 册，第 977 号，第 405 页下栏 26~406 页上栏 16。

甲，并诸眷属，我结地界，结方隅界，读诵此经，悉令安隐。[1]

15.Or.12380-3394V（K.K.Ⅱ.0261.a）残存1页6行，上下栏线双栏，刻本经折装，此残经上半部分残缺严重，其实上半部分是3394号残经上面内容的反面，刊布者将其定名为“医书”，现将西夏文录文并对译如下：

□□□□□□[illegible][2][illegible]

□□□□□□咒及乱令者尸起者魔鬼

□□□□□[illegible]

□□□□□害者吐时害者障害为者害

□□□□□[illegible][3][illegible]

□□□□□罪（过）捕似影踏罪谤卑者及若

□□□□□[illegible]

□□□□□三日四日已至七日月半一

□□□□[illegible]

□□□□若暂时病若恒病若病时疾时

□□□[illegible]

□□□者病若心中病若无（非）人病若风病

解读Or.12380-3394V（K.K.Ⅱ.0261.a）残经，大致可以确定其为不空译《佛母大孔雀明王经》或义净译《佛说大孔雀咒王经》的相应内容。西夏文本翻译如下：

□□□□□□咒及令乱诈尸者，魔鬼□□□□□吐害者时，害者、

---

① （唐）不空译《佛母大孔雀明王经》卷上，《大正藏》第19册，第982号，第416页中栏23~28。

② 西夏文“[illegible]”译为“尸”，“[illegible]”译为“起尸”“诈尸”。

③ 西夏文“[illegible]”译为“影”“祠”“庙”，“[illegible]”译为“影像”，“[illegible]”中“[illegible]”译为“踏”“践”，“[illegible]”译为“踏影捕罪”。

为障害者、害□□□□□过捕似影踏，罪谤卑者，及若□□□□□三日四日，乃至七日，半月、一□□□□若暂时病、若恒病、若病时，病时□□□疾者，若人中病，若非人病，若风病……

Or.12380-3394V（K.K.Ⅱ.0261.a）残经与不空译《佛母大孔雀明王经》更接近些，但可以确定西夏文与汉文依据的底本有差异。汉文本相应内容如下：

> 变人驱役，呼召鬼神，造诸恶业，恶食恶吐，恶影恶视，恶跳恶蓦，或造厌书，或恶冒逆，作如是恶事，欲相恼乱者，此佛母明王拥护彼人，并诸眷属，如是诸恶不能为害。又复疟病，一日二日、三日四日，乃至七日、半月一月，或复频日、或复须臾，一切疟病，四百四病，或常热病、偏邪病、瘿病，鬼神壮热，风黄痰㾬……[①]

比对残经 Or.12380-3394（K.K.Ⅱ.0261.a）和 Or.12380-3394V（K.K.Ⅱ.0261.a），可以确定它们为同部佛经，因此刊布者将 Or.12380-3394（K.K.Ⅱ.0261.a）定名为“佛经”，把 Or.12380-3394V（K.K.Ⅱ. 0261.a）定名为“医书”有误，二者内容与不空所译《佛母大孔雀明王经》的内容基本一致，且 Or.12380-3394V（K.K.Ⅱ.0261.a）在前，Or.12380-3394（K.K.Ⅱ.0261.a）在后。但西夏文残经也有与不空译本不同的地方，西夏文把中间陀罗尼部分删去，强调了刀兵战争之苦，表达了对和平安乐的希冀。

---

① （唐）不空译《佛母大孔雀明王经》卷上，《大正藏》第 19 册，第 982 号，第 416 页中栏 16~23。

十 《佛说守护大千国土经》

据《俄藏黑水城西夏文佛经叙录》介绍，《圣大乘大千国守护经》译自藏文，见《大正藏》第999号，即《佛说守护大千国土经》（西天北印度乌填曩国帝释宫寺传法大师三藏沙门赐紫臣施护译），《藏文佛经正经全目录》第177号，即《摧破大千经》，西田龙雄《西夏文佛经目录》第250号，格林斯坦德《西夏文大藏经》第2087~2131页。克恰诺夫虽介绍此经译自藏文，但其内容与施护译本为同本异译，二者内容基本相同，仅翻译用词存在一些差异。俄藏有馆册第916、4778、27、688、2527、2512、2853、15、12、562、34、35、2726、4016、5757、13、14、32、2306、220、40、41、234、2307、33、36、2318、5725、38、39、7353、4814、6448号等，为刻本经折装、写本卷子装、写本贝叶装、写本经折装、写本蝴蝶装等装帧形式。英藏黑水城文献中也有保存，下面进行释读。

1.Or.12380-0387（K.K.Ⅱ.0285.mmm）残存1页5行，下栏线单栏，写本，有赞颂和陀罗尼，刊布者将其定名为“陀罗尼”，现将西夏文录文并对译如下：

……[illegible]	……摩啰噶令　西哈　苏
……[illegible]	……希领　西哇哈　弥利　西
□[illegible]	□水及疥疮　痘疤及疮疤
[illegible]	彼等皆当无　贪欲嗔恨痴
[illegible]	正觉皆远离　正觉力毒除

翻译如下：

……摩啰噶令　西哈　苏……希领　西哇哈　弥利　西

□水及疥疮，痘疤及疮疤。

彼等皆当无，贪欲嗔恨痴。

正觉皆远离，正觉力除毒。

解读残经 Or.12380-0387（K.K.Ⅱ.0285.mmm），可以确定其为施护译《佛说守护大千国土经》的相应内容：

么噜誐贺𩓐（引）娑嚩（二合引）贺（引）娑目契（引）娑嚩（二合引）贺（引）酰礼（引）娑嚩（二合引）贺（引）弭礼娑嚩（二合引）贺（引）

佛告四大天王，以是陀罗尼加持力故，一切诸毒悉皆除灭，及诸毒种丁疮漏疮水肿疥癞，及有恶疮硬如铁石，如是七种极毒恶疮，受持此咒亦得除愈。

贪欲瞋恚痴，是世间三毒；

诸佛皆远离，实语毒消除。

贪欲瞋恚痴，是世间三毒；

达摩皆远离，实语毒消除。[①]

2.Or.12380-0636（K.K.Ⅱ.0244.f）残存 1 页 5 行，栏线无存，写本，刊布者将其定名为《圣大乘大千国守护经》，现将西夏文录文并对译如下：

……[illegible]……	……诸……
……[illegible]……	……之写敬礼拜供养处……
……[illegible]……	……典依梵行所修布……
……[illegible]……	……满菩萨得魔爱……
……[illegible]……	……圣大乘大千国守护……

① （宋）施护译《佛说守护大千国土经》卷下，《大正藏》第 19 册，第 999 号，第 590 页上栏 27~ 中栏 3。

翻译如下：

……诸……之敬写、礼拜、供养处……依典所修梵行，布……得……满菩萨，魔爱……

……圣大乘大千国守护……

施护译《佛说守护大千国土经》卷下内容与西夏文本相似，汉文本相应内容为：

> ……应当依法建曼拏罗，作大供养，受持读诵如是经典，我等四王常于此日，令彼药叉罗刹步多鬼神立于我前，点其名字，无令恼乱，受持如是《守护大千国土大明王陀罗尼经》者。[①]

3.Or.12380-2844（K.K.II.0260.a）[②] 残存 1 页 6 行，每行存 8~16 字，上下栏线单栏，写本，刊布者定名为《圣大乘大千国守护经》，现将西夏文录文并对译如下：

[illegible]

愿生终念□□应坏有度护声闻是大千国

[illegible]

守护经典受持读诵恭敬解说所者知□及

[illegible]

生者一切之慈悲利益作者朱□□□□□

[illegible]

我等妙天王其之厌衣服卧具令遣医药

[illegible]

□□资具皆无无令□及知有一切□

[illegible]

① （宋）施护译《佛说守护大千国土经》卷下，《大正藏》第 19 册，第 999 号，第 592 页上栏 10~13。

② 惠宏、段玉泉将此残经定名为《大寒林经》，值得商榷。

□尊□□□□国者□赶亦供养写□□□

Or.12380-2844（K.K.Ⅱ.0260.a）残经翻译如下：

愿终生念□□，应护出有坏声闻，受持读诵，恭敬解说是《大千国守护经典》者，为慈悲利益一切知□及生者之者，朱□□□□□我等妙天王，令遣其之厌□，衣服、卧具、医药□□资具，皆无不令□及知有一切□□尊□□□□国者□赶，亦供养写□□□。

施护译《佛说守护大千国土经》卷下内容与西夏文本相似，汉文本相应内容为：

……受持如是《守护大千国土大明王陀罗尼经》者。世尊，彼诸声闻，若常受持如是经典，乃至为人解说。此声闻众我等兄弟，四大天王现其人前，常为给使，衣服、卧具、饮食、汤药，一切所须，无令乏少。如是人等为诸众生，恭敬供养，尊重赞叹，亦为一切国王、王子、沙门、婆罗门、在家、出家及诸外道，恭敬供养尊重赞叹。[①]

4.Or.12380-3382（K.K.Ⅱ.0246.a）残存1页6行，下半部分残缺，上下栏线单栏，刻本经折装，刊布者定名为《金光明最胜王经》[②]，现将西夏文录文并对译如下：

弑廹　䜌禝廡　䜌䔧䕆　䊷甈蘒㶁䕆□
那茄　拔祇宁　拔哈领　跋噶（引）喃领□
緂䋓緵䖓䒼　䑐緋䔧
歇屋日帝尼　莎缚贺
隨緩赧膌[③]𗈪緰𗭌𗨉𗋽𗆉䋞𗧦𗕑𗭴𘝞𗈾

① （宋）施护译《佛说守护大千国土经》卷下，《大正藏》第19册，第999号，第592页上栏12~18。

② 此残经刊布者和段玉泉定名错误，非《金光明最胜王经》。

③ 西夏文“隨緩赧膌”译为“持国天王”，四大天王之一。

国持天王之名及威力自在摄受以我等

[illegible] [illegible]

于魔及疾病一切中愿解脱　莎贺

[illegible][1] [illegible]□□

尔时南方增长天王座处所起肩膀□□

[illegible]□[illegible]□[illegible]□

右膝□中坏有度于合掌□敬坏有度□

Or.12380-3382（K.K.Ⅱ.0246.a）残经翻译如下：

那茄 拔祇宁　拔哈领　跋噶引喃领□

歇屋日帝尼　莎缚贺

以持国天王之名及威力自在摄受，愿我等于魔及一切疾病中解脱。莎贺。

尔时，南方增长天王座处而起，肩膀□□，右膝□中，于出有坏合掌□敬，对出有坏……

可以确定其内容与施护译《佛说守护大千国土经》的内容相似，只是用词上有一定差异。施护译《佛说守护大千国土经》汉文本的相应内容如下：

仡啰呬（引）毗喻（二合引）地哩（二合）多啰（引）瑟咤啰（三合）写么贺（引）啰（引）惹写曩（引）么（引）嚩黎乃（引）湿嚩（二合）哩也（二合引）地跛底曳（二合引）曩娑嚩（二合引）贺。

是时，南方矩畔拏主增长天王，从座而起，偏袒右肩，右膝着地，合掌向佛，恭敬作礼而白佛言。[2]

5.Or.12380-3382V（K.K.Ⅱ.0246.a）残存 1 页 6 行，上栏线单栏，

① 西夏文“[illegible]”译为“南方增长天王”，汉文本为“南方矩畔拏主增长天王”。

② （宋）施护译《佛说守护大千国土经》卷上，《大正藏》第 19 册，第 999 号，第 579 页下栏 3~10。

下栏线无存，由4行颂文和陀罗尼组成，刊布者定名为《金光明最胜王经》，现将西夏文录文并对译如下：

[illegible]□□□□□　□□□□□□□

假若□□□□□　□□□□□□□

[illegible]　[illegible]□

若渴病遇若眼红　后亦时时疾病□

[illegible]　[illegible]□

眼不执开常困眠　后脊背趋睡以□

[illegible]　[illegible]□

其数等之降用咒　世尊前说已闻□

[illegible]　[illegible]　[illegible]　[illegible]　[illegible]□

萨（引）谛勒奴　阿岂　摩岂　毗那岂　咩□

[illegible]　[illegible]　[illegible]　[illegible]　[illegible]　[illegible]□

那岂　跋勒　跋啰（引）领　拶昔领　跋岂　跋□

翻译如下：

假若□□□□□，□□□□□□□；

若遇渴病若红眼，亦后时时□疾病。

执不开眼常困眠，后趋脊背以□睡；

其数等之降用咒，世尊前说已闻□。

萨引谛勒奴　阿岂　摩岂　毗那岂　咩□

那岂　跋勒　跋啰引领　拶昔领　跋岂　跋□

解读Or.12380-3382V（K.K.Ⅱ.0246.a）残经，可以确定刊布者定名错误，此残经非《金光明最胜王经》，初步确定其与施护译《佛说守护大千国土经》卷上内容相似，其相应汉文内容为：

若无贪爱，若语言诚信，若乍瞋乍喜，若复燋渴，若眼赤如朱，若复痁病，若如中毒，若闭目不开，常在睡眠，若常背视，面不向入。如是人等为彦达嚩之所执魅，于诸世间无能制者。我有神咒，悉令调伏。惟愿世尊，听我说之，即说咒曰：

唵（引）阿契（引）么契（引）尾曩契（引）满弟（引）嚩㘕（引）祢（引）左跛嚟（引）嚩契（引）嚩佉佴（引）阿契（上）嚟（引）嚩贺嚟（引）婆彦那黎嚩势（引）嚩（无钵切）哩底（二合）娑嚩（二合引）贺（引）母煎睹彦达哩嚩（二合）……[①]

Or.12380-3382（K.K.Ⅱ.0246.a）、Or.12380-3382V（K.K.Ⅱ.0246.a）残经皆为《佛说守护大千国土经》，Or.12380-3382V（K.K.Ⅱ.0246.a）内容在前，Or.12380-3382（K.K.Ⅱ.0246.a）在后。二者可以缀合，但西夏文本与汉文本语言表述有一定差异，西夏文在翻译的过程中参考了其他版本。

6.Or.12380-3389（K.K.）残存 2 折页，每折页 6 行，每行 16 字，上下栏线单栏，刻本经折装，刊布者定名为“佛经”，现将西夏文录文并对译如下：

（右面）

[illegible][②]

皆心欢信（喜）生思念察思（想）共同毗耶离大城

[illegible][③][illegible]

中出坏有度之迎受故城中入时毗耶离

[illegible][④][illegible][⑤][illegible][⑥][illegible]

① （宋）施护译《佛说守护大千国土经》卷上，《大正藏》第 19 册，第 999 号，第 579 页中栏 22~下栏 3。

② 西夏文“[illegible]”的相应汉文本为“毗耶离大城”。西夏文“[illegible]”音为“be”，即“毗”“盃”“批”；“[illegible]”译为“陈”“计”“接”，音为“sa”，即“萨”；“[illegible]”译为“老”“娄”“拉”，音为“la”；“[illegible]”译为“大城”。

③ “[illegible]”译为“出有坏”，在施护译《佛说守护大千国土经》中对应“世尊”“薄伽梵”。

④ 西夏文“[illegible]”译为“同道”。

⑤ 西夏文“[illegible]”译为“道路平整”“道路平坦”。

⑥ 西夏文“[illegible]”译为“扫除洁净”“打扫清洁”，“[illegible]”为“扫帚”，表示扫除的意思，“[illegible]”为“清洁”“清净”。

大城道道（同道）正平扫帚净洁种种花入诸多

[illegible]

皆到（遍）种种诸妙宝幢具生众幡盖悬涂香

[illegible]

末香以供养坏有度到又（已）王及庶民等坏

[illegible]

有度足之礼拜尔时坏有度自掌下于（以）千

（左面）

[illegible] [1] [illegible] [2] [illegible]

辐轮相莲花串显胜妙花心已如柔软是

[illegible]

者过去无量无边诸善功德聚集依最妙

[illegible]

色相身于庄严身色少壮光滑大光明放

[illegible]

彼光照耀百千日如度诸处皆照清净手

[illegible] [3] [illegible] [4] [illegible]

以离那波尼对顶摩及腹心入为尔时坏

[illegible]

有度毗耶离大城内夜初分时门（屋）边已立

翻译如下：

---

① 西夏文“[illegible]”译为“千辐轮相”。

② 西夏文“[illegible]”译为“莲华串”“莲华贯”。

③ 西夏文“[illegible]”之“[illegible]”音为“lji”，即“离”“利”；“[illegible]”音为“na”，即“那”；“[illegible]”译为“子”，音为“gji”，即“拨”；“[illegible]”译为“等”，音为“nji”，即“尼”。“[illegible]”指“离那波尼”。

④ 西夏文“[illegible]”译为“摩顶”。

皆生欢喜心，念思察想，共同出毗耶离大城中，迎接出有坏方入城中。时，毗耶离大城道路平正，扫除清洁，洒入种种花，皆遍诸多。生种种诸妙宝幢、悬众幡盖，以涂香、末香供养。坏有度已到，王及庶民等礼拜出有坏之足。尔时，出有坏自掌以下显千辐轮相、莲花串、胜妙花心已如柔软，是者依聚集过去无量无边诸善功德，于最妙色相身庄严身色，少壮光滑，放大光明，彼光照耀百千日，如度诸处皆照，以清净手对离那波尼摩顶，及为入腹心。尔时，出有坏毗耶离大城内，夜初分时，屋边已立（后缺）

解读 Or.12380-3389（K.K.）残经，可以初步确定其属于施护译《佛说守护大千国土经》卷中的相应内容，汉文本相应内容为：

> ……心皆欢喜，忆念思惟，即共发心出毗耶离大城，奉迎世尊入彼城中。时毗耶离大城，道路平正，扫除清净，出种种花遍布其地，建立种种诸妙宝幢，悬众幡盖，涂香、粖香而为供养。世尊到已，王及人民顶礼佛足，世尊为欲利益一切众生故，即现足下胜妙柔软，千辐轮相及莲华文，而复现于毗首劫摩藏文，以如是等过去积集无量无边诸善功德，殊妙色相庄严其身，放大光明，其光晃曜，逾百千日周遍普照，以清净臂与彼离车尾国毗耶离大城王，而摩其顶安慰其心。是时，世尊于毗耶离大城之中，如帝释幢安详而立。[①]

7.Or.12380-3398（K.K.Ⅱ.0228.d）残存 1 页 4 行，上下栏线单栏，刻本经折装，有赞颂和陀罗尼，刊布者将其定名为“佛经”，现将西夏文录文并对译如下：

[illegible]

僧众已远离　众威力毒消　地者诸毒父

[illegible]

① （宋）施护译《佛说守护大千国土经》卷中，《大正藏》第 19 册，第 999 号，第 586 页上栏 16~28。

地者诸毒母　是真谛言依　我毒皆消灭

[illegible]　[illegible]□[illegible]　[illegible]

种种毒一切　皆□间经入　娑贺

[illegible]　[illegible]　□[illegible]　[illegible]□[illegible]

摩摩　三辛靼　□啰歇　萨咩□命

翻译如下：

僧众已远离，众威力消毒；

地者诸毒父，地者诸毒母。

依言是真谛，我毒皆消灭；

种种一切毒，皆经入□间。

娑贺　摩摩　三辛靼　□啰歇　萨咩□命

解读分析 Or.12380-3398（K.K.Ⅱ.0228.d）残经，可以确定其内容为施护译《佛说守护大千国土经》卷下的相应内容：

僧伽皆远离，实语毒消除；

地为诸毒父，地为诸毒母。

是以诚实言，令毒悉消灭；

所有种种毒，咸令却归地。

我等并眷属，日夜常安乐。

是时世尊即说陀罗尼曰：

曩莫三满跢没驮（引）南（引）唵（引）布攞拏（二合）播（引）怛哩（二合引）尾洒焰烁讫啰（二合）魔睹娑嚩（二合引）贺（引）。[1]

从西夏文残经和汉文佛经内容判断，二者之间存在一定的差异，西夏文或是省略一些内容或是依据另外的版本。

① （宋）施护译《佛说守护大千国土经》卷下，《大正藏》第 19 册，第 999 号，第 590 页中栏 3~18。

十一　《佛说除一切疾病陀罗尼经》

《佛说除一切疾病陀罗尼经》又称《除一切疾病陀罗尼经》，为唐不空译，见戈尔巴乔娃和克恰诺夫的《西夏文写本与刊本》的第 162 号为《佛说病患灭经》(或《佛说疗痔病经》)，馆册第 7675、7679 号，西田龙雄《西夏文佛经目录》第 182 号。克恰诺夫的《俄藏黑水城西夏文佛经叙录》中将经名改为《佛说除疾病经》，馆册第 7679 号为写本蝴蝶装，全文保存，每页 5 行，每行 9 个字，馆册第 7675 号亦为写本蝴蝶装，用紫色线装订，结尾处重复经题。除了俄藏黑水城西夏文《佛说除疾病经》外，在中国藏西夏文文献中也有保存。

《佛说除一切疾病陀罗尼经》在希麟集《续一切经音义》、智升撰《开元释教录》、圆照撰《大唐贞元续开元释教录》《贞元新定释教目录》、圆仁撰《入唐新求圣教目录》中皆有保存。除了俄藏以外，此经在英藏黑水城文献中也有保存，下面对其进行释读考证。

1.Or.12380-2246a（K.K.Ⅱ.0281.a.xx）残存 1 页，分左右两面，残缺严重，字数不能确定，上栏线双栏，下栏线无存，刻本，刊布者将其定名为“佛经”，现将西夏文录文并对译如下：

（右面）

[illegible]……　　文（铭）依三宝……

[illegible]……　　佛名号（讳）诵……

[illegible]……　　吃婆丁……

翻译如下：

依文（铭）……三宝……诵佛名号（讳）……

吃娑丁

（左面）

[illegible]……	胜诸法……
[illegible][1][illegible]……	僧伽者胜是言……
[illegible]……	已饮食服肚中……
[illegible]……	（长）哈（长）……
[illegible]……	尔时世尊是经典……
[illegible]……	菩萨摩诃萨……

翻译如下：

胜诸法……僧伽者，胜是言……已饮食服肚中……引哈引……

尔时，世尊是经典……菩萨摩诃萨……

比对《大正藏》，可以确定 Or.12380-2246a（K.K.Ⅱ.0281.a.xx）残经左面的内容与右面不是同一部佛经，右面内容待定，残经左面应为不空译《除一切疾病陀罗尼经》的相应内容：

> 一切有情中，如来为尊胜；一切法中，离欲法尊；一切众中，僧伽为尊。以此诚实言愿我及一切有情食饮吃啖，入腹消化，得正安乐。娑嚩（二合引）诃（引）。尔时，世尊说是经已，诸苾刍僧，并诸菩萨摩诃萨。[2]

2.Or.12380-2246b（K.K.Ⅱ.0281.a.xx）残存 1 页 5 行，残缺严重，字数不能确定，栏线无存，刻本，刊布者将其定名为“佛经”，现将西

① 西夏文“[illegible]”译为“僧伽”“僧加”“僧”。

② （唐）不空译《除一切疾病陀罗尼经》，《大正藏》第 21 册，第 1323 号，第 489 页下栏 20~29。

夏文录文并对译如下：

……[illegible]……	……终诸……
……[illegible]……	……龙八部一切佛……
……[illegible]……	……受然行……
……[illegible]……	……除陀罗……
……[illegible]……	……无能故心……

翻译如下：

……终，诸……一切……龙、八部、佛……受然行……

……除陀罗……

……无能……故心……

比对《大正藏》，可知残经应为不空译《除一切疾病陀罗尼经》的相应内容：

> 尔时，世尊说是经已，诸苾刍僧，并诸菩萨摩诃萨，一切大众、天龙、八部，受持佛语，欢喜奉行。[①]

3.Or.12380-3163（K.K.Ⅱ.0282.iii）残存 2 页，共 11 行，下栏线双栏，上栏线无存，刻本经折装，刊布者将其定名为“佛经”，现将西夏文录文并对译如下：

……[illegible]	……疾病一切灭（除）
……[illegible]	……受持读诵义
……[illegible][②][illegible]	……立即言净所说
……[illegible]	……（长）毗嘛令 哇那老尼祇令

① （唐）不空译《除一切疾病陀罗尼经》,《大正藏》第 21 册，第 1323 号，第 489 页下栏 29~490 页上栏 2。

② 西夏文“[illegible]”译为“净言”，指陀罗尼。

……[illegible]	……底 老尼达离 浊喔浊比
……[illegible]	……罗（长）揭尼牟令 娑诃
……[illegible]	……对说是言净若诵持者食旧
……[illegible][1]	……风病胆病垢病股厚疱病
……[illegible]	……热病头病半（偏）病
……[illegible]	……我佛眼以观
……[illegible]	……婆罗门等所

Or.12380-3163（K.K.Ⅱ.0282.iii）残经翻译如下：

……灭一切疾病……受持读诵义……立即所说净言：

……引 毗嘛令 哇那老尼祇令……底 老尼达离 浊喔浊比……罗引揭尼牟令 娑诃

对……说："是言净，若诵持者，旧食……风病、胆病、垢病、股厚疱病……热病、头病、半（偏）病……我以佛眼观……婆罗门等所……"

不空译《除一切疾病陀罗尼经》的相应内容如下：

> 能除世间一切疾病。汝当受持读诵，通利如理作意，即说密言曰：
>
> 怛你也（二合）他一尾摩黎尾摩黎（二）噂曩俱枳黎（三）室唎（二合）末底（丁以反四）军拏黎（五）嫩奴鼻（六）印捺啰（二合）儗𩔗（二合七）母隶娑噂（二合）诃。
>
> 佛告阿难陀："此陀罗尼，若诵持者，宿食不消，霍乱、风黄痰荫癊，患痔瘘淋上气，嗽虐寒热，头痛半痛，着鬼魅者，悉得除差。我以佛眼观见彼人，诸天、魔、梵、沙门、婆罗门，能作障难。"[2]

---

① 西夏文"[illegible]"译为"股厚疱病"，应指"痔疮"。

② （唐）不空译《除一切疾病陀罗尼经》，《大正藏》第21册，第1323号，第489页下栏12~20。

十二 《陀罗尼集经》

《陀罗尼集经》是中天竺阿地瞿多（唐言“无极高”）翻译成汉文的，他精练五明，妙通诸部，永徽三年（652）正月来至长安，住慈门寺。陀罗尼印坛法门者，乃具有“众经之心髓，引万行之导首。宗深秘密，非浅识之所知；义趣冲玄，匪思虑之能测；密中更密，无得称焉”，法师认为陀罗尼法门未兴斯土，所以丁宁三请方许坛法。三月法师赴慧日寺浮图院内，自作普集会坛，大乘琮等一十六人，爰及英公、鄂公等一十二人，助成坛供，希望皇基永固，常临万国，庶类同沾，皆成大益。永徽四年（653）阿地瞿多在慧日寺宣译梵本且翻要抄一十二卷，永徽五年（654）岁次甲寅四月十五日毕，《陀罗尼集经》出《金刚大道场经》《大明咒藏分之少分》。此经传入西夏，被翻译成汉文，保留在黑水城文献之中。

Or.12380-0755（K.K.）残存 1 页 4 行，字数不能确定，上栏线无存，下栏线双栏，刻本，刊布者将其定名为“佛经”，现将西夏文录文并对译如下：

……[illegible][①]	……大目乾连
……[illegible]	……一切天龙
……[illegible]	……罗紧那罗
……[illegible]	……一切佛所

① 西夏文“[illegible]”译为“大目乾连”“大目揵连”“大目犍连”，佛十大弟子之一。

解读 Or.12380-0755（K.K.）残经，比对《大正藏》，因为仅仅有“大目乾连”“天龙”“紧那罗”等词，很难做出明确判断，只能初步确定为阿地瞿多译《陀罗尼集经》第一卷（此卷印咒有二十九）“大神力陀罗尼经释迦佛顶三昧陀罗尼品一卷于大部第一卷（佛部卷上）”的相应内容：

……大目揵连、难陀阿尼噜驮、阿若憍陈如、阿难陀、罗睺罗等而为上首。

复有无量大菩萨众，普贤菩萨、曼殊室利菩萨、观自在菩萨、虚空藏菩萨、弥勒菩萨、金刚藏菩萨，而为上首。苾刍、苾刍尼，优婆塞、优婆夷，天龙、药叉、迦噜啰、健达婆、阿素罗、紧那罗、摩睺落伽等。复有无量诸大国王。①

① （唐）阿地瞿多译《陀罗尼集经》，《大正藏》第 18 册，第 901 号，第 785 中栏 12~17。

十三 《佛说摩利支天陀罗尼经》

《佛说摩利支天陀罗尼经》，又称《佛说摩利支天经》《摩利支天经》，唐不空译，唐圆照撰《大唐贞元续开元释教录》《贞元新定释教目录》等皆有收录。此经传入西夏被翻译成西夏文，在黑水城文献中有保存。

Or.12380-1980（K.K.Ⅲ.014.a）残存 1 页 7 行，残缺严重，应为写本卷轴装，无栏线，刊布者将其定名为“佛经”，现将西夏文录文并对译如下：

……[illegible]……

……彼摩利支……

……[illegible][1]……

……无能（晓）人之钱财不受怨主……

[illegible][2] [illegible]

佛告诸比丘若人有彼摩利支天名知者彼人见亦无能

[illegible]

捉亦无能人欺诈无能人缠亦无能人之钱财不受怨主

[illegible]□[illegible]……[illegible]

方得无能□佛告诸比丘……彼摩利

---

① 西夏文“[illegible]”译为“怨主”“怨敌”。

② 西夏文“[illegible]”译为“摩利支天”。

[illegible]……

支天名知者是言生应弟子某……

……[illegible]……

……人见无能人捉亦不能……

Or.12380-1980（K.K.Ⅲ.014.a）残经翻译如下：

……彼摩利支……无人能（晓）之，不受钱财，怨主……佛告诸比丘："若有人知彼摩利支天名者，彼人亦无能见，亦无能捉，人无能欺诈，人亦无能缠，人不受之钱财，怨主无能得便□。"佛告诸比丘："……知彼摩利支天名者，应生是言：'弟子某……无人能见，亦无人能捉……'"

比对汉文本佛经，可知残经为不空译《佛说摩利支天菩萨陀罗尼经》的相应内容：

> 名摩利支，有大神通自在之法，常行日前，日不见彼，彼能见日。无人能见，无人能知，无人能捉，无人能害，无人欺诳，无人能缚，无人能债其财物，无人能罚，不畏怨家能得其便。佛告诸比丘："若有人知彼摩利支天名者，彼人亦不可见，亦不可知，亦不可捉，亦不可害，亦不为人欺诳，亦不为人缚，亦不为人债其财物，亦不为人责罚，亦不为怨家能得其便。"佛告诸比丘："若善男子、善女人，知彼摩利支天名者，应作是言：'我弟子某甲知彼摩利支天名故，无人能见我，无人能知我，无人能捉我，无人能害我，无人能欺诳我，无人能缚我。'"①

① （唐）不空译《佛说摩利支天菩萨陀罗尼经》，《大正藏》第21册，第1255a号，第259中26~下栏5。

十四 《圣大悟荫王随求皆得经》

随着唐大随求陀罗尼经典的翻译，大随求信仰日渐流传，唐长寿二年（693）天竺人宝思惟至洛阳，住天宫寺翻译了《佛说随求即得大自在陀罗尼神咒经》，之后不空又翻译了《普遍光明清净炽盛如意宝印心无能胜大明王大随求陀罗尼经》（分为上下两卷），它们为同本异译。由于密宗的创立，随求经典的地位提高，信仰大随求陀罗尼可除苦厄、减恶趣、圆满众生的希望等。不空译本收录在燕京崇仁寺沙门希麟集《续一切经音义》卷七、唐西京西明寺沙门圆照撰《贞元新定释教目录》卷二十二，《房山石经》存金天眷二年（1139）刻石。大随求陀罗尼经在唐宋时期非常流行，此经还传入西夏，被翻译成西夏文，西夏文本称《圣大悟荫王随求皆得经》，俄藏和英藏黑水城文献中皆有保存，俄藏馆册第26、30、561、6286号（下卷）为写本经折装；馆册第740、24、3835、7233、712、3342、3348、6404、3881、28、7783、31、6618、6055、561、7790号为刻本经折装；馆册第5757号为写本贝叶装。英藏黑水城西夏文献也有保存，但比对宝思惟译本和不空译本，可以发现黑水城本与不空译本更为接近。

1.Or.12380-0220（K.K.Ⅱ.0284.g）残存3折页，整行16字，上下栏线双栏，刻本经折装，刊布者将其定名为“佛经”，现将西夏文录文并对译如下：

[illegible][1] [illegible]

---

① 西夏文“[illegible]”译为“东方力轮王”，汉文本为“邻国王有大威力”。

尔时东方力轮王四种军起今许汝西大

[illegible][1][illegible]

郭宅围绕坏欲尔时梵施王之诸臣相是

[illegible]

如言说王大他国军起以所未国亡且将（欲）

[illegible]

何如方便以彼军之败令且说王言汝等

[illegible]

思恼心莫少人我大悟阴王求依皆得有

[illegible]

我彼以四种军之败令灰如为我说诸臣

[illegible][2][illegible]

相悉皆顶礼王大我等昔是如言闻无尔（何）

[illegible][3][illegible]

况（曾）且何如一（有）也说王言从此如显明令我

[illegible]

说彼及梵施王种种香水以自洗衣净穿

[illegible]

大悟荫王法依写颈上挂悟阴咒王威力

[illegible]

依坚甲为以穿中自攻四军皆败力轮王

[illegible]

自独已放大婆罗门彼依大悟荫王母者

[illegible]□[illegible]

如来一切□心手印以所摄受大威力如

---

① 西夏文“[illegible]”译为“梵施王”，汉文本为“梵施”。

② 西夏文“[illegible]”译为“顶礼”“稽首”。

③ 西夏文“[illegible]”译为“明显”“显现”。

[illegible] ① [illegible]

前显持应如来一切与差异想不起应后

[illegible] ② [illegible]

世后时上（于）诸识有（有情）世（寿）短尽财等之利益为

[illegible] ③ [illegible]

能也大婆罗门或者是大悟荫王母求依（随）

[illegible]

皆得种集依写若手及颈于挂故彼之如

[illegible]

来一切行为所摄受也知应如来一切之

Or.12380-0220（K.K.Ⅱ.0284.g）残经翻译如下：

尔时，东方力轮王，今许起（发）四种军，欲围困坏（夺）汝西大城郭。尔时，梵施王之诸臣相如是言说："大王，他国起兵，将以所亡国，且欲以如何方便令败彼军？"王乃言说："汝等少有愁恼心，我有《大悟荫王随求皆得》，我以彼令四种军之败如为灰。"诸臣相悉皆顶礼："大王，我等未曾闻如是言，尔曾如何有说也。"王言："此刻，如我说明白。"彼梵施王以种种香水自洗（净身），穿净衣，依法写《大悟荫王》，挂于颈上，依悟荫咒王威力，为穿坚甲，自攻四军，皆败，只放回力轮王。婆罗门依彼《大悟荫王母》者，以一切如来□心手印所摄受大威力，如显前应持，与一切如来不应起异想。于后世后时，诸有情命短财尽等，能为利益之故。大婆罗门或者是依写《大悟荫王母随求皆得种集》，若系手及挂于颈故，应知彼为一切如来行所摄受也……一切如来之……

不空译《普遍光明清净炽盛如意宝印心无能胜大明王大随求陀罗尼经》卷上的相应内容如下：

① "[illegible]"字依据 Or.12380-3388（K.K.）残经补录。

② 西夏文"[illegible]"译为"短命"。

③ 西夏文"[illegible]"译为"大婆罗门"，汉文本为"梵天"。

时，邻国王有大威力，起四种兵来罚梵施，梵施辅佐白大王言："大王，今被他敌夺王城邑，王当令我作何谋计却彼怨敌。"是时，梵施告群臣言："汝等今者勿生匆遽，我有《随求大明王陀罗尼》，由此陀罗尼威力，能摧他敌令如灰烬。"时，诸群臣即便稽首，白言大王："我等臣下曾所未闻。"王复告言："汝等今者即见效验。"其时梵施即以香水沐浴，著新净衣，依法书写此陀罗尼，入在于箧安头髻中，以此大随求陀罗尼，护身被甲，即往入阵，王独共战，四兵降伏，来归梵施。大梵当知此大随求无能胜陀罗尼，是一切如来心印之所加持，有大神验，汝当受持，当知此陀罗尼等同诸佛。于后末法之时，短命薄福，无福不修福者，如斯有情，作利益故。大梵，此大随求陀罗尼，依法书写，系于臂上，及在颈下，当知是人是一切如来之所加持，当知是人等同一切如来身，当知是人是金刚坚固之身，当知是人是一切如来藏身。[①]

Or.12380-0220（K.K.Ⅱ.0284.g）与 Or.12380-3385（K.K.）及 Or.12380-3388（K.K.）残经的内容有重复之处。

2.Or.12380-3375（K.K.Ⅱ.0248.b）残存 1 页 7 行，满行 16 字，上下栏线单栏，刻本经折装，由偈语和长行组成。现将西夏文录文并对译如下：

[illegible]□□□□ □□□□□ □□□□□

最□□□□ □□□□□ □□□□□

[illegible]

彼依皆安乐 后天如生得 法王亦狱帝

[illegible]

见时已惊讶 是者大灵有 先世修习依

[illegible]

多□护舍利 如来塔妙如 求依皆得咒

① （唐）不空译《普遍光明清净炽盛如意宝印心无能胜大明王大随求陀罗尼经》卷上，《大正藏》第 20 册，第 1153 号，第 620 页下栏 9~28。

[illegible]

假若颈中有 其身最词合

[illegible]

尔时狱主障施等法王狱帝对是如言说

[illegible][1] [illegible]□[illegible]

何云求随皆得说法王狱帝言若人□等

Or.12380-3375（K.K.Ⅱ.0248.b）残经翻译如下：

最□□□□，□□□□□。

□□□□□，依彼皆安乐；

得生如后天，法王亦狱帝。

见时已惊讶，是者有大灵；

先世依修习，多□护舍利。

如来塔如妙，依求皆得咒；

假若颈中有，其身最合词。

尔时，狱主障施等法王对狱帝如是言说："法王云何说《随求皆得》?"狱帝言："若人□等……"

不空译《普遍光明清净炽盛如意宝印心无能胜大明王大随求陀罗尼经》卷上的相应内容如下：

> 狱卒受教已，于其夜分时；至满足城南，见彼苾刍塔。
>
> 乃见于尸上，带此大明王；随求陀罗尼，而放大光明。
>
> 其光如火聚，天龙及药叉；八部众围绕，恭敬而供养。
>
> 时彼焰魔卒，号为随求塔。
>
> 尔时，焰魔卒还至王所，具以上事白焰魔王，其苾刍承此陀罗尼威力。罪障消灭得生三十三天。因号此天为先身随求天子。[2]

---

① 西夏文"[illegible]"译为"狱帝"，汉文本为"阎王"。

② （唐）不空译《普遍光明清净炽盛如意宝印心无能胜大明王大随求陀罗尼经》卷上，《大正藏》第20册，第1153号，第621页上栏28~中栏8。

3.Or.12380-3385（K.K.）残存 3 折页 18 行，每折 6 行，每行 16 字，上下栏线单栏，刻本经折装，刊布者定名为《种咒王荫大孔雀经》，现将西夏文录文并对译如下：

[illegible]

及他明持者多众与请彼毒济（救）无能尔时

[illegible][1][illegible][2][illegible]

乐常城邑中善亲女一名者垢无净大悲

[illegible]

有种咒悟荫王诵能彼处所往是种咒一

[illegible]

遍已诵毒除前如成大苦中解脱得是大

[illegible][3][illegible]

悟咒王种集门所言依商主子诚心以念

[illegible][4][illegible]

持及大婆罗门故（曾）梵施王今许汝西国住

[illegible]

尔时东方力轮王四种军起今许汝西大

[illegible]

郭宅围绕坏欲尔时梵施王之诸臣相是

[illegible]

如言说王大他国军起以所未国彼人将

[illegible]

何如方便以彼军之败令人说王言汝等

[illegible]

---

① 西夏文“[illegible]”译为“善亲女”，汉文本为“优婆夷”。

② 西夏文“[illegible]”译为“无垢净”，人名。

③ 西夏文“[illegible]”译为“商主子”，汉文本为“长者子”。

④ “[illegible]”（大婆罗门）之后好像缺少内容。

思恼心处少人我大悟阴王求依皆得有

[illegible]

我彼以四种军之败令灰如够我说诸臣

[illegible]

相悉皆顶礼王大我等昔是如言闻无何（尔）

[illegible]

况且何如一（有）也说王言从此如显明令我

[illegible]

说彼及梵施王种种香水以自洗衣净穿

[illegible]

大悟荫王法依写颈上挂悟阴咒王威力

[illegible]

依坚甲为以穿中自攻四军皆败力轮王

[illegible]

自独已放大婆罗门彼依大悟荫王母者

Or.012380-3385（K.K.）残经翻译如下：

及持他（彼）明者，众多与请无能救彼毒。尔时，乐常城邑中一善亲女，名者为无垢净大悲，能诵《种咒悟荫王》，所往彼处，是种咒已诵一遍，除毒如先前，大苦中得解脱，依言是大悟咒王种集门。商主子以诚心念持。大婆罗门，曾梵施王许汝住西国。尔时，东方力轮王，今许起（发）四种兵，欲围困坏（夺）汝西大城郭。尔时，梵施王之诸臣相如是言说："大王，他国起兵，将以所亡国，且将（欲）以如何方便令败彼军？"王所（乃）言说："汝等少有愁恼心，我有《大悟荫王随求皆得》，我以彼令四种军之败如为灰。"诸臣相悉皆顶礼："大王，我等前未（未曾）闻如是言，尔曾如何有说也。"王言说："此刻，如我说明白。"彼梵施王以彼种种香水自洗（净身），穿净衣，依法写《大悟荫王》，挂于颈上，依悟荫咒王威力，为穿坚甲，独自攻四军，皆败，只放回力轮王。婆罗门依彼《大悟荫王母》者……

不空译《普遍光明清净炽盛如意宝印心无能胜大明王大随求陀罗尼经》卷上的相应内容如下：

> 是人受大苦痛，命将欲绝，多有诸持明者，无能救济。于其城中有一优婆夷，名曰无垢清净，常诵持此随求大明陀罗尼。其优婆夷大悲成就，起悲愍心往诣其所，以此陀罗尼加持，才经一遍，其毒消灭，平复如故。时长者子于无垢清净所，受此陀罗尼。忆念在心，大梵当知毒不能害。
>
> 复次，大梵筏罗捺斯城有王，名曰梵施。时，邻国王有大威力，起四种兵来罚梵施，梵施辅佐白大王言："大王，今被他敌夺王城邑，王当令我作何谋计却彼怨敌。"是时，梵施告群臣言："汝等今者勿生匆遽，我有《随求大明王陀罗尼》，由此陀罗尼威力，能摧他敌令如灰烬。"时，诸群臣即便稽首，白言大王："我等臣下曾所未闻。"王复告言："汝等今者即见效验。"其时梵施即以香水沐浴，著新净衣，依法书写此陀罗尼，入在于篋安头髻中，以此大随求陀罗尼，护身被甲，即往入阵，王独共战，四兵降伏，来归梵施。①

4.Or.12380-3386（K.K.Ⅱ.0243.m）残存1折页6行，每行由2句颂文构成，上下栏线单栏，刻本经折装，原卷子上有编号3386，刊布者定名为"佛经经颂"，现将西夏文录文并对译如下：

[illegible]

假如是咒言度时　自身及亦果报受

[illegible]

求随皆得誓以畏　彼魔围绕最中除

[illegible]

---

① （唐）不空译《普遍光明清净炽盛如意宝印心无能胜大明王大随求陀罗尼经》卷上，《大正藏》第20册，第1153号，第620页下栏2~20。

大畏恐应诸敌寇 其数悉皆自各逃

[illegible]

明满一切智智又 菩提勇识其之护

[illegible]

难行行者声闻及 独觉等亦其之护

[illegible]

他后所有一切及 天龙大神灵有者

翻译如下：

假如是度咒言时，自身及亦受果报；

随求皆得以畏誓，彼魔围绕最中除。

应大畏恐诸敌寇，其数悉皆各自逃；

一切明满又智智，菩提勇识其之护。

难行行者及声闻，独觉等亦其之护，

他后及一切所有，天龙大神有灵者。

此段内容与不空译本内容相似，但用词表述有一定差异。

5.Or.12380-3387（K.K.V.b.002II.c）残存 1 页 6 行，每行 16 字，上下栏线单栏，刻本经折装，残经上有编号 3387，现将西夏文录文并对译如下：

[illegible]

商主无垢螺食财多众金银宝珠陀螺皆

[illegible] [1] [illegible] [2] [illegible]

满种依主集尔时大商主船乘大海中入

① 西夏文“[illegible]”译为“大商主”。

② 西夏文“[illegible]”译为“乘船”。

[illegible][1][illegible]

摩伽（竭）大水行为船之坏欲诸龙已乱天重

[illegible][2][illegible][3][illegible]

声出电闪星堕金刚雷下尔时诸商者诸

[illegible]

苦彼以心不安稳大龙意乱电闪星堕金

[illegible]

刚雷下摩伽（竭）大水船已受见依大哭泣声

Or.12380-3387（K.K.V.b.002II.c）残经翻译如下：

商主无垢螺食财众多，金银宝珠陀螺皆满，依种主集。尔时，大商主乘船入大海中，大摩竭游水欲坏其船，诸龙已重乱，天出电闪声、星堕、金刚雷下。尔时，诸商者以诸彼苦，心不安稳，大龙意乱，电闪、星堕、金刚雷下，摩竭大水，依船已见受，大哭泣声……

不空译《普遍光明清净炽盛如意宝印心无能胜大明王大随求陀罗尼经》卷上的相应内容如下：

> 其家巨富库藏盈溢，金银充满，多饶财谷。于是长者身作商主，乘大船舶入海采宝，于大海中遇低弥鱼欲坏其船，海中龙王复生瞋怒，起大雷震、哮吼、掣电、雨金、刚雹。时，诸商人见此雷雹，各怀忧恼，生大恐怖，叫呼求救无救济者。时，众商人前诣商主，悲声号哭白商主言……[4]

---

① 西夏文“[illegible]”译为“摩伽”“摩竭”“摩伽罗”，指大鱼，“[illegible]”译为“大摩羯”。《大智度论》第七卷记载：“昔有五百估客，入海采宝；值摩伽罗鱼王开口，海水入中，船去驶疾。船师问楼上人：‘汝见何等？’答言：‘见三日出，白山罗列，水流奔趣，如入大坑。’船师言：‘是摩伽罗鱼王开口，一是实日，两日是鱼眼，白山是鱼齿，水流奔趣是入其口。我曹了矣！各各求诸天神以自救济！’”

② 西夏文“[illegible]”译为“电闪”“闪电”。

③ 西夏文“[illegible]”译为“星堕”“星坠”。

④（唐）不空译《普遍光明清净炽盛如意宝印心无能胜大明王大随求陀罗尼经》卷上，《大正藏》第20册，第1153号，第621页中栏13~18。

6.Or.12380-3388（K.K.）残存 2 页，共 13 行，满行 16 字，上下栏线单栏，刻本经折装，刊布者将其定名为“佛经”，现将西夏文录文并对译如下：

[illegible][1] [illegible][2] [illegible]

如来一切□心手印以所摄受大威力如

[illegible]

前现（显）持应如来一切与差异想不起应后

[illegible]

世后时于诸有情寿短穷财等之利益为

[illegible][3] [illegible]

能也大婆罗门或者是大悟荫王母求依

[illegible]

皆得种集依写若臂及颈于垂故彼之如

[illegible]

来一切行为所摄受也知应如来一切之

[illegible]

身也知应金刚之身也知应如来一切之

[illegible]

舍利心也知应如来一切之目也知应大

[illegible]

金刚之身也知应焰光身也知应不坏铠

[illegible]

甲也知应敌寇一切恶令知应忏罪及诸

[illegible]

障一切净令知应有情地狱堕者净令知

① □中的西夏文依据 Or.12380-0220（K.K.Ⅱ.0284.g）残经补录。

② 西夏文“[illegible]”译为“手印”，手或手指所结的印。

③ 西夏文“[illegible]”译为“婆罗门”，其中“[illegible]”（rar）音“罗”。

[illegible]

应何云也大婆罗门往昔善生信无有故

[illegible]□□□□□□□□□□

如来一切之心□□□□□□□□□□

Or.12380-3388（K.K.）残经翻译如下：

以一切如来□心手印所摄受大威力，如现前应持。与一切如来不应异想，于后世后时，诸有情寿（命）短财尽等，能为利益之故。大婆罗门或者是依写《大悟荫王母依求皆得种集》，若系于手及挂于颈故，应知彼为一切如来所摄受行也，应知一切如来之身也，应知金刚之身也，应知一切如来之舍利心也，应知一切如来之目也，应知大金刚之身也，应知焰光身也，应知不坏铠甲也，令应知一切敌寇恶，令应知一切忏罪及诸障净，令应知堕地狱有情者净。云何也？大婆罗门，往昔有善生无信，故一切如来之心□□□□□□□□□□。

不空译《普遍光明清净炽盛如意宝印心无能胜大明王大随求陀罗尼经》卷上的相应内容如下：

> 大梵当知此大随求无能胜陀罗尼，是一切如来心印之所加持，有大神验，汝当受持。当知此陀罗尼等同诸佛，于后末法之时，短命薄福，无福不修福者，如斯有情，作利益故。大梵此大随求陀罗尼，依法书写，系于臂上，及在颈下，当知是人是一切如来之所加持，当知是人等同一切如来身，当知是人是金刚坚固之身，当知是人是一切如来藏身，当知是人是一切如来眼，当知是人是一切如来炽盛光明身，当知是人是不坏甲胄，当知是人能摧一切怨敌，当知是人能烧一切罪障，当知是人能净地狱趣。大梵云何得知？曾有苾刍心怀净信，如来制戒有所违犯不与取，现前僧物、僧祇众物，四方僧物，将入已用，后遇重病受大苦恼。[①]

① （唐）不空译《普遍光明清净炽盛如意宝印心无能胜大明王大随求陀罗尼经》卷上，《大正藏》第20册，第1153号，第620页下栏24~621页上栏5。

比对 Or.12380-3385（K.K.）、Or.12380-3386（K.K. II.0243.m）、Or.12380-3387（K.K.V. b .002II.c）、Or.12380-3388（K.K.），可确定它们为同版次《普遍光明清净炽盛如意宝印心无能胜大明王大随求陀罗尼经》，内容前后顺序与编号基本一致。

7.Or.12380-3411（K.K.II.0250.h）残存 1 页 4 行，每行 16 字，上下栏线单栏，刻本经折装，原佛经上有编号 3411，刊布者定名为“佛经”，现将西夏文录文并对译如下：

[illegible][1][illegible]□[illegible]
（方）便能四摄法慈悲喜舍慈力真□真实心
[illegible]
失落有者彼等之名者金刚心菩提勇识
[illegible]
大勇识金刚体金刚意金刚手金刚集金
[illegible]
刚大灵金刚化金刚聚金刚蕴金刚贤菩

Or.12380-3411（K.K.II.0250.h）残经翻译如下：

能便四摄法，慈、悲、喜、舍慈力，有真□真实心失落者。彼等之名者：金刚心菩提勇识、大勇识金刚、体金刚、意金刚、手金刚、集金刚、大灵金刚、化金刚、聚金刚、蕴金刚、贤菩……

不空译《普遍光明清净炽盛如意宝印心无能胜大明王大随求陀罗尼经》卷上的相应内容如下：

善巧四摄慈、悲、喜、舍力，远离清净心相续中。其名曰：金刚藏菩萨摩诃萨、金刚眼菩萨摩诃萨、金刚身菩萨摩诃萨、金刚慧菩萨摩诃萨、金刚手菩萨摩诃萨、金刚相击菩萨摩诃萨、金刚那罗

---

① 西夏文“[illegible]”译为“四摄法”，即慈、悲、喜、舍，也就是布施、爱语、利行、同事。

延菩萨摩诃萨、金刚游戏菩萨摩诃萨、金刚积菩萨摩诃萨、金刚髻菩萨摩诃萨、金刚妙菩萨摩诃萨、金刚幢菩萨摩诃萨。①

8.Or.12380-3425（K.K.V.b.026.q）残存 1 页 2 行，上下栏线单栏，刻本，原佛经上有编号 3425，刊布者定名为“佛经”，现将西夏文录文并对译如下：

[illegible]□□	主苦与离令大恐惧□□
[illegible]	圣大悟荫王求依皆得经典上卷

Or.12380-3425（K.K.V.b.026.q）残经为《圣大悟荫王求依皆得经典》卷上结尾处的相应内容，即“令与离……苦主，大恐惧□□……”

比对不空译《普遍光明清净炽盛如意宝印心无能胜大明王大随求陀罗尼经》卷上结尾内容“供养此大随求陀罗尼，回施一切有情，以是因缘其福无尽，于末后身复为国王，净信三宝心不退转，广行舍施成就檀波罗蜜”，② 可以发现其并不一致。

9.Or.12380-3512（K.K.II.0276.k）残存 1 页 10 行，上下栏线无存，刻本，残缺严重，原佛经上有编号 3512，刊布者定名为“佛经”，现将西夏文录文并对译如下：

……[illegible]……	……彼人……
……[illegible]□□[illegible]……	…… 喜□□如……
……[illegible]……	……时王惊愕眼以……
……[illegible]……	……算说时王……
……[illegible]……	……人答言王大我 ……

① （唐）不空译《普遍光明清净炽盛如意宝印心无能胜大明王大随求陀罗尼经》卷上，《大正藏》第 20 册，第 1153 号，第 616 页上栏 25~ 中栏 5。

② （唐）不空译《普遍光明清净炽盛如意宝印心无能胜大明王大随求陀罗尼经》卷上，《大正藏》第 20 册，第 1153 号，第 622 页上栏 25~28。

……[illegible]……	……皆得受持言是者希有……
……[illegible]……	……大悟荫王善……
……[illegible]……	……满行为所……
……[illegible]……	……以苦中解脱 ……
……[illegible]□[illegible]……	……不□死等……

因为 Or.12380-3512（K.K.II.0276.k）残经过于残缺，只能初步确定其与不空译《普遍光明清净炽盛如意宝印心无能胜大明王大随求陀罗尼经》卷下内容相似：

> 尔时，使者具以上事复白于王，其王闻已倍更瞋怒，又敕使者缚彼罪人掷深河中，奉教往掷。才入河中，河便枯竭，犹如陆地。时彼罪人便住于岸，所被系缚绳索，片片断绝。王闻此事极大惊怪，熙怡微笑，生大奇特，唤彼罪人，问其所缘。汝何所解？罪人白言："大王我无所解，我于身上唯带大随求无能胜大明王陀罗尼。"王即赞言，甚大奇特，此大明微妙能摧死罚。[1]

根据对上述西夏文《圣大悟荫王随求皆得经》残存内容的译释，可判断西夏文本不是依据不空汉译本翻译的，它们为同本异译，西夏文本或参照了其他文本的内容，这需继续考证。

① （唐）不空译《普遍光明清净炽盛如意宝印心无能胜大明王大随求陀罗尼经》卷下，《大正藏》第 20 册，第 1153 号，第 623 页中栏 14~22。

十五 《胜相顶尊总持功能依经录》

《胜相顶尊总持功能依经录》是西夏僧人翻译的佛经，即由诠教法师番汉三学院兼偏袒提点外卧耶沙门鲜卑宝源奉敕译，天竺大般弥怛五明显密国师在家功德司正外乃将沙门拶也阿难捺传。在俄藏西夏藏品第654号和第657号中，也曾两次提到拶耶阿难答（Ндзие-гха Ананда）这个名字，但是，这些佛经都未标明日期。在俄藏第375号佛经中，还提到了两位僧人的名字：阿难答与周慧海。阿难答[①]的名字在其他经文中未见提起。周慧海的名字在第654号和第657号中也曾提到过两次，但未标明年代。根据其他一些间接材料我们可以推断，周慧海和拶耶阿难答都是西夏仁孝皇帝时期的高僧。

克恰诺夫将《胜相顶尊总持功能依经录》译为《顶尊胜相总持功德经韵集》，有刻本经折装、刻本蝴蝶装，见馆册第4078、6796、6821、3707、7592、6909号。其中馆册第4078号题记记载“西天五明大般密怛、国师、功德司正、受安仪、沙门拶耶阿难答传经。解义信师、功德司护法、增利益、沙门周慧海传经。”其中馆册第7592号题记记载：“西天五明大般密怛、国师、功德司正、增利益、沙门拶也阿难答传经。解义信师、功德司护法、增利益、沙门周慧海奉敕译。”

---

① 阿难答即拶耶阿难答，西天五明大般密怛、国师、功德司正、增利益、沙门。他不仅在第375号《圣胜慧到彼岸功德宝颂曰》中出现，在其他佛经中也曾出现，如他还是《佛说阿弥陀经》传经者，见第109号，馆册第6761号，《顶尊胜相总持功德经韵集》作者，见第654号，馆册第4078、657、7592号。

《胜相顶尊总持功能依经录》在周慧海翻译完成之后，仁孝时刊印散失，此经在西夏广为流传，并保存在黑水城文献中。下面对英藏黑水城保存的残经进行释读。

1.Or.12380-0092（K.K.）存3块残片，写本，其形制无法判断。右面一块2行，每行3字。中间一块2行，每行4~5字。左面一块2行，每行3字。刊布者定名为“残片”，现将西夏文录文并对译如下：

……[illegible]…… ……阿由里……
……[illegible]…… ……（引） 阿地……
……[illegible]…… ……达耶 嘎嘎那……
……[illegible]…… ……塞衣 弥挳耶……
……[illegible]…… ……（引）哈罗……
……[illegible]…… ……（引）宁 商……

解读残经，可以确定其为《胜相顶尊总持功能依经录》的“陀罗尼”部分，在内容顺序上，应当是左、中、右排列。左中两块内容上下相连，右面内容在它们后面，翻译如下：

阿引诃啰 麻麻 阿瑜珊 捺啰你 商捺也 商捺也 觅商捺也（左面）

觅商捺也 遏遏捺 萨末斡 委商宁 乌实你舍 觅挳也（中间）

阿瑜里 觅熟宁 萨嚩怛达 遏怛 萨麻也 阿地实达捺 阿地实提矴（右面）

2.Or.12380-0129RV（K.K.）写本，卷子装，存2块残片，左面一块好像是从右面背后揭下来的，因为两者形状完全一致，但内容不同，刊布者定名为“残片”。右面一块是《胜相顶尊总持功能依经录》，残存4行，每行4~6字。现将右面西夏文录文并对译如下：

……[illegible]…… ……帕里普（引）罗尼……
……[illegible]…… ……塞衣不弥皮罗……

……𗪾𗄈𗤶𗟲……　　　　……纥里达耶……

……𗪁𗣼𗌭𗪁𗣼𗌭……　　　　……木地里木地里

翻译如下：

钵里逋引啰你……捺舍目弥 不啰帝……纥里二合捺也……末能呤 么能呤

3.Or.12380-0211a（K.K.Ⅱ.0283.hh）写本，卷子装，上残下存，中间断裂，存下栏线单栏，现存1页8行，每行2~4字，刊布者定名为“陀罗尼”，实际上为《胜相顶尊总持功能依经录》之“陀罗尼”的内容。现将西夏文录文并对译如下：

……𗣫　𗏁　　　　……迦　皮

……𗤋𘞌𗼇　　　　……那（引）麻

……𗧓𗤶𗟲　𗧓　　　　……商达耶　商

……𗒘𗊢𗼇𗊢　　　　……阿萨麻萨

……𗖍𗗣　𗖍𗖍　　　　……嘎听　嘎嘎

……𗿒𗦻𗼇𗠁　　　　……捞梯由麻米

……𗤁𗿒𗤋　　　　……瓦捞那

……𗪁𗣼𗄊　　　　……木地罗

翻译如下：

逻迦　不啰二合帝　捺引麻　怛涅达引　商捺也　商捺也　阿萨麻萨捺遏矴　遏遏捺　钱六丁鸠　斡啰斡捞捺　么能啰

4.Or.12380-0211b（K.K.Ⅱ.0283.hh）写本，卷子装，上残下存，中间断裂，下栏线单栏，现存1页8行，每行2~7字，刊布者定名为“陀罗尼”，实际上为《胜相顶尊总持功能依经录》之“陀罗尼”的内容。现将西夏文录文并对译如下：

……𗊢𗤁　　　　……萨瓦

……[illegible]	……帕（引）罗
……[illegible]	……达（引）嘎
……[illegible] [illegible]	……舍梯听 萨瓦
……[illegible]	……阿地舍达那（引）阿
……[illegible] [illegible]	……诃 木地里
……[illegible] [illegible]	……须顶 萨瓦
……[illegible]	……谬宁

翻译如下：

萨嚩怛达 钵啰弥怛 萨嚩怛达遏怛 实提矴 萨嚩怛达

阿地实达捺 阿地实提矴 麻诃 么能呤 觅熟宁 萨嚩怛达 呣你

5.Or.12380-0258V（K.K.Ⅱ.0284.nn）存 1 页，右面和左面字迹不一致，应为不同经典。写本，卷子装或折本装，有上下栏线及行间隔栏线，存 2 行，刊布者定名为“陀罗尼”，实际上为《胜相顶尊总持功能依经录》之“陀罗尼”的相应内容。现将西夏文录文并对译如下：

[illegible] [illegible] [illegible] [illegible]

梵言 乌舍你舍 弥拶耶 南无达罗尼

[illegible] [illegible] [illegible] [illegible]

阿扭舍摩萨 萨西塔 须梯罗塔 萨摩

翻译如下：

梵言乌实你舍 觅拶夜 捺麻 捺罗你 阿宁蟾萨 萨兮怛 须嚼啰怛 三仡里怛兮怛

6.Or.12380-0323（K.K.Ⅱ.0285.a）存 1 页 14 行，写本卷轴装，无栏线，基本完整，刊布者定名为《顶尊相胜总持功德经韵集》[①]，现将西夏文录文并对译如下：

---

① 史金波先生定名为《顶尊相胜总持功德经韵集》并发愿文。

[illegible]……	则前主过坐……
[illegible]	其时出有坏金色手伸天子
[illegible]	实坚固之妙法说作菩提记
[illegible]	受
[illegible]	顶尊相胜皆持依功经依
[illegible]	集竟
[illegible]	众今闻
[illegible]	世尊慈悲四生安拔妙法
[illegible]	用广六趣运输此中此皆
[illegible]	持者实咒中胜如来顶是
[illegible]	诸佛共说明满同印面见
[illegible]	声闻恶趣远离影黑尘著
[illegible]	天上生盛最上菩提印置
[illegible][①][illegible]	与财寿长病无不求自成

Or.12380-0323（K.K.II.0285.a）意译如下：

尔时，天主与至坚等无量天众，赍诸供养，共至佛所，广伸供养，绕百千匝，踊跃称叹，退坐听法。尔时，出有坏伸金色手摩天子实坚固，为他说妙法，授记菩提。胜相顶尊功能依经录集完。众今闻：世尊慈悲，救拔四生，广用妙法，运输六趣，尽在此中。此总持者，实咒中之最胜，如来之顶，是诸佛共说，明满同印，见面闻声，远离恶趣，遇影蒙尘，超生天上，置最上菩提印。富有钱财，长寿无病，诸事不求自成。

7.Or.12380-0323V（K.K.II.0285.a）存 1 页 7 行，写本卷轴装，无栏线，基本完整，刊布者定名为《顶尊相胜陀罗尼》，现将西夏文录文并对译如下：

[illegible]□	此用（功）见依教用（功）子无闻□

① 西夏文“[illegible]”译为“长寿无病”。

[illegible] 后大愿一起自手刻印
[illegible] 诸人之施此善根以唯愿
[illegible][1] [illegible] 圣主万岁国本当茂大臣
□[illegible] □年子心能益法界生有
[illegible] 共佛当成
[illegible][2] [illegible] 天乙酉五七年月日

Or.12380-0323V（K.K.Ⅱ.0285.a）意译如下：

依见此功，弟子无闻□，所发大心愿，自手刻印。诸人奉施，以此善根，唯愿皇帝（圣主）万岁，国本昌盛，大臣□年，有（能）益子心，法界有情，共当成佛。天盛乙酉十七年月日。

从外观上看，Or.12380-0323（K.K.Ⅱ.0285.a）与 Or.12380-0323V（K.K.Ⅱ.0285a）笔迹相同，为同一人所抄写。刊布者将 Or.12380-0323（K.K.Ⅱ.0285.a）定名为《顶尊相胜总持功德经韵集》，将 Or.12380-0323V（K.K.Ⅱ.0285.a）定名为《顶尊相胜陀罗尼经》，事实上，这两页残经都是《胜相顶尊总持功能依经录》的内容，第一页前一部分是经文末尾及名称，后一部分和第二页是发愿文。

8.Or.12380-0720（K.K.Ⅱ.0279.jj）刻本，折本或册子装，右存左残，上栏线无存，下栏线单栏，现存 6 行，满行 14 字。中间有残缺，刊布者定名为“佛经”，现将西夏文录文并对译如下：

[illegible]
乐谁所依归救济能可谓及此念作
[illegible]
实来依可实真最竟明满依归所是
[illegible]

---

① 西夏文“[illegible]”译为“万岁”，“[illegible]”译为“圣主万岁”。

② 西夏文“[illegible]”应为“[illegible]”（天盛乙酉），即天盛十七年，故“[illegible]”应为“天盛十七年”。

所安能

[illegible]

其时释帝天主天一晓时种种香花

[illegible]

衣食等持毁有度所所往足以顶告

[illegible]

七匝围绕一面过坐实坚固之七趣

Or.12380-0720（K.K.Ⅱ.0279.jj）实为《胜相顶尊总持功能依经录》的相应内容：

愁闷不乐，谁能救拔，所能归依？复作是念：惟有如来、应供、真实、最正等觉，是所归趣，能够救拔。尔时，帝释至天晓时分，持种种香花饮食往诣世尊，头面礼足，旋绕七匝，恭敬供养，退坐一面，向世尊具说至坚七趣之事，惟愿世尊慈悲救拔云云。[①]

9.Or.12380-0784（K.K.Ⅱ.0244.a.x）刻本，上存下残，可见上栏线，现存2块，每块4行，每行3~5字。刊布者泛称“陀罗尼”，实为《顶尊相胜总持功德经韵集》之“陀罗尼”的相应内容，两块内容相连。现将西夏文录文并对译如下：

（右面）

……[illegible]……	……唵　南无　薄……
……[illegible]……	……皮罗提　弥……
……[illegible]……	……那（引）麻　塔顶……
……[illegible]……	……商达耶　商……

① 参见俄藏黑水城文献汉文 TK164、TK165《胜相顶尊总持功能依经录》的相应内容。

（左面）

……□[illegible]……　　……□阿萨麻……
……[illegible]……　　……罗　那嘎听……
……[illegible]……　　……顶　阿命重伸……
……[illegible]……　　……嘎塔　须……

翻译如下：

唵　捺么　末遏斡帝　不啰帝　觅石实怛也　捺麻　怛涅达　商捺也　商捺也　阿萨麻　罗　捺遏矴　宁　阿命重伸　遏怛　须遏怛

10.Or.12380-0788（K.K.Ⅱ.0244.zzz.）写本，折本或册子装，上残下存，上栏线无存，下栏线单栏，现存 6 行，每行存 7~8 字。刊布者定名为“佛经”，实为《顶尊相胜总持功德经韵集》中“帝释天依佛嘱咐，向天子教说总持，天子依法勤修，消除灾难”一段内容。现将西夏文录文并对译如下：

……[illegible]……　　……固之此皆持所说作……
……[illegible]……　　……之令依所往此皆……
……[illegible]……　　……六日六夜勇勤所作……
……[illegible]……　　……趣中所解寿也所长……
……[illegible]……　　……嬉闹重重歌颂稀有明……
……[illegible]……　　……稀有如此皆持世……

翻译如下：

天主，汝可为天子至坚教说修持此总持。天主依佛之命，去为至坚说此总持。至坚天子六日六夜内，勤精修持此总持。至第七日，恶趣消除，寿命增长。

尔时，至坚天子欢喜雀跃，反复歌颂赞叹：稀有，明满！稀有，妙法！稀有，僧伽！稀有，如是总持！救我堕生赡部洲所经之大难怖畏，使我得到解脱。

11.Or.12380-0806（K.K.Ⅱ.0281.a.xxxiii.）刻本，折本或册子装，上存下残，有上栏线，现存2块，每块4行。刊布者称作“佛经经颂”，实为《顶尊相胜总持功德经韵集》之“陀罗尼和佛告帝释总持由来，重说持诵陀罗尼功德利益”一段内容。现将西夏文录文并对译如下：

[illegible]……　　帕里须丁　萨……
[illegible]……　　达耶　阿地……
[illegible]……　　木地里　木地里……
[illegible]……　　诃（引）　木地罗……
[illegible]……　　天主此皆持……
[illegible]……　　沙数诸佛……
[illegible]……　　皆皆智印以……
[illegible]……　　失迷暗识有……

翻译如下：

钵里熟宁　萨　纥里捺也　阿地实达捺　么能吟　么能吟　麻诃么能啰

天王当知，此总持者，八十八亿俱胝恒河沙数诸佛同说，共所摄授，如来一切智印所印，为普益一切短命、薄福、恶趣、迷昧、愚钝有情，因此所说。

12.Or.12380-2765RV（K.K.）存2页，刻本经折装，上栏线无存，下栏线单栏，右面残页上有编号2765，刊布者定名为《二十宫吉祥颂》，现将西夏文录文并对译如下：

（右面）

[illegible]

匝诵尸上撒开则此身转者三恶趣

[illegible]

[illegible]

解天上生得天主天子实坚固对此

[illegible]

皆持所说作

[illegible]

其时天主毁有度（出有坏）之令依所往此皆

翻译如下：

遍（匝），撒散在尸骨上，则此身转世时，免堕三恶道中，得生天上。天主，对天子坚固为说此总持。尔时，天主依出有坏之命，所往此皆……

（左面）

[illegible]

佛（宝）塔与同实寿长诸病苦无命断（终）及（后）

[illegible]

往极乐世界中莲华（花）中化生诸实来

[illegible]

与遇法藏一切皆显照令能若身转者

[illegible][1] [illegible]

之利益因芥果白上此皆持二十一

翻译如下：

与舍利、宝塔等（实）同，长寿无诸病苦，命终之后，在极乐世界中莲花中化生，得见诸如来，皆令一切法藏悉能显照。若身终者，为利其转世投胎，以白芥子上此总持诵二十一。

比对两页残片，可知其皆为《胜相顶尊总持功能依经录》的内容，左面内容在前，右面内容在后，二者可相接缀合，缀合后的内容如下：

---

① 西夏文“[illegible]”译为“白芥果”。

与舍利、宝塔等（实）同，长寿无诸病苦，命终之后，在极乐世界中莲花中化生，得见诸如来，皆令一切法藏悉能显照。若身终者，为利其转世投胎，以白芥子上此总持诵二十一遍（匝），撒散在尸骨上，则此身转世时，免堕三恶道中，得生天上。天主，对天子坚固为说此总持。尔时，天主依出有坏之命，所往此皆……

图 63　Or.12380-2765RV（K.K.）

13.Or.12380-2889aRV（K.K.Ⅱ.0281.a.xxvii）残存 2 块，其中一块 5 行，每行存 1~3 字，写本，残缺严重，上下栏线皆无存。另一块只能看清 3 行，每行存 2~3 字，刊布者定名为“残片”，现将西夏文录文并对译如下：

（右面）

……[illegible]……	……塔达（引）嘎塔……
……[illegible]……	……舍梯听　萨瓦……
……[illegible]……	……阿地舍达那……
……[illegible]……	……木地里……
……[illegible]……	……桑哈塔那……

翻译如下：

萨嚩怛达引遏怛……不啰帝　实提二合矴　萨嚩……阿地实达捺……么能吟……三诃怛捺……

（左面：）

……[illegible]…… ……弥商达耶……

……[illegible]…… ……乌舍你塞衣……

……[illegible]…… ……帕（引）罗弥 塔（引）……

翻译如下：

……觅商捺也……乌实你二合舍……钵引啰弥怛引……

可确定 Or.12380-2889aRV（K.K.Ⅱ.0281.a.xxvii）内容是《胜相顶尊总持功能依经录》的“陀罗尼”。

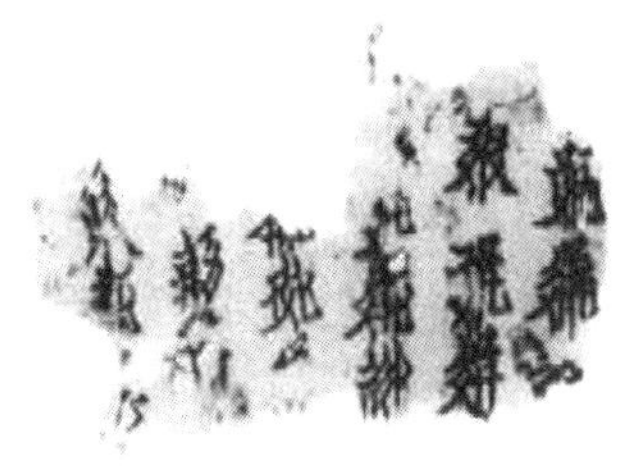

图 64 Or.12380-2889aRV（K.K.Ⅱ.0281.a.xxvii）

14.Or.12380-2889bRV（K.K.Ⅱ.0281.a.xxvii）写本，折本或册子装，上半部分残缺，上栏线无存，下栏线单栏，存 2 块，刊布者定名“佛经”，现将西夏文录文并对译如下：

（右面）

……[illegible] [illegible]

……麻听 达塞衣

……[illegible]

……不弥 皮罗梯 舍梯听 萨瓦塔达（引）嘎

……[illegible]

……塔 纥里达耶 阿地舍达那 阿地舍

……[illegible]

……梯听唵　木地里　木地里摩诃 木……

……[illegible]）

……地里　巴则罗　迦（引）耶　桑哈塔那　帕里须顶

翻译如下：

……麻矴　捺舍目弥　不啰帝　实提二合矴　萨嚩怛达引　遏怛……纥里二合捺也阿地实达捺　阿地实提二合矴　唵　末能呤二合　么能呤　麻诃　么……能呤二合　末啰二合　葛引也　三诃怛捺　钵里熟宁

（左面）

……[illegible]

……弥商达耶　嘎嘎那　莎

……[illegible]

……巴瓦委梢顶　乌舍你塞衣　弥拶耶

……[illegible]

……帕里须地（引）　萨哈西罗　罗舍弥

……[illegible]

……萨左地听　萨瓦　塔达（引）嘎塔

……[illegible]

……阿瓦老给宁　舍塔　帕（引）罗弥塔（引）

……[illegible]

……帕里普（引）罗尼　萨瓦　塔达（引）嘎塔

翻译如下：

……觅商捺也　遏遏捺　萨末斡　委商宁　乌实你二合舍　觅拶也……钵里熟地引　萨诃厮啰二合　啰实弥　珊左地矴　萨嚩怛达引遏怛……阿斡逻鸡你　折怛　钵引啰弥怛引　钵里逋引啰你　萨嚩怛达引遏怛

可确定 Or.12380-2889bRV（K.K.Ⅱ.0281.a.xxvii）内容是《胜相顶尊总持功能依经录》“陀罗尼”的相应内容。

15.Or.12380-2946（K.K.Ⅱ.0231.m）存 1 折页 6 行，刻本经折装，上下栏线单栏，残页上有编号 2946，刊布者定名为“佛经”，现将西夏文录文并对译如下：

[illegible]

失迷暗识有一切因所说诸天及显

[illegible]

赡部洲情有之利益因皆持汝之嘱

[illegible]

咐作我若此皆持一匝闻也百千万

[illegible]

劫中所积恶业悉皆消除复更地狱

[illegible]

饿鬼畜生下趣中不生所过生处如

[illegible][1][illegible]

来与遇菩提勇识类及上种中生若

Or.12380-2946（K.K.Ⅱ.0231.m）残经为《胜相顶尊总持功能依经录》的相应内容：

为普益一切迷昧有情，故所说，为诸天众及赡部洲有情之利益故，将此总持咐嘱于汝。若闻一遍此总持，百千万劫所积恶业，皆悉消除，终不复生地狱、饿鬼、傍生下趣中，所生之处，恒得值佛，生菩提勇识类及上种中。若……

① 西夏文“[illegible]”译为“上种”“贵种”。

16.Or.12380-2946V（K.K.Ⅱ.0231.m）存1折页6行，刻本经折装，上下栏线单栏，残页上有编号2946，刊布者定名为“佛经”，现将西夏文录文并对译如下：

[illegible]
此皆持书写幢头山顶楼阁塔塔（佛塔）上
[illegible][1][illegible]
置影遇尘著暂几见者此也三恶趣
[illegible]
中不堕诸如来数共同摄受菩提记
[illegible]
受不退还为若复人有敬礼供养诵
[illegible]
持所者如来之子是大法源为舍利
[illegible]
塔塔与同现寿中诸病苦无命终后

Or.12380-2946V（K.K.Ⅱ.0231.m）残经为《胜相顶尊总持功能依经录》的相应内容：

书写此总持，置于幢头、山顶、楼阁、宝塔之上，哪怕是一瞬间遇影映见尘著，也不堕三恶道，诸如来共同摄受，授菩提记，得不退转（阿鞞跋志）。若复有人敬礼、供养、所诵持者，如来之嫡子，是大法为源，与舍利、宝塔等同，现寿之中无诸病苦，命终之后……

比对Or.12380-2946（K.K.Ⅱ.0231.m）和Or.12380-2946V（K.K.Ⅱ.0231.

① 西夏文“[illegible]”译为“遇影映尘著”，也就是“遇到塔影映身或塔上灰尘飘落在身上”的意思。

m）残经，可以确定二者为同部残经，内容为《胜相顶尊总持功能依经录》，Or.12380-2946（K.K.Ⅱ.0231.m）内容在前，Or.12380-2946V（K.K.Ⅱ.0231.m）内容在后，二者可以缀合。

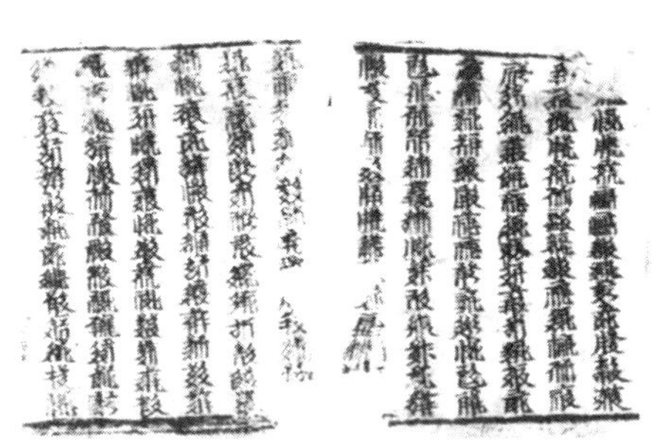

图 65 Or.12380-2946（K.K.Ⅱ.0231.m）（右面）、Or.12380-2946V（K.K.Ⅱ.0231.m）（左面）

17.Or.12380-2947（K.K.Ⅱ.0240.aa）存 1 折页 6 行，刻本经折装，上下栏线单栏，残页上有编号 2947，刊布者定名为“陀罗尼”，现将西夏文录文并对译如下：

[illegible]

钵里熟（须）宁　弥西婆怛　目地熟（须）宁

[illegible]

哈哈　拶也　拶也　弥拶也　弥拶也

[illegible]

厮（西）麻罗　厮（西）麻罗　厮拔（西婆）罗　厮拔（西婆）罗　厮（西）拔

[illegible]

罗也　厮拔（西婆）罗也　萨嚩目怛　阿地

[illegible]

实（舍）达捺（引）　阿地实（舍）提丁　熟（须）宁　熟（须）宁

[illegible]

目宁　目宁　末则令　末则令　麻（摩）诃（引）

翻译如下：

钵里熟宁　觅斯婆二合怛　目地　熟宁　形形　拶也　拶也　觅拶也　觅拶也　厮麻二合啰　厮麻二合啰　厮拔二合啰　厮拔二合啰　厮拔二合啰也　厮拔二合啰也　萨嚩目怛　阿地实达二合引捺引　阿地实提二合矴　熟宁　熟宁　目宁　目宁　末则呤二合　末则呤二合　麻诃引

残经实为《胜相顶尊总持功能依经录》中“陀罗尼”之一部分。从外观判断，Or.12380-2947（K.K.II.0240.aa）残经与 Or.12380-2946（K.K.II.0231.m）、Or.12380-2946V（K.K.II.0231.m）可能属于同部残经的不同内容。

18.Or.12380-2948（K.K.II.0233.aaa）存 1 折页 6 行，刻本经折装，上下栏线单栏，残页上有编号 2948，刊布者定名为“陀罗尼”，现将西夏文录文并对译如下：

[illegible]

（阿）诃罗　麻麻　阿瑜珊捺　达（引）罗（引）你

[illegible]

商捺（达）也　商捺（达）也　觅（弥）商捺也　觅（弥）商

[illegible]

捺（达）也　遏遏（嘎嘎）捺　莎末（巴）斡　委商宁　乌

[illegible]

施（舍）你舍　觅（弥）拶也　钵里熟（须）地（引）　萨诃

[illegible]

厮（西）罗　罗实（舍）弥　珊（萨）左地丁　萨嚩　塔达（引）

[illegible]

怛达（引）遏怛　阿斡罗鸡你　折怛钵（引）

翻译如下：

诃啰　麻麻　阿瑜珊捺引啰引你　商捺也　商捺也　觅商捺也　觅商　捺也　遏遏捺　萨末斡　委商宁　乌实你二合舍　觅拶也　钵里熟

地引 萨诃 斯啰二合 啰实弥 珊左地矴 萨嚩怛达引遏怛 阿斡逻鸡你 折怛 钵引啰弥

残经内容实为《胜相顶尊总持功能依经录》中“陀罗尼”的一部分。从外观判断，Or.12380-2948（K.K.Ⅱ.0233.aaa）和 Or.12380-2947（K.K.Ⅱ.0240.aa）、Or.12380-2946（K.K.Ⅱ.0231.m）、Or.12380-2946V（K.K.Ⅱ.0231.m）属于同部残经的不同内容。

19.Or.12380-3036RV（K.K.Ⅱ.0275.nn）存 2 残页，刻本经折装或卷轴装，上栏线单栏，下栏线无存，右面有编号 3036，刊布者定名为“佛经”，现将西夏文录文并对译如下：

（右面）

□□□□[illegible]□□□□□

□□□□有□□□□□

[illegible]

其时出有坏自顶髻中大光明放十

[illegible]

方皆照还口中入少许过笑释帝之

[illegible]

语谓天主皆持一有名者顶尊相胜

[illegible]

母皆持谓如来一切之顶除主受令

[illegible]

能行往一切之护业障清净乐趣中

Or.12380-3036RV（K.K.Ⅱ.0275.nn）残经右面意译如下：

（具白至坚七趣之事，惟愿）世尊（哀愍救拔。）尔时，世尊于顶（髻上放大光明，）照（十）方界，还于口中，（现微笑相，）告帝释言：天主当知，有一总持，名曰《胜相顶尊母总持》，能与一切如来令受灌顶，能护一切有情，（净除）业障，令趣乐趣中……

（左面）

[illegible]

入命乃过生处昔命忆解若一匝诵

[illegible]

则寿尽数也则寿长得地狱饿鬼畜

[illegible]

畜地狱世界皆空为令佛国天道皆

[illegible]

皆解能愿依生令释帝天主佛之语

[illegible]

谓唯愿毁有度最妙皆持所说其时

□□□□[illegible]

□□□□度

Or.12380-3036RV（K.K.Ⅱ.0275.nn）残经左面意译如下：

令趣（乐趣，）所生之处，（能忆宿命。若诵一遍，）设寿尽者，现获延寿。（一切地狱、饿鬼、）傍生狱主世界，悉皆成空。能开一切（佛国、天界之门，随愿往生。）（帝释天主前白佛）言：惟愿世尊（演说微妙总持章句。）（尔时，）世尊（受天主请，说此总持曰：）……度……

翻译 Or.12380-3036RV（K.K.Ⅱ.0275.nn）残经内容，可以发现其为《胜相顶尊功能依经录》正宗分，内容自“世尊从顶髻放大光明”至说“陀罗尼”之前。Or.12380-3036RV（K.K.Ⅱ.0275.nn）残经右面、左面可以缀合，右面内容在前，左面内容在后。

20.Or.12380-3037RV（K.K.Ⅱ.0255x）仅存两块残片，刻本，左右面各存 3 行，每行存 4 字，上栏线单栏，下栏线无存，残缺严重，刊布者定名为“佛经”。现将西夏文录文并对译如下：

（右面）

[illegible]…… 天集处善……
[illegible]…… 其时天子……
[illegible]…… 妙宫中住……

翻译如下：

（诸）天集处善（法宫中）。尔时……天子（名曰坚固），住（胜）妙宫中。

（左面）

[illegible]…… 用受此夜……
[illegible]…… 日内中所……
[illegible]…… 内七趣生……

翻译如下：

受用（天乐以自娱）。此夜（七）日之内，（所转）生……（历经）七趣。

释读残经，与汉译本对比，可断定残经为《胜相顶尊总持功能依经录》经首序分的相应内容。

21.Or.12380-3051aRV（K.K.Ⅱ.0244.a.vii）存2残片，刻本，折本或册子装，上有栏线，下半部分残缺，每块残片4行，每行存4~5字，刊布者定名为“佛经”。其实Or.12380-3051aRV（K.K.Ⅱ.0244.a.vii）右面与Or.12380-3052RV（K.K.）右面应为相同残片，是同一块残片的重复拍摄，因为它们英藏编号都相同，故放在一起录文和对译如下。

Or.12380-3051aRV（K.K.Ⅱ.0244.a.vii）右面和Or.12380-3052RV（K.K.）右面：

[illegible] [illegible]…… 巴瓦都明 萨……
[illegible] [illegible]…… 须地 舍捞……
[illegible] [illegible]…… 麻弥 萨麻（引）

繸緈　繸緈……　　　　西达　西达……

翻译如下：

末斡六丁铭萨捺引……熟地　实拶二合……鸠　萨麻引……西涅　西涅……

Or.12380-3051aRV（K.K.Ⅱ.0244.a.vii）左面：

𗉣𗏁𗄈　𗑉𗍊……　　　　巴则罗　撮拉……
𗉣𗏁𗄈　𗋕𗉣……　　　　巴则罗　桑巴……
𗉣𗏁𗄈𗍫……　　　　巴则罗弥……
𗗙𗋐𗗙𗐱𗆄……　　　　萨瓦萨咄喃……

翻译如下：

末啰二合　撮辣……巴则罗　三末……末则里二合你……萨嚩萨咄喃……

残经译释后，与汉译本对比，可断定残经为《胜相顶尊总持功能依经录》之“陀罗尼”的相应内容。

22.Or.12380-3051b（K.K.Ⅱ.0244.a.viii）刻本，折本或册子装，上有栏线，下半部分残缺，共4行，刊布者定名为“佛经”，现将西夏文录文并对译如下：

𗗚𗋜𗡞𗆄𗤶……　　　　地舍达那（引）……
𗏵　𗟲𗝡𗤶　𗓱……　　　　宁　摩诃（引）谬……
𗤶　𗍫𗓱𗏵……　　　　（引）弥谬宁……
𗟲𗡅　𗌭……　　　　麻梯　须……

翻译如下：

地实达二合引捺引……你　麻诃引　呣……引　觅呣你……麻帝　须……

23.Or.12380-3051bV（K.K.Ⅱ.0244.a.vii）刻本，折本或册子装，上有栏线，下半部分残缺，共4行，刊布者定名为“佛经”，现将西夏文录文并对译如下：

[illegible]…… 帕里须顶……
[illegible] [illegible]…… 哈哈 捞耶……
[illegible] [illegible]…… 西麻罗 西麻罗……
[illegible] [illegible]…… 罗耶 西婆罗……

翻译如下：

钵里熟宁……形形 捞也……断拔二合啰 断拔二合啰……罗 断拔二合啰……

残经译释后，与汉译本对比，可断定残经为《胜相顶尊总持能依经录》之“陀罗尼”的内容。从外观形式上看，Or.12380-3051b（K.K.Ⅱ.0244.a.viii）与Or.12380-3051bV（K.K.Ⅱ.0244.a.vii）属同一部文献的不同残片。

24.Or.12380-3053RV（K.K.Ⅱ.0244.a.ix）刻本，存2块残片，每块4行，每行存2~4字，上有栏线，下半部分残缺。刊布者称为“佛经”，实为《胜相顶尊总持功能依经录》的“佛告帝释，我有母陀罗尼，有无量功德”内容。2块残片内容前后相连，根据残存字的位置推断，它原来每行有14字。现将西夏文录文并对译如下：

（右面）

[illegible]…… 语谓天主……
[illegible]…… 母皆持谓……
[illegible]…… 能行往皆……
[illegible]…… 命乃……

（左面）

[illegible]…… 寿尽……
[illegible]…… 畜地狱世……
[illegible]…… 皆解能愿……
[illegible]…… 谓唯愿……

补齐内容后翻译如下：

告帝释言：天主当知，有一总持，名曰胜相顶尊母总持，能与一切如来令受灌顶，能护一切有情，净除业障，令趣乐趣，所生之处，能忆宿命。若诵一遍，既使寿数已尽者，也现得延寿。一切地狱、饿鬼、傍生等狱主世界，悉皆成空。能开一切佛国、天道之门，随愿即能往生。帝释天主前白佛言：惟愿世尊演说此最妙总持章句。

残经译释后，与汉译本对比，可断定残经为《胜相顶尊总持功能依经录》之“陀罗尼”的内容。

25.Or.12380-3167RV（K.K.）写本，形制无法判断。出版时泛称“残片”，大约有 4 小块残片，其中右面 1 块是《胜相顶尊总持功能依经录》。左面 1 块也极为相似，但与陀罗尼不能完全对应，故此存疑。现将西夏文录文并对译如下：

（右面）

……[illegible]…… ……尔时出有坏金色手……
……[illegible]…… ……伸天子实坚固之妙……
……[illegible]…… ……法说作菩提记授……

补齐内容后翻译如下：

尔时出有坏伸金色手，摩天子至坚之顶，为其宣说妙法，授记菩提。

（左面）

……[illegible]…… ……相胜总……
……[illegible]…… ……麻耶麻……

……[illegible]…… ……巴则罗……

翻译如下：

相胜总持……麻耶麻……巴则罗……

残经译释后，与汉译本对比，可断定残经为《胜相顶尊总持功能依经录》之“陀罗尼”的相应内容。

26.Or.12380-3246RV（K.K.Ⅱ.0270.s）写本，卷子装，残存3行，刊布者定名为“佛经”，其实是《胜相顶尊总持功能依经录》结尾及重复经题。右面是正面，左面是背面，左面隔开几行处有书写者署名，上方有另一小块残片，仅剩2字，内容与右面正好相承接。现将西夏文录文并对译如下：

（右面）

[illegible]…… 尔时出有坏金色手……

……[illegible] ……妙法说作菩提记授

……[illegible] ……依功德经集竟

补齐内容后翻译如下：

尔时出有坏伸金色手，摩天子至坚之顶，为其宣说妙法，授记菩提。胜相顶尊总持功德依经集终……

（左上）

……[illegible]…… ……过坐……

……[illegible] ……书写者罗巴……

翻译如下：

……退坐一面，听佛说法……书写者罗巴……

27.Or.12380-3717（K.K.）存1残片4行，每行存3字，写本，折本或册子装，上存下残，下栏线无存，上栏线单栏。刊布者定名为“佛经”，实为《胜相顶尊总持功能依经录》之“陀罗尼”的相应内容。现将西夏文录文并对译如下：

[illegible][illegible][illegible]…… 地舍达……
[illegible][illegible][illegible]…… 宁谬宁……
[illegible][illegible][illegible]…… 弥谬宁……
[illegible][illegible] [illegible]…… 麻梯 须……

翻译如下：

阿地实达二合引捺引……嗬你嗬你……觅嗬你……麻麻帝 须麻帝……

28.Or.12380-3717V（K.K.）存 1 残片 4 行，每行存 3 字，写本，折本或册子装，上存下残，下栏线无存，上栏线单栏。刊布者定名为“佛经”，实为《胜相顶尊总持功能依经录》之“陀罗尼”的相应内容。现将西夏文录文并对译如下：

[illegible][illegible][illegible]…… 帕里须……
[illegible][illegible] [illegible]…… 哈哈 拶……
[illegible][illegible][illegible]…… 西婆罗……
[illegible][illegible] [illegible]…… 罗耶 西……

意译如下：

钵里熟宁……形形 拶也……厮拔啰……厮拔啰也 厮拔啰也……

29.Or.12380-3730（K.K.Ⅱ.0274.qq）存 1 残片，写本，折本或册子装，上存下残，残片存 4 行。刊布者统称“佛经”，实为《胜相顶尊总持功能依经录》之“佛说陀罗尼功德及至坚天子赞佛赞法”一段的内容。将西夏文录文并对译如下：

[illegible][illegible][illegible][illegible][illegible]…… 其时实坚固……
[illegible][illegible][illegible][illegible][illegible][illegible][illegible]…… 歌颂稀有明满稀……

[illegible]……	有如此皆……
[illegible]……	所解脱令我谓……

补齐内容后翻译如下：

至坚天子欢喜雀跃，反复歌赞：稀有，明满！稀有，妙法！稀有，僧伽！稀有，如是总持！救我堕生赡部洲所经之大难怖畏，使我得到解脱。

30.Or.12380-3730V（K.K.Ⅱ.0274.qq）存1残片，写本，折本或册子装，上存下残，残片存3行，每行存2~7字。刊布者统称“佛经”，实为《胜相顶尊总持功能依经录》之“佛说陀罗尼功德及至坚天子赞佛赞法”一段的内容。现将西夏文录文并对译如下：

[illegible]……	往极乐……
[illegible]……	遇法藏皆皆皆显……
[illegible]……	之利……

补齐内容后翻译如下：

极乐世界莲花中化生，得见诸佛，令一切法藏悉皆显现。若身终者，为利其转世投胎。

Or.12380-3730（K.K.Ⅱ.0274.qq）和Or.12380-3730V（K.K.Ⅱ.0274.qq）分正反2面，编号时正反两面顺序颠倒排列，因此实际上应当是Or.12380-3730V（K.K.Ⅱ.0274.qq）在前，Or.12380-3730（K.K.Ⅱ.0274.qq）在后。

31.Or.12380-3731.1（K.K.I.ii.02.x）存1页2行，每行存5~6字，写本，残缺严重，仅存上半部分，上栏线单栏，下栏线无存，残经与Or.12380-3730（K.K.Ⅱ.0274.qq）属同一件文献，有经题存在，刊布者定名为《胜相顶尊总持功能依经录》，现将西夏文录文并对译如下：

[illegible]……	子实坚固之……
[illegible]……	顶尊相胜皆持……

Or.12380-3731.1（K.K.I.ii.02.x）残经补充内容后翻译如下：

尔时度有坏伸金色手，摩天子至坚之顶……胜相顶尊总持功德依经集终……

根据译释内容，它应属《胜相顶尊总持功能依经录》。

西夏文大集部类经典

《菩萨念佛三昧经》

大集类经典在黑水城文献中保存较少，《菩萨念佛三昧经》是其中一部。《菩萨念佛三昧经》（共六卷），也称《念佛三昧经》，刘宋大明六年（463）翻译完成，主要讲述念佛三昧的因果，《出三藏记集》卷二有收录，后来的《大唐内典录》《古今译经图纪》《大周刊定众经目录》《开元释教录》《开元释教录略出》《贞元新定释教目录》等皆有收录。

《菩萨念佛三昧经》传入西夏，被翻译成西夏文，在俄藏和中国藏西夏文中未见保存，而英藏黑水城文献中有保存。

Or.12380-0106（K.K.）残存 2 页，共 9 行 32 字，残缺严重，刊布者将其定名为“佛经”，现将西夏文录文并对译如下：

（右面）

……[illegible]……	……青黄赤……
……[illegible]……	……至梵天皆……
……[illegible]……	……尊顶上……
……[illegible]……	……袒左肩右膝地著……

翻译如下：

……青、黄、赤……至梵天皆……尊顶上……偏袒左肩，右膝著地……

（左面）

……[illegible]……	……无……
……[illegible]……	……闻毒……
……[illegible]……	……若善男子善女人……
……[illegible]……	……大无上……
……[illegible]……	……故是……

翻译如下：

……无……闻，毒……若善男子、善女人……大，无上……故是……

解读 Or.12380-0106（K.K.）残经，比对《大正藏》，可以确定残经内容为刘宋功德直译《菩萨念佛三昧经》第四卷的相应内容：

> 青、黄、赤……上至梵天，从彼还下，绕佛三匝，复至顶上……长老阿难即从坐起，更整衣服，右膝著地，合掌向佛……闻鼓音声，毒不能行……若善男子、善女人等，少得遇闻三昧光声，是人皆当得于无上菩提之道……①

---

① （刘宋）功德直译《菩萨念佛三昧经》卷 4，《大正藏》第 13 册，第 414 号，第 819 页上栏 4~821 页上栏 7。

西夏文疑伪类经典

一 《佛顶心观世音菩萨大陀罗尼经》

疑伪经《佛顶心大陀罗尼经》，全称《佛顶心观世音菩萨大陀罗尼经》，分上、中、下三卷。在敦煌[①]、黑水城[②]、拜寺沟方塔、山西应县木塔[③]和《房山石经》[④]中皆有保存，有汉文、西夏文和回鹘文[⑤]等不同版本。黑水城出土的西夏文《佛顶心大陀罗尼经》最初收录在《西夏文写本与刊本》中，有十余个编号，没有卷号的标识。[⑥]之后收录在克恰诺夫

① 在敦煌文献中存P.3236（下卷）、P.3916（上中下三卷），即《佛顶心观世音菩萨大陀罗尼经》卷上、《佛顶心观世音菩萨疗病催产方》卷中、《佛顶心观世音菩萨救难神验经》卷下，参见《法藏敦煌西域文献》（第22、29册），上海古籍出版社，2002，第264~265页和326~333页。

② 西夏文《佛顶心大陀罗尼经》的三卷名称分别为《佛顶心观世音菩萨大陀罗尼经》卷上、《佛顶心观世音菩萨治病催生法经》卷中、《佛顶心观世音菩萨前往难救经》卷下，其名称与敦煌本、房山本、应县木塔本略有不同。俄藏西夏文尚未刊布，感谢史金波老师提供原件照片。

③ 山西应县木塔出土辽代写本卷轴装《佛顶心观世音菩萨大陀罗经》（甲乙本），参见山西省文物局、中国历史博物馆主编《应县木塔辽代密藏》，文物出版社，1991，第457~462页。

④ 金皇统三年（1143）石刻《佛顶心观世音菩萨大陀罗经》三卷和金未有刻石年代三卷，参见中国佛教协会、中国佛教图书文物馆编《房山石经》（辽金刻经）第28册，华夏出版社，2000，第617~627页。

⑤ 牛汝极认为在吐鲁番文献中心（科学院柏林分院）和俄罗斯圣彼得堡东方学研究所克罗特科夫藏品中有几件回鹘文写本和印本《佛顶心大陀罗尼经》，它们皆为同一译本，回鹘文印本可能是明代的重印本。参见牛汝极《敦煌吐鲁番回鹘汉译疑伪佛典》，《敦煌学辑刊》2000年第2期。

⑥ 西夏特藏第130号《佛顶心观世音菩萨》，馆册第105、908、2827、2900、5478、5693号；西夏特藏第131号《佛顶心观世音菩萨患医生断法经》，馆册第3820、7786号；西夏特藏第132号《佛顶心观世音菩萨大陀罗尼经》，馆册第116、2827号；西夏特藏第133号《佛顶心陀罗尼经》，馆册第57、4357、4880、4887、4978、5150号。参见〔俄〕戈尔巴乔娃、克恰诺夫编著《西夏文写本与刊本》，白滨译，中国社会科学院民族研究所历史研究室资料组编译《民族史译文集》（3），1978，第34页。

编著的《俄藏黑水城西夏文佛经叙录》中，二者收录的编号有所不同。张九玲考证英藏西夏文《佛顶心观世音菩萨大陀罗尼经》有9件，即Or.12380-0050、1099、1164、1419、1420、2132、2761、3185、3218号，亦未指出具体卷数。[①]蔡莉对Or.12380-0853、0854、0856、2943、2944、3903号《佛顶心观世音菩萨大陀罗尼经》进行译释正名，汇总前人解读，认为共有27件。[②]而我们对Or.12380-0841、3041号等进行考证后认为，若把它们定为《佛顶心观世音菩萨大陀罗尼经》还值得怀疑，尚需要进一步比对确定。

《英藏黑水城文献》（全5册）中只有Or.12380-2102RV（K.K.II.0243.e）、Or.12380-3875（K.K.）和Or.12380-3025（K.K.II.0234.b）三个编号被刊布者定名为《佛顶心观世音菩萨大陀罗尼经》。通过对全5册《英藏黑水城文献》的梳理，笔者发现还存在其他尚未定名或定名错误的残经亦属于《佛顶心观世音菩萨大陀罗尼经》，下面分别录文、译释并对残经版式、字数等进行介绍。

1.Or.12380-0050（K.K.II.0283.ggg）残经，刊布者定名为“佛经”，为刻本经折装，上下单栏线，存1折页6行，每行14字，最后2行下半部分残缺，残缺内容根据俄藏馆册第105号补齐，现将西夏文录文并对译如下：

[illegible]

一切断能恐怖一切灭能众生一切

[illegible]

此威神功依皆苦离能解脱尔时世

[illegible]

音观菩萨重释迦牟尼佛对言说我

---

① 张九玲：《西夏本〈佛顶心观世音菩萨大陀罗尼经〉述略》，《宁夏社会科学》2015年第3期。

② 蔡莉：《英藏西夏文〈佛顶心观世音菩萨大陀罗尼经〉整理》，《西夏研究》2019年第2期。

[illegible]

今苦恼众生因魔障灭除苦遇众生

[illegible]

之救害无令欲自在王智印大陀罗

[illegible]

尼法以苦受众生一切之救济疾病

解读 Or.12380-0050（K.K.Ⅱ.0283.ggg）残经，可确定其为《佛顶心观世音菩萨大陀罗尼经》卷上的相应内容，翻译如下：

能断一切结缚，能灭一切恐怖，一切众生依此威神功悉能离苦解脱。尔时，观世音菩萨重白释迦牟尼佛言："我今欲为苦恼众生灭除魔障，救遇苦众生令无灾，以自在王智印大陀罗尼法救济一切受苦众生，灭除一切疾病。"

2.Or.12380-0526（K.K.）残存 1 页 10 行，字数不能确定，下栏线单栏，刻本，刊布者定名为"佛经"，□内的西夏字依据俄藏馆册第 105 号西夏文《佛顶心观世音菩萨大陀罗尼经》补录，现将西夏文录文并对译如下：

……[illegible]

……乌诃耶弥　萨婆诃

[illegible]

尔时观世音菩萨此陀罗尼说毕十

[illegible]

方世界皆大震动天宝华雨纷纷乱

[illegible]

佛顶心　二

[illegible]

落此陀罗尼供养名薄伽梵莲花手

① 西夏文"[illegible]"译为"拔出疾病""去除疾病"。

[西夏文]

心自在王印若善男子善女人此秘

[西夏文]

密妙神句章闻一耳根经身于百千

[西夏文]

万苦有者悉皆消灭此陀罗尼者十

[西夏文]

恶五逆阐提诽谤非法法说灭令若

[西夏文]

三宝师主父母前面无敬心起若世

将 Or.12380-0526（K.K.）残经内容与汉文本进行比对，可以确定此残经为《佛顶心观世音菩萨大陀罗尼经》卷上的相应内容，翻译如下：

……乌诃耶弥　萨婆诃尔时，观世音菩萨说此陀罗尼毕，十方世界皆大震动，天雨宝华，纷纷乱下，为供养，此陀罗尼，名薄伽梵莲花手自在心王印。若善男子、善女人闻此秘密神妙句章，一历耳根，身中所有百千万苦悉皆消灭。此陀罗尼令灭十恶五逆、阐提、诽谤、非法说法。若在三宝、师主、父母面前起无敬心（骄慢心），若世世造业……

3.Or.12380-0722（K.K.Ⅱ.0279.mm）残存 1 页 5 行，字数不能确定，栏线无存，写本，刊布者定名为“佛经”，□内的西夏字依据俄藏馆册第 105 号西夏文《佛顶心观世音菩萨大陀罗尼经》补录，现将西夏文录文并对译如下：

……[西夏文]……

……虚空中住令如觉室暗中……

[西夏文][1] [西夏文][2] [西夏文]

① 西夏文“[西夏文]”译为“淮州城”。

② 西夏文“[西夏文]”译为“为官城主”，汉文用“官人”，在下文中直接用西夏文“[西夏文]”表示“城主”，“城主”具有西夏特色，在《天盛律令》中常常出现。

行淮州城中至是官为城主来待尔时彼城主

毅榹乿朘㼝𤗻豥㹨絼𠑊𢇤辥㒧𣢉[1]

一两日未渡淮州城主司已授黎明

緘祇𢈢[2] 𢇤𦲬𢃦㛃𦔆㹨𦒿㳋𢏟𦻊𤖳

礼拜者已散及向如若彼水中而掷

𦺹𦕵䋻𦼣𦒿𦔆𠕋𣚩𢇌𢃦𢾜毅𣬴𦟀

沉和尚者彼庭中坐见不觉惊恐方

将 Or.12380-0722（K.K.Ⅱ.0279.mm）残经内容与汉文本进行比对，可以确定此残经为《佛顶心观世音菩萨大陀罗尼经》卷下的相应内容，翻译如下：

……彼自身者如令人为住一行虚空中，感觉暗室中行至淮州城中，待是城主官来。尔时，彼城主官不过一两日至怀州城，与城主司上任。黎明上朝，官员退去，转头，见到被投入水中的和尚坐于殿堂中，不觉惊恐……

4.Or.12380-0853（K.K.）残经上栏线无存，下栏线单栏，刻本经折装，刊布者定名为“佛经”，仅存 5 行，每行只剩下最后 2 个或 1 个西夏字，最后一行无法识别，现将西夏文录文并对译如下：

……𦾒𨻶	……目闭
……𢤷𦲢	……念是
……𦕜𠐔	……得人
……𢃦	……不
……	……

5. 西夏文 Or.12380-0854（K.K.）残经，上栏线无存，下栏线单

① 西夏文“𣢉𣢉”译为“黎明”“拂晓”。

② 西夏文“緘祇𢈢”译为“礼拜者”，汉文用“三朝满月”。

栏，刻本经折装，刊布者定名为“佛经”，仅存 6 行，每行只剩下最后 1~5 个西夏字，现将西夏文录文并对译如下：

……[illegible]　　……皆

……[illegible]　　……足得

……[illegible]　　……供养

……[illegible]　　……世界

……[illegible]　　……子善女人或

……[illegible]　　……此陀罗

Or.12380-0853（K.K.）和 Or.12380-0854（K.K.）两个残经字体一致，版式相同，可以确定它们为同部经的残经，比对汉文《佛顶心观世音菩萨大陀罗经》，可以确定它们为《佛顶心观世音菩萨大陀罗经》卷上结尾处的内容，黑体部分表示西夏文残存内容，翻译如下：

……**闭目**心中念观世音菩萨，更勿异念，**念此**陀罗尼经典七遍，无愿不果。又**得**一切人之所喜乐。**不**堕一切诸恶之趣，此**人**或坐或卧，常见诸佛，如目面前，无量俱胝之所聚集**诸**恶罪过，悉能消灭。如是之人，当得具**足**转轮王之福。若人以香花**供养**此陀罗尼经者，得大千**界**之福，此大悲法，彼人世间得大成就。又若善男**子善女人，或**晨时面佛前烧妙好香，诵**此陀罗**尼经典满千遍，即时见观世音菩……

6.Or.12380-0856（K.K.）残经，上栏线无存，下栏线单栏，刻本，刊布者定名为“佛经”，仅存 6 行，残缺严重，现将西夏文录文并对译如下：

……[illegible]……　　……观世音 ……

……[illegible]……　　……见为是问 ……

……[illegible]　　……令能身

……[illegible]　　……灌智力波罗

……[illegible]　　……得

……[illegible] ……经典上卷 终

翻译 Or.12380-0856（K.K.）残经，比对汉文《佛顶心观世音菩萨大陀罗经》，可以确定此残经为《佛顶心观世音菩萨大陀罗经》卷上结尾处的内容，黑体部分表示西夏文残存内容，翻译如下：

诵此陀罗尼经典满千遍，即时**见观世音**菩萨化为阿难身形。**问**言："汝须何果报，悉**能**依愿成就，消除**身**口意业，佛三昧**灌**顶**智力**，**波罗**蜜地，殊胜之力，获得满足。"佛顶心观世音菩萨**经上卷终**

7.Or.12380-1099（K.K.Ⅱ.0244.g）残存 1 页 6 行，每行 13~14 字，写本，上下栏线单栏，刊布者定名为"佛经"，□内的西夏字依据俄藏馆册第 105 号西夏文《佛顶心观世音菩萨大陀罗尼经》补录，现将西夏文录文并对译如下：

[illegible]

法说灭令若三宝师主父母前面

[illegible]

无敬心起若世世生杀命断恶业

[illegible][1] [illegible][2] [illegible]

为造若三善月中女嫁媳娶妾众

[illegible]

生杀边无罪大犯自身于聚集世

[illegible]

日迷冥无知不觉天亦不乐地亦不

① 西夏文"[illegible]"译为"三善月"，汉文用"三朝满月"。善月指一年中正月、五月、九月等三长斋月，这三月间持长斋、行善事，称善月，又称三善月。可见，西夏文的表述更加符合佛经原意。

② 西夏文"[illegible]"译为"嫁女娶妻"。

瓩[1]飯牸兖綴絹掇形娟皖掇能猇俄[2]

许千佛世出罪忏得不是如罪重人

将 Or.12380-1099（K.K.Ⅱ.0244.g）残经与汉文本进行比对，可以确定此残经为《佛顶心观世音菩萨大陀罗尼经》卷上的相应内容，翻译如下：

……非法说法。若在三宝、师主、父母面前起无敬心（骄慢心），若世世造业，杀生断命，若三善月中，嫁女、娶妻、妄杀众生，犯无边大罪，聚集于自身，整日迷失，不知不觉，天亦不乐，地亦不许。千佛出世，不得忏罪，如是重罪人……

8.Or.12380-1118（K.K.Ⅱ.0239.bb）残存 1 页 5 行，每行 13~14 字，上半部分残缺，上栏线无存，写本，下栏线单栏，刊布者定名为“佛经论释”，□内的西夏字依据俄藏馆册第 105 号西夏文《佛顶心观世音菩萨大陀罗尼经》补录，现将西夏文录文并对译如下：

□□□□□蘚籾虪絾祴毵[3]緂

□□□□□授黎明礼拜者已

[敝敝烿蘢掇瓶]瓶緗蔱繳鐩谿繡

散及向如若彼水中而掷沉和尚

[纖瓶蔱脜錃葭]敝祅敉牦勬瓶蔱

者彼庭（殿）中坐见不觉惊恐方彼庭

[脜芀錃谿繡豴蘐]絁豟覉谿繡毅掇

中同坐和尚之所问安乐和尚何如

[豨襁葭皊皖纰蔽[4]]觞觞豼豥绯豨

西夏文“䝼壬敝豥婧壬数瓩”译为“天亦不乐，地亦不许”，汉文用“天不容，地不载”。

① 西夏文“䝼壬敝豥婧壬数瓩”译为“天亦不乐，地亦不许”，汉文用“天不容，地不载”。

② 此段内容与英藏黑水城 Or.12380-1099（K.K.Ⅱ.0244.g）内容相同，属于《佛顶心观世音菩萨大陀罗尼经》卷上。

③ 西夏文“絾祴毵”译为“礼拜者”。

④ 西夏文“纰蔽”译为“沙弥”。

师法有使是沙弥真正所说我衣

将 Or.12380-1118（K.K.II.0239.bb）残经与汉文本进行比对，可以确定此残经为《佛顶心观世音菩萨大陀罗尼经》卷下的相应内容，翻译如下：

……见到被投入水中的和尚坐于殿堂中，不觉惊恐。故在彼殿堂中与和尚同坐，乃问："和尚使用如何法术而安然？"此沙弥严肃地说："我衣服中有佛顶心陀……"

9.Or.12380-1164（K.K.II.0247.i）残经，刊布者定名为"陀罗尼"，写本经折装，上下栏线单栏，存 1 折页 6 行，每行 12~13 字，现将西夏文录文并对译如下：

[illegible]	具足得应若人香花以此陀罗尼
[illegible]	经典供养者大千界福得此大悲
[illegible]	法彼人世界中大成就得若及善
[illegible]	男子善女人早晨时面佛前面去
[illegible]	妙香好烧是陀罗尼经典诵千遍
[illegible]	满故时观世音菩萨阿难身像

将 Or.12380-1164（K.K.II.0247.i）残经与汉文本进行比对，可知此残经为《佛顶心观世音菩萨大陀罗尼经》卷上的相应内容，翻译如下：

应得具足转轮王福。若人以香花供养此陀罗尼经典者，得此大千界福、大悲法，彼人得世界中大成就。若及善男子、善女人者，早晨时至佛前烧妙好香，诵是陀罗尼经典千遍满，故时见观世音菩萨，化作阿难身像为证明。

比较 Or.12380-1099（K.K.II.0244.g）和 Or.12380-1164（K.K.II.0247.i）残经，可知这两个残经应为同部残经，只是二者并不相连，中间相差 7~8 折页。

10.Or.12380-1198（K.K.）残存 1 页 4 行，每行 13 字，上半部分

残缺，上栏线无存，下栏线单栏，写本，刊布者定名为“残片”，□内的西夏字依据俄藏馆册第105号西夏文《佛顶心观世音菩萨大陀罗尼经》补录，现将西夏文录文并对译如下：

□□□□□□□[illegible]	□□□□□□□淮州城主司已
[illegible]	授黎明礼拜者已散及向如若彼
[illegible]	水中而掷沉和尚者彼庭中坐见
[illegible]	不觉惊恐方彼庭中同坐和尚之

将Or.12380-1198（K.K.）残经与汉文本进行比对，可以确定此残经为《佛顶心观世音菩萨大陀罗尼经》卷下的相应内容，翻译如下：

……彼城主官不过一两日至怀州（淮州）城，与城主司上任。黎明上朝，官员退去，转头，见到被投入水中的和尚坐于殿堂中，不觉惊恐。故在彼殿堂中与和尚同坐……

从Or.12380-1118（K.K.Ⅱ.0239.bb）和Or.12380-1198（K.K.）字体、版式和纸张的形制看，可以初步确定二者为同一人抄写的佛经，内容基本重合。

11.Or.12380-1210（K.K.Ⅱ.0244.rr）残存1页3行，每行19字，上半部分残缺，上栏线无存，下栏线单栏，写本，刊布者定名为“佛教戒律”，□内的西夏字依据俄藏馆册第105号西夏文《佛顶心观世音菩萨大陀罗尼经》补录，现将西夏文录文并对译如下：

□□□□□□□□□□□□□[illegible]

□□□□□□□□□□□□□念诵是如人者终

[illegible][1] [illegible][2]

地狱中不堕罪不受乃至百岁主寿尽命终时心

---

① 西夏文“[illegible]”译为“百岁主”。

② 西夏文“[illegible]”（心）与汉文本相同，与其他编号的西夏文本用“[illegible]”（人）字不同。

[illegible][1][illegible][2][illegible][3][illegible]

不杂乱彼十方圣众菩萨各花台幡盖持日轮已

将 Or.12380-1210（K.K.Ⅱ.0244.rr）残经与汉文本进行比对，可以确定此残经为《佛顶心观世音菩萨大陀罗尼经》卷上的相应内容，翻译如下：

……如是人者，终不堕地狱中不受罪，乃至百岁寿尽命终时，心不杂乱，见彼十方圣众菩萨各持花台幡盖，犹如日轮……

12.Or.12380-1419（K.K.Ⅱ.0277.o）残经，刊布者定名为“索借一衫契”，写本，存 5 行，上下皆残，上下栏线无存，残缺西夏字据俄藏西夏文馆册第 105 号补齐，现将西夏文录文并对译如下：

[illegible][4][illegible][5][illegible]

光寺院中常住钱百缗与借请敕受于

[illegible]

用尔时寺院主速已借为一沙弥小所令引

[illegible][6]

导怀（淮）州城中钱取往彼沙弥小立即税逼者

[illegible]

与共同船上坐水深处至彼夜已宿税逼

[illegible][7][illegible]

者人恶心所发彼常住钱债不还欲故引者所令

① 西夏文“[illegible]”译为“心不杂乱”。

② 英藏 Or.12380-3875（K.K.）中“[illegible]”字错误。

③ 英藏 Or.12380-3875（K.K.）中“[illegible]”字错误。

④ 西夏文“[illegible]”译为“常住钱”。

⑤ 西夏文“[illegible]”译为“敕受”，汉文用“上任”。

⑥ 西夏文“[illegible]”译为“逼税者”，指税官。

⑦ 西夏文“[illegible]”译为“不还债”，指赖账者。

解读 Or.12380-1419（K.K.II.0277.o）残经，可确定其内容非“索借一衫契”，而为《佛顶心观世音菩萨大陀罗尼经》卷下的相应内容，翻译如下：

故彼泗州普光寺院中请借常住钱百缗，用于受敕。尔时，寺院主速已借，令一沙弥小所随从往怀州（淮州）城中取钱。彼小沙弥立即与收税者共同坐船上，深夜至深水处，收税者所生恶心，不想还彼常住债钱，故所令捕监债者和尚。

13.Or.12380-1420（K.K.II.0277.n）残经，刊布者定名为“陀罗尼”，写本，存 5 行，上下皆残，上下栏线无存，残缺西夏字据俄藏西夏文馆册第 105 号补齐，现将西夏文录文并对译如下：

[illegible]

一布袋中和尚捕装水中而掷投令

[illegible][1][illegible]

此监债者和尚七岁为时师依家出常是

[illegible]

佛顶心陀罗尼经典供养不断自手

[illegible]

与分离未曾乃至处各执持读诵舍忘

[illegible][2][illegible]

未曾故方官为城主杀伤而发毛厘许未

解读 Or.12380-1420（K.K.II.0277.n）残经，可以确定其内容不是“陀罗尼”，而为《佛顶心观世音菩萨大陀罗尼经》卷下的相应内容，翻译如下：

装一布袋中，投入水中。和尚自七岁时，依师出家，常供养是佛顶

① 西夏文“[illegible]”译为“监债者”，指负责要债的人。

② 西夏文“[illegible]”译为“毫厘毛发”。

心陀罗尼经典不断，曾不离手，乃至各处常执持，不忘读诵，故方为城主官杀伤而毫发未损。

比对 Or.12380-1419（K.K.Ⅱ.0277.o）和 Or.12380-1420（K.K.Ⅱ.0277.n）残存内容，可知这两个残经皆为《佛顶心观世音菩萨大陀罗尼经》卷下第四则灵验故事内容，Or.12380-1419（K.K.Ⅱ.0277.o）和 Or.12380-1420（K.K.Ⅱ.0277.n）内容相连。Or.12380-1419（K.K.Ⅱ.0277.o）内容在前，Or.12380-1420（K.K.Ⅱ.0277.n）内容在后。

14.Or.12380-2071（K.K.Ⅱ.0281.n）残存 1 页 5 行，每行字数不可确定，残缺严重，写本，栏线不存，刊布者定名为“佛经”，□内的西夏字依据俄藏馆册第 105 号西夏文《佛顶心观世音菩萨大陀罗尼经》补录，现将西夏文录文并对译如下：

……[illegible][1]……

……那罗延金刚……

……[illegible][2][illegible]

……密迹力大有及边无阿咤钹拘罗神有

……[illegible][3][illegible]

……身剑轮持所在处各导引守护魔有皆

……[illegible]

……除灾可皆救邪见皆断及往昔权为者一

[illegible][4][illegible][5][illegible][6][illegible]

有淮州城中税逼为往将珂贝价无故彼泗州普

---

① 西夏文“[illegible]”译为“那罗延金刚”。

② 西夏文“[illegible]”译为“密迹力士”“密迹大力”。

③ 西夏文“[illegible]”译为“剑轮”。

④ 此两段残经与英藏黑水城 Or.12380-3218（K.K.Ⅱ.0266.k）内容相同，为《佛顶心观世音菩萨大陀罗尼经》卷下。

⑤ 西夏文“[illegible]”译为“收税”，“[illegible]”译为“逼税者”，“[illegible]”译为“监税者”，汉文用“为官”，西夏文形象地揭示了官员的职责。

⑥ 西夏文“[illegible]”译为“无珂贝价”，汉文用“无钱”。

将 Or.12380-2071（K.K.Ⅱ.0281.n）残经与汉文本进行比对，可以确定此残经为《佛顶心观世音菩萨大陀罗尼经》卷下的相应内容，翻译如下：

……有彼百千那罗延金刚密迹大力及有无边阿吒钹、拘罗神，身持剑轮，随所在各处守护，有魔皆除，灾皆可救，邪见皆断。又往昔有一为权者，将往淮州城中为逼税……

15.Or.12380-2102RV（K.K.Ⅱ.0243.e）残经，刊布者定名为《佛顶心观世音菩萨大陀罗尼经》，写本卷轴装，存 2 页 16 行，右面有编号 2102，其中左面有 5 行与右面前 5 行曾经粘连在一起，左面 5 行为右面 5 行倒字，残经右面 2 行下半部分有残缺，上下单栏线，残缺内容依据俄藏馆册第 105 号刻本补齐。现将西夏文录文并对译如下：

[illegible]

转轮王福具足得应若人香花以此陀罗尼经

[illegible]

典供养者大千界福得此大悲法彼人世界中大

[illegible][1][illegible]

成就得若及善男子善女人若早晨时面佛前

[illegible][2][illegible]

面去妙香好烧是陀罗尼经典诵千遍满故时

[illegible][3][illegible]

观世音菩萨阿难身像化作明证为见问言如

[illegible]

何报以需要说愿依悉皆成就令能身口意业

[illegible]

消除佛三昧顶灌智力波罗蜜地胜殊力依满

---

① 俄藏黑水城西夏文馆册第 105 号无“[illegible]”（若）字。

② 英藏 Or.12380-2102RV（K.K.Ⅱ.0243.e）残经缺“[illegible]”（前）字。

③ 西夏文“[illegible]”译为“阿难身像”，“[illegible]”译为“化为阿难身像”。

[illegible]

足获得

[illegible]　[illegible]

佛顶心观世音菩萨经典上卷　终

[illegible][1] [illegible]

佛顶心观世音菩萨病治生催法经典中卷

[illegible][2] [illegible][3] [illegible]

及假若诸女人一切子腹入襟宽阔十月满足诞

（以下西夏字是右面 1~5 行的倒字，故不录）

刊布者虽然对 Or.12380-2102RV（K.K.Ⅱ.0243.e）残经定名正确，但较为笼统、不准确，内容应为《佛顶心观世音菩萨大陀罗尼经》卷上结尾处和《佛顶心观世音菩萨治病催生法经》卷中开头内容，翻译如下：

应得具足转轮王福[4]。若人以[5]香花供养此陀罗尼经典者，得此大千界福、大悲法[6]，彼人得世界中大成就。若及善男子、善女人者，早晨时至佛前烧妙好香，诵是陀罗尼经典满千遍，故时见观世音菩萨，化作阿难身像，为证明，问言所需要如何报？依愿悉皆成就，令能消除身口意业，获得佛三昧灌顶智力波罗蜜地胜殊力，依满果遂。

《佛顶心观世音菩萨经典》上卷　终

《佛顶心观世音菩萨治病催生法经典》中卷

又假若一切诸女人子入腹、襟宽阔（身怀六甲）满十个月，诞……

---

① 西夏文“[illegible]”译为“治病催生”。

② 西夏文“[illegible]”译为“子入腹”，指怀孕。

③ 西夏文“[illegible]”译为“襟宽阔”，指穿肥大衣服，也表示“怀孕”。

④ 此段内容 TK174 本缺，房山本（无刻石年代本、1143 年本）、敦煌本有“之”。西夏文 2102RV 为“界”。

⑤ 此段内容 TK174 本缺，房山本（无刻石年代本）有“以掬”，敦煌 P.3916 有“採”。

⑥ 此段内容 TK174 本缺，房山本（无刻石年代本）、敦煌 P.3916 有“性”。房山本（1143 年本）无“性”。

16.Or.12380-2132（K.K.Ⅱ.0242.g.&h）残经，刊布者定名为“佛经”，写本，存5行，上栏线无存，下栏线单栏，满行20字，残经中间有断开现象，中间缺字，残缺西夏字依据俄藏馆册第105号补齐。现将西夏文录文并对译如下：

[illegible]
宝华雨纷纷乱落此陀罗尼供养名薄伽梵莲花手
[illegible]
心自在王印若善男子善女人此秘密妙神句章闻
[illegible]
一耳根经身百千万苦有者悉皆消灭此陀罗尼者
[illegible]
十恶五逆阐提诽谤非法法说灭令若三宝师主父
[illegible] [1] [illegible]
母前面无敬心起若世世生杀命断恶业为造若三

解读Or.12380-2132（K.K.Ⅱ.0242.g.&h）残经，可确定其为《佛顶心观世音菩萨大陀罗尼经》卷上的相应内容，翻译如下：

天雨宝华，纷纷乱下，为供养，此陀罗尼名薄伽梵莲花手自在心王印。若善男子、善女人闻此秘密神妙句章，一历耳根，身中所有百千万苦悉皆消灭。此陀罗尼令灭十恶五逆、阐提、诽谤、非法说法。若在三宝、师主、父母面前起无敬心（骄慢心），若世世造业，杀生断命，若三善月中。

17.Or.12380-2943RV（K.K.Ⅱ.0272.h）残经，刊布者定名为《金刚般若波罗蜜多经》，刻本蝴蝶装，存2折页，每折页6行，每行14字，残经上有编号2943，右面有个别字残缺，左面残页左面2行上半部分残缺，左右外侧单栏线，左右内侧双栏线，上下单栏线。现将西夏文录

① 西夏文“[illegible]”译为“无敬心”“傲慢心”。

文并对译如下：

（右面）

[illegible] ① [illegible] ② [illegible]

食财耗散灾恶竞起宅城不安若诸

[illegible] ③ [illegible]

商道盖闭梦幻急流若疾病遇源依

[illegible] ④ [illegible]

处无者彼拂晓时恭敬心发是陀罗

[illegible]

尼供养读诵者观世音菩萨边无大

[illegible]

威力金刚密迹日夜随着宿处是人

[illegible]

之守护思念有者皆愿依得圆满成

（左面）

[illegible]

就若善男子善女人一切愿求一切

[illegible]

种智成就欲者自独净处坐应眼闭

[illegible]

心中观世音菩萨之念及他不念是

[illegible]

---

① 西夏文“[illegible]”译为“耗尽钱财”。

② 西夏文“[illegible]”译为“灾恶竞生”，汉文用“口舌竞生”。

③ 西夏文“[illegible]”译为“商道关闭”“商道不通”。

④ 西夏文“[illegible]”译为“恭敬心”。

陀罗尼经典七遍念故愿依皆得人

[illegible]

一切皆喜乐应成诸恶趣一切中不

[illegible]

堕此人若坐若卧常诸佛见眼前面

解读 Or.12380-2943RV（K.K.Ⅱ.0272.h）残经，可确定其非《金刚般若波罗蜜多经》，而是《佛顶心观世音菩萨大陀罗尼经》卷上的相应内容，翻译如下：

若食财耗散，灾恶骤起，宅城不安；若诸商道闭塞，梦幻常生；若常生疾病，无依处者，彼拂晓时，发恭敬心，供养读诵是陀罗尼者，观世音菩萨边、无大威力金刚密迹随着日夜守护宿卫，是人有思念者，依愿皆得圆满成就。若善男子、善女人求一切愿，欲成就一切种智者，应独自坐净处，眼闭心中念观世音菩萨，及无他念，念是陀罗尼经典七遍，故依愿皆得，又皆成一切人之喜乐，不堕一切诸恶趣中。此人若坐若卧，常见诸佛如眼前面。

18.Or.12380-2944（K.K.Ⅱ.0265.e）残经存 1 页 6 行，每行 14 字，刊布者定名为《金刚般若波罗蜜多经》，刻本蝴蝶装，残经上有编号 2944，右面 3 行下半部分残缺，上下单栏线，左侧单栏线，右侧双栏线，残缺西夏字根据俄藏馆册第 105 号补齐，现将西夏文录文并对译如下：

[illegible]

一切灭恶业罪重悉皆离令诸善智

[illegible]

一切成就速心愿一切满足能烦恼

[illegible]

障闭众生一切之利益安乐唯愿慈

[illegible]

悲寻求说乐尔时释迦牟尼佛言汝

[illegible][1][illegible]

大慈悲理依速说时观世音菩萨法

[illegible]

座上起合掌直立速陀罗尼颂　那谟

解读 Or.12380-2944（K.K.Ⅱ.0265.e）残经，可知刊布者定名错误，残经内容非《金刚般若波罗蜜多经》，而是《佛顶心观世音菩萨大陀罗尼经》卷上的相应内容，翻译如下：

令离恶业重罪，速成就一切诸善智，能满足一切心愿，利益安乐一切众生，闭障烦恼。惟愿慈悲，求寻乐说。尔时，释迦牟尼佛言："汝大慈悲，依理速说。"时观世音菩萨从法座起，合掌正立，速颂陀罗尼曰："那谟……"

比对 Or.12380-2943RV（K.K.Ⅱ.0272.h）和 Or.12380-2944（K.K.Ⅱ.0265.e）残经，可知它们为同部佛经，Or.12380-2944（K.K.Ⅱ.0265.e）内容在前，Or.12380-2943RV（K.K.Ⅱ.0272.h）内容在后，中间有残缺。

19.Or.12380-2761（K.K.Ⅱ.0255.j）残经，刊布者定名为"佛经"，刻本经折装，上栏线单栏，下栏线无存，存 2 折页共 12 行，每折页 6 行，此残经下半部分残缺严重，残缺西夏字据俄藏馆册第 105 号补齐，现将西夏文录文并对译如下：

（右面）

[illegible]	就若善男子善女人一切愿求一切
[illegible]	种智成就欲者自独净处坐应眼闭
[illegible]	心中观世音菩萨之念及他不念是
[illegible]	陀罗尼经典七遍念故愿依皆得人
[illegible]	一切皆喜乐应成诸恶趣一切中不
[illegible]	堕此人若坐若卧常诸佛见眼前面

---

① 西夏文"[illegible]"译为"依大慈悲理"。

（左面）

[illegible]	如无量俱胝诸恶罪过聚集有者皆
[illegible]	消除令此如人者转轮王福具足得
[illegible]	应若人香花以此陀罗尼经典供养
[illegible]	者大千界福得此大悲法彼人世界
[illegible]	中大成就得若及善男子善女人早
[illegible]	晨时面佛前面去妙香好烧是陀罗

解读 Or.12380-2761（K.K.II.0255.j）残经，可确定其为《佛顶心观世音菩萨大陀罗尼经》卷上的相应内容，右面内容与 Or.12380-2943RV（K.K.II.0272.h）有些重合，翻译如下：

若善男子、善女人求一切愿，欲成就一切种智者，应独自坐净处，眼闭心中念观世音菩萨，及无他念，念是陀罗尼经典七遍，故依愿皆得，又皆成一切人之喜乐，不堕一切诸恶趣中。此人若坐若卧，常见诸佛如眼前面。无量俱胝聚集有诸恶罪过者，皆令消除。此如人者，应得具足转轮王福。若人以香花供养此陀罗尼经典者，得此大千界福、大悲法，彼人得世界中大成就。若及善男子、善女人者，早晨时至佛前烧妙好香，诵是陀罗尼经典满千遍。

20.Or.12380-3025（K.K.II.0234.b）残经，刊布者定名为《佛顶心观世音菩萨大陀罗尼经》，存 1 页 6 行，写本，残经上有编号 3025，行与行之间有条格将字分开，上下单栏线，现将西夏文录文并对译如下：

[illegible]	邻人咒骂詈无利寻唯鬼恶损害人
[illegible]	家中住横恼杂令人之方便欲者是
[illegible]	陀罗尼经典与遇所住处各供养
[illegible] [1]	者诸鬼神皆惊走往损害不敢

① 西夏文“[illegible]”译为“不敢损伤”“不敢损害”。

[illegible]	佛顶心观世音菩萨经典中卷　终
[illegible]	佛顶心观世音菩萨难救前往经

Or.12380-3025（K.K.Ⅱ.0234.b）残经是《佛顶心观世音菩萨大陀罗尼经》中卷的相应内容，翻译如下：

楼主家邻人，咒詈骂、寻无利，唯鬼恶损害住人家中，令横杂恼，人欲之方便者，与遇于住处各供养是陀罗尼经典者，诸鬼神皆惊奔走，不敢损害。

《佛顶心观世音菩萨经典》中卷　终

《佛顶心观世音菩萨前往难救经》

21.Or.12380-3185（K.K.Ⅱ.0265.d）残经，刊布者定名为《佛说圣星母陀罗尼》，刻本经折装，存1折页6行，每行14字，上下栏线单栏，现将西夏文录文并对译如下：

[illegible]	经典唯造与同说譬如金黄以佛像
[illegible][1] [illegible]	成者此陀罗尼经典供养威贤力
[illegible]	彼已如及诸善男子善女人楼主家
[illegible][2] [illegible]	邻人咒骂詈无利寻唯鬼恶损害人
[illegible]	家中住横恼杂令人之方便欲者是
[illegible]	陀罗尼经典与遇所住处各供养者

解读Or.12380-3185（K.K.Ⅱ.0265.d）残经，可以确定其非《佛说圣星母陀罗尼》，而是《佛顶心观世音菩萨大陀罗尼经》卷中的相应内容，翻译如下：

供养此陀罗尼经典威贤力，亦复如是。又诸善男子、善女人、楼主家邻人，咒詈骂、寻无利，唯鬼恶损害住人家中，令横杂恼，人欲之方

① 西夏文“[illegible]”译为“以黄金为佛像”。

② 西夏文“[illegible]”译为“楼主家邻人”，汉文本用“东邻西舍”。

便者，与遇于住处各供养是陀罗尼经典者。

22.Or.12380-3218（K.K.Ⅱ.0266.k）残经，刊布者定名为“佛经”，此残经为刻本蝴蝶装，存 2 折页，共 12 行，每行 14 字，残经上有编号 3218，上下栏线单栏，左右也单栏，右面前 2 行和左面后 3 行都有残缺，残缺西夏字据俄藏馆册第 105 号补齐，现将西夏文录文并对译如下：

（右面）

[illegible]

不见此女人泪出雨如而来菩萨之

[illegible]

礼敬立即家回心誓愿发衣服卖令

[illegible]

及别书人请千卷写令受持倍增休

[illegible]

止未曾若九十七岁往死所得秦国

[illegible]

已生男身得若善男子善女人有是

[illegible]①[illegible]

三卷经典书能五种杂绢以袋为彼

（左面）

[illegible]

经典装佛寺院中处乃至身随供养

[illegible]

者此人若坐若卧畏疑有时彼百千

[illegible]

---

① 西夏文“[illegible]”译为“以五色杂绢”，汉文用“以色杂彩”。

[illegible]
那罗延金刚密迹力大有及边无阿
[illegible]
咤钹拘罗神有身剑轮持所在处各
[illegible]
导引守护魔有皆除灾可皆救邪见
[illegible]
皆断及往昔权为者一有淮州城中

解读 Or.12380-3218（K.K.Ⅱ.0266.k）残经，可确定其为《佛顶心观世音菩萨大陀罗尼经》卷下的相应内容，翻译如下：

忽然不见，此女人泪出如雨，而来礼敬菩萨，立即回家心，发誓愿，变卖衣服，及别令请人写书千卷，加倍受持，未曾停止。若寿九十七岁，将死，所生已得秦国，得男身。若有善男子、善女人能书是三卷经典，以五种杂绢为袋，装彼经典，放佛寺院中，乃至随身供养者，此人若坐若卧，有恐惧疑惑时，有彼百千那罗延金刚密迹大力及有无边阿咤钹、拘罗神，身持剑轮，随所在各处守护，有魔皆除，灾皆可救，邪见皆断。

23.Or.12380-3493（K.K.Ⅱ.0282.ccc）残经，刊布者定名为"佛经"等，写本，存 6 行，残经上有编号 3493，行与行之间有条格将字分开，上下栏线单栏，现将西夏文录文并对译如下：

[illegible]
守护功德者具所说无说彼城主闻
[illegible]
故礼敬忏悔速彼和尚于本请自食
[illegible]
财施人请彼处庭前面千卷写令道
[illegible]
场中处日夜香花供养彼及后敕出

[illegible][1] [illegible]

官高是经典功德者无量边无也知

[illegible][2]

应心喜信受顶戴奉行

解读 Or.12380-3493（K.K.II.0282.ccc）残经，可确定其为《佛顶心观世音菩萨大陀罗尼经》卷下的相应内容，翻译如下：

……守护，功德不可具说。彼城主闻说，故立即敬礼忏悔，于彼和尚请本，破施钱财，请人于殿堂前写千卷，放道场中，日夜香花供养，彼之后，敕出官高，应知是经典功德者无量无边。心欢受信，顶戴奉行。

比对 Or.12380-3025（K.K.II.0234.b）和 Or.12380-3493（K.K.II.0282.ccc）残经，可以确定两个残经为同部佛经，但二者之间不能连接，Or.12380-3025（K.K.II.0234.b）为卷中结尾，Or.12380-3493（K.K.II.0282.ccc）为卷下结尾。

24.Or.12380-3875（K.K.）残经，刊布者定名为《佛顶心观世音菩萨大陀罗尼经典》上卷，写本卷轴装，每行字数不等。实际上，Or.12380-3875（K.K.）不能仅定名为《佛顶心观世音菩萨大陀罗尼经典》上卷，因为残经还包括中卷和下卷，仅结尾残缺“[illegible]”。从笔迹判断，Or.12380-3875（K.K.）残经非一人书写，至少应有三人字迹，卷上比较工整，但结尾处有草体，可视为两个人的笔迹，卷中和卷下前两个灵验故事应是另一人书写，西夏字书写比较生硬，不圆润，第三、第四个灵验故事的抄写者笔迹与卷上为同一人。俄藏馆册第 105 号西夏文《佛顶心观世音菩萨大陀罗尼经》为刻本，较为完整，残缺内容依

---

① 西夏文“[illegible]”译为“敕任高官”，汉文本用“改任怀州（淮州）刺史”。

② 西夏文“[illegible]”译为“顶戴奉行”。

据其补录。现将西夏文录文并对译如下：

[illegible]

佛顶心观世音菩萨大陀罗尼经典上卷

[illegible]

经论律说沙门法律敕依所译

[illegible][1][illegible]

尔时观世音菩萨释迦牟尼佛对言说我前身思

[illegible]

议可不福德因缘以众生一切之利益为欲大悲

[illegible][2][illegible]

心生结缠（系缚）一切断能恐怖一切灭能众生一切

[illegible][3][illegible]

此威神功依皆苦离能解脱尔时世音观菩萨重

[illegible]

释迦牟尼佛对言说我今苦恼众生因魔障灭

[illegible][4][illegible]

除苦遇众生之救害无令欲自主王智印大陀

[illegible][5][illegible]

罗尼法以苦受众生一切之救济疾病一切灭

[illegible]

恶业罪重悉皆离令诸善智一切成就速心愿

[illegible]

一切满足能烦恼障闭众生一切之利益安乐唯

---

① 英藏 Or.12380-3875（K.K.）用“[illegible]”（前我身）。

② 西夏文“[illegible]”译为“断一切系缚”“断一切缠结”。

③ 英藏 Or.12380-3875（K.K.）用“[illegible]”。

④ 英藏 Or.12380-3875（K.K.）中“[illegible]”字错误。

⑤ 此段内容与英藏 Or.12380-0050（K.K.II.0283.ggg）折页内容相同，为《佛顶心观世音菩萨大陀罗尼经》卷上。

[illegible]
愿慈悲寻求说乐尔时释迦牟尼佛言汝大慈悲
[illegible]
理依速说时观世音菩萨法座上起合掌直立速
[illegible]
陀罗尼颂

意译如下：

《佛顶心观世音菩萨大陀罗尼经》卷上

将经律论沙门法律奉敕所译

尔时，观世音菩萨白释迦牟尼佛言：以我今身不可思议福德因缘，欲为利益一切众生，发大悲心，能断一切结缚，能灭一切恐怖，一切众生依此威神功悉能离苦解脱。尔时，观世音菩萨重白释迦牟尼佛言：“我今欲为苦恼众生灭除魔障，救遇苦众生令无灾，以自在王智印大陀罗尼法救济一切受苦众生，灭除一切疾病，令离恶业重罪，速成就一切诸善智，能满足一切心愿，利益安乐一切众生，闭障烦恼。惟愿慈悲，求寻乐说。”尔时，释迦牟尼佛言：“汝大慈悲，依理速说。”时观世音菩萨从法座起，合掌正立，速颂陀罗尼。

[illegible]
那谟　喝啰怛那　怛罗夜耶　那谟　阿利耶　婆路咭啼
[illegible]
摄伐啰耶　菩提萨　埵跋耶　摩诃萨埵跋耶　摩诃
[illegible]
迦卢尼迦耶　怛姪他　阿钹陀　阿钹陀跋利跋帝
[illegible] [1] [illegible]
醯夷醯夷　跢姪他　萨婆陀罗尼　哈　曼茶啰耶　醯夷

① 西夏文“[illegible]”写本中无，此处依据俄藏馆册第105号刻本补录。

[illegible]①

醯夷　钵啰磨输陀　菩多耶　唵　萨婆斫刍伽耶　陀罗尼

[illegible]

因地利耶　怛姪他　婆嚧枳帝　摄伐啰耶　萨婆咄瑟

[illegible]

吒　乌诃耶弥　萨婆诃

音译如下：

那谟　喝啰怛那　怛罗夜耶　那谟　阿利耶　婆路咭啼　摄伐啰耶　菩提萨　埵跋耶　摩诃萨埵跋耶　摩诃　迦卢尼迦耶　怛姪他　阿钹陀　阿钹陀跋利跋帝　醯夷醯夷　跢姪他　萨婆陀罗尼　哈　曼荼啰耶　醯夷醯夷　钵啰磨输陀　菩多耶　唵　萨婆斫刍伽耶　陀罗尼　因地利耶　怛姪他　婆嚧枳帝　摄伐啰耶　萨婆咄瑟　吒　乌诃耶弥　萨婆诃

[illegible]

尔时观世音菩萨此陀罗尼说毕十方世界

[illegible]

皆大震动天宝华雨纷纷乱落此陀罗尼供

[illegible]

养名薄伽梵莲花手心自在王印若善男子善

[illegible]

女人此秘密妙神句章闻一耳根经身于百千

[illegible]

万苦有者悉皆消灭此陀罗尼者十恶五逆

[illegible]

阐提诽谤非法法说灭令若三宝师主父母前

① 西夏文“[illegible]”写本中无，此处依据俄藏馆册第 105 号刻本补录。

[illegible]

面无敬心起若世世生杀命断恶业为造若三

[illegible][1] [illegible][2] [illegible]

善月中女嫁媳娶妄众生杀边无罪大犯自身

[illegible]

于聚集世日迷冥无知不觉天亦不乐地亦不许

[illegible][3] [illegible][4] [illegible]

千佛世出罪忏得不是如罪重人者此一身舍阿鼻地

[illegible][5]

狱中堕最极苦受一日一夜万死万生八万大劫

意译如下：

尔时，观世音菩萨说此陀罗尼毕，十方世界皆大震动，天雨宝华，纷纷乱下，为供养此陀罗尼，名薄伽梵莲花手自在心王印。若善男子、善女人闻此秘密神妙句章，一历耳根，身中所有百千万苦悉皆消灭。此陀罗尼令灭十恶五逆、阐提、诽谤、非法说法。若在三宝、师主、父母面前起无敬心（骄慢心），若世世造业，杀生断命，若三善月中，嫁女、娶妻、妄杀众生，犯无边大罪，聚集于自身，整日迷失，不知不觉，天亦不乐，地亦不许。千佛出世，不得忏罪，如是重罪人，舍此一身，堕阿鼻地狱中，受最重苦，一日一夜，万生万死，经八万大劫。

[illegible][6] [illegible]

经亦罪受时出处无若慈孝男子女人有父母

① 西夏文“[illegible]”译为“妄杀众生”。

② 西夏文“[illegible]”译为“犯无边大罪”。

③ 此段内容与英藏 Or.12380-1099（K.K.Ⅱ.0244.g）内容相同，为《佛顶心观世音菩萨大陀罗尼经》卷上。

④ 西夏文“[illegible]”译为“一身”，汉文用“一报身”。

⑤ 西夏文“[illegible]”译为“八万大劫”。

⑥ 西夏文“[illegible]”译为“慈孝男子、女人”。

[illegible]

之恩深报回欲者此佛顶心陀罗尼文句遇见

[illegible]

人请书写受持读诵能每日拂晓佛前面香

[illegible]

烧此陀罗尼经典念诵是如人者终地狱中不

[illegible] ① [illegible]

堕罪不受乃至百岁主寿尽命终时人不杂乱彼

[illegible] ② [illegible] ③ [illegible]

十方圣众菩萨各花台幡盖持日轮犹如明耀

[illegible] ④ [illegible]

堂满人此迎来见净土生往诸大菩萨金色手

[illegible] ⑤ [illegible]

伸顶摩记受善哉善哉说善男子善女人我国

[illegible]

中生眼珠如护爱惜不已此陀罗尼德功无量

[illegible]

若人闻见书写受持供养者说可何有彼福量

[illegible] ⑥

测可无若及女人一切女人身厌男身得欲者

[illegible] ⑦ [illegible] ⑧ [illegible]

---

① 西夏文“[illegible]”译为“人”，汉文用“心”。

② 英藏 Or.12380-3875（K.K.）中“[illegible]”字错误。

③ 英藏 Or.12380-3875（K.K.）中“[illegible]”字错误。

④ 英藏 Or.12380-3875（K.K.）中无“[illegible]”字。

⑤ 英藏 Or.12380-3875（K.K.）中无“[illegible]”字。

⑥ 西夏文“[illegible]”译为“欲得男身者”，汉文用“欲得成男子身者”，西夏文更简明。

⑦ 西夏文“[illegible]”译为“西方净土”。

⑧ 西夏文“[illegible]”译为“莲花化生”。

[illegible]

百岁于将至命断将时西方净土莲花化生往

[illegible]①[illegible]

欲者应多人请此陀罗尼经典书写敬佛前面香

[illegible]

花妙以每日供养不断者必定女身转男子身

意译如下：

亦受罪无出时。若有慈孝男子、女人，欲回报父母之神恩者，遇见此佛顶心陀罗尼文句，能请人书写、受持、读诵，每日拂晓佛前烧香，诵念此陀罗尼，如是人者，终不堕地狱中不受罪，乃至百岁寿尽命终时，人不杂乱，见彼十方圣众菩萨各持花台幡盖，犹如日轮，明曜满堂，来迎此人，往生净国。诸大菩萨伸金色手，摩顶受记，说：善哉、善哉！善男子、善女人，生我国中，如护眼珠，爱惜不已。此陀罗尼功德无量。更若何况有人闻见、书写、受持、供养者，彼福德无可称量，若复有女人，厌女人身，欲得男身者，将至百岁命终时，欲往西方净土莲花化生者，应请多人书写此陀罗尼经典，敬佛前面，以妙香花每日供养不断，必定女身转成男子身。

[illegible]

成彼百岁于至命终及向譬如力大手弯伸一念之

[illegible]

时速西方极乐世界生往宝莲花上坐及假若

[illegible]

善男子善女人此佛顶心自主王陀罗尼经典印

[illegible]

闻见得若书写读诵瞻见者人之苦恼一切障盖

[illegible]

① 英藏 Or.12380-3875（K.K.）中“[illegible]”字错误。

不能若食财耗散灾恶竞起宅城不安若诸商道

[illegible]

盖闭梦幻急流若疾病遇源依处无者彼拂晓

[illegible][1] [illegible]

时恭敬心发是陀罗尼供养读诵者观世音菩萨边

[illegible]

无大威力金刚密迹日夜随著宿处是人之守

[illegible][2] [illegible]

护思念有者皆愿依得圆满成就若善男子善

意译如下：

至于百岁命终，此人犹如大力屈伸手臂，一念之间，速往生西方极乐世界，坐宝莲花上。又假如善男子、善女人得见闻此佛顶心自在王陀罗尼经典印，[3] 若书写、读诵、瞻见者，此人一切苦恼不能障盖。

若食财耗散，灾恶骤起，宅城不安；若诸商道闭塞，梦幻常生；若常生疾病，无依处者，彼拂晓时，发恭敬心，供养读诵是陀罗尼者，观世音菩萨边、无大威力金刚密迹随着日夜守护宿卫，是人有思念者，依愿皆得圆满成就。[4]

[illegible][5] [illegible]

女人一切愿求一切种智成就欲者自独净处

[illegible][6] [illegible]

---

① 英藏 Or.12380-3875（K.K.）中无“[illegible]”字。

② 此段内容与英藏 Or.12380-2943RV（K.K.II.0272.h）内容相同，为《佛顶心观世音菩萨大陀罗尼经》卷上。

③ 西夏文本在“坐宝莲花上”与“又假如善男子”之间略去“时有百千婇女常随娱乐，不离其侧”一句。

④ 最后五个西夏文字移至下段翻译，类似情况不再出注。

⑤ 英藏 Or.12380-3875（K.K.）中用“[illegible]”字。

⑥ 西夏文“[illegible]”译为“坐净处”。

坐应眼闭心中观世音菩萨之念及他不念是陀

[illegible]

罗尼经典七遍念故愿依皆得人一切皆喜乐应

[illegible]

成诸恶趣一切中不堕此人若坐若卧常诸佛见

[illegible][①]

眼前面如无量俱胝诸恶罪过聚集有者皆消除

[illegible]

令此如人者转轮王福具足得应若人香花以此陀罗

[illegible][②]

尼经典供养者大千界福得此大悲法彼人世界中大成

[illegible]

就得若及善男子善女人早晨时面佛前面去妙

[illegible][③][④][⑤]

香好烧是陀罗尼经典诵千遍满故时观世音菩萨阿难身像

[illegible]

化作明证为见问言如何报以需要说愿依悉皆成就令能身

[illegible]

口意业消除佛三昧顶灌智力波罗蜜地胜殊力依满足获得

[illegible]

佛顶心观世音菩萨经典上卷　终

---

① 此段内容与英藏 Or.12380-2943RV（K.K.Ⅱ.0272.h）、Or.12380-2761（K.K.Ⅱ.0255.j）内容相同，为《佛顶心观世音菩萨大陀罗尼经》卷上。

② 西夏文“[illegible]”（经典）二字抄写者漏抄，在旁边补写上。

③ 从“[illegible]”（妙香）以后，开始由另外一个人抄写，有三行草书。

④ 此段内容与英藏 Or.12380-2761（K.K.Ⅱ.0255.j）内容相同，为《佛顶心观世音菩萨大陀罗尼经》卷上。

⑤ 此段内容与英藏 Or.12380-1164（K.K.Ⅱ.0247.i）内容相同，为《佛顶心观世音菩萨大陀罗尼经》卷上。

意译如下：

若善男子、善女人求一切愿，欲成就一切种智者，应独自坐净处，眼闭心中念观世音菩萨，及无他念，念是陀罗尼经典七遍，故依愿皆得，又皆成一切人之喜乐，不堕一切诸恶趣中。此人若坐若卧，常见诸佛如眼前面。无量俱胝聚集有诸恶罪过者，皆令消除。此如人者，应得具足转轮王福。若人以香花供养此陀罗尼经典者，得此大千界福、大悲法，彼人得世界中大成就。若及善男子、善女人者，早晨时至佛前烧妙好香，诵是陀罗尼经典千遍满，故时见观世音菩萨，化作阿难身像为证明，问言所需要如何报？依愿悉皆成就，令能消除身口意业，获得佛三昧顶灌智力波罗蜜地胜殊力，依满果遂。

佛顶心观世音菩萨经典上卷　终

[illegible] ①

佛顶心观世音菩萨病治生催法经典中卷

[illegible]

及假若诸女人一切子腹入襟宽阔十月满

[illegible] ② [illegible]

足诞生之时子产难诸鬼神恶执阻碍魔为方

[illegible]

是女人苦受叫喊死闷哭啼依据处

[illegible] ③ [illegible]

无者速好朱砂以此陀罗尼密字印书香

[illegible] ④ [illegible]

水以吞立即分离智慧子产女美好

---

① 从此行开始又是另一种字体。

② 西夏文“[illegible]”译为“诞生之时，子难产”，汉文本用“坐草之时，忽分解不得”，西夏文更直接地说出女人分娩时难产情形。

③ 西夏文“[illegible]”译为“朱砂好”，汉文本用“朱砂”。

④ 西夏文“[illegible]”译为“用香水吞”，汉文本用“密用香水吞之”。

[illegible][1] [illegible]

生人见爱惜若及婴儿已缓（怠）子宫

[illegible]

损肚子死假若子母因死已至母子因亡若子母俱死将

[illegible][2] [illegible]

时速朱砂好以顶轮王密字印书香水

[illegible][3] [illegible][4] [illegible]

以吞立即肚中子死（死胎）迫堕速水中弃应彼子

意译如下：

《佛顶心观世音菩萨治病催生法经典》中卷

又假若一切诸女人身怀六甲满十个月，诞生之时，子难产，被诸恶鬼神为魔阻碍，故是女人苦受叫喊，闷绝哭啼，无依据处者，速以大朱砂书此陀罗尼密字印，立即以香水吞，分娩产智慧子，女美好，人见疼爱。若及，婴儿不下，损宫肚子死，假若子因母死，乃至母因子亡，若子母将俱死时，速以好朱砂书顶轮王密字印，立即以香水吞，速迫堕肚中死胎，应弃水中。

[illegible]

肚有女人狗肉鱼肉飞禽鸟雀等肉食许

[illegible]

不每日日宝月智严光音自在王佛念

[illegible]

应若及善男子善女人疾病恶染年月不愈起应

[illegible][5] [illegible]

① 西夏文“[illegible]”译为“子宫”。

② 西夏文“[illegible]”译为“顶轮王”。

③ 西夏文“[illegible]”译为“腹中子死”，汉文本用“死胎”。

④ 西夏文“[illegible]”译为“堕胎”“迫堕”。

⑤ 此写本用“[illegible]”（不），此处西夏字依据刻本改之。

不能治理药饮不愈者朱砂好以此

[illegible]

陀罗尼及密字印书彼佛前面观香水以吞

[illegible]

彼病立即愈得若诸善男子善女人骤心病

[illegible]

恶遇言为不敢者及朱砂以此陀罗尼密字

[illegible]

书木香青及茱萸好以所混已煨吞食故彼病恶

[illegible][1] [illegible]

一切不愈者无又诸善男子善女人若父母兄弟

[illegible][2] [illegible]

亲戚等病染死时悲叹中速西方净土一捧取此

[illegible]

陀罗尼纸净好上书已烧灰为土净与所和

[illegible]

泥为彼人之心上放为衣应以盖是如人等一

[illegible]

念之时是陀罗尼威力依速西方极乐世

[illegible][3]

界生往阿弥陀佛见四十九日土中阴

[illegible][4] [illegible]

有身不住是陀罗尼若穷贫饥渴人有及

意译如下：

---

① 西夏文“[illegible]”译为“不愈者无”，指无不愈者，说明病痊愈。

② 西夏文“[illegible]”译为“染病死”，汉文用“临命终”，西夏文更加贴近上下文。

③ 西夏文“[illegible]”译为“中阴”。

④ 西夏文“[illegible]”译为“贫穷饥渴”“贫穷饥饿”。

彼有肚子（怀孕），女人不许吃狗肉、鱼肉、飞禽、鸟雀等肉，每日日应念宝月智严光音自在王佛。若有善男子、善女人染恶疾病，累年不愈，不能起床，服药治理不愈者，以好朱砂写此陀罗尼及密字印，观彼佛像，以水吞，立即得愈。若诸善男子、善女人骤发恶心病，不能为言者，亦以朱砂书此陀罗尼密字，以木香青及好茱萸所混已煨吞食，故彼一切恶病无不愈者。又诸善男子、善女人，若父母、兄弟、亲戚等病染死时，悲叹时，速取西方一捧净土，以好净纸上写此陀罗尼，后烧为灰，与土净所混为泥，放于彼人之心上，应以衣盖，是如人等一念之时，依是陀罗尼威力速往生西方极乐世界，见阿弥陀佛，不住四十九日国（土）中阴有身。

[illegible]
衣思食念救助者无者唯每日心诚香花供养
[illegible]
心中佛之告念故食财衣服皆满足得若及人
[illegible]
有善知识与遇方劝习此陀罗尼经典上中
[illegible]
下三卷书写者大藏经典中此功德俱说若人
[illegible][1][illegible]
十二藏大尊经典唯造与同说譬如金
[illegible]
黄以佛像成者此陀罗尼经典供养威贤力亦
[illegible]
彼已如及诸善男子善女人楼主家邻人咒
[illegible]
骂詈无利寻唯鬼恶损害人家中住横恼杂

① 西夏文“[illegible]”译为“十二大藏尊”。

[illegible]

令人之方便欲者是陀罗尼经典与遇所

[illegible][1] [illegible]

住处各供养者诸鬼神皆惊走往损害不敢

[illegible]

佛顶心观世音菩萨经典中卷　终

意译如下：

是陀罗尼，若有穷贫饥渴人，及思衣、念食、无救助者，唯每日诚心香花供养，心中念佛，故食财、衣服皆得满足。若又有人相遇善知识，故劝习书写此陀罗尼经典上中下三卷者，此大藏经典中俱说功德，若人唯造十二藏大尊经典，与同说，譬如以金黄造佛像者，供养此陀罗尼经典威贤力，亦复如是。又诸善男子、善女人、楼主家邻人，咒詈骂、寻无利，唯鬼恶损害住人家中，令横杂恼，人欲之方便者，与遇于住处各供养是陀罗尼经典者，诸鬼神皆惊奔走，不敢损害。

佛顶心观世音菩萨经典中卷　终

[illegible]

佛顶心观世音菩萨难救前往经典卷下

[illegible][2] [illegible]

往昔罽宾陀国中疾病地势已入国土人皆染若

[illegible]

病染有者一日二日不济悉皆死也观世音菩萨速

[illegible]

衣白穿门尊化作大悲心发门数救察是法印

[illegible]

---

① 此段内容与英藏 Or.12380-3185（K.K.Ⅱ.0265.d）内容相同，为《佛顶心观世音菩萨大陀罗尼经》卷中。

② 西夏文“[illegible]”译为“罽宾陀国”，即“罽宾国”，位于印度西北部。

持速人请此陀罗尼经典三卷书令诚心供养此
[illegible][1][illegible]
依疾病消除皆愈及彼国土中入方书敬供养
[illegible]
功德者言尽可无及往昔波罗尼国中一长者有
[illegible]
家中有大财富无量有一男独有年十五往如若
[illegible]
病得药种种服药察不愈所病死将已窘不得时
[illegible]
一家邻长者有家中已来长者对言说何为不
[illegible]
乐令长者说依因缘具说时长者答言长
[illegible]
者莫愁恼使唯别人请家中帛净好上
[illegible]
此佛顶心陀罗尼三卷经典书应面佛
[illegible]
前面去香烧念诵其子病者立即
[illegible][2][illegible]
愈得寿命无疆尔时长者说者依立即
[illegible]
人请自家中书令未了其子疾病立
[illegible][3][illegible]
即已愈阎罗王一鬼使令长者之言

---

① 西夏文“[illegible]”译为“疾病消除，皆愈”，汉文用“应时消散，当即出离外国”，汉文用词不贴切。

② 西夏文“[illegible]”译为“寿命无疆”。

③ 西夏文“[illegible]”译为“阎罗王”“阎王”“阎魔王”。

[illegible]
说此子寿者十六岁有应今十五往一年已剩
[illegible]
今善知识与遇劝依方此陀罗尼经典书敬
[illegible]
缘故方寿长获得九十长至时方告来
[illegible]
使我今长者夫妻心喜无量所戏已开仓
[illegible][1]
库开金银相施更千卷写令每日供养
[illegible]
不断此经典称量可无大威德有知应及往

意译如下：

《佛顶心观世音菩萨前往难救经典》卷下

往昔罽宾陀国中，疾病流行，遍及国土，人皆染，若染有病者，不过一日二日，悉皆死也。

观世音菩萨速穿白衣，化作门尊，发大悲心，救察数门。速持是法印，请人令书此陀罗尼经典三卷，诚心供养，依此消除疾病，皆愈。于是彼国土中敬书供养功德者言不可述。又往昔波罗尼国中，有一长者，家中有大无量财富，有一独子，年十五，突然，得病，服种种药，皆所不愈。病将死，惶恐无奈时，有一邻居长者，已来家中，长者说道："何为不乐？"长者说："具说其缘由。"长者答道："长者，莫愁别恼，唯请人来家中，在净好帛上应写此佛顶心陀罗尼三卷经典，在佛面前烧香念诵，其子的病立即得愈，寿命无疆。"尔时，长者依此，立即请人至家中，书写，未了，其子疾病立即痊愈。阎罗王派一鬼使对长者说："此子寿应有十六，今十五，仅剩一年。今遇到善知识，劝敬写此陀罗

① 此句以下内容又是不同字体。

尼经典的缘故，故此延寿至九十，故来告知。”长者夫妻心喜无量，开仓库，施舍金银，更写千卷，每日供养不断，当知此经典有大威德，不可称量。

[illegible]
昔一女人有常此佛顶心陀罗尼经典诵日
[illegible]
数供养不断彼三世之前毒蛊执他人喂
[illegible]
杀曾彼怨主者常前后随分离未曾恶方便
[illegible]
为其母杀欲故方腹一入此身母腹中卧母
[illegible]
之心肝抱为母子生时生产不敢令万死
[illegible]
万生所至已生端正（庄）特殊年二岁不过立即
[illegible]
死亡母病痛忧恼哭泣哀涕彼子尸抱水
[illegible]
中投母欲是如三遍母腹依入彼母之方便
[illegible]
杀欲母处三遍已生昔如母腹中卧百千种
[illegible]
计谋以母之心肝受为彼母千死万生死闷
[illegible]
告呼令昔如出生庄严子生前面具足彼亦
[illegible]
二岁不过死也彼母见故不觉声放大哭哭
[illegible]

[illegible]
泣何业恶因缘是说昔如彼子尸守江边弃

[illegible]
多时已停尸弃不敢观世音菩萨慈愍依

[illegible]
一和尚身化为色如不着（身披袈裟）江边所来女人对说

意译如下：

及往昔有一女人常诵此佛顶心陀罗尼经典，每日供养不断，彼三世之前，曾执毒蛊毒杀他人，彼怨主者常随前后，未曾分离，为恶方便，故欲杀其母。方一入腹（怀孕），此身卧母腹中，为抱母之心肝，母生子时，使不能生产，万死万生，及至已生，端正特殊，不过二岁，立即死亡。病母痛忧恼，哭泣哀涕，抱彼子尸，母欲投水中。是如三遍，入母腹，欲方便杀彼母。母怀孕第三遍，如前已生，卧母腹中，以百千种计谋，抱母之心肝，令彼母千死万生，闷死呼叫，如前生出庄严子，如前一样，相貌具足，彼亦不过二岁，死也。彼母见故，不觉放声大哭，哭喊：是何恶业因缘！如前守彼子尸，在江边已多时，不忍放弃尸体。观世音菩萨慈愍，化作一和尚，身着百色袈裟，来至江边。

[illegible] ①
哭泣不用汝子真非是弟子三世前面怨主

[illegible]
真是三遍腹入母之杀欲方便不得弟子常

[illegible]
佛顶心陀罗尼持及供养不断缘故方汝杀

[illegible]
连不得若汝怨主见欲故我手所见彼说未终

[illegible]

① 以下西夏字体又为另一种笔迹，工整圆润。

贤神力以其子尸所未夜叉身一已显水中已站（立）

[illegible]

母对言说汝昔我之杀曾我怨寻欲此刻汝善心依

[illegible]

常佛顶心陀罗尼持善神有日夜也守方杀连

[illegible]

不得我今观世音菩萨功依记受得了今日以后

[illegible]

汝之怨主不为此言说了水下而沉及忽然不见

意译如下：

对女人说：汝不用哭泣，非是真子，真是弟子三世前怨主。三次入腹，欲杀母之，不得方便。因为弟子常持佛顶心陀罗尼，并供养不断，故不能接连杀汝。若汝欲见怨主，故随我手所见彼，未了。以贤神力其子尸所显夜叉身，立于水中，对其母言：昔汝曾杀我，此刻我欲寻怨，汝有善心，常持佛顶心陀罗尼，善神日夜守护，故不得杀连。我今依功得观世音菩萨受记了，今日以后，不为汝之怨主，此话说罢，沉入水下，忽然不见。

[illegible]

此女人泪出雨如而来菩萨之礼敬立即家回心

[illegible]

誓愿发衣服卖令及别书人请千卷写令受持

[illegible]

倍增休止未曾若九十七岁往死所得秦国已生男身

[illegible]

得若善男子善女人有是三卷经典书能五种杂

[illegible]

绢以袋为彼经典装佛寺院中处乃至身随供

[illegible]

养者此人若坐若卧畏疑有时彼百千那罗

[illegible]

延金刚密迹力大有及边无阿咤钹拘罗神

[illegible]

有身剑轮持所在处各导引守护魔有皆除灾

[illegible]

可皆救邪见皆断及往昔权为者一有淮州

[illegible][1] [illegible]

城中税遍为往将珂贝价无故彼泗州普光寺

[illegible][2] [illegible]

院中常住钱百缗与借请敕受于用尔时寺

[illegible]

院主速已借为一沙弥小所令引导怀州城中

[illegible]

钱取往彼沙弥小立即税遍者与共同船上坐水深

[illegible][3] [illegible]

处至彼夜已宿税遍者人恶心所发彼常住钱债不

[illegible]

还欲故引者所令一布袋中和尚捕装水中而掷

[illegible]

投令此监债者和尚七岁为时师依家出常是佛顶

[illegible]

心陀罗尼经典供养不断自手与分离未曾乃至

---

① 此段内容与英藏 Or.12380-3218（K.K.Ⅱ.0266.k）内容相同，为《佛顶心观世音菩萨大陀罗尼经》卷下。

② 西夏文“[illegible]”译为“敕受”，汉文用“上任”。

③ 西夏文“[illegible]”译为“常住钱债”。

[illegible][1] [illegible][2]

处各执持读诵舍忘未曾故方官为城主杀伤而发毛厘许未损

意译如下：

此女人泪出如雨，而来礼敬菩萨，立即回家心，发誓愿，变卖衣服，及别令请人写书千卷，加倍受持，未曾停止。若寿九十七岁，将死，所生已得秦国，得男身。若有善男子、善女人能书是三卷经典，以五种杂绢为袋，装彼经典，放佛寺院中，乃至随身供养者，此人若坐若卧，有恐惧疑惑时，有彼百千那罗延金刚密迹大力及有无边阿咤钹、拘罗神，身持剑轮，随所在各处守护，有魔皆除，灾皆可救，邪见皆断。

又往昔有一为权者，将往怀州（淮州）城中为逼税（官员），无珂贝价，故彼泗州普光寺院中请借常住钱百缗，用于受敕。尔时，寺院主速已借，令一沙弥小所随从往怀州（淮州）城中取钱。彼小沙弥立即与收税者共同坐船上，深夜至深水处，收税者所生恶心，不想还彼常住债钱，故所令捕监债者和尚，装一布袋中，投入水中。和尚自七岁时，依师出家，常供养是佛顶心陀罗尼经典不断，曾不离手，乃至各处常执持，不忘读诵，故方为城主官杀伤而毫发未损。

[illegible]

彼自身者人一行为虚空中住令如

[illegible]

觉室暗中行怀州城中至是官为城主来待尔时彼

[illegible]

城主一两日未渡怀州城主司已授黎明礼拜者

[illegible]

---

① 西夏文“[illegible]”译为“为官城主”，汉文用“官人”，在下文中直接用西夏文“[illegible]”（城主），“城主”具有西夏特色。在《天盛律令》中常常出现。

② 西夏文“[illegible]”译为“厘许发毛未损、毫厘毛发未损”，汉文为“毫发未损”，此段内容与英藏黑水城 Or.12380-1419（K.K.Ⅱ.0277.o）、Or.12380-1420（K.K.Ⅱ.0277.n）内容相同，为《佛顶心观世音菩萨大陀罗尼经》卷下。

已散及向如若彼水中而掷沉和尚者彼庭中坐

[illegible]

见不觉惊恐方彼庭中同坐和尚之所问安乐和尚

[illegible]

何如师法有使是沙弥真正所说我衣服中佛顶

[illegible]

心陀罗尼三卷经典有守护功德者具所说无说

[illegible]

彼城主闻故礼敬忏悔速彼和尚于本请自食财施

意译如下：

彼自身者如令人为住一行虚空中，感觉室暗中行至怀州（淮州）城中，待是城主官来。尔时，彼城主官不过一两日至怀州（淮州）城，与城主司上任。黎明上朝，官员退去，转头，见到被投入水中的和尚坐于殿堂中，不觉惊恐。故在彼殿堂中与和尚同坐，乃问："和尚使用如何法术而安然？"是沙弥严肃地说："我衣服中有佛顶心陀罗尼三卷经典守护，功德不可具说。彼城主闻说，故立即敬礼忏悔，于彼和尚请本，破施钱财。"

（以后内容缺）

25.Or.12380-3903（K.K.）残经，存 1 页 3 行，没有栏线，写本，右面 1 行下半部分缺，左面 1 行上半部分缺，刊布者定名为"佛经"，现将西夏文录文并对译如下：

[illegible]□□□□□□　　威德有知应□□□□□□

[illegible][①][illegible]□　　有常佛顶心陀罗尼经典□

□□□□□□□[illegible]　　□□□□□□□彼三世应

① "[illegible]"译为"常有"，汉文本为"常诵"。

将 Or.12380-3903（K.K.）残经与汉文本进行比对，可以确定此残经为《佛顶心观世音菩萨大陀罗尼经》卷下的相应内容，翻译如下：

……有大威德，不可称量。及往昔有一女人常诵此佛顶心陀罗尼经典，每日供养不断，彼三世之前……

目前，检索出英藏黑水城文献中遗存 20 多个编号是西夏文《佛顶心观世音菩萨大陀罗尼经》，三卷内容基本保存，有写本也有刻本，分卷轴装、经折装和蝴蝶装等不同装帧形式。西夏文与汉文内容基本一致，仅存在少许用词差别，说明西夏文本依据汉文本翻译而成，为研究西夏故地遗存西夏文、汉文《佛顶心观世音菩萨大陀罗尼经》提供了珍贵材料。

二　父母恩重类经典

受中国传统的影响，中国佛教特别重视经典的真伪。随着佛经翻译的增多，逐渐出现了佛经编目，在编目过程中，中国将佛教典籍分为正藏、别藏和疑伪经等。正藏即中国古代佛教大藏经的基本形态，主要收录由境外传入中土而翻译的经典。方广锠先生认为，在中国大藏经形成过程中，出现两种类型的正藏，一种正藏兼收域外译典与中华撰著，另一种正藏则几乎不收，甚至完全不收中华撰著。随着佛教的逐渐发展，后一种形式的正藏逐渐在编藏僧人中占了上风，唐代所编的正藏大抵不收中华撰著。[①]别藏，即专门收集中国古代佛教撰著的中国佛教典籍的集成。疑伪经则是由理论上认为非佛所授而又妄称为“经”的“伪经”及一时无法辨别真伪的“疑经”共同构成。《父母恩重经》就属于唐宋以来一部流行于民间的佛教“疑伪经”。因为“疑伪经”不能入藏流行，中国佛教的大多数“疑伪经”都已亡佚。

因《父母恩重经》“疑伪经”性质的定位，所以它一直被佛教人士和学者忽略。它对世俗社会具有劝导教化的特殊功效，因此在敦煌文献中保存有《父母恩重经》写本遗书，黑水城文献中保存有汉文本、西夏文本《佛说报父母恩重经》等，另外还留存有敦煌父母恩重经画、大足石窟的“父母恩重经变像”等，这些都可以充分说明《父母恩重经》在民间的流行之盛况。

---

① 季羡林主编《敦煌学大辞典》，上海辞书出版社，1998，第654页。

（一）《佛说父母恩重经》

《佛说父母恩重经》传入西夏，残存佛经题记有仁孝皇帝“奉天显道耀武宣文神谋睿智制义去邪惇睦懿恭皇帝贤译”尊号。笔者考证此尊号是在夏大庆二年（1141）开始使用的，说明《佛说父母恩重经》在仁孝时期被翻译成西夏文。从黑水城文献看，西夏流行《父母恩重经》《报父母恩重经》，突出知父母恩和报父母恩的思想内容，刊布者笼统定名为《父母恩重经》。下面对英藏黑水城西夏文文献中《佛说父母恩重经》进行释读。

1.Or.12380-0060（K.K.Ⅱ.0283.qqq）残存 1 折页 6 行，写本，上栏线单栏，下栏线无存，字数无法确定，有经题和翻译者的名称，其残缺部分依据 Or.12380-3082（K.K.）残经补录。现将西夏文录文并对译如下：

[illegible]

佛说父母恩重经典

[illegible]

奉天显道耀武宣文神谋睿智制义去邪惇睦懿恭皇帝贤译

[illegible] ① [illegible] ② [illegible]

是如闻我一时佛王舍城耆阇崛山中

[illegible]

住大比丘众二万八千人与聚及诸

[illegible]……

菩萨无量边无八部四众……

[illegible]……

世尊之围绕尔时圣者名者……

---

① 西夏文“[illegible]”译为“王舍城”，中印度摩羯陀国的都城。

② 西夏文“[illegible]”译为“耆阇崛山”，即鹫峰山。

意译如下：

《佛说父母恩重经典》

奉天显道耀武宣文神谋睿智制义去邪惇睦懿恭皇帝贤译

是如闻我，一时佛住王舍城耆阇崛山中，与大比丘众二万八千人及诸菩萨聚，无量无边，八部四众围绕世尊，尔时，圣者名者……

2.Or.12380-3082（K.K.）残存 1 折页 6 行，刻本经折装，上下栏线单栏，有经题和翻译者的名称。现将西夏文录文并对译如下：

[illegible]

佛说父母恩重经典

[illegible]

奉天显道耀武宣文神谋睿智制义去邪惇睦懿恭皇帝贤译

[illegible][1][illegible]

是如闻我一时佛王舍城耆阇

[illegible][2][illegible]

崛山中住大比丘众二万八千

[illegible]

人与聚及诸菩萨无量边无八

[illegible]

部四众世尊之围绕尔时圣者

意译如下：

《佛说父母恩重经典》

奉天显道耀武宣文神谋睿智制义去邪惇睦懿恭皇帝贤译

如是我闻，一时，佛在王舍城耆阇崛山中，与大比丘众二万八千人及诸菩萨聚，无量无边，八部四众围绕世尊，尔时，圣者……

---

① 西夏文“[illegible]”译为“如是我闻”，为佛经开头的用语。

② 西夏文“[illegible]”译为“王舍城耆阇崛山”，意译为“鹫山”“鹫峰”“灵鹫”“灵鹫山”，在中天竺摩羯陀国王舍城的东北，是佛陀说法的重要地方。

（二）《佛说报父母恩重经》

1.Or.12380-0855（K.K.）残存 1 页 6 行，写本，栏线无存，其中有 3 行小字，1 行不可辨识，3 行大字，每行残存字数不等，刊布者定名为“佛经”，现将西夏文录文并对译如下：

……[illegible]	……若父母因勤修常十善行能则
……[illegible]	……此者父母包乳养育
……[illegible]	……之恩报是
[illegible]	若父母因罪障罪忏斋戒受持
[illegible]	能则此者父母不净洗濯之恩报是

翻译如下：

若因父母，常勤修十善，是报父母抱乳养育之恩也。若因父母，忏悔罪障，受持斋戒，是报父母洗濯不净之恩也。

Or.12380-0855（K.K.）残经为《佛说报父母恩重经》的相应内容。

2.Or.12380-2952（K.K.II.0281.a.ii）残存 1 页 6 行，写本经折装，上下栏线单栏，每行 12 字，刊布者定名为“佛经”，现将西夏文录文并对译如下：

[illegible]①	千劫此舌愿拔长百由旬铁铧
[illegible]	以耕血出河水成也永此如来
[illegible]	之言舍无敢此言说时此大众
[illegible]	中二万八千人生无法忍得其
[illegible]	时阿难佛之语谓世尊此经典
[illegible]	何名我等云何受持佛阿难之

① [illegible]（铁铧），Инв.№.759 中写作[illegible]（铁锄）。

翻译如下：

宁肯千劫拔此舌长百由旬，以铁犁耕之，血流成河，也绝不敢违背如来之言教。此言说时，大众中二万八千人得无生法忍。尔时，阿难对佛说："世尊！此经典是何名称？我等云何受持？"

Or.12380-2952（K.K.Ⅱ.0281.a.ii）为《佛说报父母恩重经》的相应内容，通过对比，它的版式和行款与英藏 Or.12380-2757（K.K.Ⅱ.0281.a.xi）残页和俄藏 Инв.№.8106 残件发愿内容完全一致，应当是同一版本上脱落下来的残页。而且，Or.12380-2952（K.K.Ⅱ.0281.a.ii）内容在前，Or.12380-2757（K.K.Ⅱ.0281.a.xi）内容在后，前后正好缀合。

3.Or.12380-2757（K.K.Ⅱ.0281.a.xi）残存 1 折页 5 行，上下栏线单栏，刻本经折装，残经上有编号 2757，刊布者定名为《佛说父母恩重经》，现将西夏文录文并对译如下：

[Tangut]……	供养经典……
[Tangut]……	也是名字依汝等受持应尔时……
□[Tangut]……	□深及诸大众佛所说……
[Tangut]……	心喜信受然行……
[Tangut][1]　[Tangut]	佛说父母恩重经典　终

解读 Or.12380-2757（K.K.Ⅱ.0281.a.xi）残经，可以确定其非为《佛说父母恩重经》，而为《佛说报父母恩重经》的相应内容，翻译如下：

供养经典……也，依是名字，汝等应受持。尔时……□深，及诸大众闻佛所说……心喜信，受然行……

《佛说父母恩重经典》终

4.Or.12380-3050（K.K.Ⅱ.0244.uuu）残存 1 折页 6 行，字数不能确定，栏线无存，刻本，残经上有编号 3050，刊布者定名为《佛说父母恩重经》。现将西夏文录文并对译如下：

---

① 西夏文"[Tangut]"译为"佛说父母恩重经典"。

……[illegible]	……及诸大众天龙八部
……[illegible][1][illegible]	……佛所说闻身毛皆粗
……[illegible]	……自胜不能共同
……[illegible]	……乃至未来世尔如
……[illegible]	……为尘如成亦如来
……[illegible]	……及愿是为尔如

意译如下：

……及诸大众天龙八部……闻佛所说，身毛皆粗（竖立），……不能自胜，共同……乃至未来世，尔如……如成为尘，亦如来……及愿是为尔如……

5.Or.12380-3050V（K.K.Ⅱ.0244.uuu）残存 1 折页 7 行，字数不能确定，残经上有编号 3050，刊布者定名为“佛经”。现将西夏文录文并对译如下：

……[illegible]	……血流是恩有经
……[illegible]	……母最终
……[illegible]	……之恩报也
……[illegible]	……善女人往昔念者
……[illegible]	……也方父母之恩深
……[illegible]	……不入故施然子非也
……[illegible]	……异不有也

意译如下：

……放血，是恩有经……之报恩也……善女人，往昔念者……大也，方者父母之深恩……故不入，然施非子也……有不异也。

从 Or.12380-3050（K.K.Ⅱ.0244.uuu）和 Or.12380-3050V（K.K.Ⅱ. 0244.

① 西夏文“[illegible]”译为“身毛”“汗毛”。

uuu）内容、版式判断，二者为同部佛经，为《佛说报父母恩重经》。因残缺严重，二者并不能完全缀合。

在英藏西夏文中有《佛说父母恩重经》和《佛说报父母恩重经》两种，其中 Or.12380-0060（K.K.II.0283.qqq）和 Or.12380-3082（K.K.）残经保存有经首和译经者。除此之外，在俄藏黑水城文献中也保存有多件《父母恩重经》，如俄藏西夏文《佛说父母恩重经》（第 181 号，西夏特藏第 150 号，馆册第 6570、5048、6670、759、6878 号）、俄藏汉文《佛说报父母恩重经》（TK119）和《佛说父母恩重经》（TK120、TK139、TK240）。西夏信众在法会上常常施印此类经文，以报父母恩情，祈望亡故父母早生净土。

隋唐时期，儒释道之争进入新的阶段，但佛教与中国传统文化的合流也是佛教发展的一大趋势，在儒家忠孝思想的影响下，佛教也积极倡导忠孝，佛教逐渐中国化和庶民化。三教融合缘于一些佛教徒本身也精通儒家文化，他们不仅删改或编撰已有的佛经，出现了《父母恩重经讲经文》《十恩德颂》等，还宣扬父母恩德、提倡忠孝。《父母恩重经》是在佛教流传过程中，与儒家文化思想不断融合的产物，该经中充满了儒家孝道思想。《佛说父母恩重经》《佛说报父母恩重经》对研究佛教的中国化与世俗化具有很重要的作用，它们虽被定为“疑伪经”，但其出现和发展贯穿于中国佛教发展的过程。

据《开元释教录》载，在唐代初期，有疑伪经 400 多部 1000 多卷。《父母恩重经》在流传的过程中出现不同版本，现收录于《大正藏》中的有《佛说父母恩难报经》（第 684 号）和《父母恩重经》（第 2887 号）两种。《父母恩重经》始见于唐明佺撰《大周刊定众经目录》卷十五“伪经目录”，在智升《开元释教录》卷十八“别录中伪妄乱真录第七”中有《父母恩重经》一卷（经引丁兰、董黯、郭巨等，故知人造，三纸）。[①] 唐圆照撰《贞元新定释教目录》卷二十八沿用《开元释教录》之说。在敦煌文献中共检索出 40 多件《父母恩重经》，其中附有孝子故事

① （唐）智升撰《开元释教录》，《大正藏》第 55 册，第 2154 号，第 672 页上栏 7。

的有 9 件，其余孝子故事皆被删除，以掩饰其伪造之嫌疑。如 S.2084、149、1189、1323、1548a、2204c、1907、2269、4476、4724、5215、5253、5433、5642、6007、6062、6074、6087、865、3228、5409 等，P.2285、3919 等，以及国家图书馆藏号 14、辰 36、人 22、阙 40、裳 33、翔 25、奈 28、洪 39、李 85、霜 81 等。

俄藏汉文《佛说报父母恩重经》（TK119）前有多幅行孝连环图。中央佛陀端坐莲台，阿难、迦叶侍立两侧，下跪弟子，披衣合十。榜题分别为：父母绕须弥山处、为父母割肉之处、为父母剜眼睛之处、为父母割心肝之处、为父母打骨处、为父母受刀轮之处、为父母吞铁丸之处、为父母受持戒条、为父母供养三宝、为父母布施修福、为父母书写经典、为父母读诵经典、为父母忏悔罪愆。有的卷首画无榜题，却能明显表达受刀山火海之苦的情景。西夏人将礼佛敬僧和孝敬父母融为一体，无论是儒士还是佛教徒对“孝悌”这一传统奉行不变，为报父母恩，除了有中国传统的做法之外，还可以充分利用佛教宣说，为父母供养三宝、布施、持戒、写经和诵经等，以此报答父母生育、养育之恩。

三 《佛说延寿命经》

《佛说延寿命经》是一部伪经，历代经录未收，俄藏黑水城汉文文献中有存，编号 TK257，经名不存，有鸠摩罗什奉诏译字样，经文内容存下半部分。此经在敦煌藏经洞出土文献中也有保存，如 Д X.2824，P.2171、2289、3110、2374、3824，黑水城本与敦煌本内容基本一致。

1.Or.12380-1080（K.K.Ⅱ.0282.z）残存 1 页 5 行，无栏线，写本，每行存 3~5 字，刊布者定名为“佛经经颂”，现将西夏文录文并对译如下：

[illegible]	神名摩诃波
[illegible]	神名因波利
[illegible]□□[illegible]	神名□□陀
[illegible]	神名阿难达
[illegible]	神名波陀利

Or.12380-1080（K.K.Ⅱ.0282.z）残经翻译如下：

神名摩诃波，神名因波利，神名□□陀，神名阿难达，神名波陀利。

从西夏文内容判断，它与 Or.12380-3708（K.K.Ⅱ.0270.m）残经的后面内容相连，从版式上判断，二者并非同一残经，且神名的内容也不全。

2.Or.12380-3708（K.K.Ⅱ.0270.m）残存 2 页 8 行，可以相接，无栏线，写本，每行 7~8 字，刊布者定名为“佛经”，现将西夏文录文并对译如下：

（第一页）

[illegible][1] [illegible]	是如闻我一时佛香
[illegible][2] [illegible][3]	华园中在大比丘
[illegible]	比丘尼优婆塞优
[illegible][4] [illegible]	婆夷七万人与集（聚）

（第二页）

[illegible]	众比丘一有名者
[illegible][5] [illegible]	难达自寿尽知寿佛
[illegible]	处寿有求乞佛彼
[illegible]	之利益因十七神

Or.12380-3708（K.K.Ⅱ.0270.m）残经意译如下：

如是我闻，一时，佛在香华园中与大比丘、比丘尼、优婆塞、优婆夷七万人与集（聚），众比丘有一名者难达，自知寿尽，于佛处祈求延寿，佛因利益十七神……

敦煌藏经洞所出 P.2171 号《佛说延寿命经》的相应内容为：

> 尔时，佛在香华国时，与比丘、比丘尼、优婆塞、优婆夷七万七千人俱，有比丘名难达，寿欲终，期从佛求延命，佛为说十七神名，结黄缕……

---

① 原文缺少“[illegible]”，根据意思补录。西夏文“[illegible]”译为“如是我闻，一时”，而敦煌本为“尔时”。

② 西夏文“[illegible]”译为“香华园”。

③ 西夏文“[illegible]”译为“大比丘”，敦煌本为“比丘”。

④ 西夏文“[illegible]”译为“七万人”，敦煌本为“七万七千人”。

⑤ 西夏文“[illegible]”译为“难达”，其中“[illegible]”音（tha）。

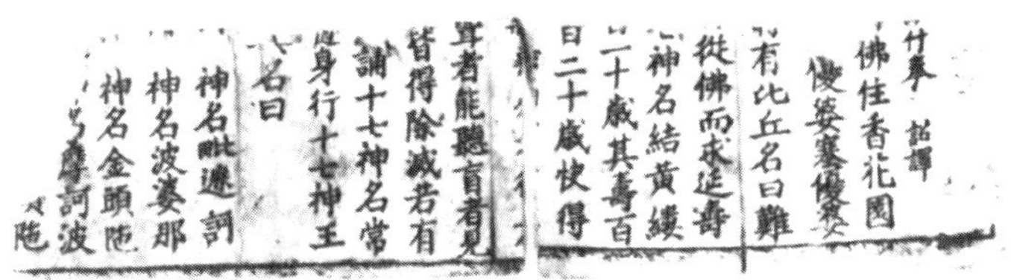

佛住香花園
優婆塞優婆
有比丘名曰難
從佛而求延壽
神名結黃縷
二十歲其壽百
日二十歲使得
聾者能聽盲者見
皆得除滅若有
誦十七神名常
身行十七神王
名曰
神名毗遮訶
神名波婁那
神名金頭陁
摩訶波
陁

图 66　俄藏《佛说延寿命经》(TK257)

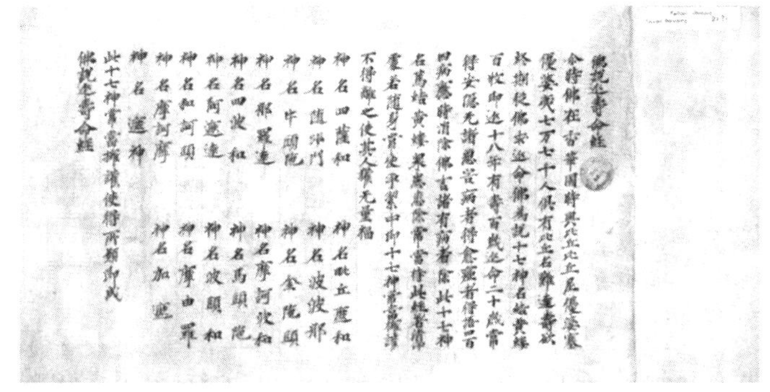

佛說延壽命經
神名四薩和　神名毗丘薩和
神名薩沙門　神名波彼那
神名牛頭陁　神名金陁頭
神名那羅達　神名摩訶波和
神名四波和　神名馬頭陁
神名阿遮達　神名波頭和
神名知訶頭　神名摩由羅
神名摩訶摩　神名加遮
神名遮神
此十七神常當擁護使得所願即成
佛說延壽命經

图 67　敦煌藏经洞出土 P.2171 号《佛说延寿命经》

四 《佛说天地八阳神咒经》

《佛说天地八阳神咒经》被视为伪经，有汉文本、回鹘文本、藏文本、西夏文本等多语言版本存世。敦煌文献保存了丰富的汉文本，有370多个编号。《大正藏》第85册“疑似部”收录《佛说天地八阳神咒经》，为托名唐义净译本。刘元春认为“义净本”《佛说天地八阳神咒经》是一部杂糅的“疑伪经”，其产生反映了“一定的社会现实和社会背景”。[①] 张淼探讨了《佛说天地八阳神咒经》对佛教“五蕴思想”的继承，指出“疑伪经”在“吸收本土思想的同时，并没有放弃佛教最基本的思想观念”。[②] 马振颖、郑炳林等对英藏黑水城文献中几件汉文《佛说天地八阳神咒经》作了拼接，认为此经是唐代时产生的一部伪经，敦煌文献中保存了大量的唐五代时期的汉文写本，黑水城本汉文《佛说天地八阳神咒经》与敦煌本的差异较大，但与中原本的相似之处更多。[③]

1.Or.12380-3921.2（K.K.）汉文本，存左右2个残片，上栏线单栏，下栏线无存，刻本卷轴装，下半部分残缺严重，刊布者将其定名为“佛经”，依据所存内容录文，并比对汉文本将相应内容列于下面，英藏黑水城残经内容为黑体：

（左面）

---

① 刘元春：《〈佛说天地八阳神咒经〉辨析——兼谈高昌回鹘佛教的社会文化意蕴》，《西域研究》1996年第1期。

② 张淼：《疑伪经对佛教思想的继承与超越》，《北方论丛》2007年第5期。

③ 马振颖、郑炳林：《英藏黑水城文献〈天地八阳神咒经〉拼接及研究》，《敦煌学辑刊》2016年第2期。

复次，无碍菩萨！一切众生既得人身，不能修福，背真向伪，造种种恶业，命将欲终必沈苦海受种种罪。若闻此经信受不逆，即得解脱诸罪**之难出**于苦海，善神加护无诸障碍，延**年益寿而无横夭**；以信力故获如是福，何况**有人尽能书写**、受持、读诵，如法修行；说其功德**不可称**、**不可量**，无有边际，寿终之后并得成**佛**。佛告无碍菩萨摩诃萨……[①]

（右面）

佛告无碍菩萨摩诃萨："若有众生信邪倒见，即被邪魔外道、魑魅魍魉、鸟鸣百怪、诸恶鬼神竞来恼乱，与其横病、恶种、恶注，受其苦痛无有休息。遇善知识为读此经三遍，是诸恶鬼皆悉消灭，病即除愈身强力足，读经功德获如是福。若**有众生**多于淫欲、瞋恚、愚痴、悭贪、嫉妒，若**见此经信敬供养**，即读三遍，愚痴等恶并皆**除灭**，**慈悲喜舍**得佛法分。"

复次，无碍菩萨！若善男子、善女人等兴有为法，**先读此经**三**遍，筑墙**动土、安立家宅，南堂北**堂**、**东厢西厢**[②]、**厨**舍密屋……[③]

2.Or.12380-3921.3（K.K.）汉文本，存20行，上栏线单栏，下栏线无存，刻本卷轴装，下半部分残缺严重，刊布者将其定名为"佛经"，依据所存内容录文，并比对汉文本将相应内容列于下面，残经内容为黑体：

富贵吉昌不求自得。若远行从军，仕官兴生，甚得**宜利**，**门兴人贵**，**百**子千孙，父慈子孝，男忠**女贞**，**兄恭弟顺**，夫妻和睦，信

① （唐）义净译《佛说天地八阳神咒经》，《大正藏》第85册，第2897号，第1422页下栏11~18。

② 黑水城本中"厢"为"序"。

③ （唐）义净译《佛说天地八阳神咒经》，《大正藏》第85册，第2897号，第1422页下栏18~27。

义笃亲，所愿成就。**若有众生忽**被县官拘执、盗贼牵挽，暂**读此经三遍即得解脱**。若有善男子、善女人受持**读诵**、**为他书写八阳经**者，设入水火不被焚漂，**或在山泽，虎狼**猛兽屏迹不敢，善神卫护**成无上道**。

若复有人多于妄语、绮语、恶口、两舌，若能受**持读诵此经，永除四恶**过得四无碍辩而成佛道。

若善男子、善女人[1]等父母有罪，临终之日当**堕地狱受无量苦，其子即为**读此经七遍，父母**世**[2]**即离地狱而生天上**，见佛闻法悟无生忍以**成佛道**。

佛告无碍菩萨：“**毗**婆尸佛时，有优婆塞、优婆**夷心不信邪敬崇佛法**，书写此经受持读诵，所作所为**须作即作一无所问**，以正信故，兼行布施、平等**供养**，**得无漏身**成菩提道，号曰普光，如来、**应正等觉，劫名大满，国名无边**。但是人民行**菩萨道，无所得法，**以是经威德获如是报。”[3]

3.Or.12380-3921.4（K.K.）汉文本，存23行，上栏线单栏，下栏线无存，刻本卷轴装，下半部分残缺严重，刊布者将其定名为“佛经”，依据所存内容录文，并比对汉文本将相应内容列于下面，残经内容为黑体：

复次，无碍菩萨！此八阳经行在阎浮提，在在**处处有八菩萨、诸梵天王、一切**明灵围绕此经，**香华供养如佛无异**。

佛告无碍菩萨摩诃萨言：“若善男子、善女人等**为诸众生讲说此经，深达实**相得甚深理，即**知身心佛身法心，所以能知**即是智慧。眼常见**种种无尽色，色即**是空，空即是色，受、想、行、识**亦空，即是妙色身如来；耳常闻种种无尽声，声即**是空，空即是

① 黑水城本为“若有善男子、善女人”。

② 黑水城本有“世”，汉文本无。

③（唐）义净译《佛说天地八阳神咒经》，《大正藏》第85册，第2897号，第1422页下栏27~1423页上栏22。

声，即是妙音声如来；鼻常嗅种种无尽香，香即是空，空即是香，即是香积如来；舌常了种种无尽味，味即是空，空即是味，即是法喜如来；身常觉种种无尽触，触即是空，空即是触，即是智明如来；意常思想，能分别种种无尽法，法即是空，空即是法，即是法明如来。”

善男子！观此六根显现，人皆空口常说之。若说善语，善法常转，即成圣道；若说邪语，恶法常转，即堕地狱。善男子！善恶之理，不得不信。善男子！人之身心是佛法器，亦是十二部大经卷也，无始已来转读不尽不损毫毛。如来藏经……[1]

4.Or.12380-3921.5（K.K.）汉文本，存24行，上栏线单栏，下栏线无存，刻本卷轴装，下半部分残缺严重，刊布者将其定名为“佛经”，依据所存内容录文，并比对汉文本将相应内容列于下面，残经内容为黑体：

……唯识心，见性者之所能知，非诸声闻凡夫所能知。善男子！读诵此经，深解真理，即知身心是佛法器。若醉迷不醒，不了自心是佛法根本，流转[2]诸趣堕于恶道永沈苦海，不闻佛法名字。

尔时，五百天子在大众中闻佛所说，得法眼净，皆大欢喜，即发无等等阿耨多罗三藐三菩提心。

无碍菩萨复白佛言：“世尊！人之在世生死为重，生不择日，时至即生；死不择日，时至即死。何因殡葬即问良辰吉日然始殡葬？殡葬之后还有妨害，贫穷者多，灭门者不少。唯愿世尊为诸邪见无智众生说其因缘，令得正道除其颠倒。”

佛言：“善哉，善哉！善男子！汝实甚能问于众生生死之事、殡葬之法。汝等谛听！吾当为汝说智慧之理、大道之法。夫天地广大

① （唐）义净译《佛说天地八阳神咒经》，《大正藏》第85册，第2897号，第1423页上29~中栏15。

② 黑水城本为“浪”，疑有误。

清，日月广长明，时年善[①]美实无有异。善男子！人王菩萨甚大[②]慈悲，愍念众生皆如赤子，下为人主作蓬民父母，顺于俗人教于俗法，造作历日须下天下，令知时节为有平、满、成、收、开、闭、建、除、定、执、破、危[③]之文，愚人依字信用无不免其凶祸。又使邪[④]师厌镇说是道非，谩[⑤]求邪神拜饿鬼，却福招殃自受苦。如斯人皆[⑥]返天时逆地理，背日月之光明没[⑦]暗室，违正道之广路，恒寻邪径。"[⑧]

5.Or.12380-3921.6（K.K.）汉文本，存23行，上栏线单栏，下栏线无存，刻本卷轴装，下半部分残缺严重，刊布者将其定名为"佛经"，依据所存内容录文，并比对汉文本将相应内容列于下面，残经内容为黑体：

颠倒之甚也。善男子！产生时读此经三遍，儿即易生，甚大吉利聪明智慧，福德具足而不中夭；死时读此经三遍，一无妨害[⑨]得福无量。善男子！日日大[⑩]好日，月月大好月，年年大好年，实无间隔，但辨即须殡葬。殡葬之日读此经七遍，甚大吉利获福无量，门荣人贵延年益寿，命终之日并得成圣道。

善男子！殡葬之地莫问东西南北，安稳之处，诸人爱[⑪]乐，鬼神爱乐。即读此经三遍便以修荣，安置墓内[⑫]永无灾障，家富人兴甚大吉利。

---

① 黑水城本为"善善"，即两个"善"字连写。
② 黑水城本为"太"。
③ 黑水城本为"煞"。
④ 黑水城本为"耶"。
⑤ 黑水城本无"谩"。
⑥ 黑水城本为"毕"。
⑦ 黑水城本为"常没"。
⑧ （唐）义净译《佛说天地八阳神咒经》,《大正藏》第85册，第2897号，第1423页中栏15~下栏5。
⑨ 黑水城本"害"后有"善"字。
⑩ 黑水城本三处无"大"字，即为"日日好日""月月好月""年年好年"。
⑪ 黑水城本"爱"之前有"之"字。
⑫ 黑水城本为"曰"。

尔时，世尊欲重宣此义而说偈言：

营[①]生善善日，休殡好好时；生死读诵经，甚得大利益。

月月善明月，年年大好年，读经即殡葬，荣花万代昌。

尔时，众中七万七千人闻佛所说，心开意解舍邪[②]归正，得佛法分永断疑惑，皆发阿耨多罗三藐三菩提心。

无碍菩萨复白佛言："世尊！一切凡夫皆以婚媾为亲，先问相宜，后[③]取吉日然始成亲。成亲之后，富贵偕老[④]者少，贫穷生离死别者多。一种信邪[⑤]如何而有差别？唯愿世尊为决众疑。"

佛言："善男子！汝等谛听！当为汝说。夫天阳地阴，月阴日阳，水阴火阳，女阴男阳[⑥]。天地气合，一切草木生焉；日月交通[⑦]，四时八节明焉；水火相承，一切万物熟焉；男女允谐……"[⑧]

Or.12380-3921.2（K.K.）至 Or.12380-3921.6（K.K.）汉文佛经残存为同一版本，刊布者皆定名为"佛经"，没有给出正确的经名，它们的内容皆为《佛说天地八阳神咒经》。除 Or.12380-3921.2（K.K.）与 Or.12380-3921.3（K.K.）因残缺不能完全缀合外，可以确定其他编号内容是相连接的，其顺序为 Or.12380-3921.2（K.K.）左面 + Or.12380-3921.2（K.K.）右面 + Or.12380-3921.3（K.K.）（中间相差几行，不能缀合）+ Or.12380-3921.4（K.K.）+ Or.12380-3921.5（K.K.）+ Or.12380-3921.6（K.K.）。而 Or.12380-3921.1（K.K.）最为残缺，几乎辨不出内容，刊布者定名为《佛说天地八阳神咒经》，本章未录。

---

① 黑水城本为"荣"。

② 黑水城本为"耶"。

③ 黑水城本为"复"。

④ 黑水城本为"差"。

⑤ 黑水城本为"耶"。

⑥ 黑水城本为"男阴女阳"。

⑦ 黑水城本为"运"。

⑧（唐）义净译《佛说天地八阳神咒经》，《大正藏》第 85 册，第 2897 号，第 1423 页下栏 5~1424 页上栏 11。

西夏文禅宗类经典

一 《坛经》

《坛经》，亦称《六祖坛经》《六祖慧能大师法宝坛经》《南宗顿教最上大乘施法坛经》《南宗顿教最上大乘摩诃般若波罗蜜经六祖惠能大师于韶州大梵寺施法坛经》等。《坛经》是六祖慧能[①]一生得法传宗和教诲弟子的言行，表达了禅宗的基本思想，是一部由中国僧人撰述而被称为经的佛教典籍，内容丰富，文字简单，被视为禅宗的宗经，表达了禅宗的基本观念，在中国禅宗史上占据重要地位。

《坛经》出现在唐代，后来历代辗转传抄，传抄人根据自己的理解对唐代法海集录本有所增减，因而有了繁简不同版本流行，内容详略不一。《坛经》主要有北宋乾德五年（967）惠昕本[②]、北宋仁宗至和三年改嘉祐元年（1056）契嵩本[③]、元至元二十七年（1290）德异本[④]、元至元二十八年（1291）宗宝本[⑤]、明藏本[⑥]、明刻房山石刻经

---

① “慧能”有时写作“惠能”。

② 惠昕住广西省惠进禅院，惠昕本分为二卷十一门，门犹言品，门题如“南北二宗见性门”。

③ 契嵩复位本，分三卷十六门，与惠昕本基本相同，增加了“曹溪大师别传”中相关资料。

④ 德异本分十品，序文载：“夫《坛经》者，言简义丰，理明事备，具足诸佛无量法门，一一法门具足无量妙义，一一妙义发挥诸佛无量妙理。即弥勒楼阁中，即普贤毛孔中。善入者，即同善财于一念间圆满功德，与普贤等、与诸佛等。惜乎《坛经》为后人节略太多，不见六祖大全之旨。德异幼年，尝见古本，自后遍求三十余载，近得通上人寻到全文，遂刊于吴中休休禅庵，与诸胜士同一受用。惟愿开卷，举目直入大圆觉海，续佛祖慧命无穷，斯余志愿满矣。至元二十七年庚寅岁中春日叙。”

⑤ 宗宝本分十品，南海释宗宝跋文讲道：“六祖大师平昔所说之法，皆大乘圆顿之旨，故目之曰‘经’。其言近指远，词坦义明，诵者各有所获。明教嵩公常赞云：‘天机利者得其深，天机钝者得其浅。’诚哉言也。余初入道，有感于斯，续见三本不同，互有得失，其板亦已漫灭。因取其本校雠，讹者正之，略者详之，复增入弟子请教机缘，庶几学者得尽曹溪之旨。”

⑥ 明洪武年间《坛经》收录在《南藏》“密”字函中，永乐年间收录在《永乐北藏》“扶”字函中，与元代《坛经》内容基本相同。

本[①]和清王起隆本等。日本兴圣寺、真福寺、金山天宁寺、大乘寺等收藏和流传的《坛经》都是惠昕本。自明代以来流行的多是元宗宝本。清光绪年间，随着敦煌藏经洞的发现，又出土了经慧能弟子法海整理的早于其他版本的敦煌本《坛经》。20 世纪 20 年代在河西瓜州还发现了西夏文《坛经》。学者们十分重视对《坛经》版本演变和思想的研究，出版或发表了诸多学术成果。[②]其中对西夏文残页译释和考证的学者有罗福成、史金波和日本川上天山等。罗福成对国图藏五纸西夏文《六祖坛经》残页进行了译释。[③]日本川上天山的《西夏语译的六祖坛经》对中国国家图书馆西夏文残经进行了翻译，认为其出土于内蒙古黑水城，西夏译《坛经》完全没有受到敦煌本以外的影响。[④]史金波也对西夏文《六祖坛经》的残页进行了译释，认为西夏文本与法海本接近，但不雷同，与惠昕本、契嵩本、宗宝本相去较远，疑西夏译本所据汉文底本为

---

① 万历至天启、崇祯年间明代正式续造石刻经，当时有吴兴沙门真程劝说在北京的一些南方籍官吏、居士，如葛一龙、王思任、赵琦美、冯铨、李腾芳、董其昌、黄汝亨等刻造石经。他们集资先在北京石灯庵用小石版刻好佛经，然后送往石经山贮藏。据现存石经数据显示，这时期所刻的石经有：《四十华严》《法宝坛经》《宝云经》《佛遗教经》《四十二章经》《大方广总持宝光明经》《梵网经》《阿弥陀经》等十余部。此时由于石经山上洞穴都已藏满封闭，于是又在雷音洞左边新开凿一小洞，将这些经碑藏入，洞额由董其昌题“宝藏”二字，俗称为“宝藏洞”（今为第六洞）。始于隋代的房山云居寺石经的刻造事业，到此才算最后结束。

② 明生主编《六祖慧能与坛经论著目录集成》，南方出版传媒、广东人民出版社，2014。向达：《西征小记》，《唐长安与西域文明》，河北教育出版社，2001，第 328~364 页。钱穆：《读六祖坛经》，蓝吉富主编《禅宗全书》（语录二），文殊文化有限公司，1988，第 19~27 页。郭朋：《坛经校释》，中华书局，1991。周绍良编著《敦煌写本坛经原本》，文物出版社，1997。李申合校，方广锠简注《敦煌坛经合校简注》，山西古籍出版社，1999。杨曾文校写《敦煌新本・六祖坛经》，宗教文化出版社，2001。（唐）惠能著，邓文宽校注《六祖坛经：敦煌坛经读本》，辽宁教育出版社，2004。潘重规校订《敦煌坛经新书及附册》，佛陀教育基金会，2001。印顺在《中国禅宗史》（团结出版社，2010，第 169~199 页）第六章也提及禅宗的成立，即《坛经》不同版本流变情况。另外，日本学者矢吹庆辉、铃木大拙、柳田圣山、宇井伯寿、伊藤隆寿等也对不同版本《坛经》进行了考证。

③ 罗福成：《六祖大师法宝坛经残本释文》，《国立北平图书馆馆刊》第四卷第三号“西夏文专号”，1932，第 227~235 页。

④〔日〕川上天山：《西夏语译的六祖坛经》，依观译，蓝吉富主编《禅宗全书》（语录二），文殊文化有限公司，1988，第 184 页。

现已失传的另一版本。[1] 在黑水城也发现了西夏文本《坛经》。

Or.12380-3870（K.K.）残存 1 页 16 行，上下栏线单栏，写本卷子装，每行 17 字，左右面的字迹颜色深浅不同。Or.12380-3870V（K.K.）残经存 1 页 16 行，上下栏线单栏，写本卷子装，每行 17 字，左右面的字迹颜色深浅不同。解读 Or.12380-3870（K.K.）残经、Or.12380-3870V（K.K.）残经，可知刊布者刊布顺序错误，重新排列如下：Or.12380-3870V（K.K.）第 9~16 行 +Or.12380-3870（K.K.）第 1~8 行 +Or.12380-3870（K.K.）第 9~16 行 +Or.12380-3870V（K.K.）第 1~8 行。

下面重新排列顺序，将西夏文进行录文和对译。[2]

1.Or.12380-3870V（K.K.）第 9~16 行，前面 2 行内容承接上文，叙述志诚求法的经历。第 11~16 行内容是“法达参六祖，解法华经”之义。

□□□□[illegible]□[illegible]

□□□□设能谓志诚礼拜□师之弟子为

[illegible][3][illegible]

愿漕溪所息近侍不离

[illegible]

十一第十和多之令教法传度灭年月说门[4]

[illegible]

其时更一和众有名法至谓师之礼拜问曰

[illegible]

弟子花净经典已读七年作正法不识心中[5]

---

① 史金波：《西夏文〈六祖坛经〉残叶译释》，《世界宗教研究》1993 年第 3 期。

② 此部分的录文和对译，使用文志勇的研究内容。

③ 这个地方很有意思。“[illegible]”字意译为“黄酒”，音译为“草”“漕”。“[illegible]”意译为“蒸气”“狼烟”，音译为“溪”“几”。

④ 此处“第十一”为法海本所无，与其他各版本《坛经》顺序也不相符，当是西夏文抄本自拟的顺序号。

⑤ 目前入藏《大藏经》流通最广的宗宝本《六祖大师法宝坛经》内容与此明显不同。按它的说法，法达 7 岁出家，读法华经三千余遍，不识宗旨。

[illegible]
常疑大师智慧广大疑断作求师曰法至
[illegible]
谓者法自皆至汝心未至经中不疑汝心自
[illegible]（[illegible]）
疑汝心邪依正法供养心正依常经持我文（字）

2.Or.12380-3870（K.K.）第 1~8 行，承接上文“法达参六祖，解法华”之义。

[illegible]
字不识汝经典以将所诵之我闻则知解谓
[illegible]
法至立即经典所读师曰经多语无七卷皆
[illegible]
也譬喻因缘实一如来三乘广说者世间根
[illegible]
钝者因是经文明显唯一佛乘他乘无有
[illegible]
汝一佛乘信应二乘莫求汝性失主汝所
□□□□[illegible]
□□□□是谓则经典中说诸佛世尊唯
[illegible]□□□□□□□□[illegible] ①
一大□□□□□□□□谓此法何所悟何
□□□□□[illegible]□[illegible]
□□□□□作之师语人心思□本中寂

① 本行上面 9 字残缺开裂，且与上文“志诚愿为惠能弟子，不离漕溪”之句粘结在一起，呈反字。但旁边附有一小块残片，倒置排列，上有“[illegible]”（一大）尚能辨识。

3.Or.12380-3870（K.K.）第 9~16 行，内容是“神会参六祖问见与不见”之义。

□□□□[illegible]
□□□□者我汝打者伤不伤□对语伤
[illegible][1]
也伤不也伤谓我见也见不也见谓神会问
[illegible]
语何云见也见不也见谓师曰我之见从者
[illegible]
常自心罪见他之是非善恶不见此依见也
[illegible]
见不也见谓我说汝伤也伤不也伤谓者何
[illegible]
云是汝若不伤则木石同如汝若伤则凡者
[illegible]□[2]
同类自本起作师曰见不见者二边是□
[illegible]
伤者生灭有汝自性自未中见何依我扰谓

4.Or.12380-3870V（K.K.）第 1~8 行，接上文“神会参六祖问见与不见”之义。

□□[illegible]□[illegible]□[illegible][3]
□□礼拜罪忏及缺□谓师曰汝心失未见

① 此处句式[illegible]，直译应当是：痛也痛，不痛也痛；见也见，不见也见。似乎与原义不相符。

② 依据上文推测，最后面可能是“[illegible]”（痛不痛者）。

③ 本行最前 2 字，应是“[illegible]”，译为“神会”。

[illegible]□□□[illegible]

依善知识于路□□□悟自性则见法依修

[illegible]□□[illegible]（[illegible]）[1]

行应汝失自心□□中我之见不见何问我（问）

[illegible]□□□[illegible]（[illegible]）

见自知汝若□□□非汝若自见则此失我（问）

[illegible]□□□[illegible]

之得应非□□□自知不作何云我处见

[illegible]□□□[illegible]（[illegible]）

不见问神□□□师侍近住不离师（若日弟）

[illegible]□□[illegible]□□[illegible]□

子法海志诚□□神会智常□□志德志□

□□□□[illegible]□□□[illegible]

□□□□等之人语谓我□□□方他之师

敦煌博物馆藏第77号册子《南宗顿教最上大乘摩诃波若波罗蜜经六祖惠能大师于韶州大梵寺施法坛经一卷兼受无相戒》，弘法弟子法海集记，抄写质量最好，内容最全，现把敦煌博物馆藏第77号法海本《坛经》相关内容列于下面：

1. 大师言：自性无非、无乱、无痴，念念般若观照，当离法照相，有何可立。自性顿修，立有渐次，所以不立。志诚礼拜，便不离漕溪山，即为人不离大师左右。

2. 又一僧名法达，常诵妙法莲华经七年，心迷不知正法之处，来至漕溪山礼拜，问大师言："弟子常诵法华经七年，心迷不知正法之处，经上有疑。大师智慧广大，愿为除疑。"大师言："法达，法即甚达，汝心不达。经上无疑，汝心自邪，而求正法。吾心正

① 最后1字，[illegible]（我）、[illegible]（问）皆有可能，故此存疑。

定，即是持经。吾一生以来，不识文字。汝将法华经来，对吾读一遍。吾闻即知。”法达取经到，对大师读一遍。六祖闻已，即识佛意，便与法达说法华经。六祖言：“法达，法华经无多语，七卷尽是譬喻因缘。如来广说三乘，只为世人根钝。经文分明，无有余乘，唯有一佛乘。”大师言：“法达，汝听一佛乘，莫求二佛乘，迷即却汝性。经中何处是一佛乘？吾与汝说。经云：‘诸佛世尊唯以一大事因缘故出现于世。’”（以上十六字是正法）此法如何解？此法如何修？汝听吾说，人心不思，本源空寂，离却邪见，即一大事因缘。内外不迷，即离两边。外迷着相，内迷着空。于相离相，于空离空，即是不迷。若悟此法，一念心开，出现于世。心开何物？开佛知见。佛犹文见也，分为四门：开觉知见，示觉知见，悟觉知见，入觉知见。此名开示悟入，从一处入，即觉知见，见自本性，即得出世。大师言：“法达，吾常愿一切世人，心地常自开佛知见，莫开众生知见。世人心邪，愚迷造恶，自开众生知见。世人心正，起智慧观照，自开佛知见。莫开众生知见，开佛知见即出世。”大师言：“法达，此是法华经一乘法。向下分三，为迷人故。汝但依一佛乘。”大师言：“法达，心行转法华，不行法华转；心正转法华，心邪法华转。开佛知见转法华，开众生知见被法华转。”大师言：“努力依法修行，即是转经。”法达一闻，言下大悟，涕泪悲泣，白言：“和尚，实未曾转法华，七年被法华转；以后转法华，念念修行佛行。”大师言：“即佛行是佛。”其时听人，无不悟者。

3. 又有一僧名神会，襄阳人也，至漕溪山礼拜，问言：“和尚坐禅，见也不见？”大师起，杖打神会三下，却问神会：“吾打汝，痛不痛？”神会答言：“也痛也不痛。”六祖言曰：“吾也见也不见。”神会又问：“大师何以也见也不见？”大师言：“吾也见，常见自过患，故云也见。也不见者，不见天地人过罪，所以也见也不见也。汝也痛也不痛如何？”神会答曰：“若不痛，即同无情木石；若痛，即同凡夫，即起于恨。”大师言：“神会，向前。见不见是两边，痛不痛是生灭。汝自性且不见，敢来弄人？”神会礼拜，再礼拜，更不言。大师言：“汝心迷不见，问善知识觅路。汝心悟自见，依法修行。汝自迷不见自心，却来问惠能见否？吾不自知，代汝迷不得。汝若自见，代得吾迷？何不自修。见否，吾不自知。问吾见否？”神会作礼，便为门人，不离漕溪山中，常在左右。

4. 大师遂唤门人法海、志诚、法达、智常、智通、志彻、志道、法珎、法如、神会。大师言：“汝等十弟子近前。汝等不同余人。吾灭度后，汝各为一方师，吾教汝说法，不失本宗。”

二 《诸说禅源集都序》科文

Or.12380-2239（K.K.Ⅱ.0236.zz）残存 1 页，残缺严重，但存在经题，后面内容以表格形式出现，可以确定其内容为佛经科文，原残经上有编号 2239，刊布者将其定名为《诸说禅源集都序》科文，现将西夏文录文并对译如下：

[illegible]	诸说禅源集都序
……[illegible]	……定
……[illegible]	……胜事都名令贵
[illegible]……　[illegible]……	一裴愿……　二如赞……
[illegible]……　[illegible]……	一……　一……
[illegible]……　[illegible]……	一解……　二分……

翻译如下：

《诸说禅源集都序》

……定……胜事都名令贵……一裴（休）愿……二如赞……一……一……一解……二分……

西夏文律论疏等

一 《圆觉经》科判与略疏

《英藏黑水城文献》（1~5册）中收录Or.12380-2294RV（K.K.Ⅱ.0282.ddd）、Or.12380-2764RV（K.K.Ⅱ.0277.ff）、Or.12380-2762（K.K.Ⅱ.0254.n）、Or.12380-0399（K.K.Ⅱ.0285.a.i）、Or.12380-0431（K.K.Ⅱ.0285.a.xxxiv）、Or.12380-0384（K.K.Ⅱ.0285.jjj）、Or.12380-3479h（K.K.Ⅱ.0290.f）等西夏文残经，它们或被定名为“佛经”“佛经科文或科判”，或存在定名错误等问题，实际上应为《大方广圆觉修多罗了义经》（简称《圆觉经》）科判和《大方广圆觉修多罗了义经略疏注》的相应内容，存在刊布者定名错误的情况。下面分别对这些编号的残经进行录文和对译，以了解其内容。

（一）《大方广圆觉修多罗了义经》科判

1.Or.12380-0384（K.K.Ⅱ.0285.jjj）残存1页，刻本，上半部分以图表形式出现，刊布者将其定名为“佛经”，现将西夏文录文并对译如下[①]：

□□[illegible]

□□若是心悟方故圆觉求能

[illegible]□□□

尔时弥勒菩萨大众中□□□

① 林玉萍、孙飞鹏在《英藏黑水城文献中的西夏文新现佛经考释》中提及Or.12380-0384（K.K.Ⅱ.0285.jjj）残经并录文，但定名有误。

[illegible]？□□[illegible]

夫？□□救四

[illegible]

一请问文名三

[illegible]

初问具威仪

□□□□[illegible]

□□□□佛足顶礼三遍过绕

[illegible]

合掌佛对言说

[illegible]

大悲世尊诸菩萨因秘密藏

[illegible]□□□[illegible]□□□□

诸大□□□轮深悟□□□□

□□[illegible]□[illegible]□□□□□

□□以□法众生□□□□□

解读Or.12380-0384（K.K.Ⅱ.0285.jjj）残经，可知其下半部分为佛陀多罗译《大方广圆觉修多罗了义经》的内容，左面为科文提纲，右面经文为“金刚藏菩萨章”最后两句颂和“弥勒菩萨章”开头部分，相应内容如下：

> 若能了此心，然后求圆觉。
>
> 于是，弥勒菩萨，在大众中即从座起，顶礼佛足，右绕三匝，长跪叉手，而白佛言：大悲世尊，广为菩萨开秘密藏，令诸大众深悟轮回分别邪正，能施末世一切众生无畏道眼，于大涅槃生决定信，无复重随轮转境界起循环见。世尊，若诸菩萨及末世众生……[①]

科判提纲（纲目）内容为：

夫？□□救四

一请问文名三

初具问威仪

2.Or.12380-0399（K.K.Ⅱ.0285.a.i）残存1页，以图表形式出现，

① （唐）佛陀多罗译《大方广圆觉修多罗了义经》，《大正藏》第17册，第842号，第916页上栏14~20。

上下皆残，科判残缺，每行字数不知，刊布者定名为“佛经”。图表中西夏字残缺严重，不可辨识。现将西夏文录文并对译如下：

[illegible]……	轮回出轮圆觉悟……
[illegible]……	性轮回与殊轮回……
[illegible]□[illegible]……	譬如眼□谷水……
[illegible]……	以火末视如云……
[illegible]	无
[illegible]……	行等亦……

解读 Or.12380-0399（K.K.II.0285.a.i）残经，可知其下半部分为佛陀多罗译《大方广圆觉修多罗了义经》的内容，只是上面图表科文内容残缺严重，仅剩下[illegible]（无），经文下半部分残缺，其经文为“金刚藏菩萨章”的相应内容：

> ……皆是轮回，未出轮回，而辨圆觉，彼圆觉性，即同流转。若免轮回，无有是处，譬如动目能摇湛水，又如定眼，犹回转火，云驶月运，舟行岸移，亦复如是。[①]

3.Or.12380-0431（K.K.II.0285.a.xxxiv）残存 1 页 7 行，上半部分残缺严重，科判无存，刊布者将其定名为“佛经”，现将西夏文录文并对译如下：

……[illegible]	……彼圆觉
……[illegible]	……是流不有
……[illegible]□□[illegible]	……如及□□目
……[illegible]	……月过船行岸

① （唐）佛陀多罗译《大方广圆觉修多罗了义经》,《大正藏》第 17 册，第 842 号，第 915 页下栏 2~5。

……[illegible]	……彼如
……[illegible]	……未息彼财先住得
……[illegible]	……死生轮回垢心未清

解读 Or.12380-0431（K.K.Ⅱ.0285.a.xxxiv）残经，可知其右下面为佛陀多罗译《大方广圆觉修多罗了义经》的内容，残经为“金刚藏菩萨章”的相应内容：

> 彼圆觉性即同流转。若免轮回，无有是处，譬如动目，能摇湛水。又如定眼，犹回转火，云驶月运，舟行岸移，亦复如是。善男子！诸旋未息，彼物先住尚不可得；何况轮转生死垢心曾未清净……①

Or.12380-0399（K.K.Ⅱ.0285.a.i）和 Or.12380-0431（K.K.Ⅱ.0285.a.xxxiv）残经的内容上下可相连接，并且 Or.12380-0399（K. K.Ⅱ.0285.a.i）是上半部分内容，Or.12380-0431（K.K.Ⅱ.0285.a.xxxiv）为下半部分内容。

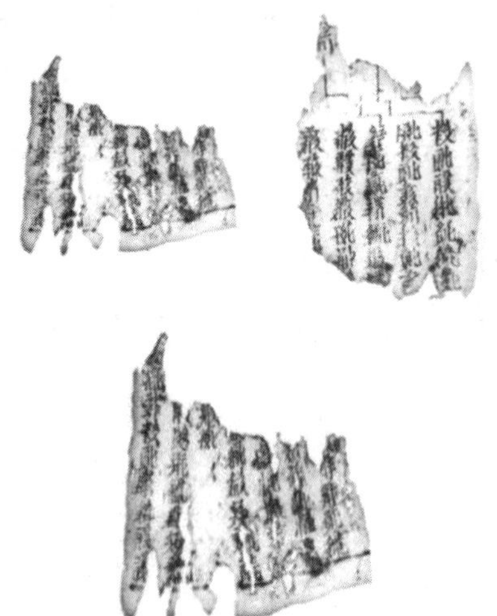

图 68　Or.12380-0399（K.K.Ⅱ.0285.a.i）与 Or.12380-0431（K.K.Ⅱ.0285.a.xxxiv）

① （唐）佛陀多罗译《大方广圆觉修多罗了义经》，《大正藏》第 17 册，第 842 号，第 915 页下栏 3~8。

4.Or.12380-2294RV（K.K.Ⅱ.0282.ddd）残经，存左右两面，刻本，刊布者定名为“佛经科文”，上下栏线单栏，上半部分保存较好，以图表形式出现，下半部分残缺严重。从刊布图版判断，残经左右两面曾有过粘连，因右面残经右下角的两行字为倒字且与左面左下角两行字相同，左面左上角两个字是右面右上角两个字的倒字，有揭开的痕迹。现将西夏文录文并对译如下：

（右面）

[illegible]	[illegible]□□□□□□□□□□
初问	道成□□□□□□□□□□
	[illegible]
	云何异无说故
[illegible]	[illegible]
二释三	善男子众生一切昔无所来种
[illegible]	[illegible][1] [illegible][2] [illegible]□□□
一罪非定为	种颠倒譬如迷人四方□□□
	◎[illegible]□□□
	◎四大受自身相为六□□□
[illegible]	[illegible]
二其相如说二	心相成令
[illegible]	[illegible]□[illegible]□[illegible]
一法	譬眼□心空□花又二月见如

（左面）

[illegible]	[illegible][5]□□□□□

① 西夏文“[illegible]”中“[illegible]”为“颠倒”，“[illegible]”为“颠倒”，“[illegible]”译为“颠倒”，“[illegible]”译为“种种颠倒”。

② 西夏文“[illegible]”中“[illegible]”为“迷惑”，“[illegible]”译为“迷人”“诱人”。

③ 西夏文“[illegible]”译为“虚实无花”“空实无花”，汉文本为“空实无花”。

二文喻二	善男子空真花无□□□□□
[illegible]	[illegible]
初前文直喻	妄受缘故唯是虚空□□□□
[illegible]	[illegible]
次□颠倒非	无进及彼真花出□□□□□
[illegible]	[illegible]
三罪其缘故	是缘妄闷生轮回有故□□□
[illegible]	[illegible]
三意缚（三结）	方明无说
[illegible]	[illegible]
二本空显后三	善男子是名无者□真有□□
□□	[illegible]
□□	梦中人梦时无非若□□□□

译读 Or.12380-2294RV（K.K.Ⅱ.0282.ddd）残经，可知其下半部分为佛陀多罗译《大方广圆觉修多罗了义经》的相应内容，上半部分则是科判提纲，以图表形式解释经文大意。结合残经整体内容，残经可定名为《大方广圆觉修多罗了义经》科文或科判，经文为“文殊菩萨章”的相应内容：

> ……永断无明，方成佛道，云何无明？善男子，一切众生，从无始来，种种颠倒，犹如迷人四方易处，妄认四大为自身相，六尘缘影为自心相，譬彼病目见空中花及第二月。善男子，空实无花，病者妄执，由妄执故，非唯惑此虚空自性，亦复迷彼实花生处，由此妄有轮转生死，故名无明。善男子，此无明者，非实有体，如梦中人，梦时非无，及至于醒，了无所得，如众空花。[①]

① （唐）佛陀多罗译《大方广圆觉修多罗了义经》，《大正藏》第17册，第842号，第913页中栏22~下栏1。

科判提纲（纲目）内容为：

（右面）	（左面）
初问	二文喻二
二释三	初直喻前文
一罪定为非	次□颠倒非
二其相如说二	三其罪缘故
一法	三缚意（三结）
	二后显本空三
	□□

5.Or.12380-2762（K.K.Ⅱ.0254.n）残存 1 页，刻本，以图表形式出现，残经上有编号 2762，刊布者将其定名为“十二宫吉祥颂”，现将西夏文录文并对译如下：

[illegible]□□	□□□□□□□□□□□□
二观行□□	□□□□□□□□□□□□
[illegible]	□□□□□□□□□□□[illegible]
初戒定	□□□□□□□□□□□是
	[illegible]□□□□□□□□□
	虚身于□□□□□□□□□
[illegible]	[illegible]□[illegible]
二慧观二	彼依是身说定体无□合相成
[illegible]	[illegible]
初二空观明二	真幻与类
[illegible]	[illegible]
一执破二	四缘虚合妄六根有六根四大
[illegible]	[illegible]
一人空观二	内外合成妄缘力依彼中聚集
[illegible]	[illegible]
一身观无我二	察相有如故方虚心名成

译读 Or.12380-2762（K.K.Ⅱ.0254.n）残经，可知其下半部分为佛陀多罗译《大方广圆觉修多罗了义经》的内容，非“十二宫吉祥颂”，刊布者定名错误。残经上半部分图表内容为科文提纲，残经经文部分为“普眼菩萨章”的相应内容：

……今者妄身当在何处？即知此身毕竟无体，和合为相，实同幻化，四缘假合，妄有六根；六根、四大中外合成，妄有缘气，于中积聚，似有缘相假名为心。善男子！此虚妄心……[1]

科判提纲（纲目）内容为：

二观行□□

初戒定

二观慧二

初明二空观二

一执破二

一观人空二

一观身无我二

6.Or.12380-2764RV（K.K.Ⅱ.0277.ff）残经，刻本，存 2 折页，其中右面存 4 行，以图表形式出现；左面存 3 行，上下栏线单栏，残经上有编号 2764，刊布者将残经定名为“十二宫吉祥颂”，现将西夏文录文并对译如下：

（右面）

[illegible]	[illegible]
一法名请问	三遍已问
	[illegible]
	尔时世尊普眼菩萨对言说善

① （唐）佛陀多罗译《大方广圆觉修多罗了义经》,《大正藏》第 17 册，第 842 号，第 914 页中栏 25~28。

[illegible]	[illegible]
二文前请问	哉善哉善男子汝等诸菩萨又
	□□□□□□[illegible]□□□
	□□□□□□如来之□□□

（左面）

[illegible]□□□□[illegible]

一切□□□□解脱

[illegible]

十二宫吉祥颂（赞）

[illegible][1][illegible]

最上（妙）导师人天供养处佛之礼敬今皆

解读 Or.12380-2764RV（K.K.Ⅱ.0277.ff）残经，可知其右下面为佛陀多罗译《大方广圆觉修多罗了义经》的内容，右上面表格为解释经文的科文提纲，残经右面可定名为《大方广圆觉修多罗了义经》科文或科判，残经为“普眼菩萨章”的相应内容：

……如是三请，终而复始。

尔时，世尊告普眼菩萨言：“善哉！善哉！善男子，汝等乃能为诸菩萨及末世众生，问于如来修行渐次、思惟住持乃至假说种种方便。”[2]

科判提纲（纲目）内容为：

一请问法者

① 西夏文“[illegible]”译为“导师”。

② （唐）佛陀多罗译《大方广圆觉修多罗了义经》，《大正藏》第 17 册，第 842 号，第 914 页中栏 13~18。

二请问前文

残经左面内容则为“十二宫吉祥颂”：

一切□□□□解脱

十二宫吉祥颂（赞）

最上（妙）导师、人天供养处，礼敬佛，今皆……

从 Or.12380-2764RV（K.K.Ⅱ.0277.ff）残经左右面内容和残经版式判定，左右面不是同一部经，所以刊布者将其定名为“十二宫吉祥颂”错误，实际上 Or.12380-2764RV（K.K.Ⅱ.0277.ff）残经右面是《大方广圆觉修多罗了义经》，左面才是“十二宫吉祥颂”，Or.12380-2764RV（K.K.Ⅱ.0277.ff）残经由两部分组成，应分开定名。

刊布者对英藏西夏文 Or.12380-2762（K.K.Ⅱ.0254.n）和 Or.12380-2764RV（K.K.Ⅱ.0277.ff）残经的定名存在问题，根据译文内容，Or.12380-2762（K.K.Ⅱ.0254.n）和 Or.12380-2764RV（K.K.Ⅱ.0277.ff）右面为同卷《大方广圆觉修多罗了义经》的内容，且 Or.12380-2764RV（K.K.Ⅱ.0277.ff）右面内容在前，Or.12380-2762（K.K.Ⅱ.0254.n）内容在后，两个编号的内容中间有残缺，不能缀合。

（二）《大方广圆觉修多罗了义经略疏注》

Or.12380-3479h（K.K.Ⅱ.0290.f）残存 1 页 4 行，写本，上下皆残，字数不能确定，刊布者将其定名为“佛经”，现将西夏文录文并对译如下：

□[illegible]……

□神者神灵足者定也出世诸法最……

[illegible][1][illegible]……

是之证能神足名为意依足亦言何欲……

[1] 西夏文“[illegible]”译为“依意足”，汉文本为“如意足”。

[illegible][1][illegible][2]……

信精进念定慧也是五出世法之共生……

[illegible]……

无方前（先）三此至皆根名得五力者……

Or.12380-3479h（K.K.Ⅱ.0290.f）残经翻译如下：

□神者神灵，足者定也。出世诸法最……是之能证。神足名为依意足，亦欲言何……信、精进、念定慧也，是五共生出世法之……无……方，前三至此皆得名根，五力者……

此残经与宗密述《大方广圆觉修多罗了义经略疏注》卷上相应内容基本相同，汉文本相应内容如下：

> 神即神通，足即是定，由出世法最胜自在，欲等四定能证此故，名为神足，亦名如意足，所欲如心故。五根者，信进念定慧。此五通生出世间法，由前三科此不可拔故，前三至此总得名根，五力者……[3]

尽管西夏文与汉文本《大方广圆觉修多罗了义经略疏注》在用词上存在一些差异，但它们所表示的意义相同，类似的情况不仅表现在Or.12380-3479h（K.K.Ⅱ.0290.f）残经之中，而且在诸多西夏文佛经的翻译中都有存在，例如西夏文《普贤行愿品》及其序文、《佛顶心陀罗尼经》、《父母恩重经》等。这一情况反映了西夏人在依据汉文本翻译成西夏文时糅合进一些民族因素或他们对于佛教的理解。

总之，通过对上述七个编号英藏黑水城西夏文残经的解读，确定前六个编号是佛陀多罗译《大方广圆觉修多罗了义经》，其中Or.12380-

---

① 西夏文本“[illegible]”译为“精进”，汉文本为“精”。

② 西夏文“[illegible]”译为“共生”“通生”。

③（唐）宗密述《大方广圆觉修多罗了义经略疏注》卷上之一，《大正藏》第39册，第1795号，第544页上栏16~21。

2294 RV（K.K.Ⅱ.0282.ddd）左右面相连，右面内容在前，左面内容在后。Or.12380-0399（K.K.Ⅱ.0285.a.i）和 Or.12380-0431（K.K.Ⅱ.0285.a.xxxiv）可上下拼接缀合。其余编号依残存内容，重新排列为 Or. 12380-2764RV（K.K.Ⅱ.0277.ff）右面 +Or.12380-2762（K.K.Ⅱ.0254.n）左面 + Or. 12380-0399（K.K.Ⅱ.0285.a.i）上半部分 +Or.12380-0431（K.K.Ⅱ. 0285.a.xxxiv）下半部分 +Or.12380-0384（K.K.Ⅱ.0285.jjj）。另，写本 Or. 12380-3479h（K.K.Ⅱ.0290.f）残经则为宗密述《大方广圆觉修多罗了义经略疏注》。而 Or. 12380-2764RV（K.K.Ⅱ.0277.ff）残经左面则为“十二宫吉祥颂”，与其右面不是同部经典。

二 《根本萨婆多部律摄》

久视元年（700）义净在东都大福先寺翻译完成了《根本萨婆多部律摄》20卷，收入《开元释教录》《开元释教录略出》《贞元新定释教目录》等，属于律典之一。《根本萨婆多部律摄》的西夏文本在英藏黑水城文献中有保存。

1.Or.12380-2100（K.K.V.b.012.d）残存1页8行，残缺严重，每行字数估计应为19字，残经原卷上有编号2100，刊布者将其定名为"佛经"，现将西夏文录文并对译如下：

……[illegible]

……初信□所生是言闻及不觉泪出彼人之说

……[illegible]

……世尊缘是宝财得罪依死应我今放使及汝亲

……[illegible]

……等是财以佛僧之供养□□□遣及向种种上

……[illegible]

……佛僧之□□□□说为心欢立即

[illegible]

即初果获得是缘比□宝取允□令及乌波难陀

[illegible][1]

□□□□不伎人院中往学□□□□□□□令弓

[illegible]

---

① 西夏文"[illegible]"译为"伎人院"，汉文本为"乐院"。

□□□□□□□□成是□宝□□□□□□□

□□□□□□□□□□[illegible][illegible]□□□□□□□

□□□□□□□□□□取也□□□□□□□

Or.12380-2100（K.K.V.b.012.d）残经翻译如下：

……初□所生信，闻是言，及不觉流泪……彼人之说：缘……世尊得是财宝，依罪应死，我今使放，及汝亲 ……等，供养以是财之佛僧，□□□遣，及向种种，上……佛僧之□□□□为说……心即欢喜，获得初果。令允取是比□宝□，及乌波难陀□□□□学往伎人院中□□□□□□令弓□□□□□□□□成是□宝□□□□□□□□□□□□□□□□□取也□□□□□□□……

比对《大正藏》，可以初步确定残经内容为义净译《根本萨婆多部律摄》第十二卷“捉宝学处第五十九”的相应内容：

> ……王于三宝初始生信，闻说此言，不觉流泪，告彼人曰：汝缘世尊获斯珍宝，罪虽合死，我今释放，并汝眷属，应将此物供养佛僧。既蒙释免，遂办上供奉请佛僧，就其住宅，佛为说法踊跃欢喜，便获初果。缘斯不听苾刍捉宝，又鄔波难陀往教射处，复往乐坊，怖其博士，令输饼直，卖尽弓矢……①

2.Or.12380-2101（K.K.V.b.012.e）残存 1 页 6 行，残缺严重，每行字数估计应为 19 字，残经原卷上有编号 2101，刊布者将其定名为“佛经”，现将西夏文录文并对译如下：

□[illegible][illegible]□[illegible][illegible][illegible]□□□□□□□□□□□

□戏具□尽穷孤□□□□□□□□□□□

□[illegible][illegible][illegible][illegible][illegible]□[illegible]□□□□□□□□□□□

□舍盛处彼童□之□□□□□□□□□□□

① （唐）义净译《根本萨婆多部律摄》卷 12，《大正藏》第 24 册，第 1458 号，第 593 页下栏 5~12。

□[illegible]□□[illegible]□[illegible]□□
□净财受事第量几不集□□愿学□由辞□□
[illegible]
若及比丘宝又及宝类若自取若彼数取令有宅
□□[illegible]
□□及愚人家处住耶及波逸底迦得若众宫中
□□□□□□[illegible]□□□□[illegible]
□□□□□□及宝类见□□□□为尔譬及取

Or.12380-2101（K.K.V.b.012.e）残经翻译如下：

□尽□戏具，穷孤□□□□□□□□□□□□□舍盛处，彼童□之□□□□□□□□□□□□□受净财事，第量几不集□□愿学□由辞□□及比丘宝又及宝类，若自取若令取彼数，有宅□□及住愚人家处耶及得波逸底迦。若众宫中□□□□□□及宝类见□□□□为尔譬及取。

比对《大正藏》，可以确定残经内容为义净译《根本萨婆多部律摄》第十二卷“捉宝学处第五十九”的相应内容：

> ……卖尽弓矢，戏具之属，终致贫穷，此是宝类。又邬波难陀于薛舍离取他童子璎珞云：是药叉神物。因受不净财，事过限废阙烦恼，制斯学处。若复苾刍宝及宝类，若自捉教人捉，除在寺内及白衣舍，波逸底迦。若在寺内及白衣舍见宝及宝类。应作是念。然后当取。若有认者我当与之。此是时。[1]

Or.12380-2100（K.K.V.b.012.d）和 Or.12380-2101（K.K.V.b.012.e）两个标号的残经皆为义净译《根本萨婆多部律摄》第十二卷“捉宝学处第五十九”的相应内容，二者内容可缀合，Or.12380-2100（K.K.V.b.012.d）内容在前，Or.12380-2101（K.K.V.b.012.e）内容在后。

① （唐）义净译《根本萨婆多部律摄》卷 12，《大正藏》第 24 册，第 1458 号，第 593 页下栏 12~19。

三 《发菩提心经论》

《发菩提心经论》（2卷）是天亲菩萨造，后秦鸠摩罗什译，《开元释教录》收录，与实叉难陀译《大乘起信论》（2卷），真谛译《三无性论》（2卷）、《如实论》（1卷）和《无相思尘论》（1卷），元魏吉迦夜、昙曜译《方便心论》（1卷），唐玄奘译《观所缘缘论》（1卷），唐义净译《观所缘论释》（1卷）同帙。《发菩提心经论》传入西夏，被翻译成西夏文，以汉文本和西夏文本同时流传。《发菩提心经论》的西夏文本在英藏黑水城文献中有存。

1.Or.12380-1880（K.K.）残存1页8行，每行字数不能确定，残缺严重，下栏线双栏，原残经上有编号1880，刊布者定名为"佛经"，现将西夏文录文并对译如下：

……[illegible]	……不报五者无常想观六者慈
……[illegible]□□□□[illegible]	……不缚放八者□□□□等事
……	……
……[illegible][1][illegible]	……清净尽终忍
……[illegible]□□□□[illegible]	……愿为与不□□□□诸
……[illegible]	……清净尽
……[illegible]	……自不起彼依合依不
……[illegible]	……坏处无坏处无

① 西夏文"[illegible]"译为"尽终"，汉文本为"究竟"。

Or.12380-1880（K.K.）残经翻译如下：

……不报。五者观无常想。六者慈……不放缚。八者……等事。……尽终清净忍……为与不愿□□□□诸……清净尽……依彼自不起，依……不合……无坏处，无坏处……

比对《大正藏》，可以确定残经内容为鸠摩罗什译《发菩提心经论》卷上“羼提波罗蜜品第六”的相应内容：

> 四者恶来不报。五者观无常想。六者修于慈悲。七者心不放逸。八者舍于饥渴苦乐等事。九者断除瞋恚。十者修习智慧。若人能成如是十事，当知是人能修于忍。菩萨摩诃萨修于清净毕竟忍时，若入空无相无愿无作，不与见觉愿作和合，不猗着空无相无愿无作，是诸见觉愿作皆空。如是忍者是无二相，是名清净毕竟忍也。若入尽结、若入寂灭，不与结生死合，不猗尽结寂灭，诸结生死皆空。如是忍者是无二相，是名清净毕竟忍也。若性不自生，不从他生，不和合生，亦无有出不可破坏。不可坏者是不可尽……[①]

2.Or.12380-1881a（K.K.）残存1页3行，每行字数不能确定，残缺严重，原残经上有编号1881，刊布者定名为“佛经”，现将西夏文录文并对译如下：

……[illegible]……	……端严得宝财多……
……[illegible]……	……若人形象……
……[illegible]……	……皆嗔因缘……

Or.12380-1881a（K.K.）残经翻译如下：

得……端严，多宝财……若人形象……皆嗔因缘……

比对《大正藏》，可以确定残经内容为鸠摩罗什译《发菩提心经论》

① （后秦）鸠摩罗什译《发菩提心经论》卷上，《大正藏》第32册，第1659号，第512页下栏23~512页上栏6。

卷上“羼提波罗蜜品第六”的相应内容：

> 是人常得颜貌端，正多饶财宝，人见欢喜敬仰伏从，复当观察。若人形残颜色丑恶，诸根不具，乏于财物，当知皆是瞋因缘得。以是因缘……[1]

比对 Or.12380-1880（K.K.）、Or.12380-1881a（K.K.）残经，可确定二者为同部残经，Or.12380-1881a（K.K.）内容在前，Or.12380-1880（K.K.）内容在后，二者基本可以缀合。

3.Or.12380-1883a（K.K.）残存 1 页 10 行，字数无法确定，上栏线不存，残经原版上有编号 1883，下栏线双栏，刊布者将其定名为“佛经”，现将西夏文录文并对译如下：

……[illegible]	……亦彼处
……[illegible]	……已漏业依人
……[illegible]□	……中死及五百世正□
……[illegible]……	……五百寿正……
……[illegible]……	……报也若……
……[illegible]……	……业网幻行依同类……
……[illegible]……	……利名……
……[illegible]……	……学自利与……
……[illegible]……	……得乃至漏业……
……[illegible]……	……戒三种……

解读 Or.12380-1883a（K.K.）残经，比对《大正藏》，可以确定残经为鸠摩罗什译《发菩提心经论》卷上“尸罗波罗蜜品第五”的相应内容。因为西夏文残缺严重，将汉文本列于下面：

① （后秦）鸠摩罗什译《发菩提心经论》卷上，《大正藏》第 32 册，第 1659 号，第 512 页下栏 18~20。

……是名自利，教化众生令不犯恶，是名利他。以己所修向菩提戒，化诸众生令同己利，是名俱利。因修持戒，获得离欲乃至漏尽成最正觉，是名庄严菩提之道。戒有三种……[1]

4.Or.12380-1887a（K.K.）残存1页7行，字数无法确定，上栏线单栏，下栏线双栏，写本，残经原版上有编号1887，刊布者将其定名为“佛经”，现将西夏文录文并对译如下：

……[illegible]	……香施故戒定
……[illegible]	……无果具足成
……[illegible]	……足也衣服施
……[illegible]	……施故佛眼具
……[illegible]	……藏施故最上
……[illegible]□	……诸多驰□
……[illegible]……	……报……

5.Or.12380-1887b（K.K.）左面存6行，下栏线双栏，上栏线无存，上半部分残缺严重，写本，现将西夏文录文并对译如下：

……[illegible]	……说财
……[illegible]	……宝财心处
……[illegible]	……念无
……[illegible]	……求施故
……[illegible]	……求故施故一
……[illegible]	……一切施说

Or.12380-1887b（K.K.）残经左面翻译如下：

---

① （后秦）鸠摩罗什译《发菩提心经论》卷上，《大正藏》第32册，第1659号，第511页下栏14~18。

……说财……宝财心处……念无……求施故……求故施故一……一切施说……

翻译 Or.12380-1887a（K.K.）和 Or.12380-1887b（K.K.）左面内容，比对《大正藏》，可以初步确定它们为鸠摩罗什译《发菩提心经论》卷上“檀波罗蜜品第四”的相应内容。而 Or.12380-1887b（K.K.）内容在前，Or.12380-1887a（K.K.）内容在后。现将汉文本的相应内容列于下面：

> 居贫少财而能用施，名一切施。爱重宝物开意能施，名一切施。不观持戒毁戒、田非田施，名一切施。不求人天妙善乐施，名一切施。志求无上大菩提施，名一切施。欲施施时施已不悔，名一切施。若以华施，具陀罗尼七觉华故。若以香施，具戒定慧熏涂身，故若以果施，具足成就无漏果故。若以食施，具足命辩色力乐故。以衣服施，具清净色除无惭愧故。以灯明施，具足佛眼照了一切诸法性故。以象马车乘施，得无上乘具足神通故。[1]

① （后秦）鸠摩罗什译《发菩提心经论》卷上，《大正藏》第 32 册，第 1659 号，第 511 页中栏 19~29。

四 《大智度论》

《大智度论》是龙树菩萨造，鸠摩罗什于秦弘始六年（404）在逍遥园译出，《大唐内典录》《大周刊定众经目录》《开元释教录》《开元释教录略出》《贞元新定释教目录》等皆有收录，在中土广为流传。《大智度论》也传入西夏，被翻译成西夏文，以不同文本在西夏流传。俄藏、英藏黑水城文献皆有保存，《俄藏黑水城西夏文佛经叙录》收入，又见于西田龙雄《西夏文佛经目录》第61号，格林斯坦德《西夏文大藏经》第1224~1225页。俄藏馆册第563号，写本经折装，30厘米 ×12厘米，69页，尾残，每页6行，每行19个字。墨线勾栏，上边距3.5厘米，下边距2厘米。纸质1级。英藏西夏文《大智度论》仅存一个残页。

Or.12380-1979（K.K.）残存1页2行，有残缺，字数无法确定，上栏线单栏，残经上有编号1979，刊布者将其定名为《妙法莲华经》，现将西夏文录文并对译如下：

[illegible]

无是中缘因所言诸法一切入

□□□[illegible]

□□□相相无也是中分别无闻者见者

解读Or.12380-1979（K.K.）残经，比对《大正藏》，因为过于残缺，只能初步确定残经非《妙法莲华经》，而是鸠摩罗什译《大智度论》

第六十二卷“释信谤品第四十一”的相应内容：

> 般若波罗蜜不可得见闻，此中说因缘，诸法入般若波罗蜜中，皆一相无相，是中无分别闻者，见者及可闻可见。[1]

① （后秦）鸠摩罗什译《大智度论》卷62，《大正藏》第25册，第1509号，第501页下栏10~13。

五《瑜伽师地论》

《瑜伽师地轮》是弥勒菩萨造，唐玄奘译，唐贞观十九年（645）玄奘归唐，二十年（646）上新译《菩萨藏经》《显扬圣教论》，请上制圣教序。二十二年（648）进《瑜伽师地论》。《瑜伽师地论》传入西夏，被翻译成西夏文，在俄藏、英藏黑水城文献中得以保存。

Or.12380-1884a（K.K.）残存3页，共7行，字数无法确定，残缺严重，上下栏线双栏，残经原版上有编号1884，刊布者将其定名为“佛经”，现将西夏文录文并对译如下：

（右面）

[illegible]……	者王……
[illegible]……	何云王净信具足说……

（中间）

……[illegible]□□□	……调伏□□□
……[illegible]□	……等于多□
……[illegible]	……罚判义

（左面）

……[illegible]	……者后法利益

……𗫂𗴴𘜶𗅋𗗙　　　　　　……成王大知应

解读 Or.12380-1884a（K.K.）残经，比对《大正藏》，可以初步确定残经为玄奘译《瑜伽师地论》第六十一卷“摄决择分中有寻有伺等三地之四”或《王法正理论》的相应内容，左面残页相应内容如下：

……最后一种能引发王后法利益。复次大王当知。①

① （唐）玄奘译《瑜伽师地论》卷 61，《大正藏》第 30 册，第 1579 号，第 641 页下栏 26~28。或（唐）玄奘译《王法正理论》，《大正藏》第 31 册，第 1615 号，第 859 页中栏 18~20。

六 《入菩萨行论》

《入菩萨行论》是寂天菩萨所著，约完成于 8 世纪，是一部修学菩提心最系统、最圆满的论典。《入菩萨行论》传入西夏，在黑水城文献中有保存，英藏黑水城文献仅存题签，而内容无存。

Or.12380-0937（K.K.）残存 1 页 1 行，共 5 个字，具体内容无存，刊布者将其定名为“佛经题签”，史金波先生将其定名为“入菩萨行题签”，西夏文为“[illegible]”（入菩提行一），具体内容无存。

七 《佛说阿弥陀经疏》

唐宋时期，净土信仰流行，当地的学者也为流行的经典注疏，阐释经典内容，从另一方面推动了净土信仰的传播。黑水城文献中也保存了智圆述《佛说阿弥陀经疏》的相应内容。

Or.12380-0902（K.K.Ⅱ.0274.nn）残存 1 页 3 行，字数无法确定，残缺严重，上栏线无存，下栏线单栏，写本，刊布者将其定名为“残片”，现将西夏文录文并对译如下：

……[illegible][illegible][illegible]　　……以眼珠

……[illegible][illegible][illegible]　　……为此身

……[illegible]　　……此

翻译如下：

以……眼珠……为……此身……此……

解读 Or.12380-0902（K.K.Ⅱ.0274.nn）残经，可以初步确定其为智圆述《佛说阿弥陀经疏》的相应内容：

> 长老下，列名。舍利，此翻珠子亦身子，以其母好身形而聪明之相在乎眼珠，因名珠亦名身也。尊者是珠所生，故名珠子。[①]

① （宋）智圆述《佛说阿弥陀经疏》，《大正藏》第 37 册，第 1760 号，第 353 页下栏 2~4。

赞颂、忏法与仪轨

一 《慈悲水忏法》《慈悲道场忏法》

（一）《慈悲水忏法》

《慈悲水忏法》也称《三昧水忏》者。因唐悟达国师知玄，遇迦诺迦尊者，以三昧水为濯积世怨仇。知玄遂演大觉之旨，述为忏文。目前，英藏黑水城文献中只保存一件。

Or.12380-1914（K.K.Ⅱ.0239.t）残存 2 页，左面为右面的反面，没有西夏字，因此不录，刻本，上栏线无存，下栏线单栏，右面有西夏文，残经原版上有编号 1914，刊布者将其定名为“佛名经”。现将西夏文录文并对译如下：

……[illegible]……	……起入依……
……[illegible]	……佛　南无尸弃佛
……[illegible]	……佛　南无拘留孙佛
……[illegible]	……佛　南无迦叶佛
……[illegible]	……尼佛　南无当来弥勒尊佛

解读 Or.12380-1914（K.K.Ⅱ.0239.t）残经，比对《大正藏》，可以确定残经为《慈悲水忏法》“启运慈悲道场忏法”的相应内容：

一心归命三世诸佛、南无过去毗婆尸佛、南无尸弃佛、南无毗舍浮佛、南无拘留孙佛、南无拘那含牟尼佛、南无迦叶佛、南无本

师释迦牟尼佛、南无当来弥勒尊佛……[1]

（二）《慈悲道场忏法》

《慈悲道场忏法》，也称《梁皇宝忏》《梁皇忏》，此忏法是梁武帝为皇后郗氏所集，以期为郗氏消灾祈福，使其早生净土。郗氏死后数月，梁武帝依旧难忘旧情，常常追悼怀念郗氏，“昼则忽忽不乐，宵乃耿耿不寐”。有一天，梁武帝在寝殿休息，闻殿外“有骚窣之声，视之乃见一蟒盘躄上殿”，蟒蛇呲牙睒睛，梁武帝惊慌而无所逃遁。当梁武帝得知蟒蛇为郗氏因生时罪过所致，郗氏“以是罪谪为蟒耳，无饮食可实口，无窟穴可庇身，饥窘困迫，力不自胜。又一鳞甲则有多虫唼啮，肌肉痛苦，其剧若加锥刀，为蟒，非常蛇，亦复变化而至”，郗氏祈求梁武帝能够怜悯眷妾，祈求功德，救拔其于苦难，于是梁武帝作《慈悲道场忏法》。

《慈悲道场忏法》从梁武帝时期开始，广为流传，它也传入西夏，被翻译成西夏文，在俄藏、英藏和中国藏黑水城文献中皆有保存。下面对英藏黑水城文献中保存的西夏文《慈悲道场忏法》进行释读。

1.Or.12380-0020（K.K.Ⅱ.0283.r）残存1页6行，下半部分残缺，上栏线单栏，刻本，刊布者定名为“佛经”，残缺内容依据国家图书馆藏西夏文《慈悲道场忏罪法》（B11.038[3、15、4、03]）补录，根据补录情况，可以判断每行应为16字。现将西夏文录文并对译如下：

[illegible][2] [illegible]

是诸佛诸大菩萨神通天眼以三界中众

[illegible][3] [illegible]

生一切福尽业依苦处堕见色无界天定

---

① 《慈悲水忏法》，《大正藏》第45册，第1910号，第968页下栏13~17。

② 西夏文“[illegible]”译为“天眼”。

③ 西夏文“[illegible]”译为“无色界”。

[illegible]
心乐著不寿命断欲界中生福尽以后畜

[illegible]
生身受见色界诸天亦皆此已如清净处

[illegible]
离欲界中生不净处住亦及欲乐受六天

[illegible]
福尽地狱中堕无量苦受及人道中十善

Or.12380-0020（K.K.Ⅱ.0283.r）残经翻译如下：

是以诸佛、诸大菩萨以神通天眼见三界中众生，一切福尽，依业堕苦处，见无色界天，定心乐著，断寿命，生欲界中，福尽以后，受畜生身，见色界诸天亦皆已如是，离清净处生欲界中，及住不净处亦受欲乐，六天福尽，堕地狱中受无量苦，及人道中十善……

《慈悲道场忏法》第三卷"显果报第一"的相应内容如下：

> 是以诸佛诸大菩萨，神通天眼，见三界内一切众生，福尽随业，堕于苦处。见无色界，乐著定心，不觉命终，堕于欲界，以福尽故，受禽兽形。色界诸天，亦复如是，从清净处，堕在欲界。既在不净，还受欲乐，六天福尽，退堕地狱。于地狱中受无量苦。又见人道，就人道中以十善力资得人身。[①]

2.Or.12380-0045（K.K.Ⅱ.0283.bbb）残存1页10行，上半部分残缺，下栏线单栏，刻本，刊布者定名为"佛经"，残缺内容依据国家图书馆藏西夏文《慈悲道场忏罪法》（B11.038[3、15、4、03]）补录，根据补录情况，可以判断每行应为14字。现将西夏文录文并对译如下：

① 《慈悲道场忏法》卷3，《大正藏》第45册，第1909号，第932页中栏3~10。

[illegible]
以佛对言说世尊众生一切可善行
[illegible]
以是苦与离佛言善男子勤以父母
[illegible][1][illegible]
之孝养师长之恭敬三宝之依欲勤
[illegible]
以布施戒持辱忍进精禅定智慧慈
[illegible]
悲喜舍行应怨亲平等二相不有寡
[illegible][2][illegible]
老之不侵凌卑下之敬（仰）高明护自如
[illegible]
恶念不起汝等若是如修行能者是
[illegible]
者佛之恩报回也常三恶道离众苦
[illegible]
不有佛是经典言毕（已）菩萨摩诃萨速
[illegible]
阿耨多罗三藐三菩提心发得声闻

Or.12380-0045（K.K.II.0283.bbb）残经翻译如下：

以佛对言说："世尊，一切众生以何善行可离是苦？"佛言："善男子以勤孝养父母，恭敬师长，欲依三宝，应行勤以布施、戒持、辱忍、进精、禅定、智慧、慈悲、喜舍，怨亲平等，不有二相，不侵凌孤老、卑下，如护自，敬（仰）高明，不起恶念。汝等若能如是修行者，是者回

① 西夏文"[illegible]"译为"孝养师长"。

② 西夏文"[illegible]"译为"下"，"[illegible]"译为"怯""弱""卑""劣"，"[illegible]"译为"卑下""卑贱"。

报佛之恩也，常离三恶道，无有众苦。”佛说是经典毕。菩萨摩诃萨速得阿耨多罗三藐三菩提，声闻……

《慈悲道场忏法》第三卷“显果报第一”的相应内容如下：

> 尔时，世尊说此偈已。诸受罪人衔悲，白佛言：“世尊，一切众生作何善行得离斯苦?”佛言：“善男子当勤孝养父母，敬事师长，归奉三尊；勤行布施、持戒、忍辱、精进、禅定、智慧、慈悲、喜舍。怨亲平等，无有二相，不欺孤老，不轻下贱，护人犹己，不起恶念，汝等若能如是修行，则为已得报佛之恩，永离三途无复众苦。”佛说是经已。菩萨摩诃萨即得阿耨多罗三藐三菩提。声闻……[①]

分析 Or.12380-3429（K.K.Vb.0246.g）、Or.12380-0045（K.K.II.0283. bbb）残经，可以确定二者为同一版本佛经，Or.12380-0045（K.K.II.0283.bbb）为第三卷，在前，Or.12380-3429（K.K.Vb.0246.g）为第八卷，在后，两残经内容不能缀合。

3.Or.12380-0053（K.K.II.0283.jjj）残存 1 页 6 行，上栏线单栏，下栏线无存，刻本，刊布者将其定名为“佛名经”。现将西夏文录文并对译如下：

[illegible]□□[illegible]	南无□□佛
[illegible]□□□□□□□[illegible]	南无金刚□□□□□□□佛
[illegible]	南无宝月光明佛
[illegible]□[illegible]	南无宝莲花□佛
[illegible]	南无狮子吼力佛
[illegible]	南无金宝光明佛

① 《慈悲道场忏法》卷 3，《大正藏》第 45 册，第 1909 号，第 936 页中栏 19~27。

解读 Or.12380-0053（K.K.Ⅱ.0283.jjj）残经，可以确定其非“佛名经”，而为《慈悲道场忏法》第三卷“显果报第一”的相应内容：

……南无金刚坚强消伏坏散佛、南无宝火佛、南无宝月光明佛、南无贤最佛、南无宝莲华步佛、南无坏魔罗网独步佛、南无师子吼力佛……[①]

4.Or.12380-0295（K.K.Ⅱ.0284.zzz）残存 1 页 5 行，写本，残缺严重，上栏线单栏，下栏线无存，刊布者将其定名为“佛名经”，现将西夏文录文并对译如下：

□□□□[西夏文]……	□□□□欺……
□□□[西夏文]……	□□□起汝等……
□□□[西夏文]……	□□□恩有回……
[西夏文]……	不得佛是经典……
[西夏文]……	阿耨多罗三藐……

解读 Or.12380-0295（K.K.Ⅱ.0284.zzz）残经，可确定其为《慈悲道场忏法》第三卷“显果报第一”的相应内容：

不轻下贱，护人犹己，不起恶念。汝等若能如是修行，则为已得报佛之恩，永离三途无复众苦。佛说是经已。菩萨摩诃萨，即得阿耨多罗三藐三菩提。[②]

5.Or.12380-0535（K.K.Ⅱ.0231.i）残存 1 页 5 行，上栏线单栏，下栏线无存，刻本，刊布者将其定名为“佛经”，现将西夏文录文并对译

① 《慈悲道场忏法》卷 3，《大正藏》第 45 册，第 1909 号，第 935 页中栏 22~25。
② 《慈悲道场忏法》卷 3，《大正藏》第 45 册，第 1909 号，第 936 页中栏 23~27。

如下：

[西夏文]……	果报显新七……
[西夏文][1][西夏文]……	今日道场业同……
[西夏文]……	佛王宫城伽……
[西夏文][2]……	定于起恒河水……
[西夏文]……	见时诸恶鬼各……

Or.12380-0535（K.K.Ⅱ.0231.i）残经仅个别字与汉文本不同，为《慈悲道场忏法》第四卷“显果报之余”的相应内容：

> 显果报之余
>
> 今日道场同业大众。重加至诚一心谛听。佛在王舍城迦阑陀竹园。尔时目连从禅定起游恒水边。见诸饿鬼受罪不同。时诸饿鬼各起敬心。[3]

6.Or.12380-1045（K.K.Ⅱ.0297.y）残存1页5行，上栏线单栏，下栏线无存，写本，刊布者将其定名为“佛经”，现将西夏文录文并对译如下：

□[西夏文]……	□且常诸……
□□[西夏文]……	□□且今……
[西夏文]……	欲归五……
[西夏文]……	皈依……
[西夏文]……	南无弥……

① 西夏文“[西夏文]”译为“今日道场”。

② 西夏文“[西夏文]”译为“恒河水”。

③《慈悲道场忏法》卷4，《大正藏》第45册，第1909号，第937页中栏24~28。

解读 Or.12380-1045（K.K.II.0297.y）残经，可以初步确定其为《慈悲道场忏法》第十卷“次发耳根愿”的相应内容：

常闻诸佛赞叹一切众生能行十善随喜之声。愿诸众生常闻诸佛赞言：“善哉，是人不久成佛之声”。已发耳根愿竟，相与至心五体投地，重复归依世间大慈悲父。

南无弥勒佛……[1]

7.Or.12380-1867（K.K.）残存 1 页 5 行，残缺严重，上栏线单栏，下栏线无存，刻本，刊布者将其定名为《现在贤劫千佛名经》，现将西夏文录文并对译如下：

[illegible]……　　为无能……

[illegible]……　　等苦与譬遇人……

[illegible]……　　日已（所）安乐检查……

[illegible]……　　岂有宜依自各心……

[illegible]□[illegible]……　　他思□起为想……

解读 Or.12380-1867（K.K.）残经，可以确定其非《现在贤劫千佛名经》，而为《慈悲道场忏法》第二卷“发愿第五”的相应内容：

等从今日去，愿生生世世在在处处。于一切众生，无有与夺之心，无有怨亲之想，断三毒根离我我所，信乐大法等行慈悲，一切和合犹如圣众。[2]

8.Or.12380-1868（K.K.）残存 1 页 6 行，残缺严重，上栏线单栏，

① 《慈悲道场忏法》卷 10，《大正藏》第 45 册，第 1909 号，第 964 页中栏 21~24。

② 《慈悲道场忏法》卷 2，《大正藏》第 45 册，第 1909 号，第 930 页下栏 5~8。

下栏线无存，刻本，残经上有编号1868，刊布者将其定名为《现在贤劫千佛名经》，残缺部分根据俄藏西夏文补录，现将西夏文录文并对译如下：

[illegible]

离陀罗尼解脱曾三昧得大忍具足

[illegible] ①

辩才不断皆法云得正等觉当成某甲

[illegible]

等今日于起愿世世生生所住（在）处处

[illegible]

众生一切我名闻时悉皆心喜有未

[illegible]

曾得若三恶道中住众苦灭除若人

[illegible]

天中住诸漏有尽往处自在不解脱

Or.12380-1868（K.K.）残经翻译如下：

……离，曾得陀罗尼解脱三昧，具足大忍，辩才不断，皆得法云，当成正等觉。（某甲）等从今日起，愿生生世世，所在处处，·切众生闻我名时，悉皆心喜，未曾得有。若处三途道中众苦灭除，若人天中住，诸有漏所向自在，无不解脱……

解读残存内容，可以确定此残经非为《现在贤劫千佛名经》，而为《慈悲道场忏法》第二卷“发愿第五”的相应内容：

灭除罪垢，得陀罗尼解脱三昧，具足大忍，辩才不断，俱登法云，成等正觉。（某甲）等从今日去，愿生生世世，在在处处，一

① 西夏文“[illegible]”译为“某甲”。

切众生得闻我名，皆悉欢喜，得未曾有。若到三途断除众苦，若在人天尽，诸有漏所向自在，无不解脱……[①]

9.Or.12380-2738（K.K.II.0238.g.v）残存1页3行，上栏线单栏，下栏线无存，刻本，刊布者定名为“佛经”，现将西夏文录文并对译如下：

𗴂𗢳𘕕𗦇𘃡𗫩𗍳𗊋……	常七觉华净色敬见……
𗗙𗴂𗐱𗹙𘆄𗗚𘓺𗓁……	且常今日道场业同……
𗫩𗍳𗊋𗗙……	色敬见且……

Or.12380-2738（K.K.II.0238.g.v）残经仅个别字与汉文本不同，为《慈悲道场忏法》第十卷“初发眼根愿”的相应内容：

常见七觉净华之色。常见解脱妙果之色。常见今日道场，大众欢喜赞法，顶受之色，常见四众围绕，听法渴仰之色。[②]

10.Or.12380-2739（K.K.II.0239.1）残存1页2行，上栏线单栏，下栏线无存，刻本，刊布者定名为“佛经”，残经上有编号2739，现将西夏文录文并对译如下：

𗼃𗏹𗈪𗈪𗧓𘏨𗗂……	智慧一切愿具足……
𗆧𗓱𗫡𘁂[③]𗖵𗰛……	有金刚心入正……

翻译Or.12380-2739（K.K.II.0239.1）残经，可以初步确定其为《慈悲道场忏法》第十卷“嘱累第五”的相应内容：

---

① 《慈悲道场忏法》卷2，《大正藏》第45册，第1909号，第930页中栏29~下栏5。

② 《慈悲道场忏法》卷10，《大正藏》第45册，第1909号，第964页上栏4~8。

③ 西夏文“𗓱𗫡𘁂”译为“金刚心”。

功德智慧一切具足，与诸菩萨等无有异，入金刚心成等正觉。[①]

11.Or.12380-2742（K.K.）残存 1 页 5 行，栏线无存，刻本，刊布者定名为“佛经”，现将西夏文录文并对译如下：

……[illegible][illegible][illegible][illegible][②]……

……膝跪合掌……

□□□□[illegible]　[illegible][illegible][illegible]□□　□□□□□

□□□□尊　法悟不□□　□□□□□

□□□[illegible][illegible]　[illegible][illegible][illegible]□□　□□□□□

□□□皈依　法一切□□　□□□□□

□□□[illegible][illegible]　[illegible][illegible][illegible][illegible]□　□□□□□

□□□灭除　是因方依□　□□□□□

□□□[illegible][illegible]　[illegible][illegible][illegible][illegible][illegible]　□□□□□

□□□沙门　苦一切救能　□□□□□

解读 Or.12380-2742（K.K.）残经，可以初步确定其为《慈悲道场忏法》第一卷“归依三宝第一”的相应内容：

相与志心胡跪合掌心念口言，作如是说：

诸佛大圣尊，觉法无不尽，天人无上师。

是故为归依，一切法常住，清净修多罗。

能除身心病，是故为归依，大地诸菩萨。

无著四沙门，能救一切苦，是故为归依。[③]

12.Or.12380-2898（K.K.Ⅱ.0282.ttt）残存 2 页 4 行，栏线无存，刻

① 《慈悲道场忏法》卷 10，《大正藏》第 45 册，第 1909 号，第 967 页下栏 5~7。

② 西夏文“[illegible][illegible]”译为“膝跪”，“[illegible][illegible][illegible][illegible]”译为“膝跪合掌”。

③ 《慈悲道场忏法》卷 1，《大正藏》第 45 册，第 1909 号，第 924 页中栏 5~12。

本，刊布者定名为“佛经”，现将西夏文录文并对译如下：

（右面）

……[illegible]…… …… 分尊经典集……

……[illegible]…… …… 所定常乐我……

解读 Or.12380-2898（K.K.Ⅱ.0282.ttt）残经右面，可以确定其为《慈悲道场忏法》第十卷“次发口愿”的相应内容：

> 常发善言使人利益，常说如来尊经十二部，常言一切众生皆有佛性当得常乐我净。[①]

（左面）

……[illegible]…… …… 受不……

……[illegible]…… …… 发学欢喜法……

翻译 Or.12380-2898（K.K.Ⅱ.0282.ttt）残经左面，可以初步确定其为《慈悲道场忏法》第十卷“诸行法门”的相应内容：

> 永净四事护口法门不毁三业护意法门具足所愿菩提法门。第一不害悲心法门，化使立德慈心法门，不毁他人欢喜法门。[②]

13.Or.12380-2992RV（K.K.Ⅱ.0236.aa）残存 2 页 6 行，上栏线无存，下栏线单栏，刻本，刊布者定名为“佛经”，现将西夏文录文并对译如下：

---

① 《慈悲道场忏法》卷 10，《大正藏》第 45 册，第 1909 号，第 966 页上栏 19~ 中栏 23。

② 《慈悲道场忏法》卷 10，《大正藏》第 45 册，第 1909 号，第 966 页中栏 26~ 下栏 1。

（右面）

……[illegible][illegible][illegible]　　……赞叹十

……[illegible][illegible][illegible][illegible]　　……四十种恶

……[illegible][illegible][illegible]　　……四千恼

（左面）

……[illegible][illegible][illegible]　　……一念顷

……[illegible][illegible][illegible]　　……千恼愁

……[illegible][illegible]　　……劫众

解读 Or.12380-2992RV（K.K.II.0236.aa）残经，可以确定其内容为《慈悲道场忏法》第五卷“解怨释结第三”的相应内容：

> 赞叹十恶法，赞叹行十恶法者，如是依身口意起四十种恶。复依六情贪着六尘，乃至广开八万四千尘劳门。一念之间起六十二见，一念之顷行四十种恶，一念之间开八万四千尘劳门，况复一日所起众罪，一月一年终身历劫所起众罪。[①]

14.Or.12380-3421（K.K.II.0244.bbb）[②] 残存 6 行，仅存上半部分，上栏线三行，刻本，刊布者定名为《金刚般若波罗蜜经》，现将西夏文录文并对译如下：

① 《慈悲道场忏法》卷 5，《大正藏》第 45 册，第 1909 号，第 942 页中栏 5~11。

② 杨志高在《英藏西夏文〈慈悲道场忏罪法〉误定之重考》（《宁夏社会科学》2008 年第 2 期）中，将 Or.12380-3421（K.K.II.0244.bbb）、Or.12380-3422（K.K.Vb.024.c）、Or.12380-3423bRV（K.K.Vb.03.o）、Or.12380-3426（K.K.Vb.03.e）定为一个版本，即上下双栏线刻本，5 行 15 字，但从 Or.12380-3421（K.K.II.0244.bbb）遗存栏线看，其上栏线为 3 线栏，从字体、版式判断，以上编号明显不能归为一类。

祀䋪……	今日……
𗗙𗗚……	亲亲（眷属）……
𗗛𗗜……	舍离……
𗗝𗗞……	恶五……
𗗟𗗠𗗠……	罪一切……
𗗟……	罪……

解读 Or.12380-3421（K.K.Ⅱ.0244.bbb）残经，可以确定其内容非《金刚般若波罗蜜经》，而是《慈悲道场忏法》第五卷“解怨释结第三”的相应内容：

> ……今日慚愧发露忏悔，愿父母、六亲一切眷属，以慈悲心受我忏悔，一切舍施无复恨想，乃至盗窃、邪淫、妄语，五逆、十恶，无不备作，妄想颠倒攀缘，诸境造一切罪，如是等罪无量无边，或于父母，或于兄弟姊妹……[①]

15.Or.12380-3422（K.K.Vb.024.c）残存13行，存下半部分，刻本经折装，下栏线双栏，刊布者定名为《金刚般若波罗蜜经》，根据英藏西夏文每行最后一个字，可以确定英藏西夏文版式与国家图书馆藏版式一致，英藏西夏文残缺内容依据国家图书馆藏西夏文《慈悲道场忏罪法》（B11.038[3、15、4、03]）补录，依此可以判断英藏西夏文应为每折5行，满行15字，现将西夏文录文并对译如下：

（右面）

𗗡𗗢𗗣𗗤𗗥𗗦𗗧𗗨𗗩𗗪𗗫𗗬𗗭𗗮

嗔痴因诸界欲起实虚不离有空受著

𗗯𗗪𗗰𗗱𗗲𗗳𗗴𗗵𗗶𗗷𗗸𗗹𗗺𗗻

① 《慈悲道场忏法》卷5，《大正藏》第45册，第1909号，第943页中栏24~29。

牢（坚）不舍依方死生界中退转恼烦海中

[illegible]

常在彼安不有如乐是也说也善德不

[illegible]

修后世自欺未知朕今悲（愍）念识有之慈

[illegible][1] [illegible]

愍因经院（苑）而设和（尚）请诸法译中是忏悔

（中间）

[illegible]

者先诸法中已选圣人辩才义合十卷

[illegible]

已成威仪稀奇（特殊）恩功譬喻者难日出彼

[illegible]

如露露不消可无慈悲依忏诸业不灭

[illegible][2] [illegible]

所在树根养欲水有不侵以盛德道得

[illegible]

希心归不获者无忏法功广序喻词义

（左面）

[illegible]

不显今劝（谏）众生善典不修莫为是法常

① 西夏文“[illegible]”为“和”“合”“睦”“顺”，与动词“[illegible]”一起可译为“和尚”，“[illegible]”有“和尚”“僧”的意思。

② 西夏文“[illegible]”中“[illegible]”译为“岂”“所”“何”“乃”，二字合在一起译为“所在”“岂有”。

[illegible]

愿传

[illegible]

慈悲道场忏罪法序

[illegible]

是忏罪法者梁皇帝郗氏皇后因聚合

[illegible][1][illegible]

所为郗氏死后月数已经亦帝常哭泣

解读 Or.12380-3422（K.K.Vb.024.c）残经，可以确定其内容非《金刚般若波罗蜜经》，而是《慈悲道场忏法》序跋的相应内容：

> 因起贪嗔痴，诸欲界不离实虚，执著有、空，坚固不舍，故轮回生死界，常处烦恼海中，没有彼安，是说安乐也。不修善德，未知自欺后世。朕今愍念有情，因慈悲而设经院，请僧译诸法中之“忏悔”者。之前圣人辩才从诸法中选出合义已集为十卷，威仪殊胜，恩功难喻日出，彼如甘露不可消。依慈悲法忏诸业，恶业岂有不灭？如用水养育树根，可不倒而茂。诚心求得道德，皆可获得。忏法功广，如序词义不显。今劝众生常修善典，愿是法常传。
>
> 慈悲道场忏罪法序
>
> 此忏罪法者，梁皇帝因为郗氏皇后所集。郗氏已死后数月，亦帝常哭泣怀念……[2]

从译文内容我们可以看出，西夏人将《慈悲道场忏法》序跋翻译成西夏文，西夏文译本中增加了西夏流传序的内容，以此说明此经对于忏

① 西夏文“[illegible]”译为“数月”。

② 《慈悲道场忏法》卷1，《大正藏》第45册，第1909号，第922页中栏21~下栏5。

悔灭罪的重要性。

16.Or.12380-3423aRV（K.K.Vb.03.o）残存左右两面共10行，每行14字，上下栏线单栏，刻本经折装，右面有编号3423，刊布者定名为《金刚般若波罗蜜经》，现将西夏文录文并对译如下：

（右面）

[illegible]

时心矢著如目眼毁如见又哭泣腹

[illegible]

心不安彼苦济拔安乐得令欲及诸

[illegible][1][illegible]

佛智取教化皆类唯释迦佛苦忍能

[illegible]

以众生超度方最上勇健名得方知

[illegible][2][illegible]

释迦师生（主）慈恩深重苦恼众生中种

翻译如下：

时，如矢着心，如毁目眼，又见哭泣，腹心不安，欲拔济彼苦，令得安乐，及取诸佛智教化皆类，唯释迦佛能忍苦，方（故）以超度众生，得名最上勇健，方知释迦师生慈恩深重，能苦恼众生中……

（左面）

[illegible]

种法说一切利益能我等今日解脱

① 西夏文“[illegible]”中“[illegible]”译为“旨”“诏”“训”，“[illegible]”译为“教”“习”“化”“师”，“[illegible]”译为“教化”“指教”。

② 西夏文“[illegible]”译为“生”或“主”，“[illegible]”译为“师生”，而与“[illegible]”连用，“[illegible]”译为“释迦师主”。

[illegible]
未得初法说时一句未闻尾（下）树双间
[illegible][1][illegible]
涅槃亦未见皆业障因彼与未逢皆
[illegible]
共今日爱恋心发如来之或恋缘故
[illegible]
善心广厚苦中住亦如来之恩思叹

翻译如下：

（接右面最后）说种种法，利益一切，我等今日未得解脱，说初法时，未闻一句，亦未见双树下间涅槃，因彼皆（诸）业障，皆未与共逢。今日发（起）爱恋心，或缘恋如来之故，善心广厚，亦住苦中，思如来之恩，叹……

解读 Or.12380-3423aRV（K.K.Vb.03.o）残经，可以确定其非《金刚般若波罗蜜经》，而是《慈悲道场忏法》第一卷“归依三宝第一”的相应内容：

……时，如矢穿心，如毁眼目，又见哭泣，腹心不安，欲拔济此苦，令得安乐，又诸佛智教化皆同，唯释迦佛能忍苦，故以普度众生，其名最上勇健。[2]方知释迦师主慈恩深重，能在苦恼众生中，说种种法，利益一切。我等今日未得解脱，说初法时，未闻一句，亦未见双树间涅槃，因彼诸业障，皆未与良共逢。[3]今日起爱恋心，或因恋如来之故，善心广厚，亦在苦中，思（念）如来之

---

① 西夏文“[illegible]”译为“双树间涅槃”。

② 此句话意思与汉文本“又诸佛等智其化是均，至于释迦偏称勇猛，以能忍苦度脱众生”的意思相同，但西夏文的表述有差异，西夏文的表述直白简单。

③ 此句话意思与汉文本“我等今日不蒙解脱，进不闻一音之旨，退不睹双树潜辉，良由业障念与悲隔相与”的意思相同，但西夏文的表述有差异，西夏文表述直白简单。

恩，叹[1]……[2]

17.Or.12380-3423bRV（K.K.Vb.03.o）残存左右两面共10行，每行15字，上下栏线双栏，刻本经折装，右面残页上有编号3423，上半部分有残缺，右面残页的右下部分内容是左面残页左下角的倒字，系左右面残页有所粘贴后来分开所致。刊布者定名为《金刚般若波罗蜜经》，刊布者定名错误。残缺内容依据国家图书馆藏西夏文《慈悲道场忏罪法》（B11.038[3、15、4、03]）补录。现将西夏文录文并对译如下：

（右面）

[illegible][3][illegible][7][illegible]

病（痛）声不闻债欺不还骆驼马驴子中生

[illegible]

身常负重及鞭杖以打疲倦苦声不闻

[illegible]

常爱慕分离怨恨会逢八苦声不闻四

[illegible]

百四病苦报声不闻诸恶不善一切声

[illegible][5][illegible]

不闻乐器种诸（多）珍宝等人之鬼（魅）用声不

翻译如下：

---

① 此句话相应的汉文本则用“今日起悲恋心，以悲恋如来故，善心浓厚，既在苦中忆如来恩”。

② 《慈悲道场忏法》卷1，《大正藏》第45册，第1909号，第924页上栏18~中栏2。

③ 西夏文“[illegible]”之“[illegible]”译为“虚”“陷”“妄”“诈”“欺”，“[illegible]”二字译为“骗债”，西夏文比较生动形象地表现出不还债的缘由。

④ 西夏文“[illegible]、[illegible]、[illegible]”译为“骆驼、马、小驴”，或“骆驼、马、驴子”。

⑤ 西夏文“[illegible]”译为“乐器种诸珍宝等”，用“乐器”一词代表了具体名称，而汉文本则用“钟铃、螺鼓、琴瑟、箜篌、琳琅、玉佩”等表述，把乐器名称一一列出，西夏文明显简单明了。

病（痛）声不闻，债欺不还，生骆驼、马、驴子中，身常负重，及以鞭杖打，疲倦苦声不闻，常不闻爱慕、分离、怨恨、会逢八苦声，不闻四百四病苦报声，不闻一切诸恶不善声，乐器种诸珍宝等魅人之用声不闻。

（左面）

[西夏文]
闻惟愿众生一切今日以后耳以常诸
[西夏文]
佛法说八种声音当（令）闻等常无常苦空
[西夏文][1][西夏文]
我无声当闻等常八万四千波罗蜜声
[西夏文][2][西夏文]
当闻等常诸法虚名性无声当闻等常
[西夏文][3][西夏文]
诸佛一声以法说各自解异声当闻等

翻译如下：

惟愿一切众生，今日以后，令以耳常闻诸佛说法八种声音，令常闻无常、苦空、无我，常闻八万四千波罗蜜声，令常闻诸法虚（假）名无性之声，令常闻诸佛以一声说法，各自解异之声。

比对《大正藏》，可以确定刊布者定名错误，残经应为《慈悲道场忏法》第十卷“次发耳根愿”的相应内容：

苦痛之声不闻，抵债不还，生骆驼、驴、马、牛。身常负重，

---

① 西夏文“[西夏文]”译为“无常”，“[西夏文]”译为“苦空”，“[西夏文]”译为“无我”，皆为佛教专业术语。

② 西夏文“[西夏文]”译为“假名无性”。

③ 西夏文“[西夏文]”译为“以一声说法”“以一音说法”。

鞭杖楚挞，困苦之声，耳常不闻。爱、别、离、怨、憎、会等八苦之声不闻。四百四病苦报之声不闻。一切诸恶不善之声不闻。钟铃、螺鼓、琴瑟、箜篌、琳琅、玉佩惑人之声不闻。唯愿一切众生，从今日去，耳常得闻，诸佛说法八种音声，常闻无常、苦空、无我之声，常闻八万四千波罗蜜声，常闻假名诸法无性之声，常闻诸佛一音说法各得解声。[①]

18.Or.12380-3423cRV（K.K.Vb.03.o）残存左右两页共10行，满行14字，上下栏线单栏，刻本经折装，在右面残页上有编号3423，刊布者定名为《金刚般若波罗蜜经》，刊布者定名错误，现将西夏文录文并对译如下：

（右面）

[illegible][②][illegible]

悲忧恼惭愧（惭作）哭泣懊恼心起（同）五体地

[illegible][③][illegible]

投恭敬以

[illegible][④][illegible]

国王皇帝陆地庶民父母师主信心

[illegible]

施主善恶知识诸天诸仙聪明正忠

[illegible][⑤][illegible][⑥][illegible][⑦][illegible]

天地虚空世护四王善护恶罚咒持

① 《慈悲道场忏法》卷10，《大正藏》第45册，第1909号，第964页中栏5~13。

② 西夏文“[illegible]”译为“悲叹”“懊恼”“喧哗”，此处为“悲叹”之意。

③ 西夏文“[illegible]”译为“五体投地”。

④ 西夏文“[illegible]”中“[illegible]”为“陆”“地”，“[illegible]”为“陆地”“土地”，此处指“土地神”。

⑤ 西夏文“[illegible]”译为“天地虚空”。

⑥ 西夏文“[illegible]”译为“护世四王”。

⑦ 西夏文“[illegible]”译为“护善罚恶”。

[illegible][1][illegible]

守护五方龙王龙神八部及广十方

翻译如下：

悲忧、懊恼、惭愧、哭泣，发懊恼心，五体投地以恭敬。国王、皇帝、土地、庶民、父母、师主、信心施主、善恶知识、诸天、诸仙、聪明忠正、天地虚空护世四王、护善罚恶、持咒守护、五方龙王、龙神八部，及广十方（接左面）

（左面）

[illegible]

尽无边无众生一切因重

[illegible]

十方虚空界尽诸佛一切之皈依一拜

[illegible]

十方虚空界尽尊法一切之皈依一拜

[illegible]

十方虚空界尽贤圣一切之皈依一拜

翻译如下：

无尽无边一切众生，因重皈依十方虚空界一切之诸佛（一拜），皈依十方虚空界一切之尊法（一拜）皈依十方虚空界一切之贤圣（一拜）……

解读 Or.12380-3423cRV（K.K.Vb.03.o）残经，可以确定其非《金刚般若波罗蜜经》，而是《慈悲道场忏法》第一卷“归依三宝第一”的相应内容：

---

① 西夏文“[illegible]”译为“神龙八部”。

悲叹、懊恼、惭愧、哭泣，发懊恼心，五体投地以恭敬。[①] 国王、皇帝、土地、庶民、父母、师主、信心施主、善恶知识、诸天、诸仙、聪明忠正、天地虚空护世四王、护善罚恶、持咒守护、五方龙王、龙神八部，及广十方无尽无边一切众生，[②] 因重皈依十方虚空界一切之诸佛（一拜），皈依十方虚空界一切之尊法（一拜），皈依十方虚空界一切之贤圣（一拜）。[③]

Or.12380-3423cRV（K.K.Vb.03.o）与 Or.12380-3423aRV（K.K.Vb.03.o）为同一部残经，二者可以缀合，Or.12380-3423aRV（K.K.Vb.03.o）内容在前，后面紧接 Or.12380-3423cRV（K.K.Vb.03.o）内容。

19.Or.12380-3426（K.K.Vb.03.e）残存 1 页 5 行，满行 15 字，上栏线双栏，下栏线无存，刻本经折装，残经上有编号 3426，刊布者定名为《金刚般若波罗蜜经》，英藏西夏文残缺内容依据国家图书馆藏西夏文《慈悲道场忏罪法》（B11.038[3、15、4、03]）补录，现将西夏文录文并对译如下：

[illegible]

有时礼敬大苦而言暂时经典读及厌

[illegible]

恶生日数劳苦诸恶业起缘故是身未

[illegible][④] [illegible][⑤] [illegible][⑥] [illegible]

解脱令我蚕虫为如自缠自缚青蝶火

---

① 此句话意思与汉文本“呜咽、懊恼、惭颜、哽恸等一痛切，五体投地，志心奉为”相同。

② 此句话意思与汉文本“国王、帝主、土地、人民、父母、师长、信施、檀越、善恶知识、诸天、诸仙、聪明正直、天地虚空护世四王、主善罚恶、守护持咒、五方龙王、龙神八部、广及十方无穷无尽一切众生”相同。

③ 《慈悲道场忏法》卷 1，《大正藏》第 45 册，第 1909 号，第 924 页上栏 8~28。

④ 西夏文“[illegible]”译为“蛆虫”“蝇虫”，结合上下文应为“蚕蛹”。

⑤ 西夏文“[illegible]”译为“自缠自缚”“作茧自缚”。

⑥ 西夏文“[illegible]”译“青玄色”，“[illegible]”译为“蝴蝶”，而“[illegible]”则译为“蝴蝶”“青蛾”。

[illegible][1] [illegible]

中自投如夜长烧焦是如等障无量边

[illegible]

无菩提心障菩提愿障菩提行障者起

翻译如下：

有时礼敬，而言大苦，暂时读经典及生厌恶，劳苦数日，起诸恶业，缘故是身令未解脱，我为如蚕虫，自缠自缚，如青蝶自投火中，夜长烧焦，是如等障，无量无边，起菩提心障、菩提愿障、菩提行障者……

解读 Or.12380-3426（K.K.Vb.03.e）残经，可以确定其非《金刚般若波罗蜜经》，而是《慈悲道场忏法》第一卷“断疑第二”的相应内容：

> 少时礼拜，已言大苦。暂执经卷，复生厌怠。终日劳扰，起诸恶业。使此身形不得解脱。如蚕作茧自萦自缚，如蛾赴火，长夜燋然。如是等障，无量无边，障菩提心，障菩提愿，障菩提行，皆由恶心诽谤他善……[2]

20.Or.12380-3429（K.K.Vb.0246.g）残存 1 页 5 行，上下栏线单栏，刻本经折装，残经上有编号 3429，上半部分有残缺，刊布者定名为《金刚般若波罗蜜经》，刊布者定名错误，现将西夏文录文并对译如下：

[illegible][3] [illegible][4] [illegible][5] [illegible]

---

① 西夏文“[illegible]”译为“如青蛾自投火中”，也就是“飞蛾扑火”。

② 《慈悲道场忏法》卷 1，《大正藏》第 45 册，第 1909 号，第 925 页中栏 25~28。

③ 西夏文“[illegible]”译为“四趣”，指地狱、饿鬼、畜生、阿修罗四恶趣。

④ 此处缺西夏文“[illegible]”，依据国图藏西夏文《慈悲道场忏罪法》（B11.038[3、15、4、03]）补录。

⑤ 此处西夏文为“[illegible]”，而国图藏西夏文《慈悲道场忏罪法》（B11.038[3、15、4、03]）则为“[illegible]”。

结烦恼常清净得四趣常死离自主（在）生

[illegible][1]

受诸佛之亲近侍奉前面记受四等

[illegible][2] [illegible][3] [illegible]

六度皆不行无四辩才相佛之十力

[illegible][4] [illegible][5] [illegible]

相好庄严身得神通无碍金刚心入

[illegible]

正等觉成

Or.12380-3429（K.K.Vb.0246.g）残经翻译如下：

结烦恼，常得清净，死离四趣，受生自在，亲近侍奉诸佛，佛前受记，皆无不行（皆行）四等、六度、四辩才相，得佛十力相好庄严身，神通无碍，入金刚心，成正等觉。

《大正藏》收录的《慈悲道场忏法》第八卷“奉为父母礼佛第三”的相应内容如下：

> 结习烦恼，永得清净，长辞四趣，自在往生。亲侍诸佛，现前受记，四无量心、六波罗蜜，常不离行四无碍智，六神通力如意自在，得佛十力相好严身，同坐道场成等正觉。[6]

21.Or.12380-3669b（K.K.Ⅱ.0257.1）残存1页4行，但残页中间有一横线把上下西夏文分开，上下西夏文每行并不对应，刊布者将其定名

① 西夏文“[illegible]”译为“四等”，国图藏西夏文本用“[illegible]”。

② 西夏文“[illegible]”译为“六度”，国图藏西夏文本用“[illegible]”。

③ 西夏文“[illegible]”译为“皆不行无四辩才相”，国图藏西夏文本用“[illegible]”。

④ 西夏文“[illegible]”译为“神通”，“[illegible]”译为“无碍”，“[illegible]”译为“神通无碍”。

⑤ 西夏文“[illegible]”译为“金刚心”，国图藏西夏文本中无。

⑥《慈悲道场忏法》卷8，《大正藏》第45册，第1909号，第956页上栏14~18。

为“佛经”，现将西夏文录文并对译如下：

（横线上面内容）

[西夏文][1][西夏文]

诸菩萨普贤圣一切力以四生六道三

[西夏文]

世众怨若报未报若轻若重是此罪忏

解读 Or.12380-3669b（K.K.Ⅱ.0257.1），比对《大正藏》，可以确定残经内容为《慈悲道场忏法》第六卷“解怨结之余”的相应内容：

> ……以诸菩萨、一切贤圣力，四生六道三世众怨若报未报、若轻若重，是此忏罪……[2]

（横线下面内容）

……[西夏文][3][西夏文][4]	……悲心无平等行
……[西夏文]	……败若彼之城邑

两部分内容不属于同部佛经。

总之，英藏黑水城文献中，不仅遗存有西夏文《慈悲道场忏法》十余件，还有西夏文《慈悲水忏法》一件。《慈悲道场忏法》内容为序文、第一卷、第三卷、第五卷、第八卷、第十卷的相应内容，残经版式丰富，其中 Or.12380-3423cRV（K.K.Vb.03.o) 与 Or.12380-3423aRV（K.K.Vb.03.o）

---

① 西夏文“[西夏文]”译为“四生六道”。“四生”指胎生、卵生、湿生、化生。“六道”与“六趣”同，是众生轮回的道途。

② 《慈悲道场忏法》卷 6，《大正藏》第 45 册，第 1909 号，第 946 页中栏 27~ 下栏 1。

③ 西夏文“[西夏文]”译为“悲心”，指悲他人之苦的心。

④ 西夏文“[西夏文]”译为“平等”，相对“差别”之称，无高下浅深的差别即平等。

为同一部残经，版式为每页 5 行，每行 14 字，二者可以缀合，Or.12380-3423aRV（K.K.Vb.03.o）内容在前，Or.12380-3423cRV（K.K.Vb.03.o）内容在后。Or.12380-3429（K.K.Vb.0246.g）每页 5 行，每行 14 字，上下栏线单栏，从字体判断是另一版本，Or.12380-3429（K.K.Vb.0246.g）与 Or.12380-0045（K.K.Ⅱ.0283.bbb）为同一版本佛经，分别为第三卷和第八卷的相应内容，不能缀合。Or.12380-3426（K.K.Vb.03.e）为左右两页共 10 行，每行 14 字，上栏线双栏。Or.12380-3421（K.K.Ⅱ.0244.bbb）上栏线三行。Or.12380-3423bRV（K.K.Vb.03.o）每页 5 行，每行 15 字，上下栏线双栏。Or.12380-3422（K.K.Vb.024.c）每页 5 行，每行 15 字，下栏线双栏，从字体初步判断，它与 Or.12380-3423bRV（K.K.Vb.03.o）也不是同一版式。Or.12380-0020（K.K.Ⅱ.0283.r）存一页，上栏线单栏，刻本，每行 15 字。可见，《慈悲道场忏法》在西夏非常流行，在秉常时期翻译完成之后，曾多次雕版印刷。

综上所述，南北朝时期是我国古代礼忏发展的重要时期，“佛名经”的翻译和传抄也达到顶峰，历朝佛经目录对“佛名经”也多有收录，《众经目录》《出三藏记集》《历代三宝纪》《大唐内典录》《续大唐内典录》《开元释教录》《贞元新定释教目录》等都收录了各类佛名经。总体看来，从曹魏到唐代，“佛名经”的翻译持续不断。中国人在译经基础上，为了适应自身需要或礼佛需要也不断传抄佛名，使得各类“佛名经”流传广泛，在敦煌文献和黑水城出土文献中皆有保存。

“佛名经”的出现反映了南北朝至唐宋以来崇拜佛法僧思想的影响，随着时代的推移和翻译佛经数量的增加，佛名的数量也不断增多，从百佛到千佛，大乘佛教认为，上下四维各个方向都存在着佛，大乘佛教把称赞佛名号与礼佛忏悔思想紧密结合起来，强调称诵佛名灭罪得福的功德。

《现在贤劫千佛名经》、《过去庄严劫千佛名经》和《慈悲道场忏法》等都是称颂佛名与礼忏相结合的结构。《慈悲道场忏法》在严格意义上不能算是佛名经典，应是礼忏经典，是梁武帝为皇后郗氏所集，《慈悲道场忏法》主要是礼忏弥勒佛、七佛、十方诸佛、三十五佛、五十三佛、百七十佛及诸多菩萨。《慈悲道场忏法》记载：

唯有诸佛、诸大菩萨，尽知尽见，如诸佛、菩萨所知所见罪量多少。今日惭愧发露忏悔，一切罪因苦果，愿乞消灭。从今日去至坐道场，行菩萨道无有疲厌，财法二施无有穷尽，智慧方便所作不空，一切见闻无不解脱，相与志心五体投地，仰愿十方一切诸佛、大地菩萨、一切贤圣，以慈悲心同加神力，令六道一切众生，以今忏法，一切众苦皆悉断除，离颠倒缘不起恶觉，舍四趣业得智慧生，行菩萨道不休不息，行愿早圆速登十地，入金刚心成等正觉（一拜）。[①]

《现在贤劫千佛名经》在称颂千佛之后，云：

忏悔发愿已归命礼三宝，此贤劫中诸佛出世名号如是。若人闻此千佛名字，不畏谬错必得涅槃。诸有智者，闻诸佛名字，应当一心勿怀放逸，勤行精进。若失是缘还堕恶趣，受诸苦恼，安住持戒，随顺多闻，常乐远离，具足深忍，是人则能值遇千佛，若持诵此千佛名者，则灭无量阿僧祇劫所集众罪，必得诸佛三昧神通无碍智慧，及诸法门诸陀罗尼，一切经书种种智慧，随宜说法，皆当从是三昧中求修习此三昧。当行净命，勿生欺诳离于名利，勿怀嫉妒行六和敬，如是行者疾得三昧法也。[②]

西明寺沙门释道世撰《法苑珠林》第二十卷记载：

又《佛名经》云：若善男子、善女人，闻此二十五佛名，至心受持读诵，恭敬礼拜，得离地狱饿鬼畜生三恶道苦，得除瞋恚愚

---

① 《慈悲道场忏法》卷1，《大正藏》第45册，第1909号，第926页中栏5~15。

② 《现在贤劫千佛名经》，《大正藏》第14册，第447a号，第383页中栏9~20。

> 痴，灭百劫重罪，常生十方净佛国土，设复有人满三千大千世界七宝，一百岁中常用布施，犹不如诵持礼拜二十五佛名功德，千分不及一，乃至算数譬喻所不能知。何以故？以众生善根微薄不得闻此佛名。若善男子、善女人，得闻此二十五佛者，非于一佛十佛所种诸善根，是人乃于百千万佛所种诸善根，然后乃得闻此佛名，是人超越四十八劫在前成佛。若复有人，不信此二十五佛名得此功德，是人当堕阿鼻地狱满足百劫。舍利弗，若比丘、比丘尼、优婆塞、优婆夷，欲忏悔诸罪，当净洗浴，著新净衣，净治室内，敷好高座，安置尊像，悬二十五枚幡，种种华香，供养诵此二十五佛名，日夜六时忏悔满二十五日，灭四重八重等罪。[①]

称颂佛名，忏悔罪过，可以得到无量功德，减灭诸多罪过，这种修持简单易行，更易于为广大的信众接受，这也是各类“佛名经”及《慈悲道场忏法》流行不衰的原因之所在。

① （唐）道世撰《法苑珠林》卷20,《大正藏》第53册，第2122号，第430页下栏4~22。

二 《守护大千国吉祥颂》

《守护大千国吉祥颂》是一部护国类经典，俄藏黑水城文献中有保存，西夏文《守护大千国吉祥颂》（[illegible]）（第 450 号，西夏特藏第 477 号，馆册第 7100 号）写本经折装，11.8 厘米 ×8 厘米，4 页，仅存经尾，每页 6 行，每行 9 个字。上边距 1.7 厘米，下边距 1 厘米。结尾处重复经题。在英藏黑水城文献中也有发现。

1.Or.12380-2474（K.K.Ⅱ.0246.q）残存 1 页 10 行，上栏线单栏，下栏线无存，刻本，残经上有编号 2474，刊布者定名为《佛说圣佛母般若波罗蜜多经》，定名错误。现将西夏文录文并对译如下：

[illegible]……	佛是经典所说已毕……
[illegible]……	萨又及诸比丘乃至……
[illegible]……	乾婆等大众一切佛……
[illegible]……	愿受顺行……
[illegible]……	佛说圣佛母般若波……
[illegible]……	大千国守护吉祥颂……
[illegible]……	是世界又若……
[illegible]……	高宅中有胜……
[illegible]……	如是人中上……
[illegible]……	如来尊与等……

解读 Or.12380-2474（K.K.Ⅱ.0246.q）残经，我们可以发现，这页残经其实是两部佛经，即前半部分为《佛说圣佛母般若波蜜多经》，后半部分为《守护大千国吉祥颂》。

Or.12380-2474（K.K.Ⅱ.0246.q）残经上半部分可以确定为施护译《佛说圣佛母般若波罗蜜多经》的最后内容：

> 佛说此经已，观自在菩萨摩诃萨并诸苾刍，乃至世间天、人、阿修罗、乾闼婆等一切大众，闻佛所说皆大欢喜，信受奉行。佛说圣佛母般若波罗蜜多经[①]

Or.12380-2474（K.K.Ⅱ.0246.q）残经后五行内容为《守护大千国吉祥颂》，翻译如下：

是世界又若……　高宅中有胜……　如是人中上……　与如来尊等……

2.Or.12380-3222（K.K.Ⅱ.0251.a）残存 2 页，刻本经折装，上下栏线双栏，每折页 6 行，有经题，原卷子上有编号 3222，刊布者将其定名为《佛说圣佛母般若波罗蜜多经》，此残经基本完整，现将西夏文录文并对译如下：

[illegible]

信受奉行

[illegible]　[illegible]

佛说圣佛母般若波罗蜜多心经典[②]　终

[illegible]

大千护国吉祥颂

① （宋）施护译《佛说圣佛母般若波罗蜜多经》，《大正藏》第 8 册，第 257 号，第 852 页下栏 17~19。

② 西夏文为《佛说圣佛母般若波罗蜜多心经》，《大正藏》中称为《佛说圣佛母般若波罗蜜多经》，没有“心”字。

[illegible]
是世界及若又彼世界
[illegible]
高宫中有胜殊宝珠者
[illegible]
是如人中一第皇中皇
[illegible]
如来尊界已者希无有
[illegible]
方此最中胜殊宝是说
[illegible]
此真谛力今皆当离乐
[illegible]
空尽欲灭医药为无者
[illegible]
智者释迦牟尼真解说
[illegible]
是如寂静医药闷无实

翻译如下：

……信受奉行。

佛说圣佛母般若波罗蜜多心经典 终

大千护国吉祥颂

若是世界复及彼世界，高宫中有胜殊宝珠者；

如是人中第一皇中皇，如来尊界已无有希者；

方是说此最中胜殊宝，今皆当离乐此真谛力；

空尽灭欲医药无为者，智者释迦牟尼真解说；

如是寂静医药闷无实。

比对残存内容，我们可以确定 Or.12380-3222（K.K.II.0251.a）残

经由两部经文组成，第一部是《佛说圣佛母般若波罗蜜多经》，这部分内容仅存经文最后几个字和尾题。后接《守护大千国吉祥颂》，此颂文存首题和 9 行内容，颂文每行 9 字。

Or.12380-3222（K.K.Ⅱ.0251.a）和 Or.12380-2474（K.K.Ⅱ.0246.q）残经结构非常相似，皆是上半部分为《佛说圣佛母般若波罗蜜多经》，下半部分为《守护大千国吉祥颂》的内容。但二者字迹、版式并不一样，只能说是根据同一底本印施的佛经。我们可以把 Or.12380-3222（K.K.Ⅱ.0251.a）残经前 2 行和 Or.12380-2474（K.K.Ⅱ.0246.q）残经前 5 行归入《佛说圣佛母般若波罗蜜多经》之中。

三 《瑜伽集要焰口施食仪》

在《俄藏黑水城西夏文佛经叙录》一书中收录日本学者西田龙雄撰写的《西夏语佛典目录编纂上的诸问题（摘要）》一文，文中提到西夏特藏第288号《食水施放顺要论》与《大正藏》第1315号由不空翻译成汉文的《施诸饿鬼饮食及水法》的内容基本相同。西夏时为了进行法事活动也存在一套比较完整的施食仪轨和赞颂佛、菩萨等的颂文，用以赞佛、礼佛，以期达到护卫国土免遭敌人侵扰的效果。在英藏黑水城西夏文佛经中，除了《守护大千国吉祥颂》《瑜伽集要焰口施食仪》（颂文）、《瑜伽集要焰口施食仪》（吉祥偈）和《求生极乐净土颂》等，从残存西夏文《瑜伽集要焰口施食仪》（颂文）和《瑜伽集要焰口施食仪》（吉祥偈）内容来看，在西夏时期应该还存在不空译《佛说救拔焰口饿鬼陀罗尼经》等内容。

与《瑜伽集要焰口施食仪》编在一起的常是西夏文《求生极乐净土颂》。《求生极乐净土颂》在俄藏黑水城西夏文佛教残经中也有保存，《求生极乐净土颂》（緪霧蔽隨兟豖珑）（第449号，西夏特藏第408号，馆册第2265号）译自藏文，刻本，经折装，32厘米×9厘米，4页，仅存经首，每页6行，每行15字。上边距2厘米，下边距2厘米。经题后有作者名字：豜赧纖豥豯隨黻禨豰彩菶禐数祇毲讲经律论、羌国大法师沙门龙幢（we ndzion Be Нджион）集传。

在英藏黑水城西夏文佛经中《瑜伽集要焰口施食仪》和《求生极乐净土颂》等残经内容不多，下面对其进行释读。

1.Or.12380-0254（K.K.Ⅱ.0284.jj）残存2页10行，字数不能确定，

下半部分残缺，上栏线双栏，刊布者将其定名为“佛经经颂”，现将西夏文左面录文并对译如下：

□□□[illegible]　[illegible]□□□□□
□□□业障一切　悉皆□□□□□
[illegible]　[illegible]□□□□□
智以念念法界至　众生□□□□□
[illegible]　□□□□□□□
乃至虚空世界尽　□□□□□□□
[illegible]□□　□□□□□□□
是如四法缘□□　□□□□□□□
[illegible]
刻愿发

Or.12380-0254（K.K.Ⅱ.0284.jj）残经左面内容翻译如下：

□□□一切业障，悉皆□□□□□；
以念念智周法界，众生□□□□□。
乃至虚空世界尽，□□□□□□□；
如是四法缘□□，□□□□□□□。
发愿刻……

与 Or.12380-0254（K.K.Ⅱ.0284.jj）残经左面内容相应的《瑜伽集要焰口施食仪》的内容为：

如是一切诸业障，悉皆消灭尽无余；
念念智周于法界，广度众生皆不退。
乃至虚空世界尽，众生及业烦恼尽；
如是四法广无边，愿今回向亦如是。[①]

① 《瑜伽集要焰口施食仪》,《大正藏》第 21 册，第 1320 号，第 475 页中栏 20~23。

解读 Or.12380-0254（K.K.Ⅱ.0284.jj）残经内容，可以发现左右两面并不是同一部佛经，刊布者将其混淆，认为是同一部佛经。右面内容为般若译《大方广佛华严经》第四十卷“入不思议解脱境界普贤行愿品”的相应内容，故此将左右两面分别归类。

2.Or.12380-3211RV（K.K.Ⅱ.0263.c）残存 2 页，每页 6 行，共 12 行，上下栏线单栏，刻本经折装，刊布者定名为《金刚般若波罗蜜经》，通过解读和比对残经内容，可以确定这两页残经并不是同一部经的内容，残经右面是《瑜伽集要焰口施食仪》的相应内容，而左面则是《求生极乐净土颂》的内容，故此仅将右面西夏文录文并对译如下。

[illegible]
众生身口意三于
[illegible]
是如诸业碍一切
[illegible]
智以念念法界至
[illegible]
乃至虚空世界尽
[illegible]
是如四法广边无
[illegible]
普贤颂长　终

[illegible]
见烦贪谤我法等
[illegible]
悉皆消灭尽无停
[illegible]
众生广度皆无归
[illegible]
及众生业烦恼尽
[illegible]
愿今回赠亦如是

Or.12380-3211RV（K.K.Ⅱ.0263.c）右面翻译如下：

于众生身口意三，见烦贪谤我法等；
如是一切诸业碍，悉皆消灭尽无停。
以智念念至法界，广度众生皆无归；
乃至虚空世界尽，及众生业烦恼尽。
如是四法广边无，愿今回赠亦如是。

普贤颂长　终

比对《大正藏》，发现残经右面内容与《瑜伽集要焰口施食仪》的内容相同：

所有众生身口意，见惑弹谤我法等；
如是一切诸业障，悉皆消灭尽无余。
念念智周于法界，广度众生皆不退；
乃至虚空世界尽，众生及业烦恼尽。
如是四法广无边，愿今回向亦如是。[①]

可见，Or.12380-3211RV（K.K.Ⅱ.0263.c）残经左右两面都定名为《金刚般若波罗蜜经》是错误的，通过上述解读我们可以明确知道，这两面不是同一部经的内容，右面是《瑜伽集要焰口施食仪》中颂文的内容，且结尾处有“普贤颂长 终”的字样。而左面为《求生极乐净土颂》。但这两面残经字迹、版式一样，可以说明二者是同一法会上施印的佛经。

3.Or.12380-3219（K.K.Ⅱ.0228.c）残存1页6行，上下栏线单栏，刻本经折装，刊布者定名为“佛经经颂”，现将西夏文录文并对译如下：

[illegible]
日（昼）愿吉祥夜吉祥　日（昼）夜六时皆吉祥
[illegible]□
时一切中吉祥者　诸善神数愿守□
[illegible]
真俗界合种种德功海
[illegible]
一味正等诸法真相离

① 《瑜伽集要焰口施食仪》,《大正藏》第21册，第1320号，第475页中栏19~23。

[illegible]

言语道断觉观真超度

[illegible]

是如一种汝处当计集

Or.12380-3219（K.K.Ⅱ.0228.c）翻译如下：

愿日（昼）吉祥、夜吉祥，日（昼）夜六时皆吉祥！

一切时中吉祥者，愿数诸善神守□！

合真俗界种种功德海，一味正等离诸法真相；

观断言语道觉真超度，如是一种汝当计集处。

解读残经内容，可以确定其为《瑜伽集要焰口施食仪》的相应内容，但是后面九字一句的四句颂文与之不能完全对应，是否为西夏文译经中自己添加的尚无法确定。

《大正藏》中《瑜伽集要焰口施食仪》的相应内容是：

吉祥偈

愿昼吉祥夜吉祥　　　上师愿摄受

昼夜六时恒吉祥　愿诸　三宝愿摄受

一切时中吉祥者　　　护法恒拥护

南无西方无量寿如来，诸大菩萨海会圣众。惟愿法界存亡等罪消除，同生净土回向无上佛菩提。

4.Or.12380-3491（K.K.Ⅱ.0239.d）残存1页8行，整行7字，上下栏线单栏，左右栏线单栏，刊布者将其定名为“佛经”，现将西夏文录文并对译如下：

[illegible]　　诸最胜□□□□

[illegible]　　□□悉皆不冠（盖）□

[illegible]　　是如最胜提□具

□□□[illegible][illegible]□□	□□□之我□□
[illegible][illegible][illegible][illegible][illegible][illegible][illegible]	普贤行愿威神力
[illegible][illegible][illegible][illegible][illegible][illegible][illegible]	如来一切于普现
[illegible][illegible]□□□□□	一身□□□□□
[illegible][illegible][illegible][illegible][illegible][illegible][illegible]	一一刹尘佛礼敬

翻译 Or.12380-3491（K.K.II.0239.d）残经，可发现其与《瑜伽集要焰口施食仪》的一些内容基本相同，“诸最胜□□□□，□□悉皆不冠（盖）□，是如最胜提□具”与《瑜伽集要焰口施食仪》的内容又有所不同，但后面五句话的内容与其完全相同。故此初步确定其为《瑜伽集要焰口施食仪》，汉文本的相应内容为：

> 所有十方世界中，三世一切人师子；
> 我以清净身语意，一切遍礼尽无余。
> 普贤行愿威神力，普现一切如来前；
> 一身复现刹尘身，一一遍礼刹尘佛。[1]

① 《瑜伽集要焰口施食仪》，《大正藏》第 21 册，第 1320 号，第 475 页上栏 21~23。

四 《求生极乐净土颂》

净土信仰类的偈颂，是社会上信众颂念的偈文。希望得到佛祖祐护，将来能往生极乐世界。

Or.12380-3211RV（K.K.Ⅱ.0263.c）残存 2 页，每页 6 行，刊布者定名为《金刚般若波罗蜜经》，解读和比对残经内容，可以确定这两页残经并不是同一部经的内容，残经右面是《瑜伽集要焰口施食仪》的相应内容，而左面则是《求生极乐净土颂》的相应内容。现将左面西夏文录文并对译如下：

[illegible]

极乐净土生求颂

[illegible]	[illegible]
我今皈依所归我	是界于生西方处
[illegible]	[illegible]
极乐世界清净国	其中最终明满居
[illegible]	[illegible]
如来依理寿无量	若人此佛名诵故
[illegible]	[illegible][1] [illegible]
身已终时乐土生	死时□相殊妙现（显）
[illegible]□	□□□□□□□

① 西夏文“[illegible]”译为“稀奇”“殊妙”“异常”。

善生大众一切□　　　□□□□□□□□

Or.12380-3211RV（K.K.Ⅱ.0263.c）左面翻译如下：

极乐净国生术颂

我今皈依所归我，于是界生西方处；

极乐世界清净土，其中最终明满居。

依理如来寿无量，若人诵此佛名故；

身已终时生乐土，死时□现（显）殊妙相。

善生□一切大众，□□□□□□□□。

Or.12380-3211RV（K.K.Ⅱ.0263.c）左面残经定名为《求生极乐净土颂》。

藏传佛教经论赞

在黑水城佛教文献中，除了译自汉文的文献外，还有些译自藏文的佛教文献，日本学者西田龙雄在《西夏文华严经》（第3册，1977）目录中认为译自藏文的文献有60多种，俄罗斯学者克恰诺夫的《俄藏黑水城西夏文佛经叙录》（1999）认为译自藏文的佛教文献有百余种佛经、陀罗尼和仪轨等。根据遗存的译自藏文的西夏文佛教文献和题记，藏传佛教大手印和道果等教法在西夏得到传播。藏族高僧也受西夏统治者重视，任西夏帝师，总领全国佛教事务，负责佛经翻译、校勘等工作。英藏黑水城西夏文中也保存了一些译自藏文的文献，因过于残缺和缺少比对，译释是需要耗费很大精力的工作，也需要从事藏传佛教研究或懂藏文的学者参与其中。下面是英藏黑水城文献中初步确定译自藏文的残经。

一 《大手印顿入要论》等

1.Or.12380-3231（K.K.Ⅱ.0236.I）[①]残存1页10行，残缺严重，无法判断字数，写本，原佛经上有编号3231，残经断裂成上下两部分，刊布者在刊布时予以相应的拼接，刊布者定名为《大手印直入要论》，现将西夏文录文并对译如下：

[illegible]

若种种境界亦净污不区分喻日光如名

[illegible]

大手印顿入要论　终

[illegible]

最妙上师数之敬礼

[illegible]

此者大手印赤导引亦名大手印文字无理亦名理传要论亦名大手印一

[illegible]

种主亦名大手印金刚比无主集名则者心未安之息令心息坚固兴盛令因

[illegible]

身之坐仪又心息使仪觉受生仪三种亦若是不修造者法身如是也修整

[illegible]

过是圣道不获得名心不修整则明水不动则清道不谬则近果不缘则得

---

① 韩潇锐的《英藏黑水城出土〈大手印引定〉残片考》（《西夏学》第8辑，上海古籍出版社，2011）对此残片进行了录文，本录文、对译参考韩潇锐一文。

[illegible]

其不修亦三种有身不修者阔上尸弃如坚而住应何未草绳索解如或应语

[illegible]

不修者谈说不应心不修者意于何亦不念可不念可紧以缠缚此心者放

[illegible]

则（解脱无疑所谓）

意译如下：

……若于诸境界，不分净秽，犹如日光也。

《大手印顿入要论》 终

敬礼最妙上师！

此者亦名《大手赤印导论》，亦名《大手印无文字理》，亦名《传理要门》，亦名《大手印一种主》，亦名《大手印金刚无比主》。斯则心未安者令得安息，已安息者令得坚固、增盛。故又身之坐仪、止息心仪、生觉受仪，三种之法，唯斯是矣。（所以云）：不修整者，正是法身，修整是过，不获圣道。心不整则自明，水不动则自澄，道不谬则自近，果不缘则自证。不修有三：身不修者，如旷野尸，纵任而住，或如柴蒌断，任运而住；语不修者，不应谈说；心不修者，意勿缘虑。（故有颂曰）：不须急切系缚心，纵任（解脱无所疑）。

从残存内容判断，此残片由《大手印顿入要论》《大手赤印导论》两部分组成，其中《大手印顿入要论》在俄藏黑水城西夏文文献中有保存，它译自藏文，参见西田龙雄《西夏文佛经目录》第54号，俄藏保存馆册第892、7216号，分别为写本卷子装和写本小册子装。

二　金刚王与金刚亥母相关修习要论

1.Or.12380-1991（K.K.Ⅱ.0279.f）残存 1 页 6 行，每行 8~13 字，上下栏线单栏，写本，原残经上有编号 1991，刊布者定名为《金刚王亥母随睡眠定作顺要论》，现将西夏文录文并对译如下：

[illegible]	之礼中广大色赤巴何云
[illegible]	一念以眠应是如为故愚
[illegible]	痴困眠与离远眠者法身
[illegible]	以见梦者报身也眠终者
[illegible]	化身也知识能成也
[illegible]　[illegible]	金刚亥母依睡眠定为顺要论　终

Or.12380-1991（K.K.Ⅱ.0279.f）残经翻译如下：

之礼中广大色赤巴，何云？以一念眠，应如是为故。远离愚痴困眠眠者，以法身梦见者，报身也。眠终者化身也。能成知识也。

金刚亥母依睡眠为定顺要论　终

2.Or.12380-3349（K.K.Ⅱ.0250.i）残存 1 页 9 行，残缺严重，无法判断字数，写本，原残经上有编号 3349，刊布者定名为《金刚王亥母供修顺要论》，现将西夏文录文并对译如下：

[illegible]……

悟以定为……

𗈪𘚔𗸰𗦃𗧓𗏁𗹦𗰜𗢳𘎳𗄊𗍫𗏁𗨁𘝨𗰖[1]

一时已终及向彼善根者二有向回施为

𘝦𘐴𗠰𗫡𗗙𗋽𗦗𗃛𗊢□𗦇𗦇□□𗴮𗗚

应是如持以供修故时□一切□□成就

𗋕𗢳𘓺𗿒[2]𗖵𗋽𗦗𘃡𗧯𘙇□□□□□□

金刚亥母之供修顺要论□□□□□□

𗋕𗢳𘓺𗿒𗖵𗋽𗦗□𗾈𗮀□𘃡𗧯𘙇

金刚亥母之供修□面手□顺要论

𗋕𗢳𗣼𗀔𗿒[3]𗖵𗏹𗦻□□□□□□□□□

金刚默知母之礼敬□□□□□□□□

𘜍𗰜𗴂𗷖𗰜𘝞𗍊𗆹□𗈪𗧓𗑗𘙇𘙇□□

圆善男子善女人明□起及藏论论□□

𗈪□𗧓𗣫𗋕𗢳𘓺𗿒𗤶□𗾞□□□□□□

所□那中金刚亥母闻□佛□□□□□□

𗫂𗗙𘙇𘝦𗰗□□□□□□□□□□□□

念以论应彼□□□□□□□□□□□□

Or.12380-3349（K.K.Ⅱ.0250.i）残经翻译如下：

以悟为定……一时，已终及向彼善根者，二有回向为施，应如是以持供修故。时□一切□□成就。金刚亥母之供修顺要论□□□□□□，金刚亥母之供修□面手□顺要论，以礼敬金刚默知母□□□□□□□□圆□。善男子、善女人，明□起及藏论论□□所□那中，金刚亥母闻□佛□□□□□□应以念论彼□□□□□□□□□□□□。

---

① 西夏文“𗏁𗨁𘝨𗰖”译为“为趣回向”，即“回向”的意思。

② 西夏文“𗋕𗢳𘓺𗿒”译为“金刚亥母”。

③ 西夏文“𗋕𗢳𗣼𗀔𗿒”译为“金刚默有母”“金刚默知母”。

三　敬礼吉祥金刚勇识与金刚亥母

（一）敬礼吉祥金刚勇识

Or.12380-3503RV（K.K.Ⅲ.020.x）存两个残页，每个残页5行，右面有经题，内容为十四字一行的颂文，刊布者将其定名为《吉祥金刚勇识加赞》，现将西夏文录文并对译如下：

[illegible]
时一切中知起我
[illegible]
有无和增　终
[illegible]
吉祥金刚王勇识礼敬
[illegible]　[illegible]
有情吉祥正等觉　我名谁何已思念
[illegible]　[illegible]
大乘密意中围中　我者真实所入正
[illegible]　[illegible]
十四种根触失等　诸边持者无度如
[illegible]　[illegible]
今起最上菩提至　礼依真实守护我
[illegible]　[illegible]

日以花下三时生　　月等二时七日又
[illegible]　　[illegible]
七五时上供养为　　乘小于喜心无起
[illegible]　　[illegible]□
诸流传亦无失舍　　圆寂何入无喜□

实际上 Or.12380-3503RV（K.K.Ⅲ.020.x）是两个礼赞的残页，翻译如下：

一切时中，我知起
无有增和　终
礼敬吉祥金刚王勇识
有情吉祥正等觉，我名谁何已思念；
大乘密意中围中，我者真实所入正。
触失十四种根等，持诸边者如无度；
今起最上菩提至，依礼真实我守护。
以日花下三时生，月等二时又七日；
七五时上为供养，于小乘喜无起心。
诸流传亦无失舍，何入圆寂无喜□。

（二）敬礼金刚亥母

1.Or.12380-3504（K.K.Ⅱ.0253.j）残存 12 行，每行 6~7 字不等，原残经上有编号 3504，刊布者将其定名为“佛经”，现将西夏文录文并对译如下：

[illegible]　　种□主对　礼敬
[illegible]　　轮传母对　礼敬
[illegible]　　金刚勇识对　礼敬
[illegible]　　大奉进母对　礼敬

[illegible]	记句轮中八佛
[illegible]	乌头母对　礼敬
[illegible]	鸺头母对　礼敬
[illegible]	狗头母对　礼敬
[illegible]	猪（亥）头母之　礼敬
[illegible]	狱帝坚母对　礼敬
[illegible]	狱帝使母对　礼敬
[illegible]	狱帝牙母对　礼敬

2.Or.12380-3504V（K.K.Ⅱ.0253.j）残存 12 行，每行字数不等，刊布者将其定名为“佛经”，现将西夏文录文并对译如下：

[illegible]	狱帝坏母之　礼敬
[illegible]	是如等金刚上师诸佛世尊我
[illegible]	之证知我之所念且我名谁某甲思
[illegible]	说处无密间围中所入于起今日
[illegible]	于至彼二二间念定咒诵食施续
[illegible]	断若自为若明学为令为见随喜
[illegible]	虚空度对　礼敬
[illegible]	轮甲母对　礼敬
[illegible]	呼酿事对　礼敬
[illegible]	最勇母对　礼敬
[illegible]	莲花没自名对　礼敬
[illegible]	大力母对　礼敬

Or.12380-3504（K.K.Ⅱ.0253.j）和 Or.12380-3504V（K.K.Ⅱ.0253.j）残经翻译如下：

敬礼种□主！

敬礼传轮母！

敬礼金刚勇识！

敬礼大奉进母！

记句轮中八佛！

敬礼乌头母！

敬礼鸺头母！

敬礼狗头母！

敬礼亥头之母！

敬礼狱帝坚母！

敬礼狱帝使母！

敬礼狱帝牙母！

敬礼狱帝坏母！

是如等金刚上师，诸佛世尊我证我所知之，谁且念我名何？多说处所入无密间中围，于今日起，于至彼二二间，念诵定咒，食施续断。若为自、若为学明，令为随喜见。

敬礼虚空度！

敬礼轮甲母！

敬礼呼酿事！

敬礼最勇母！

敬礼莲花没自名！

敬礼大力母！

3.Or.12380-3577RV（K.K.Ⅱ.0274.c）残存 2 页 12 行，残经上有编号 3577，刊布者将其定名为“佛经经颂”，现将西夏文录文并对译如下：

（右面）

□□□□□□□　[illegible]

□□□□□□□　默有母对赞礼敬

[illegible]　[illegible]□[illegible]

色性又处默有母　色红漏手分□受

[illegible]　[illegible]
左手莲花若采持　大荫汝对赞礼敬
[illegible]　[illegible]
法身嬉离自性于　昔愿力依已出现
[illegible]　[illegible]
学应等之法示说　亥母汝对赞礼敬
[illegible]　[illegible][1][illegible]
半障为以打如居　五种手印殊妙有

（左面）

[illegible]　[illegible]
顶礼不动盖来美　大荫汝对赞礼敬
[illegible]　[illegible]
身语意三自性者　三世界对赞礼敬
[illegible]　[illegible][2][illegible]
惟明满之体性有　大悲众对赞礼敬
[illegible]　[illegible]
色身相像庄然者　人国吓以真庄严
[illegible]　[illegible]
少壮色有人令荫　身语意对赞礼敬
[illegible]　[illegible]□□
自行安乐岂须所　彼利一切真□□

Or.12380-3577RV（K.K.Ⅱ.0274.c）残经翻译如下：
□□□□□□□，礼敬赞默有母；

① 西夏文“[illegible]”译为“五种手印”。
② 西夏文“[illegible]”译为“大悲众”。

色性又处默有母，红色漏□受手分。
左手莲花若采持，礼敬赞汝大荫；
法身嬉离于自性，依昔愿力已出现。
应学等之示说法，礼敬赞汝亥母；
以为半障如打居，五种手印有殊妙。
顶礼不动盖来美，礼敬赞汝大荫；
身语意三自性者，礼敬三世界之赞。
惟明满之有体性，礼敬赞大悲众；
色身相庄然像者，人国以吓真庄严。
少壮有色令人荫，礼敬赞身语意；
自行安乐岂须所，一切彼利真□□。

四 《佛说大白伞盖总持陀罗尼经》

1.Or.12380-0795（K.K.）残存 1 页 3 行，残缺严重，下栏线单栏，刊布者将其定名为“佛经”，现将西夏文录文并对译如下：

□□□□□□□□　□[illegible][1]
□□□□□□□□　□色赤又宝珠母
□□□□□□□□　□[illegible][2]
□□□□□□□□　□来种之顶尊母
□□□□□□□[illegible]　[illegible]
□□□□□□□母　金刚金色明如目

翻译如下：

□□□□□□□□，□色赤又宝珠母；
□□□□□□□□，□来种之顶尊母。
□□□□□□□母，金刚金色明如目。

解读 Or.12380-0795（K.K.）残经，可以初步确定其为真智等译《佛说大白伞盖总持陀罗尼经》之“大白伞盖佛母总赞叹祷祝偈”的相应内容：

大赤色及宝珠母，种明金刚称顶髻；

---

① 西夏文“[illegible]”译为“宝珠母”。

② 西夏文“[illegible]”译为“顶尊母”。

种相窈窕金刚母，如金色光具眼母。

金刚烛及白色母，莲华眼及月光母。[①]

2.Or.12380-2563（K.K.Ⅱ.0252.i）残存1页6行，下栏线单栏，残经上有编号2563，刊布者将其定名为“佛经”，现将西夏文录文并对译如下：

[illegible]

之娑诃彼菩提勇识一切之娑诃独觉

[illegible]

娑诃阿罗汉之敬礼诸不归之敬礼一

[illegible]

等之娑诃诸先入之娑诃真实出离等

[illegible]

等除道于世入者之娑诃净梵之娑诃

□□[illegible]

□□娑诃帝释之娑诃众生主之娑诃

□[illegible]

□娑诃火之娑诃诸水之娑诃风之娑

翻译如下：

娑诃之……娑诃彼一切之菩提勇识，娑诃独觉，娑诃之阿罗汉，娑诃之诸不归，娑诃之一等（数），娑诃之诸先入，娑诃真实出离等等，除道于之世入者，娑诃之净梵，娑诃□□，娑诃之帝释，娑诃之众生主，娑诃□，娑诃之火，娑诃之诸水，娑诃之风……

解读Or.12380-2563（K.K.Ⅱ.0252.i）残经，可以初步确定其为真智等译《佛说大白伞盖总持陀罗尼经》的相应内容：

① （西夏）真智等译《佛说大白伞盖总持陀罗尼经》，《大正藏》第19册，第977号，第404页中栏。

敬礼正觉及一切菩提勇识，敬礼正觉，敬礼妙法，敬礼大众，敬礼七俱胝真实究竟正觉及声闻大众等，敬礼所有世间坏怨等，敬礼所有预流等，敬礼所有一来等，敬礼所有不还等，敬礼所有世间真实超越等，敬礼所有入实者等，敬礼天仙咒诅及有加佑力能等，敬礼所有诵持明咒获成就者等，敬礼净梵，敬礼帝释，敬礼紧威具美能令退屈苦行之主者等，敬礼具美严五手印无爱子之所归敬处，敬礼具美能摧坏三层宫城住于墓地之中一切阴母所归敬处……[①]

西夏文残存内容与真智等译《佛说大白伞盖总持陀罗尼经》相似，而与沙啰巴译《佛顶大白伞盖陀罗尼经》相差甚远。之前，笔者曾考证真智为西夏僧人，说明《佛说大白伞盖总持陀罗尼经》在西夏时期翻译完成。

3.Or.12380-2745RV（K.K.）残存 2 页 12 行，上栏线单栏，下栏线无存，写本，残经上有编号 2745，刊布者将其定名为《金刚般若波罗蜜多经》，现将西夏文录文并对译如下：

（右面）

[illegible][②][illegible]

手印阴母一切

[illegible]

一向又有情

[illegible]　[illegible]

唵　令舍喻那

[illegible]

多兀失尼舍邪怛

[illegible]

① （西夏）真智等译《佛说大白伞盖总持陀罗尼经》，《大正藏》第 19 册，第 977 号，第 404 页中栏 13~24。

② 西夏文“[illegible]”译为“手印阴母”。

底鲁末歇哩萨地并末

[illegible]

摎跋尼迦令哞底鲁末

（左面）

[illegible]　[illegible]□□□□□

种种名宣心乐母　金刚□□□□□

[illegible]　□□□□□□□

金刚行又色白母　□□□□□□□

[illegible]　□□□□□□□

金刚月之明有母　□□□□□□□

[illegible]　□□□□□□□

诵金刚璎大贤幻　□□□□□□□

[illegible]　□□□□□□□

眼合母又白色母　□□□□□□□

[illegible]□□　□□□□□□□

调服柔安心□□　□□□□□□□

解读 Or.12380-2745RV（K.K.）残经，可确定其非为《金刚般若波罗蜜多经》，刊布者定名错误。西夏文残页或为真智等译《佛说大白伞盖总持陀罗尼经》的相应内容。残经翻译如下：

（右面）

……一切手印阴母……一向又有情

唵　令舍喻那

多　兀失尼舍邪怛

底　鲁末歇哩地并末

摎　跋尼迦令哞底鲁末

（左面）

种种宣名心乐母，金刚□□□□□□；

金刚行及白色母，□□□□□□□□。

金刚月之有明母，□□□□□□□□；

诵金刚璎大贤幻，□□□□□□□□。

合眼母又白色母，□□□□□□□□；

调服安柔心□□，□□□□□□□□。

Or.12380-2745RV（K.K.）残经左右面不能缀合，右面在前，左面在后，左面内容为“大白伞盖佛母总赞叹祷祝偈”的相应内容。

4.Or.12380-2748（K.K.Ⅱ.0248.h）残存 1 页 3 行，上下栏线单栏，刻本，残经上有编号 2748，刊布者将其定名为“佛经”，现将西夏文录文并对译如下：

[illegible]	[illegible][1][illegible]
金刚行又色白母	莲花眼又如来眼
[illegible]	[illegible]
金刚月之明有母	力大金刚受持母
[illegible]	[illegible]
金刚璎行大贤幻	善相轮母金光月

解读 Or.12380-2748（K.K.Ⅱ.0248.h）残经，可以初步确定其为真智等译《佛说大白伞盖总持陀罗尼经》之“大白伞盖佛母总赞叹祷祝偈”的相应内容。残经翻译如下：

金刚行又白色母，莲花眼及如来眼；

金刚月之有明母，力大金刚受持母。

金刚璎诵大贤幻，善相轮母金光月。

5.Or.12380-3199（K.K.）存 1 折页 6 行，满行 14 字，上下栏线单栏，写本，刊布者定名为“佛经”，现将西夏文录文并对译如下：

---

① 西夏文“[illegible]”译为“莲花眼”，指观世音的密号。

[illegible]
啰冷舍　啰冷舍　嘛嘛　萨巴叻　阿啰
[illegible]
斜　萨哇萨怛尼那拶　萨诃
[illegible]
又若如来一切之顶髻中出盖白母
[illegible]
他能者无有回拒明咒大荫王总持
[illegible]
软皮之白卷树皮上写身之颈于□
[illegible]
受持读诵故寿住至毒及破损无

Or.12380-3199（K.K.）残经翻译如下：

啰冷舍　啰冷舍　嘛嘛　萨巴叻　阿啰　斜　萨哇萨怛那

又若写《一切如来顶髻中出白盖母他能者无有回拒明咒大荫王总持》于软皮之白卷、树皮、身之颈上，受持读诵，故寿至住，毒草及破损无……

解读 Or.12380-3199（K.K.）残经，可以初步确定其为真智等译《佛说大白伞盖总持陀罗尼经》的相应内容：

> 末唎啰钵袮发（怛）吽吽 发（怛）发（怛）吽𠱥隆（二合）末捺发（怛）莎曷
>
> 凡有行人，以此一切如来顶髻中出白伞盖佛母余无能敌大回遮母，或桦皮或白氎或树皮上书写已，或戴身上或项颈上，则能直至终身，以毒不能害以器械不能害。[①]

① （西夏）真智等译《佛说大白伞盖总持陀罗尼经》,《大正藏》第 19 册，第 977 号，第 406 页中栏 1~5。

这一残经与俄藏黑水城第 200 号《[illegible]》(《圣如来一切之顶鬘中出白伞佛母他者无大还转明咒大荫王总持》，西夏特藏第 70 号，馆册第 2899、7605 号）是同一部经典。故此克恰诺夫的定名应改为《佛说大白伞盖总持陀罗尼经》。

克恰诺夫对此有介绍：刻本经折装，19 厘米 ×9 厘米，50 页 +9 页佛像画，还有拜佛的题记，尾残，每页 6 行，每行 14 字。上边距 2.5 厘米，下边距 1.5 厘米，它译自藏文，见《大正藏》第 976 号，即光禄大夫大司徒三藏法师沙啰巴奉诏译《佛顶大白伞盖陀罗尼经》，《藏文佛经正经全目录》第 202 号，即《圣者一切如来顶髻中出现白伞盖无敌大回折大明咒佛母陀罗尼》，即《佛说大白伞盖总持陀罗尼经》，西田龙雄《西夏文佛经目录》第 261 号，格林斯坦德《西夏文大藏经》第 2244 号。

6.Or.12380-3199V（K.K.）存 1 折页 6 行，上下栏线单栏，刊布者定名为“陀罗尼”，现将西夏文录文并对译如下：

[illegible]
帝吧自啰捺啰　吧捺吧捺　吧捺尼
[illegible]
吧捺尼　吧自啰　巴尼帕唵哞　尸地
[illegible]
拉咪　帕　娑诃
[illegible]
唵　吧自啰　巴尼吧捺吧捺　吧自
[illegible]
啰　巴舍那　萨哇　嘟尸地　嗡吃能　嗡
[illegible]
那耶迦能　哞哞　唵

初步确定其为《佛顶大白伞盖陀罗尼经》之“陀罗尼”的相应内

容，翻译如下：

帝吧自啰捺啰　吧捺吧捺　吧捺尼
吧捺尼　吧自啰　巴尼帕唵吽　尸地
拉咪　帕　娑诃
唵　吧自啰　巴尼吧捺吧捺　吧自
啰　巴舍那　萨哇　嘟尸地　嗡吃能　嗡
那耶迦能　吽吽　唵

五 《金刚王默有母之思定作顺》

Or.12380-0007（K.K.Ⅱ.0283.g）残存 1 页 4 行，刊布者将其定名为“佛经经颂”，现将西夏文录文并对译如下：

[illegible]
悉皆祭使香善集
[illegible]
香者三种悟解以
[illegible]
坏有宝珠宝生
[illegible]
金刚味有母亦供养缘

解读 Or.12380-0007（K.K.Ⅱ.0283.g）残经，初步确定其内容为《金刚王默有母之思定作顺》，译自藏文，见西田龙雄《西夏文佛经目录》第 28 号。

六　调伏恶神品第二

1.Or.12380-2601（K.K.Ⅱ.0258.i）残存 1 页 7 行，没有栏线，每行 15~16 字，残经上有编号 2601，刊布者将其定名为《金刚王断裂之功德中和尚护小世间神恶调伏品第三》，现将西夏文录文并对译如下：

[illegible]

等者择于恶心起以为者择于不著归故

[illegible]

自于著自不死不能说胜慧彼岸到之法

[illegible]

者如大意依宝珠威力与所法彼依故或

[illegible]

胜慧彼岸到书写或者诵或者读或者

[illegible]

受持或者种种广大供养为故福田善

[illegible]

根茂盛至于者有具足成金刚断裂之哉

[illegible]

功中和尚若小诸中神恶已调伏品二第

Or.12380-2601（K.K.Ⅱ.0258.i）残经翻译如下：

于择……数者，以为起恶心者，于择不著归，故于自著自不死，不能说胜慧彼岸到之法者，与如依大意宝珠威力所法，或依彼故，或书写胜慧到彼岸者，或诵者、或读者、或受持者，种种广大供养故为福田，善根茂盛，至于有和尚具足者，成金刚王断裂之哉功中，若小诸中，已调伏恶神品第二。

2.Or.12380-2675RV（K.K.V.b.05.g）残存 2 页，右面存 5 行，上栏线单栏，下栏线无存，左面存 7 行，没有栏线，刊布者将其定名为《大般若波罗蜜多经》。实际上，左右两面字体不同，明显属于不同佛经。此处仅录左面内容，右面的内容属于《大般若波罗蜜多经》，此处不录。现将左面西夏文录文并对译如下：

[illegible]

等者彼于恶心起以为者彼于不著归故

[illegible]

自于著自不死能说胜慧彼岸到之法

[illegible]

者如大意依宝珠威力与入法彼依故或者

[illegible]

胜慧彼岸到书或者诵或者读或者

[illegible]

受持或者种种广大供养为故福□善

[illegible]

典茂盛至长者有具足成金刚断裂之哉

[illegible]

功中和尚若小诸中神恶已调伏品二第

Or.12380-2675RV（K.K.V.b.05.g）残经翻译如下：

于择……数者，以为起恶心者，于择不著归，故于自著自不死，不能说胜慧彼岸到之法者，与如依大意宝珠威力所法，或依彼故，或书写胜慧到彼岸者，或诵者、或读者、或受持者，种种广大供养故为福田，善根茂盛，至于有和尚具足者，成金刚王断裂之哉功中，若小诸中，已调伏神品恶第二。

比对 Or.12380-2601（K.K.Ⅱ.0258.i）和 Or.12380-2675RV（K. K.V.b.05.g）残经，可以确定刊布者定名错误，但“调伏恶神品第二”到底属于哪一部佛经的内容尚需进一步考证。

发愿文

发愿文

1.Or.12380-1081（K.K.Ⅱ.0282.qq）残存 1 页 4 行，字数不能确定，残缺严重，下栏线单栏，刊布者将其定名为《金光明最胜王经》，现将西夏文录文并对译如下：

……彼处住
……法师见经名宝集
……金光最妙经典言
……心欢起□□至

解读 Or.12380-1081（K.K.Ⅱ.0282.qq）残经，可以初步确定其非为《金光明最胜王经》，而为某部经的发愿文，意译如下：

……彼处住……法师经见名宝集……金光最妙经典言……心欢起□□至……

从残存内容看，或为《金光明最胜王经》发愿文。

2.Or.12380-3120（K.K.）残存 1 页，内容应为“发愿文”。现将西夏文录文并对译如下：

高草壁宅侧（边）于最妙愿圆了

生瑞其如姻缘今皆当安乐

[illegible]

今故皇帝正法王　贤寿福长病当无

[illegible]

庶民法依愿随化　意依愿事皆当成

[illegible]

寿增最中上当成　病无最中上当成

[illegible]

贤禄最中上当成　国王最中上当成

Or.12380-3120（K.K.）残经意译如下：

高草于壁宅侧（边），最妙愿圆了，

瑞生其如姻缘，今皆当安乐。

今故皇帝正法王，贤寿福长当无病；

庶民依法随化愿，依意愿事皆当成。

增寿最中当为上，无病最中当为上；

贤禄最中当为上，国王最中当为上。

3.Or.12380-3188（K.K.Ⅱ.0253.f）残存 1 页，内容应为“发愿文”。现将西夏文录文并对译如下：

[illegible]

一心依皈 极乐世界尊　四十八愿

[illegible]

圆满故藏地菩萨之随师用受身

[illegible]

诸大众民庶等命无量楼阁及宝树

[illegible]

玉池金沙里诸化生者华台坐妙

[illegible]

幢宝乐器声出皆美言极乐国生

[illegible]

往所以真察

Or.12380-3188（K.K.Ⅱ.0253.f）残经意译如下：

一心皈依极乐世界，尊四十八愿故圆满，随藏地菩萨师受用身，诸大众、民庶等命无量楼阁及宝树玉池金沙里诸化生者坐妙宝幢华台，乐器皆出美声，往生极乐国，所以真察……

4.Or.12380-3189（K.K.Ⅱ.0258.i）残存1页，内容应为“发愿文”。现将西夏文录文并对译如下：

□□□□□□[illegible]

□□□□□□嘻亦定回赠为应

[illegible]

普门呼？及救　幔皇帝净梵等亦

[illegible]

是思无是心最中得得难

[illegible]

此三十五佛等总十三部者先有如

[illegible]□□□[illegible]

奇妙□□□为新写所刻

Or.12380-3189（K.K.Ⅱ.0258.i）残经意译如下：

□□□□□□嘻？亦定，应为回赠普门呼？及救，皇帝幔梵净等，亦无是思，是心中最难所得。此先有《三十五佛》等总十三部者，如奇妙□□□，为新写所刻。

5.Or.12380-3197c（K.K.）残存2折页，刊布者定名为“佛经”，内容应为“发愿文”。现将西夏文录文并对译如下：

[illegible]□[illegible]？[illegible]　　万一千度卷□悟？德功小大五

[illegible]	万一千度于妙□念诵无同五
[illegible]	万一千度贯为□臣民合华等
[illegible]	之察施日数诵持供养其之福
[illegible]	□得然敬愿
[illegible]	皇基永固　贤续□增（盛）
[illegible]	□祖　殿宗同□　觉道得求
[illegible]	□□　皇母疾□　净方入求

Or.12380-3197c（K.K.）残经意译如下：

万一千余卷，□悟？于小大功德五万一千余，无妙□，念诵五万一千余类，贯察为□臣民合华等，施数日诵持供养，其得之福□，然敬愿皇基永固，续贤□增（盛），□祖、殿宗同□，求得觉道，□□皇母疾□，求入净方。

6.Or.12380-3197d（K.K.）残存 1 页，刊布者定名为“佛经”，内容应为“发愿文”，现将西夏文录文并对译如下：

[illegible]	圆死生皆善利愿受
[illegible]	□白高国大乾祐十五年岁次
[illegible]	甲辰九月十五日
[illegible]	奉天显道耀武宣文神谋睿智
[illegible]	制义去邪惇睦懿恭皇帝

Or.12380-3197d（K.K.）残经意译如下：

圆死生皆善利，愿受

□大白高国乾祐十五年岁次甲辰九月十五日

奉天显道耀武宣文神谋睿智制义去邪惇睦懿恭皇帝

从内容、版式和字体判断，Or.12380-3197c（K.K.）与 Or.12380-3197d（K.K.）应为同一发愿文的内容，应是同一法会上仁孝施舍佛经刊印的。比对其内容，应为《佛说圣大乘三归依经》的发愿文。

参考文献

一　古籍文献

（唐）魏征等撰《隋书》，北京：中华书局，1973。

（后晋）刘昫等撰《旧唐书》，北京：中华书局，1975。

（宋）欧阳修、宋祁撰《新唐书》，北京：中华书局，1975。

（梁）释僧祐:《出三藏记集》，北京：中华书局，1995。

（宋）薛居正等撰《旧五代史》，北京：中华书局，1976。

（宋）欧阳修撰《新五代史》，北京：中华书局，1974。

（元）脱脱等撰《宋史》，北京：中华书局，1977。

（元）脱脱等撰《辽史》，北京：中华书局，1974。

（元）脱脱等撰《金史》，北京：中华书局，1975。

（明）宋濂等撰《元史》，北京：中华书局，1976。

（宋）李焘撰《续资治通鉴长编》，北京：中华书局，2004。

（清）戴锡章撰《西夏纪》，罗矛昆校点，银川：宁夏人民出版社，1988。

（清）吴广成撰《西夏书事校证》，龚世俊等校，兰州：甘肃文化出版社，1995。

（清）张鉴撰《西夏纪事本末》，龚世俊等校，兰州：甘肃文化出版社，1998。

（明）胡汝砺编《嘉靖宁夏新志》，陈明猷校勘，银川：宁夏人民出版社，1985。

（宋）赞宁撰《宋高僧传》（上、下），范祥雍点校，北京：中华书局，1997。

（宋）司马光撰《涑水记闻》，北京：中华书局，1997。
（宋）沈括:《梦溪笔谈》，侯真平校点，长沙：岳麓书社，2004。
（元）程钜夫:《程钜夫集》，张文澍校点，长春：吉林文史出版社，2009。
（民国）喻谦昧庵氏撰《新续高僧传四集》，癸亥（1923）秋七月北洋印刷局影印本。
《宋藏遗珍》（1~120册），上海：上海碛砂藏影印会，1935。
《大正藏》，中华电子佛典协会，2016。

二　资料文献

上海古籍出版社、英国国家图书馆、西北第二民族学院编纂《英藏黑水城文献》（1~5册），上海：上海古籍出版社，2005、2010。
上海古籍出版社、中国社会科学院民族所等编《俄藏黑水城文献》（1~6、15~29册），上海：上海古籍出版社，1993~2019。
李逸友编著《黑城出土文书》（汉文文书卷），北京：科学出版社，1991。
塔拉、杜建录等主编《中国藏黑水城汉文文献》（1~10册），北京：国家图书馆出版社，2008。
史金波、陈育宁主编《中国藏西夏文献》（1~17册），兰州：甘肃人民出版社、敦煌文艺出版社，2005、2006。
宁夏考古研究所编著《拜寺沟西夏方塔》，北京：文物出版社，2005。
雷润泽等编著《西夏佛塔》，北京：文物出版社，1995。
宁夏考古研究所编著《山嘴沟西夏石窟》（上、下），北京：文物出版社，2007。
上海古籍出版社等编《法藏敦煌西夏文文献》，上海：上海古籍出版社，2007。
敦煌研究院主编《敦煌石窟内容总录》，北京：文物出版社，1996。
敦煌研究院主编《敦煌莫高窟供养人题记》，北京：文物出版社，1996。
敦煌研究院编《敦煌遗书总目索引新编》，北京：中华书局，2000。
天津市艺术博物馆:《天津市艺术博物馆藏敦煌文献》（第4册），上海：

上海古籍出版社，1997。
黄永武主编《敦煌宝藏》(1~55册)，台北：台湾新文丰出版公司，1981~1986。

三 研究著作

《国立北平图书馆馆刊》第四卷第三号“西夏文专号”，北平：京华印书局，1932。
王静如:《西夏研究》(第1~3辑)，北平：中央研究院历史语言研究所，1930~1932。
王国维:《观堂集林》(外二种)，石家庄：河北教育出版社，2001。
任继愈主编《中国佛教史》(第1~3册)，北京：中国社会科学出版社，1997。
周叔迦:《周叔迦佛学论著集》(上、下)，北京：中华书局，2004。
吴天墀:《西夏史稿》(增订本)，成都：四川人民出版社，1983。
史金波:《西夏佛教史略》，银川：宁夏人民出版社，1988。
史金波、聂鸿音、白滨译注《天盛改旧新定律令》，北京：法律出版社，2000。
史金波、白滨、吴峰云编著《西夏文物》，北京：文物出版社，1988。
史金波:《史金波文集》，上海：上海辞书出版社，2005。
白滨:《党项史研究》，长春：吉林教育出版社，1986。
白滨编《西夏史论文集》，银川：宁夏人民出版社，1984。
李范文:《西夏研究论集》，银川：宁夏人民出版社，1983。
李范文:《西夏陵墓出土残碑粹编》，北京：文物出版社，1984。
李范文主编《首届西夏学国际学术会议论文集》，银川：宁夏人民出版社，1998。
陈炳应:《西夏文物研究》，银川：宁夏人民出版社，1985。
陈炳应:《西夏探古》，兰州：甘肃文化出版社，2002。
牛达生:《西夏遗迹》，北京：文物出版社，2007。
陈育宁主编《西夏研究丛书》(第1~3辑)，兰州：甘肃文化出版社，

1995、1998、2002。
陈育宁主编《西夏研究丛书》（第4辑），银川：宁夏人民出版社，2004。
周伟洲:《早期党项史研究》，北京：中国社会科学出版社，2004。
孙伯君:《西夏文献丛考》，上海：上海古籍出版社，2015。
聂鸿音:《西夏佛经序跋译注》，上海：上海古籍出版社，2016。
谢继胜:《西夏藏传绘画——黑水城出土西夏唐卡研究》，石家庄：河北教育出版社，2002。
李蔚:《西夏史研究》，银川：宁夏人民出版社，1989。
汤开建:《党项西夏史探微》，台北：允晨文化实业股份有限公司，2005。
汤开建:《宋金时期安多吐蕃部落史研究》，上海：上海古籍出版社，2007。
何广博主编《述善集研究论集》，兰州：甘肃人民出版社，2001。
翁独健等主编《中国民族史研究》（1），北京：中央民族学院出版社，1987。
白滨、史金波等编《中国民族史研究》（2），北京：中央民族学院出版社，1989。
华祖根等编《中国民族史研究》（3），北京：中央民族学院出版社，1993。
乔高才让、李占忠:《凉州佛教》，兰州：甘肃文化出版社，2002。
林英津:《西夏语译〈真实名经〉释文研究》，台北：“中研院”语言学研究所，2006。
郝春文主编《敦煌文献论集》，沈阳：辽宁人民出版社，2001。
杜斗城:《敦煌本佛说十王经校录研究》，兰州：甘肃教育出版社，1989。
郑炳林主编《敦煌归义军史专题研究》，兰州：兰州大学出版社，1997。
郑炳林主编《敦煌归义军史专题研究续编》，兰州：兰州大学出版社，2003。
郑炳林主编《敦煌归义军史专题研究三编》，兰州：甘肃文化出版社，2005。
郑炳林主编《敦煌佛教艺术文化论文集》，兰州：兰州大学出版社，2002。

崔红芬:《西夏河西佛教研究》，北京：民族出版社，2010。
国家图书馆编《敦煌与丝路文化学术讲座》，北京：国家图书馆出版社，2003。
童玮编著《北宋〈开宝大藏经〉雕印考释及目录还原》，北京：书目文献出版社，1991。
童玮编著《二十二种大藏经通检》，北京：中华书局，1997。
方广锠:《佛教大藏经史——8~10世纪》，北京：中国社会科学出版社，1991。
李并成、李春元:《瓜沙史地研究》，兰州：甘肃文化出版社，1996。
马德:《敦煌莫高窟史研究》，兰州：甘肃教育出版社，1997。
张伯元:《安西榆林窟》，成都：四川教育出版社，1995。
胡开儒:《安西榆林窟》，乌鲁木齐：新疆大学出版社，1997。
杨富学:《沙州回鹘及其文献》，兰州：甘肃文化出版社，1995。
杨富学:《回鹘文献与回鹘文化》，北京：民族出版社，2003。
杨富学:《回鹘之佛教》，乌鲁木齐：新疆人民出版社，1998。
汤用彤:《汉魏两晋南北朝佛教史》，北京：北京大学出版社，1997。
汤用彤:《隋唐佛教史稿》，南京：江苏教育出版社，2007。
汤一介:《佛教与中国文化》，北京：宗教文化出版社，2000。
杨曾文:《唐五代禅宗史》，北京：中国社会科学出版社，1999。
方立天:《魏晋南北朝佛教论丛》，北京：中华书局，2002。
黄忏华:《佛教各宗大纲》，台北：天华佛学业刊，1985。
黄启江:《北宋佛教史论稿》，台北：台湾商务印书馆，1997。
李富华、何梅:《汉文佛教大藏经研究》，北京：宗教文化出版社，2003。
殷光明:《敦煌壁画艺术与疑伪经》，北京：民族出版社，2006。
黄明信:《汉藏大藏经目录异同研究》，北京：中国藏学出版社，2003。
吕建福:《中国密教史》(修订版)，北京：中国社会科学出版社，2011。
达照:《〈金刚经赞〉研究》，北京：宗教文化出版社，2002。
魏道儒主编《普贤与中国文化》，北京：中华书局，2006。

四　学术论文

吴天墀:《论党项拓跋氏族属及西夏国名》,《西北史地》1986 年第 1 期。

史金波:《西夏文〈过去庄严劫千佛名经〉发愿文译证》,《世界宗教研究》1981 年第 1 期。

史金波:《西夏文〈金光明最胜王经〉序跋考》,《世界宗教研究》1983 年第 3 期。

史金波:《西夏佛教的流传》,《世界宗教研究》1986 年第 1 期。

史金波:《略论西夏文物的学术价值》,《考古与文物》1987 年第 4 期。

史金波:《西夏文〈六祖坛经〉残页译释》,《世界宗教研究》1993 年第 3 期。

史金波:《敦煌莫高窟北区出土西夏文文献初探》,《敦煌研究》2000 年第 3 期。

史金波:《国家图书馆藏西夏文社会文书残页考》,《文献》2004 年第 2 期。

史金波:《〈英藏黑水城文献〉定名刍议及补正》,《西夏学》(第 5 辑),上海：上海古籍出版社，2010。

罗炤:《藏汉合璧〈圣胜慧到彼岸功德宝集偈〉考略》,《世界宗教研究》1983 年第 4 期。

王静如:《新见西夏文石刻和敦煌安西洞窟夏汉文题记考释》,《王国维学术研究论集》(一),上海：华东师范大学出版社，1983。

王静如:《甘肃武威发现的西夏文考释》,《考古》1974 年第 1 期。

马文宽、黄振华:《宁夏新出带梵字密宗器物考》,《文物》1990 年第 3 期。

聂鸿音:《吐蕃经师的西夏译名考》,《清华大学学报》2002 年第 1 期。

聂鸿音:《西夏佛教术语的来源》,《固原师专学报》2002 年第 2 期。

聂鸿音:《明刻本西夏文〈高王观世音经〉补议》,《宁夏社会科学》2003 年第 2 期。

聂鸿音:《大度民寺考》,《民族研究》2003 年第 4 期。

聂鸿音:《贺兰山拜寺沟方塔所出〈吉祥遍至口和本续〉的译传者》,《宁夏社会科学》2004 年第 1 期。

聂鸿音:《西夏文藏传〈般若心经〉研究》,《民族语文》2005 年第 2 期。
聂鸿音:《西夏译本〈持诵圣佛母般若多心经要门〉述略》,《宁夏社会科学》2005 年第 2 期。
白滨:《元代西夏一行慧觉法师辑汉文〈华严忏仪〉补释》,《西夏学》(第 1 辑),银川:宁夏人民出版社,2006。
陈炳应:《天梯山石窟西夏文佛经译释》,《考古与文物》1983 年第 3 期。
陈炳应:《图解本西夏文〈观音经〉译释》,《敦煌研究》1985 年第 3 期。
陈炳应:《金书西夏文〈大方广佛华严经〉》,《文物》1989 年第 5 期。
陈炳应:《西夏与敦煌》,《西北民族研究》1991 年第 1 期。
陈炳应:《西夏与吐蕃的关系史述论》,《陇右文博》1998 年第 1 期。
陈庆英:《西夏大乘玄密帝师的生平》,《西藏大学学报》(汉文版)2000 年第 3 期。
牛达生:《宁夏贺兰山拜寺口西夏古塔》,《考古与文物》1986 年第 1 期。
牛达生:《再论贺兰山拜寺口古塔为西夏原建》,《考古与文物》1987 年第 1 期。
牛达生:《贺兰山拜寺沟方塔废墟考古散论》,《宁夏社会科学》1993 年第 4 期。
牛达生:《新发现西夏文佛经〈吉祥遍至口和本续〉的刻本特点及学术价值》,《中国印刷》1993 年第 2 期。
牛达生:《西夏文佛经〈吉祥遍至口和本续〉是西夏印本辨证》,《首届西夏学国际学术会议论文集》,银川:宁夏人民出版社,1998。
牛达生:《质疑与期望——〈西夏泥活字版佛经〉读后》,《宁夏社会科学》1995 年第 1 期。
牛达生:《元刊木活字版西夏文佛经〈大方广佛华严经〉第 76 卷考察记》,《国家图书馆馆刊》1997 年第 1 期。
李范文:《论西夏与辽金的关系》,《固原师专学报》1992 年第 2 期。
李范文:《西夏在中国历史中的地位》,《宁夏社会科学》2002 年第 3 期。
向达:《斯坦因黑水城获古纪略》,白滨编《西夏史论文集》,银川:宁夏人民出版社,1984。

崔红芬:《英藏西夏文〈华严经普贤行愿品残叶释读〉》,《文献》2009 年第 2 期。

崔红芬:《英藏黑水城出土〈佛说无常经〉研究》,《人间佛教研究》2013 年第 5 期。

崔红芬、文志勇:《西夏皇帝尊号考略》,《宁夏大学学报》2006 年第 5 期，又见《宋辽金元史》2007 年第 1 期。

文志勇、崔红芬:《英藏西夏文残叶考补》,《宁夏社会科学》2011 年第 2 期。

崔红芬:《英藏西夏文〈圣胜慧到彼岸功德宝集偈〉残叶考》,《宁夏师范学院学报》2008 年第 1 期。

崔红芬:《西夏文〈佛说圣曜母陀罗尼经〉整理与研究》, 2013 年 6 月第二届密教国际学术研讨会提交论文。

崔红芬:《英藏西夏文〈大宝积经〉译释研究》,《西夏学》(第 10 辑), 上海：上海古籍出版社，2014。

崔红芬:《英藏西夏文本〈妙法莲华经〉研究》,《普陀学刊》(第 2 辑), 上海：上海古籍出版社，2015。

崔红芬译《俄藏黑水城西夏文佛经文献叙录 · 绪论》,《西夏研究》2011 年第 4 期。

崔红芬译《俄藏黑水城西夏文佛经文献叙录 · 绪论（2)》,《西夏研究》2011 年第 1 期。

崔红芬:《中英藏西夏文〈圣曜母陀罗尼经〉考略》,《敦煌研究》2015 年第 2 期。

崔红芬:《西夏文〈过去庄严劫千佛名经〉发愿文之西北方音及相关问题》,《宁夏社会科学》2017 年第 6 期。

崔红芬:《〈六字大明陀罗尼〉考释》,《西夏学》2017 年第 2 期。

崔红芬:《黑水城出土〈佛果圆悟禅师碧岩录〉考释》,《西夏研究》2019 年第 1 期。

崔红芬、文健:《英藏西夏文〈无常经〉考略》,《敦煌研究》2019 年第 2 期。

崔红芬:《〈佛说阿弥陀经〉及其相关问题探析》,《西夏学》2019 年第 2 期。

崔红芬:《黑水城出土〈景德传灯录〉考略》,《河北师范大学学报》2020 年第 3 期。

崔红芬:《黑水城遗存〈弥勒上生经〉考略》,《西夏学》2020 年第 2 期。

崔红芬、文志勇:《西夏遗存〈弥勒上生经〉之卷首画考略》,《大足学刊》(第 5 辑),重庆:重庆出版社,2020。

崔红芬:《英藏黑水城〈佛顶心观音经〉相关问题考论》,《敦煌研究》2021 年第 3 期。

崔红芬、文志勇:《俄藏黑水城汉文〈报父母恩重经〉卷首画解析》,《青海民族研究》2021 年第 3 期。

文志勇:《英藏黑水城出土文献西夏文〈坛经〉释考》,《西夏研究》2021 年第 2 期。

马万梅:《西夏文〈金光明最胜王经〉卷六残片考论——兼与俄藏、国图藏本之比较》,《西夏学》2019 年第 2 期。

林玉萍、孙飞鹏:《英藏黑水城文献中的西夏文新现佛经考释》,《西夏学》(第 12 辑),兰州:甘肃文化出版社,2016。

孙飞鹏:《西夏文〈圣胜慧到彼岸功德宝集偈〉残件补释》,《文献》2020 年第 5 期。

孙飞鹏:《〈华严经〉卷十一夏汉文本对勘研究》,《西夏学》(第 10 辑),上海:上海古籍出版社,2014。

孙飞鹏、林玉萍:《英藏西夏文〈华严经〉(八十卷本)残片整理及校勘研究》,《西夏学》(第 12 辑),兰州:甘肃文化出版社,2016。

孙飞鹏:《英藏黑水城西夏文〈华严经普贤行愿品〉残件整理与校勘》,《西夏学》2017 年第 2 期。

杨志高:《英藏西夏文〈慈悲道场罪忏法〉误定之重考》,《宁夏社会科学》2008 年第 2 期。

白金铣:《〈佛说无常经〉的传译与丧葬礼仪》,《中华佛学学报》第 20 期,台北:中华佛学研究所,2007。

谢继胜:《吐蕃西夏历史文化渊源与西夏藏传绘画》,《西藏研究》2001 年第 3 期。

李清凌:《宋夏金时期佛教的走势》,《西北师范大学学报》(社会科学版)2002年第6期。
李清凌:《〈高僧传合集〉与宋夏金时期西北的佛教》,《西藏大学学报》(汉文版)2004年第4期。
王尧:《吐蕃佛教述略》,《世界宗教研究》1981年第2期。
张云:《吐蕃与党项政治关系初探》,《甘肃民族研究》1988年第3~4期。
张云:《论吐蕃文化对西夏的影响》,《中国藏学》1989年第2期。
熊文彬:《从版画看西夏佛教艺术对元代内地藏传佛教艺术的影响》,《中国藏学》2003年第1期。
熊文彬:《从版画看西夏佛教艺术对元代内地藏传佛教艺术的影响(续)》,《中国藏学》2003年第3期。
孙昌盛:《西夏方塔塔心柱汉文题记考释》,《考古与文物》1997年第1期。
孙昌盛:《黑水城出土顶髻尊胜佛母曼荼罗木板画考》,《敦煌研究》2001年第2期。
孙昌盛:《西夏文佛经〈吉祥遍至口和本续〉题记译考》,《西藏研究》2004年第2期。
李春元:《安西旱峡石窟》,《敦煌研究》1996年第2期。
张宝玺:《文殊山万佛洞西夏壁画的内容》,《敦煌学术讨论会文集》(上册),兰州:甘肃人民出版社,1985。
张宝玺:《五个庙石窟壁画内容》,《敦煌学辑刊》1986年第1期。
张宝玺:《安西发现密教坛场遗址》,《敦煌研究》2005年第5期。
刘玉权:《敦煌莫高窟、安西榆林窟西夏洞窟分期》,《敦煌研究文集》,兰州:甘肃人民出版社,1982。
刘玉权:《本所藏图解本西夏文〈观音经〉版画初探》,《敦煌研究》1985年第3期。
刘玉权:《榆林窟第3窟〈千手经变〉研究》,《敦煌研究》1987年第4期。
刘玉权:《敦煌西夏洞窟分期再议》,《敦煌研究》1990年第3期。
刘玉权:《再论西夏据瓜沙的时间及其相关问题》,《敦煌研究》1993年第4期。

王继光、郑炳林:《敦煌汉文吐蕃史料综述——兼论吐蕃控制河西时期的职官与统治政策》,《中国藏学》1994年第3期。

黄明信:《敦煌藏文写卷〈大乘无量寿宗要经〉及其汉文本之研究》,《中国藏学》1994年第2期。

王菡:《元代杭州刊刻〈大藏经〉与西夏的关系》,《文献》2005年第1期。

霍巍:《早期密教图像在敦煌的传播及其来源的新探索》,《敦煌研究》2006年第2期。

霍巍:《关于佛教初传吐蕃传说的一个新版本》,《世界宗教研究》2000年第4期。

西安市文管处、中国社会科学院民族研究所:《西安市文管处藏西夏文物》,《文物》1982年第4期。

甘肃省博物馆:《甘肃武威发现一批西夏遗物》,《文物》1974年第1期。

宁笃学、钟长发:《甘肃武威西郊林场西夏墓清理简报》,《考古与文物》1984年第4期。

宁夏文物考古所、贺兰县文化局:《宁夏贺兰县拜寺口北寺塔群遗址的清理》,《考古》2002年第8期。

宁夏文物考古所、贺兰县文化局:《宁夏贺兰县拜寺沟方塔废墟清理纪要》和《贺兰县拜寺沟西夏遗址调查》,《文物》1994年第9期。

宁夏文物管理委员会办公室、贺兰县文化局:《宁夏贺兰县宏佛塔清理简报》,《文物》1991年第8期。

沈卫荣:《西夏黑水城所见藏传佛教瑜伽修习仪轨文书研究——梦幻身要门》,《当代西藏学术研讨会论文集》,台湾:台北蒙藏委员会,2004。

沈卫荣:《重构十一至十四世纪的西域佛教史》,《历史研究》2006年第5期。

沈卫荣:《汉、藏译〈圣大乘胜意菩萨经〉研究》,北京:国家图书馆举办“西域文献学术座谈会”,2006。

孙宏武、寇克红:《张掖甘州区、高台县两博物馆藏敦煌藏文〈大乘无量寿经〉简介》,《敦煌研究》2006年第3期。

张延清、梁旭澍等:《敦煌研究院藏敦煌古藏文写经叙录》,《敦煌研究》2006 年第 3 期。

马德:《甘肃藏敦煌藏文文献概述》,《敦煌研究》2006 年第 3 期。

邰惠莉、范军澍:《兰山范氏藏敦煌写经目录》,《敦煌研究》2006 年第 3 期。

傅立诚、杨俊:《敦煌市博物馆藏古藏文〈大乘无量寿经〉目录》(一)和（二),《敦煌学辑刊》第 2 期、第 3 期，2004、2005。

王南南、黄维忠:《甘肃省博物馆所藏敦煌藏文文献叙录》,《中国藏学》2003 年第 4 期。

张耀中:《酒泉博物馆古藏文〈大乘无量寿经〉叙录》,《敦煌研究》2006 年第 3 期。

俄军:《甘肃省博物馆藏敦煌藏文文献补录》,《敦煌研究》2006 年第 3 期。

李淑萍、黄维忠:《敦煌市档案局所藏藏文写经定名》,《敦煌学辑刊》2002 年第 2 期。

勘措吉、黎大祥:《武威市博物馆藏敦煌藏文写本》,《敦煌研究》2006 年第 3 期。

曾雪梅:《甘肃省图书馆藏敦煌藏文文献叙录》,《敦煌研究》2003 年第 5 期。

孙昌盛:《西夏文〈吉祥遍至口合本续〉(第四卷）研究》，南京大学博士学位论文，2006。

惠宏:《英藏西夏文〈金光明最胜王经〉残叶考》,《西夏研究》2011 年第 4 期。

李晓明:《英藏黑水城西夏文〈佛说佛母出生三法藏般若波罗蜜多经〉残页考释》,《西夏研究》2010 年第 4 期。

李晓明:《英藏西夏文〈七宝华踏佛陀罗尼〉的误定与考证》,《西夏学》（第 8 辑），上海：上海古籍出版社，2011。

李晓明:《英藏若干西夏文〈真实名经〉残页考释》,《西夏研究》2017 年第 1 期。

于业勋:《英藏西夏文〈华严经普贤行愿品〉残叶考》,《西夏学》(第 8

辑），上海：上海古籍出版社，2011。

王龙：《英藏黑水城西夏文〈法华经〉残叶考释》，《西夏学》（第 8 辑），上海：上海古籍出版社，2011。

邹仁迪：《英藏西夏文〈大般涅槃经〉写本残叶考》，《西夏学》（第 8 辑），上海：上海古籍出版社，2011。

段玉泉：《西夏文〈尊者圣妙吉祥之智慧觉增上总持〉考释》，《西夏研究》2013 年第 3 期。

张九玲：《〈英藏黑水城文献〉佛经残片考补》，《西夏学》（第 11 辑），上海：上海古籍出版社，2015。

张九玲：《西夏本〈佛顶心观世音菩萨大陀罗尼经〉述略》，《宁夏社会科学》2015 年第 3 期。

韩潇锐：《英藏黑水城〈大手印引定〉残片考》，《西夏学》（第 8 辑），上海：上海古籍出版社，2011。

赵成仁：《英藏西夏文〈大般若波罗蜜多经〉卷八残片考》，《西夏研究》2021 年第 1 期。

张笑峰、王颖：《英藏西夏文〈圣胜慧到彼岸功德宝集偈·魔行品〉考》，《西夏学》（第 10 辑），上海：上海古籍出版社，2014。

蔡莉：《英藏西夏文〈佛顶心观世音菩萨大陀罗尼经〉整理》，《西夏研究》2019 年第 2 期。

孔祥辉：《英藏西夏文〈金刚经〉残片考释》，《西夏研究》2017 年第 1 期。

五　外文或外国学者论文、论著

Н.А.Невский: *Тангутская филология*, Издательство восточной литературы, Москва, 1960г.

А.Н.Терентьев-катанский: *Материальная культура Си Ся*, Москва, Издательская фирма《Восточная литература》, 1993г.

Е.И.Лубо-лесниченко и Т.К.Шафрановская: *Мертвый город Хара-хото*, Москва, Издательство Наука, 1968г.

Е.И.Кычанов: *Запись у алтаря о примирении конфуция, Москв*а, Издательская фирма Восточная литература, 2000г.

К.Ф.Самосюк: *Буддийская живопись из Хара-Хото XII-XIV веков*, Санкт-петербург, Издательство государственного эрмитажа, 2006г.

〔俄〕克恰诺夫编著《俄藏黑水城西夏文佛经叙录》，崔红芬、文志勇译，兰州：甘肃文化出版社，2021。

〔俄〕聂历山:《12世纪西夏国的星曜崇拜》，崔红芬、文志勇译，《固原师专学报》2005年第2期。

〔俄〕克恰诺夫:《唐古特西夏国的藏族与藏文化》，杨元芳等译，《甘肃民族研究》1985年第2期。

〔俄〕孟列夫:《黑城出土汉文遗书叙录》，王克孝译，银川：宁夏人民出版社，1994。

〔俄〕彼·库·柯兹洛夫:《蒙古、安多和死城哈喇浩特》，王希隆等译，兰州：兰州大学出版社，2002。

〔俄〕萨玛秀克:《西夏王国的星曜崇拜》，谢继胜译，《敦煌研究》2004年第4期。

〔俄〕萨玛秀克:《黑水城遗址出土12世纪“恒星巫术圈”》，郑国穆译，《敦煌学与中国史研究论集》，兰州：甘肃人民出版社，2001。

〔俄〕萨玛秀克:《丝路上消失的王国——西夏黑水城的佛教艺术》，许洋主译，台湾：台湾历史博物馆，1996。

〔美〕邓如萍:《党项王朝的佛教及元代遗存——帝师制度起源于西夏说》，聂鸿音等译，《宁夏社会科学》1992年第5期。

〔美〕范德康:《拶也阿难捺：十二世纪唐古忒的喀什米尔国师》，陈小强等译，《国外藏学研究文集》(第14集)，拉萨：西藏人民出版社，1998。

〔日〕岩崎力:《北宋时期河西的藏族部落与佛教》，李德龙译，《国外藏学研究文集》(第13集)，拉萨：西藏人民出版社，1997。

〔日〕土肥义合:《归以军时期（晚唐、五代、宋）的敦煌》(一及续)，李永宁译，《敦煌研究》1986年第4期和1987年第1期。

〔日〕冲木克已:《敦煌出土的藏文禅宗文献的内容》，李德龙译，耿升主编《国外藏学研究译文集》(第8辑)，拉萨：西藏人民出版社，1992。
〔日〕松元文三郎:《弥勒净土论》，张元林译，北京：宗教文化出版社，2001。
〔日〕西田龙雄:《西夏文华严经》(1~3册)，京都：京都大学文学部，1975~1977。
〔日〕《西藏大藏经总目录索引》，仙台：东北帝国大学藏版，1934。
〔法〕伯希和:《伯希和敦煌石窟笔记》，耿升译，兰州：甘肃人民出版社，1993。
〔法〕谢和耐:《中国5~10世纪的寺院经济》，耿升译，上海：上海古籍出版社，2005。
〔意〕马可·波罗:《马可·波罗行纪》，冯承钧译，上海：上海书店出版社，2002。

图书在版编目（CIP）数据

英藏黑水城西夏文佛教文献整理考释：全三册 / 崔红芬，文志勇编著．-- 北京：社会科学文献出版社，2023.12

ISBN 978-7-5228-1947-1

Ⅰ.①英… Ⅱ.①崔… ②文… Ⅲ.①西夏语－佛教－文献－研究 Ⅳ.① K877.94

中国国家版本馆 CIP 数据核字（2023）第 114538 号

英藏黑水城西夏文佛教文献整理考释（全三册）

编　　著 / 崔红芬　文志勇

出 版 人 / 冀祥德
责任编辑 / 宋淑洁
文稿编辑 / 许文文　李月明
责任印制 / 王京美

出　　版 / 社会科学文献出版社
地址：北京市北三环中路甲 29 号院华龙大厦　邮编：100029
网址：www.ssap.com.cn
发　　行 / 社会科学文献出版社（010）59367028
印　　装 / 北京联兴盛业印刷股份有限公司

规　　格 / 开　本：787mm × 1092mm　1/16
印　张：129.75　字　数：1913 千字
版　　次 / 2023 年 12 月第 1 版　2023 年 12 月第 1 次印刷
书　　号 / ISBN 978-7-5228-1947-1
定　　价 / 980.00 元（全三册）

读者服务电话：4008918866

版权所有 翻印必究

2019年国家社科基金重大招标项目
《西夏文佛教文献遗存唐译经的整理与综合研究》的系列成果
成果批准号 19ZDA240

本书系国家古籍整理出版专项经费资助项目

上海师范大学资助出版

英藏黑水城西夏文佛教文献整理考释

〖上册〗

崔红芬 文志勇

编著

社会科学文献出版社
SOCIAL SCIENCES ACADEMIC PRESS (CHINA)

作者简介

崔红芬

河北河间人，1989年毕业于兰州大学外语系俄语专业，2006年6月毕业于兰州大学敦煌学研究所，获历史学博士学位。2008年7月首都师范大学历史学院博士后出站。现为上海师范大学人文学院教授，博士生导师。主持完成国家社科基金项目2项，国家社科基金重大招标子课题2项，2018年获批在研国家社科基金重大冷门绝学项目1项，2019年主持国家社科基金重大招标项目1项。主要从事历史文献及西夏佛教研究，发表专业论文百余篇，出版论著6部，译著4部等。

文志勇

甘肃兰州市人，1989年毕业兰州大学外语系俄语专业，后转业到高校工作。2011年陕西师范大学西北民族研究院博士毕业，主要从事历史文献学及民族学等研究。现为上海师范大学人文学院副教授，硕士生导师，先后发表论文、译文40余篇，与他人合作翻译出版译著5部；参与国家社科基金4项，2019年主持在研国家社科基金1项，2019年主持国家社科基金重大招标子课题1项等。

目　录

西夏文般若类经典

凡　例

第一，本文所用的英藏黑水城西夏文佛教文献的录文根据上海古籍出版社出版的《英藏黑水城文献》（1~5 册）的影印图版释录。

第二，录文力争以反映英藏黑水城出土文献图版的原貌为原则，以尊重文献原件的格式为前提。文献原件若有残缺，依照残缺位置用（前缺）、（中缺）和（后缺）表示，前缺、中缺和后缺不能确定字数的用“……”表示，能确定残缺字数时用“□”表示一个字符的残缺。

第三，原件西夏文脱字及无法辨认的西夏字，用“□”表示；若根据其他残卷能够补上的则在补录的西夏字外面加“□”表示；对录文有疑问的西夏字，则在录文后加“?”表示；原件西夏字有错误的，则在注释中加以说明。

第四，原件的夹注，或陀罗尼中一些字，或佛经残卷科文中解释，根据原件录文，一般用比正文小一号的字体表示。

第五，西夏文文献原件中，若有西夏字的倒字不录，因为这种情况是两张原件粘贴在一起所致，当原件揭开以后，有一面粘上另一面上的西夏字，呈倒字现象，故此不录。只录西夏字正字内容，并在录文中做了说明。

第六，有些原件残缺，依残缺位置用（前缺）、（中缺）、（后缺）表示。刊布的文献中有些残经内容可以互补，对于能够补录的西夏文进行补录，放在“□”之中，给予说明。

第七，在引用收藏文献时，采用学界通行的缩写形式。例如，“TK”表示俄罗斯科学院东方学研究所圣彼得堡分所藏黑水城汉文文献编号。“Инв.”表示俄罗斯科学院东方研究所圣彼得堡分所藏黑水城西夏文文献馆册编号。“B”开头表示北京各处所藏西夏文文献的编号。“N”开头表示宁夏各处所藏西夏文献的编号。“S”开头表示陕西各处所藏西夏文献的编号。“G”开头表示甘肃各处所藏西夏文献的编号。“M”开头表示内蒙古各处所藏西夏文献的编号。

第八，在整理译释时，不再依据《英藏黑水城文献》（1~5 册）中刊布的先后顺序排列，改为依据残存佛经分类将五册中相同内容贯通，整合在一起，文献的原编号保存不变，按照残经原编号的顺序自小而大排列，使学人清楚了解每类残经的内容和数量。

第九，在整理过程中，将影印文献图版的排列错误给予纠正，对于能缀合的残经，给予介绍和内容缀合；对于刊布时定名错误的残经，给予说明；对于一些佛教专用词语的西夏文表述给予注释，与汉文本词语不同之处也给予说明。

第十，《英藏黑水城文献》（1~5 册）之西夏文残经分类则依据《大正藏》分类进行，但将律论等归在了一起，是因为内容较少，不再细分。

第十一，《英藏黑水城文献》（1~5 册）绝大部分是西夏文文献，也有个别汉文文献片段混于其中，有的汉文文献未定名或定名错误，为保持文献的全面，故将个别汉文文献重新定名后，列于同类西夏文残经之后。

第十二，限于篇幅，本书在对每一编号的西夏文录文时，不能把图版照片全部附上，仅对特殊的残页附上图版照片。若残页为两面或以上者，标注出左右或上下面，所有录文皆从右往左。

第十三，因西夏文《大般若波罗蜜多经》残存内容太多，西夏文的翻译基本忠实于汉文本的内容，故此在《大般若波罗蜜多经》部分只采用了对译和《大正藏》相应内容，西夏文意译的内容不再添加，其他经文都添加有对西夏文的意译汉文。

绪　论

一　西夏发展史概述

西夏是以党项为主体在中国西北部建立的民族政权。经李继迁、李德明和李元昊祖孙三代的努力，及至宋宝元元年、夏天授礼法延祚元年（1038）李元昊正式立国，国号“大夏”，史称“西夏”，自称“大白高国”或“白高大夏国”。

西夏立国之时已拥有夏、银、绥、宥、静、灵、盐、会、胜、甘、凉、瓜、沙、肃、洪、定、威、龙等州。从李元昊到末代晛帝共经历十帝，国祚近两个世纪，西夏先后与辽、北宋和金、南宋对峙存在。西夏崇信佛教，其境内寺院、僧尼众多，佛塔林立，有“浮图梵刹，遍满天下”的记载。同时西夏统治者组织境内各族高僧，积极从事译经活动，组织工匠开窟造像，装饰壁画，大做各类斋会法事，佛教在人们生活中占据相当重要的地位。

“党项”之名最早见于《隋书》《北史》和《通典》，史料所记党项族源问题学界分歧较大。其一，认为党项是羌族的一支；[①] 其二，认为党

① 参见周伟洲《唐代党项》，广西师范大学出版社，2006；王静如:《西夏国名考》，《西夏研究》(一)，国立中央研究院历史语言研究所，1932，第77~88页；李范文:《试论西夏党项族的来源与变迁》，白滨编《西夏史论文集》，宁夏人民出版社，1984，第49~79页；张云:《党项名义及族源考证》，见李范文主编《首届西夏学国际学术会议论文集》，宁夏人民出版社，1998，第24~34页。史金波在《西夏文化》(吉林教育出版社，1986)中对出土的西夏文字书、韵书和辞典的研究分析，认为西夏语受到汉藏文化影响，西夏语具有汉藏语系藏缅语族的一般规律，又有自己的某些特点。

项是鲜卑族；[①]其三，认为党项统治者拓跋氏出自鲜卑，而被统治者则属于羌族。[②]在中古时期多民族不断融合发展的进程中，党项民族杂融其他民族成分，魏、周时期有党项族活动的记载。

隋朝时一些党项部落开始内附，居住在隋朝边境一带，由隋代边将进行管理，隋朝末年，吐谷浑势力在隋朝打击下逐渐趋于衰落，党项部落占据了吐谷浑领地，在甘肃、四川西北等地遍布着党项诸部。一些党项部落臣服唐朝后，开始了大规模的内迁活动，从唐边境逐渐往内陆地区的庆、灵、夏、胜等地迁徙，转而又迁至陕西北部一带，唐设立羁縻州府对党项部落进行管理。

唐廷将内迁的党项部落再次迁徙至陕西北部的主要原因是阻断北上的吐蕃军队与党项部落的联合。唐天宝十四载（755），安史之乱爆发，党项族群又发生了一次大的迁徙，朝廷将已在庆、灵、夏等地定居的党项族群迁向银、绥等州，有的甚至迁到石州（今山西离石）。唐为平叛抽调西北守军造成河陇兵力空虚，吐蕃乘机联合吐谷浑、党项、氐、羌等继续向东北扩张，占领陇右部分地区。宝应元年（762）初，党项与吐谷浑、吐蕃等联合，先后寇扰梁州（今陕西汉中），刺史李逸弃郡走，接着又有党项寇扰奉天（今陕西乾县）、同官（今陕西铜川）、华原（今陕西耀州）等。唐广德元年（763）之后，吐蕃又裹挟着党项、吐谷浑等攻入长安，进行抢掠。吐蕃与党项等联合对唐边境的侵扰引起唐朝一些官员的警觉，郭子仪曾上书陈述防备吐蕃之利害，《旧唐书·郭子仪传》载：

> 朔方，国之北门，西御犬戎，北虞猃狁，五城相去三千余里。开元、天宝中，战士十万，战马三万，才敌一隅。自先皇帝龙飞灵武，战士从陛下收复两京，东西南北，曾无宁岁。中年以仆固之役，又经耗散，人亡三分之二，比于天宝中有十分之一。今吐蕃充

---

① 汤开建：《关于党项拓跋氏族源的几个问题》《党项源流新证》《党项西夏史探微》，允晨文化实业股份有限公司，2005，第8、30、31、71页。

② 唐嘉弘：《关于西夏拓跋氏的族属问题》，白滨编《西夏史论文集》，宁夏人民出版社，1984，第26~48页。吴天墀：《西夏史稿》（增订本），四川人民出版社，1983；《论党项拓跋氏族属及西夏国名》，《西北史地》1986年第1期。

> 斥，势强十倍，兼河、陇之地，杂羌、浑之众，每岁来窥近郊。以朔方减十倍之军，当吐蕃加十倍之骑，欲求制胜，岂易为力！近入内地，称四节度，每将盈万，每贼兼乘数四。臣所统将士，不当贼四分之一，所有征马，不当贼百分之二，诚合固守，不宜与战。又得马璘牒，贼拟涉渭而南。臣若坚壁，恐犯畿甸；若过畿内，则国人大恐，诸道易摇。外有吐蕃之强，中有易摇之众，外畏内惧，将何以安？①

郭子仪还上言将党项迁往远离吐蕃的地方，以免为吐蕃所诱胁，对唐边境造成更大的不安。《新唐书·党项传》也载：

> （郭）子仪以党项、吐谷浑部落散处盐、庆等州，其地与吐蕃滨近，易相协，即表徙静边州都督、夏州、乐容等六府党项于银州之北、夏州之东，宁朔州吐谷浑住夏西，以离沮之。召静边州大首领左羽林大将军拓拔朝光等五刺史入朝，厚赐赍，使还绥其部。先是，庆州有破丑氏族三、野利氏族五、把利氏族一，与吐蕃姻援，赞普悉王之，因是扰边凡十年。②

为了阻离吐蕃与庆、盐内迁党项的联合，一方面，唐廷将盐、庆一带的党项部落又迁至银州之北、夏州之东，以及绥、延州等地。故此，内迁党项主要集中在灵、庆、夏、银、绥、延、胜等州。安史之乱后，党项主要形成三大部落集团，即六府部（居于绥、延等州）、平夏部（居于夏州）和东山部（居于庆州）。另一方面，唐廷也对一些内附党项部落进行“绥抚”。唐廷对党项部落的“绥抚”政策，包括选用清廉“儒而勇”的良将贤吏和笼络任命党项上层贵族共同管理党项部落。唐廷任命有功党项部落首领为州府刺史或其他官吏，如任党项拓跋守寂

① （后晋）刘昫等撰《旧唐书·郭子仪传》卷 120，中华书局，1975，第 3464 页。

② （宋）欧阳修、宋祁撰《新唐书·党项传》卷 221，中华书局，1975，第 6216 页。

之孙拓跋乾晖为夏州刺史，后又任为银州刺史。拓跋乾晖死后，又任拓跋守寂之侄为银州刺史。唐稳定党项部落的怀柔政策使得唐末党项拓跋势力不断增强，为党项部落割据一方创造了条件。

唐末黄巢起义，党项拓跋氏打着“剿贼”和“勤王”的旗帜，协助唐朝军队攻打黄巢军队，为此党项首领得到夏州节度使的要职，定难军节度使的美称，得以割据夏、绥、银、宥等州，逐渐成为唐末藩镇之一，唐朝逐渐失去对他们的控制。拓跋思恭死后，其弟拓跋思谏、子拓跋成庆先后继任夏州定难节度使。天祐四年（907）朱全忠取代唐政权，建立梁朝，史称后梁，中国进入五代十国分裂割据的时期，拓跋党项部依附后梁保住了割据的夏州政权，拓跋氏从内迁党项中凸显出来，成为统治阶层，其统辖地区有汉、回鹘、吐蕃、党项和西域胡人等民族。

及至宋代，党项夏政权成为宋尾大不掉的难题。而太平兴国七年（982）拓跋氏在夏州地方政权继承人选问题上发生严重矛盾，拓跋部大首领、定难军节度观察留后李继筠去世，其弟李继捧袭封，族人对此不满。为谋求宋廷支持，李继捧率族人入朝，将银、夏、绥、宥、静五州（一说银、夏、绥、宥四州八县）献与宋廷，并“陈其诸父、昆弟多相怨，愿留京师”。[①] 宋太宗大喜，遣使诏李继捧举族入京师赴任，宋廷尽收夏州等地。

李继捧的举动引起了李继迁强烈不满，他率党羽数十人叛奔地斤泽（今内蒙古伊克昭盟巴彦诺尔）。从此，李继迁便开始了恢复故地和争夺河西的战争。李继迁先确定了夺回旧地以获立足容身之地的目标，他与党项酋豪和辽联姻，逐渐发展壮大势力，咸平元年（998），李继迁重新获取五州故地，得立足之地。李继迁以五州为中心，分析当时形势，开始谋划攻取灵州和河西诸州，确立了“西掠吐蕃健马，北收回鹘锐兵”的战略方针。

李继迁认为若是向东、向南、向北发展，必然要与比他强大得多的宋、辽作战，就夏当时的实力来说，还不足以和宋、辽相抗衡。夏

① （元）脱脱等撰《宋史·夏国传》卷485，中华书局，1977，第13984页。

自然就把目光落到宜农宜牧、交通商业发达而没有受到宋朝重视的河西地区。他开始了谋划对河西的占领，以削弱河西少数民族政权与宋的联盟，减轻来自东西的威胁。李继迁制定了欲去河西必须先攻取灵州的战略。灵州依山傍水，经济文化较为发达，地理位置极为重要，一直是唐宋西北边庭重镇。咸平五年（1002）李继迁攻取灵州，杀知府裴济，改为西平府，迁都于此。他认为西平府“北控河朔，南引庆凉，据诸路上游，扼西陲要害。若缮城浚壕，练兵积粟，一旦纵横四出，关中将莫知所备。且其人习华风，尚礼好学。将借此为进取之资，成霸王之业，岂平夏偏隅可限哉?”[①]李继迁对灵州的占领，为他占据河西提供了可靠的保证。

此时的河西地区存在凉州吐蕃、甘州回鹘和瓜沙归义军等割据政权，宋初，他们都与宋交好，不断向宋朝贡。河西政权与宋的友好关系给夏政权的发展带来了极大的威胁，夏政权为解除对宋作战的后顾之忧，必须要占据一些自然条件和人文条件都比较好的地区以谋求继续发展。

经过李继迁、李德明和李元昊祖孙三代的苦心经营，先后灭亡凉州吐蕃政权、甘州回鹘政权、瓜沙归义军政权。终于在李元昊正式称帝之前彻底拥有了兴州河西地区和河湟地区等。

西夏统治者实行宽松的民族政策和兼容并蓄的宗教政策，重用汉、党项、吐蕃、回鹘等各民族知识阶层，积极发展经济和贸易，加强与周边政治、经济、文化交流，崇尚佛教和儒家文化。不同民族为西夏的发展做出了巨大贡献，在西夏统治者的鼓励下，不同民族僧人共同译经、校经，积极从事各类斋会等宗教活动，佛教在西夏人民的生活中占有相当重要的地位。

因正史记载缺少，仅有《宋史·夏国传》《辽史·西夏传》《金史·西夏传》，这远远不能支持西夏学研究。蒙夏战争致使西夏的文献和文物大多被毁，加上党项族群与其他民族的融合，使其文字、文化也

① 戴锡章撰，罗矛昆校点《西夏纪》卷1，宁夏人民出版社，1988，第33页。

逐渐消亡，西夏成为长期被人们忽视的王朝。清代学者收集整理与西夏有关的资料，撰写著述，《西夏纪》《西夏书事》《宋西事案》《西夏书》《西夏纪事本末》《西夏志略》等虽得以保存，但这些材料涉及佛教内容的很少，给研究西夏佛教发展带来诸多不便。19 世纪黑水城等地出土的大量佛教文献就显得尤其珍贵，为我们研究西夏佛教的发展提供了丰富的材料。

二　黑水城文献的刊布与英藏西夏文佛经残页研究现状

（一）黑水城文献的刊布

黑水城是西夏一个边境重镇，曾是古老丝绸之路上连接欧亚的一个重要枢纽，著名的“居延汉简”和“黑水城文献”皆出土于此。

西夏末年，蒙古与西夏军队先后经历力吉里寨之战、兀剌海城之战、克夷门之战、银州之战、灵州之战和中兴府之战等战役，宝义二年（1227），蒙古军队征服了西夏。在长达 20 年之久的蒙夏战争中，西夏文化遭到巨大破坏，文献和文物大多被毁，随着时间的发展，西夏文献的不断湮没和西夏文字的消亡，使西夏逐渐成为被后人遗忘的王朝。

黑水城作为西夏的边境重镇和草原丝绸之路上重要的文化中心之一，在对西夏故地的考古中曾多次有重大发现，出土了丰富的佛教和世俗文献，为西夏学研究，尤其是西夏佛教研究提供了宝贵的文献和文物资料。黑水城位于今内蒙古自治区阿拉善额济纳旗境内。发源于南山山脉的额济纳河向北蜿蜒纵深，流入沙漠，最终形成两个内陆湖（绿洲）——嘎顺诺尔和苏古诺尔，人们在其远处建立了黑水城。党项人叫黑水为“额济纳”，黑水城就是额济纳城。蒙语里称黑水城为“哈喇浩特”，黑水城还是元代亦集乃路所在地，又称亦集乃，属于甘肃行省管辖，管理军政事务，管府驻哈喇浩特城。

近代以来，先后有多个国家的探险队和考古队对黑水城进行考古发掘，首先是俄国地理学家科兹洛夫（П.К.Козлов），之后是英国探险家斯坦因（M.A.Stein）、美国兰登·华尔纳（Landon Warner），中国的考古队也对黑水城进行了考古发掘，黑水城出土的文献文物分别藏于俄罗斯、英国和中国，被称为俄藏、英藏和中国藏黑水城文献。这些文献以俄罗斯所藏最为丰富完整，英国次之，多为残页或残片。俄藏和英藏黑水城文献以西夏文佛教文献为最多，约占 90%。中国藏黑水城文献中世俗文献居多，汉文为主，佛教文献占少部分。

1. 俄藏黑水城文献

1907~1909 年俄国科兹洛夫率领的探险队来到黑水城，从黑水城中和城西北的“大佛塔”中掘获最为丰富的西夏文、汉文、藏文、蒙古文、回鹘文等多种语言文献资料，以及大量的文物实物等，分别藏于俄罗斯科学院东方学研究所圣彼得堡分所和艾尔米塔什国家博物馆。出土文献以佛教文献占绝大部分，可与敦煌藏经洞的文献相媲美。黑水城出土文献与文物是研究宋金元特别是西夏宗教、政治、经济、文化、军事、对外交往和民族关系等领域极为珍贵的资料。

科兹洛夫在黑水城的发现使埋藏了 700 多年的西夏文献和文物得以重新面世，引起了各国学者的关注。这批文献被运抵俄国以后，一些佛学家和汉学家立即着手对这批文献、文物进行整理编目和研究，发表了不少研究成果。

从 1996 年开始，经过多位学者的努力，由上海古籍出版社影印出版了《俄藏黑水城文献》，现已出版到第 31 册，刊布了俄藏汉文、西夏文世俗文献和西夏文佛教文献。俄藏黑水城文献中佛教经典占 90% 左右，此外，还有道教文献、儒家文献、医书、历书、占卜书、历史著作、字书、韵书、文学作品、军政文书和元代纸币等。

与《俄藏黑水城文献》（1~6 册）可相互补充的目录是孟列夫（Л.Н.Меньшиков）的《黑城出土汉文遗书叙录》①，其收录俄藏汉文文献共 488 件，其中 300 多件为汉文佛教文献，包括佛教的经、律、论、疏、仪轨、佛经版画和疑伪经等，此书将弗鲁格（К.К.Флуг）认为的

① 〔俄〕孟列夫编《黑城出土汉文遗书叙录》，王克孝译，宁夏人民出版社，1994。

“不见汉文大藏经的刻本佛经”收录其中，定为“密教佛经”。孟列夫确定了西夏比较流行的佛经有《金刚般若波罗蜜多经》《大方广佛华严经》《妙法莲华经观世音菩萨普门品》《观弥勒菩萨上生兜率天经》和《阿弥陀经》等。

1963 年戈尔巴切娃（З.И.Горбачёва）和克恰诺夫（Е.И.Кычанов）对黑水城西夏文文献进行整理，合作出版了《西夏文写本与刊本》，这是首次对俄藏黑水城部分西夏文藏品进行编目。后来，克恰诺夫在此基础上，参考日本学者西田龙雄的成果重新对黑水城西夏文佛经文献进行编目研究，纠正了《西夏文写本与刊本》中的错误，1999 年出版了俄文版《俄藏黑水城西夏文佛经叙录》，① 此书较为全面地介绍了俄罗斯科学院东方学研究所所藏的西夏文佛经，共收录俄藏西夏文佛经 374 部。此叙录对藏经的记述顺序、种类、大小、页码、序跋、题记及用纸等进行了详细介绍。尽管克恰诺夫的研究有些地方还需推敲，但这是目前从事西夏佛教研究必不可少的一部工具书。

2. 中国藏黑水城文献

20 世纪中后期，我国的考古队对黑水城进行多次考察，所获文献藏于内蒙古文物考古研究院等处，视为“中国藏黑水城文献”。中国学者对这批文献已有整理，李逸友整理出版了《黑城出土文书》（汉文文书卷），此书分上下两编，下编第 19 类为“佛教类”，涉及黑水城出土的一些汉文佛经残经，涉及佛教徒习学本、佛经抄本和佛经印本等。② 之后，由国家图书馆出版社（原北京图书馆出版社）出版了《中国藏黑水城汉文文献》（10 册），对藏于中国的黑水城出土汉文文献再一次进行刊布，其中包括一些汉文佛经。③ 史金波、陈育宁主编《中国藏西夏文献》（1~20 册）收录国内 40 多家图书馆、博物馆和考古研究机构等，即中国国家图书馆、北京大学、国家博物馆、中国社会科学院考古研究

① 〔俄〕克恰诺夫编《俄藏黑水城西夏文佛经叙录》，崔红芬、文志勇译，甘肃文化出版社，2021。

② 李逸友:《黑城出土文书》（汉文文书卷），科学出版社，1991，第 213~224 页。

③ 塔拉、杜建录等主编《中国藏黑水城汉文文献》（10 册），国家图书馆出版社，2008。

所、故宫博物院、宁夏回族自治区博物馆、宁夏回族自治区文物考古研究所、西安市文物局、甘肃省博物馆、敦煌研究院、武威市博物馆、内蒙古自治区文物考古研究院、内蒙古博物院、额济纳旗文物管理所等地收藏的西夏文佛经文献等，为学界提供了极大方便。[①] 其中内蒙古自治区文物考古研究院、内蒙古博物院、额济纳旗文物管理所等地收藏的西夏文佛经文献与黑水城有关。中国藏黑水城文献涉及内容有公文、民间文书、票据、印本、农政、钱粮、俸禄、分例、律令、词讼、医算学、军政、符占秘术、站赤、卷宗、契约、书信、社仪、儒学、文史、堪舆地理、图画、印章等。

3. 英藏黑水城文献

继科兹洛夫之后，1914 年英国人斯坦因（M.A.Stein）率领的考察队在黑水城也获得一些文物，这批文献现藏于英国国家图书馆，称为“英藏黑水城文献”。斯坦因所获黑水城文献虽然没有科兹洛夫的丰富且多是些零散的残片，但斯坦因的收集品是继科兹洛夫之后在黑水城的又一次重大发掘，可与俄藏，中藏黑水城文献互为补充。2005 年、2010 年由上海古籍出版社出版了《英藏黑水城文献》（5 册），刊布了近 4000 个编号，除大量的西夏文佛经外，还有为数可观的藏文、回鹘体蒙文等文献，内容涉及官府文书、军法兵书、典当契约、语言音韵、韵类辞书、日用杂记、诗歌艺文、医学药方、星历占卜、西夏文法律和社会生活文献等。

黑水城出土文献主要有英藏、俄藏和中国藏三大部分，它们出土位置大致相同，彼此可以相互补充和对照研究。

（二） 英藏西夏文佛经残叶研究现状

陈寅恪先生曾精辟地讲道：“一时代之学术，必有其新材料与新问题。取用此材料，以研求问题，则为此时代学术之新潮流。”[②] 黑水城出

① 史金波、陈育宁主编《中国藏西夏文献》（1~17 册），甘肃人民出版社、敦煌文艺出版社，2005、2006。

② 陈寅恪：《敦煌劫余录序》，见《敦煌丛刊初集》（三）之《敦煌劫余录》，新文丰出版公司，1985，第 5 页。

土文献是研究西夏学的新材料，随着黑水城文献的刊布，以此研究和解决西夏学的新问题成为当今学界之潮流，也是近些年的研究热点。

向达先生最早对英藏黑水城文献进行整理研究，发表了《斯坦因黑水城获古纪略》一文[①]，文章列举了一些雕版画残片和佛经残页。之后由于各种因素，有关英藏黑水城文献的研究一直处于停顿状态。

在《英藏黑水城文献》（5册）刊布之后，学者开始对刊布文献进行重新整理考证。学者们在见到英藏黑水城西夏文文献真面目的同时，也深深感慨这批文献的影印出版状况不是很理想。史金波先生曾对已经出版的《英藏黑水城文献》（1~4册）所涉及的问题进行概说，认为已刊布的《英藏黑水城文献》的定题存在大量问题，错定、漏定者很多，纵观其定题失误，约有类别错误、定题错误、缺具体名称、草书未定名称、将传者误为书名等。[②] 史金波先生对诸多文献定名作了补正，但史金波的补正偏重于世俗文献，所以还有大量佛经定名存在的问题需要进一步译释考证和深入研究。

崔红芬对英藏黑水城佛经文献的整理也用功较多，她进行了分类考证，涉及《华严经普贤行愿品》《佛说无常经》《圣胜慧到彼岸功德宝集偈》《大宝积经》《妙法莲华经》《金光明最胜王经》《佛说圣曜母陀罗尼经》《佛顶心观音经》等多部佛经，发表了一系列论文，对英藏西夏文Or.12380-3084aRV（K.K.II.0232.cc.）和Or.12380-3084bRV（K.K.II.0232.cc.）两个编号的残页进行考释，确定其内容皆为唐罽宾国三藏般若译四十卷《大方广佛华严经入不思议解脱境界普贤行愿品》；[③] 对英藏Or.12380-3700aRV（K.K.II.0258.m）、Or.12380-3700b（K.K.II.0258.m）和Or.12380-3700bRV（K.K.II.0258.m）西夏文佛经残页进行释读考证和重新缀合，确定这些残页为《佛说无常经》，然后把黑

① 向达：《斯坦因黑水城获古纪略》，见白滨编《西夏史论文集》，宁夏人民出版社，1984，第706~727页。

② 史金波：《〈英藏黑水城文献〉定名刍议及补正》，《西夏学》第5辑，上海古籍出版社，2010。

③ 崔红芬：《英藏西夏文〈华严经普贤行愿品〉残叶释读》，《文献》2009年第2期。

水城和敦煌藏经洞出土的《佛说无常经》做比较研究，认为敦煌本与英藏黑水城本之间存在较大差异，文章还考察了黑水城本佛经页码的标注方法，为了解不同版本佛经流传提供了依据。[①] 对英藏西夏文 Or.12380-2970（K.K.Ⅱ.0254.j）、Or.12380-2971（K.K.Ⅱ.i.02.j）、Or.12380-3059RV（K.K.）、Or.12380-3061（K.K.Ⅱ.0237.n）、Or.12380-2939（K.K.Ⅱ.0253.k）、Or.12380-3060RV（K.K.Ⅱ.0240.a）、Or.12380-2969（K.K.）、Or.12380-2969V（K.K.）西夏文佛经残页进行考释，指出其内容为《圣胜慧到彼岸功德宝集偈》之“一切种智行品第一”“称赞品第九”“受持功德品第十”“魔行品第十一”“不退转祥瑞品第十七”“方便善解根本品第二十”“精微品第二十七”“随顺品第二十九”“常啼菩萨品第三十”等[②],《圣胜慧到彼岸功德宝集偈》译自藏文，是当时河西地区非常流行的佛典之一，对本残经的解读可为研究藏传佛教在西夏的传播及影响有一定的帮助；[③] 对《佛说圣曜母陀罗尼经》进行梳理、译释和考证，确定西夏文《佛说圣曜母陀罗尼经》遗存情况，结合法成本和法天本，探讨西夏文本所依据的底本以及流行传播等情况，通过对西夏文残经释读，可以确定 Or.12380-3185（K.K.Ⅱ.0265.d）并非《佛说圣曜母陀罗尼经》，而英藏黑水城《佛说圣曜母陀罗尼经》的残经有：Or.12380-3181（K.K.Ⅱ.0246.c）、Or.12380-2691（K.K.Ⅱ.0265.b）、Or.12380-2911（K.K.）、Or.12380-3018（K.K.Ⅱ.0246.f）等；[④] 对西夏文《大宝积经》译释研究，刊布者定名为《大宝积经》或《大宝积经》题签的仅有 4 件，即 Or12380-0933（K.K.Ⅱ.0281a.xxix）和 Or.12380-3669a（K.K.Ⅱ.0257.i）定名为《大宝积经》题签，Or.12380-1920 和

---

① 崔红芬:《英藏黑水城出土〈佛说无常经〉研究》,《人间佛教研究》(香港中文大学)第5期，香港中文大学出版，2013。

② 文志勇、崔红芬:《英藏西夏文残叶考补》,《宁夏社会科学》2011 年第 2 期。

③ 文志勇、崔红芬:《英藏西夏文残叶考补》,《宁夏社会科学》2011 年第 2 期。崔红芬:《英藏西夏文〈圣胜慧到彼岸功德宝集偈〉残叶考》,《宁夏师范学院学报》2008 年第1期。

④ 崔红芬:《西夏文〈佛说圣曜母陀罗尼经〉整理与研究》，2013 年 6 月，“第二届中国密教国际学术研讨会”提交论文。

Or.12380-1223（K.K.Ⅱ.0230.h）定名为《大宝积经》，但实际情况不尽然；[①] 还对英藏黑水城存 23 件西夏文本《妙法莲华经》进行考证研究，西夏文是以鸠摩罗什汉译本为底本翻译完成的，为学界全面了解西夏时期佛经的流行和西夏佛教发展提供依据；[②] 最近再对英藏西夏文《佛顶心观音经》某些残页进行定名补正和缀合，分析《佛顶心观音经》的内容模式主要借鉴了唐智通、伽梵达摩、菩提流志等译的观音经典，晚唐、五代以后，此经在北方地区广为流行，它传入西夏后，在夏仁宗仁孝天盛十七年（1165）之前被僧人法律翻译成西夏文，汉、夏文本在境内都有传播。[③]

文志勇对英藏西夏文 Or12380-3870、Or12380-3870V《坛经》残页进行译释和重新缀合，考证黑水城《坛经》与敦煌本残存为同一底本。[④]

杨志高对英藏 Or.12380-3421、Or.12380-33422、Or.12380-3423aRV、Or.12380-3423bRV、Or.12380-3423cRV、Or.12380-3426、Or.12380-3429 残页进行译释，纠正刊布者定名错误，将其定名为《慈悲道场忏罪法》第一、五、十卷的相应内容。[⑤]

张九玲对 Or.12380-1164《佛顶心观世音菩萨陀罗尼》，Or.12380-3388《圣大悟荫王随求皆得经》，Or.12380-1080、Or.12380-3708《佛说长寿经》，Or.12380-2100、Or.12380-2101《根本萨婆多部律摄》，Or.12380-2289《佛说破坏阿鼻地狱智炬陀罗尼经》，Or.12380-0957《文殊师利所说不思议佛境界经》，Or.12380-3182《佛说大威德炽盛光调伏诸星宿消灾吉祥陀罗尼经》，Or.12380-3018《佛说圣曜母陀罗尼经》，Or.12380-0255《仁王护国般若波罗蜜多经》，Or.12380-3478《佛说圣

---

① 崔红芬：《英藏西夏文〈大宝积经〉译释研究》，2013 年 9 月，“第三届西夏学国际学术论坛暨纪念王静如先生诞辰 110 周年学术研讨会”提交论文。

② 崔红芬：《英藏西夏文本〈妙法莲华经〉研究》，2013 年 12 月，普陀山佛教论坛“纪念鸠摩罗什大师圆寂 1600 周年暨佛教教育现代化”会议提交论文。

③ 崔红芬：《英藏黑水城〈佛顶心观音经〉之相关问题考论》，《敦煌研究》2021 年第 3 期。

④ 文志勇：《英藏黑水城出土文献西夏文〈坛经〉释考》，《西夏研究》2021 年第 2 期。

⑤ 杨志高：《英藏西夏文〈慈悲道场忏罪法〉误定之重考》，《宁夏社会科学》2008 年第 2 期。

佛母般若波罗蜜多经》，Or.12380-3198《佛说最上意陀罗尼经》残片进行译释。①

孙飞鹏对 Or.12380-0019 等 20 多个残片作了译文，定名为《圣胜慧到彼岸功德宝集偈》的相应内容；② 对《华严经》卷 11 的夏、汉本进行对勘，探讨了西夏文《华严经》译经校经所据的汉本底本及各种版本《华严经》之间的关系，认为西夏文《华严经》所据底本与《金藏》本更为接近且较《金藏》为善，其应出自修订过的《开宝藏》。③ 他还对西夏文《华严经》的残片进行整理及校勘，发现各版本的差异，指出英藏和俄藏本较为接近，而与灵武本在用词上存在一定差异，认为《开宝藏》本与西夏译经底本关联密切。④ 他还对英藏黑水城西夏文《华严经普贤行愿品》残片进行释读、缀合，纠正了定名错误，比较不同版本，指出夏汉本间的差异。⑤ 林玉萍、孙飞鹏对 Or.12380-1025《方广大庄严经》，Or.12380-3198《佛水最上意陀罗尼经》，Or.12380-2100、Or.12380-2101《根本萨婆多部律摄》，Or.12380-1881a《发菩提心经论》，Or.12380-1882a《正法念处经》，Or.12380-3479h《大方广圆觉修多罗了义经略疏》、Or.12380-0384《大方广圆觉修多罗了义经》等进行译释，对有些残片的译释与上述张九玲的文章重复。⑥

段玉泉考证英藏 Or.12380-3744 残经为《尊者圣妙吉祥之智慧觉增上总持》，是译自藏文的佛经。⑦ 邹仁迪对 Or.12380-3600 残页进行

① 张九玲：《〈英藏黑水城文献〉佛经残片考补》，《西夏学》第 11 辑，上海古籍出版社，2015。

② 孙飞鹏：《西夏文〈圣胜慧到彼岸功德宝集偈〉残件补释》，《文献》2020 年第 5 期。

③ 孙飞鹏：《〈华严经〉卷十一夏汉文本对勘研究》，《西夏学》2013 年第 2 辑。

④ 孙飞鹏、林玉萍：《英藏西夏文〈华严经〉（八十卷本）残片整理及校勘研究》，《西夏学》第 12 辑，甘肃文化出版社，2016。

⑤ 孙飞鹏：《英藏黑水城西夏文〈华严经普贤行愿品〉残件整理与校勘》，《西夏学》2017 年第 2 辑。

⑥ 林玉萍、孙飞鹏：《英藏黑水城文献中的西夏新现佛经考释》，《西夏学》第 12 辑，甘肃文化出版社，2016。

⑦ 段玉泉：《西夏文〈尊者圣妙吉祥之智慧觉增上总持〉考释》，《西夏研究》2013 年第 3 期。

考释，确定其为《大般涅槃经》的内容。[①] 于业勋也对英藏 Or.12380-3203RV 残经进行考证，定名为《华严经普贤行愿品》。[②] 韩潇锐对西夏文《大手印引定》作了译文。[③]

惠宏对 Or.12380-3379RV 等残页进行录文考释，确定其与义净译《金光明最胜王经》最为接近，较多地显示出了规范的西夏语表达及个别的藏式风格。[④] 李晓明对英藏 Or.12380-3392RV 残页进行考证，给予重新定名，认为是西夏仁孝时期翻译的《佛说佛母出生三法藏般若波罗蜜多经》；[⑤] 他还对英藏 Or.12380-2763、Or.12380-3392RV 和 Or.12380-2768 残经进行考证，认为刊布者的定名存在错误；[⑥] 对英藏西夏文四页残片进行考证，重新定名为《真实名经》，此经是西夏时期西北地区较为流行的一部佛经。[⑦]

马万梅对英藏黑水城遗存《金光明经》卷六残片作了整理，并与俄藏、国家图书馆藏本卷六内容进行比较，认为俄藏本为惠宗初译本，英藏为仁宗校译本，国家图书馆藏本为神宗重校本。[⑧] 王龙考证 Or.12380-3193 为《法华经》。[⑨] 赵成仁对英藏西夏文《大般若波罗蜜多经》Or.12380-3764.1-4 四个残片考证，认为其为卷八的内容，上下

---

① 邹仁迪:《英藏西夏文〈大般涅槃经〉写本残叶考》,《西夏学》第 8 辑，上海古籍出版社，2011。

② 于业勋:《英藏西夏文〈华严普贤行愿品〉残叶考》,《西夏学》第 8 辑，上海古籍出版社，2011。

③ 韩潇锐:《英藏黑水城灶〈大手印引定〉残片考》,《西夏学》第 8 辑，上海古籍出版社，2011。

④ 惠宏:《英藏西夏文〈金光明最胜王经〉残叶考》,《西夏研究》2011 年第 4 期。

⑤ 李晓明:《英藏黑水城西夏文〈佛说佛母出生三法藏般若波罗蜜多经〉残页考释》,《西夏研究》2010 年第 4 期。

⑥ 李晓明:《英藏西夏文〈七宝华踏佛陀罗尼经〉的误定与考证》,《西夏学》第 8 辑，上海古籍出版社，2011。

⑦ 李晓明:《英藏若干西夏文〈真实名经〉残页考释》,《西夏研究》2017 年第 1 期。

⑧ 马万梅:《英藏西夏文〈金光明最胜王经〉卷六残片考论——兼与俄藏、国图藏本之比较》,《西夏学》2019 年第 1 辑。

⑨ 王龙:《英藏黑水城文献〈法华经〉残叶考释》,《西夏学》第 8 辑，上海古籍出版社，2011。

文可缀合。[①] 张笑峰等对 Or.12380-3086a、Or.12380-3086b、Or.12380-3086cRV、Or.12380-3086dRV 四件残页进行译释，确定其为《圣胜慧到彼岸功德宝集偈·魔行品》的内容。[②]

蔡莉对英藏西夏文《佛顶心观世音菩萨大陀罗尼经》版式作了简要介绍，对新发现的几件残页进行正名，但她对此经未做进一步研究。[③] 孔祥辉对英藏西夏文《金刚经》的残页进行定名，但有的定名尚需进一步考证，同时缺少相应内容的考证。[④]

尽管学者们结合自身的学术背景，对英藏黑水城西夏文文献进行解读和考证，但对英藏黑水城西夏文佛教文献的研究尚处于刚刚起步阶段，可以参考的研究著述并不是很多，还有很多问题值得继续探讨和深入研究，故此本书欲在前人研究的基础上，力争对《英藏黑水城文献》中西夏文佛经文献进行分类译注考释。

三 研究范围界定与残经分类介绍

我们以已出版的《英藏黑水城文献》（1~5 册）即编号为 1-3958 号共 3000 多件残卷作为研究对象。这近 4000 个编号的残卷既包括社会文书和佛经残页，也有草书和楷书，而我们译释整理只涉及西夏文佛经部分，对于定名错误的佛经也进行比对录入和重新定名，而对于草书和社会文书等皆不涉及。西夏文残经内容若《大藏经》中有保存，翻译采用的是《大藏经》的内容，对西夏文与汉文藏经本不同的内容加以注释说明。

目前通过梳理，初步确定英藏黑水城西夏文佛教文献共存在 80 多部残经，本人结合汉文藏经对已经考证出的文献进行初步分类，确定

① 赵成仁:《英藏西夏文〈大般若波罗蜜多经〉卷八残片考》,《西夏研究》2021 年第 1 期。

② 张笑峰、王颖:《英藏西夏文〈圣胜慧到彼岸功德宝集偈·魔行品〉考》,《西夏学》第 10 辑，上海古籍出版社，2014。

③ 蔡莉:《英藏西夏文〈佛顶心观世音菩萨大陀罗尼经〉整理》,《西夏研究》2019 年第 2 期。

④ 孔祥辉:《英藏西夏文〈金刚经〉残片考辨》,《西夏研究》2017 年第 1 期。

有“般若类”“华严类”“法华类”“宝积类”“涅槃类”“经集类”“密教类”“诸宗类”和“疏论律类”等。其中般若类占绝大多数，以西夏文《大般若波罗蜜多经》现存的最丰富，其次是《金刚般若波罗蜜多经》及其科文、赞颂，《梁朝傅大士颂金刚经》及其科文和《佛说佛母出生三法藏般若波罗蜜多经》，最后为《佛说圣佛母般若波罗蜜多经》《仁王护国般若波罗蜜多经》《摩诃般若波罗蜜经》《放光般若经》和《圣胜慧到彼岸功德宝集偈》等残经，而有的西夏文残经残存内容非常之少。鉴于西夏文残经残存现状，我们拟以《英藏西夏文大般若经》为上册；其他般若类西夏文残页为中册；以“华严类”“法华类”“宝积类”“涅槃类”“经集类”“密教类”“诸宗类”和“疏论律类”等归为下册，因这部分内容有的西夏文残片内容非常少，仅存一二行，不好单独分类，故此全部放在一起，成为一册。

西夏文般若类经典

一 《大般若波罗蜜多经》

斯坦因率领的第三次中亚探险队于 1914 年来到黑水城进行发掘，所获文献现藏于英国国家图书馆东方书稿部，现英藏黑水城文献基本刊布完成。通过对《英藏黑水城文献》的梳理和考证，可以初步确定英藏黑水城西夏文佛教文献中《大般若波罗蜜多经》残经数量最为丰富。

《大般若波罗蜜多经》，简称《大般若经》，六百卷，唐玄奘翻译成汉文，是黑水城文献中常见的一部经典。"般若"意为"智慧"，与布施、持戒、忍辱、精进、禅定成为六度或六波罗蜜。《大般若经》是最负盛名的印度早期大乘佛教经典之一，深受中土佛教界的重视。敦煌写本《大唐内典录》《开元释教录 · 入藏录》都把《大般若经》作为大乘经中列在第一位的经典。从出土数量巨大的西夏文《大般若经》判断，西夏时期基本遵循了唐以来的传统，将《大般若经》列于诸经之首。

支娄迦谶译《道行般若经》是天竺般若学传入中土之始，也是大乘经典传入中土之始，从此佛教般若经典源源不断传入中土。《出三藏记集》记载："(支谶)汉桓帝末，游于洛阳，以灵帝光和、中平之间，传译胡文，出《般若道行品》《首楞严》《般舟三昧》等三经，又有《阿阇世王》《宝积》等十部经。"[①] 其中《般若道行品》(亦称《道行般若经》)对后世产生很多影响，为中土早期大乘思想的弘传奠定了基础。经鸠摩罗什和弟子僧肇翻译弘传，使般若学兴盛一时。

按照篇幅和品数多寡，《般若经》分为《小品》和《大品》两类。

---

① 〔梁〕释僧祐撰，苏晋仁、萧錬子点校《出三藏记集》卷 13，中华书局，1995，第 511 页。

《小品》翻译始于东汉，主要有东汉支娄迦谶译《道行般若经》(10卷，见《大正藏》224号)，相当于般若经第四会；康僧会别译成《吴品经》5卷（今佚）；吴支谦译《大明度无极经》(6卷，见《大正藏》225号)；后秦鸠摩罗什译《小品般若波罗蜜经》即《摩诃般若波罗蜜经》(10卷，见《大正藏》227号)。

《大品经》的翻译和流行始于西晋，主要是三国时期的高僧朱士行西行求得的二万颂大品般若梵本。西晋竺叔兰和无罗叉译《放光般若经》(20卷，见《大正藏》221号)、西晋竺法护译《光赞般若经》(10卷，见《大正藏》222号)、后秦鸠摩罗什译《摩诃般若波罗蜜经》(27卷，见《大正藏》223号）和唐三藏法师玄奘译《大般若波罗蜜多经》(600卷，见《大正藏》第220号)。

《般若经》翻译年代较早，始于汉末，且不同版本皆被翻译成汉文。这些佛经虽然篇幅不同，次序不相统一，但思想内容基本一致。唐朝玄奘翻译出《大般若经》(600卷)，使得般若经更加完备，它包括般若系十六部经典，即十六会，其中第二会(《二万五千颂般若》)、第四会(《八千颂般若》)和第九会(《金刚般若》)体现了般若经的主要思想。玄奘所译《大般若经》包括“上品般若”(1~400卷)，即《大般若经》第一会；“中品般若”(401~537卷)，即《大般若经》第二、第三会；“小品般若”(538~565卷)，即《大般若经》第四、第五会；“天王般若”(566~573卷)，即《大般若经》第六会；“文殊般若”(574~575卷)，即《大般若经》第七会；“那伽室内利般若”(576卷)，即《大般若经》第八会；“金刚般若”即《大般若经》第九会；“理趣般若经”(578卷）即《大般若经》第十会和“六分般若”(579~600卷)，即《大般若经》第十一至十六会。俄罗斯已故西夏学者克恰诺夫曾认为“根据俄藏西夏文《大般若经》的题记，我们大概可知，《大般若经》的西夏文本很可能没有翻译完成，因为它只保存了第二部分的前50卷经文”。[①]但依据对现存西夏文《大般若经》残经内容的译释，克恰诺夫的

① 〔俄〕克恰诺夫编著《俄藏黑水城西夏文佛经叙录》，崔红芬、文志勇译，甘肃文化出版社，2021，第63~235页。

这一观点尚值得进一步商榷。

《般若经》传入中国后，经历三国、两晋的弘扬，般若思想与中国玄学相互影响、相互促进，形成了以阐述般若义理为中心的佛教理论系统般若学。

《般若经》逐渐流行于社会，成为当时最为流行的大乘经典之一。般若学思想主要源于印度大乘佛教龙树、提婆一系的中观学派，依据的经典有《般若经》及龙树、提婆等阐述《般若经》的《大智度论》《中论》《百论》《十二门论》等。《般若经》与《妙法莲华经》《大般涅槃经》构成了魏晋南北朝时期佛教思想的经典。故《放光般若经》称："是故般若波罗蜜者，是诸佛之母，为世间之大明导。"①此经还称："用诸佛身皆从般若波罗蜜出生故，诸佛如来舍利，皆因般若波罗蜜因缘故而得供养。"②《般若经》宣称世间万物皆"空"，认为只有认识到世俗一切都是虚幻不实的，才能得到解脱。

唐玄奘译出《大般若经》之后，有关般若信仰经典的翻译在唐宋时并没有因此而停止，《仁王护国般若波罗蜜多经》《佛说圣佛母般若波罗蜜多经》《佛说佛母出生三法藏般若波罗蜜多经》等先后由唐代的不空及宋代施护、法贤等翻译完成。

《大般若经》广为流传，成为寺院入藏的必备经典。《大般若经》汉译本不仅传入西夏境内，而且西夏将其翻译成西夏文，汉、夏文本在西夏都十分流行。《大般若经》在俄藏西夏文和汉文③、英藏和中国藏西夏文文献④中都有保存，且数量最多。

---

① （西晋）无罗叉译《放光般若经》卷11，《大正藏》第8册，第221号，第78页上栏12。

② （西晋）无罗叉译《放光般若经》卷7，《大正藏》第8册，第221号，第51页中栏13。

③ 俄藏汉文文献中仅仅保存《大般若波罗蜜多经》（TK279）和《大般若波罗蜜多经》（卷一百三十八题签，TK317）。

④ 《中国藏西夏文献》中国家图书馆藏西夏文《大般若波罗蜜多经》存卷18、21、22、26、27、34、71、93、94、95、96、97、103、104、112、113、281、283、293、294、355。

《英藏黑水城文献》与《俄藏黑水城文献》所出土的西夏文《大般若经》都是唐玄奘译本。英藏西夏文《大般若经》残缺严重，很难判断翻译成西夏文的时间，但据俄藏西夏文《大般若经》的题记，我们可知，西夏文《大般若经》（馆册第 2800、1470、2187、1462、2190、2183、2176、2173、1634、1910、1915、1916、1897、1642、1435、1446 号）[①]是在秉常皇帝（德成国主福盛民正大明皇帝嵬名）及其母梁皇太后（天生全能禄番祐圣国正皇太后梁氏）时期翻译完成，由仁孝皇帝（奉天显道耀武宣文神谋睿智制义去邪惇睦懿恭皇帝嵬名）再次校勘的。可见，抄写和刊刻《大般若经》贯穿西夏国祚始终。

在英藏黑水城文献中，以西夏文《大般若经》最多，还有些重复卷数。下面对《英藏黑水城文献》中西夏文《大般若经》进行录文、译注，纠正或改正西夏文残经的定名。

1.Or.12380-0033（K.K.Ⅱ.0283.oo）存 1 页 4 行，栏线无存，写本，字数不能确定，残缺严重，每行仅存 2~4 字不等，刊布者将其定名为《般若波罗蜜多经》，下面将西夏文录文并对译如下：

……[illegible][illegible]……	……空故……
……[illegible][illegible][illegible][illegible]……	……蜜多清净……
……[illegible][illegible][illegible][illegible]……	……不净故般……
……[illegible][illegible]……	……不灭……

初步确定残经为唐玄奘译《大般若波罗蜜多经》第二百九十五卷“初分说般若相品第三十七之四”的相应内容[②]：

① 参见〔俄〕叶·伊·克恰诺夫编著《俄藏黑水城西夏文佛经叙录》，崔红芬、文志勇译，甘肃文化出版社，2021，第 71~102 页。

② 因《大般若波罗蜜多经》内容太多，且与《大正藏》本基本相同，故此，不再进行意译，只把相应内容的《大正藏》本列于西夏文对译的下面。

……虚空无可得事故不可得，由此般若波罗蜜多清净。复次，善现！色不生不灭、不染不净故般若波罗蜜多清净，受、想、行、识不生不灭、不染不净故般若波罗蜜多清净。世尊！云何色不生不灭、不染不净故般若波罗蜜多清净？受、想、行、识不生不灭、不染不净故般若波罗蜜多清净？善现！色毕竟空故不生不灭……①

2.Or.12380-0035（K.K.Ⅱ.0283.qq）存 1 页 3 行，上栏线无存，下栏线单栏，写本，字数不能确定，残缺严重，每行仅存 3~5 字不等，刊布者将其定名为“佛经”，下面将西夏文录文并对译如下：

……[illegible][illegible][illegible][illegible][illegible]② ……得可无如真
……[illegible][illegible][illegible][illegible] ……法性乃至
……[illegible] ……可

初步确定残经为唐玄奘译《大般若波罗蜜多经》第六十三卷“初分无所得品第十八之三”的内容：

……真如空故，前、后、中际菩萨摩诃萨不可得。法界法性乃至本无实际空，故前、后、中际菩萨摩诃萨不可得。③

3.Or.12380-0037（K.K.Ⅱ.0283.ss）存 1 页 4 行，栏线无存，写本，字数不能确定，残缺严重，每行仅存 5~7 字不等，刊布者将其定名为《般若波罗蜜多经》，下面将西夏文录文并对译如下：

---

① （唐）玄奘译《大般若波罗蜜多经》卷 295，《大正藏》第 6 册，第 220 号，第 501 页中栏 23~ 下栏 1。

② 西夏文“[illegible][illegible]”译为“真如”，真如，指真实如常的佛法，是诸法体性离虚妄而真实的意思。正文中所列残经先是将西夏字用汉字对译，注释中则一律采用意译，下文同，不再一一列出。

③ （唐）玄奘译《大般若波罗蜜多经》卷 63，《大正藏》第 5 册，第 220 号，第 354 页中栏 24。

……[illegible][illegible][illegible][illegible][illegible]……　　……萨深般若波……

……[illegible][illegible][illegible][illegible][1][illegible][illegible]……　　……戏论可无故不……

……[[illegible]][illegible][illegible][illegible][illegible][illegible][illegible]……　　……不常戏论可无故……

……[illegible][illegible][illegible][illegible][illegible]……　　……无故不戏论……

初步确定残经为唐玄奘译《大般若波罗蜜多经》第三百六十八卷“初分遍学道品第六十四之三”的相应内容：

> ……菩萨摩诃萨行深般若波罗蜜多时，应观色若常、若无常不可戏论，故不应戏论。应观受、想、行、识若常、若无常，不可戏论故不应戏论。应观色若乐、若苦，不可戏论故不应戏论。应观受、想、行、识若乐、若苦，不可戏论故不应戏论。[2]

4.Or.12380-0076（K.K.Ⅱ.0283.a.vii）存 1 页 4 行，行仅存 2~4 字，上下栏线无存，写本，刊布者将其定名为“佛经”，下面将西夏文录文并对译如下：

……[illegible][illegible][illegible][[illegible]]……　　……也空清净……

……[illegible][illegible]……　　……不二……

……[illegible][illegible][[illegible][illegible]]……　　……空空[空大]……

……[[illegible]][illegible][illegible][[illegible]]……　　……空无幻化……

初步确定残片为唐玄奘译《大般若波罗蜜多经》第二百一十六卷“初分难信解品第三十四之三十五”的相应内容：

> ……若内空清净，若一切智智清净，无二、无二分、无别、无

---

① 西夏文“[illegible][illegible]”译为“戏论”，“[illegible][illegible][illegible][illegible]”译为“无可戏论”。

② （唐）玄奘译《大般若波罗蜜多经》卷 368，《大正藏》第 6 册，第 220 号，第 895 页中栏 21。

断故。自性空清净，故外空、内外空、空空、大空、胜义空、有为空、无为空、毕竟空、无际空、散空、无变异空、本性空、自相空、共相空、一切法空、不可得空……[①]

5.Or.12380-0227（K.K.Ⅱ.0284.n）存1页9行，行13字，上下栏线单栏，写本，刊布者将其定名为“佛经”，残经空白处有K.K.Ⅱ.0284.n，下面将西夏文录文并对译如下：

□□□□□□□□[illegible]	□□□□□□□□清净若一切
[illegible]	智智清净无二无二分无异（别）无断
[illegible][②][illegible]	也善现不变化空清净故五眼清
[illegible][③][illegible]	净五眼清净故一切智智清净以
[illegible]□□[illegible]□[illegible]	何云也若□□清净□若五眼清
[illegible]	净若一切智智清净无二无二分
[illegible]	无异无断也不幻化空清净故六
[illegible][④][illegible]□□□	神通清净六神通清净故□□□
□□[illegible]□□□□	□□清净何云也若不□□□□

确定残经为唐玄奘译《大般若波罗蜜多经》第二百一十三卷“初分难信解品第三十四之三十二”的相应内容：

……若一切智智清净，无二、无二分、无别、无断故。善现，无变异空清净，故五眼清净。五眼清净，故一切智智清净，何以故？若无变异空清净，若五眼清净，若一切智智清净，无二、无二

① （唐）玄奘译《大般若波罗蜜多经》卷216，《大正藏》第5册，第220号，第83页中栏8。

② 西夏文“[illegible]”译为“不幻化空清净”“不变化空清净”。

③ 西夏文“[illegible]”译为“五眼清净”。

④ 西夏文“[illegible]”译为“六神通清净”。

分、无别、无断故。无变异空清净，故六神通清净。六神通清净，故一切智智清净，何以故？若无变异空清净。[①]

6.Or.12380-0237（K.K.Ⅱ.0284.y）存 1 页 6 行，残行 2~12 字，上栏线无存，下栏线单栏，写本，经折装，残缺严重，字数不能确定，刊布者将其定名为《般若经》，下面将西夏文录文并对译如下：

……[illegible]	……是眼处也不住应是耳鼻舌
……□[illegible][②][illegible]	……何云也得所有以方便为缘
……[illegible]	……多行时是
……[illegible]	……不住应何
[illegible]……[illegible]?	云……善?
……[illegible]……	……憍尸迦，菩萨摩诃萨……

初步确定残经为唐玄奘译《大般若波罗蜜多经》第七十九卷“初分天帝品第二十二之三”的相应内容：

……憍尸迦！菩萨摩诃萨行般若波罗蜜多时，不应住此是眼处，不应住此是耳、鼻、舌、身、意处，何以故？以有所得为方便故。憍尸迦，菩萨摩诃萨行般若波罗蜜多时，不应住此是色处，不应住此是声、香、味、触、法处，何以故？以有所得为方便故。[③]

7.Or.12380-0249（K.K.Ⅱ.0284.ff）存 1 页 4 行，残缺严重，栏线无存，写本，字数不能确定，残存行 4~8，残页空白处有 K.K.Ⅱ.0284.ff，

① （唐）玄奘译《大般若波罗蜜多经》卷 213，《大正藏》第 6 册，第 220 号，第 66 页中栏 4~8。

② 西夏文“[illegible]”译为“以有所得为方便”。

③ （唐）玄奘译《大般若波罗蜜多经》卷 79，《大正藏》第 5 册，第 220 号，第 442 页上栏 9~12。

刊布者将其定名为“佛经”，下面将西夏文录文并对译如下：

……[illegible]……	……缘起诸受也性无者……
……[illegible]……	……声界耳识界及耳……
……[illegible]……	……受也性无者鼻……
……[illegible]……	……识界及鼻……

初步确定残片为唐玄奘译《大般若波罗蜜多经》第三百零三卷“初分魔事品第四十之一”的相应内容：

> 无性是色界、眼识界及眼触、眼触为缘所生诸受。无性是耳界，无性是声界、耳识界及耳触、耳触为缘所生诸受。无性是鼻界，无性是香界、鼻识界及鼻触、鼻触为缘所生诸受。[1]

8.Or.12380-0259aRV（K.K.Ⅱ.0284.oo）存2页，右面残经存8行，栏线无存，写本，字数不能确定；左面残经9行，栏线无存，写本，字数不能确定，刊布者将其定名为“佛经”，下面将西夏文录文并对译如下：

（右面）

……[illegible][2][illegible]……	……住菩提道已学及菩提……
……[illegible]……	……性成知法界不性不虚……
……[illegible]……	……性平等性生离性法……
……[illegible]……	……界思议不界住……
……[illegible]……	……道性无自……
……[illegible]……	……等道所学及菩提道……

① （唐）玄奘译《大般若波罗蜜多经》卷303，《大正藏》第6册，第220号，第544页中栏23。

② 西夏文“[illegible]”译为“菩提道”，菩提道，指在无量劫难行苦行，积累功德之修行。

……[illegible][1][illegible][2][illegible]……	……四正断四贤足五……
……[illegible]……	……觉……

确定残经右面为唐玄奘译《大般若波罗蜜多经》第三百六十五卷“初分实说品第六十二之三”的相应内容：

> 虽住真如学菩提道，而知菩提道无性为自性。虽住法界法性、不虚妄性、不变异性、平等性、离生性、法定法、住实际虚空界不思议界学菩提道，而知菩提道无性为自性。虽行四念住学菩提道，而知菩提道无性为自性。虽行四正断、四神足、五根、五力、七等觉支、八圣道支学菩提道，而知菩提道无性为自性。[3]

（左面）

……[illegible]……	……神通行……
……[illegible]……	……土严净能也何如方便……
……[illegible]……	……佛十力行有情成以……
……[illegible]……	……正无四碍无解佛十……
……[illegible]……	……佛土严净……
……[illegible]……	……成就故大慈行……
……[illegible][4][illegible]……	……净能大悲大喜大……
……[illegible]……	……佛土严净能也何如……

---

① 西夏文“[illegible]”译为“四正断”，四正断，又称四意断、四正勤、四正胜，通过坚持戒律，谨守威仪，勤修善法，不起恶念。

② 西夏文“[illegible]”译为“四神足”“四贤足”，四神足，指四种禅定，即集定、心定、精进、我定。

③（唐）玄奘译《大般若波罗蜜多经》卷365，《大正藏》第6册，第220号，第880页下栏26。

④ 西夏文“[illegible]”译为“大悲大喜”。大悲大喜，“大悲”表示救度他人之苦的心为悲心，佛、菩萨的悲心广大，称大悲。拔除他人之苦，给予他人之乐，为大喜。

确定残经左面为唐玄奘译《大般若波罗蜜多经》第三百六十五卷“初分实说品第六十二之三”的相应内容：

……能行六神通，成熟有情严净佛土，成就何等善巧方便能行佛十力，成熟有情严净佛土，能行四无所畏四无碍解十八佛不共法，成熟有情严净佛土，成就何等善巧方便，能行大慈，成熟有情严净佛土，能行大悲大喜大舍。[①]

比较 Or.12380-0259aRV（K.K.Ⅱ.0284.oo）左右两残页，它们基本可缀合，只是左面残经内容在前，右面残经内容之后。

9.Or.12380-0286（K.K.Ⅱ.0284.ppp）存 1 页 9 字，西夏文“敽禠蕯㵠菝𦆫𢿸椃𧺯”，写本，即唐玄奘译《大般若波罗蜜多经》第十二卷的内容，从形式看，应是《大般若波罗蜜多经》的题签。

10.Or.12380-0308（K.K.Ⅱ.0285.a.xii）存 1 页 3 行，上栏线无存，下栏线单栏，写本，残缺严重，字数不能确定，刊布者将其定名为“佛经”，下面将西夏文录文并对译如下：

……䏅蕞𦉷□□	……也若四□□
……𧩮𧄼蕞𧌳𧌳𢓭𢓭	……清净若一切智智
……𣧢𠏁□	……无量□

初步确定残经为唐玄奘译《大般若波罗蜜多经》第一百九十七卷“初分难信解品第三十四之十六”的相应内容：

生者清净，故四无量、四无色定清净。四无量、四无色定清净，故一切智智清净，何以故？若生者清净，若四无量、四无色定

① （唐）玄奘译《大般若波罗蜜多经》卷 365，《大正藏》第 6 册，第 220 号，第 880 页下栏 26。

清净，若一切智智清净，无二、无二分、无别、无断故。[1]

11.Or.12380-0320g（K.K.Ⅱ.0285.）存 1 页 7 行，残缺严重，栏线无存，写本，字数不能确定，最多 1 行存 6 个字，刊布者将其定名为“佛经”，下面将西夏文录文并对译如下：

……[illegible]……	……悟（了）耳……
……[illegible]……	……菩萨摩……
……[illegible]……	……若……
……[illegible]……	……耳鼻舌身意触……
……[illegible][2]……	……萨法一切……
……[illegible]……	……眼触……
……[illegible]……	……缘起……

确定残经为唐玄奘译《大般若波罗蜜多经》第三百五十七卷“初分多问不二品第六十一之七”相应内容：

……如实了知耳、鼻、舌、身、意识界真如相，是菩萨摩诃萨于一切法如实了知略广之相。善现！若菩萨摩诃萨如实了知眼触真如相，如实了知耳、鼻、舌、身、意触真如相，是菩萨摩诃萨于一切法如实了知略广之相。善现！若菩萨摩诃萨如实了知眼触为缘所生诸受真如相，如实了知耳、鼻、舌、身、意触为缘所生诸受真如相，是菩萨摩诃萨于一切法如实了知略广之相……[3]

---

① （唐）玄奘译《大般若波罗蜜多经》卷 197,《大正藏》第 5 册，第 220 号，第 1054 页中栏 20。

② 西夏文“[illegible]”译为“一切法”，一切法，又称一切万法、一切诸法。

③ （唐）玄奘译《大般若波罗蜜多经》卷 357,《大正藏》第 6 册，第 220 号，第 837 页上栏 5-11。

12.Or.12380-0333（K.K.Ⅱ.0285.kk）存1页7行，残缺严重，上栏线单栏，下栏线无存，写本，字数不能确定，刊布者将其定名为《般若波罗蜜多经》，下面将西夏文录文并对译如下：

[illegible]□□□[illegible]……　　乐若苦□□□般若……
[illegible]……　　若乐若苦不行故……
[illegible]……　　法若我若我无不行故……
[illegible][1][illegible]……　　常（恒）舍性住若我若……
[illegible][2]……　　也不失忘法……
[illegible]……　　多行也常（恒）舍……
[illegible]……　　罗蜜多行也……

确定残经为唐玄奘译《大般若波罗蜜多经》第二百八十九卷“初分著不著相品第三十六之三”的相应内容：

不行无忘失法，若乐、若苦是行般若波罗蜜多。不行恒住舍性，若乐、若苦是行般若波罗蜜多。不行无忘失法，若我、若无我是行般若波罗蜜多。不行恒住舍性，若我若、无我是行般若波罗蜜多。[3]

13.Or.12380-0333V（K.K.Ⅱ.0285.kk）存1页3行，残缺严重，字数不能确定，上栏线单栏，下栏线无存，写本，刊布者将其定名为《般若经》，下面将西夏文录文并对译如下：

[illegible]……　　故般若……
[illegible]……　　不行故般若……

---

① 西夏文“[illegible]”译为“常住舍性”“恒住舍性”。

② 西夏文“[illegible]”译为“无忘失法”。

③ （唐）玄奘译《大般若波罗蜜多经》卷289，《大正藏》第6册，第220号，第472页下栏21。

㪚𗁩㪚……　　　　　不常不……

可确定残经为唐玄奘译《大般若波罗蜜多经》第三十九卷“初分般若行相品第十之二”的相应内容，因为残缺，具体段落尚待考证，把相关段落列于下面。例如：

或：

若菩萨摩诃萨无方便善巧修行般若波罗蜜多时，若行苦圣谛，若行苦圣谛相，非行般若波罗蜜多；若行集、灭、道圣谛，若行集、灭、道圣谛相，非行般若波罗蜜多。若行苦圣谛常无常，若行苦圣谛常无常相，非行般若波罗蜜多；若行集、灭、道圣谛常无常，若行集、灭、道圣谛常无常相，非行般若波罗蜜多。①

或：

若菩萨摩诃萨有方便善巧修行般若波罗蜜多时，不行色，不行色相，是行般若波罗蜜多；不行受、想、行、识，不行受、想、行、识相，是行般若波罗蜜多。不行色常无常，不行色常无常相，是行般若波罗蜜多；不行受、想、行、识常无常，不行受、想、行、识常无常相，是行般若波罗蜜多。②

或：

若菩萨摩诃萨有方便善巧修行般若波罗蜜多时，不行眼处，不行眼处相，是行般若波罗蜜多；不行耳、鼻、舌、身、意处，不行耳、鼻、舌、身、意处相，是行般若波罗蜜多。不行眼处常无常，不行眼处常无常相，是行般若波罗蜜多；不行耳、鼻、舌、身、意处常无常，不行耳、鼻、舌、身、意处常无常相，是行般若波罗蜜多。③

---

① （唐）玄奘译《大般若波罗蜜多经》卷39，《大正藏》第5册，第220号，第216页中栏19。

② （唐）玄奘译《大般若波罗蜜多经》卷39，《大正藏》第5册，第220号，第220页下栏20。

③ （唐）玄奘译《大般若波罗蜜多经》卷39，《大正藏》第5册，第220号，第221页中栏6。

14.Or.12380-0346（K.K.）存 1 页 6 行，残缺严重，字数不能确定，无栏线，写本，刊布者将其定名为“佛经”，下面将西夏文录文并对译如下：

綖斠帨兘繾祇礽禭蘵刈廲綖斠帨兘……

住即圆满者令集法道圣谛住即圆满……

礻緻牏斠帨兘祇□叕牅緆緭緆瓞[①]牏……

寂（静）虑修即圆满令□无量四色无定修……

綫祇叒緎嫁牏斠祇叒礽敥[②]紕繎……

能令八解脱修即令八胜处九次……

敓纖敥牏斠帨兘綫緎嫁敹牏斠帨兘……

十遍至修即圆满能解脱门修即圆满……

祇皢緆斠帨兘祇纑矆姡[③]……

令相无即圆满令极妙地……

□□□□□□□□□□□姡纑礽緓姡[④]韸……

□□□□□□□□□□□地极难胜地前……

确定残经为唐玄奘译《大般若波罗蜜多经》第三百二十八卷“初分巧方便品第五十之一”的相应内容：

能住苦圣谛，令速圆满；能住集、灭、道、圣谛，令速圆满；能修四静虑，令速圆满；能修四无量、四无色定，令速圆满；能修

① 西夏文“緆緭緆瓞”译为“四无色定”，四无色定，指虚空处、识处、无所有处、非有想非无想处。

② 西夏文“叒礽敥”译为“八胜处”，八胜处，指八背舍，八胜处，十一切处，为远离三界贪爱之一具禅定。

③ 西夏文“纑矆姡”译为“最喜地”“极喜地”，极喜地，又称欢喜地，菩萨修道位十中之第一地。

④ 西夏文“纑礽緓姡”译为“最难胜地”“极难胜地”，极难胜地，又称难胜地，是菩萨十地之第五地。

八解脱，令速圆满；能修八胜处、九次第定、十遍处，令速圆满；能修空解脱门，令速圆满；能修无相无愿解脱门，令速圆满；能修极喜地，令速圆满；能修离垢地、发光地、焰慧地、极难胜地、现前地、远行地、不动地、善慧地、法云地，令速圆满。[①]

15.Or.12380-0350（K.K.）存 1 页 7 行，上栏线单栏，下栏线无存，写本，残缺严重，字数不能确定，刊布者将其定名为“佛经”，下面将西夏文录文并对译如下：

[illegible]……	二以方便为……
[illegible]……	智智以回向以八解脱八……
[illegible]……	修习说也世尊何云五眼依……
[illegible]……	以方便为得应无以方便为……
[illegible]……	念住四正断四神足五根五……
[illegible][②][illegible]……	传也阿难五眼五眼……
[illegible]……	四……

确定残经为唐玄奘译《大般若波罗蜜多经》第一百二十二卷“初分校量功德品第三十之二十”的相应内容：

以五眼等无二为方便，无生为方便，无所得为方便，回向一切智智，修习八解脱、八胜处、九次第定、十遍处。世尊，云何以五眼无二为方便？无生为方便，无所得为方便，回向一切智智，修习四念住、四正断、四神足、五根、五力、七等觉支、八圣道支。庆喜，五眼五眼性空，何以故？以五眼性空与四念住、四正断……[③]

① （唐）玄奘译《大般若波罗蜜多经》卷 328，《大正藏》第 6 册，第 220 号，第 677 页中栏 24。

② 西夏文“[illegible]”译为“阿难”，汉文本为“庆喜”。

③ （唐）玄奘译《大般若波罗蜜多经》卷 122，《大正藏》第 5 册，第 220 号，第 667 页下栏 2~7。

16.Or.12380-0352（K.K.）存 1 页 4 行，残缺严重，字数不能确定，栏线不清楚，写本，刊布者将其定名为“佛经”，下面将西夏文录文并对译如下：

□[illegible]……

□一来不还阿罗汉果……

[illegible]

故得可不空清净何云也若一切智智

[illegible][1][illegible]……

清净若一来不还阿罗汉果清净……

[illegible]……

得可无空清净无二无二分无异……

确定残经为唐玄奘译《大般若波罗蜜多经》第二百五十五卷“初分难信解品第三十四之七十四”的相应内容：

一来、不还、阿罗汉果清净，一来、不还、阿罗汉果清净，故不可得空清净，何以故？若一切智智清净，若一来、不还、阿罗汉果清净，若不可得空清净，无二、无二分、无别、无断故。[2]

17.Or.12380-0352V（K.K.）存 1 页 4 行，残缺严重，字数不能确定，上下栏线单栏，写本，刊布者将其定名为“佛经”，下面将西夏文录文并对译如下：

[illegible]……

二分无异无断也一切智智清净……

---

① 西夏文“[illegible]”译为“阿罗汉果”，阿罗汉果，指阿罗汉是小乘修习之极果。

② （唐）玄奘译《大般若波罗蜜多经》卷 255，《大正藏》第 6 册，第 220 号，第 293 页中栏 20。

[illegible]……

舍性住清净常（恒）舍性住清净故得处……

[illegible]……

不空清净何云也若一切智智清净……

[illegible]……

若常（恒）舍性住清净若得处不空清净

确定残经为唐玄奘译《大般若波罗蜜多经》第二百五十五卷“初分难信解品第三十四之七十四”的相应内容：

无二、无二分、无别、无断故。一切智智清净，故恒住舍性清净。恒住舍性清净，故不可得空清净，何以故？若一切智智清净，若恒住舍性清净，若不可得空清净，无二、无二分、无别、无断故。①

解读 Or.12380-0352（K.K.）和 Or.12380-0352V（K.K.）残经，比对其内容以后，可以确定三者为同版本佛经，只是 Or.12380-0350（K.K.）残经内容在前，接下来是 Or.12380-0352（K.K.）和 Or.12380-0352（K.K.）残经，残存卷数不一样。

18.Or.12380-0394（K.K.Ⅱ.0285.vvv）存 1 页 10 行，残缺严重，字数不能确定，栏线无存，写本，刊布者将其定名为“佛经”，下面将西夏文录文并对译如下：

……[illegible]……　　……苦相得……

……[illegible]……　　……处无说为……

……[illegible]……　　……波罗蜜多我无我……

……[illegible]②[illegible]……　　……蜜多净不净相得……

① （唐）玄奘译《大般若波罗蜜多经》卷 225，《大正藏》第 6 册，第 220 号，第 293 页上栏 25。

② 西夏文“[illegible]”译为“不净相”，不净相，指污秽、鄙陋、丑恶、罪过等相。

……[illegible]□	……寂虑般若波罗蜜多□
……[illegible]	……布施波罗蜜多空不空
……[illegible]	……精进寂虑般若
……[illegible]	……得可无说为布施波罗
……[illegible]	……得可无说为
……[illegible]	……波罗蜜多

可确定残经为唐玄奘译《大般若波罗蜜多经》第四十四卷“初分譬喻品第十一之三”的相应内容：

> 说布施波罗蜜多乐苦相不可得，说净戒、安忍、精进、静虑、般若波罗蜜多乐苦相不可得；说布施波罗蜜多我无我相不可得，说净戒、安忍、精进、静虑、般若波罗蜜多我无我相不可得；说布施波罗蜜多净不净相不可得，说净戒、安忍、精进、静虑、般若波罗蜜多净不净相不可得；说布施波罗蜜多空不空相不可得，说净戒、安忍、精进、静虑、般若波罗蜜多空不空相不可得；说布施波罗蜜多无相有相相不可得，说净戒、安忍、精进、静虑、般若波罗蜜多无相有相相不可得；说布施波罗蜜多无愿有愿相不可得……[①]

19.Or.12380-0394V（K.K.Ⅱ.0285.vvv）存1页8行，残缺严重，字数不能确定，栏线无存，写本，刊布者将其定名为“佛经”，下面将西夏文录文并对译如下：

……[illegible]……	……净相得处……
……[illegible]……	……得处为五眼远……
……[illegible]……	……六神通远离不处……
……[illegible]……	……是法依善根勤修行……

---

① （唐）玄奘译《大般若波罗蜜多经》卷44，《大正藏》第5册，第220号，第246页上栏4。

……[illegible]……	……一切智智证得……
……[illegible]……	……诃萨之善亲也……
……[illegible]……	……波罗蜜多修行时是……
……[illegible]……	……深般若波罗蜜多……

确定残经为唐玄奘译《大般若波罗蜜多经》第四十四卷“初分譬喻品第十一之三”的相应内容：

> 说六神通寂静、不寂静相不可得，说五眼远离、不远离相不可得，说六神通远离、不远离相不可得，及劝依此法，勤修善根，不令回向，声闻独觉，唯令证得一切智智。善现，是为菩萨摩诃萨善友，若菩萨摩诃萨修行般若波罗蜜多时，为此善友之所摄受，闻说如是甚深般若波罗蜜多。[①]

解读 Or.12380-0394（K.K.Ⅱ.0285.vvv）、Or.12380-0394V（K.K.Ⅱ. 0285. vvv）残经，可以确定二者是同一部同版佛经，基本可以缀合。

20.Or.12380-0402（K.K.Ⅱ.0285.a.iv）一行 6 个字，写本，刊布者定名为《大般涅槃经》，下面将西夏文录文并对译：

[illegible][②][illegible]	大般若经典卷

从残存经名有边框判断为《大般若经》的题签，故此刊布者定名错误。

21.Or.12380-0411（K.K.Ⅱ.0285.a.xiii）存 1 页 2 行，残缺严重，字数不能确定，栏线无存，写本，刊布者将其定名为《般若波罗蜜多经》，下面将西夏文录文并对译如下：

---

① （唐）玄奘译《大般若波罗蜜多经》卷 44，《大正藏》第 5 册，第 220 号，第 255 页上栏 6。

② 西夏文“[illegible]”译为“大般若”，“[illegible]”为“般若”，般若指智慧。

……[illegible]……	……解无……
……[illegible]……	……般若波罗蜜多……

可初步确定残片为唐玄奘译《大般若波罗蜜多经》第七卷“初分相应品第三之四”的相应内容：

……诸菩萨摩诃萨修行般若波罗蜜多时，不为八解脱，故修行般若波罗蜜多，不为八胜处、九次第定、十遍处，故修行般若波罗蜜多。诸菩萨摩诃萨修行般若波罗蜜多时，不为空解脱门，故修行般若波罗蜜多，不为无相、无愿解脱门，故修行般若波罗蜜多。[①]

22.Or.12380-0413（K.K.Ⅱ.0285.a.xvi）存1页2行，残缺严重，字数不能确定，上栏线无存，下栏线单栏，写本，刊布者将其定名为《般若经》，下面将西夏文录文并对译如下：

……[illegible]	……迦菩萨摩诃
[illegible]……[illegible]	萨……不住应是味

初步确定残片为唐玄奘译《大般若波罗蜜多经》第七十九卷“初分天帝品第二十二之三”的相应内容：

憍尸迦，菩萨摩诃萨行般若波罗蜜多时，不应住此是舌界，不应住此是味界、舌识界及舌触、舌触为缘所生诸受。[②]

23.Or.12380-0427（K.K.Ⅱ.0285.a.xxx）存1页2行，1行不清楚，

① （唐）玄奘译《大般若波罗蜜多经》卷7，《大正藏》第5册，第220号，第34页中栏3~6。

② （唐）玄奘译《大般若波罗蜜多经》卷79，《大正藏》第5册，第220号，第442页上栏24。

残缺严重，字数不能确定，上下栏线无存，写本，刊布者将其定名为“佛经”，下面将西夏文录文并对译如下：

……[illegible]…… ……得不与（授）取欲邪行……

初步确定残片为唐玄奘译《大般若波罗蜜多经》。因残缺严重，具体卷数尚待确定。例如：

或为第四十六卷“初分菩萨品第十二之二”的相应内容：

> 谓十不善业道，即断生命、不与取、欲邪行、虚诳语、离间语、粗恶语、杂秽语、贪欲、瞋恚、邪见，及忿恨、覆恼、谄诳、矫害、嫉、悭、慢等。[①]

或为第三百二十四卷“初分真如品第四十七之七”的相应内容：

> 欢喜赞叹，离害生命者，应自离不与取欲、邪行，亦劝他离不与取欲、邪行，恒正称扬离，不与取欲、邪行法，欢喜赞叹，离不与取欲、邪行者。[②]

24.Or.12380-0428（K.K.Ⅱ.0285.a.xxxi）存 1 页 2 行，残缺严重，字数不能确定，栏线无存，写本，刊布者将其定名为《般若波罗蜜多经》，下面将西夏文录文并对译如下：

……[illegible]…… ……道相智一切……

……[illegible]…… ……波罗蜜多……

---

① （唐）玄奘译《大般若波罗蜜多经》卷 46，《大正藏》第 5 册，第 220 号，第 262 页上栏 4。

② （唐）玄奘译《大般若波罗蜜多经》卷 324，《大正藏》第 6 册，第 220 号，第 657 页下栏 11。

因为过于残缺，初步确定残片为《大般若波罗蜜多经》第七卷“初分相应品第三之四”的相应内容：

诸菩萨摩诃萨修行般若波罗蜜多时，不为一切智，故修行般若波罗蜜多，不为道相智、一切相智、一切相微妙智，故修行般若波罗蜜多。①

25.Or.12380-0435RV（K.K.Ⅱ.0285.a.xl）存 2 残片，残缺严重，字数不能确定，右面存下栏线，单栏，上栏线无存；左面存上栏线，下栏线无存，写本，刊布者将其定名为“佛经”，下面将西夏文录文并对译如下：

（右面）

……[Tangut characters]　　……界清（净）

……[Tangut characters]　　……一切智

（左面）

[Tangut characters]……　　清净故……

[Tangut characters]……　　智清净……

因为过于残缺，初步确定其为唐玄奘译《大般若波罗蜜多经》第一百八十四卷“初分难信解品第三十四之三”的相应内容，与下面哪段内容更接近，尚待考证：

眼界清净即一切智智清净，一切智智清净即眼界清净。何以故？是眼界清净与一切智智清净，无二、无二分、无别、无断故。

或者：

① （唐）玄奘译《大般若波罗蜜多经》卷 7，《大正藏》第 5 册，第 220 号，第 34 页中栏 27。

耳界清净即一切智智清净，一切智智清净即耳界清净。何以故？是耳界清净与一切智智清净，无二、无二分、无别、无断故。[①]

26.Or.12380-0445（K.K.Ⅱ.0285.a.xxii）为残片，残缺严重，字数不能确定，栏线无存，写本，刊布者将其定名为“佛经”，下面将西夏文录文并对译如下：

……[Tangut]……	……何云也……
……[Tangut]……	……为……
……[Tangut]……	……是如菩萨……
……[Tangut]……	……最上正等菩提得……
……[Tangut]……	……舍利子佛对言说……
……[Tangut]……	……父母妻子……
……[Tangut]……	……舍利子对言说……
……[Tangut]……	……眷属□菩萨摩诃萨……

因为过于残缺，初步确定残经为唐玄奘译《大般若波罗蜜多经》第四卷“初分学观品第二之二”的相应内容：

……所以者何？若染色欲于生梵天尚能为障，况得无上正等菩提！是故菩萨断欲出家修梵行者，能得无上正等菩提，非不断者。时，舍利子白佛言：“世尊！诸菩萨摩诃萨为要当有父母、妻子、诸亲友耶？”佛告具寿舍利子言：“或有菩萨具有父母、妻子、眷属而修菩萨摩诃萨行；或有菩萨摩诃萨无有妻子，从初发心乃至成佛常修梵行不坏童真……”[②]

① （唐）玄奘译《大般若波罗蜜多经》卷184，《大正藏》第5册，第220号，第898页下栏25~990页中栏12。

② （唐）玄奘译《大般若波罗蜜多经》卷4，《大正藏》第5册，第220号，第17页上栏21~中栏5。

27.Or.12380-0523（K.K.Ⅱ.0229.w）存 1 页 2 行，残缺严重，字数不能确定，栏线无存，写本，刊布者将其定名为“佛经”，下面将西夏文录文并对译如下：

[illegible][1][illegible]	为净戒安忍精进静
□□□□□[illegible]	□□□□□为布施

可以确定残片为唐玄奘译《大般若波罗蜜多经》第六卷“初分相应品第三之三”的相应内容：

> ……不著净戒、安忍、精进、静虑、般若波罗蜜多无相，不著净戒、安忍、精进、静虑、般若波罗蜜多有相；不著布施波罗蜜多无愿，不著布施波罗蜜多有愿……[2]

28.Or.12380-0536（K.K.Ⅱ.0231.j）存 1 页 2 行，残缺严重，字数不能确定，栏线无存，写本，刊布者将其定名为“佛经”，下面将西夏文录文并对译如下：

[illegible]　[illegible]	昧　四十三
[illegible][3][illegible][4][illegible]	三十二大者相八十随好一切

残片相应内容如下：

---

① 西夏文“[illegible]”译为“净戒、安忍、精进”，精进，属于六度的内容，六度即六波罗蜜，六种修行方法。

② （唐）玄奘译《大般若波罗蜜多经》卷 6，《大正藏》第 5 册，第 220 号，第 29 页中栏 23。

③ 西夏文“[illegible]”译为“三十二大者相”“三十二大士相”，三十二相，佛教中指佛或转轮圣王的内德所呈现的三十二种殊妙容颜。

④ 西夏文“[illegible]”译为“八十随好”，又名八十种好，指八十随形好，是佛殊妙容颜的具体表现。

昧　四十三

三十二大士相、八十随好，一切……

此句话可能与唐三藏法师玄奘译《大般若波罗蜜多经》第三百八十卷“初分诸功德相品第六十八之二”关系密切，“昧”为帙号，相应内容即“三十二大士相、八十随好、一切陀罗尼门、一切三摩地门，诸如是等无漏善法，一切皆名出世圣法”[①]。

29.Or.12380-0536V（K.K.II.0231.j）残经存1页1行，残缺严重，下栏线单栏，上栏线无存，字数不能确定，刊布者将其定名为“佛经”，下面将西夏文录文并对译如下：

……繖觙蘢蘢蕣綫綱絠緂絉繖……

……遍处一切受持四正断乃至……

Or.12380-0536（K.K.II.0231.j）、Or.12380-0536V（K.K.II.0231.j）残经可以确定其为唐玄奘译《大般若波罗蜜多经》，因为Or.12380-0536（K.K.II.0231.j）残经有“昧四十三”字，可以确定“昧”表示帙号，“四十三”是什么意思尚需考证。从字迹和版式判断，Or.12380-0536（K.K.II.0231.j）、Or.12380-0536V（K.K.II.0231.j）残经为同一版本的佛经的遗存。

30.Or.12380-0540RV（K.K.II.0233.m）存2页8行，残缺严重，字数不能确定，栏线无存，写本，刊布者将其定名为“佛经”，下面将西夏文录文并对译如下：

（右面）

……蘢蘢舖䝨䋐䋎[②]……　　　　……一切三摩地门……

① （唐）玄奘译《大般若波罗蜜多经》卷380，《大正藏》第6册，第220号，第965页上栏6。

② 西夏文“舖䝨䋐䋎”译为“三摩地门”。三摩地，又称三昧、三摩提、三摩帝、三摩底、三么地、三昧地等，表示禅定。

……[illegible]……	……智一切相智道……
……[illegible]……	……何云也……
……[illegible]① [illegible]……	……陀罗尼门一切……

（左面）

……[illegible]……	……陀罗尼门一切……
……[illegible]……	……无二分也世尊……
……[illegible]② [illegible]……	……不二以方便为生……
……[illegible]……	……方便为一切智智……

可以初步确定其为唐玄奘译《大般若波罗蜜多经》第一百二十四卷“初分校量功德品第三十之二十二”的相应内容：

……一切三摩地门、一切三摩地门性空。何以故？以一切三摩地门性空与一切智、道相智、一切相智无二、无二分故。庆喜！由此故说：以一切陀罗尼门等无二为方便、无生为方便、无所得为方便，回向一切智智，修习一切智、道相智、一切相智。世尊！云何以一切陀罗尼门无二为方便、无生为方便、无所得为方便，回向一切智智，修习一切陀罗尼门、一切三摩地门？③

31.Or.12380-0544（K.K.Ⅱ.0233.e）存1页7行，残缺严重，字数不能确定，上栏线无存，下栏线单栏，写本，刊布者将其定名为“佛经”，下面将西夏文录文并对译如下：

① 西夏文“[illegible]”译为“陀罗尼门”，陀罗尼门，陀罗尼又称陀罗那、陀邻尼、持，总持，表示能持能遮。

② 西夏文“[illegible]”译为“以不二为方便”“以无二为方便”，汉文本“无二为方便”。

③（唐）玄奘译《大般若波罗蜜多经》卷124，《大正藏》第5册，第220号，第679页中栏23~29。

……[illegible]□□	……清净□□
……[illegible]	……不虚妄性清净[1]
……[illegible]□[illegible]	……清净□戒清净乃至清净
……[illegible]	……虚妄性清净不二不二
……[illegible]	……善现一切智智清净故内空
[illegible]	清净故不虚妄性清净何云也若
[illegible]	清净若内空清净若不虚妄性清净

确定残经为唐玄奘译《大般若波罗蜜多经》第二百五十九卷“初分难信解品第三十四之七十八”的相应内容：

> 若不虚妄性清净，无二、无二分、无别、无断故。一切智智清净，故净戒、安忍、精进、静虑般若波罗蜜多清净。净戒乃至般若波罗蜜多清净，故不虚妄性清净。何以故？若一切智智清净，若净戒乃至般若波罗蜜多清净，若不虚妄性清净，无二、无二分、无别、无断故。善现，一切智智清净，故内空清净，内空清净，故不虚妄性清净。何以故？若一切智智清净，若内空清净，若不虚妄性清净。[2]

32.Or.12380-0548（K.K.Ⅱ.0233.l.i）存 1 页 5 行，残缺严重，字数不能确定，栏线无存，刻本，刊布者将其定名为“佛经”，下面将西夏文录文并对译如下：

……[illegible]……	……乐……
……[illegible]……	……若我若无我一来……

---

① 西夏文“[illegible]”译为“不虚妄清净”。

② （唐）玄奘译《大般若波罗蜜多经》卷 259，《大正藏》第 6 册，第 220 号，第 309 页下栏 2~10。

……繉絎敽綕繳豝蘵[1]繳……　　……我方便正预流向预……

……牦蘵瓠纖戍蘢織緓……　　……来向乃至阿罗汉果……

……禵□□□蘒觮瓶……　　……法□□□有修行……

可以初步确定其为唐玄奘译《大般若波罗蜜多经》第一百三十七卷“初分校量功德品第三十之三十五”的相应内容：

> 求预流向、预流果。若乐、若苦，求一来向乃至阿罗汉果。若乐、若苦，求预流向、预流果。若我、若无我，求一来向乃至阿罗汉果。若我、若无我，求预流向、预流果。若净、若不净，求一来向乃至阿罗汉果。若净、若不净，依此等法行般若者，我说名为行有所得相似般若波罗蜜多。[2]

33.Or.12380-0549（K.K.Ⅱ.0233.l.ii）存1页8行，残缺严重，字数不能确定，栏线无存，刻本，刊布者将其定名为“佛经”，下面将西夏文录文并对译如下：

……癪蔙……　　……若悉……

……敗癪□□瓶臠　　……应若□□行者

……敗籃蘈黼　　……摩地门一

……蘈□□癪翻癪叚　　……门□□若乐若苦

……癪叚□□䑐蘢蔉蘈　　……若苦□□陀罗尼门

……敗籃蘈黼黼癪繉癪　　……摩地门一切若我若

……慨蕲蓊絾觞　　……不净求应三

……豼禵敗　　……等法求

① 西夏文“繳豝蘵”译为“预流向”预流向，也称须陀洹、逆流、入流、预流果，小乘四果之一。

② （唐）玄奘译《大般若波罗蜜多经》卷137，《大正藏》第5册，第220号，第746页上栏7。

确定残经为唐玄奘译《大般若波罗蜜多经》第一百三十七卷“初分校量功德品第三十之三十五”的相应内容：

> ……应求一切三摩地门。若常、若无常，应求一切陀罗尼门。若乐、若苦，应求一切三摩地门。若乐、若苦，应求一切陀罗尼门。若我、若无我，应求一切三摩地门。若我、若无我，应求一切陀罗尼门。若净、若不净，应求一切三摩地门。若净、若不净，若有能求如是等法修行般若，是行般若波罗蜜多。①

比较 Or.12380-0548（K.K.Ⅱ.0233.l.i）和 Or.12380-0549（K.K.Ⅱ.0233.l.ii）残经，可以确定它们为同一版本佛经，其为唐玄奘译《大般若波罗蜜多经》第一百三十七卷“初分校量功德品第三十之三十五”内容，Or.12380-0548（K.K.Ⅱ.0233.l.i）在后，Or.12380-0549（K.K.Ⅱ.0233.l.ii）在前。

34.Or.12380-0562（K.K.Ⅱ.0233.dd）存 1 页 6 行，残缺严重，上栏线单栏，下栏线无存，刻本，字数不能确定，每行存 2~5 字不等，刊布者将其定名为“佛经”，下面将西夏文录文并对译如下：

[illegible]……	萨是……
[illegible]……	罗汉……
[illegible]……	萨摩……
[illegible]……	因不学一……
[illegible]……	阿罗汉果……
[illegible]……	菩萨摩诃萨……

因残缺严重，初步确定残经为唐玄奘译《大般若波罗蜜多经》，因为过于残缺，但具体那一段内容还不好确定。

① （唐）玄奘译《大般若波罗蜜多经》卷 137，《大正藏》第 5 册，第 220 号，第 745 页中栏 21。

比对 Or.12380-0548（K.K.II.0233.l.i）、Or.12380-0549（K.K.II.0233.l.ii）和 Or.12380-0562（K.K.II.0233.dd），可以确定它们字迹一致，应该为同次刊印同部佛经。

35.Or.12380-0565（K.K.II.0233.gg）存 1 页 3 行，残缺严重，栏线无存，刻本，字数不能确定，每行存字数不等，刊布者将其定名为“佛经”，下面将西夏文录文并对译如下：

……[illegible]□□□……	……所修寂□□□……
……□□[illegible]①……	……□□得艰（险）是因缘依……
……[illegible]……	……不发故菩萨……

因残缺严重，初步确定残片为唐玄奘译《大般若波罗蜜多经》第三百零三卷“初分魔事品第四十之一”的相应内容：

……所修般若波罗蜜多难得圆满，所修静虑、精进、安忍、净戒、布施波罗蜜多难得圆满。由此缘故，是菩萨摩诃萨乐说法要，辩不即生，当知是为菩萨魔事。②

36.Or.12380-0568（K.K.II.0233.jj）存 1 页 3 行，残缺严重，上栏线无存，下栏线单栏，写本，字数不能确定，每行存字数不等，刊布者将其定名为“佛经”，下面将西夏文录文并对译如下：

……[illegible]	……趣心于执著不生
……[illegible]	…… 执著无缘故
……[illegible]	……而发随喜心

---

① 西夏文“[illegible]”译为“以此因缘”“由此因缘”。

② （唐）玄奘译《大般若波罗蜜多经》卷 303，《大正藏》第 5 册，第 220 号，第 541 页中栏 7。

因残缺严重，初步确定残片为唐玄奘译《大般若波罗蜜多经》第一百六十九卷“初分随喜回向品第三十一之二”的相应内容：

……于回向心不生执著，于所回向无上菩提亦不执著，由无执著不堕颠倒。如是菩萨摩诃萨所起随喜回向心，名为无上随喜回向。[①]

可确定 Or.12380-0565（K.K.Ⅱ.0233.qq）与 Or.12380-0568（K.K.Ⅱ.0233.JJ）为同版佛经，它们对 Or.12380-0548（K.K.Ⅱ.0233.li）、Or.12380-0549（K.K.Ⅱ.0233.I.li）、Or.12380-0562（K.K.Ⅱ.0233.dd）为同版佛经残存。

37.Or.12380-0575（K.K.Ⅱ.0233.qq）存 1 页 3 行，残缺严重，字数不能确定，上栏线单栏，下栏线无存，每行存 3~5 字不等，写本，刊布者将其定名为“佛经”，下面将西夏文录文并对译如下：

[illegible]……　　清净若……
[illegible]……　　无二分无别……
[illegible]……　　九次第定……

确定残片为唐玄奘译《大般若波罗蜜多经》第一百九十五卷“初分难信解品第三十四之十四”的相应内容：

若我清净，若八解脱清净，若一切智智清净，无二、无二分、无别、无断故。我清净，故八胜处、九次第定、十遍处清净，八胜处、九次第定、十遍处清净，故一切智智清净。[②]

---

① （唐）玄奘译《大般若波罗蜜多经》卷 169，《大正藏》第 5 册，第 220 号，第 912 页下栏 6。

② （唐）玄奘译《大般若波罗蜜多经》卷 195，《大正藏》第 5 册，第 220 号，第 1047 页中栏 7。

此残片与上述 Or.12380-0565（K.K.Ⅱ.0233.qq）等 5 个残片为同版佛经。

38.Or.12380-0584（K.K.）存 1 页 2 行，残缺严重，字数不能确定，栏线无存，写本，刊布者将其定名为“佛经”，下面将西夏文录文并对译如下：

……[illegible]…… ……多行时法一切皆性……
……[illegible]…… ……萨摩诃萨……

初步确定残片为唐玄奘译《大般若波罗蜜多经》第十一卷之“初分教诫教授品第七之一”的相应内容：

> ……自相空波罗蜜多，是菩萨摩诃萨般若波罗蜜多，诸菩萨摩诃萨修行般若波罗蜜多时，于一切法名假、法假及教授假，应正修学。[①]

39.Or.12380-0600（K.K.）存 1 页 3 行，残缺严重，字数不能确定，栏线无存，写本，刊布者将其定名为《般若波罗蜜多经》，下面将西夏文录文并对译如下：

……[illegible]…… ……萨之……
……[illegible]…… ……蜜多行法一切……
……[illegible]…… ……菩萨摩诃萨……

确定残经为唐玄奘译《大般若波罗蜜多经》，因为过于残缺，初步确定为第四百零五卷“第二分无等等品第四”相应内容：

---

① （唐）玄奘译《大般若波罗蜜多经》卷 11，《大正藏》第 5 册，第 220 号，第 58 页上栏 26。

……共相空波罗蜜多是菩萨摩诃萨般若波罗蜜多，一切法空波罗蜜多是菩萨摩诃萨般若波罗蜜多……①

40.Or.12380-0625（K.K.）存1页5行，残缺严重，字数不能确定，上下栏线无存，写本，刊布者将其定名为“佛经”，下面将西夏文录文并对译如下：

……𗼃𗗙𗱕𘓐𗗙……	……菩萨摩诃萨……
……𗗚𗨁𗿭②𗃡𗅋……	……本性空与不……
……𗅋□𗫂……	……不□诸……
……𗫂𘓐……	……诸佛……
……𗧓𗗟𗼃……	……复次善……
……𗗚𗨁……	……本性……

初步确定残经为唐玄奘译《大般若波罗蜜多经》卷三百零三“初分不可动品第七十之三”的相应内容：

……本性空即是一切菩萨摩诃萨行，诸佛无上正等菩提不异本性空。本性空不异诸佛无上正等菩提，诸佛无上正等菩提即是本性空。本性空即是诸佛无上正等菩提。复次，善现！若色异本性空，本性空异色，色非本性空……③

41.Or.12380-0646（K.K.Ⅱ.0244.a.iii）存1页5行，残缺严重，字数不能确定，上栏线单栏，下栏线单栏，写本，刊布者将其定名为“佛

① （唐）玄奘译《大般若波罗蜜多经》卷405，《大正藏》第7册，第220号，第27页上栏10。

② 西夏文“𗗚𗨁𗿭”译为“本性空”。

③ （唐）玄奘译《大般若波罗蜜多经》卷303，《大正藏》第6册，第220号，第1007页下栏15~22。

经”，下面将西夏文录文并对译如下：

……禠蒰蕤□瓻𦺎	……清净若□乃至
……龍龍𥎞𥎞禠蒰𢟫㮴	……一切智智清净无二
……禠蒰□𢕟𦡐	……清净□布施
……禠蒰綘龍龍𥎞	……清净故一切智
𥎞……繗𦧉蕠	智……波罗蜜

确定残经为唐玄奘译《大般若波罗蜜多经》，因为过于残缺，初步确定其内容为第一百九十六卷“初分难信解品第三十四之十五”的相应内容：

> 若有情清净，若行乃至老、死、愁、叹、苦、忧、恼清净。若一切智智清净，无二、无二分、无别、无断故。善现，有情清净，故布施波罗蜜多清净。布施波罗蜜多清净，故一切智智清净。何以故？若有情清净，若布施波罗蜜多清净……[①]

42.Or.12380-1026（K.K.0119.d）存1页2行，上栏线单栏，下栏线无存，写本，刊布者将其定名为“佛经”，下面将西夏文录文并对译如下：

𦡒𦡓……	名成……
𧯇……	般……

可初步确定其为唐玄奘译《大般若波罗蜜多经》，因残缺严重，具体卷数尚无法确定。

43.Or.12380-1027（K.K.0119.c）残经存1页2行，上栏线双栏，下栏线无存，写本，刊布者将其定名为“佛经”，下面将西夏文录文并

① （唐）玄奘译《大般若波罗蜜多经》卷196，《大正藏》第5册，第220号，第1049页上栏25~中栏6。

对译如下：

[illegible]𗍫𗒘……　　散不为……
𗍫𗒘[illegible]𗍫𗒘……　　不为散不为……

可以确定其为唐玄奘译《大般若波罗蜜多经》第四百四十六卷“第二分初业品第五十之二”的相应内容：

一切法皆以不集、不散为趣，诸菩萨摩诃萨于如是趣不可超越。何以故？不集不散中，趣与非趣不可得故。[①]

44.Or.12380-1028（K.K.V.b.018.d）存1页3行，上栏线无存，下栏线单栏，写本，刊布者将其定名为《大般若波罗蜜多经》，下面将西夏文录文并对译如下：

……𗥃𘜶𗴢𘟙𗫂　　……般若波罗蜜
……[illegible][illegible][illegible]　　……最胜最
……[illegible]　　……思

可初步确定其为唐玄奘译《大般若波罗蜜多经》第四百八十二卷“第三分舍利子品第二之四”的相应内容：

修行般若波罗蜜多，诸菩萨摩诃萨，最尊、最胜、最上、最妙，具大势力，能行无等等布施，净戒、安忍、精进、静虑般若波罗蜜多。[②]

---

① （唐）玄奘译《大般若波罗蜜多经》卷446，《大正藏》第7册，第220号，第247页下栏21。

② （唐）玄奘译《大般若波罗蜜多经》卷482，《大正藏》第7册，第220号，第445页下栏27。

从字迹判定，此残片与 Or.12380-1026（K.K.119.d）、Or.12380-1027（K.K.119.e）为同版残存。

45.Or.12380-1036（K.K.V.b.029.m）残经存 1 页 4 行，单栏无存，写本，刊布者将其定名为“佛经”，下面将西夏文录文并对译如下：

……秬蕔瓎……　　　　……憍尸迦……
……烿牖蕠皲[1]……　　　　……诸有情类……
……秡蕔祥□虩□豖……　　　　……等显当□圆□身……
……皲豥秖虩……　　　　……类学皆一（独）……

可以初步确定其为唐玄奘译《大般若波罗蜜多经》第一百三十二卷“初分校量功德品第三十之三十”的相应内容：

若善男子、善女人等教化三千大千世界诸有情类皆住预流、一来、不还、阿罗汉果，所获福聚不如有人教一有情令其安住独觉菩提。何以故？[2]

46.Or.12380-1037（K.K.V. b.029.I）存 1 页 4 行，上栏线无存，下栏线单栏，写本，刊布者将其定名为《大般若波罗蜜多经》，下面将西夏文录文并对译如下：

……蓹蓹豥豥蕔豵豥　　　　……一切智智何云也
……豥蔽薮豹虩豥蔽豥蔽蓹　　　　……清净若舌界清净清净一
蓹……桄虩悇虩悇拔豥虩　　　　切……二分无别无断也安
……豹牖虩悇豹豥　　　　……舌识界及舌触

① 西夏文“牖蕠皲”译为“有情类”，即萨埵、众生。

② （唐）玄奘译《大般若波罗蜜多经》卷 132，《大正藏》第 5 册，第 220 号，第 719 页上栏 7。

可以初步确定其为唐玄奘译《大般若波罗蜜多经》第一百九十五卷“初分难信解品第三十四之十四”的相应内容：

舌界清净，故一切智智清净。何以故？若我清净，若舌界清净，若一切智智清净，无二、无二分、无别、无断故，我清净，故味界、舌识界及舌触、舌触为缘所生诸受清净，味界乃至舌触为缘所生诸受清净，故一切智智清净。①

Or.12380-1036（K.K.V.b.029.m）与 Or.12380-1037（K.K.V.b.029.L）为同版残存，二者内容不能缀合。

47.Or.12380-1038（K.K.V.b.029.n）存 1 页 5 行，栏线无存，写本，刊布者将其定名为《大般若波罗蜜多经》，下面将西夏文录文并对译如下：

……羧……	……也……
……蓏𦿷禯蕟豨麃𦶜……	……皆是般若波罗蜜……
……羊□䏡□……	……当□圆□……
……𦇎羊……	……类当……
……祈……	……胜……
……蓏……	……皆……

因残缺严重，可初步确定其为唐玄奘译《大般若波罗蜜多经》第一百三十二卷“初分校量功德品第三十之三十”的相应内容：

……由此般若波罗蜜多秘密藏中所说法故，世间便有一切如来、应、正等觉及诸佛无上正等菩提施设可得。复次，憍尸迦！置此三千大千世界诸有情类。若善男子、善女人等教化十方各如殑伽

① （唐）玄奘译《大般若波罗蜜多经》卷 195，《大正藏》第 5 册，第 220 号，第 1046 页上栏 1。

沙等世界诸有情类皆令修学十善业道，于意云何？是善男子、善女人等由此因缘得福多不？①

48.Or.12380-1046（K.K.Ⅱ.0281.zz）存 1 页 3 行，上栏线无存，下栏线单栏，写本，刊布者将其定名为“佛经”，下面将西夏文录文并对译如下：

……[illegible]	……色处
……[illegible]	……若乐若
……[illegible]	……性空声香

可以初步确定其或为唐玄奘译《大般若波罗蜜多经》第一百四十六卷“初分校量功德品第三十之四十四”，或第一百四十九卷“初分校量功德品第三十之四十七”，或第一百五十二卷“初分校量功德品第三十之五十”、第一百五十五卷“初分校量功德品第三十之五十三”，或第一百五十九卷“初分校量功德品第三十之五十七”，或第一百六十二卷“初分校量功德品第三十之六十”的内容，例如：

> 不应观色处，若乐、若苦，不应观声、香、味、触法处，若乐、若苦，何以故？色处、色处自性空，声、香、味、触、法处声、香、味、触、法处自性空。②

49.Or.12380-1058（K.K.Ⅱ.0281.rrr）存 1 页 4 行，上栏线无存，下栏线单栏，写本，刊布者将其定名为《妙法莲华经》，下面将西夏文录文并对译如下：

---

① （唐）玄奘译《大般若波罗蜜多经》卷 132，《大正藏》第 5 册，第 220 号，第 719 页上栏 29~720 页上栏 5。

② （唐）玄奘译《大般若波罗蜜多经》卷 146、卷 149、卷 152、卷 155、卷 159、卷 162，《大正藏》第 5 册，第 220 号，第 790 页上栏 9~13、806 页中栏 20~24、823 页上栏 29~中栏 4、856 页下栏 9~15、873 页上栏 17~21。

……[illegible]	……波罗
……[illegible][1]	……菩提心
……[illegible]	……若无常说三摩地
……[illegible]	……一切若安若

可以初步确定残片非《妙法莲华经》，而为唐玄奘译《大般若波罗蜜多经》第一百三十九卷“初分校量功德品第三十之三十七”的相应内容：

> ……波罗
>
> ……为发无上菩提心者，说一切陀罗尼门；若常、若无常，说一切三摩地门；若常、若无常，说一切陀罗尼门；若乐、若苦，说一切三摩地门；若乐、若苦……[2]

50.Or.12380-1068（K.K.Ⅱ.0304.i）存1页2行8字，上栏线单栏，下栏线单栏，写本，刊布者将其定名为“佛经”，下面将西夏文录文并对译如下：

[illegible]……	现乃至性……
[illegible]……	是如诸法……

可以初步确定残片为唐玄奘译《大般若波罗蜜多经》第四百三十六卷“第二分清净品第四十”的相应内容：

> 善现，当知诸法一性即是无性，诸法无性即是一性，如是诸法一性、无性是本实性。[3]

---

① 西夏文“[illegible]”译为“菩提心”。菩提心，菩提即道，求真道的心。

② （唐）玄奘译《大般若波罗蜜多经》卷139，《大正藏》第5册，第220号，第753页下栏8。

③ （唐）玄奘译《大般若波罗蜜多经》卷436，《大正藏》第7册，第220号，第196页中栏18。

51.Or.12380-1070（K.K.II.0304.m）存 1 页 2 行，栏线无存，写本，刊布者将其定名为《大般若波罗蜜多经》，下面将西夏文录文并对译如下：

……[illegible]…… ……善现菩萨摩诃萨般若……
……[illegible]…… ……施波罗蜜多著不著……

可初步确定残片为唐玄奘译《大般若波罗蜜多经》第二百九十卷“初分著不著相品第三十六之四”的相应内容：

善现，菩萨摩诃萨行般若波罗蜜多时，若不行布施波罗蜜多，著不著相是行般若波罗蜜多，不行净戒、安忍、精进、静虑般若波罗蜜多，著不著相是行般若波罗蜜多。[①]

52.Or.12380-1079（K.K.II.0282.x）存 1 页 4 行，上栏线无存，下栏单栏，写本，刊布者将其定名为《佛经论释》，下面将西夏文录文并对译如下：

……[illegible] ……也若菩萨
……[illegible]？[illegible] ……净缘色？故一
……[illegible] ……门一切根于寂静
……[illegible] ……也若菩萨摩诃萨陀

可以初步确定残经为唐玄奘译《大般若波罗蜜多经》第七卷“初分转生品第四之一”的相应内容：

……若菩萨摩诃萨安住般若波罗蜜多……布施净戒、安忍、精

① （唐）玄奘译《大般若波罗蜜多经》卷 290，《大正藏》第 6 册，第 220 号，第 477 页上栏 26。

进、静虑般若波罗蜜多自在现前，常不忘失，亦于一切陀罗尼门、三摩地门自在现前，常不忘失。舍利子，若菩萨摩诃萨安住般若波罗蜜多。①

53.Or.12380-1086（K.K.Ⅱ.0295.m）存 1 页 4 行，上栏线无存，下栏单栏，写本，刊布者将其定名为“佛经”，下面将西夏文录文并对译如下：

……[illegible]	……菩萨
……[illegible]	……思菩萨
……[illegible]	……增言者菩
……[illegible]	……界不寂

可以初步确定残片为唐玄奘译《大般若波罗蜜多经》第四百零七卷“第二分善现品第六之二”的相应内容：

眼界寂静增语是菩萨摩诃萨不？不也，世尊。色界乃至眼触为缘所生诸受，寂静增语是菩萨摩诃萨不？不也，世尊。眼界不寂静增语是菩萨摩诃萨不？②

54. Or.12380-1091（K.K.Ⅱ.0282.a.xxxviii）存 1 页 2 行，栏线不存，刻本，刊布者将其定名为“佛经”，下面将西夏文录文并对译如下：

……[illegible]……	……八圣道支……
……[illegible]……	……满能四寂（静）虑……

① （唐）玄奘译《大般若波罗蜜多经》卷 7，《大正藏》第 5 册，第 220 号，第 37 页中栏 15。

② （唐）玄奘译《大般若波罗蜜多经》卷 407，《大正藏》第 7 册，第 220 号，第 36 页上栏 26。

因残缺严重，可初步确定残片为唐玄奘译《大般若波罗蜜多经》第五百二十九卷“第三分妙相品第二十八之二”的相应内容：

……云何能圆满苦、集、灭、道、圣谛？云何能圆满四念住乃至八圣道支？云何能圆满四静虑、四无量、四无色定？[①]

55.Or.12380-1114（K.K.Ⅱ.0281.k）存1页4行，栏线无存，写本，刊布者将其定名为“佛经”，下面将西夏文录文并对译如下：

……[illegible]……	……菩提于不退还得令……
……[illegible]……	……文义……
……[illegible]……	……释义趣分别说……
……[illegible]……	……善男子善女人等……

因残缺严重，可初步确定残片为唐玄奘译《大般若波罗蜜多经》第一百六十八卷“第三分妙相品第二十八之二”的相应内容：

有善男子、善女人等，教一有情，令于无上正等菩提得不退转，复以般若波罗蜜多无量法门巧妙文义为其广说，宣示开演，显了解释，分别义趣，令其易解。憍尸迦！后善男子、善女人等，所获功德甚多于前。[②]

56.Or.12380-1125（K.K.Ⅱ.0260.c）存1页5行，上栏线单栏，下栏线无存，写本，刊布者将其定名为“佛经”，下面将西夏文录文并对译如下：

---

① （唐）玄奘译《大般若波罗蜜多经》卷529，《大正藏》第7册，第220号，第713页中栏15。

② （唐）玄奘译《大般若波罗蜜多经》卷168，《大正藏》第5册，第220号，第902页上栏21。

[illegible]……	集……
[illegible]……	散为……
[illegible]……	量为……
[illegible]……	为量……
[illegible]……	不为……

因残缺严重，可以初步确定残片为唐玄奘译《大般若波罗蜜多经》第八十九卷“初分学般若品第二十六之五”的相应内容：

> 不见四静虑若集、若散，不见四无量、四无色定若集、若散；不见四静虑若增、若减，不见四无量、四无色定若增、若减，何以故？以四静虑性等空无所有不可得故。[①]

57.Or.12380-1126（K.K.Ⅱ.0260.k）存1页4行，栏线不存，写本，刊布者将其定名为《大般若波罗蜜多经》，下面将西夏文录文并对译如下：

……[illegible][②][illegible]……	……神足五根五力七……
……[illegible]……	……波罗蜜多于无……
……[illegible]……	……摄受应成修……
……[illegible]……	……罗蜜多于……

因为残缺，可以初步确定残片为唐玄奘译《大般若波罗蜜多经》第一百零一卷之“初分摄受品第二十九之三”的相应内容：

> 则能摄受四念住、四正断、四神足、五根、五力、七等觉支、

① （唐）玄奘译《大般若波罗蜜多经》卷89，《大正藏》第5册，第220号，第495页中栏26。

② 西夏文“[illegible]”译为“五根、五力”，五根指眼、耳、鼻、舌、身，五力指信力、精进力、念力、定力、慧力。

八圣道支。若于般若波罗蜜多能摄受者，则能摄受空解脱门、无相解脱门、无愿解脱门。若于般若波罗蜜多能摄受者，则能摄受五眼、六神通，若于般若波罗蜜多能摄受者。[①]

58.Or.12380-1128（K.K.）存1页2行，有一行存2个，不可辨识，栏线不存，写本，刊布者将其定名为“佛经”，下面将西夏文录文并对译如下：

……[illegible]……	……断乃至八圣道……

因残缺严重，“断乃至八圣道”在唐玄奘译《大般若波罗蜜多经》中多卷中皆有存在，故此残片的具体内容尚不能确定。

59.Or.12380-1137（K.K.）存1页3行，上栏线单栏，下栏线不存，写本，刊布者将其定名为《大般若波罗蜜多经》，下面将西夏文录文并对译如下：

[illegible]……	初阿耨多罗……
[illegible]……	一切皆……
[illegible]	大般若波罗蜜多

解读Or.12380-1137（K.K.）残经，因为残缺，可以初步确定残片为唐玄奘译《大般若波罗蜜多经》第一百六十六卷“初分校量功德品第三十之六十四”结尾处的相应内容：

……一切初发阿耨多罗三藐三菩提心菩萨摩诃萨，皆是般若波罗蜜多所流出故。

大般若波罗蜜多经卷第一百六十六

① （唐）玄奘译《大般若波罗蜜多经》卷101，《大正藏》第5册，第220号，第559页中栏10。

60.Or.12380-1139（K.K.）存1页2行，栏线不存，写本，刊布者将其定名为“佛经”，下面将西夏文录文并对译如下：

……[illegible]……	……大喜大舍……
……[illegible]……	……修速圆满……

因为残缺，可以初步确定残片为唐玄奘译《大般若波罗蜜多经》，具体内容尚待考证，例如，

或为第十卷“初分赞胜德品第五”的相应内容：

能修行无等等佛十力、四无所畏、四无碍解、大慈、大悲、大喜、大舍、十八佛不共法，能圆满无等等佛十力乃至十八佛不共法，能具足无等等佛十力乃至十八佛不共法……[①]

或为第五十五卷“初分辩大乘品第十五之五”的相应内容：

已圆满四念住、四正断、四神足、五根、五力、七等觉支、八圣道支；已圆满空、无相、无愿解脱门；已圆满五眼、六神通，已圆满佛十力、四无所畏、四无碍解、大慈、大悲、大喜、大舍、十八佛不共法、一切智、道相智、一切相智；已圆满一切佛法故……[②]

61.Or.12380-1140（K.K.）存1页2行，上栏线无存，下栏线单栏，写本，刊布者将其定名为《大般若波罗蜜多经》，下面将西夏文录文并对译如下：

---

① （唐）玄奘译《大般若波罗蜜多经》卷10，《大正藏》第5册，第220号，第52页下栏1。

② （唐）玄奘译《大般若波罗蜜多经》卷55，《大正藏》第5册，第220号，第309页中栏7。

……[illegible]□[illegible]……	……以□求……
……[illegible]……	……一切智……

因为残缺，可以初步确定残片为唐玄奘译《大般若波罗蜜多经》第九十七卷“初分求般若品第二十七之九”的相应内容：

> 菩萨摩诃萨所行般若波罗蜜多，不应于一切智法性求，不应于道相智、一切相智法性求；不应离一切智法性求，不应离道相智、一切相智法性求。[①]

62.Or.12380-1144（K.K.）存1页3行，上栏线单栏，下栏线不存，写本，刊布者将其定名为“佛经”，下面将西夏文录文并对译如下：

[illegible]……	若……
[illegible]……	若无我求应八……
[illegible]……	处九次第定……

因为残缺，或可以初步确定残片为唐玄奘译《大般若波罗蜜多经》第一百三十七卷“初分校量功德品第三十之三十五”的相应内容：

> ……如是求八解脱若常、若无常，求八胜处、九次第定、十遍处若常、若无常；求八解脱若乐、若苦，求八胜处、九次第定、十遍处若乐、若苦……[②]

63.Or.12380-1148（K.K.Ⅱ.0275.eee）存1页1行9字，写本，刊

① （唐）玄奘译《大般若波罗蜜多经》卷97，《大正藏》第5册，第220号，第540页下栏4。

② （唐）玄奘译《大般若波罗蜜多经》卷137，《大正藏》第5册，第220号，第743页下栏9。

布者将其定名为“大般若经第十三卷题签”，西夏文内容为“[illegible]”，刊布者定名正确。

64.Or.12380-1151（K.K.Ⅱ.0276.z.xi）存 1 页 3 行，上栏线单栏，下栏线无存，写本，刊布者将其定名为《大般若波罗蜜多经》，下面将西夏文录文并对译如下：

[illegible]……	般若波罗蜜多……
[illegible]……	触缘起诸受圆满……
[illegible]……	起诸受不说及是如不行……

因为残缺，或可以初步确定残经为唐玄奘译《大般若波罗蜜多经》第二百九十卷“初分著不著相品第三十六之四”的相应内容，具体属于哪一段尚待考证：

或：

若不行色界、眼识界及眼触、眼触为缘所生诸受圆满及不圆满是行般若波罗蜜多。何以故？善现！若色界乃至眼触为缘所生诸受圆满及不圆满俱不名色界，乃至眼触为缘所生诸受，亦不如是行是行般若波罗蜜多。[①]

或：

若不行声界、耳识界及耳触、耳触为缘所生诸受圆满及不圆满是行般若波罗蜜多。何以故？善现！若声界乃至耳触为缘所生诸受圆满及不圆满俱不名声界，乃至耳触为缘所生诸受，亦不如是行是行般若波罗蜜多。[②]

65.Or.12380-1153（K.K.Ⅱ.0276.jj）存 1 页 2 行，上栏线单栏，下

---

① （唐）玄奘译《大般若波罗蜜多经》卷 290，《大正藏》第 6 册，第 220 号，第 474 页中栏 5。

② （唐）玄奘译《大般若波罗蜜多经》卷 290，《大正藏》第 6 册，第 220 号，第 474 页中栏 14。

栏线无存，写本，刊布者将其定名为“佛经”，下面将西夏文录文并对译如下：

[illegible]……	智清净若四……
[illegible]……	清净不二不二……

因为残缺，或可以初步确定残片为唐玄奘译《大般若波罗蜜多经》第二百三十九卷“初分难信解品第三十四之五十八”的相应内容，具体属于哪一段尚待考证，例如：

或：

若一切智清净，若四静虑清净，若一切智智清净，无二、无二分、无别、无断故……若一切智清净，若四无量、四无色定清净，若一切智智清净，无二、无二分、无别、无断故。[①]

或：

若一切智清净，若四念住清净，若一切智智清净，无二、无二分、无别、无断故……若一切智清净，若四正断乃至八圣道支清净，若一切智智清净，无二、无二分、无别、无断故。[②]

66.Or.12380-1163（K.K.Ⅱ.0228.h）存 1 页 3 行，上栏线无存，下栏线单栏，写本，刊布者将其定名为“佛经”，下面将西夏文录文并对译如下：

……[illegible]	……起缘起诸受
……[illegible]	……也若四碍无解清
……[illegible]	……行诸受清净若一切智

① （唐）玄奘译《大般若波罗蜜多经》卷 239，《大正藏》第 6 册，第 220 号，第 205 页中栏 23。

② （唐）玄奘译《大般若波罗蜜多经》卷 239，《大正藏》第 6 册，第 220 号，第 205 页下栏 9。

因为残缺，可以初步确定残片为唐玄奘译《大般若波罗蜜多经》第二百三十五卷“初分难信解品第三十四之五十四”的相应内容：

色界乃至眼触为缘所生诸受清净，故一切智智清净。何以故？若四无碍解清净，若色界乃至眼触为缘所生诸受清净，若一切智智清净。[①]

67.Or.12380-1169（x.xii）存 1 页 3 行，栏线无存，写本，刊布者将其定名为“佛经”，下面将西夏文录文并对译如下：

……𗗙𗰗𗟲[②]𗒘……　　……佛十力有……

……𗧓𗒘[illegible]𗅋……　　……法有应无……

……[illegible][illegible][illegible]……　　……及诸独……

因过于残缺，可以初步确定残片为唐玄奘译《大般若波罗蜜多经》卷三十八“初分般若行相品第十之一”的相应内容：

……佛十力法无所有不可得，四无所畏、四无碍解、大慈、大悲、大喜、大舍、十八佛不共法、一切智、道相智、一切相智法无所有不可得。舍利子！真如法无所有不可得，法界、法性、法住、法定、实际、平等性、离生性法无所有不可得。舍利子！预流法无所有不可得，一来、不还、阿罗汉、独觉法无所有不可得。[③]

68.Or.12380-1170（x.xi）存 1 页 3 行，上栏线无存，下栏线单栏，写本，刊布者将其定名为“佛经”，下面将西夏文录文并对译如下：

① （唐）玄奘译《大般若波罗蜜多经》卷 235，《大正藏》第 6 册，第 220 号，第 184 页上栏 11。

② 西夏文“𗗙𗰗𗟲”译为“佛十力”，佛十力，指佛及菩萨所具十种之力用。

③ （唐）玄奘译《大般若波罗蜜多经》卷 38，《大正藏》第 5 册，第 220 号，第 210 页下栏 9~14。

……[illegible]　　　　……诸独

……[illegible]　　　　……也善现

……[illegible]　　　　……应无若

可以初步确定残片为唐玄奘译《大般若波罗蜜多经》卷三百零四"初分魔事品第四十之二"的相应内容，因为过于残缺，具体属于哪一段尚待考证，例如：

……菩萨、声闻及诸独觉亦无所有。何以故？以一切法自性空故。

善现！于甚深般若波罗蜜多中，眼处无所有，耳、鼻、舌、身、意处无所有。若于是处眼处无所有，耳、鼻、舌、身、意处无所有，则于是处佛无所有，菩萨、声闻及诸独觉亦无所有。何以故？以一切法自性空故。

善现！于甚深般若波罗蜜多中，色处无所有，声、香、味、触、法处无所有。若于是处色处无所有，声、香、味、触、法处无所有，则于是处佛无所有，菩萨、声闻及诸独觉亦无所有。何以故？以一切法自性空故。

善现！于甚深般若波罗蜜多中，眼界无所有，色界、眼识界及眼触、眼触为缘所生诸受无所有。若于是处眼界无所有，色界乃至眼触为缘所生诸受无所有，则于是处佛无所有，菩萨、声闻及诸独觉亦无所有。何以故？以一切法自性空故。

善现！于甚深般若波罗蜜多中，耳界无所有，声界、耳识界及耳触、耳触为缘所生诸受无所有。若于是处耳界无所有……[①]

69.Or.12380-1186（K.K.II.0236.xx）存1页2行，上栏线无存，下栏线单栏，写本，刊布者将其定名为"佛经"，下面将西夏文录文并对

① （唐）玄奘译《大般若波罗蜜多经》卷304，《大正藏》第6册，第220号，第549页下栏29~550页下栏19。

译如下：

……[illegible]	……净不净亦得
……[illegible]	……皆得可无

可以初步确定残片为唐玄奘译《大般若波罗蜜多经》第二十七卷“初分教诫教授品第七之十七”的相应内容：

……若地界净不净，若水、火、风、空、识界净不净，尚毕竟不可得，性非有故，况有地界净不净增语及水、火、风、空、识界净不净增语！①

70.Or.12380-1207（K.K.Ⅱ.0244.jj）存1页2行，上栏线无存，下栏线单栏，写本，刊布者将其定名为“佛经”，下面将西夏文录文并对译如下：

……[illegible]	……得故最
……[illegible]	……还一来预流果

因残缺严重，可初步确定残片为唐玄奘译《大般若波罗蜜多经》第一百零四卷“初分校量功德品第三十之二”，其残经内容翻译如下：

现证无上正等菩提，一切独觉、阿罗汉不还，一来预流果等。②

71.Or.12380-1212（K.K.Ⅱ.0244.uu）存1页3行，上栏线单栏，下

① （唐）玄奘译《大般若波罗蜜多经》卷27，《大正藏》第5册，第220号，第148页中栏8。

② （唐）玄奘译《大般若波罗蜜多经》卷104，《大正藏》第5册，第220号，第574页中栏19。

栏线无存，写本，刊布者将其定名为《大般若波罗蜜多经》，下面将西夏文录文并对译如下：

[illegible]……	复次善现如……
[illegible]……	蜜多依真……
[illegible]……	若善若非善……

因残缺严重，可以初步确定残片为唐玄奘译《大般若波罗蜜多经》第四百八十二卷“第三分舍利子品第二之四”的相应内容：

复次，善现！修行般若波罗蜜多诸菩萨摩诃萨，不应观眼处若常、若无常、若乐、若苦、若我、若无我、若净、若不净、若空、若不空、若有相、若无相、若有愿、若无愿、若寂静、若不寂静、若远离、若不远离、若有为、若无为、若有漏、若无漏、若生、若灭、若善、若非善、若有罪、若无罪……[①]

72.Or.12380-1214（K.K.）存 1 页 2 行，栏线无存，写本，刊布者将其定名为《大般若波罗蜜多经》，下面将西夏文录文并对译如下：

……[illegible]……	……相（像）戒净波罗……
……[illegible]……	……故方得应无慧……

因为残缺严重，可初步确定残片为唐玄奘译《大般若波罗蜜多经》第一百三十五卷“初分校量功德品第三十之三十三”的相应内容：

……闻彼所说相似净戒波罗蜜多，心便迷谬失于中道，是故应

① （唐）玄奘译《大般若波罗蜜多经》卷 482，《大正藏》第 5 册，第 220 号，第 448 页上栏 14。

以无所得慧，及以种种巧妙文义。[①]

73.Or.12380-1215（K.K.Ⅱ.0244.ddd）存1页3行，上栏线无存，下栏线单栏，写本，刊布者将其定名为“佛经”，下面将西夏文录文并对译如下：

……[illegible]	……自
……[illegible][illegible][illegible]	……以方便
……[illegible][illegible][illegible][illegible]□	……一切智智□

因残缺严重，可以初步确定残片为唐玄奘译《大般若波罗蜜多经》第一百零六卷“初分校量功德品第三十之四”的相应内容：

……自性空、无性自性空？庆喜！以无二为方便、无生为方便、无所得为方便，安住外空乃至无性自性空，是名回向一切智智而住外空乃至无性自性空。世尊！云何回向一切智智而住真如？……[②]

74.Or.12380-1216（K.K.Ⅱ.0239.ppp）存1页4行，上栏线单栏，下栏线无存，写本，刊布者将其定名为“佛经”，下面将西夏文录文并对译如下：

[illegible]……	舍……
[illegible]……	十……
[illegible][illegible][illegible]……	四畏所……
[illegible]……	佛……

---

① （唐）玄奘译《大般若波罗蜜多经》卷135，《大正藏》第5册，第220号，第737页中栏2。

② （唐）玄奘译《大般若波罗蜜多经》卷106，《大正藏》第5册，第220号，第588页上栏4~11。

可以初步确定残片为唐玄奘译《大般若波罗蜜多经》第六卷“初分相应品第三之三”的相应内容：

……舍利子！诸菩萨摩诃萨修行般若波罗蜜多，不著佛十力有，不著佛十力非有，不著四无所畏、四无碍解、大慈、大悲、大喜、大舍、十八佛不共法有，不著四无所畏乃至十八佛不共法非有……①

75.Or.12380-1217（K.K.Ⅱ.0244.ggg）存1页4行，栏线无存，写本，刊布者将其定名为“佛经”，下面将西夏文录文并对译如下：

……[illegible][illegible][illegible]□[illegible]……	……戒净安□精……
……[illegible][illegible][illegible][illegible]……	……依顺不见……
……[illegible]□[illegible][illegible][illegible][illegible]……	……外□与空空大……
……[illegible][illegible][illegible]……	……空边无……

因为残缺，可初步确定残片为唐玄奘译《大般若波罗蜜多经》第五卷“初分相应品第三之二”，其残经内容翻译如下：

不见净戒、安忍、精进、静虑般若波罗蜜多，若相应、若不相应，不见内空，若相应、若不相应，不见外空、内外空、空空、大空、胜义空、有为空、无为空、毕竟空、无际空。②

76.Or.12380-1218（K.K.）存1页4行，上栏线无存，下栏线单栏，写本，刊布者将其定名为“佛经”，下面将西夏文录文并对译如下：

---

① （唐）玄奘译《大般若波罗蜜多经》卷6，《大正藏》第5册，第220号，第32页上栏28。

② （唐）玄奘译《大般若波罗蜜多经》卷5，《大正藏》第5册，第220号，第22页下栏6。

……赡败翗　　　　……光照说
……负纠藏　　　　……八圣道
……负纠藏　　　　……八圣道
……豨　　　　……菩

因为残缺，可以初步确定残片为唐玄奘译《大般若波罗蜜多经》，因为过于残缺，具体卷数待考证。

对比 Or.12380-1216（K.K.Ⅱ.0239.ppp）Or.12380-1215（K.K.Ⅱ.0244.eldd）和 Or.12380-1218（K.K.）残经，可以确定它们应为同部同版残经。

77.Or.12380-1221（K.K.0121.p）存 1 页 1 行，上栏线无存，下栏线单栏，写本，刊布者将其定名为“佛经”，下面将西夏文录文并对译如下：

……厖厖皝祇敽　　　　……一切相智以

可以初步确定残片为唐玄奘译《大般若波罗蜜多经》第三卷“初分学观品第二之一”的相应内容：

……以无所得而为方便，应圆满无忘失法、恒住舍性、一切智、道相智、一切相智、一切相微妙智……[①]

78.Or.12380-1224（K.K.V.b.020.b.xlvi）存 1 页 2 行，上栏线无存，下栏线单栏，写本，刊布者将其定名为“佛经”，下面将西夏文录文并对译如下：

……馣　　　　……毁

① （唐）玄奘译《大般若波罗蜜多经》卷 3，《大正藏》第 5 册，第 220 号，第 12 页中栏 17。

……[illegible][1] [illegible]　　……愿铠甲能一切众生

可以初步确定残片为唐玄奘译《大般若波罗蜜多经》第四百卷“初分法涌菩萨品第七十八之二”的相应内容：

……乃能披被如是坚固弘誓铠甲，为欲利乐一切有情。[2]

79.Or.12380-1226（K.K.V.b.020.b.xlii）存 1 页 2 行，栏线无存，写本，刊布者将其定名为“佛经”，下面将西夏文录文并对译如下：

……[illegible]……　　……也善现一切……

……[illegible]……　　……诸佛最……

可以初步确定残片为唐玄奘译《大般若波罗蜜多经》第三百四十二卷“初分愿喻品第五十六之二”相应内容：

一切三摩地门亦毕竟离。善现，一切菩萨摩诃萨行毕竟离。善现，诸佛无上正等菩提毕竟离。善现，一切智智亦毕竟离。[3]

80.Or.12380-1227（K.K.V.b.020.b.xxxix）存 1 页 2 行，栏线无存，写本，刊布者将其定名为“佛经”，下面将西夏文录文并对译如下：

……[illegible]……　　……与……

……[illegible]……　　……界如真……

---

① 西夏文“[illegible]”译为“铠甲”。

② （唐）玄奘译《大般若波罗蜜多经》卷 400，《大正藏》第 6 册，第 220 号，第 1069 页中栏 21。

③ （唐）玄奘译《大般若波罗蜜多经》卷 342，《大正藏》第 6 册，第 220 号，第 754 页中栏 7。

……纖瓝紌𧉉……　　　　　　……舍也平等……

因残缺严重，可以初步确定残片为唐玄奘译《大般若波罗蜜多经》第三百二十一卷“初分真如品第四十七之四”的相应内容，但具体行数尚待考证。

81.Or.12380-1228（K.K.V.b.020.b.xxxvi）存 1 页 3 行，栏线无存，写本，刊布者将其定名为“佛经”，下面将西夏文录文并对译如下：

□□𦾔……　　　　　　□□空……
𦾔𩱧𦈐𥳧……　　　　　　空相无愿……
𦅻𢇠𦩠……　　　　　　前后中……

可以初步确定残片为唐玄奘译《大般若波罗蜜多经》第六十二卷“初分无所得品第十八之二”的相应内容：

……空、无相、无愿解脱门无所有、空、远离、无自性中，前、后、中际菩萨摩诃萨皆不可得故……①

82.Or.12380-1229（K.K.V.b.020.b.xxxvii）存 1 页 5 行，上栏线无存，下栏线单栏，写本，每行仅 2~4 字左右，刊布者将其定名为《大般若波罗蜜多经》，下面将西夏文录文并对译如下：

……𦈐𢙨　　　　　　……无及
……𧗎𣛪　　　　　　……般若
……𠒍綳　　　　　　……际四
……𦭽綳𢇨　　　　　　……中四念
……紌𧉉𦭽𦅻　　　　　　……平等中前

① （唐）玄奘译《大般若波罗蜜多经》卷 62，《大正藏》第 5 册，第 220 号，第 352 页中栏 27。

可以初步确定残片为唐玄奘译《大般若波罗蜜多经》第四百二十卷“第二分无所有品第二十一之三”相应内容：

> 何况平等中有前、后、中际，净戒、安忍、精进、静虑般若波罗蜜多可得。复次，善现，前际四念住不可得，后际、中际四念住不可得，三际平等中四念住亦不可得。[①]

83.Or.12380-1230（K.K.V.b.020.b.xxxv）存1页2行，栏线无存，写本，刊布者将其定名为“佛经”，下面将西夏文录文并对译如下：

……[illegible]…… ……眼处若乐……
……[illegible]…… ……耳鼻舌身……

可以初步确定残片为唐玄奘译《大般若波罗蜜多经》第十一卷“初分教诫教授品第七之一”的相应内容：

> ……不应观耳、鼻、舌、身、意处若常、若无常，不应观眼处若乐、若苦，不应观耳、鼻、舌、身、意处若乐、若苦……[②]

84.Or.12380-1231（K.K.V.b.020.b.xxxiv）存1页4行，栏线无存，写本，刊布者将其定名为“佛经”，下面将西夏文录文并对译如下：

……[illegible]…… ……皆……
……[illegible]…… ……为应非……
……[illegible]…… ……应非不……

① （唐）玄奘译《大般若波罗蜜多经》卷420，《大正藏》第7册，第220号，第108页上栏29。

② （唐）玄奘译《大般若波罗蜜多经》卷11，《大正藏》第5册，第220号，第58页下栏10。

……[illegible]□[illegible]……　　　　　　……云□不……

因残经过于残缺，相似内容很多，可以初步确定残片为唐玄奘译《大般若波罗蜜多经》第三十七卷“初分无住品第九之二”的相应内容，例如：

……我于五眼、六神通，不得不见，若集、若散。云何可言：此是五眼？此是六神通？世尊！是五眼等名皆无所住，亦非不住，何以故？五眼等名义，既无所有故，五眼等名皆无所住，亦非不住……[1]

85.Or.12380-1232（K.K.V.b.020.b.xxxiii）存1页1行，栏线无存，写本，刊布者将其定名为“佛经”，下面将西夏文录文并对译如下：

……[illegible]……　　　　　　……乃至八圣道支……

因残经过于残缺，相似内容很多，可以初步确定残片为唐玄奘译《大般若波罗蜜多经》，但具体卷数待考。

但初步确定Or.12380-1230（K.K.V.b.020.b.xxxv）、Or12380-1231（K.K.V.b.020.b.xxxiv）和Or.12380-1232（K.K.V.b.020.b.xxxiii）为同版残存。

86.Or.12380-1233（K.K.V.b.020.b.xxxii）存1页2行，栏线无存，写本，刊布者将其定名为“佛经”，下面将西夏文录文并对译如下：

……[illegible]……

……方便为生无以方便为得应无……

……[illegible]……

[1]（唐）玄奘译《大般若波罗蜜多经》卷37,《大正藏》第5册，第220号，第204页上栏6。

……一切智智回向施以五眼六……

可以初步确定残片为唐玄奘译《大般若波罗蜜多经》第一百零七卷“初分校量功德品第三十之五”的相应内容：

> ……无生为方便，无所得为方便，回向一切智智修习五眼、六神通……[①]

87.Or.12380-1234（K.K.V.b.020.b.xxxi）存 1 页 3 行，栏线无存，写本，刊布者将其定名为“佛经”，下面将西夏文录文并对译如下：

……[illegible]……	……增语……
……[illegible]……	……观以是……
……[illegible]……	……菩萨摩诃萨……

因残经过于残缺，可以初步确定残片为唐玄奘译《大般若波罗蜜多经》第二十四卷“初分教诫教授品第七之十四”的相应内容，但缺乏前后文的比较，卷数尚待考证。例如：

> ……即耳、鼻、舌、身、意处增语是菩萨摩诃萨？善现！汝复观何义言：即眼处若常、若无常增语非菩萨摩诃萨，即耳、鼻、舌、身、意处若常、若无常增语非菩萨摩诃萨耶？……[②]

88.Or.12380-1235（K.K.V.b.020.b. xxix）存 1 页 4 行，栏线无存，写本，刊布者将其定名为“佛经”，下面将西夏文录文并对译如下：

---

① （唐）玄奘译《大般若波罗蜜多经》卷 107，《大正藏》第 5 册，第 220 号，第 589 页下栏 22。

② （唐）玄奘译《大般若波罗蜜多经》卷 24，《大正藏》第 5 册，第 220 号，第 131 页中栏 24~28。

……[illegible]……	……是三……
……[illegible]……	……菩萨摩诃萨非……
……[illegible]……	……增语菩萨摩诃萨……
……[illegible]……	……苦若……

可以初步确定残片为唐玄奘译《大般若波罗蜜多经》第三十四卷“初分教诫教授品第七之二十四”的相应内容：

即三十二大士相。若有烦恼，若无烦恼增语非菩萨摩诃萨，即八十随好。若有烦恼、若无烦恼增语非菩萨摩诃萨耶。[①]

初步确定Or.12380-1234（K.K.V.b.020.b. xxxi）和Or.12380-1235（K.K.V.b.020.b. xxix）为同版残经。

89.Or.12380-1236（K.K.V.b.020.b. xxviii）存1页6行，上栏线单栏，下栏线无存，写本，刊布者将其定名为“佛经”，下面将西夏文录文并对译如下：

[illegible]……	坏亦……
[illegible]……	相无愿……
[illegible]……	常非散……
[illegible]……	子佛十……
[illegible]……	解大大悲……
[illegible]……	散亦无舍……

因为残缺，可以初步确定残片为唐玄奘译《大般若波罗蜜多经》第六十九卷“初分无所得品第十八之九”相应内容：

① （唐）玄奘译《大般若波罗蜜多经》卷34，《大正藏》第5册，第220号，第187页上栏29。

无相、无愿解脱门无染亦无散失。舍利子，五眼无染亦无散失，六神通无染亦无散失。舍利子，佛十力无染亦无散失，四无所畏、四无碍解、大慈大悲、大喜大舍十八佛不共法无染亦无散失。舍利子……[①]

90.Or.12380-1237（K.K.V.b.020.b. xxvii）存 1 页 3 行，栏线无存，写本，刊布者将其定名为“佛经”，下面将西夏文录文并对译如下：

……[illegible]…… ……无……
……[illegible]…… ……佛……
……[illegible]…… ……上佛……

因为 Or.12380-1237（K.K.V.b.020.b. xxvii）残经太过残缺，但残片字体与其他几个残片相同，可初步确定它们为唐玄奘译《大般若波罗蜜多经》一百七十五卷“初分随喜回向品第三十一之三”的相应内容：

应作是念：“如诸如来、应、正等觉以无上佛智了达遍知诸功德善根有如是类、有如是体、有如是相、有如是法而可随喜，我今亦应如是随喜。又如诸如来、应、正等觉以无上佛智了达遍知应以如是诸福业事回向无上正等菩提，我今亦应如是回向。”[②]

91.Or.12380-1238（K.K.V.b.020.b. xxvi）存 1 页 2 行，栏线无存，写本，刊布者将其定名为“残片”，下面将西夏文录文并对译如下：

……[illegible]…… ……有善现法……

① （唐）玄奘译《大般若波罗蜜多经》卷 69，《大正藏》第 5 册，第 220 号，第 388 页上栏 13。

② （唐）玄奘译《大般若波罗蜜多经》卷 175，《大正藏》第 5 册，第 220 号，第 915 页中栏 14。

……[illegible]…… ……趣于……

可以初步确定残片为唐玄奘译《大般若波罗蜜多经》，因残经过于残缺，卷数尚待考证，相应内容如下：

……有善现，法……于趣……

92.Or.12380-1239（K.K.V.b.020.b. xxv）存 1 页 2 行，上栏线无存，下栏线单栏，写本，刊布者将其定名为“残片”，下面将西夏文录文并对译如下：

……[illegible] ……次眼

……[illegible] ……如

可以初步确定残片或为唐玄奘译《大般若波罗蜜多经》第三百二十一卷“初分真如品第四十七之四”的相应内容：

……复次，眼处真如平等，故如来真如平等。如来真如平等，故眼处真如平等……①

或为第三百二十一卷“初分真如品第四十七之四”的相应内容：

……复次，眼界真如平等，故如来真如平等。如来真如平等，故眼界真如平等。耳、鼻、舌、身、意界真如平等，故如来真如平等……②

---

① （唐）玄奘译《大般若波罗蜜多经》卷 321，《大正藏》第 5 册，第 220 号，第 640 页下栏 28。

② （唐）玄奘译《大般若波罗蜜多经》卷 321，《大正藏》第 5 册，第 220 号，第 641 页上栏 11。

93.Or.12380-1240（K.K.V.b.020.b. xxiv）存 1 页 3 行，上栏线无存，下栏线单栏，写本，刊布者将其定名为“残片”，下面将西夏文录文并对译如下：

……[illegible]	……若
……[illegible][illegible][illegible][illegible]	……故世间如
……[illegible][illegible]	……觉一

可以初步确定残片为唐玄奘译《大般若波罗蜜多经》第四百四十一卷“第二分不和合品第四十五之二”的相应内容：

……能与如来、应、正等觉一切相智，能示世间诸法实相。世尊！云何如是甚深般若波罗蜜多能生如来、应、正等觉一切佛法，能与如来、应、正等觉一切相智，能示世间诸法实相？……[1]

94.Or.12380-1241（K.K.V.b.020.b. xxiii）存 1 页 3 行，栏线无存，写本，刊布者将其定名为“残片”，下面将西夏文录文并对译如下：

……[illegible][illegible][illegible][illegible][illegible]……	……菩萨摩诃萨……
……[illegible][illegible]……	……愿无……
……[illegible]……	……舍……

可以初步确定残片为唐玄奘译《大般若波罗蜜多经》第五卷“初分相应品第三之二”的相应内容：

……诸菩萨摩诃萨修行般若波罗蜜多，不观空与空相应不相应，不观无相与无相相应不相应，不观无愿与无愿相应不相应。何

① （唐）玄奘译《大般若波罗蜜多经》卷 441，《大正藏》第 7 册，第 220 号，第 225 页中栏 5。

以故？舍利子！……[1]

95.Or.12380-1242（K.K. Ⅴ .b.020.b. xxii）存1页1行，上栏线单栏，下栏线无存，写本，刊布者将其定名为“佛经经论”，下面将西夏文录文并对译如下：

[illegible]……　　　　人天出现有也是……

可以初步确定残片非为“佛经经论”，而是唐玄奘译《大般若波罗蜜多经》第十卷“初分赞胜德品第五”，因残经过于残缺，初步确定其相应内容：

世间得有人天出现，所谓……[2]

96.Or.12380-1244（K.K.V.b.020.b. xix）存1页5行，上栏线无存，下栏线单栏，写本，刊布者将其定名为《华严经》，下面将西夏文录文并对译如下：

……[illegible]　　　　……何云也若
……[illegible]　　　　……若诸佛
……[illegible]　　　　……别无断
……[illegible]　　　　……净恒舍性
……[illegible]　　　　……何云也

可以初步确定残片非为《华严经》，而是唐玄奘译《大般若波罗蜜

① （唐）玄奘译《大般若波罗蜜多经》卷5，《大正藏》第5册，第220号，第23页中栏18。

② （唐）玄奘译《大般若波罗蜜多经》卷10，《大正藏》第5册，第220号，第53页上栏7。

多经》第二百七十九卷“初分难信解品第三十四之九十八”，因残经过于残缺，初步确定其相应内容如下：

> 何以故？若一切智智清净，若诸佛无上正等菩提清净，若恒住舍性清净，无二、无二分、无别、无断故。
>
> 复次，善现，一切智智清净，故色清净。色清净，故一切智清净，何以故？[①]

97.Or.12380-1245（K.K.V.b.020.b. xiii）存 1 页 3 行，上栏线单栏，下栏线无存，写本，刊布者将其定名为“佛经”，下面将西夏文录文并对译如下：

[illegible]……	若一切……
[illegible]……	也……
[illegible]……	大……

可以初步确定残片为唐玄奘译《大般若波罗蜜多经》第一百九十九卷“初分难信解品第三十四之十八”的相应内容：

> ……清净，若一切智智清净，无二、无二分、无别、无断故。意生清净，故四无所畏、四无碍解、大慈、大悲、大喜、大舍、十八佛不共法清净……[②]

98.Or.12380-1246（K.K.V.b.020.b. xiv）存 1 页 4 行，上栏线单栏，下栏线无存，写本，刊布者将其定名为“佛经”，下面将西夏文录

---

① （唐）玄奘译《大般若波罗蜜多经》卷 279，《大正藏》第 6 册，第 220 号，第 416 页中栏 22~ 下栏 14。

② （唐）玄奘译《大般若波罗蜜多经》卷 199，《大正藏》第 5 册，第 220 号，第 1064 页下栏 16。

文并对译如下：

[illegible]……	及……
[illegible]……	多修……
[illegible]……	萨摩诃萨……
[illegible]……	提有……

可以初步确定残片为唐玄奘译《大般若波罗蜜多经》第七卷“初分相应品第三之四”的相应内容：

……不为道相智、一切相智、一切相微妙智，故修行般若波罗蜜多。诸菩萨摩诃萨修行般若波罗蜜多时，不为超越预流果，故修行般若波罗蜜多；不为超越一来、不还、阿罗汉果、独觉菩提，故修行般若波罗蜜多。①

99.Or.12380-1247（K.K.V.b.020.b. ix）存 1 页 3 行，上栏线单栏，下栏线无存，写本，刊布者将其定名为“佛经”，下面将西夏文录文并对译如下：

[illegible]……	萨摩……
[illegible]……	无二……
[illegible]……	故诸佛……

可以初步确定残片为唐玄奘译《大般若波罗蜜多经》第一百九十五卷“初分难信解品第三十四之十四”的相应内容：

……若一切菩萨摩诃萨行清净，若一切智智清净，无二、无二

① （唐）玄奘译《大般若波罗蜜多经》卷 7，《大正藏》第 5 册，第 220 号，第 34 页中栏 27~下栏 1。

分、无别、无断故。善现！我清净，故诸佛无上正等菩提清净。诸佛无上正等菩提清净，故一切智智清净。[①]

100.Or.12380-1249（K.K.V.b.020.b. x）存 1 页 2 行，上栏线单栏，下栏线无存，写本，刊布者将其定名为“佛经”，下面将西夏文录文并对译如下：

[illegible][illegible][illegible]……	罗蜜多……
[illegible][illegible]……	世界……

可初步确定残片为唐玄奘译《大般若波罗蜜多经》第四卷“初分学观品第二之二”的相应内容：

若菩萨摩诃萨修行般若波罗蜜多，增益六种波罗蜜多时，彼世界诸善男子、善女人等……[②]

101.Or.12380-1250（K.K.V.b.020.b. vii）存 1 页 2 行，栏线无存，写本，刊布者将其定名为“佛经”，下面将西夏文录文并对译如下：

……[illegible]……	……罪……
……[illegible][illegible]……	……典中……

因残缺，可初步确定其为唐玄奘译《大般若波罗蜜多经》第三百零三卷“初分魔事品第四十之一”的相应内容：

---

① （唐）玄奘译《大般若波罗蜜多经》卷 195，《大正藏》第 5 册，第 220 号，第 1048 页上栏 21~25。

② （唐）玄奘译《大般若波罗蜜多经》卷 4，《大正藏》第 5 册，第 220 号，第 17 页上栏 21。

……心不清净，便从座起弃舍而去，当知是为菩萨魔事。时，具寿善现白佛言："世尊！何因缘故，于此般若波罗蜜多甚深经中，不授彼记而令舍去？"①

102.Or.12380-1251（K.K.V.b.020.b. v）存1页3行，上栏线无存，下栏线单栏，写本，刊布者将其定名为"残片"，下面将西夏文录文并对译如下：

……𗌭𗋚𗍫②　　……是本性
……𗏁𗖍　　……善现
……𗐯𗒹　　……何云

因残缺，可初步确定残片为唐玄奘译《大般若波罗蜜多经》第五十一卷"初分辨大乘品第十五之一"的相应内容，仅举例：

……善现！菩萨摩诃萨大乘相者，谓内空、外空、内外空、空空、大空、胜义空、有为空、无为空、毕竟空、无际空、散空、无变异空、本性空、自相空、共相空、一切法空、不可得空、无性空、自性空、无性自性空是菩萨摩诃萨大乘相。善现白佛言："世尊！云何内空？"佛言："善现！内谓内法，即是眼、耳、鼻、舌、身、意。此中眼由眼空。何以故？非常非坏本性尔故。耳、鼻、舌、身、意由耳、鼻、舌、身、意空。何以故？非常非坏本性尔故。善现！是为内空。"善现白佛言："世尊！云何外空？……"③

① （唐）玄奘译《大般若波罗蜜多经》卷303，《大正藏》第6册，第220号，第811页下栏4。

② 西夏文"𗋚𗍫"译为"本性"。

③ （唐）玄奘译《大般若波罗蜜多经》卷51，《大正藏》第5册，第220号，第290页下栏17~26。

103.Or.12380-1253（K.K.V.b.020.b. ii）存 1 页 4 行，栏线无存，写本，刊布者将其定名为“残片”，下面将西夏文录文并对译如下：

……𥡁……　　　　……有……
……𦾔𢇓𦿀𥾬𢇓……　　　　……菩萨摩诃萨……
……𦄵𦵭𢡱……　　　　……善现无……
……𣝨𢡱……　　　　……汝及……

104.Or.12380-1254（K.K.V.b.020.b. i）存 1 页 1 行，上栏线单栏，刊布者将其定名为“残片”，下面将西夏文录文并对译如下：

𦅺𧫏𢇲……　　　　预流果……

Or.12380-1253（K.K.V.b.020.b. ii）和 Or.12380-1254（K.K.V.b.020.b. i）残经因为过于残缺，可初步确定其为唐玄奘译《大般若波罗蜜多经》第三十五卷“初分教诫教授品第七之二十五”的相应内容：

……此增语既非有，如何可言：即预流果若空、若不空增语是菩萨摩诃萨，即一来、不还、阿罗汉果若空、若不空增语是菩萨摩诃萨？善现！汝复观何义言：即预流果若有相、若无相增语非菩萨摩诃萨，即一来、不还、阿罗汉果若有相、若无相增语非菩萨摩诃萨耶？①

105.Or.12380-1255（K.K.V.b.020.b. xlix）存 1 页 6 行，栏线无存，写本，有一行无法辨认，刊布者将其定名为“佛经”，下面将西夏文录文并对译如下：

---

① （唐）玄奘译《大般若波罗蜜多经》卷 35，《大正藏》第 5 册，第 220 号，第 192 页下栏 23~29。

……[illegible]……	……无何云……
……[illegible]……	……后中际无……
……[illegible]……	……复次善现……
……	……
……[illegible]……	……岂有……
……[illegible]……	……皆……

可初步确定残片为唐玄奘译《大般若波罗蜜多经》第四百二十卷“第二分无所有品第二十一之三”的相应内容：

> ……平等中，前、后、中际受、想、行、识皆不可得，何以故？平等中平等性尚不可得，何况平等中有前、后、中际受、想、行、识可得！复次，善现！前际眼处不可得，后际、中际眼处不可得，三际平等中眼处亦不可得，所以者何？善现！平等中前、后、中际眼处皆不可得。[①]

106.Or.12380-1256（K.K.V.b.020.b. xlviii）存 1 页 3 行，上栏线无存，下栏线单栏，写本，刊布者将其定名为《华严经》，下面将西夏文录文并对译如下：

……[illegible]	……相无解脱
……[illegible]	……空
……[illegible]	……终空际

初步确定残片非《华严经》，而是唐玄奘译《大般若波罗蜜多经》第一百零四卷“初分校量功德品第三十之二”的相应内容：

---

① （唐）玄奘译《大般若波罗蜜多经》卷 420，《大正藏》第 5 册，第 220 号，第 108 页上栏 29。

……若空解脱门、无相解脱门、无愿解脱门，若苦圣谛、集圣谛、灭圣谛、道圣谛，若佛五眼，若六神通，若布施波罗蜜多、净戒波罗蜜多、安忍波罗蜜多、精进波罗蜜多、静虑波罗蜜多、般若波罗蜜多，若内空、外空、内外空、空空、大空、胜义空、有为空、无为空、毕竟空、无际空、散空、无变异空、本性空……①

107.Or.12380-1257（K.K.V.b.020.b. xlvii）残经存 1 页 3 行，上栏线无存，下栏线单栏，写本，刊布者将其定名为“佛经”，下面将西夏文录文并对译如下：

……[illegible]	……典
……[illegible]	……缘无
……[illegible]	……解

108.Or.12380-1258（K.K.V.b.020.b. xii）存 1 页 5 行，上栏线无存，下栏线单栏，写本，刊布者将其定名为“佛经”，下面将西夏文录文并对译如下：

……[illegible]	……平等
……[illegible]	……无静虑
……[illegible]	……前后
……[illegible]	……妙中
……[illegible]	……中

可以初步确定残片为唐玄奘译《大般若波罗蜜多经》第六十卷“初分赞大乘品第十六之五”的相应内容：

① （唐）玄奘译《大般若波罗蜜多经》卷 104，《大正藏》第 5 册，第 220 号，第 577 页中栏 27。

……中际净戒、安忍、精进、静虑、般若波罗蜜多不可得，三世平等中净戒、安忍、精进、静虑、般若波罗蜜多亦不可得。所以者何？善现！平等中过去、未来、现在净戒、安忍、精进、静虑、般若波罗蜜多皆不可得。[①]

从 Or.12380-1257（K.K.V.b.020.b. xlvii）、Or.12380-1258（K.K.V.b.020.b. xii）残经字迹比较，二者皆为《大般若波罗蜜多经》，只是 Or.12380-1257（K.K.V.b.020.b. xlvii）过于残缺，具体内容待考。

109.Or.12380-1259（K.K.）残经存 1 页 8 行，实际上为 3 个残片，栏线无存，写本，刊布者将其定名为“佛经”，下面将西夏文录文并对译如下：

（右面）

……[illegible]……	……是如甚深般若波罗蜜多……
……[illegible]……	……方无量无数无边……
……[illegible]……	……住彼然欢喜彼……

Or.12380-1259（K.K.）残经右面残片，可以初步确定其为唐玄奘译《大般若波罗蜜多经》第三百零二卷“初分难闻功德品第三十九之六”的相应内容：

若善男子、善女人等，能于如是甚深般若波罗蜜多，书写、受持、读诵、修习、思惟、广说，十方世界无量、无数、无边如来、应、正等觉现说法者，皆共识知。是善男子、善女人等书写、受持、读诵、修习、思惟、广说甚深般若波罗蜜多，由此因缘欢喜护念。[②]

---

① （唐）玄奘译《大般若波罗蜜多经》卷 60，《大正藏》第 5 册，第 220 号，第 342 页上栏 7。

② （唐）玄奘译《大般若波罗蜜多经》卷 302，《大正藏》第 6 册，第 220 号，第 537 页中栏 9。

另从字迹判断，中间和左面亦应是《大般若波罗蜜多经》的内容，因残缺严重，具体属于哪卷内容尚待确定。

110.Or.12380-1261（K.K.）存1页2行，上栏线单栏，下栏线无存，写本，刊布者将其定名为“残片”，下面将西夏文录文并对译如下：

𘃡𗥤𗴮……　　八解脱……

□𗒘𗢭……　　□处九……

可以确定残片内容为唐玄奘译《大般若波罗蜜多经》，因相似内容太多，缺少上下文的参照，具体卷数很难确定。例如：

或第三卷“初分学观品第二之一”的相应内容：

……应圆满八解脱、八胜处、九次第定、十遍处，解脱、胜处、等至、遍处不可得故……①

或第四卷“初分学观品第二之二”的相应内容：

八解脱但有名，八胜处、九次第定、十遍处但有名；陀罗尼门但有名，三摩地门但有名……②

或第五卷“初分相应品第三之二”的相应内容：

不见八解脱若相应若不相应，不见八胜处、九次第定、十遍处若相应若不相应“初分相应品第三之二”的③

---

① （唐）玄奘译《大般若波罗蜜多经》卷3，《大正藏》第5册，第220号，第12页上栏10~12。

② （唐）玄奘译《大般若波罗蜜多经》卷4，《大正藏》第5册，第220号，第18页上栏11~16。

③ （唐）玄奘译《大般若波罗蜜多经》卷5，《大正藏》第5册，第220号，第23页上栏17~20。

或第六卷

“初分相应品第三之三”的“不著八解脱有，不著八解脱非有，不著八胜处、九次第定、十遍处有，不著八胜处、九次第定、十遍处非有；不著八解脱常，不著八解脱无常，不著八胜处、九次第定、十遍处常，不著著八胜处、九次第定、十遍处无常”① 等。

111.Or.12380-1262（K.K.V.b.020.a.xxxiv）存 1 页 4 行，上栏线无存，下栏线单栏，写本，刊布者将其定名为“佛经”，下面将西夏文录文并对译如下：

……[illegible]	……一切我无不
……[illegible]□□[illegible]□□	……等菩提□□著诸佛□□
……[illegible]	……著菩萨摩诃萨行
……[illegible]	……行一切不

可以初步确定残片为唐玄奘译《大般若波罗蜜多经》第六卷“初分相应品第三之三”的相应内容：

不著诸佛无上正等菩提无我，不著一切菩萨摩诃萨行寂静，不著一切菩萨摩诃萨行不寂静，不著诸佛无上正等菩提寂静。不著诸佛无上正等菩提不寂静；不著一切菩萨摩诃萨行空……②

112.Or.12380-1263（K.K.）存 1 页 2 行，栏线无存，写本，刊布者将其定名为“佛经”，下面将西夏文录文并对译如下：

---

①（唐）玄奘译《大般若波罗蜜多经》卷 6，《大正藏》第 5 册，第 220 号，第 31 页上栏 13~17。

②（唐）玄奘译《大般若波罗蜜多经》卷 6，《大正藏》第 5 册，第 220 号，第 33 页中栏 21。

……[illegible]……	……预流果止……
……[illegible]……	……涅槃……

可以初步确定残片为唐玄奘译《大般若波罗蜜多经》第三百三十九卷“初分巧便学品第五十五之三”的相应内容：

> 若菩萨摩诃萨为预流果自性涅槃，故学是学一切智智不？为一来、不还阿罗汉果自性涅槃，故学是学一切智智不？[①]

113.Or.12380-1264（K.K.V.b.020.a.xxxiii）存1页2行，上栏线单栏，下栏线无存，写本，刊布者将其定名为“佛经”，下面将西夏文录文并对译如下：

[illegible]……	菩萨摩诃萨……
[illegible]……	恐应无……

因为缺少其他内容参照，可以初步确定残片或为唐玄奘译《大般若波罗蜜多经》第三卷“初分学观品第二之一”的相应内容：

> 诸菩萨摩诃萨安住般若波罗蜜多，以无所得而为方便，应圆满如来十力、四无所畏、四无碍解……[②]

或为唐玄奘译《大般若波罗蜜多经》第六卷“初分相应品第三之三”的相应内容：

① （唐）玄奘译《大般若波罗蜜多经》卷339，《大正藏》第6册，第220号，第739页中栏3。

② （唐）玄奘译《大般若波罗蜜多经》卷3，《大正藏》第5册，第220号，第12页中栏17。

复次，舍利子！诸菩萨摩诃萨修行般若波罗蜜多，不著佛十力有，不著佛十力非有，不著四无所畏、四无碍解……①

或为唐玄奘译《大般若波罗蜜多经》第七卷“初分相应品第三之四”的相应内容：

诸菩萨摩诃萨修行般若波罗蜜多时，不为佛十力故修行般若波罗蜜多，不为四无所畏、四无碍解……②

114.Or.12380-1265（K.K.）存2残片6行，由两个残片组成，左面残片上栏线单栏，下栏线无存，写本；右面残片栏线无存，一行无法辨认，写本，刊布者将其定名为“佛经”，下面将西夏文录文并对译如下：

（右面）

……𗆧𘒣𗏁……　　……苦圣谛……

……𗭪𗫡……　　……涅槃……

……　　……

（左面）

𗨁𗥃𘏨……　　等无空……

𗭪𗫡𗖵……　　涅槃显……

𗏹𗟲𗣼……　　萨摩诃……

可以初步确定残片为唐玄奘译《大般若波罗蜜多经》卷三百二十八

① （唐）玄奘译《大般若波罗蜜多经》卷6,《大正藏》第5册，第220号，第32页上栏28。

② （唐）玄奘译《大般若波罗蜜多经》卷7,《大正藏》第5册，第220号，第34页中栏18。

“初分巧方便品第五十之一”的相应内容：

> ……为不退转地，菩萨摩诃萨遮遣苦圣谛，显示涅槃，遮遣集、灭、道圣谛显示涅槃。世尊，甚奇微妙方便，为不退转地菩萨摩诃萨遮遣四静虑，显示涅槃，遮遣四无量、四无色定，显示涅槃。世尊，甚奇微妙方便，为不退转地菩萨摩诃萨遮遣八解脱，显示涅槃……[1]

比对 Or.12380-1264（K.K.V.b.020.a.xxxiii）和 Or.12380-1265（K.K.）残经，二者字体相同，确定二者为同部同版残经。

115.Or.12380-1266（K.K.V.b.02.q）存 1 页 4 行，上栏线无存，下栏线单栏，写本，刊布者将其定名为“佛经”，下面将西夏文录文并对译如下：

……[illegible]	……八胜处
……[illegible]	……八解脱八解
……[illegible]	……故彼八胜
……[illegible]	……也世尊

可以初步确定残片为唐玄奘译《大般若波罗蜜多经》第三百八十五卷“初分诸法平等品第六十九之三”的相应内容：

> 法界非八胜处、九次第定、十遍处，亦不离八胜处、九次第定、十遍处，法界即八解脱，八解脱即法界，法界即八胜处、九次第定、十遍处，八胜处、九次第定、十遍处即法界。世尊……[2]

---

① （唐）玄奘译《大般若波罗蜜多经》卷 328，《大正藏》第 6 册，第 220 号，第 681 页下栏 10~17。

② （唐）玄奘译《大般若波罗蜜多经》卷 385，《大正藏》第 6 册，第 220 号，第 991 页下栏 17。

116.Or.12380-1267（K.K.V.b.020.a.xxxii）存 1 页 4 行，上栏线单栏，下栏线无存，写本，刊布者将其定名为《大般若波罗蜜多经》，下面将西夏文录文并对译如下：

□□□[illegible][1][illegible]……	□□□平等性亦得……
[illegible]……	波罗蜜多自性……
[illegible]……	复次善现前后……
[illegible]……	得处无三……

可以初步确定残片为唐玄奘译《大般若波罗蜜多经》第四百九十五卷“第三分善现品第三之十四”的相应内容：

……平等中平等性尚不可得，何况平等中有前、后、中际无明自性乃至老死自性可得！复次，善现！前、后、中际布施波罗蜜多乃至般若波罗蜜多皆不可得，三际平等中布施波罗蜜多乃至般若波罗蜜多亦不可得。[2]

117.Or.12380-1268（K.K.V.b.020.a.xxxi）存 1 页 4 行，栏线无存，写本，刊布者将其定名为“佛经”，下面将西夏文录文并对译如下：

……[illegible]……	……自性乃至八圣道……
……[illegible]……	……四静虑四无量……
……[illegible]……	……静虑四无量……
……[illegible]……	……中前后中……

可以初步确定残片为唐玄奘译《大般若波罗蜜多经》第四百九十五

① 西夏文“[illegible]”译为“平等性”。

② （唐）玄奘译《大般若波罗蜜多经》卷 495，《大正藏》第 7 册，第 220 号，第 518 页中栏 23~28。

卷“第三分善现品第三之十四”的相应内容：

> ……何况平等中有前、后、中际，四念住自性，乃至八圣道支自性可得！复次，善现！前、后、中际，四静虑、四无量、四无色定皆不可得，三际平等中四静虑、四无量、四无色定亦不可得。所以者何？平等中前、后、中际，四静虑、四无量、四无色定自性皆不可得，何以故？平等中平等性尚不可得，何况平等中有前、后、中际，四静虑、四无量、四无色定自性可得！……[1]

118.Or.12380-1270（K.K.V.b.028.c）存1页4行，栏线无存，写本，刊布者将其定名为“佛经”，下面将西夏文录文并对译如下：

……[illegible]…… ……常无……

……[illegible]…… ……（善）现佛之……

……[illegible]…… ……尽终者……

……[illegible]…… ……缘（故）何云……

因为过于残缺，可以初步确定残片为唐玄奘译《大般若波罗蜜多经》第三十六卷“初分教诫教授品第七之二十六”的相应内容：

> ……色等常无常等法及增语，既不可得，而言色等法增语，及色等常无常等法增语是菩萨摩诃萨者，无有是处。佛告善现：“善哉！善哉！如是！如是！如汝所说。善现！色等法及色等常无常等法，不可得故，色等法增语及色等常无常等法增语亦不可得……”[2]

① （唐）玄奘译《大般若波罗蜜多经》卷495，《大正藏》第7册，第220号，第518页下栏7~13。

② （唐）玄奘译《大般若波罗蜜多经》卷36，《大正藏》第5册，第220号，第99页上栏3~6。

另，从字迹和内容上判断，Or.12380-1269（K.K.V.b.021）与 Or.12380-1271（K.K.）残片亦应为《大般若波罗蜜多经》，但残缺十分严重，具体内容尚待考证。

119.Or.12380-1272（K.K.V.b.025.d）存 2 残片 5 行，右面残片栏线无存，残缺严重，每行仅剩 1~4 字；左面残片下栏线单栏，上栏线无存，写本，刊布者将其定名为“佛经”，下面将西夏文录文并对译如下：

……[illegible]……	……色不执著……
……[illegible]……	……受著应……
……[illegible]……	……应……
……[illegible]……	……受……
……[illegible]……	……受……

因残缺严重，可以初步确定残片为唐玄奘译《大般若波罗蜜多经》第七十卷“初分观行品第十九之一”的相应内容：

> ……于色不受、不取、不执、不著，亦不施设为色；于受、想、行、识不受、不取、不执、不著，亦不施设为受、想、行、识。世尊！诸菩萨摩诃萨修行般若波罗蜜多观诸法时，于眼处不受、不取、不执、不著，亦不施设为眼处；于耳、鼻、舌、身、意处不受、不取、不执、不著……①

但从字迹判断，此残片与 Or.12380-1268（K.K.V.b.020.axxxi）为同一部同一版残经。

120.Or.12380-1273（K.K.V.b.015.gg）存 1 页 2 行，上栏线单栏，下栏线无存，写本，残缺严重，刊布者将其定名为“残片”，下面将西夏文录文并对译如下：

---

① （唐）玄奘译《大般若波罗蜜多经》卷 70，《大正藏》第 5 册，第 220 号，第 396 页上栏 20~24。

[illegible]…… 清净故……
[illegible]…… 智智清净……

可以初步确定残片为唐玄奘译《大般若波罗蜜多经》第一百九十五卷“初分难信解品第三十四之十四”的相应内容，因为残缺严重，具体属于哪一段，尚待考证，例如：“我清净，故受、想、行、识清净。受、想、行、识清净，故一切智智清净”；“我清净，故眼处清净。眼处清净，故一切智智清净”；“ 我清净，故耳、鼻、舌、身、意处清净。耳、鼻、舌、身、意处清净，故一切智智清净”[①]等相应段落的内容。

121.Or.12380-1274（K.K.V.b.015.f）存 1 页 6 行，栏线无存，写本，残缺严重，刊布者将其定名为“佛经”，下面将西夏文录文并对译如下：

……[illegible]…… ……坏灭缘……
……[illegible]…… ……学时陀……
……[illegible]…… ……地……
……[illegible]…… ……时……
……[illegible]…… ……果摄受……
……[illegible]…… ……是如学……

此残片应是唐玄奘译《大般若波罗蜜多经》第八十七卷“初分学般若品第二十六之三”的相应内容：

……菩萨摩诃萨如是学时，不为独觉摄受坏灭故学，不为独觉向独觉果摄受坏灭故学耶？善现！菩萨摩诃萨如是学时，不为菩萨摩诃萨摄受坏灭故学，不为三藐三佛陀摄受坏灭故学耶？善现！菩萨摩诃萨如是学时，不为菩萨摩诃萨法摄受坏灭故学，不为无上正

① （唐）玄奘译《大般若波罗蜜多经》卷 195，《大正藏》第 5 册，第 220 号，第 146 上栏 4~7。

等菩提摄受坏灭故学耶？[①]

122.Or.12380-1275（K.K.V.b.015.ee）存 1 页 2 行，栏线无存，写本，残缺严重，刊布者将其定名为《大集经》，下面将西夏文录文并对译如下：

……[illegible]……　　　　……不散声香……

……[illegible]……　　　　……散耳鼻舌……

可以初步确定残片非为《大集经》，而是唐玄奘译《大般若波罗蜜多经》第三百五十九卷“初分多问不二品第六十一之九”，因为过于残缺，具体属于哪一段尚待考证：

> ……眼处不合、不散，耳、鼻、舌、身、意处亦不合、不散，色处不合、不散，声、香、味、触法处亦不合、不散。眼界不合、不散，耳、鼻、舌、身、意界亦不合、不散。[②]

此残片与前述 Or.12380-1273（K.K.V.b.015.gg）为同版残经。

123.Or.12380-1276（K.K.V.b.015.cc）存 1 页 2 行，上栏线无存，下栏线无存，写本，残缺严重，刊布者将其定名为“佛经”，下面将西夏文录文并对译如下：

……[illegible]　　　　……故如来之如

……[illegible]　　　　……如

---

① （唐）玄奘译《大般若波罗蜜多经》卷 87，《大正藏》第 5 册，第 220 号，第 488 下栏 13~17。

② （唐）玄奘译《大般若波罗蜜多经》卷 359，《大正藏》第 6 册，第 220 号，第 847 页下栏 11。

可以初步确定残片为唐玄奘译《大般若波罗蜜多经》第三百二十一卷“初分真如品第四十七之四”，因为过于残缺，具体行数尚待考证，如：

复次，过去真如平等，故如来真如平等。如来真如平等，故过去真如平等。未来真如平等，故如来真如平等。如来真如平等，故未来真如平等。现在真如平等，故如来真如平等。如来真如平等，故现在真如平等。

复次，色真如平等，故如来真如平等。如来真如平等，故色真如平等。受、想、行、识真如平等，故如来真如平等。如来真如平等，故受、想、行、识真如平等。如是若色真如平等，若受、想、行、识真如平等，若如来真如平等，同一真如平等无二无别。[1]

124.Or.12380-1277（K.K.V.b.015.x）存 1 页 2 行，上栏线无存，下栏线单栏，残缺严重，写本，刊布者将其定名为“残片”，下面将西夏文录文并对译如下：

……[illegible][illegible][illegible]……	……空外空……
……[illegible]……	……中……

可以初步确定残片为唐玄奘译《大般若波罗蜜多经》第六十四卷“初分无所得品第十八之四”的相应内容：

……外空、内外空、空空、大空、胜义空、有为空、无为空、毕竟空、无际空、散空、无变异空、本性空、自相空、共相空、一切法空、不可得空、无性空、自性空、无性自性空、外空乃至无性自性空性空，何以故？外空乃至无性自性空性空中，外空乃至无性

① （唐）玄奘译《大般若波罗蜜多经》卷 321，《大正藏》第 6 册，第 220 号，第 640 页下栏 17~23。

自性空无所有不可得故……[1]

125.Or.12380-1278（K.K.V.b.015.s）存 1 页 3 行，栏线无存，写本，残缺严重，刊布者将其定名为“佛经”，下面将西夏文录文并对译如下：

……[illegible][2][illegible]……	……有情之成就（成熟）也……
……[illegible]……	……常诸有情之利……
……[illegible]……	……已如是因缘依……

可以初步确定残片为唐玄奘译《大般若波罗蜜多经》第一百二十六卷“初分校量功德品第三十之二十四”的相应内容：

……恒为成熟诸有情故，恒不弃舍诸有情故，恒为利乐诸有情故，彼诸天等亦复如是，由此因缘常随拥护。[3]

126.Or.12380-1279（K.K.V.b.015.r）存 1 页 3 行，上栏线无存，下栏线单栏，写本，残缺严重，刊布者将其定名为“佛经”，下面将西夏文录文并对译如下：

……[illegible]	……空本性空
……[illegible]	……有处无空性无
……[illegible]	……真平等故如来

---

① （唐）玄奘译《大般若波罗蜜多经》卷 64，《大正藏》第 5 册，第 220 号，第 363 页中栏 8。

② 西夏文“[illegible]”译为“成就”“成熟”，汉文本为“成熟”。

③ （唐）玄奘译《大般若波罗蜜多经》卷 126，《大正藏》第 5 册，第 220 号，第 693 页下栏 17。

可以初步确定残片为唐玄奘译《大般若波罗蜜多经》第三百二十一卷“初分真如品第四十七之四”的相应内容：

> 外空、内外空、空空、大空、胜义空、有为空、无为空、毕竟空、无际空、散空、无变异空、本性空、自相空、共相空、一切法空、不可得空、无性空、自性空、无性自性空、真如平等，故如来真如平等，如来真如平等，故外空乃至无性自性空真如平等。[①]

127.Or.12380-1280（K.K.V.b.015.q）存1页5行，栏线无存，写本，残缺严重，刊布者将其定名为“佛经”，下面将西夏文录文并对译如下：

……[illegible]……	……空际无空散……
……[illegible]……	……共相空法一……
……[illegible]……	……自性空无性自性空……
……[illegible]……	……如真亦平等如来……
……[illegible]……	……无自性空……

可以初步确定残片为唐玄奘译《大般若波罗蜜多经》第三百二十一卷“初分真如品第四十七之四”的相应内容：

> 外空、内外空、空空、大空、胜义空、有为空、无为空、毕竟空、无际空、散空、无变异空、本性空、自相空、共相空、一切法空、不可得空、无性空、自性空、无性自性空、真如平等，故如来真如平等，如来真如平等，故外空乃至无性自性空真如平等。[②]

---

① （唐）玄奘译《大般若波罗蜜多经》卷321，《大正藏》第6册，第220号，第640页下栏17。

② （唐）玄奘译《大般若波罗蜜多经》卷321，《大正藏》第6册，第220号，第640页下栏17。

比较 Or.12380-1279（K.K.V.b.015.r）和 Or.12380-1280（K.K.V.b.015.q）残经，两个残页的内容有很大重合。它们与 Or.12380-1276（K.K.V.b.015.cc）同版残经。

128.Or.12380-1281（K.K.V.b.05.v）存 1 页 2 行，栏线无存，写本，残缺严重，刊布者将其定名为“佛经”，下面将西夏文录文并对译如下：

……[illegible]……	……亦为所非……
……[illegible]……	……识本性是如……

可以初步确定残片为唐玄奘译《大般若波罗蜜多经》第六十九卷“初分无所得品第十八之九”的相应内容：

……何以故？非所作故。受、想、行、识本性毕竟不生，何以故？[①]

129.Or.12380-1282（K.K.V.b.05.t）存 1 页 3 行，上栏线单栏，下栏线无存，残缺严重，写本，刊布者将其定名为《阿含经》，下面将西夏文录文并对译如下：

[illegible]……	过去未来……
[illegible][②][illegible][③]……	色界眼识界………
[illegible]……	无后世色界……

可以初步确定残片非为《阿含经》，而是唐玄奘译《大般若波罗蜜

① （唐）玄奘译《大般若波罗蜜多经》卷 69，《大正藏》第 5 册，第 220 号，第 391 页上栏 24。

② 西夏文“[illegible]”译为“色界”。色界，为欲界、色界、无色界三界之一。

③ 西夏文“[illegible]”译为“眼识界”。

多经》第五十九卷“初分赞大乘品第十六之四”的相应内容：

……空中过去、未来、现在色界、眼识界及眼触、眼触为缘所生诸受不可得。何以故？过去、未来、现在色界，乃至眼触为缘所生诸受即是空……①

或为第六十卷“初分赞大乘品第十六之五”的相应内容：

……平等中过去、未来、现在色界、眼识界及眼触、眼触为缘所生诸受皆不可得。何以故？平等中平等性尚不可得，何况平等中有过去、未来、现在色界、眼识界及眼触、眼触为缘所生诸受可得！②

130.Or.12380-1283（K.K.V.b.05.s）存 1 页 3 行，上栏线无存，下栏线单栏，写本，残缺严重，刊布者将其定名为“佛经”，下面将西夏文录文并对译如下：

……[illegible] ……散等香衣服璎

[illegible]③……[illegible]…… 珞……彼天神即诸道

可以初步确定残片为唐玄奘译《大般若波罗蜜多经》第三百二十五卷“初分菩萨住品第四十八之二”的相应内容：

亦终不以种种华鬘、涂散等香、衣服、璎珞、宝幢、幡盖、伎乐、灯明供养天神及诸外道。④

① （唐）玄奘译《大般若波罗蜜多经》卷 59，《大正藏》第 5 册，第 220 号，第 334 页上栏 27~ 中栏 2。

② （唐）玄奘译《大般若波罗蜜多经》卷 60，《大正藏》第 5 册，第 220 号，第 340 页下栏 17~21。

③ 西夏文“[illegible]”译为“璎珞”。

④ （唐）玄奘译《大般若波罗蜜多经》卷 325，《大正藏》第 6 册，第 220 号，第 664 页上栏 6。

比对残片，确定Or.12380-1281（K.K.V.b.05.v）、Or.12380-1281（K.K. V.b.05.t）、Or.12380-1283（K.K.V.b.05.s）为同版佛经。

131.Or.12380-1284（K.K.V.b.015.p）存1页3行，上栏线单栏，下栏线无存，写本，残缺严重，刊布者将其定名为“佛经”，下面将西夏文录文并对译如下：

[illegible]……　　若愿有愿无无……

[illegible]……　　（善）现汝及何……

[illegible]……　　寂静若安……

可以初步确定残片为唐玄奘译《大般若波罗蜜多经》第二十七卷“初分教诫教授品第七之十七”的相应内容：

……即水、火、风、空、识界，若有愿、若无愿增语是菩萨摩诃萨。善现，汝复观何义？言：即地界，若寂静、若不寂静增语非菩萨摩诃萨。[①]

132.Or.12380-1290（K.K.）存1页4行，栏线无存，写本，残缺严重，刊布者将其定名为“佛经”，下面将西夏文录文并对译如下：

……[illegible]□□□[illegible]……　　……内外□□□散……

……[illegible]……　　……空边……

……[illegible]……　　……共相空法一切……

……[illegible]……　　……自性空性无自性空……

可以初步确定残片为唐玄奘译《大般若波罗蜜多经》第三百二十一卷“初分真如品第四十七之四”的相应内容：

① （唐）玄奘译《大般若波罗蜜多经》卷27，《大正藏》第5册，第220号，第148页中栏6。

外空、内外空、空空、大空、胜义空、有为空、无为空、毕竟空、无际空、散空、无变异空、本性空、自相空、共相空、一切法空、不可得空、无性空、自性空、无性自性空、真如平等，故如来真如平等，如来真如平等，故外空乃至无性自性空真如平等。[①]

133.Or.12380-1292（K.K.）存1页1行，上栏线无存，下栏线单栏，残缺严重，刊布者将其定名为“残片”，下面将西夏文录文并对译如下：

……[illegible]	……四静虑

可以初步确定残片为唐玄奘译《大般若波罗蜜多经》，但因为残缺严重，“四静虑”相似内容较多，卷数尚难确定。

134.Or.12380-1293（K.K.）存1页5行，一行无法辨认，栏线无存，写本，残缺严重，刊布者将其定名为“佛经”，下面将西夏文录文并对译如下：

……[illegible]……	……来不……
……[illegible]……	……独觉菩提……
……[illegible]……	……智智清净何云也……
……[illegible]……	……一切智智……

可以初步确定残片为唐玄奘译《大般若波罗蜜多经》第二百一十三卷“初分难信解品第三十四之三十二”的相应内容：

……若一来、不还、阿罗汉果清净，若一切智智清净，无二、无二分、无别、无断故。善现！本性空清净，故独觉菩提清净。独

① （唐）玄奘译《大般若波罗蜜多经》卷321，《大正藏》第6册，第220号，第640页下栏17。

觉菩提清净，故一切智智清净。何以故？若本性空清净，若独觉菩提清净，若一切智智清净，无二、无二分、无别、无断故。[①]

135.Or.12380-1294（K.K.Ⅱ.0254.k.ii）存1页4行，上栏线单栏，下栏线无存，刻本，残缺严重，刊布者将其定名为《大般若波罗蜜多经》，下面将西夏文录文并对译如下：

[illegible]……	蜜多寂净……
[illegible]……	波罗蜜多……
[illegible]……	及布施波……
[illegible]……	精进……

可以初步确定残片为唐玄奘译《大般若波罗蜜多经》第六卷“初分相应品第三之三”，或第十二卷“初分教诫教授品第七之二”，或第十六卷“初分教诫教授品第七之六”，但因为残缺严重，相似内容较多，卷数尚难确定。例如第六卷“初分相应品第三之三”的相应内容如下：

不著净戒、安忍、精进、静虑、般若波罗蜜多有，不著净戒、安忍、精进、静虑、般若波罗蜜多非有；不著布施波罗蜜多常，不著布施波罗蜜多无常；不著净戒、安忍、精进、静虑、般若波罗蜜多常，不著净戒、安忍、精进、静虑、般若波罗蜜多无常；不著布施波罗蜜多乐，不著布施波罗蜜多苦；不著净戒、安忍、精进、静虑、般若波罗蜜多乐，不著净戒、安忍、精进、静虑、般若波罗蜜多苦；不著布施波罗蜜多我，不著布施波罗蜜多无我；不著净戒、安忍、精进、静虑、般若波罗蜜多我，不著净戒、安忍、精进、静

① （唐）玄奘译《大般若波罗蜜多经》卷213，《大正藏》第6册，第220号，第69页上栏29~中栏7。

虑、般若波罗蜜多无我……[①]

第十六卷“初分教诫教授品第七之六”的相应内容如下：

若布施波罗蜜多，若净戒、安忍、精进、静虑、般若波罗蜜多，尚毕竟不可得，性非有故，况有布施波罗蜜多真如及净戒、安忍、精进、静虑、般若波罗蜜多真如！[②]

136.Or.12380-1295（K.K.Ⅱ.0254.k.xi）存1页2行，上栏线无存，下栏线单栏，写本，残缺严重，刊布者将其定名为《金光明最胜王经》，下面将西夏文录文并对译如下：

……[illegible]□[illegible][illegible][③][illegible][illegible]　　……花□篱笆如又
……[illegible][illegible][④][illegible][illegible][illegible][⑤][illegible][illegible][illegible][illegible]　　……楼阁有紫金及成众宝

可以初步确定残片非为《金光明最胜王经》，而是唐玄奘译《大般若波罗蜜多经》第三百九十八卷“初分常啼菩萨品第七十七之一”的相应内容：

……洒以香水布以名华，城及垣墙皆有却敌，雉堞楼阁紫金所成，莹以众珍光明辉焕。[⑥]

① （唐）玄奘译《大般若波罗蜜多经》卷6，《大正藏》第5册，第220号，第29页中栏25~29。

② （唐）玄奘译《大般若波罗蜜多经》卷16，《大正藏》第5册，第220号，第88页下栏14~19。

③ 西夏文“[illegible]”译为“篱笆”，一个西夏字可对应译成2个汉字。

④ 西夏文“[illegible][illegible]”译为“楼阁”。

⑤ 西夏文“[illegible][illegible]”译为“紫金”。

⑥ （唐）玄奘译《大般若波罗蜜多经》卷398，《大正藏》第6册，第220号，第1060页中栏19。

137.Or.12380-1296（K.K.）存1页4行，栏线无存，写本，残缺严重，刊布者将其定名为“佛经”，下面将西夏文录文并对译如下：

……𗒘𗹙𗹙𗎫𘄿……	……行一切清净……
……𗎫𘄿𗑠𗋕……	……清净何云……
……𗟻𗒘𗹙𗹙……	……萨行一切……
……𗢭……	……别……

可以初步确定残片为唐玄奘译《大般若波罗蜜多经》第二百八十四卷“初分难信解品第三十四之一百三”的相应内容等，因为残缺严重，具体属于哪一段落，尚待考证，例如：

……若一切菩萨摩诃萨行清净，无二、无二分、无别、无断故。一切智智清净，故受、想、行、识清净。受、想、行、识清净，故一切菩萨摩诃萨行清净。何以故？若一切智智清净，若受、想、行、识清净，若一切菩萨摩诃萨行清净，无二、无二分、无别、无断故……①

或为：

耳、鼻、舌、身、意处清净，故一切菩萨摩诃萨行清净。何以故？若一切智智清净，若耳、鼻、舌、身、意处清净，若一切菩萨摩诃萨行清净，无二、无二分、无别、无断故。②

138.Or.12380-1298（K.K.）存1页3行，栏线无存，写本，残缺

① （唐）玄奘译《大般若波罗蜜多经》卷284，《大正藏》第6册，第220号，第442页中栏11。

② （唐）玄奘译《大般若波罗蜜多经》卷284，《大正藏》第6册，第220号，第442页中栏18。

严重，刊布者将其定名为“佛经”，下面将西夏文录文并对译如下：

……[illegible]……	……趣处无何云……
……[illegible]……	……故有应无……
……[illegible]……	……若菩萨摩……

可以初步确定残片为唐玄奘译《大般若波罗蜜多经》第四百四十六卷“第二分初业品第五十之二”的相应内容：

……一切法皆以无所有为趣，诸菩萨摩诃萨于如是趣不可超越。何以故？无所有中趣与非趣不可得故。善现！一切法皆以幻、梦、响、像、光影、阳焰、变化事、寻香城为趣，诸菩萨摩诃萨于如是趣不可超越。[①]

139.Or.12380-1303（K.K.）存 1 页 3 行，栏线无存，写本，残缺严重，刊布者将其定名为“佛经”，下面将西夏文录文并对译如下：

……[illegible]……	……缘起……
……[illegible]……	……触缘起诸受……
……[illegible]……	……受空如住……

可初步确定残片为唐玄奘译《大般若波罗蜜多经》第三百八十二卷“初分诸功德相品第六十八之四”的相应内容：

……以无所住为方便故，住眼触为缘所生诸受空；以无所住为方便故，住耳、鼻、舌、身、意触为缘所生诸受空。以无所住为方

① （唐）玄奘译《大般若波罗蜜多经》卷 446，《大正藏》第 7 册，第 220 号，第 247 页下栏 29~248 上栏 5。

便故，住地界空……[1]

140.Or.12380-1305（K.K.）存 1 页 3 行，上栏线单栏，下栏线无存，写本，残缺严重，刊布者将其定名为“佛经”，下面将西夏文录文并对译如下：

[illegible]……　　　　虚妄非……

因残缺严重，可初步确定残片为唐玄奘译《大般若波罗蜜多经》第五十六卷“初分辩大乘品第十五之六”的相应内容，但相似的语句较多，具体属于哪一句尚待考证，例如：

……若欲界是真如，非虚妄、非颠倒、非假设、是谛是实、有常有恒、无变无易、有实性者……[2]

141.Or.12380-1307（K.K.Ⅱ.0279.aaa）存 1 页 3 行，上栏线无存，下栏线单栏，写本，残缺严重，刊布者将其定名为“佛经”，下面将西夏文录文并对译如下：

……[illegible]　　　　……善现若地
……[illegible]　　　　……独也不二
……[illegible]　　　　……法一切如

可以初步确定残片为唐玄奘译《大般若波罗蜜多经》第三百一十八卷“初分趣智品第四十六之三”的相应内容：

① （唐）玄奘译《大般若波罗蜜多经》卷 382，《大正藏》第 6 册，第 220 号，第 974 页中栏 3。

② （唐）玄奘译《大般若波罗蜜多经》卷 56，《大正藏》第 5 册，第 220 号，第 319 页上栏 13。

……善现，若地界真如，若一切智智真如，若一切法真如。[①]

142.Or.12380-1308（K.K.II.0279.yy）存1页4行，栏线无存，写本，残缺严重，刊布者将其定名为《大般若波罗蜜多经》，下面将西夏文录文并对译如下：

……[illegible]……	……七……
……[illegible][②]……	……八圣道支清净……
……[illegible]……	……一切智智清净……
……[illegible]……	……四正断……

可以初步确定残片为唐玄奘译《大般若波罗蜜多经》第一百八十四卷“初分难信解品第三十四之三”的相应内容：

……四正断、四神足、五根、五力、七等觉支、八圣道支清净即一切智智清净，一切智智清净即四正断乃至八圣道支清净。何以故？是四正断乃至八圣道支清净与一切智智清净，无二、无二分、无别、无断故。[③]

143.Or.12380-1309（K.K.II.0279.xx）存1页4行，上栏线无存，下栏线无存，写本，残缺严重，刊布者将其定名为《华严经》，下面将西夏文录文并对译如下：

[illegible]……	名成及相智一（切）……

① （唐）玄奘译《大般若波罗蜜多经》卷318，《大正藏》第6册，第220号，第621页中栏17。

② 西夏文“[illegible]”译为“八圣道支清净”，八圣道支，指八正道，即正见、正思惟、正语、正业、正命、正精进、正念、正定。

③ （唐）玄奘译《大般若波罗蜜多经》卷184，《大正藏》第5册，第220号，第990页下栏6。

[illegible]……	智一切相智法界……
[illegible]……	法界亦无别无断……
[illegible]……	相智法界相……

可以初步确定其非为《华严经》，而是唐玄奘译《大般若波罗蜜多经》第三百五十八卷“初分多问不二品第六十一之八”的相应内容：

……一切智界、虚空界是名一切智法界。此一切智法界无断、无别而可施设，是名一切智法界相。道相智、一切相智界、虚空界是名道相智、一切相智法界，此道相智、一切相智法界亦无断、无别而可施设，是名道相智、一切相智法界相。诸菩萨摩诃萨如实了知当于中学……①

144.Or.12380-1311（K.K.II.0279.mm）存 1 页 4 行，上栏线单栏，下栏线无存，写本，残缺严重，刊布者将其定名为“佛经”，下面将西夏文录文并对译如下：

[illegible]……	现……
[illegible]……	若……
[illegible]……	萨摩……
[illegible]……	界……

可以初步确定残片为唐玄奘译《大般若波罗蜜多经》，因为残缺严重，很多相应内容，具体哪一卷或哪一段内容待考证。例如，

或为《大般若波罗蜜多经》第二十七卷“初分教诫教授品第七之十七”的相应内容：

① （唐）玄奘译《大般若波罗蜜多经》卷 358，《大正藏》第 6 册，第 220 号，第 837 页上栏 10。

善现！汝复观何义言：即地界若净、若不净增语非菩萨摩诃萨，即水、火、风、空、识界若净、若不净增语非菩萨摩诃萨耶？世尊！若地界净不净，若水、火、风、空、识界净不净……[①]

或为第二十七卷“初分教诫教授品第七之十七”的相应内容：

善现！汝复观何义言：即地界若空、若不空增语非菩萨摩诃萨，即水、火、风、空、识界若空、若不空增语非菩萨摩诃萨耶？世尊！若地界空不空，若水、火、风、空、识界空不空，尚毕竟不可得……[②]

145.Or.12380-1313（K.K.Ⅱ.0279.gg）存 1 页 4 行，上栏线单栏，下栏线无存，写本，残缺严重，刊布者将其定名为“佛经”，下面将西夏文录文并对译如下：

𗸰𗒘……	净故……
𗸰𗏁……	净何……
𘜘𗍫𗗙……	若四正……
𗫂𗫂……	智智……

可以初步确定残片为唐玄奘译《大般若波罗蜜多经》，具体内容尚待考证。例如：

或为《大般若波罗蜜多经》第一百九十七卷“初分难信解品第三十四之十六”的相应内容：

① （唐）玄奘译《大般若波罗蜜多经》卷 27，《大正藏》第 5 册，第 220 号，第 148 页中栏 6~8。

② （唐）玄奘译《大般若波罗蜜多经》卷 27，《大正藏》第 5 册，第 220 号，第 148 页中栏 14~16。

……四正断乃至八圣道支清净，故一切智智清净。何以故？若生者清净，若四正断乃至八圣道支清净，若一切智智清净，无二、无二分、无别、无断故。善现！生者清净，故空解脱门清净，空解脱门清净，故一切智智清净。何以故？……①

或为《大般若波罗蜜多经》第一百九十八卷“初分难信解品第三十四之十七”的相应内容：

……四正断乃至八圣道支清净，故一切智智清净。何以故？若士夫清净，若四正断乃至八圣道支清净，若一切智智清净，无二、无二分、无别、无断故。善现！士夫清净，故空解脱门清净。空解脱门清净，故一切智智清净。何以故？②

146.Or.12380-1314（K.K.Ⅱ.0277.w）存 1 页 4 行，上栏线无存，下栏线单栏，写本，残缺严重，刊布者将其定名为“佛经”，下面将西夏文录文并对译如下：

……[illegible][illegible][illegible][illegible][illegible]	……不生者耳界
……[illegible][illegible][illegible][illegible]	……声界乃至
……[illegible][illegible][illegible][illegible]	……鼻界非香
……[illegible]	……界

可以初步确定残片为唐玄奘译《大般若波罗蜜多经》第一百八十二卷“初分难信解品第三十四之一”的相应内容：

① （唐）玄奘译《大般若波罗蜜多经》卷 197，《大正藏》第 5 册，第 220 号，第 1054 页下栏 6~14。

② （唐）玄奘译《大般若波罗蜜多经》卷 198，《大正藏》第 5 册，第 220 号，第 1059 页中栏 26~ 下栏 5。

……以声界乃至耳触为缘所生诸受无所有性，为声界乃至耳触为缘所生诸受自性故。鼻界非缚非解。何以故？以鼻界无所有性，为鼻界自性故。香界、鼻识界及鼻触、鼻触为缘所生诸受非缚非解。何以故？[1]

147.Or.12380-1315（K.K.Ⅱ.0277.z）存 1 页 2 行，上栏线单栏，写本，残缺严重，刊布者将其定名为“佛经”，下面将西夏文录文并对译如下：

[illegible]……	舍利子……
[illegible]……	八解脱……

可以初步确定残片为唐玄奘译《大般若波罗蜜多经》第六十二卷“初分无所得品第十八之二”的相应内容：

……舍利子！若八解脱、八胜处、九次第定、十遍处无所有，若八解脱、八胜处、九次第定、十遍处空，若八解脱、八胜处、九次第定、十遍处远离，若八解脱、八胜处、九次第定、十遍处无自性，若前际菩萨摩诃萨，若后际菩萨摩诃萨，若中际菩萨摩诃萨，如是一切法无二无二分……[2]

148.Or.12380-1316（K.K.Ⅱ.0277.x）存 1 页 3 行，上栏线无存，下栏线单栏，写本，残缺严重，刊布者将其定名为《大般若波罗蜜多经》，下面将西夏文录文并对译如下：

---

① （唐）玄奘译《大般若波罗蜜多经》卷 182，《大正藏》第 5 册，第 220 号，第 979 页中栏 10~14。

② （唐）玄奘译《大般若波罗蜜多经》卷 62，《大正藏》第 5 册，第 220 号，第 351 页下栏 28。

……[illegible]	……罗蜜多行时
……[illegible]	……应何云也
……[illegible]	……菩萨摩诃萨

可以初步确定残片为唐玄奘译《大般若波罗蜜多经》第十七卷“初分教诫教授品第七之七”的相应内容：

> ……诸菩萨摩诃萨修行般若波罗蜜多时，应如是学。复次，善现！所言菩萨摩诃萨者，于意云何？即色增语是菩萨摩诃萨不？……[①]

解读 Or.12380-1311（K.K.II.0279.mm）、Or.12380-1313（K.K.II.0279.gg）、Or.12380-1314（K.K.II.0277.w）、Or.12380-1315（K.K.II.0277.z）和 Or.12380-1316（K.K.II.0277.x），比对残经，可以确定它们为同版同部残经，但卷数不同。

149.Or.12380-1317（K.K.II.0277.u）残经存 1 页 2 行，上栏线无存，下栏线单栏，写本，残缺严重，刊布者将其定名为“佛经”，下面将西夏文录文并对译如下：

……[illegible][②][illegible]□[illegible]	……虚名有所□我
……[illegible][③][illegible]	……中摄十方三世中所

可以初步确定残片为唐玄奘译《大般若波罗蜜多经》第六十六卷“初分无所得品第十八之六”的相应内容，因残缺严重，具体属于哪一

---

① （唐）玄奘译《大般若波罗蜜多经》卷 17，《大正藏》第 5 册，第 220 号，第 92 页中栏 25~ 下栏 3。

② 西夏文“[illegible]”译为“虚名、假名”。

③ 西夏文“[illegible]”译为“十方三世间”，十方三世间，十方在佛经称东西南北，东南西南，东北西北，上下，为十方。过去、现在和未来称为三世。

段尚待考证，例如：

……菩萨摩诃萨但有假名。舍利子！如色名唯客所摄，于十方三世无所从来，无所至去，亦无所住……[①]

150.Or.12380-1318（K.K.Ⅱ.0277.v）存1页3行，上栏线单栏，下栏线无存，写本，残缺严重，刊布者将其定名为《大般若波罗蜜多经》，下面将西夏文录文并对译如下：

□繸祇菞……	□处令若……
蘒纟腨綖祇菞牗豨……	道圣谛住令若布施……
蘢蒎頦……	罗蜜多……

可以初步确定残片为唐玄奘译《大般若波罗蜜多经》第四百六十八卷“第二分无杂品第七十五之二”的相应内容：

……若八解脱乃至十遍处，若苦、集、灭、道圣谛，若布施波罗蜜多乃至般若波罗蜜多……[②]

151.Or.12380-1319（K.K.Ⅱ.0277.y）存1页5行，上栏线单栏，下栏线无存，写本，残缺严重，刊布者将其定名为“佛经”，下面将西夏文录文并对译如下：

㕭藐……	性空……
藐蔟慨祴……	空与无异……

① （唐）玄奘译《大般若波罗蜜多经》卷66，《大正藏》第5册，第220号，第373页上栏27。

② （唐）玄奘译《大般若波罗蜜多经》卷468，《大正藏》第7册，第220号，第366页上栏7。

[illegible]……	圣谛……
[illegible][1]……	现四静虑……
[illegible]□[illegible]……	异□静虑……

可以初步确定残片为唐玄奘译《大般若波罗蜜多经》第三百八十八卷“初分不可动品第七十之三”的相应内容：

> ……本性空即是集、灭、道圣谛。善现，四静虑不异本性空，本性空不异四静虑，四静虑即是本性空，本性空即是四静虑，四无量、四无色定不异本性空……[2]

152.Or.12380-1322（K.K.II.0277.cc）存 1 页 2 行，每行存 1~4 字不等，上栏线无存，下栏线单栏，写本，刊布者将其定名为“佛经”，下面将西夏文录文并对译如下：

……[illegible]	……力清净与
……[illegible]	……应

因残缺严重，初步确定其内容为唐玄奘译《大般若波罗蜜多经》第一百九十一卷“初分难信解品第三十四之十”的相应内容：

> ……是命者清净，与佛十力清净，无二、无二分、无别、无断故。命者清净，即四无所畏、四无碍解……[3]

---

① 西夏文“[illegible]”译为“四静虑”，四静虑，即四思惟。

② （唐）玄奘译《大般若波罗蜜多经》卷 388，《大正藏》第 6 册，第 220 号，第 1005 页中栏 1。

③ （唐）玄奘译《大般若波罗蜜多经》卷 191，《大正藏》第 5 册，第 220 号，第 1024 页中栏 2。

153.Or.12380-1324（K.K.Ⅱ.0277.rr）存1页3行，每行存2~6字不等，上栏线单栏，下栏线无存，写本，刊布者将其定名为“佛经”，下面将西夏文录文并对译如下：

[illegible]……	无……
[illegible]……	清净五眼清净……
[illegible]……	断清净若……

因过于残缺，初步确定残片或为唐玄奘译《大般若波罗蜜多经》第一百九十六卷“初分难信解品第三十四之十五”的内容：

> ……若一切智智清净，无二、无二分、无别、无断故。善现！有情清净，故五眼清净，五眼清净，故一切智智清净，何以故？若有情清净，若五眼清净，若一切智智清净，无二、无二分、无别、无断故。①

或为《大般若波罗蜜多经》第一百九十七卷“初分难信解品第三十四之十六”等相应内容：

> ……若菩萨十地清净，若一切智智清净，无二、无二分、无别、无断故。善现！生者清净，故五眼清净。五眼清净，故一切智智清净。何以故？若生者清净，若五眼清净，若一切智智清净，无二、无二分、无别、无断故。②

154.Or.12380-1325（K.K.Ⅱ.0277.tt）存1页3行，有1行西夏文无

① （唐）玄奘译《大般若波罗蜜多经》卷196，《大正藏》第5册，第220号，第1050页上栏9~13。

② （唐）玄奘译《大般若波罗蜜多经》卷197，《大正藏》第5册，第220号，第1054页下栏21~24。

法辨认，每行存 1~5 字不等，栏线无存，写本，刊布者将其定名为“佛经”，下面将西夏文录文并翻译如下：

……𦯓豩祈𣯗[1]𣯔…… ……三第静虑于……

……𦫿绥礼𣯗𦈖…… ……安住令及四……

可初步确定残片为唐玄奘译《大般若波罗蜜多经》第三百四十九卷“初分相引摄品第六十之一”的相应内容：

……入第三静虑具足住。断乐断苦，先喜忧没，不苦不乐，舍念清净，入第四静虑具足住。[2]

比对残片，确定 Or.12380-1322（K.K.Ⅱ.0277.cc）、Or.12380-1324（K.K.Ⅱ.0277.rr）、Or.12380-1325（K.K.Ⅱ.0277.tt）为同版残经。

155.Or.12380-1326（K.K.Ⅱ.0277.zz）存 1 页 4 字，上栏线无存，下栏线单栏，写本，刊布者将其定名为“佛经”，下面将西夏文录文并对译如下：

……𦈛𣯗𣯖𣯗 ……分无别无

译为“无二分、无别、无断”，这些残存内容在唐玄奘译《大般若波罗蜜多经》中多有保存，因过于残缺，具体卷数待考。

156.Or.12380-1327（K.K.）存 1 页 2 字，上栏线单栏，下栏线无存，写本，刊布者将其定名为“残片”，下面将西夏文录文并对译如下：

𥘷𦯓…… 触眼……

---

① 西夏文“𦯓豩祈𣯗”译为“第三静虑”。

② （唐）玄奘译《大般若波罗蜜多经》卷 349，《大正藏》第 6 册，第 220 号，第 794 页下栏 17。

可以确定残片内容为唐玄奘译《大般若波罗蜜多经》，因过于残缺，只有“……触眼触”，具体卷数待考。

157.Or.12380-1328（K.K.）残经存1页2行，每行存3~5字不等，栏线无存，写本，刊布者将其定名为“佛经”，下面将西夏文录文并对译如下：

……𗣼𗍫𗍫…… ……故一切……

……𗏁[illegible][illegible][illegible]…… ……五眼清净……

因为残缺严重，相似内容在多卷内容中皆有存在，或可以确定其内容为唐玄奘译《大般若波罗蜜多经》第一百九十七卷“初分难信解品第三十四之十六”的相应内容：

> ……生者清净，故五眼清净。五眼清净，故一切智智清净。何以故？若生者清净，若五眼清净，若一切智智清净，无二、无二分、无别、无断故。①

或第一百九十九卷“初分难信解品第三十四之十八”等相应内容：

> ……意生清净，故五眼清净。五眼清净，故一切智智清净。何以故？若意生清净，若五眼清净，若一切智智清净，无二、无二分、无别、无断故。②

158.Or.12380-1329（K.K.）存1页2行，栏线无存，写本，刊布者将其定名为“佛经”，下面将西夏文录文并对译如下：

① （唐）玄奘译《大般若波罗蜜多经》卷197，《大正藏》第5册，第220号，第1059页下栏15。

② （唐）玄奘译《大般若波罗蜜多经》卷199，《大正藏》第5册，第220号，第1064页下栏10。

……[illegible][illegible][illegible][illegible][illegible]……	……菩萨摩诃萨……
……[illegible]……	……静……

因残缺严重，相同内容存在多卷之中，仅列几条参考，或可以确定其内容为唐玄奘译《大般若波罗蜜多经》第三卷“初分学观品第二之一”的相应内容：

……诸菩萨摩诃萨安住般若波罗蜜多，以无所得而为方便，应圆满四静虑、四无量、四无色定，静虑、无量及无色定不可得故……①

或《大般若波罗蜜多经》第七卷“初分相应品第三之四”等相应内容：

……诸菩萨摩诃萨修行般若波罗蜜多时，不为布施波罗蜜多故修行般若波罗蜜多，不为净戒、安忍、精进、静虑、般若波罗蜜多，故修行般若波罗蜜多……②

159.Or.12380-1330（K.K.Ⅱ.0277.zz）存1页2行，上栏线无存，下栏线单栏，写本，刊布者将其定名为“佛经”，下面将西夏文录文并对译如下：

……[illegible][illegible][illegible][illegible]	……净六神通
……[illegible][illegible]	……受者

因残缺严重，初步确定残片为唐玄奘译《大般若波罗蜜多经》第

① （唐）玄奘译《大般若波罗蜜多经》卷3，《大正藏》第5册，第220号，第11页下栏29。

② （唐）玄奘译《大般若波罗蜜多经》卷7，《大正藏》第5册，第220号，第34页上栏6。

二百卷“初分难信解品第三十四之十九”的相应内容：

……受者清净，故六神通清净。六神通清净，故一切智智清净。何以故？若受者清净，若六神通清净，若一切智智清净，无二、无二分、无别、无断故。[1]

160.Or.12380-1331（K.K.）存1页1行，上下栏线无存，写本，刊布者将其定名为《大般若波罗蜜多经》，下面将西夏文录文并对译如下：

……[illegible]…… ……精进静虑般若……

可确定残片为唐玄奘译《大般若波罗蜜多经》，因“精进、静虑、般若”在多卷中皆有存在，具体卷数尚难确定。

161.Or.12380-1332（K.K.）残片存1页1行，上下栏线无存，写本，刊布者将其定名为“佛经”，下面将西夏文录文并对译如下：

……[illegible]…… ……力若生若灭……

可以确定残片或为唐玄奘译《大般若波罗蜜多经》第十三卷“初分教诫教授品第七之三”的“不应观佛十力若生若灭，不应观四无所畏、四无碍解”；

或为第三十三卷“初分教诫教授品第七之二十三”的“即佛十力，若生、若灭增语非菩萨摩诃萨”；

或为第八十九卷“初分学般若品第二十六之五”的“不见佛十力，若生、若灭，不见四无所畏”，具体属于哪一卷待考。

162.Or.12380-1333（K.K.）存1页1行4字，上下栏线无存，写本，刊布者将其定名为“佛经”，下面将西夏文录文并对译如下：

---

① （唐）玄奘译《大般若波罗蜜多经》卷200，《大正藏》第5册，第220号，第1071页下栏21。

……𗃮𗅉𗵆𗅉……　　　　……若非善非……

可以确定残片或为唐玄奘译《大般若波罗蜜多经》第五十七卷“初分赞大乘品第十六之二”相应内容：

……又如虚空非善、非非善、非有记、非无记，大乘亦尔，非善、非非善、非有记、非无记，故说大乘与虚空等。①

或为第一百二十九卷“初分校量功德品第三十之二十七”的相应内容：

……非无对，非善、非不善，非有记、非无记，非过去、非未来、非现在，非欲界系、非色界系、非无色界系，非学、非无学、非非学非无学，非见所断、非修所断、非非所断，非有、非空，非境、非智。②

或为第四百一十八卷“第二分超胜品第二十之二”的相应内容：

……又如虚空非善、非非善、非有记、非无记，大乘亦尔，非善、非非善、非有记、非无记，故说大乘与虚空等。③

或为第四百三十卷“第二分设利罗品第三十五”的相应内容：

……非无为，非善、非非善，非有记、非无记，非过去、非未

① （唐）玄奘译《大般若波罗蜜多经》卷57，《大正藏》第5册，第220号，第322页下栏24。

② （唐）玄奘译《大般若波罗蜜多经》卷129，《大正藏》第5册，第220号，第705页下栏1。

③ （唐）玄奘译《大般若波罗蜜多经》卷418，《大正藏》第7册，第220号，第97页下栏8。

来、非现在。[①]

或为第四百七十二卷“第二分善达品第七十七之二”相应内容：

……法界非善、非善法，亦不离善、非善法；善、非善法即是法界，法界即是善、非善法。[②]

因 Or.12380-1333（K.K.）残经过于残缺，具体属于哪一卷，若没有上下文，很难确定。

163.Or.12380-1334（K.K.）存 1 页 2 行，上栏线单栏，下栏线无存，写本，刊布者将其定名为“佛经”，下面将西夏文录文并对译如下：

㜍𗵒㜍……	无分无……
𘃡𗸸㜍……	清净不……

可以确定残片为唐玄奘译《大般若波罗蜜多经》第二百零四卷“初分难信解品第三十四之二十三”的相应内容，因过于残缺，具体行数待考，例如：

……是法界清净与法性清净，无二、无二分、无别、无断故。法性清净，故不虚妄性清净。不虚妄性清净，故法性清净。何以故？是法性清净与不虚妄性清净，无二、无二分、无别、无断故。不虚妄性清净，故不变异性清净。不变异性清净，故不虚妄性清净。[③]

---

① （唐）玄奘译《大般若波罗蜜多经》卷 430，《大正藏》第 7 册，第 220 号，第 164 页下栏 6。

② （唐）玄奘译《大般若波罗蜜多经》卷 472，《大正藏》第 7 册，第 220 号，第 392 页中栏 5。

③ （唐）玄奘译《大般若波罗蜜多经》卷 204，《大正藏》第 6 册，第 220 号，第 19 页上栏 28。

164.Or.12380-1336（K.K.）存 1 页 3 行，上栏线单栏，下栏线无存，写本，刊布者将其定名为“佛经”，下面将西夏文录文并对译如下：

[Tangut][Tangut][Tangut]……　　　　发（生）是者……
[Tangut][Tangut]……　　　　也眼……
[Tangut]……　　　　之……

可以确定残片为唐玄奘译《大般若波罗蜜多经》因过于残缺，具体卷数待考。其中：

或为第五十六卷“初分辩大乘品第十五之六”的相应内容：

乃至眼触为缘所生诸受性不可得故，说眼触为缘所生诸受不可得。何以故？眼界性乃至眼触为缘所生诸受性，非已可得，非当可得，非现可得，毕竟净故。[①]

或为第七十卷“初分无所得品第十八之十”的相应内容：

亦不见色界、眼识界及眼触、眼触为缘所生诸受异毕竟不生。何以故？眼界乃至眼触为缘所生诸受与毕竟不生无二无二分故。[②]

或为第八十一卷“初分天帝品第二十二之五”的相应内容：

色界、眼识界及眼触、眼触为缘所生诸受亦非甚深非微细。何以故？眼界深细性不可得故，色界乃至眼触为缘所生诸受深细

---

① （唐）玄奘译《大般若波罗蜜多经》卷 56，《大正藏》第 5 册，第 220 号，第 316 页中栏 23。

② （唐）玄奘译《大般若波罗蜜多经》卷 70，《大正藏》第 5 册，第 220 号，第 394 页下栏 16。

性亦不可得故。[1]

165.Or.12380-1338（K.K.）存1页3行，上栏线无存，下栏线单栏，写本，刊布者将其定名为“佛经”，下面将西夏文录文并对译如下：

……[illegible]　　……为生
……[illegible]　　……智回向
……[illegible]　　……一切修学四无

初步确定残片为唐玄奘译《大般若波罗蜜多经》第一百八十卷“初分校量功德品第三十之六”的相应内容，翻译如下：

……无生为方便，无所得为方便，回向一切智智，修习四静虑、四无量、四无色定。[2]

166.Or.12380-1341（K.K.）存1页3行，上栏线单栏，下栏线无存，写本，残缺严重，刊布者将其定名为“残片”，下面将西夏文录文并翻译如下：

[illegible]……　　复次善现……
[illegible]……　　增语者……
[illegible]……　　次依……

因为残缺，可以初步确定残片为唐玄奘译《大般若波罗蜜多经》，但具体内容尚待确定。其中：

① （唐）玄奘译《大般若波罗蜜多经》卷81，《大正藏》第5册，第220号，第454页下栏20。
② （唐）玄奘译《大般若波罗蜜多经》卷180，《大正藏》第5册，第220号，第595页下栏8。

或为《大般若波罗蜜多经》的第十九卷“初分教诫教授品第七之九”的相应内容：

> 复次，善现！所言菩萨摩诃萨者，于意云何？即地界增语是菩萨摩诃萨不？不也！世尊！即水、火、风、空、识界增语是菩萨摩诃萨不？……[①]

或为《大般若波罗蜜多经》第二十四卷“初分教诫教授品第七之十四”的相应内容：

> 复次，善现！汝观何义言：即眼处增语非菩萨摩诃萨，即耳、鼻、舌、身、意处增语非菩萨摩诃萨耶？具寿善现答言：“世尊！若眼处，若耳、鼻、舌、身、意处，尚毕竟不可得，性非有故，况有眼处增语及耳、鼻、舌、身、意处增语！此增语既非有，如何可言：即眼处增语是菩萨摩诃萨，即耳、鼻、舌、身、意处增语是菩萨摩诃萨？”[②]

167.Or.12380-1342（K.K.II.0270.tt.vi）存1页2行，上栏线无存，下栏线单栏，写本，刊布者将其定名为“佛经”，下面将西夏文录文并对译如下：

……[illegible]	……净戒乃至
……[illegible]	……苦恼论可无

因过于残缺，可初步确定残片为唐三藏法师玄奘译《大般若波罗蜜多

① （唐）玄奘译《大般若波罗蜜多经》卷19，《大正藏》第5册，第220号，第102页上栏27~28。

② （唐）玄奘译《大般若波罗蜜多经》卷24，《大正藏》第5册，第220号，第131页中栏22~24。

经》第三百六十八卷“初分遍学道品第六十四之三”的相应内容：

> ……应观净戒乃至般若波罗蜜多若乐、若苦，不可戏论，故不应戏论……[1]

168.Or.12380-1344（K.K.Ⅱ.0270.mm）存 1 页 3 行，上栏线无存，下栏线单栏，写本，刊布者将其定名为《大般若波罗蜜多经》，下面将西夏文录文并对译如下：

……[illegible]　　……若我无何云
……[illegible]　　……般若波罗蜜多若观
……[illegible]　　……布施波罗蜜

可初步确定残片为唐玄奘译《大般若波罗蜜多经》第一百五十七卷“初分校量功德品第三十之五十五”的相应内容，翻译如下：

> ……不应观净戒、安忍、精进、静虑般若波罗蜜多若我、若无我。何以故？布施波罗蜜多，布施波罗蜜多自性空，净戒、安忍、精进、静虑般若波罗蜜多……[2]

169.Or.12380-1345（K.K.Ⅱ.0270.rr）存 1 页 4 行，上栏线单栏，下栏线无存，写本，存经题和译经者，大不完整，刊布者将其定名为《大般若波罗蜜多经》，下面将西夏文录文并对译如下：

[illegible]……　　大般若波……

---

① （唐）玄奘译《大般若波罗蜜多经》卷 368，《大正藏》第 6 册，第 220 号，第 897 页下栏 13。

② （唐）玄奘译《大般若波罗蜜多经》卷 157，《大正藏》第 5 册，第 220 号，第 845 页下栏 7。

[illegible]…… 大般若波……

[illegible]

奉天显道耀武宣文神谋睿智制义去邪惇睦懿恭皇帝嵬名

……[illegible]…… ……治……

可以确定残片为唐玄奘译《大般若波罗蜜多经》，因为内容残缺，仅有“大般若波”和西夏仁孝皇帝的尊号“奉天显道耀武宣文神谋睿智制义去邪惇睦懿恭皇帝嵬名”，很难判断残经是哪一卷的内容。

170.Or.12380-1347（K.K.Ⅱ.0270.ff）存 1 页 3 行，栏线无存，写本，刊布者将其定名为“佛经”，下面将西夏文录文并对译如下：

……[illegible]…… ……菩萨摩诃萨……

……[illegible]…… ……应乎一……

……[illegible]…… ……尊菩萨摩诃萨……

因残缺严重，可以确定残片为唐玄奘译《大般若波罗蜜多经》第一百七十三卷“初分赞般若品第三十二之二”的相应内容：

……菩萨摩诃萨不为引发一切法故，应引发般若波罗蜜多。时，舍利子复白佛言：“世尊！菩萨摩诃萨如是引发般若波罗蜜多与何法合？”①

比对残片，确定 Or.12380-1344（K.K.Ⅱ.0270.mm）、Or.12380-1345（K.K.Ⅱ.0270.rr）、Or.12380-1347（K.K.Ⅱ.0270.ff）为同版残经。

171.Or.12380-1349（K.K.Ⅱ.0271.b）存 1 页 2 行，栏线无存，写本，刊布者将其定名为“佛经”，下面将西夏文录文并对译如下：

---

①（唐）玄奘译《大般若波罗蜜多经》卷 173，《大正藏》第 5 册，第 220 号，第 930 页上栏 1~5。

……[illegible]…… ……真如尽……

……[illegible]…… ……正等……

可以确定残片为唐玄奘译《大般若波罗蜜多经》，因残缺严重，初步确定其残经为第三百三十八卷“初分巧便学品第五十五之二”的内容：

……若菩萨摩诃萨为真如尽故学，是学一切智智不？为法界、法性、不虚妄性、不变异性、平等性、离生性、法定法、住实际虚空界、不思议界尽故学，是学一切智智不？[①]

172.Or.12380-1350（K.K.）存1页3行共4字，栏线无存，写本，刊布者将其定名为“佛经”，下面将西夏文录文并对译如下：

……[illegible]…… ……也……

……[illegible]…… ……空为……

……[illegible]…… ……空……

Or.12380-1350（K.K.）残存“……也……（有）为空……空……”，可确定其为唐玄奘译《大般若波罗蜜多经》，因残缺严重，具体哪一卷待考。

173.Or.12380-1351（K.K.）存1页1行2字，写本，即“[illegible]……”，根据其外部特征，可确定其为《大般若波罗蜜多经》题签，具体卷数待考。

174.Or.12380-1361（K.K.II.0274.jj）存1页4行，上栏线单栏，下栏线无存，写本，刊布者将其定名为“佛经”，下面将西夏文录文并对译如下：

□□□[illegible]…… □□□我……

① （唐）玄奘译《大般若波罗蜜多经》卷338，《大正藏》第6册，第220号，第736页下栏15。

[illegible]…… 失忘法常（恒）舍性……

[illegible]…… 染无著……

[illegible]…… 失忘法常（恒）……

因残缺严重，初步确定残片为唐玄奘译《大般若波罗蜜多经》第三百七十一卷“初分遍学道品第六十四之六”的相应内容：

> ……住有想者定不能修无忘失法、恒住舍性。何以故？善现！住有想者必当执有我及我所，由此执故便著二边，著二边故不解脱生死，无道、无涅槃，云何如实能修无忘失法、恒住舍性？[①]

175.Or.12380-1362（K.K.II.0257.q.ii）存1页2行，栏线无存，写本，刊布者将其定名为“佛经”，下面将西夏文录文并对译如下：

……[illegible]…… ……善现色……

……[illegible]…… ……苦若……

初步确定残片为唐玄奘译《大般若波罗蜜多经》第二百八十九卷“初分著不著相品第三十六之三”的相应内容：

> 善现，色性尚无所有，况有色，若常、若无常、若乐、若苦、若我、若无我、若净、若不净。[②]

176.Or.12380-1363（K.K.）存1页2行，栏线无存，写本，刊布者将其定名为“佛经”，下面将西夏文录文并对译如下：

---

① （唐）玄奘译《大般若波罗蜜多经》卷371，《大正藏》第6册，第220号，第915页下栏10。

② （唐）玄奘译《大般若波罗蜜多经》卷289，《大正藏》第6册，第220号，第468页中栏17。

……[illegible]……	……二想……
……[illegible]……	……十八无……

可以确定残片为唐玄奘译《大般若波罗蜜多经》第三百七十六卷“初分无相无得品第六十六之四”的相应内容：

> 是故，虽修五眼、六神通而无二想。善现！是菩萨摩诃萨修行般若波罗蜜多故，若修佛十力时，住无漏心而修佛十力，若修四无所畏、四无碍解、十八佛不共法时……①

177.Or.12380-1367（K.K.）存1页1行，上栏线单栏，下栏线无存，写本，残缺严重，刊布者将其定名为“残片”，下面将西夏文录文并对译如下：

……[illegible]	……四静虑
……[illegible]	……清净
……[illegible]	……智一

因为残缺严重，可初步确定残片为唐玄奘译《大般若波罗蜜多经》第一百八十四卷“初分难信解品第三十四之三”的相应内容：

> ……善现！四静虑清净即一切智智清净，一切智智清净即四静虑清净……②

178.Or.12380-1369（K.K.Ⅱ.0267.q）存1页2行，上栏线无存，下

① （唐）玄奘译《大般若波罗蜜多经》卷376，《大正藏》第6册，第220号，第915页下栏10。

② （唐）玄奘译《大般若波罗蜜多经》卷184，《大正藏》第5册，第220号，第990页下栏29。

栏线单栏，写本，残缺严重，刊布者将其定名为《大般若波罗蜜多经》，下面将西夏文录文并对译如下：

……[illegible]　　……心以布施波罗

……[illegible]　　……精进静虑

因为残缺，可以初步确定其为唐玄奘译《大般若波罗蜜多经》第四十三卷“初分譬喻品第十一之二”的相应内容：

> ……以应一切智智心，观布施波罗蜜多常无常相不可得，观净戒、安忍、精进、静虑、般若波罗蜜多常无常相不可得……①

179.Or.12380-1373（K.K.）存 1 页 3 行，栏线无存，写本，刊布者将其定名为《大般若波罗蜜多经》，下面将西夏文录文并对译如下：

……[illegible]……　　……清净何云也……

……[illegible]……　　……圣谛清净若四无……

……[illegible]……　　……也善现一切……

可初步确定残片为唐玄奘译《大般若波罗蜜多经》第二百七十五卷“初分难信解品第三十四之九十四”的相应内容：

> ……集、灭、道、圣谛清净，故四无所畏清净。何以故？若一切智智清净，若集、灭、道、圣谛清净，若四无所畏清净，无二、无二分、无别、无断故。善现，一切智智清净，故四静虑清净。②

① （唐）玄奘译《大般若波罗蜜多经》卷 43，《大正藏》第 5 册，第 220 号，第 240 页上栏 17。

② （唐）玄奘译《大般若波罗蜜多经》卷 275，《大正藏》第 6 册，第 220 号，第 394 页上栏 28。

180.Or.12380-1374（K.K.）存 1 页 2 行，栏线无存，写本，残缺严重，刊布者将其定名为“佛经”，下面将西夏文录文并对译如下：

……[illegible]……　　……眼界得处岂有善……

……[illegible]……　　……何云也未来眼界空……

可以初步确定残片为唐玄奘译《大般若波罗蜜多经》第五十九卷“初分赞大乘品第十六之四”的相应内容：

何况空中有过去眼界可得。善现，空中未来眼界不可得。何以故？未来眼界即是空。[①]

181.Or.12380-1378（K.K.）存 1 页 4 行，栏线无存，写本，刊布者将其定名为“佛经”，下面将西夏文录文并对译如下：

……[illegible]……　　……际无空散空……

……[illegible]……　　……空内相空持……

……[illegible]……　　……空自性空性……

……[illegible]……　　……与不离皆……

因为过于残缺，初步确定其为唐玄奘译《大般若波罗蜜多经》的相应内容。例如：

或为《大般若波罗蜜多经》第四十四卷“初分譬喻品第十一之三”的相应内容：

……无际空、散空、无变异空、本性空、自相空、共相空、一切法空、不可得空、无性空、自性空、无性自性空，于观色空有所

① （唐）玄奘译《大般若波罗蜜多经》卷 59，《大正藏》第 5 册，第 220 号，第 333 页下栏 25。

得有所恃，以有所得为方便故；离应一切智智心观受、想、行、识内空乃至无性自性空……[①]

或为《大般若波罗蜜多经》第七十二卷“初分观行品第十九之三”的相应内容：

……观外空、内外空、空空、大空、胜义空、有为空、无为空、毕竟空、无际空、散空、无变异空、本性空、自相空、共相空、一切法空、不可得空、无性空、自性空、无性自性空非远离非不远离。舍利子！是谓观诸法。[②]

182.Or.12380-1384（K.K.）存 1 页 2 行，栏线无存，写本，刊布者将其定名为“佛经”，下面将西夏文录文并对译如下：

……[illegible]……　　　　……自性……

……[illegible]……　　　　……无解脱门自性……

因为过于残缺，可初步确定残片为唐玄奘译《大般若波罗蜜多经》卷三百二十三“初分真如品第四十七之六”的相应内容：

……八解脱、八解脱自性空，八胜处、九次第定、十遍处、八胜处、九次第定、十遍处自性空。世尊！空解脱门、空解脱门自性空，无相、无愿解脱门无相、无愿解脱门自性空……[③]

---

① （唐）玄奘译《大般若波罗蜜多经》卷 44，《大正藏》第 5 册，第 220 号，第 248 页上栏 2。

② （唐）玄奘译《大般若波罗蜜多经》卷 72，《大正藏》第 5 册，第 220 号，第 407 页下栏 10。

③ （唐）玄奘译《大般若波罗蜜多经》卷 323，《大正藏》第 6 册，第 220 号，第 651 页下栏 6~8。

183.Or.12380-1389（K.K.）存 1 页 2 行，有残缺，存经题的卷数部分，刊布者将其定名为《□二分不异□第二百一十》，下面将西夏文录文并对译如下：

……[西夏文]……	……无二分无别无断……
……[西夏文]　[西夏文]□	……二百十第　一遍□

可以确定残片为唐玄奘译《大般若波罗蜜多经》第二百零九卷最后一句和二百一十卷的经题。

……无二无二分无别无断故。

……二百十第　一遍□

184.Or.12380-1390（K.K.）存 1 页 2 行，上栏线单栏，下栏线无存，写本，刊布者将其定名为《养云总持咒》，下面将西夏文录文并对译如下：

[西夏文]……	菩萨摩诃萨之菩提……
[西夏文]……	赞言善哉善哉言如……

可初步确定残片为唐玄奘译《大般若波罗蜜多经》第四百二十四卷“第二分远离品第二十四之二”的相应内容：

如是等无量无边大功德聚，皆是菩萨摩诃萨菩提道。时，舍利子赞善现言：“善哉，善哉！诚如所说。”[1]

185.Or.12380-1398（K.K.V.b.014.b）存 1 页 1 行，有残缺，仅仅

① （唐）玄奘译《大般若波罗蜜多经》卷 424，《大正藏》第 7 册，第 220 号，第 131 页上栏 24。

存经题的卷数部分，写本，刊布者将其定名为《大般若波罗蜜多经》，下面将西夏文录文并对译如下：

……[illegible]	……多经典卷百六十六第　霄

可以确定残片为唐玄奘译《大般若波罗蜜多经》第一百六十六卷，经题下帙号为“霄”。

186.Or.12380-1902（K.K.）存 1 页 6 行，有残缺，字数无法确定，上栏线无存，下栏线单栏，写本，残经原版上有 1902 号，刊布者将其定名为“佛经”，下面将西夏文录文并对译如下：

……[illegible]	……有相同精
……[illegible]	……菩提心起
……[illegible]	……说菩萨摩
……[illegible]	……诃萨行一切
……[illegible]	……一切若净若
……[illegible]	……精进波罗
……[illegible]	……者菩萨摩诃萨
……[illegible]	……萨行一

可以确定残片为唐玄奘译《大般若波罗蜜多经》第一百四十卷“初分校量功德品第三十之三十八”相应内容：

……如前所说，当知皆是说有所得相似精进波罗蜜多。

复次，憍尸迦，若善男子、善女人等，为发无上菩提心者，说一切菩萨摩诃萨行若常、若无常，说一切菩萨摩诃萨行若乐、若苦，说一切菩萨摩诃萨行若我、若无我，说一切菩萨摩诃萨行若净、若不净，若有能依如是等法修行精进，是行精进波罗蜜多。复作是说，行精进者。[①]

187.Or.12380-1903（K.K.）存 1 页 6 行，有残缺，字数无法确定，上栏线无存，下栏线单栏，写本，残经原版上有 1903 号，刊布者将其定名为“佛经”，下面将西夏文录文并对译如下：

……𗗙𗗇𗗊𗗋𗗙𗗇𗗊𗗌𗗍	……有应无彼有应无法以
……𗗎𗗊𗗏𗗐𗗑𗗒𗗓𗗔𗗒𗗕	……处无也若菩萨摩诃萨般
……𗗖𗗗𗗘𗗙𗗚𗗛𗗜𗗝[②]𗗞𗗟𗗞𗗟	……诸佛最上正等菩提色界色界
……𗗠𗗡𗗟𗗢□𗗣𗗤𗗥𗗦𗗧	……皆三界不□坠现在过去未（来）
……𗗤𗗋𗗨𗗙𗗍𗗩𗗪𗗫𗗬𗗇𗗙	……故彼相有以方便为得应有
……𗗘𗗭𗗚𗗛𗗜𗗝𗗮𗗯	……最上正等菩提回向

可初步确定残经为唐玄奘译《大般若波罗蜜多经》第一百七十一卷“初分随喜回向品第三十一之四”相应内容：

若法不生则无所有，不可以彼无所有法，随喜回向无所有故。若菩萨摩诃萨修行般若波罗蜜多，如实知诸佛无上正等菩提不堕欲界、色界、无色界。若不堕三界则非过去、未来、现在，若非三世则不可以彼有相为方便，有所得为方便，发生随喜回向无上正等菩提……[③]

188.Or.12380-1904（K.K.）存 1 页 8 行，字数无法确定，上栏线单栏，下栏线无存，写本，残经上有 1904 号，刊布者将其定名为“佛

---

① （唐）玄奘译《大般若波罗蜜多经》卷 140，《大正藏》第 5 册，第 220 号，第 762 页下栏 2。

② 西夏文“𗗘𗗙𗗚𗗛𗗜𗗝”译为“无上正等菩提”。

③ （唐）玄奘译《大般若波罗蜜多经》卷 171，《大正藏》第 5 册，第 220 号，第 918 页上栏 15。

经”，下面将西夏文录文并对译如下：

西夏文	对译
[西夏文]……	安忍……
□[西夏文]……	何云量测相有……
[西夏文]……	有以方便为……
□□□□□□[西夏文]……	□□□□□□人……
□[西夏文]……	□如……
□□□[西夏文]……	□□□善根若……
[西夏文]……	四静虑四无量四色……

初步确定残经为唐玄奘译《大般若波罗蜜多经》第一百七十一卷“初分随喜回向品第三十一之四”的相应内容：

> ……安忍、精进、静虑、般若波罗蜜多相应善根。若安住内空、外空、内外空、空空、大空、胜义空、有为空、无为空、毕竟空、无际空、散空、无变异空、本性空、自相空、共相空、一切法空、不可得空、无性空、自性空、无性自性空相应善根。若安住真如、法界、法性、不虚妄性、不变异性、平等性、离生性、法定、法住、实际、虚空界、不思议界相应善根。若安住苦圣谛、集圣谛、灭圣谛、道圣谛相应善根，若修习四静虑、四无量、四无色定相应善根……①

从字迹可确定，Or.12380-1903（K.K.）、Or.12380-1904（K.K.）为同部佛经的遗存，且为《大般若波罗蜜多经》第一百七十一卷“初分随喜回向品第三十一之四”，只是二者内容不能缀合。

189.Or.12380-1928（K.K.）存 1 页 6 行，有残缺，字数无法确定，上栏线单栏，下栏线无存，写本，残经原版上有 1928 号，刊布者将其

① （唐）玄奘译《大般若波罗蜜多经》卷 171，《大正藏》第 5 册，第 220 号，第 922 页上栏 22。

定名为“佛经”，下面将西夏文录文并对译如下：

[illegible]……	众生类（有情类）之……
[illegible]……	言所起我勤精……
[illegible]……	行众生成熟佛国中……
[illegible]……	菩提证得我佛国中……
[illegible]……	为为最自主得所……
[illegible]……	名亦敬闻惟如……

可初步确定残经为唐玄奘译《大般若波罗蜜多经》第三百三十一卷“初分愿行品第五十一之二”相应内容：

> ……我当云何方便拔济诸有情类令得自在，既思惟已，作是愿言：“我当精勤不顾身命修行六种波罗蜜多，成熟有情严净佛土，令速圆满，疾证无上正等菩提。我佛土中诸有情类，得无主宰诸有所作皆得自在，乃至不见主宰形像，亦复不闻主宰名字，唯有如来应正等觉。”①

190.Or.12380-1960（K.K.）存 1 页 16 行，字数无法确定，栏线不存，写本，残经原版上有 1960 号，刊布者将其定名为《大般若波罗蜜多经》，下面将西夏文录文并对译如下：

……[illegible]……	……分无别……
……[illegible]……	……波罗蜜多……
……[illegible]……	……一切智智清净……
……[illegible]……	……布施波罗蜜多……
……[illegible]……	……无二分无别无……

① （唐）玄奘译《大般若波罗蜜多经》卷 331，《大正藏》第 6 册，第 220 号，第 694 页中栏 7。

……[illegible]……	……精进寂虑般若波……
……[illegible]……	……波罗蜜多清净……
……[illegible]……	……圣谛清净若净戒……
……[illegible]……	……一切智智清净……
……[illegible]……	……圣谛清净……
……[illegible]……	……净何云也……
……[illegible]……	……一切智智清净无……
……[illegible]……	……内外空□空大空……
……[illegible]……	……空边无……
……[illegible]……	……相空法一切……
……[illegible]……	……性……

可以确定残经为唐玄奘译《大般若波罗蜜多经》第二百二十三卷“初分难信解品第三十四之四十二”相应内容：

……苦圣谛清净，故布施波罗蜜多清净。布施波罗蜜多清净，故一切智智清净。何以故？若苦圣谛清净，若布施波罗蜜多清净，若一切智智清净，无二、无二分、无别、无断故。苦圣谛清净，故净戒、安忍、精进、静虑般若波罗蜜多清净。净戒乃至般若波罗蜜多清净，故一切智智清净。何以故？若苦圣谛清净，若净戒乃至般若波罗蜜多清净，若一切智智清净，无二、无二分、无别、无断故。善现，苦圣谛清净，故内空清净。内空清净，故一切智智清净。何以故？若苦圣谛清净，若内空清净，若一切智智清净，无二、无二分、无别、无断故。苦圣谛清净，故外空、内外空、空空、大空、胜义空、有为空、无为空、毕竟空、无际空、散空、无变异空、本性空、自相空、共相空、一切法空、不可得空、无性空、自性空、无性自性空清净。①

① （唐）玄奘译《大般若波罗蜜多经》卷 223，《大正藏》第 6 册，第 220 号，第 118 页上栏 28。

191.Or.12380-1961（K.K.）存 1 页 6 行，残缺十分严重，字数无法确定，写本，上栏线单栏，下栏线无存，残经原版上有 1961 号，刊布者将其定名为《大般若波罗蜜多经》，下面将西夏文录文并翻译如下：

[illegible]……	恼思清净行乃至老死悲闷……
[illegible]……	（一）切智智清净何云也若先……
[illegible]……	老死悲闷苦思恼清净……
[illegible]……	无二分无别无断故……
[illegible]……	波罗蜜多清净布施……
[illegible]……	智智清净何云故若先……

可以确定残经为唐玄奘译《大般若波罗蜜多经》第二百四十一卷“初分难信解品第三十四之六十”的相应内容：

> 预流果清净，故行、识、名、色、六处、触、受、爱、取、有、生、老、死、愁、叹、苦、忧、恼清净。行乃至老、死、愁、叹、苦、忧、恼清净，故一切智智清净。何以故？若预流果清净，若行乃至老、死、愁、叹、苦、忧、恼清净，若一切智智清净，无二、无二分、无别、无断故。
>
> 善现，预流果清净，故布施波罗蜜多清净。布施波罗蜜多清净，故一切智智清净。何以故？若预流果清净。①

192.Or.12380-1962（K.K.V.b.06）存 1 页 3 行 7 字，字数无法确定，上栏线单栏，下栏线无存，写本，残经原版上有 1962 号，刊布者将其定名为“佛经”，下面将西夏文录文并对译如下：

[illegible]……	心……

① （唐）玄奘译《大般若波罗蜜多经》卷 241，《大正藏》第 6 册，第 220 号，第 216 页下栏 28~217 页下栏 26。

[illegible]……	若菩萨……
[illegible]……	多修……

初步确定残片为唐玄奘译《大般若波罗蜜多经》，因残缺严重，具体卷数待考。

《大般若波罗蜜多经》第四十二卷“初分譬喻品第十一之一”的相应内容：

……其心不惊不恐不怖？

佛告善现：“若菩萨摩诃萨修行般若波罗蜜多时，以应一切智智心”。[①]

或为《大般若波罗蜜多经》第四十三卷“初分譬喻品第十一之二”的相应内容：

……其心不惊不恐不怖。

善现！若菩萨摩诃萨修行般若波罗蜜多时，以应一切智智心，等等。[②]

193.Or.12380-1963（K.K.）存1页3行11字，字数无法确定，栏线无存，写本，残经原版上有1963号，刊布者将其定名为“陀罗尼”，下面将西夏文录文并对译如下：

……[illegible]……	……清……
……[illegible]……	……分无别无断故……

① （唐）玄奘译《大般若波罗蜜多经》卷42，《大正藏》第5册，第220号，第236页中栏1~3。

② （唐）玄奘译《大般若波罗蜜多经》卷43，《大正藏》第5册，第220号，第239页下栏21~24。

……[illegible]……	……处触受爱……

比对 Or.12380-1962（K.K.V.b.06）和 Or.12380-1963（K.K.）残经，可以确 Or.12380-1963（K.K.）非“陀罗尼”，因为过于残缺，可以初步确定其为唐玄奘译《大般若波罗蜜多经》第一百八十三卷“初分难信解品第三十四之二”的相应内容：

……是无明清净与果清净，无二、无二分、无别、无断故。行、识、名色、六处、触、受、爱……[1]

194.Or.12380-1964（K.K.）存 1 页 6 行，有残缺，字数无法确定，上栏线单栏，下栏线无存，写本，残经原版上有 1964 号，刊布者将其定名为《大般若波罗蜜多经》，下面将西夏文录文并对译如下：

[illegible]……	类之济拔是如如义别无……
[illegible]……	终及愿言起我勤精进以……
[illegible]……	罗蜜多修行有成熟佛国……
[illegible]……	最上正等菩提证得我佛……
[illegible]……	异诸有情类当无有情一切……
[illegible]□[illegible][2][illegible][3][illegible]……	有人见□第一圆满净色当……

可以确定残经为唐玄奘译《大般若波罗蜜多经》第三百三十卷“初分愿行品第五十一之一”的相应内容：

……我当云何方便拔济诸有情类，令无如是形色差别。既思惟

---

① （唐）玄奘译《大般若波罗蜜多经》卷 183，《大正藏》第 6 册，第 220 号，第 985 页下栏 20。

② 西夏文“[illegible]”译为“第一”。

③ 西夏文“[illegible]”译为“净色”，“[illegible]”译为“圆满净色”。

已，作是愿言："我当精勤不顾身命修行六种波罗蜜多，成熟有情严净佛土，令速圆满疾证无上正等菩提。我佛土中得无如是形色差别诸有情类，一切有情皆真金色，端严殊妙众所乐见，成就第一圆满净色。"①

比对 Or.12380-1961（K.K.）和 Or.12380-1964（K.K.）残经，二者字体、版式相同，可以确定二者为同版经的内容，只是中间有残缺，Or.12380-1964（K.K.）残经是《大般若波罗蜜多经》第三百三十卷"初分愿行品第五十一之一"的内容，Or.12380-1961（K.K.）残经是《大般若波罗蜜多经》第二百四十一卷"初分难信解品第三十四之六十"的内容。

195.Or.12380-1966（K.K.）存 1 页 2 行 5 个字，残缺十分严重，字数无法确定，写本，残经原版上有 1966 号，刊布者将其定名为"佛经"，下面将西夏文录文并对译如下：

𗹦𗖵𗰗𗰗……	净故一切……
𗖵𗗚……	故真……

可初步确定残片为唐玄奘译《大般若波罗蜜多经》第二百一十卷"初分难信解品第三十四之二十九"的相应内容：

……大空清净，故真如清净。真如清净，故一切智智清净。何以故？若大空清净，若真如清净，若一切智智清净，无二、无二分、无别、无断故。②

① （唐）玄奘译《大般若波罗蜜多经》卷 330，《大正藏》第 6 册，第 220 号，第 694 页上栏 11。

② （唐）玄奘译《大般若波罗蜜多经》卷 210，《大正藏》第 6 册，第 220 号，第 48 页中栏 13。

196.Or.12380-1967（K.K.）存 2 页 4 行，右面存 2 行 11 字，左面存 2 行 8 个字，栏线无存，写本，残缺十分严重，字数无法确定，残经原版上有 1967 号，刊布者将其定名为“佛经”，下面将西夏文录文并对译如下：

（右面）

……[illegible]……　　……二分无别无……

……[illegible]……　　……舍性住清净常……

（左面）

……[illegible]……　　……佛十力清……

……[illegible]……　　……清净何云也……

可以初步确定残片为唐玄奘译《大般若波罗蜜多经》第二百七十五之卷“初分难信解品第三十四之九十四”的相应内容：

> ……无二、无二分、无别、无断故。一切智智清净，故恒住舍性清净。恒住舍性清净，故佛十力清净。何以故？若一切智智清净，若恒住舍性清净，若佛十力清净，无二、无二分、无别、无断故。①

197.Or.12380-1969（K.K.）存 1 页 4 行，有 1 行仅 1 个字，没法辨认，残缺十分严重，字数无法确定，上栏线无存，下栏线单栏，写本，残经原版上有 1969 号，刊布者将其定名为“佛经”，下面将西夏文录文并对译如下：

……[illegible]　　……修行缘

① （唐）玄奘译《大般若波罗蜜多经》卷 275，《大正藏》第 6 册，第 220 号，第 392 页中栏 28。

……[西夏字][西夏字][西夏字]	……方故等
……[西夏字][西夏字][西夏字][西夏字]?	……等等无波
……	……

可确定残片为唐玄奘译《大般若波罗蜜多经》第十卷“初分赞胜德品第五”的相应内容：

> ……能证无等等妙法，所谓无上正等菩提。世尊！如来亦由修行般若波罗蜜多，能修行安住圆满具足种种功德故，得无等等色，得无等等受、想、行、识，证无等等菩提，转无等等法轮，度脱无量诸有情类，令获殊胜利益安乐。[①]

比对 Or.12380-1969（K.K.）、Or.12380-1973（K.K.）残经，可以确定它们为同版残经遗存，内容为《大般若波罗蜜多经》第十卷“初分赞胜德品第五”，二者可以缀合，Or.12380-1973（K.K.）残经内容在前，Or.12380-1969（K.K.）内容在后。

198.Or.12380-1970（K.K.）存 1 页 6 行，每行仅有 1~2 个字不等，残缺十分严重，字数无法确定，上栏线单栏，下栏线单栏，写本，残经原版上有 1970 号，刊布者将其定名为“佛经”，下面将西夏文录文并对译如下：

[西夏字]……	云……
[西夏字][西夏字]……	蜜多……
[西夏字][西夏字]……	无断……
[西夏字][西夏字][西夏字]……	故一切……
[西夏字][西夏字][西夏字]……	空清净……
[西夏字]……	摄……

① （唐）玄奘译《大般若波罗蜜多经》卷 10，《大正藏》第 5 册，第 220 号，第 52 页下栏 15~22。

可初步确定残片为唐玄奘译《大般若波罗蜜多经》第一百八十四卷“初分难信解品第三十四之三”的相应内容：

……是净戒乃至般若波罗蜜多清净，与一切智智清净，无二、无二分、无别、无断故。善现！内空清净，即一切智智清净，一切智智清净，即内空清净。何以故？[①]

199.Or.12380-1972（K.K.）存1页6行，残缺十分严重，字数无法确定，上栏线无存，下栏线单栏，写本，残经原文上有1972号，刊布者将其定名为《华严经》，下面将西夏文录文并对译如下：

……[illegible]□□	……受□□
……[illegible]	……无也色界
……[illegible]	……乃至眼触缘
……[illegible]□	……起诸受灭□
……[illegible]	……合也善现耳
……[illegible]	……于

可以确定残片非《华严经》，而为唐玄奘译《大般若波罗蜜多经》第三百一十四卷“初分真善友品第四十五之二”的相应内容：

色界乃至眼触为缘所生诸受无生，即色界乃至眼触为缘所生诸受无灭，色界乃至眼触为缘所生诸受无灭，即色界乃至眼触为缘所生诸受不和合。善现，耳界不和合，即耳界不相属，耳界不相属即耳界无生……[②]

---

① （唐）玄奘译《大般若波罗蜜多经》卷184，《大正藏》第5册，第220号，第990页中栏27~下栏6。

② （唐）玄奘译《大般若波罗蜜多经》卷314，《大正藏》第6册，第220号，第600页上栏16。

200.Or.12380-1973（K.K.）存 1 页 6 行，残缺十分严重，字数无法确定，上栏线单栏，下栏线单栏，写本，残经原版上有 1973 号，刊布者将其定名为《华严经》，下面将西夏文录文并对译如下：

□□□□[illegible]……	□□□□正等菩提……
□[illegible]……	□修行者诸菩萨摩……
□[illegible]……	□最妙大力势具等……
[illegible]……	性住修行能等等无……
[illegible]……	满能等等无无忘失法恒舍性……
[illegible]……	自体得能是者边无胜……

可确定残经非《华严经》，而为唐玄奘译《大般若波罗蜜多经》第十卷“初分赞胜德品第五”的相应内容：

> ……所谓无上正等菩提。世尊，修行般若波罗蜜多，诸菩萨摩诃萨，最尊、最胜、最上、最妙，具大势力，能修行无等等无忘失法，恒住舍性，能圆满无等等无忘失法，恒住舍性，能具足无等等无忘失法，恒住舍性，能得无等等自体，所谓无边殊胜相好、妙庄严身。①

201.Or.12380-1975a（K.K.）存 2 页 9 行，有 1 行仅存 1 字无法辨认，字数无法确定，上栏线单栏，下栏线无存，写本，刊布者将其定名为“佛经”，下面将西夏文录文并对译如下：

（右面）

……[illegible]……	……起……
[illegible]……	无二无二……
[illegible]……	（一）切智智清净……

① （唐）玄奘译《大般若波罗蜜多经》卷 10，《大正藏》第 5 册，第 220 号，第 52 页下栏 9~15。

[illegible]……	净故六神……
[illegible]……	清净无二……
[illegible]……	（一）切智智清净……

可以确定残片为唐玄奘译《大般若波罗蜜多经》第一百九十七卷“初分难信解品第三十四之十六”的相应内容：

> 若生者清净，若菩萨十地清净，若一切智智清净，无二、无二分、无别、无断故。善现！若生者清净，若五眼清净，若一切智智清净，无二、无二分、无别、无断故。生者清净，故六神通清净。六神通清净，故一切智智清净。[①]

（左面）

[illegible]……	诸受清（净）……
[illegible]……	若一切……
[illegible]……	触……

Or.12380-1975a（K.K.）左面，因为过于残缺，虽然可以确定残片为唐玄奘译初步确定为《大般若波罗蜜多经》第一百九十七卷“初分难信解品第三十四之十六”相应内容：

> ……眼触为缘所生，诸受清净，色界乃至眼触为缘所生，诸受清净，故一切智智清净。何以故？若养育者清净，若色界乃至眼触为缘所生，诸受清净……[②]

① （唐）玄奘译《大般若波罗蜜多经》卷 197，《大正藏》第 5 册，第 220 号，第 1054 页下栏 21。

② （唐）玄奘译《大般若波罗蜜多经》卷 197，《大正藏》第 5 册，第 220 号，第 1055 页下栏 13。

左右残片内容有残缺，不能完全缀合。

202.Or.12380-1975b（K.K. Ⅴ.b.06.cc）存1页5行，残缺十分严重，字数无法确定，上栏线无存，下栏线单栏，写本，刊布者将其定名为“佛经”，下面将西夏文录文并对译如下：

……𗐱𗐱𗧓

……一切智

𗧓……𗼑𗭍□□□□𗼑𗭍□□□𗧓

智……清净□□□□清净□□□智

……𗧠𗗙𗤁𗓢𗄊𗼑𗭍𗫂𗧠□□□□

……云故六神通清净何云□□□□

……𗌽𗰗𗂧𗼑𗭍□□□□

……佛十力清净□□□□

……𗅋□□□□

……不□□□□

因为过于残缺，初步确定残经为《大般若波罗蜜多经》第二百七十四卷“初分难信解品第三十四之九十三”的相应内容：

> ……一切智智清净，若五眼清净，若六神通清净，无二、无二分、无别、无断故。善现！一切智智清净，故佛十力清净。佛十力清净，故六神通清净。何以故？若一切智智清净，若佛十力清净，若六神通清净，无二、无二分、无别、无断故。①

或为唐玄奘译《大般若波罗蜜多经》第一百九十五卷“初分难信解品第三十四之十四”的相应内容：

① （唐）玄奘译《大般若波罗蜜多经》卷274，《大正藏》第6册，第220号，第390页上栏13~16。

若一切智智清净，无二、无二分、无别、无断故。我清净故六神通清净，六神通清净故一切智智清净。何以故？若我清净，若六神通清净，若一切智智清净，无二、无二分、无别、无断故。

善现！我清净故佛十力清净，佛十力清净故一切智智清净。何以故？若我清净，若佛十力清净，若一切智智清净，无二、无二分、无别、无断故。①

203.Or.12380-1975c（K.K.）存1页4行，残缺十分严重，字数无法确定，上栏线无存，下栏线单栏，写本，刊布者将其定名为“佛经”，下面将西夏文录文并对译如下：

……[illegible]□□□	……佛□□□
……[illegible]	……无断故一切智智
……[illegible]	……身意处清净鼻
……[illegible]……[illegible]	……意处……佛十力清净何

因为过于残缺，可初步确定残片为《大般若波罗蜜多经》第二百三十四卷“初分难信解品第三十四之五十三”的相应内容：

若佛十力清净，若眼处清净，若一切智智清净，无二、无二分、无别、无断故。佛十力清净，故耳、鼻、舌、身、意处清净。耳、鼻、舌、身、意处清净，故一切智智清净。何以故？若佛十力清净。②

204.Or.12380-1976（K.K.）存1页8行，有1行仅存1字无法辨

① （唐）玄奘译《大般若波罗蜜多经》卷43，《大正藏》第5册，第220号，第1047页下栏5~12。

② （唐）玄奘译《大般若波罗蜜多经》卷234，《大正藏》第6册，第220号，第179页上栏22。

认，字数无法确定，上栏线无存，下栏线单栏，写本，刊布者将其定名为“佛经”，下面将西夏文录文并对译如下：

……[illegible]	……解脱门相
……[illegible]①[illegible]	……观相无愿无解脱门相
……[illegible]	……无观一切智智与依然心
……[illegible]②[illegible]	……愿有相得可无观相无
……[illegible]	……愿有相得可无观一切
……[illegible]③[illegible]④	……空解脱门寂静不寂静相
……[illegible]	……无解脱门寂静不寂静

可以确定残经为唐玄奘译《大般若波罗蜜多经》第四十三卷“初分譬喻品第十一之二”的相应内容：

> ……观空解脱门无相、有相相不可得，观无相、无愿解脱门无相、有相相不可得。以应一切智智心，观空解脱门无愿、有愿相不可得，观无相、无愿解脱门无愿、有愿相不可得。以应一切智智心，观空解脱门寂静、不寂静相不可得，观无相、无愿解脱门寂静、不寂静相不可得。⑤

205.Or.12380-1981a（K.K.）存 1 页 5 行，有 1 行无法辨认，字数无法确定，上栏线单栏，下栏线无存，写本，残经上有 1981 号，刊布者将

① 西夏文“[illegible]”译为“无相”，无相，指真理之相。

② 西夏文“[illegible]”译为“有相”，有相，造作、虚假之相。

③ 西夏文“[illegible]”译为“空解脱门”，空解脱门，三解脱门之一，指通达一切法由因缘和合而生，入涅槃解脱的境界。

④ 西夏文“[illegible]”译为“寂静、不寂静相”，其中寂静，表示离烦恼，绝苦患，了悟涅槃之理。

⑤（唐）玄奘译《大般若波罗蜜多经》卷 43，《大正藏》第 5 册，第 220 号，第 239 页下栏 23。

其定名为《大般若波罗蜜多经》，下面将西夏文录文并对译如下：

……	……
[illegible]……	无相有相得可无……
[illegible]……	无相有相得可……
[illegible]……	以空……
[illegible]……	愿无……

因为过于残缺，可以初步确定残片为唐玄奘译《大般若波罗蜜多经》第四十二卷“初分譬喻品第十一之一”的相应内容：

> ……观受、想、行、识净不净相不可得。以应一切智智心，观色空不空相不可得。观受、想、行、识、空不空相不可得。以应一切智智心，观色无相、有相相不可得。观受、想、行、识无相、有相相不可得。以应一切智智心，观色无愿、有愿相不可得。①

206.Or.12380-1985（K.K.V.b.05.1）存1页6行，有1行无法辨认，字数无法确定，上栏线单栏，下栏线无存，写本，残经上有1985号，刊布者将其定名为“佛经”，下面将西夏文录文并对译如下：

□□□□□[illegible]……	□□□□□法界……
[illegible]□□[illegible]……	云□□解知彼中……
[illegible]……	依知解也善现……
[illegible]……	布施波罗蜜多……
[illegible]……	多法界无别无……

可初步确定残经为唐玄奘译《大般若波罗蜜多经》第三百五十八卷

① （唐）玄奘译《大般若波罗蜜多经》卷42，《大正藏》第5册，第220号，第236页上栏22。

“初分多问不二品第六十一之八”的相应内容：

……云何布施波罗蜜多法界相？云何净戒、安忍、精进、静虑般若波罗蜜多法界相？诸菩萨摩诃萨如实了知而于中学，于一切法如实了知略广之相。善现，布施波罗蜜多界、虚空界是名布施波罗蜜多法界。此布施波罗蜜多法界无断、无别而可施设。[①]

207.Or.12380-1986（K.K.）存 1 页 5 行，字数无法确定，下栏线单栏，上栏线无存，写本，残经上有 1986 号，刊布者将其定名为“佛经”，下面将西夏文录文并对译如下：

……[illegible]	……舌触缘起诸受味界乃至舌
……[illegible]	……空何云也味界乃至舌触
……[illegible]	……空中味界乃至舌触缘诸受
……[illegible]	……故菩萨摩诃萨亦有应无
……[illegible]	……识界及舌触舌触缘起诸

因残缺严重，可以初步确定残经为唐玄奘译《大般若波罗蜜多经》第六十四卷“初分无所得品第十八之四”的相应内容：

味界乃至舌触为缘所生诸受性空。何以故？味界乃至舌触为缘所生诸受性空中味界乃至舌触为缘所生诸受无所有不可得故。菩萨摩诃萨亦无所有不可得，非味界、舌识界及舌触、舌触为缘所生诸受。[②]

① （唐）玄奘译《大般若波罗蜜多经》卷 358，《大正藏》第 6 册，第 220 号，第 845 页下栏 7。

② （唐）玄奘译《大般若波罗蜜多经》卷 64，《大正藏》第 5 册，第 220 号，第 359 页中栏 6。

208.Or.12380-1987（K.K.V.b.05.i）存 1 页 7 行，字数无法确定，上栏线无存，下栏线单栏，写本，残经上有 1987 号，刊布者将其定名为“残片”，下面将西夏文录文并对译如下：

……[illegible]？	……有应
……[illegible]	……得处无缘故菩萨摩诃
……[illegible][①][illegible]	……波罗蜜多眼触法性非耳
……[illegible]	……处法性非眼处法性离非耳舌
……[illegible]	……性离非方是菩萨摩诃萨之行
……[illegible]	……蜜多眼处法性于不求应耳
……[illegible]	……处法性于不求应眼

因为过于残缺，可初步确定残经为唐玄奘译《大般若波罗蜜多经》第九十六卷“初分求般若品第二十七之八”的相应内容：

如是一切皆无所有性不可得，由无所有不可得故。菩萨摩诃萨所行般若波罗蜜多非眼处法性，非耳、鼻、舌、身、意处法性，非离眼处法性，非离耳、鼻、舌、身、意处法性，是故菩萨摩诃萨所行般若波罗蜜多。不应于眼处法性求，不应于耳、鼻、舌、身、意处法性求……[②]

209.Or.12380-1988（K.K.V.b.05.m）存 1 页 6 行，字数无法确定，栏线无存，写本，残经上有 1988 号，刊布者将其定名为“佛经”，下面将西夏文录文并对译如下：

---

① 西夏文“[illegible]”译为“法性”，法性，又名实相真如，法界，涅槃等，异名同体。性为体，真如为万法之体，在染、在净、在有情数、在非情数，其性不改不变。

② （唐）玄奘译《大般若波罗蜜多经》卷 96，《大正藏》第 5 册，第 220 号，第 535 页上栏 15。

……[illegible]……	……空何云也不……
……[illegible]……	……有深空也……
……[illegible]……	……竟空佛言善现……
……[illegible][1][illegible]……	……是究竟究竟缘……
……[illegible]……	……如善现是者究……
……[illegible]……	……何云且无空……

因为过于残缺，可以初步确定残经为唐玄奘译《大般若波罗蜜多经》第五十一卷“初分辨大乘品第十五之一”相应内容：

此无为由无为空。何以故？非常非坏本性尔故。善现，是为无为空。善现白佛言：“世尊，云何毕竟空？”佛言：“善现，毕竟谓诸法究竟不可得，此毕竟由毕竟空。何以故？非常非坏本性尔故。”[2]

210.Or.12380-2002（K.K.）存 1 页 7 行，字数无法确定，栏线无存，写本，残经上有 2002 号，刊布者将其定名为“残片”，下面将西夏文录文并对译如下：

……[illegible]……	……无……
……[illegible]……	……本性是……
……[illegible]……	……言说世尊……
……[illegible]□□[illegible]……	……有□□及趣……
……[illegible]……	……边（际）无何云也不……
……[illegible]……	……是者边无空也……
……[illegible]……	……散空佛言善现散……

① 西夏文“[illegible]”译为“毕竟、究竟”，究竟，指事理达到至极。

② （唐）玄奘译《大般若波罗蜜多经》卷 51，《大正藏》第 5 册，第 220 号，第 290 页下栏 17。

因为过于残缺，可初步确定残经为唐玄奘译《大般若波罗蜜多经》第五十一卷“初分辨大乘品第十五之一”的相应内容：

……非常非坏本性尔故。善现！是为无为空。善现白佛言：“世尊！云何毕竟空？”

佛言：“善现！毕竟谓诸法究竟不可得，此毕竟由毕竟空。何以故？非常非坏本性尔故。善现！是为毕竟空。”善现白佛言：“世尊！云何无际空？”佛言：“善现！无际谓无初、中、后际可得及无往来际可得，此无际由无际空。何以故？非常非坏本性尔故。善现！是为无际空。”善现白佛言：“世尊！云何散空？”佛言：“善现！散谓有放、有弃、有舍可得，此散由散空。何以故？非常非坏本性尔故。善现！是为散空。”①

211.Or.12380-2003（K.K.V.b.05.q）存1页5行，字数无法确定，上栏线单栏，下栏线单栏，写本，残经上有2003号，刊布者将其定名为“残片”，下面将西夏文录文并对译如下：

[illegible]……	智智……
[illegible]……	善现空解脱……
[illegible]……	净故一切……
[illegible]……	清净若眼……
[illegible]……	无二分无别……

因为过于残缺，可初步确定残经为唐玄奘译《大般若波罗蜜多经》第二百三十一卷“初分难信解品第三十四之五十”的相应内容：

若一切智智清净，无二、无二分、无别、无断故。善现，空

---

①（唐）玄奘译《大般若波罗蜜多经》卷51，《大正藏》第5册，第220号，第291页上栏24~中栏1。

解脱门清净，故眼处清净。眼处清净，故一切智智清净。何以故？若空解脱门清净，若眼处清净，若一切智智清净，无二、无二分、无别、无断故。[①]

212.Or.12380-2004（K.K.）存 1 页 6 行，字数无法确定，栏线无存，写本，残经上有 2004 号，刊布者将其定名为“佛经”，下面将西夏文录文并对译如下：

……[illegible]……	……为应……
……[illegible][②][illegible]……	……怠慢众生……
……[illegible]……	……众生勤……
……[illegible]……	……为且诸怠……
……	……
……[illegible]……	……方……

因为过于残缺，可初步确定残片为唐玄奘译《大般若波罗蜜多经》第三百三十卷“初分巧方便品第五十之三”的相应内容：

……有菩萨摩诃萨修行精进波罗蜜多，见诸有情懈怠懒惰，不勤精进，弃舍三乘，亦不能修人、天善业。善现，是菩萨摩诃萨见此事已作是思惟：“我当云何救济如是诸有情类，令其远离懒惰懈怠？”既思惟已，作是愿言……[③]

213.Or.12380-2005（K.K.V.b.05.y）存 1 页 3 行，字数无法确定，

① （唐）玄奘译《大般若波罗蜜多经》卷 231，《大正藏》第 6 册，第 220 号，第 163 页下栏 9。

② 西夏文“[illegible]”译为“懈怠”，懈怠，佛教表示断恶修行不尽力。

③ （唐）玄奘译《大般若波罗蜜多经》卷 330，《大正藏》第 6 册，第 220 号，第 692 页下栏 10。

栏线无存，残经上有 2005 号，刊布者将其定名为“残片”，下面将西夏文录文并对译如下：

……[illegible]…… ……界……

……[illegible]…… ……菩萨……

……[illegible]…… ……愿声……

Or.12380-2004（K.K.）和 Or.12380-2005（K.K.V.b.05.y）残经字体判断，二者与 Or.12380-2007（K.K.）字体一致，分析其内容，可以初步确定它们同为《大般若波罗蜜多经》，但具体卷数无法确定。

214.Or.12380-2006（K.K.V.b.05.x）存 1 页 1 行，仅存 9 个字数，刊布者将其定名为“残片”，下面将西夏文录文并对译如下：

[illegible] 界眼识界及眼触眼触

其内容为“……界、眼识界及眼触眼触……”可初步确定残片或为唐玄奘译《大般若波罗蜜多经》第三十六卷“初分教诫教授品第七之二十六”、第三十七卷“初分无住品第九之二”、第三十八卷“初分般若行相品第十之一”、第三十九卷“初分般若行相品第十之二”、第四十卷“初分般若行相品第十之三”、第四十一卷“初分般若行相品第十之四”等诸卷皆有此句话的内容，因缺少其他参照内容，具体属于哪一卷尚难确定。

215.Or.12380-2007（K.K.）存 1 页 6 行，字数无法确定，栏线无存，写本，残经上有 2007 号，刊布者将其定名为“佛经”，下面将西夏文录文并对译如下：

……[illegible]…… ……性住……

……[illegible]□[illegible]…… ……如住眼界得可□有……

……[illegible]…… ……眼触眼触缘起……

……[illegible]……　　……识界及眼触眼触……
……[illegible]……　　……色界眼识界及……
……[illegible][1][illegible]……　　……无三世平等中色……

因为过于残缺，初步确定残经为唐玄奘译《大般若波罗蜜多经》第六十卷“初分赞大乘品第十六之五”的相应内容：

平等中平等性尚不可得，何况平等中有过去、未来、现在眼界可得！善现！前际色界、眼识界及眼触、眼触为缘所生诸受不可得，后际色界、眼识界及眼触、眼触为缘所生诸受不可得，中际色界、眼识界及眼触、眼触为缘所生诸受不可得，三世平等中色界、眼识界及眼触、眼触为缘所生诸受亦不可得。[2]

216.Or.12380-2008（K.K.）存 1 页 7 行，字数无法确定，残缺严重，上栏线无存，下栏线单栏，写本，残经上有 2008 号，刊布者将其定名为“佛经”，下面将西夏文录文并对译如下：

……[illegible]　　……一切智道相智
……[illegible]　　……修三十二大
……[illegible]　　……忘失法修是断
……[illegible]　　……摩诃萨般若
……[illegible]　　……圆满欲因恒舍
……[illegible]　　……静虑般若波罗
……[illegible]　　……无

因为过于残缺，可以初步确定残经为唐玄奘译《大般若波罗蜜多

① 西夏文“[illegible]”译为“三世平等”，其中平等表示没有高下深浅的差别。
② （唐）玄奘译《大般若波罗蜜多经》卷 60，《大正藏》第 5 册，第 220 号，第 340 页下栏 7。

经》第三百七十八卷"初分无相无得品第六十六之六"的相应内容：

亦能圆满一切智道相智、一切相智，亦能圆满三十二大士相、八十随好，是菩萨摩诃萨住异熟法菩提道中，复能圆满布施、净戒、安忍、精进、静虑般若波罗蜜多。[①]

217.Or.12380-2009（K.K.）存1页8行，字数无法确定，残缺严重，上栏线单栏，下栏线无存，残经上有2009号，刊布者将其定名为"佛经"，下面将西夏文录文并对译如下：

□□[illegible]……	□□法一切……
□□[illegible]……	□□处无何云也……
□[illegible]……	□趣非趣有处……
□[illegible]……	□以趣成彼是……
[illegible]……	胜处亦尽了……
[illegible]……	善现一切法皆……
□□[illegible]……	□□可无何云……
□□□[illegible]……	□□□无趣有……

因为过于残缺，可以初步确定残经为唐玄奘译《大般若波罗蜜多经》第三百一十六卷"初分真善友品第四十五之四"的相应内容：

一切法皆以八解脱为趣，彼于是趣不可超越。何以故？八解脱尚毕竟不可得，况有趣非趣。善现，一切法皆以八胜处为趣，彼于是趣不可超越。何以故？八胜处尚毕竟不可得，况有趣非趣。善

① （唐）玄奘译《大般若波罗蜜多经》卷378，《大正藏》第6册，第220号，第950页下栏09。

现，一切法皆以九次第定为趣，彼于是趣不可超越。[①]

218.Or.12380-2010（K.K.）存1页8行，字数无法确定，残缺严重，栏线无存，写本，残经上有2010号，刊布者将其定名为“佛经”，下面将西夏文录文并对译如下：

……[illegible]……　　……无及趣不……

……[illegible]……　　……五眼以趣……

……[illegible]……　　……五眼亦尽……

……[illegible]……　　……善现一切法皆……

……[illegible][②]……　　……于超度可无……

……[illegible]……　　……及趣不趣……

……[illegible]……　　……地门以趣……

……[illegible]……　　……三摩地门……

初步可以确定残经为唐玄奘译《大般若波罗蜜多经》第三百一十六卷“初真善友品第四十五之四”的相应内容：

无相、无愿解脱门尚毕竟不可得，况有趣非趣。善现，一切法皆以五眼为趣，彼于是趣不可超越。何以故？五眼尚毕竟不可得，况有趣非趣。善现，一切法皆以六神通为趣，彼于是趣不可超越。何以故？六神通尚毕竟不可得，况有趣非趣。善现，一切法皆以三摩地门为趣，彼于是趣不可超越。何以故？三摩地门尚毕竟不可得，况有趣非趣。[③]

① （唐）玄奘译《大般若波罗蜜多经》卷316，《大正藏》第6册，第220b号，第610页中栏15。

② 西夏文“[illegible]”译为“不可超越”“不可超度”，其中超度表示解脱。

③ （唐）玄奘译《大般若波罗蜜多经》卷316，《大正藏》第6册，第220号，第610页中栏15。

比对残经，确定 Or.12380-2009（K.K.）与 Or.12380-2010（K.K.）为同版残经。

219.Or.12380-2011（K.K.）存 1 页 5 行，字数无法确定，残缺严重，上栏线单栏，下栏线单栏，写本，残经上有 2011 号，刊布者将其定名为“佛经”，下面将西夏文录文并对译如下：

……[illegible] ……真亦平等声
……[illegible] ……如来之如真以
……[illegible] ……香味触法界
……[illegible] ……真平等若声
……[illegible] ……来之如真

可以确定残经为唐玄奘译《大般若波罗蜜多经》第三百二十一卷“初分真如品第四十七之四”的相应内容：

> 如来真如平等，故色处真如平等。声、香、味、触、法处真如平等，故如来真如平等。如来真如平等，故声、香、味、触、法处真如平等。如是若色处真如平等……①

220.Or.12380-2012（K.K.）存 1 页 6 行，字数无法确定，残缺严重，上栏线单栏，下栏线单栏，写本，残经上有 2012 号，刊布者将其定名为“佛经”，下面将西夏文录文并对译如下：

……[illegible] ……化空清净何云也若一
……[illegible] ……四正断乃至八圣道支清
……[illegible] ……空清净无二无二分无别无
……[illegible] ……一切智智清净故空解脱门清

① （唐）玄奘译《大般若波罗蜜多经》卷 321，《大正藏》第 6 册，第 220 号，第 640 页下栏 17。

……[西夏文]　　……清净故不变化空清净何云

……[西夏文]　　……智清净若空解脱门清净若

可以确定残经为唐玄奘译《大般若波罗蜜多经》第二百五十三卷“初分难信解品第三十四之七十二”的相应内容：

……四正断乃至八圣道支清净，故无变异空清净。何以故？若一切智智清净，若四正断乃至八圣道支清净，若无变异空清净，无二、无二分、无别、无断故。善现，一切智智清净，故空解脱门清净。空解脱门清净，故无变异空清净。何以故？若一切智智清净，若空解脱门清净，若……[①]

比对残经，确定 Or.12380-2011（K.K.）与 Or.1280-2012（K.K.）为同版残经。

221.Or.12380-2013（K.K.）存 1 页 6 行，其中 1 行无法辨认，字数无法确定，残缺严重，上栏线无存，下栏线单栏，写本，残经上有 2013 号，刊布者将其定名为“佛经”，下面将西夏文录文并对译如下：

……[西夏文]　　……真如平等

……[西夏文]　　……一也平等不（无）

……[西夏文]　　……故如来

……[西夏文]　　……八

……[西夏文]　　……至（遍）处

可以确定残片为唐玄奘译《大般若波罗蜜多经》第三百二十一卷“初分真如品第四十七之四”的相应内容：

① （唐）玄奘译《大般若波罗蜜多经》卷 253，《大正藏》第 6 册，第 220 号，第 279 页下栏 8。

……定真如平等，若如来真如平等，同一真如平等无二无别。

复次，八解脱真如平等故如来真如平等，如来真如平等故八解脱真如平等；八胜处、九次第定、十遍处真如平等故如来真如平等……[①]

222.Or.12380-2014（K.K.）存1页6行，字数无法确定，残缺严重，栏线无存，写本，残经上有2014号，刊布者将其定名为“佛经”，下面将西夏文录文并对译如下：

……[illegible]…… ……菩萨摩诃萨……

……[illegible]…… ……思行……

……[illegible]…… ……现菩萨摩诃萨……

……[illegible]…… ……受坏灭缘不学……

……[illegible]…… ……学时色处摄受坏……

……[illegible]…… ……法摄受坏灭缘不……

可以确定残经为唐玄奘译《大般若波罗蜜多经》第八十七卷“初分学般若品第二十六之三”的相应内容：

菩萨摩诃萨如是学时，不为色摄受坏灭故学，不为受、想、行、识摄受坏灭故学耶。善现，菩萨摩诃萨如是学时，不为眼处摄受坏灭故学，不为耳、鼻、舌、身、意处摄受坏灭故学耶。善现，菩萨摩诃萨如是学时，不为色处摄受坏灭故学，不为声、香、味、触、法处摄受坏灭故学耶。[②]

223.Or.12380-2015（K.K.V.b.019.f）存1页5行，字数无法确定，

① （唐）玄奘译《大般若波罗蜜多经》卷321，《大正藏》第6册，第220号，第642页上栏4~10。

② （唐）玄奘译《大般若波罗蜜多经》卷87，《大正藏》第5册，第220号，第488页上栏3。

残缺严重，写本，上栏线无存，下栏线单栏，残经上有 2015 号，刊布者将其定名为“佛经”，下面将西夏文录文并对译如下：

……[illegible]	……菩萨摩诃萨众及他（余）无量
……[illegible]	……幡盖璎珞妙伎种
……[illegible]	……踊空中合
……[illegible][①][illegible]	……土台部四角且
……[illegible]□[illegible]	……宝幢皆□璎珞胜幡

可初步确定残片为唐玄奘译《大般若波罗蜜多经》第十卷“初分现舌相品第六”的相应内容如下：

> 尔时，十方诸来菩萨摩诃萨众及余无量欲色界天，所献种种宝幢、幡盖、珍璎、妙乐、种种香华，以佛神力，上涌空中合成台盖，遍覆三千大千佛土，台顶四角各有宝幢，台盖宝幡皆垂璎珞，胜幡、妙彩。[②]

比对残经，确定 Or.12380-2013（K.K.）与 Or.12380-2015（K.K.V.b.019.f）为同版残经。

224.Or.12380-2016（K.K.）存 1 页 6 行，字数无法确定，残缺严重，上栏线单栏，下栏线无存，写本，残经上有 2016 号，刊布者将其定名为“佛经”，下面将西夏文录文并对译如下：

[illegible]……	如来法性得……
[illegible]……	得可无香界……
[illegible]……	如来如真得处……

① 西夏文“[illegible]”译为“四角”。

② （唐）玄奘译《大般若波罗蜜多经》卷 10，《大正藏》第 5 册，第 220 号，第 56 页上栏 4。

豵豥婣豲豴……	得可无香界……
豴豷豶豵豵豥……	如来法性得处……
豥婣豴豷豶……	可无如来中……

可以确定残片为唐玄奘译《大般若波罗蜜多经》第九十卷“初分求般若品第二十七之二”的相应内容：

> 非离香界乃至鼻触为缘所生诸受，如来法性可得。非离鼻界真如，如来真如可得。非离香界乃至鼻触为缘所生诸受真如，如来真如可得。非离鼻界法性，如来法性可得。非离香界乃至鼻触为缘所生诸受法性，如来法性可得。憍尸迦，非鼻界中如来可得。①

225.Or.12380-2017（K.K.）存 1 页 5 行，上栏线单栏，下栏线无存，写本，残缺严重，残经上有 2017 号，刊布者将其定名为“佛经”，下面将西夏文录文并对译如下：

□豰豯豱豳豸豺②……	□以是独觉菩提……
□豻豼豽豾……	□寿具善现……
豿貀豴貁……	不有故尽……
貂貃豯貄……	岂有是增……
貄貅豸……	增语菩……

可以初步确定残片为唐玄奘译《大般若波罗蜜多经》卷三十五“初分教诫教授品第七之二十五”的相应内容：

① （唐）玄奘译《大般若波罗蜜多经》卷 90，《大正藏》第 5 册，第 220 号，第 499 页中栏 17。

② 西夏文“豱豳豸豺”译为“独觉菩提”，独觉菩提，独觉又曰缘觉、辟支。表示在无佛之世，自己觉悟而离生死者。

……即独觉菩提增语非菩萨摩诃萨耶？具寿善现答言："世尊！独觉菩提尚毕竟不可得，性非有故，况有独觉菩提增语！此增语既非有，如何可言？即独觉菩提增语是菩萨摩诃萨？"[①]

226.Or.12380-2018（K.K.）存 1 页 6 行，栏线无存，写本，字数无法确定，残经上有 2018 号，刊布者将其定名为《大般若波罗蜜多经》，下面将西夏文录文并对译如下：

……[illegible]……	……门一切相不……
……[illegible]……	……一切愿不有愿不……
……[illegible]……	……愿不有愿不无观陀罗尼……
……[illegible]……	……不寂不净观三摩地……
……[illegible]……	……寂静观陀罗尼一切……
……[illegible]……	……观三摩地门一切不……

可以初步确定残经为唐玄奘译《大般若波罗蜜多经》第七十二卷"初分观行品第十九之三"相应内容：

……观一切三摩地门非有相、非无相，观一切陀罗尼门非有愿、非无愿，观一切三摩地门非有愿、非无愿，观一切陀罗尼门非寂静、非不寂静，观一切三摩地门非寂静、非不寂静……[②]

227.Or.12380-2019（K.K.V.b.014.f）存 1 页 6 行，字数无法确定，上栏线单栏，下栏线单栏，写本，残经上有 2019 号，刊布者将其定名为"佛经"，下面将西夏文录文并对译如下：

---

① （唐）玄奘译《大般若波罗蜜多经》卷 35，《大正藏》第 5 册，第 220 号，第 194 页下栏 2~3。

② （唐）玄奘译《大般若波罗蜜多经》卷 72，《大正藏》第 5 册，第 220 号，第 409 页下栏 20。

……[illegible]□□□	……三摩地门一切不乐□□□
……[illegible]□□	……我无我非无观三摩地□□
……[illegible]□□□	……非观陀罗尼门一切□□□
……[illegible]□	……三摩地门一切不净不不净□
……[illegible]	……不不空观三摩地门
……[illegible]	……陀罗尼门一切相不

可以初步确定残经为唐玄奘译《大般若波罗蜜多经》第七十二卷“初分观行品第十九之三”的相应内容：

> ……观一切三摩地门非乐、非苦，观一切陀罗尼门非我、非无我，观一切三摩地门非我、非无我，观一切陀罗尼门非净、非不净，观一切三摩地门非净、非不净，观一切陀罗尼门非空、非不空，观一切三摩地门非空、非不空，观一切陀罗尼门非有相、非无相。①

从字体、版式、内容等方面，可以确定Or.12380-2018（K.K.）和Or. 12380-2019（K.K.V.b.014.f）残经，为同版残经，Or.12380-2018（K.K.）残经内容在后，Or.12380-2019（K.K.V.b.014.f）残经内容在前，二者可以缀合相接。

由此可见，Or.12380-2018（K.K.）、Or.12380-2019（K.K.V.b.014. f）、Or.12380-2020a（K.K.）和Or.12380-2022（K.K.）残经为同版残经，其顺序为Or.12380-2020a（K.K.）+Or.12380-2020b（K.K.V.b.014.t）+ Or.12380-2019（K.K.V.b.014.f）+Or.12380-2018（K.K.）。

228.Or.12380-2020a（K.K.）存1页3行，字数无法确定，栏线无存，写本，刊布者将其定名为“佛经”，下面将西夏文录文并对译如下：

……[illegible]……	……恒舍性住非净非……

① （唐）玄奘译《大般若波罗蜜多经》卷72，《大正藏》第5册，第220号，第409页下栏20。

……[illegible]…… ……空不不空观常舍性住……
……[illegible]…… ……忘失法相不有相不……

可以初步确定残片为唐玄奘译《大般若波罗蜜多经》第七十二卷“初分观行品第十九之三”的相应内容：

> ……观无忘失法非净、非不净，观恒住舍性非净、非不净；观无忘失法非空、非不空，观恒住舍性非空、非不空，观无忘失法非有相、非无相……[①]

229.Or.12380-2020b（K.K.V.b.014.t）存1页9行，字数无法确定，栏线无存，写本，残经上有2020号，刊布者将其定名为“佛经”，下面将西夏文录文并对译如下：

……[illegible]…… ……有无相无观不忘失法……
……[illegible]…… ……性住愿不有愿……
……[illegible]…… ……净不不寂静观常舍……
……[illegible]…… ……观不忘失法不……
……[illegible]…… ……常舍性住不远离不不……
……[illegible]…… ……者观诸法是也……
……[illegible]…… ……菩萨摩诃萨般若波罗蜜多……
……[illegible]…… ……一切无常无无常观……
……[illegible]…… ……不不常观陀罗尼……

可以初步确定残经为唐玄奘译《大般若波罗蜜多经》第七十二卷“初分观行品第十九之三”的相应内容：

① （唐）玄奘译《大般若波罗蜜多经》卷72,《大正藏》第5册，第220号，第410页上栏8。

……观恒住舍性非有相、非无相，观无忘失法非有愿、非无愿，观恒住舍性非有愿、非无愿，观无忘失法非寂静、非不寂静，观恒住舍性非寂静、非不寂静，观无忘失法非远离、非不远离，观恒住舍性非远离、非不远离。舍利子，是谓观诸法。舍利子，诸菩萨摩诃萨修行般若波罗蜜多时，观一切陀罗尼门非常、非无常……[1]

根据字体、版式、内容，可以确定 Or.12380-2020a（K.K.）和 Or.12380-2020b（K.K.V.b.014.t）残经，为同版残经，Or.12380-2020a（K.K.）在前，Or.12380-2020b（K.K.V.b.014.t）在后，二者可以缀合相接。

230.Or.12380-2021（K.K.）存 1 页 14 行，其中 1 行无法辨识，字数无法确定，上栏线单栏，残经上有 2021 号，刊布者将其定名为“佛经”，下面将西夏文录文并对译如下：

[illegible]……	相智清净……
[illegible]……	性空清净……
[illegible]……	智智清净不……
[illegible]……	无自性清净……
[illegible]……	尼门一切清净……
[illegible]……	性无自性……
[illegible]……	一切清净 ……
[illegible]……	无自……
[illegible]……	地门一切……
[illegible]……	无自性空……
[illegible]……	（一）切智智清净……
[illegible]……	无自性空清净……
[illegible]……	故一切智智……

① （唐）玄奘译《大般若波罗蜜多经》卷 72，《大正藏》第 5 册，第 220 号，第 410 页上栏 8。

可以初步确定残经为唐玄奘译《大般若波罗蜜多经》第二百一十四卷“初分难信解品第三十四之三十三”的相应内容：

若道相智、一切相智清净，若一切智智清净，无二、无二分、无别、无断故。善现，自相空清净，故一切陀罗尼门清净。一切陀罗尼门清净，故一切智智清净。何以故？若自相空清净，若一切陀罗尼门清净，若一切智智清净，无二、无二分、无别、无断故。自相空清净，故一切三摩地门清净，一切三摩地门清净，故一切智智清净。①

231.Or.12380-2022（K.K.）存1页6行，字数无法确定，残经上有2022号，上栏线单栏，下栏线无存，写本，有经题，刊布者将其定名为《大般若波罗蜜多经》，下面将西夏文录文并对译如下：

[illegible]	大般若波罗蜜多经典
[illegible]②……	天依（奉）道显……
[illegible]……	初分治学旨示品……
[illegible]……	善现汝及何义观……
[illegible]……	无增言菩萨摩诃萨……
[illegible]……	若为有若为无增……

可初步确定残经为唐玄奘译《大般若波罗蜜多经》第二十五卷“初分教诫教授品第七之十五”的相应内容：

大般若波罗蜜多经典

奉天显道 耀武宣文 神谋睿智 制义去邪 惇睦懿恭皇帝嵬名

① （唐）玄奘译《大般若波罗蜜多经》卷214，《大正藏》第6册，第220b号，第71页中栏10。

② 此处应为“[illegible]”（奉天显道 耀武宣文 神谋睿智 制义去邪 惇睦懿恭皇帝嵬名）。

善现，汝复观何义言：即眼界若有为，若无为增语，非菩萨摩诃萨。[1]

232.Or.12380-2029（K.K.Ⅱ.0297.d）存 1 页 6 行，字数无法确定，栏线无存，写本，残经上有 2029 号，刊布者将其定名为《大般若波罗蜜多经》，下面将西夏文录文并对译如下：

[illegible]……	无忘失法恒舍法住修学也四正……
……[illegible]……	……力七等觉支八圣道支依……
……[illegible]……	……无以方便得……
……[illegible]……	……佛十八不共法修……
……[illegible]……	……依不二以方便为生无……
[illegible]……	为得应无以无方便一切智智常……

可以初步确定残经为唐玄奘译《大般若波罗蜜多经》第一百一十一卷“初分校量功德品第三十之九”的相应内容：

回向一切智智，修习无忘失法、恒住舍性；以四无所畏、四无碍解、大慈、大悲、大喜、大舍、十八佛不共法无二为方便、无生为方便、无所得为方便，回向一切智智，修习无忘失法、恒住舍性。[2]

233.Or.12380-2104（K.K.Ⅱ.0266.e）存 1 页 6 行，字数大概为 19 字左右，栏线无存，写本，残经上有 2104 号，刊布者将其定名为“佛经”，下面将西夏文录文并对译如下：

---

① （唐）玄奘译《大般若波罗蜜多经》卷 25，《大正藏》第 5 册，第 220 号，第 136 页下栏 9。

② （唐）玄奘译《大般若波罗蜜多经》卷 111，《大正藏》第 5 册，第 220 号，第 611 页上栏 7。

[illegible][1][illegible]

行地不动地善慧地法云地修速圆满能令五眼

[illegible]

修速圆满能令六神通修速圆满能令三摩地门

[illegible]

修速圆满能令陀罗尼门修速圆满能令佛十力修

[illegible]

速圆满能令四恐应无四损无悟大慈大悲大

□□□[illegible]

□□□佛十八不共法修速圆满能令不忘念法

[illegible]

修速圆满能令常舍法住修速圆满能令一切智

[illegible]

可以初步确定残经为唐玄奘译《大般若波罗蜜多经》第三百二十八卷“初分巧方便品第五十之一”的相应内容：

……远行地、不动地、善慧地、法云地，令速圆满；能修五眼，令速圆满；能修六神通，令速圆满；能修三摩地门，令速圆满；能修陀罗尼门，令速圆满；能修佛十力，令速圆满；能修四无所畏、四无碍解、大慈、大悲、大喜、大舍十八佛不共法，令速圆满；能修无忘失法，令速圆满；能修恒住舍性，令速圆满；能修一切智，令速圆满。[2]

234.Or.12380-2105（K.K.Ⅱ.0277.i）存1页7行，字数不能确定，上栏线无存，下栏线单栏，写本，残经上有2105号，刊布者将其定名

① 西夏文“[illegible]”译为“远行地、不动地、善慧地、法云地”，表示佛教修行业力不同而达到不同阶段。

② （唐）玄奘译《大般若波罗蜜多经》卷328，《大正藏》第6册，第220号，第677页中栏12。

为《大般若波罗蜜多经》，下面将西夏文录文并对译如下：

……[illegible]□□[illegible]□

……是真如不及有故何云□□真如□

……[illegible][1][illegible]

……诃萨也先后同缘缘所缘胜殊缘真如

……[illegible]□[illegible]

……萨不□真如别菩萨摩诃萨也

……[illegible]□[illegible]

……应缘胜殊□如真异菩萨摩诃萨

……[illegible]

……中菩萨摩诃萨说有先后同缘缘应

……[illegible]

……菩萨摩诃萨有菩萨摩诃萨

……[illegible]

……菩萨摩诃萨中前后同缘缘应

可初步确定残经为唐玄奘译《大般若波罗蜜多经》第十六卷“初分教诫教授品第七之六”的相应内容：

……此真如既非有，如何可言？即因缘真如是菩萨摩诃萨，即等无间缘、所缘缘、增上缘真如是菩萨摩诃萨；异因缘真如是菩萨摩诃萨；异等无间缘、所缘缘、增上缘真如是菩萨摩诃萨；因缘真如中有菩萨摩诃萨；等无间缘、所缘缘、增上缘真如中有菩萨摩诃萨；菩萨摩诃萨中有因缘真如，菩萨摩诃萨中有等无间缘、所缘

① 西夏文“[illegible]”译为“殊胜缘”“增上缘”，汉文本为“增上缘”，增上缘，四缘之一，一切有为法，皆从四缘生。四缘旧译为因缘、次第缘、缘缘、增上缘；新译为因缘、等无间缘、所缘缘、增上缘。

缘、增上缘真如。[①]

235.Or.12380-2105V（K.K.Ⅱ.0277.i）存1页7行，字数不能确定，上栏线无存，下栏线单栏，写本，残经上正面字迹为Or.12380-2105（K.K.Ⅱ.0277.i）残经内容，不清楚，而清楚字迹则为是反面的字，刊布者将其定名为“佛经”，其实应为唐玄奘译《大般若波罗蜜多经》第十五卷“初分教诫教授品第七之五”相应内容，具体参见Or.12380-2105（K.K.Ⅱ.0277.i）残经。

236.Or.12380-2106RV（K.K.V.b.024.h）存2页13行，每行16~17字，上栏线单栏，下栏线单栏，写本，残经上有2106号，刊布者将其定名为“佛经”，下面将西夏文录文并对译如下：

（右面）

□□□□[illegible]□□□□□□□□□□□

□□□□若性□□□□□□□□□□□

[illegible]□□□□

清净若一切智智清净无二无二□□□□

[illegible]□□□

无断也善现性无自性空清净故佛□□□

[illegible]

清净佛十力清净故一切智智清净何云

[illegible]

也若性无自性空清净若佛十力清净若一

[illegible]□□□□□□

切智智清净无二无二分无□□□□□□

[illegible]□□□□□□□□□□

自性空清净故四恐□□□□□□□□□□

① （唐）玄奘译《大般若波罗蜜多经》卷16，《大正藏》第5册，第220号，第88页上栏15。

（左面）

[illegible]□□□
大悲大喜大舍佛十八不共法清净□□□
[illegible]□□□□□
应无乃至佛十八不共法清净□□□□□
[illegible]□□□
智清净何云也若性无自性空清净□□□
[illegible]□□□□□□
应无乃至佛十八不共法清净□□□□□
[illegible]□□□□□□□□□
清净无二无二分无□□□□□□□□□
[illegible]□□□□□□□□□□□□□
性空清净□□□□□□□□□□□□□

可以初步确定残经为唐玄奘译《大般若波罗蜜多经》第二百一十七卷“初分难信解品第三十四之三十六”的相应内容，二者可缀合，内容如下：

若无性自性空清净，若六神通清净，若一切智智清净，无二、无二分、无别、无断故。善现，无性自性空清净，故佛十力清净。佛十力清净，故一切智智清净。何以故？若无性自性空清净，若佛十力清净，若一切智智清净，无二、无二分、无别、无断故。无性自性空清净，故四无所畏、四无碍解、大慈、大悲、大喜、大舍十八佛不共法清净。四无所畏乃至十八佛不共法清净，故一切智智清净。何以故？若无性自性空清净，若四无所畏乃至十八佛不共法清净，若一切智智清净，无二、无二分、无别、无断故。善现，无性自性空清净，故无忘失法清净。①

① （唐）玄奘译《大般若波罗蜜多经》卷217，《大正藏》第6册，第220号，第86页下栏9~15。

237.Or.12380-2107（K.K.I.ii.01.1）存 1 页 7 行，字数不能确定，上栏线单栏，下栏线无存，写本，残经上有 2107 号，刊布者将其定名为《大般若波罗蜜多经》，未给出卷数，下面将西夏文录文并对译如下：

……[illegible]　　……无趣也
[illegible]……　　等行一切性空空中趣无……
[illegible]……　　诸佛无上正等菩提趣非……
[illegible]……　　云也彼诸佛最上正等……
[illegible]……　　趣无也善现是菩萨摩……
[illegible]……　　缘无上正等菩提发趣……
[illegible]□[illegible]　　大般若波罗蜜多经典卷□百五十

可以确定残经为唐玄奘译《大般若波罗蜜多经》第四百四十五卷“第二分初业品第五十之一”的相应内容：

……以受、想、行、识性空，空中无趣、无不趣故。如是乃至一切智非趣、非不趣。何以故？以一切智性空，空中无趣、无不趣故。道相智、一切相智亦非趣、非不趣，何以故？以道相智、一切相智性空，空中无趣、无不趣故。善现！是为菩萨摩诃萨为与世间作所趣故，发趣无上正等菩提。

大般若波罗蜜多经第四百四十五卷[①]

238.Or.12380-2108（K.K.II.0262.f）存 1 页 6 行，字数不能确定，上栏线单栏，下栏线无存，写本，残经上有 2108 号，刊布者将其定名为《大般若波罗蜜多经》，下面将西夏文录文并对译如下：

[illegible]□□□[illegible]……　　寿轻受不有□□□是善男子……

① （唐）玄奘译《大般若波罗蜜多经》卷 445，《大正藏》第 7 册，第 220 号，第 247 页中栏 14。

[illegible]□□[illegible]……	般若波罗蜜多□□威神力依……
[illegible][1][illegible]□[illegible]……	种种功德殊胜得□诸天等皆……
[illegible]……	心入起者若佛法依昔特殊……
[illegible]□□[illegible][2][illegible]……	敬写如来是处所□□引守护……
[illegible]……	是者何云是善男子善女人等……

可以初步确定残经为唐玄奘译《大般若波罗蜜多经》第一百二十六卷“初分校量功德品第三十之二十四”的相应内容：

> ……或转重业现世轻受。
>
> 憍尸迦！是善男子、善女人等，由此般若波罗蜜多大威神力，获如是等现世种种功德胜利，谓诸天等已发无上菩提心者，或依佛法已获殊胜利乐事者，敬重法故恒来至此，随逐拥护，增其势力，所以者何？是善男子、善女人等，已发无上正等觉心……[3]

239.Or.12380-2110（K.K.）存 1 页 6 行，行 16-17 字，上下栏线单栏，写本，残经上有 2110 号，刊布者将其定名为《大般若波罗蜜多经》，下面将西夏文录文并对译如下：

[illegible]

罗蜜多止遣涅槃显现戒净安忍精进寂虑

[illegible]

般若波罗蜜多止遣涅槃显照佛特殊最妙

[illegible][4][illegible]

① 西夏文“[illegible]”译为“殊胜”“胜利”，汉文本为“胜利”。

② 西夏文“[illegible]”译为“守护”“拥护”。

③（唐）玄奘译《大般若波罗蜜多经》卷 126，《大正藏》第 5 册，第 220 号，第 693 页下栏 6~17。

④ 西夏文“[illegible]”译为“不退转地”，不退转地，又称阿惟越致地。一心信忍十方诸佛所用实相智慧，无能坏、无能动者，是名无生忍法。无生忍法，阿惟越致地。

以方便不退转地菩萨摩诃萨之内空止遣

[illegible]

涅槃显现戒净内□空空空大空胜义空

□□□□□□□□□□[illegible]

□□□□□□□□□□空边无空散空变

□□□□□□□□□[illegible]

□□□□□□□□□共相空法一切空得

可以确定残经为唐玄奘译《大般若波罗蜜多经》第三百二十八卷“初分巧方便品第五十之一”的相应内容：

> ……遮遣布施波罗蜜多，显示涅槃。遮遣净戒、安忍、精进、静虑般若波罗蜜多，显示涅槃。世尊，甚奇微妙方便，为不退转地菩萨摩诃萨。遮遣内空，显示涅槃。遮遣外空、内外空、空空、大空、胜义空、有为空、无为空、毕竟空、无际空、散空、无变异空、本性空、自相空、共相空、一切法空、不可得空、无性空、自性空、无性自性空，显示涅槃。①

240.Or.12380-2111（K.K.）存 1 页 6 行，行 15~16 字不等，上下栏线单栏，写本，残经上有 2111 号，刊布者将其定名为《大般若波罗蜜多经第三百六十七卷》，下面将西夏文录文并对译如下：

[illegible]

有如证入能不也善现世尊性无法以性

[illegible]②[illegible]

---

①（唐）玄奘译《大般若波罗蜜多经》卷 328，《大正藏》第 6 册，第 220 号，第 681 页中栏 25。

② 西夏文“[illegible]”译为“以无性法所能现证无性”，汉文本为“无性法为能现证有性不”。

无证如入能不也善现世尊是若及如

[illegible][1][illegible]

如性有以性无如观能无性无性有如

[illegible]

观无能性有性以有性如观无能性无以

[illegible][2][illegible]

性无现观喻无能世尊亦如观喻不得也

[illegible]

善现之说现观得者有及四句无离也

可以确定残经为唐玄奘译《大般若波罗蜜多经》第三百六十七卷“初分遍学道品第六十四之二”的相应内容：

……有性法为能现证无性不？不也，善现。世尊，无性法为能现证有性不？不也，善现。世尊，有性法为能现证有性不？不也，善现。世尊，无性法为能现证无性不？不也，善现。世尊，若尔亦应有性不能现观无性，无性不能现观有性，有性不能现观有性，无性不能现观无性，将无世尊不得现观。佛言：善现，有得现观然离四句。世尊！云何有得现观然离四句？[3]

241.Or.12380-2111V（K.K.）存 1 页 6 行，行 17~18 字不等，上下栏线单栏，写本，刊布者将其定名为《大般若波罗蜜多经》，下面将西夏文录文并对译如下：

---

① 西夏文“[illegible]”译为“以有性不能现观无性”，汉文本为“应有性不能现观无性”。

② 西夏文“[illegible]”译为“现观无性”。

③（唐）玄奘译《大般若波罗蜜多经》卷 367，《大正藏》第 6 册，第 220 号，第 890 页中栏 7~15。

[illegible]

大般若波罗蜜多经典卷三百六十七第　法

[illegible][1]……

天依（奉）道显……

[illegible]

初分遍学道品六十四第之二

[illegible]

尔时寿具善现佛对言说世尊性有法以性

[illegible]

无如证入能不也善现世尊性无以法性

[illegible]

有如证入能不也善现世尊性有法以性

可以确定残经为唐玄奘译《大般若波罗蜜多经》第三百六十七卷“初分遍学道品第六十四之二”的相应内容：

> 大般若波罗蜜多经典第三百六十七卷　　法
>
> 奉天道显……
>
> 初分遍学道品第六十四之二
>
> 尔时，具寿善现白佛言：世尊，有性法为能现证无性不？不也，善现。世尊，无性法为能现证有性不？不也，善现。世尊，有性法为能现证有性不？[2]

比对 Or.12380-2111（K.K.）和 Or.12380-2111V（K.K.）残经的内容，可以确定 Or.12380-2111V（K.K.）内容在前，Or.12380-2111（K.K.）的内容在后，二者内容可缀合。

---

① 全称应为“[illegible]”（奉天显道 耀武宣文 神谋睿智 制义去邪 惇睦懿恭皇帝嵬名）。

② （唐）玄奘译《大般若波罗蜜多经》卷 367，《大正藏》第 6 册，第 220 号，第 890 页中栏 7~8。

242.Or.12380-2112（K.K.V.b.024.a）存1页6行，行16字，上下栏线单栏，写本，残经上有2112号，刊布者将其定名为《大般若波罗蜜多经》，下面将西夏文录文并对译如下：

[illegible]
般若波罗蜜多学应世尊般若波罗蜜多
[illegible]
修行者诸菩萨摩诃萨者世间一切若天
□□□[illegible]
□□□苏罗等皆供养写敬尊礼赞叹察
□□□[illegible]
□□□般若波罗蜜多于进精修行障无
□□□[illegible]
□□□也
□□□□[illegible]
□□□□诸声闻及诸菩萨摩诃萨等之言

可以确定残经为唐玄奘译《大般若波罗蜜多经》第十卷“初分赞胜德品第五”的相应内容：

……当学般若波罗蜜多。世尊！修行般若波罗蜜多诸菩萨摩诃萨，一切世间若天、若人、阿素洛等皆应供养，恭敬、尊重、赞叹、守护，令于般若波罗蜜多精进修行无障无碍。

尔时，世尊告诸声闻及诸菩萨摩诃萨等言：“如是！如是！如汝所说，修行般若波罗蜜多诸菩萨摩诃萨，一切世间若天、若人、阿素洛等皆应供养，恭敬、尊重、赞叹、守护，令于般若波罗蜜多精进修行无障无碍。”①

① （唐）玄奘译《大般若波罗蜜多经》卷10，《大正藏》第5册，第220号，第52页下栏22~53页上栏7。

243.Or.12380-2113（K.K.）存1页6行，行16~18字不等，上下栏线单栏，写本，残经上有2113号，刊布者将其定名为“佛经”，下面将西夏文录文并对译如下：

[illegible]
若波罗蜜多清净故一切智智清净何云
[illegible]
也若大慈清净若净戒乃至般若波罗蜜多
[illegible]
清净若一切智智清净无二无二分不别无断
[illegible][1][illegible]
也善现大慈清净故内空清净内空清净故
[illegible]
一切智智清净何云也若大慈清净若内空
[illegible]
清净若一切智智清净无二无二分不别无断

可以确定残经为唐玄奘译《大般若波罗蜜多经》第二百三十五卷“初分难信解品第三十四之五十四”的相应内容：

净戒乃至般若波罗蜜多清净，故一切智智清净。何以故？若大慈清净，若净戒乃至般若波罗蜜多清净，若一切智智清净，无二、无二分、无别、无断故。善现，大慈清净，故内空清净。内空清净，故一切智智清净。何以故？若大慈清净，若内空清净，若一切智智清净，无二、无二分、无别、无断故。[2]

① 西夏文“[illegible]”译为“内空清净”。

② （唐）玄奘译《大般若波罗蜜多经》卷235，《大正藏》第6册，第220号，第187页下栏13。

244.Or.12380-2114（K.K.）存1页6行，行16字，上下栏线单栏，写本，有1行字迹不清楚，残缺严重，原残经上有2114号，刊布者将其定名为“佛经”，下面将西夏文录文并对译如下：

[illegible][1][illegible]
我清净者苦圣谛清净也苦圣谛清净者
[illegible]
一切智智清净也何云也若我清净若苦
[illegible]
圣谛清净若一切智智清净无二无二分
[illegible]□□
不别无断也我清净者集灭道圣谛□□
□□□□□□□□[illegible]□□□□
□□□□□□□□一切智智□□□□

可以确定残经为唐玄奘译《大般若波罗蜜多经》第一百九十五卷“初分难信解品第三十四之十四”的相应内容：

我清净，故苦圣谛清净。苦圣谛清净，故一切智智清净，何以故？若我清净，若苦圣谛清净，若一切智智清净，无二、无二分、无别、无断故。我清净，故集、灭、道、圣谛清净，集、灭、道圣谛清净，故一切智智清净。[2]

245.Or.12380-2114V（K.K.）存1页6行，行16字，上下栏线单栏，写本，刊布者将其定名为“佛经”，下面将西夏文录文并对译如下：

---

① 西夏文“[illegible]”译为“苦圣谛清净”，其中苦圣谛，即苦谛，是苦集灭道四谛之一。

② （唐）玄奘译《大般若波罗蜜多经》卷195，《大正藏》第5册，第220号，第1046页下栏25。

[illegible][1][illegible]
无断也我清净故法界法性不虚妄性不
[illegible]
变化性平等性生离性法定法住真边虚
[illegible]
空界思议无界清净也法界乃至思议无
[illegible][2][illegible]
界清净者一切智智清净也何云也若我
[illegible]
清净若法界乃至思议无界清净若一切
[illegible]
智智清净不二不二分不别不断也善现

可以确定残经为唐玄奘译《大般若波罗蜜多经》第一百九十五卷“初分难信解品第三十四之十四”的相应内容：

> 无二、无二分、无别、无断故。我清净，故法界、法性、不虚妄性、不变异性、平等性、离生性、法定法住实际虚空界、不思议界清净。法界乃至不思议界清净，故一切智智清净。何以故？若我清净，若法界乃至不思议界清净，若一切智智清净，无二、无二分、无别、无断故。善现……[3]

Or.12380-2114（K.K.）和 Or.12380-2114V（K.K.）残经为同版佛经的残存，只是 Or.12380-2114V（K.K.）残经的内容应该在前，Or.12380-2114（K.K.）内容在后，二者可以缀合，调整后翻译如下：

---

① 西夏文“[illegible]”译为“不虚妄性”，不虚妄性，即真实性。

② 西夏文“[illegible]”译为“不思议界”，不思议界，是真如的异名。

③ （唐）玄奘译《大般若波罗蜜多经》卷 195，《大正藏》第 5 册，第 220 号，第 1046 页下栏 25。

无二、无二分、无别、无断故。我清净，故法界、法性、不虚妄性、不变异性、平等性、离生性、法定法住实际虚空界、不思议界清净。法界乃至不思议界清净，故一切智智清净。何以故？若我清净，若法界乃至不思议界清净，若一切智智清净，无二、无二分、无别、无断故。善现，我清净，故苦圣谛清净。苦圣谛清净，故一切智智清净。何以故？若我清净，若苦圣谛清净，若一切智智清净，无二、无二分、无别、无断故。我清净，故集、灭、道、圣谛清净。集、灭、道、圣谛清净，故一切智智清净。

246.Or.12380-2115（K.K.V.b.02.h）存1页6行，行16字，上下栏线单栏，写本，残经上有2115号，刊布者将其定名为“佛经”，下面将西夏文录文并对译如下：

[illegible][1] [illegible][2] [illegible][3] [illegible][4] [illegible]

族大长者族大门尊族大若轮传王为若

[illegible][5] [illegible][6] [illegible][7] [illegible][8]

四大王众天三十三天耶摩天忠使多天

① 西夏文“[illegible]”译为“大族”。

② 西夏文“[illegible]”译为“长者大族”。

③ 西夏文“[illegible]”译为“尊门大族”，汉文本为“居士大族”。

④ 西夏文“[illegible]”译为“转轮王”，转轮王，又称遮迦越罗，转轮圣王，转轮圣帝，转轮王，轮王。转轮王身具三十二相，即位时，由天感得轮宝，转其轮宝，而降伏四方。

⑤ 西夏文“[illegible]”译为“四大王天”，即东南西北四天王。

⑥ 西夏文“[illegible]”译为“三十三天”三十三天，又称忉利天，为欲界之第二天在须弥山顶上。中央为帝释天，四方各有八天，合成三十三天。

⑦ 西夏文“[illegible]”译为“夜摩天”，夜摩天，也称善分天。

⑧ 西夏文“[illegible]”译为“忠使多天、睹史多天”，其中“[illegible]”音为“tsjow”，具有西北方音特色。

[西夏文]① [西夏文]② [西夏文]③ [西夏文]④

变化乐天彼化自主天若梵众天梵臣天

[西夏文]⑤ [西夏文]⑥ [西夏文]⑦ [西夏文]⑧ [西夏文]⑨

梵多天大梵天若明天明少明无量光天

[西夏文]⑩ [西夏文]⑪ [西夏文]⑫ [西夏文]⑬ [西夏文]

最光净天若净天少净天无量净天至（遍）净

[西夏文]⑭ [西夏文]⑮ [西夏文]

天若广天广少天无量广天广果天若想

可以确定残经为唐玄奘译《大般若波罗蜜多经》第十卷“初分赞胜德品第五”的相应内容：

---

① 西夏文“[西夏文]”译为“乐变化天”，乐变化天，梵名须涅蜜陀。旧译化自乐天、化乐天。新译乐变化天、妙变化天。欲界六天中第五重之天。

② 西夏文“[西夏文]”译为“幻化自在天”“变化自在天”，汉文本为“他化自在天”，他化自在天，即他化天，梵名婆舍跋提，欲界六天之第六，故称为第六天。此天为欲界之主与色界之主摩酰首罗天，皆为害正法之魔王。

③ 西夏文“[西夏文]”译为“梵众天”，梵众天，色界的初禅天众，分为三级，下级天众即是梵众天，犹如国土的庶民大众。

④ 西夏文“[西夏文]”译为“梵辅天”，色界之初禅有三天，第二名梵辅天，大梵天之辅相。

⑤ 西夏文“[西夏文]”译为“梵会天”。

⑥ 西夏文“[西夏文]”译为“大梵天”，大梵天，初禅天之王为大梵天，为离淫欲之色界诸天通称。

⑦ 西夏文“[西夏文]”译为“光天”。

⑧ 西夏文“[西夏文]”译为“少光天”，少光天，是色界二禅天中第一天的名称。

⑨ 西夏文“[西夏文]”译为“无量光天”，无量光天，指色界第二静虑三天中之一。

⑩ 西夏文“[西夏文]”译为“最光净天”“极光净天”，极光净天，旧译曰光音天。新译曰极光净天。色界第二禅天之最上天。

⑪ 西夏文“[西夏文]”译为“净天”，净天，即四种天之一，四种天指世间天、生天、净天、义天。

⑫ 西夏文“[西夏文]”译为“少净天”，少净天，色界第三禅第一天的名称，表示受净妙之乐，故名净。第三禅天之中，此天最少，故名少净。

⑬ 西夏文“[西夏文]”译为“无量净天”，无量净天，指色界第三静虑三天中之第二。

⑭ 西夏文“[西夏文]”译为“遍净天”，遍净天，色界第三禅天第三天之名，因净光围绕而得名。

⑮ 西夏文“[西夏文]”译为“广果天”，广果天，色界第四禅天八天中第三天之名。第四禅天是凡夫得生天的最殊胜处，故名广果天。

所谓刹帝利大族、婆罗门大族、长者大族、居士大族。若转轮王，若四大王众天、三十三天、夜摩天、睹史多天、乐变化天、他化自在天，若梵众天、梵辅天、梵会天、大梵天、若光天、少光天、无量光天、极光净天；若净天、少净天、无量净天、遍净天；若广天、少广天、无量广天、广果天；若无想有情天。①

247.Or.12380-2116RV（K.K.）存 2 页 12 行，行 16~17 字，上下栏线单栏，写本，残经上有 2116 号，刊布者将其定名为“佛经”，下面将西夏文录文并对译如下：

（右面）

□□□□□□□□□𗅋𗢳𗗙𗫂𗼃𘂤𘃡𗫔

□□□□□□□□□及集灭圣谛以相

□□□□□𘅍𘂆□𗒘𗧯𗁅𘃡𗤋𗼃𘂤𗅋𘅍

□□□□□分离□有愿无以苦圣谛不分

𘂆□□□□□𘃡𗧯𗒘𗧯𗁅𗅋𘅍𘂆𗧯𗒘𗧯

离□□□□□以愿有愿无不分离愿有愿

□□□□□𗫂𗼃𘂤𗅋𘅍𘂆𗅋𗢳𗗙𗫂𗼃𘂤

□□□□□道圣谛不分离及集灭道圣谛

□□□𗒘□□□𗅋𘅍𘂆𗼻𗅋𘃡𗤋𗼃𘂤𗅋

□□□有□□□不分离生不以苦圣谛不

𘅍𘂆𗅋𗤋𗼃𘂤𘃡𗼻𗅋𗼻𘃡𗅋𘅍𘂆𗼻𗅋𗼻

分离及苦圣谛以生不生以不分离生不生

（左面）

𘃡𗢳𗗙𗫂𗼃𘂤𗅋𘅍𘂆𗅋𗢳𗗙𗫂𗼃𘂤𘃡

① （唐）玄奘译《大般若波罗蜜多经》卷 10,《大正藏》第 5 册，第 220 号，第 53 页上栏 7。

以集灭道圣谛不分离及集灭道圣谛以

[illegible]

生不生不分离不灭以苦圣谛不分离

[illegible]

及苦圣谛以灭不灭不分离灭不灭以集

[illegible]

灭道圣谛不分离及集灭道圣谛以灭不

[illegible]

灭不分离寂净不寂净以苦圣谛不分离

[illegible]□

及苦圣谛以寂净不寂净不分离寂净□

可以确定残经为唐玄奘译《大般若波罗蜜多经》第八十二卷“初分受教品第二十四之一”的相应内容，左右正好缀合，缀合的内容为：

……亦不以苦圣谛分别有相、无相，不以有相无相分别集、灭、道、圣谛，亦不以集、灭、道、圣谛分别有相、无相。不以有愿、无愿分别苦圣谛，亦不以苦圣谛分别有愿、无愿，不以有愿、无愿分别集、灭、道、圣谛，亦不以集、灭、道、圣谛分别有愿、无愿。不以生、不生分别苦圣谛，亦不以苦圣谛分别生、不生，不以生、不生分别集、灭、道、圣谛，亦不以集、灭、道、圣谛分别生、不生。不以灭、不灭分别苦圣谛，亦不以苦圣谛分别灭、不灭，不以灭、不灭分别集、灭、道、圣谛，亦不以集、灭、道、圣谛分别灭、不灭。不以寂静、不寂静分别苦圣谛，亦不以苦圣谛分别寂静、不寂静，不以寂静、不寂静分别集、灭、道、圣谛，亦不以集、灭、道、圣谛。①

① （唐）玄奘译《大般若波罗蜜多经》卷82，《大正藏》第5册，第220号，第461页下栏21。

248.Or.12380-2117（K.K.V.b.023.b）存1页4行，行16~17字不等，上下栏线单栏，写本，原残经上有2117号，刊布者将其定名为《大般若波罗蜜多经》，下面将西夏文录文并对译如下：

[illegible]

不信善现菩萨摩诃萨般若波罗蜜多行

[illegible][1] [illegible]

时色观可无受想行识观得处无故是缘菩

[illegible]

萨摩诃萨般若波罗蜜多信时色不信受想

[illegible]

行识不信复次善现若菩萨摩

可以确定残经为唐玄奘译《大般若波罗蜜多经》第一百七十三卷“初分赞般若品第三十二之二”的相应内容：

> ……不信受、想、行、识。善现，菩萨摩诃萨行般若波罗蜜多时，观色不可得，观受、想、行、识不可得。是故菩萨摩诃萨信般若波罗蜜多时，则不信色，不信受、想、行、识。复次，善现，若菩萨摩诃萨信般若波罗蜜多时。[2]

249.Or.12380-2118（K.K.V.b.03.c）存1页6行，行16字，上下栏线单栏，写本，残经上有2118号，刊布者将其定名为“佛经”，下面将西夏文录文并对译如下：

---

① 西夏文“[illegible]”译为“观色无可”，汉文本为“观色不可得”，西夏文本少一个“[illegible]”（得）字。

② （唐）玄奘译《大般若波罗蜜多经》卷173，《大正藏》第5册，第220号，第930页中栏5。

[illegible]
故法界法性不虚诈性不变化性平等性
[illegible]
生离性法定法复真边虚空界思议无界
[illegible]
清净法界乃至思议无界清净故四色无
[illegible]
定清净何云也若一切智智清净若法界
[illegible]
乃至思议不界清净若四色无定清净无
[illegible]
二无二分无别无断也善现一切智智清

可以确定残经为唐玄奘译《大般若波罗蜜多经》第二百六十六卷“初分难信解品第三十四之八十五”的相应内容：

> 一切智智清净，故法界、法性、不虚妄性、不变异性、平等性、离生性、法定法住实际虚空界、不思议界清净。法界乃至不思议界清净，故四无色定清净。何以故？若一切智智清净，若法界乃至不思议界清净，若四无色定清净，无二、无二分、无别、无断故。善现，一切智智清净……[①]

250.Or.12380-2119（K.K.）存 1 页 6 行，行 16 字，上下栏线单栏，写本，残经上有 2119 号，刊布者将其定名为“佛经”，下面将西夏文录文并对译如下：

[illegible]□□□□□□□□[illegible]□□[illegible]

① （唐）玄奘译《大般若波罗蜜多经》卷 266，《大正藏》第 6 册，第 220 号，第 346 页下栏 16。

也及□□□□□□□故如来故□□亦

[illegible]

平等如来之如真正等故眼触如真亦平

[illegible][1] [illegible]

等耳鼻舌身意触如真平等故如来之如

[illegible]

真亦平等如来之如真平等故耳鼻舌身

[illegible]

意触如真亦平等是如若眼触真如平等

[illegible]

若耳鼻舌身意触如真平等若如来之如

可以确定残经为唐玄奘译《大般若波罗蜜多经》第三百二十一卷“初分真如品第四十七之四”的相应内容：

复次，眼触真如平等，故如来真如平等。如来真如平等，故眼触真如平等。耳、鼻、舌、身、意、触真如平等，故如来真如平等。如来真如平等，故耳、鼻、舌、身、意、触真如平等。如是若眼触真如平等，若耳、鼻、舌、身、意、触真如平等，若如来真如平等。[2]

初步确定，Or.12380-2118（K.K.V.b.0.3.c）与 Or.12380-2119（K.K.）为同版残经。

251.Or.12380-2120（K.K.V.b.026.b）存 1 页 6 行，行 16 字，上下栏线单栏，写本，残经上有 2120 号，刊布者将其定名为“佛经”，下面将西夏文录文并对译如下：

---

① 西夏文“[illegible]”译为“眼触真如亦平等”，汉文本无“亦”。

② （唐）玄奘译《大般若波罗蜜多经》卷 321，《大正藏》第 6 册，第 220 号，第 640 页下栏 17。

[illegible][1]
布施波罗蜜多等自性皆空缘恼者恼处
[illegible][2][illegible]
及恼嫉事皆得处无也憍尸迦是善男子
[illegible]
善女人等四寂虑空相无愿无住能四无
[illegible][3][illegible]
量四色无定空相无悟无住能空以空利
[illegible][4][illegible][5][illegible]
得可不相无以相无利得可无愿无空愿
[illegible][6][illegible]□[illegible]
无利得可无何云也□寂虑等自性皆空

可以确定残经为唐玄奘译《大般若波罗蜜多经》第一百卷“初分摄受品第二十九之二”的相应内容：

> 以布施波罗蜜多等自性皆空，能恼所恼及恼害事不可得故。憍尸迦，是善男子、善女人等，善住四静虑空，无相无愿。善住四无量、四无色定空，无相无愿。不可以空而得空便，不可无相得无相便，不可无愿得无愿便。何以故？以四静虑等自性皆空。[7]

---

① 西夏文“[illegible]”译为“恼者恼处”，汉文本为“能恼所恼”。

② 西夏文“[illegible]”译为“恼嫉事”“恼害事”，汉文本为“恼害事”。

③ 西夏文“[illegible]”译为“四无色定空”，四无色定，指虚空处、识处、无所有处、非有想非无想处。

④ 西夏文“[illegible]”译为“不可以空得空利”“不可以空得空便”，汉文本为“不可以空而得空便”。

⑤ 西夏文“[illegible]”译为“不可以无相得无相便”“不可以无相得无相利”。

⑥ 西夏文“[illegible]”译为“不可无愿空得无愿利”“不可无愿空得无愿便”，汉文本为“不可无愿得无愿便”，汉文本少一个“空”字。

⑦ （唐）玄奘译《大般若波罗蜜多经》卷100，《大正藏》第5册，第220号，第553页中栏9。

252.Or.12380-2121RV（K.K.）存 2 页 12 行，行 16~18 字不等，上下栏线单栏，写本，残经上有 2121 号，刊布者将其定名为《大般若波罗蜜多经》，下面将西夏文录文并对译如下：

（右面）

[illegible]
何云也若般若波罗蜜多清净若布施波
[illegible]
罗蜜多清净若一切智智清净无二无二
[illegible]
分无别无断也般若波罗蜜多清净故戒
[illegible]
净安忍精进寂虑般若波罗蜜多清净戒
[illegible]
净乃至般若波罗蜜多清净故一切智智
[illegible][1] [illegible]
清净何云也若般若波罗蜜多清净若戒净乃

（左面）

[illegible]
至般若波罗蜜多清净若一切智智清净无二无
[illegible]
二分无别无断也善现般若波罗蜜多清
[illegible]……[illegible]
净故内空清净内空清净故……清
[illegible]……

① 原残经上应该是丢掉“[illegible]”。

净何云也若般若波罗蜜多……
[illegible]……
清净若一切智智清净……
[illegible]……
无断也般若波罗蜜多……

可以确定残经为唐玄奘译《大般若波罗蜜多经》第二百五十卷“初分难信解品第三十四之二十四”的相应内容，二者可以缀合，其内容如下：

……何以故？若般若波罗蜜多清净，若布施波罗蜜多清净，若一切智智清净，无二、无二分、无别、无断故。般若波罗蜜多清净，故净戒、安忍、精进、静虑波罗蜜多清净。净戒乃至静虑波罗蜜多清净，故一切智智清净。何以故？若般若波罗蜜多清净，若净戒乃至静虑波罗蜜多清净，若一切智智清净，无二、无二分、无别、无断故。善现，般若波罗蜜多清净，故内空清净。内空清净，故一切智智清净。何以故？若般若波罗蜜多清净，若内空清净，若一切智智清净，无二、无二分、无别、无断故。般若波罗蜜多清净，故外空内外……①

253.Or.12380-2122RV（K.K.V.b.015.g）存 2 页 11 行，左右面皆有残缺，行 17-19 字不等，上下栏线单栏，写本，右面残经题，残经上有 2122 号，刊布者将其定名为《大般若波罗蜜多经第二十卷》，下面将西夏文录文并对译如下：

（右面）

[illegible]…… 依不二以方便为生不
[illegible]…… 以方便为一切智智……

① （唐）玄奘译《大般若波罗蜜多经》卷 250，《大正藏》第 6 册，第 220 号，第 22 页中栏 7。

[illegible]……	恐应无四碍解大慈大悲大
[illegible]	十八不共法修学言也
[illegible]	大般若波罗蜜多经典卷百二十第

（左面）

[illegible]……

解大慈大悲大喜大……

[illegible][1][illegible]……[illegible]……

也阿难[2]八胜处九……胜处……

[illegible]……

九次依定十遍处是八胜……

[illegible][3][illegible][4][illegible][5]

处九次第定十遍处十断四恐正无

[illegible][6][illegible]

四无碍解大慈大悲大喜大舍佛十八不共法

[illegible]

与不二不二分也阿难缘方故八解脱等

可以确定残经的顺序为左面在前，右面在后，二者可以缀合，其内容为唐玄奘译《大般若波罗蜜多经》第一百二十卷“初分校量功德品第三十之十八”的相应内容，调整后内容如下：

---

① 西夏文“[illegible]”译为“八胜处”，即八解脱，指远离淫欲、瞋恚、贪爱等不净。

② 汉文本为“庆喜”。

③ 西夏文“[illegible]”译为“九次第定”，九次第定，即九种禅定，指初禅次第定、二禅次第定、三禅次第定、四禅次第定、空处次第定、识处次第定、无所有处次第定、非想非非想处次第定、灭受想次第定。

④ 西夏文“[illegible]”译为“十遍处”，十遍处即一切处。

⑤ 西夏文“[illegible]”译为“四无所畏”，四无所畏即一切智无所畏、漏尽无所畏、说障道无所畏、说尽苦道无所畏。

⑥ 西夏文“[illegible]”译为“四无碍解”，或四无碍辩。

……世尊！云何以八胜处、九次第定、十遍处无二为方便、无生为方便、无所得为方便？回向一切智智，修习佛十力、四无所畏、四无碍解、大慈、大悲、大喜、大舍、十八佛不共法。

庆喜！八胜处、九次第定、十遍处、八胜处、九次第定、十遍处性空。何以故？以八胜处、九次第定、十遍处性空与佛十力、四无所畏、四无碍解、大慈、大悲、大喜、大舍、十八佛不共法无二无二分故。庆喜！由此故说：以八解脱等无二为方便、无生为方便、无所得为方便，回向一切智智，修习佛十力、四无所畏、四无碍解、大慈、大悲、大喜、大舍、十八佛不共法。①

254.Or.12380-2123（K.K.V.b.05.c）存 1 页 5 行，行 16 字不等，上下栏线单栏，写本，残经上有 2123 号，有经题存在，刊布者将其定名为《大般若波罗蜜多经第百十九卷》，下面将西夏文录文并对译如下：

[illegible]②[illegible]

二无二分也阿难是缘故方布施波罗蜜

[illegible]③[illegible]

多等依不二以方便为生无以方便为得

[illegible]④[illegible]⑤[illegible]

应无以方便为一切智智向回施以五眼

[illegible]

六神通修学说也

[illegible]

大般若波罗蜜多经典卷一百十九第　典

---

① （唐）玄奘译《大般若波罗蜜多经》卷 120，《大正藏》第 5 册，第 220 号，第 661 上栏 16~26。

② 西夏文“[illegible]”译为“由此方故”“由此故说”。

③ 西夏文“[illegible]”译为“以无生为方便”。

④ 西夏文“[illegible]”译为“以无所得为方便”。

⑤ 西夏文“[illegible]”译为“以施回向一切智智”。

可以确定残经为唐玄奘译《大般若波罗蜜多经》第一百一十九卷“初分校量功德品第三十之十八”的相应内容，调整后内容如下：

与五眼、六神通无二、无二分故。庆喜，由此故说，以布施波罗蜜多等无二为方便，无生为方便，无所得为方便，回向一切智智，修习五眼、六神通。①

255.Or.12380-2124（K.K.）存 1 页 6 行，行 16 字，上下栏线单栏，写本，残经上有 2124 号，刊布者将其定名为“佛经”，下面将西夏文录文并对译如下：

豸祓緻祇②菮纞□□□龓龓豝豝諑蘒恍
身触缘起诸受□□□一切智智清净无
楫恍楫鞦恍誠□□□綊蕤綨諑蘒纖絤
二无二分不别□□□善现我清净意
厥諑蘒黻絤厥□□□龓龓豝豝諑蘒黻
界清净也意界□□□一切智智清净也
緅緲㺟蕼綨諑蘒□絤厥諑蘒蕼龓龓豝
何云也若我清净□意界清净若一切智
豝諑蘒恍楫恍楫鞦恍誠恍㧜㺟綨諑蘒
智清净无二无二分无别无断也我清净
纖穖厥絤膗厥緅絤祓絤祓緻祇③菮纞諑
思法界意识界缘意触意触缘起诸受清

可以确定残经为唐玄奘译《大般若波罗蜜多经》第一百九十卷“初

① （唐）玄奘译《大般若波罗蜜多经》卷 119，《大正藏》第 5 册，第 220 号，第 655 页下栏 26。

② 西夏文“緻祇”译为“缘起”，汉文本为“为缘所生”。

③ 西夏文“絤祓絤祓緻祇”译为“意触意触缘起”“意触意触为缘所生”。

分难信解品第三十四之九”的相应内容，调整后内容如下：

是我清净与触界，乃至身触为缘所生诸受清净，无二、无二分、无别、无断故。善现，我清净即意界清净，意界清净即我清净。何以故？是我清净与意界清净，无二、无二分、无别、无断故。我清净即法界、意识界，及意触意触为缘所生诸受清净，法界乃至意触为缘所生诸受清净即我清净。[①]

256.Or.12380-2125RV（K.K.V.b.05.f）存 2 页 12 行，右面有残缺，行 16~17 字，上下栏线单栏，写本；左面残缺严重，前 4 行每行仅存 2~3 字，写本，残经上有 2125 号，刊布者将其定名为“佛经”，下面将西夏文录文并对译如下：

（右面）

□□㭊𤼵𦙾𦬻𢒫𦈱𦈣𦶁□□□□□𦈌

□□无幻化空佛言善现□□□□□无

□𦆂𦗲𦈲𦈌𦎞𢒬𤼵𦙾㭊𤼵𦙾□𦐔𦆆𦐔𦆆

□舍有应无是如幻化不幻化□何云何云

𦙄㭊𦆯㭊𦠆㭊𧦀𢒢𦎞𢒬𦈣𦶁𦎞𦆠㭊𤼵𦙾𦬻

也非常非坏非本性是如善现是者不幻化空

𦏁𦈣𦶁𢒫𢓌𦈱𤼩𦨳𧧐𦐔𦆆𧦀𢒢𦬻𢒫𩋥

也善现佛对言说世尊何云本性空佛等

𦈣𦶁𧦀𦆠𢒢𥜒𧚐𧚐𧦀𢒢𦱡𨎝𦈫𥜒𢒢𦱡

善现本者性法一切本性若为有法性若

𦈫𦷫𥜒𢒢𧙇𧙃𦽄□□□□𦇱𦓎𦈲𢆎𦈶𦈫

有深法性皆声闻□□□□觉为应非菩萨

① （唐）玄奘译《大般若波罗蜜多经》卷 190，《大正藏》第 5 册，第 220 号，第 1019 页上栏 13。

确定残经为唐玄奘译《大般若波罗蜜多经》第五十一卷“初分大乘铠品第十四之三”的相应内容：

> 善现白佛言：“世尊！云何无变异空？”佛言：“善现！无变异谓无放、无弃、无舍可得。此无变异由无变异空。何以故？非常、非坏本性尔故。善现！是为无变异空。”善现白佛言：“世尊！云何本性空？”佛言：“善现！本性谓一切法本性，若有为法性、若无为法性，皆非声闻所作……”①

（左面）

[illegible]……	为应非……
[illegible]……	本性……
[illegible]……	是者……
□[illegible]……	□所有是散散缘空何云……
□[illegible]……	□善现是者散空是善现……

Or.12380-2125RV（K.K.V.b.05.f）残经顺序为左面在前，右面在后，二者可以缀合，其内容为唐玄奘译《大般若波罗蜜多经》第五十一卷“初分辨大乘品第十五之一”的相应内容：

> 善现，是为无际空。善现白佛言：“世尊，云何散空？”佛言：“善现，散谓有放有弃有舍可得，此散由散空。何以故？非常、非坏本性尔故。善现，是为散空。善现……”②

---

① （唐）玄奘译《大般若波罗蜜多经》卷51，《大正藏》第5册，第220号，第291页中栏3~7。

② （唐）玄奘译《大般若波罗蜜多经》卷51，《大正藏》第5册，第220号，第291页上栏27~中栏1。

Or.12380-2125RV（K.K.V.b.05.f）左右面可以缀合，只是左面在前，右面在后，缀合后的内容为：

善现，是为无际空。善现白佛言："世尊，云何散空？"佛言："善现，散谓有放、有弃、有舍可得，此散由散空，何以故？非常、非坏本性尔故。善现，是为散空。"善现白佛言："世尊，云何无变异空？"佛言："善现，无变异谓无放无弃无舍可得，此无变异由无变异空。何以故？非常、非坏本性尔故。善现，是为无变异空。"善现白佛言："世尊，云何本性空？"佛言："善现，本性谓一切法本性，若有为法性，若无为法性，皆非声闻所作，非独觉所作，非菩萨所作……"[①]

257.Or.12380-2126（K.K.V.b.01.1）存1页6行，行15字，上下栏线单栏，写本，残经上有2126号，刊布者将其定名为"佛经"，下面将西夏文录文并对译如下：

[illegible][②][illegible]

若常若无常观故戏论也色若乐若苦

[illegible]

观故戏论也受想行识若乐若苦观故

[illegible]

戏论也色若我若我无观故戏论也受

[illegible]

想行识若我若我无观故戏论也色若

[illegible]

净若不净观故戏论也受想行识若净

① （唐）玄奘译《大般若波罗蜜多经》卷51，《大正藏》第5册，第220号，第291页上栏27~中栏7。

② 西夏文"[illegible]"译为"故戏论也"，汉文本为"是为戏论"。

[illegible]

若不净观故戏论也色若寂静若不寂净

确定残经为唐玄奘译《大般若波罗蜜多经》第三百六十七卷“初分遍学道品第六十四之二”的相应内容：

……观受、想、行、识若常、若无常是为戏论；观色若乐、若苦是为戏论；观受、想、行、识若乐、若苦是为戏论；观色若我若、无我是为戏论；观受、想、行、识若我、若无我是为戏论；观色若净、若不净是为戏论；观受、想、行、识若净、若不净是为戏论；观色若寂静、若不寂静是为戏论；观受、想、行、识若寂静、若不寂静是为戏论。①

258.Or.12380-2127（K.K.Ⅱ.0250.a）存1页9行，行13字，上下栏线单栏，写本，残页左右、中间皆有残缺，残经上有2127号，刊布者将其定名为“佛经”，下面将西夏文录文并对译如下：

[illegible]	□□□□□□□□□□□以方
[illegible]	便为众生一切与□殊阿耨多罗
[illegible]	三藐三菩提利乐趣故舍利子是
[illegible]	者菩萨摩诃萨诸众生之利乐欲
[illegible]	缘大乘发趣名□若菩萨摩诃萨
[illegible]	一切智智与□依而以大悲上首
[illegible]	成得应无以方便为智欲□知智
[illegible]	色无无知□□□□□□□非智

确定残经为唐玄奘译《大般若波罗蜜多经》第四十八卷“初分摩诃

① （唐）玄奘译《大般若波罗蜜多经》卷367，《大正藏》第6册，第220号，第890页中栏7。

萨品第十三之二”的相应内容：

以无所得而为方便，与一切有情同共回向阿耨多罗三藐三菩提。舍利子，是为菩萨摩诃萨为欲利乐诸有情，故发趣大乘。若菩萨摩诃萨以应一切智智心，大悲为上首，无所得为方便，智不知色，智不知无色，非不知色、无色法……[1]

259.Or.12380-2129（K.K.Ⅱ.0280.kk）存1页4行，字数不能确定，上栏线单栏，下栏线无存，写本，残经上有2129号，刊布者将其定名为《大般若波罗蜜多经》，下面将西夏文录文并对译如下：

[illegible]□□[illegible]……
死□□苦思恼以远离不远离不分别……
[illegible]□[illegible]……
是如等人□空不空以内空不分别及……
[illegible]□[illegible]……
空不空不分别□空不空以空外内外空……
[illegible]□□□□[illegible]□□[illegible]……
大空胜义空□□□□空□□空边无空……

确定残经为唐玄奘译《大般若波罗蜜多经》第八十二卷“初分受教品第二十四之一”的相应内容：

……亦不以行乃至老、死、愁、叹、苦、忧、恼分别远离、不远离。

如是人等终不以空、不空分别内空，亦不以内空分别空、不空，不以空、不空分别外空、内外空、空空、大空、胜义空、有为

① （唐）玄奘译《大般若波罗蜜多经》卷48，《大正藏》第5册，第220号，第273页中栏28。

空、无为空、毕竟空、无际空、散空、无变异空、本性空、自相空、共相空、一切法空、不可得空、无性空、自性空、无性自性空，亦不以外空乃至无性自性空、分别空、不空……[①]

260.Or.12380-2130（K.K.V.b.026.m）存1页3行，字数不能确定，上下栏线单栏，写本，残经上有2130号，刊布者将其定名为《大般若波罗蜜多经卷百三十》，下面将西夏文录文并对译如下：

[illegible]□[illegible]……[illegible]□
法□故……觉一切及□
[illegible]……[illegible]
佛最……应有也
[illegible]
大般若波罗蜜多经典卷百三十第　圣

确定残经为唐玄奘译《大般若波罗蜜多经》第一百三十卷“初分校量功德品第三十之二十八”的相应内容：

……由此般若波罗蜜多秘密藏中所说法故，世间便有一切如来应正等觉，及诸佛无上正等菩提施设可得。

大般若波罗蜜多经第一百三十卷　圣[②]

261.Or.12380-2131（K.K.V.b.026.g）存1页5行，行16字，上下栏线单栏，残经上下断裂，写本，有残缺，残经上有2131号，刊布者将其定名为“佛经”，下面将西夏文录文并对译如下：

---

① （唐）玄奘译《大般若波罗蜜多经》卷82，《大正藏》第5册，第220号，第462页上13。

② （唐）玄奘译《大般若波罗蜜多经》卷130，《大正藏》第5册，第220号，第713页中栏11。

[illegible]□□□[illegible]

等无二无异也□□□如来之如真亦平

[illegible]□□

及善现色真如平等故如真亦平等□□

[illegible]□[illegible]……

等如来之如真平等□如真……

[illegible]……

想行识如真平……

[illegible]……

如来之如真……

初步确定残经为唐玄奘译《大般若波罗蜜多经》第三百二十一卷“初分真如品第四十七之四”的相应内容：

> 若如来真如平等，同一真如平等无二无别。
>
> 复次，色真如平等，故如来真如平等。如来真如平等，故色真如平等。受、想、行、识真如平等，故如来真如平等。如来真如平等，故受、想、行、识真如平等。如是若色真如平等，若受、想、行、识真如平等，若如来真如平等，同一真如平等无二、无别。①

262.Or.12380-2133（K.K.V.b.020.a.xii）存1页8行，字数不能确定，上栏线单栏，写本，残经上有2133号，刊布者将其定名为《大般若波罗蜜多经》，下面将西夏文录文并对译如下：

□□□□[illegible]……

□□□□常……

□□[illegible]……

① （唐）玄奘译《大般若波罗蜜多经》卷321，《大正藏》第6册，第220号，第640页下栏17~23。

□□善现若菩萨摩诃萨是如最深……

□□[illegible]

□□波罗蜜多行能故诸天子等常礼敬

□□[illegible]

□□供养请问劝言说善男子汝等应上最

[illegible][1][illegible]

正等菩提速证欲者空相无愿无勤以空

[illegible]……

相无愿无于住应何云也善男子若勤……

[illegible]……

空相无愿无……

[illegible]……

应……

确定残经为唐玄奘译《大般若波罗蜜多经》第三百四十六卷之“初分坚等赞品第五十七之五”的相应内容：

复次，善现，若菩萨摩诃萨能如是行甚深般若波罗蜜多，诸天子等常来礼敬，亲近供养，请问劝发言：“善男子，汝欲疾证所求无上正等菩提，当勤住空，无相、无愿，何以故？善男子，若勤住空，无相、无愿，无依怙者，当作依怙……”[2]

263.Or.12380-2146RV（K.K.V.b.030.c）存左右 2 页 10 行，残缺严重，仅存下部分，字数为 1~4 字不等，下栏线单栏，上栏线无存，写本，残卷上有 2146 号，刊布者将其定名为《大般若波罗蜜多经》，将西夏文残经录文并对译如下：

---

① 西夏文“[illegible]”译为“速证”“即证”，汉文本为“疾证”。

② （唐）玄奘译《大般若波罗蜜多经》卷 346，《大正藏》第 6 册，第 220b 号，第 776 页下栏 22。

……[illegible]……	……亦……
……[illegible]……	……说……
……[illegible]……	……净寂……
……	
……[illegible]……	……出波罗……
……[illegible]……	……众生寿者……
……[illegible]……	……为（作）者为（作）……
……[illegible]……	……众生者……
……[illegible]……	……罗蜜多圆……
……[illegible]……	……无所往……
……[illegible]……	……般若波罗……

可以确定残经为唐玄奘译《大般若波罗蜜多经》第五百九十六卷“第十六般若波罗蜜多分之四”的相应内容：

> ……行、识、名色、六处、触、受、爱、取、有、生、老死愁叹苦忧恼亦非圆成实故，我说般若波罗蜜多非圆成实。舍利子！常无常、乐苦、我无我、净不净、寂静不寂静、颠倒非颠倒、诸盖见行、增益损减、生灭、住异、集起隐没非圆成实故，我说般若波罗蜜多非圆成实。
>
> 舍利子！我、有情、命者、生者、养者、士夫、补特伽罗、意生、儒童、作者、使作者、起者、等起者、受者、使受者、知者、使知者、见者、使见者非圆成实故，我说般若波罗蜜多非圆成实。[①]

264.Or.12380-2147（K.K.V.b.06.j）存7行，残缺严重，仅存下部分，字数不等，下栏线单栏，上栏线无存，残卷上有2147号，刊布者将其定名为《大般若波罗蜜多经》，将西夏文残经录文并对译如下：

① （唐）玄奘译《大般若波罗蜜多经》卷596，《大正藏》第6册，第220号，第1085页上栏26~中栏4。

……□□□□[illegible]　　……□□□□智智清净何云也若
……□□□[illegible]　　……□□□鼻界清净若一切智智
……[illegible]　　……无二分无异无断也空解脱门
……[illegible]　　……界鼻识界无鼻触鼻触缘起诸
……[illegible]　　……界乃至鼻触缘起诸受清净故
……[illegible]　　……清净何云也若空解脱门清净
……□□□[illegible]　　……□□□缘起诸受清净若一切

可以确定残经为唐玄奘译《大般若波罗蜜多经卷》第二百三十一“初分难信解品第三十四之五十”的相应内容：

> ……鼻界清净，故一切智智清净。何以故？若空解脱门清净，若鼻界清净，若一切智智清净，无二、无二分、无别、无断故。空解脱门清净，故香界、鼻识界及鼻触、鼻触为缘所生诸受清净。香界乃至鼻触为缘所生诸受清净，故一切智智清净。何以故？若空解脱门清净，若香界乃至鼻触为缘所生诸受清净，若一切智智清净……[①]

265. Or.12380-2147V（K.K.V.b.06.j）残经存2行，残缺严重，仅存左下角部分，第1行4个字，第2行6个字，下栏线单栏，上栏线无存，刊布者将其定名为“佛经”，将西夏文残经录文并对译如下：

……[illegible]　　……无二分无
……[illegible]　　……清净故鼻界清

可以确定残经为唐玄奘译《大般若波罗蜜多经》，因为残缺严重，

① （唐）玄奘译《大般若波罗蜜多经》卷231，《大正藏》第6册，第220号，第164页上栏19。

或为卷第一百九十五“初分难信解品第三十四之十四”的相应内容：

若一切智智清净，无二、无二分、无别、无断故。善现！我清净故鼻界清净，鼻界清净故一切智智清净。[①]

或为卷第一百九十七“初分难信解品第三十四之十六”的相应内容：

若一切智智清净，无二、无二分、无别、无断故。善现！养育者清净故鼻界清净，鼻界清净故一切智智清净。

若一切智智清净，无二、无二分、无别、无断故。善现！士夫清净故鼻界清净，鼻界清净故一切智智清净。[②]

或为卷第一百九十七“初分难信解品第三十四之十七”的相应内容：

若一切智智清净，无二、无二分、无别、无断故。善现！补特伽罗清净故鼻界清净，鼻界清净故一切智智清净。[③]

266.Or.12380-2171（K.K.II.0277.k）存 1 页 7 行，字数不能确定，写本经折装，上栏线无存，下栏线单栏，残缺严重，残经上有 2171 号，刊布者将其定名为“佛经”，下面将西夏文录文并对译如下：

……□□□□□□□[illegible][illegible][illegible][illegible]	……□□□□□□□增语者菩
……□□□□[illegible][illegible][illegible][illegible][illegible][illegible][illegible]	……□□□□无悟佛十八不共
……□□□□□□□[illegible][illegible][illegible][illegible]	……□□□□□□□说使世尊

---

① （唐）玄奘译《大般若波罗蜜多经》卷 195，《大正藏》第 5 册，第 220 号，第 146 页上栏 28~ 中栏 7。

② （唐）玄奘译《大般若波罗蜜多经》卷 197，《大正藏》第 5 册，第 220 号，第 1055 页下栏 21~29、第 1058 页上栏 27~ 中栏 05。

③ （唐）玄奘译《大般若波罗蜜多经》卷 197，《大正藏》第 5 册，第 220 号，第 1060 页下栏 4~21。

……□□□□[illegible]	……□□□□四碍无解佛十八
……[illegible]	……无有故尽了得可无及佛十
……□[illegible]	……□无四碍无悟（解）佛十八不共
……□□□[illegible]	……□□□增语不及有故何云

因残缺严重，可以初步确定残经或为唐玄奘译《大般若波罗蜜多经》第三十二卷“初分教诫教授品第七之二十二”的相应内容：

> ……增语非菩萨摩诃萨，即四无所畏、四无碍解、十八佛不共法。若常、若无常增语非菩萨摩诃萨耶。世尊，若佛十力常、无常，若四无所畏、四无碍解、十八佛不共法常、无常，尚毕竟不可得，性非有故，况有佛十力常无常增语，及四无所畏、四无碍解、十八佛不共法常、无常增语，此增语既非有，如何可言？[①]

或为《大般若波罗蜜多经》第三十三卷“初分教诫教授品第七之二十三”的相应内容：

> ……增语非菩萨摩诃萨，即四无所畏、四无碍解、十八佛不共法。若有愿、若无愿增语非菩萨摩诃萨耶？世尊！若佛十力有愿、无愿，若四无所畏、四无碍解、十八佛不共法有愿、无愿，尚毕竟不可得，性非有故，况有佛十力有愿、无愿增语及四无所畏、四无碍解、十八佛不共法有愿、无愿增语！此增语既非有，如何可言……[②]

267.Or.12380-2186（K.K.Ⅱ.0277.jj）存 1 页 4 行，字数不等，写本，上栏线单栏，残经上有 2186 号，刊布者定名为“佛经”，下面将西

① （唐）玄奘译《大般若波罗蜜多经》卷 32，《大正藏》第 5 册，第 220 号，第 181 页上栏 3~6。

② （唐）玄奘译《大般若波罗蜜多经》卷 33，《大正藏》第 5 册，第 220 号，第 181 页下栏 15~18。

夏文录文并对译如下：

……[illegible]……	……清净……
……[illegible]……	……若空解脱门清净……
……[illegible]……	……二分无异无断故平等性……
……[illegible]……	……解脱门清净相无愿无解……

可确定残经为唐玄奘译《大般若波罗蜜多经》第二百一十九卷“初分难信解品第三十四之三十八”的相应内容：

> ……若平等性清净，若空解脱门清净，若一切智智清净，无二、无二分、无别、无断故。平等性清净，故无相、无愿解脱门清净。无相、无愿解脱门清净，故一切智智清净……[①]

268.Or.12380-2187（K.K.V.b.020.a.xxix）存 1 页 8 行，仅存下部分，且 1 行看不清楚，下栏线单栏，上栏线无存，写本，残经上有 2187 号，刊布者定名为“佛经”，下面将西夏文录文并对译如下：

……[illegible]	……识界及眼触眼
……[illegible]□	……眼界箭如者□
……[illegible]	……触缘起诸受箭如
……[illegible]	……眼触
……[illegible]	……者眼界热恼思念
……[illegible][②]	……触缘起诸受热恼
……[illegible]	……眼识界及眼触

---

① （唐）玄奘译《大般若波罗蜜多经》卷 219，《大正藏》第 6 册，第 220 号，第 101 页中栏 15。

② 西夏文“[illegible]”译为“热恼”，热恼，有二种，身恼，心恼。身恼者，系缚牢狱、拷掠、刑戮等；心恼者，淫欲、瞋恚、悭贪、嫉妒因缘故，生忧愁、怖畏等。

可以确定残经为唐玄奘译《大般若波罗蜜多经》第七十七卷“初分天帝品第二十二之一”的相应内容：

思惟色界、眼识界及眼触，眼触为缘所生，诸受如痈。思惟眼界如箭，思惟色界、眼识界及眼触，眼触为缘所生，诸受如箭。思惟眼界如疮，思惟色界、眼识界及眼触，眼触为缘所生，诸受如疮。思惟眼界热恼，思惟色界、眼识界及眼触，眼触为缘所生，诸受热恼。[①]

269.Or.12380-2188（K.K.V.b.020.a.xx）存1页6行，残缺严重，字数不等，栏线无存，残经上有2188号，刊布者定名为“佛经”，下面将西夏文录文并对译如下：

……蔽蔬蘈慨𗍫[②]蘈慨……	……眼界若为有若为……
……蓅𗼃𗢳𗏹𗗙……	……耳鼻舌身意……
……𗧓𗃛𗃱𗊨𗃛𗓷……	……菩萨摩诃萨非……
……蘈蓅𗼃𗢳𗏹𗗙……	……若耳鼻舌身意……
……𗑱𗗚𗋕𗏵𗫂𗗍……	……故毕竟得处无……
……𗗙蔬慨𗍫……	……意界为有……

可确定残经为唐玄奘译《大般若波罗蜜多经》第二十五卷“初分教诫教授品第七之十五”的相应内容：

……即眼界，若有为、若无为，增语非菩萨摩诃萨。即耳、鼻、舌、身、意界，若有为、若无为，增语非菩萨摩诃萨耶。世尊，若眼界，有为、无为，若耳、鼻、舌、身、意界，有为、无

① （唐）玄奘译《大般若波罗蜜多经》卷77，《大正藏》第5册，第220号，第433页上栏28。

② 西夏文“慨𗍫”译为“有为”。

为，尚毕竟不可得，性非有故。况有眼界，有为、无为，增语，及耳、鼻、舌、身、意、界，有为无为增语。[①]

比对残经，可确定 Or.12380-2187（k.k.V.b.020.a.xxix）与 Or.12380-2188（k.k.V.b.020.a.xx）为同版残经。

270.Or12380-2190（K.K.V.b.020.a.xxi）存 1 页 4 行，栏线无存，写本，字数不等，残经上有 2190 号，刊布者定名为《大般若波罗蜜多经》，下面将西夏文录文并对译如下：

……[illegible]……
……精进静虑般若波罗蜜多……
……[illegible]……
……精进静虑般若波罗蜜多……
……[illegible]……
……戒净安忍精进静虑般若波罗蜜多……
……[illegible]……
……达与……

可确定残经为唐玄奘译《大般若波罗蜜多经》第七十一卷“初分观行品第十九之二”的相应内容，但具体属于哪一段尚待考证。

或为：

净戒、安忍、精进、静虑、般若波罗蜜多不生则非净戒、安忍、精进、静虑般若波罗蜜多。所以者何？布施波罗蜜多与不生无二、无二分，净戒、安忍、精进、静虑、般若波罗蜜多与不生无

① （唐）玄奘译《大般若波罗蜜多经》卷 25，《大正藏》第 5 册，第 220 号，第 136 页下栏 9~11。

二、无二分。[①]

或为：

净戒、安忍、精进、静虑、般若波罗蜜多不灭则非净戒、安忍、精进、静虑、般若波罗蜜多。所以者何？布施波罗蜜多与不灭无二、无二分，净戒、安忍、精进、静虑、般若波罗蜜多与不灭无二、无二分。[②]

271.Or.12380-2191（K.K.V.b.020.a.xiv）存1页7行，仅存下部分，下栏线单栏，上栏线无存，写本，字数不等，原残经上有2191号，刊布者定名为《大般若波罗蜜多经》，下面将西夏文录文并对译如下：

……[illegible]……	……来无……
……[illegible]……	……一来不还……
……[illegible]	……著舍利子诸菩萨
[illegible]……[illegible]	摩诃萨……修行时如是法与
……[illegible]……	……与依随……
……[illegible]……	……般若波罗……
……[illegible]……	……有无……

可以确定残经为唐玄奘译《大般若波罗蜜多经》第六卷“初分相应品第三之三”的相应内容：

……不著一来、不还、阿罗汉果，独觉菩提无相。不著一来、

① （唐）玄奘译《大般若波罗蜜多经》卷71，《大正藏》第5册，第220号，第399页下栏11。

② （唐）玄奘译《大般若波罗蜜多经》卷71，《大正藏》第5册，第220号，第401页下栏6。

不还、阿罗汉果，独觉菩提有相。不著预流果无愿，不著预流果有愿。不著一来、不还、阿罗汉果，独觉菩提无愿。不著一来、不还、阿罗汉果，独觉菩提有愿。舍利子！诸菩萨摩诃萨修行般若波罗蜜多，与如是法相应故，当言与般若波罗蜜多相应。[①]

272.Or.12380-2192（K.K.V.b.020.a.xvi）存1页4行，残缺严重，字数不等，仅存上栏线单栏，下栏线无存，写本，刊布者定名为“佛经”，下面将西夏文录文并对译如下：

[illegible]……	生说且……
[illegible]……	是法一切……
[illegible]……	真如真性……
[illegible]……	真如亦彼已……

初步确定残经为唐玄奘译《大般若波罗蜜多经》第五百一十三卷“第三分真如品第十九之一”的相应内容：

……善现，真如亦复如是，故说善现随如来生。如来！真如无别异不可得。善现真如亦复如是，故说善现随如来生。如来！真如不离一切法真如，一切法真如不离如来真如，如是真如常真如相，无时非真如相。善现，真如亦复如是，故说善现随如来生……[②]

273.Or.12380-2193（K.K.V.b.020.a.xvii）存1页4行，残缺严重，字数不等，栏线无存，写本，原残经上有2193号，刊布者定名为“佛经”，下面将西夏文录文并对译如下：

① （唐）玄奘译《大般若波罗蜜多经》卷6，《大正藏》第5册，第220号，第33页上栏25。

② （唐）玄奘译《大般若波罗蜜多经》卷513，《大正藏》第7册，第220号，第619页下栏2。

……[illegible]……	……八胜处第九次依定十次……
……[illegible]……	……次自性空是八解脱……
……[illegible]□[illegible]……	……处□次依定十……
……[illegible]……	……性非故般若波罗……

确定残经为三藏法师玄奘译《大般若波罗蜜多经》第一百四十八卷“初分校量功德品第三十之四十六”的相应内容：

……八胜处、九次第定、十遍处，八胜处、九次第定、十遍处自性空，是八解脱自性即非自性，是八胜处、九次第定、十遍处自性亦非自性。若非自性即是般若波罗蜜多，于此般若波罗蜜多。①

比较 Or.12380-2190（K.K.V.b.020.a.xxi）、Or.12380-2192（K.K.V.b.020.a.xvi）、Or.12380-2193（K.K.V.b.020.a.xvii）残经，可以确定它们为同版残经，遗存内容为不同卷数。

274.Or.12380-2194（K.K.V.b.020.a.xv）存 1 页 6 行，残缺严重，仅存下部分内容，字数不等，下栏线单栏，上栏线无存，写本，残经上有 2194 号，刊布者定名为“佛经”，下面将西夏文录文并对译如下：

……[illegible]……	……舍利子……
……[illegible]□[illegible]	……住常非□亦无舍
[illegible]……[illegible]	利子……散亦无三摩地
……[illegible]②[illegible]	……舍利子极喜地常
……[illegible]	……慧地最胜艰
……[illegible]□[illegible]	……地法□地

① （唐）玄奘译《大般若波罗蜜多经》卷 148，《大正藏》第 5 册，第 220 号，第 798 页下栏 7。

② 西夏文“[illegible]”译为“舍利子”。

初步确定残经或为唐玄奘译《大般若波罗蜜多经》第六十八“初分无所得品第十八之八”的相应内容：

……舍利子！无忘失法非我亦无散失，恒住舍性非我亦无散失。舍利子！一切陀罗尼门非我亦无散失，一切三摩地门非我亦无散失。舍利子！极喜地非我亦无散失，离垢地、发光地、焰慧地、极难胜地、现前地、远行地、不动地、善慧地、法云地非我亦无散失。[①]

或为唐玄奘译《大般若波罗蜜多经》第六十九“初分无所得品第十八之九”的相应内容：

舍利子！无忘失法无染亦无散失，恒住舍性无染亦无散失。舍利子！一切陀罗尼门无染亦无散失，一切三摩地门无染亦无散失。舍利子！极喜地无染亦无散失，离垢地、发光地、焰慧地、极难胜地、现前地、远行地、不动地、善慧地、法云地无染亦无散失。[②]

275.Or.12380-2195（K.K.V.b.020.a.xiii）存 1 页 4 行，残缺严重，字数不等，下栏线单栏，上栏线无存，写本，残经上有 2195 号，刊布者定名为《般若经》，下面将西夏文录文并对译如下：

……[illegible]	……四神足
……[illegible]	……支清净四正
……[illegible]	……净故一切智智清净何
[illegible]……[illegible]	云……若四正断乃至八圣道

① （唐）玄奘译《大般若波罗蜜多经》卷 68，《大正藏》第 5 册，第 220 号，第 382 页中栏 26~29。

② （唐）玄奘译《大般若波罗蜜多经》卷 69，《大正藏》第 5 册，第 220 号，第 382 页中栏 24。

确定残经为唐玄奘译《大般若波罗蜜多经》，因为内容过于残缺，具体是哪卷尚难确定。从仅有内容判断，与《大般若波罗蜜多经》第一百九十五卷“初分难信解品第三十四之十四”和第一百九十六“初分难信解品第三十四之十五”等诸多卷的内容相似，把两处相似内容一并列于下面：

《大般若波罗蜜多经》第一百九十五“初分难信解品第三十四之十四”的相应内容如下：

> 我清净，故四正断、四神足、五根、五力、七等觉支、八圣道支清净。四正断乃至八圣道支清净，故一切智智清净。何以故？若我清净，若四正断乃至八圣道支清净，若一切智智清净……[①]

《大般若波罗蜜多经》第一百九十六卷“初分难信解品第三十四之十五”的相应内容如下：

> 有情清净，故四正断、四神足、五根、五力、七等觉支、八圣道支清净。四正断乃至八圣道支清净，故一切智智清净。何以故？若有情清净，若四正断乃至八圣道支清净，若一切智智清净……[②]

276.Or.12380-2196（K.K.V.b.020.a.xi）存 1 页 8 行，残缺严重，仅存下部分内容，字数不等，下栏线单栏，上栏线无存，写本，刊布者定名为“佛经”，下面将西夏文录文并对译如下：

……[illegible]	……智清净故
……[illegible]	……法于清净

① （唐）玄奘译《大般若波罗蜜多经》卷 195，《大正藏》第 5 册，第 220 号，第 1047 页中栏 14。

② （唐）玄奘译《大般若波罗蜜多经》卷 196，《大正藏》第 5 册，第 220 号，第 1049 页下栏 23。

……[illegible]	……一切智智清
[illegible]……[illegible]	净……色无定
……[illegible]	……善现一
[illegible]……[illegible]	切……清净故
……[illegible]	……智智清净
……[illegible]	……二无二

确定残经为唐玄奘译《大般若波罗蜜多经》第二百六十一“初分难信解品第三十四之八十”的相应内容：

> 一切智智清净，故四无量、四无色定清净。四无量、四无色定清净，故法定清净。何以故？若一切智智清净，若四无量、四无色定清净，若法定清净，无二、无二分、无别、无断故。善现，一切智智清净，故八解脱清净。[①]

从西夏文字体来看，Or.12380-2194（K.K.V.b.020.a.xv）、Or.12380-2195（K.K.V.b.020.a.xiii）、Or.12380-2196（K.K.V.b.020.a.xi）残经应该属于同版残经，皆为《大般若波罗蜜多经》，但遗存卷数不同。

277.Or.12380-2197（K.K.V.b.020.a.vi）存 1 页 6 行，残缺严重，上下栏线单栏，字数约为 15 字，写本，刊布者定名为“佛经”，下面将西夏文录文并对译如下：

[illegible]□□□□□□□□□□□□[illegible]……
空□□□□□□□□□□□□谛离……
[illegible]□□□□[illegible]□□[illegible]……
得可无集□□□□如来□□无苦……
[illegible]……

① （唐）玄奘译《大般若波罗蜜多经》卷 261，《大正藏》第 6 册，第 220 号，第 320 页上栏 7。

如真离如来得可无灭道圣谛如真……

[illegible]……

来得可无苦圣谛法性离如来得可无……

[illegible]……

道圣谛法性离如来得可无苦圣谛离……

[illegible]……

如真得可无集灭道圣谛离如来……

确定残经为唐玄奘译《大般若波罗蜜多经》第九十“初分求般若品第二十七之二”的相应内容：

……水、火、风、空、识界法性可得。憍尸迦，非离苦圣谛如来可得，非离集、灭、道、圣谛如来可得，非离苦圣谛真如如来可得，非离集、灭、道、圣谛真如如来可得，非离苦圣谛法性如来可得，非离集、灭、道、圣谛法性如来可得，非离苦圣谛如来真如可得，非离集、灭、道、圣谛如来真如可得。[1]

278.Or.12380-2198（K.K.V.b.020.a.x）存 1 页 6 行，残缺严重，下栏单线，上栏线无存，写本，字数不能确定，刊布者定名为“佛经”，下面将西夏文录文并对译如下：

……[illegible]	……际可无是
……[illegible]□[illegible][2][illegible]	……无□本性是如
……[illegible]	……佛对言说世尊
……[illegible]	……者放有失有难

① （唐）玄奘译《大般若波罗蜜多经》卷 90，《大正藏》第 5 册，第 220 号，第 502 页下栏 7。

② 西夏文“[illegible]”译为“本性”，本性，本来固有之性德。

……[illegible][1][illegible]	……无常无坏本性
……[illegible]	……佛对言说世尊

确定残经为唐玄奘译《大般若波罗蜜多经》第五十一“初分辨大乘品第十五之一”的相应内容：

> ……此无际由无际空，何以故？非常非坏本性尔故。善现！是为无际空。善现白佛言：“世尊！云何散空？”佛言：“善现！散谓有放、有弃、有舍可得。此散由散空。何以故？非常非坏本性尔故。善现！是为散空。”善现白佛言：“世尊！云何无变异空？”佛言：“善现！无变异谓无放、无弃、无舍可得。此无变异由无变异空，何以故？非常非坏本性尔故。”[2]

279.Or.12380-2199（K.K.V.b.02.r）存 1 页 5 行，残缺严重，栏线无存，字数不能确定，写本，原残经上有 2199 号，刊布者定名为“佛经”，下面将西夏文录文并对译如下：

……[illegible][3]……	……八解脱……
……[illegible]……	……为得应无以……
……[illegible]……	……八解脱八胜……
……[illegible]□□[illegible]……	……七□□也世尊何云……
……[illegible]……	……四无以……

初步确定残经为唐玄奘译《大般若波罗蜜多经》第一百二十卷“初

① 西夏文“[illegible]”译为“无常无坏”，即无常不坏。无常指世间一切之法，生灭迁流，刹那不住，谓之无常。无常有刹那无常和相续无常之分。

② （唐）玄奘译《大般若波罗蜜多经》卷 51，《大正藏》第 5 册，第 220 号，第 291 页上栏 27~中栏 7。

③ 西夏文“[illegible]”译为“八解脱”，八解脱，即八背舍，为弃舍三界染法、系缚之八种禅定。

分校量功德品第三十之十八”的相应内容：

……以四无量、四无色定性空，与八解脱、八胜处、九次第定、十遍处无二、无二分故。庆喜！由此故说。以四静虑等无二为方便、无生为方便、无所得为方便，回向一切智智，修习八解脱、八胜处、九次第定、十遍处。世尊！云何以四静虑无二为方便、无生为方便、无所得为方便，回向一切智智，修习四念住、四正断、四神足、五根、五力、七等觉支、八圣道支？庆喜！四静虑、四静虑性空，何以故？以四静虑性空与四念住、四正断、四神足、五根、五力、七等觉支、八圣道支无二、无二分故。世尊！云何以四无量……[1]

280.Or.12380-2200（K.K.V.b.020.a.i）存1页8行，残缺严重，下栏线单栏，上栏线无存，写本，字数不能确定，刊布者定名为《大般若波罗蜜多经》，下面将西夏文录文并对译如下：

……[illegible]	……故般若波
[illegible]……[illegible]□[illegible]	罗蜜多……无量四无色□测难性
……[illegible]	……是四波罗蜜多行是何云也舍利
[illegible]……[illegible][2]	子……难性者四静虑非四无量
……[illegible]	……难性者四无量四色无定
……[illegible]……	……菩萨摩诃萨……
……[illegible]□[illegible]……	……无量□难性无……
……[illegible]……	……依……

① （唐）玄奘译《大般若波罗蜜多经》卷120，《大正藏》第5册，第220号，第658页上栏14~26。

② 西夏文“[illegible]”译为“四无量”，四无量，即四等、四梵行，也就是佛、菩萨具有慈、悲、喜、舍的四德。与乐之心为慈，拔苦之心为悲，喜众生离苦获乐之心曰喜，于一切众生舍恳亲之念而平等一如曰舍。

可初步确定残经为唐玄奘译《大般若波罗蜜多经》第二百九十九卷“初分难闻功德品第三十九之三”的相应内容：

> 若菩萨摩诃萨行般若波罗蜜多时，不行四静虑难测量性是行般若波罗蜜多，不行四无量、四无色定难测量性是行般若波罗蜜多。何以故？舍利子，四静虑难测量性则非四静虑，四无量、四无色定难测量性则非四无量、四无色定故。舍利子，若菩萨摩诃萨行般若波罗蜜多时，不行八解脱难测量性是行般若波罗蜜多。①

281.Or.12380-2207（K.K.V.b.020.a.xxxix）存 1 残片，上栏线无存，下栏线单栏，写本，存 5 行，每行存 1~2 字不等，残片上有 2207 号，刊布者定名为“佛经”，下面将西夏文录文并对译如下：

……[illegible]	……相
……[[illegible]]	……[同]
……[illegible][illegible]	……生无
……[illegible][illegible]	……回向
……[illegible]□	……空

282.Or.12380-2208（K.K.V.b.020.a.xxxix）存 1 残片，上栏线无存，下栏线单栏，写本，存 6 行，每行存 1~5 字不等，残叶上有 2207 号，刊布者定名为“佛经”，录文并对译如下：

……[illegible]	……六
……[illegible][illegible]	……胜义
[[illegible]]……[illegible][illegible][illegible][illegible]	空……空散空无
……[illegible][[illegible]][illegible][illegible][illegible]	……空法一切空

① （唐）玄奘译《大般若波罗蜜多经》卷 299，《大正藏》第 6 册，第 220 号，第 521 页上栏 24。

……[illegible][illegible]	……二以
……[illegible]	……者

Or.12380-2207（K.K.V.b.020.a.xxxix）、Or.12380-2208（K.K.V.b.020.a.xxxix）残经字体相同，为同版抄写佛经的遗存，Or.12380-2207（K.K.V.b.020.a.xxxix）在前，Or.12380-2208（K.K.V.b.020.a.xxxix）在后，可确定其为唐玄奘译《大般若波罗蜜多经》第一百一十八卷“初分校量功德品第三十之十六”的相应内容：

……由此故说：以内空等无二为方便、无生为方便、无所得为方便，回向一切智智，修习空解脱门、无相解脱门、无愿解脱门。

世尊！云何以内空无二为方便、无生为方便、无所得为方便，回向一切智智，修习五眼、六神通？

庆喜！内空内空性空。何以故？以内空性空与五眼、六神通无二无二分故。

世尊！云何以外空、内外空、空空、大空、胜义空、有为空、无为空、毕竟空、无际空、散空、无变异空、本性空、自相空、共相空、一切法空、不可得空、无性空、自性空、无性自性空无二为方便、无生为方便、无所得为方便，回向一切智智，修习五眼、六神通？。①

283.Or.12380-2209（K.K.V.b.020.a.xxxvii）存1页8行，残缺严重，栏线无存，写本，字数不能确定，残经上有2209号，刊布者定名为《大般若波罗蜜多经》，下面将西夏文录文并对译如下：

……[illegible][illegible]……	……菩提……
……[illegible][illegible][illegible][illegible][illegible][illegible]……	……般若波罗蜜多……

① （唐）玄奘译《大般若波罗蜜多经》卷118，《大正藏》第5册，第220号，第647页中栏9~20。

……[illegible]……	……般若波罗蜜多……
……[illegible]……	……舍利子诸菩……
……[illegible]……	……时菩萨摩诃萨……
……[illegible]……	……行一切……
……[illegible]……	……预留……
……[illegible]……	……独觉菩提……

初步判断残经为唐玄奘译《大般若波罗蜜多经》第二百九十九卷“初分难闻功德品第三十九之三”的内容：

> ……不行独觉菩提甚深性是行般若波罗蜜多。何以故？舍利子，独觉菩提甚深性则非独觉菩提故。舍利子，若菩萨摩诃萨行般若波罗蜜多时，不行一切菩萨摩诃萨行甚深性是行般若波罗蜜多。①

284.Or.12380-2210（K.K.V.b.020.b.xviii）存1页6行，残缺严重，字数不能确定，上栏线单栏，下栏线无存，写本，原残经上有2210号，刊布者定名为“佛经”，下面将西夏文录文并对译如下：

[illegible]……	不观应……
[illegible]……	善现诸菩萨……
……[illegible]……	……行时不……
……[illegible]……	……舍性住……
[illegible]……	乐……
[illegible]……	应不……

可初步确定残经为唐玄奘译《大般若波罗蜜多经》第十三卷“初分教诫教授品第七之三”的相应内容：

① （唐）玄奘译《大般若波罗蜜多经》卷299，《大正藏》第6册，第220号，第520页上栏6~9。

……不应观三十二大士相。若可得、若不可得，不应观八十随好。若可得、若不可得。

复次，善现，诸菩萨摩诃萨修行般若波罗蜜多时，不应观无忘失法。若常、若无常，不应观恒住舍性。若常、若无常，不应观无忘失法。若乐、若苦，不应观恒住舍性。若乐、若苦，不应观无忘失法……①

285.Or.12380-2211（K.K.V.b.020.b.xv）存 1 页 8 行，残缺严重，字数不能确定，下栏线无存，上栏线无存，写本，残经上有 2211 号，刊布者定名为《大般若波罗蜜多经》，下面将西夏文录文并对译如下：

……[illegible]……	……处九次……
……[illegible]……	……无量四色……
……[illegible]……	……是缘故……
……[illegible]……	……无以方便为……
……[illegible]……	……回向四……
……[illegible]……	……世尊何云四……
……[illegible]……	……以方便为得……
……[illegible]……	……回向以……

可以确定残经为唐玄奘译《大般若波罗蜜多经》第一百二十卷“初分校量功德品第三十之十八”的相应内容：

……九次第定、十遍处无二、无二分故。世尊！云何以四无量、四无色定无二为方便、无生为方便、无所得为方便？回向一切智智，修习八解脱、八胜处、九次第定、十遍处？庆喜！四无量、四无色定，四无量、四无色定性空。何以故？以四无量、四无色

① （唐）玄奘译《大般若波罗蜜多经》卷 13，《大正藏》第 5 册，第 220 号，第 69 页上栏 24。

定性空与八解脱、八胜处、九次第定、十遍处无二、无二分故。庆喜！由此故说：以四静虑等无二为方便、无生为方便、无所得为方便，回向一切智智，修习八解脱、八胜处、九次第定、十遍处。世尊！云何以四静虑无二为方便、无生为方便、无所得为方便，回向一切智智……[①]

286.Or.12380-2212（K.K.V.b.020.b.xvii）存一角，3行共7字，残缺严重，字数不能确定，下栏线单栏，上栏线无存，写本，残经上有2212号，刊布者定名为《大般若波罗蜜多经》，下面将西夏文录文并对译如下：

……[illegible][illegible]	……至测
……[illegible][illegible]	……无界
……[illegible][illegible][illegible]	……一切与

初步确定残片为唐玄奘译《大般若波罗蜜多经》第四百六十卷“第二分巧便品第六十八之一”的相应内容：

……诸菩萨摩诃萨若思惟色，乃至思惟一切智智则有所得，有所得故便著欲界、色无色界。若著欲界、色无色界，不能具足修诸菩萨摩诃萨行，证得无上正等菩提。若菩萨摩诃萨不思惟色，乃至不思惟一切智智便无所得……[②]

Or.12380-2209（K.K.V.b.020.a.xxxvii）、Or.12380-2211（K.K.V.b.020.b.xv）、Or.12380-2212（K.K.V.b.020.b.xvii）残经虽不能缀合，但

---

① （唐）玄奘译《大般若波罗蜜多经》卷120，《大正藏》第5册，第220号，第658页上栏9~20。

② （唐）玄奘译《大般若波罗蜜多经》卷460，《大正藏》第5册，第220号，第1049页中栏4。

从字体判断，它们为同版写经的遗存。

287.Or.12380-2213（K.K.Ⅱ.0252.o）存上面一角，存 3 行共 8 字，残缺严重，上栏线单栏，左面栏线单栏，写本，字数不能确定，原残经上有 2213 号，刊布者定名为《大般若波罗蜜多经》，下面将西夏文录文并对译如下：

祣……	触……
緅祇𦊁𦃮……	缘起诸受……
㪘𧸀禠禠……	也若一切……

可以确定残片为唐玄奘译《大般若波罗蜜多经》第一百九十六卷“初分难信解品第三十四之十五”的相应内容：

……意触为缘所生诸受清净，故一切智智清净。何以故？若有情清净，若法界乃至意触为缘所生诸受清净，若一切智智清净……①

288.Or.12380-2213V（K.K.Ⅱ.0252.o）存下面一角，3 行共 10 字，残缺严重，字数不能确定，下栏线单栏，左面栏线单栏，写本，刊布者定名为“佛经”，下面将西夏文录文并对译如下：

……蕽𦅼	……皆虑
……禘𥟌𦆻訙	……净乃至般
……𦅼𧬈禘𦏁	……虑清净何云

将 Or.12380-2213（K.K.Ⅱ.0252.o）残经和 Or.12380-2213V（K.K.Ⅱ.0252.o）残经的字体等进行比较，可以确定其为同版残经，可初步确定

① （唐）玄奘译《大般若波罗蜜多经》卷 196，《大正藏》第 5 册，第 220 号，第 1049 页上栏 10。

两个残片为唐玄奘译《大般若波罗蜜多经》第一百九十六卷“初分难信解品第三十四之十五”的相应内容：

……有情清净，故净戒、安忍、精进、静虑、般若波罗蜜多清净。净戒乃至般若波罗蜜多清净，故一切智智清净。何以故？①

比较 Or.12380-2213（K.K.II.0252.o）残经和 Or.12380-2213V（K.K.II.0252.o）残经，它们为同部同卷佛经，Or.12380-2213（K.K.II.0252.o）残经内容在前，而 Or.12380-2213V（K.K.II.0252.o）残经在后。

289.Or.12380-2214（K.K.V.b.020.xxx）存 6 行，残缺严重，字数不能确定，下栏线单栏，上栏线无存，写本，刊布者定名为“佛经”，下面将西夏文录文并对译如下：

……[illegible]……	……即大悲大喜……
……[illegible]……	……无即……
……[illegible]……[illegible]	……增语菩萨摩诃萨……是
……[illegible]□[illegible]	……有若漏□增语菩萨摩
[illegible]……[illegible]□[illegible]	诃萨……及何意□是大慈若
……[illegible]	……是大悲大喜大

可以初步确定残经为唐玄奘译《大般若波罗蜜多经》第三十三卷“初分教诫教授品第七之二十三”的相应内容：

……即大悲、大喜、大舍。若有漏、若无漏增语非菩萨摩诃萨耶？世尊！若大慈有漏、无漏，若大悲、大喜、大舍有漏、无漏，尚毕竟不可得，性非有故，况有大慈有漏、无漏增语及大悲、大喜、大舍有漏、无漏增语！此增语既非有，如何可言？即大慈若有

① （唐）玄奘译《大般若波罗蜜多经》卷 196，《大正藏》第 5 册，第 220 号，第 1049 页中栏 4。

漏、若无漏增语是菩萨摩诃萨，即大悲、大喜、大舍……[①]

290.Or.12380-2215（K.K.V.b.06.e）存 6 行，残缺严重，字数不能确定，下栏线单栏，上栏线无存，写本，残经上有 2215 号，刊布者定名为“佛经”，下面将西夏文录文并对译如下：

……[illegible]	……无
……[illegible]	……一
……[illegible][illegible]	……无量
……[illegible][illegible][illegible][illegible]	……一切智智
……[illegible][illegible][illegible][illegible][illegible]	……性复清净故
……[illegible][illegible][illegible]	……一切智

初步确定残经为唐玄奘译《大般若波罗蜜多经》第二百一十八卷“初分难信解品第三十四之三十七”的相应内容：

> ……若法性清净，若四静虑清净，若一切智智清净，无二、无二分、无别、无断故。法性清净故四无量、四无色定清净，四无量、四无色定清净故一切智智清净。何以故？若法性清净，若四无量、四无色定清净，若一切智智清净，无二、无二分、无别、无断故。善现！法性清净故八解脱清净，八解脱清净故一切智智清净。[②]

从字体上比较，确定 Or.12380-2215（K.K.V.b.06.e）残经和 Or.12380-2210（K.K.V.b.020.b.xviii）残经应该属于同一版本的《大般若波罗蜜多经》。

---

① （唐）玄奘译《大般若波罗蜜多经》卷 33，《大正藏》第 5 册，第 220 号，第 184 页下栏 1~3。

② （唐）玄奘译《大般若波罗蜜多经》卷 218，《大正藏》第 6 册，第 220 号，第 93 页下栏 1~8。

291.Or.12380-2217（K.K.V.b.06.h）存16行，分三个残片，残缺严重，字数不能确定，下栏线单栏，上栏线无存，写本，残经上有2217号，刊布者定名为《大般若波罗蜜多经》，下面将西夏文录文并对译如下：

（右面）

……[illegible]	……果清
……[illegible]……[illegible]	……净……分无异无
……[illegible]	……独觉菩提
……[illegible]	……无量清净何
……[illegible]	……云独觉菩提清净

（中间）

……[illegible]	……无量
……[illegible]	……道相
……[illegible]	……无二无
……[illegible]	……一切智智清净故
……[illegible]	……陀罗尼门

（左面）

……[illegible]	……何云也若一切智智
……[illegible]	……陀罗尼门一切清净若四无量
……[illegible]	……一切智智
……[illegible]	……摩地门
……[illegible]	……何云也若一切

可以确定残经为唐玄奘译《大般若波罗蜜多经》第二百六十六卷“初分难信解品第三十四之八十五”的相应内容，其顺序为Or.12380-

2217（K.K.V.b.06.h）中间 + Or.12380-2217（K.K.V.b.06.h）左面 + Or.12380-2217（K.K.V.b.06.h）右面，残存内容基本可以缀合，汉文如下：

……一切相智清净，故四无量清净。何以故？若一切智智清净，若道相智、一切相智清净，若四无量清净，无二、无二分、无别、无断故。善现！一切智智清净，故一切陀罗尼门清净……何以故？若一切智智清净，若一切陀罗尼门清净，若四无量清净，无二、无二分、无别、无断故。一切智智清净，故一切三摩地门清净。一切三摩地门清净，故四无量清净。何以故？若一切智智清净，若一切三摩地门清净，若四无量清净，无二、无二分、无别、无断故。善现，一切智智清净，故预流果清净。预流果清净，故四无量清净。何以故？若一切智智清净，若预流果清净，若四无量清净，无二、无二分、无别、无断故。一切智智清净，故一来、不还阿罗汉果清净。一来、不还阿罗汉果清净，故四无量清净。何以故？若一切智智清净……[1]

292.Or.12380-2217V（K.K.V.b.06.h）存 1 页 5 行，残缺严重，字数不能确定，下栏线单栏，上栏线无存，写本，刊布者定名为“佛经”，下面将西夏文录文并对译如下：

……[illegible]	……菩萨摩诃萨
……[illegible]	……一切清净故
[illegible]……[illegible]	清净……智智清净
[illegible]……[illegible]	也善现一切……四无量
[illegible]……[illegible]	净……一

可以初步确定残经为唐玄奘译《大般若波罗蜜多经》第二百六十六

① （唐）玄奘译《大般若波罗蜜多经》卷 266，《大正藏》第 6 册，第 220 号，第 345 页中栏 8~24。

卷“初分难信解品第三十四之八十五”的相应内容：

……善现，一切智智清净，故一切菩萨摩诃萨行清净。一切菩萨摩诃萨行清净，故四无量清净。何以故？若一切智智清净，若一切菩萨摩诃萨行清净，若四无量清净，无二、无二分、无别、无断故。①

比较 Or.12380-2217（K.K.V.b.06.h）和 Or.12380-2217V（K.K.V.b.06.h）残经，它们为同版残经，其顺序为 Or.12380-2217（K.K.V.b.06.h）中间 + Or.12380-2217（K.K.V.b.06.h）左面 + Or.12380-2217（K.K.V.b.06.h）右面 + Or.12380-2217V（K.K.V.b.06.h）。

293.Or.12380-2218（K.K.V.b.06.j）存 1 页 8 行，残缺严重，字数不能确定，上栏线无存，下栏线单栏，残经上有 2218 号，刊布者定名为《大般若波罗蜜多经》，下面将西夏文录文并对译如下：

……絾訡綖䜡	……预流果清
蔎……瓻瓻豥豥	净……一切智智
……豞䜡蔎慨	……无清净无
……瓻瓻豥豥䜡蔎	……一切智智清净
……䜡蔎刭惼慨𢡗皈蘢	……清净一来无还阿罗
……䜡蔎繇緭……	……清净何云……
……𢡗皈蘢……	……还阿罗……
……禠……	……二……

初步确定残经为唐玄奘译《大般若波罗蜜多经》第一百九十六卷“初分难信解品第三十四之十五”的相应内容：

……有情清净，故预流果清净。预流果清净，故一切智智清

① （唐）玄奘译《大般若波罗蜜多经》卷 266，《大正藏》第 6 册，第 220 号，第 345 页下栏 6。

净。何以故？若有情清净，若预流果清净，若一切智智清净，无二、无二分、无别、无断故。有情清净，故一来、不还阿罗汉果清净。一来、不还阿罗汉果清净，故一切智智清净。何以故？若有情清净……[1]

294.Or.12380-2219（K.K.V.b.06.i）存 1 页 5 行，残缺严重，字数不能确定，上栏线单栏，下栏线无存，写本，残经上有 2219 号，刊布者定名为《大般若波罗蜜多经》，下面将西夏文录文并对译如下：

[illegible]……[illegible]	亦能世尊……般
[illegible]……	般若波罗蜜多修……
[illegible]……	修者无（不）得彼……
[illegible]……	依解脱修……
……[illegible]……	……向亦……

初步确定残经为唐玄奘译《大般若波罗蜜多经》第一百零二卷“初分摄受品第二十九之四”的相应内容：

……亦能回向一切智智。

世尊！若菩萨摩诃萨修空解脱门时，善修般若波罗蜜多故，不得空解脱门。不得修空解脱门者，是菩萨摩诃萨依般若波罗蜜多修空解脱门故，能调伏高心，亦能回向一切智智。[2]

295.Or.12380-2220（K.K.V.b.06.b）存 1 页 4 行，残缺严重，字数不能确定，上栏线无存，下栏线单栏，写本，残经上有 2220 号，刊布

① （唐）玄奘译《大般若波罗蜜多经》卷 196，《大正藏》第 5 册，第 220 号，第 1050 页中栏 20。

② （唐）玄奘译《大般若波罗蜜多经》卷 102，《大正藏》第 5 册，第 220 号，第 567 页上栏 25~ 中栏 8。

者定名为《大般若波罗蜜多经》，下面将西夏文录文并对译如下：

……[illegible]　　……正等

……[illegible]　　……正等菩提清净故菩

……[illegible]　　……何云也是菩萨摩萨诃

……[illegible]　　……正等菩提清净与

初步确定残经为唐玄奘译《大般若波罗蜜多经》第二百零四卷“初分难信解品第三十四之二十三”的相应内容：

一切菩萨摩诃萨行清净，故诸佛无上正等菩提清净。诸佛无上正等菩提清净，故一切菩萨摩诃萨行清净。何以故？是一切菩萨摩诃萨行清净与诸佛无上正等菩提清净，无二、无二分、无别、无断故。①

296.Or.12380-2221（K.K.V.b.06.k）存 1 页 5 行，残缺严重，字数不能确定，栏线无存，写本，残经上有 2221 号，刊布者定名为《大般若波罗蜜多经》，下面将西夏文录文并对译如下：

……[illegible]……

……修者不……

……[illegible]……[illegible]……

……多依八胜……波罗蜜……

……[illegible]……

……及修一切智智心调伏……

……[illegible]……

……菩萨摩诃萨四念住世尊若菩萨……

……[illegible]……

① （唐）玄奘译《大般若波罗蜜多经》卷 204，《大正藏》第 6 册，第 220 号，第 21 页上栏 16。

……无波羅蜜多修……

初步确定残经为唐玄奘译《大般若波罗蜜多经》第一百零二卷“初分摄受品第二十九之四”的相应内容：

……是菩萨摩诃萨，依般若波罗蜜多修八胜处、九次第定、十遍处故，能调伏高心，亦能回向一切智智。世尊！若菩萨摩诃萨修四念住时，善修般若波罗蜜多故，不得四念住，不得修四念住者……[①]

Or.12380-2219（K.K.V.b.06.i）、Or.12380-2220（K.K.V.b.06.b）、Or.12380-2221（K.K.V.b.06.k）三个编号从字体判断为同版写经遗存，为不同卷数。Or.12380-2219（K.K.V.b.06.i）、Or.12380-2221（K.K.V.b.06.k）皆为《大般若波罗蜜多经》第一百二卷“初分摄受品第二十九之四”，Or.12380-2221（K.K.V.b.06.k）在前，Or.12380-2219（K.K.V.b.06.i）在后，这两个编号基本可以缀合，但中间有残缺。

297.Or.12380-2223（K.K.V.b.06.p）存1页4行，残缺严重，栏线无存，写本，字数不能确定，原残经上有2223号，刊布者定名为“佛经”，下面将西夏文录文并对译如下：

……[illegible]…… ……清净何云……

……[illegible]…… ……受想行识……

……[illegible]…… ……二分无异……

……[illegible]…… ……眼处……

可以确定残片为唐玄奘译《大般若波罗蜜多经》第一百八十三卷“初分难信解品第三十四之二”相应的内容：

① （唐）玄奘译《大般若波罗蜜多经》卷102，《大正藏》第5册，第220号，第567页上栏16~25。

……清净，何以故？是受、想、行、识清净与果清净，无二、无二分、无别、无断故。善现，眼处清净即果清净，果清净即眼处清净。何以故？是眼处清净与果清净，无二、无二分、无别、无断故。[①]

298.Or.12380-2224（K.K.V.b.06.n）存1页5行，残缺严重，字数不能确定，上栏线无存，下栏线单栏，写本，残经上有2224号，刊布者定名为《大般若波罗蜜多经》，下面将西夏文录文并对译如下：

……[illegible]	……正等菩提清净
……[illegible]	……内清净
……[illegible]	……诸佛最上
……[illegible]	……清净无二无二
……[illegible]	……清净色

初步确定残片为唐玄奘译《大般若波罗蜜多经》第二百零八卷“初分难信解品第三十四之二十七”的相应内容：

……内空清净，故诸佛无上正等菩提清净。诸佛无上正等菩提清净，故一切智智清净。何以故？若内空清净，若诸佛无上正等菩提清净，若一切智智清净，无二、无二分、无别、无断故。

复次，善现，外空清净故色清净。[②]

比对Or.12380-2220（K.K.V.b.06.b）和Or.12380-2224（K.K.V.b.06.n）残经，二者字体相同，可以确定为同版残经，但所存卷数内容不同。

299.Or.12380-2225（K.K.V.b.06.m）存1页6行，残缺严重，上栏

① （唐）玄奘译《大般若波罗蜜多经》卷183，《大正藏》第5册，第220号，第985页上栏22。

② （唐）玄奘译《大般若波罗蜜多经》卷208，《大正藏》第6册，第220号，第39页下栏17~23。

线无存，下栏线单栏，写本，字数不能确定，残经上有 2225 号，刊布者定名为“佛经”，下面将西夏文录文并对译如下：

……嬰娏𥞩𥴉娏[1]敗……	……喜地离垢地光……
……娏𥗌𥑒娏[2]慨……	……地远行地无……
……𥞂𥖔𥑆𥗄[3]𥊙	……众生成熟佛
……𥓰𥑈𥕀𥕄	……能若五眼
……𥊙𥖁𥓝𥗄	……佛国庄严
……𥑘𥞺𥗑	……十力四

确定残经为唐玄奘译《大般若波罗蜜多经》第四卷“初分学观品第二之二”的相应内容：

> 我当修行极喜地、离垢地、发光地、焰慧地、极难胜地、现前地、远行地、不动地、善慧地、法云地，我当圆满菩萨神通，成熟有情、严净佛土，我当圆满五眼、六神通，我当圆满佛十力，四无所畏……[4]

300.Or.12380-2226（K.K.Ⅱ.0250.j.i）存 2 残片 9 行，残缺严重，字数不能确定，上下单栏，左面栏线单栏，写本，残经上有 2226 号，刊布者定名为“佛经”，下面将西夏文录文并对译如下：

（右面）

---

① 西夏文“𥞩𥴉娏”译为“离垢地”，离垢地，是菩萨行位十地第二的名称。因具清净之戒行，离烦恼之垢染而得名。

② 西夏文“𥗌𥑒娏”译为“远行地”，远行地，是菩萨十地中第七地名称。因此地的菩萨住于纯无相观，远出过世间与二乘之有相行而得名。

③ 西夏文“𥞂𥖔𥑆𥗄”译为“成熟有情”“成熟众生”，汉文本用“成熟有情”。

④（唐）玄奘译《大般若波罗蜜多经》卷 4，《大正藏》第 5 册，第 220 号，第 19 页上栏 22。

[illegible]……	若……
[illegible]……	土无者之……

（左面）

……[illegible] [1]	……之名字
……[illegible]	……善现是者最
……[illegible]	……住胜殊德
……[illegible]	……此众之最深
……[illegible]	……前面彼
……[illegible]	……菩萨摩诃
[illegible]……[illegible]	萨……行修深

可以初步确定残经为唐玄奘译《大般若波罗蜜多经》第三百四十六卷“初分坚等赞品第五十七之五”的相应内容：

“……于大众前自然欢喜、称扬、赞叹是菩萨摩诃萨名字、种姓及诸功德，所谓修行甚深般若波罗蜜多殊胜功德。所以者何？善现！是菩萨摩诃萨能为难事，不断佛种，利益安乐一切有情。”尔时，具寿善现白佛言：“世尊！何等菩萨摩诃萨蒙诸如来、应、正等觉因说正法，于大众前自然欢喜、称扬、赞叹名字、种姓及诸功德，为退转位？为不退转？”佛告善现：“有菩萨摩诃萨住不退转位，行深般若波罗蜜多……” [2]

301.Or.12380-2228（K.K.V.b.06.r）存 1 页 4 行，残缺严重，栏线无存，写本，字数不能确定，残经上有 2228 号，刊布者定名为“佛

---

① 西夏文“[illegible]”译为“名字”“名号”。

② （唐）玄奘译《大般若波罗蜜多经》卷 346，《大正藏》第 6 册，第 220 号，第 777 页上栏 21~ 中栏 4。

经”，下面将西夏文录文并对译如下：

……[illegible]……[illegible]……

……界法性无虚……思议清净……

……[illegible]□[illegible]……

……法定法□无二无二分无别无断也……

……[illegible]……

……清净……

可以确定残片为唐玄奘译《大般若波罗蜜多经》第一百八十四卷“初分难信解品第三十四之三”的相应内容：

……法界、法性、不虚妄性、不变异性、平等性、离生性、法定、法住、实际、虚空界、不思议界清净即一切智智清净，一切智智清净即法界乃至不思议界清净。何以故？是法界乃至不思议界清净，与一切智智清净，无二、无二分、无别、无断故。①

302.Or.12380-2229（K.K.V.b.06.u）存1残片2行，残缺严重，栏线无存，写本，字数不能确定，残经上有2227号，仅存5个字可以辨认，刊布者定名为“佛经”，下面将西夏文录文并对译如下：

……[illegible]……　　……清净何云……

……[illegible]……　　……清净……

Or.12380-2229（K.K.V.b.06.u）残片，内容仅为“……清净，何云……清净……”，据此残存判断为《大般若波罗蜜多经》，类似的内容非常多，不好具体确定是哪一卷或哪一品。

① （唐）玄奘译《大般若波罗蜜多经》卷184，《大正藏》第5册，第220号，第990页下栏15。

303.Or.12380-2361（K.K.Ⅱ.0121.f）存 1 页，残缺严重，栏线无存，写本，残经上有 2361 号，刊布者将其定名为“佛经”，下面将西夏文录文并对译如下：

……[illegible]……	……应何云……
……[illegible]……	……多自……
……[illegible]……	……罗蜜多……
……[illegible]……	……是布施……
……[illegible]……	……是净戒乃至……
……[illegible]……	……自……

因其过于残缺，残片或为唐玄奘译《大般若波罗蜜多经》一百四十七卷“初分校量功德品第三十之四十五”的相应内容：

> 布施波罗蜜多布施波罗蜜多自性空，净戒、安忍、精进、静虑、般若波罗蜜多净戒乃至般若波罗蜜多自性空；是布施波罗蜜多自性即非自性，是净戒乃至般若波罗蜜多自性亦非自性，若非自性即是般若波罗蜜多。①

或第一百五十卷“初分校量功德品第三十之四十八”的相应内容：

> 布施波罗蜜多布施波罗蜜多自性空，净戒、安忍、精进、静虑、般若波罗蜜多净戒乃至般若波罗蜜多自性空；是布施波罗蜜多自性即非自性，是净戒乃至般若波罗蜜多自性亦非自性，若非自性即是静虑波罗蜜多。②

① （唐）玄奘译《大般若波罗蜜多经》卷 147，《大正藏》第 5 册，第 220 号，第 795 页中栏 7。

② （唐）玄奘译《大般若波罗蜜多经》卷 150，《大正藏》第 5 册，第 220 号，第 811 页下栏 19。

或第一百五十三卷“初分校量功德品第三十之五十一”的相应内容：

布施波罗蜜多布施波罗蜜多自性空，净戒、安忍、精进、静虑、般若波罗蜜多净戒乃至般若波罗蜜多自性空；是布施波罗蜜多自性即非自性，是净戒乃至般若波罗蜜多自性亦非自性，若非自性即是精进波罗蜜多。[①]

或第一百五十七卷“初分校量功德品第三十之五十五”的相应内容：

布施波罗蜜多布施波罗蜜多自性空，净戒、安忍、精进、静虑、般若波罗蜜多净戒乃至般若波罗蜜多自性空；是布施波罗蜜多自性即非自性，是净戒乃至般若波罗蜜多自性亦非自性，若非自性即是安忍波罗蜜多。[②]

或第一百六十卷“初分校量功德品第三十之五十八”的相应内容：

布施波罗蜜多布施波罗蜜多自性空，净戒、安忍、精进、静虑、般若波罗蜜多净戒乃至般若波罗蜜多自性空；是布施波罗蜜多自性即非自性，是净戒乃至般若波罗蜜多自性亦非自性，若非自性即是净戒波罗蜜多。[③]

304.Or.12380-2431（K.K.II.0254.k.vi）存2残片10行，残缺严重，字数不能确定，右面残片下栏线单栏，上栏线单栏，写本，原残经上有2431号；左面残片下栏线单栏，上栏线无存，写本，刊布者定名为

---

① （唐）玄奘译《大般若波罗蜜多经》卷153，《大正藏》第5册，第220号，第829页上栏21。

② （唐）玄奘译《大般若波罗蜜多经》卷157，《大正藏》第5册，第220号，第845页下栏7。

③ （唐）玄奘译《大般若波罗蜜多经》卷160，《大正藏》第5册，第220号，第862页上栏7。

“佛经”，下面将西夏文录文并对译如下：

（右面）

……[illegible]	……中布
[illegible]……[illegible]	施……无及彼常
……[illegible]	……是如静虑修
……[illegible]	……修也说及是
……[illegible]	……修

Or.12380-2431（K.K.II.0254.k.vi）右面为唐玄奘译《大般若波罗蜜多经》一百五十卷“初分校量功德品第三十之四十八”的相应内容：

……于此静虑波罗蜜多，布施波罗蜜多不可得，彼常无常亦不可得。净戒乃至般若波罗蜜多皆不可得，彼常无常亦不可得。所以者何？此中尚无布施波罗蜜多等可得，何况有彼常与无常！汝若能修如是静虑，是修静虑波罗蜜多。复作是言：“汝善男子，应修静虑波罗蜜多，不应观布施波罗蜜多。若乐若苦，不应观净戒、安忍、精进、静虑、般若波罗蜜多。若乐、若苦……”①

（左面）

[illegible]……[illegible]	彼我……般
[illegible]……	若波罗蜜多……
[illegible]……	无亦得处……
[illegible]……	波罗蜜多……
……	……

① （唐）玄奘译《大般若波罗蜜多经》卷150，《大正藏》第5册，第220号，第811页下栏19~812页上栏5。

Or.12380-2431（K.K.Ⅱ.0254.k.vi）左面为唐玄奘译《大般若波罗蜜多经》一百五十卷“初分校量功德品第三十之四十八”的相应内容：

……彼我无我亦不可得。所以者何？此中尚无内空等可得，何况有彼我与无我！汝若能修如是静虑，是修静虑波罗蜜多。①

Or.12380-2431（K.K.Ⅱ.0254.k.vi）右面内容在前，左面内容在后，为同一版本，同卷，但中间有残缺，不能缀合。

305.Or.12380-2455（K.K.Ⅱ.0280.vvv）存 2 残片 6 行，残缺严重，字数不能确定，右面残片栏线无存；左面残片栏线无存，写本，原残经上有 2455 号；刊布者定名为《大般若波罗蜜多经》，下面将西夏文录文并对译如下：

（右面）

……[illegible]……	……不二不二分不别不断也……
……[illegible]……	……四无量四无色定清净……
……[illegible]……	……一切智智……

Or.12380-2455（K.K.Ⅱ.0280.vvv）右面为唐玄奘译《大般若波罗蜜多经》一百四十八卷“初分难信解品第三十四之三”的相应内容：

无二、无二分、无别、无断故。四无量、四无色定清净，即一切智智清净。一切智智清净，即四无量、四无色定清净。何以故？是四无量、四无色定清净与一切智智清净，无二、无二分、无别、无断故。②

① （唐）玄奘译《大般若波罗蜜多经》卷 150，《大正藏》第 5 册，第 220 号，第 812 页下栏 24。

② （唐）玄奘译《大般若波罗蜜多经》卷 148，《大正藏》第 5 册，第 220 号，第 990 页下栏 29。

（左面）

……[illegible]……

……清净……

……[illegible]……

……智智清净不二不二分不别不断也……

……[illegible]……

……清净故四无所畏……

Or.12380-2455（K.K.Ⅱ.0280.vvv）左面为唐玄奘译《大般若波罗蜜多经》。

或为第一百九十五卷“初分难信解品第三十四之十四”的相应内容：

若我清净，若佛十力清净，若一切智智清净，无二、无二分、无别、无断故。我清净，故四无所畏、四无碍解、大慈、大悲、大喜、大舍、十八佛不共法清净……①

或为第一百九十六卷“初分难信解品第三十四之十五”的相应内容：

若有情清净，若佛十力清净，若一切智智清净，无二、无二分、无别、无断故。有情清净，故四无所畏、四无碍解、大慈、大悲、大喜、大舍、十八佛不共法清净……②

或为第一百九十七卷“初分难信解品第三十四之十六”的相应内容：

---

①（唐）玄奘译《大般若波罗蜜多经》卷195，《大正藏》第5册，第220号，第990页下栏29。

②（唐）玄奘译《大般若波罗蜜多经》卷196，《大正藏》第5册，第220号，第1050页上栏19。

若生者清净，若佛十力清净，若一切智智清净，无二、无二分、无别、无断故。生者清净，故四无所畏、四无碍解、大慈、大悲、大喜、大舍、十八佛不共法清净……[1]

因为残片残缺严重，相似的内容很多，故此残片属于哪一段尚待考证。

Or.12380-2455（K.K.Ⅱ.0280.vvv）左右面为同版写经，但卷数不同。

306.Or.12380-2465RV（K.K.Ⅱ.0295.j）存2残片10行，残缺严重，字数不能确定，原残经上有2466号，右面残片无栏线，左面残片下栏线单栏，上栏线无存，写本，刊布者定名为“佛经”，下面将西夏文录文并对译如下：

（右面）

赦㭿綎慨……	以性缘不……
綎亷亷彨蕤……	缘一切智道……
簃梶簃散簃緭簃……	第二第三第四第……
繖㚴鐩梶簃散簃緭簃……	初神通二第三第四第……
㭿繑……	性为……

Or.12380-2465RV（K.K.Ⅱ.0295.j）右面，可确定其为唐玄奘译《大般若波罗蜜多经》三百六十四卷“初分实说品第六十二之二”的相应内容：

……何缘无忘失法、恒住舍性亦无性为性？何缘一切智、道相智亦无性为性？何缘初眼，第二、第三、第四、第五眼亦无性为性？何缘初神通，第二、第三、第四、第五、第六神通亦无性为

① （唐）玄奘译《大般若波罗蜜多经》卷197，《大正藏》第5册，第220号，第1055页上栏2。

性？何缘有为界、无为界亦无性为性？[1]

（左面）

……[illegible]□[illegible]	……性为何□眼
……[illegible]	……缘色界声
……[illegible]	……识界耳鼻
……[illegible]	……耳触鼻舌

（以下不清楚）

Or.12380-2465RV（K.K.Ⅱ.0295.j）左面，可确定其为唐玄奘译《大般若波罗蜜多经》三百六十四卷“初分实说品第六十二之二”的相应内容：

……何缘眼界、耳、鼻、舌、身、意界亦无性为性？何缘色界、声、香、味、触、法界亦无性为性？何缘眼识界、耳、鼻、舌、身、意识界亦无性为性？[2]

Or.12380-2465RV（K.K.Ⅱ.0295.j）残片左右内容为《大般若波罗蜜多经》三百六十四卷“初分实说品第六十二之二”，Or.12380-2465RV（K.K.II.0295.j）残片右面内容在前，左面内容在后。

307.Or.12380-2466（K.K.Ⅱ.0282.g）存 1 页 5 行，残缺严重，下栏线单栏，上栏线无存，写本，字数不能确定，残经上有 2466 号，下栏线单栏，刊布者定名为《大般若波罗蜜多经》，下面将西夏文录文并对译如下：

① （唐）玄奘译《大般若波罗蜜多经》卷 364，《大正藏》第 6 册，第 220 号，第 878 页上栏 28。

② （唐）玄奘译《大般若波罗蜜多经》卷 364，《大正藏》第 6 册，第 220 号，第 878 页下栏 2。

……[illegible]	……无二分无异无断也
……[illegible]	……菩萨摩诃萨行一切
……[illegible]	……一切清净故一切智智
[illegible]……[illegible]	智……清净若菩萨摩
[illegible]……[illegible]	诃萨……清净无二

Or.12380-2466（K.K.Ⅱ.0282.g）残经可确定或为唐玄奘译《大般若波罗蜜多经》第二百四十四卷“初分难信解品第三十四之六十三”的相应内容：

……无二、无二分、无别、无断故。一切菩萨摩诃萨行清净，故水、火、风、空、识界清净。水、火、风、空、识界清净，故一切智智清净。何以故？若一切菩萨摩诃萨行清净，若水、火、风、空、识界清净，若一切智智清净，无二、无二分、无别、无断故。[①]

或为《大般若波罗蜜多经》第二百三十八卷“初分难信解品第三十四之五十七”的相应内容：

无二、无二分、无别、无断故。善现，十八佛不共法清净，故一切菩萨摩诃萨行清净。一切菩萨摩诃萨行清净，故一切智智清净。何以故？若十八佛不共法清净，若一切菩萨摩诃萨行清净，若一切智智清净，无二、无二分、无别、无断故。[②]

308.Or.12380-2488（K.K.Ⅱ.0280.aaa）存1残片6行，残缺严重，字数不能确定，残经上有2488号，上栏线单栏，下栏线无存，刊布者

① （唐）玄奘译《大般若波罗蜜多经》卷244，《大正藏》第6册，第220号，第230页中栏10。

② （唐）玄奘译《大般若波罗蜜多经》卷238，《大正藏》第6册，第220号，第199页上栏8。

定名为“佛经”，下面将西夏文录文并对译如下：

[illegible]……　行时……

[illegible]……　欲缘戒……

[illegible]……　波罗蜜……

[illegible]□……　行□……

[illegible]……　般若波罗蜜多……

可初步确定残经为唐玄奘译《大般若波罗蜜多经》第三十九卷“初分般若行相品第十之二”的相应内容：

> 若菩萨摩诃萨无方便善巧修行般若波罗蜜多时，若行布施波罗蜜多，若行布施波罗蜜多相，非行般若波罗蜜多，若行净戒、安忍、精进、静虑、般若波罗蜜多，若行净戒、安忍、精进、静虑、般若波罗蜜多相，非行般若波罗蜜多。①

309.Or.12380-2494（K.K.246.s）存 2 页 5 行，上栏线单栏，下栏线无存，字数不能确定，写本，刊布者将其定名为“佛经”，下面将西夏文录文并对译如下：

[illegible]……　性平等……

[illegible]……　常若不常……

[illegible]……　不幻化法平等性……

[illegible]……　无界若乐若苦言……

[illegible]……　妄法不幻化性平等性……

可初步确定残经为唐玄奘译《大般若波罗蜜多经》第一百三十六卷

① （唐）玄奘译《大般若波罗蜜多经》卷 39，《大正藏》第 5 册，第 220 号，第 218 页中栏 3。

"初分校量功德品第三十之三十四"的相应内容：

> 说真如若常、若无常，说法界、法性、不虚妄性、不变异性、平等性、离生性、法定、法住、实际、虚空界、不思议界若常、若无常。说真如若乐、若苦，说法界、法性、不虚妄性、不变异性、平等性、离生性、法定、法住、实际、虚空界、不思议界若乐、若苦。说真如若我若、无我，说法界、法性、不虚妄性、不变异性、平等性、离生性、法定、法住、实际、虚空界、不思议界若我、若无我……[1]

310.Or.12380-2513RV（K.K.V.b.023.d）存 2 折页，每折页 6 行共 12 行，上栏线无存，下栏线单栏，写本，字数不能确定，刊布者将其定名为《大般若波罗蜜多经》，下面将西夏文录文并对译如下：

（右面）

……[illegible]

……现地住时

……[illegible][2] [illegible]

……应六者何云一者布施波罗

[illegible][3] [illegible][4] [illegible][5]

蜜多圆满应二第净戒波罗蜜多圆满

……[illegible]

……忍波罗蜜多圆满应四者精进

……[illegible]

① （唐）玄奘译《大般若波罗蜜多经》卷 136，《大正藏》第 5 册，第 220 号，第 742 页中栏 28。

② 西夏文"[illegible]"译为"一者"。

③ 西夏文"[illegible]"译为"圆满布施波罗蜜多"。

④ 西夏文"[illegible]"译为"第二"。

⑤ 西夏文"[illegible]"译为"圆满净戒波罗蜜多"。

……圆满应五者静虑波罗蜜多

……[illegible]

……般若波罗蜜多圆满应及六

Or.12380-2513RV（K.K.V.b.023.d）右面为唐玄奘译《大般若波罗蜜多经》第五十四卷“初分辩大乘品第十五之四”的相应内容：

……菩萨摩诃萨住第六现前地时，应圆满六法。何等为六？一者，应圆满布施波罗蜜多；二者，应圆满净戒波罗蜜多；三者，应圆满安忍波罗蜜多；四者，应圆满精进波罗蜜多；五者，应圆满静虑波罗蜜多；六者，应圆满般若波罗蜜多。[①]

（左面）

……[illegible][②][illegible]

……者何云一者声闻心远离应

……[illegible][③][illegible][④][illegible]

……心远离应三者热恼心远离应

……[illegible][⑤][illegible][⑥][illegible][⑦]

……者心不厌倦五者财所有

……[illegible]

……求者来者于无敌妄

① （唐）玄奘译《大般若波罗蜜多经》卷54，《大正藏》第5册，第220号，第303页下栏22。

② 西夏文“[illegible]”译为“远离声闻心”，其中“[illegible]”译为“远离”，“[illegible]”译为“声闻心”。

③ 西夏文“[illegible]”译为“三者”。

④ 西夏文“[illegible]”译为“远离热恼心”，其中“[illegible]”译为“热恼心”。

⑤ 西夏文“[illegible]”译为“不厌倦心”，汉文本为“心不厌戚”。

⑥ 西夏文“[illegible]”译为“五者”。

⑦ 西夏文“[illegible]”译为“所有财”“所有物”。

……[illegible]

……现地住时是

……[illegible]

……远离应复次

Or.12380-2513RV（K.K.V.b.023.d）左面为唐玄奘译《大般若波罗蜜多经》第五十四卷“初分辩大乘品第十五之四”的相应内容：

复应远离六法。何等为六？一者，应远离声闻心；二者，应远离独觉心；三者，应远离热恼心；四者，见乞者来心不厌戚；五者，舍所有物无忧悔心；六者，于来求者终不矫诳。

善现！菩萨摩诃萨住第六现前地时，应圆满如是六法，及应远离如是六法。复次……[1]

Or.12380-2513RV（K.K.V.b.023.d）左右为同版写经，右面内容在前，左面内容在后，左右面不能完全缀合，中间有残缺。

311.Or.12380-2523（K.K.Ⅱ.0238.c）存2页6行，上栏线单栏，下栏线无存，写本，字数不能确定，刊布者将其定名为《大般若波罗蜜多经》，下面将西夏文录文并对译如下：

[illegible]…… 界清净意界清净一……

[illegible]…… 切智智清净……

[illegible]…… 无二分无异无……

[illegible]…… 识界及意触意……

[illegible]…… 意触缘起诸……

[illegible]…… 一切智智……

① （唐）玄奘译《大般若波罗蜜多经》卷54，《大正藏》第5册，第220号，第303页下栏28~304上栏4。

可确定残经为唐玄奘译《大般若波罗蜜多经》第一百八十四卷“初分难信解品第三十四之三”的相应内容：

……意界清净，即一切智智清净，一切智智清净，即意界清净。何以故？是意界清净与一切智智清净，无二、无二分、无别、无断故。法界、意识界及意触、意触为缘所生诸受清净，即一切智智清净。一切智智清净，即法界乃至意触为缘所生诸受清净。何以故？是法界乃至意触为缘所生诸受清净与一切智智清净。①

312.Or.12380-2540（K.K.II.0275.u）存1页6行，上栏线单栏，下栏线无存，写本，字数无法确定，残经上有2540号，刊布者定名为《大般若波罗蜜多经》，下面将西夏文录文并对译如下：

[illegible]……	萨般若波罗蜜多者何……
[illegible]……	言憍尸迦菩萨摩诃萨……
[illegible]……[illegible]	须菩提已传中求应释帝……舍
[illegible]……	利子彼须菩提……
[illegible]……	之神力以佑助缘……
[illegible]……	是者佛之神力以……

可确定残经为唐玄奘译《大般若波罗蜜多经》第八十九卷“初分求般若品第二十七之一”的相应内容：

……菩萨摩诃萨所行般若波罗蜜多，当于何求？舍利子言：“憍尸迦，菩萨摩诃萨所行般若波罗蜜多，当于善现所说中求。”时天帝释谓善现言：“今尊者舍利子所说，将非大德神力、大德为依

① （唐）玄奘译《大般若波罗蜜多经》卷184，《大正藏》第5册，第220号，第990页中栏5。

处耶。”①

313.Or.12380-2547（K.K.）存 1 页 6 行，上栏线无存，下栏线单栏，写本，字数无法确定，每行仅存 1~3 字，残经上有 2547 号，刊布者定名为“佛经”，下面将西夏文录文并对译如下：

……[illegible][illegible]□	……施者□
……[illegible][illegible][illegible]	……一切清
[illegible]……	净……
……[illegible]	……道
……[illegible]	……若
……[illegible][illegible]	……之清
……[illegible][illegible]	……自然

可确定残经为唐玄奘译《大般若波罗蜜多经》内容，因为过于残缺，至于属于哪一卷很难确定。

314.Or.12380-2549（K.K.Ⅱ.0254.k.viii）存 1 页 6 行，上栏线无存，下栏线单栏，写本，字数无法确定，每行仅存 1~3 字，残经上有 2547 号，刊布者定名为“佛经”，下面将西夏文录文并对译如下：

……[illegible][illegible][illegible][illegible][illegible]	……波罗蜜多者
……[illegible][illegible]	……也六
……[illegible]	……者
……[illegible][illegible]	……也六
……[illegible][illegible]	……者最
……[illegible][illegible]	……波罗

① （唐）玄奘译《大般若波罗蜜多经》卷 89,《大正藏》第 5 册，第 220 号，第 497 页下栏 1~4。

因为 Or.12380-2549（K.K.Ⅱ.0254.k.viii）和 Or.12380-2547（K.K.）残经太过残缺，从现存西夏字判断，二者应属于同版佛经，初步确定其为《大般若波罗蜜多经》的相应内容。

315.Or.12380-2550（K.K.Ⅱ.0282.yyy）存 1 页 5 行，上栏线单栏，下栏线无存，写本，字数无法确定，残经上有 2550 号，刊布者定名为“佛经”，下面将西夏文录文并对译如下：

[illegible][1] [illegible]……	有所无性无……
[illegible]……	无能见亦无……
[illegible]……	法于安……
[illegible]……	数中坠……
□□[illegible]……	□□尊……

可确定残经为唐玄奘译《大般若波罗蜜多经》第四十一卷“初分般若行相品第十之四”的相应内容：

> 由执著故，分别诸法无所有性，由此于法不知不见。舍利子言：“于何等法不知不见？”佛言：“于色不知不见，于受、想、行、识不知不见，乃至于一切相智不知不见。由于诸法不知不见，堕在愚夫异生数中不能出离。”[2]

316.Or.12380-2573RV（K.K.Ⅱ.0261.n）存 2 残片，每页 4 行，字数无法确定，没有栏线，残经上 2573 号，刊布者将其定名为“佛经”，下面将西夏文录文并对译如下：

---

① 西夏文“[illegible]”译为“无所有性”、“无应有性”，无所有性，指一切法无所有性。表示念色乃至识，眼乃至意，色乃至法，是无所有性；眼界乃至意识界，是无所有性；檀波罗蜜乃至般若波罗蜜，内空乃至无法有法空，四念处乃至八圣道分，佛十力乃至一切种智，是无所有性。

② （唐）玄奘译《大般若波罗蜜多经》卷 41，《大正藏》第 5 册，第 220 号，第 232 页上栏 23~ 中栏 1。

（右面）

……[illegible]□□[illegible]……

……亦□□亦方便为……

……[illegible]……

……智智向回施以一切智道相智一……

……[illegible]……

……空识界依无二……

……[illegible]……

……为得应无以方便……

（左面）

……[illegible]……

……方便也水火风空识界……

……[illegible]……

……以方便为得应无……

……[illegible]……

……（方）便为一切智智向回施以陀罗尼……

……[illegible]……

……一切……

可确定残经为唐玄奘译《大般若波罗蜜多经》第一百一十七卷“初分校量功德品第三十之十五”的相应内容：

……无生为方便，无所得为方便，回向一切智智，修习一切智、道相智、一切相智。庆喜，水、火、风、空识界，水、火、风、空识界性空。何以故？以水、火、风、空识界性空与一切智、道相智、一切相智无二、无二分故。庆喜，由此故说，以地界等无二为方便，无生为方便，无所得为方便，回向一切智智，修习一切智、道相智、一切相智。世尊，云何以地界无二为方便，无生为方便，无所得为方便，回向一切智智，修习一切陀罗尼门、一切三摩地门。[①]

Or.12380-2573RV（K.K.Ⅱ.0261.n）残经，右面与左面相连。

317.Or.12380-2577（K.K.Ⅱ.0240.i）存 1 页 4 行，字数不能确定，无栏线保存，有两行仅存半边字，写本，残经上有 2577 号，刊布者将其定名为“佛经”，下面将西夏文录文并对译如下：

……[illegible][②][illegible]……

……是六神通也是……

……[illegible]……

……佛十八不共法也是大慈也是大……

……[illegible]……

……不忘失法也是……

……[illegible]……

……一切相……

可确定残经为唐玄奘译《大般若波罗蜜多经》第三百七十卷“初分遍学道品第六十四之五”的相应内容：

……若六神通，若佛十力，若四无所畏、四无碍解、十八佛不共法，若大慈，若大悲、大喜、大舍，若无忘失法，若恒住舍性，若一切智，若道相智、一切相智……[③]

① （唐）玄奘译《大般若波罗蜜多经》卷 117，《大正藏》第 5 册，第 220 号，第 642 页中栏 8~16。

② 西夏文“[illegible]”译为“此六神通”“是六神通”，汉文本为“若六神通”，此处的“[illegible]”为“若”意，六神通，表示得神妙不测、无碍自在之六种智慧。

③ （唐）玄奘译《大般若波罗蜜多经》卷 370，《大正藏》第 6 册，第 220 号，第 906 页中栏 10。

318.Or.12380-2597（K.K.Ⅱ.0280.a.v）存 1 页 6 行，上栏线无存，下栏线单栏，写本，字数不能确定，残经上有 2597 号，刊布者将其定名为“佛经”，下面将西夏文录文并对译如下：

……[illegible]	……严威力引力
……[illegible]	……何云□广三
……[illegible]	……诸等持之平
……[illegible]	……成世尊何云
……[illegible]	……若此三摩
……[illegible]	……缘语

可确定残经为唐玄奘译《大般若波罗蜜多经》第五十二卷“初分辩大乘品第十五之二”的相应内容：

> ……是故名为庄严力三摩地。世尊，云何名为等涌三摩地？善现，谓若住此三摩地时，令诸等持平等涌现，是故名为等涌三摩地。世尊，云何名为入一切言词决定三摩地？善现，谓若住此三摩地时，普于一切决定言词皆能悟入，是故名为入一切言词决定三摩地。[1]

319.Or.12380-2597V（K.K.）存 1 页 6 行，字数不能确定，下栏线单栏，写本，刊布者将其定名为“佛经”，下面将西夏文录文并对译如下：

……[illegible]	……（三）摩地
……[illegible]	……类照
……[illegible]	……三
……[illegible]	……成善现
……[illegible]	……是因精

① （唐）玄奘译《大般若波罗蜜多经》卷 52，《大正藏》第 5 册，第 220 号，第 293 页上栏 27~中栏 3。

……纐𗧓赕䥵緰　　　　　　……力三摩地名

可确定残经为唐玄奘译《大般若波罗蜜多经》第五十二卷“初分辩大乘品第十五之二”的相应内容，Or.12380-2597V（K.K.）与 Or.12380-2597（K.K.Ⅱ.0280.a.v）为同版残经，Or.12380-2597V（K.K.）内容如下：

……谓若住此三摩地时，放胜定光照有情类，令彼忆持曾所更事，是故名为放光无忘失三摩地。世尊，云何名为精进力三摩地？善现，谓若住此三摩地时，能发诸定精进势力，是故名为精进力三摩地。世尊，云何名为庄严力三摩地？①

比对 Or.12380-2597V（K.K.）与 Or.12380-2597（K.K.Ⅱ.0280.a.v）的内容，Or.12380-2597V（K.K.）的内容在前，后面接 Or.12380-2597（K.K.Ⅱ.0280.a.v）的内容。

320.Or.12380-2598（K.K.Ⅱ.0262.g）存 1 页 6 行，上栏线单栏，下栏线无存，写本，字数不能确定，残经上有 2598 号，存不完整的经题，刊布者将其定名为“佛经”，下面将西夏文录文并对译如下：

𗴂𗹙𗏁𗏴𗂧……	大般若波罗……
𗗙𗣼……②	天依（奉）……
𗏹𗖵𗆐𗧦𗼃……	初分方便善……
𗗂𗟲𗼃𘂤𗰜……	佛言善现也……
𗏴𗂧𗱈𗫂……	波罗蜜多……
𗏁𗏴𗂧𗱈𗫂……	若波罗蜜多……

① （唐）玄奘译《大般若波罗蜜多经》卷 52，《大正藏》第 5 册，第 220 号，第 293 页上栏 23~27。

② 全称应为“𗗙𗣼𗹦𗵘𗫔𗡞𗥤𗱕𗂧𗯴𗾞𗢳𗍊𗤶𗆄𗗚𗐱𗗂𗤻𗅋𗨁𗿼”（奉天显道 耀武宣文 神谋睿智 制义去邪 惇睦懿恭皇帝嵬名）。

可确定残经为唐玄奘译《大般若波罗蜜多经》第三百六十六卷“初分巧便行品第六十三之二”的相应内容如下：

奉天 显道 耀武宣文 神谋睿智 制义去邪 惇睦懿恭皇帝嵬名

佛言：“善现，菩萨摩诃萨行深般若波罗蜜多时，不以二故摄受布施波罗蜜多，不以二故摄受净戒、安忍、精进、静虑般若波罗蜜多，菩萨摩诃萨行深般若波罗蜜多时。”①

321.Or.12380-2602（K.K.Ⅱ.0264.d）存1页4行，上栏线无存，下栏线单栏，写本，字数不能确定，残经上有2602号，刊布者将其定名为《大般若波罗蜜多经》，下面将西夏文录文并对译如下：

……[illegible]②[illegible]③[illegible]

……见无非有害非害无非皆一相同是

……[illegible]

……憍尸迦菩萨摩诃萨之行应

……[illegible]

……香界鼻识界及鼻触鼻

……[illegible]

……界乃至鼻触缘生

可确定残经为唐玄奘译《大般若波罗蜜多经》第九十四卷“初分求般若品第二十七之六”的相应内容：

……非有见、非无见，非有对、非无对，咸同一相，所谓无

① （唐）玄奘译《大般若波罗蜜多经》卷366，《大正藏》第6册，第220号，第885页中栏11。

② 西夏文“[illegible]”译为“非有害非无害”，汉文本为“非有对非无对”。

③ 西夏文“[illegible]”译为“皆同一相”“咸同一相”。

相。何以故？憍尸迦！菩萨摩诃萨所行般若波罗蜜多，非鼻界，非香界、鼻识界及鼻触、鼻触为缘所生诸受；非离鼻界，非离香界乃至鼻触为缘所生诸受。[①]

322.Or.12380-2608（K.K.）存 1 页 8 行，字数不能确定，有的 1 行仅存 1 字，上栏线无存，下栏线单栏，写本，残经上有 2608 号，刊布者将其定名为《大般若波罗蜜多经》，下面将西夏文录文并对译如下：

……[illegible]……	……无……
……[illegible]……	……方便……
……[illegible]……	……神灵……
……[illegible]……	……方便为……
……[illegible]……	……修得应无以……
……[illegible]……	……佛十力摄受……
……[illegible]……	……不大……
……[illegible]……	……应……

可确定残经为唐玄奘译《大般若波罗蜜多经》第一百六十九卷“初分随喜回向品第三十一之二”的相应内容：

以无所得为方便，无相为方便，摄受六神通。若修佛十力，以无所得为方便，无相为方便，摄受佛十力。若修四无所畏、四无碍，解大慈、大悲、大喜、大舍，十八佛不共法，以无所得为方便，无相为方便，摄受四无所畏乃至十八佛不共法。[②]

① （唐）玄奘译《大般若波罗蜜多经》卷 94，《大正藏》第 5 册，第 220 号，第 522 页上栏 6。

② （唐）玄奘译《大般若波罗蜜多经》卷 169，《大正藏》第 5 册，第 220 号，第 910 页上栏 4。

323.Or.12380-2611（K.K.）存1页7行，字数不能确定，上栏线无存，下栏线单栏，写本，残经上有2611号，刊布者将其定名为《大般若波罗蜜多经》，下面将西夏文录文并对译如下：

……緵緋緍□	……缘生无□
……緞緰緻㒵	……断乃至八
……緍繸	……无者
……緪緳	……解脱
……緪緳緬	……解脱门
……緪緳緬緋□	……解脱门生□
……緪緳	……解脱

可确定残经为唐玄奘译《大般若波罗蜜多经》第六十九卷“初分无所得品第十八之九”的相应内容：

> 若毕竟不生，则不名四正断，乃至八圣道支。舍利子，空解脱门本性空故。若法本性空，则不可施设。若生、若灭、若住、若异，由此缘故。若毕竟不生，则不名空解脱门。舍利子，无相、无愿解脱门，本性空故。若法本性空，则不可施设，若生、若灭、若住、若异……[①]

324.Or.12380-2633（K.K.Ⅱ.0275.xx）存1残片，每页4行，字数无法确定，上栏线无存，下栏线单栏，写本，残经上2573号，存卷数，有帙号，刊布者将其定名为《大般若波罗蜜多经》，下面将西夏文录文并对译如下：

……緭䑭㒵䄻　䕯	……四十八第　散

① （唐）玄奘译《大般若波罗蜜多经》卷69，《大正藏》第5册，第220号，第393页下栏10。

……[illegible]	……波罗蜜多修
……[illegible]	……波罗蜜多修
……[illegible]	……同阿耨多

可确定残经虽存有卷数，但不是很全，结合残存经文内容，可以确定其残片为唐三藏法师玄奘译《大般若波罗蜜多经》第四十八卷“初分摩诃萨品第十三之二”的最前面内容，有帙号“散”。残存经文内容如下：

> 复次，舍利子！诸菩萨摩诃萨修行布施波罗蜜多时，以应一切智智心，而修布施波罗蜜多，以无所得而为方便，与一切有情同共回向阿耨多罗三藐三菩提……①

325.Or.12380-2634（K.K.II.0276.i.uu）存1页4行，栏线无存，写本，残经上2635号，刊布者将其定名为“佛经”，下面将西夏文录文并对译如下：

……[illegible]……

……若我……

……[illegible]……

……若净若不净……

……[illegible]……

……虑有波罗蜜……

……[illegible]……

……善男子善女人等是如波罗蜜……

确定残经为唐玄奘译《大般若波罗蜜多经》第一百三十八卷“初分

① （唐）玄奘译《大般若波罗蜜多经》卷48，《大正藏》第5册，第220号，第268页中栏22。

校量功德品第三十之三十六”的相应内容：

> ……应求净戒乃至般若波罗蜜多。若我、若无我，应求布施波罗蜜多。若净、若不净，应求净戒乃至般若波罗蜜多。若净、若不净，若有能求如是等法，修行静虑，是行静虑波罗蜜多。憍尸迦！若善男子、善女人等，如是求布施波罗蜜多……[①]

326.Or.12380-2635bRV（K.K.Ⅱ.0230.f）存 2 页 4 个半行，仅存 14 字，上栏线无存，下栏线单栏，写本，残经上 2635 号，刊布者将其定名为“佛经”，下面将西夏文录文并对译如下：

……[illegible]　　……有行者诸
……[illegible]□　　……最上□
……[illegible]　　……正等菩提
……[illegible]　　……修行能故

从 Or.12380-2635RV（K.K.Ⅱ.0230.f）残存内容“……有……行者，诸……最上（无上）……正等菩提……能修行故”初步判断，其为唐玄奘译《大般若波罗蜜多经》第十卷“初分赞胜德品第五”，但具体属于哪一行无法确定。

327.Or.12380-2637（K.K.Ⅱ.0275.v）存 1 页 6 行，字数无法确定，上栏线单栏，下栏线无存，写本，残经上 2637 号，刊布者将其定名为《大般若波罗蜜多经》，下面将西夏文录文并对译如下：

□□□□□□□□□[illegible]……
□□□□□□□□□如是菩萨摩诃萨……
□□□[illegible]……

① （唐）玄奘译《大般若波罗蜜多经》卷 138，《大正藏》第 5 册，第 220 号，第 750 页上栏 8~26。

□□□修行时观察观……

□[illegible]……

□者般若波罗蜜多……

□[illegible]……

□何有时舍利子善……

[illegible]……

有应无得处无成……

□□□□[illegible]……

□□□□无得……

可确定残经为唐玄奘译《大般若波罗蜜多经》第三十八卷“初分般若行相品第十之一”的相应内容：

> ……此般若波罗蜜多，为何所用？如是菩萨摩诃萨修行般若波罗蜜多时，审谛观察，若法无所有不可得是为般若波罗蜜多，于无所有不可得中何所征责。时，舍利子问善现言：“此中何法为无所有不可得耶？”善现答言：“谓般若波罗蜜多法无所有不可得。”①

328.Or.12380-2638（K.K.Ⅱ.0275.ee）存 1 页 6 行，上栏线无存，下栏线单栏，写本，字数无法确定，残经上 2638 号，刊布者将其定名为“佛经”，下面将西夏文录文并对译如下：

……[illegible]	……已散种种妙华
……[illegible]②[illegible]	……合集妙华台一成众
……[illegible]	……彼已入种种妙香虚
……[illegible]	……妙香盖一成种种

① （唐）玄奘译《大般若波罗蜜多经》卷 38，《大正藏》第 5 册，第 220 号，第 210 页上栏 22~28。

② 西夏文“[illegible]”译为“集成”“合成”。

……[illegible]	……虚空中彼香
……[illegible]	……众宝以

可确定残经为唐玄奘译《大般若波罗蜜多经》第三百九十九卷“初分常啼菩萨品第七十七之二”的相应内容：

> ……即令所散种种妙花，于虚空中当其顶上，欻然合作一妙花台，众宝庄严甚可爱乐。复令所散种种妙香，于虚空中当花台上，欻然合成一妙香盖，种种珍宝而为严饰。[①]

329.Or.12380-2643（K.K.II.0282.f）存 1 页，每页 2 半行，字数无法确定，上栏线无存，下栏线单栏，残经上 2643 号，有品题存在，刊布者将其定名为《大般若波罗蜜多经》，下面将西夏文录文并对译如下：

……[illegible]	……蜜多者大波罗蜜多
……[illegible]	……百七十九第

比对 Or.12380-2643（K.K.II.0282.f）残经，并结合“……蜜多者大波罗蜜多……第……百七十九”，可以确定其为唐三藏法师玄奘译《大般般若波罗蜜多经》第一百七十九卷“初分赞般若品第三十二之八”结尾处的内容，即“故说菩萨摩诃萨般若波罗蜜多名大波罗蜜多”和尾题。

330.Or.12380-2654RV（K.K.II.0261.e）存 2 页，右面残页 7 行，字数不能确定，上栏线单栏，下栏线无存，写本，残经上有 2654 号。左面残页存 3 行，字迹不清楚，是西夏字的反字，与右面残页粘贴所致，仅仅存几个西夏字，刊布者将其定名为“佛经”，下面将西夏文录文并对译如下：

---

① （唐）玄奘译《大般若波罗蜜多经》卷 399，《大正藏》第 6 册，第 220 号，第 1066 页中栏 1。

（右面）

[illegible]……

佛十力若生若灭……

[illegible]……

畏应无四障无解佛十八不共法……

[illegible]……

言者菩萨摩诃萨也说界善现汝……

[illegible]……

佛十力若善若不善增言……

[illegible]……

畏应无四障无悟佛十八不……

[illegible]……

增言者菩萨摩诃萨非说使世……

[illegible]……

不□若四恐应无四障无悟佛十……

（左面）

[illegible]……　　不共……

[illegible]……[illegible]……　　力生灭……畏应……

[illegible]……　　法生灭增言有处……

可确定残经为唐玄奘译《大般若波罗蜜多经》第三十三卷“初分教诫教授品第七之二十三”的相应内容：

……即佛十力若生、若灭，增语是菩萨摩诃萨，即四无所畏、四无碍解、十八佛不共法，若生、若灭，增语是菩萨摩诃萨。善现，汝复观何义？言：“即佛十力若善、若非善，增语非菩萨摩诃萨，即四无所畏、四无碍解、十八佛不共法。若善、若非善，增语非菩萨摩诃萨耶。世尊，若佛十力善、非善，若四无所畏、四无碍解、十八佛不共法善、非善。"[①]

331.Or.12380-2655（K.K.）存1页6行，字数不能确定，上栏线单栏，残经上有2655号。刊布者将其定名为"佛经"，下面将西夏文录文并对译如下：

[illegible]……
缘学故一切智智学所也三摩地……
[illegible]……
缘学故一切智智学所也若……
[illegible]……
（陀）罗尼门一切缘灭学故一切……
[illegible]……
（三）摩地门一切灭缘学故一切智（智）……
[illegible]……
菩萨摩诃萨一切陀罗尼门无生……
[illegible]……
（一）切智智学所也三摩地门一切无生……

可确定残经为唐玄奘译《大般若波罗蜜多经》第三百三十九卷"初分巧便学品第五十五之三"的相应内容：

……为一切三摩地门离故学，是学一切智智不？若菩萨摩诃萨为一切陀罗尼门灭故学，是学一切智智不？为一切三摩地门灭故学，是学一切智智不？若菩萨摩诃萨为一切陀罗尼门无生故学，是

① （唐）玄奘译《大般若波罗蜜多经》卷33，《大正藏》第5册，第220号，第182页中栏14~21。

学一切智智不？为一切三摩地门无生故学，是学一切智智不？[①]

332.Or.12380-2656（K.K.V.b.02.g）存1页6行，上栏线无存，下栏线单栏，写本，字数不能确定，右下角有西夏字的反字，因与其他残卷粘贴所致，残经上有2656号。刊布者将其定名为《大般若波罗蜜多经》，下面将西夏文录文并对译如下：

……[illegible]
……触缘起诸受菩萨摩诃萨般若波罗蜜多
……[illegible]
……不信色界乃至耳触缘起诸受不
……[illegible]
……善现若菩萨摩诃萨般若波罗蜜多
……[illegible]
……耳界不信声界耳识界及耳触耳触
……[illegible]
……受不信世尊何云菩萨摩诃萨

可确定残经为唐玄奘译《大般若波罗蜜多经》第一百七十三卷“初分赞般若品第三十二之二”的相应内容：

……为缘所生诸受不可得，是故菩萨摩诃萨信般若波罗蜜多时，则不信眼界，不信色界乃至眼触为缘所生诸受。复次，善现，若菩萨摩诃萨信般若波罗蜜多时，则不信耳界，不信声界、耳识界及耳触耳触为缘所生诸受。世尊，云何菩萨摩诃萨信般若波罗蜜多

① （唐）玄奘译《大般若波罗蜜多经》卷339，《大正藏》第6册，第220号，第739页上栏14。

时……[1]

333.Or.12380-2656V（K.K.V.b.02.g）存 1 页 6 行，上栏线无存，下栏线单栏，写本，字数不能确定，刊布者将其定名为《大般若波罗蜜多经》，下面将西夏文录文并对译如下：

……[illegible]
……罗蜜多信时耳界无信声界耳识界不
……[illegible]
……触耳触缘起诸受不信善现菩萨摩诃
……[illegible]
……般若波罗蜜多行时耳界观得处无声
……[illegible]
……耳界缘起诸受观得处无故是缘
……[illegible]
……般若波罗蜜多信时耳界不
……[illegible]
……耳触缘起诸受不信及□善

可确定残经为唐玄奘译《大般若波罗蜜多经》第一百七十三卷“初分赞般若品第三十二之二”的相应内容：

……菩萨摩诃萨信般若波罗蜜多时，则不信耳界、不信声界、耳识界及耳触耳触为缘所生诸受。善现，菩萨摩诃萨行般若波罗蜜多时，观耳界不可得，观声界乃至耳触为缘所生诸受不可得。是故菩萨摩诃萨信般若波罗蜜多时，则不信耳界，不信声界乃至耳触为

① （唐）玄奘译《大般若波罗蜜多经》卷 173，《大正藏》第 5 册，第 220 号，第 930 页下栏 13~20。

缘所生诸受。[①]

Or.12380-2655（K.K.）和 Or.12380-2656V（K.K.V.b.02.g）残经可以缀合，Or.12380-2655（K.K.）在前，而 Or.12380-2656V（K.K.V.b.02.g）在后面。

分析比较 Or.12380-2657（K.K.Ⅱ.0245.d）、Or.12380-2655（K.K.）和 Or.12380-2656V（K.K.V.b.02.g）残经，可以确定字迹相同，应该为同版本的佛经。

334.Or.12380-2658（K.K.V.b.02.a.xxiv）残经存 1 页 5 行，字数为 15~16 字，上下单栏，写本，刊布者将其定名为《大般若波罗蜜多经》，下面将西夏文录文并对译如下：

□□□□□绛□□禳蕤豨襬竊殞□
□□□□□故□□般若波罗蜜多□
□彦荗豨傚蘢豜傚纖旒絣禰禰蕤縢蕤
□者诸菩萨摩诃萨者界中一切若天若
俄□□□毤旒蕠蕤絣綩豴赧皾蕆繸蕤[②]
人□□□等起供养写敬尊礼赞叹守护
豯綩禳蕤豨襬竊殞糺緞膌旒敤絔□
为应般若波罗蜜多于勤修行无障□
□祇豥緶[③]豥豬豨傚蘢豜傚绛豺荗絣
□令也云也是菩萨摩诃萨方故世中

可确定残经为唐玄奘译《大般若波罗蜜多经》第十卷“初分赞胜德品第五”的相应内容：

---

① （唐）玄奘译《大般若波罗蜜多经》卷 173，《大正藏》第 5 册，第 220 号，第 930 页下栏 20~22。

② 西夏文“繸蕤”译为“守护”。

③ 西夏文“豥緶”应为“豭緶”，译为“何云”。

……如汝所说，修行般若波罗蜜多诸菩萨摩诃萨，一切世间若天、若人、阿素洛等，皆应供养恭敬、尊重、赞叹、守护，令于般若波罗蜜多精进修行无障无碍。何以故？由此菩萨摩诃萨故，世间得有人天出现。[①]

335.Or.12380-2664RV（K.K.Ⅱ.0249.f）存2残片，每页存2行，右面存上部分，左面存下部分，上下单栏，写本，右面残片上有2664编号，刊布者将其定名为“佛经”，下面将西夏文录文并对译如下：

（右面）

[illegible]……　　灭道圣谛名声当无……

[illegible]……　　何也得应有以方便为……

（左面）

……[illegible]　　……声当无四无量四无色

……[illegible]　　……声当无说不住应何云也

可确定残经为唐玄奘译《大般若波罗蜜多经》第八十卷“初分天帝品第二十二之四”的相应内容，两个残叶内容中间残缺一些内容，不能完全缀合：

……不应住，愿我当得净佛土中无苦圣谛名声，无集、灭、道圣谛名声。何以故？以有所得为方便故。[②]

……菩萨摩诃萨行般若波罗蜜多时，不应住我当圆满四静虑。不

① （唐）玄奘译《大般若波罗蜜多经》卷10，《大正藏》第5册，第220号，第53页上栏7。

② （唐）玄奘译《大般若波罗蜜多经》卷80，《大正藏》第5册，第220号，第451页中栏1。

应住，我当圆满四无量、四无色定。何以故？以有所得为方便故。[①]

336.Or.12380-2675RV（K.K.V.b.05.g）存2残页，右面存5行，上栏线单栏，下栏线无存，写本，最右面1行和下半部分内容为西夏字反字，与其他残叶粘贴所致；左面残叶存7行，没有栏线，写本，刊布者将其定名为《大般若波罗蜜多经》，下面将西夏文录文并对译如下：

（右面）

[illegible]……	来如住……
□□□[illegible]……	□□□声香味触法
[illegible]□□[illegible]……	味触法□□处无……
[illegible]……	可无三世平等中声香……
[illegible]……	无是者何云善现正等……

可确定残经（右面）为唐玄奘译《大般若波罗蜜多经》第六十卷“初分赞大乘品第十六之五”的相应内容：

……何况平等中有过去、未来、现在色处可得。善现，前际声、香、味、触、法处不可得，后际声、香、味、触、法处不可得，中际声、香、味、触、法处不可得。三世平等中声、香、味、触、法处亦不可得。所以者何？善现，平等中过去、未来、现在、声、香、味、触、法处皆不可得。[②]

从残经版式和字迹判断，左面行右面佛经根本不是同一部经典，右面残经为唐玄奘译《大般若波罗蜜多经》第六十卷“初分赞大乘品第

① （唐）玄奘译《大般若波罗蜜多经》卷80，《大正藏》第5册，第220号，第449页下栏15。

② （唐）玄奘译《大般若波罗蜜多经》卷60，《大正藏》第5册，第220号，第340页中栏24。

十六之五”的相应内容，而左面残经与《英藏黑水城文献》（第三册）之 Or.12380-2601（K.K.Ⅱ.0258.i）残经内容、版式行字迹相同，应为同一版书写佛经，即《决断金刚王功中调伏合众诸小神恶品第二》，故此把 Or.12380-2675RV（K.K.V.b.05.g）左面内容放到后文相关内容之中。

337.Or.12380-2676（K.K.Ⅱ.0238.f）存 1 残页 3 行，上栏线单栏，下栏线无存，写本，刊布者将其定名为《大般若波罗蜜多经》，下面将西夏文录文并对译如下：

[illegible]	（菩）萨摩诃萨之般若波罗蜜多
[illegible]	名成说我
[illegible]	大般若波罗蜜多经典卷

可确定残经或为唐玄奘译《大般若波罗蜜多经》第 173 卷“初分赞般若品第三十二之二”结尾处的内容：

> 我缘此意，故说菩萨摩诃萨般若波罗蜜多，名大波罗蜜多。[①]

或为唐玄奘译《大般若波罗蜜多经》第 179 卷“初分赞般若品第三十二之八”结尾处的内容：

> 我缘此意，故说菩萨摩诃萨般若波罗蜜多，名大波罗蜜多。[②]

或为唐玄奘译《大般若波罗蜜多经》第 180 卷“初分赞般若品第三十二之九”结尾处的内容：

① （唐）玄奘译《大般若波罗蜜多经》卷 173，《大正藏》第 5 册，第 220 号，第 933 页中栏 12。

② （唐）玄奘译《大般若波罗蜜多经》卷 179，《大正藏》第 5 册，第 220 号，第 967 页中栏 8。

我缘此意，故说菩萨摩诃萨般若波罗蜜多，名大波罗蜜多。[①]

因 Or.12380-2676（K.K.II.0238.f）残经残缺，具体属于哪一卷待定。

338.Or.12380-2678RV（K.K.V.b.019.e）存 2 残页，右面存 6 行，字数不能确定，上栏线单栏，下栏线无存，写本，残经上有 2678 号；左面存 6 行，上栏线单栏，下栏线无存，写本，刊布者将其定名为《大般若波罗蜜多经》，下面将西夏文录文并对译如下：

（右面）

□□[illegible]……	□□言菩萨摩诃萨是……
□□□[illegible]……	□□□是预流果……
[illegible]……	菩萨摩诃萨非……
□□[illegible]……	□□应若得……
[illegible]……	世尊若预流果无……
[illegible]……	还阿罗果得应有……

Or.12380-2678RV（K.K.V.b.019.e）右面为唐玄奘译《大般若波罗蜜多经》第三十五卷“初分教诫教授品第七之二十五”的相应内容：

……即一来、不还、阿罗汉果。若净、若不净增语是菩萨摩诃萨？善现！汝复观何义？言：“即预流果，若空、若不空增语非菩萨摩诃萨，即一来、不还、阿罗汉果。若空、若不空增语非菩萨摩诃萨耶？世尊！若预流果空不空，若一来、不还、阿罗汉果空不空，尚毕竟不可得……”[②]

① （唐）玄奘译《大般若波罗蜜多经》卷 180，《大正藏》第 5 册，第 220 号，第 973 页上栏 5。

② （唐）玄奘译《大般若波罗蜜多经》卷 35，《大正藏》第 5 册，第 220 号，第 192 页下栏 14~23。

（左面）

[illegible]……

终得处无……

[illegible][1]□[illegible][2][illegible]……

一来不还□两间处增言不……

[illegible]……

有可有住以入二间处增言……

[illegible]……

果若得应有故何云是预流果若内……

[illegible]□[illegible]……

也是一□间处增言菩萨摩诃萨也……

[illegible]……

不还阿罗汉果若在内……

Or.12380-2678RV（K.K.V.b.019.e）左面为唐玄奘译《大般若波罗蜜多经》第三十五卷“初分教诫教授品第七之二十五”的相应内容：

……若一来、不还、阿罗汉果在内、在外、在两间，尚毕竟不可得，性非有故，况有预流果在内、在外、在两间增语，及一来、不还、阿罗汉果在内、在外、在两间增语！此增语既非有，如何可言：“即预流果若在内、若在外、若在两间增语是菩萨摩诃萨，即一来、不还、阿罗汉果若在内、若在外、若在两间增语是菩萨摩诃萨？……”[3]

① 西夏文“[illegible]”译为“一来、不还”。

② 西夏文“[illegible]”译为“在两间增语”，其中“[illegible]”为“在两间”。

③（唐）玄奘译《大般若波罗蜜多经》卷35，《大正藏》第5册，第220号，第192页中栏12。

比对 Or.12380-2678RV（K.K.V.b.019.e）左右面，左面内容在前，右面内容在后，中间有残缺。

339.Or.12380-2679（K.K.Ⅱ.0281.jj）存 1 残页 3 行，上栏线无存，下栏线单栏，残经上有 2679 号，刊布者将其定名为《大般若波罗蜜多经》，下面将西夏文录文并对译如下：

[illegible]	陀罗尼门若烦恼
[illegible]	萨摩诃萨非三摩地门若烦恼
[illegible]	萨摩诃萨不说使世尊

可确定残经为唐玄奘译《大般若波罗蜜多经》第三十二卷“初分教诫教授品第七之二十二”的相应内容：

……汝复观何义？言：“即陀罗尼门若有烦恼、若无烦恼增语非菩萨摩诃萨，即三摩地门若有烦恼、若无烦恼增语非菩萨摩诃萨耶。世尊，若陀罗尼门有烦恼、无烦恼，若三摩地门有烦恼、无烦恼。”①

340.Or.12380-2680（K.K.Ⅱ.0282.a.xxi）存 1 残页 1 行 8 字，上栏线、右面栏线单栏，刊布者将其定名为“佛经”，下面将西夏文录文并对译如下：

[illegible]	观味界舌识界及舌

这几个西夏文字内容或为《大般若波罗蜜多经》第四十四卷之“初分譬喻品第十一之三”、或第七十二卷“初分观行品第十九之三”、或第一百四十六卷“初分校量功德品第三十之四十四”、或第一百五十卷

① （唐）玄奘译《大般若波罗蜜多经》卷 32，《大正藏》第 5 册，第 220 号，第 176 页上栏 6~9。

“初分校量功德品第三十之四十八”、或第一百五十三卷“初分校量功德品第三十之五十一”、或第一百五十六卷“初分校量功德品第三十之五十四”、或第一百五十九卷“初分校量功德品第三十之五十七”、或第一百六十二卷“初分校量功德品第三十之六十”、或第一百八十五卷“初分赞清净品第三十五之一”等内容，具体属于哪一卷尚需要其他内容辅助确定。

341.Or.12380-2681a（K.K.V.b.026.i）存 1 页 7 行，上栏线无存，下栏线单栏，写本，字数不能确定，残经上有 2681 号。刊布者将其定名为《大般若波罗蜜多经》，下面将西夏文录文并对译如下：

……[illegible]① [illegible]	……诸行状相成就
……[illegible]	……菩萨摩诃萨成复次善
……[illegible]② [illegible]	……畜魔界阿素
……[illegible]□[illegible]	……罗□迦娑等
……[illegible]	……有及女人
……[illegible]③	……矬丑
……[illegible]	……是如

可确定残经为唐玄奘译《大般若波罗蜜多经》第三百二十五卷“初分不退转品第四十九之一”的相应内容：

……若成就如是诸行、状、相，当知是为不退转菩萨摩诃萨。复次，善现，若不退转位菩萨摩诃萨，不生地狱、傍生、鬼界、阿素洛中，亦不生于卑贱种族，谓旃荼罗补羯娑等，亦终不受扇搋半择无形、二形及女人身。亦复，不受盲聋、瘖痖、挛躄、癫痫、矬

① 西夏文“[illegible]”译为“形象相”“形状相”。

② 西夏文“[illegible]”译为“魔界”“鬼界”，魔界，魔道，指恶魔的境界。

③ 西夏文“[illegible]”译为“矬丑”“丑陋”。

陋等身，亦终不生无暇时处。[①]

342.Or.12380-2681b（K.K.V.b.026.h）存 1 页 5 行，上栏线无存，下栏线单栏，写本，字数不能确定，残经上有 2681 号。刊布者将其定名为《大般若波罗蜜多经》，下面将西夏文录文并对译如下：

西夏文	对译
……[illegible]	……平等耳
……[illegible]	……如来之如真
……[illegible]	……耳鼻舌身意
……[illegible]	……识界如真正
……[illegible]	……如来

可确定残经为唐玄奘译《大般若波罗蜜多经》第三百二十一卷“初分真如品第四十七之四”的相应内容：

……如来真如平等，故眼识界真如平等。耳、鼻、舌、身、意识界真如平等，故如来真如平等。如来真如平等，故耳、鼻、舌、身、意识界真如平等。如是若眼识界真如平等，……[②]

比较 Or.12380-2681a（K.K.V.b.026.i）和 Or.12380-2681b（K.K.V.b.026.h）残经，可确定它们为同版残经，但遗存残经的卷数不同。

343.Or.12380-2682（K.K.V.b.014.i）存 1 页 5 行，上栏线无存，下栏线单栏，写本，字数不能确定，残经上有 2682 号。刊布者将其定名为《大般若波罗蜜多经》，下面将西夏文录文并对译如下：

---

① （唐）玄奘译《大般若波罗蜜多经》卷 325，《大正藏》第 6 册，第 220 号，第 664 页上栏 6~14。

② （唐）玄奘译《大般若波罗蜜多经》卷 321，《大正藏》第 6 册，第 220 号，第 640 页上栏 22。

……[illegible]

……盛圆满能若般若波罗蜜多修

……[illegible]

……立即最善平等菩提证也乔

……[illegible]

……子善女人等利得功德先如

……[illegible]

……憍尸迦初阿耨多罗三邈三

[illegible]……[illegible]

菩提……菩萨摩诃萨一切皆是般若

可确定写本残经为唐玄奘译《大般若波罗蜜多经》第一百六十六卷“初分校量功德品第三十之六十四”的相应内容：

> ……则修般若波罗蜜多增益圆满。若修般若波罗蜜多增益圆满，便证无上正等菩提。憍尸迦，是善男子、善女人等所获功德甚多于前。何以故？憍尸迦，一切初发阿耨多罗三藐三菩提心，菩萨摩诃萨，皆是般若波罗蜜多所流出故。[①]

344.Or.12380-2683（K.K.V.b.026.d）存1页5行，上栏线单栏，下栏线无存，写本，字数不能确定，残经上有2683号。刊布者将其定名为《大般若波罗蜜多经》，下面将西夏文录文并对译如下：

[illegible]……	也善现一切智智清净……
[illegible]……	清净故散空清净何云

① （唐）玄奘译《大般若波罗蜜多经》卷166，《大正藏》第5册，第220号，第895页上栏24，或第895页中栏13。

[illegible][①]…… 菩提清净若散空清净……

[illegible]…… 一切智智清净故菩萨摩……

[illegible]…… 萨行一切清净故散空清净……

可确定残经为唐玄奘译《大般若波罗蜜多经》第二百五十二卷“初分难信解品第三十四之七十一”的相应内容：

……故。善现，一切智智清净，故独觉菩提清净。独觉菩提清净，故散空清净。何以故？若一切智智清净，若独觉菩提清净，若散空清净，无二、无二分、无别、无断故。善现，一切智智清净，故一切菩萨摩诃萨行清净。一切菩萨摩诃萨行清净，故散空清净。[②]

345.Or.12380-2686（K.K.Ⅱ.0239.mm）存1行，字数不能确定，上栏线单栏，下栏线无存，写本，残经上有2686号。刊布者将其定名为《大般若波罗蜜多经》，下面将西夏文录文并对译如下：

[illegible] 如真者一切法真如也法一切

可确定残片为唐玄奘译《大般若波罗蜜多经》第三百零六卷“初分佛母品第四十一之二”的相应内容：

十二缘起真如，即一切法真如。一切法真如，即六波罗蜜多真如。[③]

346.Or.12380-2789（K.K.V.b.02.k）存1页5行，上栏线单栏，下

① 西夏文“[illegible]”译为“散空清净”，散空，指种种因缘是名散空，散空即破我、破法。

② （唐）玄奘译《大般若波罗蜜多经》卷252，《大正藏》第6册，第220号，第278页中栏7~10。

③ （唐）玄奘译《大般若波罗蜜多经》卷306，《大正藏》第6册，第220号，第557页下栏11。

栏线无存，写本，字数不能确定，残经上有 2789 号。刊布者将其定名为《大般若波罗蜜多经》，下面将西夏文录文并对译如下：

[illegible]……　　真亦平等如来之如真……
[illegible]……　　意界如真亦平等是如……
[illegible]……　　若耳鼻舌身意界……
[illegible]……　　如真一……
[illegible]……　　如真之……

可确定残经为唐玄奘译《大般若波罗蜜多经》第三百二十一卷“初分真如品第四十七之四”的相应内容：

> ……耳、鼻、舌、身、意界真如平等，故如来真如平等。如来真如平等，故耳、鼻、舌、身、意界真如平等。如是若眼界真如平等，若耳、鼻、舌、身、意界真如平等，若如来真如平等，同一真如平等无二无别。①

347.Or.12380-2789V（K.K.V.b.02.k）存 1 页 3 行，上栏线单栏，下栏线无存，写本，字数不能确定，刊布者将其定名为《大般若波罗蜜多经》，下面将西夏文录文并对译如下：

[illegible]……　　也复次眼界如真……
[illegible]……　　平等如来之如真平等故眼……
[illegible]……　　等耳鼻舌身意界如真平等故……

可确定残经内容为唐玄奘译《大般若波罗蜜多经》第三百二十一卷“初分真如品第四十七之四”的相应内容：

① （唐）玄奘译《大般若波罗蜜多经》卷 321，《大正藏》第 6 册，第 220 号，第 641 页上栏 11。

……复次，眼界真如平等，故如来真如平等。如来真如平等，故眼界真如平等。耳、鼻、舌、身、意界真如平等，故如来真如平等。如来真如平等，故耳、鼻、舌、身、意界真如平等。[1]

比对 Or.12380-2789（K.K.V.b.02.k）和 Or.12380-2789V（K.K.V.b. 02.k）残经的内容，可以确定，Or.12380-2789V（K.K.V.b.02.k）内容在前，而 Or.12380-2789（K.K.V.b.02.k）的内容在后，二者可以缀合，属于同版写经。

348.Or.12380-2790（K.K.V.b.04.c）存 1 页 7 行，其中左面 3 行西夏字粘贴倒了，右面 4 行上栏线单栏，下栏线无存，写本，字数不能确定；左面 3 行下栏线单栏，上栏线无存，写本，刊布者将其定名为”佛经”，下面将西夏文录文并对译如下：

（右面）存 4 行：

[illegible][2]……
皆得可无彼净不净亦得可无……
[illegible][3][illegible]……
何云是中空解脱门皆得可无彼及净不……
[illegible]
有说处岂有汝若是如精进修能故精进波罗
[illegible]
蜜多修也及是言说汝善男子善女人等是如说

（左面）存 3 行：

[illegible]……

① （唐）玄奘译《大般若波罗蜜多经》卷 321，《大正藏》第 6 册，第 220 号，第 641 页上栏 5~11。

② 西夏文“[illegible]”译为“净不净亦不可得”。

③ 西夏文“[illegible]”译为“空解脱门皆不可得”。

憍尸迦若善男子善女人等最上菩提心发
[illegible]
波罗蜜多宣说是也
[illegible]
憍尸迦彼善

可确定残经为唐玄奘译《大般若波罗蜜多经》第一百五十一卷“初分校量功德品第三十之四十九”的相应内容：

……于此静虑波罗蜜多，空解脱门不可得，彼净、不净亦不可得；无相、无愿解脱门皆不可得，彼净、不净亦不可得。所以者何？此中尚无空解脱门等可得，何况有彼净与不净！汝若能修如是静虑，是修静虑波罗蜜多。

憍尸迦！是善男子、善女人等作此等说，是为宣说真正静虑波罗蜜多。

复次，憍尸迦，若善男子、善女人等，为发无上菩提心者，宣说般若波罗蜜多。[①]

349.Or.12380-2794（K.K.Ⅱ.0279.ff）存 1 页 5 行，上栏线单栏，下栏线无存，写本，字数不能确定，2~5 字不等，残经上存有 2794 号。刊布者将其定名为《大般若波罗蜜多经》，下面将西夏文录文并对译如下：

[illegible]…… 若一切智智清净……
[illegible]…… 无二无二分无……
[illegible]…… 故佛十力清净……
[illegible]…… 也若一切……

① （唐）玄奘译《大般若波罗蜜多经》卷 151，《大正藏》第 5 册，第 220 号，第 817 页下栏 7~18。

蓚慨……　　　　　　　　　　净不……

可确定残经或为唐玄奘译《大般若波罗蜜多经》第一百九十五卷“初分难信解品第三十四之十四”的相应内容：

……若一切智智清净，无二、无二分、无别、无断故。善现！我清净，故佛十力清净。佛十力清净，故一切智智清净。何以故？若我清净，若佛十力清净，若一切智智清净，无二、无二分、无别、无断故。①

或为唐玄奘译《大般若波罗蜜多经》第一百九十六卷“初分难信解品第三十四之十五”的相应内容：

……若一切智智清净，无二、无二分、无别、无断故。善现！有情清净，故佛十力清净。佛十力清净，故一切智智清净。何以故？若有情清净，若佛十力清净，若一切智智清净，无二、无二分、无别、无断故。②

或为唐玄奘译《大般若波罗蜜多经》第一百九十七卷“初分难信解品第三十四之十六”的相应内容：

……若一切智智清净，无二、无二分、无别、无断故。善现！生者清净，故佛十力清净。佛十力清净，故一切智智清净。何以故？若生者清净，若佛十力清净，若一切智智清净，无二、无二

① （唐）玄奘译《大般若波罗蜜多经》卷195，《大正藏》第5册，第220号，第1047页下栏3~9。

② （唐）玄奘译《大般若波罗蜜多经》卷196，《大正藏》第5册，第220号，第1050页上栏13~19。

分、无别、无断故。[①]

此外，《大般若波罗蜜多经》第一百九十八卷“初分难信解品第三十四之十七”、第一百九十九卷“初分难信解品第三十四之十八”、第二百卷“初分难信解品第三十四之十九”、第二百一卷“初分难信解品第三十四之二十”、第二百三卷“初分难信解品第三十四之二十二”等也有类似内容，此残页具体属于哪一卷尚需进一步考证。

350.Or.12380-2795（K.K.V.b.020.a.xxii）存 1 页 4 行，字数不能确定，2-5 字不等，上下栏线无存，写本，残经上存有 2794 号。刊布者将其定名为《大般若波罗蜜多经》，下面将西夏文录文并对译如下：

……[illegible]……	……菩萨摩诃萨……
……[illegible]……	……离若不远离……
……[illegible]……	……世尊若眼触……
……[illegible]……	……远离……

可确定残经内容为唐玄奘译《大般若波罗蜜多经》第二十六卷“初分教诫教授品第七之十六”的相应内容：

即耳、鼻、舌、身、意触，若远离、若不远离增语非菩萨摩诃萨耶。世尊，若眼触远离、不远离，若耳、鼻、舌、身、意触远离、不远离。[②]

351. Or.12380-2796a（K.K.Ⅱ.0272.I）存 1 页 5 行，上栏线无存，下栏线单栏，写本，字数不能确定，1~2 字不等，残经上存有 2796 号。刊布者将其定名为《大般若波罗蜜多经》，下面将西夏文录文并对译如下：

① （唐）玄奘译《大般若波罗蜜多经》卷 197，《大正藏》第 5 册，第 220 号，第 1054 页下栏 24~ 第 1055 页上栏 02。

② （唐）玄奘译《大般若波罗蜜多经》卷 26，《大正藏》第 5 册，第 220 号，第 143 页下栏 21~24。

……[illegible]	……清净
……[illegible]	……不二分
……[illegible]	……清
……[illegible]	……何云
……[illegible]	……一切

根据残经的只言片语可以确定其为唐玄奘译《大般若波罗蜜多经》的内容，但具体是哪一卷尚待确定。

352.Or.12380-2796b（K.K.Ⅱ.0272.I）存 1 页 3 行，上栏线无存，下栏线单栏，写本，字数不能确定，残经上存有 2796 号。刊布者将其定名为“佛经”，下面将西夏文录文并对译如下：

……[illegible]……	……耳鼻舌身意触……
……[illegible]□	……得可无及眼触远离不□
……[illegible]	……身意触远离不远离增语

可确定残经为唐玄奘译《大般若波罗蜜多经》第二十六卷“初分教诫教授品第七之十六”的相应内容：

……尚毕竟不可得，性非有故，况有眼触远离、不远离增语，及耳、鼻、舌、身、意触远离、不远离增语！此增语既非有，如何可言？即眼触若远离、若不远离增语是菩萨摩诃萨，即耳、鼻、舌、身、意触若远离、若不远离增语是菩萨摩诃萨？[①]

比对 Or.12380-2796b（K.K.Ⅱ.0272.I）和 Or.12380-2795（K.K. V.b.020.a.xxii）残经，二者之间有重合的内容，而 Or.12380-2796b（K.K.Ⅱ.0272.I）残经比 Or.12380-2795（K.K.V.b.020.a.xxii）残经内容多出后面一些内容，

① （唐）玄奘译《大般若波罗蜜多经》卷 26，《大正藏》第 5 册，第 220 号，第 143 页下栏 24。

从字体判断，二者可以为同版残经。

353.Or.12380-2797（K.K.V.b.020.a.xxviii）残经存 1 页 5 行，上栏线单栏，下栏线无存，写本，字数不能确定，残经上存有 2797 号。刊布者将其定名为“佛经”，下面将西夏文录文并对译如下：

[illegible]……	果善不……
[illegible]……	果善不善增语一……
[illegible]……	增语有处岂有是增语……
[illegible]……	果若善若非善增语……
[illegible]□[illegible]……	来不□阿罗汉……

可确定残经为唐玄奘译《大般若波罗蜜多经》第三十五卷“初分教诫教授品第七之二十五”的相应内容：

> ……况有预流果善非善增语，及一来、不还阿罗汉果善非善增语，此增语既非有，如何可言？即预流果若善、若非善增语是菩萨摩诃萨，即一来、不还阿罗汉果，若善、若非善增语是菩萨摩诃萨。[①]

354.Or.12380-2798（K.K.V.b.020.a.xx）存 1 页 11 行，上栏线无存，下栏线单栏，写本，字数不能确定，残缺严重，残经上有 2798 号。刊布者将其定名为《大般若波罗蜜多经》，下面将西夏文录文并对译如下：

……[illegible]……	……胜处……
……[illegible]……	……常彼不常亦……
……[illegible]……	……等亦得可无……
……[illegible]	……汝若是如般若波罗

---

① （唐）玄奘译《大般若波罗蜜多经》卷 35，《大正藏》第 5 册，第 220 号，第 193 页下栏 11。

[illegible]……[illegible]……	蜜多……说及是言说汝善……
……[illegible]……	……若言……
……[illegible]……	……八解脱……
……[illegible]……	……依定十遍处若安……
……[illegible]……	……解脱八解脱……
……[illegible]……	……至处八胜处……
……[illegible]……	……八解脱自性……
……[illegible]……	……十遍处……

可确定残经为唐玄奘译《大般若波罗蜜多经》第一百四十八卷“初分校量功德品第三十之四十六”的相应内容：

> ……八胜处、九次第定、十遍处皆不可得，彼常、无常亦不可得，所以者何？此中尚无八解脱等可得，何况有彼常与无常。汝若能修如是般若，是修般若波罗蜜多。复作是言：“汝善男子，应修般若波罗蜜多，不应观八解脱若乐、若苦，不应观八胜处、九次第定、十遍处若乐、若苦，何以故？八解脱、八解脱自性空，八胜处、九次第定、十遍处，八胜处、九次第定、十遍处自性空，是八解脱自性即非自性。”①

355.Or.12380-2799（K.K.V.b.020.a.ix）存 1 页 5 行，上栏线单栏，下栏线无存，写本，字数不能确定，残经上存有 2799 号。刊布者将其定名为《大般若波罗蜜多经》，下面将西夏文录文并对译如下：

[illegible]……	为一切……

① （唐）玄奘译《大般若波罗蜜多经》卷 148，《大正藏》第 5 册，第 220 号，第 798 页下栏 7~20。

[illegible][1][illegible]……	也阿难净戒安忍精……
[illegible]……	多性空何云也是……
[illegible]……	般若波罗蜜多性……

可确定残经内容为唐玄奘译《大般若波罗蜜多经》第一百二十卷“初分校量功德品第三十之十八”的相应内容：

……回向一切智智，修习无忘失法恒住舍性。庆喜，净戒、安忍、精进、静虑般若波罗蜜多，净戒、安忍、精进、静虑般若波罗蜜多性空。何以故？以净戒、安忍、精进、静虑般若波罗蜜多性空。[2]

356.Or.12380-2800（K.K.V.b.020.a.xx）存1页4行，上栏线单栏，下栏线无存，写本，字数不能确定，残经上有2800号。刊布者将其定名为“佛经”，下面将西夏文录文并对译如下：

[illegible]……	住乃至……
[illegible]……	住乃至八圣道……
[illegible][3][illegible][4]……	后中际四念住……
[illegible]……	无云何也平……

可确定残经为唐玄奘译《大般若波罗蜜多经》第四百九十五卷“第三分善现品第三之十四”的相应内容：

① 西夏文“[illegible]”译为“阿难”，汉文本为“庆喜”，唐法藏述《华严经探玄记》第二卷记载：“何者依阿阇世王忏悔经有三种阿难：一阿难陀，此云庆喜，持声闻法藏，于上二乘随力随分。二名阿难陀跋陀罗，此云庆喜贤，持中乘法藏，于上大乘随力随分，于下小乘容预兼持。三名阿难陀娑伽罗，此云庆喜海，菩萨持大乘法藏，于下二乘容预兼持，准此经文阿难海是大菩萨能持大法，理亦无违。”

②（唐）玄奘译《大般若波罗蜜多经》卷120，《大正藏》第5册，第220号，第656页上栏19~23。

③ 西夏文“[illegible]”译为“后、中际”，后际中际，其中后际指后边、后面。

④ 西夏文“[illegible]”译为“四念住”，四念住，即四念处，指身念处，受、心、法念处。

……前、后、中际四念住乃至八圣道支皆不可得，三际平等中四念住乃至八圣道支亦不可得，所以者何？平等中前、后、中际四念住自性乃至八圣道支自性皆不可得，何以故？平等中、平等性尚不可得……①

357.Or.12380-2801（K.K.V.b.020.a.xviii）存 1 页 7 行，上栏线无存，下栏线单栏，写本，字数不能确定，残缺严重，残经上存有 2801 号。刊布者将其定名为《大般若波罗蜜多经》，下面将西夏文录文并对译如下：

……[西夏文]	……失可无舍
……[西夏文]□[西夏文]□[西夏文]	……亦无四□应无四□无
……[西夏文]②[西夏文]	……者佛十八不共法常非散
……[西夏文]	……一切智常非散失亦无道相
……[西夏文]……	……非散失亦无……
……[西夏文]……	……者性……
……[西夏文]……	……恒非……

可确定残经内容为唐玄奘译《大般若波罗蜜多经》第六十七卷“初分无所得品第十八之七”的相应内容：

……佛十力非常亦无散失，四无所畏、四无碍解、大慈、大悲、大喜、大舍、十八佛不共法非常亦无散失。舍利子！一切智非

① （唐）玄奘译《大般若波罗蜜多经》卷 495，《大正藏》第 7 册，第 220 号，第 518 页下栏 7。

② 西夏文“[西夏文]”译为“十八佛不共法”去掉“非常”。十八不共法，是限于佛之十八种功德法而不共同于其他二乘菩萨。十八不共法即诸佛身无失、口无失、念无失、无异想、无不定心、无不知已舍、欲无减、精进无减、念无减、慧无减、解脱无减、解脱知见无减、一切身业随智慧行、一切口业随智慧行、一切意业随智慧行、智慧知过去世无碍、智慧知未来世无碍、智慧知现在世无碍。

常亦无散失，道相智、一切相智非常亦无散失。舍利子！无忘失法非常亦无散失，恒住舍性非常亦无散失。[①]

358.Or.12380-2802（K.K.V.b.020.a.xix）存 1 页 4 行，上栏线无存，下栏线单栏，写本，字数不能确定，残缺严重，残经上存有 2802 号。刊布者将其定名为《大般若波罗蜜多经》，下面将西夏文录文并对译如下：

……[illegible]　　……菩萨摩诃萨

……[illegible]　　……一切不空不

……[illegible]　　……著诸佛无上

……[illegible]　　……菩萨摩诃萨行一切

可确定残经为唐玄奘译《大般若波罗蜜多经》第六卷“初分相应品第三之三”的相应内容：

……不著一切菩萨摩诃萨行空，不著一切菩萨摩诃萨行不空；不著诸佛无上正等菩提空，不著诸佛无上正等菩提不空；不著一切菩萨摩诃萨行无相，不著一切菩萨摩诃萨行有相……[②]

359.Or.12380-2803（K.K.V.b.020.a.v）存 1 页 6 行，上栏线无存，下栏线单栏，写本，字数不能确定，残缺严重，残经上存有 2803 号。刊布者将其定名为《大般若波罗蜜多经》，下面将西夏文录文并对译如下：

……[illegible]□□[illegible]　　……见时借□□以及

---

① （唐）玄奘译《大般若波罗蜜多经》卷 67，《大正藏》第 5 册，第 220 号，第 381 页上栏 21~25。

② （唐）玄奘译《大般若波罗蜜多经》卷 6，《大正藏》第 5 册，第 220 号，第 33 页中栏 21。

……[illegible]□[illegible]	……皆如来□慈善
……[illegible]	……远离诸佛与
……[illegible]	……立即远离
……[illegible]	……勤修放逸
……[illegible]□	……说闻□

可确定残经为唐玄奘译《大般若波罗蜜多经》第三卷“初分学观品第二之一”的相应内容：

若菩萨摩诃萨作是思惟：“我于何时当得无上正等菩提，我佛土中诸有情类成就妙慧如余佛土。每作念言：布施、调伏、安忍、勇进、寂静、谛观，离诸放逸勤修梵行，于诸有情慈、悲、喜、舍，不相恼触，岂不善哉？是菩萨摩诃萨欲成斯事，应学般若波罗蜜多。”①

360.Or.12380-2804（K.K.V.b.020.a.viii）存 1 页 4 行，没有栏线，写本，字数不能确定，残缺严重，残经上有 2804 号。刊布者将其定名为《大般若波罗蜜多经》，下面将西夏文录文并对译如下：

……[illegible]……	……次依定皆得可不……
……[illegible]……	……得可无是者何云……
……[illegible]……	……定自性皆得可无……
……[illegible]……	……平等中前……

可确定残经为唐玄奘译《大般若波罗蜜多经》第四百九十五卷“第三分善现品第三之十四”的相应内容：

前、后、中际八解脱、九次第定皆不可得，三际平等中八解

① （唐）玄奘译《大般若波罗蜜多经》卷 3，《大正藏》第 5 册，第 220 号，第 16 页下栏 8。

脱、九次第定亦不可得。所以者何？平等中前、后、中际八解脱、九次第定自性皆不可得。何以故？平等中平等性尚不可得，何况平等中有前、后、中际八解脱、九次第定自性可得！[①]

361.Or.12380-2805RV（K.K.V.b.020.a. iv）存 2 页，右面存 4 行，上栏线无存，下栏线单栏，写本，字数不能确定，残缺严重，残经上存有 2805 号。左面存 4 行，上栏线无存，下栏线单栏，写本，字数不能确定，残缺严重，刊布者将其定名为《大般若波罗蜜多经》，下面将西夏文录文并对译如下：

（右面）

……□[illegible]	……□色界眼识界
……[illegible]	……无思惟眼界不
……[illegible]	……眼触眼缘起诸受
……[illegible]	……界眼识界及眼

Or.12380-2805RV（K.K.V.b.020.a. iv）右面为唐玄奘译《大般若波罗蜜多经》第七十七卷“初分天帝品第二十二之一”的相应内容：

……思惟色界、眼识界及眼触、眼触为缘所生诸受苦；思惟眼界无我，思惟色界、眼识界及眼触、眼触为缘所生诸受无我；思惟眼界不净，思惟色界、眼识界及眼触、眼触为缘所生诸受不净。思惟眼界空，思惟色界、眼识界及眼触、眼触为缘所生诸受空；[②]

（左面）

① （唐）玄奘译《大般若波罗蜜多经》卷 495，《大正藏》第 7 册，第 220 号，第 518 页下栏 24。

② （唐）玄奘译《大般若波罗蜜多经》卷 77，《大正藏》第 5 册，第 220 号，第 433 页上栏 28。

……[illegible]	……眼界无相思惟
……[illegible]	……触缘起诸受相无
……[illegible]	……眼界识界及眼触
……[illegible]	……眼界寂静思惟

Or.12380-2805RV（K.K.V.b.020.a. iv）左面为唐玄奘译《大般若波罗蜜多经》第七十七卷“初分天帝品第二十二之一”的相应内容：

> 思惟眼界无相，思惟色界、眼识界及眼触、眼触为缘所生诸受无相，思惟眼界无愿，思惟色界、眼识界及眼触、眼触为缘所生诸受无愿，思惟眼界寂静，思惟色界、眼识界及眼触、眼触为缘所生诸受寂静。①

通过比对 Or.12380-2804（K.K.V.b.020.a.viii）残经左右两面的内容，虽然残缺严重，但可以相互缀合，右面内容在前，左面内容在后。

362.Or.12380-2806（K.K.V.b.020.a.viii）存 1 页 7 行，没有栏线，写本，字数不能确定，残缺严重，残经上有 2806 号，刊布者将其定名为《大般若波罗蜜多经》，下面将西夏文录文并对译如下：

……[illegible]……	……亦平等如来之……
……[illegible]……	……平等四正断……
……[illegible]……	……圣道支如真……
……[illegible]……	……平等如来如之真平……
……[illegible]□□[illegible]……	……支如真□□亦是……
……[illegible]……	……若四正断乃至八……
……[illegible]……	……如来之如真平等皆……

① （唐）玄奘译《大般若波罗蜜多经》卷 77，《大正藏》第 5 册，第 220 号，第 433 页上栏 28。

可确定残经为唐玄奘译《大般若波罗蜜多经》第三百二十一卷“初分真如品第四十七之四”的相应内容：

……四正断、四神足、五根、五力、七等觉支、八圣道支真如平等，故如来真如平等。如来真如平等，故四正断乃至八圣道支真如平等。如是若四念住真如平等，若四正断乃至八圣道支真如平等，若如来真如平等，同一真如平等无二无别。[1]

363.Or.12380-2807（K.K.V.b.020.p）存1页6行，上栏线无存，下栏线单栏，写本，字数不能确定，残缺严重，残经上有2807号，刊布者将其定名为《大般若波罗蜜多经》，下面将西夏文录文并对译如下：

……[illegible]	……何云也
……[illegible]	……（一）切相智道相
……[illegible]	……者自性非
……[illegible]	……自性非若自
……[illegible]	……也是般若波罗蜜
……[illegible]	……我我无亦得可无

可以初步确定残经为唐玄奘译《大般若波罗蜜多经》第一百四十八卷“初分校量功德品第三十之四十六”的相应内容：

一切智、一切智自性空，道相智、一切相智，道相智、一切相智自性空，是一切智自性即非自性，是道相智、一切相智自性亦非自性。若非自性即是般若波罗蜜多，于此般若波罗蜜多，一切智不

---

① （唐）玄奘译《大般若波罗蜜多经》卷321，《大正藏》第6册，第220号，第641页下栏20。

可得，彼我无我亦不可得，道相智、一切相智皆不可得。[①]

364.Or.12380-2808（K.K.V.b.020.a.iii）存 1 页 6 行，上栏线单栏，下栏线无存，写本，字数不能确定，残缺严重，残经上有 2808 号，刊布者将其定名为《大般若波罗蜜多经》，下面将西夏文录文并对译如下：

[illegible]……	也若普（遍）知……
[illegible]……	善现菩萨……
[illegible]……	五眼若……
[illegible]……	应六……
[illegible]……	论……
[illegible]……	应……

可以初步确定残经为唐玄奘译《大般若波罗蜜多经》第三百六十七卷“初分遍学道品第六十四之二”的相应内容：

……观离垢地乃至法云地，若是所遍知，若非所遍知是为戏论。善现！菩萨摩诃萨观五眼，若常、若无常是为戏论，观六神通若常、若无常是为戏论；观五眼若乐、若苦是为戏论，观六神通若乐、若苦是为戏论……[②]

365.Or.12380-2809（K.K.V.b.020.o）存 1 页 6 行，栏线无存，写本，字数不能确定，残缺严重，残经上有 2809 号，刊布者将其定名为《大般若波罗蜜多经》，下面将西夏文录文并对译如下：

---

① （唐）玄奘译《大般若波罗蜜多经》卷 148，《大正藏》第 5 册，第 220 号，第 802 页中栏 11。

② （唐）玄奘译《大般若波罗蜜多经》卷 367，《大正藏》第 6 册，第 220 号，第 893 页中栏 25~ 下栏 11。

……[西夏文]…… ……可无彼我我无亦得可不……

……[西夏文]…… ……及彼我我无有可无……

……[西夏文]…… ……故般若波罗蜜多……

……[西夏文]…… ……男子般若波罗蜜多……

……[西夏文]…… ……不净不受应道……

……[西夏文]□[西夏文]…… ……净不□应……

可以初步确定残经为唐玄奘译《大般若波罗蜜多经》第一百四十六卷“初分校量功德品第三十之四十四”的相应内容：

……于此般若波罗蜜多，色不可得，彼我无我亦不可得；受、想、行、识皆不可得，彼我无我亦不可得。所以者何？此中尚无色等可得，何况有彼我与无我！汝若能修如是般若是修般若波罗蜜多。复作是言：“汝善男子应修般若波罗蜜多，不应观色若净若不净，不应观受、想、行、识若净、若不净……”①

366.Or.12380-2810（K.K.V.b.020.a.ii）存1页5行，上栏线单栏，下栏线无存，写本，字数不能确定，残缺严重，残经上有2810号，刊布者将其定名为《大般若波罗蜜多经》，下面将西夏文录文并对译如下：

……[西夏文] ……无思惟色于

……[西夏文] ……触法处为无造无

……[西夏文] ……菩萨摩诃萨之般若

……[西夏文]……[西夏文]□ ……若……念□

初步确定残经为唐玄奘译《大般若波罗蜜多经》第七十七卷“初分天帝品第二十二之一”的相应内容：

① （唐）玄奘译《大般若波罗蜜多经》卷146，《大正藏》第5册，第220号，第789页上栏19~28。

……思惟色处不可保信，思惟声、香、味、触、法处不可保信；思惟色处无生无灭，思惟声、香、味、触、法处无生无灭；思惟色处无染无净，思惟声、香、味、触、法处无染无净；思惟色处无作无为，思惟声、香、味、触、法处无作无为。憍尸迦！是为菩萨摩诃萨般若波罗蜜多……[1]

367.Or.12380-2811（K.K.V.b.020.m）存1页5行，上栏线单栏，下栏线无存，写本，字数不能确定，残缺严重，残经上有2811号，刊布者将其定名为“佛经”，下面将西夏文录文并对译如下：

[illegible]……	次色界……
[illegible]……	如来之如……
[illegible]……	香味触法界……
[illegible]……	平等如来之如真令……
[illegible]□[illegible]……	如真亦正□如若……
[illegible]……	香味……

初步确定残经为唐玄奘译《大般若波罗蜜多经》第三百二十一卷“初分真如品第四十七之四”的相应内容：

复次，色界真如平等，故如来真如平等。如来真如平等，故色界真如平等。声、香、味、触、法界真如平等，故如来真如平等。如来真如平等，故声、香、味、触、法界真如平等。[2]

368.Or.12380-2812（K.K.V.b.020.n）存1页5行，上栏线无存，

① （唐）玄奘译《大般若波罗蜜多经》卷77，《大正藏》第5册，第220号，第433页下栏25。

② （唐）玄奘译《大般若波罗蜜多经》卷321，《大正藏》第6册，第220号，第641页上栏17。

下栏线单栏，写本，字数不能确定，残缺严重，残经上有2812号，刊布者将其定名为《大般若波罗蜜多经》，下面将西夏文录文并对译如下：

……[illegible]　　……空也何云方便为一

……[illegible]……[illegible]　　……断四……定十遍

……[illegible]　　……二依定十遍处

……[illegible]　　……也何云也是

……[illegible]　　……空故此是八解脱

初步确定残经为唐玄奘译《大般若波罗蜜多经》第一百二十五卷“初分校量功德品第三十之二十三”的相应内容：

……无上正等菩提、无上正等菩提性空。何以故？以无上正等菩提性空与四静虑、四无量、四无色定无二、无二分故。庆喜！由此故说，以无上正等菩提无二为方便、无生为方便、无所得为方便，回向一切智智，修习四静虑、四无量、四无色定。世尊！云何以无上正等菩提无二为方便、无生为方便、无所得为方便，回向一切智智，修习八解脱、八胜处、九次第定、十遍处？庆喜！无上正等菩提、无上正等菩提性空。何以故？以无上正等菩提性空与八解脱、八胜处、九次第定、十遍处无二、无二分故。①

369.Or.12380-2813（K.K.0277.e）存1页7行，字数不能确定，残缺严重，上栏线无存，下栏线单栏，写本，残经上有2813号，刊布者将其定名为《大般若波罗蜜多经》，下面将西夏文录文并对译如下：

……[illegible]　　……摩诃萨也四

……[illegible]　　……生若灭增

① （唐）玄奘译《大般若波罗蜜多经》卷125，《大正藏》第5册，第220号，第686页上栏26~中栏6。

……[illegible][1]	……何意观以
……[illegible]	……摩诃萨非四
……[illegible]□[illegible]	……法若善□不善
……[illegible]	……若佛十力善
……[illegible][2]	……不共法善

可初步确定残经为唐玄奘译《大般若波罗蜜多经》第三十三卷“初分教诫教授品第七之二十三”的相应内容：

> 即佛十力若生、若灭增语是菩萨摩诃萨，即四无所畏、四无碍解十八佛不共法。若生、若灭增语是菩萨摩诃萨。善现，汝复观何义？言：“即佛十力若善、若非善增语非菩萨摩诃萨，即四无所畏、四无碍解十八佛不共法若善、若非善增语非菩萨摩诃萨耶。世尊，若佛十力善非善，若四无所畏、四无碍解十八佛不共法善非善。”[3]

370.Or.12380-2828（K.K.V.b.026.k）存1页6行，上栏线无存，下栏线单栏，写本，字数不能确定，残缺严重，残经上有2828号，刊布者将其定名为《金刚王亥母供修顺要论》，下面将西夏文录文并对译如下：

……[illegible]	……际菩萨摩诃萨得可无色
……[illegible]	……触眼触缘起诸受自性无
……[illegible]	……菩萨摩诃萨得不可何云也
……[illegible]□□[illegible]	……界眼识界及□□眼触缘

---

① 西夏文“[illegible]”译为“以观何意”“以观何义”，汉文本为“复观何义”。

② 西夏文“[illegible]”译为“不共善法”，不共善法，其中善法指五戒十善为世间之善法，三学六度为出世间之善法。其浅深虽异，皆为顺理益己之法，故名善法。

③ （唐）玄奘译《大般若波罗蜜多经》卷33，《大正藏》第5册，第220号，第182页中栏14~24。

……[illegible]　　……离自性先后中

……[illegible]□　　……舍利子眼界□

可以确定残经为唐玄奘译《大般若波罗蜜多经》第六十一卷“初分无所得品第十八之一”的相应内容，而非《金刚王亥母供修顺要论》，内容如下：

……际菩萨摩诃萨不可得。色界、眼识界及眼触、眼触为缘所生诸受远离，故前、后、中际菩萨摩诃萨不可得。眼界无自性，故前、后、中际菩萨摩诃萨不可得。色界、眼识界及眼触、眼触为缘所生诸受无自性，故前、后、中际菩萨摩诃萨不可得。何以故？舍利子，眼界、色界、眼识界及眼触、眼触为缘所生诸受无所，有、空、远离无自性中。[1]

371.Or.12380-2829RV（K.K.）存 2 页 12 行，栏线无存，写本，字数不能确定，残经上有 2829 号，刊布者将其定名为“佛经”，下面将西夏文录文并对译如下：

（右面）

……[illegible]……

……萨……

……[illegible]……

……陀罗尼门……

……[illegible]……

……最方便以有取……

① （唐）玄奘译《大般若波罗蜜多经》卷 61，《大正藏》第 5 册，第 220 号，第 348 页上栏 29。

……[illegible][1][illegible]……

……菩萨之佛十力止遣涅槃显示……

……[illegible]……

……大慈大悲大喜大舍……

……[illegible][2][illegible]……

……涅槃显示佛妙殊最妙方……

（左面）

……[illegible]……

……菩萨摩诃萨之不忘失法止……

……[illegible]……

……性住止遣涅槃显示……

……[illegible]……

……不退转地菩萨摩诃萨……

……[illegible]……

……显示一来不还阿罗汉……

……[illegible]……

……最妙方便以不退……

……[illegible]……

……止遣涅槃……

可确定残经为唐玄奘译《大般若波罗蜜多经》第三百二十八卷“初分巧方便品第五十之一”的内容，左右两个残页相互缀合，具体内容如下：

① 西夏文“[illegible]”中“[illegible]”译为“拒”“止”“遮”“去”，“[illegible]”为“驱遣”，“[illegible]”译为“遮遣”“止遣”。

② 西夏文“[illegible]”译为“殊胜最妙”“甚妙殊胜”，汉文本为“甚奇微妙”。

……为不退转地菩萨摩诃萨遮遣三摩地门显示涅槃，遮遣陀罗尼门显示涅槃。世尊，甚奇微妙方便，为不退转地菩萨摩诃萨遮遣佛十力显示涅槃，遮遣四无所畏、四无碍解、大慈、大悲、大喜、大舍、十八佛不共法显示涅槃。世尊，甚奇微妙方便，为不退转地菩萨摩诃萨遮遣无忘失法显示涅槃，遮遣恒住舍性显示涅槃。世尊，甚奇微妙方便，为不退转地菩萨摩诃萨遮遣预流果显示涅槃，遮遣一来、不还、阿罗汉果显示涅槃。世尊，甚奇微妙方便，为不退转地菩萨摩诃萨遮遣独觉菩提显示涅槃。[①]

372.Or.12380-2830（K.K.V.b.026.n）存 1 页 6 行，上栏线无存，下栏线单栏，写本，字数不能确定，残缺严重，残经上有 2830 号，刊布者将其定名为《大般若波罗蜜多经》，下面将西夏文录文并对译如下：

……[illegible]□□[illegible]

……之□□是如如行

……[illegible]

……然说思想已终愿事生起

……[illegible]

……身命不爱（吝）六种波罗蜜多修

……[illegible]

……国严净急何圆满速最上

……[illegible]

……佛土内是如故行异

……[illegible]

……一切皆真金色

可以确定残经为唐玄奘译《大般若波罗蜜多经》第三百三十卷“初

① （唐）玄奘译《大般若波罗蜜多经》卷 328，《大正藏》第 6 册，第 220 号，第 681 页下栏 23~682 页上栏 6。

分愿行品第五十一之一”的相应内容：

……令无如是形色差别。既思惟已，作是愿言：“我当精勤不顾身命，修行六种波罗蜜多，成熟有情严净佛土，令速圆满疾证无上正等菩提。我佛土中得无如是形色差别诸有情类，一切有情皆真金色……”①

373．Or.12380-2831（K.K.V.b.024.k）存1页4行，上栏线单栏，下栏线无存，写本，字数不能确定，残缺严重，存1~3字不等，残经上有2831号，刊布者将其定名为《大般若波罗蜜多经》，下面将西夏文录文并对译如下：

[illegible][illegible][illegible]……	真亦平……
[illegible][illegible][illegible]……	真如亦……
[illegible][illegible]……	故如……
[illegible][illegible]……	故相……
[illegible]……	真……

可以初步确定残片为唐玄奘译《大般若波罗蜜多经》第二百六十卷“初分难信解品第三十四之七十九”的相应内容：

……一切智智清净，故真如清净。真如清净，故平等性清净。何以故？若一切智智清净，若真如清净，若平等性清净，无二、无二分、无别、无断故。一切智智清净，故法界、法性、不虚妄性、不变异性、离生性、法定、法住、实际、虚空界、不思议界清净。

① （唐）玄奘译《大般若波罗蜜多经》卷260，《大正藏》第6册，第220号，第314页下栏27。

法界乃至不思议界清净。故平等性清净。[①]

374.Or.12380-2832（K.K.V.b.027.o）存1页6行，没有栏线，写本，字数不能确定，残缺严重，残经上有2832号，刊布者将其定名为《大般若波罗蜜多经》，下面将西夏文录文并对译如下：

……[illegible]□[illegible]……

……鼻舌身意□法性……

……[illegible]……

……菩萨摩诃萨之行应般若波罗……

……[illegible]……

……应声香味触法处……

……[illegible]……

……于法性离不求应声……

……[illegible]……

……求应是者何云若色……

……[illegible]……

……法处法性若色处法性……

可以初步确定残经为唐玄奘译《大般若波罗蜜多经》第九十六卷“初分求般若品第二十七之八”的相应内容：

……不应离耳、鼻、舌、身、意处法性求。憍尸迦！菩萨摩诃萨所行般若波罗蜜多，不应于色处法性求，不应于声、香、味、触、法处法性求，不应离色处法性求，不应离声、香、味、触、法处法

① （唐）玄奘译《大般若波罗蜜多经》卷260，《大正藏》第6册，第220号，第314页下栏27。

性求。所以者何？若色处法性，若声、香、味、触、法处法性。[①]

375.Or.12380-2833（K.K.V.b.026.r）存 1 页 6 行，下栏线单栏，上栏线无存，写本，字数不能确定，残缺严重，残经上有 2833 号，刊布者将其定名为《大般若波罗蜜多经》，下面将西夏文录文并对译如下：

……[illegible]……

……菩萨摩诃萨……

……[illegible]……

……若是如求一切皆不依……

……[illegible]……

……非有色非无见非有见非无……

……[illegible]……

……无皆一相同是者无相也……

……[illegible]……

……迦菩萨摩诃萨之行应般若波……

……[illegible]……

……处法性非声香味触法处法性……

可以初步确定残经为唐玄奘译《大般若波罗蜜多经》第九十四卷“初分求般若品第二十七之六”的相应内容：

若菩萨摩诃萨，若般若波罗蜜多，若求如是，一切皆非相应非不相应、非有色非无色、非有见非无见、非有对非无对，咸同一相，所谓无相。何以故？憍尸迦！菩萨摩诃萨所行般若波罗蜜多，非色处，非声、香、味、触、法处，非离色处，非离声、香、味、触、法处。所以者何？如是一切皆无所有性不可得。由无所有不

① （唐）玄奘译《大般若波罗蜜多经》卷 96，《大正藏》第 5 册，第 220 号，第 535 页中栏 3~22。

可得故，菩萨摩诃萨所行般若波罗蜜多，非色处，非声、香、味、触、法处，非离色处，非离声、香、味、触、法处。[①]

376.Or.12380-2834（K.K.V.b.026.s）存1页13行，上栏线无存，下栏线单栏，写本，字数不能确定，残缺严重，残经上有2834号，刊布者定名为《大般若波罗蜜多经》，下面将西夏文录文并对译如下：

……[illegible][illegible]□	……慈为□
……[illegible][illegible]□[illegible]	……共怒□恨
……[illegible][illegible][illegible][illegible]	……与不依然
……[illegible][illegible]	……心及
……[illegible][illegible]	……诸门
……[illegible][illegible][illegible]	……生说无
……[illegible][illegible][illegible]	……心生起
……[illegible][illegible][illegible]	……萨摩诃
……[illegible][illegible]	……慈无
……[illegible][illegible][illegible]	……进为应
……[illegible][illegible][illegible][illegible][illegible]	……依者诸善法
……[illegible][illegible][illegible]	……缘地狱

可以初步确定残经为唐玄奘译《大般若波罗蜜多经》第三百九十二卷“初分成熟有情品第七十一之三”的相应的内容：

……“汝等不应互相瞋忿，应修安忍共起慈心。”善现！是菩萨摩诃萨安住布施波罗蜜多，劝诸有情修安忍已，欲令坚固复告之言：“瞋忿因缘都无定实，皆从虚妄分别所生，以一切法本性空故。汝等何缘于无实事妄起愤恚，互相骂辱，执刀杖等而相加害？汝等

① （唐）玄奘译《大般若波罗蜜多经》卷94，《大正藏》第5册，第220号，第521页中栏5。

勿缘虚妄分别，横生瞋忿，造诸恶业，当堕地狱、傍生、鬼界及余恶处受诸剧苦……”①

377.Or.12380-2836（K.K.V.b.028.b）存 1 页 6 行，上栏线单栏，下栏线无存，写本，字数不能确定，残缺严重，残经上有 2836 号，刊布者将其定名为《大般若波罗蜜多经》，下面将西夏文录文并对译如下：

𗗙𗉋𗽀𗽮……	善解脱慧……
𗏹𗴽𗏹𗡶……	为应为终……
𗚩𗟲𗼇𗍳𗑗……	诸有结尽正……
𗄽……	波……
𗫶……	汉……

可以初步确定残片为唐玄奘译《大般若波罗蜜多经》第一卷“初分缘起品第一之一”的相应内容：

得真自在心善解脱、慧善解脱，如调慧马亦如大龙，已作所作，已办所办，弃诸重担，逮得己利，尽诸有结，正知解脱，至心自在第一究竟。除阿难陀独居学地得预流果，大迦叶波而为上首。复有五百苾刍尼众，皆阿罗汉，大胜生主而为上首。②

378.Or.12380-2843（K.K.Ⅱ.0297.p）存 1 页 6 行，上栏线单栏，下栏线单栏，写本，字数不能确定，残缺严重，残经上有 2843 号，刊布者将其定名为《大般若波罗蜜多经》，下面将西夏文录文并对译如下：

□□𗓱𗄽𗡡𗤶𗗙𗡡……	□□言菩萨摩诃萨……

① （唐）玄奘译《大般若波罗蜜多经》卷 392，《大正藏》第 6 册，第 220 号，第 1029 页中栏 7。

② （唐）玄奘译《大般若波罗蜜多经》卷 1，《大正藏》第 5 册，第 220 号，第 1 页中栏 8。

□□□[illegible]……　　□□□是预流果……

□[illegible]……　　□菩萨摩诃萨非……

□□[illegible]……　　□□应若得……

[illegible]……　　世尊若预流果……

[illegible]……　　还阿罗汉得应真……

可以初步确定残经为唐玄奘译《大般若波罗蜜多经》第三十四卷“初分教诫教授品第七之二十四”的相应内容：

……即一切智若可得、若不可得增语是菩萨摩诃萨，即道相智、一切相智若可得、若不可得增语是菩萨摩诃萨？复次，善现！汝观何义？言：“即预流果增语非菩萨摩诃萨，即一来、不还、阿罗汉果增语非菩萨摩诃萨耶？”具寿善现答言：“世尊！若预流果，若一来、不还、阿罗汉果，尚毕竟不可得……”①

379.Or.12380-2922（K.K.Ⅱ.0280.sss）存 1 页 2 行，栏线无存，写本，字数不能确定，残缺严重，刊布者将其定名为“佛经”，下面将西夏文录文并对译如下：

……[illegible]……　　……回向能……

……[illegible]……　　……善男子善女人等……

初步确定残片为唐玄奘译《大般若波罗蜜多经》第三百四十一卷“初分巧便学品第五十五之五”的相应内容：

回向无上正等菩提，是善男子、善女人等速证无上正等菩提，

① （唐）玄奘译《大般若波罗蜜多经》卷 34，《大正藏》第 5 册，第 220 号，第 192 页上栏 22~ 中栏 2。

速能圆满诸菩萨行……[1]

380.Or.12380-2922V（K.K.II.0280.sss）存 1 页 2 行，栏线无存，写本，字数不能确定，残缺严重，刊布者将其定名为“佛经”，下面将西夏文录文并对译如下：

……[illegible]……	…… 喜发应……
……[illegible]……	…… 回向一二余思……

初步确定残片为唐玄奘译《大般若波罗蜜多经》第三百四十一卷“初分巧便学品第五十五之五”的相应内容：

> 于诸菩萨功德善根，应生随喜，既随喜已，回向无上正等菩提，而不应生一二多想。若能如是，速证无上正等菩提，度脱有情，破魔眷属。[2]

比较 Or.12380-2922（K.K.II.0280.sss）和 Or.12380-2922V（K.K.II. 0280.sss）残经，二者属于同部同版佛经遗存，内容 Or.12380-2922V（K.K.II. 0280.sss）在前，而 Or.12380-2922（K.K.II.0280.sss）残经内容在后。

381.Or.12380-2973RV（K.K.II.0275.ddd）存 2 页 6 行，上栏线单栏，下栏线无存，写本，字数不能确定，残缺严重，刊布者将其定名为“佛经”，下面将西夏文录文并对译如下：

（右面）

□[illegible]……	□性……

---

① （唐）玄奘译《大般若波罗蜜多经》卷 341，《大正藏》第 5 册，第 220 号，第 753 页上栏 26。

② （唐）玄奘译《大般若波罗蜜多经》卷 341，《大正藏》第 5 册，第 220 号，第 753 页上栏 12。

[illegible]…… 四神足五根五力七……
[illegible]…… 住苦圣谛集灭道圣谛……

可以初步确定残片为唐玄奘译《大般若波罗蜜多经》第三百九十二卷“初分成熟有情品第七十一之三”的相应内容：

……无性自性空，亦能修四念住、四正断、四神足、五根、五力、七等觉支、八圣道支，亦能住苦圣谛、集灭道圣谛。[①]

（左面）

[illegible]…… 波罗蜜多修……
[illegible]…… 静虑非般若不得修……
[illegible]…… 应不得是如诸法亦不离……

可以初步确定残片为唐玄奘译《大般若波罗蜜多经》第三百九十卷“初分不可动品第七十之五”的相应内容：

……若菩萨摩诃萨修行般若波罗蜜多，方便善巧修行净戒、安忍、精进、静虑、般若波罗蜜多时，不得净戒、安忍、精进、静虑、般若，不得能修，不得所修，不得所为，亦不远离如是诸法而行净戒……[②]

比较 Or.12380-2973RV（K.K.II.0275.ddd）左右面的内容，可以确定它们为同部残经，只是左右面的内容不是同卷的内容。

---

① （唐）玄奘译《大般若波罗蜜多经》卷 392，《大正藏》第 6 册，第 220 号，第 1030 页下栏 14。

② （唐）玄奘译《大般若波罗蜜多经》390，《大正藏》第 6 册，第 220 号，第 1020 页上栏 23。

382.Or.12380-2979RV（K.K.）存 2 页 6 行，栏线无存，残缺严重，写本，刊布者将其定名为“残片”，下面将西夏文录文并对译如下：

（右面）

……[illegible]…… ……故一切……

……[illegible]…… ……色清净若……

……[illegible]…… ……清净……

可初步确定残经为唐玄奘译《大般若波罗蜜多经》第一百九十六卷“初分难信解品第三十四之十五”的相应内容：

色清净，故一切智智清净。何以故？若命者清净，若色清净，若一切智智清净，无二、无二分、无别、无断故。[①]

（左面）

……[illegible]…… ……智智清净何云也……

……[illegible]…… ……解脱清净……

……[illegible]…… ……不二不二分不别不断也……

可初步确定残经为唐玄奘译《大般若波罗蜜多经》第一百九十六卷“初分难信解品第三十四之十五”的相应内容：

……有情清净，故八解脱清净。八解脱清净，故一切智智清净。何以故？若有情清净，若八解脱清净，若一切智智清净，无

① （唐）玄奘译《大般若波罗蜜多经》卷 196，《大正藏》第 5 册，第 220 号，第 1050 页下栏 9。

二、无二分、无别、无断故。[①]

因为残缺严重，Or.12380-2979RV（K.K.）右面和左面不能缀合，左面内容在前，右面内容在后。

383.Or.12380-2980RV（K.K.Ⅱ.0276.bb）存2页4行，栏线无存，残缺严重，写本，刊布者将其定名为“残片”，下面将西夏文录文并对译如下：

（右面）

[illegible]……	一切智智向回趣……
[illegible]……	定……

（左面）

[illegible]……	一……
[illegible]……	卷百十三第……

Or.12380-2980RV（K.K.Ⅱ.0276.bb）左面为唐玄奘译《大般若波罗蜜多经》第一百一十三卷“初分校量功德品第三十之十一”结尾处的相应内容：

“……回向一切智智，安住内空乃至无性自性空。”[②]

大般若波罗蜜多经第一百一十三卷

384.Or.12380-2985RV（K.K.Ⅱ.0234.d）存2页11行，上栏线单栏，

① （唐）玄奘译《大般若波罗蜜多经》卷196，《大正藏》第5册，第220号，第1049页下栏16。

② （唐）玄奘译《大般若波罗蜜多经》卷113，《大正藏》第5册，第220号，第625页下栏27~第626页上栏5。

下栏线无存，写本，刊布者将其定名为“佛经”，下面将西夏文录文并对译如下：

（右面）

[illegible]……	訶萨……
[illegible]□[illegible]……	摩诃萨□是道行……
[illegible]□[illegible]……	昔得□得故得有情……
□[illegible]……	□大海安得令……
[illegible][①][illegible]……	萨摩诃萨初心起于……
[illegible]……	行常思性住修行……

（左面）

[illegible]……	皆无是无忘失法……
[illegible]□[illegible]……	不失忘□法修我……
[illegible]……	受着皆无法一切自……
[illegible][②]……	是所修无忘失法……
[illegible]……	一切之……

初步确定残经为唐玄奘译《大般若波罗蜜多经》第三百九十五卷“初分净土方便品第七十三之二”的相应内容：

> ……亦名菩萨摩诃萨道。过去、未来、现在菩萨摩诃萨众行此道故，已得当得今得无上正等菩提，亦令有情已当今度生死，大海证涅槃乐。善现！诸菩萨摩诃萨从初发心，修行无忘失法，修行恒住舍性，于中都无分别执著，谓作是念：“此是无忘失法等，由此、

① 西夏文“[illegible]”译为“初心”，初心，表示初发心而未经深行。

② 西夏文“[illegible]”译为“无忘失法”。

为此而修无忘失法等。”是三分别执著皆无，知一切法自性空故。由是所修无忘失法等，能自饶益，亦能饶益一切有情……[1]

比对 Or.12380-2985RV（K.K.Ⅱ.0234.d）残经，可确定左右两面内容正好相接，右面内容在前，左面内容在后。

385.Or.12380-2987RV（K.K.Ⅱ.0245.h）存 2 页 6 行，上栏线无存，下栏线单栏，写本，刊布者将其定名为“佛经”，下面将西夏文录文并对译如下：

（右面）

……[illegible][2]　　……以初静虑以摄治益者

……[illegible][3][illegible]　　……二第三第四第静虑以摄治

……[illegible]　　……四静虑以摄治益空无边

（左面）

……[illegible]　　……空无边处定以摄治识

……[illegible]　　……摄治益者识无边处定以摄治

……[illegible]　　……以摄治益者有应无处定以摄治

初步确定残经左右为唐玄奘译《大般若波罗蜜多经》第三百八十卷“初分诸功德相品第六十八之二”的相应内容：

则以般若而摄益之；应以初静虑而摄益者，则以初静虑而摄益之；应以第二、第三、第四静虑而摄益者，则以第二、第三、第四

① （唐）玄奘译《大般若波罗蜜多经》卷 395，《大正藏》第 6 册，第 220 号，第 1043 页中栏 28~ 下栏 19。

② 西夏文“[illegible]”译为“摄治益者”，汉文本为“摄益者”。

③ 西夏文“[illegible]”译为“第二、第三、第四静虑”。

静虑而摄益之；应以空无边处定而摄益者，则以空无边处定而摄益之；应以识无边处、无所有处……[1]

386.Or.12380-2989（K.K.）存 2 页 3 行，上栏线无存，下栏线单栏，残缺严重，写本，刊布者将其定名为“佛经”，下面将西夏文录文并对译如下：

……[illegible]□[illegible][illegible]　　……性□自性
……[illegible][illegible][illegible]　　……多也是
……[illegible][illegible][illegible][illegible][illegible]　　……彼净不净亦

初步确定残片或为唐玄奘译《大般若波罗蜜多经》第一百四十六卷“初分校量功德品第三十之四十四”的相应内容：

若非自性即是般若波罗蜜多。于此般若波罗蜜多，色不可得，彼净不净亦不可得……[2]

或为第一百四十七卷“初分校量功德品第三十之四十五”的相应内容：

是法界乃至意触为缘所生诸受，自性亦非自性，若非自性即是般若波罗蜜多。于此般若波罗蜜多，意界不可得，彼净不净亦不可得……[3]

① （唐）玄奘译《大般若波罗蜜多经》卷 380，《大正藏》第 6 册，第 220 号，第 96 页中栏 12。
② （唐）玄奘译《大般若波罗蜜多经》卷 146，《大正藏》第 5 册，第 220 号，第 789 页上栏 28。
③ （唐）玄奘译《大般若波罗蜜多经》卷 147，《大正藏》第 5 册，第 220 号，第 794 页上栏 9。

或为第一百四十九卷“初分校量功德品第三十之四十七”的相应内容：

是一切独觉菩提自性即非自性，若非自性即是般若波罗蜜多。于此般若波罗蜜多，一切独觉菩提不可得，彼净不净亦不可得。[①]

因为残缺，类似的内容还很多，故此具体属于哪一段，尚需进一步考证。

387. Or.12380-2993（K.K.V.b.020.a.xliv）存 1 页 6 行，残缺严重，每行残存字数不等，栏线无存，残页上有 2993 号，刊布者将其定名为“佛经”，将西夏文残经录文并对译如下：

……[illegible]……	……法增增长故老苦……
……[illegible]……	……身换命终及向地狱……
……[illegible]……	……是……
……[illegible]……	……鬼界中……
……[illegible]……	……懈怠心众许不及多
……[illegible]……	……彼菩萨摩诃萨十向……

可以确定残经为唐玄奘译《大般若波罗蜜多经》卷第三百九十四“初分严净佛土品第七十二之二”的相应内容：

增长恶法招现衰损，汝等由此，身坏命终当堕地狱、傍生、鬼界受无量苦，是故汝等不应容纳失念散乱相应之心经刹那顷，何况令其长时相续！善现！是菩萨摩诃萨于十方界……[②]

① （唐）玄奘译《大般若波罗蜜多经》卷 149，《大正藏》第 5 册，第 220 号，第 804 页中栏 4。

② （唐）玄奘译《大般若波罗蜜多经》卷 394，《大正藏》第 6 册，第 220 号，第 41 页上栏 18~24。

388.Or.12380-2995（K.K.V.b.015.bb）存2页4行，栏线无存，残缺严重，刻本，刊布者将其定名为“佛经”，下面将西夏文录文并对译如下：

……[illegible]……	……何云甚深眼最……
……[illegible]□[illegible]……	……色六处□最……
……[illegible]……	……何云最对言说……
……[illegible]……	……八等觉支何云甚深

初步确定残经为唐玄奘译《大般若波罗蜜多经》第三百二十八卷“初分巧方便品第五十之一”的相应内容：

> 善现！眼触为缘所生诸受真如甚深故，眼触为缘所生诸受亦甚深，耳、鼻、舌、身、意触为缘所生诸受真如甚深故。耳、鼻、舌、身、意触为缘所生诸受亦甚深。善现！地界真如甚深故，地界亦甚深，水、火、风、空、识界真如甚深故，水、火、风、空、识界亦甚深。善现！无明真如甚深故，无明亦甚深，行、识、名色、六处、触、受、爱、取、有、生、老、死、愁、叹、苦、忧、恼真如甚深故，行、识、名色、六处、触、受、爱、取、有、生、老、死、愁、叹、苦、忧、恼亦甚深。[①]

389.Or.12380-3009RV（K.K.Ⅱ.0240.j）存2页8行，字数不能确定，残缺严重，右面残片为上栏线单栏，下栏线无存，写本，每行仅存2~4字；另一残篇存下部分，上栏线无存，下栏线单栏，写本，残经上有3009号，刊布者将其定名为“佛经”，下面将西夏文录文并对译如下：

（右面）

[illegible]……	无二无……

---

① （唐）玄奘译《大般若波罗蜜多经》卷328，《大正藏》第6册，第220号，第679页上栏13~18。

[illegible]…… 净故四……

[illegible]…… 等觉支八……

[illegible]…… 至八……

（左面）

……[illegible] ……无二无

……[illegible] ……净故集

……[illegible] ……圣谛清净

……[illegible]？[illegible]？ ……四无

可初步确定残经为唐玄奘译《大般若波罗蜜多经》第二百二十三卷“初分难信解品第三十四之四十二”的相应内容：

> ……无二、无二分、无别、无断故。苦圣谛清净，故四正断、四神足、五根、五力、七等觉支、八圣道支清净。四正断乃至八圣道支清净，故一切智智清净。何以故？若苦圣谛清净，若四正断乃至八圣道支清净，若一切智智清净，无二、无二分、无别、无断故。善现，苦圣谛清净，故空解脱门清净，空解脱门清净，故一切智智清净。[1]

比对 Or.12380-3009RV（K.K.Ⅱ.0240.j）残经左右两面，二者基本可以缀合。

390.Or.12380-3089aRV（K.K.V.b.020.a.xl）存 2 残片 6 行，栏线无存，残页上有 3089/1，写本，刊布者定名为“佛经”，将西夏文录文并对译如下：

……[illegible] ……何云甚

① （唐）玄奘译《大般若波罗蜜多经》卷 223，《大正藏》第 6 册，第 220 号，第 118 页下栏 19~27。

……[illegible]　　……四正断四神足
……[illegible]　　……亦何云
……[illegible]　　……集灭道甚深说妙
……[illegible]　　……何云最尊八解脱……
……[illegible]……　　……说……

可初步确定残页为唐玄奘译《大般若波罗蜜多经》第三百二十八卷“初分巧方便品第五十之一”的相应内容：

> 世尊！云何四念住亦名甚深？云何四正断、四神足、五根、五力、七等觉支、八圣道支亦名甚深？世尊！云何苦圣谛亦名甚深？云何集、灭、道圣谛亦名甚深？世尊！云何四静虑亦名甚深？云何四无量、四无色定亦名甚深？世尊！云何八解脱亦名甚深？云何八胜处、九次第定、十遍处亦名甚深……[①]

391.Or.12380-3089bRV（K.K.V.b.020.a.xxxiii）存 2 残片 6 行，栏线无存，写本，刊布者定名为“佛经”，将西夏文录文并对译如下：

……[illegible]……　　……世尊布施……
……[illegible]……　　……安忍精进……
……[illegible]……　　……说世尊……
……[illegible]……　　……说水……
……[illegible]……　　……明无何云……
……[illegible]……　　……若智有生……

可确定残经为唐玄奘译《大般若波罗蜜多经》第三百二十八卷“初分巧方便品第五十之一”的相应内容：

① （唐）玄奘译《大般若波罗蜜多经》卷 328，《大正藏》第 6 册，第 220 号，第 678 页下栏 8~12。

……云何眼触亦名甚深？云何耳、鼻、舌、身、意触亦名甚深？世尊！云何眼触为缘所生诸受亦名甚深？云何耳、鼻、舌、身、意触为缘所生诸受亦名甚深？世尊！云何地界亦名甚深？云何水、火、风、空、识界亦名甚深？世尊！云何无明亦名甚深？云何行、识、名色、六处、触、受、爱、取、有、生、老死愁叹苦忧恼亦名甚深？世尊！云何布施波罗蜜多亦名甚深，云何净戒、安忍、精进、静虑、般若波罗蜜多亦名甚深……[①]

392.Or.12380-3089cRV（K.K.V.b.020.a.xxxviii）存 2 残片 6 行，栏线无存，残页上有 3089/2-3，写本，刊布者定名为“佛经”，将西夏文录文并对译如下：

……[illegible]……	……甚深说世尊……
……[illegible]……	……处亦何云……
……[illegible]……	……静虑鼻舌……
……[illegible]……	……中（内）……
……[illegible]□[illegible]……	……何云甚□甚深……
……[illegible]……	……何云甚深……
……[illegible]……	……眼处何云……

可确定残经为唐玄奘译《大般若波罗蜜多经》第三百二十八卷“初分巧方便品第五十之一”的相应内容：

……云何眼处亦名甚深？云何耳、鼻、舌、身、意处亦名甚深？世尊！云何色处亦名甚深？云何声、香、味、触、法处亦名甚深？世尊！云何眼界亦名甚深？云何耳、鼻、舌、身、意界亦名甚深？世尊！云何色界亦名甚深？云何声、香、味、触、法界亦名甚

① （唐）玄奘译《大般若波罗蜜多经》卷 328，《大正藏》第 6 册，第 220 号，第 678 页中栏 21~28。

深？世尊！云何眼识界亦名甚深？云何耳、鼻、舌、身、意识界亦名甚深？世尊！云何眼触亦名甚深？云何耳、鼻、舌、身、意触亦名甚深？①

393.Or.12380-3089dRV（K.K.V.b.020.a.xxxviii）存 2 残片 6 行，栏线无存，残页上有 3089/4-5，写本，刊布者定名为“佛经”，将西夏文录文并对译如下：

……緁姡緁皾……	……最地最胜……
……綫尚緁蘓……	……通亦甚深……
……馛毲尚……	……尼门亦……
……緆緭……	……无四……

可确定残经为唐玄奘译《大般若波罗蜜多经》第三百二十八卷“初分巧方便品第五十之一”的相应内容：

……极喜地亦名甚深，离垢地、发光地、焰慧地、极难胜地、现前地、远行地、不动地、善慧地、法云地亦名甚深。善现！五眼亦名甚深，六神通亦名甚深。善现！三摩地门亦名甚深，陀罗尼门亦名甚深。善现！佛十力亦名甚深，四无所畏、四无碍解、大慈、大悲、大喜、大舍、十八佛不共法亦名甚深。②

比对 Or.12380-3089aRV（K.K.V.b.020.a.xl）、Or.12380-3089bRV（K.K.V. b.020.a.xxxiii）、Or.12380-3089cRV（K.K.V.b.020.a.xxxiii）、Or.12380-3089dRV（K.K.V.b.020.a.xxxiii）残经，它们为同版残经，其顺序

① （唐）玄奘译《大般若波罗蜜多经》卷 328，《大正藏》第 6 册，第 220 号，第 678 页中栏 15~21。

② （唐）玄奘译《大般若波罗蜜多经》卷 328，《大正藏》第 6 册，第 220 号，第 678 页中栏 1~5。

为 Or.12380-3089dRV（K.K.V.b.020.a.xxxiii）+ Or.12380-3089cRV（K.K.V.b.020.a.xxxiii）+ Or.12380-3089bRV（K.K.V.b.020.a.xxxiii）+ Or.12380-3089aRV（K.K.V.b.020.a.xl），其中 Or.12380-3089cRV（K.K.V.b.020. a.xxxiii）+ Or.12380-3089bRV（K.K.V.b.020.a.xxxiii）可基本缀合，其他残页中间有佚文。

394.Or.12380-3090a（K.K.V.b.020.a.xxxv）存 1 残片 2 行，栏线无存，写本，刊布者定名为“残片”，将西夏文录文并对译如下：

……[illegible]……	……智清净……
……[illegible]……	……清净……

翻译如下：

……智清净……清净……

395.Or.12380-3090b（K.K.V.b.020.a.xxxv）存 1 残片 2 行，栏线无存，写本，刊布者定名为《大般若波罗蜜多经》，将西夏文录文并对译如下：

……[illegible]……	……一切智……
……[illegible]……	……般若波罗蜜多……

比对 Or.12380-3090a（K.K.V.b.020.a.xxxv）和 Or.12380-3090b（K.K.V.b.020.a.xxxv）残片，可以确定二者为唐玄奘译《大般若波罗蜜多经》，因为字迹与 Or.12380-3089a-dRV（K.K.V.b.020.a.xxxiii）等残经基本一致，初步判断它们亦为玄奘译《大般若波罗蜜多经》第三百二十八卷“初分巧方便品第五十之一”的相应内容。

比较 Or.12380-3089aRV（K.K.V.b.020.a.xl）、Or.12380-3089bRV（K.K.V.b.020.a.xxxiii）、Or.12380-3089cRV（K.K.V.b.020.a.xxxiii）残经，它们与 Or.12380-2995（K.K.V.b.015.bb）残经为同部残经，可以缀合，其前后顺序为 Or.12380-3089dRV（K.K.V.b.020.a.xxxiii）+Or.12380-3089cRV

（K.K.V.b.020.a.xxxiii）+ Or.12380-3089bRV（K.K.V.b.020.a.xxxiii）+ Or.12380-3089aRV（K.K.V.b.020.a.xl）+ Or.12380-2995（K.K.V. b.015.bb）。

396.Or.12380-3090c（K.K.V.b.020.a.xxxv）存 1 残片 3 行，栏线无存，写本，刊布者定名为“佛经”，将西夏文录文并对译如下：

……[illegible]……	……菩萨摩诃萨行一切……
……[illegible]……	……不二分……
……[illegible]……	……最……

可确定残片为唐玄奘译《大般若波罗蜜多经》第一百二十卷“初分校量功德品第三十之十八”的相应内容：

……修习一切菩萨摩诃萨行。世尊！云何以四静虑无二为方便，无生为方便，无所得为方便，回向一切智智，修习无上正等菩提？[①]

397.Or.12380-3145（K.K.V.b.06.c）存 1 残片，5 行 32 字，栏线无存，写本，刊布者定名为《大般若波罗蜜多经》，将西夏文录文并对译如下：

……□[illegible]□	……□清净若四色无□
……[illegible]□	……无别无断以善现□
……□□□[illegible]	……□□□法处清净故
……[illegible]	……也若一切智智清净
……[illegible]□[illegible]	……色无□清净清净

可确定残经为唐玄奘译《大般若波罗蜜多经》第二百一十四卷“初分难信解品第三十四之三十三”的相应内容：

① （唐）玄奘译《大般若波罗蜜多经》卷 120，《大正藏》第 5 册，第 220 号，第 659 页中栏 8~13。

……四无量、四无色定清净，故一切智智清净。何以故？若自相空清净，若四无量、四无色定清净，若一切智智清净，无二、无二分、无别、无断故。善现，自相空清净，故八解脱清净。八解脱清净，故一切智智清净。①

398.Or.12380-3146（K.K.V.b.06.v）存 2 个残片，一个残片存下部分，6 行 20 多字，上栏线无存，下栏线单栏，写本；另一残片存上部分，6 行 23 字，上栏线单栏，下栏线无存，写本，刊布者定名为《大般若波罗蜜多经》，将西夏文录文并对译如下：

（上面残片）

……謖蔽𦐈𦓏𦓏	……清净若一切
……□𢫦𦐋𦅻蘵	……□断也善现
……謖蔽𦈙𦓏𦓏	……清净故一切
……□𦐈𦅩□謖	……□若色□清
……□𨩿𢢚𥜔𢢚	……□分无别无
……□□□謖蔽	……□□□清净

可确定残经（上面）为唐玄奘译《大般若波罗蜜多经》第二百卷“初分难信解品第三十四之十九”的相应内容：

……若知者清净，若耳、鼻、舌、身、意处清净，若一切智智清净，无二、无二分、无别、无断故。

善现！知者清净，故色处清净。色处清净，故一切智智清净。何以故？若知者清净，若色处清净，若一切智智清净，无二、无二

① （唐）玄奘译《大般若波罗蜜多经》卷 214，《大正藏》第 6 册，第 220 号，第 71 页上栏 3~11。

分、无别、无断故……[1]

（下面残片）

[西夏文4字]……	味触法于……
[西夏文5字]……	若知者清净……
[西夏文5字]……	（一）切智智清净……
[西夏文3字][2][西夏文2字]……	现知者清净……
[西夏文5字]……	（一）切智智清净……
[西夏文3字]……	清净若……

可确定残经（下面）为唐玄奘译《大般若波罗蜜多经》第二百卷“初分难信解品第三十四之十九”的相应内容：

……知者清净，故声、香、味、触、法处清净。声、香、味、触、法处清净，故一切智智清净。何以故？若知者清净，若声、香、味、触、法处清净，若一切智智清净，无二、无二分、无别、无断故。

善现！知者清净，故眼界清净。眼界清净，故一切智智清净。何以故？[3]

比对 Or.12380-3146（K.K.V.b.06.v）上面、下面残经内容，二者为同版残经，可以拼接，Or.12380-3146（K.K.V.b.06.v）（上面）内容在前，Or.12380-3146（K.K.V.b.06.v）（下面）内容在后。

---

① （唐）玄奘译《大般若波罗蜜多经》卷 200，《大正藏》第 5 册，第 220 号，第 1072 页中栏 24~ 下栏 1。

② 西夏文“[西夏文2字]”译为“知者”，知者，十六神我之一，指人身中有能知事物者，是神我之体。

③ （唐）玄奘译《大般若波罗蜜多经》卷 200，《大正藏》第 5 册，第 220 号，第 1072 页下栏 1~8。

399.Or.12380-3147a（K.K.）存 1 残片，存上部分共 10 余字，上栏线单栏，下栏线无存，写本，残经上有 3147/1-2，刊布者定名为《大般若波罗蜜多经》，将西夏文录文并对译如下：

[illegible]……	失忘……
[illegible]……	（一）切智智清净……
[illegible]……	清净无……
[illegible]……	清净……

初步确定残片为唐玄奘译《大般若波罗蜜多经》第二百一十四卷“初分难信解品第三十四之三十三”的相应内容：

> ……自相空清净，故无忘失法清净。无忘失法清净，故一切智智清净。何以故？若自相空清净，若无忘失法清净，若一切智智清净……[①]

400.Or.12380-3147b（K.K.）存 2 残片共 10 余字，上栏线单栏，下栏线无存，写本，刊布者定名为《大般若波罗蜜多经》，将西夏文录文并对译如下：

[illegible]……	若……
[illegible]……	量清净……
[illegible]……	（一）切智智清净……
[illegible]……	故四……
[illegible]……	清净……
[illegible]……	（一）切智智……
[illegible]……	四……

① （唐）玄奘译《大般若波罗蜜多经》卷 214，《大正藏》第 6 册，第 220 号，第 71 页中栏 25。

可确定残片为唐玄奘译《大般若波罗蜜多经》第二百二十五卷“初分难信解品第三十四之四十四”的相应内容：

……若一切智智清净，无二、无二分、无别、无断故。

善现！四静虑清净，故四无量清净。四无量清净，故一切智智清净。何以故？若四静虑清净，若四无量清净，若一切智智清净，无二、无二分、无别、无断故。①

401.Or.12380-3147c（K.K.）存2残片共10余字，写本，刊布者定名为《大般若波罗蜜多经》，将西夏文录文并对译如下：

（右面）

[illegible]……	智……
[illegible][illegible]……	无定……
[illegible][illegible]……	眼处……

可确定残片右面为唐玄奘译《大般若波罗蜜多经》第二百六十六卷“初分难信解品第三十四之八十五”的相应内容：

若一切智智清净，若受、想、行、识清净，若四无色定清净，无二、无二分、无别、无断故。善现！一切智智清净，故眼处清净。眼处清净，故四无色定清净。②

（左面）

---

①（唐）玄奘译《大般若波罗蜜多经》卷225，《大正藏》第6册，第220号，第128页中栏27~下栏5。

②（唐）玄奘译《大般若波罗蜜多经》卷266，《大正藏》第5册，第220a号，第345页下栏15~21。

[illegible]…… （一）切智智……
[illegible]…… 诸佛最……
[illegible]…… 云何也……
[illegible]…… 正等……

可确定残片左面为唐玄奘译《大般若波罗蜜多经》第二百一十六卷“初分难信解品第三十四之三十五”的相应内容：

> 无性空清净，故诸佛无上正等菩提清净。诸佛无上正等菩提清净，故一切智智清净。何以故？若无性空清净，若诸佛无上正等菩提清净，若一切智智清净，无二、无二分、无别、无断故。[①]

可以确定残片左右为唐玄奘译《大般若波罗蜜多经》第二百一十六卷、第二百六十六卷的相应内容，二者不能缀合。

402.Or.12380-3147d（K.K.）存2残片，写本，右残片上栏线单栏，下栏线无存；左残片上栏线单栏，下栏线无存，残片上有3147/7-8，刊布者定名为《大般若波罗蜜多经》，将西夏文录文并对译如下：

[illegible]…… 汉……
[illegible]…… （一）切智智……
[illegible]…… 净若四……
[illegible]…… 断也……
[illegible]…… 净故四无……
[illegible]…… 智净若……
[illegible]…… 清净无……
[illegible]…… 清净故……

① （唐）玄奘译《大般若波罗蜜多经》卷216，《大正藏》第5册，第220a号，第82页上栏25。

初步确定残片为唐玄奘译《大般若波罗蜜多经》第二百四十三卷“初分难信解品第三十四之六十二”的相应内容，比对二者内容，可确定左面内容在前，右面内容在后，相应内容如下：

若阿罗汉果清净，若四静虑清净，若一切智智清净，无二、无二分、无别、无断故。阿罗汉果清净，故四无量、四无色定清净。四无量、四无色定清净，故一切智智清净。何以故？若阿罗汉果清净，若四无量、四无色定清净，若一切智智清净，无二、无二分、无别、无断故。[①]

403.Or.12380-3147e（K.K.）存1残片4行，写本，上栏线单栏，下栏线无存刊布者定名为《大般若波罗蜜多经》，将西夏文录文并对译如下：

𗍫𗅋𗏁……	四无量……
𘏨𗈪𗤋……	常舍性……
𗏹𗅋𘃜𗅋……	分无别无……
𗣼𗙏……	一切智……

初步确定残片为唐玄奘译《大般若波罗蜜多经》第二百六十六卷“初分难信解品第三十四之八十五”的相应内容：

……若四无量清净，无二、无二分、无别、无断故。一切智智清净，故恒住舍性清净。恒住舍性清净，故四无量清净。何以故？若一切智智清净，若恒住舍性清净……[②]

① （唐）玄奘译《大般若波罗蜜多经》卷243，《大正藏》第6册，第220号，第225页下栏18。

② （唐）玄奘译《大般若波罗蜜多经》卷266，《大正藏》第6册，第220号，第345页中栏1。

通过版式、字迹可以判断，Or.12380-3147a（K.K.）Or.12380-3147b（K.K.）、Or.12380-3147c（K.K.）、Or.12380-3147d（K.K.）、Or.12380-3147e（K.K.）残经应是《大般若波罗蜜多经》同一版本残经，因为残缺严重，内容并不相连。

404.Or.12380-3148b（K.K.V.b.06.g）存2残页，右面上栏线无存，下栏线单栏，写本，残缺严重，存10行，这10行西夏文间有佚文，又分为两部分，左右面各存5行，原文献上有3148号，对西夏字有遮盖，刊布者定名为《大般若波罗蜜多经》，将西夏文录文并对译如下：

（右面右部分5行）

……[illegible]□□[illegible]	……萨八解脱□□解脱
……[illegible]	……八解脱无波罗蜜多
……[illegible]	……菩萨摩诃萨般若一切智智
……[illegible]□□[illegible]	……天心降服□□胜处九第
……[illegible]□□[illegible]	……菩萨摩诃萨□□修持故

初步确定残经为唐玄奘译《大般若波罗蜜多经》第一百零二卷“初分摄受品第二十九之四”的相应内容：

> 菩萨摩诃萨修八解脱时，若作是念：“我能修八解脱。”是菩萨摩诃萨我、我所执之所扰乱修八解脱故，遂起高心，不能回向一切智智。菩萨摩诃萨修八胜处、九次第定、十遍处时，若作是念：“我能修八胜处、九次第定、十遍处。”是菩萨摩诃萨……[1]

（右面左部分5行）

……[illegible]	……四无量四色无定修时

① （唐）玄奘译《大般若波罗蜜多经》卷102，《大正藏》第5册，第220号，第565页中栏26。

……[illegible]	……多修能故四无量四色无定
……[illegible]	……色无定修者□彼菩萨
[illegible]	……摩诃萨波罗蜜多四色无
……[illegible]	……及一切智智

初步确定残经为唐玄奘译《大般若波罗蜜多经》第一百零二卷“初分摄受品第二十九之四”的相应内容：

菩萨摩诃萨修四无量、四无色定时，若作是念：“我能修四无量、四无色定。”是菩萨摩诃萨我、我所执之所扰乱修四无量、四无色定故，遂起高心，不能回向一切智智。①

可见，Or.12380-3148b（K.K.V.b.06.g）残经右面则是由两部分组成，左面在前，右面在后，中间有佚文。

（左面）

……[illegible]	……般
……[illegible]	……修善故苦圣谛非苦圣谛
……[illegible]	……菩萨摩诃萨般若波罗蜜多
……[illegible]	……住□智心降服善性无一切智智
……[illegible]	……菩萨摩诃萨□□□□谛
……[illegible]	……波罗蜜多修善故

可以初步确定残经为唐玄奘译《大般若波罗蜜多经》第三十七卷“初分无住品第九之二”的相应内容：

……修行般若波罗蜜多，诸菩萨摩诃萨，不应住苦圣谛，不

① （唐）玄奘译《大般若波罗蜜多经》卷102，《大正藏》第5册，第220号，第565页中栏20。

应住集、灭、道圣谛。何以故？世尊！苦圣谛、苦圣谛性空。集、灭、道圣谛，集、灭、道圣谛性空。世尊！是苦圣谛、非苦圣谛空，是苦圣谛空、非苦圣谛。苦圣谛不离空，空不离苦圣谛。苦圣谛即是空，空即是苦圣谛。集、灭、道圣谛亦复如是。是故，世尊！修行般若波罗蜜多诸菩萨摩诃萨……[1]

Or.12380-3148b（K.K.V.b.06.g）残经左右两面虽皆是《大般若波罗蜜多经》，但分别为第一百零二卷“初分摄受品第二十九之四”和第三十七卷“初分无住品第九之二”的内容，二者不是同一版本的残经。

405.Or.12380-3433（K.K.Ⅱ.0238.b）残存 1 页 6 行，行 18 字，上下单栏，写本经折装，原经卷上有 3433 号，下面录西夏文并对译如下：

[illegible]

实际相实依知悟□道相智一切相智实际相

[illegible]

实依知悟故彼菩萨摩诃萨法一切于略广相

[illegible]

实依知悟也善现若菩萨摩诃萨陀罗尼门一

[illegible]

切实际相实依了知三摩地门一切实际相实

[illegible]

依知悟故彼菩萨摩诃萨于法一切于广略相实

[illegible]

依知了也善现若菩萨摩诃萨预流果实际相

可确定残经为唐玄奘译《大般若波罗蜜多经》第三百五十七卷“初分多问不二品第六十一之七”的相应内容：

---

① （唐）玄奘译《大般若波罗蜜多经》卷 37，《大正藏》第 5 册，第 220 号，第 206 页中栏 10。

……若菩萨摩诃萨如实了知一切智实际相，如实了知道相智、一切相智实际相，是菩萨摩诃萨于一切法如实了知略广之相。善现，若菩萨摩诃萨如实了知一切陀罗尼门实际相，如实了知一切三摩地门实际相，是菩萨摩诃萨于一切法如实了知略广之相。善现，若菩萨摩诃萨如实了知预流果实际相……[①]

406.Or.12380-3434（K.K.）1 页 13 行，行 16~18 字不等，上下栏线单栏，写本，原经卷上有 3434 号，另外刊布者还有 2 行共 14 字内容也一同刊布，刊布者定名为“佛经”，下面录西夏文并对译如下：

□□[illegible]……

□□善女人……

□[illegible]……

□常寻戒净乃至般若……

□[illegible]……

□常寻布施波罗蜜多……

[illegible]□□[illegible]

般若波罗蜜多若□□苦寻布施波罗蜜多

[illegible]

若我若我无寻戒净乃至般若波罗蜜多若

[illegible]

我若我无寻布施波罗蜜多若净若不净

[illegible]

寻戒净乃至般若波罗蜜多若净若不净寻

[illegible]

是法等依布施行者我彼之相应有像类

① （唐）玄奘译《大般若波罗蜜多经》卷 357，《大正藏》第 6 册，第 220 号，第 841 页上栏 15~24。

[illegible][1][illegible]

布施波罗蜜多行名成说我憍尸（迦）我乃说者皆

[illegible][2][illegible]

得应相似布施波罗蜜多说也知应

[illegible]

复次憍尸迦若善男子善女人等最上菩提

[illegible]

心生者之内空若常若无常语外空内缘空

[illegible]

尽空空大空胜义空为有空为无空究竟空际

另外2行西夏字录文：

[illegible]　　般若波罗蜜多若常若无常

[illegible][3]　　若苦寻戒净乃至

可确定残经为唐玄奘译《大般若波罗蜜多经》第一百四十四卷“初分校量功德品第三十之四十二”的相应内容：

……若善男子、善女人等，如是求布施波罗蜜多若常、若无常；求净戒乃至般若波罗蜜多若常、若无常；求布施波罗蜜多若乐、若苦；求净戒乃至般若波罗蜜多若乐、若苦；求布施波罗蜜多若我、若无我；求净戒乃至般若波罗蜜多若我、若无我；求布施波罗蜜多若净、若不净；求净戒乃至般若波罗蜜多若净、若不净。依此等法行布施者，我说名为行有所得相似布施波罗蜜多。憍尸迦！

① 抄经者在此处可能丢掉一个“[illegible]”字，即“迦”。

② 西夏文“[illegible]”译为“相似布施波罗蜜多”，其中“[illegible]”译为“相似”“类似”。

③ 这2行西夏文与上段字迹相同，为相同抄经。

如前所说，当知皆是说有所得相似布施波罗蜜多。

复次，憍尸迦！若善男子、善女人等为发无上菩提心者，说内空若常、若无常，说外空、内外空、空空、大空、胜义空、有为空、无为空、毕竟空、无际空……①

Or.12380-3434（K.K.）残存不完整的 2 行西夏字的汉文内容与前面前 3 行内容应上下相接。

407.Or.12380-3436RV（K.K.Ⅱ.0248.j）存 2 页，每页 6 行共存 12 行，行 18~19 字不等，上下栏线单栏，写本经折装，原经卷上有 3436 号，刊布者定名为《大般若波罗蜜多经》，下面将西夏文录文并对译如下：

（右面）

[illegible]
如真皆如真一是无二无别毕竟亦无戒若净
[illegible]
安忍精进寂虑般若波罗蜜多如真若一切智
[illegible]
智如真若法一切如净皆如真一也无二无异
[illegible]
尽了亦无若内空如真若一切智智如实若法
[illegible]
一切如真皆如真一也无二无异尽了亦无若
[illegible]
外空内空尽空空大空胜义空为有空为无空

可确定残经右面为唐玄奘译《大般若波罗蜜多经》第三百一十八卷“初分趣智品第四十六之三”的相应内容：

① （唐）玄奘译《大般若波罗蜜多经》卷 144，《大正藏》第 5 册，第 220 号，第 783 页上栏 1~12。

真如，皆一真如无二无别，亦无穷尽。若布施波罗蜜多真如，若一切智智真如，若一切法真如，皆一真如无二无别，亦无穷尽。若净戒、安忍、精进、静虑、般若波罗蜜多真如，若一切智智真如，若一切法真如，皆一真如无二无别，亦无穷尽。若内空真如，若一切智智真如，若一切法真如，皆一真如无二无别，亦无穷尽。若外空、内外空、空空、大空、胜义空、有为空、无为空……[1]

（左面）

[illegible]
如真皆如真一也无二无别尽了亦无若明无
[illegible]
真如若一切智智真如若一切法真如皆真如
[illegible]
一也无二无异尽了亦无若行识名色六次触
[illegible]
受爱取有生病死如真若一切智智如真若法
[illegible]
一切如真皆如真一也无二无别尽了亦无若布
[illegible]
施波罗蜜多如真若一切智智如真若法一切

Or.12380-3436RV（K.K.Ⅱ.0248.j）残经左面为唐玄奘译《大般若波罗蜜多经》第三百一十八卷“初分趣智品第四十六之三”的相应内容：

……真如，若一切智智真如，若一切法真如，皆一真如无二无别，亦无穷尽。若无明真如，若一切智智真如，若一切法真如，

① （唐）玄奘译《大般若波罗蜜多经》卷318，《大正藏》第6册，第220号，第625页中栏7~15。

皆一真如无二无别，亦无穷尽。若行、识、名、色、六处、触、受、爱、取、有、生、老、死真如，若一切智智真如，若一切法真如……[①]

比对 Or.12380-3436RV（K.K.Ⅱ.0248.j）残经，可确定其为唐玄奘译《大般若波罗蜜多经》第三百一十八卷“初分趣智品第四十六之三”的相应内容，左面内容在前，右面内容在后，两个残页颠倒顺序：

……真如，若一切智智真如，若一切法真如，皆一真如无二无别，亦无穷尽。若无明真如，若一切智智真如，若一切法真如，皆一真如无二无别，亦无穷尽。若行、识、名色、六处、触、受、爱、取、有、生、老死真如，若一切智智真如，若一切法真如，皆一真如无二无别，亦无穷尽。若布施波罗蜜多真如，若一切智智真如，若一切法真如，皆一真如无二无别，亦无穷尽。若净戒、安忍、精进、静虑、般若波罗蜜多真如，若一切智智真如，若一切法真如，皆一真如无二无别，亦无穷尽。若内空真如，若一切智智真如，若一切法真如，皆一真如无二无别，亦无穷尽。若外空、内外空、空空、大空、胜义空、有为空、无为空……。[②]

408.Or.12380-3437（K.K.Ⅱ.0248.k）存1页6行，行18字，上下栏线单栏，写本经折装，原经卷上有3437号，刊布者定名为《大般若波罗蜜多经》，下面将西夏文录文并对译如下：

[illegible]□[illegible]

了亦无若四□应无四碍无解大慈大悲大喜

① （唐）玄奘译《大般若波罗蜜多经》卷318，《大正藏》第6册，第220号，第625页中栏3~7。

② （唐）玄奘译《大般若波罗蜜多经》卷318，《大正藏》第6册，第220号，第625页中栏3~15。

[illegible]

大舍佛十八无共法如真若一切智智如真若

[illegible]

法一切如真皆如真一也无二无别尽了亦无

[illegible]

若昔入果如真若一切智智如真若法一切如

[illegible]

真皆如真一也无二无别尽了亦无若一来无

[illegible]

归阿罗汉果如真若一切智智如真若法一切

可以确定残经为唐玄奘译《大般若波罗蜜多经》第三百一十八卷“初分趣智品第四十六之三”的相应内容：

> ……亦无穷尽。若四无所畏、四无碍解、大慈、大悲、大喜、大舍、十八佛不共法真如，若一切智智真如，若一切法真如，皆一真如无二无别，亦无穷尽。
>
> 若预流果真如，若一切智智真如，若一切法真如，皆一真如无二无别，亦无穷尽。若一来、不还、阿罗汉果真如，若一切智智真如，若一切法真如……[1]

Or.12380-3436RV（K.K.Ⅱ.0248.j）残经与 Or.12380-3437（K.K.Ⅱ.0248.k）残经为同部佛经，皆为玄奘译《大般若波罗蜜多经》第三百一十八卷“初分趣智品第四十六之三”，但两个编号不能相拼合。

409.Or.12380-3438（K.K.Ⅱ.0242.a）存 1 页 6 行，行 18 字，上下栏线单栏，写本经折装，残经上有 3438 号，刊布者定名为《大般若波罗蜜多经》，下面将西夏文录文并对译如下：

① （唐）玄奘译《大般若波罗蜜多经》卷 318，《大正藏》第 6 册，第 220 号，第 626 页上栏 2~6。

[illegible]
云也若为有空清净若耳界清净若一切智智
[illegible]
清净无二无二分无异无断也为有空清净故
[illegible]
声界耳识界及耳触耳触缘起诸受清净声界
[illegible]
乃至耳触缘起诸受清净故一切智智清净何
[illegible]
云也若为有空清净若声界乃至耳触缘起诸
[illegible]
受清净若一切智智清净无二无二分无别无

可以确定残经为唐玄奘译《大般若波罗蜜多经》第二百一十卷“初分难信解品第三十四之二十九”的相应内容：

……何以故？若有为空清净，若耳界清净，若一切智智清净，无二、无二分、无别、无断故。有为空清净，故声界、耳识界及耳触、耳触为缘所生诸受清净。声界乃至耳触为缘所生诸受清净，故一切智智清净。何以故？若有为空清净，若声界乃至耳触为缘所生诸受清净，若一切智智清净，无二、无二分、无别、无断故。[①]

410.Or.12380-3439RV（K.K.Ⅱ.0207.a）存 2 页，每页 7 行，行 18~24 字不等，上下单栏，写本经折装，残经上有 3439 号，刊布者定名为《大般若波罗蜜多经》，下面将西夏文录文并对译如下：

（右面）

① （唐）玄奘译《大般若波罗蜜多经》卷 210，《大正藏》第 6 册，第 220 号，第 52 页中栏 11。

[illegible][1][illegible]
在法自性也舍利子是缘故般若波罗蜜多般若波罗蜜多自
[illegible]
性离静思精进安忍净戒布施波罗蜜多静虑
[illegible]
乃至布施波罗蜜多自性离乃至内有外住二
[illegible]
间住法内住外住二间住法自性离明也舍利
[illegible]
子般若波罗蜜多般若波罗蜜多相离静思精
[illegible]
进安忍戒净布施波罗蜜多静思乃至布施波
[illegible]
罗蜜多相离乃至内在外在两间在法内在外

可确定残经右面为唐玄奘译《大般若波罗蜜多经》第三十八卷“初分般若行相品第十之一”的相应内容：

……法自性。舍利子！由此故知，般若波罗蜜多离般若波罗蜜多自性，静虑、精进、安忍、净戒、布施波罗蜜多离静虑，乃至布施波罗蜜多自性，乃至在内、在外、在两间法离在内、在外、在两间法自性。舍利子！般若波罗蜜多离般若波罗蜜多相，静虑、精进、安忍、净戒、布施波罗蜜多离静虑乃至布施波罗蜜多相，乃至在内、在外、在两间法离在内、在外……[2]

（左面）

① 西夏文“[illegible]”译为“由是故”“由此故”，汉文本为“由此故知”。

② （唐）玄奘译《大般若波罗蜜多经》卷38，《大正藏》第5册，第220号，第211页下栏20。

[illegible]

在两间在法相离舍利子自性亦自性离相亦

[illegible]

相离自性亦相离相亦自性离自性相亦相自

[illegible][1] [illegible]

多自性想中自性相离也时舍利子善现对言

[illegible]

罗蜜多自性者何所也所故一切相智成得能

[illegible]

法自性者何所也善现答言也令□菩萨摩诃萨

[illegible]

蜜多自性也性无者静思精进安忍般若波罗

[illegible]

波罗蜜多自性也乃至性无者内□□□□□[2]

可确定残经左面为唐玄奘译《大般若波罗蜜多经》第三十八卷“初分般若行相品第十之一”的相应内容：

……在两间法相。舍利子，自性亦离自性，相亦离相，自性亦离相，相亦离自性，自性相亦离相自性，相自性亦离自性相。时，舍利子语善现言：“若菩萨摩诃萨于此中学，则能成办一切相智。”

（从这里开始与后文不接，而又接到前文）

---

① 此句西夏字“[illegible]”疑有错误或遗漏，对应汉文为“自性相亦离相自性，相自性亦离自性相”，其中把“[illegible]”应改为“[illegible]”，即“[illegible]”（自性相亦离相自性）；把“[illegible]”改为“[illegible]”（相自性亦离自性相）。此句西夏文的正确的写法为“[illegible]”。

② 此句西夏文的内容为“善现答言：‘无性是般若波罗蜜多自性，无性是静虑、精进、安忍、净戒、布施波罗蜜多自性，乃至无性是在内在外在两间法自性。’”它与前面内容相接。

善现答言："无性是般若波罗蜜多自性，无性是静虑、精进、安忍、净戒、布施波罗蜜多自性，乃至无性是在内在外在两间法自性。"①

比对 Or.12380-3439RV（K.K.Ⅱ.0207.a）残经，可确定 Or.12380-3439RV（K.K.Ⅱ.0207.a）右面 + Or.12380-3439RV（K.K.Ⅱ.0207.a）左面（下，即下划线内容）+ Or.12380-3439RV（K.K.Ⅱ.0207.a）左面（上）。

411.Or.12380-3440（K.K.V.b.023.a）存 1 页，7 行，行 20~21 字不等，上下栏线单栏，写本经折装，残经上有 3440 号，刊布者定名为《大般若波罗蜜多经》，下面将西夏文录文并对译如下：

[illegible]
复次憍尸迦若善男子善女人等最上菩提心起者之
[illegible]
戒净波罗蜜多唯说是如言说汝善男子戒净波罗蜜
[illegible]
多修应布施波罗蜜多若常若无常无行应戒净安忍
[illegible]
精进静思般若波罗蜜多若常若无常无行应何云
[illegible]
也布施波罗蜜多布施波罗蜜多自性空净戒安忍
[illegible]
精进静思般若波罗蜜多戒净乃至般若波罗蜜多
[illegible]②[illegible]
自性□布施波罗蜜多自性自性非彼戒净乃至般

可确定残经为唐玄奘译《大般若波罗蜜多经》第一百四十七卷"初

① （唐）玄奘译《大般若波罗蜜多经》卷 38，《大正藏》第 5 册，第 220 号，第 211 页下栏 20。

② 西夏文"[illegible]"译为"自性非自性"，其中自性，指诸法各自有不变不改之性。

分校量功德品第三十之四十五”的相应内容：

> 复次，憍尸迦！若善男子、善女人等，为发无上菩提心者，宣说般若波罗蜜多，作如是言：“汝善男子，应修般若波罗蜜多，不应观布施波罗蜜多。若常、若无常，不应观净戒、安忍、精进、静虑般若波罗蜜多若常、若无常。何以故？布施波罗蜜多，布施波罗蜜多自性空，净戒、安忍、精进、静虑般若波罗蜜多，净戒乃至般若波罗蜜多自性空，是布施波罗蜜多自性即非自性，是净戒乃至般若波罗蜜多自性亦非自性，若非自性……”①

412.Or.12380-3442（K.K.Ⅱ.0254.i）存1页6行，行18字，上下栏线单栏，写本经折装，原经卷上有3442号，刊布者定名为《大般若波罗蜜多经》，下面将西夏文录文并对译如下：

[illegible]
思清净与无二无二分无异无断也为者清净
[illegible]
者四无量四色无定清净也四无量四色无定
[illegible]
清净者为者清净也何云也是为者清净者四
[illegible]
无量四色无定清净与无二无二分无异无断
[illegible]
也善现作者清净者八解脱清净也八解脱清
[illegible]
净者为者清净也何云也是为者清净者八解

① （唐）玄奘译《大般若波罗蜜多经》卷147，《大正藏》第5册，第220号，第795页中栏7。

可确定残经为唐玄奘译《大般若波罗蜜多经》第一百九十四卷“初分难信解品第三十四之十三”的相应内容：

……与四静虑清净，无二、无二分、无别、无断故。作者清净，即四无量、四无色定清净。四无量四无色定清净，即作者清净。何以故？是作者清净与四无量、四无色定清净，无二、无二分、无别、无断故。

善现，作者清净，即八解脱清净。八解脱清净，即作者清净。何以故？是作者清净与八解脱清净，无二、无二分、无别、无断故。[1]

413.Or.12380-3443（K.K.Ⅱ.0281.c）存1页8行，行18字，上下栏线单栏，写本，原经卷上有3443号，刊布者定名为《大般若波罗蜜多经》，下面将西夏文录文并对译如下：

[illegible]
圆满及不圆满俱四惧应无乃至十八佛不共
[illegible]
法无说行是行无行故般若波罗蜜多行也善
[illegible]
现菩萨摩诃萨般若波罗蜜多行缘若无失忘
[illegible]
法圆满及不圆满不行故般若波罗蜜多行也
□□[illegible]□□□[illegible]
□□也善现若□□□法圆满及无圆满二无舍
□□□[illegible]
□□□说行是行无行故般若波罗蜜多行也

① （唐）玄奘译《大般若波罗蜜多经》卷194，《大正藏》第5册，第220号，第1038页下栏18~25。

□□□□□□□□□□□□[illegible]

□□□□□□□□□□□□行故般若波罗蜜

[illegible]□□□□□□□□□□□□[illegible]

多□□□□□□□□□□□□圆满及无圆满

可确定残经为唐玄奘译《大般若波罗蜜多经》第二百九十卷“初分著不著相品第三十六之四”的相应内容：

……圆满及不圆满俱不名四无所畏，乃至十八佛不共法，亦不如是行是行般若波罗蜜多。善现，菩萨摩诃萨行般若波罗蜜多时，若不行无忘失法圆满及不圆满，是行般若波罗蜜多。何以故？善现，若无忘失法圆满及不圆满俱不名无忘失法，亦不如是行，是行般若波罗蜜多，若不行恒住舍性圆满及不圆满，是行般若波罗蜜多。[1]

414.Or.12380-3444（K.K.Ⅱ.0252.a）存 1 页 6 行，行 17~19 字，上下栏线单栏，写本经折装，原经卷上有 3444 号，刊布者定名为《大般若波罗蜜多经》，下面将西夏文录文并对译如下：

[illegible]

所也若菩萨摩诃萨菩萨摩诃萨行一切本

[illegible][2][illegible][3][illegible]

于寂静缘学故一切智智学所也若菩萨摩诃萨

[illegible]

① （唐）玄奘译《大般若波罗蜜多经》卷 290，《大正藏》第 6 册，第 220 号，第 476 页上栏 12~21。

② 西夏文“[illegible]”译为“因学”“依学”。

③ 西夏文“[illegible]”译为“故依学所学一切智智也”，汉文本为“学是学一切智智不”。

菩萨摩诃萨行一切自性涅槃缘学故一切智智

[illegible]

学所世尊若菩萨摩诃萨诸佛无上正等

[illegible]

菩提尽缘学故一切智智习所也也若菩萨摩

[illegible][1][illegible]

诃萨诸佛无上正等菩提离缘学故一切智

可确定残经为唐玄奘译《大般若波罗蜜多经》第三百三十九卷“初分巧便学品第五十五之三”的相应内容：

……若菩萨摩诃萨为一切菩萨摩诃萨行本来寂静故，学是学一切智智不？若菩萨摩诃萨为一切菩萨摩诃萨行自性涅槃，故学是学一切智智不？

世尊，若菩萨摩诃萨为诸佛无上正等菩提尽故，学是学一切智智不？若菩萨摩诃萨为诸佛无上正等菩提离故，学是学一切智智不？[2]

415.Or.12380-3444V（K.K.Ⅱ.0252.a）存 1 页 7 行，行 17 字，上下栏线单栏，写本，刊布者定名为《大般若波罗蜜多经》，下面将西夏文录文并对译如下：

[illegible]□□□□□□□□□□□□

菩萨摩诃萨□□□□□□□□□□□□

[illegible]

所也若菩萨摩诃萨菩萨摩诃萨行一切离

[illegible]

① 西夏文“[illegible]”译为“无上正等菩提”。

② （唐）玄奘译《大般若波罗蜜多经》卷 339，《大正藏》第 6 册，第 220 号，第 739 页下栏 1~12。

止学故一切智智学所也若菩萨摩诃萨菩

[illegible]

萨摩诃萨行一切离缘学故一切智智学所

[illegible]

也若菩萨摩诃萨菩萨摩诃萨行一切无生

[illegible]

缘学故一切智智学所也若菩萨摩诃萨菩

[illegible]

萨摩诃萨行一切无灭缘学故一切智智学

可确定残经为唐玄奘译《大般若波罗蜜多经》第三百三十九卷“初分巧便学品第五十五之三”的相应内容，与 Or.12380-3444（K.K.Ⅱ.0252.a）相衔接，只是 Or.12380-3444（K.K.Ⅱ.0252.a）内容在前，Or.12380-3444 V（K.K.Ⅱ.0252.a）内容在后。Or.12380-3444 V（K.K.Ⅰ.0252.a）残经内容：

若菩萨摩诃萨为诸佛无上正等菩提灭故，学是学一切智智不？若菩萨摩诃萨为诸佛无上正等菩提无生故，学是学一切智智不？若菩萨摩诃萨为诸佛无上正等菩提无灭故，学是学一切智智不？①

416.Or.12380-3445a（K.K.）存 1 页 6 行，行 17~19 字，上下栏线单栏，写本卷轴装，原经卷上有 3445 号，存品题，刊布者定名为《大般若波罗蜜多经》，下面将西夏文录文并对译如下：

[illegible]□□□□□□□□□□□□□□□□

因缘依□□□□□□□□□□□□□□□□

① （唐）玄奘译《大般若波罗蜜多经》卷 339，《大正藏》第 6 册，第 220 号，第 739 页下栏 12。

[illegible][1][illegible]
道缘无说舍利子空解脱门本性空也若法
[illegible]
本性空故若生若灭若住若异施舍可无是
[illegible]
因缘依若毕竟空生故方空解脱无说舍利
[illegible]□[illegible]
子□无若灭若住若异施设可无是因缘依
[illegible]□□□[illegible]
若毕竟无生故亦□□□无空解脱门无说
[illegible]
大般若波罗蜜多经典卷六十九第

可确定残经为唐玄奘译《大般若波罗蜜多经》第六十九卷“初分无所得品第十八之九”结尾处的相应内容：

……由此缘故，若毕竟不生，则不名四正断，乃至八圣道支。舍利子，空解脱门本性空故，若法本性空则不可施设。若生、若灭、若住、若异，由此缘故，若毕竟不生则不名空解脱门。舍利子，无相无愿解脱门本性空故，若法本性空则不可施设。若生、若灭、若住、若异，由此缘故，若毕竟不生，则不名无相无愿解脱门。[2]

417.Or.12380-3447（K.K.）存 1 页 30 行，行 17~18 字，上下栏线单栏，写本卷轴装，原经卷上有 3447 号，存品题，刊布者定名为《大般若波罗蜜多经》，下面将西夏文录文并对译如下：

---

① 西夏文“[illegible]”译为“不说”，汉文本“不名”。

② （唐）玄奘译《大般若波罗蜜多经》卷 69，《大正藏》第 5 册，第 220 号，第 393 页下栏 9~16。

[illegible]…… 大般若波……

[illegible]…… 天依道显……

[illegible][1][illegible]

初分信解难品三十四第之三十四

[illegible]

善现法一切空清净故苦圣谛清净苦圣谛

[illegible]

清净故一切智智清净何云也若法一切空

[illegible]

清净若苦圣谛清净若一切智智清净无二

[illegible]

无二分无异无断也法一切空清净故集灭

[illegible]

道圣谛清净集灭道圣谛清净故一切智智

[illegible]

清净何云也若法一切空清净若集灭道圣

[illegible]

谛清净若一切智智清净无二无二分无异

[illegible]

无断也善现法一切空清净故四寂思清净

[illegible]

四寂思清净故一切智智清净何云也若法

[illegible]

一切空清净若四寂思清净若一切智智清

[illegible]

净无二无二分无异无断也法一切空清净故

[illegible]

① 西夏文“[illegible]”译为“初分难信解品”。

四无量四色无定清净四无量四色无定清
[illegible]
净故一切智智清净何云也若法一切空清
[illegible]
净若四无量四色无定清净若一切智智清
[illegible]
净无二无二分无异无断也善现法一切空
[illegible]
清净故八解脱清净八解脱清净故一切智
[illegible]
智清净何云也若法一切空清净若八解脱
[illegible]
清净若一切智智清净无二无二分无异无
[illegible]
断也法一切空清净故八胜处九次依定十
[illegible]
至处清净八胜处九次依定十至处清净故
[illegible]
一切智智清净何云也若法一切空清净若
[illegible]
八胜处九次依定十至处清净若一切智智
[illegible]
清净无二无二分无异无断也善现法一切
[illegible]
空清净故四念住清净四念住清净故一切
[illegible]
智智清净何云也若法一切空清净若四念
[illegible]
住清净若一切智智清净无二无二分无异

[illegible]

无断也法一切空清净故四正断四贤足五

可确定残经为唐玄奘译《大般若波罗蜜多经》第二百一十五卷“初分难信解品第三十四之三十四”的相应内容：

善现，一切法空清净，故苦圣谛清净。苦圣谛清净，故一切智智清净。何以故？若一切法空清净，若苦圣谛清净，若一切智智清净，无二、无二分、无别、无断故。一切法空清净，故集、灭、道、圣谛清净。集、灭、道、圣谛清净，故一切智智清净。何以故？若一切法空清净，若集、灭、道、圣谛清净，若一切智智清净，无二、无二分、无别、无断故。善现，一切法空清净，故四静虑清净。四静虑清净，故一切智智清净。何以故？若一切法空清净，若四静虑清净，若一切智智清净，无二、无二分、无别、无断故。一切法空清净，故四无量、四无色定清净。四无量、四无色定清净，故一切智智清净。何以故？若一切法空清净，若四无量、四无色定清净，若一切智智清净，无二、无二分、无别、无断故。善现，一切法空清净，故八解脱清净。八解脱清净，故一切智智清净。何以故？若一切法空清净，若八解脱清净，若一切智智清净，无二、无二分、无别、无断故。一切法空清净，故八胜处、九次第定、十遍处清净，八胜处、九次第定、十遍处清净，故一切智智清净。何以故？若一切法空清净，若八胜处、九次第定、十遍处清净，若一切智智清净，无二、无二分、无别、无断故。善现，一切法空清净，故四念住清净。四念住清净，故一切智智清净。何以故？若一切法空清净，若四念住清净，若一切智智清净，无二、无二分、无别、无断故。一切法空清净，故四正断、四神足、五根……[1]

[1]（唐）玄奘译《大般若波罗蜜多经》卷 215，《大正藏》第 6 册，第 220 号，第 76 页上栏 7~29。

418.Or.12380-3448（K.K.）存 1 页，12 行，行 16 字，上下栏线单栏，写本经折装，残经上有 3448 号，刊布者定名为《大般若波罗蜜多经》，下面将西夏文录文并对译如下：

[illegible]
智清净何云也若知者清净若无失忘法
[illegible]
清净若一切智智清净无二无二分无异
[illegible]
无断也知者清净故常舍性住清净常舍
[illegible]
性住清净故一切智智清净何云也若知
[illegible]
者清净若常舍性住清净若一切智智清
[illegible]
净无二无二分无异无断也善现□□□
[illegible]
清净故一切智清净一切智智清净故一
[illegible]
切智智清净何云也若知者清净若一切
[illegible]
智清净若一切智智清净无二无二分无
[illegible]
异无断也知者清净故道相智一切相智
[illegible]
清净道相智一切相智清净故一切智智
[illegible]
清净道相智一切相智清净故一切智智
[illegible]

清净云何也若知者清净若道相智一切

可确定残经为唐玄奘译《大般若波罗蜜多经》第二百卷“初分难信解品第三十四之十九”的相应内容：

……智清净。何以故？若知者清净，若无忘失法清净，若一切智智清净，无二、无二分、无别、无断故。知者清净，故恒住舍性清净。恒住舍性清净，故一切智智清净。何以故？若知者清净，若恒住舍性清净，若一切智智清净，无二、无二分、无别、无断故。善现，知者清净，故一切智清净。一切智清净，故一切智智清净。何以故？若知者清净，若一切智清净，若一切智智清净，无二、无二分、无别、无断故。知者清净，故道相智、一切相智清净。道相智、一切相智清净，故一切智智清净。何以故？若知者清净，若道相智、一切相智清净，若一切智智清净，无二、无二分、无别、无断故。[1]

419.Or.12380-3449（K.K.）残经存1页8行，行16字，上下栏线单栏，写本卷轴装，残经上有3449号，刊布者定名为《大般若波罗蜜多经》，下面将西夏文录文并对译如下：

[illegible]□□[illegible]

波罗蜜多信时□□不信耳鼻舌身意处

[illegible]

不信世尊何云菩萨摩诃萨般若波罗蜜

[illegible]

多信时眼处不信耳鼻舌身意处不信善

[illegible]

① （唐）玄奘译《大般若波罗蜜多经》卷200，《大正藏》第5册，第220号，第1074页中栏7~14。

现菩萨摩诃萨般若波罗蜜多行时眼处

[illegible]

观得处无耳鼻舌身意处观得处无故是

[illegible]

缘菩萨摩诃萨般若波罗蜜多信时眼处

[illegible]

不信耳鼻舍身意处不信也复次善现若

[illegible]

菩萨摩诃萨般若波罗蜜多信时眼处不

可确定残经为唐玄奘译《大般若波罗蜜多经》第一百七十三卷“初分赞般若品第三十二之二”的相应内容：

> ……若菩萨摩诃萨信般若波罗蜜多时，则不信眼处，不信耳、鼻、舌、身、意处。世尊，云何？菩萨摩诃萨信般若波罗蜜多时，则不信眼处，不信耳、鼻、舌、身、意处。善现，菩萨摩诃萨行般若波罗蜜多时，观眼处不可得，观耳、鼻、舌、身、意处不可得，是故菩萨摩诃萨信般若波罗蜜多时，则不信眼处，不信耳、鼻、舌、身、意处。①

420.Or.12380-3449V（K.K.）存 1 页，12 行，行 16 字，无上下栏线，写本卷轴装，刊布者定名为《大般若波罗蜜多经》，下面将西夏文录文并对译如下：

[illegible]

信声香味触法处不信世尊何云菩萨摩

[illegible]

① （唐）玄奘译《大般若波罗蜜多经》卷 173，《大正藏》第 5 册，第 220 号，第 930 页中栏 23~26。

诃萨信般若波罗蜜多时色处不信声香
[illegible]
味触法处不信善现菩萨摩诃萨般若波
[illegible]
罗蜜多行时色处观得可无声香味触法
[illegible]
处观得可无故是缘菩萨摩诃萨般若波
[illegible]
罗蜜多信时色处不信声香味触法处不
[illegible]
信复次善现若菩萨摩诃萨般若波罗蜜
[illegible]
多信时眼界不信色界眼识界及眼触眼
[illegible]
触缘起诸受不信世尊何云菩萨摩诃萨
[illegible]
般若波罗蜜多信时眼界不信色界眼识
[illegible]
界及眼触眼触缘起诸受不信善现菩萨
[illegible]
摩诃萨般若波罗蜜多行时眼界观得处

可确定残经为唐玄奘译《大般若波罗蜜多经》第一百七十三卷“初分赞般若品第三十二之二”的相应内容：

……则不信色处，不信声、香、味、触、法处。世尊！云何菩萨摩诃萨信般若波罗蜜多时，则不信色处，不信声、香、味、触、法处？善现！菩萨摩诃萨行般若波罗蜜多时，观色处不可得，观声、香、味、触、法处不可得，是故菩萨摩诃萨信般若波罗蜜多时，则不信色处，不信声、香、味、触、法处。

复次，善现！若菩萨摩诃萨信般若波罗蜜多时，则不信眼界，不信色界、眼识界及眼触、眼触为缘所生诸受。世尊！云何菩萨摩诃萨信般若波罗蜜多时，则不信眼界，不信色界、眼识界及眼触、眼触为缘所生诸受？善现！菩萨摩诃萨行般若波罗蜜多时，观眼界不可得……[①]

421.Or.12380-3450（K.K.）存1页12行，行16字，无上下栏线，写本卷轴装，残经上有3450号，刊布者定名为《大般若波罗蜜多经》，其内容与Or.12380-3449 V（K.K.）残经版式相同，下面将西夏文录文并对译如下：

[illegible]
信声香味触法处不信世尊何云菩萨摩
[illegible]
诃萨般若波罗蜜多信时色处不信声香
[illegible]
味触法处不信善现菩萨摩诃萨般若波
[illegible]
罗蜜多性时欲处受得处无声香味触法
[illegible]
处受得处无故是缘菩萨摩诃萨般若波
[illegible]
罗蜜多信时色处不信声香味触法处不
[illegible]
信复次善现若菩萨摩诃萨般若波罗蜜
[illegible]

① （唐）玄奘译《大般若波罗蜜多经》卷173，《大正藏》第5册，第220号，第930页下栏3~13。

多信时眼界不信色界眼识界及眼触眼

[illegible]

触缘起诸受不信世尊何云菩萨摩诃萨

[illegible]

般若波罗蜜多信时眼界不信色界眼识

[illegible]

界及眼触眼触缘起诸受不信善现菩萨

[illegible]

摩诃萨般若波罗蜜多行时眼界受得可

可确定残经为唐玄奘译《大般若波罗蜜多经》第一百七十三卷“初分赞般若品第三十二之二”的相应内容：

> ……则不信色处，不信声、香、味、触、法处。世尊！云何菩萨摩诃萨信般若波罗蜜多时，则不信色处，不信声、香、味、触、法处？善现！菩萨摩诃萨行般若波罗蜜多时，观色处不可得，观声、香、味、触、法处不可得。是故菩萨摩诃萨信般若波罗蜜多时，则不信色处，不信声、香、味、触、法处。
>
> 复次，善现！若菩萨摩诃萨信般若波罗蜜多时，则不信眼界，不信色界、眼识界及眼触、眼触为缘所生诸受。世尊！云何菩萨摩诃萨信般若波罗蜜多时，则不信眼界，不信色界、眼识界及眼触、眼触为缘所生诸受？善现！菩萨摩诃萨行般若波罗蜜多时，观眼界不可得……①

比对 Or.12380-3450（K.K.）和 Or.12380-3449 V（K.K.）残经，二者内容相同。

422.Or.12380-3451（K.K.）残经存 1 页 20 行，上下栏线单栏，写

① （唐）玄奘译《大般若波罗蜜多经》卷 173，《大正藏》第 5 册，第 220 号，第 930 页下栏 3~13。

本卷轴装，最后两行残缺严重，行 16 字，刊布者定名为《大般若波罗蜜多经》，下面将西夏文录文并对译如下：

[illegible]

来依所生说□□处善现如来□常住□

[illegible]

相为上座善现之如真亦彼所如常住以

[illegible][1] [illegible][2] [illegible]

相成是缘故方上座善现之如来依已生

[illegible][3] [illegible]

说且复次如来之如真变化无分别无诸

[illegible][4] [illegible]

法中皆有上座善现之如真亦彼所如变

[illegible]

化无分别无诸法中皆有是缘故方上座

[illegible]

善现之如来依所生说且复次如来之如

[illegible]

真害障应无一切法如真亦害障应无若

[illegible]

如来之如真若法一切如真皆如真一也

[illegible]

无二无异为无造无作如如真常如实相

[illegible]

也如实相不也者无是常如真相也如真

---

① 西夏文“[illegible]”译为“以常住为相”，汉文本为“常住为相”。

② 西夏文“[illegible]”译为“因此方故”，汉文本为“由此故说”。

③ 西夏文“[illegible]”译为“如来之真如”，汉文本为“如来真如”。

④ 西夏文“[illegible]”译为“诸法中皆有”，汉文本为“遍诸法转”。

[illegible]
相无也者无故无二无异也上座善现之
[illegible]
如真亦彼所如是缘故上座善现之如来
[illegible]
依所生说且复次常如之如真处一切于
[illegible]
思念无分别无上座善现之如真亦彼所
[illegible]
如处一切于思念无分别无是缘故上座
[illegible]
善现如来依所生说且复次如来真实
[illegible]
真异无别无得处无上座善现之如真亦
[illegible]□□□□□□□□□□□
彼所如异无□□□□□□□□□□□
□[illegible]□□□□□□□□□□□□□
□如来□□□□□□□□□□□□□

可确定残经为唐玄奘译《大般若波罗蜜多经》第三百二十一卷“初分真如品第四十七之四”的相应内容：

……由此故说。上座，善现随如来生。

复次，如来真如，常住为相。上座，善现真如亦尔，常住为相，由此故说。上座，善现随如来生。

复次，如来真如，无变异、无分别，遍诸法转。上座，善现真如亦尔，无变异无分别，遍诸法转，由此故说。上座，善现随如来生。

复次，如来真如无所罣碍，一切法真如亦无所罣碍。若如来真如，若一切法真如，同一真如，无二无别、无造无作，如是真如，常真如相，无时非真如相，以常真如相、无时非真如相，故无二无别。上座，善现真如亦尔，由此故说。上座，善现随如来生。

复次，如来真如于一切处，无忆念、无分别。上座，善现真如亦尔，于一切处无忆念、无分别，由此故说。上座，善现随如来生。

复次，如来真如无别无异不可得。上座，善现真如亦尔，无别无异不可得，由此故说。上座，善现随如来生……[①]

423.Or.12380-3452（K.K.）存 1 页 18 行，上下栏线单栏，写本卷轴装，前面几行残缺严重，行 16 字，残页上有 3452 号，刊布者定名为《大般若波罗蜜多经》，下面将西夏文录文并对译如下：

□□□□□□□□□□[illegible]□□□□
□□□□□□□□□□正等□□□□
□□□□[illegible]□□[illegible]
□□□□相□□愿无解脱门如真正等
□□□□□[illegible]
□□□□□如真亦正等如来之如真正等
□□□[illegible][②][illegible]
□□□愿无解脱门如真亦正等是如若
□[illegible]
□解脱门如真正等若相无愿无解脱门
[illegible]
如真正等若如来之如真正等皆如真一
[illegible]
（也）正等无二无异也复次五眼如真正等

① （唐）玄奘译《大般若波罗蜜多经》卷 321，《大正藏》第 6 册，第 220 号，第 640 页中栏 19~下栏 06。

② 西夏文"[illegible]"译为"无愿解脱门"。

[illegible]

故如来如之真亦正等如来之如真正等

[illegible]

故五眼如真亦正等六神通如真正等故

[illegible]

如来之如真亦正等如来之如真正等故

[illegible]

六神通如真亦正等是如若五眼如真正

[illegible]

等若六神通如真正等若如来之如真正

[illegible]

等界如真一也正等无二无异也复次三

[illegible]

摩地门如真正等故如来之如真亦正等

[illegible]

如来之如真正等故三摩地门如真亦正

[illegible]

等陀罗尼门如真正等故如来之如真亦

[illegible]

正等如来之如真正等故陀罗尼门真如

[illegible]

亦正等是如若三摩地门如真正等若陀

可确定残经为唐玄奘译《大般若波罗蜜多经》第三百二十一卷“初分真如品第四十七之四”的相应内容：

……无相、无愿解脱门真如平等，故如来真如平等。如来真如平等，故无相、无愿解脱门真如平等。如是若空解脱门真如平等，若无相、无愿解脱门真如平等，若如来真如平等，同一真如平等无二无别。复次，五眼真如平等，故如来真如平等。如来真如平等，故五眼真如平等。六神通真如平等，故如来真如平等。如来真如平等，故六神通真如平等。如是若五眼真如平等，若六神通真如平等，若如来真如平等，同一真如平等无二无别。复次，三摩地门真如平等，故如来真如平等。如来真如平等，故三摩地门真如平等。陀罗尼门真如平等，故如来真如平等。如来真如平等故，陀罗尼门真如平等，如是若三摩地门真如平等。[1]

比较 Or.12380-3451（K.K.）和 Or.12380-3452（K.K.）残经，可以确定这两个残片为同部同版佛经的内容，Or.12380-3452（K.K.）内容在 Or.12380-3451（K.K.）残经之后。

424.Or.12380-3453（K.K.）（4-1）存 1 页 23 行，残经下部分残缺严重，行 15~16 字，上下栏线单栏，写本卷轴装，刊布者定名为《大般若波罗蜜多经》，下面将西夏文录文并对译如下：

[illegible]
波罗蜜多无般若波罗也佛言是也无变
[illegible]
异性得可无也世尊如是般若波罗蜜多
[illegible][2][illegible]
平等波罗蜜多也佛言是也平等性了得
[illegible]
处无也世尊是如般若波罗蜜多生离性
[illegible]
波罗蜜多也佛言是也生离性了得处无
[illegible]

① （唐）玄奘译《大般若波罗蜜多经》卷 321，《大正藏》第 6 册，第 220 号，第 642 页上栏 17~29。

② 西夏文“[illegible]”译为“是也”，汉文本为“如是”。

也世尊是如般若波罗蜜多法定波罗蜜
[illegible]
多也佛言是也法定了达得处无也世
[illegible]
尊是如般若波罗蜜法住波罗蜜多是佛
[illegible]
言是也法住了达得处无也世尊是如般
[illegible]□□□□□
若波罗蜜多实边波罗蜜多□□□□□
[illegible]
实边法了得处无也世尊是如般若波罗蜜
[illegible]□□□□□□□□
多虚空界波罗蜜多□□□□□□□□
[illegible]□
了得处无也世尊是如般若波罗蜜多□
[illegible]□□□□□□□
来言无界波罗蜜多是□□□□□□□
[illegible]□□
得处无也世尊是如般若波罗蜜多□□
[illegible]□□□□[illegible]
谛波罗蜜多是佛言是也四□□□□得
[illegible]□□□
处无也世尊是如般若波罗蜜多□□□
[illegible]□[illegible]□□□
波罗蜜多是也佛言也身□心法□□□
[illegible]□□[illegible]
也世尊是如般若波罗蜜多四□□波罗
[illegible]
蜜多是也佛言也善无善得处无也世尊

[illegible]
是如般若波罗蜜多四贤足波罗蜜是佛
[illegible]
言是也四贤足性处无也世尊是如□□
[illegible]
般若波罗蜜多五根波罗蜜□□□□□

可确定残经为唐玄奘译《大般若波罗蜜多经》第二百九十六卷“初分波罗蜜多品第三十八之一”的相应内容：

……如是般若波罗蜜多是不变异性波罗蜜多。佛言：“如是不变异性不可得故。”世尊，如是般若波罗蜜多是平等性波罗蜜多。佛言：“如是达平等性不可得故。”世尊，如是般若波罗蜜多是离生性波罗蜜多。佛言：“如是知离生性不可得故。”世尊，如是般若波罗蜜多是法定波罗蜜多。佛言：“如是了达法定不可得故。”世尊，如是般若波罗蜜多是法住波罗蜜多。佛言：“如是了达法住不可得故。”世尊，如是般若波罗蜜多是实际波罗蜜多。佛言：“如是了实际性不可得故。”世尊，如是般若波罗蜜多是虚空界波罗蜜多。佛言：“如是了虚空界不可得故。”世尊，如是般若波罗蜜多是不思议界波罗蜜多。佛言：“如是不思议界不可得故。”世尊，如是般若波罗蜜多是四圣谛波罗蜜多。佛言：“如是了四圣谛不可得故。”世尊，如是般若波罗蜜多是四念住波罗蜜多。佛言：“如是身受心法不可得故。”世尊，如是般若波罗蜜多是四正断波罗蜜多。佛言：“如是善不善法不可得故。”世尊，如是般若波罗蜜多是四神足波罗蜜多。佛言：“如是四神足性不可得故。”世尊，如是般若波罗蜜多是五根波罗蜜多……①

① （唐）玄奘译《大般若波罗蜜多经》卷 296，《大正藏》第 6 册，第 220 号，第 508 页中栏 9~ 下栏 3。

425.Or.12380-3453（K.K.）（4-2）存 1 页 24 行，残经下部分残缺严重，行 15-16 字，上栏线单栏，下栏线无存，写本卷轴装，刊布者定名为《大般若波罗蜜多经》，下面将西夏文录文并对译如下：

[illegible]

蜜多也佛言是也善无善得处无也世尊

[illegible]

是如般若波罗蜜多四贤足波罗蜜多是佛

[illegible]

言是也四贤足性处无也世尊是如□□

[illegible]

般若波罗蜜多五根波罗蜜□□□□□

[illegible][1][illegible]

也是五根性得可无□□□□□□□波

[illegible]

波蜜多五力波罗蜜多□□□□□□□

[illegible]

性得处无也世尊是如般若□□□□□

[illegible]

等觉缘波罗蜜多也佛言是也□□□□

[illegible]

缘性得处无也世尊是如般若波罗蜜多

[illegible]

八圣道支波罗蜜多是佛言是也□□□

[illegible]

缘性得处无也世尊是如般若波罗蜜多

[illegible]

① 西夏文"[illegible]"译为"五根性"。

空解脱门波罗蜜多也佛言是也□□□

[illegible]□

离得处无也世尊是如般若波罗蜜多□

[illegible]□□□

无解脱门波罗蜜多是佛是也□□□

[illegible]□

相得处无也世尊是如般若波罗蜜多□

[illegible]□□□

无解脱门波罗蜜多是佛言是也□□□

[illegible]□□

得处无也世尊是如般若波罗蜜多□□

[illegible]□

性得处无也世尊是如般若波罗蜜多□

[illegible]□□□□

胜处波罗蜜多是佛言是也八□□□□

[illegible]□□□

处无也世尊是如般若波罗蜜多□□□

[illegible]□□□

定波罗蜜多是佛言是也九次□□□

[illegible]□□

处无也世尊是如般若波罗蜜多十□□

[illegible]□□□

波罗蜜多是佛言是也十色次性□□□

可确定残经为唐玄奘译《大般若波罗蜜多经》第二百九十六卷“初分波罗蜜多品第三十八之一”的相应内容，Or.12380-3453（K.K.）（4-2）前四行与 Or.12380-3453（K.K.）（4-1）后四行内容相重复，其内容如下：

……如是般若波罗蜜多是四神足波罗蜜多。佛言：“如是四神足性不可得故。”世尊，如是般若波罗蜜多是五根波罗蜜多。佛言：“如是五根自性不可得故。”世尊，如是般若波罗蜜多是五力波罗蜜多。佛言：“如是五力自性不可得故。”世尊，如是般若波罗蜜多是七等觉支波罗蜜多。佛言：“如是七等觉支性不可得故。”世尊，如是般若波罗蜜多是八圣道支波罗蜜多。佛言：“如是八圣道支性不可得故。”世尊，如是般若波罗蜜多是空解脱门波罗蜜多。佛言：“如是空离行相不可得故。”世尊，如是般若波罗蜜多是无相解脱门波罗蜜多。佛言：“如是寂静行相不可得故。”世尊，如是般若波罗蜜多是无愿解脱门波罗蜜多。佛言：“如是无愿行相不可得故。”世尊，如是般若波罗蜜多，是八解脱波罗蜜多。佛言：“如是八解脱性不可得故。”世尊，如是般若波罗蜜多是八胜处波罗蜜多。佛言：“如是八胜处性不可得故。”世尊，如是般若波罗蜜多是九次第定波罗蜜多。佛言：“如是九次第定性不可得故。”世尊，如是般若波罗蜜多是十遍处波罗蜜多。佛言：“如是十遍处性不可得故。”世尊，如是般若波罗蜜多是布施波……①

426.Or.12380-3453（K.K.）（4-3）存 1 页 24 行，残经下部分残缺严重，行 15~17 字，上栏线单栏，下栏线无存，写本卷轴装，刊布者定名为《大般若波罗蜜多经》，下面将西夏文录文并对译如下：

[illegible]

处无也世尊是如般若波罗蜜多十遍及

[illegible]

波罗蜜多是佛言是也十遍处性可无得

[illegible]

也世尊是如般若波罗蜜多布施波罗蜜

① （唐）玄奘译《大般若波罗蜜多经》卷 296，《大正藏》第 6 册，第 220 号，第 508 页中栏 29~下栏 23。

[illegible][1][illegible]

多是佛言是也布施波罗蜜多无也世尊

[illegible]

是如般若波罗蜜多戒净波罗蜜多是佛

[illegible][2][illegible]

言是也戒净戒触得可无也世尊是如般

[illegible]□□□□

若波罗蜜多安忍波罗蜜多□□□□

[illegible]□□□□[illegible]

辱忍嗔怒得无也世尊□□□□波罗

[illegible]□□

蜜多精进波罗蜜多是佛言是也□□

[illegible][3][illegible]

懈怠得处无也世尊是如般若波罗蜜

[illegible]□□□

多静虑波罗蜜多是佛言是也□□□

[illegible]

乱得处无也世尊是如般若波罗蜜多般

[illegible]

若波罗蜜多是佛言是也善慧恶慧得可

[illegible][4]

无也世尊是如般若波罗蜜多方便善巧

[illegible]

波罗蜜多是佛言是也方便善造（巧）得可无

---

① 西夏文“[illegible]”译为“佛言：是也不布施波罗蜜多也”，汉文本为“佛言：如是布施悭吝不可得故。”

② 西夏文“[illegible]”译为“净戒犯戒”，汉文本为“持戒、犯戒”。

③ 西夏文“[illegible]”译为“散漫”“懈怠”，汉文本为“散乱”。

④ 西夏文“[illegible]”译为“方便善巧”，其中善巧指善良巧妙之方便。

[illegible]

也世尊是如般若波罗蜜多愿□□波罗

[illegible]

蜜多是佛言是也愿无事得可无也世

[illegible]

尊是如般若波罗蜜多力波罗蜜多是

[illegible]

佛言是也力无事得可无也世尊是如般

[illegible]

若波罗蜜多智波罗蜜多□□波罗蜜多

[illegible]

智无事得可无也世尊是如般若波罗蜜

[illegible]

多菩萨十地波罗蜜多是佛言是也□□

[illegible] ①

十地障得可无也世尊是如般若波罗蜜

[illegible]

多四静虑波罗蜜多是佛言是也□□□

可确定残经为唐玄奘译《大般若波罗蜜多经》第二百九十六卷“初分波罗蜜多品第三十八之一”的相应内容，Or.12380-3453（K.K.）(4-3）前两行与 Or.12380-3453（K.K.）(4-2）后两行内容相重复，其内容如下：

……世尊，如是般若波罗蜜多是十遍处波罗蜜多。佛言：“如是十遍处性不可得故。”世尊，如是般若波罗蜜多是布施波罗蜜多。佛言：“如是布施悭悋不可得故。”世尊，如是般若波罗蜜多是净戒波罗蜜多。佛言：“如是持戒、犯戒不可得故。”世尊，如是般若波

① 西夏文“[illegible]”译为“十地障”，与汉文本比较应缺少一个“[illegible]”，即“[illegible]”译为“十地十障”。

罗蜜多是安忍波罗蜜多。佛言:"如是忍辱、瞋恚不可得故。"世尊,如是般若波罗蜜多是精进波罗蜜多。佛言:"如是精进、懈怠不可得故。"世尊,如是般若波罗蜜多是静虑波罗蜜多。佛言:"如是静虑、散乱不可得故。"世尊,如是般若波罗蜜多是般若波罗蜜多。佛言:"如是善慧、恶慧不可得故。"世尊,如是般若波罗蜜多是方便善巧波罗蜜多。佛言:"如是方便善巧、无方便善巧不可得故。"世尊,如是般若波罗蜜多是愿波罗蜜多。佛言:"如是愿不愿事不可得故。"世尊,如是般若波罗蜜多是力波罗蜜多。佛言:"如是力无力事不可得故。"世尊,如是般若波罗蜜多是智波罗蜜多。佛言:"如是智无智事不可得故。"世尊,如是般若波罗蜜多是菩萨十地波罗蜜多。佛言:"如是十地十障不可得故。"世尊,如是般若波罗蜜多是四静虑波罗蜜多。佛言:"如是……"①

427.Or.12380-3453(K.K.)(4-4)存1页21行,残经下部分残缺严重,行15~17字,上栏线单栏,下栏线无存,写本卷轴装,刊布者定名为《大般若波罗蜜多经》,下面将西夏文录文并对译如下:

[illegible]
若波罗蜜多是佛言是也善慧恶慧得可
[illegible]
无也世尊是如般若波罗蜜多方便善巧
[illegible]
波罗蜜多是佛言是也方便善造(巧)得可无
[illegible]□□[illegible]
也世尊是如般若波罗蜜多愿□□波罗
[illegible]
蜜多是佛言是也愿无事得可无也世

① (唐)玄奘译《大般若波罗蜜多经》卷296,《大正藏》第6册,第220号,第508页下栏21~509页上栏13。

[illegible]

尊是如般若波罗蜜多力波罗蜜多是

[illegible][1] [illegible]

佛言是也力无事得可处也世尊是如般

[illegible]□□[illegible]

若波罗蜜多智波罗蜜多□□波罗蜜多

[illegible]

智无事得可无也世尊是如般若波罗蜜

[illegible]□□

多菩萨十地波罗蜜多是佛言是也□□

[illegible]

十地障得可无也世尊是如般若波罗蜜

[illegible]□□

多四静虑波罗蜜多是佛言是也□□

[illegible]

事得可无也世尊是如般若波罗蜜多四

[illegible]

无量波罗蜜多是佛言是也四无量得

[illegible]□□

可无也世尊是如般若波罗蜜多□□

[illegible]

定波罗蜜多是佛言是也色无也得

[illegible]

可无也世尊是如般若波罗蜜多波

[illegible][2] □□□

罗蜜多是佛言是也五眼起事□□□

---

① 西夏文“[illegible]”译为“佛言，是也无力事无可得也”，汉文本为“佛言：如是力无力事不可得故”。

② 西夏文“[illegible]”译为“起五眼事”，汉文本为“五眼境事”。

[illegible]□□[illegible]
世尊是如般若波罗蜜多□□波罗蜜
[illegible]□□□□□□
多是佛言是也六贤神□□□□□□
[illegible]□□□□□□□□
大般若波罗蜜多□□□□□□□□

可确定残经为唐玄奘译《大般若波罗蜜多经》第二百九十六卷“初分波罗蜜多品第三十八之一”的相应内容，Or.12380-3453（K.K.）（4-4）前十二行与 Or.12380-3453（K.K.）（4-3）后十二行内容相重复，其内容如下：

……如是般若波罗蜜多是般若波罗蜜多。佛言：“如是善慧、恶慧不可得故。”世尊，如是般若波罗蜜多是方便善巧波罗蜜多。佛言：“如是方便善巧、无方便善巧不可得故。”世尊，如是般若波罗蜜多是愿波罗蜜多。佛言：“如是愿不愿事不可得故。”世尊，如是般若波罗蜜多是力波罗蜜多。佛言：“如是力无力事不可得故。”世尊，如是般若波罗蜜多是智波罗蜜多。佛言：“如是智无智事不可得故。”世尊，如是般若波罗蜜多是菩萨十地波罗蜜多。佛言：“如是十地十障不可得故。”世尊，如是般若波罗蜜多是四静虑波罗蜜多。佛言：“如是四静虑事不可得故。”世尊，如是般若波罗蜜多是四无量波罗蜜多。佛言：“如是四无量事不可得故。”世尊，如是般若波罗蜜多是四无色定波罗蜜多。佛言：“如是四无色定事不可得故。”世尊，如是般若波罗蜜多是五眼波罗蜜多。佛言：“如是五眼境事不可得故。”世尊，如是般若波罗蜜多是六神通波罗蜜多。佛言：“如是六神通事不可得故。”世尊，如是般若波罗蜜多……[①]

① （唐）玄奘译《大般若波罗蜜多经》卷 296，《大正藏》第 6 册，第 220 号，第 509 页上栏 3~509 页上栏 22。

由此可见，Or.12380-3453（K.K.）(4-1)、Or.12380-3453（K.K.）(4-2)、Or.12380-3453（K.K.）(4-3）和 Or.12380-3453（K.K.）(4-4）残经为同部佛经遗存，它们可以缀合，但每个编号间内容有重合，其顺序为 Or.12380-3453（K.K.）(4-1）+ Or.12380-3453（K.K.）(4-2）+ Or.12380-3453（K.K.）(4-3）+ Or.12380-3453（K.K.）(4-4)。

428.Or.12380-3454（K.K.）存 1 页 22 行，行 16 字，上下单栏，写本卷轴装，残经上有 3454，刊布者定名为《大般若波罗蜜多经》，下面将西夏文录文并对译如下：

[illegible]
切自性空也善现若法一切自性空故诸
[illegible]
菩萨摩诃萨无上正等菩提无得应善现
[illegible]
是法一切自性皆空缘故方诸菩萨摩诃
[illegible]
萨无上正等菩提得能也善现汝昔若法
[illegible]
一切自性皆空故菩萨摩诃萨何云法一
[illegible]
切学世尊戏论无法于戏论为也谓诸法
[illegible]
此也彼也是缘是依是者世间法也是者
[illegible]
世间出法也乃至是者菩萨法也是者如
[illegible]
来法也有也若已说使者善现若诸众生
[illegible]
法一切皆自性空知故诸菩萨摩诃萨诸

[illegible][1][illegible]

众生之生起宣说缘法一切学最上正等

[illegible]

菩提证得为应非也善现诸众生皆自性

[illegible]

空无知缘故故诸菩萨摩诃萨诸众生之

[illegible]

生起宣说缘法一切学无上正等菩提证

[illegible]　　　　　　　　得也

[illegible]

善现诸菩萨摩诃萨菩萨道于始修学时

[illegible][2][illegible]

诸法自性皆得处无执受持（著）一合以有观

[illegible]□[illegible]

修观察应我诸法自性皆尽终□观修故

[illegible]……　　　　是中无执著应是……

[illegible]……　　　　识无执著应眼处……

[illegible]……　　　　执著应……

[illegible]……　　　　眼界无……

[illegible]……　　　　界无……

可以确定残经为唐玄奘译《大般若波罗蜜多经》第三百九十三卷之“初分成熟有情品第七十一之四”的相应内容：

……诸所有法皆自性空。善现！若一切法自性不空，则应诸菩萨摩诃萨不得无上正等菩提。善现！以一切法自性皆空，是故诸菩

① 西夏文“[illegible]”译为“生起”，汉文本为“安立”。

② 西夏文“[illegible]”译为“集一”“合一”，汉文本为“和合”。

萨摩诃萨能得无上正等菩提。

善现！如汝所言："若一切法自性皆空，云何菩萨摩诃萨学一切法？将无世尊于无戏论法而作戏论，谓有诸法是此、是彼，由是、为是；此是世间法，此是出世法；乃至此是菩萨法，此是如来法者？"善现！若诸有情知一切法皆自性空，则诸菩萨摩诃萨不应学一切法，证得无上正等菩提，为诸有情安立宣说。善现！以诸有情不知诸法皆自性空故，诸菩萨摩诃萨学一切法，证得无上正等菩提，为诸有情安立宣说。

善现！诸菩萨摩诃萨于菩萨道初修学时，应审观察："诸法自性都不可得，唯有执著和合所作，我当审察诸法自性皆毕竟空，不应于中有所执著，谓不应执著色，不应执著受、想、行、识；不应执著眼处，不应执著耳、鼻、舌、身、意处；不应执著色处……"[①]

429.Or.12380-3455（K.K.V.b.015.a）存 1 页 12 行，行 15~17 字不等，上下单栏，写本卷轴装，残经上有 3455 号，刊布者定名为《大般若波罗蜜多经》，下面将西夏文录文并对译如下：

[illegible]

者若我若我无不观应大慈若净若不

[illegible]

净不观应大悲大喜大舍若净若不净不

[illegible]

观应大慈若空若不空不观应大悲大喜

[illegible]

大舍若空若不空不观应大慈若相有若

[illegible]

相无不观应大悲大喜大舍若相有若相

① （唐）玄奘译《大般若波罗蜜多经》卷 393，《大正藏》第 6 册，第 220 号，第 1032 页中栏 24~1032 页下栏 10。

[illegible]
无不观应大慈若愿有若愿无不观应大
[illegible]
悲大喜大舍若愿有若愿无不观应大慈
[illegible]
若寂静若不寂静不观应大悲大喜大
[illegible]
舍若寂静若不寂静不观应大慈若远
[illegible]
离若不远离不观应大悲大喜大舍若远
[illegible]
离若不远离不观应大慈若为有若为无不
[illegible]
观应大悲大喜大舍若为有若为无不观

可确定残经为唐玄奘译《大般若波罗蜜多经》第十三卷“初分教诫教授品第七之三”的相应内容：

……若我、若无我，不应观大慈若净、若不净，不应观大悲、大喜、大舍若净、若不净。不应观大慈若空、若不空，不应观大悲、大喜、大舍若空、若不空。不应观大慈若有相、若无相，不应观大悲、大喜、大舍若有相、若无相。不应观大慈若有愿、若无愿，不应观大悲、大喜、大舍若有愿、若无愿。不应观大慈若寂静、若不寂静，不应观大悲、大喜、大舍若寂静、若不寂静。不应观大慈若远离、若不远离，不应观大悲、大喜、大舍若远离、若不远离。不应观大慈若有为、若无为，不应观大悲、大喜、大舍若有为、若无为。①

① （唐）玄奘译《大般若波罗蜜多经》卷 13，《大正藏》，第 5 册，第 220 号，第 68 页中栏 14。

430.Or.12380-3455V（K.K.V.b.015.a）存 1 页 6 行，行 16 字，上下单栏，写本卷轴装，刊布者定名为《大般若波罗蜜多经》，下面将西夏文录文并对译如下：

[illegible]

应无不观应

[illegible]

复次善现诸菩萨摩诃萨般若波罗蜜多

[illegible]

修行时大慈若常若无常不观应大悲大

[illegible]

喜大舍若常若不常不观应大慈若乐若

[illegible]

常不观应大悲大喜大舍若乐若苦不观

[illegible]

应大慈若我若我无不观应大悲大喜大

可以确定残经为玄奘译《大般若波罗蜜多经》第十三卷“初分教诫教授品第七之三”的相应内容：

复次，善现，诸菩萨摩诃萨修行般若波罗蜜多时，不应观大慈若常、若无常，不应观大悲、大喜、大舍若常、若无常。不应观大慈若乐、若苦，不应观大悲、大喜、大舍若乐、若苦。[1]

比对 Or.12380-3455（K.K.V.b.015.a）、Or.12380-3455V（K.K.V.b.015.a）的内容，它们为同版残经，Or.12380-3455V（K.K.V.b.015.a）虽为背面，但可确定 Or.12380-3455V（K.K.V.b.015.a）内容在前，Or.12380-3455

① （唐）玄奘译《大般若波罗蜜多经》卷 13，《大正藏》第 5 册，第 220 号，第 68 页中栏 14。

（K.K.V.b.015.a）在后，二者可以缀合。

431.Or.12380-3456RV（K.K.V.b.05.a）存 2 页 16 行，行 16~17 字不等，上下栏线单栏，写本卷轴装，残经上有 3456 号，刊布者定名为《大般若波罗蜜多经》，下面将西夏文录文并对译如下：

（右面）

[illegible]

化空本性空自相空共相空法一切空得处

[illegible]

处无空性无空自性空性无自性空于无

[illegible]

取无者以方便为如真于不取不舍以方

[illegible]

便为法界法界无虚空性无幻化性正等

[illegible]

性生离性法定法住真边虚空界可说不

[illegible]

界于无去无舍以方便为布施波罗蜜多

[illegible]

于无取无舍以方便为戒净安忍精进静

[illegible]

虑般若波罗蜜多于无取无舍以方便为

[illegible]

四静虑于无取无舍以方便为四无量四

[illegible]

色无定于无取无舍以方便为八解脱于

（左面）

[illegible][1] [illegible]
无舍以方便为集灭道圣谛无取无舍
[illegible]
以方便为明无于无取无舍以方便为行
[illegible]
识名色六处触受爱取有生老死为忧苦
[illegible]
思烦于不取无舍以方便为中空于无取
[illegible]
无舍以方便为具空者具空空大空胜意
[illegible]
空为有空为无尽终空边无空散空无化

可确定残经为唐玄奘译《大般若波罗蜜多经》第八十四卷“初分受教品第二十四之三”的相应内容，左面内容在前，右面内容在后，重新拼接后内容如下：

……此于苦圣谛，以无所得而为方便；此于集、灭、道圣谛，以无所得而为方便。舍利子！此于无明，以无所得而为方便；此于行、识、名色、六处、触、受、爱、取、有、生、老死愁叹苦忧恼，以无所得而为方便。舍利子！此于内空，以无所得而为方便；此于外空、内外空、空空、大空、胜义空、有为空、无为空、毕竟空、无际空、散空、无变异空、本性空、自相空、共相空、一切法空、不可得空、无性空、自性空、无性自性空，以无所得而为方便。舍利子！此于真如，以无所得而为方便；此于法界、法性、不虚妄性、不变异性、平等性、离生性、法定、法住、实际、虚空界、不思议界，以无所得而为方便。舍利子！此于布施波罗蜜

① 西夏文“[illegible]”译为“集灭道圣谛”。

多，以无所得而为方便；此于净戒、安忍、精进、静虑、般若波罗蜜多，以无所得而为方便。舍利子！此于四静虑，以无所得而为方便；此于四无量、四无色定，以无所得而为方便。舍利子！此于八解脱，以无所得而为方便……。[1]

432.Or.12380-3457（K.K.V.b.01.b）存 1 页 12 行，行 16~17 字不等，上下栏线单栏，写本卷轴装，残经上有 3457，刊布者定名为《大般若波罗蜜多经》，下面将西夏文录文并对译如下：

[illegible]

慈大悲大喜大舍修能我是舍能是于是

[illegible]

依是缘无见是如大慈大悲大喜大舍修

[illegible]

是离相无漏心中住染无著无大慈大悲

[illegible]

大喜大舍修尔时修应大慈大悲大喜大

[illegible]

舍无见及亦是漏无心无见得□佛法一

[illegible]

切无见是者菩萨摩诃萨漏无心住大慈

[illegible]

大悲大喜大舍修是善现若菩萨摩诃萨

[illegible]

行般若波罗蜜多时以相离心□□□□

[illegible]

法常舍性住修是者我无舍忘法常舍性

① （唐）玄奘译《大般若波罗蜜多经》卷 84，《大正藏》，第 6 册，第 220b 号，第 470 页上栏 10~ 中栏 4。

[illegible]

住修能我是舍能是于是依是缘无见是

[illegible]

如无失忘法常舍性住修是相离漏无心中

[illegible]

住染无著无不舍忘法常舍性住修尔时

可确定残经为唐玄奘译《大般若波罗蜜多经》第三百七十六卷 之“初分无相无得品第六十六之四”的相应内容：

……以离相心修大慈、大悲、大喜、大舍，所谓不见我能修大慈、大悲、大喜、大舍；我能舍此、于此、由此、为此，如是修大慈、大悲、大喜、大舍。住是离相无漏心中，无染、无著而修大慈、大悲、大喜、大舍。尔时不见所修大慈、大悲、大喜、大舍，亦复不见此无漏心，乃至不见一切佛法。如是菩萨摩诃萨住无漏心，而修大慈、大悲、大喜、大舍。

善现！若菩萨摩诃萨修行般若波罗蜜多时，以离相心修无忘失法、恒住舍性，所谓不见我能修无忘失法、恒住舍性；我能舍此、于此、由此、为此，如是修无忘失法、恒住舍性。住是离相无漏心中，无染、无著而修无忘失法、恒住舍性。尔时不见所修无忘失法、恒住舍性，亦复不见此无漏心，乃至不见一切佛法。如是菩萨摩诃萨住无漏心，而修无忘失法、恒住舍性。

善现！若菩萨摩诃萨修行般若波罗蜜多时，以离相心修一切智、道相智、一切相智，所谓不见我能修一切智、道相智、一切相智；我能舍此、于此、由此、为此，如是修一切智、道相智、一切相智。住是离相无漏心中，无染、无著而修一切智、道相智、一切相智。尔时不见所修一切智、道相智、一切相智，亦复不见此无漏心，乃至不见一切佛法。如是菩萨摩诃萨住无漏心，而修一切智、道相智、一切相智……。[1]

433.Or.12380-3457V（K.K.V.b.01.b）存 1 页 12 行，行 16~17 字不等，上下栏线单栏，写本卷轴装，刊布者定名为《大般若波罗蜜多经》，下面将西夏文录文并对译如下：

[illegible]…… 力四恐……

[illegible]…… 及亦是……

[illegible]…… 是者菩萨摩诃萨……

[illegible]…… 应无四畏无悟……

[illegible]……[illegible]……[illegible] 若菩萨摩诃萨……修行……相

[illegible]

离心以大慈大悲大喜大舍修是者我大

可以确定残经为唐玄奘译《大般若波罗蜜多经》第三百七十六卷之“初分无相无得品第六十六之四”的相应内容：

> 而修佛十力、四无所畏、四无碍解、十八佛不共法。善现，若菩萨摩诃萨修行般若波罗蜜多时，以离相心修大慈、大悲、大喜、大舍，所谓不见我能修大慈、大悲、大喜、大舍。[2]

比对 Or.12380-3457（K.K.V.b.01.b）和 Or.12380-3457V（K.K. V.b.01.b）残经内容，可确定它们为同部同版残经，二者内容可以缀合，只是 Or.12380-3457V（K.K.V.b.01.b）残经内容在前，而 Or.12380-3457（K.K.V.b.01.b）残经内容在后。

---

① （唐）玄奘译《大般若波罗蜜多经》卷 376，《大正藏》第 6 册，第 220 号，第 942 页下栏 3~19。

② （唐）玄奘译《大般若波罗蜜多经》卷 376，《大正藏》第 6 册，第 220 号，第 942 页中栏 21~ 下栏 3。

434.Or.12380-3458a（K.K.）存 1 页 12 行，行 15~16 字，上下栏线单栏，写本卷轴装，残经上有 3458 号，刊布者定名为《大般若波罗蜜多经》，下面将西夏文录文并对译如下：

[illegible][1][illegible]

向亦有应无知应不还向有应无故不还

[illegible][2][illegible]

果亦有应无知应不还果有应无故阿罗

[illegible]

汉向亦有应无知应阿罗汉向有应无故

[illegible]

阿罗汉果亦有应无知应阿罗汉果有应

[illegible]

无故独觉向亦有应无知应独觉向有

[illegible]

舍无故独觉果亦有应无知应独觉果有

[illegible]

应无故菩萨摩诃萨法亦有应无知应菩

[illegible]

萨摩诃萨法有应无故三藐三佛陀法亦

[illegible]

有应无知应三佛陀法亦有应无故虚空

[illegible]

亦有应无知应虚空有应无故大乘亦

[illegible]

---

① 西夏文“[illegible]”译为“不还向”，不还向，声闻乘四向之一，指修向不还果的行法之位也，即断欲界修惑九品中第七品第八品之位。

② 西夏文“[illegible]”译为“不还果”，不还果，梵名阿那含，声闻乘四果之一，指断尽欲界九品之修惑，不再还生于欲界之圣者之位。

有应无知应大乘有应无故等无亦有

□□□□□□□[illegible]□□□□□□

□□□□□□□应无故□□□□□□

可确定残经为唐玄奘《大般若波罗蜜多经》第五十八卷之“初分赞大乘品第十六之三”的相应内容：

……当知不还向亦无所有，不还向无所有故。当知不还果亦无所有，不还果无所有故。当知阿罗汉向亦无所有，阿罗汉向无所有故。当知阿罗汉果亦无所有，阿罗汉果无所有故。当知独觉向亦无所有，独觉向无所有故。当知独觉果亦无所有，独觉果无所有故。当知菩萨摩诃萨法亦无所有，菩萨摩诃萨法无所有故。当知三藐三佛陀法亦无所有，三藐三佛陀法无所有故。当知虚空亦无所有，虚空无所有故。当知大乘亦无所有，大乘无所有故。当知无数亦无所有，无数无所有故。①

435.Or.12380-3458aV（K.K.）存1页6行，残缺严重无法判断字数，上下栏线单栏，写本卷轴装，刊布者定名为《大般若波罗蜜多经》，下面将西夏文录文并对译如下：

……[illegible]

……得无也

[illegible]

复次善现我乃至见者有应无故先入

□□□[illegible]

□□□应无知应先入向有应无故先

□□[illegible]

① （唐）玄奘译《大般若波罗蜜多经》卷58，《大正藏》第5册，第220a号，第328页中栏20。

□□得应知应预流果有应无故一来

□□□[illegible]

□□□应知应一来向有应无故一来

□□[illegible]

□□应无知应一来果有应无故不还

可以确定残经为唐玄奘译《大般若波罗蜜多经》第五十八卷之“初分赞大乘品第十六之三”的相应内容：

……如是一切皆无所有不可得故。

复次，善现，我乃至见者无所有故。当知预流向亦无所有，预流向无所有故。当知预流果亦无所有，预流果无所有故。当知一来向亦无所有，一来向无所有故；当知一来果亦无所有，一来果无所有故；当知不还向亦无所有，不还向无所有故；当知不还果亦无所有，不还果无所有故。[①]

比对 Or.12380-3458a（K.K.）和 Or.12380-3458aV（K.K.）残经，可以确定它们为同部同版佛经，二者可以缀合，Or.12380-3458aV（K.K.）残经内容在前，而 Or.12380-3458a（K.K.）残经内容在后。

436.Or.12380-3458b（K.K.V.b.02.c）存 1 页 12 行，行 15~16 字不等，原佛经上有 3458（2），上下栏线单栏，写本卷轴装，刊布者定名为《大般若波罗蜜多经》，下面将西夏文录文并对译如下：

[illegible][②][illegible]

自性无法界意识界及意触意触缘起诸

[illegible]

① （唐）玄奘译《大般若波罗蜜多经》卷 58，《大正藏》第 5 册，第 220 号，第 328 页中栏 20。

② 西夏文“[illegible]”译为“法界”，法界，又曰法性、实相。

受皆和合自性无舍利子地界皆和合自

[illegible]

性无水火风空识界皆和合自性无舍利

[illegible]

子明无界和合自性无行识名色六处触

[illegible][1] [illegible]

受爱取有生老死愁闷苦忧恼皆和合自

[illegible]

性无舍利子内空皆和合自性无外空内

[illegible]

外空空空大空胜义空为有空为无空

[illegible]

毕竟空边无空散空无幻化空本性空

[illegible]

自相空总相空法一切空得所无空性无

[illegible]

空自性空性无自性空皆和合自性无

[illegible]

舍利子布施波罗蜜多皆和合无自性戒

[illegible]

净安忍精进静虑般若波罗蜜多皆和合

可确定残经为唐玄奘译《大般若波罗蜜多经》第六十七卷之“初分无所得品第十八之七”的相应内容：

……意界都无和合自性，法界、意识界及意触、意触为缘所生诸受都无和合自性。舍利子，地界都无和合自性，水、火、风、

① 西夏文“[illegible]”译为“生老死愁闷苦忧恼”，汉文本为“生老死愁叹苦忧恼”。

空、识界都无和合自性。舍利子，无明都无和合自性，行、识、名色、六处、触、受、爱、取、有、生、老、死、愁、叹、苦、忧、恼都无和合自性。舍利子，内空都无和合自性，外空、内外空、空空、大空、胜义空、有为空、无为空、毕竟空、无际空、散空、无变异空、本性空、自相空、共相空、一切法空、不可得空、无性空、自性空、无性自、性空都无和合自性。

舍利子，布施波罗蜜多都无和合自性，净戒、安忍、精进、静虑般若波罗蜜多都无和合自性。舍利子。①

437.Or.12380-3458bV（K.K.V.b.02.c）存 1 页 12 行，前 6 行残缺严重，行 16 字，上下栏线单栏，写本卷轴装，刊布者定名为《大般若波罗蜜多经》，下面将西夏文录文并对译如下：

[illegible]□□□□□□□□□□□□□

处皆无□□□□□□□□□□□□□

[illegible]□□□□□□□□□□□□□

性无法□□□□□□□□□□□□□

[illegible]□□□□□□□□□

子眼界和合自性□□□□□□□□□

[illegible]□□□□□□□□□□

触眼触声受皆□□□□□□□□□□

[illegible]□□□□□□□□

耳界皆和合自性无□□□□□□□□

[illegible]□□□□□□□

触皆界受皆和合自性□□□□□□□

[illegible]

界皆和合自性无香界鼻识界及鼻触鼻

① （唐）玄奘译《大般若波罗蜜多经》卷 67，《大正藏》第 5 册，第 220 号，第 380 页中栏 3~380 页中栏 14。

[illegible]
触缘起诸受皆和合自性无舍利子舌界
[illegible]
皆和合自性无味界舌□界□舌触舌触
[illegible]
缘起诸受皆和合自性无舍利子身界皆
[illegible]
和合自性无触界身识界缘身触身触缘
[illegible]
诸受皆和合自性无舍利子意界皆和合

可确定残经为唐玄奘译《大般若波罗蜜多经》第六十七卷之“初分无所得品第十八之七”的相应内容：

……眼处都无和合自性，耳、鼻、舌、身、意处都无和合自性。舍利子，色处都无和合自性，声、香、味、触、法处都无和合自性。舍利子，眼界都无和合自性，色界、眼识界及眼触眼触为缘所生诸受都无和合自性。舍利子，耳界都无和合自性，声界、耳识界及耳触耳触为缘所生诸受都无和合自性。舍利子，鼻界都无和合自性，香界、鼻识界及鼻触鼻触为缘所生诸受都无和合自性。舍利子，舌界都无和合自性，味界、舌识界及舌触舌触为缘所生诸受都无和合自性。舍利子，身界都无和合自性，触界、身识界及身触身触为缘所生诸受都无和合自性。舍利子，意界都无和合自性。①

比对 Or.12380-3458b（K.K.V.b.02.c）和 Or.12380-3458bV（K.K. V.b.02.c）残经内容可以确定为同部同版式佛经，Or.12380-3458bV（K.K. V.b.02.c）在前，后接 Or.12380-3458b（K.K.V.b.02.c）的内容。

① （唐）玄奘译《大般若波罗蜜多经》卷 67，《大正藏》第 5 册，第 220 号，第 380 页上栏 19~380 页中栏 3。

438.Or.12380-3459（K.K.）存 1 页 21 行，前 5 行下部分残缺严重，后面 7 行也有不同程度残缺，行 16 字，上下栏线单栏，写本卷轴装，原佛经上有 3459 号，刊布者定名为《大般若波罗蜜多经》，Or.12380-3460（K.K.）内容未给出，下面只将 Or.12380-3459（K.K.）残经西夏文录文并对译如下：

□[illegible]□□□□□□□□□□□□□
□菩萨摩□□□□□□□□□□□□
[illegible]□□□□□□□□□□□
识界及舌触□□□□□□□□□□□
□[illegible]□□□□□□□□□□
□缘起诸受性□□□□□□□□□□
[illegible]□□□□□□□□□□□
缘起诸受性□□□□□□□□□□□
□□[illegible]□□□□□□□□□□□
□□无得处□□□□□□□□□□□
[illegible]□□□□□□□□□□□
得处无味界□□□□□□□□□□□
[illegible]
受非味界乃至舌触缘起诸受非性空何
[illegible]
云也味界乃至舌触缘起诸受非性空中
[illegible]
味界乃至舌触缘起诸受非有应得无处
[illegible]
无故菩萨摩诃萨亦有应无得处无舍利
[illegible]
子是缘故依故我舌界无离菩萨摩诃萨
[illegible]

有应无得处无舌界离菩萨摩诃萨有应
[illegible]
应得处无味界舌识界及舌触舌触缘起
[illegible]
诸受无离菩萨摩诃萨有应无得处无味
[illegible]
界舌识界及舌触舌触缘起诸受离菩萨
[illegible]
摩诃萨有应无得处无所复我
[illegible]
舍利子身界身界性空何云也身界性空
[illegible]
中□界有应无得处无故菩萨摩诃萨亦
[illegible]
有□□□□□□身界非身界性空何云
[illegible]
也身界非性空中身界非有应无得处无
[illegible]
故菩萨摩诃萨亦有应无得处无触界身
[illegible]
识界□身触身触缘起诸受触界乃至身

可确定残经为《大般若波罗蜜多经》第六十四卷之“初分无所得品第十八之四”的相应内容：

……普萨摩诃萨亦无所有不可得。味界、舌识界及舌触、舌触为缘所生诸受，味界乃至舌触为缘所生诸受性空。何以故？味界乃至舌触为缘所生诸受性空中，味界乃至舌触为缘所生诸受无所有不可得故，菩萨摩诃萨亦无所有不可得，非味界、舌识界及舌触、舌触为缘所生诸受，非味界乃至舌触为缘所生诸受性空。何以故？非味界乃至舌触为缘所生诸受性空中非味界，乃至舌触为缘所生诸受无所有不可得故，菩萨摩诃萨亦无所有不可得。舍利子，由此缘故我作是说，即舌界菩萨摩诃萨无所有不可得，离舌界菩萨摩诃萨无所有不可得。即味界、舌识界及舌触舌触为缘所生诸受菩萨摩诃萨无所有不可得，离味界、舌识界及舌触舌触为缘所生诸受菩萨摩诃萨无所有不可得。舍利子，身界、身界性空。何以故？身界性空中，身界无所有不可得故，菩萨摩诃萨亦无所有不可得，非身界、非身界性空。何以故？非身界性空中，非身界无所有不可得故，菩萨摩诃萨亦无所有不可得，触界、身识界及身触、身触为缘所生诸受，触界乃至身……①

439.Or.12380-3461a（K.K.）存 1 页 18 行，前 2 行残缺严重，后面 3 行也有不同程度残缺，行 16~19 字，上下栏线单栏，写本卷轴装，原佛经上有 3461 号，刊布者定名为《大般若波罗蜜多经》，下面将西夏文录文并对译如下：

[illegible]□□□□□□□□□□□

远离若无寂静□□□□□□□□□□□

[illegible]□□□□□□□

尊若佛十力远离无远离□□□□□□□

[illegible]

损无悟佛十八无共法远离无远离亦性无

[illegible]

有故毕竟得处无佛十力远离无远离增

[illegible]

言及四畏所无四碍无解佛十八无共法远

① （唐）玄奘译《大般若波罗蜜多经》卷 64，《大正藏》第 5 册，第 220 号，第 360 页上栏 8~28。

[illegible]
离无远离增言有出岂有是增言无及有
[illegible]
故何云是佛十力若远离若不远离增言菩
[illegible]
萨摩诃萨也是四畏应无四碍无解佛十八
[illegible]
无共法若远离若不远离增言菩萨摩诃
[illegible]
萨是说且善现汝及何义观以是佛十力
[illegible]
若为有若为无增言菩萨摩诃萨非是四
[illegible]
畏无应四碍无解佛十八无共法若为有若
[illegible]
为无增言菩萨摩诃萨非说使世尊若佛十力为
[illegible]
有为无若四畏应无四碍无解佛十八无
[illegible]
共法为有为无亦性无有故毕竟得处无
[illegible]
佛力十为有为无增言四畏应无四碍无
[illegible]
解佛十八无共法为有为无增言有处岂有
[illegible]
是增言□□□故何云是佛十力若有为若

可确定残经为《大般若波罗蜜多经》第三十三卷之“初分教诫教授品第七之二十三”的相应内容：

……若佛十力远离、不远离，若四无所畏、四无碍解十八佛不共法远离、不远离，尚毕竟不可得，性非有故，况有佛十力远离、不远离增语，及四无所畏、四无碍解十八佛不共法远离、不远离增语，此增语既非有，如何可言？即佛十力若远离、若不远离增语是菩萨摩诃萨，即四无所畏、四无碍解十八佛不共法若远离、若不远离增语是菩萨摩诃萨。善现，汝复观何义？言：即佛十力若有为若无为增语非菩萨摩诃萨，即四无所畏、四无碍解十八佛不共法若有为、若无为增语非菩萨摩诃萨耶。世尊，若佛十力有为无为，若四无所畏、四无碍解十八佛不共法有为无为，尚毕竟不可得，性非有故。况有佛十力有为、无为增语及四无所、畏四无碍解十八佛不共法有为、无为增语，此增语既非有，如何可言，即佛十力若有为、若无为增语是菩萨摩诃萨，即四无所畏、四无碍解十八佛不共法若有为、若无为……[①]

440.Or.12380-3461b（K.K.）存1页17行，前2行基本完整，后面内容残缺严重，行16~17字不等，上下栏线单栏，写本卷轴装，刊布者定名为《大般若波罗蜜多经》，下面将西夏文录文并对译如下：

[illegible]
有法为有无为亦性无有故毕竟得处无
[illegible]
佛力十为有为无增言及四畏应无四损无
[illegible]
悟佛十八不共法为有为无增言有处岂有
[illegible]□□□[illegible]
是增言□□□故何云是佛十力若有为若

① （唐）玄奘译《大般若波罗蜜多经》卷33，《大正藏》第5册，第220号，第182页上栏11~22。

[illegible]
为无增言菩萨摩诃萨也是四畏应无四损
[illegible]
无悟佛十八不共法若为有若为无增言菩
[illegible]
萨摩诃萨是说且善现汝及何义观以是佛
□□□□□□□[illegible]
□□□□□□□增言菩萨摩诃萨非是
□□□□□□□□[illegible]
□□□□□□□□十八无共法若漏有
□□□□[illegible]
□□□□菩萨摩诃萨非说使世尊若佛
[illegible]
十力为有为无若四畏应无四损无悟佛十
[illegible]□□□□□□□□[illegible]
八无□□□□□□□□有故毕竟得处
□□□□□□□□□□[illegible]
□□□□□□□□□□四畏应无四损
□□□□□□□□□□□□[illegible]
□□□□□□□□□□□□增有言处十
□□□□□□□□□□[illegible][1]
□□□□□□□□□□佛十力若漏有
□□□□□□□□□□□[illegible]
□□□□□□□□□□□四畏应无四
[illegible]□□□□□□□□[illegible][2][illegible]
碍无□□□□□□□□有若漏无增言

① 西夏文“[illegible]”译为“有漏”，有漏，漏是烦恼之异名，含有烦恼之事物，谓之有漏。
② 西夏文“[illegible]”译为“无漏”，无漏，离烦恼之法为无漏。

□□□□□□□□□□□□□[illegible]

□□□□□□□□□□□□□观以是

可确定残经为唐玄奘译《大般若波罗蜜多经》第三十三卷之“初分教诫教授品第七之二十三”的相应内容：

……有为无为，尚毕竟不可得，性非有故。况有佛十力有为无为增语，及四无所畏、四无碍解、十八佛不共法，有为无为增语。此增语既非有，如何可言，即佛十力。若有为，若无为增语是菩萨摩诃萨，即四无所畏、四无碍解、十八佛不共法。若有为、若无为，增语是菩萨摩诃萨。善现，汝复观何义言，即佛十力。若有漏、若无漏增语非菩萨摩诃萨，即四无所畏、四无碍解、十八佛不共法。若有漏、若无漏，增语非菩萨摩诃萨耶。世尊，若佛十力有漏、无漏。若四无所畏、四无碍解、十八佛不共法，有漏无漏，尚毕竟不可得，性非有故。况有佛十力，有漏、无漏，增语及四无所畏、四无碍解、十八佛不共法，有漏无漏增语。此增语既非有，如何可言，即佛十力。若有漏、若无漏增语是菩萨摩诃萨，即四无所畏、四无碍解、十八佛不共法。若有漏，若无漏增语是菩萨摩诃萨。①

比对 Or.12380-3461a（K.K.）、Or.12380-3461b（K.K.）残经，可以确定它们为同部同版残经，二者内容可缀合，Or.12380-3461a（K.K.）残经在前，后面接、Or.12380-3461b（K.K.）残经内容。

441.Or.12380-3462（K.K.V.b.02.a）存 1 页 10 行，行 14~18 字不等，有涂改之处，上下栏线单栏，写本卷轴装，刊布者定名为《大般若波罗蜜多经》，下面将西夏文录文并对译如下：

[illegible]□□□□□□[illegible]

① （唐）玄奘译《大般若波罗蜜多经》卷 33，《大正藏》第 5 册，第 220 号，第 182 页上栏 22~29。

鼻舌身意触缘起诸受法□□□□□□施

[illegible][1] [illegible]

设所有耳鼻舌身意触缘起诸受法界相

[illegible]

名成菩萨摩诃萨真依知悟彼中学故法一

[illegible]□□□

切于略广相真依知悟也世尊地界□□□

[illegible]

水火风空识界法界相者何云诸菩萨摩诃

[illegible]

萨何云真依知悟彼中学故法一切于略

[illegible]

广相真依知悟也善现地界法界虚空界

[illegible]

地界法界名成是地界法界亦无别无断故

[illegible]

设置许有地界法界相名成水火风空识

[illegible]

界法界虚空界水火风空识界法界名成是故

可确定残经为唐玄奘所译《大般若波罗蜜多经》第三百五十八卷之“初分多问不二品第六十一之八”的相应内容：

……鼻、舌、身、意触为缘所生诸受法界，此耳、鼻、舌、身、意触为缘所生诸受法界亦无断无别而可施设，是名耳、鼻、舌、身、意触为缘所生诸受法界相。诸菩萨摩诃萨如实了知当于中学，于一切法如实了知略广之相。

---

① 西夏文“[illegible]”译为“设置”“施设”。

世尊！云何地界法界相，云何水、火、风、空、识界法界相，诸菩萨摩诃萨如实了知而于中学，于一切法如实了知略广之相？

善现！地界界、虚空界是名地界法界，此地界、法界无断、无别而可施设，是名地界、法界相；水、火、风、空、识界界虚空界是名水、火、风、空、识界法界，此水、火、风、空、识界法界亦无断无别而可施设，是名水、火、风、空、识界法界相……①

442.Or.12380-3462V（K.K.V.b.02.a）存 1 页 10 行，行 16~17 字不等，有涂改之处，写本，刊布者定名为《大般若波罗蜜多经》，下面将西夏文录文并对译如下：

[illegible]□□□□[illegible]

断故施设许有耳鼻舌身意□□□□名

[illegible]□□□[illegible]

成诸菩萨摩诃萨真依知悟□□□故法

[illegible]□□□[illegible]

一切于略广相真依知悟也□□□触缘

[illegible]

起诸受法界相耳鼻舌身意触缘生诸受

[illegible]

法界相者何云诸菩萨摩诃萨何云真依知

[illegible]

彼中学故法一切于略广相真依知悟也

[illegible]

善现眼触缘起诸受界虚空界眼触缘起诸

[illegible]

受法界名成是眼触缘起诸受法界无别

① （唐）玄奘译《大般若波罗蜜多经》卷 358，《大正藏》第 6 册，第 220 号，第 854 页中栏 5~17。

[illegible]
无断方言辞许有眼触缘起诸受法界相
[illegible]
名成耳鼻舌身意触缘起诸受界虚空界
[illegible]
耳鼻舌身意触缘起诸受法界名成是耳

可确定残经为唐玄奘所译《大般若波罗蜜多经》第三百五十八卷之“初分多问不二品第六十一之八”的相应内容：

……此耳、鼻、舌、身、意、触法界亦无断无别而可施设，是名耳、鼻、舌、身、意、触法界相。诸菩萨摩诃萨如实了知当于中学。于一切法如实了知略广之相。世尊，云何眼触为缘所生诸受法界相？云何耳、鼻、舌、身、意、触为缘所生诸受法界相？诸菩萨摩诃萨如实了知而于中学，于一切法如实了知略广之相。善现，眼触为缘所生诸受界虚空界，是名眼触为缘所生诸受法界。此眼触为缘所生诸受法界无断无别而可施设，是名眼触为缘所生诸受法界相。耳、鼻、舌、身、意、触为缘所生诸受界虚空界，是名耳、鼻、舌、身、意、触为缘所生诸受法界。此耳、鼻、舌、身、意、触为缘所生诸受法界亦无断无别而可施设，是名耳……。[①]

443.Or.12380-3463（K.K.）存 1 页 18 行，行 16 字，上下单栏，写本卷轴装，原佛经上有 3463，刊布者定名为《大般若波罗蜜多经》，下面将西夏文录文并对译如下：

□□□□[illegible]□□[illegible]□□
□□□□意处常非毁□□舍利子□□

① （唐）玄奘译《大般若波罗蜜多经》卷 358，《大正藏》第 6 册，第 220 号，第 845 页上栏 24~ 中栏 5。

[illegible]
□非散毁亦无声香味触法处常非散毁
[illegible]
亦无舍利子眼界常非散毁亦无□界□
[illegible]
识界及眼触眼触缘起诸受常非散毁□
[illegible]
无舍利子耳皆常非散毁亦无声界耳□
[illegible]
界及耳触眼触缘起诸受常非散毁亦□
[illegible]
舍利子鼻界常非散毁亦无香界鼻识界
[illegible]
及触鼻触缘起诸受常非散毁亦无舍利
[illegible]
子舌界常非散毁亦无味界舌识界及舌
[illegible]
触舌触缘起诸受常非散毁亦无舍利子
[illegible]
身常非散毁亦无触界身识界及身触
[illegible]
□□缘起诸受非常散毁亦无舍利子意
[illegible]
□□□散毁亦无法界意识界及意触意
[illegible]
□□□诸受常非散毁亦无舍利子地界
[illegible]
□□散毁亦无水火风空识界常非散毁
[illegible]

□□舍利子苦圣谛常非散毁亦无集灭道

□[illegible]

□谛常非散毁亦无舍利子照无常非散毁

[illegible]

亦无行识名色六处触受爱取有生老病

可确定残经为唐玄奘所译《大般若波罗蜜多经》第六十七卷之“初分无所得品第十八之七”的相应内容：

……意处非我亦无散失。舍利子！色处非我亦无散失，声、香、味、触、法处非我亦无散失。舍利子！眼界非我亦无散失，色界、眼识界及眼触、眼触为缘所生诸受非我亦无散失。舍利子！耳界非我亦无散失，声界、耳识界及耳触、耳触为缘所生诸受非我亦无散失。舍利子！鼻界非我亦无散失，香界、鼻识界及鼻触、鼻触为缘所生诸受非我亦无散失。舍利子！舌界非我亦无散失，味界、舌识界及舌触、舌触为缘所生诸受非我亦无散失。舍利子！身界非我亦无散失，触界、身识界及身触、身触为缘所生诸受非我亦无散失。舍利子！意界非我亦无散失，法界、意识界及意触、意触为缘所生诸受非我亦无散失。舍利子！地界非我亦无散失，水、火、风、空、识界非我亦无散失。舍利子！苦圣谛非我亦无散失，集、灭、道圣谛非我亦无散失。舍利子！无明非我亦无散失，行、识、名色、六处、触、受、爱、取、有、生、老、死、愁、叹、苦、忧、恼非我亦无散失。①

444.Or.12380-3463V（K.K.）存 1 页 23 行，行 17 字，上下单栏，写本卷轴装，前后都有残缺，刊布者定名为《大般若波罗蜜多经》，下面将西夏文录文并对译如下：

① （唐）玄奘译《大般若波罗蜜多经》卷 67，《大正藏》第 5 册，第 220 号，第 380 页上栏 8~26。

□□□□[illegible]

□□□□诸受常非散毁亦无舍利子地界

[illegible]

常非散毁亦无水火风空识界常非散毁

□□[illegible]

□□舍利子苦圣谛常非散毁亦无集灭道

□[illegible]

□谛常非散毁亦无舍利子明无常非散毁

[illegible]

亦无行识名色六处触受爱取有增老病

[illegible]

愁闷苦忧恼常非散毁亦无舍利子内空常

[illegible]

非散毁亦无惧空无惧空空空大胜意空为

[illegible]

有空为无空毕竟空边无空散空无幻化空

[illegible]

本性空自相空共相空法一切空得处无空

[illegible]

及无自性空性无自性空常非散毁亦无舍

[illegible]

利子非布施波罗蜜多常非散毁亦无戒净安

[illegible]

忍精进寂思般若波罗蜜多常非散毁亦

[illegible]

无舍利子四寂思常非散毁亦无四无量四

[illegible]

色无定常非散毁亦无舍利子八解脱常非

[illegible]

散毁亦无八胜处九次依定十至处常非散毁

[illegible]

亦无舍利子四念住常非散毁亦无四正断

[illegible]

四贤足五本五常七等识缘八圣道支常非

[illegible]

散毁亦无舍利子空解脱苦常非散毁亦无

□□□[illegible]

□□□无解脱苦常非散毁亦无舍利子五眼

[illegible]□□□□□

常非散毁亦无六神通常非□□□□□

□□□□[illegible]□□□□□□

□□□□常非散毁亦无□□□□□□

□□□□□[illegible]□□□□□□□□□

□□□□□大喜□□□□□□□□□

□□□□[illegible]□□□□□□□□□

□□□□舍利子□□□□□□□□□

可确定残经为唐玄奘所译《大般若波罗蜜多经》第六十七卷之“初分无所得品第十八之七”的相应内容：

……诸受非常亦无散失。舍利子，地界非常亦无散失，水、火、风、空、识界非常亦无散失。舍利子，苦圣谛非常亦无散失，集、灭、道圣谛非常亦无散失。舍利子，无明非常亦无散失，行、识、名、色、六处、触、受、爱、取、有生老死愁叹苦忧恼非常亦无散失。舍利子，内空非常亦无散失，外空、内外空、空空、大空、胜义空、有为空、无为空、毕竟空、无际空、散空无、变异空、本性空、自相空、共相空、一切法空、不可得空、无性空、自性空、无性自性空非常亦无散失。

舍利子，布施波罗蜜多非常亦无散失，净戒、安忍、精进、静虑般若波罗蜜多非常亦无散失。舍利子，四静虑非常亦无散失，四无量、四无色定非常亦无散失。舍利子，八解脱非常亦无散失，八胜处、九次第定、十遍处非常亦无散失。舍利子，四念住非常亦无散失，四正断、四神足、五根、五力、七等觉支、八圣道支非常亦无散失。舍利子，空解脱门非常亦无散失。无相、无愿解脱门非常亦无散失舍利子，五眼非常亦无散失，六神通非常亦无散失。舍利子，佛十力非常亦无散失，四无所畏、四无碍解、大慈、大悲、大喜、大舍十八佛不共法非常亦无散失。舍利子，一切智非常亦无散失……。[①]

445.Or.12380-3464（K.K.）存 1 页 19 行，行 16~18 字，上下单栏，写本卷轴装，前后都有残缺，后面内容残缺严重，残经上有 3464 号，刊布者定名为《大般若波罗蜜多经》，下面将西夏文录文并翻译如下：

[illegible]

中学故法□□□□□相真依知悟也世

[illegible]

尊明无法界相行识名色六处触受爱取

[illegible]

有生老病愁闷苦忧恼法界相者何云诸

[illegible]

菩萨摩诃萨何云真依知悟彼中学故法

[illegible]

一切于略广相真依知悟也是无法界虚空

[illegible]

界明无法界名成是明无法界无别无断

① （唐）玄奘译《大般若波罗蜜多经》卷 67，《大正藏》第 5 册，第 220 号，第 380 页下栏 27~381 页上栏 23。

② 西夏文“[illegible]”译为“略广真相”“略广实相”，汉文本为“略广之相”。

[illegible]
方施设所有明无法界相名成行乃至
[illegible]
老死愁闷苦忧恼法界虚空界行乃至老死
[illegible]
愁闷苦忧恼法界名成是行乃至老死愁
[illegible]
忧苦思恼法界亦无别无断方施设所有
□□□□□□□□[illegible]
□□□□□□□□思恼法界相名成诸
□□□□□□□□□[illegible]
□□□□□□□□□彼中学故法一切
□□□□□□□□□□[illegible]
□□□□□□□□□□世尊布施波罗
□□□□□□□□□□[illegible]
□□□□□□□□□□精进寂思般若
□□□□□□□□□□□[illegible]
□□□□□□□□□□□菩萨摩诃萨何
[illegible]□□□□□□□[illegible]
云□□□□□□□法一切于略广相真
□□□□□□□□[illegible][1]
□□□□□□□□罗蜜多法界虚空界
□□□□□□□[illegible]
□□□□□□□界名成是布施波罗蜜
□□□□□□□□[illegible]
□□□□□□□□施设所有布施波罗

① 西夏文"[illegible]"译为"虚空界"，虚空界，指眼所见的大空。

可确定残经为唐玄奘所译《大般若波罗蜜多经》第三百五十八卷之“初分多问不二品第六十一之八”的相应内容：

……诸菩萨摩诃萨如实了知当于中学，于一切法如实了知略广之相。世尊，云何无明法界相？云何行、识、名、色、六处、触、受、爱、取、有、生、老、死、愁、叹、苦、忧、恼法界相？诸菩萨摩诃萨如实了知而于中学，于一切法如实了知略广之相。善现，无明界虚空界是名无明法界，此无明法界无断无别而可施设，是名无明法界相，行乃至老、死、愁、叹、苦、忧、恼界、虚空界是名行乃至老、死、愁、叹、苦、忧、恼法界。此行乃至老、死、愁、叹、苦、忧、恼法界亦无断无别而可施设，是名行乃至老、死、愁、叹、苦、忧、恼法界相。诸菩萨摩诃萨如实了知当于中学，于一切法如实了知略广之相。世尊，云何布施波罗蜜多法界相？云何净戒、安忍、精进、静虑般若波罗蜜多法界相？诸菩萨摩诃萨如实了知而于中学，于一切法如实了知略广之相。善现，布施波罗蜜多界虚空界是名布施波罗蜜多法界。①

446.Or.12380-3465（K.K.）（3-1）存4折页每折页6行，行12~17字不等，上下栏线单栏，写本卷轴装，第三折页处有两行与其他地方不同的笔记（即黑色字体）。刊布者定名为《大般若波罗蜜多经》，下面将西夏文录文并对译如下：

[illegible]

上正等菩提证欲故最深般若波罗蜜多

[illegible]

勤修学应诸法无思修无染著应善现若菩

① （唐）玄奘译《大般若波罗蜜多经》卷358，《大正藏》第6册，第220号，第845页中栏24~下栏10。

[illegible][1][illegible]
萨摩诃萨眼处思念耳鼻舌身意处思念故
[illegible][2][illegible]
故欲界色界色无界染著若欲界色界无
[illegible]
无界染著故诸菩萨摩诃萨行具足修无
[illegible]
能及最上正等菩提亦证得无能若菩萨
[illegible]
摩诃萨眼处无思念耳鼻舌身意处无□
[illegible]
故故欲界色界色无界无染著若欲界□
[illegible]
界色无界无染著故故诸菩萨摩诃萨行
[illegible]
具足修能最上正等菩提证得善现此缘
[illegible]
无菩萨摩诃萨菩萨摩诃萨行修欲最上
[illegible]
正等菩提证欲故最深般若波罗蜜多
[illegible]
勤修学应诸法无思念无染著应善现若
[illegible]
菩萨摩诃萨色处思念声香味触法处思
[illegible]
念故故欲界色界色无界染著若欲

---

① 西夏文“[illegible]”译为“思念”“思惟”。

② 西夏文“[illegible]”译为“欲界、色界、无色界”，汉文本为“欲界、色无色界”。

[illegible]
界色界色无界染著故诸菩萨
[illegible]
摩诃萨行具足修无能无最上正等菩提
[illegible]
亦证得无能若菩萨摩诃萨色无思念
[illegible]
声香味触法处无思念故欲界色界色无
[illegible]
界无染著若欲界色界色无界无染著故
[illegible]
故诸菩萨摩诃萨行具足修能最上正等
[illegible]
菩提证得善现是缘若菩萨摩诃萨菩
[illegible]
萨摩诃萨行修欲最上正等菩提证欲故
[illegible]
最深般若波罗蜜多勤修学应诸法无思

可确定残经为唐玄奘译《大般若波罗蜜多经》第三百五十三卷之“初分多问不二品第六十一之三”的相应内容：

……无上正等菩提，当勤修学甚深般若波罗蜜多，不应思惟染著诸法。善现！若菩萨摩诃萨思惟眼处，思惟耳、鼻、舌、身、意处，则染著欲界、色无色界。若染著欲界、色无色界，不能具足修诸菩萨摩诃萨行证得无上正等菩提。若菩萨摩诃萨不思惟眼处，不思惟耳、鼻、舌、身、意处，则不染著欲界、色无色界。若不染著欲界、色无色界，则能具足修诸菩萨摩诃萨行证得无上正等菩提。是故，善现！若菩萨摩诃萨欲修菩萨摩诃萨行，欲证无上正等菩提，当勤修学甚深般若波罗蜜多，不应思惟染著诸法。善现！若菩萨摩诃萨思惟色处，思惟声、香、味、触、法处，则染著欲界、色、无色界。若染著欲界、色无色界，不能具足修诸菩萨摩诃萨行证得无上正等菩提。若菩萨摩诃萨不思惟色处，不思惟声、香、味、触、法处，则不染著欲界、色无色界。若不染著欲界、色、无色界，则能具足修诸菩萨摩诃萨行证得无上正等菩提。是故，善现！若菩萨摩诃萨欲修菩萨摩诃萨行，欲证无上正等菩提，当勤修学甚深般若波罗蜜多，不应思惟染著诸法。[1]

447.Or.12380-3465（K.K.）（3-2）存 4 折页，每折页 6 行，行 15~17 字不等，上下栏线单栏，写本卷轴装，内容接 Or.12380-3465（K.K.）（3-1），有两行与之重复。刊布者定名为《大般若波罗蜜多经》，下面将西夏文录文并对译如下：

[illegible]

萨摩诃萨行修欲最上正等菩提证欲故

[illegible]

最妙般若波罗蜜多勤修学应诸法无思

[illegible]

念无染著应善现若菩萨摩诃萨眼界思

[illegible]

念耳鼻舌身意界思念故故欲界色界色无

[illegible]

界染著若欲界色界色无界染著故菩萨

[illegible]

摩诃萨行具足修无能无最上正等菩提

[illegible]

① （唐）玄奘译《大般若波罗蜜多经》卷 353，《大正藏》第 6 册，第 220 号，第 814 页中栏 7~26。

亦证得无能若菩萨摩诃萨眼界无思念

[illegible]

耳鼻舌身意界无思念故故欲界色界色

[illegible]

无界无染著若欲界色界色无界无染著故

[illegible]

故诸菩萨摩诃萨行具足修无能最上正

[illegible]

等菩提证得善现是缘若菩萨摩诃萨菩

[illegible]

萨摩诃萨行修欲最上正等菩提证欲故

[illegible]

最深般若波罗蜜多勤修学应诸法无念

[illegible]

思无染著应善现若菩萨摩诃萨色界

[illegible]

思念声香味触法界思念故故欲界色界

[illegible]

色无界染著若欲界色界色无界染著故

[illegible]

诸菩萨摩诃萨行具足修无能及最上正

[illegible]

等菩提证得无能若菩萨摩诃萨欲界无

[illegible]

思念声香味触界无思念故故欲界色界

[illegible]

色无界及染著若欲界色界色无界无染

[illegible]

[illegible]

著故故诸菩萨摩诃萨行具足修能最上

[illegible]

正等菩提证得善现此缘若菩萨摩诃萨

[illegible]

菩萨摩诃萨行修欲最上正等菩提证欲

[illegible][1][illegible]

故最深般若波罗蜜多勤修学应诸法

[illegible]

无思念无染著应善现若菩萨摩诃萨眼

[illegible]

识界思念耳鼻舌身意识界思念故方欲

可确定残经为唐玄奘译《大般若波罗蜜多经》第三百五十三卷之“初分多问不二品第六十一之三”的相应内容：

……不能具足修诸菩萨摩诃萨行证得无上正等菩提。若菩萨摩诃萨不思惟眼界，不思惟耳、鼻、舌、身、意界，则不染著欲界、色无色界。若不染著欲界、色无色界，则能具足修诸菩萨摩诃萨行证得无上正等菩提。是故，善现！若菩萨摩诃萨欲修菩萨摩诃萨行，欲证无上正等菩提，当勤修学甚深般若波罗蜜多，不应思惟染著诸法。

善现！若菩萨摩诃萨思惟色界，思惟声、香、味、触、法界，则染著欲界、色无色界。若染著欲界、色无色界，不能具足修诸菩萨摩诃萨行证得无上正等菩提。若菩萨摩诃萨不思惟色界，不思惟声、香、味、触、法界，则不染著欲界、色无色界。若不染著欲界、色无色界，则能具足修诸菩萨摩诃萨行证得无上正等菩提。是故，善现！若菩萨摩诃萨欲修菩萨摩诃萨行，欲证无上正等菩提，

① 西夏文“[illegible]”译为“勤修学甚深波罗蜜多”。

当勤修学甚深般若波罗蜜多，不应思惟染著诸法。善现！若菩萨摩诃萨思惟眼识界，思惟耳、鼻、舌、身、意识界，则染著欲界、色、无色界。若染著欲界、色无色界，不能具足修诸菩萨摩诃萨行证得无上正等菩提。若菩萨摩诃萨不思惟眼识界，不思惟耳、鼻、舌、身、意识界……①

448.Or.12380-3465（K.K.）(3-3) 存 4 折页，每折页 6 行，行 15~16 字不等，上下栏线单栏，写本卷轴装，其中一折页残缺严重，内容接 Or.12380-3465（K.K.）(3-2)，有 6 行重复。刊布者定名为《大般若波罗蜜多经》，下面将西夏文录文并对译如下：

[illegible]
著故故诸菩萨摩诃萨行具足修能最上
[illegible]
正等菩提证得善现此缘若菩萨摩诃萨
[illegible]
菩萨摩诃萨行修欲最上正等菩提证欲
[illegible]
故最深般若波罗蜜多勤修学应诸法
[illegible]
无思念无染著应善现若菩萨摩诃萨眼
[illegible]
识界思念耳鼻舌身意识界思念故故欲

[illegible]
界色界色无界染著若欲界色界色无界
[illegible]

① （唐）玄奘译《大般若波罗蜜多经》卷 353，《大正藏》第 6 册，第 220 号，第 814 页下栏 7~26。

[illegible]
染著故诸菩萨摩诃萨行具足修无能及
[illegible]
最上正等菩提亦证得无能若菩萨摩
[illegible]
诃萨眼识界无思念耳鼻舌身意识界无
[illegible]
思念故故欲界色界色无界无染著若欲
[illegible]
界色界色无界无染著故故诸菩萨摩诃

[illegible]
萨行具足修能最上正等菩提证得善现
[illegible]
是缘若菩萨摩诃萨菩萨摩诃萨行修欲
[illegible]
最上正等菩提证欲故最深般若波罗
[illegible]
蜜多勤修学应诸法无思念无染著应善
[illegible]
现若菩萨摩诃萨眼触思念耳鼻舌身意
[illegible]
触思念故故欲界色界色无界染著若欲

[illegible]
界色界色无界无染著故故诸菩萨摩诃萨行
[illegible]□□□□
具足修无能无最上正等菩提□□□□
[illegible]□□□□
能若菩萨摩诃萨眼触无思念□□□□

[illegible]
意触无思念故故欲界色界色无界无染
[illegible]□□□□□□□
著若欲界色界色无界□□□□□□□
[illegible]□□□□□□□□□□□□
萨摩诃萨□□□□□□□□□□□□

可确定残经为唐玄奘译《大般若波罗蜜多经》第三百五十三卷之“初分多问不二品第六十一之三”的相应内容：

……若不染著欲界、色、无色界，则能具足修诸菩萨摩诃萨行证得无上正等菩提。是故，善现！若菩萨摩诃萨欲修菩萨摩诃萨行，欲证无上正等菩提，当勤修学甚深般若波罗蜜多，不应思惟染著诸法。善现！若菩萨摩诃萨思惟眼触为缘所生诸受，思惟耳、鼻、舌、身、意触为缘所生诸受，则染著欲界、色无色界。若染著欲界、色无色界，不能具足修诸菩萨摩诃萨行证得无上正等菩提。若菩萨摩诃萨不思惟眼触为缘所生诸受，不思惟耳、鼻、舌、身、意触为缘所生诸受，则不染著欲界、色无色界。若不染著欲界、色、无色界，则能具足修诸菩萨摩诃萨行证得无上正等菩提。是故，善现！若菩萨摩诃萨欲修菩萨摩诃萨行……①

比对 Or.12380-3465（K.K.）（3-1、3-2、3-3）残经，可以确定其内容为《大般若波罗蜜多经》第三百五十三卷之“初分多问不二品第六十一之三”的相应内容，三个编号内容基本连贯。

449.Or.12380-3466（K.K.）（3-1）存 26 行，行 16~17 字不等，上下栏线单栏，写本卷轴装，刊布者定名为《大般若波罗蜜多经》，下面将西夏文录文并对译如下：

---

①（唐）玄奘译《大般若波罗蜜多经》卷 353，《大正藏》第 6 册，第 220 号，第 815 页上栏 7~16。

色无定清净故一切智智清净何云也若众

生清净若四无量四色无定清净若一切智

智清净无二无二分无异无断也善现众生

清净故八解脱清净八解脱清净故一切智

智清净何云也若众生清净若八解脱清净

若一切智智清净无二无二分无异无断也

众生清净故八胜处九次依定十至处清净

八胜处九次依定十至处清净故一切智智

清净何云也若众生清净若八胜处九次依

定十至处清净若一切智智清净无二无二

分无异无断也善现众生清净故四念住清

净也四念住清净故一切智智清净何云也

若众生清净若四念住清净若一切智智清

净无二无二分无异无断也众生清净故四

德断四贤足五本五力七双慧缘八圣道支
[illegible]
清净四德断乃至八圣道支清净故一切智
[illegible]
智清净何云也若众生清净若德四断乃至
[illegible]
八圣道支清净若一切智智清净无二无二
[illegible]
分无异无断也善现众生清净故空解脱门
[illegible]
清净空解脱门清净故一切智智清净何云
[illegible]
也若众生清净若空解脱门清净若一切智
[illegible]
智清净无二无二分无异无断也众生清净
[illegible]
故相无愿无解脱门清净相无愿无解脱门
[illegible]
清净故一切智智清净何云也若众生清净
[illegible]
若无相无愿解脱门清净若一切智智清净
[illegible]
无二无二分无异无断也善现众生清净故

可确定残经为唐玄奘译《大般若波罗蜜多经》第一百九十六卷之“初分难信解品第三十四之十五”的相应内容：

……有情清净，故四无量、四无色定清净。四无量、四无色定清净，故一切智智清净。何以故？若有情清净，若四无量、四无色定清净，若一切智智清净，无二、无二分、无别、无断故。

善现！有情清净，故八解脱清净。八解脱清净，故一切智智清净。何以故？若有情清净，若八解脱清净，若一切智智清净，无二、无二分、无别、无断故。有情清净，故八胜处、九次第定、十遍处清净。八胜处、九次第定、十遍处清净，故一切智智清净。何以故？若有情清净，若八胜处、九次第定、十遍处清净，若一切智智清净，无二、无二分、无别、无断故。

善现！有情清净，故四念住清净。四念住清净，故一切智智清净。何以故？若有情清净，若四念住清净，若一切智智清净，无二、无二分、无别、无断故。有情清净故四正断、四神足、五根、五力、七等觉支、八圣道支清净，四正断乃至八圣道支清净故一切智智清净。何以故？若有情清净，若四正断乃至八圣道支清净，若一切智智清净，无二、无二分、无别、无断故。

善现！有情清净，故空解脱门清净。空解脱门清净，故一切智智清净。何以故？若有情清净，若空解脱门清净，若一切智智清净，无二、无二分、无别、无断故。有情清净，故无相、无愿解脱门清净。无相、无愿解脱门清净，故一切智智清净。何以故？若有情清净……①

450.Or.12380-3466（K.K.）（3-2）存26行，行16~17字不等，上下栏线单栏，写本卷轴装，前两行与Or.12380-3466（K.K.）（3-1）最后两行重复，二者相连。刊布者定名为《大般若波罗蜜多经》，下面将西夏文录文并对译如下：

菝皾緕犕緕緂亥毅謖蒱菝祇祇彨彨謖蒱

若无相无愿解脱门清净若一切智智清净

㤽桅㤽桅𨰻㤽𣏹㤽𢬵𢇍𥿍蕂糀絺謖蒱絳

①（唐）玄奘译《大般若波罗蜜多经》卷196，《大正藏》第5册，第220号，第1049页下栏9~1050上栏2。

无二无二分无异无断也善现众生清净故
[illegible]
菩萨十地清净菩萨十地清净故一切智
[illegible]
智清净何云也若众生清净若菩萨十地
[illegible]
清净若一切智智清净无二无二分无异
[illegible]
无断也善现众生清净故五眼清净五眼
[illegible]
清净故一切智智清净何云也若众生清
[illegible]
净若五眼清净若一切智智清净无二无
[illegible]
二分无异无断也众生清净故六神通清
[illegible]
净六神通清净故一切智智清净何云也
[illegible]
若众生清净若六神通清净若一切智智
[illegible]
清净无二无二分无异无断也善现众生
[illegible]
清净故佛十力清净佛十力清净故一切
[illegible]
智智清净何云也若众生清净若佛十力
[illegible]
清净若一切智智清净无二无二分无异
[illegible]
无断也众生清净故四恐所无四坏无悟

[illegible]
大慈大悲大喜大舍佛十八不共法清净
[illegible]
四恐所无乃至佛十八不共法清净故一
[illegible]
切智智清净何云也若众生清净若四恐
[illegible]
所无乃至佛十八不共法清净若一切智
[illegible]
智清净无二无二分无异无断也善现众
[illegible]
生清净故无失忘法清净无失忘法清净
[illegible]
故一切智智清净何云也若众生清净若
[illegible]
无失忘法清净若一切智智清净无二无
[illegible]
二分无异无断也众生清净故常舍性住
[illegible]
清净常舍性住清净故一切智智清净何（云）

可确定残经为唐玄奘译《大般若波罗蜜多经》第一百九十六卷之“初分难信解品第三十四之十五”的相应内容：

……若无相、无愿解脱门清净，若一切智智清净，无二、无二分、无别、无断故。善现，有情清净，故菩萨十地清净。菩萨十地清净，故一切智智清净。何以故？若有情清净，若菩萨十地清净，若一切智智清净，无二、无二分、无别、无断故。善现，有情清净，故五眼清净。五眼清净，故一切智智清净。何以故？若有情清净、若五眼清净、若一切智智清净，无二、无二分、无别、无断故。有情清净，故六神通清净。六神通清净，故一切智智清净。何以故？若有情清净，若六神通清净，若一切智智清净，无二、无二分、无别、无断故。善现，有情清净，故佛十力清净。佛十力清净，故一切智智清净。何以故？若有情清净，若佛十力清净，若一切智智清净，无二、无二分、无别、无断故。有情清净，故四无所畏、四无碍解、大慈、大悲、大喜、大舍、十八佛不共法清净。四无所畏乃至十八佛不共法清净，故一切智智清净。何以故？若有情清净，若四无所畏乃至十八佛不共法清净，若一切智智清净，无二、无二分、无别、无断故。善现，有情清净，故无忘失法清净。无忘失法清净，故一切智智清净。何以故？若有情清净，若无忘失法清净，若一切智智清净，无二、无二分、无别、无断故。有情清净，故恒住舍性清净。恒住舍性清净，故一切智智清净。何以故？①

451.Or.12380-3466（K.K.）(3-3）存 24 行，行 16~17 字不等，上下栏线单栏，写本卷轴装，前八行与 Or.12380-3466（K.K.）(3-2）最后八行重复，二者相接。刊布者定名为《大般若波罗蜜多经》，下面将西夏文录文并对译如下：

[illegible]
切智智清净何云也若众生清净若四恐
[illegible]
所无乃至佛十八不共法清净若一切智
[illegible]
智清净无二无二分无异无断也善现众
[illegible]
生清净故无失忘法清净无失忘法清净

① （唐）玄奘译《大般若波罗蜜多经》卷 196，《大正藏》第 5 册，第 220 号，第 1050 页上栏 2~27。

[illegible]
故一切智智清净何云也若众生清净若
[illegible]
无失忘法清净若一切智智清净无二无
[illegible]
二分无异无断也众生清净故常离性住
[illegible]
清净常离性住清净故一切智智清净何
[illegible]
云也若众生清净若常舍性住清净若一
[illegible]
切智智清净无二无二分无异无断也善
[illegible]
现众生清净故一切智清净一切智清净
[illegible]
故一切智智清净何云也若众生清净若
[illegible]
一切智清净若一切智智清净无二无二
[illegible]
分无异无断也众生清净故道相智一切
[illegible]
相智清净道相智一切相智清净故一切
[illegible]
智智清净何云也若众生清净若道相智
[illegible]
一切相智清净若一切智智清净无二无
[illegible]
二分无异无断也善现众生清净故陀罗尼
[illegible]

门一切清净陀罗尼门一切清净故一切

[illegible]

智智清净何云也若众生清净若陀罗尼

[illegible]

门一切清净若一切智智清净无二无二

[illegible]

分无异无断也众生清净故三昧地门一

[illegible]□□□□

切清净三昧地门一切清净故□□□□

[illegible]

清净何云也若众生清净若三昧地门一

可确定残经为唐玄奘译《大般若波罗蜜多经》第一百九十六卷之“初分难信解品第三十四之十五”的相应内容：

……若一切智智清净，无二、无二分、无别、无断故。有情清净，故四无所畏、四无碍解、大慈、大悲、大喜、大舍、十八佛不共法清净。四无所畏乃至十八佛不共法清净，故一切智智清净。何以故？若有情清净，若四无所畏乃至十八佛不共法清净，若一切智智清净，无二、无二分、无别、无断故。善现，有情清净，故无忘失法清净。无忘失法清净，故一切智智清净。何以故？若有情清净，若无忘失法清净，若一切智智清净，无二、无二分、无别、无断故。有情清净，故恒住舍性清净。恒住舍性清净，故一切智智清净。何以故？若有情清净，若恒住舍性清净，若一切智智清净，无二、无二分、无别、无断故。善现，有情清净，故一切智清净。一切智清净，故一切智智清净。何以故？若有情清净，若一切智清净，若一切智智清净，无二、无二分、无别、无断故。有情清净，故道相智、一切相智清净。道相智、一切相智清净，故一切智智清净。何以故？若有情清净，若道相智、一切相智清净，若一切智智清净，无二、无二分、无别、无断故。善现，有情清净，故一切陀罗尼门清净。一切陀罗尼门清净，故一切智智清净。何以故？若有情清净，若一切陀罗尼门清净，若一切智智清净，无二、无二分、无别、无断故。有情清净，故一切三摩地门清净。一切三摩地门清净，故一切智智清净。何以故？若有情清净，若一切三摩地门清净……[①]

Or.12380-3466（K.K.）(3-1)(3-2)(3-3) 内容相连，但每个编号内容有重复。

452.Or.12380-3468（K.K.）存 4 折 22 行，行 16~17 不等字，上下栏线单栏，写本卷轴装，存有经题。刊布者定名为《大般若波罗蜜多经第二十六卷》，下面将西夏文录文并对译如下：

[illegible]

常无常增言有处何有是增言无及有故

[illegible]

何云是地界若恒若无恒增言菩萨摩诃

[illegible]

萨是此水火风空识界若恒若无恒增言

[illegible]

菩萨摩诃萨是说且善现汝及何义观以

[illegible]□□

是地界若安若苦增言菩萨摩诃萨□□

[illegible]

水火风空识界若安若苦增言菩萨摩诃

[illegible]

萨非说使世尊若地界安苦若水火风空

① （唐）玄奘译《大般若波罗蜜多经》卷 196，《大正藏》第 5 册，第 220 号，第 1050 页上栏 27~ 中栏 12。

[illegible]
识界安苦亦性无有故毕竟得处无及地
[illegible]
界安苦增言水火风空识界安苦增言有
[illegible]
处何有是增言无及有故何云是地界若
[illegible]
安若苦增言菩萨摩诃萨也此水火风空
[illegible]
识界若安若苦增言菩萨摩诃萨是说且
[illegible]
善现汝及何义观以是界地若我若我无
[illegible]
增言菩萨摩诃萨非此水火风空识界若
[illegible]
我若我无增言菩萨摩诃萨非说使世尊
[illegible]
若地界我我无若水火风空识界我我无
[illegible]
亦性无有故毕竟得处无及地界我我无增
[illegible]
言水火风空识界我我无增言有处何有
[illegible]
是增言无及有故何云此地界若我人我
[illegible]
无增言菩萨摩诃萨也此水火风空识界
[illegible]
若我若我无增言菩萨摩诃萨也说且
[illegible]

大般若波罗蜜多经典卷二十六第　无

可确定残经为唐玄奘译《大般若波罗蜜多经》第二十六卷“初分教诫教授品第七之十六”的相应内容：

……况有地界常无常增语，及水、火、风、空、识界常无常增语，此增语既非有，如何可言？即地界若常、若无常增语是菩萨摩诃萨，即水、火、风、空、识界若常、若无常增语是菩萨摩诃萨。善现，汝复观何义？言：即地界若乐、若苦增语非菩萨摩诃萨，即水、火、风、空、识界若乐、若苦增语非菩萨摩诃萨耶。世尊，若地界乐苦，若水、火、风、空、识界乐苦，尚毕竟不可得，性非有故。况有地界乐苦增语，及水、火、风、空、识界乐苦增语，此增语既非有，如何可言？即地界若乐、若苦增语是菩萨摩诃萨，即水、火、风、空、识界若乐、若苦增语是菩萨摩诃萨。善现，汝复观何义？言：即地界若我、若无我增语非菩萨摩诃萨，即水、火、风、空、识界若我、若无我增语非菩萨摩诃萨耶。世尊，若地界我无我，若水、火、风、空、识界我无我，尚毕竟不可得，性非有故。况有地界我、无我增语及水、火、风、空、识界我无我增语，此增语既非有，如何可言？即地界若我、若无我增语是菩萨摩诃萨，即水、火、风、空、识界若我、若无我增语是菩萨摩诃萨？①

453.Or.12380-3469（K.K.）（2-1）存 23 行，行 16~17 不等字，上下栏线单栏，写本卷轴装。刊布者定名为《大般若波罗蜜多经》，下面将西夏文录文并对译如下：

□[illegible]

① （唐）玄奘译《大般若波罗蜜多经》卷 26，《大正藏》第 5 册，第 220 号，第 147 页下栏 28~148 页上 18。

□清净若一切智智清净无二无二分无

[illegible][1][illegible]

异无断也善现知者清净故空解脱门清

[illegible]

净空解脱门清净故一切智智清净何云

[illegible]

也若知者清净若空解脱门清净若一切

[illegible]

智智清净无二无二分无异无断也知者

[illegible]

清净故相无愿无解脱门清净相无愿无

[illegible]

解脱门清净故一切智智清净何云也若

[illegible]

知者清净若相无愿无解脱门清净若一

[illegible]

切智智清净无二无二分无异无断也善

[illegible]

现知者清净故菩萨十地清净菩萨十地

[illegible]

清净故一切智智清净何云也若知者清

[illegible]

净若菩萨十地清净若一切智智清净无

[illegible]

二无二分无异无断也

---

① Or.12380-3469(K.K.)（2-1、2-2）内容与残叶 Or.12380-3466(K.K.) 内容有很大部分是一样的，但 Or.12380-3466(K.K.) 用"[illegible]"表示汉语的"有情" Or.12380-3469(K.K.) 用"[illegible]"表示。

[illegible][1]
善现知者清净故五眼清净五眼清净故
[illegible]
一切智智清净何云也若知者清净若五
[illegible]
眼清净若一切智智清净无二无二分无
[illegible]
异无断也知者清净故六神通清净六神
[illegible]
通清净故一切智智清净何云也若知者
[illegible]
清净若六神通清净若一切智智清净无
[illegible]
二无二分无异无断也善现知者清净故
□□[illegible]
□□佛十力清净佛十力清净故一切智
[illegible]
智清净何云也若知者清净若佛十力清
[illegible]
净若一切智智清净无二无二分无异无

可确定残经为《大般若波罗蜜多经》第二百卷“初分难信解品第三十四之十九”的相应内容：

……清净，若一切智智清净，无二、无二分、无别、无断故。

善现！知者清净，故空解脱门清净。空解脱门清净，故一切智智清净。何以故？若知者清净，若空解脱门清净，若一切智智清

① 西夏文“[illegible]”译为“知者”，汉文本为“有情”。

净，无二、无二分、无别、无断故。知者清净，故无相、无愿解脱门清净。无相、无愿解脱门清净，故一切智智清净。何以故？若知者清净，若无相、无愿解脱门清净，若一切智智清净，无二、无二分、无别、无断故。

善现！知者清净，故菩萨十地清净。菩萨十地清净，故一切智智清净。何以故？若知者清净，若菩萨十地清净，若一切智智清净，无二、无二分、无别、无断故。

善现！知者清净，故五眼清净。五眼清净，故一切智智清净。何以故？若知者清净，若五眼清净，若一切智智清净，无二、无二分、无别、无断故。知者清净，故六神通清净。六神通清净，故一切智智清净。何以故？若知者清净，若六神通清净，若一切智智清净，无二、无二分、无别、无断故。

善现！知者清净，故佛十力清净。佛十力清净，故一切智智清净。何以故？若知者清净，若佛十力清净，若一切智智清净，无二、无二分、无别、无断故。①

454.Or.12380-3469（K.K.）（2-2）存 23 行，行 16~19 不等字，上下栏线单栏，写本卷轴装，有 16 行与 Or.12380-3469（K.K.）（2-1）重复，二者可缀合衔接。刊布者定名为《大般若波罗蜜多经》，下面将西夏文录文并对译如下：

[illegible]
知者清净若相无愿无解脱门清净若一
[illegible]
切智智清净无二无二分无异无断也善
[illegible]
现知者清净故菩萨十地清净菩萨十地

① （唐）玄奘译《大般若波罗蜜多经》卷 200，《大正藏》第 5 册，第 220 号，第 1074 页上栏 3~28。

[illegible]
清净故一切智智清净何云也若知者清
[illegible]
净若菩萨十地清净若一切智智清净无
[illegible]
二无二分无异无断也
[illegible]
善现知者清净故五眼清净五眼清净故
[illegible]
一切智智清净何云也若知者清净若五
[illegible]
眼清净若一切智智清净无二无二分无
[illegible]
异无断也知者清净故六神通清净六神
[illegible]
通清净故一切智智清净何云也若知者
[illegible]
清净若六神通清净若一切智智清净无
[illegible]
二无二分无异无断也善现知者清净故
□□[illegible]
□□佛十力清净佛十力清净故一切智
[illegible]
智清净何云也若知者清净若佛十力清
[illegible]
净若一切智智清净无二无二分无异无
[illegible]
断也知者清净故四恐应无四色无悟大
[illegible]

[illegible]
慈大悲大喜大舍佛十八不共法清净四
[illegible]
恐所无乃至佛十八不共法清净故一切
[illegible]
智智清净何云也若知者清净若四恐所
[illegible]
无乃至佛十八不共法清净若一切智智
[illegible]
清净无二无二分无异无断也善现知者
[illegible]
清净故无失忘法清净无失忘法清净故一切智

可以确定残经为唐玄奘译《大般若波罗蜜多经》第二百卷“初分难信解品第三十四之十九”的相应内容：

……若知者清净，若无相、无愿解脱门清净，若一切智智清净，无二、无二分、无别、无断故。

善现！知者清净，故菩萨十地清净。菩萨十地清净，故一切智智清净。何以故？若知者清净，若菩萨十地清净，若一切智智清净，无二、无二分、无别、无断故。

善现！知者清净，故五眼清净。五眼清净，故一切智智清净。何以故？若知者清净，若五眼清净，若一切智智清净，无二、无二分、无别、无断故。知者清净，故六神通清净。六神通清净，故一切智智清净。何以故？若知者清净，若六神通清净，若一切智智清净，无二、无二分、无别、无断故。

善现！知者清净，故佛十力清净。佛十力清净，故一切智智清净。何以故？若知者清净，若佛十力清净，若一切智智清净，无二、无二分、无别、无断故。知者清净，故四无所畏、四无碍解、大慈、大悲、大喜、大舍、十八佛不共法清净。四无所畏乃至十八佛不共法清净，故一切智智清净。何以故？若知者清净，若四无所畏乃至十八佛不共法清净，若一切智智清净，无二、无二分、无别、无断故。善现！知者……[①]

比对 Or.12380-3469（K.K.）（2-1）和 Or.12380-3469（K.K.）（2-2）残经为同部同版残经，二者可缀合，中间内容有重复。

455.Or.12380-3470（K.K.）（2-1）存 23 行，行 16~17 不等字，上下栏线单栏，写本卷轴装，刊布者定名为《大般若波罗蜜多经》，下面将西夏文录文并翻译如下：

[illegible][②][illegible]

真平等皆如真一是平等无二无异也复

[illegible]

次眼触缘起诸受如真平等故如来之如

[illegible]

真亦平等如来之如真正等故眼触缘起

[illegible]

诸受如真亦平等耳鼻舌身意触缘起诸

[illegible]

受如真平等故如来之如真亦平等如来

[illegible]

之如真平等故耳鼻舌身意触缘起诸受

[illegible]

如真亦平等是如若眼触缘起诸受如真

[illegible]

① （唐）玄奘译《大般若波罗蜜多经》卷 200，《大正藏》第 5 册，第 220 号，第 1074 页上栏 11~ 中栏 7。

② 西夏文“[illegible]”译为“皆是一真如平等”，汉文本为“同一真如平等”，“[illegible]”为“正等、平等”。

正等若耳鼻舌身意触缘起诸受如真正

[illegible]

等若如来之如真平等皆如真一是平等

[illegible]

无二无异也复次地界如真平等故如真

[illegible]

之如真亦平等如来之如真平等故地界

[illegible]

如真亦平等水火风空识界如真平等故

[illegible]

如来之如真亦平等如来之如真平等故

[illegible]

水火风空识界如真亦平等是如若地界

[illegible]

如真平等若水火风空识界如真平等若

[illegible]

如来之如真平等皆如真一是平等无二

[illegible]

无异也复次明无如真平等故如来之如

[illegible]

真亦平等如来之如真平等故明无如真

[illegible]

亦平等行识名色六处触受爱取得生老

[illegible]

死如真平等故如来之如真亦平等如来

[illegible]

之如真平等故行乃至老死如真亦平等

[illegible]

是如若明无如真平等若行乃至老死如

[illegible]

真平等若如来之如真平等皆如真一是平

可确定残经为唐玄奘译《大般若波罗蜜多经》第三百二十一卷之“初分真如品第四十七之四”的相应内容：

……若如来真如平等，同一真如平等无二无别。复次，眼触为缘所生诸受真如平等，故如来真如平等。如来真如平等，故眼触为缘所生诸受真如平等。耳、鼻、舌、身、意、触为缘所生诸受真如平等，故如来真如平等。如来真如平等，故耳、鼻、舌、身、意、触为缘所生诸受真如平等。如是若眼触为缘所生诸受真如平等，若耳、鼻、舌、身、意、触为缘所生诸受真如平等，若如来真如平等，同一真如平等无二无别。复次，地界真如平等，故如来真如平等。如来真如平等，故地界真如平等。水、火、风、空、识界真如平等，故如来真如平等。如来真如平等，故水、火、风、空、识界真如平等。如是若地界真如平等，若水、火、风、空、识界真如平等，若如来真如平等，同一真如平等无二无别。复次，无明真如平等，故如来真如平等。如来真如平等，故无明真如平等。行、识、名、色、六处、触、受、爱、取、有、生、老、死真如平等，故如来真如平等。如来真如平等，故行乃至老、死、真如平等。如是若无明真如平等，若行乃至老死真如平等，若如来真如平等，同一真如平等无二无别。[1]

456.Or.12380-3470（K.K.）(2-2）存23行，行16~17字不等，上下栏线单栏，写本卷轴装，后面内容残缺严重，有7行与Or.12380-3470（K.K.）(2-1）重复，刊布者定名为《大般若波罗蜜多经》，下面将西夏文录文并对译如下：

① （唐）玄奘译《大般若波罗蜜多经》卷321，《大正藏》第6册，第220号，第641页中栏6~19。

无异也复次明无如真正等故如来之如

真亦正等如来之如真正等故明无如真

亦正等行识名色六处触受爱取得生老

死如真正等故如来之如真亦正等如来

之如真正等故行乃至老死如真亦正等

是如若明无如真正等若行乃至老死如

真正等若如来之如真正等皆如真一也正

等无二无异也

复次布施波罗蜜多如真正等故如来

如真亦正等如来之如真正等布施波

罗蜜多如真亦正等戒净安忍□□□□

般若波罗蜜多如真正等□□□□□□

亦正等如来之如真正等故□□□□般

若波罗蜜多如真正等□□□□般若波

可确定残经为唐玄奘译《大般若波罗蜜多经》第三百二十一卷之“初分真如品第四十七之四”的相应内容：

复次，无明真如平等，故如来真如平等。如来真如平等，故无明真如平等。行、识、名、色、六处、触、受、爱、取、有、生、老、死真如平等，故如来真如平等。如来真如平等，故行乃至老、死真如平等。如是若无明真如平等，若行乃至老、死真如平等，若如来真如平等，同一真如平等无二无别。复次，布施波罗蜜多真如平等，故如来真如平等。如来真如平等，故布施波罗蜜多真如平等。净戒、安忍、精进、静虑、般若波罗蜜多真如平等，故如来真如平等。如来真如平等，故净戒乃至般若波罗蜜多真如平等。如是若布施波罗蜜多真如平等，若净戒乃至般若波罗蜜多真如平等，若如来真如平等同一真如平等无二无别。复次，内空真如平等，故如来真如平等。如来真如平等，故内空真如平等。外空、内外空、空空、大空、胜义空、有为空、无为空、毕竟空、无际空、散空、无变异空、本性空、自相空、共相空、一切法空、不可得空、无性空、自性空、无性自性空、真如平等，故如来真如平等。[①]

Or.12380-3470（K.K.）(2-1) 和 Or.12380-3470（K.K.）(2-2) 残经内容可以前后缀合，二者中间内容有重复。

457.Or.12380-3471（K.K.）(2-1) 存 22 行，行 16~18 字不等，上下栏线单栏，写本卷轴装，刊布者定名为《大般若波罗蜜多经》，下面将西夏文录文并对译如下：

繉絹□□□□□□□□□□□□□□

色无□□□□□□□□□□□□□□

祇𢿱緅祄𦆇蕔緋蕔緋絹㮣祇絳禯蕟豨

行也四静虑若我若我无无行故般若波

蘢叕䪿祇𢿱緅錖㣿緅繉絹㑻蕔緋蕔緋

罗蜜多行也四无量四色无定若我若我

絹㮣祇絳禯蕟豨蘢叕䪿祇𢿱緅祄𦆇蕔

无无行故般若波罗蜜多行也四静虑若

𦾔蕔㮣𦾔㮣祇絳禯蕟豨蘢叕䪿𢿱祇[②]緅錖㣿

净若无净无行故般若波罗蜜多也行四无量

緅繉絹㑻蕔𦾔蕔㮣𦾔㮣祇絳禯蕟豨蘢

四色无定若净若无净无行故般若波罗

叕䪿祇𢿱𦅇𦂅㹳𦆵𦾚緅祄𦆇㭒𣎴𦳝𦅬

① （唐）玄奘译《大般若波罗蜜多经》卷 321，《大正藏》第 6 册，第 220 号，第 641 页中栏 19~ 下栏 4。

② 此处“𢿱祇”的位置应该颠倒过来。

蜜多行也何云也善现四静虑性亦有应
[illegible]
无又四静虑若常若无常若乐若苦若我
[illegible]
若我无若净无不净有处何有四无量四
[illegible]
色无定性亦有应无及四无量四色无定
[illegible]
若常若无常若乐若苦若我若我无若净
[illegible]
若净若有处何有善现菩萨摩诃萨般若
[illegible]
波罗蜜多行时若八解脱无行故般若波
[illegible]
罗蜜多行也八胜处九次依定十至处无
[illegible]
行故般若波罗蜜多行也八解脱若常若
[illegible]
无常无行故般若波罗蜜多行也八胜处
[illegible]
九次依定十至处若常若无常无行故般
[illegible]
若波罗蜜多行也八解脱若乐若苦无行
[illegible]
故般若波罗蜜多行也八胜处九次依十
[illegible][1][illegible]
定至处若乐若苦无行故般若波罗蜜多

① 根据上下文确定“[illegible]”位置应颠倒过来。

[illegible]

行也八解脱若我若我无无行故般若波

[illegible]

罗蜜多行也八胜处九次依定十至处若

可确定残经为唐玄奘译《大般若波罗蜜多经》第二百八十九卷之“初分著不著相品第三十六之三”的相应内容：

……不行四无量、四无色定，若乐、若苦是行般若波罗蜜多。不行四静虑，若我、若无我是行般若波罗蜜多，不行四无量、四无色定，若我、若无我是行般若波罗蜜多。不行四静虑，若净、若不净是行般若波罗蜜多，不行四无量、四无色定，若净、若不净是行般若波罗蜜多。何以故？善现，四静虑性尚无所有，况有四静虑，若常、若无常、若乐、若苦、若我、若无我、若净、若不净，四无量、四无色定性尚无所有，况有四无量、四无色定，若常、若无常、若乐、若苦、若我、若无我、若净、若不净。

善现，菩萨摩诃萨行般若波罗蜜多时，若不行八解脱是行般若波罗蜜多，不行八胜处、九次第定、十遍处，是行般若波罗蜜多。不行八解脱，若常、若无常是行般若波罗蜜多，不行八胜处、九次第定、十遍处，若常、若无常是行般若波罗蜜多。不行八解脱，若乐、若苦是行般若波罗蜜多，不行八胜处、九次第定、十遍处，若乐、若苦是行般若波罗蜜多。不行八解脱，若我、若无我是行般若波罗蜜多，不行八胜处、九次第定、十遍处，若我、若无我是行般若波罗蜜多。不行八解脱，若净、若不净是行般若波罗蜜多。①

458.Or.12380-3471（K.K.）（2-2）存 22 行，行 16 字，上下栏线单栏，写本卷轴装，刊布者定名为《大般若波罗蜜多经》，Or.12380-

① （唐）玄奘译《大般若波罗蜜多经》卷 289，《大正藏》第 6 册，第 220 号，第 471 页中栏 21~下栏 10。

3471（K.K.）(2-2）残经与 Or.12380-3471（K.K.）(2-1）残经有 9 行重复，下面将西夏文录文并对译如下：

[illegible]
罗蜜多行也八胜处九次依定十至处无
[illegible]
行故般若波罗蜜多行也八解脱若常若
[illegible]
无常无行故般若波罗蜜多行也八胜处
[illegible]
九次依定十至处若常若无常无行故般
[illegible]
若波罗蜜多行也八解脱若乐若苦无行
[illegible]
故般若波罗蜜多行也八胜处九次依十
[illegible][1][illegible]
定至处若乐若苦无行故般若波罗蜜多
[illegible]
行也八解脱若我若我无无行故般若波
[illegible]
罗蜜多行也八胜处九次依定十至处若
[illegible]
我若我无不行故般若波罗蜜多行也八
[illegible]
解脱若净若无净不行故般若波罗蜜多
[illegible]
行也八胜处九次依定十至处若净若不

① 根据上下文确定“[illegible]”位置应颠倒过来。

[illegible]

净不行故般若波罗蜜多行也何云也善

[illegible]

现八解脱性亦有应无又八解脱若常若

[illegible]

无常若乐若苦若我若我无若净若无净

[illegible]

有处何有八胜处九次依定十至处性亦

[illegible]

有应无及八胜处九次依定十至处若常

[illegible]

若无常若乐若苦若我若我无若净若不

[illegible]□□□□□□□□□□□□□□□

净□□□□□□□□□□□□□□□

[illegible][illegible]□□□□□□□□□□□□□□

善现□□□□□□□□□□□□□□

[illegible]□□□□□□□□□□□□□□□

四□□□□□□□□□□□□□□□

可以确定残经为唐玄奘译《大般若波罗蜜多经》第二百八十九卷之“初分著不著相品第三十六之三”的相应内容：

……若不行八解脱是行般若波罗蜜多，不行八胜处、九次第定、十遍处是行般若波罗蜜多。不行八解脱，若常、若无常是行般若波罗蜜多，不行八胜处、九次第定、十遍处，若常、若无常是行般若波罗蜜多。不行八解脱，若乐、若苦是行般若波罗蜜多，不行八胜处、九次第定、十遍处，若乐、若苦是行般若波罗蜜多。不行八解脱，若我、若无我是行般若波罗蜜多，不行八胜处、九次第定、十遍处，若我、若无我是行般若波罗蜜多。不行八解脱，若净、若不净是行般若波罗蜜多，不行八胜处、九次第定、十遍处，若净、若不净是行般若波罗蜜多。何以故？善现！八解脱性尚无所有，况有八解脱若常、若无常、若乐、若苦、若我、若无我、若净、若不净！八胜处、九次第定、十遍处性尚无所有，况有八胜处、九次第定、十遍处，若常、若无常、若乐、若苦、若我、若无我、若净、若不净！善现！菩萨摩诃萨行般若波罗蜜多时，若不行四念住是行般若波罗蜜多，不行四正断……[①]

Or.12380-3471（K.K.）(2-1)、Or.12380-3471（K.K.）(2-2) 残经，二者为同部同版佛经，可以缀合，但中间有重复内容。

459.Or.12380-3472（K.K.Ⅱ.0280.uu）存 1 行，行 16 字，上下栏线单栏，写本，残经上有 3472 号，刊布者定名为“佛经”，下面将西夏文录文并翻译如下：

[illegible]

无净亦得处无声香味触法处皆得可无

可确定残片为唐玄奘译《大般若波罗蜜多经》第四十一卷之“初分般若行相品第十之四”中的相应内容：

……色处不可得毕竟净故，声、香、味、触、法处不可得毕竟净故。眼界、色界、眼识界及眼触眼触为缘所生诸受不可得毕竟净故。[②]

460.Or.12380-3473（K.K.Ⅱ.0279.j）存 6 行，上栏线单栏，下栏线

① （唐）玄奘译《大般若波罗蜜多经》卷 289，《大正藏》第 6 册，第 220 号，第 471 页下栏 10~28。

② （唐）玄奘译《大般若波罗蜜多经》卷 41，《大正藏》第 5 册，第 220 号，第 231 页上栏 24。

无存，下部分残缺，无法判断每行字数，写本，残经上有 3473 号，刊布者定名为《大般若波罗蜜多经》，下面将西夏文录文并对译如下：

[illegible]……	女人等是缘故依……
[illegible][1][illegible]……	奇多量测可无也……
[illegible]……	复次善现意于何云……
[illegible][2][illegible]……	瞻部洲内诸众生部无依……
[illegible]……	子善女人等利寻（方便）以……
[illegible]……	萨摩诃萨行修缘皆……

可确定残经为唐玄奘译《大般若波罗蜜多经》第三百三十五卷“初分善学品第五十三之五”的相应内容，具体如下：

……此善男子、善女人等由是因缘所获功德，甚多于彼无量无边不可称计。

复次，善现！于意云何？假使于此南赡部洲、东胜神洲诸有情类，非前非后皆得人身，有善男子、善女人等，方便教导皆令发起无上觉心，修习菩萨摩诃萨行，证得无上正等菩提……[3]

或为：

……此善男子、善女人等由是因缘所获功德，甚多于彼无量无边不可称计。

复次，善现！于意云何？假使于此南赡部洲、东胜神洲、西

---

① 西夏文“[illegible]”译为“不可思量”“不可限量”。

② 西夏文“[illegible]”即“[illegible]”译为“瞻部河洲”，其中“[illegible]”的音为“sja phu”，出现“zhan”与“shan”，“bu”与“pu”的差异。汉文本为“瞻部州”。

③（唐）玄奘译《大般若波罗蜜多经》卷 335，《大正藏》第 6 册，第 220 号，第 716 页中栏 13~19。

> 牛贺洲诸有情类，非前非后皆得人身，有善男子、善女人等，方便教导皆令发起无上觉心，修习菩萨摩诃萨行，证得无上正等菩提……[①]

461.Or.12380-3473V（K.K.Ⅱ.0279.j）存3行，上栏线单栏，下栏线无存，下部分残缺，无法判断每行字数，残缺严重，无法判断每行字数，写本，刊布者定名为《大般若波罗蜜多经》，下面将西夏文录文并对译如下：

[illegible]……	若善……
[illegible]……	波罗蜜多……
[illegible]……	又一切智智自然意为应……

> 若善男子、善女人等，于大众中宣说如是甚深般若波罗蜜多，施设建立分别开示令其易了，及正安住一切智智相应作意。[②]

比对Or.12380-3473（K.K.Ⅱ.0279.j）和Or.12380-3473V（K.K.Ⅱ.0279.j）两个编号的残经，初步确定残经为唐玄奘译《大般若波罗蜜多经》第三百三十五卷“初分善学品第五十三之五”的相应内容。Or.12380-3473（K.K.Ⅱ.0279.j）内容在后，Or.12380-3473V（K.K.Ⅱ.0279.j）内容在前，二者缀合后内容如下：

> ……若善男子、善女人等，于大众中宣说如是甚深般若波罗蜜多，施设建立分别开示令其易了，及正安住一切智智相应作意。此善男子、善女人等由是因缘所获功德，甚多于彼无量无边不可称计。

① （唐）玄奘译《大般若波罗蜜多经》卷335，《大正藏》第6册，第220号，第716页中栏26~下栏2。

② （唐）玄奘译《大般若波罗蜜多经》卷335，《大正藏》第6册，第220号，第716页中栏13。

复次，善现，于意云何？假使于此南赡部洲诸有情类，非前非后皆得人身，有善男子、善女人等，方便教导皆令发起无上觉心，修习菩萨摩诃萨行，证得无上正等菩提。[①]

或为：

……若善男子、善女人等，于大众中宣说如是甚深般若波罗蜜多，施设建立分别开示令其易了，及正安住一切智智相应作意。此善男子、善女人等由是因缘所获功德，甚多于彼无量无边不可称计。

复次，善现！于意云何？假使于此南赡部洲、东胜神洲、西牛贺洲诸有情类，非前非后皆得人身，有善男子、善女人等，方便教导皆令发起无上觉心，修习菩萨摩诃萨行，证得无上正等菩提……[②]

Or.12380-3473（K.K.Ⅱ.0279.j）和 Or.12380-3473V（K.K.Ⅱ.0279.j）具体属于哪一段尚需发现此段完整的内容作为参照。

462.Or.12380-3474（K.K.）(2-1）存 18 行，残缺严重，初步判断每行字数为 16 字，上下栏线单栏，写本卷轴装，刊布者定名为《大般若波罗蜜多经》，下面将西夏文录文并对译如下：

[illegible]□□□□□□□□□□□□□

乃至性□□□□□□□□□□□□□

[illegible]□□□□□□□□□□□□□□

空如□□□□□□□□□□□□□□

[illegible]□□□□□□□□□□□□□□□

真□□□□□□□□□□□□□□□

① （唐）玄奘译《大般若波罗蜜多经》卷 335，《大正藏》第 6 册，第 716 页中栏 14~25。

② （唐）玄奘译《大般若波罗蜜多经》卷 335，《大正藏》第 6 册，第 716 页下栏 2~8。

[illegible]□□□□□□□□□□□□□□
正等□□□□□□□□□□□□□□
[illegible]□□□□□□□□□□
如来之如真亦□□□□□□□□□□
[illegible]□[illegible]□□□□□□□
如真如□亦正等法界□□□□□□□
[illegible]□□□□□□□□
变化正等性生离性□□□□□□□□
[illegible]□□□□□□
空界测说无界如真正等□□□□□□
[illegible]□[illegible]□
亦正等如来之如真正等故□界乃至□
□□□[illegible]
□□□如真亦正等是如若如真如真正
[illegible]□□□□□[illegible]
等□□□□□如来修界如真正等若如
□□□□□□□□□[illegible]
□□□□□□□□□一也正等无二无
□□□□□□□□□[illegible]
□□□□□□□□□正等故如来之如
□□□□□□□□□□□□[illegible]
□□□□□□□□□□□□四念住如
□□□□□□□□□□□□□[illegible]
□□□□□□□□□□□□□力七等
□□□□□□□□□□[illegible]
□□□□□□□□□□故如来之如真
□□□□□□□□□□[illegible]
□□□□□□□□□□故四正断乃至
□□□□□□□□□□[illegible]

□□□□□□□□□□如若四念住如

可确定残经为唐玄奘译《大般若波罗蜜多经》第三百二十一卷之“初分真如品第四十七之四”的相应内容：

……乃至无性自性空真如平等，如是若内空真如平等，若外空乃至无性自性空真如平等，若如来真如平等，同一真如平等无二无别。

复次，真如、真如平等，故如来真如平等。如来真如平等，故真如、真如平等。法界、法性、不虚妄性、不变异性、平等性、离生性、法定、法住、实际、虚空界、不思议界真如平等，故如来真如平等。如来真如平等，故法界乃至不思议界真如平等。如是若真如、真如平等，若法界乃至不思议界真如平等，若如来真如平等，同一真如平等无二无别。

复次，四念住真如平等，故如来真如平等。如来真如平等，故四念住真如平等。四正断、四神足、五根、五力、七等觉支、八圣道支真如平等，故如来真如平等。如来真如平等，故四正断乃至八圣道支真如平等，如是若四念住真如平等……[1]

463.Or.12380-3474（K.K.）(2-2）存 18 行，残缺严重，初步判断每行字数为 16 字，有 4 行与 Or.12380-3474（K.K.）(2-1）重复，上栏线无存，上部分残缺，下栏线单栏，写本卷轴装，刊布者定名为《大般若波罗蜜多经》，下面将西夏文录文并对译如下：

□□□□□□□□□□□□□[illegible][illegible][illegible]

□□□□□□□□□□□□□力七等

□□□□□□□□□□[illegible][illegible][illegible][illegible][illegible][illegible]

□□□□□□□□□□故如来之如真

① （唐）玄奘译《大般若波罗蜜多经》卷 321，《大正藏》第 6 册，第 220 号，第 641 页下栏 4~20。

□□□□□□□□□□[illegible]
□□□□□□□□□□故四正断乃至
□□□□□□□□□□[illegible]
□□□□□□□□□□如若四念住如
□□□□□□□□□□□[illegible]
□□□□□□□□□□□道缘如真正
[illegible]□□□□□□□□□[illegible]
等□□□□□□□□□如真一也正等
[illegible]
也
□□□□□[illegible]
□□□□□如真正等故如来之如真亦
□□□□□[illegible]
□□□□□如真正等故苦圣谛如真亦
□□□□□[illegible]
□□□□□圣谛如真正等故如来之如
□□□□□[illegible]
□□□□□真之如真正等故集灭道圣
□□□□□□[illegible]
□□□□□□是如若苦圣谛如真正等
□□□□□□[illegible]
□□□□□□如真正等若如来之如真
□□□□□[illegible]
□□□□□如真正等无二无别也
□□□□□[illegible]
□□□□□如真正等故如来之如真亦
□□□□□□□□□□□[illegible]
□□□□□□□□□□□静虑如真亦
□□□□□□□□□[illegible]

□□□□□□□□□如真正等故如来

□□□□□□□□□□□[illegible]

□□□□□□□□□□□正等故四无

可确定残经为唐玄奘译《大般若波罗蜜多经》第三百二十一卷之“初分真如品第四十七之四”的相应内容：

……五力、七等觉支、八圣道支真如平等，故如来真如平等。如来真如平等，故四正断乃至八圣道支真如平等。如是若四念住真如平等，若四正断乃至八圣道支真如平等，若如来真如平等，同一真如平等无二无别。

复次，苦圣谛真如平等，故如来真如平等。如来真如平等，故苦圣谛真如平等。集、灭、道圣谛真如平等，故如来真如平等。如来真如平等，故集、灭、道圣谛真如平等。如是若苦、圣谛真如平等，若集、灭、道圣谛真如平等，若如来真如平等，同一真如平等无二无别。

复次，四静虑真如平等，故如来真如平等。如来真如平等，故四静虑真如平等。四无量、四无色定真如平等，故如来真如平等。如来真如平等，故四无量、四无色定真如平等。如是若四静虑真如平等，若四无量……[①]

Or.12380-3474（K.K.）(2-1)、Or.12380-3474（K.K.）(2-2) 残经为同版佛经，二者可以缀合。

464.Or.12380-3475a（K.K.）存 2 残片，一残片存 4 行，栏线皆无存，另一残片存 2 行，残缺严重，存上栏线单栏，写本，刊布者定名为《大般若波罗蜜多经》，下面将西夏文录文并对译如下：

（右面）

① （唐）玄奘译《大般若波罗蜜多经》卷 321，《大正藏》第 6 册，第 220 号，第 641 页下栏 20~642 页上栏 04。

……[illegible]…… ……波罗蜜多行也鼻界……
……[illegible]…… ……鼻触缘起诸受乐苦念……
……[illegible]□[illegible]…… ……起诸受乐□相无行……
……[illegible]…… ……鼻界香界鼻识界无……

（左面）

……[illegible]…… ……鼻触缘起……
……[illegible]……… ……缘起诸……

初步确定其内容为《大般若波罗蜜多经》第四十卷之“初分般若行相品第十之三”的相应内容：

……是行般若波罗蜜多，不行鼻界、香界、鼻识界及鼻触、鼻触为缘所生诸受乐苦；不行鼻界乃至鼻触为缘所生诸受乐苦相。是行般若波罗蜜多，不行鼻界、香界、鼻识界及鼻触、鼻触为缘所生诸……[1]

465.Or.12380-3475b（K.K.）存 2 残叶，一残片存 5 行，栏线皆无存，另一残片存 5 行，残缺严重，存上栏线，单栏，写本，刊布者定名为《大般若波罗蜜多经》，下面将西夏文录文并对译如下：

（右面）

……[illegible]□[illegible]……
……足□善造有……
……[illegible]□□[illegible]……
……多修行时□□界香界鼻识界及……

① （唐）玄奘译《大般若波罗蜜多经》卷 40，《大正藏》第 6 册，第 220 号，第 223 页上栏 24。

……[illegible]……

……起无受无行得界乃至鼻……

……[illegible]……

……行故般若波罗蜜多……

……[illegible]……

……界又（及）鼻触鼻触缘起……

（左面）

……[illegible]……	……波罗……
……[illegible]……	……鼻触鼻触……
……[illegible]……	……缘起诸受……
……[illegible]……	……鼻界香……
……[illegible]……	……常无常……

可确定残经为《大般若波罗蜜多经》第四十卷之“初分般若行相品第十之三”的相应内容：

> ……若菩萨摩诃萨有方便善巧修行般若波罗蜜多时，不行鼻界、香界、鼻识界及鼻触、鼻触为缘所生诸受，不行鼻界乃至鼻触为缘所生诸受相，是行般若波罗蜜多。不行鼻界、香界、鼻识界及鼻触、鼻触为缘所生诸受常无常，不行鼻界乃至鼻触为缘所生诸受常无常相，是行般若波罗蜜多。①

466.Or.12380-3475c（K.K.）存 3 残片，一残片存 4 行 14 字，另一残片存 2 行 13 字，另一片存 2 行 3 字，残缺严重，写本，刊布者定名为《大般若波罗蜜多经》，下面将西夏文录文并对译如下：

① （唐）玄奘译《大般若波罗蜜多经》卷 40，《大正藏》第 6 册，第 220 号，第 223 页上栏 24。

（右面）

……[illegible]……	……相无行……
……[illegible]……	……鼻识界……
……[illegible]……	……界乃至鼻……
……[illegible]……	……若波罗蜜多……

（中间）

……[illegible]……	……界乃至鼻触缘起诸受……
……[illegible]……	……乃至鼻触缘起诸受……

（左面）

……[illegible]……	……界……
……[illegible]……	……行鼻……

初步确定残片为《大般若波罗蜜多经》第四十卷之“初分般若行相品第十之三”的相应内容：

……受我无我，不行鼻界乃至鼻触为缘所生诸受我无我相，是行般若波罗蜜多。不行鼻界、香界、鼻识界及鼻触、鼻触为缘所生诸受净不净，不行鼻界乃至鼻触为缘所生诸受净不净相，是行般若波罗蜜多。[①]

467.Or.12380-3475d（K.K.）存2残片，一残片存8行，上下栏线单栏，另一残片存6行，残缺严重，上栏线单栏，下栏线无存，写本卷

① （唐）玄奘译《大般若波罗蜜多经》卷40，《大正藏》第6册，第220号，第223页上栏24。

轴装，估计行为 16 字，刊布者定名为《大般若波罗蜜多经》，下面将西夏文录文并对译如下：

（右面）

[illegible]□□[illegible]①
诸受我无不行鼻界乃至鼻触□□常无
[illegible]□□□□
我无相无故般若波罗蜜多□□□□
[illegible]□□□□□□□□[illegible]
香界鼻识界及闻触□□□□□□□□缘
[illegible]□[illegible]②
无行鼻界乃至鼻触缘起诸受净□多行
[illegible]□□□□
行如般若波罗蜜多行也鼻界□□□□
□□□□[illegible]□
□□□□鼻触鼻触缘起诸受空无空□
□□□□□□[illegible]
□□□□□□缘起诸受空无空相不行
□□□□□□[illegible]
□□□□□□行也鼻界香界鼻识界不

（左面）

[illegible]□□□□□□□□□□□□
行也鼻界□□□□□□□□□□□□
[illegible]□□□□□□□□□□□□

① 西夏文“[illegible]”（常不）在栏线外。
② 西夏文“[illegible]”（多行）也在栏线外。

受净无净□□□□□□□□□□□□
[illegible][illegible][illegible][illegible][illegible]□□□□□□□□□□□
无净相不行□□□□□□□□□□□
[illegible][illegible][illegible][illegible]□□□□□□□□□□□□
界鼻识界□□□□□□□□□□□□
[illegible][illegible][illegible]□□□□□□□□□□□□□
行鼻界□□□□□□□□□□□□□
[illegible][illegible][illegible][illegible][illegible][illegible][illegible]□□□□□□□□□
故般若波罗蜜多□□□□□□□□□

可确定残经为唐玄奘译《大般若波罗蜜多经》第四十卷之“初分般若行相品第十之三”的相应内容：

……我、无我，不行鼻界乃至鼻触为缘所生诸受我无我相，是行般若波罗蜜多。不行鼻界、香界、鼻识界及鼻触、鼻触为缘所生诸受净不净，不行鼻界乃至鼻触为缘所生诸受净不净相，是行般若波罗蜜多。不行鼻界、香界、鼻识界及鼻触、鼻触为缘所生诸受空不空，不行鼻界乃至鼻触为缘所生诸受空不空相，是行般若波罗蜜多。不行鼻界、香界、鼻识界及鼻触、鼻触为缘所生诸受无相有相，不行鼻界乃至鼻触为缘所生诸受无相有相相，是行般若波罗蜜多。不行鼻界、香界、鼻识界及鼻触、鼻触为缘所生诸受无愿有愿，不行鼻界乃至鼻触为缘所生诸受无愿有愿相，是行般若波罗蜜多……[①]

Or.12380-3475a（K.K.）、Or.12380-3475b（K.K.）、Or.12380-3475c（K.K.）、Or.12380-3475d（K.K.）残经为《大般若波罗蜜多经》第四十卷之“初分般若行相品第十之三”的内容，这几个残页可以拼接，其顺序为Or.12380-3475b（K.K.）+ Or.12380-3475a（K.K.）+ Or.12380-3475c（K.K.）+

① （唐）玄奘译《大般若波罗蜜多经》卷40，《大正藏》第6册，第220号，第223页上栏24。

Or.12380-3475d（K.K.）。

468.Or.12380-3476a（K.K.）存1残片12行，残缺严重，上栏线单栏，下栏线无存，写本卷轴装，刊布者定名为《大般若波罗蜜多经》，下面将西夏文录文并对译如下：

[illegible]……	若我若我无不观……
[illegible]……	自性空道相智一切……
[illegible]……	一切相智自性空是一切……
[illegible]……	是道相智一切相智自性……
[illegible]……	非故般若波罗蜜多……
[illegible]……	于一切智得处无……
[illegible]……	相智一切相智皆……
[illegible]……	云是中智等亦得处……
[illegible]……	有汝若如般若修……
[illegible]……	修也说无是言说汝善
[illegible]……	多道相一切智若净若……
[illegible]……	相智若净若无……

可确定残经为唐玄奘译《大般若波罗蜜多经》第一百四十八卷之“初分校量功德品第三十之四十六”的相应内容：

……不应观道相智，一切相智若我、若无我。何以故？一切智、一切智自性空，道相智、一切相智、道相智、一切相智自性空，是一切智自性即非自性，是道相智、一切相智自性亦非自性。若非自性即是般若波罗蜜多，于此般若波罗蜜多，一切智不可得，彼我无我亦不可得。道相智、一切相智皆不可得，彼我无我亦不可得。所以者何？此中尚无一切智等可得，何况有彼我与无我，汝若能修如是般若，是修般若波罗蜜多。复作是言：“汝善男子，应修般若波罗蜜多，不应观一切智若净、若不净，不应观道相智、一切相智若净若不净。何以故？一切智一切智自性空……”[①]

469.Or.12380-3476b（K.K.）存 1 残片 18 行，残缺严重，上栏线单栏，下栏线无存，写本卷轴装，估计字数为 16~17 字，刊布者定名为《大般若波罗蜜多经》，下面将西夏文录文并对译如下：

□□□[illegible]□□

□□□一切智自性空无相智一切□□

[illegible]□□[illegible]

道相智一切相智自性空□□是一切智

[illegible]

自性者自性非是道相智一切相智自性

[illegible]

亦自性非若自性非故般若波罗蜜多也

[illegible]□[illegible]□

般若波罗蜜多于一切智得处无□净□

[illegible]□[illegible]□□□□

净亦得处无道相□一切相智□□□□

[illegible]

彼净无净亦得处无是者何云是中一切

[illegible]□

智等亦得处无无彼净无净相有处何有□

[illegible]

若是如般若空修能故般若波罗蜜多修也

[illegible][②][illegible]

憍说尸迦彼善男子善女人等是等言故如

① （唐）玄奘译《大般若波罗蜜多经》卷 148，《大正藏》第 5 册，第 220 号，第 802 页中栏 11~23。

② “[illegible]”字可能多写，可以去掉。

[illegible][1][illegible]□□□□□□

真般若波罗蜜多宣说也□□□□□□

[illegible]

复次憍尸迦若善男子善女人等最上菩

[illegible]

提心生者之般若波罗蜜多宣说是

[illegible]

说汝善男子般若波罗蜜多修应陀罗尼

[illegible]

一切智若常若无常无观应三摩（昧）地门

□[illegible]□

□若常若无常无观应何云也陀罗尼□

[illegible]

一切陀罗尼门一切自性空三摩（昧）地一

[illegible]□□

切三摩（昧）地门一切自性空是陀罗尼□□

可确定残经为玄奘译《大般若波罗蜜多经》第一百四十八之“初分校量功德品第三十之四十六”的相应内容：

……一切智、一切智自性空，道相智、一切相智、道相智、一切相智自性空，是一切智自性即非自性，是道相智、一切相智自性亦非自性。若非自性即是般若波罗蜜多，于此般若波罗蜜多，一切智不可得，彼净、不净亦不可得，道相智、一切相智皆不可得，彼净、不净亦不可得。所以者何？此中尚无一切智等可得，何况有彼净与不净？汝若能修如是般若，是修般若波罗蜜多。憍尸迦，是善男子、善女人等作此等说，是为宣说真正般若波罗蜜多。

① 西夏文“[illegible]”译为“真如”，汉文本为“真正”。

复次，憍尸迦，若善男子、善女人等，为发无上菩提心者，宣说般若波罗蜜多，作如是言："汝善男子，应修般若波罗蜜多，不应观一切陀罗尼门。若常、若无常，不应观一切三摩地门。若常、若无常。何以故？一切陀罗尼门、一切陀罗尼门自性空，一切三摩地门、一切三摩地门自性空。是一切陀罗尼门自性即非自性……"①

Or.12380-3476a（K.K.）和 Or.12380-3476b（K.K.）为同部同版残经，可以前后缀合。

470.Or.12380-3477（K.K.）存 1 残片 18 行，残缺严重，上下栏线单栏，写本卷轴装，每行为 16 字，残经上存 3477 号，刊布者定名为"佛经"，下面将西夏文录文并对译如下：

[illegible]□□□□□□□□□□□□□

智清净□□□□□□□□□□□□□

[illegible]□□□□□□□□□□□□□

空解脱□□□□□□□□□□□□□

[illegible]□□□□□□□□□□□□

一切智智□□□□□□□□□□□□

[illegible]□□□□□□□

舌界清净若一切智智□□□□□□□

[illegible]□□□□□□□

无异无断也空解脱门□□□□□□□

[illegible]□□□□

界又舌触舌触缘起诸受清净□□□□

[illegible]

舌触缘起诸受清净故一切智智清净何

[illegible]□□□□

① （唐）玄奘译《大般若波罗蜜多经》卷 148，《大正藏》第 5 册，第 220 号，第 802 页中栏 23~下栏 7。

云也若空解脱门清净若味界□□□□

[illegible]

缘起诸受清净若一切智智清净无二无

[illegible]

二分无异无断也善现空解脱门清净故

[illegible]

解脱清净身界清净故一切智智清净何

[illegible]

云若空解脱门清净若身界清净若一

[illegible]

切智智清净无二无二分无异无断也空

[illegible]

解脱门清净故触界身识界及身触身触

□□□□[illegible]

□□□□清净触界乃至身触缘起诸受

□□□[illegible]

□□□故一切智智清净何云若空解脱

[illegible]□□[illegible]

门清净□□若乃至身触缘起诸受清净

[illegible]

若一切智智清净无二无二分无异无断

可确定残经为唐玄奘译《大般若波罗蜜多经》第二百三十一卷之“初分难信解品第三十四之五十”的相应内容：

……若一切智智清净，无二、无二分、无别、无断故。善现，空解脱门清净，故舌界清净。舌界清净，故一切智智清净。何以故？若空解脱门清净，若舌界清净，若一切智智清净，无二、无二分、无别、无断故。空解脱门清净，故味界、舌识界及舌触、舌触为缘所生诸受清净。味界乃至舌触为缘所生诸受清净，故一切智智清净。何以故？若空解脱门清净，若味界乃至舌触为缘所生诸受清净，若一切智智清净，无二、无二分、无别、无断故。善现，空解脱门清净，故身界清净。身界清净，故一切智智清净。何以故？若空解脱门清净，若身界清净，若一切智智清净，无二、无二分、无别、无断故，空解脱门清净，故触界、身识界及身触、身触为缘所生诸受清净。触界乃至身触为缘所生诸受清净，故一切智智清净。何以故？若空解脱门清净，若触界乃至身触为缘所生诸受清净，若一切智智清净，无二、无二分、无别、无断故……[1]

471.Or.12380-3479b（K.K.Ⅱ.0290.f）存 1 残片 6 行，行 18 字，上下栏线单栏，写本经折装，原文献上有 3479/2，刊布者定名为“大般若波罗蜜多经”，下面将西夏文录文并对译如下：

[illegible][2][illegible]

外空乃至无性自性空先世性有应无外空乃

[illegible]

至性无自性空先世自性成也真如先世无缚

[illegible]

无解何云也真如先世性有应无真如先世自

[illegible]

性成也法界法性无虚诈性无幻化性平等性

[illegible]

生离性法定法住边真虚空界测说无界先世

[illegible]

无缚无解何云也法界乃至测说无界先世性

① （唐）玄奘译《大般若波罗蜜多经》卷 231，《大正藏》第 6 册，第 220 号，第 164 页上栏 19~27。

② 西夏文“[illegible]”译为“前世”“先世”，汉文本为“前际”。

可确定残经为唐玄奘译《大般若波罗蜜多经》第一百八十二卷之“初分难信解品第三十四之一”的相应内容：

……外空乃至无性自性空，前际无所有性，为外空乃至无性自性空，前际自性故，真如前际非缚非解。何以故？真如前际无所有性，为真如前际自性故。法界、法性、不虚妄性、不变异性、平等性、离生性、法定、法住、实际、虚空界、不思议界前际非缚非解。何以故？法界乃至不思议界前际无所有性，为法界乃至不思议界前际自性故。[①]

472.Or.12380-3479c（K.K.Ⅱ.0290.f）存1残片7行，行18字，上下栏线单栏，写本经折装，原文献上有3479/3，刊布者定名为“大般若波罗蜜多经”，下面将西夏文录文并对译如下：

□□□□□□□□□□□□□□[illegible]
□□□□□□□□□□□□□□取有生老死
[illegible]
悲闷苦忧恼先世无缚无解云何也行乃至老
[illegible]
死悲忧苦思恼先世性有应无行乃至老死悲
[illegible]
忧苦思恼先世自性成也布施波罗蜜多先世
[illegible]
无缚无解何云也布施波罗蜜多先世性有应
[illegible]
无布施波罗蜜多先世自性成也戒净安忍思
[illegible]

① （唐）玄奘译《大般若波罗蜜多经》卷182，《大正藏》第5册，第220号，第981页上栏21~28。

进静虑般若波罗蜜多先世无缚无解何云也

可确定残经为唐玄奘译《大般若波罗蜜多经》第一百八十二卷之“初分难信解品第三十四之一”的相应内容：

> ……行、识、名色、六处、触、受、爱、取、有、生、老、死、愁、叹、苦、忧、恼前际非缚非解，何以故？行乃至老、死、愁、叹、苦、忧、恼前际无所有性，为行乃至老、死、愁、叹、苦、忧、恼前际自性故。
>
> 布施波罗蜜多前际非缚非解。何以故？布施波罗蜜多前际无所有性，为布施波罗蜜多前际自性故。净戒、安忍、精进、静虑、般若波罗蜜多前际非缚非解，何以故？①

Or.12380-3479b（K.K.II.0290.f）、Or.12380-3479c（K.K.II. 0290.f）残经为同部同版残经，二者不可缀合，只是 Or.12380-3479c（K.K.II.0290.f）残经在前，Or.12380-3479b（K.K.II.0290.f）残经内容在后。

473.Or.12380-3479cV（K.K.II.0290.f）存 1 残片 7 行，行 18 字，上下栏线单栏，写本经折装，刊布者定名为“大般若波罗蜜多经”，下面将西夏文录文并对译如下：

[illegible]

戒净乃至般若波罗蜜多先世性有应无戒净

[illegible]

乃至般若波罗蜜多先世自性成也内空先世

[illegible]

无缚无解何云也内空先世性有应无内空先

[illegible]

① （唐）玄奘译《大般若波罗蜜多经》卷 182，《大正藏》第 5 册，第 220 号，第 980 页上栏 10~15。

世自性成也外空内空外空空大空胜义空为

[illegible]

有空为无空毕竟空边无空散空无幻化空本

[illegible]

性空自相空混相空法一切空得处无空性无

[illegible]□□□□□□□□□□□

空自性空性无自性□□□□□□□□□□□

可以确定残经为唐玄奘译《大般若波罗蜜多经》第一百八十二卷之“初分难信解品第三十四之一”的相应内容：

……净戒乃至般若波罗蜜多前际无所有性，为净戒乃至般若波罗蜜多前际自性故。内空前际非缚非解，何以故？内空前际无所有性，为内空前际自性故。外空、内外空、空空、大空、胜义空、有为空、无为空、毕竟空、无际空、散空、无变异空、本性空、自相空、共相空、一切法空、不可得空、无性空、自性空、无性自性空前际非缚非解，何以故？①

Or.12380-3479b（K.K.II.0290.f）、Or.12380-3479c（K.K.II. 0290.f）、Or.12380-3479cV（K.K.II.0290.f）三个残页是同部同版佛经，且内容相连，只是残经顺序应该调整一下，即 Or.12380-3479c（K.K.II.0290.f）+ Or.12380-3479cV（K.K.II.0290.f）+Or.12380-3479b（K.K.II.0290.f）。

474.Or.12380-3546a（K.K.II.0242.k）存 1 页 5 行，字数不能确定，残叶残缺严重，栏线无存，写本，残经上有 3546 号，刊布者定名为《大般若波罗蜜多经》，下面将西夏文录文并对译如下：

……[illegible]……　　　　……蜜多……

① （唐）玄奘译《大般若波罗蜜多经》卷 182，《大正藏》第 5 册，第 220 号，第 981 页上栏 21。

……[illegible]……	……般若波罗蜜多名……
……[illegible]……	……皆般若波罗蜜多中……
……[illegible]……	……者般若波罗蜜多……
……[illegible]……	……无相……

根据关键词，可以初步确定其为唐玄奘译《大般若波罗蜜多经》第七十五卷“初分净道品第二十一之一”的相应内容：

……布施波罗蜜多，名为菩萨摩诃萨菩提道。净戒、安忍、精进、静虑般若波罗蜜多，名为菩萨摩诃萨菩提道。舍利子，四静虑，名为菩萨摩诃萨菩提道。四无量、四无色定，名为菩萨摩诃萨菩提道。舍利子，八解脱，名为菩萨摩诃萨菩提道。八胜处、九次第定、十遍处，名为菩萨摩诃萨菩提道。舍利子，四念住，名为菩萨摩诃萨菩提道。四正断、四神足、五根、五力、七等觉支、八圣道支，名为菩萨摩诃萨菩提道。舍利子，空解脱门，名为菩萨摩诃萨菩提道。无相无愿解脱门，名为菩萨摩诃萨菩提道。[①]

475.Or.12380-3547a（K.K.I.04.a）存2页9行，字数不能确定，栏线无存，写本，残缺严重，残经上有3541/1号，刊布者定名为《大般若波罗蜜多经》，下面将西夏文录文并对译如下：

……[illegible]……[illegible]……

……得令善故……菩萨摩訶萨……

……[illegible]□[illegible]……

……菩萨摩诃萨般若波罗蜜多修行□善亲……

……[illegible]……

……甚深般若波罗蜜多说闻心意无……

① （唐）玄奘译《大般若波罗蜜多经》卷75，《大正藏》第5册，第220号，第426页中栏16~25。

……[illegible]……

……菩萨摩訶萨之善亲者若得……

……[illegible]……

……常相得可无说为声界耳

……[illegible]……

……诸受无常相得可无说为耳

……[illegible]□[illegible]……

……声界耳识界□耳触耳触缘起诸

……[illegible]□[illegible]……

……可无言为耳界我□相得处无言为

……[illegible]……[illegible]……

……耳触耳触……无相

可确定残经为唐玄奘译《大般若波罗蜜多经》第四十三卷“初分譬喻品第十一之二”的相应内容：

……是为菩萨摩诃萨善友。若菩萨摩诃萨修行般若波罗蜜多时，为此善友之所摄受，闻说如是甚深般若波罗蜜多，其心不惊、不恐、不怖。

……诸菩萨摩诃萨善友者，谓若能以无所得为方便，说耳界常无常相不可得，说声界、耳识界及耳触、耳触为缘所生诸受常无常相不可得；说耳界乐苦相不可得，说声界、耳识界及耳触、耳触为缘所生诸受乐苦相不可得；说耳界我无我相不可得，说声界、耳识界及耳触、耳触为缘所生诸受我无我相不可得；说耳界净不净相不可得，说声界、耳识界及耳触、耳触为缘所生诸受净不净相不可得；说耳界空不空相不可得。①

---

① （唐）玄奘译《大般若波罗蜜多经》卷 43，《大正藏》第 5 册，第 220 号，第 243 页上栏 8。

476.Or.12380-3547b（K.K.I.04.a）存 1 页 5 行，字数不能确定，栏线无存，写本，残页残缺严重，原残经上有 3541/2 号，刊布者定名为“佛经”，下面将西夏文录文并对译如下：

……[illegible]……	……相得处无……
……[illegible]……	……眼识界及……
……[illegible]……	……无说为眼界……
……[illegible]……	……眼触眼触缘起……
……[illegible]……	……界寂静不………

可确定残经为唐玄奘译《大般若波罗蜜多经》第四十三卷“初分譬喻品第十一之二”的相应内容：

……说眼界无相、有相相不可得。说色界、眼识界及眼触、眼触为缘所生诸受无相、有相相不可得。说眼界无愿、有愿相不可得。说色界、眼识界及眼触、眼触为缘所生诸受无愿、有愿相不可得。说眼界寂静、不寂静相不可得。[①]

477.Or.12380-3587（K.K.）存 7 行，仅存上部分内容，残缺严重，上面单栏，残经上有 3587 号，刊布者将其定名为《大般若波罗蜜多经》，将西夏文残经录文并对译如下：

[illegible]……	罗蜜多修……
[illegible]……	增益圆满能……
[illegible]……	尸迦是善……
[illegible]……	多也何云也……
[illegible]……	菩提心起……

① （唐）玄奘译《大般若波罗蜜多经》卷 43，《大正藏》第 5 册，第 220 号，第 242 页下栏 12。

[illegible]……	罗……
[illegible][1]……	大般若波罗蜜多……

可确定残经为唐玄奘译《大般若波罗蜜多经》第一百六十六卷“初分校量功德品第三十之六十四”的相应内容：

> 若能证得一切智法，则修般若波罗蜜多增益圆满。若修般若波罗蜜多增益圆满，便证无上正等菩提。憍尸迦！是善男子、善女人等所获功德甚多于前。何以故？憍尸迦！一切初发阿耨多罗三藐三菩提心，菩萨摩诃萨皆是般若波罗蜜多所流出故。[2]

478.Or.12380-3588（K.K.V.b.019.i）存 1 残片 8 行，仅存下部分内容，残缺严重，每行仅存 2~3 字，下栏线单栏，上栏线无存，原残经上有 3588 号，刊布者将其定名为《大般若波罗蜜多经》，将西夏文残经录文并对译如下：

……[illegible]	……幻
……[illegible]	……得
……[illegible]	……清净
……[illegible]	……一切智智
……[illegible]	……空乃至
……[illegible]	……净无二
……[illegible]	……净故如
……[illegible]	……也

① 西夏文“[illegible]”译为“大般若波罗蜜多”，比汉文本增加了一个“[illegible]”（大）字。

② （唐）玄奘译《大般若波罗蜜多经》卷 166，《大正藏》第 5 册，第 220 号，第 895 页上栏 24。

可确定残经为唐玄奘译《大般若波罗蜜多经》第一百八十四卷“初分难信解品第三十四之三”的相应内容：

> ……无变异空、本性空、自相空、共相空、一切法空、不可得空、无性空、自性空、无性自性空清净即一切智智清净，一切智智清净，即外空乃至无性自性空清净。何以故？是外空乃至无性自性空清净与一切智智清净，无二、无二分、无别、无断故。善现！真如清净，即一切智智清净。一切智智清净，即真如清净。①

479.Or.12380-3589（K.K.V.b.015.j）存 1 页 12 行，仅存上部分内容，残缺严重，每行仅存 6~9 字，上栏线单栏，下栏线无存，残经上有 3589 号，刊布者将其定名为《大般若波罗蜜多经》，将西夏文残经录文并对译如下：

□[illegible]……	□皆五力以趣成彼……
□[illegible]……	□也五力亦尽了得处……
□[illegible]……	□手善现法一切……
[illegible]……	是趣于多触可无……
[illegible]……	了得处无及趣无……
[illegible]……	（一）切皆八圣道支……
[illegible]……	无云何也八圣道……
[illegible]……	无趣有处何手善……
[illegible]……	趣成彼是趣于……
□[illegible]……	□毕竟得处无……
□[illegible]……	□一切皆集圣……
□□□□[illegible]……	□□□□也……

① （唐）玄奘译《大般若波罗蜜多经》卷 184，《大正藏》第 5 册，第 220 号，第 990 页下栏 6~15。

初步确定残经为唐玄奘译《大般若波罗蜜多经》第三百一十六卷“初分真善友品第四十五之四”的相应内容：

……善现，一切法皆以五力为趣，彼于是趣不可超越，何以故？五力尚毕竟不可得，况有趣非趣。善现，一切法皆以七等觉支为趣，彼于是趣不可超越，何以故？七等觉支尚毕竟不可得，况有趣非趣。善现，一切法皆以八圣道支为趣，彼于是趣不可超越，何以故？八圣道支尚毕竟不可得，况有趣非趣。善现，一切法皆以苦圣谛为趣，彼于是趣不可超越，何以故？苦圣谛尚毕竟不可得，况有趣非趣。善现，一切法皆以集圣谛为趣，彼于是趣不可超越，何以故？集圣谛尚毕竟不可得，况有趣非趣。善现……[1]

480.Or.12380-3590（K.K.V.b.05.n）存 9 行，仅存下部分内容，残缺严重，每行仅存 2-3 字，下栏线单栏，上栏线无存，残经上有 3590 号，刊布者将其定名为“佛经”，将西夏文残经录文并对译如下：

……𘉋	……八
……[illegible]𗢭	……次九
……𘅞[illegible]𘉋	……无著八
……[illegible]	……次
……𘅞	……无
……[illegible]	……著
……𘅞[illegible]𘉋[illegible]	……无著八胜
……[illegible][illegible]□	……解脱□
……[illegible][illegible]□	……次依□

① （唐）玄奘译《大般若波罗蜜多经》卷 316，《大正藏》第 6 册，第 220 号，第 613 页中栏 5~13。

初步确定残片为唐玄奘译《大般若波罗蜜多经》第六卷“初分相应品第三之三”的相应内容：

> ……不著八解脱非有，不著八胜处、九次第定、十遍处有，不著八胜处、九次第定、十遍处非有，不著八解脱常，不著八解脱无常，不著八胜处、九次第定、十遍处常，不著八胜处、九次第定、十遍处无常，不著八解脱乐，不著八解脱苦。[①]

481.Or.12380-3591（K.K.V.b.020.a.xxiii）存 11 行，仅存中间部分内容，残缺严重，每行仅存 5~7 字，上下栏线无存，写本，残经上有 3591 号，刊布者将其定名为“佛经”，将西夏文残经录文并对译如下：

……[illegible]……	……菩萨摩诃萨……
……[illegible]……	……菩萨摩诃萨所是无……
……[illegible]……	……菩萨摩诃萨所是无……
……[illegible]……	……所是无也世……
……[illegible]……	……无也……
……[illegible]……	……也世尊能……
……[illegible]……	……也世尊能……
……[illegible]……	……菩萨摩诃萨……
……[illegible]……	……世尊离色……
……[illegible]……	……识离……
……[illegible]……	……现菩萨摩诃萨……

可确定残经为唐玄奘译《大般若波罗蜜多经》第十三卷“初分教诫教授品第七之三”的相应内容：

① （唐）玄奘译《大般若波罗蜜多经》卷 6，《大正藏》第 5 册，第 220 号，第 31 页上栏 12。

……复次，善现！所言菩萨摩诃萨者，于意云何？即色是菩萨摩诃萨不？ 不也！世尊！即受、想、行、识是菩萨摩诃萨不？不也！世尊！异色是菩萨摩诃萨不？不也！世尊！异受、想、行、识是菩萨摩诃萨不？不也！世尊！色中有菩萨摩诃萨不？不也！世尊！受、想、行、识中有菩萨摩诃萨不？不也！世尊！菩萨摩诃萨中有色不？不也！世尊！菩萨摩诃萨中有受、想、行、识不？不也！世尊！离色有菩萨摩诃萨不？不也！世尊！离受、想、行、识有菩萨摩诃萨不？不也！世尊！……①

482.Or.12380-3595（K.K.Ⅱ.0295.z）存 1 残片 12 行，仅存下部分内容，残缺严重，每行仅存 1~2 字，下栏线单栏，上栏线无存，写本，残经上有 3595 号，刊布者将其定名为“佛经”，将西夏文残经录文并对译如下：

……[Tangut][Tangut]　　……如来
……[Tangut]　　……以
……[Tangut]　　……生
……[Tangut]　　……善
……[Tangut]　　……骷
……[Tangut]　　……之
……[Tangut][Tangut]　　……听闻
……[Tangut][Tangut]　　……甚深
……[Tangut][Tangut]　　……先知
……[Tangut]　　……无
……　　……
……[Tangut][Tangut]　　……无惟

① （唐）玄奘译《大般若波罗蜜多经》卷 13，《大正藏》第 5 册，第 220 号，第 72 页上栏 20~29。

从 Or.12380-3595（K.K.Ⅱ.0295.z）残经的字体、字形等判断，此残经亦应为唐玄奘译《大般若波罗蜜多经》的相应内容，因为残缺严重，具体内容待考。

483.Or.12380-3596（K.K.Ⅱ.0295.g）1 页存 10 行，残缺严重，每行仅存 6~7 字，写本卷轴装，上栏线单栏，下栏线无存，原残经上有 3596 号，刊布者将其定名为“佛经”，将西夏文残经录文并对译如下：

西夏文	对译
[illegible]……	性无……
[illegible]□[illegible]……	性无□也若法自……
[illegible]……	处声香味触法……
[illegible]……	法性无以性成……
[illegible]……	若法自性无……
[illegible]……	触法界无自性……
[illegible]……	性成眼识界耳……
[illegible]……	法自性无故……
[illegible]□[illegible]……	意触界性处□触……
[illegible]……	耳触缘起……

可确定残经为唐玄奘译《大般若波罗蜜多经》第三百六十四卷“初分实说品第六十二之二”的相应内容：

> ……若法自性无，是法无性为性，眼处、耳、鼻、舌、身、意处自性无故。若法自性无，是法无性为性，色处、声、香、味、触、法处自性无故。若法自性无，是法无性为性，眼界、耳、鼻、舌、身、意界自性无故。若法自性无，是法无性为性，色界、声、香、味、触、法界自性无故。若法自性无，是法无性为性，眼识界、耳、鼻、舌、身、意、识界自性无故。若法自性无，是法无性为性，眼触、耳、鼻、舌、身、意触自性无故。若法自性无，是法无性为性，眼耳触为缘所生诸受耳、鼻、舌、身、意、触为缘所生

诸受自性无故。[1]

484.Or.12380-3596V（K.K.Ⅱ.0295.g）存 1 页 10 行，残缺严重，每行仅存 6~7 字，写本卷轴装，下栏线单栏，上栏线无存，刊布者将其定名为“佛经”，将西夏文残经录文并对译如下：

西夏文	对译
……[illegible]	……说亦性
……[illegible]	……性无以性成何缘
……[illegible]	……性无以性成何缘
……[illegible]	……七等觉缘圣
……[illegible]	……何相无愿无
……[illegible]	……解脱八胜处九次
……[illegible]	……缘布施波罗蜜多
……[illegible]	……蜜多亦性无以性
……[illegible]	……缘大空胜意空
……[illegible]	……空□空无□空

Or.12380-3596V（K.K.Ⅱ.0295.g）与 Or.12380- 3596（K.K.Ⅱ.0295.g）相连接，为唐玄奘译《大般若波罗蜜多经》第三百六十四卷“初分实说品第六十二之二”的相应内容：

……若法自性无，是法无性为性，四念住、四正断、四神足、五根、五力、七等觉支、八圣道支、自性无故。若法自性无，是法无性为性，空解脱门无相、无愿解脱门自性无故。若法自性无，是法无性为性，八解脱、八胜处、九次第定、十遍处自性无故。若法自性无，是法无性为性，布施波罗蜜多净戒、安忍、精进、静虑般若波罗蜜多自性无故。若法自性无，是法无性为性，内空、外空、

[1]（唐）玄奘译《大般若波罗蜜多经》卷 364，《大正藏》第 6 册，第 220 号，第 878 页下栏 2。

内外空、空空、大空、胜义空、有为空、无为空、毕竟空、无际空、散空、无变异空、本性空、自相空、共相空、一切法空不可得空，无性空、自性空、无性自性空、自性无故。[①]

Or.12380-3596（K.K.Ⅱ.0295.g）和 Or.12380-3596V（K.K.Ⅱ. 0295. g）残经为同部同版残经，内容可相接，Or.12380-3596（K.K.Ⅱ.0295.g）残经在前，Or.12380-3596V（K.K.Ⅱ.0295.g）残经在后。

485.Or.12380-3614（K.K.Ⅱ.0275.oo）存 1 残页 15 行，栏线无存，写本，残经上保存 3614 编号，刊布者定名“佛经”，先将西夏文录文并对译如下：

西夏文	对译
……[illegible]……	……力七等觉支八……
……[illegible]……	……住空非不空非观四……
……[illegible]……	……八圣道支空……
……[illegible]……	……非观四正断……
……[illegible]……	……八圣道支相有非……
……[illegible]……	……非观四正断……
……[illegible]……	……道支愿有非……
……[illegible]……	……净观非四正断……
……[illegible]……	……八圣道支寂静……
……[illegible]……	……分非远离非……
……[illegible]	
……观也菩萨摩诃萨般若波罗蜜多……	
……[illegible]……	……观相无愿无……
……[illegible]……	……乐非苦非观……

Or.12380-3614（K.K.Ⅱ.0275.oo）与 Or.12380-3596（K.K.Ⅱ.0295.g）相

① （唐）玄奘译《大般若波罗蜜多经》卷 364，《大正藏》第 6 册，第 220 号，第 878 页下栏 2。

连接，内容为唐玄奘译《大般若波罗蜜多经》第七十二卷“初分观行品第十九之三”的相应内容：

> ……五力、七等觉支、八圣道支非乐、非苦；观四念住非我、非无我，观四正断、四神足、五根、五力、七等觉支、八圣道支非我、非无我；观四念住非净、非不净，观四正断、四神足、五根、五力、七等觉支、八圣道支非净、非不净；观四念住非空、非不空，观四正断、四神足、五根、五力、七等觉支、八圣道支非空非不空；观四念住非有相、非无相，观四正断、四神足、五根、五力、七等觉支、八圣道支非有相非无相；观四念住非有愿、非无愿，观四正断、四神足、五根、五力、七等觉支、八圣道支非有愿、非无愿；观四念住非寂静、非不寂静，观四正断、四神足、五根、五力、七等觉支、八圣道支非寂静、非不寂静；观四念住非远离、非不远离，观四正断、四神足、五根、五力、七等觉支、八圣道支非远离、非不远离。舍利子！是谓观诸法。舍利子！诸菩萨摩诃萨修行般若波罗蜜多时，观空解脱门非常、非无常，观无相、无愿解脱门非常、非无常；观空解脱门非乐、非苦，观无相、无愿解脱门非乐、非苦……[①]

486.Or.12380-3618（K.K.Ⅱ.0261.m）存1残页，只存经文上半部分，下半部分残缺，残缺严重，上栏线单栏，下栏线无存，写本，残经上有3618号，刊布者定名《大般若波罗蜜多经》，先将西夏文录文并对译如下：

[illegible][illegible]……	性无……
[illegible][illegible][illegible]……	不远离……
[illegible][illegible][illegible]……	多远离……

① （唐）玄奘译《大般若波罗蜜多经》卷72，《大正藏》第5册，第220号，第408页下栏15~409页上栏7。

[illegible]…… 故何云……
[illegible]…… 者菩萨摩诃萨也……
[illegible]…… （波）罗蜜多若远离若……
[illegible]…… 也说且善现汝……
[illegible]…… 为有若为无……
□[illegible]…… □精静虑……

可确定残经为唐玄奘译《大般若波罗蜜多经》第二十八卷“初分教诫教授品第七之十八”的相应内容：

……性非有故，况有布施波罗蜜多远离、不远离增语，及净戒、安忍、精进、静虑、般若波罗蜜多远离、不远离增语！此增语既非有，如何可言？即布施波罗蜜多若远离、若不远离增语，是菩萨摩诃萨，即净戒、安忍、精进、静虑、般若波罗蜜多若远离、若不远离增语，是菩萨摩诃萨？善现！汝复观何义？言：“即布施波罗蜜多若有为、若无为增语，非菩萨摩诃萨，即净戒、安忍、精进、静虑……”①

487.Or.12380-3667a（K.K.）存左右2页15行，满行18字，上栏线无存，下栏线单栏，写本，残缺严重，残经上有3667，刊布者定名为《大般若波罗蜜多经》，下面将西夏文录文并对译如下：

□□□□□□[illegible]
□□□□□□善现是者菩萨摩诃萨静虑波
□□□□□[illegible]
□□□□□布施波罗蜜多引摄也寿具善现
□[illegible]

① （唐）玄奘译《大般若波罗蜜多经》卷28，《大正藏》第5册，第220号，第156页下栏28~上栏7。

□佛对言说世尊菩萨摩诃萨何云静虑波罗

□□□[illegible]

□□□住戒净波罗蜜多引摄也佛善现对说

[illegible]□[illegible]□□□□

菩萨摩诃萨□波罗蜜多安住戒净□□□□

□□□□□□□□□[illegible][1]□□□□

□□□□□□□□□生心痴与等□□□□

□□□[illegible]□□[illegible][2][illegible]□□□

□□□等生心□□生心妒与等生心□□□

□□□[illegible]□□□[illegible]

□□□戒净诋□□□心无生起惟常一切智

□□[illegible]

□□依然意为生起及是如功德善根依声闻

□[illegible]□□[illegible]□□[illegible]□□[illegible]

□独觉□□无□□有情与正等□□最上德

□□□□[illegible]□□□[illegible]

□□□□回向得应无□□□为是如大菩提

[illegible]□□[illegible]

方回向时回向者谁何以□□何所方回向三

[illegible]

心远离是如三心常无生善根是者菩萨摩

[illegible]□□□[illegible]

诃萨□□□波罗蜜多安住戒净波罗蜜多引

[illegible]

波罗蜜多卷三百四十九第

---

① 西夏文“[illegible]”译为“痴与等心”，汉文本为“痴俱行心”。

② 西夏文“[illegible]”译为“妒与等心”“忌与等心”，汉文本为“嫉俱行心”。

可确定残经为唐玄奘译《大般若波罗蜜多经》第三百四十九卷“初分相引摄品第六十之一”的内容：

……是菩萨摩诃萨持此善根，不求声闻、独觉等地，但持如是布施善根，与诸有情平等共有回向无上正等菩提。以无所得而为方便，如是回向大菩提时远离三心，谓谁回向？用何回向？回向何处？如是三心皆永不起。善现！是为菩萨摩诃萨安住静虑波罗蜜多，引摄布施波罗蜜多。

具寿善现复白佛言：“世尊！云何菩萨摩诃萨安住静虑波罗蜜多，引摄净戒波罗蜜多？”

佛言：“善现！若菩萨摩诃萨安住静虑波罗蜜多，受持、净戒常不发起贪俱行心、瞋俱行心、痴俱行心，常不发起害俱行心、悭俱行心、嫉俱行心，常不发起乐毁净戒俱行之心，但常发起一切智智相应作意。复持如是功德善根，不求声闻、独觉等地，与诸有情平等共有回向无上正等菩提。以无所得而为方便，如是回向大菩提时远离三心，谓谁回向？用何回向？回向何处？如是三心皆永不起。善现！是为菩萨摩诃萨安住静虑波罗蜜多，引摄净戒波罗蜜多。”①

488.Or.12380-3667b（K.K.）存 3 残片，残缺严重，但存有卷号 3667/3、3667/4 和 3667/5，上下栏线无存，写本，刊布者定名为《大般若波罗蜜多经》，下面将西夏文录文并对译如下：

3667 号左面残片：

……[illegible]……	……静虑清净云何也……
……[illegible]……	……波罗蜜多清净若……
……[illegible]……	……无断也一切……

① （唐）玄奘译《大般若波罗蜜多经》卷 349，《大正藏》第 6 册，第 220 号，第 796 页中栏 14~下栏 15。

……[illegible]…… ……波罗蜜多……

可以确定其为唐玄奘译《大般若波罗蜜多经》第二百六十五卷“初分难信解品第三十四之八十四”的相应内容：

静虑清净。何以故？若一切智智清净，若布施波罗蜜多清净，若四静虑清净，无二、无二分、无别、无断故。一切智智清净，故净戒、安忍、精进、静虑、般若波罗蜜多清净……[1]

3667号中间残片：

……[illegible]…… ……一切清……

……[illegible]…… ……静虑清净……

……[illegible]…… ……智智清净若……

……[illegible]…… ……清净……

3667号下面残片：

……[illegible]…… ……波罗蜜多……

……[illegible]…… ……智成……

……[illegible]…… ……波罗蜜多……

……[illegible]…… ……布施波罗蜜……

……[illegible]…… ……波罗蜜多住……

Or.12380-3667b（K.K.）残经为唐玄奘译《大般若波罗蜜多经》第二百六十五卷“初分难信解品第三十四之八十四”的相应内容。比对其残存内容，其顺序为中间残片＋左面残片＋右面残片，因为有残缺中间有缺字，初步确定为下面内容：

① （唐）玄奘译《大般若波罗蜜多经》卷265，《大正藏》第6册，第220号，第341页下栏17。

一切智智清净，故布施波罗蜜多清净。布施波罗蜜多清净，故四静虑清净。何以故？若一切智智清净，若布施波罗蜜多清净，若四静虑清净，无二、无二分、无别、无断故。一切智智清净，故净戒、安忍、精进、静虑、般若波罗蜜多清净。净戒乃至般若波罗蜜多清净，故四静虑清净。何以故？若一切智智清净，若净戒乃至般若波罗蜜多清净，若四静虑清净，无二、无二分、无别、无断故。①

489.Or.12380-3667c（K.K.）存1残片，残缺严重，但存有卷号3667/6，上下栏线无存，写本，刊布者定名为《大般若波罗蜜多经》，下面将西夏文录文并对译如下：

……[illegible]……　　……如真者菩萨摩诃萨……

……[illegible]……　　……异菩萨摩诃萨……

初步确定残片为唐玄奘译《大般若波罗蜜多》第十六卷“初分教誡教授品第七之六”，即：

即声、香、味、触、法处真如是菩萨摩诃萨；异色处真如是菩萨摩诃萨，异声、香、味、触、法处真如是菩萨摩诃萨。②

490.Or.12380-3668a（K.K.）存1页5行，残缺严重，上半部分西夏文与下半部分不能完全对齐，上栏线无存，下栏线单栏，刻本，原文献上有3668/1，刊布者定名为《大般若波罗蜜多经》，下面将西夏文录文并对译如下：

---

① （唐）玄奘译《大般若波罗蜜多经》卷265，《大正藏》第6册，第220号，第341页下栏17。

② （唐）玄奘译《大般若波罗蜜多经》卷16，《大正藏》第6册，第220号，第86页中栏10。

[illegible]

善女人是般若波罗蜜□受读诵说依

[illegible]

□□故我亦彼之若往？□烦无令我说

[illegible]

□□天王及诸梵众□皆佛对言说世

[illegible]

尊善男子善女人□□□波罗蜜多闻

[illegible]…… 读诵说依……

[illegible]…… 尊令界说……

可以初步确定残经为唐玄奘译《大般若波罗蜜多经》第五百三十九卷“第四分供养窣堵波品第三之一”的相应内容：

……若善男子、善女人等，能于般若波罗蜜多，至心听闻、受持读诵，精勤修学、如理思惟，书写解说、广令流布，我等常随恭敬守护，不令一切灾横侵恼。时梵天王及诸梵众，合掌恭敬俱白佛言：“若善男子、善女人等，能于般若波罗蜜多，至心听闻、受持读诵，精勤修学、如理思惟，书写解说、广令流布，我等常随恭敬守护，不令一切灾横侵恼。”①

491.Or.12380-3668e（K.K.II.）存1页2行，不完整，刊布者定名为“佛经”，栏线无存，写本，残经上有3668/6，下面将西夏文录文并对译如下：

……[illegible]□[illegible]…… ……受者清净□云何也是……

……[illegible]…… ……无二无二……

① （唐）玄奘译《大般若波罗蜜多经》卷539，《大正藏》第7册，第220号，第773页上栏1~5。

初步确定残经为唐玄奘译《大般若波罗蜜多经》第一百八十四卷“初分难信解品第三十四之三”的相应内容：

……受者清净，即色清净。色清净，即受者清净。何以故？是受者清净与色清净，无二、无二分、无别、无断故。受者清净，即受、想、行、识清净。①

492.Or.12380-3674b（K.K.Ⅱ.0239.uu）存3页，只存折页上半部分，下半部分残缺，残经上有3674/4-5，刊布者按照上中下排列，上栏线单栏，写本，定名《大般若波罗蜜多经》，将西夏文录文并对译如下：

（上面）

[illegible]……	自……
[illegible]……	复次舍利子……
[illegible]……	静虑般若波罗蜜……
[illegible]②……	是者肉眼天眼……
[illegible]……	对言问世尊何云波……
[illegible]……	舍利子对言说舍利子……
[illegible]……	百踰缮那③显现见……
[illegible]……	百踰缮那显现见……
[illegible]……	百踰缮那显明若……
[illegible]……	百六百到千……
[illegible]……	净肉眼……

① （唐）玄奘译《大般若波罗蜜多经》卷184，《大正藏》第5册，第220号，第992页中栏20。

② 西夏文“[illegible]”译为“肉眼、天眼”，肉眼，五眼（肉眼、天眼、慧眼、法眼、佛眼）之一，人间肉身之眼。

③ 踰缮那，又曰：由旬、踰阇那、由延等，《大唐西域记》卷2载：“数量之称，谓踰缮那（旧曰由旬、又曰踰阇那，又曰由延，皆讹略也）。踰缮那者，自古圣王一日军行也。旧传一踰缮那四十里矣；印度国俗乃三十里；圣教所载，唯十六里。”

可确定残经（上面残片）为唐玄奘译《大般若波罗蜜多经》第八卷之“初分转生品第四之二”，相应内容如下：

有菩萨摩诃萨修行布施、净戒、安忍、精进、静虑、般若波罗蜜多，得净五眼，何等为五？所谓肉眼、天眼、慧眼、法眼、佛眼。尔时，舍利子白佛言：“世尊！云何菩萨摩诃萨得净肉眼？”佛告具寿舍利子言：“舍利子！有菩萨摩诃萨得净肉眼，明了能见百踰缮那；有菩萨摩诃萨得净肉眼，明了能见二百踰缮那；有菩萨摩诃萨得净肉眼，明了能见三百踰缮那；有菩萨摩诃萨得净肉眼，明了能见四百、五百、六百乃至千踰缮那；有菩萨摩诃萨得净肉眼，明了能见一瞻部洲；有菩萨摩诃萨得净肉眼，明了能见二大洲界；有菩萨摩诃萨得净肉眼，明了能见三大洲界；有菩萨摩诃萨得净肉眼，明了能见四大洲界；有菩萨摩诃萨得净肉眼，明了能见小千世界；有菩萨摩诃萨得净肉眼，明了能见中千世界；有菩萨摩诃萨得净肉眼，明了能见大千世界。舍利子！是为菩萨摩诃萨得净肉眼。”①

（中面）

[illegible]……	到……
[illegible][illegible]……	起令……
[illegible][illegible][illegible][illegible][illegible]……	复次舍利子……
[illegible][illegible]……	住又……
□□[illegible][illegible]……	□□之安……
[illegible]□[illegible]……	食□食……
……	……
[illegible]……	名……
□□[illegible]……	□□果……

① （唐）玄奘译《大般若波罗蜜多经》卷 8,《大正藏》第 5 册，第 220 号，第 42 页下栏 26~43 上栏 1。

□[illegible]……	□授它之用……
[illegible]	施终
[illegible]……	复次舍利子……
[illegible]……	语意……

可确定残经中面残片为唐玄奘译《大般若波罗蜜多经》第八卷之“初分转生品第四之二”的相应内容如下：

……从一佛国至一佛国，断诸有情三恶趣道，方便安立善趣道中。

复次，舍利子！有菩萨摩诃萨，虽住六种波罗蜜多，而以布施波罗蜜多常为上首，勇猛修习，施诸有情一切乐具，常无懈息，一切有情须食与食、须饮与饮、须乘与乘、须衣与衣、须花香与花香、须璎珞与璎珞、须房舍与房舍、须床榻与床榻、须卧具与卧具、须灯明与灯明、须财谷与财谷、须珍宝与珍宝、须伎乐与伎乐、须侍卫与侍卫，随其所须种种资具，欢喜施与令无所乏，施已劝修三菩提道。

复次，舍利子！有菩萨摩诃萨，虽住六种波罗蜜多，而以净戒波罗蜜多常为上首，勇猛修习，具身、语、意清净律仪……[1]

（下面）

[illegible]……	修……
[illegible]……	复次舍利子……
[illegible]……	住安忍波……
[illegible]……	等心……

可确定残经下面残片为唐玄奘译《大般若波罗蜜多经》第八卷之

① （唐）玄奘译《大般若波罗蜜多经》卷 8，《大正藏》第 5 册，第 220 号，第 40 页中栏 15~27。

“初分转生品第四之二”，相应内容如下：

> 劝诸有情亦令修习如是律仪，令速圆满。复次，舍利子！有菩萨摩诃萨虽住六种波罗蜜多，而以安忍波罗蜜多常为上首，勇猛修习，远离一切忿恚等心，劝诸有情亦令修习如是安忍，令速圆满。[①]

Or.12380-3674b（K.K.II.0239.uu）残经为《大般若波罗蜜多经》第八卷的相应内容，Or.12380-3674bRV（K.K.II.0239.uu）残经中面与下面可缀合，即 Or.12380-3674b（K.K.II.0239.uu）残经中面 + 下面，它们与 Or.12380-3674b（K.K.II.0239.uu）上面残页内容不相连。

493.Or.12380-3674cRV（K.K.II.0239.uu）存左右两个残页 10 行，上栏线单栏，下栏线无存，右面残页上有 3674/6-7 编号，写本，下面分别录文并对译如下：

（右面）

[illegible]……	萨摩诃萨是智故……
[illegible]……	也道相智一切相……
[illegible]……	得也诸菩萨摩诃萨……
[illegible]……	一切所修菩萨摩诃萨……
[illegible]……	上正等……

右面内容翻译如下：

> ……萨摩诃萨，是智故……也，道相智，一切相……得也。诸菩萨摩诃萨……所修一切菩萨摩诃萨……上正等……

（左面）

① （唐）玄奘译《大般若波罗蜜多经》卷 8,《大正藏》第 5 册，第 220 号，第 40 页下栏 3。

[illegible]…… 无所至……
[illegible]…… 是智故故三十……
[illegible][1]…… 不得也八十种好……
[illegible]…… 萨摩诃萨是智故……
[illegible]…… 不得也恒舍性……

左面内容翻译如下：

……无所至……是智故，故三十……不得也。八十种……萨摩诃萨是智故……不得也。恒舍性……

可确定残经为唐玄奘译《大般若波罗蜜多经》第八卷“初分转生品第四之二”，其相应内容为：

虽修三十二大士相，而不得三十二大士相。虽修八十随好，而不得八十随好。诸菩萨摩诃萨由此智故。虽修无忘失法，而不得无忘失法。虽修恒住舍性，而不得恒住舍性。诸菩萨摩诃萨由此智故。虽修一切智，而不得一切智。虽修道相智一切相智，而不得道相智。一切相智，诸菩萨摩诃萨由此智故。虽修一切菩萨摩诃萨行，而不得一切菩萨摩诃萨行。虽修诸佛无上正等菩提，而不得诸佛无上正等菩提。[2]

Or.12380-3674cRV（K.K.II.0239.uu）残经左面残叶内容在前面，右面内容在后面。

494.Or.12380-3674dRV（K.K.II.0239.uu）存两残页，只存上经文上半部分，下半部分残缺，原文献上有3674/6-7，上栏线单栏，下栏线无存，写本，刊布者定名《大般若波罗蜜多经》，将西夏文录文并对译如下：

① 西夏文“[illegible]”译为“八十种好”，汉文本为“八十随好”。

② （唐）玄奘译《大般若波罗蜜多经》卷8，《大正藏》第5册，第220号，第42页下栏11~18。

（右面）

[illegible]……	门一切不得也……
[illegible]……	一切不得也诸菩……
[illegible]……	已修极喜地不……
[illegible]……	胜难地现前地……
[illegible]………	已修得离……

（左面）

[illegible]……	得也□胜……
[illegible]……	次第定十遍
[illegible]……	故空解脱门……
[illegible]……	解脱门已修无相……
[illegible]……	萨摩诃萨是智故……

可确定残经为唐玄奘译《大般若波罗蜜多经》第八卷“初分转生品第四之二”，其左面在前，右面内容在后，拼接后相应内容为：

> ……而不得八解脱；虽修八胜处、九次第定、十遍处，而不得八胜处、九次第定、十遍处。诸菩萨摩诃萨由此智故。虽修空解脱门，而不得空解脱门；虽修无相、无愿解脱门，而不得无相、无愿解脱门，诸菩萨摩诃萨由此智故。虽修一切陀罗尼门，而不得一切陀罗尼门；虽修一切三摩地门，而不得一切三摩地门，诸菩萨摩诃萨由此智故。虽修极喜地，而不得极喜地；虽修离垢地、发光地、焰慧地、极难胜地、现前地、远行地、不动地、善慧地、法云地，而不得离垢地乃至法云地……①

① （唐）玄奘译《大般若波罗蜜多经》卷 8，《大正藏》第 5 册，第 220 号，第 42 页中栏 23~42 页下栏 2。

495.Or.12380-3674eRV（K.K.Ⅱ.0239.uu）存两残页，只存上经文上半部分，下半部分残缺，残页上有3674/8-9，上栏线单栏，下栏线无存，写本，刊布者定名《大般若波罗蜜多经》，将西夏文录文并对译如下：

（右面）

[illegible]…… 界所住法界已……
[illegible]…… 诃萨是智缘故……
[illegible]…… 正断四神足……
[illegible]…… 行四正断已……
[illegible]…… 萨是智缘故……

（左面）

[illegible]…… 本性空自……
[illegible]…… 空自性空性……
[illegible]…… 性空不得也……
[illegible]…… 住如实不得也……
[illegible]…… 正等性生离……

可确定残经为唐玄奘译《大般若波罗蜜多经》卷八“初分转生品第四之二”，左面内容在前，右面内容在后，二者可以拼合，其内容为：

……本性空、自相空、共相空、一切法空、不可得空、无性空、自性空、无性自性空，而不得外空乃至无性自性空，诸菩萨摩诃萨由此智故。虽住真如，而不得真如；虽住法界、法性、不虚妄性、不变异性、平等性、离生性、法定、法住、实际、虚空界、不思议界，而不得法界乃至不思议界，诸菩萨摩诃萨由此智故。虽修四念住，而不得四念住；虽修四正断、四神足、五根、五力、七等觉支、八圣

道支，而不得四正断乃至八圣道支，诸菩萨摩诃萨由此智故……[①]

496.Or.12380-3674fRV（K.K.Ⅱ.0239.uu）存两残页，只存上经文上半部分，下半部分残缺，残页上有 3674/8-9，上栏线单栏，下栏线无存，写本，刊布者定名《大般若波罗蜜多经》，将西夏文录文并对译如下：

（右面）

[illegible]……	土中清净功德……
[illegible]……	诃萨是智为缘[②]故……
[illegible]……	想不起菩萨想不……
[illegible]……	自想不起彼……
[illegible]……	菩萨摩诃萨……
[illegible]……	施波罗蜜……

（左面）

[illegible]……	舍利子……
[illegible]……	为胜智名也……
[illegible]……	是菩萨摩诃萨……
[illegible]……	世界中如来依……
[illegible]……	正法皆闻会中声……

可确定残经为唐玄奘译《大般若波罗蜜多经》第八卷“初分转生品第四之二”的相应内容：

……舍利子！是菩萨摩诃萨成此智故。普见十方殑伽沙等诸

① （唐）玄奘译《大般若波罗蜜多经》卷 8，《大正藏》第 5 册，第 220 号，第 42 页中栏 6~19。

② 西夏文“是智为缘”译为“缘为是智”，汉文本为“由此智”。

佛世界一切如来、应、正等觉，普闻彼佛所说正法，普见彼会一切声闻、菩萨僧等，亦见彼土清净功德庄严之相。舍利子！是菩萨摩诃萨成此智故，不起世界想，不起如来想，不起正法想，不起菩萨想，不起声闻想，不起独觉想，不起自想，不起他想，不起佛土想。又，舍利子！诸菩萨摩诃萨由此智故。[1]

Or.12380-3674fRV（K.K.II.0239.uu）左面内容在前，右面内容在后。

497.Or.12380-3674gRV（K.K.II.0239.uu）存 2 残页，只存上经文上半部分，下半部分残缺，原文献上有 3674/10-11，上栏线单栏，下栏线无存，写本，刊布者定名《大般若波罗蜜多经》，将西夏文录文并对译如下：

（右面）

[illegible]……　　最……
[illegible]……　　于地不……
[illegible]……　　于不著四恐……
[illegible]……　　舍佛十八不共法……
[illegible]……　　著八十种善于不……
[illegible]……　　住于不著一切智……
[illegible]……　　不著预流果于……

（左面）

[illegible]……　　著独觉菩提于……
[illegible]……　　著诸佛无上正等……
[illegible]……　　依诸菩萨摩诃萨……
[illegible]……　　增长盛焰止能……
[illegible]……　　复次舍利子……

① （唐）玄奘译《大般若波罗蜜多经》卷 8，《大正藏》第 5 册，第 220 号，第 42 页上栏 24~ 中栏 3。

[illegible]……	住一起……
[illegible]……	满……

可确定残经为唐玄奘译《大般若波罗蜜多经》第八卷“初分转生品第四之二”的相应内容，具体如下：

……极难胜地、现前地、远行地、不动地、善慧地、法云地；不著五眼，不著六神通；不著佛十力，不著四无所畏、四无碍解、大慈、大悲、大喜、大舍、十八佛不共法；不著三十二大士相，不著八十随好；不著无忘失法，不著恒住舍性；不著一切智，不著道相智、一切相智；不著预流果，不著一来、不还、阿罗汉果、独觉菩提；不著一切菩萨摩诃萨行，不著诸佛无上正等菩提。舍利子！由是缘故，诸菩萨摩诃萨修行六种波罗蜜多增长炽盛，趣菩提道无能制者。复次，舍利子！有菩萨摩诃萨安住般若波罗蜜多。[①]

498.Or.12380-3674hRV（K.K.Ⅱ.0239.uu）存 2 残页，只存上经文上半部分，下半部分残缺，上栏线单栏，下栏线无存，写本，刊布者定名《大般若波罗蜜多经》，将西夏文录文并对译如下：

（右面）

[illegible]……	多……
[illegible]……	于不著……
[illegible]……	义空为有空……
[illegible]……	化空本性空自……
[illegible]……	性空无空自性空……
[illegible]……	不著法界法性不……
[illegible]……	离性法定法住……

① （唐）玄奘译《大般若波罗蜜多经》卷 8，《大正藏》第 5 册，第 220 号，第 41 页下栏 12~42 页上栏 19。

（左面）

[illegible]……	四念住于无著……
[illegible]……	觉支八圣道支于……
[illegible]……	圣谛于无著四寂……
[illegible]……	于无著八解脱门……
[illegible]……	处于无著空……
[illegible]……	于无著……
[illegible]……	于……

可确定残经为《大般若波罗蜜多经》卷八“初分转生品第四之二”的相应内容：

……般若波罗蜜多；不著内空，不著外空、内外空、空空、大空、胜义空、有为空、无为空、毕竟空、无际空、散空、无变异空、本性空、自相空、共相空、一切法空、不可得空、无性空、自性空、无性自性空；不著真如，不著法界、法性、不虚妄性、不变异性、平等性、离生性、法定、法住、实际、虚空界、不思议界；不著四念住，不著四正断、四神足、五根、五力、七等觉支、八圣道支；不著苦圣谛，不著集、灭、道圣谛；不著四静虑，不著四无量、四无色定；不著八解脱，不著八胜处、九次第定、十遍处；不著空解脱门，不著无相、无愿解脱门……①

499.Or.12380-3674iRV（K.K.Ⅱ.0239.uu）存 2 残页，只存上经文上半部分，下半部分残缺，原文献上有 3674/12-13，上栏线单栏，下栏线无存，写本，刊布者定名《大般若波罗蜜多经》，将西夏文录文并对译如下：

（右面）

① （唐）玄奘译《大般若波罗蜜多经》卷 8，《大正藏》第 5 册，第 220 号，第 41 页下栏 12。

[illegible]……	诃……
[illegible]……	修行菩提道……
[illegible]……	尔时舍利子……
[illegible]……	菩提道名是也……
[illegible]……	诸菩萨摩诃萨……
[illegible]……	粗重不得口及……
[illegible]……	布施波罗蜜……

（左面）

[illegible]……	波罗蜜多不……
[illegible]……	蜜多不得般若波……
[illegible]……	不得菩萨不得如……
[illegible]……	诃萨之菩提道名……
[illegible]……	于皆得处无……
[illegible]……	复次舍利子……
[illegible]□[illegible]……	精进□如……

可确定残经为唐玄奘译《大般若波罗蜜多经》第四百零四卷“第二分观照品第三之三”的相应内容：

> 舍利子，复有菩萨摩诃萨，修行六种波罗蜜多净菩提道。时舍利子白佛言：“世尊，云何名为菩萨摩诃萨菩提道？”佛言：“舍利子，诸菩萨摩诃萨修行般若波罗蜜多时，不得一切身、语、意业及三粗重，不得布施波罗蜜多，不得净戒波罗蜜多，不得安忍波罗蜜多，不得精进波罗蜜多。”①

① （唐）玄奘译《大般若波罗蜜多经》卷404，《大正藏》第7册，第220号，第20页下栏12~14。

500.Or.12380-3674jRV（K.K.II.0239.uu）存 2 残页，只存上经文上半部分，下半部分残缺，原文献上有 3674/12-13，上栏线单栏，下栏线无存，写本，刊布者定名《大般若波罗蜜多经》，将西夏文录文并对译如下：

（右面）

[illegible]……　　界于不著眼识……
[illegible]……　　不得眼触于不著……
[illegible]……　　缘起界受于不著……
[illegible]……　　不著地界于不著……
[illegible]……　　于不著先后……
[illegible]……　　法于不著……
[illegible]……　　取有……

（左面）

[illegible]……　　不尔时舍利子……
[illegible]……　　缘六种波罗蜜……
[illegible]……　　佛具寿舍利子……
[illegible]……　　六种波罗蜜多修……
[illegible]……　　不著眼处于不著……
[illegible]……　　于不著声香味触……
[illegible]……　　鼻舌身意界于……

可确定残经为唐玄奘译《大般若波罗蜜多经》卷八“初分转生品第四之二”的相应内容。Or.12380-3674jRV（K.K.II.0239.uu）左面内容字前，右面内容在后，调整后内容：

何缘菩萨摩诃萨修行六种波罗蜜多，趣菩提道无能制者？佛告具寿舍利子言："舍利子，诸菩萨摩诃萨修行六种波罗蜜多时，不著色，不著受想行识，不著眼处，不著耳、鼻、舌、身、意处，不著色处，不著著声、香、味、触、法处，不著眼界，不著耳、鼻、舌、身、意界，不著色界，不著声、香、味、触、法界，不著眼识界，不著著耳、鼻、舌、身、意、识界……"①

501.Or.12380-3674kRV（K.K.Ⅱ.0239.uu）存2残页，只存上经文上半部分，下半部分残缺，原文献上有3674/14-15，上栏线单栏，下栏线无存，写本，刊布者定名《大般若波罗蜜多经》，将西夏文录文并对译如下：

[illegible]……	重不得舍利子……
[illegible]……	波罗蜜多修行身语……
[illegible]……	子若菩萨摩诃萨……
[illegible]……	乐声闻心不起……
[illegible]……	生彼苦拔欲……
[illegible]……	亦是如菩萨……
[illegible]……	菩萨……

可确定残经右面为唐玄奘译《大般若波罗蜜多经》第八卷"初分转生品第四之二"的相应内容：

……不得身及身粗重，不得语及语粗重，不得意及意粗重。如是，舍利子！诸菩萨摩诃萨修行六种波罗蜜多，能净身、语、意三种粗重。又，舍利子！若菩萨摩诃萨从初发心，常乐受持十善业道，不起声闻心，不起独觉心，于诸有情恒起悲心欲拔其苦，恒起慈心欲与其乐。舍利子！我亦说如是菩萨摩诃萨，能净身、语、意三种

① （唐）玄奘译《大般若波罗蜜多经》卷8，《大正藏》第5册，第220号，第41页下栏12。

粗重，利乐有情心力胜故。复次，舍利子！有菩萨摩诃萨修行布施……[1]

（左面）

[illegible]……	及舍利子若菩萨……
[illegible]……	身语意及彼业得……
[illegible]……	杂乱恶慧心生若……
[illegible]……	是舍利子诸菩萨……
[illegible]……	是念生者无……
[illegible]……	复次舍利子……
[illegible]……	精进……

可确定残经左面为唐玄奘译《大般若波罗蜜多经》卷八“初分转生品第四之二”的相应内容：

又，舍利子！若菩萨摩诃萨修行般若波罗蜜多，得身、语、意及彼业者，便起悭贪、犯戒、忿恚、懈怠、散乱、恶慧之心。若起此心不名菩萨摩诃萨。是故，舍利子！诸菩萨摩诃萨修行般若波罗蜜多，生此念者无有是处。又，舍利子！诸菩萨摩诃萨修行布施、净戒、安忍、精进……[2]

Or.12380-3674kRV（K.K.Ⅱ.0239.uu）残经为《大般若波罗蜜多经》卷八“初分转生品第四之二”的相应内容，左面内容在前，右面内容在后，二者中间有残缺，调整顺序后相应内容如下：

① （唐）玄奘译《大般若波罗蜜多经》卷 8,《大正藏》第 5 册，第 220 号，第 41 页中栏 15~25。

② （唐）玄奘译《大般若波罗蜜多经》卷 8,《大正藏》第 5 册，第 220 号，第 41 页上栏 26。

又，舍利子！若菩萨摩诃萨修行般若波罗蜜多，得身、语、意及彼业者，便起悭贪、犯戒、忿恚、懈怠、散乱、恶慧之心。若起此心不名菩萨摩诃萨。是故，舍利子！诸菩萨摩诃萨修行般若波罗蜜多，生此念者无有是处。又，舍利子！诸菩萨摩诃萨修行布施、净戒、安忍、精进……不得身及身粗重，不得语及语粗重，不得意及意粗重。如是，舍利子！诸菩萨摩诃萨修行六种波罗蜜多，能净身、语、意三种粗重。又，舍利子！若菩萨摩诃萨从初发心，常乐受持十善业道，不起声闻心，不起独觉心，于诸有情恒起悲心欲拔其苦，恒起慈心欲与其乐。舍利子！我亦说如是菩萨摩诃萨，能净身、语、意三种粗重，利乐有情心力胜故。复次，舍利子！有菩萨摩诃萨修行布施……①

502.Or.12380-3674lRV（K.K.Ⅱ.0239.uu）存 2 残页，只存上经文上半部分，下半部分残缺，原文献上有 3674/14-15，上栏线单栏，下栏线无存，写本，刊布者定名《大般若波罗蜜多经》，将西夏文录文并对译如下：

（右面）

[illegible]②[illegible]……	常邪见瞑暗众……
[illegible]③[illegible]……	自之照乃至无上……
[illegible]……	乐舍利子是菩萨……
[illegible]……	恒如起得故是……
[illegible]……	罗蜜多修行身……
[illegible]……	尔时舍利子……
[illegible]……	萨……

① （唐）玄奘译《大般若波罗蜜多经》卷 8，《大正藏》第 5 册，第 220 号，第 41 页中栏 2~14。

② 西夏文“[illegible]”中“[illegible]”为“瞑盲”，“[illegible]”为“黑暗、夜、瞑、暗”，“[illegible]”译为“瞑暗”“盲瞑”。

③ 西夏文“[illegible]”译为“自之照”，汉文本为“自照”。

（左面）

[illegible]…… 若菩萨摩诃萨……
[illegible]…… 转王受报无量……
[illegible]…… 敬颂显空经未……
[illegible]…… 布施净戒安……

可确定残经为唐玄奘译《大般若波罗蜜多经》第八卷“初分转生品第四之二”的相应内容，左面内容在前，右面内容在后，二者可拼合，调整顺序后相应内容如下：

复次，舍利子，有菩萨摩诃萨，安住施戒波罗蜜多，受多百千转轮王报，值遇无量百千诸佛，供养恭敬，尊重赞叹，无空过者。复次，舍利子，有菩萨摩诃萨，安住布施、净戒、安忍、精进、静虑般若波罗蜜多，常为邪见，盲冥有情，作法照明，亦持此明，常以自照，乃至无上正等菩提，此法照明曾不舍离。舍利子，是菩萨摩诃萨，由此因缘，于诸佛法常得现起。是故，舍利子，诸菩萨摩诃萨修行般若波罗蜜多，于身、语、意三有罪业……[①]

503.Or.12380-3674mRV（K.K.Ⅱ.0239.uu）存 2 残页，只存上经文上半部分，下半部分残缺，原文献上有 3674/16-17，上栏线单栏，下栏线无存，写本，刊布者定名《大般若波罗蜜多经》，将西夏文录文并对译如下：

（右面）

[illegible][②][illegible]…… 精进思般若波……

① （唐）玄奘译《大般若波罗蜜多经》卷 8，《大正藏》第 5 册，第 220 号，第 41 页上栏 11~22。

② 西夏文用“[illegible]”为“思”“虑”等，而汉文佛经则用“静虑”表示。

[illegible]……	得是于不亲自……
[illegible]……	复次舍利子若……
[illegible][1][illegible]……	悔归地传得常……
[illegible]……	于恶趣中不……
[illegible]……	复次舍利子……
[illegible]……	悔地未得……
[illegible]……	集若菩萨……
[illegible]……	王为七宝为……
[illegible]……	不得起及宝……

可确定残经右面为唐玄奘译《大般若波罗蜜多经》第八卷“初分转生品第四之二”的相应内容：

……精进、静虑、般若波罗蜜多，虽得诸根最胜明利，而不恃此，自重轻他。复次，舍利子！有菩萨摩诃萨从初发心，乃至未得不退转地，恒住施戒波罗蜜多，于一切时不堕恶趣。复次，舍利子！有菩萨摩诃萨从初发心乃至未得不退转地，常不舍离十善业道。复次，舍利子！有菩萨摩诃萨安住施戒波罗蜜多，作转轮王成就七宝，以法教化不以非法，安立有情于十善道，亦以财宝施诸贫乏。[2]

（左面）

[illegible]……	复次舍利子……
[illegible]……	精进思般若……
[illegible]……	八十种善具……
[illegible]……	生见者悉皆乐……

① 西夏文用“[illegible]”为“不诚悔地”“不悔归地”，汉文佛经用“不退转地”表示。

② （唐）玄奘译《大般若波罗蜜多经》卷 8，《大正藏》第 5 册，第 220 号，第 41 页上栏 4~11。

[illegible][1][illegible]……	依三乘涅槃后……
[illegible]……	诃萨般若波罗……
[illegible]……	复次舍利子若……

可确定残经左面为唐玄奘译《大般若波罗蜜多经》第八卷“初分转生品第四之二”的相应内容：

复次，舍利子！有菩萨摩诃萨修行布施、净戒、安忍、精进、静虑、般若波罗蜜多，具三十二大丈夫相、八十随好，圆满庄严，诸根猛利，最胜清净，众生见者无不爱敬起清净心，因斯劝导，随其根欲令渐证得三乘涅槃。如是，舍利子！菩萨摩诃萨修行般若波罗蜜多，应学清净身、语、意业。复次，舍利子！有……[2]

Or.12380-3674mRV（K.K.Ⅱ.0239.uu）为唐玄奘译《大般若波罗蜜多经》卷八“初分转生品第四之二”的相应内容，左面内容在前，右面内容在后，二者可拼合，调整顺序后相应内容：

……复次，舍利子！有菩萨摩诃萨修行布施、净戒、安忍、精进、静虑、般若波罗蜜多，具三十二大丈夫相、八十随好，圆满庄严，诸根猛利，最胜清净，众生见者无不爱敬起清净心，因斯劝导，随其根欲令渐证得三乘涅槃。如是，舍利子！菩萨摩诃萨修行般若波罗蜜多，应学清净身、语、意业。复次，舍利子！有……精进、静虑、般若波罗蜜多，虽得诸根，最胜明利，而不恃此，自重轻他。复次，舍利子！有菩萨摩诃萨从初发心，乃至未得不退转地，恒住施戒波罗蜜多，于一切时不堕恶趣。复次，舍利子！有菩萨摩诃萨

---

① 西夏文“[illegible]”译为“三乘涅槃”，三乘涅槃，其中三乘指佛乘、辟支迦佛乘、声闻乘。

② （唐）玄奘译《大般若波罗蜜多经》卷8，《大正藏》第5册，第220号，第40页下栏27~41页上栏4。

从初发心，乃至未得不退转地，常不舍离十善业道。复次，舍利子！有菩萨摩诃萨安住施戒波罗蜜多，作转轮王，成就七宝，以法教化，不以非法，安立有情于十善道，亦以财宝施诸贫乏。[①]

504.Or.12380-3674nRV（K.K.Ⅱ.0239.uu）存2残页，只存上经文上半部分，下半部分残缺，残缺严重，上栏线单栏，下栏线无存，写本，刊布者定名《大般若波罗蜜多经》，将西夏文录文并对译如下：

（右面）

[illegible]……	一切具足……
[illegible]……	速圆满……
[illegible]……	提等诸佛世界……
[illegible]……	世尊之供养……
[illegible]……	闻佛国经净……
[illegible]……	最胜……
[illegible]……	菩萨……

可确定残经右面为唐玄奘译《大般若波罗蜜多经》第八卷“初分转生品第四之二”的相应内容：

……般若波罗蜜多，化身如佛，遍至十方殑伽沙等诸佛世界，为诸有情宣说正法，供养恭敬、尊重赞叹诸佛世尊，于诸佛所听闻正法、严净佛土，周览十方最胜佛土微妙净相，而便自起最极庄严清净佛土，于中安处一生所系诸大菩萨，令速证得所求无上正等菩提。[②]

---

① （唐）玄奘译《大般若波罗蜜多经》卷8，《大正藏》第5册，第220号，第40页下栏20~第41页上栏3。

② （唐）玄奘译《大般若波罗蜜多经》卷8，《大正藏》第5册，第220号，第40页下栏20。

（左面）

[illegible]……	住般……
[illegible]……	舍那一切……
[illegible]……	令速圆满……
[illegible]……	复次舍利子……
[illegible]……	令圆满……
[illegible]……	复次舍利子……
[illegible]……	住思精……

可确定残经左面为唐玄奘译《大般若波罗蜜多经》第八卷“初分转生品第四之二”的相应内容：

……有菩萨摩诃萨虽住六种波罗蜜多，而以般若波罗蜜多常为上首，勇猛修习，具修一切毗钵舍那，劝诸有情亦令修习如是胜慧，令速圆满。

复次，舍利子！有菩萨摩诃萨修行般若波罗蜜多，方便善巧，化身如佛，遍入地狱、傍生、鬼界、若人、若天，随其类音为说正法，令获殊胜利益安乐。

复次，舍利子！有菩萨摩诃萨安住布施、净戒、安忍、精进、静虑……[①]

Or.12380-3674nRV（K.K.Ⅱ.0239.uu）残经为唐玄奘译《大般若波罗蜜多经》第八卷“初分转生品第四之二”的相应内容，左面内容在前，右面内容在后，二者可拼合，调整顺序后内容如下：

……有菩萨摩诃萨虽住六种波罗蜜多，而以般若波罗蜜多常

① （唐）玄奘译《大般若波罗蜜多经》卷8，《大正藏》第5册，第220号，第40页下栏13~20。

为上首，勇猛修习，具修一切毗钵舍那，劝诸有情亦令修习如是胜慧，令速圆满。

复次，舍利子！有菩萨摩诃萨修行般若波罗蜜多，方便善巧，化身如佛，遍入地狱、傍生、鬼界、若人、若天，随其类音为说正法，令获殊胜利益安乐。

复次，舍利子！有菩萨摩诃萨安住布施、净戒、安忍、精进、静虑……般若波罗蜜多，化身如佛，遍至十方殑伽沙等诸佛世界，为诸有情宣说正法，供养恭敬、尊重赞叹，诸佛世尊，于诸佛所听闻正法、严净佛土，周览十方最胜佛土微妙净相，而便自起最极庄严清净佛土，于中安处一生所系诸大菩萨，令速证得所求无上正等菩提。①

505.Or.12380-3674oRV（K.K.Ⅱ.0239.uu）存2残页，只存经文上半部分，下半部分残缺，残缺严重，上栏线单栏，下栏线无存，写本，刊布者定名《大般若波罗蜜多经》，将西夏文录文并对译如下：

（右面）

[illegible]……　复次舍利子……
[illegible]……　静虑般若……
[illegible]……　住静虑……
[illegible]……　摩陀（他）一切具足……
[illegible]……　令速圆满……
[illegible]……　复次舍利子……

可确定残经右面为唐玄奘译《大般若波罗蜜多经》第八卷“初分转生品第四之二”的相应内容：

① （唐）玄奘译《大般若波罗蜜多经》卷8，《大正藏》第5册，第220号，第40页下栏17~27。

复次，舍利子！有菩萨摩诃萨，虽住六种波罗蜜多，而以精进波罗蜜多常为上首，勇猛修习，具足修行一切善法，劝诸有情亦令修习如是精进，令速圆满。

复次，舍利子！有菩萨摩诃萨，虽住六种波罗蜜多，而以静虑波罗蜜多常为上首，勇猛修习，具修一切胜奢摩他，劝诸有情亦令修习如是胜定，令速圆满。复次，舍利子！……[1]

（左面）

[illegible]……	行……
[illegible]……	若天中……
[illegible]……	得令……

可确定残经左面残缺严重，初步确定其为唐玄奘译《大般若波罗蜜多经》第八卷“初分转生品第四之二”的相应内容：

复次，舍利子！有菩萨摩诃萨修行般若波罗蜜多，方便善巧，化身如佛，遍入地狱、傍生、鬼界、若人、若天，随其类音为说正法，令获殊胜利益安乐。[2]

Or.12380-3674oRV（K.K.Ⅱ.0239.uu）为唐玄奘译《大般若波罗蜜多经》第八卷“初分转生品第四之二”的相应内容，二者不能缀合。

从 Or.12380-3674b（K.K.Ⅱ.0239.uu）到 Or.12380-3674oRV（K.K.Ⅱ.0239.uu）残经为同部残经，除了一个编号为唐玄奘译《大般若波罗蜜多经》第四百四卷以外，其他皆为第八卷内容，有些残页可以缀合，

① （唐）玄奘译《大般若波罗蜜多经》卷 8，《大正藏》第 5 册，第 220 号，第 40 页下栏 6~13。

② （唐）玄奘译《大般若波罗蜜多经》卷 8，《大正藏》第 5 册，第 220 号，第 40 页下栏 17。

但有的也不能缀合，它们的顺序和缀合情况如下：

Or.12380-3674b（K.K.Ⅱ.0239.uu）中面残片 +Or.12380-3674b（K.K.Ⅱ.0239.uu）下面 + Or.12380-3674oRV（K.K.Ⅱ.0239.uu）右面 + Or.12380-3674nRV（K.K.Ⅱ.0239.uu）左 + Or.12380-3674nRV（K.K.Ⅱ.0239.uu）右 + Or.12380-3674oRV（K.K.Ⅱ.0239.uu）左面 + Or.12380-3674mRV（K.K.Ⅱ.0239.uu）左 + Or.12380-3674mRV（K. K. Ⅱ.0239.uu）右 + Or.12380-3674lRV（K.K.Ⅱ.0239.uu）左 + Or. 12380- 3674lRV（K.K.Ⅱ.0239.uu）右（中间残缺）；Or.12380-3674kRV（K.K.Ⅱ.0239.uu）左 + Or.12380-3674kRV（K.K.Ⅱ.0239.uu）右（中间残缺）；Or.12380-3674jRV（K.K.Ⅱ.0239.uu）左 + Or.12380-3674jRV（K.K.Ⅱ.0239.uu）右 + Or.12380-3674hRV（K.K.Ⅱ.0239.uu）右 + Or.12380-3674hRV（K.K.Ⅱ.0239.uu）左 + Or.12380-3674gRV（K.K.Ⅱ.0239.uu）右 + Or.12380-3674gRV（K.K. Ⅱ.0239.uu）左（中间残缺）；Or.12380-3674fRV（K.K.Ⅱ.0239.uu）左 + Or.12380-3674fRV（K.K.Ⅱ.0239.uu）右；Or. 12380-3674eRV（K.K.Ⅱ.0239.uu）左 +Or.12380-3674eRV（K.K.Ⅱ.0239.uu）右；Or.12380-3674dRV（K.K. Ⅱ.0239.uu）左 +Or.12380-3674dRV（K.K. Ⅱ.0239.uu）右；Or.12380-3674cRV（K.K.Ⅱ.0239.uu）左 + Or.12380-3674cRV（K.K.Ⅱ.0239.uu）右；Or. 2380-367 4bRV（K.K.Ⅱ.0239.uu）上面。

506.Or.12380-3696（K.K.Ⅱ.0234.g）存 2 页，上下残缺，写本，右面存 3 行，左面存 3 行，刊布者定名为“佛经”，将西夏文录文并对译如下：

（右面）

……□[illegible][1][illegible]□□…… ……□性无自性以成知□□……

……□[illegible]□□□□…… ……□相智行菩提道□□□□……

……□□[illegible]□□□…… ……□□无以自性成知□□□……

（左面）

① 西夏文“[illegible]”译为“以无性为自性”。

……𗁅𗁅𗧅𗏁𘓐𗍳𗪘𗈪𗏹……　　……一切修行菩提道学是……

……𗧅𗏁𘓐𗍳𗪘𗈪𗏹𗋕𗰔……　　……修行菩提道学是如相……

……𗧅𗏁𘓐𗍳𗪘𗈪𗏹□□……　　……修行菩提道学是□□……

翻译如下：

（右面）

……知以无性成自性□□…………□相智行菩提道□□□□…………□知无□以成自性□□□……

（左面）

……一切修行菩提道习是…………修习行菩提道，是如相……修习行菩提道，是□□……

可确定残经为唐玄奘译《大般若波罗蜜多经》第三百六十五卷之“初分实说品第六十二之三”的相应内容：

> ……而知菩提道无性为自性。虽行一切智学菩提道，而知菩提道无性为自性；虽行道相智、一切相智学菩提道，而知菩提道无性为自性。善现！是菩萨摩诃萨如是修行布施波罗蜜多学菩提道，如是修行净戒、安忍、精进、静虑、般若波罗蜜多学菩提道……[①]

507.Or.12380-3705（K.K.Ⅱ.0255.z）存1页12行，仅存下部，上栏线单栏，写本卷轴装，虽是一个残页，但是两部分内容，前3行为一个残页，后面9行为另外内容，残经上有3705号，刊布者定名为“佛经”，将西夏文录文并对译如下：

（前3行内容）

……□□□𗎫𗼃𘓐𗍳𗂧　　……□□□独觉菩提无

……□□□□𗁅𗁅𗏵𗅁□　　……□□□□一切应也□

① （唐）玄奘译《大般若波罗蜜多经》卷365，《大正藏》第6册，第220号，第880页下栏26~881页中栏15。

……□□□[illegible]□□□□	……□□□菩提□□□□

初步确定残经为唐玄奘译《大般若波罗蜜多经》第三百零三卷“初分魔事品第四十之一”的相应内容：

“……无性是独觉菩提；无性是一切菩萨摩诃萨行；无性是诸佛无上正等菩提。”当知是为菩萨魔事。[①]

（后9行内容）

……□□□□□[illegible]□	……□□□□□界也是□
……□□□[illegible][②][illegible]	……□□□鼻触缘生诸受
……□□[illegible]	……□□触缘生诸受也是
……□[illegible]	……□也中是者舌界也是
……□[illegible]	……□界及舌触舌触缘生
……□□[illegible]	……□□至舌触缘生诸受
……[illegible]	……界究竟中是者身界也
……□□[illegible]	……□□及身触身触缘生
……□[illegible]	……□乃至身触缘生诸受

可以初步确定残经为唐玄奘译《大般若波罗蜜多经》第三百一十五卷“初分真善友品第四十五之三”相应内容：

……鼻界、香界、鼻识界及鼻触、鼻触为缘所生诸受究竟中亦无如是分别，谓此是香界乃至鼻触为缘所生诸受。善现！舌界究竟中无如是分别，谓此是舌界、味界、舌识界及舌触、舌触为缘所生

① （唐）玄奘译《大般若波罗蜜多经》卷303，《大正藏》第5册，第220号，第544页中栏23。

② 西夏文“[illegible]”译为“鼻触缘起”“鼻触缘生”，汉文本为“鼻触为缘所生”。

诸受究竟中亦无如是分别，谓此是味界乃至舌触为缘所生诸受。善现！身界究竟中无如是分别，谓此是身界、触界、身识界及身触、身触为缘所生诸受究竟中亦无如是分别，谓此是触界乃至身触为缘所生诸受。[①]

Or.12380-3705（K.K.Ⅱ.0255.z）为唐玄奘译《大般若波罗蜜多经》第三百零三卷“初分魔事品第四十之一”和第三百一十五卷“初分真善友品第四十五之三”的内容。

508.Or.12380-3750（K.K.Ⅱ.0253.q）存 7 页 14 行，下栏线单栏，上栏线无存，写本，刊布者定名为《大般若波罗蜜多经》，下面将西夏文录文并对译如下：

……緺幱烻諺蕭	……四念住清净
……蓘慨掕祴茾甤	……若不断也生离
……㕎鑶蕢㚉纘繖	……五力七等觉支
……旻刹藏繖諺蕭絳	……八圣道支清净故
……茾甤㭱諺蕭蓘緺絾	……生离性清净若四正
……蕔蕔衫衫諺蕭慨楀	……一切智智清净不二
……諺蕭絳藏□	……清净故空□
……衫衫諺蕭□	……智智清净□
……緐焱毅諺蕭蓘蕔蕔衫	……解脱门清净若一切智
衫……慨掕祴茾甤㭱諺蕭	智……不断也生离性清净
……娟觫娟緐焱毅諺	……无愿无解脱门清
蕭……茾甤㭱諺蕭蓘	净……生离性清净若
……衫衫諺蕭慨楀	……智智清净不二
……諺蕭絳糀綩	……清净故菩萨

① （唐）玄奘译《大般若波罗蜜多经》卷 315，《大正藏》第 5 册，第 220 号，第 605 页中栏 12~18。

可确定残经为唐玄奘译《大般若波罗蜜多经》第二百二十卷“初分难信解品第三十四之三十九”的相应内容：

……若四念住清净，若一切智智清净，无二、无二分、无别、无断故。离生性清净，故四正断、四神足、五根、五力、七等觉支、八圣道支清净。四正断乃至八圣道支清净，故一切智智清净。何以故？若离生性清净，若四正断乃至八圣道支清净，若一切智智清净，无二、无二分、无别、无断故。善现！离生性清净，故空解脱门清净。空解脱门清净，故一切智智清净。何以故？若离生性清净，若空解脱门清净，若一切智智清净，无二、无二分、无别、无断故。离生性清净故无相、无愿解脱门清净，无相、无愿解脱门清净，故一切智智清净。何以故？若离生性清净，若无相、无愿解脱门清净，若一切智智清净，无二、无二分、无别、无断故。善现！离生性清净，故菩萨十地清净。菩萨十地清净，故一切智智清净。何以故？若离生性清净，若菩萨十地清净……[1]

509.Or.12380-3750V（K.K.Ⅱ.0253.q）存7页14行，实际上为7行，因为右面7行为左面的西夏字的反字，下栏线单栏，上栏线无存，写本，刊布者定名为《大般若波罗蜜多经》，下面将西夏文录文并对译如下：

……[illegible]	……清净不二不
……[illegible]	……性清净故八胜处
……[illegible]	……处九次依定十遍
……[illegible]	……何云也若生离性清
[illegible]……[illegible]	净……处清净若一切智
[illegible]……[illegible]	智……也善现生离性

① （唐）玄奘译《大般若波罗蜜多经》卷220，《大正藏》第5册，第220号，第103页下栏26~104页上栏13。

……[illegible]	……故一切智智

初步确定残经为唐玄奘译《大般若波罗蜜多经》第二百二十卷“初分难信解品第三十四之三十九”的相应内容：

> 若一切智智清净，无二、无二分、无别、无断故。离生性清净，故八胜处、九次第定、十遍处清净。八胜处、九次第定、十遍处清净，故一切智智清净，何以故？若离生处清净，若八胜处、九次第定、十遍处清净，若一切智智清净，无二、无二分、无别、无断故。善现！离生性清净，故四念住清净。四念住清净，故一切智智清净……[①]

比对 Or.12380-3750（K.K.Ⅱ.0253.q）和 Or.12380-3750V（K.K.Ⅱ.0253.q）残经，它们为同版残经，内容可以缀合，但 Or.12380-3750V（K.K.Ⅱ.0253.q）残经内容在前，Or.12380-3750（K.K.Ⅱ. 0253.q）残经在后。

510.Or.12380-3754.1（K.K.）存 1 页 10 行，字数不能确定，下栏线单栏，上栏线无存，写本经折装，上部分残缺严重，刊布者定名为《大般若波罗蜜多经》，下面将西夏文录文并对译如下：

……[illegible]	……女人等最上波
[illegible]	罗蜜多宣说是如言……
……[illegible]	……多修应多五眼若
……[illegible]	……若常若不常□
……[illegible]	……神通六
……[illegible]	……六
……[illegible]	……若是

① （唐）玄奘译《大般若波罗蜜多经》卷 220，《大正藏》第 5 册，第 220 号，第 103 页下栏 18~26。

……[illegible]	……修不是
……[illegible]	……波罗蜜多修应多五眼
……[illegible]	……若苦不观

初步确定残经为唐玄奘译《大般若波罗蜜多经》第一百四十八卷“初分校量功德品第三十之四十六”的相应内容：

善女人等，为发无上菩提心者，宣说般若波罗蜜多，作如是言：“汝善男子应修般若波罗蜜多，不应观五眼若常、若无常，不应观六神通若常、若无常，何以故？五眼、五眼自性空，六神通、六神通自性空，是五眼自性即非自性，是六神通自性亦非自性。若非自性即是般若波罗蜜多，于此般若波罗蜜多，五眼不可得，彼常、无常亦不可得，六神通不可得，彼常、无常亦不可得。所以者何？此中尚无五眼等可得，何况有彼常与无常！汝若能修如是般若，是修般若波罗蜜多。”“复作是言：‘汝善男子应修般若波罗蜜多，不应观五眼若乐、若苦……’”[①]

511.Or.12380-3754.2（K.K.）存1页6行，字数不能确定，下栏线单栏，上栏线无存，写本经折装，上部分残缺严重，刊布者定名为《大般若波罗蜜多经》，下面将西夏文录文并对译如下：

……[illegible]	……解脱门自性自
……[illegible]	……自性亦自性非
……[illegible]□[illegible]	……是□有波
[illegible]……	罗蜜……
……[illegible]	……愿无解脱
……[illegible]	……何云也空解脱门

① （唐）玄奘译《大般若波罗蜜多经》卷148，《大正藏》第5册，第220号，第800页中栏17~28。

……[illegible]　　……非解脱门
……[illegible]　　……相无

可确定残经为唐玄奘译《大般若波罗蜜多经》第一四十八卷“初分校量功德品第三十之四十六”的相应内容：

……无愿解脱门自性空；是空解脱门自性即非自性，是无相、无愿解脱门自性亦非自性。若非自性即是般若波罗蜜多，于此般若波罗蜜多，空解脱门不可得，彼净不净亦不可得，无相、无愿解脱门皆不可得，彼净不净亦不可得。所以者何？此中尚无空解脱门等可得，何况有彼净与不净！汝若能修如是般若，是修般若波罗蜜多。[①]

512.Or.12380-3754.3（K.K.）存 1 页 8 行，字数不能确定，下栏线单栏，上栏线无存，写本经折装，上部分残缺严重，刊布者定名为《大般若波罗蜜多经》，下面将西夏文录文并对译如下：

……[illegible]　　……空六神通六神
[illegible]……[illegible]　　通……自性非彼是六神通
……[illegible]　　……波罗蜜
……[illegible]　　……彼
……[illegible]　　……我观应何
[illegible]……[illegible]　　云……六神通六神通修
……[illegible]　　……六神通自性

初步确定残经为唐玄奘译《大般若波罗蜜多经》第一四十八卷“初分校量功德品第三十之四十六”的相应内容：

① （唐）玄奘译《大般若波罗蜜多经》卷 148，《大正藏》第 5 册，第 220 号，第 800 页中栏 3。

……空，六神通、六神通自性空；是五眼自性即非自性，是六神通自性亦非自性。若非自性即是般若波罗蜜多，于此般若波罗蜜多，五眼不可得，彼我无我亦不可得，六神通不可得，彼我无我亦不可得。所以者何？此中尚无五眼等可得，何况有彼我与无我！汝若能修如是般若，是修般若波罗蜜多。

复作是言："汝善男子应修般若波罗蜜多，不应观五眼若净、若不净，不应观六神通若净、若不净。何以故？五眼、五眼自性空，六神通、六神通自性空……"①

Or.12380-3754.1（K.K.）、Or.12380-3754.2（K.K.）、Or.12380-3754.3（K.K.）残经，内容相连，其顺序为 Or.12380-3754.2（K.K.）+ Or.12380-3754.1（K.K.）+ Or.12380-3754.3（K.K.）等。

513.Or.12380-3764.1（K.K.Ⅱ.0248.u）存 1 页 6 行，上栏线单栏，下栏线无存，写本经折装，刊布者定名为"佛经"，下面将西夏文录文并对译如下：

[illegible]……	菩萨摩诃萨净……
[illegible]……	能天眼见应亦……
[illegible]……	多天幻化乐天……
[illegible]……	应亦实依知诸……
[illegible]……	一切见能天……
[illegible]……	大梵天……

初步确定其为唐玄奘译《大般若波罗蜜多经》第八卷"初分转生品第四之二"的相应内容：

诸菩萨摩诃萨得净天眼，能见一切四大王、众天，天眼所见，

① （唐）玄奘译《大般若波罗蜜多经》卷 148，《大正藏》第 5 册，第 220 号，第 800 页下栏 8~18。

> 亦如实知。能见一切三十三天、夜摩天、覩史多天、乐变化天、他化自在天，天眼所见，亦如实知。诸菩萨摩诃萨得净天眼，能见一切梵众天，天眼所见，亦如实知。能见一切梵辅天、梵会天、大梵天，天眼所见……[1]

514.Or.12380-3764.2（K.K.Ⅱ.0248.u）存2页9行，上栏线单栏，下栏线无存，写本经折装，刊布者定名为“佛经”，下面将西夏文录文并对译如下：

（右面）

[illegible]……[illegible]	眼得大千……菩萨摩诃
[illegible]……	萨净肉眼得见……
[illegible]……[illegible]	尔时舍利子及……菩萨摩诃
[illegible]……	萨净天眼得佛何云……

初步确定残经为唐玄奘译《大般若波罗蜜多经》第八卷“初分转生品第四之二”的相应内容：

> ……有菩萨摩诃萨得净肉眼，明了能见中千世界；有菩萨摩诃萨得净肉眼，明了能见大千世界。舍利子！是为菩萨摩诃萨得净肉眼。尔时，舍利子复復白佛言：“世尊！云何……”[2]

（左面）

[illegible]……	量净天……

---

① （唐）玄奘译《大般若波罗蜜多经》卷8，《大正藏》第5册，第220号，第43页上栏16。

② （唐）玄奘译《大般若波罗蜜多经》卷8，《大正藏》第5册，第220号，第43页上栏1~15。

[illegible]……	诸菩萨摩诃萨……
[illegible]……	见应亦实依知……
[illegible]……	见能天眼见应亦……
[illegible]……	眼得……

可初步确定残经为唐玄奘译《大般若波罗蜜多经》第八卷“初分转生品第四之二”的相应内容：

……无量净天、遍净天，天眼所见，亦如实知。诸菩萨摩诃萨得净天眼，能见一切广天，天眼所见，亦如实知。能见一切少广天、无量广天、广果天，天眼所见，亦如实知。诸菩萨摩诃萨得净天眼，能见一切无想有情天，天眼所见，亦如实知。诸菩萨摩诃萨得净天眼，能见一切无繁天，天眼所见……[1]

515.Or.12380-3764.3（K.K.II.0248.u）存1页7行，上栏线单栏，下栏线无存，写本经折装，刊布者定名为“佛经”，下面将西夏文录文并对译如下：

[illegible]……	发者……
[illegible]……[illegible]	种波罗蜜多……一
[illegible]……	切净能也意……
[illegible]……	尔时舍利子佛对言说……
[illegible][2]……	身意语三种粗重……
[illegible]……	说舍利子诸菩萨摩诃萨……
[illegible]……	身及身粗重不……

---

① （唐）玄奘译《大般若波罗蜜多经》卷8，《大正藏》第5册，第220号，第43页上栏16。

② 西夏文“[illegible]”译为“身语意”，“[illegible]”译为“三种粗重”，“[illegible]”译为“身语意三种粗重”。

可初步确定残经为唐玄奘译《大般若波罗蜜多经》第八卷“初分转生品第四之二”的相应内容：

……起身、语、意三种粗重无有是处。何以故？舍利子！诸菩萨摩诃萨修行六种波罗蜜多，能净一切身粗重故，能净一切语粗重故，能净一切意粗重故。”尔时，舍利子白佛言：“世尊！云何菩萨摩诃萨能净身、语、意三种粗重？”佛告具寿舍利子言：“舍利子！诸菩萨摩诃萨修行六种波罗蜜多，不得身及身粗重……”①

516.Or.12380-3764.4（K.K.II.0248.u）存1页7行，上栏线单栏，下栏线无存，写本经折装，刊布者定名为“佛经”，下面将西夏文录文并对译如下：

[illegible]……	舍利子……
[illegible]……	为是身我……
[illegible]……[illegible]	故口业发也……舍利
[illegible]……	子是者诸菩萨摩诃萨……
[illegible]……	罪有意业名也……
[illegible]……	复次舍利子诸菩萨摩诃萨
[illegible]……	行及身业不得……

可初步确定残经为唐玄奘译《大般若波罗蜜多经》第八卷“初分转生品第四之二”的相应内容：

舍利子！若菩萨摩诃萨作如是念：“此是身，我由此故，而起身业；此是语，我由此故，而起语业；此是意，我由此故，而起意业。”舍利子！如是名为诸菩萨摩诃萨有罪身业、有罪语业、有罪意业。

① （唐）玄奘译《大般若波罗蜜多经》卷8，《大正藏》第5册，第220号，第41页上栏26~中栏15。

又，舍利子！诸菩萨摩诃萨修行般若波罗蜜多，不得身及身业……”[①]

比对 Or.12380-3764.1（K.K.Ⅱ.0248.u）、Or.12380-3764.2（K.K.Ⅱ.0248.u）、Or.12380-3764.3（K.K.Ⅱ.0248.u）、Or.12380-3764.4（K.K.Ⅱ.0248.u）四个编号，它们为同版残经，为唐玄奘译《大般若波罗蜜多经》第八卷“初分转生品第四之二”的相应内容，其顺序重新排列为 Or.12380-3764.4（K.K.Ⅱ.0248.u）+ Or.12380-3764.3（K.K.Ⅱ.0248.u）+ Or.12380-3764.2（K.K.Ⅱ.0248.u）右面 + Or.12380-3764.1（K.K.Ⅱ.0248.u）+ Or.12380-3764.2（K.K.Ⅱ.0248.u）左面。

517.Or.12380-3871（K.K.）(45-3) 存 1 页 7 行，上下栏线单栏，写本经折装，刊布者定名为《大般若波罗密多经》第 190 卷《初分难信解品》，下面将西夏文录文并对译如下：

[illegible]

□清净何云也若性无空清净若四静虑清净

[illegible]

一切智智清净无二无二分无别无断也性无

[illegible]

空清净故四无量四色无定清净四无量□无

[illegible]

定清净故一切智智清净何云也空性□清净

[illegible]

若四无量四色无定清净若一切智智清净无二

[illegible]

不二分不别不断也善现异无空清净□八解脱

可确定残经刊布者定名不准确，其为唐玄奘译《大般若波罗蜜多

① （唐）玄奘译《大般若波罗蜜多经》卷 8，《大正藏》第 5 册，第 220 号，第 41 页上栏 26。

经》第二百一十六卷“初分难信解品第三十四之三十五”的相应内容：

……清净，何以故？若无性空清净，若四静虑清净，若一切智智清净，无二、无二分、无别、无断故。无性空清净，故四无量、四无色定清净。四无量、四无色定清净，故一切智智清净。何以故？若无性空清净，若四无量、四无色定清净，若一切智智清净，无二、无二分、无别、无断故。善现！无性空清净，故八解脱清净。八解脱……[①]

518.Or.12380-3871（K.K.）（45-4）存1页7行，上下栏线单栏，写本经折装，刊布者定名为《大般若波罗蜜多经》，下面将西夏文录文并对译如下：

[illegible]
净八解脱清净故一切智智清净何云也若性
[illegible]
无空清净若八解脱清净若一切智智清净不二
[illegible]
不二分不别不断也性无空清净故八解脱九次
[illegible]
依定十遍处清净八胜处九次依定十遍处清净
[illegible]
故一切智智清净何云也若性无空清净若八
[illegible]
解脱九次依定十遍处清净若一切智智清净不

刊布者定名不准确，其为唐玄奘译《大般若波罗蜜多经》第二百一

① （唐）玄奘译《大般若波罗蜜多经》卷216，《大正藏》第5册，第220号，第81页上栏24~中栏02。

十六卷“初分难信解品第三十四之三十五”的相应内容：

（接上）清净，故一切智智清净。何以故？若无性空清净，若八解脱清净，若一切智智清净，无二、无二分、无别、无断故。无性空清净，故八胜处、九次第定、十遍处清净。八胜处、九次第定、十遍处清净，故一切智智清净。何以故？若无性空清净，若八胜处、九次第定、十遍处清净，若一切智智清净，无……[①]

519.Or.12380-3871（K.K.）（45-5）存 1 页 7 行，上下栏线单栏，写本经折装，刊布者定名为《大般若波罗密多经》，下面将西夏文录文并对译如下：

[illegible]
二分不别不断也性无空清净故四念住清
[illegible]
净四念住清净故一切智智清净何云也若性
[illegible]
无空清净若四念住清净若一切智智清净不
[illegible]
二不二分不别不断也性不空清净故一切四正断
[illegible][②][illegible]
四神足五根五力七等觉支八圣道支清净四正断
[illegible]
乃至八圣道支清净故一切智智清净何云也若

① （唐）玄奘译《大般若波罗蜜多经》卷 216，《大正藏》第 5 册，第 220 号，第 81 页中栏 2。

② 西夏文“[illegible]”译为“七等觉支”，七等觉支，即择法觉支、精进觉支、喜觉支、轻安觉支、念觉支、定觉支、行舍觉支。

刊布者定名不准确，为唐玄奘译《大般若波罗蜜多经》第二百一十六卷“初分难信解品第三十四之三十五”的相应内容：

（接上）二、无二分、无别、无断故。“善现！无性空清净，故四念住清净。四念住清净，故一切智智清净。何以故？若无性空清净，若四念住清净，若一切智智清净，无二、无二分、无别、无断故。无性空清净，故四正断、四神足、五根、五力、七等觉支、八圣道支清净。四正断，乃至八圣道支清净，故一切智智清净。何以故？若……”[1]

520.Or.12380-3871（K.K.）（45-6）存1页6行，上下栏线单栏，写本经折装，刊布者定名为《大般若波罗密多经》，下面将西夏文录文并对译如下：

[illegible]
性无空清净若四正断乃至八圣道支清净若
[illegible]
一切智智清净不二不二分不别不断也善
[illegible]
现行无空清净故空解脱清净空解脱门清
[illegible]
净故一切智智清净何云也若性无空清净若
[illegible]
空解脱门清净若一切智智清净不二不二
[illegible]
分不别不断也性无空清净故相无愿无解

① （唐）玄奘译《大般若波罗蜜多经》卷216，《大正藏》第5册，第220号，第81页中栏10。

刊布者定名不准确，为唐玄奘译《大般若波罗蜜多经》第二百一十六卷“初分难信解品第三十四之三十五”的相应内容：

（接上）无性空清净，若四正断乃至八圣道支清净，若一切智智清净，无二、无二分、无别、无断故。善现！无性空清净，故空解脱门清净。空解脱门清净，故一切智智清净。何以故？若无性空清净，若空解脱门清净，若一切智智清净，无二、无二分、无别、无断故。无性空清净，故无相、无愿解……[1]

521.Or.12380-3871（K.K.）（45-7）存1页6行，上下栏线单栏，写本经折装，刊布者定名为《大般若波罗密多经》，下面将西夏文录文并对译如下：

[illegible]
（解）脱门清净相无愿无解脱门清净故一切智智
[illegible]
清净何云也若性无空清净若相无愿无解
[illegible]
脱门清净若一切智智清净不二不二分不
[illegible]
别不断也善现性无空清净故菩萨十地清净
[illegible]
菩萨十地清净故一切智智清净何云也若
[illegible]
性无空清净若菩萨是地清净若一切智智

刊布者定名不准确，为唐玄奘译《大般若波罗蜜多经》第二百一

① （唐）玄奘译《大般若波罗蜜多经》卷216，《大正藏》第5册，第220号，第81页中栏18。

十六卷“初分难信解品第三十四之三十五”的相应内容：

（接上）脱门清净，无相、无愿解脱门清净，故一切智智清净。何以故？若无性空清净，若无相、无愿解脱门清净，若一切智智清净，无二、无二分、无别、无断故。善现！无性空清净，故菩萨十地清净。菩萨十地清净，故一切智智清净。何以故？若无性空清净，若菩萨十地清净，若一切智智……[①]

522.Or.12380-3871（K.K.）（45-8）存1页6行，上下栏线单栏，写本经折装，刊布者定名为《大般若波罗密多经》，下面将西夏文录文并对译如下：

[illegible][②][illegible]

清净不二不二分不异（不别）不断也善现性无空

[illegible]

清净故五眼清净无言清净故一切智智清

[illegible]

净何云也若性无空清净若五眼清净若

[illegible]

一切智智清净不二不二分不别不断也性

[illegible]

无空清净故六神通清净六生态清净故一

[illegible]

切智智清净何云也若性无空清净若六神

刊布者定名不准确，为唐玄奘译《大般若波罗蜜多经》第二百一

① （唐）玄奘译《大般若波罗蜜多经》卷216，《大正藏》第5册，第220号，第81页中栏18~26。

② 此处西夏文可能有错，西夏文写成“[illegible]”，最后一个“[illegible]”应为“[illegible]”。

十六卷“初分难信解品第三十四之三十五”的相应内容：

（接上）清净，无二、无二分、无别、无断故。善现！无性空清净，故五眼清净。五眼清净，故一切智智清净。何以故？若无性空清净，若五眼清净，若一切智智清净，无二、无二分、无别、无断故。无性空清净，故六神通清净。六神通清净，故一切智智清净。何以故？若无性空清净，若六神……[1]

523.Or.12380-3871（K.K.）（45-9）存1页6行，上下栏线单栏，写本经折装，刊布者定名为《大般若波罗密多经》，下面将西夏文录文并对译如下：

[illegible]
通清净若一切智智清净不二不二分不别
[illegible]
不断也善现性无空清净故佛十力清净佛
[illegible]
十力清净故一切智智清净何云也若性无
[illegible]
空清净若佛十力清净若一切智智清净若
[illegible]
不二不二分不别不断也性无空清净故四恐
[illegible]
应（所）无四碍无解大慈悲大喜大舍佛十八不

刊布者定名不准确，其为唐玄奘译《大般若波罗蜜多经》第二百一十六卷“初分难信解品第三十四之三十五”的相应内容：

① （唐）玄奘译《大般若波罗蜜多经》卷216，《大正藏》第5册，第220号，第81页中栏26~下栏1。

（接上）通清净，若一切智智清净，无二、无二分、无别、无断故。善现！无性空清净，故佛十力清净。佛十力清净，故一切智智清净。何以故？若无性空清净，若佛十力清净，若一切智智清净，无二、无二分、无别、无断故。无性空清净，故四无所畏、四无碍解、大慈、大悲、大喜、大舍、十八佛不……[①]

Or.12380-3871（K.K.）（45-3） 至 Or.12380-3871（K.K.）（45-9） 残经内容相连，缀合后的顺序为 Or.12380-3871（K.K.）（45-3）+ Or.12380-3871（K.K.）（45-4）+ Or.12380-3871（K.K.）（45-5）+ Or.12380-3871（K.K.）（45-6）+ Or.12380-3871（K.K.）（45-7）+ Or.12380-3871（K.K.）（45-8）+ Or.12380-3871（K.K.）（45-9）。

524.Or.12380-3871（K.K.）（45-10）存 1 页 6 行，上下栏线单栏，写本经折装，刊布者定名为《大般若波罗蜜多经》，下面将西夏文录文并对译如下：

□[illegible]
□缘生诸受清净故一切智智清净何云也若
[illegible]
自性空清净若香界乃至鼻触缘生诸受清净
[illegible]
若一切智智清净不二不二分不别不断也善
[illegible][②]
现自性空清净故舌界清净舌界清净故一切
[illegible]
智智清净何云也若自性空清净若舌界
[illegible]

① （唐）玄奘译《大般若波罗蜜多经》卷 216，《大正藏》第 5 册，第 220 号，第 81 页下栏 7。

② 西夏文本多了一个“[illegible]”字。

清净若一切智智清净不二不二分不别不

刊布者定名不准确，为唐玄奘译《大般若波罗蜜多经》第二百一十六卷“初分难信解品第三十四之三十五”的相应内容：

> ……为缘所生诸受清净，故一切智智清净。何以故？若自性空清净，若香界乃至鼻触为缘所生诸受清净，若一切智智清净，无二、无二分、无别、无断故。善现！自性空清净，故舌界清净。舌界清净，故一切智智清净。何以故？若自性空清净，若舌界清净，若一切智智清净，无二、无二分、无别、无……[①]

525.Or.12380-3871（K.K.）（45-11）存1页6行，上下栏线单栏，写本，刊布者定名为《大般若波罗蜜多经》，下面将西夏文录文并对译如下：

[illegible]

如声界乃至耳触缘生诸受清净若一切智智清净

[illegible]

不二不二分不别不断也善现自性空清净故

[illegible]

鼻界清净鼻界清净故一切智智清净何云也

[illegible]

若自性空清净若鼻界清净若一切智智清

[illegible]

净不二不二分不别不断也自性空清净故香

[illegible]

界鼻识界及鼻触鼻触缘起诸受清净香界乃至鼻

① （唐）玄奘译《大般若波罗蜜多经》卷216，《大正藏》第5册，第220号，第82页下栏9~17。

刊布者定名不准确，其为唐玄奘译《大般若波罗蜜多经》第二百一十六卷“初分难信解品第三十四之三十五”的相应内容：

> 若声界乃至耳触为缘所生，诸受清净，若一切智智清净，无二、无二分、无别、无断故。善现！自性空清净，故鼻界清净。鼻界清净，故一切智智清净。何以故？若自性空清净，若鼻界清净，若一切智智清净，无二、无二分、无别、无断故。自性空清净，故香界、鼻识界及鼻触、鼻触为缘所生，诸受清净。香界乃至鼻触……①

Or.12380-3871（K.K.）（45-10）和 Or.12380-3871（K.K.）（45-11）相连，只是 Or.12380-3871（K.K.）（45-11）内容在前，Or.12380-3871（K.K.）（45-10）在后。

526.Or.12380-3871（K.K.）（45-12）存 1 页 6 行，上下栏线单栏，写本经折装，刊布者定名为《大般若波罗密多经》，下面将西夏文录文并对译如下：

[illegible]

二分不别不断也自性空清净故耳触舌身意

[illegible]

处清净耳鼻舌身意处清净故一切智智清净

[illegible]

何云也若自性空清净若耳鼻舌身意处清

[illegible]

净若一切智智清净不二不二分不别不断也

[illegible]

善现自性空清净故色处清净色处清净故

[illegible]

① （唐）玄奘译《大般若波罗蜜多经》卷 216，《大正藏》第 5 册，第 220 号，第 82 页下栏 1~9。

一切智智清净何云也若自性空清净若色处清

刊布者定名不准确，其为唐玄奘译《大般若波罗蜜多经》第二百一十六卷“初分难信解品第三十四之三十五”的相应内容：

……无二、无二分、无别、无断故。自性空清净，故耳、鼻、舌、身、意处清净。耳、鼻、舌、身、意处清净，故一切智智清净。何以故？若自性空清净，若耳、鼻、舌、身、意处清净，若一切智智清净，无二、无二分、无别、无断故。

“善现！自性空清净，故色处清净。色处清净，故一切智智清净。何以故？若自性空清净，若色处清净，若一切智智清净，无二、无二分、无别、无断故。自性空清净，故声、香、味、触、法处清……”①

527.Or.12380-3871（K.K.）（45-13）存1页6行，上下栏线单栏，写本经折装，刊布者定名为《大般若波罗密多经》，下面将西夏文录文并对译如下：

[illegible]

净若一切智智清净不二不二分不别不断也

[illegible]

自性空清净故生香味触法处清净声香味触

[illegible]

法处清净故一切智智清净何云也若自性空

[illegible]

清净若声香味触法处清净若一切智智清

[illegible]

---

① （唐）玄奘译《大般若波罗蜜多经》卷216，《大正藏》第5册，第220号，第82页中栏7~14。

净不二不二分不别不断也善现自性空清

[illegible]

净故眼界清净眼界清净故一切智智清净

刊布者定名不准确，其为唐玄奘译《大般若波罗蜜多经》第二百一十六卷“初分难信解品第三十四之三十五”的相应内容：

上接 Or.12380-3871（K.K.）(45-12)：

净，若一切智智清净，无二、无二分、无别、无断故。自性空清净，故声、香、味、触、法处清净。声、香、味、触、法处清净，故一切智智清净。何以故？若自性空清净，若声、香、味、触、法处清净，若一切智智清净，无二、无二分、无别、无断故。善现！自性空清净，故眼界清净。眼界清净，故一切智智清净。[①]

528.Or.12380-3871（K.K.）(45-14) 存 1 页 6 行，上下栏线单栏，写本经折装，刊布者定名为《大般若波罗密多经》，下面将西夏文录文并对译如下：

[illegible]

分不别不断也善现自性空清净故耳界清净

[illegible]

耳界清净故一起智智清净何云也若自性

[illegible]

空清净若耳界清净若一切智智清净不二

[illegible]

不二分不别不断也自性空清净故声界耳识

[illegible]

① （唐）玄奘译《大般若波罗蜜多经》卷 216，《大正藏》第 5 册，第 220 号，第 82 页中栏 14~21。

界及耳触耳触缘起诸受清净声界乃至耳触缘起

[illegible]

诸受清净故一切智智清净何云也若自性空清净

刊布者定名不准确，其为唐玄奘译《大般若波罗蜜多经》第二百一十六卷“初分难信解品第三十四之三十五”的相应内容：

……分、无别、无断故。善现！自性空清净，故耳界清净，耳界清净，故一切智智清净。何以故？若自性空清净，若耳界清净，若一切智智清净，无二、无二分、无别、无断故。自性空清净，故声界、耳识界及耳触、耳触为缘所生诸受清净，声界乃至耳触为缘所生诸受清净，故一切智智清净。何以故？若自性空清净。[①]

Or.12380-3871（K.K.）（45-14）与 Or.12380-3871（K.K.）（45-11）相接，故其顺序为 Or.12380-3871（K.K.）（45-14）+ Or.12380-3871（K.K.）（45-11）+ Or.12380-3871（K.K.）（45-10）。

529.Or.12380-3871（K.K.）（45-15）存 1 页 6 行，上下栏线单栏，写本经折装，刊布者定名为《大般若波罗密多经》，下面将西夏文录文并对译如下：

[illegible]

何云也若自性空清净若眼界清净若一

[illegible]

切智智清净不二不二分不别不断也自性

[illegible]

空清净故色界识界及眼触眼触缘起诸受

[illegible]

① （唐）玄奘译《大般若波罗蜜多经》卷 216，《大正藏》第 5 册，第 220 号，第 82 页中栏 21~ 下栏 1。

清净色界乃至眼触缘起诸受清净故一切智

[illegible]

智清净何云也若自性空清净若色界乃至眼

[illegible]

触缘起诸受清净若一切智智清净不二不二

刊布者定名不准确，其为唐玄奘译《大般若波罗蜜多经》第二百一十六卷“初分难信解品第三十四之三十五”的相应内容：

何以故？若自性空清净，若色处清净，若一切智智清净，无二、无二分、无别、无断故。自性空清净，故声、香、味、触、法处清净。声、香、味、触、法处清净，故一切智智清净。何以故？若自性空清净，若声、香、味、触、法处清净，若一切智智清净，无二、无二……[1]

从 Or.12380-3871（K.K.）（45-15）判断，它与 Or.12380-3871（K.K.）（45-14）相接，而它们的顺序为 Or.12380-3871（K.K.）（45-12）+Or.12380-3871（K.K.）（45-15）+Or.12380-3871（K.K.）（45-13）+Or.12380-3871（K.K.）（45-14）+ Or.12380-3871（K.K.）（45-11）+Or.12380-3871（K.K.）（45-10）。

530.Or.12380-3871（K.K.）（45-16）存 1 页 6 行，上下栏线单栏，写本经折装，刊布者定名为《大般若波罗蜜多经》，下面将西夏文录文并对译如下：

[illegible]

断也自性空清净故受想行识清净受想行识

[illegible]

① （唐）玄奘译《大般若波罗蜜多经》卷 216，《大正藏》第 5 册，第 220 号，第 82 页中栏 14。

清净故一切智智清净何云也若自性空清

[illegible]

净受想行识清净若一切智智清净不二不

[illegible]

二分不异不断也善现自性空清净故眼触清

[illegible]

净眼触清净故一切智智清净何云也若自性

[illegible]

空清净若眼触清净若一切智智清净不二不

刊布者定名不准确，其为唐玄奘译《大般若波罗蜜多经》第二百一十六卷“初分难信解品第三十四之三十五”的相应内容：

……断故。自性空清净，故受、想、行、识清净。受、想、行、识清净，故一切智智清净。何以故？若自性空清净，若受、想、行、识清净，若一切智智清净，无二、无二分、无别、无断故。

善现！自性空清净，故眼处清净。眼处清净，故一切智智清净。何以故？若自性空清净，若眼处清净，若一切智智清净，无二、无二[①]

从 Or.12380-3871（K.K.）（45-16）残存内容判断，后面直接 Or.12380-3871（K.K.）（45-12），故此 Or.12380-3871（K.K.）（45-16）+Or.12380-3871（K.K.）（45-12）+Or.12380-3871（K.K.）（45-15）+Or.12380-3871（K.K.）（45-13）+Or.12380-3871（K.K.）（45-14）+Or.12380-3871（K.K.）（45-11）+Or.12380-3871（K.K.）（45-10）。

531.Or.12380-3871（K.K.）（45-17）存 1 页 6 行，上下栏线单栏，写本经折装，刊布者定名为《大般若波罗密多经》，下面将西夏文录文

① （唐）玄奘译《大般若波罗蜜多经》卷 216，《大正藏》第 5 册，第 220 号，第 82 页中栏 1~7。

并对译如下：

[illegible]
菩提清净故一切智智清净何云也若性无空
[illegible]
清净若诸佛界上正等菩提清净若一切智智
[illegible]
清净不二不二分不别不断也
[illegible]
复次善现自性空清净故色清净色清净故
[illegible]
一切智智清净何云也若自性空清净若色
[illegible]
清净若一切智智清净不二不二分不别不

刊布者定名不准确，其为唐玄奘译《大般若波罗蜜多经》第二百一十六卷“初分难信解品第三十四之三十五”的相应内容：

……菩提清净，若一切智智清净，无二、无二分、无别、无断故。

复次，善现！自性空清净，故色清净。色清净，故一切智智清净。何以故？若自性空清净，若色清净，若一切智智清净，无二、无二分、无别、无……①

比较 Or.12380-3871（K.K.）（45-17）残经内容，后面接 Or.12380-3871（K.K.）（45-16），即 Or.12380-3871（K.K.）（45-17）+Or.12380-3871（K.K.）（45-16）+Or.12380-3871（K.K.）（45-12）+Or.12380-

① （唐）玄奘译《大般若波罗蜜多经》卷 216,《大正藏》第 5 册，第 220 号，第 82 页上 25~ 中栏 1。

3871（K.K.）(45-15) +Or.12380-3871（K.K.）(45-13) +Or.12380-3871（K.K.）(45-14) +Or.12380-3871（K.K.）(45-11) +Or.12380-3871（K.K.）(45-10)。

532.Or.12380-3871（K.K.）(45-18) 存2页12行，上下栏线单栏，写本经折装，刊布者定名为《大般若波罗密多经》，下面将西夏文录文并对译如下：

[illegible]
汉果清净一来不还阿罗汉果清净故一切智
[illegible]
智清净何云也若性无空清净若一来不还
[illegible]
阿罗汉果清净若一切智智清净不二不二分
[illegible]
不别不断也善现性无空清净故独觉菩提清净
[illegible]
独觉菩提清净故一切智智清净何云也若性
[illegible]
无空清净若独觉菩提清净若一切智智清净
[illegible]
不二不二分不别不断也善现性无空清净
[illegible]
故菩萨摩诃萨行一切清净菩萨摩诃萨行一
[illegible]
切清净故一切智智清净何云也若性无空清
[illegible]
净若菩萨摩诃萨行一切清净若一切智智清
[illegible]
净不二不二分不别不断也善现性无空清

[illegible]

净故诸佛最上正等菩提清净诸佛最上正等

刊布者定名不准确，其为唐玄奘译《大般若波罗蜜多经》第二百一十六卷“初分难信解品第三十四之三十五”的相应内容：

……汉果清净。一来、不还、阿罗汉果清净，故一切智智清净。何以故？若无性空清净，若一来、不还、阿罗汉果清净，若一切智智清净，无二、无二分、无别、无断故。

善现！无性空清净，故独觉菩提清净。独觉菩提清净，故一切智智清净。何以故？若无性空清净，若独觉菩提清净，若一切智智清净，无二、无二分、无别、无断故。

善现！无性空清净，故一切菩萨摩诃萨行清净。一切菩萨摩诃萨行清净，故一切智智清净。何以故？若无性空清净，若一切菩萨摩诃萨行清净，若一切智智清净，无二、无二分、无别、无断故。

善现！无性空清净，故诸佛无上正等菩提清净。诸佛无上正等菩提清净，故一切智智清净。①

比较 Or.12380-3871（K.K.）（45-18）残经内容，后面接 Or.12380-3871（K.K.）（45-17），即 Or.12380-3871（K.K.）（45-18）+Or.12380-3871（K.K.）（45-17）+Or.12380-3871（K.K.）（45-16）+Or.12380-3871（K.K.）（45-12）+Or.12380-3871（K.K.）（45-15）+Or.12380-3871（K.K.）（45-13）+Or.12380-3871（K.K.）（45-14）+ Or.12380-3871（K.K.）（45-11）+Or.12380-3871（K.K.）（45-10）。

533.Or.12380-3871（K.K.）（45-19）存 2 页 12 行，但右面 6 行为西夏字反字，为粘贴所致，故此补录，上下栏线单栏，写本经折装，刊布者定名为《大般若波罗密多经》，下面将西夏文录文并对译如下：

① （唐）玄奘译《大般若波罗蜜多经》卷 216,《大正藏》第 5 册，第 220 号，第 82 页上 10~25。

（左面）

[illegible]

一切清净若一切智智清净不二不二分不

[illegible]

（四个圈，为盖住某些字所为）　别不断也善现性无空清净故

[illegible]

预流果清净预流果清净故一切智智清净

[illegible]

何云也若性无空清净若预流果清净若一

[illegible]

切智智清净不二不二分不别不断也性无空

[illegible]　　　　（六个圈，为盖住某些字所为）

清净故

[illegible]

一来不还阿罗

刊布者定名不准确，其为唐玄奘译《大般若波罗蜜多经》第二百一十六卷“初分难信解品第三十四之三十五”的相应内容：

> ……若一切智智清净，无二、无二分、无别、无断故。善现！无性空清净，故预流果清净。预流果清净，故一切智智清净。何以故？若无性空清净，若预流果清净，若一切智智清净，无二、无二分、无别、无断故。无性空清净，故一来、不还、阿罗……[1]

从 Or.12380-3871（K.K.）（45-19）内容看，与 Or.12380-3871（K.K.）（45-18）相接，即 Or.12380-3871（K.K.）（45-19）+Or.12380-3871（K.K.）

① （唐）玄奘译《大般若波罗蜜多经》卷 216，《大正藏》第 5 册，第 220 号，第 82 页上 1~10。

（45-18）+Or.12380-3871（K.K.）（45-17）+Or.12380-3871（K.K.）（45-16）+Or.12380-3871（K.K.）（45-12）+Or.12380-3871（K.K.）（45-15）+Or.12380-3871（K.K.）（45-13）+Or.12380-3871（K.K.）（45-14）+Or.12380-3871（K.K.）（45-11）+Or.12380-3871（K.K.）（45-10）。

534.Or.12380-3871（K.K.）（45-20）存 2 页 12 行，但右面 6 行为西夏字反字，为粘贴所致，故此补录，上下栏线单栏，写本经折装，刊布者定名为《大般若波罗蜜多经》，下面将西夏文录文并对译如下：

[illegible]

无空清净若一切智智清净若一切智智清净不

[illegible]

二不二分不别不断也性无空清净故道相

[illegible]

智一切相智清净道相智一切相智清净故一

[illegible]

切智智清净何云也若性无空清净若道相

[illegible]

智一切相智清净若一切智智清净不二不

[illegible]

二不别不断也善现性无空清净故

（两个圈，覆盖下面内容）

（三个圈，覆盖下面内容）

[illegible]

陀罗尼门一切清净陀罗尼门

[illegible]

一切清净故一切智智清净何云也若性无空

[illegible]

清净若陀罗尼门一切清净若一切智智清

[illegible]

净不二不二分不别不断也行无空清净故
[illegible]
三摩地们一切清净三摩地门一切清净故一切
[illegible]
智智清净何云也若行无空清净若三摩地门

Or.12380-3871（K.K.）（45-20）残经，刊布者定名不准确，其为唐玄奘译《大般若波罗蜜多经》第二百一十六卷“初分难信解品第三十四之三十五”的相应内容：

若无性空清净，若一切智清净，若一切智智清净，无二、无二分、无别、无断故。无性空清净，故道相智、一切相智清净。道相智、一切相智清净，故一切智智清净。何以故？若无性空清净，若道相智、一切相智清净，若一切智智清净，无二、无二分、无别、无断故。

善现！无性空清净，故一切陀罗尼门清净。一切陀罗尼门清净，故一切智智清净。何以故？若无性空清净，若一切陀罗尼门清净，若一切智智清净，无二、无二分、无别、无断故。无性空清净，故一切三摩地门清净。一切三摩地门清净，故一切智智清净。何以故？若无性空清净，若一切三摩地门……[①]

对比Or.12380-3871（K.K.）（45-20）残经，其内容在Or.12380-3871（K.K.）（45-19）前，即Or.12380-3871（K.K.）（45-20）+ Or.12380-3871（K.K.）（45-19）+ Or.12380-3871（K.K.）（45-18）+Or.12380-3871（K.K.）（45-17）+ Or.12380-3871（K.K.）（45-16）+Or.12380-3871（K.K.）（45-12）+ Or.12380-3871（K.K.）（45-15）+ Or.12380-3871（K.K.）（45-13）+ Or.12380-3871（K.K.）（45-14）+ Or.12380-3871（K.K.）（45-11）+

① （唐）玄奘译《大般若波罗蜜多经》卷216，《大正藏》第5册，第220号，第81页下23~82页上栏1。

Or.12380-3871（K.K.）（45-10）。

535.Or.12380-3871（K.K.）（45-21）存2页12行，但右面6行为西夏字反字，为粘贴所致，故此补录，上下栏线单栏，写本经折装，刊布者定名为《大般若波罗蜜多经》，下面将西夏文录文并对译如下：

[illegible]
断也若性无空清净故味界舌识界及舌触舌触缘
[illegible]
起诸受清净味界乃至舌触缘起诸受清净故
[illegible]
一切智智清净何云也若自性空清净若味界
[illegible]
乃至舌触缘起诸受清净若一切智智清净不二
[illegible]
不二分不别不断也善现自性空清净故身界
[illegible]
清净身界清净故一切智智清净何云也若自
[illegible]
性空清净若身界清净若一切智智清净不二
[illegible]
不二分不别不断也自性空清净故触界身识界
[illegible]
及身触身触缘起诸受清净触界乃至身触缘起
[illegible]
诸受清净故一切智智清净何云也若自性空
[illegible]
清净若触界乃至身触缘起诸受清净若一切
[illegible]
智智清净不二不二分不别不断也善现自性空

刊布者定名不准确，其为唐玄奘译《大般若波罗蜜多经》第二百一十六卷“初分难信解品第三十四之三十五”的相应内容：

……缘所生诸受清净，味界乃至舌触为缘所生诸受清净，故一切智智清净。何以故？若自性空清净，若味界乃至舌触为缘所生诸受清净，若一切智智清净，无二、无二分、无别、无断故。

善现！自性空清净，故身界清净。身界清净，故一切智智清净。何以故？若自性空清净，若身界清净，若一切智智清净，无二、无二分、无别、无断故。自性空清净，故触界、身识界及身触、身触为缘所生诸受清净。触界乃至身触为缘所生诸受清净，故一切智智清净。何以故？若自性空清净，若触界乃至身触为缘所生诸受清净，若一切智智清净，无二、无二分、无别、无断故。善现！自性空……[1]

536.Or.12380-3871（K.K.）（45-22）存 2 页 12 行，上下栏线单栏，写本经折装，刊布者定名为《大般若波罗蜜多经》，下面将西夏文录文并对译如下：

[illegible]
□界□意界清净意界清净故一切智智清净
[illegible]
何云也若自性空清净若意界清净若一切
[illegible]
智智清净不二不二分不别不断也自性空清净
[illegible]
故法界意识界及意触意触缘起诸受清净法界
[illegible]

① （唐）玄奘译《大般若波罗蜜多经》卷 216，《大正藏》第 5 册，第 220 号，第 82 页下栏 17~83 页上栏 5。

乃至意触缘起诸受清净故一切智智清净何
[illegible]
云也若自性空清净若法界乃至意触缘起诸
[illegible]
受清净若一切智智清净不二不二分不别不断
[illegible]
也善现自性空清净故地界清净地界清净故
[illegible]
一切智智清净何云也若自性空清净若地界
[illegible]
清净若一切智智清净不二不二分不别不断
[illegible]
也自性空清净故水火风空识界清净水火风
[illegible]
空识界清净故一切智智清净何云也若自性

刊布者定名不准确，其为唐玄奘译《大般若波罗蜜多经》第二百一十六卷“初分难信解品第三十四之三十五”的相应内容：

……自性空清净，故意界清净。意界清净，故一切智智清净。何以故？若自性空清净，若意界清净，若一切智智清净，无二、无二分、无别、无断故。自性空清净，故法界、意识界及意触、意触为缘所生诸受清净。法界乃至意触为缘所生诸受清净，故一切智智清净。何以故？若自性空清净，若法界乃至意触为缘所生诸受清净，若一切智智清净，无二、无二分、无别、无断故。

善现！自性空清净，故地界清净。地界清净，故一切智智清净。何以故？若自性空清净，若地界清净，若一切智智清净，无二、无二分、无别、无断故。自性空清净，故水、火、风、空、识界清净。水、火、风、空、识界清净，故一切智智清净。何以故？若自性空清净，若水、火、风、空、识界清净，若一切智智清净，无二、无二分、无别、无断故。[①]

将 Or.12380-3871（K.K.）（45-22）与 Or.12380-3871（K.K.）（45-21）比较，二者可缀合，即 +Or.12380-3871（K.K.）（45-21）+ Or.12380-3871（K.K.）（45-22）。

537.Or.12380-3871（K.K.）（45-23）存 2 页 12 行，上下栏线单栏，写本经折装，刊布者定名为《大般若波罗密多经》，下面将西夏文录文并对译如下：

[illegible]
空清净若水火风空识界清净若一切智智清
[illegible]
净不二不二分不别不断也善现自性空清净故
[illegible]
明无清净明无清净故一切智智清净何云也
[illegible]
若自性空清净若明无清净若一切智智清净
[illegible][②]
不二不二分不别不断也自性空清净故行识名色
[illegible][③][illegible]
六处触受爱取有生老死愁闷苦忧恼清净
[illegible]
行乃至老死愁叹苦忧恼清净故一切智智清净

① （唐）玄奘译《大般若波罗蜜多经》卷 216，《大正藏》第 5 册，第 220 号，第 83 页上栏 5~13。

② 西夏文“[illegible]”译为“名色”，名色，五蕴的总名。受、想、行、识四蕴为名，色蕴为色，故名色。

③ 西夏文“[illegible]”译为“六处”，六处，即十二因缘之一。

[illegible]
何云也若自性空清净若行乃至老死愁叹
[illegible]
苦忧恼清净若一切智智清净无二无二分无
[illegible]
别无断也善现自性空清净故布施波罗蜜
[illegible]
多清净布施波罗蜜多清净故一切智智清净
[illegible]
何云也若自性空清净若布施波罗蜜多清

刊布者定名不准确，其内容为唐玄奘译《大般若波罗蜜多经》第二百一十六卷“初分难信解品第三十四之三十五”的相应内容：

接 Or.12380-3871（K.K.）（45-22）：

若自性空清净，若水、火、风、空、识界清净，若一切智智清净，无二、无二分、无别、无断故。善现！自性空清净，故无明清净。无明清净，故一切智智清净。何以故？若自性空清净，若无明清净，若一切智智清净，无二、无二分、无别、无断故。自性空清净，故行、识、名色、六处、触、受、爱、取、有、生、老、死、愁、叹、苦、忧、恼清净。行乃至老、死、愁、叹、苦、忧、恼清净，故一切智智清净。何以故？若自性空清净，若行乃至老、死、愁、叹、苦、忧、恼清净，若一切智智清净，无二、无二分、无别、无断故。善现！自性空清净，故布施波罗蜜多清净。布施波罗蜜多清净，故一切智智清净。何以故？若自性空清净，若布施波罗蜜多清净……①

① （唐）玄奘译《大般若波罗蜜多经》卷 216,《大正藏》第 5 册，第 220 号，第 83 页上栏 13~29。

将 Or.12380-3871（K.K.）(45-23）与前述内容比较，可确定其顺序为，即 Or.12380-3871（K.K.）(45-21）+Or.12380-3871（K.K.）(45-22）+ Or.12380-3871（K.K.）(45-23)。

538.Or.12380-3871（K.K.）(45-24）存 2 页 12 行，上下栏线单栏，写本经折装，刊布者定名为《大般若波罗密多经》，下面将西夏文录文并对译如下：

（右面）

[illegible]

自性空清净故内空清净内空清净故一切智

[illegible]

智清净何云也若自性空清净若内空清净

[illegible]

若一切智智清净不二不二分不别不断也自

[illegible] ①

性空清净故外空内外空空空大空胜义空

[illegible]

有为空无为空究竟空无际空散空无幻化

[illegible]

空本性空自相空共相空法一切空得可无空

Or.12380-3871（K.K.）(45-24）残经右面 6 行，其为唐玄奘译《大般若波罗蜜多经》第二百一十六卷“初分难信解品第三十四之三十五”的相应内容：

自性空清净，故内空清净。内空清净，故一切智智清净。何以故？若自性空清净，若内空清净，若一切智智清净，无二、无二

① 西夏文“[illegible]”译为“胜义空”，胜义空，即《涅槃经》所说十八空之一。胜义为涅槃，胜义空，即涅槃空性。。

分、无别、无断故。自性空清净，故外空、内外空、空空、大空、胜义空、有为空、无为空、毕竟空、无际空、散空、无变异空、本性空、自相空、共相空、一切法空、不可得空……[①]

（左面）

[illegible]
若一切智智清净不二不二分不别不断
[illegible]
也自性空清净故戒净安忍精进静思（虑）般若
[illegible]
波罗蜜多清净戒净乃至般若波罗
[illegible]
蜜多清净故一切智智清净何云也若自性空
[illegible]
清净若戒净乃至般若波罗蜜多清净若一
[illegible]
切智智清净不二不二分不别不断也善现

Or.12380-3871（K.K.）（45-24）残经左面 6 行，其内容为唐玄奘译《大般若波罗蜜多经》第二百一十六卷“初分难信解品第三十四之三十五”的相应内容，刊布者虽将左右两面拼合在一起，但二者内容并不连续，具体如下：

若一切智智清净，无二、无二分、无别、无断故。自性空清净，故净戒、安忍、精进、静虑、般若波罗蜜多清净。净戒乃至般若波罗蜜多清净，故一切智智清净。何以故？若自性空清净，若

① （唐）玄奘译《大般若波罗蜜多经》卷 216，《大正藏》第 5 册，第 220 号，第 83 页中栏 8。

净戒乃至般若波罗蜜多清净，若一切智智清净，无二、无二分、无别、无断故。善现……[1]

从 Or.12380-3871（K.K.）（45-24）残经内容判断，左面 6 行内容在前，右面 6 行内容在后。将 Or.12380-3871（K.K.）（45-24）与前述内容比较，可确定其顺序为，即 +Or.12380-3871（K.K.）（45-21）+ Or.12380-3871（K.K.）（45-22）+ Or.12380-3871（K.K.）（45-23）+ Or.12380-3871（K.K.）（45-24）左面 + Or.12380-3871（K.K.）（45-24）右面。

539.Or.12380-3871（K.K.）（45-25）存 2 页 12 行，上下栏线单栏，写本经折装，刊布者定名为《大般若波罗密多经》，下面将西夏文录文并对译如下：

[illegible]
空性无空性无自性空清净外空乃至性无
[illegible]
自性空清净故一切智智清净何云也若自
[illegible]
性空清净若外空乃至性无空清净若一
[illegible]
切智智清净不二不二分不别不断也善现自性
[illegible]
空清净故如真清净如真清净故一切智智
[illegible]
清净何云也若自性空清净若如真清净

[illegible]
若一切智智清净不二不二分不别不断也

---

① （唐）玄奘译《大般若波罗蜜多经》卷 216，《大正藏》第 5 册，第 220 号，第 83 页上栏 29。

[illegible]

自性空清净故法界法性不虚妄性不变化

[illegible]

性平等性生离性法定法住实际虚空界思说

[illegible]

不界清净法界乃至思说无界清净故一切

[illegible]

智智清净何云也若自性空清净若法界乃

[illegible]

至思说无界清净若一切智智清净不二不二

Or.12380-3871（K.K.）（45-25）残经为唐玄奘译《大般若波罗蜜多经》第二百一十六卷“初分难信解品第三十四之三十五”的相应内容，只是Or.12380-3871（K.K.）（45-25）可与Or.12380-3871（K.K.）（45-24）残经右面相接。

接Or.12380-3871（K.K.）（45-24）残经右面：

……空、无性空、无性自性空清净，外空乃至无性自性空清净，故一切智智清净。何以故？若自性空清净，若外空乃至无性自性空清净，若一切智智清净，无二、无二分、无别、无断故。善现！自性空清净，故真如清净。真如清净，故一切智智清净。何以故？若自性空清净，若真如清净，若一切智智清净，无二、无二分、无别、无断故。自性空清净，故法界、法性、不虚妄性、不变异性、平等性、离生性、法定、法住、实际、虚空界、不思议界清净，法界乃至不思议界清净，故一切智智清净。何以故？若自性空清净，若法界乃至不思议界清净，若一切智智清净，无二、无二分、无别、无断故。[①]

① （唐）玄奘译《大般若波罗蜜多经》卷216，《大正藏》第5册，第220号，第83页中栏8~18。

从 Or.12380-3871（K.K.）（45-25）残经内容判断，可确定其顺序为可确定其顺序为，即 Or.12380-3871（K.K.）（45-21）+Or.12380-3871（K.K.）（45-22）+Or.12380-3871（K.K.）（45-23）+Or.12380-3871（K.K.）（45-24）左面 + Or.12380-3871（K.K.）（45-24）右面 + Or.12380-3871（K.K.）（45-25）。

540.Or.12380-3871（K.K.）（45-26）存 2 页 12 行，上下栏线单栏，写本经折装，刊布者定名为《大般若波罗密多经》，下面将西夏文录文并对译如下：

[illegible]
智智清净何云也若自性空清净若四无量
[illegible]
四色无定清净若一切智智清净不二不二分
[illegible]
不别不断也善现自性空清净故八解脱清净
[illegible]
八解脱清净故一切智智清净何云也若自性空
[illegible]
清净若八解脱清净若一切智智清净不二不
[illegible]
二分不别不断也自性空清净故八圣处九次第
[illegible]
定十遍处清净八胜处九次第定十遍处清
[illegible]
净故一切智智清净何云也若自性空清净
[illegible]
若八胜处九次第定十遍处清净若一切智智
[illegible]
清净不二不二分不别不断也善现自性空

[illegible]

清净故四念住清净四念住清净故一切智

[illegible]

智清净何云也若自性空清净若四念住清

Or.12380-3871（K.K.）（45-26）残经为唐玄奘译《大般若波罗蜜多经》第二百一十六卷“初分难信解品第三十四之三十五”的相应内容：

……若自性空清净，若四无量、四无色定清净，若一切智智清净，无二、无二分、无别、无断故。善现！自性空清净，故八解脱清净。八解脱清净，故一切智智清净。何以故？若自性空清净，若八解脱清净，若一切智智清净，无二、无二分、无别、无断故。自性空清净，故八胜处、九次第定、十遍处清净。八胜处、九次第定、十遍处清净，故一切智智清净。何以故？若自性空清净，若八胜处、九次第定、十遍处清净，若一切智智清净，无二、无二分、无别、无断故。善现！自性空清净，故四念住清净。四念住清净，故一切智智清净。何以故？若自性空清净，若四念住清净……①

541.Or.12380-3871（K.K.）（45-27）存2页12行，上下栏线单栏，写本经折装，刊布者定名为《大般若波罗密多经》，下面将西夏文录文并对译如下：

[illegible]

分不别不断也善现自性空清净故苦圣谛

[illegible]

清净苦圣谛清净故一切智智清净何云也

[illegible]

① （唐）玄奘译《大般若波罗蜜多经》卷216，《大正藏》第5册，第220号，第83页下栏5~20。

若自性空清净若苦圣谛清净若一切智智清
[illegible]
净不二不二分不别不断也自性空清净故
[illegible]
集灭道圣谛情形集灭道圣谛清净故一切
[illegible]
智智清净何云也若自性空清净若集灭道
[illegible]
圣谛清净若一切智智清净不二不二分不别
[illegible]
不断也善现自性空清净若四静虑清净四静
[illegible]
虑清净故一切智智清净何云也若自性空清
[illegible]
净若四静虑清净若一切智智清净不二不
[illegible]
二分不别不断也自性空清净故四无量
[illegible]
四色无定清净四无量四色无定清净故一切

Or.12380-3871（K.K.）（45-27）残经为唐玄奘译《大般若波罗蜜多经》第二百一十六卷“初分难信解品第三十四之三十五”的相应内容：

……无二、无二分、无别、无断故。善现！自性空清净，故苦圣谛清净。苦圣谛清净，故一切智智清净。何以故？若自性空清净，若苦圣谛清净，若一切智智清净，无二、无二分、无别、无断故。自性空清净，故集、灭、道圣谛清净。集、灭、道圣谛清净，故一切智智清净。何以故？若自性空清净，若集、灭、道圣谛清净，若一切智智清净，无二、无二分、无别、无断故。善现！自性空清净，故四静虑清净。四静虑清净，故一切智智清净。何以故？若自性空清净，若四静虑清净，若一切智智清净，无二、无二分、无别、无断故。自性空清净，故四无量、四无色定清净。四无量、四无色定清净，故一切智智清净。何以故？若自性空清净，若四无量、四无色定清净，若一切智智清净……①

比对 Or.12380-3871（K.K.）（45-25）、Or.12380-3871（K.K.）（45-26）和 Or.12380-3871（K.K.）（45-27）残经，其顺序为 Or.12380-3871（K.K.）（45-21）+Or.12380-3871（K.K.）（45-22）+Or.12380-3871（K.K.）（45-23）+ Or.12380-3871（K.K.）（45-24）左面 + Or.12380-3871（K.K.）（45-24）右面 + Or.12380-3871（K.K.）（45-25）+ Or.12380-3871（K.K.）（45-27）+ Or.12380-3871（K.K.）（45-26）。

542.Or.12380-3871（K.K.）（45-28）存 2 页 12 行，上下栏线单栏，写本经折装，刊布者定名为《大般若波罗蜜多经》，下面将西夏文录文并翻译如下：

（右面）

[illegible]②

清净故一切智智清净何云也若自性空

[illegible]

清净若佛十力清净若一切智智清净不二

[illegible]

不二分不别不断也自性空清净故四畏所无

[illegible]

四碍无解答慈大悲大喜大舍佛十八不共法清

① （唐）玄奘译《大般若波罗蜜多经》卷 216，《大正藏》第 5 册，第 220 号，第 83 页中栏 18~27。

② 西夏文"[illegible]"译为"自性空"，汉文本为"无性空"，"自性"即"无性"。

[illegible]
净四畏所无乃至佛十八不共法清净故一切
[illegible]
智智清净何云也若自性空清净若四畏所无

（左面）

[illegible]
若佛十八不共法清净若一切智智清净不二
[illegible]
不二分不别不断也善现若自性空清净故不失
[illegible]
忘法清净不失忘法清净故一切智智清净何
[illegible]
云也若自性空清净若不失忘法清净若一
[illegible]
切智智清净不二不二分不别不断也自性
[illegible]
空清净故常（恒）舍性住清净常舍性住清净故

Or.12380-3871（K.K.）（45-28）残经为唐玄奘译《大般若波罗蜜多经》第二百一十六卷“初分难信解品第三十四之三十五”的相应内容：

……佛十力清净，故一切智智清净。何以故？若无性空清净，若佛十力清净，若一切智智清净，无二、无二分、无别、无断故。无性空清净，故四无所畏、四无碍解、大慈、大悲、大喜、大舍、十八佛不共法清净。四无所畏乃至十八佛不共法清净，故一切智智清净。何以故？若无性空清净，若四无所畏乃至十八佛不共法清净，若一切智智清净，无二、无二分、无别、无断故。善现！无性空清净，故无忘失法清净。无忘失法清净，故一切智智清净。何以故？若无性空清净，若无忘失法清净，若一切智智清净，无二、无二分、无别、无断故。无性空清净，故恒住舍性清净。恒住舍性清净，故一切智智清净……[①]

543.Or.12380-3871（K.K.）（45-29）存 2 页 12 行，上下栏线单栏，写本经折装，刊布者定名为《大般若波罗蜜多经》，下面将西夏文录文并对译如下：

（右面）

[illegible]
无解脱门清净故一切智智清净不二不二
[illegible]
分不别不断也善现自性空清净故菩萨十地
[illegible]
清净菩萨十地清净故一切智智清净何云也
[illegible]
若自性空清净若菩萨十第清净若一切智
[illegible]
智清净不二不二分不别不断也善现自性
[illegible]
空清净故五眼清净五眼清净故一切智智

（左面）

[illegible]

① （唐）玄奘译《大般若波罗蜜多经》卷 216，《大正藏》第 5 册，第 220 号，第 81 页下栏 7~16。

清净何云也若自性空清净若五眼清净若
[illegible]
一切智智清净不二不二分不别不断也自性
[illegible]
空清净故六神通清净六神通清净故一切智
[illegible]
智清净何云也若自性空清净若六神通清
[illegible]
净若一切智智清净不二不二分不别不断
[illegible]
也善现自性空清净故佛十力清净佛十力

Or.12380-3871（K.K.）（45-29）残经为唐三藏法师玄奘译《大般若波罗蜜多经》第二百一十六卷“初分难信解品第三十四之三十五”的相应内容：

> ……若无相、无愿解脱门清净，若一切智智清净，无二、无二分、无别、无断故。善现！自性空清净，故菩萨十地清净。菩萨十地清净，故一切智智清净。何以故？若自性空清净，若菩萨十地清净，若一切智智清净，无二、无二分、无别、无断故。善现！自性空清净，故五眼清净。五眼清净，故一切智智清净。何以故？若自性空清净，若五眼清净，若一切智智清净，无二、无二分、无别、无断故。自性空清净，故六神通清净。六神通清净，故一切智智清净。何以故？若自性空清净，若六神通清净，若一切智智清净，无二、无二分、无别、无断故。善现！自性空清净，故佛十力清净。佛十力清净，故一切智智清净……[①]

① （唐）玄奘译《大般若波罗蜜多经》卷216，《大正藏》第5册，第220号，第83页下栏28~84页上栏17。

比对 Or.12380-3871（K.K.）(45-28）和 Or.12380-3871（K.K.）(45-29）残经，其顺序为 Or.12380-3871（K.K.）(45-29）+ Or.12380-3871（K.K.）(45-28）。

544.Or.12380-3871（K.K.）(45-30）存 2 页 12 行，上下栏线单栏，写本经折装，刊布者定名为《大般若波罗蜜多经》，下面将西夏文录文并对译如下：

（右面）

[illegible]
净若一切智智清净不二不二分不别不断
[illegible]
也自性空清净故四正断四神足五根五力七
[illegible]
等觉支八圣道支清净四正断乃至八圣道支
[illegible]
清净故一切智智清净何云也若自性空清
[illegible]
净若四正断乃至八圣道支清净若一切智
[illegible]
智清净不二不二分不别不断也善现自性

（左面）

[illegible]
空清净故空解脱门清净空解脱门清净
[illegible]
故一切智智清净何云也若自性空清净若
[illegible]
空解脱门清净若一切智智清净不二不

[illegible]

二分不别不断也自性空清净故相无愿无解

[illegible]

脱门清净相无愿无解脱门清净故一切

[illegible]

智智清净何云也若自性空清净若相无愿

Or.12380-3871（K.K.）（45-30）残经为唐玄奘译《大般若波罗蜜多经》第二百一十六卷“初分难信解品第三十四之三十五”的相应内容：

……若一切智智清净，无二、无二分、无别、无断故。无性空清净，故四正断、四神足、五根、五力、七等觉支、八圣道支清净。四正断乃至八圣道支清净，故一切智智清净。何以故？若无性空清净，若四正断乃至八圣道支清净，若一切智智清净，无二、无二分、无别、无断故。善现！无性空清净，故空解脱门清净。空解脱门清净，故一切智智清净。何以故？若无性空清净，若空解脱门清净，若一切智智清净，无二、无二分、无别、无断故。无性空清净，故无相、无愿解脱门清净。无相、无愿解脱门清净，故一切智智清净。何以故？若无性空清净，若无相、无愿……[①]

将Or.12380-3871（K.K.）（45-30）与前述内容比较，其顺序为Or.12380-3871（K.K.）（45-21）+Or.12380-3871（K.K.）（45-22）+ Or.12380-3871（K.K.）（45-23）+Or.12380-3871（K.K.）（45-24）左面 + Or.12380-3871（K.K.）（45-24）右面 + Or.12380-3871（K.K.）（45-25）+Or.12380-3871（K.K.）（45-27）+Or.12380-3871（K.K.）（45-26）+ Or.12380-3871（K.K.）（45-30）+Or.12380-3871（K.K.）（45-29）+ Or.12380-3871（K.K.）（45-28）。

545.Or.12380-3871（K.K.）（45-31）存1页6行，右面第1行残

① （唐）玄奘译《大般若波罗蜜多经》卷216，《大正藏》第5册，第220号，第81页中栏10~18。

缺严重，上下栏线单栏，写本经折装，刊布者定名为《大般若波罗密多经》，下面将西夏文录文并对译如下：

[illegible]
不二不二分不别不断也善现自性空清净
[illegible]
故道相智一切相智清净道相智一切相智清
[illegible]
净故一切智智清净何云也若自性空清净
[illegible]
若道相智一切相智清净若一切智智清净
[illegible]
不二不二分不别不断也善现自性空清净故
[illegible]
陀罗尼门一切清净陀罗尼门一切清净故

Or.12380-3871（K.K.）（45-31）残经为唐玄奘译《大般若波罗蜜多经》第二百一十六卷“初分难信解品第三十四之三十五”的相应内容：

……无二、无二分、无别、无断故。无性空清净，故道相智、一切相智清净。道相智、一切相智清净，故一切智智清净。何以故？若无性空清净，若道相智、一切相智清净，若一切智智清净，无二、无二分、无别、无断故。善现！无性空清净，故一切陀罗尼门清净。一切陀罗尼门清净，故一切智智清净……[①]

比对 Or.12380-3871（K.K.）（45-31）与前述内容，Or.12380-3871（K.K.）（45-31）与 Or.12380-3871（K.K.）（45-20）内容有一定重合，其

① （唐）玄奘译《大般若波罗蜜多经》卷216，《大正藏》第5册，第220号，第81页下栏23~82页上栏1。

顺序为 Or.12380-3871（K.K.）（45-31）+ Or.12380-3871（K.K.）（45-20）。

546.Or.12380-3871（K.K.）（45-32）存 1 页 6 行，右面第 1 行残缺严重，上下栏线单栏，写本，刊布者定名为《大般若波罗密多经》，下面将西夏文录文并对译如下：

[illegible]
一切智智清净何云也若自性空清净若常（恒）
[illegible]
舍性住清净若一切智智清净不二不二分
[illegible] [1] [illegible]
不别不断也善现自性空清净故一智清净
[illegible] [2] [illegible]
一切智智清净故一切智智清净何云也若
[illegible]
自性空清净若一切智智清净若一切智智清
[illegible]（后面西夏字不可识）净

Or.12380-3871（K.K.）（45-32）残经为唐玄奘译《大般若波罗蜜多经》第二百一十六卷“初分难信解品第三十四之三十五”的相应内容：

……恒住舍性清净，故一切智智清净。何以故？若无性空清净，若恒住舍性清净，若一切智智清净，无二、无二分、无别、无断故。善现！无性空清净，故一切智清净。一切智清净，故一切智智清净。何以故？若无性空清净，若一切智清净，若一切智智清净……[3]

---

① 西夏文“[illegible]”（一智）应为“[illegible]”（一切智智）的略写。

② 西夏文“[illegible]”用省略符号表示。

③（唐）玄奘译《大般若波罗蜜多经》卷 216，《大正藏》第 5 册，第 220 号，第 81 页下栏 16~23。

比对 Or.12380-3871（K.K.）（45-32）残经，应在 Or.12380-3871（K.K.）（45-31）前面，与 Or.12380-3871（K.K.）（45-31）、Or.12380-3871（K.K.）（45-20）都有一定内容的重复。

547.Or.12380-3871（K.K.）（45-33）存 1 页 6 行，残缺严重，上下栏线单栏，写本，刊布者定名为《大般若波罗蜜多经》，下面将西夏文录文并对译如下：

[illegible]

善现性无空清净故菩萨摩诃萨行一切清

[illegible]

净菩萨摩诃萨行一切清净故一切智智清

[illegible]

净何云也若自性空清净若菩萨摩诃萨行

[illegible]

一切清净若一切智智清净不二不二分不别

[illegible]

不断也善现自性空清净故无上正等波

[illegible]

罗蜜多诸佛无上正等菩提清净故一切智智

Or.12380-3871（K.K.）（45-33）残经为唐玄奘译《大般若波罗蜜多经》第二百一十六卷“初分难信解品第三十四之三十五”的相应内容：

……若一切智智清净，无二、无二分、无别、无断故。善现！无性空清净，故一切菩萨摩诃萨行清净。一切菩萨摩诃萨行清净，故一切智智清净。何以故？若无性空清净，若一切菩萨摩诃萨行清净，若一切智智清净，无二、无二分、无别、无断故。善现！无性空清净，故诸佛无上正等菩提清净。诸佛无上正等菩提清净，故一切智智清净。何以故？若无性空清净，若诸佛无上正等菩提清净，若一切智智清净，无二、无二分、无别、无断故。[①]

将 Or.12380-3871（K.K.）（45-33）与其他编号残经比较，可以确定 Or.12380-3871（K.K.）（45-18）内容在 Or.12380-3871（K.K.）（45-33）之前，其顺序为 Or.12380-3871（K.K.）（45-18）+ Or.12380-3871（K.K.）（45-33）+Or.12380-3871（K.K.）（45-17）。

548.Or.12380-3871（K.K.）（45-34）存 1 页 6 行，残缺严重，上下栏线单栏，写本，刊布者定名为《大般若波罗密多经》，下面将西夏文录文并对译如下：

[illegible]

一切智智清净何云也若自性空清净若一

[illegible]

来不归阿罗汉果清净若一切智智清净不

[illegible]

二不二分不别不断也善现自性空清净故

[illegible]

独觉菩提清净独觉菩提清净故一切智智

[illegible]

清净何云也若自性空清净若独觉菩提清

[illegible]

净若一切智智清净不二不二分不别不断也

Or.12380-3871（K.K.）（45-34）残经为唐玄奘译《大般若波罗蜜多经》第二百一十六卷“初分难信解品第三十四之三十五”的相应内容：

① （唐）玄奘译《大般若波罗蜜多经》卷 216,《大正藏》第 5 册，第 220 号，第 82 页上栏 17~25。

……一来、不还、阿罗汉果清净，故一切智智清净。何以故？若无性空清净，若一来、不还、阿罗汉果清净，若一切智智清净，无二、无二分、无别、无断故。善现！无性空清净，故独觉菩提清净。独觉菩提清净，故一切智智清净。何以故？若无性空清净，若独觉菩提清净，若一切智智清净，无二、无二分、无别、无断故。[1]

比较 Or.12380-3871（K.K.）（45-34）残经和 Or.12380-3871（K.K.）（45-33）残经，可确定二者可缀合，只是 Or.12380-3871（K.K.）（45-34）残经在前，后接 Or.12380-3871（K.K.）（45-33）残经的内容，Or.12380-3871（K.K.）（45-34）又与 Or.12380-3871（K.K.）（45-18）内容重复。

549.Or.12380-3871（K.K.）（45-35）存 1 页 5 行，残缺严重，上下栏线单栏，写本经折装，刊布者定名为《大般若波罗密多经》，下面将西夏文录文并对译如下：

[illegible]

一切智智清净何云也若自性空清净若陀

[illegible]

罗尼门一切清净若一切智智清净不二不

[illegible]

二分不别不断也自性空清净故三摩地门

[illegible]

一切清净三摩地门清净故一切智智清

[illegible]

净何云也若自性空清净若三摩地门一切

Or.12380-3871（K.K.）（45-35）残经为唐玄奘译《大般若波罗蜜多经》第二百一十六卷“初分难信解品第三十四之三十五”的相应内容：

① （唐）玄奘译《大般若波罗蜜多经》卷 216，《大正藏》第 5 册，第 220 号，第 82 页上栏 10~17。

一切陀罗尼门清净，故一切智智清净。何以故？若无性空清净，若一切陀罗尼门清净，若一切智智清净，无二、无二分、无别、无断故。无性空清净，故一切三摩地门清净。一切三摩地门清净，故一切智智清净。何以故？若无性空清净，若一切三摩地门清净……[①]

比较 Or.12380-3871（K.K.）（45-35）内容，它与 Or.12380-3871（K.K.）（45-20）重复，内容与 Or.12380-3871（K.K.）（45-20）要少。

550.Or.12380-3871（K.K.）（45-36）存 1 页 5 行，残缺严重，上下栏线单栏，写本经折装，刊布者定名为《大般若波罗密多经》，其内容仅存“[illegible]”（空性）二字。

551.Or.12380-3871（K.K.）（45-37）存 1 页 6 行，残缺严重，上下栏线单栏，写本经折装，刊布者定名为《大般若波罗密多经》，下面将西夏文录文并对译如下：

[illegible]
若一切智智清净不二不二分不别不
[illegible]
断也善现自性空清净故预流果清净预流
[illegible]
果清净故一切智智清净何云也若自性空
[illegible]
清净若预流果清净若一切智智清净不二
[illegible]
不二分不别不断也自性空清净故一来不还
[illegible]
预流果清净一来不还阿罗汉果清净故

① （唐）玄奘译《大般若波罗蜜多经》卷 216，《大正藏》第 5 册，第 220 号，第 82 页上栏 1。

Or.12380-3871（K.K.）（45-37）残经为唐玄奘译《大般若波罗蜜多经》第二百一十六卷“初分难信解品第三十四之三十五”的相应内容：

> ……若一切智智清净，无二、无二分、无别、无断故。善现！无性空清净，故预流果清净。预流果清净，故一切智智清净。何以故？若无性空清净，若预流果清净，若一切智智清净，无二、无二分、无别、无断故。无性空清净，故一来、不还、阿罗汉果清净。一来、不还、阿罗汉果清净……①

比对 Or.12380-3871（K.K.）（45-37）残存内容，它与 Or.12380-3871（K.K.）（45-19）完全重复，结尾处还与 Or.12380-3871（K.K.）（45-18）Or.12380-3871（K.K.）（45-34）重合。

552.Or.12380-3871（K.K.）（45-38）存 1 残页，残缺严重，栏线无存，写本经折装，刊布者定名为《大般若波罗密多经》，仅仅存西夏文“[illegible]”（清净）、“[illegible]”（若无性）、“[illegible]”（清净）、“[illegible]”（内空）、“[illegible]”（不二不二分）的字样，据此可确定为《大般若波罗密多经》的相应内容，因为与其他残经字体一致，可确定为《大般若波罗蜜多经》第二百一十六卷“初分难信解品第三十四之三十五”的相应内容，初步确定为：

> 自性空清净，故外空、内外空、空空、大空、胜义空、有为空、无为空、毕竟空、无际空、散空、无变异空、本性空、自相空、共相空、一切法空、不可得空、无性空、无性自性空清净。外空乃至无性自性空清净，故一切智智清净。何以故？若自性空清净，若外空乃至无性自性空清净，若一切智智清净，无二、无二分、无别、无断故。②

---

① （唐）玄奘译《大般若波罗蜜多经》卷 216，《大正藏》第 5 册，第 220 号，第 82 页上栏 1~10。

② （唐）玄奘译《大般若波罗蜜多经》卷 216，《大正藏》第 5 册，第 220 号，第 83 页中栏 8。

比对 Or.12380-3871（K.K.）（45-38）残存内容，它与 Or.12380-3871（K.K.）（45-24）右面、Or.12380-3871（K.K.）（45-25）内容重合。

553.Or.12380-3871（K.K.）（45-39）存 1 页 6 行，残缺严重，栏线无存，尤其下半部分残片有错位情况，写本经折装，刊布者定名为《大般若波罗密多经》，下面将西夏文录文并对译如下：

[illegible]

内空清净故一切智智清净何云也若性无空清净若

[illegible]

内空清净若一切智智清净不二不二分不别不断也

[illegible]

无性空清净故空清净故外空内外空大空胜义空

[illegible]

有空为无空毕竟空边无空散空无幻化空本

[illegible]

性空自相空共相空法一切空得可无空自性空

[illegible]

自性自性空清净外空乃至行无自性空清净故一切智智

[illegible]

清净何云也若无性空清净若

[illegible]

外空乃至无性自性空清净若一切智智清净

[illegible]

无二无二分无别无断也善现无性空清净故真如

[illegible] [1] [illegible]

清净真如清净　故一切智智清净

[illegible]

① 西夏文“[illegible]”中间有三个圆圈。

何以故若无性空清净若真如清净若一切智智

[illegible]

清净无二无二分无别无断也无性空清净

Or.12380-3871（K.K.）（45-39）残经为唐玄奘译《大般若波罗蜜多经》第二百一十六卷“初分难信解品第三十四之三十五”的相应内容：

内空清净，故一切智智清净。何以故？若无性空清净，若内空清净，若一切智智清净，无二、无二分、无别、无断故。无性空清净，故外空、内外空、空空、大空、胜义空、有为空、无为空、毕竟空、无际空、散空、无变异空、本性空、自相空、共相空、一切法空、不可得空、自性空、无性自性空清净。外空乃至无性自性空清净，故一切智智清净。何以故？若无性空清净，若外空乃至无性自性空清净，若一切智智清净，无二、无二分、无别、无断故。善现！无性空清净，故真如清净。真如清净，故一切智智清净。何以故？若无性空清净，若真如清净，若一切智智清净，无二、无二分、无别、无断故。无性空清净……[1]

554.Or.12380-3871（K.K.）（45-40）存2个残页，残缺严重，其中右面残片右面2行上栏线无存，下栏线单栏，栏线无存，右面残页左面4行上栏线单栏，下栏线无存；左面残页是14字一行的偈诵，下栏线单栏，上栏线无存，写本经折装，两个残页的字迹不一致，刊布者定名为《大般若波罗密多经》，下面将西夏文录文并对译如下：

（右面）

……[illegible]

① （唐）玄奘译《大般若波罗蜜多经》卷216，《大正藏》第5册，第220号，第80页下栏27~81页上栏8。

……无二无二分无别无断也

……[illegible]

……精进静虑般若波罗蜜多

（左面）

□[illegible]……

□般若波罗蜜多清净故一切……

□□[illegible]……

□□清净若乃至……

□□□□□□[illegible]……

□□□□□□无二无二分无别无断也

□□□□□□□□□□[illegible]……

□□□□□□□□□□清净内空

Or.12380-3871（K.K.）（45-40）残经右面为唐玄奘译《大般若波罗蜜多经》第二百一十六卷“初分难信解品第三十四之三十五”的相应内容：

> ……无性空清净，故净戒、安忍、精进、静虑、般若波罗蜜多清净。净戒乃至般若波罗蜜多清净，故一切智智清净。何以故？若无性空清净，若净戒乃至般若波罗蜜多清净，若一切智智清净，无二、无二分、无别、无断故。善现！无性空清净，故内空清净。内空清净，故一切智智清净。何以故？[①]

比较 Or.12380-3871（K.K.）（45-40）与其他遗存内容，可确定 Or.12380-3871（K.K.）（45-40）与 Or.12380-3871（K.K.）（45-39）内

① （唐）玄奘译《大般若波罗蜜多经》卷 216，《大正藏》第 5 册，第 220 号，第 80 页下栏 19~27。

容相接。

Or.12380-3871（K.K.）（45-40）残经左面内容非为唐玄奘译《大般若波罗蜜多经》，而是唐般若译《大方广佛华严经》第四十卷“入不思议解脱境界普贤行愿品”的相应内容，故此残页左面内容见《华严经》部分。

555.Or.12380-3871（K.K.）（45-42）存 1 页 6 行，残缺严重，上栏线无存，下栏线单栏，每行中间有残缺，写本经折装，刊布者定名为《大般若波罗密多经》，下面将西夏文录文并对译如下：

……[illegible]……

……不二不二分不别不断也……

……[illegible]……[illegible]

……精进静虑般若波罗蜜多……一切智

……[illegible]……[illegible]……[illegible]

……波罗蜜多清净故一切智智清净……故耳鼻舌身……自

……[illegible]……[illegible]……[illegible]

……空清净若戒净乃至……一切智智清净……智清净

……[illegible]……[illegible]

……智智清净不二不二分不别不断也……清净若无

……[illegible]……

……故内空清净内空……

Or.12380-3871（K.K.）（45-42）残经为唐玄奘译《大般若波罗蜜多经》第二百一十六卷“初分难信解品第三十四之三十五”的相应内容，但残页中间并不连贯：

……无性空清净，故净戒、安忍、精进、静虑、般若波罗蜜多清净。净戒乃至般若波罗蜜多清净，故一切智智清净。何以故？若无性空清净，若净戒乃至般若波罗蜜多清净，若一切智智清净，无

二、无二分、无别、无断故。善现！无性空清净，故内空清净。内空清净，故一切智智清净。[1]

……自性空清净，故耳、鼻、舌、身、意处清净。耳、鼻、舌、身、意处清净，故一切智智清净。何以故？若自性空清净，若耳、鼻、舌、身、意处清净，若一切智智清净，无二、无二分、无别、无断故。[2]

比对 Or.12380-3871（K.K.）（45-42）残存内容，其前半段与 Or. 12380-3871（K.K.）（45-40）、Or.12380-3871（K.K.）（45-12）内容有重复。

556.Or.12380-3871（K.K.）（45-43）残经 1 页 4 行，残缺严重，上栏线无存，其中第 1 行为斜着压在另外 3 行上面，另 3 行下栏线单栏，残缺严重，写本，刊布者定名为《大般若波罗密多经》，下面将西夏文录文并对译如下：

……繖蕆颩娓蕤諺蘮……	……善现无性空清净……
……梍……	……二……
……刹牖諺蘮……	……圣谛清净……
……蔇颩……	……若性……

Or.12380-3871（K.K.）（45-43）右面为唐玄奘译《大般若波罗蜜多经》第二百一十六卷“初分难信解品第三十四之三十五”的相应内容：

善现！无性空清净，故苦圣谛清净。苦圣谛清净，故一切智智清净。何以故？若无性空清净，若苦圣谛清净，若一切智智清净，无二、无二分、无别、无断故。无性空清净，故集、灭、道圣谛清

① （唐）玄奘译《大般若波罗蜜多经》卷 216，《大正藏》第 5 册，第 220 号，第 80 页下栏 19~27。

② （唐）玄奘译《大般若波罗蜜多经》卷 216，《大正藏》第 5 册，第 220 号，第 82 页中栏 7。

净。集、灭、道圣谛清净，故一切智智清净。[1]

557.Or.12380-3871（K.K.）（45-44）存4残片，残缺严重，上栏线无存，下栏线单栏，写本，刊布者定名为《大般若波罗密多经》，下面将西夏文录文并对译如下：

（右面上残片）

……[illegible]	……最上正等
……[illegible]	……不二分不
……[illegible]	……清净
……[illegible]	……空清净
……[illegible]	……不别

Or.12380-3871（K.K.）（45-44）残经右面上为唐玄奘译《大般若波罗蜜多经》第二百一十六卷“初分难信解品第三十四之三十五”的相应内容：

自性空清净，故诸佛无上正等菩提清净。诸佛无上正等菩提清净，故一切智智清净。何以故？若自性空清净，若诸佛无上正等菩提清净，若一切智智清净，无二、无二分、无别、无断故。[2]

Or.12380-3871（K.K.）（45-44）右上残存内容在Or.12380-3871（K.K.）（45-28）后，但并不能缀合。

（右面下残片）

---

① （唐）玄奘译《大般若波罗蜜多经》卷216，《大正藏》第5册，第220号，第81页上栏17。

② （唐）玄奘译《大般若波罗蜜多经》卷216，《大正藏》第5册，第220号，第84页下栏6。

……[illegible]	……不二
……[illegible]	……苦圣谛清净
……[illegible]	……若性

Or.12380-3871（K.K.）（45-44）右面为唐玄奘译《大般若波罗蜜多经》第二百一十六卷“初分难信解品第三十四之三十五”的相应内容：

若一切智智清净，无二、无二分、无别、无断故。善现！自性空清净，故苦圣谛清净。苦圣谛清净，故一切智智清净。何以故？若自性空清净，若苦圣谛清净，若一切智智清净，无二、无二分、无别、无断故。①

Or.12380-3871（K.K.）（45-44）右下残存内容与Or.12380-3871（K.K.）（45-27）内容重合。

左面上残片：

……[illegible]	……也若
……[illegible]	……智清净不
……[illegible]	……清净故空界
……[illegible]	……乃至眼

Or.12380-3871（K.K.）（45-44）左面上为唐玄奘译《大般若波罗蜜多经》第二百一十六卷“初分难信解品第三十四之三十五”的相应内容：

无性自性空清净，故色界、眼识界及眼触、眼触为缘所生诸受

① （唐）玄奘译《大般若波罗蜜多经》卷216，《大正藏》第5册，第220号，第83页中栏18~27。

清净。色界乃至眼触为缘所生诸受清净，故一切智智清净。[①]

Or.12380-3871（K.K.）（45-44）左面上内容在 Or.12380-3871（K.K.）（45-44）残经右面上内容后面，二者不能缀合。

（左面下残片）

……[illegible]　　……清净受
……[illegible]　　……若性无自
……[illegible]　　……性智清净不
……[illegible]　　……空清净
……[illegible]　　……一切智智清净何云
……[illegible]　　……一切智

Or.12380-3871（K.K.）（45-44）残经右面为唐玄奘译《大般若波罗蜜多经》第二百一十六卷“初分难信解品第三十四之三十五”的相应内容：

无性自性空清净，故受、想、行、识清净。受、想、行、识清净，故一切智智清净。何以故？若无性自性空清净，若受、想、行、识清净，若一切智智清净，无二、无二分、无别、无断故。[②]

Or.12380-3871（K.K.）（45-44）左面上残存内容，在 Or. 12380-3871（K.K.）（45-44）残经右面上内容后来，二者不能缀合。

558.Or.12380-3871（K.K.）（45-45）存 4 残片，残缺严重，上栏线无存，下栏线单栏，写本，刊布者定名为《大般若波罗密多经》，下

① （唐）玄奘译《大般若波罗蜜多经》卷 216，《大正藏》第 5 册，第 220 号，第 85 页上栏 3。

② （唐）玄奘译《大般若波罗蜜多经》卷 216，《大正藏》第 5 册，第 220 号，第 84 页下栏 11。

面将西夏文录文并翻译如下：

（右面上残片）

……[illegible]	……界清净
……[illegible]	……清净
……[illegible]	……不二分不
……[illegible]	……识界及鼻触
……[illegible]	……诸受

Or.12380-3871（K.K.）（45-45）右面上为唐玄奘译《大般若波罗蜜多经》第二百一十六卷“初分难信解品第三十四之三十五”的相应内容：

……无别、无断故。善现！自性空清净，故鼻界清净。鼻界清净，故一切智智清净。何以故？若自性空清净，若鼻界清净，若一切智智清净，无二、无二分、无别、无断故。自性空清净，故香界、鼻识界及鼻触、鼻触为缘所生诸受清净。香界乃至鼻触为缘所生诸受清净，故一切智智清净。何以故？若自性空清净，若香界乃至鼻触为缘所生诸受清净，若一切智智清净，无二、无二分、无别、无断故。[①]

Or.12380-3871（K.K.）（45-45）右面上残存内容前半段与 Or.12380-3871（K.K.）（45-11）重复，后半段与 Or.12380-3871（K.K.）（45-10）残经内容重复。

（右面下残片）

……[illegible]	……一切
……[illegible]	……性无自性

① （唐）玄奘译《大般若波罗蜜多经》卷 216，《大正藏》第 5 册，第 220 号，第 82 页下栏 9。

……[illegible]　　……触法处清净

……[illegible]　　……性空清净

……[illegible]　　……净不二不二分

……[illegible]　　……眼界

Or.12380-3871（K.K.）(45-45）右面下为唐玄奘译《大般若波罗蜜多经》第二百一十六卷“初分难信解品第三十四之三十五”的相应内容：

……若自性空清净，若声、香、味、触、法处清净，若一切智智清净，无二、无二分、无别、无断故。善现！自性空清净，故眼界清净。眼界清净，故一切智智清净。[1]

Or.12380-3871（K.K.）(45-45）右面下残存内容与 Or.12380-3871（K.K.）(45-13）重合，但比 Or.12380-3871（K.K.）(45-13）多一句内容，后面正好与 Or.12380-3871（K.K.）(45-14）相接。

（左面上残片）

……[illegible]　　……善现性无空清净

Or.12380-3871（K.K.）(45-45）右面上为唐玄奘译《大般若波罗蜜多经》第二百一十六卷“初分难信解品第三十四之三十五”的相应内容：

善现！无性空清净，故诸佛无上正等菩提清净……[2]

Or.12380-3871（K.K.）(45-45）左面上残存内容与 Or.12380-3871

---

① （唐）玄奘译《大般若波罗蜜多经》卷 216，《大正藏》第 5 册，第 220 号，第 82 页中栏 14~21。

② （唐）玄奘译《大般若波罗蜜多经》卷 216，《大正藏》第 5 册，第 220 号，第 80 页下栏 19、27，81 页上栏 8、17、24，81 页中栏 10、18、26，81 下栏 1、07、16 等。

（K.K.）（45-33）内容有重合，但比 Or.12380-3871（K.K.）（45-33）内容要少。

（左面下残片）

……[illegible]	……自性空清净
……[illegible]	……鼻舌身意处
……[illegible]	……性无自性空清净
……[illegible]	……性空清净

Or.12380-3871（K.K.）（45-45）左面下为唐玄奘译《大般若波罗蜜多经》第二百一十六卷“初分难信解品第三十四之三十五”的相应内容：

若自性空清净，若眼处清净，若一切智智清净，无二、无二分、无别、无断故。自性空清净，故耳、鼻、舌、身、意处清净。耳、鼻、舌、身、意处清净，故一切智智清净。何以故？若自性空清净，若耳、鼻、舌、身、意处清净，若一切智智清净，无二、无二分、无别、无断故。[1]

Or.12380-3871（K.K.）（45-45）左面下残存内容要与 Or.12380-3871（K.K.）（45-16）、Or.12380-3871（K.K.）（45-12）和 Or.12380-3871（K.K.）（45-42）后半段重合。

559.Or.12380-3883.1（K.K.）存 6 行，残缺严重，上栏线单栏，下栏线无存，写本经折装，刊布者定名为《大般若波罗蜜多经》，下面将西夏文录文并对译如下：

[illegible]

不虚妄性变异性平等性生离性法定法住

① （唐）玄奘译《大般若波罗蜜多经》卷 216，《大正藏》第 5 册，第 220 号，第 82 页中栏 7。

[illegible]
实际虚空界不思议界清净法界乃至不思议
[illegible]
界清净故一切智智清净何云也若性无空清净
[illegible]
若法界乃至不思议界清净若一切智智清净
[illegible]
不二不二分不别不断也善现性无空清净故
[illegible]
苦圣谛清净苦圣谛清净故一切智智清净何云也若性

Or.12380-3883.1（K.K.）为唐玄奘译《大般若波罗蜜多经》第二百一十六卷“初分难信解品第三十四之三十五”的相应内容：

……无性空清净，故法界、法性、不虚妄性、不变异性、平等性、离生性、法定、法住、实际、虚空界、不思议界清净。法界乃至不思议界清净，故一切智智清净。何以故？若无性空清净，若法界乃至不思议界清净，若一切智智清净，无二、无二分、无别、无断故。善现！无性空清净，故苦圣谛清净。苦圣谛清净，故一切智智清净。①

Or.12380-3883.1（K.K.）残存内容前接 Or.12380-3871（K.K.）（45-39），后与 Or.12380-3871（K.K.）（45-43）相连。

560.Or.12380-3883.2（K.K.）存 6 行，残缺严重，上栏线单栏，下栏线单栏，写本经折装，刊布者定名为《大般若波罗密多经》，下面将西夏文录文并对译如下：

① （唐）玄奘译《大般若波罗蜜多经》卷 216,《大正藏》第 5 册，第 220 号，第 81 页上栏 8~17。

[illegible]
无空清净若苦圣谛清净若一切智智清净不
[illegible]
二不二分不别不断也性无空清净故集灭道
[illegible]
圣谛清净集灭道圣谛清净故一切智智清净
[illegible]
何云也若性无空清净若集灭道圣谛清净若
[illegible]
一切智智清净不二不二分不别不断也善现
[illegible]
性无空清净故四静虑清净四静虑清净故一切

Or.12380-3883.2（K.K.）为唐玄奘译《大般若波罗蜜多经》第二百一十六卷“初分难信解品第三十四之三十五”的相应内容：

（接上）无性空清净，若苦圣谛清净，若一切智智清净，无二、无二分、无别、无断故。无性空清净，故集、灭、道圣谛清净。集、灭、道圣谛清净，故一切智智清净。何以故？若无性空清净，若集、灭、道圣谛清净，若一切智智清净，无二、无二分、无别、无断故。善现！无性空清净，故四静虑清净。四静虑清净，故一切智智清净。①

Or.12380-3883.2（K.K.）残存内容上与 Or.12380-3883.1（K.K.）内容相接，同时与 Or.12380-3871（K.K.）（45-43）重复，与 Or.12380-3871（K.K.）（45-43）相接。

① （唐）玄奘译《大般若波罗蜜多经》卷 216，《大正藏》第 5 册，第 220 号，第 81 页上栏 17~24。

从 Or.12380-3871（K.K.)(45-43） 至 Or.12380-3871（K.K.)(45-45)、Or.12380-3883.1（K.K.)、Or.12380-3883.2（K.K.）内容判断，它们为唐玄奘译《大般若波罗蜜多经》第二百一十六卷“初分难信解品第三十四之三十五”的相应内容，这些残存内容基本构成本卷的内容，但有残缺。同时，一些残经有的可以缀合，有的内容重复，有的中间有残缺，它们不能完全缀合。有重合的编号已经在每个编号中有说明，在此将同一版本残经编号的顺序梳理调整缀合如下：Or.12380-3871（K.K.)(45-40）+ Or.12380-3871（K.K.)(45-39）+ Or.12380-3883.1（K.K.）+ Or.12380-3883.2（K.K.）+ Or.12380-3871（K.K.)(45-3）+ Or.12380-3871（K.K.)(45-4）+ Or.12380-3871（K.K.)(45-5）+Or.12380-3871（K.K.)(45-6）+ Or.12380-3871（K.K.)(45-7）+ Or.12380-3871（K.K.)(45-8）+ Or.12380-3871（K.K.)(45-9）+ Or.12380-3871（K.K.)(45-32）+ Or.12380-3871（K.K.)(45-31）+ Or.12380-3871（K.K.)(45-20）+ Or.12380-3871（K.K.)(45-19）+ Or.12380-3871（K.K.)(45-18）+ Or.12380-3871（K.K.)(45-17）+ Or.12380-3871（K.K.)(45-16）+ Or.12380-3871（K.K.)(45-12）+ Or.12380-3871（K.K.)(45-15）+ Or.12380-3871（K.K.)(45-13）+ Or.12380-3871（K.K.)(45-14）+ Or.12380-3871（K.K.)(45-11）+ Or.12380-3871（K.K.)(45-10）+Or.12380-3871（K.K.)(45-21）+ Or.12380-3871（K.K.)(45-22）+Or.12380-3871（K.K.)(45-23）+ Or.12380-3871（K.K.)(45-24)(左面）+ Or.12380-3871（K.K.)(45-24)(右面）+ Or.12380-3871（K.K.)(45-25）+ Or.12380-3871（K.K.)(45-27）+ Or.12380-3871（K.K.)(45-26）+ Or.12380-3871（K.K.)(45-30）+ Or.12380-3871（K.K.)(45-29）+Or.12380-3871（K.K.)(45-28）+ Or.12380-3871（K.K.)(45-44)(右上）+ Or.12380-3871（K.K.)(45-44)(左下）+ Or.12380-3871（K.K.)(45-44)(左上)。

561.Or.12380-3779.6（K.K.）由多个残页组成，这是其中一件汉文，存 4 行，写本，上栏线单栏，下栏线无存，残缺严重，残页上有 3779/6-7，刊布者定名为“佛经”，下面将残存汉文录文如下：

……供……

……福善……

……世尊甚多……

……声闻缘觉……

比对残存内容，确定其为唐玄奘译《大般若波罗蜜多经》第五百一十六卷“第三分空相品第二十一之二”的相应内容，参见汉文本内容如下：

……供养预流、一来、不还、应供、独觉、菩萨、如来。于意云何？是菩萨摩诃萨由此因缘获福多不？善现答言：“甚多！世尊！甚多！善逝！其福无量无数无边、不可思议、不可称计。”佛告善现：“如是！如是！若菩萨摩诃萨依深般若波罗蜜多，经一昼夜如说而学，所获功德甚多于彼无量无边。何以故？诸菩萨摩诃萨行深般若波罗蜜多，超诸声闻、独觉等地，速入菩萨正性离生，复渐修行诸菩萨行，疾证无上正等菩提，转妙法轮度有情众。”①

综上可知，在黑水城文献中西夏文《大般若经》所占比例很大，与孟列夫所整理统计的汉文《大般若经》所占比例不同。孟列夫认为，在俄藏黑水城文献中最为流行的汉文佛经是《金刚般若波罗蜜多》《普贤行愿品》《观世音菩萨普门品》《观弥勒菩萨上生兜率天经》《阿弥陀经》和《三十五佛经》等。为什么会出现俄藏、英藏西夏文与俄藏汉文中《大般若经》不成比例的情况，还需要进一步探讨。

因为英藏黑水城西夏文佛经文献残缺严重，一些问题无法解决。借助俄藏黑水城文献，我们可以确定，《大般若经》是在秉常皇帝（1067-1086 年在位）和他母亲梁皇太后统治时期翻译成西夏文的，馆册第 2800 号（第 22 卷）经题后有帙号和秉常皇帝（尊号“[illegible]，即德成国主福盛民正大明皇帝嵬名”）及其母梁皇太

① （唐）玄奘译《大般若波罗蜜多经》第 516 卷，《大正藏》第 7 册，第 0220 号，第 636 页中栏 16~22。

后（尊号“[illegible][1][illegible]，即天生全能禄番祐圣国正皇太后梁氏”）中的各 2 个字。[2]仁孝皇帝再次对《大般若经》进行校勘或重译工作。馆册第 2126 号 第 38 卷《大般若经》，全文保存，经题后有帙号和仁孝皇帝（尊号“[illegible]，即奉天显道耀武宣文神谋睿智制义去邪惇睦懿恭皇帝嵬名”）御校勘等。[3]

梳理英藏黑水城遗存西夏文《大般若经》，除了残缺严重，不能具体判断卷数以外，唐玄奘所译《大般若经》包括“上品般若”（1~400 卷），即《大般若经》第一会在西夏文遗存残经中保存卷数如下：

西夏文第一卷（存 10 个编号）、第三卷（存 5 个编号）、第四卷（存 4 个编号）、第五卷（存 3 个编号）、第六卷（存 9 个编号）、第七卷（存 2 个编号）、第八卷（存 16 编号）、第十卷（存 9 个编号）、第十一卷（存 2 个编号）、第十二卷（存 2 个编号）、第十三卷（存 6 个编号）、第十五卷（存 1 个编号）、第十六卷（存 3 个编号）、第十七卷（存 1 个编号）、第十九卷（存 1 个编号）、第二十四卷（存 2 个编号）、第二十五卷（存 2 个编号）、第二十六（卷存 3 个编号）、第二十七卷（存 2 个编号）、第三十二卷（存 2 个编号）、第三十三卷（存 6 个编号）、第三十四卷（存 2 个编号）、第三十五卷（存 4 个编号）、第三十六卷（存 2 个编号）、第三十七卷（存 3 个编号）、第三十八卷（存 4 个编号）、第三十九卷（存 3 个编号）、第四十卷（存 4 个编号）、第四十一卷（存 3 个编号）、第四十二卷（存 1 个编号）、第四十三卷（存 4 个编号）、第四十四卷（存 4 个编号）、第四十六卷（存 1 个编号）、第四十八卷（存 2 个编号）、第五十一卷（存 5 个编号）、第五十二卷（存 1 个编号）、第五十四卷（存 1 个编号）、第五十五卷（存 1 个编号）、

① 译者注：原书中可能丢掉了“祐”字，译者补上。

② 〔俄〕克恰诺夫编著《俄藏黑水城西夏文佛经叙录》“绪论”，崔红芬、文志勇译，甘肃文化出版社，2021，第 10 页。

③ 〔俄〕克恰诺夫编著《俄藏黑水城西夏文佛经叙录》“绪论”，崔红芬、文志勇译，甘肃文化出版社，2021，第 11 页。

第五十六卷（存2个编号）、第五十七卷（存1个编号）、第五十八卷（存2个编号）、第五十九卷（存2个编号）、第六十卷（存3个编号）、第六十一卷（存1个编号）、第六十二卷（存2个编号）、第六十三卷（存1个编号）、第六十四卷（存3个编号）、第六十六卷（存1个编号）、第六十七卷（存5个编号）、第六十八卷（存1个编号）、第六十九卷（存5个编号）、第七十卷（存2个编号）、第七十一卷（存1个编号）、第七十二卷（存7个编号）、第七十五卷（存1个编号）、第七十七卷（存3个编号）、第七十九卷（存2个编号）、第八十卷（存1个编号）、第八十一卷（存1个编号）、第八十二卷（存2个编号）、第八十四卷（存1个编号）、第八十七卷（存2个编号）、第八十九卷（存3个编号）、第九十卷（存2个编号）、第九十四卷（存2个编号）、第九十六卷（存2个编号）、第九十七卷（存1个编号）、第一百卷（存1个编号）、第一百零一卷（存1个编号）、第一百零二卷（存3个编号）、第一百零四卷（存2个编号）、第一百零五卷（存1个编号）、第一百零六卷（存1个编号）、第一百零七卷（存1个编号）、第一百零八卷（存1个编号）、第一百一十一卷（存1个编号）、第一百一十三卷（存1个编号）、第一百一十七卷（存1个编号）、第一百一十九卷（存1个编号）、第一百二十卷（存5个编号）、第一百二十二卷（存1个编号）、第一百二十四卷（存1个编号）、第一百二十五卷（存1个编号）、第一百二十六卷（存1个编号）、第一百二十九卷（存1个编号）、第一百三十卷（存1个编号）、第一百三十二卷（存2个编号）、第一百三十五卷（存1个编号）、第一百三十六卷（存1个编号）、第一百三十七卷（存3个编号）、第一百三十八卷（存1个编号）、第一百三十九卷（存1个编号）、第一百四十卷（存1个编号）、第一百四十四卷（存1个编号）、第一百四十六卷（存4个编号）、第一百四十七卷（存3个编号）、第一百四十八卷（存9个编号）、第一百四十九卷（存2个编号）、第一百五十卷（存3个编号）、第一百五十一卷（存1个编号）、第一百五十二卷（存1个编号）、第一百五十三卷（存2个编号）、第一百五十五卷（存1个编号）、第一百五十六卷（存1个编号）、第一百五十七卷（存2个编号）、第一百五十九卷（存2个编号）、第一百六十卷（存1个编号）、第一百六十二卷（存2个编号）、第一百六十六卷（存4个编号）、第一百六十八卷（存1个编号）、第一百六十九卷（存2个编号）、第一百七十一卷（存2个编号）、第一百七十三卷（存7个编号）、第一百七十五卷（存1个编号）、第一百七十九卷（存2个编号）、第一百八十卷（存1个编号）、第一百八十一卷（存1个编号）、第一百八十二卷（存4个编号）、第一百八十三卷（存3个编号）、第一百八十四卷（存7个编号）、第一百八十五卷（存1个编号）、第一百九十卷（存1个编号）、第一百九十一卷（存1个编号）、第一百九十四卷（存1个编号）、第一百九十五卷（存5个编号）、第一百九十六卷（存12个编号）、第一百九十七卷（存6个编号）、第一百九十九卷（存2个编号）、第二百卷（存5个编号）、第二百零四卷（存2个编号）、第二百零九卷（存1个编号）、第二百一十卷（存3个编号）、第二百一十三卷（存1个编号）、第二百一十四卷（存3个编号）、第二百一十五卷（存1个编号）、第二百一十六卷（存43个编号）、第二百一十八卷（存1个编号）、第二百一十九卷（存1个编号）、第二百二十卷（存2个编号）、第二百二十三卷（存2个编号）、第二百二十五卷（存1个编号）、第二百三十一卷（存3个编号）、第二百三十四卷（存1个编号）、第二百三十五卷（存2个编号）、第二百三十八卷（存1个编号）、第二百三十九卷（存1个编号）、第二百四十一卷（存2个编号）、第二百四十三卷（存1个编号）、第二百四十四卷（存1个编号）、第二百五十卷（存1个编号）、第二百五十二卷（存1个编号）、第二百五十三卷（存1个编号）、第二百五十五卷（存2个编号）、第二百五十九卷（存1个编号）、第二百六十卷（存1个编号）、第二百六十一卷（存1个编号）、第二百六十五卷（存1个编号）、第二百六十六卷（存5个编号）、第二百七十四卷（存1个编号）、第二百七十五卷（存2个编号）、第二百七十九卷（存1个编号）、第二百八十四卷（存1个编号）、第二百八十九卷（存 4 个编号）、第二百九十卷（存 3 个编号）、第二百九十五卷（存 1 个编号）、第二百九十六卷（存 4 个编号）、第二百九十九卷（存 2 个编号）、第三百零二卷（存 1 个编号）、第三百零三卷（存 5 个编号）、第三百零四卷（存 1 个编号）、第三百零六卷（存 1 个编号）、第三百一十四卷（存 1 个编号）、第三百一十五卷（存 1 个编号）、第三百一十六卷（存 1 个编号）、第三百一十八卷（存 3 个编号）、第三百二十一卷（存 20 个编号）、第三百二十三卷（存 1 个编号）、第三百二十四卷（存 1 个编号）、第三百二十五卷（存 2 个编号）、第三百二十八卷（存 12 个编号）、第三百三十卷（存 3 个编号）、第三百三十一卷（存 1 个编号）、第三百三十四卷（存 1 个编号）、第三百三十五卷（存 1 个编号）、第三百三十八卷（存 1 个编号）、第三百三十九卷（存 2 个编号）、第三百四十一卷（存 2 个编号）、第三百四十二卷（存 1 个编号）、第三百四十六卷（存 2 个编号）、第三百四十九卷（存 2 个编号）、第三百五十三卷（存 4 个编号）、第三百五十七卷（存 2 个编号）、第三百五十八卷（存 5 个编号）、第三百五十九卷（存 1 个编号）、第三百六十四卷（存 2 个编号）、第三百六十五卷（存 2 个编号）、第三百六十六卷（存 1 个编号）、第三百六十七卷（存 4 个编号）、第三百六十八卷（存 2 个编号）、第三百七十卷（存 1 个编号）、第三百七十一卷（存 1 个编号）、第三百七十六卷（存 3 个编号）、第三百八十卷（存 2 个编号）、第三百八十五卷（存 1 个编号）、第三百八十八卷（存 1 个编号）、第三百九十二卷（存 2 个编号）、第三百九十三卷（存 1 个编号）、第三百九十五卷（存 1 个编号）、第三百九十八卷（存 1 个编号）、第三百九十九卷（存 1 个编号）、第四百卷（存 1 个编号）。

“第一会”西夏文未保存的卷数有：

第二、九、十四、十八、二十、二十一、二十二、二十三、二十八、二十九、三十、三十一、四十五、四十七、四十九、五十、五十三、六十五、七十三、七十四、七十六、七十八、八十三、八十五、八十六、八十八、九十一、九十二、九十三、九十五、

九十八、九十九、一百零三、一百零九、一百一十、一百一十二、一百一十四、一百一十五、一百一十六、一百一十八、一百二十一、一百二十三、一百二十七、一百二十八、一百三十一、一百三十三、一百三十四、一百四十一、一百四十二、一百四十三、一百四十五、一百五十四、一百五十八、一百六十一、一百六十三、一百六十四、一百六十五、一百六十七、一百七十、一百七十二、一百七十四、一百七十六、一百七十七、一百七十八、一百八十六、一百八十七、一百八十八、一百八十九、一百九十二、一百九十三、一百九十八、二百零一、二百零二、二百零三、二百零五、二百零六、二百零七、二百零八、二百一十一、二百一十二、二百一十七、二百二十一、二百二十二、二百二十四、二百二十六、二百二十七、二百二十八、二百二十九、二百三十、二百三十二、二百三十三、二百三十六、二百三十七、二百四十、二百四十二、二百四十五、二百四十六、二百四十七、二百四十八、二百四十九、二百五十一、二百五十四、二百五十六、二百五十七、二百五十八、二百六十二、二百六十三、二百六十四、二百六十七、二百六十八、二百六十九、二百七十、二百七十一、二百七十二、二百七十三、二百七十六、二百七十七、二百七十八、二百八十、二百八十一、二百八十二、二百八十三、二百八十五、二百八十六、二百八十七、二百八十八、二百九十一、二百九十二、二百九十三、二百九十四、二百九十七、二百九十八、三百、三百零一、三百零五、三百零七、三百零八、三百零九、三百一十、三百一十一、三百一十二、三百一十三、三百一十七、三百一十九、三百二十、三百二十二、三百二十六、三百二十七、三百二十九、三百三十二、三百三十三、三百三十六、三百三十七、三百四十、三百四十三、三百四十四、三百四十五、三百四十七、三百四十八、三百五十、三百五十一、三百五十二、三百五十四、三百五十五、三百五十六、三百六十、三百六十一、三百六十二、三百六十三、三百六十九、三百七十二、三百七十三、三百七十四、三百七十五、三百七十七、三百七十八、三百七十九、三百八十一、三百八十二、三百八十三、三百八十四、三百八十六、三百八十七、三百八十九、三百九十、三百九十一、三百九十四、三百九十六、三百九十七卷。

“中品般若经”（401~537 卷），即《大般若经》第二、第三会，西夏文保存卷数有：

第四百零四（存 1 个编号）、四百零五（存 1 个编号）、四百零七（存 1 个编号）、四百一十八（存 1 个编号）、四百二十（存 2 个编号）、四百二十四（存 1 个编号）、四百三十（存 1 个编号）、四百三十六（存 1 个编号）、四百四十一（存 1 个编号）四百四十五（存 1 个编号）、四百四十六（存 2 个编号）、四百六十二（存 1 个编号）、四百七十二（存 1 个编号）、四百八十二（存 2 个编号）、四百九十五（存 4 个编号）、五百一十三（存 1 个编号）、五百二十九卷（存 1 个编号）。

《大般若经》第二、第三会，西夏文未保存卷数有：

第四百零一、四百零二、四百零三、四百零六、四百零八、四百零九、四百一十、四百一十一、四百一十二、四百一十三、四百一十四、四百一十五、四百一十六、四百一十七、四百一十九、四百二十一、四百二十二、四百二十三、四百二十五至四百二十九、四百三十一至四百三十五、四百三十七至四百四十、四百四十二、四百四十三、四百四十四、四百四十七至四百六十一、四百六十三至四百七十一、四百七十三至四百八十一、四百八十三至四百九十四、四百九十六至五百一十二、五百一十四至五百二十八、五百三十至五百三十七卷。

“小品般若经”（538~565 卷），即《大般若经》第四、第五会，英藏黑水城西夏文残经未见保存第五百三十八至五百六十五卷。

“天王般若”（566~573 卷）《大般若经》第六会，英藏黑水城西夏文残经未见保存第五百六十六至五百七十三卷。

“文殊般若”（574~575 卷），即《大般若经》第七会，英藏黑水城西夏文残经未见保存第五百七十四至五百七十五卷。

“那伽室内利般若”（576 卷），即《大般若经》第八会，英藏黑水城西夏文残经未见保存第五百七十六卷。

“金刚般若”即《大般若经》第九会，具体见《金刚般若波罗蜜经》。

“理趣般若经”（578 卷）即《大般若经》第十会，英藏黑水城西夏文残经未见保存。

“六分般若”（579~600 卷），即《大般若经》第十一至十六会，英藏黑水城西夏文残经仅见第五百九十六卷（存 1 个编号），其余五百七十九至五百九十五、五百九十七至六百卷数，未见西夏文残存。

可见，玄奘所译《大般若经》包括“上品般若”（1~400 卷），即《大般若经》第一会，“中品般若经”（401~537 卷），即《大般若经》第二、第三会，“金刚般若”即《大般若经》第九会，“六分般若”（579~600 卷），即《大般若经》第十一至十六会在英藏黑水城西夏文残经或多或少皆有保存，只是前 1~400 卷遗存数量最多。“小品般若经”（538~565 卷），即《大般若经》第四、第五会，“天王般若”（566~573 卷），即《大般若经》第六会，“文殊般若”（574~575 卷），即《大般若经》第七会，“那伽室内利般若”（576 卷），即《大般若经》第八会，“理趣般若经”（578 卷）即《大般若经》第十会的内容在英藏黑水城西夏文残经中未见保存。

《大般若经》认为般若是诸佛之母，三世诸佛皆由般若而生，诵持供养《大般若经》可获得无上功德，得众神护佑。《大般若经》在敦煌文献中也有大量保存，从晚唐五代开始，敦煌地区大规模收集和保存《大般若经》，抄经和转读盛行。郑炳林先生通过对敦煌各寺院藏经情况的梳理，认为晚唐五代敦煌诸寺对《大般若经》的收藏保存规模很大，这种风气始于吐蕃统治时期，兴盛于归义军建立初期，到曹氏归义军时期这种《大般若经》信仰的风气下降，大规模的转读抄写不再出现。[①]但从黑水城出土西夏文《大般若经》可以判断，西夏时期《大般若经》信仰依然非常流行，抄写、刊印和诵读《大般若经》情况很多。

从俄藏黑水城西夏文佛经题记可知，《大般若经》或是皇室出资刊印，或是信众百姓抄写。因《大般若经》部头很大，普通信众出资施写

① 郑炳林：《晚唐五代敦煌地区〈大般若经〉的流行与信仰》，郑炳林主编《敦煌归义军史专题研究三编》，甘肃文化出版社，2005，第 149 页。

一部经文的费用会很高，通常都是由集体或多人发愿施写或施印的。佛经题记中通常出现“发愿者”（[illegible]），而发愿者又根据出资情况分为“大发愿者”（[illegible]）、“本发愿者”（[illegible]）、“总发愿者”（[illegible]）等，这些人很显然是在抄写或刊印佛经时施舍大户，和他们一同出资的其他发愿者称为“随喜发愿者”（[illegible]），他们仅出资捐助抄写经文的某些部分，如“随喜施写者”（[illegible]）。有的随同发愿者又称作“旁言”（[illegible]）。有的经文中会明确指出，某某发愿施写经文 5 卷、某某发愿施印经文 1 帙（10 卷）。发愿者的人数情况各异，如《大般若波罗蜜多经》（第 12 号，馆册第 3525 号）中提到有 13 人发愿。《大般若波罗蜜多经》（第 14 号，馆册第 2200 号）中提到的发愿者有 78 人之多。而有的经文可能仅有 2~3 个人发愿施写，如《佛说佛母出生三法藏般若波罗蜜多经》（第 24 号第 16 卷）贝叶装经文，2 人发愿，每人捐资施写半卷经文。《大般若波罗蜜多经》（第 15 号，馆册第 1149 号）题记：某某施写经文，其中布清慧海[①]（Пу цхие Жиэ-нгон-ндзие Хуй Хай）为《大般若波罗蜜多经》1 帙经文（第 381-390 卷）的抄经者，他抄写第 383 卷只用了 3 天多的时间，他于 4 月 23 日抄完第 382 卷，27 日完成第 383 卷。剩下的半个月他用于抄写第 384 和 385 卷，于 5 月 14 日完成抄写。之后，他用了 2 周的时间一下子抄写了 5 卷，即第 386~390 卷，整个抄经工作完成于 5 月 28 日（参见第 14 号，馆册第 1513、1589、1504、1919、2740 号）。

另外，《大般若波罗蜜多经》还是寺院活动经常诵读的经典，《大般若波罗蜜多经》（第 17 号，第 270 卷贝叶经）题记提到了大声朗读已写出的一卷经文。俄藏汉文《佛说父母恩重经》（TK120）题记记载亡故中书相之子为其父作七七斋会，延请高僧大作法事，刻印散施汉文《佛说父母恩重经》（TK120），作《法华》《仁王》《孔雀》《观音》《金刚》《行愿经》《乾陀》《般若》等法会等为父亲祈福。

---

① 译者注：根据题记“布清慧海”为发愿者，不是抄经者。抄经者则是抄经者嵬利善满（Вие-лде Нэы-сэ）。

2019 年国家社科基金重大招标项目
《西夏文佛教文献遗存唐译经的整理与综合研究》的系列成果
成果批准号 19ZDA240

本书系国家古籍整理出版专项经费资助项目

上海师范大学资助出版

英藏黑水城西夏文佛教文献整理考释

〔中册〕

崔红芬　文志勇

编著

社会科学文献出版社
SOCIAL SCIENCES ACADEMIC PRESS (CHINA)

作者简介

崔红芬

河北河间人，1989 年毕业于兰州大学外语系俄语专业，2006 年 6 月毕业于兰州大学敦煌学研究所，获历史学博士学位。2008 年 7 月首都师范大学历史学院博士后出站。现为上海师范大学人文学院教授，博士生导师。主持完成国家社科基金项目 2 项，国家社科基金重大招标子课题 2 项，2018 年获批在研国家社科基金重大冷门绝学项目 1 项，2019 年主持国家社科基金重大招标项目 1 项。主要从事历史文献及西夏佛教研究，发表专业论文百余篇，出版论著 6 部，译著 4 部等。

文志勇

甘肃兰州市人，1989 年毕业兰州大学外语系俄语专业，后转业到高校工作。2011 年陕西师范大学西北民族研究院博士毕业，主要从事历史文献学及民族学等研究。现为上海师范大学人文学院副教授，硕士生导师，先后发表论文、译文 40 余篇，与他人合作翻译出版译著 5 部；参与国家社科基金 4 项，2019 年主持在研国家社科基金 1 项，2019 年主持国家社科基金重大招标子课题 1 项等。

目　录

西夏文般若类经典

西夏文般若类经典

二 《金刚般若波罗蜜经》等经典

（一）《金刚般若波罗蜜经》

《金刚般若波罗蜜经》是最负盛名的大乘般若经典之一，出自《大般若经》第九会。此经典自传入中国后，从东晋到唐朝，先后六次被翻译。一是后秦鸠摩罗什译本，二是北魏菩提流支译本，三是陈真谛译本，这三个译本名为《金刚般若波罗蜜经》。四是隋朝达摩笈多译本，名为《金刚能断般若波罗蜜经》。五是唐朝玄奘译本，名为《能断金刚般若波罗蜜多经》。六是唐朝义净译本，亦名为《能断金刚般若波罗蜜多经》。《金刚般若波罗蜜经》各译本略有不同，鸠摩罗什译本和玄奘译本比较流行。现存最早的《金刚般若波罗蜜经》刻本应是唐朝咸通九年（868）王玠所刻。

《金刚般若波罗蜜经》在唐朝得到广泛传播，随着禅宗的形成和发展，成为禅宗的重要经典之一，它在中国佛教思想中占有重要地位，有关《金刚般若波罗蜜经》的赞颂和科判也在不断流传。《金刚般若波罗蜜经》及其赞颂的不同文字版本在敦煌和黑水城等地皆有保存，为考证和研究该经的流传提供了丰富的材料。

继俄国探险家科兹洛夫从黑水城掘获大量西夏文献之后，斯坦因率领的英国探险队也于 1914 年来到黑水城进行发掘，所获文献现藏英国国家图书馆东方书稿部。在英藏黑水城西夏文佛教文献中遗存《金刚般若波罗蜜经》较多，西夏文本《金刚般若波罗蜜经》主要是依据鸠摩罗什译本翻译而成，也有北魏菩提流支译本的痕迹，说明不同译本皆传入西夏，并被翻译成西夏文。

《金刚般若波罗蜜经》是西夏法事活动中常常学的佛经之一，备受皇室和权臣的推崇。在黑水城文献中，西夏汉本《金刚般若波罗蜜经》有仁孝朝的权臣任得敬于天盛十九年（1167）施印的，也有罗皇后于乾祐二十年（1189）施印的，等等。仁孝时期的权臣任得敬因久病不愈，一方面出资请医生治病，另一方面出资令人镂刻印制《金刚般若波罗蜜经》（TK124、127）为自己祈福，希望通过诵佛经求得佛祖和神灵的保佑，早除疾患。任得敬施印《金刚般若波罗蜜经》（TK124）的发愿文为：

……读诵受持，福德无量，书写解脱，说果报难。穷诚出佛之宗源，乃度生之根本。予论道之暇，恒持此经，每竭诚心，笃生实信。今者，灾迍伏累，疾病缠绵，日月虽多，药石无效。故陈誓愿，镂板印施，伏此胜因，冀资冥佑。倘或天年未尽，速愈沉疴；必若运数难逃，早生净土。又愿邦家巩固，历服延长，岁稔时丰，民安俗阜。尘刹蕴识，悉除有漏之因，沙界含灵，并证无为之果。时天盛十九年（1167）五月日。[①]

任得敬施印《金刚般若波罗蜜经》以祈求自己早日康复。此经最早是何时被译成西夏文的，还无法确知，但根据零散记载，可以肯定《金刚般若波罗蜜经》在仁孝皇帝之前已被译成西夏文，且不止一次被译成西夏文。俄藏西夏文《金刚般若波罗蜜经》（馆册第3834、4099、689号）则说明仁孝时由国师鲜卑宝源负责重译佛经并使之成为净本。其中俄藏黑水城西夏文馆册第3834号为刻本经折装，尾残，每页6行，每行14个字，题记是：

[illegible]

① 俄罗斯科学院东方学研究所等主编《俄藏黑水城文献》（第3册），上海古籍出版社，1996，第71页。

[illegible]

[illegible][①]

大白高国大德台度民寺法显国师沙门宝源

执梵本及汉、番本注疏与一一重校，实为净本

姚秦三藏法师鸠摩罗什[②]

从题记可知，沙门宝源依据鸠摩罗什的译本，执梵本及汉、番本注疏与之一一重校，使此本成为净本。

西夏文《金刚般若波罗蜜经》题记中多次出现大度民寺和僧人宝源。大度民寺是西夏著名的寺院，聂鸿音先生在《大度民寺考》一文中考证了大度民寺是西夏京畿的一所皇家寺院，今天宁夏银川市郊的高台寺遗址可能与它有关。[③] 但从遗存佛经题记判断，西夏仁宗乾祐年间（1170~1193），大度民寺是一所汉传佛教和藏传佛教兼习的寺院，设有译经场，译经场的负责人为僧人宝源，他主持西夏文《金刚般若波罗蜜经》的重译和校勘工作。

宝源，姓鲜卑（昔壁），是大度民寺精通显教的国师，也是仁孝时比较活跃的一位高僧。除《金刚般若波罗蜜经》外，他翻译和校勘的佛经还有《圣胜慧到彼岸功德宝集偈》《圣观自在大悲心总持功能依经录》《胜相顶尊总持功能依经录》等。乾祐十九年（1188）他撰写完成两部西夏文劝世格言集，即《信毕（鲜卑）国师劝世集》（馆册第3706号）[④] 和《贤智集》（馆册第120、585、593、2538、2567、2836、5708、

① 此处有俄文译文，俄文译文翻译成汉语是："大白高国度民寺大德凉台沙门、显法国师、大德宝源" 详参此经梵、汉和西夏文译本的注释之后，重新编写经文，实为净本，为出此书，多方辛劳。经题后注明汉文译者为姚秦三藏法师（鸠摩罗什）。

②〔俄〕叶·伊·克恰诺夫：《俄藏黑水城西夏文佛经叙录》，崔红芬、文志勇译，甘肃文化出版社，2021，第254页。

③ 聂鸿音：《大度民寺考》，《民族研究》2003年第4期。

④〔俄〕叶·伊·克恰诺夫：《俄藏黑水城西夏文佛经叙录》，崔红芬、文志勇译，甘肃文化出版社，2021，第580页。

7016号）[①]。

鲜卑宝源有法师和国师两个封号，北京房山云居寺藏藏汉合璧《圣胜慧到彼岸功德宝集偈》的题记曰：

> 诠教法师、番汉三学院并偏袒提点、嚷美则沙门鲜卑宝源汉译；显密法师、功德司副使、嚷卧英沙门［周慧海］；演义法师、路赞讹、嚷赏则沙门遏啊难捺吃哩底梵译；天竺大钵弥怛、五明显密国师、讲经律论、功德司正、嚷乃将沙门拶也阿难答亲执梵本证义；贤觉帝师、讲经律论、功德司正、偏袒都大提点、嚷卧勒沙门波罗显胜；奉天显道、耀武宣文、神谋睿智、制义去邪、惇睦懿恭皇帝再详勘。[②]

这一题记提到鲜卑宝源为法师，没有出现年代，仅有仁孝皇帝的尊号，据考仁孝帝带有“制义去邪”的尊号是在大庆二年（1141）以后开始使用的，并且使用时间较长，与其他尊号交替使用直到其去世。

大德五年（1139），仁孝即位。大庆元年（1140）四月，夏州统领萧合达叛乱，十月任得敬平定叛乱。二年春正月，使贺金正旦，请仁孝帝上尊号。八月受尊号，群臣奉上仁孝尊号“制义去邪”。[③] 这说明大庆二年前后宝源已有法师封号。

黑水城所出汉文本《圣观自在大悲心总持功能依经录》《胜相顶尊总持功能依经录》（TK164、165）首题后有“诠教法师番汉三学院兼偏袒提点嚷卧耶沙门鲜卑宝源奉敕译，天竺大般弥怛五明显密国师在家功德司正嚷乃将沙门拶也阿难奈传”[④]。此处宝源仍是法师，题记中没

① 〔俄〕叶·伊·克恰诺夫：《俄藏黑水城西夏文佛经叙录》，崔红芬、文志勇译，甘肃文化出版社，2021，第580页。

② 罗炤：《藏汉合璧〈圣胜慧到彼岸功德宝集偈〉考略》，《世界宗教研究》1983年第4期。

③ （元）脱脱等撰《宋史》卷486《夏国传》，中华书局，1977，第14024页。

④ 俄罗斯科学院东方学研究所等主编《俄藏黑水城文献》（第4册），上海古籍出版社，1997，第35页。

有年款，而经文后仁孝皇帝御制的后序发愿文透露出了一些信息。发愿文曰：

> 朕睹兹胜因，倍激诚恳，遂命工镂板，雕印番汉一万五千卷，普施国内臣民……伏愿神考崇宗皇帝超升三界，乘十地之法云，越度四生，达一真之性海，默助无为之化，潜扶有道之风。之子之孙，益昌益盛……奉天显道耀武宣文神谋睿智制义去邪惇睦懿恭皇帝谨施。

孟列夫根据汉文本题记等内容，推断《圣观自在大悲心总持功能依经录》《胜相顶尊总持功能依经录》的刻印时间不早于崇宗去世三周年，不晚于曹皇后去世三周年。[①]可见，大庆二年（1141）至天盛十九年（1167）间，宝源依然是法师封号。

而俄藏西夏文《金刚般若波罗蜜经》（馆册第4099号）题记则载宝源已升为国师，但题记没有出现时间，仅出现仁孝“奉天显道耀武宣文神谋睿智制义去邪惇睦懿恭皇帝”的尊号。仁孝皇帝这一尊号使用的时间较长，从大庆二年（1141）一直使用到他去世。[②]综合题记内容分析，大庆二年（1141）之后，宝源由法师升为国师，并重译注疏了西夏文《金刚般若波罗蜜经》，使之成为净本。

鸠摩罗什译本《金刚般若波罗蜜经》中原本不存在“金刚经启请”“净口业真言”“安土地真言”[③]“虚空藏菩萨普供养真言”“请八金刚”“请四菩萨”“云何梵”“发愿文”等。西夏时期，密教经典流行，大乘显教经典呈现密教化的趋势，故黑水城出土的《金刚般若波罗蜜经》等前面增加了陀罗尼与西夏密教经典和仪轨流行有密切关系。例如《金刚般若波罗蜜经》（TK14，刻本经折装，每面6行，每行18字，

---

① 〔俄〕孟列夫：《黑城出土汉文遗书叙录》，王克孝译，宁夏人民出版社，1994，第153页。

② 崔红芬、文志勇：《西夏皇帝尊号考略》，《宁夏大学学报》（人文社会科学版）2006年第5期。

③ 又作“镇土地真言”。

上下双边；而TK124为刻本经折装，每面7行，每行15字，上下单边）是三十二分本，经题前有“金刚经启请”“净口业真言”“安土地真言”“虚空藏菩萨普供养真言”“请八金刚”“请四菩萨”“云何梵”“发愿文”等内容，之后是三十二分本《金刚般若波罗蜜经》，经文后没有出现弥勒颂的内容，故在俄藏黑水城汉文文献中将其定名为《金刚般若波罗蜜经》。《中国藏西夏文献》（第16册）中存有西夏文佛经残页（G31·011［6737］），刊布者也将其定名为《金刚般若波罗蜜经》，此部分残页内容是“金刚经启请”、“净口业真言”、“安土地真言”、“虚空藏菩萨普供养真言”、“请八金刚”、“请四菩萨”和“持经梵音”（即“云何梵”）等。

唐宋时期《金刚般若波罗蜜经》的偈颂也非常流行，相关内容在敦煌文献和黑水城文献中都有保存。达照法师利用敦煌藏经洞出土文献和房山石经等对《金刚经赞》的流变过程进行探讨研究，他把出土文献分为以下几类：早期诸本，即P.2039背、F.323、P.2277；中期诸本，即敦369背、P.2629背、国图4447、国图4446背、国图4446、国图4447背、S.4105；后期诸本，即P.3325、上图004、S.1846、S.3373、S.4732、S.5499、S.5699、P.2997、P.4823、P.2756、S.110、P.2286背、P.3094背、房山石经本。达照通过对中期《金刚经注颂释》几种写本的分析，发现了《金刚经赞》由“赞”到“颂”的发展轨迹，确定了中期传本在《金刚经赞》发展过程中的重要地位，总结出《金刚经赞》的最初创作是不带《金刚经》原文的，有很大的随意性。后来，他依据《无著论》，又分别找到了《金刚经》的原文与之相对应。与此同时，他又根据佛教的义理，对《金刚经赞》进行了某种程度的修改，越往后，修改的地方就越多，传本的内容和形式也就越复杂。[①]于是在后期诸本中又出现《〈金刚经〉道场前仪》和三个真言。[②]武威博物馆藏（G31·011［6737］）西夏文残经内容非常接近敦煌出土中晚期《金刚

① 达照:《〈金刚经赞〉研究》，宗教文化出版社，2002，第60页。

② 达照:《〈金刚经赞〉研究》，宗教文化出版社，2002，第62页。

经赞》的结构，这充分说明敦煌本、西夏文本、房山石经本《金刚经赞》的流传是一脉相承的。

虽然《英藏黑水城文献》中多为残片，但所保存的《金刚般若波罗蜜经》有多个版本，基本为三十二分本。还有的增加了“云何梵”“发愿文”“镇（安）土地真言”“虚空藏菩萨普供养真言”“请八金刚”“请四菩萨”等。此外，黑水城文献中也存在《金刚般若波罗蜜经》科文和《梁朝傅大士颂金刚经》等，内容非常丰富。下面分别对西夏文《金刚般若波罗蜜经》和《梁朝傅大士颂金刚经》进行考释。

A. 西夏文《金刚般若波罗蜜经》

黑水城出土西夏文《金刚般若波罗蜜经》分别以元魏菩提流支三藏译本和鸠摩罗什译本为底本翻译完成，以鸠摩罗什译本保存最多，菩提流支本仅存 1 个残页，故此将其列在最前面。

1.Or.12380-0057RV（K.K.Ⅱ.0283.nnn）存 2 页 11 行，字数不能确定，下栏线单栏，上栏线无存，刻本，右面内容为西夏文正面，左面内容为右面西夏文的反面，不录，刊布者定名为“佛经”。现将西夏文录文并对译如下：

……[illegible]	……三菩提
……[illegible]	……阿耨多罗
[illegible]……[illegible][1][illegible]	三藐三菩提……燃灯佛我
……[illegible][2][illegible]	……释迦牟尼说
……[illegible]	……真（实）法不有是
……[illegible]	……佛成名者释

在对译基础上翻译如下：

……三菩提……阿耨多罗三藐三菩提，……燃灯佛……我……释迦

① 西夏文“[illegible]”译为“燃灯佛”“锭光佛”。

② 西夏文“[illegible]”译为“释迦牟尼”。

牟尼说……真不有法是……佛成名者释……

Or.12380-0057RV（K.K.II.0283.nnn）为元魏菩提流支译《金刚般若波罗蜜经》的相应内容：

……须菩提于燃灯佛所，若有一法如来所得名阿耨多罗三藐三菩提，燃灯佛则不授我记："婆罗门汝于来世当得作佛，号释迦牟尼多陀阿伽度阿罗诃三藐三佛陀。"须菩提，由实无有法，如来所得名阿耨多罗三藐三菩提，是故然灯佛与我授记，作如是言……[①]

2.Or.12380-0048（K.K.II.0283.eee）存 1 页 5 行，字数不能确定，上栏线双栏，下栏线无存，刻本经折装，刊布者定名为《金刚般若波罗蜜多经》。现将西夏文录文并对译如下：

縢陊豼蘼[②]䨱䨱緈……	天阿修罗一切佛……
蕠蒓絧繉疵薤……	供养应及皆离……
敍氚𢡌𢻙𥤑𧂫[③]𧂿……	处岂有须善提所……
𦆸𧄼𣼦𦎥𥤖[④]𧀢𦂿[⑤]𧅫……	第一希有法成就若……
𦑃𦎹緈𦎥繉𧅪……	放各佛有及尊……

在对译基础上翻译如下：

一切……天、阿修罗，应供养佛……及皆离……处岂有，须菩提所……成就第一希有法，若……放，各有佛及尊……

---

① （元魏）菩提流支译《金刚般若波罗蜜经》，《大正藏》第 8 册，第 236b 号，第 760 页上栏 20~24。

② 西夏文"陊豼蘼"译为"阿修罗"，又作阿须罗。旧称阿修罗、阿须伦、阿苏罗、阿素罗。译曰无端，指容貌丑陋之义。

③ 西夏文"𢻙𥤑𧂫"译为"须菩提"，又作须浮帝、须扶提。新作苏补底、苏部底。译言善现、善吉、善业，又称空生。十大弟子中，解空第一之人。

④ 西夏文"𦆸𧄼𣼦𦎥𥤖"译为"第一希有法"。

⑤ 西夏文"𧀢𦂿"译为"成就"，二十四不相应之一。

Or.12380-0048（K.K.Ⅱ.0283.eee）为鸠摩罗什译《金刚般若波罗蜜经》三十二分本“持经功德分第十二”的相应内容：

……一切世间天、人、阿修罗皆应供养，如佛塔庙。何况有人尽能受持读诵。须菩提，当知是人成就最上第一希有之法。若是经典所在之处，则为有佛，若尊重弟子。[①]

3.Or.12380-0067（K.K.Ⅱ.0283.xxx）残经存4个残片，字数不能确定，上下栏线无存，刻本，刊布者定名为“佛经”，现将西夏文录文并对译如下：

第二残片（从右数）

……[illegible][②]……

……光照种种色……

……[illegible][③][illegible]……

……来世于若善男子……

……[illegible][④][illegible]……

……受持诵读能故如……

……[illegible]……

……彼愿皆（悉）知彼（是）人皆……

在对译基础上翻译如下：

……光……照，种种色……于来世，若善男子……能受持诵读故，如……彼愿，悉知是人皆……

① （后秦）鸠摩罗什译《金刚般若波罗蜜经》，《大正藏》第8册，第235号，第750页上栏6~10。

② 西夏文“[illegible]”译为“种种色”。

③ 西夏文“[illegible]”译为“于来世”。

④ 西夏文“[illegible]”译为“受持诵读”。

Or.12380-0067（K.K.Ⅱ.0283.xxx）第二残片为后秦天竺三藏鸠摩罗什译《金刚般若波罗蜜经》三十二分本之“离相寂灭分第十四”结尾处的相应内容：

……如人有目，日光明照，见种种色。须菩提，当来之世，若有善男子、善女人，能于此经受持读诵，则为如来以佛智慧，悉知是人，悉见是人，皆得成就无量无边功德。[①]

第四残片（从右数）

……[illegible]……	……自身布施……
……[illegible]……	……经典闻时人起……
……[illegible]……	……又书写受持……

在对译基础上翻译如下：

……自身布施……闻经典时……起……人……及又书写、受持……

Or.12380-0067（K.K.Ⅱ.0283.xxx）第四残片为后秦天竺三藏鸠摩罗什所译《金刚般若波罗蜜经》三十二分本之“持经功德分第十五”开头处的内容：

……如是无量百千万亿劫以身布施。若复有人，闻此经典，信心不逆，其福胜彼。何况书写、受持、读诵、为人解说？[②]

4.Or.12380-0157（K.K.）存 1 个残片，字数不能确定，上栏线无存，下栏线单栏，刻本，刊布者将其定名为“佛经”。现将西夏文录文

① （后秦）鸠摩罗什译《金刚般若波罗蜜经》，《大正藏》第 8 册，第 235 号，第 750 页中栏 28~ 下栏 3。

② （后秦）鸠摩罗什译《金刚般若波罗蜜经》，《大正藏》第 8 册，第 235 号，第 750 页下栏 9~12。

并对译如下：

……[illegible]　　　……提得须菩提我

……[illegible]□[illegible]　　　……佛勤□前八

在对译基础上翻译如下：

……得提。须菩提，我……佛……勤□前八……

Or.12380-0157（K.K.）为鸠摩罗什译《金刚般若波罗蜜经》三十二分本之“能净业障分第十六”的相应内容：

……先世罪业则为消灭，当得阿耨多罗三藐三菩提。须菩提，我念过去无量阿僧祇劫，于然灯佛前，得值八百四千万亿那由他[1]诸佛……[2]

5.Or.12380-0275（K.K.Ⅱ.0283.eee）存 1 页 6 行，每行 14 字，下栏线单栏，上栏线无存，刻本经折装，刊布者定名为“佛经”。现将西夏文录文并对译如下：

[illegible][3][illegible][4][illegible]

云也须菩提我往昔歌利王业（行）作身

---

① 那由他，也称那由多，是古代印度的数量单位，《阿毗达磨大毗婆沙论》卷 177 载：“有一无余数始为一，十一为十，十十为百，十百为千，十千为钵罗薜陀，十钵罗薜陀为洛叉，十洛叉为颇底洛叉，十颇底洛叉为俱胝，十俱胝为末陀，十末陀为阿庾多，十阿庾多为大阿庾多，十大阿庾多为那庾多，十那庾多为大那庾多，十大那庾多为钵罗那庾多。”那由多相当于万亿，指数量非常之大。

② （后秦）鸠摩罗什译《金刚般若波罗蜜经》，《大正藏》第 8 册，第 235 号，第 750 页下栏 24~27。

③ 西夏文“[illegible]”译为“往昔”“之前”。

④ 西夏文“[illegible]”译为“歌利王”，人名，又称哥利、歌利、迦梨、羯利、迦蓝浮、迦罗富、迦黎。译曰斗诤，恶生。

[illegible]①[illegible]②[illegible]③[illegible]④[illegible]

而割腿我此时我相无人相无众生

[illegible]

相无命者相无何云也我往昔节支

[illegible]⑤[illegible]

所分离为时我相人相众生相命者

[illegible]

相及生故嗔恨生可须菩提及思过

[illegible]⑥[illegible]

去五百世为辱忍仙人所为若干世

在对译基础上翻译如下：

何云也？须菩提，我往昔为歌利王行割身、腿。我此时，无我相、无人相、无众生相、无命者相，何云也？我往昔支节为所分离是，及生我相、人相、众生相、命者相，故可生嗔恨。须菩提，及思（念）过去五百世所为忍辱仙人，为若干世……

Or.12380-0275（K.K.Ⅱ.0283.eee）为鸠摩罗什译《金刚般若波罗蜜经》三十二分本“离相寂灭分第十四”结尾处的内容：

何以故？须菩提，如我昔为歌利王割截身体，我于尔时无我相、无人相、无众生相、无寿者相，何以故？我于往昔节节支解

① 西夏文“[illegible]”译为“割腿”。

② 西夏文“[illegible]”译为“无我相”，其中“无我”指：无常、苦、空故无我，不自在故无我，无主故名为无我；诸法无不从因缘生，从因缘生故无我，无相无作故无我，假名字故无我，身见颠倒故无我，断我心得道故无我。

③ Or.12380-0275（K.K.Ⅱ.0283.eee）残经字数与 Or.12380-3187b（K.K.Ⅱ.0269.c）相同，残经残缺内容根据 Or.12380-3187b（K.K.Ⅱ.0269.c）补录。

④ 西夏文“[illegible]”译为“无人相”。

⑤ 西夏文“[illegible]”译为“支节已分离”，汉文本为“节节支解”。

⑥ 西夏文“[illegible]”译为“忍辱仙人”，指释迦如来，于因位为忍辱仙，修忍辱之行，为歌利王支分其身。

时，若有我相、人相、众生相、寿者相，应生瞋恨。须菩提，又念过去于五百世作忍辱仙人，于尔所世，无我相……[①]

6.Or.12380-0291a（K.K.Ⅱ.0283.ttt）存 1 页 12 行，每行字数不等，下栏线单栏，刻本，刊布者定名为“佛经”，根据俄藏第 101 号补录。现将西夏文录文并对译如下：

[illegible] [②]

若是如念为阿耨多罗三藐三菩提

[illegible] [③] [illegible]

心发故诸法断灭说为是念莫为何

[illegible]

云也阿耨多罗三藐三菩提心起者

[illegible]

者法于断灭相不说

[illegible]

不受不贪分二十八第

[illegible] [④] [illegible]

须菩提若菩萨恒河沙等世界中七

[illegible]

宝有满彼以布施若人法一切我无

[illegible] [⑤] [illegible]

---

① （后秦）鸠摩罗什译《金刚般若波罗蜜经》,《大正藏》第 8 册，第 235 号，第 750 页中栏 14~19。

② 西夏文“[illegible]”译为“阿耨多罗三藐三菩提”。

③ 西夏文“[illegible]”译为“菩提心”，旧译菩提为道，求真道之心即菩提心。新译为觉，求正觉之心即菩提心。

④ 西夏文“[illegible]”中“[illegible]”译为“恒河”,“[illegible]”译为“沙”,“[illegible]”译为“沙子”“沙数”,“[illegible]”译为“恒河沙等”。

⑤ 西夏文“[illegible]”译为“得忍成就”，汉文本为“得成于忍”。

知忍成就得故此菩萨前菩萨获得

[illegible]

功德胜圣须菩提彼世间悟者福德

[illegible]

不受缘也须菩提佛对言说世尊何

[illegible]

云菩萨福德不受须菩提菩萨作为

[illegible]

福德念为应非是缘福德不受说

在对译基础上翻译如下：

若为如是念，故发阿耨多罗三藐三菩提心，说诸法断灭，莫为是念，为何云也？起阿耨多罗三藐三菩提心者，于法不说断灭相。

不受不贪分第二十八

须菩提，若菩萨以满恒河沙等世界中有彼七宝布施，若知一切人法无我，故得忍成就。此菩萨胜前圣菩萨得获功德。须菩提，彼世间悟者不受福德缘也。须菩提对佛言说："世尊，何云菩萨不受福德？"须菩提，菩萨所作福德，应为非念，是缘说不受福德。

残经为鸠摩罗什译《金刚般若波罗蜜经》三十二分本"无断无灭分第二十七"和"不受不贪分第二十八"的相应内容：

"莫作是念，何以故？发阿耨多罗三藐三菩提心者，于法不说断灭相。须菩提，若菩萨以满恒河沙等世界七宝布施；若复有人，知一切法无我，得成于忍，此菩萨胜前菩萨所得功德。须菩提，以诸菩萨不受福德故。"须菩提白佛言："世尊，云何菩萨不受福德？""须菩提，菩萨所作福德，不应贪著，是故说不受福德。"①

① （后秦）鸠摩罗什译《金刚般若波罗蜜经》，《大正藏》第8册，第235号，第752页上栏22~29。

7.Or.12380-0291b（K.K.Ⅱ.0283.ttt）残存 1 页 6 行，字数不能确定，下栏线单栏，上栏线无存，刻本经折装，刊布者定名为“佛经”，根据俄藏第 101 号补录。现将西夏文录文并对译如下：

[illegible][1][illegible]

须菩提若人如来者来往坐卧有说

[illegible]

得彼人我所言义不解何云也如来

[illegible]

者来无往无来莫亦无故方如来说

[illegible][2][illegible]

一合相理分三十第

[illegible]

须菩提若善男子善女人三千大千

[illegible][3][illegible][4]

世界说尘埃如为所于何云是尘埃

在对译基础上翻译如下：

须菩提，若有人得说：如来者来往、坐卧，彼人不解我所言义，云何也？如来者，无来无往，亦无莫来，故方说如来。

一合理相分第三十

须菩提，若善男子、善女人，所说三千大千世界如为微尘（尘埃），于所云何？是尘埃。

残经为鸠摩罗什译《金刚般若波罗蜜经》三十二分本“威仪寂静分

① 西夏文“[illegible]”译为“来往坐卧”，汉文本为“若来若去”“若坐若卧”。

② 西夏文“[illegible]”译为“一合理相”。

③ 西夏文“[illegible]”译为“三千大千世界”。三千大千世界，以须弥山为中心，七山八海交互绕之，以铁围山为外郭。

④ 西夏文“[illegible]”译为“微尘”“尘埃”。

第二十九”和“一合理相分第三十”的相应内容：

> 须菩提，若有人言：“如来若来若去，若坐若卧。”是人不解我所说义，何以故？如来者，无所从来，亦无所去，故名如来。须菩提，若善男子、善女人，以三千大千世界碎为微尘，于意云何？是微尘众宁为多不？①

比对 Or.12380-0291a（K.K.II.0283.ttt）和 Or.12380-0291b（K.K.II.0283.ttt）残页，可以确定二者为同部佛经的残页，内容从“无断无灭分第二十七”和“不受不贪分第二十八”到“威仪寂静分第二十九”和“一合理相分第三十”，二者之间有较多佚文，内容不能完全缀合。

8.Or.12380-0305（K.K.II.0283.a.ix）存 2 页 14 行，字数不能确定，上栏线单栏，下栏线无存，刻本，刊布者定名为“佛经”。现将西夏文录文并对译如下：

（右面）

□□[illegible]……	□□及书写受持诵读……
□[illegible]……	□者说处岂有须菩提……
□[illegible]……	□如是经典者来说……
□[illegible]……	□无边无功德有如……
□□[illegible]②[illegible]……	□□说为最上乘起……
□□[illegible]……	□□受持诵读……
[illegible]③[illegible]……	世尊彼（是）人皆……

在对译基础上翻译如下：

---

① （后秦）鸠摩罗什译《金刚般若波罗蜜经》，《大正藏》第 8 册，第 235 号，第 752 页中栏 3~6。

② 西夏文“[illegible]”译为“最上乘”，指至极之教法。

③ 黑水城本西夏文“[illegible]”译为“世尊”，汉文本为“如来”。

□□及书写、受持、诵读……岂有□者说处？须菩提，□如是经典者来说……有无□无边功德如……□□为起最上乘说……□□受持诵读……世尊皆□是人……

（左面）

[illegible]	持经功德分十五第
[illegible]……	须菩提若善男子善女人……
□□[illegible]……	□□河沙等身布施……
□[illegible]……	□河沙等身布施……
[illegible]……	河沙等身布施是如……
□□□□□□[illegible]……	□□□□□□布施……
□□□[illegible]……	□□□闻时信发……

在对译基础上翻译如下：

持经功德分第十五

须菩提，若善男子、善女人……□□河沙等身布施……□河沙等身布施……河沙等身布施，如是……□□□□□□布施……□□□闻时，发信……

Or.12380-0305（K.K.II.0283.a.ix）为鸠摩罗什译《金刚般若波罗蜜经》三十二分本“持经功德分第十五”的相应内容，只是左面在前，右面在后，相应内容如下：

须菩提，若有善男子、善女人，初日分以恒河沙等身布施，中日分复以恒河沙等身布施，后日分亦以恒河沙等身布施，如是无量百千万亿劫以身布施。若复有人，闻此经典，信心不逆，其福胜彼。何况书写、受持、读诵、为人解说？须菩提，以要言之，是经有不可思议、不可称量无边功德。如来为发大乘者说，为发最上乘者说。若有人能受持读诵，广为人说，如来悉知是人，悉见是人。[①]

① （后秦）鸠摩罗什译《金刚般若波罗蜜经》，《大正藏》第8册，第235号，第750页下栏7~12。

9.Or.12380-0392（K.K.Ⅱ.0285.）存 1 页 5 行，字数不能确定，上下栏线单栏，右面栏线双栏，刻本蝴蝶装，刊布者将其定名为“佛经”。现将西夏文录文并对译如下：

……[illegible]①[illegible]②[illegible]	……世尊何云也阿那含者不
……[illegible]	……阿那含名成须菩提于意何云
……[illegible]③[illegible]	……念为我阿罗汉道得我
……[illegible]	……世尊何云也阿罗汉说
……[illegible]	……是如念为我阿

在对译基础上翻译如下：

“世尊，何云也？阿那含者不……名成阿那含。”“须菩提，于意云何？……我为念：‘我得阿罗汉道？’”……“世尊，何云也？阿罗汉……说……为如是念：‘我……阿……’”

Or.12380-0392（K.K.Ⅱ.0285.）为鸠摩罗什译《金刚般若波罗蜜经》三十二分本“一相无相分第九”的相应内容：

> “不也，世尊。何以故？阿那含名为不来，而实无来，是故名阿那含。”“须菩提，于意云何？阿罗汉能作是念：‘我得阿罗汉道不？’”须菩提言：“不也，世尊。何以故？实无有法名阿罗汉。世尊，若阿罗汉作是念……”④

10.Or.12380-0396RV（K.K.Ⅱ.0285.xxx）存 1 页 10 行，每行 12 字，

---

① 西夏文“[illegible]”译为“何云也”，汉文本为“何以故”。

② 西夏文“[illegible]”译为“阿那含”，也译为“不还”“不来”，指断尽欲界烦恼的圣者。

③ 西夏文“[illegible]”译为“阿罗汉道”，其中“[illegible]”译为“阿罗汉”，指达到小乘极悟之位。或译杀贼，杀烦恼贼之意。或译应供，当受人天供养之意。或译不生，永入涅槃不再受生死果报之意。

④（后秦）鸠摩罗什译《金刚般若波罗蜜经》，《大正藏》第 8 册，第 235 号，第 749 页中栏 29~下栏 3。

上下栏线双栏，刻本经折装，刊布者将其定名为《般若波罗蜜多经》。现将西夏文录文并对译如下：

（右面）

[illegible]	若波罗蜜名成是名字依汝受
[illegible]	持应是者何云须菩提佛般若
[illegible][1][illegible]	波罗蜜之般若波罗蜜非故般
[illegible]	若波罗蜜也说须菩提意于何
[illegible][2][illegible][3][illegible]	云如来说应法所有须菩提佛

在对译基础上翻译如下：

名为《金刚般若波罗蜜》。依是名字，汝应是受持者，何云？须菩提，佛说般若波罗蜜，即非般若波罗蜜，故般若波罗蜜也。须菩提，于意云何？如来应有所说法？须菩提，佛……

（左面）

[illegible]	法（礼、仪）
[illegible][4][illegible]	法依受持分十三第
[illegible]	尔时须菩提佛对言说世尊是
[illegible]	经典何名我等何云受持应佛
[illegible][5][illegible]	须菩提对言说经典者金刚般

在对译基础上翻译如下：

……当知是人成就最上第一希有之法……

---

① 西夏文“[illegible]”译为“般若波罗蜜”，新译曰般若波罗蜜多。

② 西夏文“[illegible]”依据俄藏第 101 号补录。

③ 西夏文“[illegible]”译为“所有”“有所”。

④ 西夏文“[illegible]”译为“如法受持”“依礼受持”。

⑤ 西夏文“[illegible]”译为“金刚”。

依法（如法）受持分第十三

尔时，须菩提对佛言说："世尊，是经典何名？我等应云何受持？"佛对须菩提言说："经典者《金刚般……"

Or.12380-0396RV（K.K.Ⅱ.0285.xxx）为鸠摩罗什译《金刚般若波罗蜜经》三十二分本"尊重正教分第十二"最后的内容和"如法受持分第十三"的内容，只是左面内容在前，右面内容在后，正好可以衔接，相应内容如下：

……当知是人成就最上第一希有之法……

依法（如法）受持分第十三

尔时，须菩提白佛言："世尊，当何名此经？我等云何奉持？"佛告须菩提："是经名为《金刚般若波罗蜜》。以是名字，汝当奉持，所以者何？须菩提，佛说般若波罗蜜，则非般若波罗蜜。须菩提，于意云何？如来有所说法不？"[①]

11.Or.12380-0504a（K.K.）由 5 个残片组成，上面 2 个残片，下面 3 个残片，字数不能确定，写本，残缺严重，从字体判断它们并非同一部残经的残片，而是分属不同残经，刊布者将其定名为"佛经"。现将西夏文录文并对译如下。

（上面 2 个残片之右面残片）

……[illegible]	……金刚
[illegible] [illegible] [illegible]	奉请 白净水 金刚
……[illegible]	……金刚
[illegible] [illegible] [illegible]	奉请 定灾除 金刚
……[illegible]	……金刚
[illegible] [illegible] [illegible]	奉请 大神 金刚

① （后秦）鸠摩罗什译《金刚般若波罗蜜经》，《大正藏》第 8 册，第 235 号，第 750 页上栏 11~12。

Or.12380-0504a（K.K.）内容虽然不全，但从白净水金刚、定灾除金刚和大神金刚等内容，可以判断残片为鸠摩罗什译《金刚般若波罗蜜经》之“请八金刚”的相应内容：

……金刚
奉请　白净水　金刚
……金刚
奉请　定灾除　金刚
……金刚
奉请　大神　金刚[①]

依据 TK14《金刚般若波罗蜜经》，“八金刚”的具体名号是：青除灾金刚、辟毒金刚、黄随求金刚、白净水金刚、赤声金刚、定除灾金刚、紫贤金刚、大神金刚。另外残页放到相应残经的位置。

12.Or.12380-0601（K.K.）残存 1 页 4 行，下栏线单栏，刻本，刊布者将其定名为“残片”。现将西夏文录文并对译如下：

……[illegible]	……言说
……[illegible]	……众生未来世于是
[illegible]	法闻时信心生所能佛言须
[illegible]	菩提……

在对译基础上翻译如下：

……言说……众生，于未来世闻是法时，能所生信心？佛言：“须菩提……”

Or.12380-0601（K.K.）为鸠摩罗什所译《金刚般若波罗蜜经》三十二分本“非说所说分第二十一”的相应内容：

① 参见俄藏黑水城汉文 TK42、44、46、48、49、52、54、57 等。

尔时，慧命须菩提白佛言："世尊，颇有众生，于未来世，闻说是法，生信心不？"佛言："须菩提……"①

13.Or.12380-0655（K.K.Ⅱ.0279.kk.）存 1 页 6 行，每行 11 字，下栏线单栏，上栏线无存，写本，刊布者将其定名为"佛经"。现将西夏文录文并对译如下：

西夏文	对译
□□□□[illegible]	□□□□菩提阿耨多罗三
[illegible]	藐三菩提心发者实法不有
□□□□□[illegible]	□□□□□于何云如来彼
□□□□[illegible]	□□□□阿耨多罗三藐三
[illegible]□□□□[illegible]	菩提□□□□得不也世尊
□□□□□□[illegible]	□□□□□□了（悟）我依佛彼

在对译基础上翻译如下：

□□□□菩提，实不有法发阿耨多罗三藐三菩提心发者，□□□□于□何云？如来彼□□□□得阿耨多罗三藐三菩提□□□□不也，世尊。□□□□□□了（悟）我依佛彼……

Or.12380-0655（K.K.Ⅱ.0279.kk.）为鸠摩罗什所译《金刚般若波罗蜜经》三十二分本之"究竟无我分第十七"的相应内容：

"所以者何？须菩提，实无有法发阿耨多罗藐三菩提者。须菩提，于意云何？如来于然灯佛所，有法得阿耨多罗三藐三菩提不？""不也，世尊，如我解佛所说义……"②

---

① （后秦）鸠摩罗什译《金刚般若波罗蜜经》,《大正藏》第 8 册，第 235 号，第 751 页下栏 16~17。

② （后秦）鸠摩罗什译《金刚般若波罗蜜经》,《大正藏》第 8 册，第 235 号，第 751 页上栏 14~19。

14.Or.12380-0659（K.K.）残存 1 页 5 行，下栏线单栏，上栏线无存，刻本经折装，刊布者将其定名为“佛经”。现将西夏文录文并对译如下：

……[illegible]□　　……应□
……[illegible]　　……今真常得
……[illegible]　　……相一切离阿
[illegible]　　耨多罗三藐三菩提心发应
……[illegible]　　……声味触法住心

在对译基础上翻译如下：

……应□……今得真常……离一切相，应发阿耨多罗三藐三菩提心……住声、味、触、法心……

Or.12380-0659（K.K.）为鸠摩罗什所译《金刚般若波罗蜜经》三十二分本“离相寂灭分第十四”的相应内容：

> 于尔所世，无我相、无人相、无众生相、无寿者相。是故，须菩提，菩萨应离一切相，发阿耨多罗三藐三菩提心，不应住色生心，不应住声、香、味、触、法生心，应生无所住心。[①]

15.Or.12380-0670（K.K.Ⅱ.0280.ff）残存 1 页 7 行，字数不能确定，下栏线单栏，上栏线无存，刻本，刊布者将其定名为“佛经”。现将西夏文录文并对译如下：

……[illegible]□[illegible]　　……无若心住有故住□成也
……[illegible][②][illegible]　　……佛菩萨心者色于住及

---

① （后秦）鸠摩罗什译《金刚般若波罗蜜经》，《大正藏》第 8 册，第 235 号，第 750 页中栏 19~24。

② 西夏文“[illegible]”译为“住于色”，汉文本为“住色”。

……[illegible]	……布施应说须菩提菩萨众
……[illegible]	……利益缘是如布施
……[illegible]	……一切相非说及
……[illegible]	……非说须菩
……[illegible]□[illegible]	……如□不

在对译基础上翻译如下：

……无若心住有故住□成也……及佛说于菩萨心者应住色布施。须菩提，菩萨缘利益众……如是布施……说一切相非……及说……非。须菩……如□不……

Or.12380-0670（K.K.Ⅱ.0280.ff）为鸠摩罗什译《金刚般若波罗蜜经》三十二分本“离相寂灭分第十四”的相应内容：

> 应生无所住心，若心有住，则为非住，是故佛说菩萨心不应住色布施。须菩提，菩萨为利益一切众生，应如是布施，如来说一切诸相，即是非相，又说一切众生，则非众生。须菩提，如来是真语者，实语者，如语者，不诳语者，不异语者。[①]

16.Or.12380-0671（K.K.Ⅱ.0281.a.xvi）残存 1 页 7 行，字数不能确定，上栏线单栏，下栏线无存，刻本，刊布者将其定名为“佛经”。现将西夏文录文并对译如下：

[illegible]□□□[illegible]……	至□□□等受持之说为故……
□□□[illegible]□□□□[illegible]……	□□□胜□□□□菩提诸佛……
[illegible]	一切及诸佛阿耨多罗三藐三
[illegible]	菩提法者皆是经典依出须菩
[illegible]……	提佛法说者佛法非……

① （后秦）鸠摩罗什译《金刚般若波罗蜜经》，《大正藏》第 8 册，第 235 号，第 750 页中栏 9~24。

[illegible]	一切相无分九第
[illegible]……	须菩提意于何云须陀……

在对译基础上翻译如下：

受持□至□□□等，故为之说……□□□胜□□□须菩提，一切诸佛及诸佛阿耨多罗三藐三菩提法者，皆是依经典出。须菩提，说佛法者，非佛法……

一切无相分第九

须菩提，于意云何？须陀……

Or.12380-0671（K.K.Ⅱ.0281.a.xvi）为鸠摩罗什译《金刚般若波罗蜜经》三十二分本“依法出生分第八”和“一切无相分第九”的相应内容：

> 于此经中受持，乃至四句偈等，为他人说，其福胜彼。何以故？须菩提，一切诸佛及诸佛阿耨多罗三藐三菩提法，皆从此经出。须菩提，所谓佛法者，即非佛法。
>
> 一切无相分第九
>
> 须菩提，于意云何？须陀洹能作是念。[1]

Or.12380-0670（K.K.Ⅱ.0280.ff）和 Or.12380-0671（K.K.Ⅱ.0281.a.xvi）为同版残经，残存内容不同，分别为“离相寂灭分第十四”，“依法出生分第八”与“一切无相分第九”。

17.Or.12380-0685（K.K.）残存 1 页 3 行，上下栏线无存，刻本，刊布者将其定名为“佛经”。现将西夏文录文并对译如下：

……[illegible]……	……须菩提言不……
……[illegible]……	……阿罗汉说应实法不……
……[illegible]……	……阿罗汉是如念为……

---

① （后秦）鸠摩罗什译《金刚般若波罗蜜经》，《大正藏》第 8 册，第 235 号，第 749 页中栏 21~26。

在对译基础上翻译如下：

……须菩提言：不……应实不□法说阿罗汉……阿罗汉为如是念……

Or.12380-0685（K.K.）为鸠摩罗什所译《金刚般若波罗蜜经》三十二分本“一相无相分第九”的相应内容：

> 须菩提言：“不也，世尊。何以故？实无有法名阿罗汉。世尊，若阿罗汉作是念：‘我得阿罗汉道。’……”[1]

18.Or.12380-0701（K.K.Ⅲ.020.c）残存1页5行，上栏线无存，下栏线单栏，刻本，字数无法确定，刊布者将其定名为“佛经”，现将残经录文并对译如下：

……[illegible]	……来
[illegible]……	恒河水中……
[illegible]……	世尊如……
[illegible]……	恒河河水……
[illegible]……	恒河河水……

在对译基础上翻译如下：

……来恒河水中……世尊，如……恒河河水……恒河河水……

Or.12380-0701（K.K.Ⅲ.020.c）为鸠摩罗什译《金刚般若波罗蜜经》三十二分本“无为福胜分第十一”的相应内容：

> ……
>
> “须菩提，如恒河中所有沙数，如是沙等恒河，于意云何？是诸恒河沙，宁为多不？”须菩提言：“甚多，世尊。但诸恒河，尚多

① （后秦）鸠摩罗什译《金刚般若波罗蜜经》，《大正藏》第8册，第235号，第749页下栏7~10。

无数，何况其沙。”[①]

19.Or.12380-0707（K.K.Ⅲ.023.g）由几个残片组成，上栏线单栏，下栏线无存，刻本，刊布者将其定名为“陀罗尼”和“佛名经”。现将西夏文录文并对译如下：

西夏文	对译
[illegible]	奉请　黄求随　金刚
[illegible]	奉请　白净水　金刚
[illegible]	奉请　赤声　金刚
[illegible][②]	四菩萨请
[illegible][③] [illegible][④]	土神镇真言
[illegible]	[illegible]
南无　萨满多　没驮喃	唵度噜度噜　地邪[⑤]
[illegible]	莎婆诃

在对译基础上翻译如下：

奉请黄随求金刚、奉请白净水金刚、奉请赤声金刚

请四菩萨

镇土神真言

南无　萨满多　没驮喃　唵度噜度噜　地邪　莎婆诃

可确定 Or.12380-0707（K.K.Ⅲ.023.g）非“陀罗尼”和“佛名经”，定名有误。比对 TK14，可以确定残经应该是《金刚般若波罗蜜经》之“镇土地真言”、“请八金刚”和“请四菩萨”的相应内容：

① （后秦）鸠摩罗什译《金刚般若波罗蜜经》，《大正藏》第 8 册，第 235 号，第 749 页下栏 23~24。

② 西夏文“[illegible]”译为“请四菩萨”。四菩萨，即观音、弥勒、普贤、文殊。他们与娑婆世界的众生因缘最深。

③ 西夏文“[illegible]”译为“镇土地”“安土地”。

④ 西夏文“[illegible]”译为“真言”，即陀罗尼。

⑤ 俄藏黑水城汉文本为“尾”。

南无　萨满多　没驮喃　唵度噜度噜　地邪　莎婆诃

奉请黄随求金刚、奉请白净水金刚、奉请赤声金刚、奉请定除灾金刚

奉请紫贤金刚、奉请大神金刚

请四菩萨

第一奉请金刚羂菩萨

20.Or.12380-0737（K.K.）残存1页6行，字数不能确定，上栏线单栏，刻本，刊布者将其定名为《金刚般若波罗蜜经》。现将西夏文录文并对译如下：

[illegible]……	法相说者如来……
[illegible]	说
[illegible]……	幻化……
[illegible]……	须菩提若人……
□[illegible]……	□有满彼……
□□[illegible]……	□□心起……

在对译基础上翻译如下：

说法相者，如来说……

幻化……

须菩提，若人……□有满彼……□□心起……

Or.12380-0737（K.K.）应是鸠摩罗什译本《金刚般若波罗蜜经》三十二分本“知见不生分第三十一”结尾和“应化非真分第三十二”开头的相应内容：

……所言法相者，如来说即非法相，是名法相。

应化非真分第三十二

须菩提，若有人以满无量阿僧祇世界七宝，持用布施。若有善

男子、善女人，发菩提心者。[①]

21.Or.12380-0743（K.K.Ⅱ.0276.g）残存1页7行，上栏线无存，下栏线双栏，刻本，刊布者将其定名为“佛经”。现将西夏文录文并对译如下：

□[illegible]□[illegible]□□□□□□

□也须菩提□者言应□□□□□□

□[illegible]

□成

[illegible]

尔时慧命须菩提佛对言说世尊若众

□□[illegible]

□□来世于是法闻时信心起所能佛

[illegible]

言须菩提彼众生非无众生非何云也

[illegible]

须菩提众生众生者如来众生非故众

[illegible]

生名成说

在对译基础上翻译如下：

□也。须菩提言□者，应□□□□□□成。尔时，慧命须菩提对佛言说：“世尊，若众□□，于来世，闻是法时所能起信心？”佛言：“须菩提，彼非众生非无众生，何云也？须菩提，众生众生者，如来说非众生，故成众生名。”

Or.12380-0743（K.K.Ⅱ.0276.g）应是鸠摩罗什译《金刚般若波罗蜜

① （后秦）鸠摩罗什译《金刚般若波罗蜜经》，《大正藏》第8册，第235号，第752页中栏20~23。

经》三十二分本“非说所说分第二十一”的相应内容：

> ……故。须菩提，说法者，无法可说，是名说法。
>
> 尔时，慧命须菩提白佛言：“世尊，颇有众生，于未来世，闻说是法生信心不？”佛言：“须菩提，彼非众生非不众生。何以故？须菩提，众生众生者，如来说非众生，是名众生。”①

22.Or.12380-0760（K.K.）残存 1 页 6 行，字数不能确定，残缺严重，上栏线单栏，下栏线无存，刻本，刊布者将其定名为“佛经经颂”。现将西夏文录文并对译如下：

西夏文	对译
[illegible]……	十二相……
[illegible]……	如来也……
[illegible]	所说义已解
[illegible]……	之不观应也尔……
[illegible]② [illegible]③□	色以我见欲　声以我求□
[illegible]④ [illegible]□□□	彼人邪道行　如来□□□

在对译基础上翻译如下：

十二相……如来也……已解所说义之：……不应观也。尔……“以色欲见我，以声求□我。彼（是）人行邪道，□□□如来。”

Or.12380-0760（K.K.）应是鸠摩罗什译本《金刚般若波罗蜜经》三十二分本“法身非相分第二十六”的相应内容：

---

① （后秦）鸠摩罗什译《金刚般若波罗蜜经》,《大正藏》第 8 册，第 235 号，第 751 页下栏 11~16。

② 西夏文“[illegible]”译为“欲以色见我”。

③ 西夏文“[illegible]”译为“以声求我”。

④ 西夏文“[illegible]”译为“行邪道”。

……若以三十二相观如来者，转轮圣王则是如来。须菩提白佛言："世尊，如我解佛所说义：不应以三十二相观如来。"尔时，世尊而说偈言："若以色见我，以音声求我；是人行邪道，不能见如来。"[①]

23.Or.12380-0766（K.K.Ⅱ.0229.t）残存1页6行，上栏线无存，下栏线单栏，刻本，刊布者将其定名为"佛经"。现将西夏文录文并对译如下：

……[illegible]	……数（等）无及
……[illegible]	……我今真实言
……[illegible]	……善女人宁为恒
……[illegible][②][illegible]	……七宝有满
……[illegible]	……言多
……[illegible]	……善男子

在对译基础上翻译如下：

……数（等）无及……我今真实言……善女人……有七宝为宁满恒……言多……善男子……

Or.12380-0766（K.K.Ⅱ.0229.t）为鸠摩罗什所译《金刚般若波罗蜜经》三十二分本"无为福胜分第十一"的相应内容：

"是诸恒河沙宁为多不?"须菩提言："甚多，世尊。但诸恒河尚多无数，何况其沙。""须菩提，我今实言告汝：'若有善男子、

---

① （后秦）鸠摩罗什译《金刚般若波罗蜜经》，《大正藏》第8册，第235号，第752页上栏13~16。

② 西夏文"[illegible]"译为"七宝"。不同经典说法有些差异，《法华经》"受记品"中为金、银、琉璃、砗磲、玛瑙、真珠、玫瑰。《无量寿经》中为金、银、琉璃、玻璃、珊瑚、玛瑙、砗磲。《阿弥陀经》中为金、银、琉璃、玻璃、砗磲、赤珠、玛瑙。《般若经》中为金、银、琉璃、砗磲、玛瑙、虎珀、珊瑚。

善女人，以七宝满尔所恒河沙数三千大千世界，以用布施，得福多不？'" 须菩提言："甚多，世尊。" 佛告须菩提："若善男子……" [①]

24.Or.12380-0769（K.K.Ⅱ.0233.ddd）残存1页6行，字数不能确定，残缺严重，上栏线单栏，下栏线无存，刻本，刊布者将其定名为"佛经"。现将西夏文录文并对译如下：

𗼃𗒘𘟣𗅁𘓐𗏆𗫂……	寿者有也须菩提……
𗛧𗗚𗤓𗍫𘂤……	说凡愚人者……
𗹙𗫔𗗚𗤓[②]𗧓……	如来凡愚非……
𗼇𗖵……	法身……
𘓐𗏆𗫂𗧊𗗙……	须菩提意于……
𗌭𗃛𗅁𘓐𗏆𗫂……	可所有须菩提……

在对译基础上翻译如下：

有……寿者也。须菩提……说凡愚人者……如来非凡愚……

法身……

须菩提，于意……有所可……须菩提……

Or.12380-0769（K.K.Ⅱ.0233.ddd）应是鸠摩罗什译《金刚般若波罗蜜经》三十二分本"化无所化分第二十五"和"法身非相分第二十六"的相应内容：

……寿者。须菩提，如来说有我者，则非有我，而凡夫之人以为有我。须菩提，凡夫者，如来说则非凡夫。

法身非相分第二十六

① （后秦）鸠摩罗什译《金刚般若波罗蜜经》，《大正藏》第8册，第235号，第749页下栏25~28。

② 西夏文"𗗚𗤓"译为"凡愚""庶愚"，指凡夫俗子。

“须菩提，于意云何？可以三十二相观如来不？”[1]

25.Or.12380-0770（K.K.Ⅱ.0246.i）残存1页7行，字数不能确定，上下栏线无存，写本，刊布者将其定名为“佛经”。现将西夏文录文并对译如下：

西夏文	对译
……[illegible]……	……彼微尘数不……
……[illegible]……	……尘数之尘……
……[illegible]……	……世尊如来所……
……[illegible]……	……者世界非故世界名成……
……[illegible]……	……是者何云若世界真……
……[illegible]……	……相也如来一合相之……
……[illegible]……	……如一合相名成（为）说……

在对译基础上翻译如下：

……彼微尘数不？……尘数之尘……世尊，如来所……者，非世界，故是名成世界者。何云？若世界真……相也。如来说一合相之……如名为一合相……

Or.12380-0770（K.K.Ⅱ.0246.i）应是鸠摩罗什译《金刚般若波罗蜜经》三十二分本“一合理相分第三十”的相应内容：

“须菩提，若善男子、善女人，以三千大千世界碎为微尘，于意云何？是微尘众宁为多不？”“甚多，世尊。何以故？若是微尘众实有者，佛则不说是微尘众。所以者何？佛说微尘众，则非微尘众，是名微尘众。世尊，如来所说三千大千世界，则非世界，是名世界。何以故？若世界实有者，则是一合相。如来说一合相，则非

① （后秦）鸠摩罗什译《金刚般若波罗蜜经》，《大正藏》第8册，第235号，第752页上栏5~11。

一合相，是名一合相。”[①]

26.Or.12380-0775（K.K.）残经存1页5行，字数不能确定，残缺严重，上栏线单栏，下栏线无存，刻本，刊布者将其定名为“佛经”，现将西夏文录文并对译如下：

[illegible][②][illegible]
净土庄严分十第
[illegible]
佛须菩提之说意于何云如来往昔
[illegible]
灯燃佛在所时法于得应所有不也
[illegible]
世尊如来灯燃佛在所（住）时法于实得
[illegible]
所无须菩提意于何云菩萨佛土所

在对译基础上翻译如下：
庄严净土分第十
佛对须菩提说：“于意云何？如来往昔在燃灯佛所时，于法应所有得？”“不也，世尊。如来在燃灯佛所时，于法实无所得。”“须菩提，于意云何？菩萨所……佛土。”

27.Or.12380-0779（K.K.II.0240.dd）残经存1页6行，字数不能确定，下栏线单栏，上栏线无存，刻本，刊布者将其定名为“佛经”，现将西夏文录文并对译如下：

---

① （后秦）鸠摩罗什译《金刚般若波罗蜜经》，《大正藏》第8册，第235号，第752页中栏6~8。

② 西夏文“[illegible]”译为“净土庄严”，依据Or.12380-2945（K.K.II.0244.i）补录。

……[illegible]　　……人见众生见
……[illegible]　　……生见寿者见非
……[illegible]　　……见名成说须
……[illegible]　　……提心起者法
……[illegible]　　……如信解法相
……[illegible]　　……如来法

在对译基础上翻译如下：

……说人见、众生见……非……众生见、寿者见，为名……见。须……发菩提心者，法相……如信解，法相……如来法……

Or.12380-0779（K.K.Ⅱ.0240.dd）应是鸠摩罗什译《金刚般若波罗蜜经》三十二分本“知见不生分第三十一”的相应内容：

> 世尊说我见、人见、众生见、寿者见，即非我见、人见、众生见、寿者见，是名我见、人见、众生见、寿者见。须菩提，发阿耨多罗三藐三菩提心者，于一切法，应如是知，如是见，如是信解，不生法相。须菩提，所言法相者，如来说即非法相，是名法相。[①]

28.Or.12380-0780（K.K.Ⅱ.0233.hhh）残存 1 页 3 行，字数不能确定，上栏线单栏，下栏线无存，刻本蝴蝶装，刊布者将其定名为“佛经”。现将西夏文录文并对译如下：

[illegible]　　愿佛妙秘开　广众生缘说
[illegible][②]　　愿发文

① （后秦）鸠摩罗什译《金刚般若波罗蜜经》，《大正藏》第 8 册，第 235 号，第 752 页中栏 17~20。

② 西夏文“[illegible]”译为“发愿文”。

[illegible][1]　[illegible][2][illegible][3]　[illegible]

十方无量佛　顶告三界尊　我今大愿发

在对译基础上翻译如下：

愿佛开妙秘（密），广缘众生说。

发愿文

十方无量佛，稽首（顶告）三界尊，我今发大愿……

将 Or.12380-0780（K.K.II.0233.hhh）残经与俄藏 TK14《金刚般若波罗蜜经》比对，可以确定残经为《金刚般若波罗蜜经》“云何梵”和“发愿文”的相应内容：

> 云何梵
>
> 云何得长寿，金刚不坏身；复以何因缘，得大坚固力；云何于此经，究竟到彼岸；愿佛开微密，广为众生说。
>
> 发愿文
>
> 稽首三界尊，归命十方佛；我今发弘愿，持此金刚经；上报四重恩，下济三恶苦。若有闻见者，悉发菩提心。尽此一身报，同生极乐国。[4]

29.Or.12380-0782（K.K.II.0239.ooo）残存 1 页 6 行，字数不能确定，下栏线单栏，上栏线无存，刻本蝴蝶装，右面栏线单栏，刊布者将其定名为“佛经”。现将西夏文录文并对译如下：

---

① 西夏文“[illegible]”译为“十方无量佛”，汉文本为“归命十方佛”，西夏文第 1、2 句的顺序与汉文本不同。

② 西夏文“[illegible]”译为“顶告”“顶礼”“稽首”，指五体投地以头顶礼尊者的足部。

③〔日〕荒川慎太郎：《西夏文〈金刚经〉的研究》，博士学位论文，京都大学，2002，经文附录第 43 页。

④ 参见俄罗斯科学院东方学研究所等主编《俄藏黑水城文献》（第 1 册），上海古籍出版社，1996，第 300 页。

西夏文	对译
……[illegible]	……我诸佛之所供养
……[illegible]	……千万亿分乃至算
……[illegible]	……提时善男子善女
……[illegible]	……诵依获得功德者
……[illegible][1][illegible]	……疑惑不信须
[illegible]□□[illegible]	……无□□亦测说无

在对译基础上翻译如下：

……我之所供养诸佛……千万亿分，乃至算……提，时善男子、善女人……依……诵获得功德者……疑惑不信。须……无□□，亦无可思议。

残经应是鸠摩罗什译《金刚般若波罗蜜经》三十二分本“能净业障分第十六”的相应内容：

> 于我所供养诸佛功德，百分不及一，千万亿分，乃至算数譬喻所不能及。须菩提，若善男子、善女人，于后末世，有受持读诵此经，所得功德，我若具说者，或有人闻，心则狂乱，狐疑不信。须菩提，当知是经义不可思议，果报亦不可思议。[2]

30.Or.12380-0786（K.K.Ⅱ.0244.sss）残存1页5行，字数不能确定，上栏线单栏，下栏线无存，刻本经折装，刊布者将其定名为“佛经”。现将西夏文录文并对译如下：

西夏文	对译
[illegible]……	言以汝之说若……
[illegible][3][illegible]……	恒河沙数三千大千满彼以布施……

① 西夏文“[illegible]”译为“疑惑不信”“狐疑不信”。

② （后秦）鸠摩罗什译《金刚般若波罗蜜经》，《大正藏》第8册，第235号，第750页下栏27~751页上栏4。

③ 西夏文“[illegible]”译为“恒河沙数”，略称“恒沙”，譬物非常多。

[illegible]…… 多也世尊佛须菩提……
[illegible]…… 善女人是如……
[illegible]…… 持他之言……

在对译基础上翻译如下：

以言对汝说，若……以彼……满恒河沙数三千大千……布施，多也？……世尊。佛对须菩提……善女人，如是……持，他之言……

残经应是《金刚般若波罗蜜经》三十二分本之“无为福胜分第十一”的相应内容：

> “我今实言告汝，若有善男子、善女人，以七宝满尔所恒河沙数三千大千世界，以用布施，得福多不？”须菩提言：“甚多，世尊。”佛告须菩提：“若善男子、善女人，于此经中，乃至受持四句偈，为他人说……”

31.Or.12380-0787（K.K.Ⅱ.0239.iii）残经存 1 页 6 行，字数不能确定，上栏线单栏，下栏线单栏，刻本经折装，刊布者将其定名为“佛经”，现将西夏文录文并对译如下：

[illegible][1] [illegible][2] 后佛成名者释迦牟尼说何云也如
[illegible] 来者诸法如义也若人之如来阿耨
[illegible] 多罗三藐三菩提得说者须菩提佛
[illegible] 阿耨多罗三藐三菩提得实法不有
[illegible] 须菩提如来获得阿耨多罗三藐三
[illegible] 菩提彼中实无虚无是因如来

① 西夏文“[illegible]”译为“释迦牟尼”。

② □中的西夏字依据荒川慎太郎的《西夏文金刚经》刊布的材料补充。

在对译基础上翻译如下：

……后，成佛名者，说释迦牟尼，何云也？如来者，诸法如义也。若人说，如来得阿耨多罗三藐三菩提者，须菩提，实无有法得阿耨多罗三藐三菩提。须菩提，如来获得阿耨多罗三藐三菩提，彼中无实无虚，是……

残经应是鸠摩罗什译《金刚般若波罗蜜经》三十二分本“究竟无我分第十七”的相应内容：

> 汝于来世，当得作佛，号释迦牟尼，何以故？如来者，即诸法如义。若有人言，如来得阿耨多罗三藐三菩提，须菩提，实无有法佛得阿耨多罗三藐三菩提。须菩提，如来所得阿耨多罗三藐三菩提，于是中无实无虚。[①]

32.Or.12380-0791（K.K.Ⅱ.0231.t）残存1页5行，上栏线单栏，下栏线无存，刻本经折装，刊布者将其定名为“佛经”。现将西夏文录文并对译如下：

[illegible]…… 之说……

[illegible]…… 种心如……

[illegible]…… 皆（诸）心……

[illegible]…… 提……

[illegible]…… 何……

在对译基础上翻译如下：

之说……种心，如……皆（诸）心……提……何……

Or.12380-0791（K.K.Ⅱ.0231.t）为鸠摩罗什译《金刚般若波罗蜜经》三十二分本“一体同观分第十八”的相应内容：

---

① （后秦）鸠摩罗什译《金刚般若波罗蜜经》，《大正藏》第8册，第235号，第751页上栏19~27。

佛告须菩提："尔所国土中，所有众生，若干种心，如来悉知。何以故？如来说诸心，皆为非心，是名为心，所以者何？须菩提，过去心不可得，现在心不可得，未来心不可得。"①

33.Or.12380-0792（K.K.II.0282.a.1）残存1页4行，每行14字，上栏线单栏，下栏线无存，刻本经折装，刊布者将其定名为"佛经"。现将西夏文录文并对译如下：

□□□□□□□□□[illegible]□

□□□□□□□□□起住应无□

[illegible]□

起应若心住有故住非成（为）也是故□

[illegible]

菩萨心者色于住以不布施应说须

[illegible]□□□□□□

菩提菩萨众生一切□□□□□□

在对译基础上翻译如下：

□□□□□□□□□无应住□起（生）……应起（生）……若心有住，故为非住也。是故□说菩萨心者。不应以色于住布施。须菩提，菩萨□□□一切众生□□□。

残经应是鸠摩罗什译《金刚般若波罗蜜经》三十二分本"离相寂灭分第十四"的相应内容：

不应住色生心，不应住声、香、味、触、法生心，应生无所住心。若心有住，则为非住。是故佛说菩萨心，不应住色布施。须菩

① （后秦）鸠摩罗什译《金刚般若波罗蜜经》，《大正藏》第8册，第235号，第751页中栏24~28。

提，菩萨为利益一切众生，应如是布施。[①]

34.Or.12380-0800（K.K.Ⅱ.0292.a）残存 1 页 4 行，字数不能确定，残缺严重，上栏线无存，下栏线单栏，刻本经折装，刊布者将其定名为“□□□□分第二十九”。现将西夏文录文并对译如下：

[illegible]　　德不受说

[illegible]　　威仪寂静分二十九第

[illegible]

须菩提若人如来者来往乘卧有说故此人

[illegible]

我所言义不悟何云也如来则来无无往无

在对译基础上翻译如下：

……说不受□德。

威仪寂静分第二十九

须菩提，若有人说“如来者来、往、乘、卧”，故此人不悟（解）我所言义，何云也？如来则无来、无往、无……

残经为鸠摩罗什译《金刚般若波罗蜜经》三十二分本之“不受不贪分第二十八”的最后几个字和“威仪寂静分第二十九”的相应内容：

> 是故说不受福德。
>
> 须菩提，若有人言：“如来若来、若去，若坐、若卧。”是人不解我所说义，何以故？如来者，无所从来，亦无所去，故名如来。[②]

① （后秦）鸠摩罗什译《金刚般若波罗蜜经》，《大正藏》第 8 册，第 235 号，第 750 页中栏 9~27。

② （后秦）鸠摩罗什译《金刚般若波罗蜜经》，《大正藏》第 8 册，第 235 号，第 752 页中栏 1~5。

35.Or.12380-0801（K.K.Ⅱ.0292.c）残存1页4行，字数不能确定，下栏线单栏，上栏线无存，刻本经折装，刊布者将其定名为“佛经”。现将西夏文录文并对译如下：

……[illegible]……

……千大千世界说……

……[illegible]……

……微尘等所宁多数多……

……[illegible]……

……微尘等真（实）有故佛彼微……

……[illegible]……[illegible]□[illegible]……

……尘……微尘数非微尘□非……

在对译基础上翻译如下：

说……千大千世界……微尘等所宁数多？多……微尘等实有，故佛彼微尘……非微尘数（众），微尘□非……

残经应是鸠摩罗什译《金刚般若波罗蜜经》三十二分本“依合理相分第十七”的相应内容：

> “以三千大千世界碎为微尘，于意云何？是微尘众为多不？”“甚多，世尊。何以故？若是微尘众实有者，如来不说微尘众。所以者何？佛说微尘众，则非微尘众，是名微尘众。”①

Or.12380-0800（K.K.Ⅱ.0291.a）与Or.12380-0801（K.K.Ⅱ. 0291.c）应是同一版的《金刚般若波罗蜜经》，只是这两个编号不能缀合，佚文较多。

---

①（后秦）鸠摩罗什译《金刚般若波罗蜜经》，《大正藏》第8册，第235号，第750页上栏6~3。

36.Or.12380-0804（K.K.Ⅲ.0304.n）残存1页5行，字数不能确定，残缺严重，下栏线单栏，上栏线无存，刻本经折装，刊布者将其定名为《般若波罗蜜多经》，刊布者的定名不准确。现将西夏文录文并对译如下：

[illegible][1]

须菩提若三千大千世界中诸须弥山

[illegible]

王一切如是如等诸七宝聚处若人彼

[illegible]

持以布施人是般若波罗蜜经典中以

□□□□□□□[illegible]□□

□□□□□□□诵读彼之说为□□

□□□□□□□□□□□[illegible]□□□□

□□□□□□□□□□□百□□□□

在对译基础上翻译如下：

须菩提，若三千大千世界中，诸一切须弥山王，如是如等诸七宝聚处，若人以持彼布施，是人以般若波罗蜜经典中□□□□□□□诵读，为彼说之□□□□□□□□□□□□□百□□□□。

残经为鸠摩罗什译《金刚般若波罗蜜经》三十二分本“福智无比分第二十四”的相应内容：

> 须菩提，若三千大千世界中，所有诸须弥山王，如是等七宝聚，有人持用布施。若人以此般若波罗蜜经，乃至四句偈等，受持读诵，为他人说，于前福德百分不及一，百千万亿分……[2]

---

① 西夏文“[illegible]”译为“须弥山”。须弥山，高八万四千由旬，山有四头，头各有城，四天王各居一城。

② （后秦）鸠摩罗什译《金刚般若波罗蜜经》,《大正藏》第8册，第235号，第751页下栏29~752页上栏4。

37.Or.12380-0807（K.K.Ⅱ.0281.a.xxxii）残存1页5行，字数不能确定，上栏线单栏，下栏线无存，刻本经折装，刊布者将其定名为“佛经”。现将西夏文录文并对译如下：

□[illegible]……	□法相名成说……
[illegible]……	化……
[illegible]……	须菩提若……
[illegible]……	有满彼以……
[illegible]……	心起者是……

在对译基础上翻译如下：

说□法相，名成……

化……

须菩提，若……有以彼……满……起……心者，是……

残经应是鸠摩罗什译《金刚般若波罗蜜经》三十二分本“知见不生分第三十一”结尾和“应化非真分第三十二”开头的相应内容：

> 如来说即非法相，是名法相。
>
> 应化非真分第三十二
>
> 须菩提，若有人以满无量阿僧祇世界七宝，持用布施。若有善男子、善女人，发菩萨心者，持于此经……[1]

38.Or.12380-0808（K.K.Ⅱ.0281.a.xvi）残存1页7行，字数不能确定，残缺严重，下栏线单栏，上栏线无存，刻本，刊布者将其定名为“佛经”。现将西夏文录文并对译如下：

……[illegible]	……为令须菩提凡夫者

① （后秦）鸠摩罗什译《金刚般若波罗蜜经》，《大正藏》第8册，第235号，第752页中栏20~23。

……[illegible]　　　　……说

[illegible]　　　　身法相非分第二十六

[illegible]

须菩提何云三十二相以如来观

[illegible]

故须菩提言是也是也三十二相

[illegible]

以如来观之佛言须菩提若三十二相

[illegible][1][illegible]

以如来观故轮转圣王亦如来是也须

在对译基础上翻译如下：

令……为……。须菩提凡夫者……说……。

法身非相分第二十六

“须菩提，云何？以三十二相观如来？”故须菩提言：“是也，是也！以三十二相观之如来。”佛言：“须菩提，若以三十二相观如来，故转轮圣王是如来也。”须……

Or.12380-0808（K.K.II.0281.a.xvi）应是鸠摩罗什译《金刚般若波罗蜜经》三十二分本“化无所化分第二十五”及“法身非相分第二十六”的相应内容：

“……而凡夫之人以为有我。须菩提，凡夫者，如来说则非凡夫。”“须菩提，于意云何？可以三十二相观如来不？”须菩提言：“如是，如是！以三十二相观如来。”佛言：“须菩提，若以三十二相观如来者，转轮圣王则是如来。”须菩提言……[2]

---

① 西夏文“[illegible]”译为“转轮圣王”，又作“遮迦越罗”“转轮圣帝”“转轮王”“轮王”。转轮王身具三十二相，可由天感得轮宝，转其轮宝，而降伏四方。

② （后秦）鸠摩罗什译《金刚般若波罗蜜经》，《大正藏》第8册，第235号，第752页上栏5~14。

39.Or.12380-0810（K.K.Ⅲ.015.w）残存 1 页 6 行，字数不能确定，上下栏线无存，刻本，刊布者将其定名为“佛经”。现将西夏文录文并对译如下：

……[illegible]……	……来法眼有须菩提……
……[illegible]……	……眼所有是也……
……[illegible]……	……有须菩提意于何云……
……[illegible]……	……彼……
……[illegible]……	……言须菩提……
……[illegible]……	……一如……

在对译基础上翻译如下：

……来有法眼。须菩提……所有眼？是也……有……须菩提，于意云何……彼……言（说）……须菩提……如一……

残经应是鸠摩罗什译《金刚般若波罗蜜经》三十二分本“一体同观分第十八”的相应内容：

> 如来有法眼。须菩提，于意云何？如来有佛眼不？如是，世尊。如来有佛眼。须菩提，于意云何？恒河中所有沙，佛说是沙不？如是，世尊。如来说是沙。须菩提，于意云何？如一恒河中所有沙……①

40.Or.12380-0812（K.K.Ⅲ.015.c）残存 1 页 7 行，字数不能确定，下栏线双栏，上栏线无存，刻本，刊布者将其定名为“佛经”。现将西夏文录文并对译如下：

……[illegible]	说名成

---

① （后秦）鸠摩罗什译《金刚般若波罗蜜经》，《大正藏》第 8 册，第 235 号，第 751 页中栏 18~21。

[illegible]
尔时慧命须菩提佛对言说世尊若众

□□[illegible]	□□来世于是法闻
[illegible]	时信心起所能佛
[illegible]	言须菩提彼众生非无众生非
[illegible]	何云也须菩提众生众生者如
[illegible][1][illegible]	来众生非故众生名成说

在对译基础上翻译如下：

……名为说□。

尔时，慧命须菩提对佛言说："世尊，□□若众，于来世，闻是法时所能发信心？"佛言："须菩提，彼非众生非无众生，何云也？须菩提，众生众生者，如来说非众生，故名为众生。"

残经应是鸠摩罗什译《金刚般若波罗蜜经》三十二分本"非说所说分第二十一"的相应内容：

> "……故。须菩提，说法者，无法可说，是名说法。"
>
> 尔时，慧命须菩提白佛言："世尊，颇有众生，于未来世，闻说是法生信心不？"佛言："须菩提，彼非众生非不众生。何以故？须菩提，众生众生者，如来说非众生，是名众生。"[2]

41.Or.12380-0813（K.K.Ⅲ.017.o）残存1页2行，字数不能确定，栏线无存，刻本，刊布者将其定名为"佛经"。现将西夏文录文并对译如下：

……[illegible]……	……世尊如来……
……[illegible]……	……法眼所……

---

① 西夏文"[illegible]"译为"成名众生"，汉文本为"是名众生"。

② （后秦）鸠摩罗什译《金刚般若波罗蜜经》，《大正藏》第8册，第235号，第751页下栏11~16。

在对译基础上翻译如下：

……世尊，如来……所法眼……

Or.12380-0813（K.K.Ⅲ.017.o）的内容为鸠摩罗什译本《金刚般若波罗蜜经》三十二分本“一体同观分第十八”相应内容：

……世尊，如来……法眼……。[①]

42.Or.12380-0815（K.K.Ⅲ.017.i）残存 1 页 3 行，每行存 1~4 字不等，下栏线单栏，上栏线无存，刻本蝴蝶装，刊布者将其定名为“佛经”。现将西夏文录文并对译如下：

……[illegible]	……是也世
……[illegible]	……如来之天
……[illegible]	……于

在对译基础上翻译如下：

……是也。世……如来之天……于……

残经应是鸠摩罗什译本《金刚般若波罗蜜经》三十二分本“一体同观分第十八”的相应内容：

……是也，世尊……如来天眼……于……[②]

43.Or.12380-0818（K.K.Ⅲ.017.d）残存 1 页 4 行，字数不能确定，栏线无存，刻本，刊布者将其定名为“佛经”。现将西夏文录文并对译如下：

---

① （后秦）鸠摩罗什译《金刚般若波罗蜜经》，《大正藏》第 8 册，第 235 号，第 751 页中栏 16~19。

② （后秦）鸠摩罗什译《金刚般若波罗蜜经》，《大正藏》第 8 册，第 235 号，第 77 页中栏 6。

……[illegible]……　　……是也世尊如来……

……[illegible][1][illegible]……　　……来之慧眼所有也……

……[illegible]……　　……提意于何云如来……

……[illegible][2][illegible]……　　……来法眼有须菩提……

在对译基础上翻译如下：

……是也。世尊，如来……来所有慧眼也……提，于意云何？如来……来有法眼。须菩提……

残经应是鸠摩罗什译《金刚般若波罗蜜经》三十二分本“一体同观分第十八”的相应内容：

> “如是，世尊。如来有天眼。”“须菩提，于意云何？如来有慧眼不？”“如是，世尊。如来有慧眼。”“须菩提，于意云何？如来有法眼不？”“如是，世尊。如来有法眼。”“须菩提，于意云何？……”[3]

比对 Or.12380-0813（K.K.Ⅲ.017.o）、Or.12380-0815（K.K.Ⅲ.017.i）与 Or.12380-0818（K.K.Ⅲ.017.d）残经，可以确定这几页残经为同版佛经。

44.Or.12380-0821（K.K.Ⅲ.022.k）残存 1 页 6 行，字数不能确定，残缺严重，上下栏线无存，刻本，存分题，刊布者将其定名为《金刚般若波罗蜜多经》。现将西夏文录文并对译如下：

[illegible]

威仪寂静分二十九第

[illegible]……[illegible]

须菩提若人……如来者来往坐（乘）卧……

① 西夏文“[illegible]”译为“慧眼”，五眼之一，五眼即肉眼、天眼、慧眼、法眼、佛眼。

② 西夏文“[illegible]”译为“法眼”，五眼之一。

③（后秦）鸠摩罗什译《金刚般若波罗蜜经》，《大正藏》第 8 册，第 235 号，第 751 页中栏 14~17。

……[illegible]……

界非故世界……

……[illegible]……

……亦……

[illegible]

一合相理分三十第

[illegible]

须菩提若善男子善女人

在对译基础上翻译如下：

威仪寂静分第二十九

须菩提，若人……如来者来往坐卧……亦……界非故世界……

一合理相分第三十

须菩提，若善男子、善女人……

残经为鸠摩罗什译《金刚般若波罗蜜经》三十二分本“威仪寂静分第二十九”和“一合理相分第三十”的相应内容：

> 威仪寂静分第二十九
>
> 须菩提，若有人言：“如来若来若去、若坐若卧。”是人不解我所说义，何以故？如来者，无所从来，亦无所去，故名如来。
>
> 一合理相分第三十
>
> 须菩提，若善男子、善女人……[1]

45.Or.12380-0823（K.K.Ⅲ.026.w）残存1页2行，字数不能确定，栏线无存，刻本，刊布者将其定名为《金刚般若波罗蜜经》。现将西夏文录文并对译如下：

---

① （后秦）鸠摩罗什译《金刚般若波罗蜜经》，《大正藏》第8册，第235号，第752页中栏3~7。

[illegible][1] [illegible]	大乘正宗分三第
……[illegible]……	……须菩提言诸……

在对译基础上翻译如下：

大乘正宗分第三

……须菩提言诸……

残经应是鸠摩罗什译《金刚般若波罗蜜经》三十二分本“大乘正宗分第三”结尾处相应内容：

> 大乘正宗分第三
>
> 佛告须菩提：“诸……”[2]

46.Or.12380-0825（K.K.Ⅲ.026.t）残存 1 页 4 行，字数不能确定，栏线无存，刻本，刊布者将其定名为“佛经”。现将西夏文录文并对译如下：

[illegible]……	汝今谛听我说为使……
[illegible]……	善男子善女人……
□[illegible]……	□菩提心所……
□[illegible]……	□心降伏应……

在对译基础上翻译如下：

汝今谛听，使我为说，善男子、善女人……所□菩提心……应……降伏□心。

残经应是鸠摩罗什译《金刚般若波罗蜜经》三十二分本“善现启请分第二”结尾处相应内容：

---

① 西夏文“[illegible]”译为“大乘正宗”，是诸佛如来正真正觉所行之道。其中大乘，梵语摩诃衍，译言大乘，又名为上乘、妙乘、胜乘、无上乘、无上上乘、无等乘、不恶乘、无等等乘，大乘是相对小乘的称呼。

② （后秦）鸠摩罗什译《金刚般若波罗蜜经》，《大正藏》第 8 册，第 235 号，第 749 页上栏 5。

汝今谛听，当为汝说。善男子、善女人，发阿耨多罗三藐三菩提心，应如是住，如是降伏其心。[①]

比对 Or.12380-0823（K.K.Ⅲ.026.w）、Or.12380-0825（K.K. Ⅲ.026.t）残经，可以确定它们为同一版次刊印佛经，只是 Or.12380-0825（K.K.Ⅲ.026.t）在前，Or.12380-0823（K.K.Ⅲ.026.w）在后，有大量佚文。

47. 比 Or.12380-0826（K.K.Ⅲ.026.q）残存 1 页 6 行，字数不能确定，上栏线单栏，下栏线无存，刻本经折装，刊布者将其定名为“残片”。现将西夏文录文并对译如下：

[illegible][illegible]……	百分……
[illegible][illegible]……	譬（如）测……
[illegible][illegible][illegible（boxed）]……	善女人……
[illegible][illegible]……	获得……
[illegible][illegible][②]……	立即……
[illegible][illegible][illegible][illegible]（last two boxed）……	不可思议……

在对译基础上翻译如下：

百分……譬（如）测……善女人……获得……立即……不可思议……

残经应是鸠摩罗什译《金刚般若波罗蜜经》三十二分本“能净业障分第十六”结尾处相应内容：

……百分不及一，千万亿分，乃至算数譬喻所不能及。须菩提，若善男子、善女人，于后末世，有受持读诵此经，所得功德，我若具说者，或有人闻，心则狂乱，狐疑不信。须菩提，当知是经

① （后秦）鸠摩罗什译《金刚般若波罗蜜经》，《大正藏》第 8 册，第 235 号，第 749 页上栏 1~4。

② 西夏文“[illegible][illegible]”译为“立即”“迅速”。

义不可思议，果报亦不可思议。[①]

48.Or.12380-0827（K.K.Ⅲ.026.o）残存 1 页 4 行，字数不能确定，上栏线单栏，下栏线无存，刻本经折装，刊布者将其定名为“佛经”。现将西夏文录文并对译如下：

㒹𗏁……	八万……
𗎘𗎘……	悉皆……
𗦜𗫂……	末世……
𗢳𗒹……	功德……

在对译基础上翻译如下：

八万……悉皆……末世……功德……

残经应是鸠摩罗什译《金刚般若波罗蜜经》三十二分本“能净业障分第十六”结尾处的相应内容：

> ……得值八百四千万亿那由他诸佛，悉皆供养承事，无空过者；若复有人，于后末世，能受持读诵此经，所得功德，于我所供养诸佛功德……[②]

比对 Or.12380-0826（K.K.Ⅲ.026.q）、Or.12380-0827（K.K.Ⅲ.026.o），可以确定二者为同部残经，只是 Or.12380-0827（K.K.Ⅲ.026.o）残经在前，Or.12380-0826（K.K.Ⅲ.026.q）残经在后。

49.Or.12380-0835（K.K.）残存 1 页 6 行，字数不能确定，下栏线单栏，上栏线无存，刻本经折装，刊布者将其定名为“佛经”。现将西

① （后秦）鸠摩罗什译《金刚般若波罗蜜经》，《大正藏》第 8 册，第 235 号，第 750 页下栏 27~751 页上栏 4。

② （后秦）鸠摩罗什译《金刚般若波罗蜜经》，《大正藏》第 8 册，第 235 号，第 750 页下栏 26~27。

夏文录文并对译如下：

……[illegible]	……云也如
……[illegible]	……阿耨
……[illegible]	……须菩提佛
……[illegible]？[illegible]	……真（实）法不有
……[illegible]	……阿耨多罗三藐三
……[illegible]……[illegible]	……菩提……缘如来法一

在对译基础上翻译如下：

……云何也？如……阿耨……须菩提，佛……实不有法……阿耨多罗三藐三……菩提……缘如来一切法……

残经应是鸠摩罗什译《金刚般若波罗蜜经》三十二分本“究竟无我分第十七”的相应内容：

> 何以故？如来者，即诸法如义。若有人言，如来得阿耨多罗三藐三菩提。须菩提，实无有法佛得阿耨多罗三藐三菩提。须菩提，如来所得阿耨多罗三藐三菩提，于是中无实无虚，是故如来说一切法皆是佛法。①

50.Or.12380-0842（K.K.）残存 1 页 4 行，栏线无存，刻本，有分题存在，刊布者将其定名为“陀罗尼”。②现将西夏文录文并对译如下：

[illegible]

须菩提若人如来者来往坐卧有说

① （后秦）鸠摩罗什译《金刚般若波罗蜜经》，《大正藏》第 8 册，第 235 号，第 751 页上栏 25~ 中栏 3。

② Or.12380-0842（K.K.）残经内容与 Or.12380-0291b（K.K.II.0283.ttt）残经内容基本相同，残缺不清地方依据 Or.12380-0291b（K.K.II.0283.ttt）残经补录。

[illegible]

得彼人我所言义不解何云也如来

[illegible]

者来处无往处亦无故方如来说

[illegible]

一合相理分三十第

在对译基础上翻译如下：

须菩提，若有人说得："如来者来往坐卧。彼人不解我所言义，何云也？如来者，无来处，无往处，故方说如来。"

一合理相分第三十

残经为鸠摩罗什译《金刚般若波罗蜜经》三十二分本"威仪寂静分第二十九"内容和"一合理相分第三十"的分题，相应内容为：

> 须菩提，若有人言："如来若来若去、若坐若卧。"是人不解我所说义，何以故？如来者，无所从来，亦无所去，故名如来。[①]

51.Or.12380-0844（K.K.）残存1页4行，上栏线单栏，下栏线无存，刻本，刊布者将其定名为"佛经"。[②] 现将西夏文录文并对译如下：

[illegible]

菩提佛对言说世尊我佛所说义已解

[illegible]

我依三十二相以如来之不观应也尔

① （后秦）鸠摩罗什译《金刚般若波罗蜜经》，《大正藏》第8册，第235号，第752页中栏3~6。

② Or.12380-0844（K.K.）残经内容与Or.12380-3662（K.K.）残经内容基本相同，残缺不清地方依据Or.12380-3662（K.K.）残经补录。

[illegible]

时世尊颂言所说

[illegible]

色以我见欲

[illegible]□

声以我求□

在对译基础上翻译如下：

……须菩提对佛说：“世尊，我已解佛所说义，我不应以三十二相观如来也。”尔时，世尊说颂言：

“欲以色见我　以声□求我”

残经为鸠摩罗什译《金刚般若波罗蜜经》三十二分本“法身非相分第二十六”的相应内容：

> 须菩提白佛言：“世尊，如我解佛所说义，不应以三十二相观如来。”尔时，世尊而说偈言：“若以色见我，以音声求我……”①

52.Or.12380-0850（K.K.）残存1页6行，上栏线单栏，下栏线无存，刻本经折装，刊布者将其定名为“佛经”。② 现将西夏文录文并对译如下：

[illegible]	有故嗔恨生可须菩提及思过去五
[illegible]	百世正辱忍仙人所作若干世等我
[illegible]	相无人相无生有相无命者相无是
[illegible]	故须菩提众生相一切离阿耨多罗

① （后秦）鸠摩罗什译《金刚般若波罗蜜经》，《大正藏》第8册，第235号，第752页上栏14~16。

② Or.12380-0850（K.K.）残经内容与Or.12380-3083bRV（K.K.II.0242.p）、Or.12380-2712（K.K.II.0280.a.vii）残经内容部分相同，并依据它们补录。

[illegible]	三藐三菩提心生当色居心不生声
[illegible]	香味触法住心不生住应不心

在对译基础上翻译如下：

……可有……故生嗔恨。须菩提，及思过去五百世作忍辱仙人，所作若干世等，无我相、无人相、无众生相、无寿相者。是故，须菩提，菩萨离一切相，发阿耨多罗三藐三菩提心，不应住色生心，不应住声、香、味、触、法生心……

残经为鸠摩罗什译《金刚般若波罗蜜经》三十二分本“离相寂灭分第十四”的相应内容：

> 若有我相、人相、众生相、寿者相，应生瞋恨。须菩提，又念过去，于五百世作忍辱仙人，于尔所世，无我相、无人相、无众生相、无寿者相。是故，须菩提，菩萨应离一切相，发阿耨多罗三藐三菩提心，不应住色生心，不应住声、香、味、触、法生心……[①]

53.Or.12380-0861（K.K.II.0258.t）残存 1 页 3 行，字数不能确定，右栏线单栏，上下栏线无存，刻本蝴蝶装，刊布者将其定名为《般若波罗蜜多经》，刊布者的定名不准确。现将西夏文录文并对译如下：

……[illegible]……	……不说福德无故方如来福……
[illegible][②][illegible]	色无相无分二十第
……[illegible]……	……于何云佛者具……

在对译基础上翻译如下：

① （后秦）鸠摩罗什译《金刚般若波罗蜜经》，《大正藏》第 8 册，第 235 号，第 750 页中栏 16~23。

② 西夏文“[illegible]”译为“无色无相”。

……不说……福德无方故，如来福……

无色无相分第二十

……于意云何？佛者具……

残经为鸠摩罗什译《金刚般若波罗蜜经》三十二分本“法界通分分第十九”结尾和“离色离相分第二十”开头的相应内容：

> “……若福德有实，如来不说得福德多，以福德无故，如来说得福德多。”
>
> 离色离相分第二十
>
> “须菩提，于意云何？佛可以具足色身见不？”①

54.Or.12380-0863（K.K.II.0274.vv）残存1页6行，字数不能确定，上栏线单栏，下栏线无存，刻本经折装，在空白处有K.K.II.0274.vv，刊布者将其定名为“佛经”。现将西夏文录文并对译如下：

[illegible]……	得无……
[illegible]……[illegible]	须菩提……阿耨多罗三
[illegible]……	藐三菩提……
[illegible]……	言我佛……
[illegible]……	三藐三菩提……
[illegible]……	应而……

在对译基础上翻译如下：

无得……

须菩提……阿耨多罗三藐三菩提……言：我佛……三藐三菩提……应而……

残经为鸠摩罗什译《金刚般若波罗蜜经》三十二分本“无得无说分

① （后秦）鸠摩罗什译《金刚般若波罗蜜经》，《大正藏》第8册，第235号，第751页下栏2~3。

第七”的相应内容：

> 无得无说分第七
>
> “须菩提，于意云何？如来得阿耨多罗三藐三菩提耶？如来有所说法耶？”须菩提言：“如我解佛所说义：无有定法名阿耨多罗三藐三菩提，亦无有定法，如来可说。何以故？如来所说法，皆不可取，不可说……”[①]

55.Or.12380-0866（K.K.）残存1页6行，上栏线单栏，下栏线无存，刻本，刊布者将其定名为“佛经”。现将西夏文录文并对译如下：

[illegible][②][illegible]……	提心发时是如心……
[illegible]……	度我众生一切……
[illegible][③][illegible]……	一许实度度（救度）者……
[illegible]……	我相人相众生……
[illegible]……	是者何云……
□[illegible]……	□心发……

在对译基础上翻译如下：

发……提心时，如是心……我……度一切众生……一许实救度者……我相、人相、众生……是者，何云……发……□心……

残经为鸠摩罗什所译《金刚般若波罗蜜经》三十二分本“究竟无我分第十七”的相应内容：

> 佛告须菩提：“善男子、善女人，发阿耨多罗三藐三菩提者，当生

---

① （后秦）鸠摩罗什译《金刚般若波罗蜜经》，《大正藏》第8册，第235号，第749页中栏12~18。

② 西夏文“[illegible]”应是“[illegible]”，译为“发阿耨多罗三藐三菩提心”，汉文本为“发阿耨多罗三藐三菩提”，汉文本少一个“心”字。

③ 西夏文“[illegible]”为“度度”“所度”“灭度”，即命终证果。

如是心：'我应灭度一切众生。灭度一切众生已，而无有一众生实灭度者。'何以故？须菩提，若菩萨有我相、人相、众生相、寿者相，则非菩萨。所以者何？须菩提，实无有法发阿耨多罗三藐三菩提者。"[①]

56.Or.12380-0870（K.K.Ⅱ.0270.x）残存1页5行，上栏线无存，下栏线单栏，刻本，刊布者将其定名为"佛经"。现将西夏文录文并对译如下：

……敎綒敎綒　敎敎綒　赦縒蘵
……修唎修唎　修修唎　莎婆诃
绱䝤䫺[②] 豥蕤[③]
土神镇真言
纵褫　𗏹䪧𗗚　䜩𗇻䎐　䗔𗍦𗏹𗍦𗏹　𗗙𗏵
南无　萨满多　没驮喃　唵度噜度噜　地邪[④]
……豥蕤
……真言
䗔𗍦𗍦纵　𗏹𗗚𗏵　𗍦𗈁𗍦　𗏹
唵誐誐曩　三婆缚　哇啰[⑤]啰　吽[⑥]

因为Or.12380-0870（K.K.Ⅱ.0270.x）残经为陀罗尼，而鸠摩罗什所译《金刚般若波罗蜜经》没有陀罗尼，参照《俄藏黑水城文献》第1册中《金刚般若波罗蜜经》增加的"念诵前仪"翻译如下：

净口业真言：唵　修唎　修唎　摩诃修唎　修修唎　莎婆诃

镇土神真言：南无　萨满多　没驮喃　唵度噜度噜　地邪

---

① （后秦）鸠摩罗什译《金刚般若波罗蜜经》，《大正藏》第8册，第235号，第751页上栏10~17。

② 西夏文"绱䝤䫺"译为"镇土地""安土地"。

③ 西夏文"豥蕤"译为"真言"。

④ 俄藏黑水城汉文本为"尾"。

⑤ 俄藏黑水城汉文本为"韈日"。

⑥ 俄藏黑水城汉文本为"斛"。

普供养真言：唵誐誐曩　三婆缚　哇啰啰　吽[1]

57.Or.12380-0873（K.K.）残存 1 页 6 行，栏线无存，刻本，因为残缺严重，刊布者在拼合时有些内容出现混拼的情况，最后一行为分题，刊布者将其定名为“佛经”。现将西夏文录文并对译如下：

……[illegible]……

……我见人见 ……

……[illegible]……

……须菩提阿耨多罗三藐三菩提……

……[illegible]……

……一切是如知是如见……

……[illegible]……

……正须菩提法解义 ……

……[illegible]

……说

……[illegible]……[illegible]……

……真……三十二第

在对译基础上翻译如下：

……我见、人见 ……须菩提，阿耨多罗三藐三菩提……一切……是如知，如是正见……须菩提，说法解义 ……

……真……第三十二

因为残经最后一行有分题“……真……第三十二”等内容，为我们辨别残经内容提供了极大方便，故比对 Or.12380-0873（K.K.）残经，可确定其为鸠摩罗什译《金刚般若波罗蜜经》三十二分本“知见不生分第三十一”和“应化非真分第三十二”的相应内容：

---

① 参见《俄藏黑水城文献》第 1、2 册汉文《金刚般若波罗蜜经》的“念诵前仪”补录。

“世尊，是人不解如来所说义。何以故？世尊说我见、人见、众生见、寿者见，即非我见、人见、众生见、寿者见，是名我见、人见、众生见、寿者见。”

“须菩提，发阿耨多罗三藐三菩提心者，于一切法，应如是知，如是见，如是信解，不生法相。须菩提，所言法相者，如来说即非法相，是名法相。”①

58.Or.12380-0924（K.K.Ⅱ.0269.d.iv）残存1页4行，字数不能确定，下栏线双栏，上栏线无存，刻本，刊布者将其定名为“佛经”。现将西夏文录文并对译如下：

……[illegible]	……见人见众生
……[illegible]	……菩提意于何
[illegible]……[illegible]	云……义所解也不
……[illegible]□[illegible]	……如来所说□不解

在对译基础上翻译如下：

……见、人见、众生……菩提，于意云何？……不解所义也……不解如来所说□……

残经应是鸠摩罗什译《金刚般若波罗蜜经》三十二分本“知见不生分第三十一”的相应内容：

“……若人言：‘佛说我见、人见、众生见、寿者见。’须菩提，于意云何？是人解我所说义不？”“世尊，是人不解如来所说义。”②

---

① （后秦）鸠摩罗什译《金刚般若波罗蜜经》，《大正藏》第8册，第235号，第752页中栏17~20。

② （后秦）鸠摩罗什译《金刚般若波罗蜜经》，《大正藏》第8册，第235号，第752页中栏15。

59.Or.12380-0970（K.K.Ⅱ.0281.a.xxiii）残存 2 页 11 行，字数不能确定，栏线无存，刻本，刊布者将其定名为“佛经”。现将西夏文录文并对译如下：

……緋□蒴……	……佛□前……
……觬䔲緬……	……智起（发）最……
……𦈛緋𧬆繆𧍷𠊧……	……借我说义证人……
……𢿌𦗠𩍑𣽮𦐇𦃊𨋢……	……提意于何云如来……
……𤗒𧯏𩕎𧅳𦒬𧔕𦒬……	……阿耨多罗三藐三……
……𦓫……	……入……
……𦭩𧋽緋緋𧯏𧬆繆……	……世尊我佛所说义……
……𦈌𤚰𧍟緋𢿌𤗒𧯏𩕎𧅳𦒬𧔕𦒬……	
……彼燃灯佛所阿耨多罗三藐三……	
……𧧦𢿌𧀒𧚤𢮜𦕊……	……菩提者法无有……
……𢦩𧧦𢿌𦃊𨋢……	……须菩提如来……
……𦒬𧔕𦒬𧧦𢿌𦃴𠃟……	……三藐三菩提得实……

在对译基础上翻译如下：

……佛□前……智起最……借我说义证人……提，于意云何？如来……阿耨多罗三藐三……入……世尊，我佛所说义……彼燃灯佛所，阿耨多罗三藐三……无有法……菩提者……须菩提，如来……实得……三藐三菩提……

残经应是鸠摩罗什译《金刚般若波罗蜜经》三十二分本“究竟无我分第十七”的相应内容：

“……须菩提，实无有法发阿耨多罗三藐三菩提者。须菩提，于意云何？如来于然灯佛所，有法得阿耨多罗三藐三菩提不？”“不也，世尊。如我解佛所说义：‘佛于然灯佛所，无有法得阿耨多罗三藐三菩提。’”佛言：“如是，如是。须菩提，实无有法如来得阿耨多罗三藐三菩提。须菩提，若有法如来得阿耨多罗三藐三菩提者……”①

60.Or.12380-0978（K.K.Ⅱ.0282.nnn）残经存1页6行，字数不能确定，上栏线双栏，下栏线无存，刻本经折装，刊布者将其定名为“佛经”，现将西夏文录文并对译如下：

□□□□𗴺𗰜……

□□□□小乐……

□𗧓𘝦𗹦𘊐𗗙……

□者见于著是……

𗖵𗰗𗣼𗭪𗚩𗨁𘟣□𘈷𗓱……

缘说无能须菩提□中彼……

𗗙𗖅𗏁𗟲②𗢳𗤶𗏹𗇋𘇂𗆄𗆄……

有各世间人天阿修罗一切……

𗣼𗅲𗧘𗡞𗗙𗦫③𗋽𗫻𘟀𗰜𗧋𗧵𗾈……

所定彼处佛塔有如恭敬敬礼围绕……

𗞞𘏨𗵒𗰗𘂆𗧘

诸香花供养应

在对译基础上翻译如下：

□□□□乐小……者，著于见是……缘无能说……须菩提，□中彼……各有一切世间人、天、阿修罗……所定彼处有佛塔恭敬敬礼围绕，诸香、花应供养……

残经应是鸠摩罗什译《金刚般若波罗蜜经》三十二分本“持经功德分第十五”的相应内容：

① （后秦）鸠摩罗什译《金刚般若波罗蜜经》，《大正藏》第8册，第235号，第751页上栏16~19。

② 西夏文“𗏁𗟲”译为“世间”。

③ 西夏文“𗗙𗦫”译为“佛塔”。

须菩提，若乐小法者，着我见、人见、众生见、寿者见，则于此经不能听受、读诵、为人解说。须菩提，在在处处，若有此经，一切世间天、人、阿修罗，所应供养。当知此处，则为是塔，皆应恭敬作礼围绕，以诸华香而散其处。[①]

61.Or.12380-0985（K.K.Ⅱ.0230.z）残存1页5行，字数不能确定，下栏线单栏，上栏线无存，刻本，刊布者将其定名为《大般若波罗蜜多经》。现将西夏文录文并对译如下：

……[illegible]	……众生众生者如来众生非故
……[illegible]	……名说
□□[illegible]	□□法无分二十二第
……[illegible]	……世尊佛阿耨
[illegible]……[illegible]	多罗三藐三菩提……应无

在对译基础上翻译如下：

……众生众生者，如来说非众生，故名……

无法□□分第二十二

……世尊，佛□阿耨多罗三藐三菩提……无应

残经为鸠摩罗什译《金刚般若波罗蜜经》三十二分本“非说所说分第二十一”结尾和“无法可得分第二十二”开头的相应内容：

“……彼非众生，非不众生，何以故？须菩提，众生众生者，如来说非众生，是名众生。”

无法可得分第二十二

须菩提白佛言：“世尊，佛得阿耨多罗三藐三菩提，为无所得耶？”“如是，如是。须菩提，我于阿耨多罗三藐三菩提，乃至无有

① （后秦）鸠摩罗什译《金刚般若波罗蜜经》,《大正藏》第8册，第235号，第750页下栏12~20。

少法可得，是名阿耨多罗三藐三菩提。”[①]

62.Or.12380-0998（K.K.Ⅱ.0277.ww）残存1页4行，下栏线双栏，上栏线无存，刻本经折装，因为残缺严重，刊布者将其定名为“佛经”。[②]现将西夏文录文并对译如下：

[illegible]	可无说可无边不有测说可不
[illegible]	得成就功德如是人等如来之
[illegible][③][illegible]	阿耨多罗三藐三菩提负担也
[illegible][④][illegible]	何云也须菩提若法小乐著我

在对译基础上翻译如下：

有得成就无可说、无有边、不可思议功德。如是人等，负担如来之阿耨多罗三藐三菩提也。何云也？须菩提，若乐小法，著我……

残经为鸠摩罗什译《金刚般若波罗蜜经》三十二分本“持经功德分第十五”的相应内容：

> ……不可称、无有边、不可思议功德，如是人等，则为荷担如来阿耨多罗三藐三菩提，何以故？须菩提，若乐小法者，著我见……[⑤]

63.Or.12380-1015（K.K.Ⅲ.028.e）残存1页1行，字数不能确定，栏线无存，刻本，刊布者将其定名为“佛经”。现将西夏文录文并对译如下：

---

① （后秦）鸠摩罗什译《金刚般若波罗蜜经》，《大正藏》第8册，第235号，第751页下栏17~21。

② Or.12380-0998（K.K.Ⅱ.0277.ww）残经与Or.12380-2940（K.K.Ⅱ.0239.eee）残经有一定相似性，后者可依据前者补录。

③ 西夏文“[illegible]”译为“负担”“荷担”。

④ 西夏文“[illegible]”译为“小法”，指小乘法。

⑤ （后秦）鸠摩罗什译《金刚般若波罗蜜经》，《大正藏》第8册，第235号，第750页下栏16~19。

[illegible] 奉请 毒拒 金刚

Or.12380-1015（K.K.Ⅲ.028.e）残经为《金刚经赞》“请八金刚”的相应内容：

奉请拒毒（辟毒）金刚

64.Or.12380-1016（K.K.Ⅲ.028.f）残存1页5行，栏线无存，刻本，字数不能确定，刊布者将其定名为“佛经”。现将西夏文录文并对译如下：

[illegible] 奉请 黄求随 金刚
[illegible] 奉请 白净水 金刚
[illegible] 奉请 赤声 金刚
[illegible] 奉请 定灾除 金刚
[illegible] 奉请 紫贤 金刚

Or.12380-1016（K.K.Ⅲ.028.f）应是《金刚般若波罗蜜经》“请八金刚”的内容，只有五金刚，缺三个金刚，依据俄藏黑水城汉文TK14翻译如下：

奉请青除灾金刚、奉请辟毒金刚、奉请黄随求金刚、奉请白净水金刚、奉请赤声金刚、奉请定除灾金刚、奉请紫贤金刚、奉请大神金刚。

比对Or.12380-1015（K.K.Ⅲ.028.e）与Or.12380-1016（K.K.Ⅲ.028.f），可确定它们为同版次印本佛经。

65.Or.12380-1084（K.K.）残存1页4行，栏线无存，刻本，字数不能确定，残缺严重，刊布者将其定名为“佛经”。现将西夏文录文并对译如下：

……[illegible]…… ……净……
……[illegible]…… ……请启住受处常护……
[illegible] 口业净言真
[illegible] 修唎修唎

在对译基础上翻译如下：

……净……请启住受处常护……

净口业真言

修唎修唎

将 Or.12380-1084（K.K.）与 TK14 的内容相比对，残经应为《金刚般若波罗蜜经》"金刚经启请"和"净口业真言"的内容，全文如下：

> 若有人受持《金刚经》者，先须至心念净口业真言，然后启请八金刚四菩萨，名号所在之处，常当拥护。
>
> 净口业真言
>
> 唵　修唎　修唎　摩诃修唎　修修唎　莎婆诃[①]

英藏黑水城文献中西夏文《金刚般若波罗蜜经》基本上是鸠摩罗什译本，分为三十二分。在西夏文佛经残页中还存在"金刚经启请""净口业真言""安土地真言""虚空藏菩萨普供养真言""请八金刚""请四菩萨""云何梵""发愿文"等《金刚般若波罗蜜经》颂赞或启请内容。鸠摩罗什译《金刚般若波罗蜜经》中原本不存在"金刚经启请""净口业真言""安土地真言""虚空藏菩萨普供养真言""请八金刚""请四菩萨""云何梵""发愿文"，而在黑水城出土西夏文、汉文本中皆有此内容，因西夏文《金刚般若波罗蜜经》残页中不见弥勒颂言，故把有"金刚经启请""净口业真言""安土地真言""虚空藏菩萨普供养真言""请八金刚""请四菩萨""云何梵""发愿文"的内容也定为《金刚般若波罗蜜经》。

66.Or.12380-1669（K.K.Ⅱ.0232.p）残存 1 页 5 行，字数不能确定，上栏线单栏，下栏线无存，写本，字体有两种，一种为楷体，一种为草体，两种字体内容不一样，有分题出现，刊布者将其定名为《金刚般若波罗蜜多经》。现将西夏文录文并对译如下：

---

① 《梁朝傅大士颂金刚经》,《大正藏》第 85 册，第 2732 号，第 1 页上栏 27~28。

[illegible]……	非故法相……
□□[illegible]	□□不实分三十二第
[illegible]□[illegible]……	须菩提若人无量阿僧□世界……
[illegible]……	七宝有满彼以布施……
[illegible]（后面为草体，不录）……	女人菩萨……

在对译基础上翻译如下：

非……故名法相。

□□非真分第三十二

须菩提，若人有以彼满无量阿僧□世界……七宝，布施……女人菩萨……

残经应是鸠摩罗什译《金刚般若波罗蜜经》的三十二分本“知见不生分第三十一”结尾和“应化非真分第三十二”开头的相应内容：

> “应如是知，如是见，如是信解，不生法相。须菩提，所言法相者，如来说即非法相，是名法相。”
>
> 应化非真分第三十二
>
> “须菩提，若有人以满无量阿僧祇世界七宝，持用布施。若有善男子、善女人发菩萨心者……”[①]

67.Or.12380-1860（K.K.）残存 2 页 10 行，字数不能确定，由两个下半页残页组成，下栏线单栏，上栏线无存，刻本，刊布者将其定名为“佛经”。现将西夏文录文并对译如下：

（上面）

……[illegible]	……提如来者

① （后秦）鸠摩罗什译《金刚般若波罗蜜经》,《大正藏》第 8 册，第 235 号，第 752 页中栏 20~23。

……慨祕蕹[①]疹骰	……不别论者也
……豋緕娓緕[②]㧐	……实无虚无须
……敝脣辭祇絳	……以布施行故
……粃絾絣[③]禨	……菩萨心法

在对译基础上翻译如下：

……提，如来者……不别论者也。……无实无虚。须……以……行布施故……菩萨心……法……

（下面）

……繸譊豥繊絳	……持诵读能故
……慨絣獭祇葭	……知彼人皆见
……豜	……得
……豵	……第
……絾瓣絥	……初分恒

在对译基础上翻译如下：

……能持读诵，故……知是人，皆见……得

……第

……初分恒……

Or.12380-1860（K.K.）应是鸠摩罗什译《金刚般若波罗蜜经》三十二分本“离相寂灭分第十四”结尾和“持经功德分第十五”开头的相应内容：

“须菩提，如来是真语者、实语者、如语者、不诳语者、不异

① 西夏文“慨祕蕹”译为“不别论”，汉文本为“不诳语”。

② 西夏文“豋緕娓緕”译为“无实无虚”。

③ 西夏文“粃絾絣”译为“菩萨心”，即求道的大心人。菩萨，又曰菩提萨埵。旧译为大道心众生、道众生等，新译曰大觉有情、觉有情等。

语者。须菩提，如来所得法，此法无实无虚。须菩提，若菩萨心住于法而行布施，如人入暗，则无所见。若菩萨心不住法而行布施，如人有目，日光明照见种种色。须菩提，当来之世，若有善男子、善女人，能于此经受持读诵，则为如来以佛智慧，悉知是人，悉见是人，皆得成就无量无边功德。”

持经功德分第十五

“须菩提，若有善男子、善女人，初日分以恒河沙等身布施。”[①]

68.Or.12380-1870b（K.K.Ⅱ.0239.bbb.x）残存 1 页 3 行，每行字数不等，下栏线单栏，上栏线无存，刻本经折装，残缺严重，刊布者将其定名为《现在贤劫千佛名经》。现将西夏文录文并对译如下：

……[illegible][illegible][illegible][illegible][②][illegible]	……乃至算数譬
……[illegible][illegible][illegible][illegible]	……二十五第
……[illegible][illegible][illegible]	……汝等如

在对译基础上翻译如下：

……乃至算数譬……

……第二十五

……汝等……如……

Or.12380-1870b（K.K.Ⅱ.0239.bbb.x）非《现在贤劫千佛名经》，而是鸠摩罗什译《金刚般若波罗蜜经》三十二分本“福智无比分第二十四”结尾和“化无所化分第二十五”开头的相应内容：

于前福德百分不及一，百千万亿分，乃至算数譬喻所不能及。

化无所化分第二十五

① （后秦）鸠摩罗什译《金刚般若波罗蜜经》，《大正藏》第 8 册，第 235 号，第 750 页中栏 27~ 下栏 7。

② 西夏文“[illegible][illegible]”译为“算数”。

“须菩提，于意云何？汝等勿谓如来作是念：‘我当度众生。’”[①]

69.Or.12380-2247（K.K.Ⅱ.0253.m）残存2页12行，上栏线双栏，下栏线无存，刻本经折装，满行字数不能确定，原经卷上有2247号，刊布者将其定名为“依法出生分第八分”。现将西夏文录文并对译如下：

[illegible][②][illegible]……

（阿耨多罗三）藐三菩提世尊如来……

[illegible]□[illegible]……

言我佛□说义所悟（解）我……

[illegible]……

三藐三菩提得应而定……

[illegible]……

应而定法亦无何云也如来……

[illegible]……

皆取处无说处无法亦非非法……

[illegible][③][illegible]……

是者何云贤圣一切皆法道……

[illegible]

异有也

[illegible]

法依出生分八第

[illegible]……

须菩提意于何云若人三千……

① （后秦）鸠摩罗什译《金刚般若波罗蜜经》，《大正藏》第8册，第235号，第751页下栏29~752页上栏5。

② 汉文本没有“世尊”。

③ 西夏文“[illegible]”译为“一切圣贤”。

[illegible]……
界七宝有满彼以布施……
[illegible]……[illegible]
应所宁多也菩提言……何
[illegible]□□□[illegible]……
云也□□□者福德性……

在对译基础上翻译如下：

（阿耨多罗三）藐三菩提。世尊，如来……言：我所悟（解）佛□说义，而我得应定……三藐三菩提……应亦无而定法。何云也？如来……皆无取处，无说处。非法亦非法……是者云何？一切贤圣皆法道……有异也。

依法出生分第八

须菩提，于意云何？若人有满三千……界七宝，以彼布施……应所宁多也？须菩提言：……云何也？□□者福德性……

残经为鸠摩罗什译《金刚般若波罗蜜经》三十二分本“无得无说分第七”和“依法出生分第八”的相应内容：

> “……如来得阿耨多罗三藐三菩提耶？如来有所说法耶？”须菩提言：“如我解佛所说义，无有定法名阿耨多罗三藐三菩提，亦无有定法如来可说。何以故？如来所说法，皆不可取，不可说，非法，非非法。所以者何？一切贤圣皆以无为法而有差别。”
>
> 依法出生分第八
>
> “须菩提，于意云何？若人满三千大千世界七宝，以用布施，是人所得福德宁为多不？”须菩提言：“甚多，世尊。何以故？是福德即非福德性……”①

① （后秦）鸠摩罗什译《金刚般若波罗蜜经》，《大正藏》第8册，第235号，第749页中栏13~20。

70.Or.12380-2389RV（K.K.Ⅱ.0241.d）残存 2 页 10 行，但有 2 行西夏字不清，上栏线双栏，下栏线无存，刻本经折装，残缺严重，刊布者将其定名为“佛经”。[①] 现将西夏文录文并对译如下：

（右面）

[illegible]	汉道得我说也故世尊须菩提
[illegible][②][illegible]	阿兰那行喜者是不说须菩提
[illegible]□□□	实行所无以须菩提阿□□□
[illegible]□□□□□□□□□□	乐者也□□□□□□□□□□
[illegible] □□□□□	净国（土）□□□□□

在对译基础上翻译如下：

我说得汉道也，故世尊不说须菩提是阿兰那行者。以须菩提实无所行，须菩提阿□□□乐者也□□□□□□□□□□，净土□□□□□。

（左面）

[illegible]□□□□□□□□□□[illegible]	人□□□□□□□□□□佛我
[illegible][③][illegible]	
之净无三昧得者（人）中皆一第为	
[illegible][④][illegible]	一第欲离阿罗汉是说世尊我
[illegible]	欲离阿罗汉是我说是如念无
[illegible][⑤][illegible]	作我世尊我若是如念作阿罗

---

① Or.12380-2389RV（K.K.Ⅱ.0241.d）与 Or.12380-2945V（K.K.Ⅱ.0241.i）有重合，可借助 Or.12380-2945V（K.K.Ⅱ.0241.i）补录。

② 西夏文“[illegible]”译为“乐阿兰那行者”，“[illegible]”译为“阿兰那行”。“阿兰那”为“寂静处”，“行者”指“修行者”，“阿兰那行者”译为“无诤心者”，即对佛法有深入了解，能够解行相应、无生无灭、无我无人、永除烦恼障的人。

③ 西夏文“[illegible]”译为“无诤三昧”。

④ 西夏文“[illegible]”译为“第一离欲阿罗汉”，其中“离欲”即远离贪欲、淫欲等。

⑤ 西夏文“[illegible]”译为“为如是念”“作如是念”，从“[illegible]”到“[illegible]”一段内容与汉文本不能完全对应，西夏文表述有些混乱。

在对译基础上翻译如下：

人□□□□□□□□□□，佛说我得之无诤三昧，人中皆为第一，是第一离欲阿罗汉。世尊，我欲离阿罗汉。是我说如是念：无作我。世尊，我若作如是念：阿罗……

Or.12380-2389RV（K.K.Ⅱ.0241.d）为鸠摩罗什译《金刚般若波罗蜜经》三十二分本"一相无相分第九"的内容，但残经左面内容在前，右面内容在后，相应内容如下：

> 即为著我、人、众生、寿者。世尊，佛说我得无诤三昧，人中最为第一，是第一离欲阿罗汉。我不作是念："我是离欲阿罗汉。"世尊，我若作是念"我得阿罗汉道"，世尊则不说须菩提是乐阿兰那行者，以须菩提实无所行，而名须菩提是乐阿兰那行。[①]

71.Or.12380-2394（K.K.Ⅱ.0232.o）残存1页6行，上栏线单栏，下栏线无存，刻本经折装，但残经右面有手写西夏字，好像是对原本不清楚的西夏字的补写，刊布者将其定名为"佛经"。现将西夏文录文并对译如下：

[illegible]	应化非真分第三十二
[illegible]	取如如不变何云也
[illegible][②] [illegible][③][illegible][④][illegible]	为有法一切 梦幻泡影如
[illegible] [illegible][⑤]	露如电亦如 是如观为应

① （后秦）鸠摩罗什译《金刚般若波罗蜜经》，《大正藏》第8册，第235号，第749页下栏7~15。

② 西夏文"[illegible]"译为"有为法"，即有生、住、灭三相。

③ 西夏文"[illegible]"译为"梦幻"，梦为睡眠中之妄想，幻为以种种秘术使人目眩惑，现出种种不实、虚假之事。梦幻比喻一切诸法之虚假不实。

④ 西夏文"[illegible]"译为"泡影"，比喻世法之虚假不实。

⑤ 西夏文"[illegible]"译为"应为如是观"。

西夏文	对译
[illegible]① [illegible]	佛是经典说毕长老须菩提及诸
[illegible]② □□	比丘比丘尼优婆塞优婆夷□□

在对译基础上翻译如下：

应化非真分第三十二，取……如如不变，何云也？

一切有为法，如梦幻泡影；如露亦如电，应为是如观。

佛说是经典毕，长老须菩提及诸比丘、比丘尼、优婆塞、优婆夷、□□……

残经为鸠摩罗什译《金刚般若波罗蜜经》三十二分本“应化非真分第三十二”的相应内容：

> ……不取于相，如如不动。何以故？
>
> 一切有为法，如梦、幻、泡、影；如露亦如电，应作如是观。
>
> 佛说是经已，长老须菩提及诸比丘、比丘尼、优婆塞、优婆夷……[3]

72.Or.12380-2551（K.K.Ⅱ.0280.a.xi）残存 1 页 5 行，下栏线单栏，上栏线无存，刻本经折装，满行字数为 13 字，原经卷上有编号 2551，刊布者将其定名为“佛经”。现将西夏文录文并对译如下：

西夏文	对译
□□□□□□□□□[illegible]□□□	□□□□□□□□□非□□□
□□□□□□□[illegible]	□□□□□□□者也名成说须菩
[illegible]	提阿耨多罗三藐三菩提心起者
[illegible]	法一切于如是知是如见是如信

① 西夏文“[illegible]”译为“尊者”“长老”，又称“圣者”。德高望重，为人所尊。

② 西夏文“[illegible]”译为“比丘、比丘尼、优婆塞、优婆夷”，为僧伽四众。

③（后秦）鸠摩罗什译《金刚般若波罗蜜经》，《大正藏》第 8 册，第 235 号，第 752 页中栏 23~30。

□[illegible]□　　□法相不起应须菩提法相说□

在对译基础上翻译如下：

□□□□□□□□□非□□□□□□□□□□者也，说为名……须菩提，发阿耨多罗三藐三菩提心者，于一切法，如是知、如是见、如是信□，应不生法相。须菩提，说法相□……

残经为鸠摩罗什译《金刚般若波罗蜜经》三十二分本“知见不生分第三十一”的相应内容：

> “……世尊说我见、人见、众生见、寿者见、即非我见、人见、众生见、寿者见，是名我见、人见、众生见、寿者见。”“须菩提，发阿耨多罗三藐三菩提心者，于一切法，应如是知、如是见，如是信解，不生法相。须菩提，所言法相者，如来说即非法相，是名法相。”[①]

73.Or.12380-2640aRV（K.K.）残存 2 页 14 行，上栏线单栏，下栏线无存，刻本经折装，字数无法确定，原经卷上有编号 2640，刊布者将其定名为《金刚般若波罗蜜多经》。现将西夏文录文并对译如下：

（右面）

[illegible]……[illegible]　　我相无人相无众生相无……何
[illegible][②][illegible]……　　云也我往昔劫体已分离……
[illegible]……　　相众生相命者相又由故……
[illegible]……　　菩提及念过去五百世……
[illegible]……　　成尔许世等我相无人相……
[illegible]……　　命者相无是缘须菩提……

① （后秦）鸠摩罗什译《金刚般若波罗蜜经》，《大正藏》第 8 册，第 235 号，第 752 页中栏 17~20。

② 西夏文“[illegible]”译为“往昔劫”，汉文本为“往昔”。

[illegible]……	阿耨多罗三藐三菩提

在对译基础上翻译如下：

无我相、无人相、无众生相……何云也？我往昔劫已分离体……相、众生相、命者相，又由故……菩提，及念过去，五百世……成……尔许世等，无我相、无人相……无命者相。是缘，须菩提……发阿耨多罗三藐三菩提……

（左面）

[illegible]……	不发声香味触法住心不起……
[illegible]……	发应若心住有故住非成……
[illegible]……	解心者色于住以不布施……
[illegible][1][illegible]……	菩萨众生一切之利益缘……
[illegible]……	如来诸相一切相非说……
[illegible]……	众生非说须菩提如来者……
[illegible]□[illegible][2][illegible]……	语不□语不异语者是须菩提……

在对译基础上翻译如下：

不住……不应住声、香、味、触发心……若心有住，故为非住……解……心者，不住于以色布施……菩萨之缘利益一切众生……如来说一切诸相非相……说众生非……须菩提，如来者……不□语、不异语者。是须菩提……

Or.12380-2640aRV（K.K.）左面、右面内容相衔接，为鸠摩罗什译《金刚般若波罗蜜经》三十二分本“离相寂灭分第十四”的相应内容：

……我于尔时无我相、无人相、无众生相、无寿者相，何以

① 西夏文“[illegible]”译为“利益”，即功德。有离苦与乐的利益。

② 西夏文“[illegible]”译为“不异语”。

故？我于往昔节节支解时，若有我相、人相、众生相、寿者相，应生瞋恨。须菩提，又念过去，于五百世作忍辱仙人，于尔所世，无我相、无人相、无众生相、无寿者相。是故，须菩提，菩萨应离一切相，发阿耨多罗三藐三菩提心，不应住色生心，不应住声、香、味、触、法生心，应生无所住心。若心有住，则为非住。是故佛说菩萨心，不应住色布施。须菩提，菩萨为利益一切众生，应如是布施。如来说一切诸相，即是非相。又说一切众生，则非众生。须菩提，如来是真语者、实语者、如语者、不诳语者、不异语者。须菩提……[①]

74. Or.12380-2640bRV（K.K.）残存 2 页 14 行，上栏线单栏，下栏线无存，刻本经折装，字数无法确定，原经卷上有编号 2640，刊布者将其定名为《金刚般若波罗蜜多经》。现将西夏文录文并对译如下：

（右面）

西夏文	对译
繉禭纖豋綪娓□瓹豿豥……	应法者实无虚□须菩提……
糺絼敍牗豼瓬[②]豨綒……	于住以布施行故喻……
豾蔩糀繎絣禭糺觗……	也若菩萨心法于不……
巆繊絼敗徾豻豻繣豥瓹……	眼有日明照种种色见须……
豰糺蔩繗綪豻繗豽豼豵……	世于若善男子善女人是……
豯繊豨豨豴豾豰□敍……	诵能故如来佛智□以……
豧豥豧豵豶豷綪繊豸……	皆（悉）见皆无量无边功德……

在对译基础上翻译如下：

应……法者无实□虚。须菩提……住于以行布施，故喻……也。若菩萨心于法不……有眼，日明照见种种色。须……于……世，若善男子、

---

① （后秦）鸠摩罗什译《金刚般若波罗蜜经》，《大正藏》第 8 册，第 235 号，第 750 页中栏 15~27。

② 西夏文“牗豼瓬”译为“行布施”。

善女人，能诵是……故如来以佛智□……皆见……皆无量无边功德……

（左面）

西夏文	对译
[illegible]	经持功德分十五第
[illegible]……	须菩提若善男子善女人……
[illegible]……[illegible]	沙数身布施日中分亦……布
[illegible]……	施日后分亦恒河沙数……
[illegible]……	施百千万亿劫数身……
[illegible]……	是经典闻时愿发依……
[illegible][①]……	书写受持诵读彼之解说……

在对译基础上翻译如下：

持经功德分第十五

须菩提，若善男子、善女人……沙数身布施，日中分亦……布施，后日分亦恒河沙数……施……百千万亿劫数身……闻是经典时，依……发愿……书写、受持、诵读，彼之解说……

Or.12380-2640bRV（K.K.）左面内容与右面内容相衔接，为鸠摩罗什译《金刚般若波罗蜜经》三十二分本“离相寂灭分第十四”结尾处、“持经功德分第十五”开头的相应内容：

> “……如来所得法，此法无实无虚。须菩提，若菩萨心住于法而行布施，如人入暗，则无所见。若菩萨心不住法而行布施，如人有目，日光明照见种种色。须菩提，当来之世，若有善男子、善女人，能于此经受持读诵，则为如来以佛智慧，悉知是人，悉见是人，皆得成就无量无边功德。”
>
> 持经功德分第十五
>
> “须菩提，若有善男子、善女人，初日分以恒河沙等身布施，

① 西夏文“[illegible]”译为“彼之解说”，汉文本为“为人解说”。

中日分复以恒河沙等身布施，后日分亦以恒河沙等身布施。如是无量百千万亿劫以身布施。若复有人，闻此经典，信心不逆，其福胜彼。何况书写、受持、读诵、为人解说？”①

Or.12380-2640aRV（K.K.）和 Or.12380-2640bRV（K.K.）为同一版次刊刻佛经，Or.12380-2640bRV（K.K.）出现分题，而 Or.12380-2640aRV（K.K.）没有出现分题。据其内容，我们可以确定，Or.12380-2640aRV（K.K.）为《金刚般若波罗蜜经》三十二分本“离相寂灭分第十四”结尾和“持经功德分第十五”开头的内容，而 Or.12380-2640bRV（K.K.）衔接 Or.12380-2640aRV（K.K.）的内容，残经顺序为 Or.12380-2640aRV（K.K.）右面 + Or.12380-2640aRV（K.K.）左面 + Or.12380-2640bRV（K.K.）右面 + Or.12380-2640bRV（K.K.）左面。

75.Or.12380-2690（K.K.II.0265.b）残存 1 页 6 行，没有栏线，写本，字数不能确定，刊布者将其定名为“正信希有分”，不正确，残经上有 2690 号。现将西夏文录文并对译如下：

[illegible]
须菩提于意云何身相以如来所见
[illegible]②
也世尊身相以如来见可无何云也如
[illegible]
来身相之者身相非说佛须菩提之说
[illegible]
诸相一切皆虚诈也若诸相相非也
[illegible]
故如来见也

① （后秦）鸠摩罗什译《金刚般若波罗蜜经》，《大正藏》第 8 册，第 235 号，第 750 页中栏 28 ~ 下栏 12。

② 此句西夏文的表述与汉文本不同，比汉文本更加简单。

[illegible]

正信希有分六第

在对译基础上翻译如下：

须菩提，意于云何？以身相所见如来也？世尊，不可以身相见如来。何云也？如来说身相之者非身相。佛对须菩提说："一切诸相皆虚诈也。若见诸相非相也，故如来也。"

正信希有分第六

残经为鸠摩罗什译《金刚般若波罗蜜经》三十二分本"如理实见分第五"和"正信希有分第六"的相应内容。虽然"如理实见分第五"的分题未保存，但经文内容完整。"正信希有分第六"分题有保存，但内容无存。相应内容如下：

> "须菩提，于意云何，可以身相见如来不？""不也，世尊。不可以身相得见如来，何以故？如来所说身相，即非身相。"佛告须菩提："凡所有相，皆是虚妄。若见诸相非相，则见如来。"[①]

76.Or.12380-2692（K.K.II.0284.a.xxiv）残存1页4行，上栏线单栏，下栏线无存，字数不能确定，刻本经折装，残经上有编号2692，刊布者将其定名为《金刚般若波罗蜜多经》。现将西夏文录文对译如下：

[illegible]……	若人金刚经……
[illegible][②]……	真言诵方及（然后）……
[illegible][③]……	处于常守护……
[illegible]……	口业……

① （后秦）鸠摩罗什译《金刚般若波罗蜜经》，《大正藏》第8册，第235号，第749页上栏21~23。

② 西夏文"[illegible]"译为"然后"。

③ 西夏文"[illegible]"译为"守护"。

在对译基础上翻译如下：

若人《金刚经》……诵……真言，然后……于处，常守护……

口业……

将 Or.12380-2692（K.K.Ⅱ.0284.a.xxiv）与俄藏 TK14《金刚般若波罗蜜经》比对，可以确定其内容为《金刚般若波罗蜜经》“金刚经启请”和“净口业真言”的相应内容：

金刚经启请

若有人受持《金刚经》者，先须志心念净口业真言，然后启请八金刚、四菩萨，名号所在之处，常常拥护。

净口业真言

77.Or.12380-2699（K.K.Ⅱ.0242.a.i）残存 1 页 12 行，上栏线单栏，下栏线无存，刻本经折装，字数不能确定，每行存 1~4 字不等，刊布者将其定名为“佛经”。现将西夏文录文并对译如下：

綅……	欲……
豰……	大……
絓𦇴𦇵……	佛须菩……
䋧□緋𦈗……	如□心降……
䌵𦅸①𦇻𦄱……	湿生如化……
𦈬𦈛𦇻……	想无若……
𦉍𦈏𦈏……	类（部）一切……
𦈵𦉁𦇤……	入度灭……
𦇱𦇲𦈟……	众生之……
𦈛𦈳𦈤……	无何云……
𦉏𦇱𦇲……	相众生……

① 西夏文“䌵𦅸”译为“湿生”，为四生（卵生、湿生、化生、胎生）之一。

[illegible]……　　　　妙……

在对译基础上翻译如下：

欲……

大……

佛告须菩……如□降……心：……湿生、如化……无想、若……一切类（部）……无众生之入灭度……云何……相、众生……

妙……

残经为鸠摩罗什译《金刚般若波罗蜜经》三十二分本之“善现启请分第二”（最后一字）、“大乘正宗分第三”和“妙行无住分第四”（分题第一字）的相应内容：

> “……愿乐欲闻。”
>
> 大乘正宗分第三
>
> 佛告须菩提：“诸菩萨摩诃萨，应如是降伏其心：‘所有一切众生之类，若卵生、若胎生、若湿生、若化生，若有色、若无色，若有想、若无想、若非有想非无想，我皆令入无余涅槃，而灭度之。’如是灭度无量无数无边众生，实无众生，得灭度者。何以故？须菩提，若菩萨有我相、人相、众生相、寿者相，即非菩萨。”
>
> 妙行无住分第四[①]

78.Or.12380-2700b（K.K.II.0242.a.ii）残存1页2行，栏线无存，刻本经折装，字数不能确定，残缺严重，每行存2~4字不等，残经上有编号2700，刊布者将其定名为“佛经”。现将西夏文录文并对译如下：

……[illegible][illegible]　　　　……罗蜜

[illegible][illegible][illegible][illegible]……　　　　三藏法师……

① （后秦）鸠摩罗什译《金刚般若波罗蜜经》，《大正藏》第8册，第235号，第749页上栏4~11。

79.Or.12380-2700c（K.K.Ⅱ.0242.a.ii）残存1页5行，栏线无存，刻本经折装，字数不能确定，残缺严重，每行存2~3字不等，刊布者将其定名为“佛经”。现将西夏文录文并对译如下：

……[illegible]……	…… 起时……
……[illegible]……	…… 德唯……
……[illegible]……	……提大众……
……[illegible]……	…… 膝地……
……[illegible]……	…… 世尊……

翻译如下：

…… 起……时……德唯……提大众……膝地……世尊……

比对Or.12380-2700b（K.K.Ⅱ.0242.a.ii）和Or.12380-2700c（K.K.Ⅱ.0242.a.ii），可以初步判断其为鸠摩罗什译《金刚般若波罗蜜经》经题、译者，以及三十二分本“法会因由分第一”和“善现启请分第二”的相应内容。残缺严重，只有如下内容：

……罗蜜……

……三藏法师……

…… 起……时……德唯……提大众……膝地……世尊……①

80.Or.12380-2701（K.K.Ⅱ.0242.a.iii）残存1页9行，栏线无存，刻本经折装，字数不能确定，残缺严重，每行存2~6字不等，残经上有编号2701，刊布者将其定名为“佛经”。现将西夏文录文并对译如下：

……[illegible]	……波罗蜜经典
[illegible]……	大度民……

① （后秦）鸠摩罗什译《金刚般若波罗蜜经》,《大正藏》第8册，第235号，第748页下栏20~26。

[illegible][illegible][illegible]……	法会因……
……[illegible][illegible][illegible]……	……闻我一……
……[illegible][illegible][1]……	……钵持……
……[illegible][illegible]□[illegible]……	……中次□食……
……[illegible][illegible][illegible][illegible][2]……	……已终钵衣……
……[illegible][illegible][illegible][illegible][illegible][illegible]……	……已张彼上已坐……
[illegible][illegible]□[illegible][illegible]……	善现□请分……

在对译基础上翻译如下：

……波罗蜜经典

大度民……

因法会……

我闻一……持钵……中，次□食……已终（毕），□钵衣……已，张彼上已坐……

善现□请分……

残经为鸠摩罗什译《金刚般若波罗蜜经》三十二分本“法会由因分第一”和“善现启请分第二”的相应内容：

> 如是我闻，一时，佛在舍卫国祇树给孤独园，与大比丘众千二百五十人俱。尔时，世尊食时，着衣持钵，入舍卫大城乞食。于其城中，次第乞已，还至本处，饭食讫，收衣钵，洗足已，敷座而坐。[3]

从 Or.12380-2701（K.K.Ⅱ.0242.a.iii）内容可以判断，此残经为《金刚般若波罗蜜经》的开头，在残经最前面提到“大度民”几个字，

---

① 西夏文“[illegible][illegible]”译为“持钵”“托钵”，表示比丘乞食。

② 西夏文“[illegible][illegible]”译为“衣钵”，指三衣与钵，为僧之资物最重大、最重要的。禅家以传道授法，谓授受衣钵。

③（后秦）鸠摩罗什译《金刚般若波罗蜜经》，《大正藏》第8册，第235号，第748页下栏20~25。

我们知道西夏存在“大度民寺”，由此可知,《金刚般若波罗蜜经》是在大度民寺翻译完成的。

81.Or.12380-2702（K.K.Ⅱ.0242.a.iv）残存1页12行，上栏线单栏，下栏线无存，刻本经折装，字数不能确定，残缺严重，每行存1~4字不等，残经上有编号2702，刊布者将其定名为“佛经”。现将西夏文录文并对译如下：

𗍫𘄽𗗙……	复次须……
𗣼𗧯𗖵……	布施行……
𘅍𘂆𗪘𗱕……	香味触法……
𗇋𗆐𗣼……	萨如布……
𗧓𗇋𗖻……	菩萨相……
𗗙𗈪𗢳……	须菩提……
𗟻𗒘𗉷……	测（思）处（可）所……
□𗋕𗪙[1]……	□西北……
𗒘□□𗍫……	处□□不……
𗍫𗆄𗣼……	不住布……
𗒘𗅁𗗙……	处（可）无须……
𗧘……	理（义）……

在对译基础上翻译如下：

复次，须……行布施……香、味、触、法……萨如布……菩萨……相……须菩提……所可思……□西北……处□□不……不住……布……无可……须……

理（义）……

残经为鸠摩罗什译《金刚般若波罗蜜经》三十二分本“妙行无住分第四”和“如理实见分第五”的相应内容，“妙行无住分第四”分题无

① 西夏文“𗋕𗪙”译为“西北”。

存，“如理实见分第五”只存分题。西夏文残缺严重，汉文本相应内容如下：

“复次，须菩提，菩萨于法，应无所住行于布施，所谓不住色布施，不住声、香、味、触、法布施。须菩提，菩萨应如是布施，不住于相，何以故？若菩萨不住相布施，其福德不可思量。须菩提，于意云何？东方虚空可思量不？”“不也，世尊。”“须菩提，南西北方、四维上下虚空，可思量不？”“不也，世尊。”“须菩提，菩萨无住相布施，福德亦复如是不可思量。须菩提，菩萨但应如所教住。”

如理实见分第五[①]

82.Or.12380-2703（K.K.Ⅱ.0242.a.v）残存2页，右面残页5行，每行存1~4字不等，左面残页6行，每行3~4字，栏线无存，刻本经折装，字数不能确定，残经有编号2703，残缺严重，刊布者将其定名为“佛经”。现将西夏文录文并对译如下：

（右面）

……𗖵𗆐𘟀𗫂……	……正（德）得何云……
……𘜶𗒐𘝦𗾆……	……众生相命……
……𘟀𗫂𗅁……	……何云也……
……𗧓𘓐𘜶𗒐……	……我人众生……
……𗧓……	……我……

在对译基础上翻译如下：

得……德……云何？……众生相、命……云何也？……我、人、众生……我……

① （后秦）鸠摩罗什译《金刚般若波罗蜜经》，《大正藏》第8册，第235号，第749页上栏12~18。

（左面）

……[illegible]……	……菩提之说……
……[illegible]……	……相非见……
……[illegible]……	……有分六……
……[illegible]……	……对言说若……
……[illegible]……	……真心起……
……[illegible]……	……说是言……

在对译基础上翻译如下：

对菩提说……非相，见……

……有分六……

……对言说：若……起真心……说是言……

Or.12380-2703（K.K.Ⅱ.0242.a.v）为鸠摩罗什译《金刚般若波罗蜜经》三十二分本“如理实见分第五”和“正信希有分第六”的相应内容。Or.12380-2703（K.K.Ⅱ.0242.a.v）右面为“正信希有分第六”，左面为“如理实见分第五”结尾和“正信希有分第六”开头，因为残缺严重，左面不能与右面内容衔接，有佚文。顺序调整后内容如下：

……佛告须菩提：“凡所有相，皆是虚妄。若见诸相非相，则见如来。”

正信希有分第六

须菩提白佛言：“世尊，颇有众生，得闻如是言说章句，生实信不?”佛告须菩提：“莫作是说，如来灭后，后五百岁，有持戒修福者，于此章句，能生信心，以此为实，当知是人，不于一佛、二佛、三四五佛，而种善根，已于无量千万佛所种诸善根，闻是章句，乃至一念生净信者。须菩提，如来悉知、悉见是诸众生，得如是无量福德。何以故？是诸众生，无复我相、人相、众生相、寿者相，无法相亦无非法相。何以故？是诸众生，若心取相，则为著

我、人、众生、寿者……”①

83.Or.12380-2704（K.K.Ⅱ.0242.a.vi）残存 2 页 12 行，每行存 2~7 字不等，残经上有编号 2704，栏线无存，刻本经折装，字数不能确定，残缺严重，刊布者将其定名为“佛经”。现将西夏文录文并对译如下：

[illegible]……	时尊老（长老）须……
[illegible]□[illegible]②[illegible]……	起□肩左穿……
[illegible]……	佛对言说希有……
[illegible]……	之念若能诸菩……
[illegible]……	善男子善女人……
□□□[illegible]……	□□□所起是何云……
□□□[illegible]……	□□□应佛言善……
□□[illegible]……	□□如也如来……
[illegible]……	诸菩萨之语……
[illegible]……[illegible]	为使善男子善……三
[illegible]……	藐三菩提心……
□[illegible]……	□腹心……

在对译基础上翻译如下：

时，尊老须……起，穿□左肩……对佛言说：希有……若能之念诸菩……善男子、善女人……是所起□□□……云何？……□□□应……佛言：善……□□如也，如来……语诸菩萨，……使为……善男子、善……三藐三菩提心……□腹心……

① （后秦）鸠摩罗什译《金刚般若波罗蜜经》，《大正藏》第 8 册，第 235 号，第 749 页上栏 27~ 中栏 5。

② 西夏文“[illegible]”译为“左肩”，汉文本为“右肩”，汉文与西夏文不同，说明西夏僧人与汉族僧人穿衣存在差异。

残经为鸠摩罗什译《金刚般若波罗蜜经》三十二分本“善现启请分第二”的相应内容：

> 时，长老须菩提在大众中，即从座起，偏袒右肩，右膝着地，合掌恭敬而白佛言：“希有，世尊，如来善护念诸菩萨，善付嘱诸菩萨。世尊，善男子、善女人发阿耨多罗三藐三菩提心，应云何住？云何降伏其心？”[①]

84.Or.12380-2707（K.K.Ⅱ.0242.a.ix）残经存1页9行，残经上有编号2707，栏线无存，刻本经折装，残缺严重，刊布者将其定名为“佛经”，但在俄藏黑水城佛教文献中存《金刚般若波罗蜜经》科文（馆藏第7580号，西夏特藏第386号）[②]，与此对照，可以补足残缺内容，现将西夏文录文并对译如下：

[illegible]　[illegible]

何云经典依　究竟彼岸到

[illegible]　[illegible]

愿佛妙秘开　广众生缘说

[illegible]

愿发文

[illegible]　[illegible][③]

十方无量佛　顶告三界尊

[illegible]　[illegible][④]

---

① （后秦）鸠摩罗什译《金刚般若波罗蜜经》，《大正藏》第8册，第235号，第748页下栏20~24。

② 〔日〕荒川慎太郎：《西夏文〈金刚经〉的研究》，博士学位论文，京都大学，2002，经文附录第79页。

③ 〔日〕荒川慎太郎：《西夏文〈金刚经〉的研究》，博士学位论文，京都大学，2002，经文附录第43页。

④ 〔日〕荒川慎太郎：《西夏文〈金刚经〉的研究》，博士学位论文，京都大学，2002，经文附录第43页。

我今大愿发　是金刚经持

[illegible][1] [illegible][2]

上报四重恩　下济三恶苦

[illegible]　[illegible][3]

闻见人有者　菩提心乃发

[illegible]　[illegible][4]

是一身报尽　极乐同愿生

[illegible]

姚秦三藏法师鸠摩罗什所译……

在对译基础上翻译如下：

何云依经典，究竟彼岸到；愿佛开妙秘，广缘众生说。

发愿文

十方无量佛，顶告三界尊；我今发大愿，持是金刚经；上报四重恩，下济三恶苦；有人见闻者，乃发菩提心；是一报身尽，同愿生极乐。

姚秦三藏法师鸠摩罗什所译

比对俄藏黑水城汉文 TK14《金刚般若波罗蜜经》，可以确定其为《金刚般若波罗蜜经》“云何梵”和“发愿文”的相应内容：

> 云何得长寿，金刚不坏身；复以何因缘，得大坚固力；云何于此经，究竟到彼岸；愿佛开微密，广为众生说。
>
> 发愿文
>
> 稽首三界尊，归命十方佛[5]；我今发弘愿，持此金刚经；上报四重恩，下济三恶苦。若有闻见者，悉发菩提心。尽此一身报，同生

① 西夏文“[illegible]”译为“上报四重恩”。

② 〔日〕荒川慎太郎：《西夏文〈金刚经〉的研究》，博士学位论文，京都大学，2002，经文附录第 43 页，“[illegible]”译为“下济三恶苦”。

③ 西夏文“[illegible]”译为“乃发菩提心”。

④ 西夏文“[illegible]”译为“愿同生极乐”。

⑤ 西夏文残经将此两句话颠倒，西夏文为“十方无量佛”，汉文本为“归命十方佛”。

极乐国。[1]

Or.12380-2699（K.K.Ⅱ.0242.a.i）、Or.12380-2700b（K.K.Ⅱ.0242.a.ii）、Or.12380-2700c（K.K.Ⅱ.0242.a.ii）、Or.12380-2701（K.K.Ⅱ.0242.a.iii）、Or.12380-2702（K.K.Ⅱ.0242.a.iv）、Or.12380-2703（K.K.Ⅱ.0242.a.v）、Or.12380-2704（K.K.Ⅱ.0242.a.vi）、Or.12380-2707（K.K.Ⅱ.0242.a.ix）为同版《金刚般若波罗蜜经》，它们基本可以缀合，其顺序为Or.12380-2707（K.K.Ⅱ.0242.a.ix）+ Or.12380-2701（K.K.Ⅱ.0242.a.iii）+ Or.12380-2700b（K.K.Ⅱ.0242.a.ii）+Or.12380-2700c（K.K.Ⅱ.0242.a.ii）+Or.12380-2704（K.K.Ⅱ.0242.a.vi）+ Or.12380-2699（K.K.Ⅱ.0242.a.i）+ Or.12380-2702（K.K.Ⅱ.0242.a.iv）+Or.12380-2703（K.K.Ⅱ.0242.a.v）。

85.Or.12380-2709（K.K.Ⅱ.0242.a.viii）残存1页3行，上下栏线无存，刻本经折装，残经原卷上有编号2709，刊布者将其定名为"佛经"。现将西夏文录文并对译如下：

[illegible]□	口业净言□
[illegible]	修唎修唎　牟（摩）
[illegible]	婆诃

Or.12380-2709（K.K.Ⅱ.0242.a.viii）残经为鸠摩罗什译《金刚般若波罗蜜经》前面的"净口业真言"的相应内容：

净口业真言

唵　修唎　修唎　摩诃修唎　修修唎　莎婆诃

86.Or.12380-2711（K.K.Ⅱ.0280.aaa）残存1页7行，每行9~11字不等，上下栏线单栏，刻本经折装，残经原卷上有编号2711，刊布者

① 参见俄罗斯科学院东方学研究所等主编《俄藏黑水城文献》（第1册），上海古籍出版社，1996，第300页。

将其定名为“无断无灭分第二十七”。现将西夏文录文并对译如下：

[illegible]	世尊我佛所说义所解　以
[illegible]	三十二相及如来之无观应
[illegible]	也尔时世尊而□言所说
[illegible]	色以我见欲　声以我求故
[illegible]	是人邪道行　如来见不能
[illegible]	断无灭无分二十七第
[illegible]	须菩提汝若是如念作如来

在对译基础上翻译如下：

“世尊，以我所解佛所说义：不应以三十二相观之如来也。”尔时，世尊而所说□言：

欲以色见我，以声求我故；是人行邪道，不见能如来。

无断无灭分第二十七

须菩提，汝若作如是念：“如来……”

残经为鸠摩罗什译《金刚般若波罗蜜经》三十二分本“法身非相分第二十六”和“无断无灭分第二十七”的相应内容：

> ……“世尊，如我解佛所说义，不应以三十二相观如来。”尔时，世尊而说偈言：“欲以色见我，故以声求我，是人行邪道，不能见如来。”
>
> 无断无灭分第二十七
>
> “须菩提，汝若作如是念：‘如来不以具足相……’”①

87.Or.12380-2711V（K.K.Ⅱ.0280.aaa）残存1页7行，每行11字，上下栏线单栏，刻本，刊布者将其定名为《金刚般若波罗蜜经》。现将

① （后秦）鸠摩罗什译《金刚般若波罗蜜经》，《大正藏》第8册，第235号，第752页上栏16~19。

西夏文录文并对译如下：

西夏文	对译
[illegible]	具足相以阿耨多罗三藐三
[illegible][1][illegible][2][illegible]	菩提无得说须菩提如来具
[illegible]	足相以阿耨多罗三藐三菩
[illegible]	提无得说是念莫作须菩提
[illegible]	汝若是如念作阿耨多罗三
[illegible]	藐三菩提心发故诸法断灭
[illegible]	说成是念莫作何云也阿耨

在对译基础上翻译如下：

无以具足相，得阿耨多罗三藐三菩提。须菩提，如来无以具足相，得阿耨多罗三藐三菩提，莫作是念。须菩提，汝若作如是念，发阿耨多罗三藐三菩提心，故说诸法为灭断。莫作是念，何云也？阿耨

残经为鸠摩罗什译《金刚般若波罗蜜经》三十二分本“无断无灭分第二十七”的相应内容：

> “如来不以具足相，得阿耨多罗三藐三菩提。”须菩提，莫作是念：“如来不以具足相，得阿耨多罗三藐三菩提。”须菩提，汝若作是念：“发阿耨多罗三藐三菩提心，故说诸法断灭。”莫作是念，何以故？发阿耨……[3]

Or.12380-2711（K.K.Ⅱ.0280.aaa）和 Or.12380-2711V（K.K.Ⅱ.0280.aaa）为鸠摩罗什译《金刚般若波罗蜜经》，两个残经可以相互衔接，佛经内容之间出现品题，为三十二分本之“法身非相分第二十六”和“无断无灭分

① “[illegible]”字常为“说”“谓”，此处可能作为语尾。

② 西夏文本中“须菩提”后的“莫作是念”移到“得阿耨多罗三藐三菩提”后面。

③ （后秦）鸠摩罗什译《金刚般若波罗蜜经》，《大正藏》第 8 册，第 235 号，第 752 页上栏 19~22。

第二十七”的相应内容：

……“世尊，如我解佛所说义，不应以三十二相观如来。”尔时，世尊而说偈言：“欲以色见我，故以声求我；是人行邪道，不能见如来。”

无断无灭分第二十七

“须菩提，汝若作如是念：‘如来不以具足相，得阿耨多罗三藐三菩提。’须菩提，莫作是念：‘如来不以具足相，得阿耨多罗三藐三菩提。’须菩提，汝若作是念：‘发阿耨多罗三藐三菩提心，故说诸法断灭。’莫作是念，何以故？发阿耨……”①

88.Or.12380-2712（K.K.Ⅱ.0280.a.vii）残存1页7行，每行11字，上下栏线单栏，刻本经折装，最右面1行残缺严重，残经原卷上有编号2712，刊布者将其定名为《金刚般若波罗蜜多经》。现将西夏文录文并对译如下：

[illegible]	应须菩提又念所过五百寿（世）
[illegible]②	正辱忍仙人所为若干寿（世）数（等）
[illegible]	我相无人相无众生相无命
[illegible]	者相无因此须菩提菩萨相
[illegible]	一切离阿耨多罗三藐三菩
[illegible]	提心发应色住心无生声香
[illegible]	味触法住心不生住应不心

在对译基础上翻译如下：

……应……又念过去，五百世所作忍辱仙人，若干寿（世）等，无

① （后秦）鸠摩罗什译《金刚般若波罗蜜经》，《大正藏》第8册，第235号，第752页上栏14~22。

② 西夏文“[illegible]”译为“若干”，“[illegible]”译为“若干世”。

我相、无人相、无众生相、无寿者相。是故（因此），须菩提，菩萨离一切相，发阿耨多罗三藐三菩提心。不应住色生心，不应住声、香、味、触、法生心……

Or.12380-2712（K.K.Ⅱ.0280.a.vii）为鸠摩罗什译《金刚般若波罗蜜经》三十二分本“离相寂灭分第十四”中间部分的相应内容：

> ……应生瞋恨。须菩提，又念过去，于五百世作忍辱仙人，于尔所世，无我相、无人相、无众生相、无寿者相。是故，须菩提，菩萨应离一切相，发阿耨多罗三藐三菩提心，不应住色生心，不应住声、香、味、触法生心……[①]

比对 Or.12380-2711（K.K.Ⅱ.0280.aaa）、Or.12380-2711V（K.K.Ⅱ.0280.aaa）、Or.12380-2712（K.K.Ⅱ.0280.a.vii）残经，可以确定它们为同一版次的《金刚般若波罗蜜经》，其内容仅存“法身非相分第二十六”“无断无灭分第二十七”“离相寂灭分第十四”，有佚文。

89.Or.12380-2713（K.K.Ⅱ.0244.a.iv）残存 1 页 7 行，满行 11 字，上下栏线单栏，刻本经折装，残缺严重，刊布者将其定名为《金刚般若波罗蜜经》。现将西夏文录文并对译如下：

西夏文	对译
□□□[illegible]	□□□须菩提若法小乐故我
□□□[illegible]	□□□众生见命者见于著是
□□□[illegible]□[illegible]	□□□受诵读□之广说不能
□□□[illegible]□[illegible]	□□□有地圆（界）□彼经典有各
□□□□[illegible]	□□□□阿修罗一切供养理
□□□[illegible]	□□□处佛塔有如写恭礼敬
[illegible][②][illegible]	围绕诸香花供养应

① （后秦）鸠摩罗什译《金刚般若波罗蜜经》，《大正藏》第 8 册，第 235 号，第 750 页中栏。

② 西夏文“[illegible]”译为“花香供养”。

在对译基础上翻译如下：

□□□。须菩提，若乐小法，故我□□□、众生见、命者见，于著是□□，不能□受诵读□之广说。□□□，有地圆□，各有彼经典，一切□□□□、阿修罗理供养，□□□处，如有佛塔，应恭写礼敬围绕，诸香花供养……

残经为鸠摩罗什译《金刚般若波罗蜜经》三十二分本“持经功德分第十五”最后的内容：

> ……须菩提，若乐小法者，著我见、人见、众生见、寿者见，则于此经，不能听受、读诵、为人解说。须菩提，在在处处，若有此经，一切世间天、人、阿修罗，所应供养。当知此处，则为是塔，皆应恭敬作礼围绕，以诸华香而散其处。[①]

90.Or.12380-2714（K.K.II.0269.b）残存1页7行，有分题，上下栏线单栏，刻本经折装，刊布者定名为“善现启请分第二”。现将西夏文录文并对译如下：

西夏文	对译
[illegible]	善现请问分二第
[illegible]	时尊长（老）须菩提大众中间处坐
[illegible][②] [illegible][③] [illegible]	已起左肩偏袒右膝地着掌合
[illegible]	恭敬佛对言说希有世尊如来
[illegible]	诸菩萨之念护能诸菩萨之语
[illegible]	要能世尊善男子善女人阿耨
[illegible]	多罗三藐三菩提心所生时何

① （后秦）鸠摩罗什译《金刚般若波罗蜜经》，《大正藏》第8册，第235号，第750页下栏12~20。

② 西夏文“[illegible]”译为“在座处而起”，汉文本为“即从座起”。

③ 西夏文“[illegible]”译为“右膝着地”。

在对译基础上翻译如下：

善现请问分第二

时，尊（长）老须菩提在大众中即从座起，偏袒左肩，右膝着地，合掌恭敬而语佛言："希有，世尊，如来能护诸菩萨，能语嘱诸菩萨。世尊，善男子、善女人，发阿耨多罗三藐三菩提心时，云何……"

Or.12380-2714（K.K.Ⅱ.0269.b）为鸠摩罗什译《金刚般若波罗蜜经》三十二分本"善现启请分第二"的前半部分，刊布者仅仅定名为"善现启请分第二"不妥，相应内容如下：

> 时，长老须菩提在大众中，即从座起，偏袒右肩，右膝着地，合掌恭敬而白佛言："希有，世尊，如来善护念诸菩萨，善付嘱诸菩萨。世尊，善男子、善女人发阿耨多罗三藐三菩提心，应云何住？……"①

91.Or.12380-2715（K.K.Ⅱ.0249.b）残存1页7行，有分题，上下栏线单栏，刻本经折装，刊布者定名为《金刚般若波罗蜜多经》。现将西夏文录文并对译如下：

繸禭禰禰牎絳劶厦硠頦蘢蕥	善法一切修故方阿耨多罗三
鑀蕥豯豥豧豟豯豥繸禭㔮纖	藐三菩提得须菩提善法说者
絳懨繸禭愅絳繸禭繡繟㔮	如来善法非故善法名为说
緅矟蘔緆鏾榐敍緺豬	福智比无分二十四第
豟豯蘐散殑散殑蕣蕨僝蕟	菩提若三千大千世界中诸
豟蕯羛虓禰禰豩䙰豩蕔蕟蕡	须弥山王一切如是如等诸七
□□□□□羝赦脣豨儆䙰	□□□□□复及布施人是

① （后秦）鸠摩罗什译《金刚般若波罗蜜经》，《大正藏》第8册，第235号，第748页下栏24~29。

在对译基础上翻译如下：

……修一切善法，方故得阿耨多罗三藐三菩提。须菩提，说善法者，如来说非善法，故名为善法。

福智无比分第二十四

须菩提，若三千大千世界中所有（一切）诸须弥山王，如是等诸七□□，复及是人□□□布施……

Or.12380-2715（K.K.Ⅱ.0249.b）为鸠摩罗什译《金刚般若波罗蜜经》三十二分本“净心行善分第二十三”和“福智无比分第二十四”的相应内容：

> ……修一切善法，则得阿耨多罗三藐三菩提。须菩提，所言善法者，如来说非善法，是名善法。
>
> 须菩提，若三千大千世界中，所有诸须弥山王，如是等七宝聚，有人持用布施。若人以此《般若波罗蜜经》……[①]

比对 Or.12380-2713（K.K.Ⅱ.0244.a.iv）、Or.12380-2714（K.K.Ⅱ.0269.b）、Or.12380-2715（K.K.Ⅱ.0249.b）残经，可以确定它们为同一版次的《金刚般若波罗蜜经》，仅存“持经功德分第十五”“善现启请分第二”“净心行善分第二十三”“福智无比分第二十四”，中间有佚文。

92.Or.12380-2716（K.K.）残存1页7行，有分题，上下栏线单栏，刻本经折装，刊布者定名为《金刚般若波罗蜜多经》。现将西夏文录文并对译如下：

[illegible]	相非说佛须菩提之说诸相一
[illegible]	切皆虚妄是若诸相相非见故
[illegible]	如来见是
[illegible]	正信希有分六第

① （后秦）鸠摩罗什译《金刚般若波罗蜜经》，《大正藏》第8册，第235号，第751页下栏24~29。

[illegible]	须菩提佛对言说若众生是如
[illegible]	句章说闻时实信生者所有佛
[illegible]	须菩提对说是言莫说令如来

在对译基础上翻译如下：

……非身相。佛告须菩提："一切诸相，皆是虚妄。若见诸相非相，故（则）是见如来。"

正信希有分第六

须菩提告佛言说："若众生闻如是说章句时，所有生实信者？"佛告须菩提："令莫作是说。如来……"

残经为鸠摩罗什译《金刚般若波罗蜜经》三十二分本"妙行无住分第五"和"正信希有分第六"的相应内容：

> ……即非身相。佛告须菩提："凡所有相，皆是虚妄。若见诸相非相，则见如来。"
>
> 须菩提白佛言："世尊，颇有众生，得闻如是言说章句，生实信不？"佛告须菩提："莫作是说。如来灭后，后五百岁。"[①]

93.Or.12380-2716V（K.K.）残存 1 页 7 行，有分题，上下栏线单栏，刻本经折装，刊布者定名为"如理实见分第五"。现将西夏文录文并对译如下：

[illegible]	也世尊须菩提菩萨相无住布
[illegible] [②] [illegible]	施福德亦复与之法思量可无
[illegible]	须菩提菩萨惟教如住应
[illegible]	理如实见分五第

① （后秦）鸠摩罗什译《金刚般若波罗蜜经》,《大正藏》第 8 册，第 235 号，第 749 页上栏 22~27。

② 此处与汉文本《金刚经》内容不能完全对应。

[illegible]	须菩提意于何云身相以如来
[illegible]	所见不也世尊身相以如来见
[illegible]	可不何云也如来身相知者身

在对译基础上翻译如下：

……“不也，世尊。”“须菩提，菩萨无住相布施，福德亦与此法不可思量。须菩提，菩萨惟应如教住。”

如理实见分第五

“须菩提，于意云何？以身相所不见如来？”“不也，世尊。不可以身相得见如来。云何也？如来所说身相者，身……”

残经为鸠摩罗什译《金刚般若波罗蜜经》三十二分本之“妙行无住分第四”和“如理实见分第五”的相应内容：

> ……“不也，世尊。”“须菩提，菩萨无住相布施，福德亦复如是不可思量。须菩提，菩萨但应如所教住。”
>
> 如理实见分第五
>
> “须菩提，于意云何？可以身相见如来不？”“不也，世尊。不可以身相得见如来。何以故？如来所说身相，即非身相。”①

比对 Or.12380-2716（K.K.）、Or.12380-2716V（K.K.）两个残经，刊布者将 Or.12380-2716（K.K.）定名为《金刚般若波罗蜜多经》，而将 Or.12380-2716V（K.K.）定名为“如理实见分第五”，显然不妥。通过解读残存内容，可以发现 Or.12380-2716V（K.K.）在前，Or.12380-2716（K.K.）在后。Or.12380-2716V（K.K.）是《金刚般若波罗蜜经》三十二分本“妙行无住分第四”的结尾和“如理实见分第五”的开头，而 Or.12380-2716（K.K.）则接在 Or.12380-2716V（K.K.）后面，内容为“如理实见分第五”和“正信希有分第六”的相应内容。

① （后秦）鸠摩罗什译《金刚般若波罗蜜经》，《大正藏》第 8 册，第 235 号，第 749 页上栏 18~27。

Or.12380-2711（K.K.Ⅱ.0280.aaa）、Or.12380-2711V（K.K.Ⅱ.0280.aaa）、Or.12380-2712（K.K.Ⅱ.0280.a.vii）、Or.12380-2714（K.K.Ⅱ.0269.b）、Or.12380-2715（K.K.Ⅱ.0249.b）、Or.12380-2716（K.K.）和 Or.12380-2716V（K.K.）虽为不同版次佛经遗存，其中 Or.12380-2711（K.K.Ⅱ.0280.aaa）、Or.12380-2711V（K.K.Ⅱ.0280.aaa）可以缀合，Or.12380-2716（K.K.）和 Or.12380-2716V（K.K.）可以缀合，它们为《金刚般若波罗蜜经》"善现启请分第二"、"如理实见分第五"、"正信希有分第六"、"离相寂灭分第十四"、"持经功德分第十五"、"净心行善分第二十三"、"福智无比分第二十四"、"法身非相分第二十六"和"无断无灭分第二十七"的内容。

94.Or.12380-2746RV（K.K.Ⅱ.0282.sss）残存 2 页，右面存 7 行，下栏线单栏，刻本蝴蝶装，左面存 7 行，下栏线单栏，左栏线双栏，残经上有编号 2746，刊布者将其定名为《金刚般若波罗蜜经》。现将西夏文录文并对译如下：

（右面）

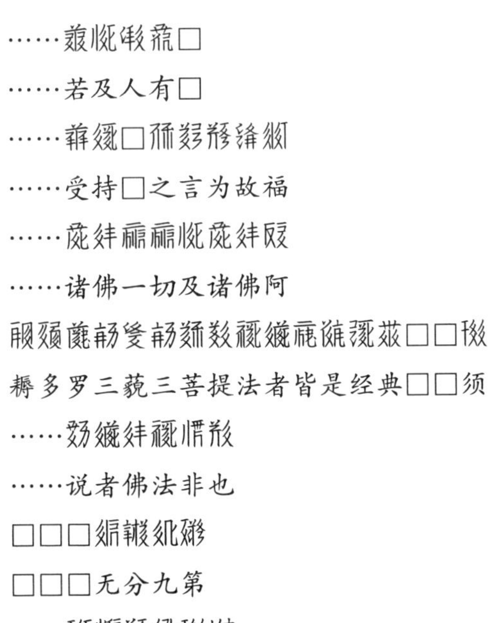

……若及人有□
……受持□之言为故福
……诸佛一切及诸佛阿
耨多罗三藐三菩提法者皆是经典□□须
……说者佛法非也
□□□无分九第

……如念为我须陀

在对译基础上翻译如下：

……若及有人，□……受持□之言，为故福……一切诸佛及诸佛阿耨多罗三藐三菩提法者，皆是经典□□。须……说者，非佛法也。

□□□无分第九

……为如念：我须陀……

（左面）

……[illegible]	……云何也如来所
……[illegible]□[illegible]	……处无□亦非不法亦非是
……[illegible]□□[illegible]	……一切皆□□法依异议有也
□□□[illegible]	□□□生分八第
……[illegible]	……云何若人三千大千世界七宝
……[illegible]	……福德所宁多也须
……[illegible]□	……福德者福德□

在对译基础上翻译如下：

……云何也？如来所……处无□，亦非不法亦是非……一切皆□□依法有异议也。

□□□生分第八

……云何？若人三千大千世界七宝……福德所宁多也？须……福德者□福德……

残经为鸠摩罗什译《金刚般若波罗蜜经》三十二分本“无得无说分第七”、“依法出生分第八”和“一相无相分第九”的相应内容，但是左右两片残经内容应该颠倒一下顺序，左面内容在前，右面内容在后。调整顺序后相应内容如下：

“……何以故？如来所说法，皆不可取、不可说，非法、非非法。所以者何？一切贤圣皆以无为法而有差别。”

“须菩提，于意云何？若人满三千大千世界七宝，以用布施，是人所得福德宁为多不？”须菩提言：“甚多，世尊。何以故？是福德即非福德性，是故如来说福德多。”“若复有人于此经中，受持乃至四句偈等，为他人说，其福胜彼，何以故？须菩提，一切诸佛及诸佛阿耨多罗三藐三菩提法，皆从此经出。须菩提，所谓佛法者，即非佛法。须菩提，于意云何？须陀洹能作是念……”①

95.Or.12380-2747（K.K.II.0244.ppp）残存1页4行，每行12字，上下栏线双栏，刻本经折装，残经上有编号2747，刊布者将其定名为“佛经”。现将西夏文录文并对译如下：

[illegible]	世界名成是者何云若世界真（实）
[illegible]② [illegible]	有故一合相也如来一合相之
[illegible]	一合相非故一合相名成说须
[illegible]□[illegible]	菩提一合相者说可无也□民

在对译基础上翻译如下：

……是成名世界者，何云？若世界真（实）有，故一合相也。如来说一合之相，故非一合相，故名成一合相。须菩提，一合相者，无可说也。□民……

残经为鸠摩罗什译《金刚般若波罗蜜经》三十二分本“一合理相分第三十”的相应内容：

……是名世界，何以故？若世界实有者，则是一合相，如来说一合相，则非一合相，是名一合相。须菩提，一合相者，则是不可

① （后秦）鸠摩罗什译《金刚般若波罗蜜经》，《大正藏》第8册，第235号，第749页中栏13~21。

② 西夏文“[illegible]”译为“一合相”。世界为微尘之集合体，称世界为一合相。

说，但凡夫之人贪著其事。①

96.Or.12380-2749（K.K.Ⅲ.021.ii）残存 1 页 6 行，写本蝴蝶装，上、左、右栏线单栏，残经上有编号 2749，刊布者将其定名为“佛经”。现将西夏文录文并对译如下：

[illegible]……	尊何云也阿罗汉说应……
[illegible]……	若阿罗汉是如念为我……
[illegible]……	说故我人众生命者于著……
[illegible]……	之净无三昧得者中最……
[illegible]……	离阿罗汉也说世尊……
[illegible]……	不说我世尊我若……

在对译基础上翻译如下：

何云也？应说阿罗汉……若阿罗汉为如是念：我说……，故于著我、人、众生、命者。说……得之无净三昧，者中最……离阿罗汉也。世尊……我……世尊不说我若……

残经为鸠摩罗什译《金刚般若波罗蜜经》三十二分本“一相无相分第九”的相应内容：

> ……何以故？实无有法名阿罗汉。世尊，若阿罗汉作是念：“我得阿罗汉道，即为著我、人、众生、寿者。”世尊，佛说我得无诤三昧，人中最为第一，是第一离欲阿罗汉。我不作是念：“我是离欲阿罗汉。”世尊，我若作是念……②

① （后秦）鸠摩罗什译《金刚般若波罗蜜经》，《大正藏》第 8 册，第 235 号，第 752 页中栏 8~13。

② （后秦）鸠摩罗什译《金刚般若波罗蜜经》，《大正藏》第 8 册，第 235 号，第 749 页下栏 8~15。

97.Or.12380-2750（K.K.Ⅲ.021.jj）残存 1 页 6 行，上、左、右栏线单栏，写本蝴蝶装，刊布者将其定名为“佛经”。现将西夏文录文并对译如下：

[illegible][1]……	无故斯陀含……
[illegible]……	陀含是如念为……
[illegible]……	须菩提言不也世尊……
[illegible]……	不还说真还应无故是……
[illegible]……	须菩提于意云何阿罗汉……
[illegible]……	阿罗汉道得我所说须……

在对译基础上翻译如下：

无……故斯陀含。……陀含为如是念……须菩提言：“不也，世尊……说不还，应真无还，故是……须菩提，意于云何？阿罗汉……我所说得阿罗汉道。须……”

残经为鸠摩罗什译《金刚般若波罗蜜经》三十二分本“一相无相分第九”的相应内容：

> ……“于意云何？斯陀含能作是念‘我得斯陀含果’不？”须菩提言：“不也，世尊。何以故？斯陀含名一往来，而实无往来，是名斯陀含。”“须菩提，于意云何？阿那含能作是念‘我得阿那含果’不？”须菩提言：“不也，世尊。何以故？阿那含名为不来，而实无来，是故名阿那含。”“须菩提，于意云何？阿罗汉能作是念‘我得阿罗汉道’不？”须菩提言：“不也，世尊……”[2]

---

① 西夏文“[illegible]”译为“斯陀含”，指佛教修习的果位，斯陀含果指薄欲界贪欲、瞋恚、无明，住于第二果位。《优婆塞戒经》卷 1 曰：“须陀洹人胜于一切外道异见；斯陀含人胜于一切须陀洹果；阿那含人胜于一切斯陀含果；阿罗汉人胜于一切阿那含果；辟支佛人胜于一切阿罗汉果。”

②（后秦）鸠摩罗什译《金刚般若波罗蜜经》，《大正藏》第 8 册，第 235 号，第 749 页中栏 29~ 下栏 3。

Or.12380-2749（K.K.Ⅲ.021.ii）和 Or.12380-2750（K.K.Ⅲ.021.jj）在版式、字体上都为同部佛经。查阅残页内容，可以确定 Or.12380-2750（K.K.Ⅲ.021.jj）内容在前，Or.12380-2749（K.K.Ⅲ.021.ii）内容在后，二者可以相互衔接。

98.Or.12380-2755（K.K.Ⅱ.0281.a.xvii）残存 1 页 6 行，上栏线单栏，下栏线无存，刻本经折装，刊布者将其定名为“佛经”。现将西夏文录文并对译如下：

[illegible]……

世尊我见人见众生见命者见之我见……

[illegible]……

众生见命者见非故我见人见众生见命者……

[illegible]……

见名为须菩提阿耨多罗三藐三菩提……

[illegible]□[illegible]……

起者法一切于是如□是如……

[illegible]□[illegible]……

相不起应须菩提法□说者如来法得……

[illegible]①[illegible]……

法相名为说……

在对译基础上翻译如下：

世尊，我见、人见、众生见、命者见，即非我见……众生见、命者见，故名为我见、人见、众生见、命者见……须菩提，起阿耨多罗三藐三菩提者，于一切法，如是□，是如……应不起相。须菩提，说法□者，如来说得法……名为法相。

残经为鸠摩罗什译《金刚般若波罗蜜经》三十二分本“知见不生分

① 西夏文“[illegible]”译为“是名法相”。

第三十一”的相应内容：

“……世尊说我见、人见、众生见、寿者见，即非我见、人见、众生见、寿者见，是名我见、人见、众生见、寿者见。”“须菩提，发阿耨多罗三藐三菩提心者，于一切法，应如是知，如是见，如是信解，不生法相。须菩提，所言法相者，如来说即非法相，是名法相。”①

99.Or.12380-2760（K.K.Ⅱ.0282.a.vii）残存1页，仅存2行，每行14字，上下栏线单栏，刻本经折装，刊布者将其定名为“佛经”。现将西夏文录文并对译如下：

[illegible]
见处无何云也如来三十二相之（即）相
[illegible]
非故三十二相名为说须菩提若善

在对译基础上翻译如下：

无……见处。何云也？如来说三十二相，即非相，故名为三十二相。须菩提，若善……

残经为鸠摩罗什译《金刚般若波罗蜜经》三十二分本“如法受持分第十三”的相应内容：

“……不可以三十二相得见如来，何以故？如来说三十二相，即是非相，是名三十二相。”“须菩提，若有善男子、善女人……”②

① （后秦）鸠摩罗什译《金刚般若波罗蜜经》，《大正藏》第8册，第235号，第752页中栏17~21。

② （后秦）鸠摩罗什译《金刚般若波罗蜜经》，《大正藏》第8册，第235号，第750页上栏20~21。

100.Or.12380-2890aRV（K.K.Ⅱ.0290.q）残存 4 个残片，下栏线单栏，上栏线无存，刻本，右面 3 个残片，左面 1 个残片，刊布者将其定名为“佛经”。这些残片并非全是《金刚般若波罗蜜经》，仅右面上、右面中为《金刚般若波罗蜜经》。现将西夏文录文并对译如下：

（右面上）

……[illegible]　　……身实成

……[illegible]　　……六第

在对译基础上翻译如下：

……成真身

……第六

（右面中）

……[illegible]　　……觉者心

……[illegible]　　……二佛三四五佛

……[illegible]　　……千万佛于

……[illegible]　　……所

在对译基础上翻译如下：

……觉心者，……二佛三四五佛……于千万佛……所

残经为鸠摩罗什译《金刚般若波罗蜜经》三十二分本之“如理实见分第五”“正信希有分第六”的相应内容：

“若见诸相非相，则见如来。”

正信希有分第六

……佛告须菩提：“莫作是说。如来灭后，后五百岁，有持戒修福者，于此章句，能生信心，以此为实，当知是人，不于一佛、二佛、三四五佛，而种善根，已于无量千万佛所种诸善根，闻是章

句，乃至一念生净信者。须菩提，如来悉知、悉见是诸众生，得如是无量福德。何以故？是诸众生，无复我相、人相、众生相、寿者相……”①

Or.12380-2890aRV（K.K.Ⅱ.0290.q）其他残片内容非《金刚般若波罗蜜经》，此处不予分析。

101.Or.12380-2893a（K.K.）存 1 个残片，写本，残页空白处有编号 2893，刊布者将其定名为《金刚般若波罗蜜经》，实际上仅存“[illegible]”（法会由因分第一）的内容，其他为：

……[illegible]	……蜜经典
……[illegible]	……法师
[illegible]② [illegible]③	大白高国大度民众宫
[illegible]	法会由因分第一

Or.12380-2893a（K.K.）为《金刚般若波罗蜜经》经题、译者、译经寺院和“法会因由分第一”的内容。

102.Or.12380-2901RV（K.K.Ⅲ.028.a）残存 2 页 10 行，字数不能确定，残缺严重，下栏线单栏，写本，刊布者将其定名为“佛经”。现将西夏文录文并对译如下：

（右面）

……[illegible]	……法不有世尊
……[illegible]	……（阿）罗汉道得我
……[illegible]	……也世尊佛我

① （后秦）鸠摩罗什译《金刚般若波罗蜜经》，《大正藏》第 8 册，第 235 号，第 749 页上栏 27~ 中栏 5。

② 西夏文“[illegible]”译为“大白高国”。

③ 西夏文“[illegible]”译为“大度民众宫”“大度民寺”。

……[illegible] ……为第一欲
……[illegible] ……离阿罗汉也

在对译基础上翻译如下：

……不有法……世尊……我得（阿）罗汉道……也。世尊，佛……我……为第一……离欲阿罗汉也。

（左面）

……[illegible]□□ ……果得我□□
……[illegible][①][illegible] ……阿那含者
……[illegible] ……阿那含名成
……[illegible] ……如念为正
……[illegible]□□ ……提言不□□

在对译基础上翻译如下：

我得……果？□□……阿那含者……名成阿那含。……为如正念：……提言：不□，□……

Or.12380-2901RV（K.K.Ⅲ.028.a）残经为鸠摩罗什译《金刚般若波罗蜜经》三十二分本“一相无相分第九”的相应内容：

> “……‘我得斯陀含果’不？”须菩提言：“不也，世尊。何以故？斯陀含名一往来，而实无往来，是名斯陀含。”“须菩提，于意云何？阿那含能作是念‘我得阿那含果’不？”须菩提言：“不也，世尊。何以故？阿那含名为不来而实无来，是故名阿那含。”“须菩提，于意云何？阿罗汉能作是念‘我得阿罗汉道’不？”须菩提言：“不也，世尊。何以故？实无有法名阿罗汉。世尊，若阿罗汉作是念，我得阿罗汉道，即为著我、人、众生、寿

① 西夏文“[illegible]”译为“阿那含”。

者。世尊，佛说我得无诤三昧人中最为第一，是第一离欲阿罗汉，我不作是念：'我是离欲阿罗汉。'"①

Or.12380-2901RV（K.K.Ⅲ.028.a）右面内容在前，左面内容在后，两个残页内容可缀合。

103.Or.12380-2902RV（K.K.）残存 2 个残片，上栏线单栏，下栏线无存，刻本，在残页空白处有编号 2902，刊布者将其定名为"佛经"。现将西夏文录文并对译如下：

（右面）

[illegible]……	须菩提若……
[illegible]……	寿者……
[illegible]……	人……

在对译基础上翻译如下：

须菩提，若……寿者……人……

（左面）

[illegible]……	见……
[illegible]……	人见……
[illegible]……	提阿耨多罗三藐三菩提……
[illegible]……	法无……

在对译基础上翻译如下：

见……人见……提阿耨多罗三藐三菩提……法无……

残经为鸠摩罗什译《金刚般若波罗蜜经》三十二分本"知见不生分第三十一"的相应内容：

① （后秦）鸠摩罗什译《金刚般若波罗蜜经》，《大正藏》第 8 册，第 235 号，第 749 页中栏 27~下栏 7。

"须菩提，若人言：'佛说我见、人见、众生见、寿者见。'须菩提，于意云何？是人解我所说义不？""世尊，是人不解如来所说义。何以故？世尊说我见、人见、众生见、寿者见，即非我见、人见、众生见、寿者见，是名我见、人见、众生见、寿者见。""须菩提，发阿耨多罗三藐三菩提心者，于一切法，应如是知……"[①]

104.Or.12380-2916c（K.K.）残存 1 个残片，上栏线单栏，下栏线无存，刻本，刊布者将其定名为"佛经"。[②] 现将西夏文残片依 Or.12380-2901RV（K.K.Ⅲ.028.a）、Or.12380-2389RV（K.K.Ⅱ.0241.d）和荒川慎太郎《西夏文〈金刚经〉的研究》提供的图片等补录并对译如下：

[illegible]	汉道得我说也故世尊须菩提
[illegible]	阿兰那行喜者是不说须菩提
[illegible]□□□	实行所无以须菩提阿□□□

在对译基础上翻译如下：

说：我得阿汉道也。故世尊不说须菩提是阿兰那行喜者。以须菩提实无所行，须菩提□阿□□……

残经为鸠摩罗什译《金刚般若波罗蜜经》三十二分本"一相无相分第九"的相应内容：

我若作是念"我得阿罗汉道"，世尊则不说须菩提是乐阿兰那行者，以须菩提实无所行，而名须菩提是乐阿兰那行。[③]

① （后秦）鸠摩罗什译《金刚般若波罗蜜经》，《大正藏》第 8 册，第 235 号，第 752 页中栏 15~20。

② Or.12380-2916c（K.K.）残经虽仅存几个西夏字，但与 Or.12380-2389RV（K.K.Ⅱ.0241.d）残经的开头相同，故据后者补录。

③ （后秦）鸠摩罗什译《金刚般若波罗蜜经》，《大正藏》第 8 册，第 235 号，第 749 页下栏 9~15。

105.Or.12380-2937（K.K.Ⅱ.0240.ff）残存1页6行，上下栏线单栏，刻本经折装，残页空白处有编号2937，刊布者定名为《金刚般若波罗蜜多经》。现将西夏文录文并对译如下：

[illegible]

成就得故此菩萨前菩萨□得德功如

[illegible]

胜须菩提此诸菩萨者福德无受故也

[illegible]

须菩提佛对言说世尊何云菩萨福德

[illegible]

不受须菩提菩萨作福德贪求著应非

[illegible]

是故福德福无受说

[illegible]

威仪寂静分二十九第

在对译基础上翻译如下：

得成就故，此菩萨胜如前菩萨□得德功。须菩提，此诸菩萨者所无受福德故也。须菩提对佛言说："世尊，云何菩萨不受福德？"须菩提，菩萨所作福德，不求贪著，是故说无受福德。

威仪寂静分第二十九

Or.12380-2937（K.K.Ⅱ.0240.ff）为鸠摩罗什译《金刚般若波罗蜜经》三十二分本"不受不贪分第二十八"的相应内容和"威仪寂静分第二十九"的分题：

> "……得成于忍，此菩萨胜前菩萨所得功德。何以故？须菩提，以诸菩萨不受福德故。"须菩提白佛言："世尊，云何菩萨不受福德？""须菩提，菩萨所作福德，不应贪著，是故说不受福德。"

威仪寂静分第二十九[1]

106.Or.12380-2938（K.K.Ⅱ.0244.y.rr）残存1页6行，上下栏线单栏，刻本经折装，残页空白处有编号2938，刊布者定名为《金刚般若波罗蜜多经》。现将西夏文录文并对译如下：

[illegible]

成就得故此菩萨前菩萨□得德功如

[illegible]

胜须菩提此诸菩萨者福德无受故也

[illegible]

须菩提佛对言说世尊何云菩萨福德

[illegible]

不受须菩提菩萨作福德贪求著应非

[illegible]

是故福德无受说

[illegible]

威仪寂静分二十九第

在对译基础上翻译如下：

得成就故，此菩萨胜如前菩萨□得德功。须菩提，此诸菩萨者所无受福德故也。须菩提对佛言说："世尊，云何菩萨不受福德？"须菩提，菩萨所作福德，不求贪著，是故说无受福德。

威仪寂静分第二十九

残经为鸠摩罗什译《金刚般若波罗蜜经》三十二分本之"不受不贪分第二十八"的相应内容和"威仪寂静分第二十九"的分题：

---

① （后秦）鸠摩罗什译《金刚般若波罗蜜经》，《大正藏》第8册，第235号，第752页上栏19~29。

“……得成于忍，此菩萨胜前菩萨所得功德。何以故？须菩提，以诸菩萨不受福德故。”须菩提白佛言：“世尊，云何菩萨不受福德？”“须菩提，菩萨所作福德，不应贪著，是故说不受福德。”

威仪寂静分第二十九[①]

Or.12380-2937（K.K.Ⅱ.0240.ff） 和 Or.12380-2938（K.K.Ⅱ.0244.y.rr）内容基本一致，二者字体、版式一致，为同一批同一版刊印佛经。

107.Or.12380-2940（K.K.Ⅱ.0239.eee）残存 1 页 6 行，每行 15 字，上下栏线单栏，刻本经折装，原文献上有编号 2940，刊布者定名为《佛说佛母宝德藏般若波罗蜜多经》。现将西夏文录文并对译如下：

□□□□□□□□□[illegible]
□□□□□□□□□有如来大乘起
□□[illegible]
□□说为最上乘起者之说为若人受
□□[illegible]
□□诵彼（是）之广说能故如来彼（是）人皆知
□[illegible][②][illegible]
□人皆见皆量可无说可无边不有测
[illegible]
说可不得成就功德如是人等如来之
[illegible][③][illegible]
阿耨多罗三藐三菩提负担也何云也

在对译基础上翻译如下：

① （后秦）鸠摩罗什译《金刚般若波罗蜜经》，《大正藏》第 8 册，第 235 号，第 752 页上栏 19~29。

② 西夏文“[illegible]”译为“无可说”，汉文本为“无可称”。

③ 西夏文“[illegible]”（负担）依据 Or.12380-0998（K.K.Ⅱ.0277.ww）补录。

□□□□□□□□□□有如来为起（发）大乘□□说，为起（发）最上乘者之说。若人能受□□诵，彼之广说，故如来皆知彼（是）人，皆见□人，皆得成就如无可量、无可说、不有边、不可思议功德。如是人等，负担如来之阿耨多罗三藐三菩提也，云何也？

此残经非《佛说佛母宝德藏般若波罗蜜多经》，而为鸠摩罗什译《金刚般若波罗蜜经》三十二分本之“持经功德分第十五”的相应内容：

> ……如来为发大乘者说，为发最上乘者说。若有人能受持读诵，广为人说，如来悉知是人，悉见是人，皆得成就不可量、不可称、无有边、不可思议功德，如是人等，则为荷担如来阿耨多罗三藐三菩提，何以故？[1]

108.Or.12380-2945（K.K.Ⅱ.0244.i）残存 1 页 6 行，上下栏线单栏，刻本经折装，残经原卷上有编号 2945，刊布者将其定名为“庄严净土分第十”。现将西夏文录文并对译如下：

[illegible]
兰行乐者是曰
[illegible][2][illegible]
净土庄严分十第
[illegible]
佛须菩提之说意于何云如来往昔
[illegible]
灯燃佛在所时法于得应所有不也
[illegible]

---

① （后秦）鸠摩罗什译《金刚般若波罗蜜经》，《大正藏》第 8 册，第 235 号，第 750 页下栏 13~20。

② 西夏文“[illegible]”译为“净土庄严”，表示以善美饰国土，净土是圣者所住之国土，没有五浊垢染。

世尊如来灯燃佛在所（住）时法于实得

[illegible]

所无须菩提意于何云菩萨佛土所

在对译基础上翻译如下：

曰是……兰行乐者。

庄严净土分第十

佛对须菩提说：于意云何？如来往昔在燃灯佛所时，于法应有所得？不也，世尊。如来在燃灯佛所时，于法实无所得。须菩提，于意云何？菩萨所……佛土……

残经为鸠摩罗什译《金刚般若波罗蜜经》三十二分本“一相无相分第九”最后几个字和“庄严净土分第十”的相应内容：

> ……而名须菩提是乐阿兰那行。
>
> 庄严净土分第十
>
> 佛告须菩提：“于意云何？如来昔在然灯佛所，于法有所得不?”“不也，世尊。如来在然灯佛所，于法实无所得。”“须菩提，于意云何？菩萨庄严佛土不？……”[①]

109.Or.12380-2945V（K.K.Ⅱ.0241.i）残存 1 页 6 行，每行 13~14 字，上下栏线单栏，刻本经折装，刊布者定名为《金刚般若波罗蜜多经》。现将西夏文录文并对译如下：

[illegible]

佛我之诤无三昧得者中皆一第为

[illegible]

一第欲离阿罗汉是说世尊我欲离

---

① （后秦）鸠摩罗什译《金刚般若波罗蜜经》,《大正藏》第 8 册，第 235 号，第 749 页下栏 7~18。

[illegible][1][illegible]

阿罗汉是我说是如念无作我世尊

[illegible]

我若是如念作阿罗汉道得我说

[illegible]

故世尊须菩提阿兰那行乐者是不

[illegible]□

说须菩提实行所无以须菩提阿□

在对译基础上翻译如下：

佛说我得之无诤三昧，者中皆为第一，是第一离欲阿罗汉。世尊，我是离欲阿罗汉，我说：无作如是念。故世尊不说须菩提是阿兰那行乐者。以须菩提实无所行，须菩提□阿……

残经为鸠摩罗什译《金刚般若波罗蜜经》三十二分本“一相无相分第九”的相应内容：

> 佛说我得无诤三昧，人中最为第一，是第一离欲阿罗汉。我不作是念：“我是离欲阿罗汉。”世尊，我若作是念“我得阿罗汉道”，世尊则不说须菩提是乐阿兰那行者，以须菩提实无所行，而名须菩提是乐阿兰那行。[2]

Or.12380-2945（K.K.II.0244.i）和 Or.12380-2945V（K.K.II.0241.i）为同部残经，在版式、字体上一致。比对其内容，可以确定 Or.12380-2945V（K.K.II.0241.i）在前，而 Or.12380-2945（K.K.II.0244.i）在后，二者可以缀合。

110.Or.12380-2956（K.K.II.0281.a. xiii）残存 1 页 6 行，上下栏线

① 西夏文“[illegible]”译为“我说无作如是念”，其顺序与汉文本不同。

② （后秦）鸠摩罗什译《金刚般若波罗蜜经》，《大正藏》第 8 册，第 235 号，第 749 页下栏 8~15。

单栏，刻本经折装，刊布者将其定名为《金刚般若波罗蜜经》。现将西夏文录文并对译如下：

[illegible]　　愿佛妙秘开　广众生缘说

[illegible]　　愿发文

[illegible]　　十方无量佛　顶告三界尊

[illegible]　　我今大愿发　是金刚经持

[illegible]　　上报四重恩　下济三恶苦

[illegible][1][illegible]　　闻见人有者　菩提心乃发

在对译基础上翻译如下：

愿佛开妙密，广为众生说。

发愿文

十方无量佛，稽首三界尊。我今发大愿，持此金刚经。上报四重恩，下济三恶苦。有人见闻者，乃发菩提心。

比对俄藏黑水城汉文 TK14《金刚般若波罗蜜经》，我们可以确定其为《金刚般若波罗蜜经》之“云何梵”和“发愿文”的相应内容：

> 云何得长寿，金刚不坏身；复以何因缘，得大坚固力；云何于此经，究竟到彼岸；愿佛开微密，广为众生说。
>
> 发愿文
>
> 稽首三界尊，归命十方佛[2]；我今发弘愿，持此金刚经；上报四重恩，下济三恶苦。若有闻见者，悉发菩提心。尽此一身报，同生极乐国。[3]

---

① 〔日〕荒川慎太郎：《西夏文〈金刚经〉的研究》，博士学位论文，京都大学，2002，经文附录第 43 页。

② 西夏文残经将此两句话颠倒，西夏文为“十方无量佛”，汉文本为“归命十方佛”。

③ 参见俄罗斯科学院东方学研究所等主编《俄藏黑水城文献》（第 1 册），上海古籍出版社，1996，第 300 页。

111.Or.12380-2958（K.K.II.0240.ee）残存1页5行，每行12字，上下栏线双栏，刻本，残经上有编号2958，刊布者将其定名为“佛经”。现将西夏文录文并对译如下：

□□□□□□[illegible]	□□□□□□国庄严者庄严
□□□□[illegible]	□□□□名成是缘（故）须菩提诸
[illegible][1][illegible]	菩萨摩诃萨如是清净心起色
□[illegible]	□心不起声香味触法住心不
[illegible]□□□□□□□□	起住应无□□□□□□□□

在对译基础上翻译如下：

□□□□□庄严□国者，□□庄严，名成□□。是故须菩提，诸菩萨摩诃萨，如是起（生）清净心，不□色起（生）心，不应住声、香、味、触法住起（生）心，□无□□□□□□□□。

残经为鸠摩罗什译《金刚般若波罗蜜经》三十二分本之“庄严净土分第十”的相应内容：

> ……庄严佛土者，则非庄严，是名庄严，是故须菩提，诸菩萨摩诃萨，应如是生清净心，不应住色生心，不应住声、香、味、触、法生心，应无所住，而生其心。[2]

112.Or.12380-2962（K.K.II.0239.fff）残存1页7行，上下栏线单栏，刻本经折装，在第2行后有“[illegible]”（金刚）二字，下面接第3行经文，残经上有编号2962，刊布者将其定名为“佛经”。现将西夏文录文并对译如下：

---

① 西夏文“[illegible]”译为“生清净心”。清净心，无疑、无垢的信心和净心，是摆脱了淫欲、贪痴、嗔怒，没有烦恼的心。

② （后秦）鸠摩罗什译《金刚般若波罗蜜经》，《大正藏》第8册，第235号，第749页下栏。

[illegible]□[illegible]□□□[illegible]

罗汉道得我说□我人众生命者□□□世

[illegible]□[illegible]□□□□□□□

尊佛我□诤无三昧得者□□□□□□□

[illegible]

金刚

[illegible]

欲离阿罗汉也说世尊我欲离阿罗汉也我说

[illegible]

是如念无作我世尊我若是如念为阿罗汉

[illegible]

道得我说我故世尊须菩提阿兰那行乐者

[illegible]

也不说须菩提真行应无依须菩提阿兰那

在对译基础上翻译如下：

……说："我得罗汉道，□我、人、众生、命者□□□。"世尊，佛说我□无诤三昧得者，□□□□□□□离欲阿罗汉也。世尊，我说我欲离阿罗汉也。我无作如是念。世尊，我若作如是念："我说我得阿罗汉道，故世尊不说须菩提是阿兰那行乐也。依须菩提，真无应行，须菩提阿兰那……"

残经为鸠摩罗什译《金刚般若波罗蜜经》三十二分本之"一相无相分第九"的相应内容，其实在前 2 行与第 3 行之间有"金刚"二字，这是提示佛经的经名。残页相应内容如下：

……若阿罗汉作是念"我得阿罗汉道"，即为著我、人、众生、寿者。世尊，佛说我得无诤三昧，人中最为第一，是第一离欲阿罗汉。我不作是念："我是离欲阿罗汉。"世尊，我若作是念"我得阿罗汉道"，世尊则不说须菩提是乐阿兰那行者。以须菩提实无所行，而名须菩提是乐阿兰那行。[①]

113.Or.12380-2963（K.K.Ⅱ.0239.ggg）残存 1 页 7 行，每行 17 字，上、下、左栏线单栏，右栏线双栏，为刻本蝴蝶装，刊布者将其定名为“佛经”，现将西夏文录文并对译如下：

[illegible]

所住时法于得应所有不也世尊如来灯燃

[illegible]

佛所住时法于实得所无须菩提意于何云

[illegible]

菩萨佛国所庄严不也世尊何云也佛国庄

[illegible]

严者庄严非故庄严名成（为）是缘须菩提诸菩

[illegible]□□□□□□□[illegible]

萨摩诃萨是如清净心□□□□□□□所

[illegible]□□□□□□□□□□□

声香味触法住□□□□□□□□□□□

[illegible]□□□□□□□□□□

菩提如人身须弥□□□□□□□□□□

在对译基础上翻译如下：

住……所时，于法应有所得？不也，世尊。如来住燃灯佛所时，于法实无所得。须菩提，于意云何？菩萨所庄严佛国？不也，世尊。云何也？庄严佛国者，非庄严，故名为庄严。是缘须菩提，诸菩萨摩诃萨，如是□清净心，□□住□□□□所声、香、味、触法□□□□□□□□□□□菩提，如人身须弥□□□□□□□□□□。

① （后秦）鸠摩罗什译《金刚般若波罗蜜经》,《大正藏》第 8 册，第 235 号，第 749 页下栏 8~15。

残经为鸠摩罗什译《金刚般若波罗蜜经》相应内容：

> 佛告须菩提："于意云何？如来昔在燃灯佛所，于法有所得不？""不也，世尊，如来在燃灯佛所，于法实无所得。""须菩提：于意云何？菩萨庄严佛土不？""不也，世尊。何以故？庄严佛土者，则非庄严，是名庄严。""是故须菩提，诸菩萨摩诃萨应如是生清净心，不应住色生心，不应住声、香、味、触法生心，应无所住而生其心。须菩提，譬如有人身如须弥山王，于意云何？是身为大不？"[①]

从内容判断，Or.12380-2963（K.K.Ⅱ.0239.ggg）属于"庄严净土分第十"的内容，然而残经中没有出现三十二分的分题。

114.Or.12380-2965（K.K.Ⅱ.0253.o）残存 1 页 7 行，右下角残缺严重，上下栏线单栏，刻本经折装，刊布者将其定名为"能净业障分第十六"。现将西夏文录文并对译如下：

[illegible]□□□□□□□
须菩提如法小乐故□□□□□□□
[illegible]□□□□□
寿者见于著是佛经闻受□□□□□
[illegible]□□□□□
说不能须菩提何土界中□□□□□
[illegible]□□□□□□
世间人天阿修罗一切□□□□□□
[illegible]
处佛塔有如恭敬礼拜围绕诸香花供

① （后秦）鸠摩罗什译《金刚般若波罗蜜经》，《大正藏》第 8 册，第 235 号，第 749 页下栏 16~23。

[illegible][1]

养当

[illegible]

业障净能分十六第

在对译基础上翻译如下：

须菩提，如乐小法，故□□□□□□□□寿者见，著于是佛经，不能闻受□□□□□□说。须菩提，何土界中，一切世间人、天、阿修罗□□□□。如□处□有佛塔，恭敬礼拜围绕，诸香花当供养。

能净业障分第十六

Or.12380-2965（K.K.II.0253.o）为鸠摩罗什译《金刚般若波罗蜜经》的内容，但残经中出现分题，刊布者仅以分题定名不妥。可以确定为《金刚般若波罗蜜经》三十二分本之“持经功德分第十五”结尾处相应内容和“能净业障分第十六”的分题：

> “须菩提，若乐小法者，著我见、人见、众生见、寿者见，则于此经，不能听受、读诵、为人解说。须菩提，在在处处，若有此经，一切世间天、人、阿修罗，所应供养。当知此处，则为是塔，皆应恭敬作礼围绕，以诸华香而散其处。”
>
> 能净业障分第十六[2]

115.Or.12380-2966（K.K.II.0231.r）残存1页7行，上下栏线单栏，刻本经折装，刊布者将其定名为“能净业障分第十六”。现将西夏文录文并对译如下：

[illegible]

---

① 西夏文“[illegible]”译为“诸香花当供养”，汉文本为“以诸华香而散其处”。

② （后秦）鸠摩罗什译《金刚般若波罗蜜经》，《大正藏》第8册，第235号，第750页下栏12~20。

须菩提如法小乐故我见人见众生见

[illegible]

寿者见于著是佛经闻受读诵他之广

[illegible]

说不能须菩提何土界中此经卷得有

[illegible]

世间人天阿修罗一切供养应所定其

[illegible]

处佛塔有如敬恭礼拜围绕诸香花供

[illegible]

养当

[illegible]

业障净能分十六第

在对译基础上翻译如下：

须菩提，如乐小法，故我见、人见、众生见、寿者见，著于是佛经，不能闻受诵读，为他广说。须菩提，何土界中，有得此经典，一切世间人、天、阿修罗所应供养。如其处定有佛塔，恭敬礼拜围绕，诸香花当供养。

能净业障分第十六

Or.12380-2966（K.K.II.0231.r）为鸠摩罗什译《金刚般若波罗蜜经》的内容，但残经中出现分题，刊布者仅以分题定名不妥。可以确定其为《金刚般若波罗蜜经》三十二分本之“持经功德分第十五”的相应内容和“能净业障分第十六”的分题：

……“须菩提，若乐小法者，著我见、人见、众生见、寿者见，则于此经，不能听受、读诵、为人解说。须菩提，在在处处，若有此经，一切世间天、人、阿修罗，所应供养。当知此处，则为是塔，皆应恭敬作礼围绕，以诸华香而散其处。”

能净业障分第十六[①]

Or.12380-2965（K.K.II.0253.o）与 Or.12380-2966（K.K.II.0231.r）完全重合，二者可以相互补充，为同版印经，Or.12380-2965（K.K.II.0253.o）残缺严重，Or.12380-2966（K.K.II.0231.r）相对完整，其内容为《金刚般若波罗蜜经》三十二分本之“持经功德分第十五”的后半部分内容和“能净业障分第十六”的分题。

116.Or.12380-3035（K.K.）残存 1 页 5 行，残缺严重，上栏线单栏，下栏线无存，刻本，残经上有编号 3035，刊布者定名为“金刚发持梵音”。现将西夏文录文并对译如下：

[illegible]　[illegible]

奉请金刚爱菩萨　奉请金刚语菩萨

[illegible][②]

经持梵声

[illegible]　[illegible][③]　[illegible]

金刚不坏身　云何寿长得　及何因缘依

[illegible]　[illegible]　[illegible]

大坚固力得　何云经典依　究竟彼岸到

[illegible]　[illegible]

愿佛妙秘开　广众生缘说

Or.12380-3035（K.K.）残经为《金刚经赞》之“云何梵”的相应内容：

---

① （后秦）鸠摩罗什译《金刚般若波罗蜜经》,《大正藏》第 8 册，第 235 号，第 750 页下栏 18~25。

② 一些西夏文根据日本学者荒川慎太郎的博士学位论文《西夏文〈金刚经〉的研究》（京都大学，2002）经文附录第 43 页补录，西夏文译为“持经梵声”，汉文本为“云何梵”。

③ 西夏文“[illegible]　[illegible]”的顺序正好与汉文本顺序前后对调。

金刚不坏身，云何得长寿。及依何因缘，得大坚固力。云何依此经，究竟到彼岸？愿佛开妙秘，广为众生说。

比对俄藏黑水城汉文 TK14《金刚般若波罗蜜经》，我们可以确定其为《金刚般若波罗蜜经》之“云何梵”的相应内容：

云何得长寿，金刚不坏身；复以何因缘，得大坚固力；云何于此经，究竟到彼岸；愿佛开微密，广为众生说。

117.Or.12380-3035V（K.K.）残存 1 页 5 行，残缺严重，上栏线单栏，下栏线无存，刻本，刊布者定名为“佛经”。现将西夏文录文并对译如下：

[illegible][1]
愿发文
[illegible]　[illegible]　[illegible]
十方无量佛　顶告三界尊　我今大愿发
[illegible]　[illegible]　[illegible]
是金刚经持　上报四重恩　下济三恶苦
[illegible]　[illegible]　[illegible]
闻见人有者　菩提心乃发　是一身报尽
[illegible]
极乐同愿生

Or.12380-3035V（K.K.）残经为《金刚经赞》之“发愿文”的相应内容：

① 一些西夏文根据日本学者荒川慎太郎的博士学位论文《西夏文〈金刚经〉的研究》（京都大学，2002）经文附录第 43 页补录。

发愿文

稽首三界尊，十方无量佛。[①]我今发大愿，持此金刚经。上报四重恩，下济三恶苦。若有闻见者，乃发菩提心。尽此一身报，愿同生极乐。

比对俄藏黑水城汉文 TK14《金刚般若波罗蜜经》，我们可以确定其为《金刚般若波罗蜜经》之“发愿文”的相应内容：

发愿文

稽首三界尊，归命十方佛[②]；我今发弘愿，持此金刚经；上报四重恩，下济三恶苦。若有闻见者，悉发菩提心。尽此一身报，同生极乐国。[③]

Or.12380-3035（K.K.）、Or.12380-3035V（K.K.）为同版刊印残经，其内容基本可缀合，但中间有佚文。

118.Or.12380-3038RV（K.K.II.0227.p）残存 2 页 12 行，残缺严重，上栏线双栏，下栏线无存，刻本经折装，刊布者将其定名为“佛经”。现将西夏文录文并对译如下：

（右面）

[illegible]……　说……

[illegible]……　时戒……

[illegible]……　是之真（实）……

[illegible]……　四五佛处（于）……

[illegible]……　处（于）善本（根）种……

① 西夏文残经将此两句话颠倒。

② 西夏文残经将此两句话颠倒，西夏文为“十方无量佛”，汉文本为“归命十方佛”。

③ 参见俄罗斯科学院东方学研究所等主编《俄藏黑水城文献》（第 1 册），上海古籍出版社，1996，第 300 页。

[illegible]…… 信生故须菩提……

在对译基础上翻译如下：

说，时戒……是之实……四五佛处……于……种善根……生信故。须菩提……

（左面）

[illegible]…… 众生是如无……
[illegible]…… 众生及我是……
[illegible]…… 法相无不法……
[illegible]…… 生若心……
[illegible]…… 也若……
[illegible]…… 也……

在对译基础上翻译如下：

是众生，如无……及众生，我是……无法相不法……生，若心……也若……也……

可确定残经为鸠摩罗什译《金刚般若波罗蜜经》三十二分本“正信希有分第六”的相应内容：

> ……佛告须菩提：“莫作是说，如来灭后，后五百岁，有持戒修福者，于此章句，能生信心，以此为实，当知是人，不于一佛、二佛、三四五佛，而种善根，已于无量千万佛，所种诸善根，闻是章句，乃至一念生净信者。须菩提，如来悉知、悉见，是诸众生，得如是无量福德。何以故？是诸众生，无复我相、人相、众生相、寿者相，无法相亦无非法相。何以故？是诸众生，若心取相，则为著我、人、众生、寿者。若取法相，即著我、人、众生、寿者。何以故？”[①]

① （后秦）鸠摩罗什译《金刚般若波罗蜜经》，《大正藏》第8册，第235号，第749页上栏27~中栏5。

119.Or.12380-3039（K.K.Ⅱ.0229.y）残存1页7行，残缺严重，下栏线单栏，上栏线无存，右栏线双栏，刻本蝴蝶装，刊布者将其定名为“佛经”，字数不能确定，存分题。现将西夏文录文并对译如下：

[illegible][1] [illegible]　　妙行住无分四第

[illegible][2] [illegible]□□□□□[illegible][3] [illegible]

复次须菩提菩萨法于□□□□□施行应

[illegible][4] [illegible]

是者色于不住布施声香味触法于不住布

[illegible][5] [illegible]

施须菩提菩萨是如布施相于不住应何云

[illegible][6] [illegible]

也若菩萨相于不住布施故福德思量可不

[illegible][7] [illegible]□[illegible]

须菩提意于何云东方虚空正思量可不□不

[illegible]□□[illegible][8] [illegible]

也世尊须菩提南西北方四□□下虚空亦

在对译基础上翻译如下：

妙行无住分第四

复次，须菩提，菩萨于法，应□□□□□行布施，应是不住于色布施者，不住于声、香、味、触、法布施。须菩提，菩萨如是布施，应不

---

① 根据 Or.12380-3228（K.K.Ⅱ.0262.e）的内容补录。

② 根据 Or.12380-3228（K.K.Ⅱ.0262.e）的内容补录。

③ 根据 Or.12380-3209（K.K.Ⅱ.0290.j）的内容补录。

④ 根据 Or.12380-3228（K.K.Ⅱ.0262.e）的内容补录。

⑤ 根据 Or.12380-3228（K.K.Ⅱ.0262.e）的内容补录。

⑥ 根据 Or.12380-3228（K.K.Ⅱ.0262.e）的内容补录。

⑦ 根据 Or.12380-3228（K.K.Ⅱ.0262.e）的内容补录。

⑧ 根据 Or.12380-3228（K.K.Ⅱ.0262.e）的内容补录。

住于相。何云也？若菩萨不住于相布施，故福德不可思量。须菩提，于意云何？东方虚空可思量不？不也，世尊。须菩提，南西北方四□□下虚空亦……

可确定残经为鸠摩罗什译《金刚般若波罗蜜经》相应内容：

> “复次，须菩提，菩萨于法，应无所住行于布施，所谓不住色布施，不住声、香、味、触、法布施。须菩提，菩萨应如是布施，不住于相，何以故？若菩萨不住相布施，其福德不可思量。须菩提，于意云何？东方虚空可思量不？”“不也，世尊。”“须菩提，南西北方、四维上下虚空可思量不？”①

Or.12380-3039（K.K.Ⅱ.0229.y）与 Or.12380-3228（K.K.Ⅱ.0262.e）虽然字体不一样，但版式一致，为刻本蝴蝶装，根据 Or.12380-3039（K.K.Ⅱ.0229.y）结尾字判断，每页 7 行，每行 17 字，刊布者将其定名为《金刚般若波罗蜜经》。但根据解读，其应是《金刚般若波罗蜜经》之“妙行无住分第四”的内容。Or.12380-3039（K.K.Ⅱ.0229.y）残缺严重，但其字体与 Or.12380-3209（K.K.Ⅱ.0290.j）相同，Or.12380-3039（K.K.Ⅱ.0229.y）录文参考 Or.12380-3228（K.K.Ⅱ.0262.e）和 Or.12380-3209（K.K.Ⅱ.0290.j）的内容。

120.Or.12380-3043RV（K.K.Ⅱ.0249.y）残存 2 页 13 行，下栏线单栏，上栏线无存，刻本蝴蝶装，内边栏线单栏，刊布者将其定名为“佛经”，字数不能确定。现将西夏文录文并对译如下：

（右面）

……[illegible]	……是经典受持
……[illegible]	……彼人先世罪业所为
……[illegible]	……依先世罪业立即

① （后秦）鸠摩罗什译《金刚般若波罗蜜经》，《大正藏》第 8 册，第 235 号，第 749 页上栏 12~17。

西夏文	汉文对译
[illegible]	阿耨多罗三藐三菩提得须菩提我
……[illegible]	……劫中燃灯佛如面前八
……[illegible]	……陀诸佛与所遇悉皆供养
……[illegible]	……后世于是经典受

在对译基础上翻译如下：

……受持是经典……所为……彼人先世罪业……依先世罪业，立即得阿耨多罗三藐三菩提。须菩提，我……劫中，如燃灯佛面前，与所遇……八……陀诸佛，悉皆供养……于后世……是经典受……

（左面）

西夏文	汉文对译
……[illegible]	……阿耨多罗三藐三菩
[illegible]……[illegible]	提……须菩提若法小爱（乐）故我见
……[illegible]	……者见于著是经典闻受诵读
……[illegible]□[illegible]	……须菩提□土界中彼经典有
……[illegible]	……一切供养理（当）所定彼处
……[illegible]□[illegible]	……诸□花供养应

在对译基础上翻译如下：

……阿耨多罗三藐三菩提……须菩提，若乐小法，故著我见……者见，于是经典，闻受诵读……须菩提，□土界中，有彼经典……一切……当所供养，彼处定……诸□花应供养。

Or.12380-3043RV（K.K.II.0249.y）左面残页在前，右面残页在后，内容可以缀合。其为鸠摩罗什译《金刚般若波罗蜜经》三十二分本“持经功德分第十五”结尾和“能净业障分第十六”开头的相应内容：

……如是人等，则为荷担如来阿耨多罗三藐三菩提，何以故？须菩提，若乐小法者，著我见、人见、众生见、寿者见，则于此经，不能听受、读诵、为人解说。须菩提，在在处处，若有此经，一切世间天、人、阿修罗，所应供养。当知此处，则为是塔，皆应恭敬作礼围绕，以诸华香而散其处。

能净业障分第十六

复次，须菩提，善男子、善女人，受持读诵此经，若为人轻贱，是人先世罪业，应堕恶道。以今世人轻贱故，先世罪业则为消灭，当得阿耨多罗三藐三菩提。须菩提，我念过去无量阿僧祇劫，于然灯佛前，得值八百四千万亿那由他诸佛，悉皆供养承事，无空过者。若复有人，于后末世，能受持读诵此经，所得功德，于我所供养诸佛功德……[1]

121.Or.12380-3044（K.K.Ⅱ.0233.zz）残存1页6行，上栏线单栏，下栏线无存，写本，字数无法确定，残经上有编号3044。刊布者将其定名为《金刚般若波罗蜜多经》“究竟无我分第十七”。现将西夏文录文并对译如下：

西夏文	对译
[illegible]……	测说可不果报亦测……
[illegible]	究竟我无分十七第
[illegible]……[illegible]	尔时须菩提佛对言说……善
[illegible]	女人阿耨多罗三藐三菩提
[illegible][2][illegible]……	何云腹心降服应……
[illegible]	

说善男子善女人阿耨多罗三藐三菩提

在对译基础上翻译如下：

① （后秦）鸠摩罗什译《金刚般若波罗蜜经》，《大正藏》第8册，第235号，第750页下栏12~24。

② 西夏文“[illegible]”译为“降伏腹心”，汉文本为“降伏其心”，西夏文把“心”写成“腹心”。

……不可思议，果报亦不可思议……

究竟无我分第十七

尔时，须菩提对佛言说："……善女人，发阿耨多罗三藐三菩提，应云何降服腹心……"说："善男子、善女人阿耨多罗三藐三菩提。"

残经为鸠摩罗什译《金刚般若波罗蜜经》三十二分本之"能净业障分第十六"结尾和"究竟无我分第十七"开头的相应内容：

> ……须菩提，当知是经义不可思议，果报亦不可思议。
>
> 究竟无我分第十七
>
> 尔时，须菩提白佛言："世尊，善男子、善女人，发阿耨多罗三藐三菩提心，云何应住？云何降伏其心？"佛告须菩提："善男子、善女人，发阿耨多罗三藐三菩提者。"①

122.Or.12380-3044V（K.K.Ⅱ.0233.zz）残存 1 页 6 行，上栏线单栏，下栏线无存，刻本经折装，字数无法确定。刊布者将其定名为"佛经"。现将西夏文录文并对译如下：

[illegible]……	诵读能故获得功德……
[illegible]……	功德如胜百分中一……
[illegible]……	算如测以亦如……
[illegible]……	善男子善女人后世……
[illegible]□□[illegible]……	读□□功德者具……
[illegible]……	心意疑鬼无信……

在对译基础上翻译如下：

能……诵读，故获得功德……如胜……功德，百分中一……以算如测亦如……善男子、善女人，后世……读□□功德者，具……心意，疑

① （后秦）鸠摩罗什译《金刚般若波罗蜜经》，《大正藏》第 8 册，第 235 号，第 751 页上栏 4~6。

鬼无信……

残经为鸠摩罗什译《金刚般若波罗蜜经》三十二分本“能净业障分第十六”的相应内容：

> ……能受持读诵此经，所得功德，于我所供养诸佛功德，百分不及一，千万亿分，乃至算数譬喻所不能及。须菩提，若善男子、善女人，于后末世，有受持读诵此经，所得功德，我若具说者，或有人闻，心则狂乱，狐疑不信。[1]

比对 Or.12380-3044（K.K.Ⅱ.0233.zz）和 Or.12380-3044V（K.K.Ⅱ.0233.zz）残经，可以判断它们为同版佛经，内容为“能净业障分第十六”和“究竟无我分第十七”的相应内容，其顺序应是 Or.12380-3044V（K.K.Ⅱ.0233.zz）+Or.12380-3044（K.K.Ⅱ.0233.zz）。

123.Or.12380-3046（K.K.Ⅱ.0246.k）残存 1 页 5 行，上栏线单栏，下栏线无存，刻本经折装，残经空白处有编号 3046，字数无法确定，原经卷上有编号 3046，仅有分题，刊布者将其定名为“佛经”。现将西夏文录文并对译如下：

[illegible]……	身也说……
[illegible]	为无福胜分十一第
[illegible]……	须菩提恒河河水中……
[illegible]……	沙数恒河河水意于……
[illegible]……	河水于……

在对译基础上翻译如下：

说……身也。

无为福胜分第十一

① （后秦）鸠摩罗什译《金刚般若波罗蜜经》，《大正藏》第 8 册，第 235 号，第 751 页上栏 1~7。

须菩提，恒河河水中……沙数恒河河水，于意……于河水……

残经为鸠摩罗什译《金刚般若波罗蜜经》三十二分本之“庄严净土分第十”结尾和“无为福胜分第十一”开头的相应内容：

“……是身为大不?”须菩提言:“甚大，世尊。何以故?佛说非身，是名大身。”

无为福胜分第十一

“须菩提，如恒河中所有沙数，如是沙等恒河，于意云何?是诸恒河沙，宁为多不?”须菩提言:“甚多，世尊。但诸恒河，尚多无数，何况其沙。”[①]

124.Or.12380-3046V（K.K.Ⅱ.0246.k）残存1页4行，上栏线单栏，下栏线无存，刻本，字数无法确定，刊布者将其定名为《金刚般若波罗蜜经》。现将西夏文录文并对译如下：

西夏文	对译
[illegible]……	心无起应声香味触……
[illegible]……	住应无心起应须菩提……
[illegible]……	山王许意于何云彼……
[illegible]……	提言大……

在对译基础上翻译如下：

无……起（生）心，（无）应声、香、味、触……无应住起（生）心。须菩提，许……山王，于意云何?彼……提言，大……

残经为鸠摩罗什译《金刚般若波罗蜜经》三十二分本“庄严净土分第十”的相应内容：

“……不应住声、香、味、触法生心，应无所住而生其心。须

① （后秦）鸠摩罗什译《金刚般若波罗蜜经》,《大正藏》第8册，第235号，第749页下栏23~24。

菩提，譬如有人，身如须弥山王，于意云何？是身为大不？”须菩提言：“甚大，世尊。”[1]

125.Or.12380-3047（K.K.）残存1页5行，上栏线单栏，下栏线无存，刻本经折装，字数无法确定，原经卷上有编号3047。刊布者将其定名为“佛经”。现将西夏文录文并对译如下：

西夏文	对译
[illegible]……[illegible]	以汝……恒
[illegible]……	河沙数三千大千世界……
[illegible]……	彼以布施故名得所……
[illegible]……[illegible]	也世尊佛须菩提之……善
[illegible]……	女人是经典……

在对译基础上翻译如下：

以……汝……恒河沙数三千大千世界……以彼布施，故名所得……也。……世尊。佛对须菩提说……善女人，是经典……

残经为鸠摩罗什译《金刚般若波罗蜜经》三十二分本“无为福胜分第十一”的相应内容：

“……告汝，若有善男子、善女人，以七宝满尔所恒河沙数三千大千世界，以用布施，得福多不？”须菩提言：“甚多，世尊。”佛告须菩提：“若善男子、善女人，于此经……”[2]

126.Or.12380-3047V（K.K.）残存1页5行，上栏线单栏，下栏线无存，刻本经折装，字数无法确定，刊布者将其定名为《金刚般若波罗

① （后秦）鸠摩罗什译《金刚般若波罗蜜经》，《大正藏》第8册，第235号，第749页下栏21~25。

② （后秦）鸠摩罗什译《金刚般若波罗蜜经》，《大正藏》第8册，第235号，第749页下栏28~750页上栏4。

蜜经》“尊重正教分第十二”。现将西夏文录文并对译如下：

[illegible]……	彼之说为……
[illegible]	也
[illegible]	正法尊敬分十二第
[illegible]……	复次须菩提是经典……
[illegible]……	等说各……

在对译基础上翻译如下：

为彼之说……也。

尊敬正法分第十二

复次，须菩提，说是经典……等，各……

残经为鸠摩罗什译《金刚般若波罗蜜经》三十二分本之“无为福胜分第十一”结尾和“尊重正教分第十二”开头的相应内容：

……为他人说，而此福德胜前福德。

尊重正教分第十二

复次，须菩提，随说是经，乃至四句偈等……①

比对 Or.12380-3046（K.K.II.0246.k）、Or.12380-3046V（K.K.II.0246.k）、Or.12380-3047（K.K.）、Or.12380-3047V（K.K.），可以确定它们为同版残经，Or.12380-3046V（K.K.II.0246.k）内容在前，后面衔接 Or.12380-3046（K.K.II.0246.k）、Or.12380-3047（K.K.）、Or.12380-3047V（K.K.）的内容。

127.Or.12380-3048（K.K.II.0239.ii）残存 1 页 3 行，还有 1 行字不清楚，下、左栏线单栏，上栏线无存，刻本，在残页的空白处有编号 3048，字数无法确定，刊布者将其定名为“佛经”。现将西夏文录文并

① （后秦）鸠摩罗什译《金刚般若波罗蜜经》，《大正藏》第 8 册，第 235 号，第 750 页上栏 4~7。

对译如下：

……祇緂繉絰絣慨祇……	……起应色住心不生……
……祇緂絰縦緱絣祇緂瓻	……生应住应无心起应须
繎绥羗膌祪疵䋵绮缩绤豸務……	菩提山王许意于何云彼身所……

在对译基础上翻译如下：

……起（生）……不应住色生心……无应住……生心，应起（生）心。须菩提……山王，许……于意云何？彼身所……

残经为鸠摩罗什译《金刚般若波罗蜜经》三十二分本 之“庄严净土分第十”的相应内容：

> ……不应住色生心，不应住声、香、味、触、法生心，应无所住而生其心。须菩提，譬如有人，身如须弥山王。于意云何？是身为大不？①

128.Or.12380-3049（K.K.）残存 1 页 5 行，上栏线单栏，下栏线无存，刻本经折装，在残页空白处有编号 3049，字数无法确定，刊布者将其定名为《金刚般若波罗蜜多经》“如法受持分第十三”。现将西夏文录文并对译如下：

绤慜緂……	彼人应……
菰敐緻兟絆蒨慨彍……	典岂置各佛有及尊……
㦙	礼
禨豨辩緻鋨敐敽磟	法依受持分十三第
豩叐瓻繎绥絆䓊彰㚏……	尔时须菩提佛对言说……

① （后秦）鸠摩罗什译《金刚般若波罗蜜经》，《大正藏》第 8 册，第 235 号，第 749 页下栏 20~23。

在对译基础上翻译如下：

应……彼人……典岂置（所在），各有佛，及尊……礼

依法受持分第十三

尔时，须菩提对佛言说……

尽管残缺严重，但存在分题，可以确定其为鸠摩罗什译《金刚般若波罗蜜经》三十二分本“尊重正教分第十二”结尾和“如法受持分第十三”开头的相应内容：

> “……何况有人尽能受持读诵。须菩提，当知是人成就最上第一希有之法。若是经典所在之处，则为有佛，若尊弟子。”
>
> 尔时，须菩提白佛言：“世尊……”①

129.Or.12380-3049V（K.K.）残存1页5行，上栏线单栏，下栏线无存，刻本，字数无法确定。刊布者将其定名为“佛经”，现将西夏文录文并对译如下：

[illegible]……[illegible]……	何名我等……持……
[illegible]……[illegible]……	说是经典……般若……
[illegible]□[illegible]……	是名字依□受持应是……
[illegible]……	提佛般若波罗蜜多……
[illegible]……	故般若……

在对译基础上翻译如下：

何名……我等……持……说：是经典……般若……依是名字，□应受持是……提，佛般若波罗蜜多……故般若……

尽管残缺严重，但存在分题，比对《大正藏》，可以确定其为后秦天竺三藏鸠摩罗什译《金刚般若波罗蜜经》三十二分本之“如法受持分

① （后秦）鸠摩罗什译《金刚般若波罗蜜经》，《大正藏》第8册，第235号，第750页上栏8~12。

第十三”的相应内容：

> “……当何名此经？我等云何奉持？”佛告须菩提：“是经名为《金刚般若波罗蜜经》。以是名字，汝当奉持。所以者何？须菩提，佛说般若波罗蜜，则非般若波罗蜜……”[①]

比较 Or.12380-3044（K.K.Ⅱ.0233.zz）、Or.12380-3044V（K.K.Ⅱ.0233.zz）、Or.12380-3046（K.K.Ⅱ.0246.k）、Or.12380-3046V（K.K.Ⅱ.0246.k）、Or.12380-3047（K.K.）、Or.12380-3047V（K.K.）、Or.12380-3049（K.K.）和 Or.12380-3049V（K.K.），可确定此八页残经为同版次佛经，内容为“庄严净土分第十”、“无为福胜分第十一”、“尊重正教分第十二”“如法受持分第十三”、“能净业障分第十六”和“究竟无我分第十七”的内容，这些残经有些可以缀合，它们的顺序是 Or.12380-3046V（K.K.Ⅱ.0246.k）+Or.12380-3046（K.K.Ⅱ.0246.k）+Or.12380-3047（K.K.）+Or.12380-3047V（K.K.）+Or.12380-3049（K.K.）+Or.12380-3049V（K.K.）+Or.12380-3044V（K.K.Ⅱ.0233.zz）+Or.12380-3044（K.K.Ⅱ.0233.zz）。

130.Or. 12380-3058RV（K.K.Ⅱ.0266.f）残存 2 页 10 行，每行 12 字，上下栏线单栏，刻本经折装，残经原卷上有编号 3058，刊布者将其定名为“佛经”，现将西夏文录文并对译如下：

（右面）

□[illegible][②][illegible][③][illegible]	□净信生故须菩提如来皆知
□□[illegible][④]	□□是诸众生是如无量福德
□[illegible]	□何云也是诸众生及我相人

① （后秦）鸠摩罗什译《金刚般若波罗蜜经》,《大正藏》第 8 册，第 235 号，第 750 页上栏 11~12。

② 西夏文“[illegible]”译为“净信”。

③ 西夏文“[illegible]”译为“须菩提”。

④ 西夏文“[illegible]”译为“无量福德”。

[illegible][1] [illegible][2] [illegible][3] [illegible]　　相众生相寿者相无法相无非
[illegible][4] [illegible]　　法相亦无何云也是诸众生若

在对译基础上翻译如下：

□生净信故。须菩提，如来皆知□□。是诸众生，□如是无量福德。何云也？是诸众生，及无我相、人相、众生相、寿者相，无法相亦无非法相。何云也？是诸众生，若……

（左面）

[illegible][5] [illegible]　　心相取故我人众生寿者于著
[illegible]　　是（也）若法相取故我人众生命者
[illegible][6] [illegible]　　于著是何云也若非法相取故
[illegible]　　我人众生寿者于著也是故法
[illegible]　　不取不法亦不取应是义因故

在对译基础上翻译如下：

心取相，故于著我、人、众生寿者也。若取法相，故于著我、人、众生、命者也。何云也？若取非法相，故于著我、人、众生、寿者也。是故不取法，亦不应取非法。因是义故。

残经应是鸠摩罗什译《金刚般若波罗蜜经》，具体内容如下：

乃至一念，生净信者，故须菩提，如来悉知悉见。是诸众生，得如是无量福德，云何也？是诸众生，无复我相、人相、众生相、

---

① 西夏文“[illegible]”译为“我相人相”。

② 西夏文“[illegible]”译为“众生相”。

③ 西夏文“[illegible]”译为“寿者相、命者相”。

④ 西夏文“[illegible]”译为“无法相无非法相”。

⑤ 西夏文“[illegible]”译为“若取心相”，汉文本为“若心取相”。它与“[illegible]”译为“若取法相”相对应。

⑥ 西夏文“[illegible]”译为“若取非法相”。

寿者相，无法相亦无非法相，云何也？是诸众生，若心取相，则为著我、人、众生、寿者；若取法相，即著我、人、众生、寿者，云何也？若取非法相，即著我、人、众生、寿者。是故不应取法，不应取非法，以是义故。[①]

从 Or. 12380-3058RV（K.K.Ⅱ.0266.f）残经内容判断，其内容属于“正信希有分第六”的内容，然而残经中没有出现三十二分的分题。

131.Or.12380-3083a（K.K.Ⅱ.0242.p）存 3 个残页，右面残页存 5 行，中间残页存 1 行，左面残页存 5 行，每行均为 17 字，上下栏线单栏，刻本经折装，刊布者将其定名为“佛经”。现将西夏文录文并对译如下：

（右面）

[illegible]

不数（算）若当来世从后五百？年□□□□□□

[illegible]

悟□□者者是人一第希有□是何云也是

[illegible]

□□□人相众生相命者相无是者何云我

[illegible]

相人相非是各相生有相命者相及相非也

[illegible]

□□也诸相一切离故世尊名作佛须菩提

在对译基础上翻译如下：

……不算……。若当来世，后五百岁，□□□□□□悟□□者，是人为第一希有。云何也？是无□□□□人相、众生相、寿者相。云何

① （后秦）鸠摩罗什译《金刚般若波罗蜜经》，《大正藏》第 8 册，第 235 号，第 749 页中栏 5~7。

也？我相是非相，人相、众生相、寿者相即是非相也，□□也？离一切诸相，则名诸佛。佛须菩提……

（中间）

（前缺）

[illegible]□

对曰（说）是也是也如人是经典闻时不惊不□

（后缺）

在对译基础上翻译如下：

（接右面残页）佛对须菩提说："是也，是也。若人得闻是经典，不惊不□……"

（左面）

□□[illegible]

□□者我慧眼得从所来是如经典闻不时

□□[illegible]

□□世尊如及人有是经典闻时信心清净

[illegible][1][illegible]

故实相生生必定是人一第希有德功成就

（第4行空一行，实际无字）

[illegible]□[illegible]□□

世尊是实相者相非也是□如来实相□□

[illegible]□[illegible]□□□[illegible]□□□□□□□□

世尊我□是如□□□悟□□□□□□□□

---

① 西夏文"[illegible]"中"[illegible]"译为"上""高"，与"[illegible]"连用，译为"第一"，词组译为"第一希有功德"。

在对译基础上翻译如下：

□□者，我从来所得慧眼，不曾闻如是经典。世尊，若及有人得闻是经典时，信心清净，则生实相，是人必定成就第一希有功德。世尊，是实相者则是非相，是如来□□实相。世尊，我□如是□□□悟……

Or.12380-3083a（K.K.Ⅱ.0242.p）为鸠摩罗什译《金刚般若波罗蜜经》相应内容，刊布顺序应该做些调整，即左面 + 右面 + 中间，基本可以缀合，但中间有佚文。调整顺序后相应内容如下：

> 我从昔来所得慧眼，未曾得闻如是之经。世尊，若复有人，得闻是经，信心清净则生实相，当知是人成就第一希有功德。世尊，是实相者则是非相，是故如来说名实相。世尊，我今得闻如是经典，信解受持，不足为难。若当来世，后五百岁，其有众生，得闻是经，信解受持，是人则为第一希有。何以故？此人无我相、人相、众生相、寿者相。所以者何？我相即是非相，人相、众生相、寿者相即是非相。何以故？离一切诸相，则名诸佛。佛告须菩提，如是如是，若复有人，得闻是经，不惊、不怖……[①]

附带说明一下，从照片看，Or.12380-3083a（K.K.Ⅱ.0242.p）左面第 3 行和第 4 行之间看似残缺 1 行内容，但从翻译内容看，第 3、4 行内容连贯，不存在缺字问题。Or.12380-3083a（K.K.Ⅱ.0242.p）的内容属于《金刚般若波罗蜜经》三十二分本“离相寂灭分第十四”。

132.Or.12380-3083bRV（K.K.Ⅱ.0242.p）存 2 页 11 行，每行 17 字，上下栏线单栏，刻本经折装，刊布者将其定名为“佛经”。现将西夏文录文并对译如下：

（右面）

[illegible]

① （后秦）鸠摩罗什译《金刚般若波罗蜜经》，《大正藏》第 8 册，第 235 号，第 750 页上栏 27~ 中栏 9。

[illegible]

不畏故所定彼人最中希有何云也须菩提

[illegible]

如来一第波罗蜜之一第波罗蜜非故一第

[illegible] ① [illegible] ② [illegible]

波罗蜜名是说须菩提辱忍波罗蜜之如来

[illegible]

辱忍波罗蜜非说何云也须菩提我昔往哥

[illegible] ③ [illegible]

利王业为身而割腿我此时我相无人相无

[illegible]

众生相无命者相无何云也我往昔节支所

在对译基础上翻译如下：

……不畏，故人中所定最希有。云何也？须菩提，如来说第一波罗蜜故非第一波罗蜜，名为第一波罗蜜。须菩提，忍辱波罗蜜，如来说非忍辱波罗蜜。云何也？须菩提，我往昔为哥利王业而割截身割腿。我是时无我相、无人相、无众生相、无寿相者。云何也？我往昔节□□……

---

① 西夏文“[illegible]”译为“波罗蜜”。“波罗蜜”，梵文作 paramita，南宋法云《翻译名义集》（《大正藏》第 2131 号）称：“波罗蜜又云阿罗蜜，秦言远离；波罗蜜，秦言度彼岸。此二音相近，义相会故，以阿罗蜜，释波罗蜜。天台禅门云：一者诸经论中，多翻到彼岸，生死为此岸，涅槃为彼岸，烦恼为中流。菩萨以无相智慧，乘禅定舟航，从生死此岸，到涅槃彼岸，故知约理定以明波罗蜜。二者大论别翻事究竟，即是菩萨大悲，为众生遍修一切事行满足故。三瑞应经翻度无极，通论事理，悉有幽远之义。合而言之，故云度无极，此约事理行满，说波罗蜜。”

② “[illegible]”为“安”“稳”之意，音“no”，“[illegible]”译为“忍辱”，“[illegible]”取其意译。

③ 西夏文“[illegible]”译为“哥利王”，又作歌利王、羯利王、迦梨王、迦陵伽王、羯陵伽王、迦蓝浮王。意译作斗诤王、恶生王、恶世王、恶世无道王。佛陀于过去世为忍辱仙人时，此王恶逆无道，一日，率宫人出游，遇忍辱仙人于树下坐禅，侍女见之，舍歌利王而至忍辱仙人处听法，王见之生恶心，遂割截仙人之肢体。此系菩萨忍辱行满之著名例子。《大唐西域记》卷三记载，北印度乌仗那国瞢揭厘城之东有大塔，即世传忍辱仙人受苦之处。又玄应音义卷三另举出歌利王为中印度波罗奈国国王之说。另外，《贤愚经》卷二、《六度集经》卷五、《出曜经》卷二十三、《大智度论》卷十四等也有相似内容。

（左面）

（第一行全缺）

[illegible]

分离作时我相人相生有相命者相及生故

[illegible]

嗔恨生可须菩提及思过去五百世正辱忍

[illegible][1][illegible]

仙人所作若干世等我相无人相无生有相

[illegible]

无命者相无是因须菩提众生相一切离阿

[illegible][2][illegible]

耨多罗三藐三菩提心生当色住心勿生声

在对译基础上翻译如下：

作（为）分离时，我相、人相、众生相、寿相者，故生嗔恨。须菩提，又思念过去，五百世作忍辱仙人，所作若干世等，无我相、无人相、无众生相、无寿相者。是故，须菩提，菩萨离一切相，发阿耨多罗三藐三菩提心，勿应住色生心，声。

Or.12380-3083bRV（K.K.II.0242.p）为鸠摩罗什译《金刚般若波罗蜜经》的相应内容：

---

① 西夏文“[illegible]”译为“忍辱仙人”，与上文“[illegible]”（忍辱波罗蜜）用字有所不同。

② 阿耨多罗三藐三菩提，简称阿耨三菩提、阿耨菩提，意译为无上正等正觉、无上正等觉、无上正真道、无上正遍知（“阿耨多罗”意译为“无上”，“三藐三菩提”意译为“正遍知”），乃佛陀所觉悟之智慧，含有平等、圆满之意。以佛陀所悟之道为至高，故称无上；以佛陀所悟之道周遍而无所不包，故称正遍知。大乘菩萨行之全部内容，即在成就此种觉悟。菩萨发阿耨多罗三藐三菩提心，则译为“无上正真道意”。

> 不惊、不怖、不畏，当知是人甚为希有。何以故？须菩提，如来说第一波罗蜜非第一波罗蜜，是名第一波罗蜜。须菩提，忍辱波罗蜜，如来说非忍辱波罗蜜。何以故？须菩提，如我昔为歌利王割截身体，我于尔时无我相、无人相、无众生相、无寿者相。何以故？我于往昔节节支解时，若有我相、人相、众生相、寿者相，应生瞋恨。须菩提，又念过去，于五百世作忍辱仙人，于尔所世，无我相、无人相、无众生相、无寿者相。是故，须菩提，菩萨应离一切相，发阿耨多罗三藐三菩提心，不应住色生心……①

Or.12380-3083a（K.K.II.0242.p）和 Or.12380-3083bRV（K.K.II.0242.p）为同版残经，内容能相互连接起来。Or.12380-3083a（K.K.II.0242.p）的中间残页“不惊不怖”正好与 Or.12380-3083bRV（K.K.II.0242.p）右面残页“不畏”连在一起。其顺序为 Or.12380-3083a（K.K.II.0242.p）左面 + Or.12380-3083a（K.K.II.0242.p）右面 + Or.12380-3083a（K.K.II.0242.p）中间 + Or.12380-3083bRV（K.K.II.0242.p）右面 + Or.12380-3083bRV（K.K.II.0242.p）左面。

133.Or.12380-3152（K.K.II.0276.q）残存 1 页 7 行，每行 11 字，残经原卷上有编号 3152，上下栏线单栏，刻本，刊布者将其定名为“佛经”。现将西夏文录文并对译如下：

[illegible]	尊如来人身于大□大□□
[illegible]	大身名为须菩提菩萨□此
[illegible]	与所法若是如说言我□中
[illegible]	众生之度过我说故菩萨无
[illegible]	说何云也须菩提菩萨所应
[illegible]	真法无有是故世尊法一切
[illegible]	我无人无众生无寿者无说

① （后秦）鸠摩罗什译《金刚般若波罗蜜经》，《大正藏》第 8 册，第 235 号，第 750 页中栏 11~23。

在对译基础上翻译如下：

（世）尊，如来说人身于大，□大□□，是名大身。须菩提，菩萨□此与所法，若如是言，我救度众生之中，故我说菩萨，无说，何云也？须菩提，菩萨所应有真法，无是，故世尊说一切法，无我、无人、无众生、无寿者……

Or.12380-3152（K.K.Ⅱ.0276.q）应是鸠摩罗什译《金刚般若波罗蜜经》之“究竟无我分第十七”的相应内容：

> ……须菩提言：“世尊，如来说人身长大，则为非大身，是名大身。”“须菩提，菩萨亦如是，若作是言，我当灭度无量众生，则不名菩萨。何以故？须菩提，实无有法名为菩萨。是故佛说一切法，无我、无人、无众生、无寿者。须菩提，若菩萨作是言……”①

刊布者虽然将Or.12380-3154（K.K.Ⅱ.0246.c）和Or.12380-3152（K.K.Ⅱ.0276.q）分别编号，但从两页残经版式和字体来看，二者应属于同一版佛经《金刚般若波罗蜜经》，但结合Or.12380-3154（K.K.Ⅱ.0246.c）为“请八金刚”的内容，可以初步确定它们属于《梁朝傅大士颂金刚经》，但是Or.12380-3152（K.K.Ⅱ.0276.q）只有经文。

134.Or.12380-3154（K.K.Ⅱ.0246.c）残存1页7行，上下栏线单栏，刻本，残经原卷上有编号3154，刊布者将其定名为“佛名经”。现将西夏文录文并对译如下：

[illegible]　　奉请　毒拒　金刚

[illegible]　　奉请　黄求随　金刚

[illegible]　　奉请　白净水　金刚

[illegible]　　奉请　赤声　金刚

[illegible]　　奉请　定灾除　金刚

---

①（后秦）鸠摩罗什译《金刚般若波罗蜜经》，《大正藏》第8册，第235号，第751页中栏4~5。

[illegible] [illegible] [illegible]	奉请　紫贤　金刚
[illegible] [illegible] [illegible]	奉请　大神　金刚

Or.12380-3154（K.K.II.0246.c）是鸠摩罗什译《金刚般若波罗蜜经》之“请八金刚”的内容，只有七金刚，缺第一个金刚，依据 TK14《金刚般若波罗蜜经》内容翻译如下：

……奉请辟毒金刚、奉请黄随求金刚、奉请白净水金刚、奉请赤声金刚 、奉请定除灾金刚、奉请紫贤金刚 、奉请大神金刚。

135.Or.12380-3172（K.K.）上栏线双栏，下栏线无存，刻本，刊布者定名为 1、“佛经”，2、“佛名经”。现将西夏文录文并对译如下：

（左面）

[illegible]……	是若法……
[illegible]……	于著是……
[illegible]……	我人众生命者……
□□[illegible]	□□无法亦无取

在对译基础上翻译如下：

是若法……于著是……我、人、众生、命者……□□无法亦无取……

Or.12380-3172（K.K.）左面为鸠摩罗什译《金刚般若波罗蜜经》三十二分本之“正信希有分第六”的相应内容：

> 若取法相，即著我、人、众生、寿者。何以故？若取非法相，即着我、人、众生、寿者。是故不应取法，不应取非法。[①]

Or.12380-3172（K.K.）右面为“佛名经”，并放在“佛名经”处。

① （后秦）鸠摩罗什译《金刚般若波罗蜜经》，《大正藏》第 8 册，第 235 号，第 749 页中栏 7~11。

136.Or.12380-3172V（K.K.）存2残页，右面上栏线单栏，下栏线无存，左面上栏线无存，下栏线单栏，刻本，刊布者定名为“佛经”。现将右面西夏文录文并对译如下：

（右面）

□□[Tangut][Tangut][Tangut]……	□□汝等实……
□□[Tangut][Tangut][Tangut][Tangut]……	□□如知应说……
[Tangut][Tangut][Tangut]……	法者说……
[Tangut]□□□……	得□□□……

在对译基础上翻译如下：

……□□汝等实……□□说应如知……法者说……

得□□□……

残经为鸠摩罗什译《金刚般若波罗蜜经》三十二分本“正信希有分第六”的相应内容和“无得无说分第七”的分题：

> 如来常说：“汝等比丘，知我说法，如筏喻者，法尚应舍，何况非法。”
>
> 无得无说分第七 ①

刊布者将Or.12380-3172V（K.K.）定名为“佛经”，其实仔细辨认Or.12380-3172（K.K.）和Or.12380-3172V（K.K.），可确定它们分别由两个不同的残片组成。Or.12380-3172（K.K.）右面的前3行和Or.12380- 3172V（K.K.）左面的前3行应该属于同一部残经，内容属于“佛名经”，而Or.12380-3172（K.K.）左面的第4行和Or.12380-3172V（K.K.）左面的第4行属于同一部残经，应该是鸠摩罗什译《金刚般若波罗蜜经》三十二分本“正信希有分第六”“无得无说分第七”的内容。

① （后秦）鸠摩罗什译《金刚般若波罗蜜经》，《大正藏》第8册，第235号，第749页中栏10~12。

137.Or.12380-3174b（K.K.）残存1页，残缺严重，仅剩下19个字，栏线无存，很难具体判定其版式，残经上有编号3174/2，刊布者定名为“佛经”。现将西夏文录文并对译如下：

……[illegible]……　　……萨我相人相……

……[illegible]……　　……者何云须菩提……

……[illegible]……　　……实法无有……

……[illegible]……　　……佛在阿耨……

在对译基础上翻译如下：

……萨我相、人相……者。何云？须菩提……实无有法……在佛……阿耨……

残经应是鸠摩罗什译《金刚般若波罗蜜经》三十二分本“究竟无我分第十七”的相应内容：

须菩提，若菩萨有我相、人相、众生相、寿者相，则非菩萨，所以者何？须菩提，实无有法发阿耨多罗三藐三菩提者。须菩提，于意云何？如来于燃灯佛所，有法得阿耨多罗三藐三菩提。①

138.Or.12380-3187a（K.K.II.0269.c）残存2页10行，每行14字，上下栏线单栏，刻本经折装，刊布者将其定名为“佛经论释”。现将西夏文录文并对译如下：

□[illegible]□□[illegible]□□[illegible]□□□□

□受□□者□□不数（算）若□□□□

[illegible]

后五百岁时是经典闻信悟（解）众生者

① （后秦）鸠摩罗什译《金刚般若波罗蜜经》，《大正藏》第8册，第235号，第751页上栏13~19。

[illegible]
者其人一第希有真也何云也其人
[illegible]
我相人相众生相寿者相无是者何
[illegible]
云我相人相非也人相众生相寿者
[illegible]
相亦相非也何云也诸相一切离故
[illegible]
诸佛名为佛须菩提之说是也是也
[illegible]
若人是经典闻时无惊无怖无畏故
[illegible]
所定其人皆中希有何云也须菩提
[illegible]
如来一第波罗蜜即一第波罗蜜非

在对译基础上翻译如下：

□受□□者□□及数若□□□□，后五百岁时，众生者，闻是经典信悟（解）者，其人真第一希有也。何云也。其人无我相、人相、众生相、寿者相。是者云何？我相非人相也，人相、众生相、寿者相亦非相也。云何也？离一切诸相，名为诸佛。佛对须菩提说：是也，是也。若人闻是经典时，无惊无怖无畏，故其人中所定皆希有。何云也？须菩提，如来（说）一第波罗蜜即非一第波罗蜜……

残经为鸠摩罗什译《金刚般若波罗蜜经》三十二分本之“离相寂灭分第十四”的相应内容：

> 若当来世，后五百岁，其有众生，得闻是经，信解受持，是人则为第一希有。何以故？此人无我相、人相、众生相、寿者相。所

以者何？我相即是非相，人相、众生相、寿者相即是非相。何以故？离一切诸相，则名诸佛。佛告须菩提：如是，如是。若复有人，得闻是经，不惊、不怖、不畏，当知是人甚为希有。何以故？须菩提，如来说第一波罗蜜，即非第一波罗蜜，是名第一波罗蜜。[①]

139.Or.12380-3187b（K.K.II.0269.c）残存2页12行，每行14字，右面5行，左面7行，上下栏线单栏，刻本经折装，刊布者将其定名为“佛经论释”。现将西夏文录文并对译如下：

（右面）

[illegible]	无是故须菩提菩萨相一切离阿耨
[illegible]	多罗三藐三菩提心发当色住□□
[illegible]	生声香味触法住□□□应住不□
[illegible]	生应若心住有□□□□□□□也□
[illegible]	菩萨心者色于住□□□□□□□□

在对译基础上翻译如下：

……无，是故，须菩提，菩萨离一切相，发阿耨多罗三藐三菩提心，□当住色生□，不应住声、香、味、触、法□□，应生住□□，若心有住，□□□□□□□也，菩萨心者，于色住□□□□□□□□。

（左面）

[illegible]

云也须菩提我昔往哥利王业为身

[illegible]

而割腿我此时我相无人相无众生

[illegible]

① （后秦）鸠摩罗什译《金刚般若波罗蜜经》，《大正藏》第8册，第235号，第750页上栏5~13。

相无寿者相无何云也我往昔节支

[illegible]

所分离为时我相人相生有相命者

[illegible]

相及生故嗔恨生可须菩提及思已

[illegible]

过五百世正辱忍仙人所为若干世

[illegible]

数我相无人相无生有相无寿者相

在对译基础上翻译如下：

云何也？须菩提，我往昔为哥利王作身业而割截肢体。我是时无我相、无人相、无众生相、无寿相者，云何也？我往昔节……作分离时，我相、人相、众生相、寿者相，故生嗔恨。须菩提，又思念过去五百世作忍辱仙人，所作若干世等，无我相、无人相、无众生相、无寿相者。

比对残存内容，可确定 Or.12380-3187b（K.K.II.0269. c）的顺序应该是左面内容在前，右面内容在后。右面内容因为残缺严重，所以无法具体解读。而 Or.12380-3083bRV（K.K.II.0242.p）所保存内容正好与 Or.12380-3187b（K.K.II.0269. c）基本一致，可以依照 Or.12380-3083bRV（K.K.II.0242.p）校对 Or.12380-3187b（K.K.II.0269. c）的内容。

比对 Or.12380-3187a（K.K.II.0269. c）和 Or.12380-3187b（K.K.II.0269. c）的内容，可以确定其为同一刊本的鸠摩罗什译《金刚般若波罗蜜经》三十二分本“离相寂灭分第十四”的内容，调整顺序后相应内容如下：

何以故？须菩提，如我昔为歌利王割截身体，我于尔时无我相、无人相、无众生相、无寿者相。何以故？我于往昔节节支解时，若有我相、人相、众生相、寿者相，应生瞋恨。须菩提，又念过去，于五百世作忍辱仙人，于尔所世，无我相、无人相、无众生相、无寿者相。是故，须菩提，菩萨应离一切相，发阿耨多罗三藐三菩提心，不应住色生心，不应住声、香、味、触、法生心，应生无所住心。若心有住，则为非住，是故佛说菩萨心，不应住色布施。[①]

140.Or.12380-3191（K.K.Ⅱ.0280.a.xii）残存 1 页 6 行，每行 14 字，上下栏线单栏，刻本经折装，残经原卷上有编号 3191，刊布者定名为"佛经"。现将西夏文录文并对译如下：

[illegible]

来见不也世尊三十二相以如来

[illegible]

见可无何云也如来三十二相即相

[illegible]

非故三十二相名为说须菩提若善

[illegible]

男子善女人□□□□□身命布施

[illegible]

若及人有□□□□□□□四句颂等

[illegible]

若持他对说□□□□□□□福最多

在对译基础上翻译如下：

……见（如）来，不也，世尊，以三十二相无可见如来。何云也？如来说三十二相即非相，故名为三十二相。须菩提，若善男子、善女人，□□□□□身命布施，若及有人□□□□□□□四句颂（偈）等，若持对他说□□□□□□□福最多……

Or.12380-3191（K.K.Ⅱ.0280.a.xii）为鸠摩罗什译《金刚般若波罗蜜经》三十二分本"如法受持分第十三"的相应内容：

① （后秦）鸠摩罗什译《金刚般若波罗蜜经》，《大正藏》第 8 册，第 235 号，第 750 页中栏 14~24。

“须菩提，于意云何？可以三十二相见如来不？”“不也，世尊。不可以三十二相得见如来。何以故？如来说三十二相即是非相，是名三十二相。”“须菩提，若有善男子、善女人，以恒河沙等身命布施，若复有人于此经中，乃至受持四句偈等，为他人说其福甚多……”①

141.Or.12380-3192（K.K.Ⅱ.0282.hhh）残存1页6行，上下栏线双栏，刻本经折装，有分题和内容，刊布者定名为《金刚般若波罗蜜多经》。现将西夏文录文并对译如下：

[illegible]②[illegible]
化化所无分二十五第
[illegible]
须菩提意于何云汝等如来是如念
[illegible]
为我众生之度度说不说且须菩提
[illegible]
是念无生何云也如来之度所实众
[illegible]
生无若如来度应众生有故如来者
[illegible]
我人众生寿者有也须菩提如来我

在对译基础上翻译如下：
化无所化分第二十五
须菩提，于意云何？汝等不说如来是如为念说：我且度之众生。须

① （后秦）鸠摩罗什译《金刚般若波罗蜜经》，《大正藏》第8册，第235号，第750页上栏21~23。

② 西夏文“[illegible]”译为“化无应化”“化无所化”。

菩提，无生是念。何云也？实无如来所度众生？若有如来应度众生者，故如来有我、人、众生、寿者也。须菩提，如来我……

Or.12380-3192（K.K.Ⅱ.0282.hhh）为鸠摩罗什译《金刚般若波罗蜜经》三十二分本“化无所化分第二十五”的相应内容：

……须菩提，于意云何？汝等勿谓如来作是念：“我当度众生。”须菩提，莫作是念。何以故？实无有众生如来度者。若有众生如来度者，如来则有我、人、众生、寿者。须菩提，如来说有我者……①

142.Or.12380-3209（K.K.Ⅱ.0290.j）残存1页5行，每行14字，上下栏线单栏，刻本经折装，刊布者将其定名为“佛经”。现将西夏文录文并对译如下：

[illegible]
施行应是者色于不住布施声香味
[illegible]
触法于不住布施须菩提菩萨是如
[illegible]
布施相于不住应何云也若菩萨相
[illegible]
于不住布施故福德思量可不须菩
[illegible]
提意于何云东方虚空思量可不□

在对译基础上翻译如下：

……行布施，应是不住于色布施者，不住于声、香、味、触、法布施。须菩提，菩萨如是布施，应不住于相。何云也？若菩萨不住于相布

① （后秦）鸠摩罗什译《金刚般若波罗蜜经》，《大正藏》第8册，第235号，第752页上栏。

施，故福德不可思量。须菩提，于意云何？东方虚空可思量不……

Or.12380-3209（K.K.II.0290.j）应是鸠摩罗什译《金刚般若波罗蜜经》三十二分本“妙行无住分第四”的相应内容：

> 复次，须菩提，菩萨于法，应无所住行于布施，所谓不住色布施，不住声、香、味、岀、法布施。须菩提，菩萨应如是布施，不住于相，何以故？若菩萨不住相布施，其福德不可思量。须菩提，于意云何？东方虚空可思量不？……[①]

143.Or.12380-3209V（K.K.II.0290.j）残存1页6行，上下栏线单栏，刻本经折装，有分题为“妙行无住分”，刊布者将其定名为“大般若波罗蜜多经”。现将西夏文录文并对译如下：

[illegible][②][illegible]□
一之我皆余无涅槃于入度灭令□
[illegible][③][illegible]
是如无量数无边无众生之所度灭
[illegible]
实众生度灭得者无何云也须菩提
[illegible]
若菩萨我相人相众生相命者相有
[illegible]
故菩萨实非
[illegible]

---

① （后秦）鸠摩罗什译《金刚般若波罗蜜经》，《大正藏》第8册，第235号，第749页上栏12~14。

② 西夏文“[illegible]”译为“无余涅槃”，也称无余依涅槃，是二涅槃之一。身智皆灰灭之涅槃，涅槃又称泥洹、泥畔、涅槃那等。旧译为灭、灭度、寂灭、不生、无为、安乐、解脱等。新译为圆寂。

③ 西夏文“[illegible]”译为“无量等无边”，汉文本为“无量无边”。

妙行住无分四第

在对译基础上翻译如下：

一切，我皆令入无余涅槃而灭度，如是所灭度无量无数无边之众生，实无众生得灭度者。何云也？须菩提，若菩萨有我相、人相、众生相、命者相，故实非菩萨。

妙行无住分第四

Or.12380-3209V（K.K.Ⅱ.0290.j）应是鸠摩罗什译《金刚般若波罗蜜经》三十二分本“大乘正宗分第三”最后的内容及“妙行无住分第四”的分题，相应内容如下：

> ……我皆令入无余涅槃而灭度之。如是灭度无量无数无边众生，实无众生得灭度者，何以故？须菩提，若菩萨有我相、人相、众生相、寿者相，即非菩萨。[1]
>
> 妙行无住分第四

Or.12380-3209（K.K.Ⅱ.0290.j） 和 Or.12380-3209V（K.K.Ⅱ.0290.j）是同一版次佛经，Or.12380-3209V（K.K.Ⅱ.0290.j）在前，后面紧接 Or.12380-3209（K.K.Ⅱ.0290.j）。

144.Or.12380-3210（K.K.Ⅱ.0253.a）残存1页6行，上下栏线双栏，刻本经折装，有分题，刊布者将其定名为《大般若波罗蜜多经》。现将西夏文录文并对译如下：

[illegible][2][illegible]	一切相无分九第
[illegible]	须菩提意于何云须陀洹是如念作
[illegible]	我须陀洹果得我所说须菩提说不

① （后秦）鸠摩罗什译《金刚般若波罗蜜经》，《大正藏》第8册，第235号，第749页上栏8~11。

② 西夏文“[illegible]”译为“无一切相”，汉文本为“一相无相”。

[illegible] 也世尊何云也须陀洹者昔入说入
[illegible] 可不也色声香味触法于不入故须
[illegible] 陀洹名□须菩提意于何云□陀□

在对译基础上翻译如下：

一切无相分第九

须菩提，于意云何？须陀洹作如是念：我所说我得须陀洹果？须菩提说："不也，世尊。云何也？须陀洹者说昔入流，不可入也。不入于声、香、味、触、法，故名□须陀洹。"须菩提，于意云何？□陀□……

Or.12380-3210（K.K.Ⅱ.0253.a）应是鸠摩罗什译《金刚般若波罗蜜经》三十二分本"一切无相分第九"的相应内容：

> "须菩提，于意云何？须陀洹能作是念：我得须陀洹果不？"须菩提言："不也，世尊。何以故？须陀洹名为入流，而无所入，不入色声香味触法，是名须陀洹。""须菩提，于意云何？斯陀含能作是念……"①

Or.12380-3209（K.K.Ⅱ.0290.j）、Or.12380-3209V（K.K.Ⅱ.0290.j）和 Or.12380-3210（K.K.Ⅱ.0253.a）为同版残经，内容分别为《金刚般若波罗蜜经》三十二分本"大乘正宗分第三"、"妙行无住分第四"和"一相无相分第九"，不能缀合，有佚文。

145.Or.12380-3217（K.K.Ⅱ.0275.s）残存 2 页 12 行，上下栏线单栏，刻本经折装，右面残缺严重，有分题为"离相寂灭分第十四"，刊布者将其定名为《金刚般若波罗蜜经》。现将西夏文录文并对译如下：

（右面）

---

① （后秦）鸠摩罗什译《金刚般若波罗蜜经》,《大正藏》第 8 册，第 235 号，第 749 页中栏 26~27。

……[illegible]……

……善男子善女人……

□□□[illegible]□□□□□

□□□有是经典中所□□□□□

[illegible]□□□□[illegible]

受□□□□为故其福最多

[illegible]

相离寂灭分十四第

[illegible]

尔时须菩提是经典说闻义趣深解

[illegible]

哭泣悲说佛对言说希有世尊佛是

（左面）

[illegible]

如最深经典所说使者我慧眼得于

[illegible]

已来是如经典闻处彼经我世尊若

[illegible]

及人有是经典闻时信心清净故实

[illegible]

相生起所定其人一第希有德功成

[illegible]

就世尊是实相者相非也是故如来

[illegible]

实相为说世尊我今是诸经典闻信

在对译基础上翻译如下：

……善男子、善女人……是有经典中，所受……为……故其福最多。

离相寂灭分第十四

尔时，须菩提闻说是经典，深解义趣，啼哭悲泣对佛言说：“希有，世尊，佛所说如是最深经典，使我者得于慧眼，我已来闻如是经典处。世尊，及若有人闻是经典时，信心清净，故生实相，所定其人成就第一希有功德。世尊，是实相者非相也，是故如来为说实相。世尊，我今闻是诸经典，信……”

Or.12380-3217（K.K.Ⅱ.0275.s）应是鸠摩罗什译《金刚般若波罗蜜经》三十二分本“如法受持分第十三”结尾、“离相寂灭分第十四”开头的相应内容：

> ……若有善男子、善女人，以恒河沙等身命布施，若复有人于此经中，乃至受持四句偈等，为他人说，其福甚多。
>
> 离相寂灭分第十四
>
> 尔时，须菩提闻说是经，深解义趣，涕泪悲泣而白佛言：“希有，世尊。佛说如是甚深经典，我从昔来所得慧眼，未曾得闻如是之经。世尊，若复有人，得闻是经，信心清净则生实相。当知是人成就第一希有功德。世尊，是实相者则是非相，是故如来说名实相。世尊，我今得闻如是经典……”[①]

146.Or.12380-3221bV（K.K.Ⅱ.0251.b）残存2页，下栏线双栏，上栏线无存，刻本经折装，上半部分残缺严重，仅有两行是西夏字正字，其他几行的西夏字全是Or.12380-3221b（K.K.Ⅱ.0251.b）的反字，由经卷粘连所致，刊布者将其定名为《大般若波罗蜜多经》。现将西夏文录文并对译如下：

……[illegible]

① （后秦）鸠摩罗什译《金刚般若波罗蜜经》，《大正藏》第8册，第235号，第750页上栏23~中栏5。

……如来之天眼所有是也世尊如

[illegible]……

来天眼有须菩提意于云何如来……

在对译基础上翻译如下：

……如来所有天眼是也？世尊，如来有天眼。须菩提，于意云何？如来……

Or.12380-3221bV（K.K.Ⅱ.0251.b）定名错误，可以确定其应是鸠摩罗什译《金刚般若波罗蜜经》三十二分本“一体同观分第十八”的相应内容：

“于意云何？如来有天眼不？”“如是，世尊。如来有天眼。”“须菩提，于意云何？如来有慧眼不？”[①]

147.Or.12380-3227（K.K.Ⅱ.022.b）残存1页7行，每行17字，上下栏线单栏，左面栏线双栏，刻本蝴蝶装，刊布者将其定名为《金刚般若波罗蜜经》。现将西夏文录文并对译如下：

[illegible]

须菩提意于何云如来之肉眼所有是也世

[illegible]

尊如来肉眼有须菩提意于何云如来之天

[illegible]

眼所有是也世尊如来天眼有须菩提意于

[illegible]

何云如来之慧眼所有是也世尊如来慧眼

[illegible]

① （后秦）鸠摩罗什译《金刚般若波罗蜜经》，《大正藏》第8册，第235号，第751页中栏14~15。

有须菩提意于何云如来之法眼所有是也

[illegible]

世尊如来法眼有须菩提意于何云如来之

[illegible]

佛眼所有是也世尊如来佛眼有须菩提意

在对译基础上翻译如下：

须菩提，于意云何？如来所有肉眼是也。世尊，如来有肉眼。须菩提，于意云何？如来所有天眼是也。世尊，如来有天眼。须菩提，于意云何？如来所有慧眼是也。世尊，如来有慧眼。须菩提，于意云何？如来所有法眼是也。世尊，如来有法眼。须菩提，于意云何？如来所有佛眼是也。世尊，如来有佛眼，须菩提，意……

Or.12380-3227（K.K.Ⅱ.022.b）应是鸠摩罗什译《金刚般若波罗蜜经》三十二分本之“一体同观分第十八”的相应内容：

> “须菩提，于意云何？如来有肉眼不？”“如是，世尊。如来有肉眼。”“须菩提，于意云何？如来有天眼不？”“如是，世尊。如来有天眼。”“须菩提，于意云何？如来有慧眼不？”“如是，世尊。如来有慧眼。”“须菩提，于意云何？如来有法眼不？”“如是，世尊。如来有法眼。”“须菩提，于意云何？如来有佛眼不？”“如是，世尊。如来有佛眼。”“须菩提，于意云何？……”[①]

148.Or.12380-3228（K.K.Ⅱ.0262.e）残存1页7行，上下栏线单栏，右栏线双栏，刻本蝴蝶装，刊布者将其定名为《金刚般若波罗蜜经》。虽残缺严重，但其内容应与Or.12380-3209（K.K.Ⅱ.0290.j）相同，可以据此补录相应缺失内容。现将西夏文录文并对译如下：

---

① （后秦）鸠摩罗什译《金刚般若波罗蜜经》，《大正藏》第8册，第235号，第765页上栏25~27。

[illegible]

妙行住无分四第

[illegible]

复次须菩提菩萨法于□□□□□施行应

[illegible]

是者色于不住布施声香味触法于不住布

[illegible]

施须菩提菩萨是如布施相于不住应何云

[illegible]

也若菩萨相于不住布施故福德思量可不

[illegible]

须菩提意于何云东方虚空思量可不□不

[illegible]

也世尊须菩提南西北方四□□下虚空亦

在对译基础上翻译如下：

妙行无住分第四

复次，须菩提，菩萨于法，应□□□□□行布施，应是不住于色布施者，不住于声、香、味、触、法布施。须菩提，菩萨如是布施，应不住于相，何云也？若菩萨不住于相布施，故福德可思量不？须菩提，于意云何？东方虚空可思量不？不也，世尊。须菩提，南西北方四□□下虚空亦……

Or.12380-3228（K.K.Ⅱ.0262.e）是鸠摩罗什译《金刚般若波罗蜜经》三十二分本之“妙行无住分第四”的相应内容：

“复次，须菩提，菩萨于法，应无所住行于布施，所谓不住色布施，不住声、香、味、触、法布施。须菩提，菩萨应如是布施，不住于相，何以故？若菩萨不住相布施，其福德不可思量。须菩提，于意云何？东方虚空可思量不？”“不也，世尊。”“须菩提，南西北方、四维上下虚空可思量不?”①

149.Or.12380-3229（K.K.Ⅱ.0262.d）残存 1 页 7 行，每行 17 字，上下栏线单栏，右面单线单栏，刻本蝴蝶装，刊布者将其定名为《金刚般若波罗蜜经》。现将西夏文录文并对译如下：

[illegible]
佛须菩提对说诸菩萨摩诃萨是如腹心降
[illegible]②[illegible]
服应若卵生若胎生若湿生若化生若色有
[illegible]
若色无若思有若思无若思无有思无无有
[illegible]
有众生部一切之我皆余无涅槃于入度灭
[illegible]
令我是如无量数无边无众生之所度灭真
[illegible]
众生度灭得者无何云也须菩提若菩萨我
[illegible]□□
相人相众生相寿者相有故菩萨实非□□

在对译基础上翻译如下：

佛对须菩提说，诸菩萨摩诃萨应如是降服腹心，若卵生、若胎生、若湿生、若化生，若有色、若无色，若有思（想）、若无思（想），若非有思（想）非无有思（想），我皆令一切众生部入无余于涅槃灭度之，我如是所灭度之无量数无边无众生，真无众生得灭度者，云何也？须菩

① （后秦）鸠摩罗什译《金刚般若波罗蜜经》，《大正藏》第 8 册，第 235 号，第 753 页上栏 9~14。

② 西夏文“[illegible]”译为“降服腹心”。

提，若菩萨有我相、人相、众生相、寿者相，故菩萨实非□□……

Or.12380-3229（K.K.Ⅱ.0262.d）应是鸠摩罗什译《金刚般若波罗蜜经》三十二分本“大乘正宗分第三”的相应内容：

> 佛告须菩提，诸菩萨摩诃萨应如是降伏其心，所有一切众生之类，若卵生、若胎生、若湿生、若化生，若有色、若无色，若有想、若无想、若非有想非无想，我皆令入无余涅槃，而灭度之。如是灭度无量无数无边众生，实无众生，得灭度者。何以故？须菩提，若菩萨有我相、人相、众生相、寿者相，即非菩萨。[1]

150.Or.12380-3230（K.K.Ⅱ.0281.a.iii）残存1页7行，上下栏线单栏，右面栏线单栏，刻本蝴蝶装，有分题，刊布者将其定名为《金刚般若波罗蜜经》。现将西夏文录文并对译如下：

[illegible]

菩提心生故诸法断□说□□□□□□□□

[illegible]

也阿耨多罗三藐三菩提心生者者法于断

[illegible]

灭相无说

[illegible]

不受不贪分二十八第

[illegible]

须菩提若菩萨恒河沙数世界中七宝有满

[illegible]

其以布施若人法一切我无知忍成就得故

[illegible]

---

① （后秦）鸠摩罗什译《金刚般若波罗蜜经》，《大正藏》第8册，第235号，第749页上栏5~11。

其菩萨先菩萨获得德功胜如须菩提其诸

在对译基础上翻译如下：

生……菩提心，故说诸法断□□□□□□□□□也。生阿耨多罗三藐三菩提心者，于法无说断灭相。

不受不贪分第二十八

须菩提，若菩萨有以其满恒河沙数世界中七宝布施，若人知一切法无我，得忍成就，故其菩萨获得德功如胜先菩萨。须菩提，其诸……

Or.12380-3230（K.K.Ⅱ.0281.a.iii）应是鸠摩罗什译《金刚般若波罗蜜经》三十二分本"无断无灭分第二十七""不受不贪分第二十八"的相应内容：

> 发阿耨多罗三藐三菩提心者，说诸法断灭。莫作是念。何以故？发阿耨多罗三藐三菩提心者，于法不说断灭相。
>
> 不受不贪分第二十八
>
> 须菩提，若菩萨以满恒河沙等世界七宝布施，若复有人知一切法无我，得成于忍，此菩萨胜前菩萨所得功德。须菩提，以诸菩萨不受福德故。[①]

Or.12380-3227（K.K.Ⅱ.022.b）、Or.12380-3228（K.K.Ⅱ.0262.e）、Or.12380-3229（K.K.Ⅱ.0262.d）和Or.12380-3230（K.K.Ⅱ.0281.a.iii）四个残页应属于同一版佛经，不能缀合，内容是"大乘正宗分第三""妙行无住分第四""一体同观分第十八""无断无灭分第二十七""不受不贪分第二十八"。

151.Or.12380-3424（K.K.Ⅲ.023.f）残存1行字，内容为"金刚般若经典"题签，现将西夏文录文和对译如下：

---

① （后秦）鸠摩罗什译《金刚般若波罗蜜经》，《大正藏》第8册，第235号，第752页上栏22~29。

[illegible]

金刚般若经典

其为金刚经经题。

152.Or.12380-3662（K.K.）残存 1 页 7 行，上下栏线单栏，刻本经折装，刊布者将其定名为“佛经”。现将西夏文录文并对译如下：

[illegible]

以如来之观佛言须菩提若三十二相

[illegible]

以如来观故轮转圣王亦如来也□须

[illegible]

菩提佛对言说世尊我佛所说义已解

[illegible]

我依三十二相以如来之不观应也尔

[illegible]

时世尊颂言说

[illegible]

色以我见欲

[illegible]

声以我求□

在对译基础上翻译如下：

以……观如来。佛言：须菩提，若以三十二相观如来，故轮转圣王亦如来也□。须菩提对佛言说：“世尊，我已解佛所说义，我不应依以三十二相观如来也。”尔时，世尊说颂言：

“欲以色我见，□以声求我。”

Or.12380-3662（K.K.）应是鸠摩罗什译《金刚般若波罗蜜经》三十二分本之“法身非相分第二十六”的相应内容：

……以三十二相观如来。佛言："须菩提，若以三十二相观如来者，转轮圣王则是如来。"须菩提白佛言："世尊，如我解佛所说义，不应以三十二相观如来。"尔时，世尊而说偈言：

"若以色见我，以音声求我。"[①]

153.Or.12380-3687aRV（K.K.Ⅲ.015.a）残存2页12行，上下栏线单栏，刻本经折装，残经原卷上有编号3687（1），刊布者将其定名为《大般若波罗蜜多经》。现将西夏文录文并对译如下：

（右面）

[illegible]	众生未来世于是法闻时信心生所
[illegible]	能佛言须菩提彼众生非不众生非
[illegible]	何云也须菩提众生众生者如来众
[illegible]	生非故众生名成说
[illegible]	得可法无分二十二第
[illegible]	须菩提佛对言说世尊佛阿耨多罗

（左面）

[illegible]	三藐三菩提得者得应无乎佛言是
[illegible]	也是也须菩提我阿耨多罗三藐三
[illegible]	菩提于乃至得应少许法无故是者
[illegible]阿耨	多罗三藐三菩提名成（为）
[illegible][②][illegible]	净心善行分二十三第
[illegible]	复次须菩提诸法平等下高无有故

① （后秦）鸠摩罗什译《金刚般若波罗蜜经》，《大正藏》第8册，第235号，第752页上栏11~16。

② 西夏文"[illegible]"译为"净心善行"，汉文本为"守心善行"。

在对译基础上翻译如下：

……众生，于未来世，闻是法时，能所生信心？佛言："须菩提，彼非众生非不众生。何云也？须菩提，众生众生者，如来说非众生，故名为众生。"

无法可得分第二十二

须菩提对佛言说："世尊，佛得阿耨多罗三藐三菩提者，应无得乎？"佛言："是也，是也。须菩提，我于阿耨多罗三藐三菩提，乃至无少许法应得，故是成（为）名者阿耨多罗三藐三菩提。"

净心行善分第二十三

复次，须菩提，诸法平等，无有高下，故……

Or.12380-3687aRV（K.K.Ⅲ.015.a）刊布者定名错误，残经不是《大般若波罗蜜多经》，而是鸠摩罗什译《金刚般若波罗蜜经》之"非说所说分第二十一"、"无法可得分第二十二"和"净心行善分第二十三"的相应内容：

"……世尊，颇有众生于未来世，闻说是法生信心不？"佛言："须菩提，彼非众生非不众生。何以故？须菩提，众生众生者，如来说非众生，是名众生。"

无法可得分第二十二

须菩提白佛言："世尊，佛得阿耨多罗三藐三菩提，为无所得耶？""如是，如是！须菩提，我于阿耨多罗三藐三菩提，乃至无有少法可得，是名阿耨多罗三藐三菩提。"

净心行善分第二十三

"复次，须菩提，是法平等无有高下，是名阿耨多罗三藐三菩提。"①

154.Or.12380-3687bRV（K.K.Ⅲ.015.a）残存2页12行，上下栏

① （后秦）鸠摩罗什译《金刚般若波罗蜜经》，《大正藏》第8册，第235号，第751页下栏20~24。

线单栏，刻本经折装，右面残页相对完整，左面残页残缺严重，刊布者将其定名为《大般若波罗蜜多经》。现将西夏文录文并对译如下：

（右面）

[illegible]

须菩提汝如来是如念为我说应法

[illegible]

有说不说使是念不作何云也若人

[illegible]①

如来说应法有说故佛之谤为我所

[illegible]

说解不能也须菩提法说者说应法

[illegible]

无故法说名成

[illegible]

尔时慧命须菩提佛对言说世尊若

在对译基础上翻译如下：

须菩提，汝不说如来为如是念：我应有所说法，使不作是念。云何也？若人说如来应有说法，故为之谤佛，不能解我所说也。须菩提，说法者，无法应说，故名为说法。

尔时，慧命须菩提对佛言说："世尊，若……"

（左面）

[illegible]

色身非故具足色身名成说须菩提

[illegible]

---

① 残缺内容根据《俄藏黑水城西夏文佛经叙录》馆藏第 101 号、西夏特藏第 386 号补足。

意于何云如来者具足诸相以所见

[illegible]

不也世尊如来具足诸相以见应非

[illegible]

何云也如来诸相具足之具足非故

[illegible]

诸相具足名成说

[illegible]

所说应非分二十一第

在对译基础上翻译如下：

……故非……色身，说名为具足色身。须菩提，于意云何？如来者以具足诸相所见？不也，世尊，如来非以具足诸相应见。何云也？如来说诸相之具足，非具足故，名为诸相具足。

非说所说分第二十一

Or.12380-3687bRV（K.K.Ⅲ.015.a）刊布者定名错误，它不是《大般若波罗蜜多经》，而是鸠摩罗什译《金刚般若波罗蜜经》三十二分本“离色离相分第二十”和“非说所说分第二十一”的相应内容，刊布者的排序也存在问题，应该是左面在前，右面在后，调整后内容如下：

“……如来说具足色身，即非具足色身，是名具足色身。须菩提，于意云何？如来可以具足诸相见不？”“不也，世尊。如来不应以具足诸相见。何以故？如来说诸相具足，即非具足，是名诸相具足。”

非说所说分第二十一

“须菩提，汝勿谓如来作是念：‘我当有所说法。’莫作是念，何以故？若人言如来有所说法，即为谤佛，不能解我所说故。须菩提，说法者，无法可说，是名说法。”

尔时，慧命须菩提白佛言："世尊，颇有众生于未来世，闻说是法生信心不？"[①]

比对 Or.12380-3687aRV（K.K.Ⅲ.015.a）和 Or.12380-3687bRV（K.K.Ⅲ.015.a）4 页西夏文残经，可以确定它们为同一版本残经，Or.12380-3687bRV（K.K.Ⅲ.015.a）在前，Or.12380-3687aRV（K.K. Ⅲ.015.a）在后，其顺序应是 Or.12380-3687bRV（K.K.Ⅲ.015.a）左面 + Or.12380-3687bRV（K.K.Ⅲ.015.a）右面 + Or.12380-3687aRV（K.K.Ⅲ.015.a）右面 + Or.12380-3687aRV（K.K.Ⅲ.015.a）左面，它们是《金刚般若波罗蜜经》三十二分本"离色离相分第二十"、"非说所说分第二十一"、"无法可得分第二十二"和"净心行善分第二十三"的内容。

155.Or.12380-3688b（K.K.Ⅲ.017.a）残存 1 页 3 行，下栏线单栏，上栏线无存，刻本，在残经空白处有编号 3688，刊布者将其定名为《金刚般若波罗蜜经》。现将西夏文录文并对译如下：

……[illegible]　　……三藐三菩提
……[illegible]　　……如知是如
……[illegible]　　……发应

在对译基础上翻译如下：

……三藐三菩提……如知、如是……发应……

残经为鸠摩罗什译《金刚般若波罗蜜经》三十二分本"知见不生分第九"的相应内容：

须菩提，发阿耨多罗三藐三菩提心者，于一切法，应如是知、如是见，如是信解，不生法相。须菩提，所言法相者，如来说即非

① （后秦）鸠摩罗什译《金刚般若波罗蜜经》，《大正藏》第 8 册，第 235 号，第 751 页下栏 6~17。

法相，是名法相。[①]

156.Or.12380-3695a（K.K.）残存1页3行，栏线无存，刻本，原残页上有编号3695/1-3，刊布者定名为“佛经”。现将西夏文录文并对译如下：

西夏文	对译
……[illegible]……	……众生……
……[illegible]……	……一切之救度也及众生……
……[illegible]……	……实救度者无说应何云……

在对译基础上翻译如下：

……众生……救度一切之……及……众生……应无说……实救度者。云何？

残经应是鸠摩罗什译《金刚般若波罗蜜经》三十二分本“究竟无我分第十七”的相应内容：

> 我应灭度一切众生，灭度一切众生已，而无有一众生实灭度者。何以故？[②]

157.Or.12380-3695bRV（K.K.）残存2页4行，其中右面存9字，左面存8字，栏线无存，刻本，原残页上有编号3695/1-3，刊布者定名为“佛经”。现将西夏文录文并对译如下：

（右面）

西夏文	对译
……[illegible]……	……无信须菩提……

① （后秦）鸠摩罗什译《金刚般若波罗蜜经》,《大正藏》第8册，第235号，第752页中栏20~23。

② （后秦）鸠摩罗什译《金刚般若波罗蜜经》,《大正藏》第8册，第235号，第751页上栏11~13。

……□□[illegible]……　　　　……□□亦测说……

在对译基础上翻译如下：

……无信。须菩提……□□亦不可思议……

（左面）

……[illegible]……　　　　……典受持诵……

……[illegible]……　　　　……说我故若……

在对译基础上翻译如下：

……受持诵典……说我故……若……

残经应是鸠摩罗什译《金刚般若波罗蜜经》三十二分本之“能净业障分第十六”的内容，残经顺序应调整为左面内容在前，右面内容在后。顺序调整后相应内容如下：

> 有受持读诵此经，所得功德，我若具说者，或有人闻，心则狂乱，狐疑不信。须菩提，当知是经义不可思议，果报亦不可思议。①

158.Or.12380-3695cRV（K.K.）存 2 页 4 行，栏线无存，刻本，其中右面存 11 字，左面存 6 字，原残页上有编号 3695/1-3，刊布者定名为“佛经”。现将西夏文录文并对译如下：

（右面）

……[illegible]……　　　　……诽依先世罪业……

……[illegible]……　　　　……三藐三菩提……

在对译基础上翻译如下：

① （后秦）鸠摩罗什译《金刚般若波罗蜜经》，《大正藏》第 8 册，第 235 号，第 751 页上栏 3~4。

依……诽，先世罪业……三藐三菩提……

（左面）

……[illegible]……	……行为……
……[illegible]……	……所为恶道……

在对译基础上翻译如下：

……行为……所为……恶道……

残经应是鸠摩罗什译《金刚般若波罗蜜经》三十二分本之“能净业障分第十六”的相应内容，左面内容在前，右面内容在后。顺序调整后相应内容如下：

……若为人轻贱，是人先世罪业，应堕恶道，以今世人轻贱故，先世罪业则为消灭，当得阿耨多罗三藐三菩提。[①]

159.Or.12380-3695dRV（K.K.）存2页4行，上栏线无存，下栏线单栏，刻本，其中右面存10字，左面存10字，原残页上有编号3695/4-9，刊布者定名为“佛经”。现将西夏文录文并对译如下：

（右面）

……[illegible]……	……人受如来阿耨……
……[illegible]……	……是何云也……

在对译基础上翻译如下：

……人……受……如来是阿耨……何云也……

（左面）

① （后秦）鸠摩罗什译《金刚般若波罗蜜经》，《大正藏》第8册，第235号，第750页下栏24~27。

……[illegible]…… ……皆见皆量……

……[illegible]…… ……无有测说无（无可思议）应……

在对译基础上翻译如下：

……皆见皆量……无有测说无（无可思议）应……

残经应是鸠摩罗什译《金刚般若波罗蜜经》三十二分本之“持经功德分第十五”的内容，左面和右面内容上下缀合，左面内容在前，右面内容在后。顺序调整后相应内容如下：

> 若有人能受持读诵，广为人说，如来悉知是人，悉见是人，皆得成就不可量、不可称、无有边、不可思议功德。如是人等，则为荷担如来阿耨多罗三藐三菩提。何以故？①

160.Or.12380-3695e（K.K.）残存 2 页 6 行，左右两个残页字迹不一致，不是相同残经。其中右面存 9 字，上栏线单栏，下栏线无存，刻本；左面残页栏线无存，刻本，存 24 字。刊布者定名为“佛经”。现将西夏文录文并对译如下：

（右面）

……[illegible]…… ……阿耨多罗……

……[illegible]…… ……如心起……

……[illegible]…… ……众生……

在对译基础上翻译如下：

……阿耨多罗……当生如是心……众生。

（左面）

① （后秦）鸠摩罗什译《金刚般若波罗蜜经》，《大正藏》第 8 册，第 235 号，第 750 页下栏 14~18。

……[illegible]……	……佛成名释迦牟尼无说……
……[illegible]……	……罗三藐三菩提得真法无……
……[illegible]……	……灯佛之受记……

在对译基础上翻译如下：

无说……佛，名为释迦牟尼……无真法得……罗三藐三菩提……灯佛之受记……

残经应是《金刚般若波罗蜜经》之“究竟无我分第十七”的内容，右面与左面都是“究竟无我分第十七”的内容，但二者之间有佚文，不能缀合，其相应内容如下：

（右面）发阿耨多罗三藐三菩提者，当生如是心：我应灭度一切众生。

（左面）……汝于来世，当得作佛，号释迦牟尼。以实无有法得阿耨多罗三藐三菩提，是故然灯佛与我受记，作是言：“汝于来世，当得作佛，号释迦牟尼。”何以故？①

161.Or.12380-3695fRV（K.K.）残存 2 页 7 行，右面上栏线单栏，下栏线无存；左面上栏线单栏，下栏线无存。皆为刻本，其中右面存 11 字，左面存 5 字，刊布者定名为“佛经”。现将西夏文录文并对译如下：

（右面）

……[illegible]……	……人……
……[illegible]……	……得……
……[illegible]……	……是此彼……
……[illegible]……	……灭后……
……[illegible]……	……菩提我念……

① （后秦）鸠摩罗什译《金刚般若波罗蜜经》，《大正藏》第 8 册，第 235 号，第 751 页上栏 10~24。

在对译基础上翻译如下：

……人……得……是此彼……灭后……菩提，我念……

（左面）

……[illegible][illegible][illegible]…… ……须菩提……

……[illegible][illegible]…… ……典寿（世）……

在对译基础上翻译如下：

……须菩提……典寿（世）……

残经应是鸠摩罗什译《金刚般若波罗蜜经》三十二分本“能净业障分第十六”的相应内容：

> ……须菩提，善男子、善女人，受持读诵此经，若为人轻贱，是人先世，罪业应堕恶道，以今世人轻贱故。先世罪业则为消灭，当得阿耨多罗三藐三菩提。须菩提，我念过去无量阿僧祇劫……①

162.Or.12380-3695gRV（K.K.）残存2页6行，其中右面残页上栏线单栏，下栏线无存，刻本，存12字；左面残页上栏线单栏，下栏线无存，刻本，存11字。刊布者定名为“佛经”。现将西夏文录文并对译如下：

（右面）

……[illegible][illegible][illegible]…… ……以亦如……

……[illegible][illegible]□[illegible][illegible]…… ……女人□世（寿）于……

……[illegible][illegible][illegible][illegible][illegible]…… ……获得功德者……

在对译基础上翻译如下：

……以亦如……女人，于□世（寿）……获得功德者……

---

① （后秦）鸠摩罗什译《金刚般若波罗蜜经》，《大正藏》第8册，第235号，第750页下栏22~27。

（左面）

……𗏁𗗙𘟩𘞃[①]……　　　　……心意迷乱……
……𗗙𗤶𗪙𗈪𗈪……　　　　……典意测可说……
……𗬩𗆄……　　　　……知德……

在对译基础上翻译如下：

……心意迷乱……典不可思议……知德……

残经应是鸠摩罗什译《金刚般若波罗蜜经》三十二分本之“能净业障分第十六”的相应内容：

> ……乃至算数譬喻所不能及。须菩提，若善男子、善女人于后末世，有受持读诵此经，所得功德，我若具说者，或有人闻，心则狂乱，狐疑不信。须菩提，当知是经义不可思议，果报亦不可思议。[②]

163.Or.12380-3695j（K.K.）残存1页6行，残缺严重，上栏线单栏，下栏线无存，刻本经折装，无法统计字数，有分题为“一体同观分第十八”，原残页上有编号3695/10-11，刊布者将其定名为“一体同观分第十八”。现将西夏文录文并对译如下：

……
……𗏁……
……佛……
……𗧓𘎳𗗚𗵆……
……成须菩提……

① 西夏文“𗏁𗗙𘟩𘞃”译为“心意迷乱”。

② （后秦）鸠摩罗什译《金刚般若波罗蜜经》，《大正藏》第8册，第235号，第750页下栏27~751页上栏4。

……[illegible]□□[illegible]……

……故如来□□之菩萨名真也说……

[illegible][1][illegible]

体独同观分十八第

在对译基础上翻译如下：

……佛……成……。须菩提……故如来说□□之真名是菩萨。

一体同观分第十八

Or.12380-3695j（K.K.）应是鸠摩罗什译《金刚般若波罗蜜经》三十二分本“究竟无我分第十七”最后的内容、“一体同观分第十八”的分题，其相应内容如下：

……如来说庄严佛土者，即非庄严，是名庄严。须菩提，若菩萨通达无我法者，如来说名真是菩萨。

一体同观分第十八[2]

164.Or.12380-3695h（K.K.）存1残片，仅存右下角，下栏线单栏，刻本，刊布者定名为“佛经”，存6字，现将西夏文录文并对译如下：

……[illegible]……	……阿耨多……
……[illegible]……	……是缘……
……[illegible]……	……者……

165.Or.12380-3695i（K.K.）存1残片，仅存上半部分，上栏线单栏，下栏线无存，刻本，刊布者定名为“佛经”，存4字，现将西夏文录文并对译如下：

① 西夏文“[illegible]”译为“一体同观”。

② （后秦）鸠摩罗什译《金刚般若波罗蜜经》，《大正藏》第8册，第235号，第751页中栏9~12。

……[illegible]……　　　　……大身……
……[illegible]……　　　　……礼（仪）若……

Or.12380-3695h（K.K.）、Or.12380-3695i（K.K.）为鸠摩罗什译《金刚般若波罗蜜经》三十二分本“究竟无我分第十七”的相应内容：

若有人言，如来得阿耨多罗三藐三菩提。须菩提，实无有法佛得阿耨多罗三藐三菩提。须菩提，如来所得阿耨多罗三藐三菩提，于是中无实无虚。

……须菩提，所言一切法者，即非一切法，是故名一切法。须菩提，譬如人身长大。[①]

166.Or.12380-3695k（K.K.）残存1页3行，下栏线单栏，左右栏线单栏，刻本，刊布者定名为“残片”，仅有不连贯的7个字，现将西夏文录文并对译如下：

……[illegible]……　　　　……于大如……
……[illegible]……　　　　……法……
……[illegible]……　　　　……须菩提……

翻译如下：

如……于大……法……须菩提……

Or.12380-3695k（K.K.）为鸠摩罗什译《金刚般若波罗蜜经》三十二分本“究竟无我分第十七”的相应内容：

须菩提，譬如人身长大。须菩提言：“世尊，如来说人身长大，

① （后秦）鸠摩罗什译《金刚般若波罗蜜经》，《大正藏》第8册，第235号，第751页上栏27~中栏3。

则为非大身，是名大身。”[1]

167.Or.12380-3695kV（K.K.）残存 1 页 3 行，下栏线单栏，左右栏线单栏，刻本，刊布者定名为“残片”，仅有不连贯的 7 个字，现将西夏文录文并对译如下：

……[illegible][illegible]……	……一切……
……[illegible][illegible]……	……一名……
……[illegible][illegible][illegible]……	……须菩提……

在对译基础上翻译如下：

……一切……名一……须菩提……

Or.12380-3695kV（K.K.）为《金刚般若波罗蜜经》之“究竟无我分第十七”的相应内容：

> 须菩提，所言一切法者，即非一切法，是故名一切法。须菩提，譬如人身长大。[2]

Or.12380-3695a（K.K.）、Or.12380-3695b RV（K.K.）、Or.12380-3695cRV（K.K.）、Or.12380-3695d RV（K.K.）、Or.12380-3695e（K.K.）、Or.12380-3695fRV（K.K.）、Or.12380-3695gRV（K.K.）、Or.12380-3695j（K.K.）、Or.12380-3695h（K.K.）、Or.12380-3695i（K.K.）、Or.12380-3695k（K.K.）和 Or.12380-3695kV（K.K.）内容为“持经功德分第十五”“能净业障分第十六”“究竟无我分第十七”“一体同观分第十八”，残经残缺严重，有的残页可以缀合，有的则不能缀合，可以缀合的残页中间也有佚文。

---

① （后秦）鸠摩罗什译《金刚般若波罗蜜经》，《大正藏》第 8 册，第 235 号，第 751 页中栏 2~5。

② （后秦）鸠摩罗什译《金刚般若波罗蜜经》，《大正藏》第 8 册，第 235 号，第 751 页中栏 2~4。

168.Or.12380-3701a（K.K.Ⅱ.0258.1）残存2页，上栏线无存，下栏线单栏，刻本经折装，在残经空白处有编号3701，上半部分残缺严重，下半部分保存完好，刊布者将其定名为“陀罗尼”。现将西夏文录文并对译如下：

[illegible]　　八金刚请
[illegible]　　奉请　青灾除　金刚
[illegible]　　奉请　毒拒　金刚
[illegible]　　奉请　黄求随　金刚
[illegible]　　奉请　白净水　金刚
[illegible]　　奉请　赤声　金刚
（下面未完）
[illegible]　　土神镇真言
[illegible]　　[illegible]
南无　萨满多　没驮喃　唵度噜度噜　地邪
[illegible]　　莎婆诃
[illegible]　　普供养真言[1]
[illegible]
唵誐誐曩　三婆缚　哇啰啰　吽

Or.12380-3701a（K.K.Ⅱ.0258.1）非“陀罗尼”，刊布者定名有误。刊布者将左右两面放颠倒，左面内容是“镇土地真言”“普供养真言”，应在前，右面内容是“请八金刚”，应在后，“请八金刚”内容未完，还差三个金刚。

Or.12380-3701a（K.K.Ⅱ.0258.1）可定名为《金刚般若波罗蜜经》，依据俄藏黑水城TK14《金刚般若波罗蜜经》翻译如下：

镇土地真言

① “虚空藏菩萨普供养真言”的省略形式。

南无　萨满多　没驮喃　唵度噜度噜　地邪　莎婆诃

普供养真言

唵 誐誐喃　三婆缚　哇啰啰　吽

请八金刚

奉请青除灾金刚、奉请辟毒金刚、奉请黄随求金刚、奉请白净水金刚、奉请赤声金刚 、奉请定除灾金刚、奉请紫贤金刚、奉请大神金刚。

169.Or.12380-3701b（K.K.Ⅱ.0258.1）存 1 页，上栏线无存，下栏线单栏，刻本经折装，上半部分残缺严重，下半部分保存完好，刊布者将其定名为“陀罗尼”。现将西夏文录文并对译如下：

[illegible][1] [illegible]　[illegible]　　奉请　定灾除　金刚

[illegible]　[illegible]　[illegible]　　奉请　紫贤　金刚

[illegible]　[illegible]　[illegible]　　奉请　大神　金刚

[illegible]　　四菩萨请

Or.12380-3701b（K.K.Ⅱ.0258.1）定名为“陀罗尼”不正确，应为《金刚般若波罗蜜经》，其内容接 Or.12380-3701a（K.K.Ⅱ.0258.1），为“请八金刚”和“请四菩萨”，相应内容如下：

奉请定除灾金刚、奉请紫贤金刚、奉请大神金刚

请四菩萨

可见，Or.12380-3701a（K.K.Ⅱ.0258.1）和 Or.12380-3701b（K.K.Ⅱ. 0258.1）为同版佛经遗存，内容可缀合。

170.Or.12380-3733（K.K.Ⅱ.0281.a.xxiv）残存汉文本，存 1 页 8 行，上下栏线单栏，左面栏线双栏，右面栏线单栏，整行 14 字，写本，刊布者将其定名为《金刚般若波罗蜜经》，残经上有编号 3733，其残存

① 此残页上面残缺严重，故根据其他《金刚经》之“请八金刚”内容补足。

汉文本内容如下：

> 若复有人于后末世，能受持读诵此经，所得功德，于我所供养诸佛功德，百分不及一，千万亿分，乃至算数譬喻所不能及。须菩提，若善男子、善女人，于后末世，有受持读诵此经，所得功德，我若具说者，或有人闻，心则狂乱，狐疑不信。须菩提，当知是经义不可思议，果报亦不可思议。

Or.12380-3733（K.K.Ⅱ.0281.a.xxiv）为鸠摩罗什译《金刚般若波罗蜜经》三十二分本“能净业障分第十六”的内容。

171.Or.12380-3734.1（K.K.Ⅱ.0245.f）残存1页7行，上下栏线单栏，刻本，刊布者将其定名为《梁朝傅大士颂金刚经》，可惜的是收藏单位将编号3734.1的章印直接扣在经文西夏字上，遮盖破坏了西夏字。现将西夏文录文并对译如下：

[illegible]□□□□□□[illegible]

复次须菩提是经典□□□□□□等

[illegible]

言各所定彼处世间人天阿修罗一切

[illegible]

佛塔寺有如皆供养应及皆受持诵读

[illegible]

能者说处况有须菩提所定彼人最上

[illegible]

一第希有法成就若是经典在处各佛

[illegible][1][illegible]

有及尊上弟子有与已（所）礼

① 西夏文“[illegible]”译为“弟子”，“[illegible]”译为“尊高弟子”“尊敬弟子”。

[illegible] ① [illegible]
法依受持分十三第

在对译基础上翻译如下：

复次，须菩提，说是经典□□□□□□等，各所定彼处，世间一切人、天、阿修罗，皆应供养，有如佛塔寺，及皆能受持诵读者，况有说处。须菩提，所定彼人成就最上第一希有法，若是经典在处各有佛，及有尊高弟子，与已（所）礼。

依法受持分第十三

残经非《梁朝傅大士颂金刚经》，而应为鸠摩罗什译《金刚般若波罗蜜经》三十二分本“尊重正教分第十二”的全部内容和“如法受持分第十三”的分题，相应内容如下：

> 复次，须菩提，随说是经，乃至四句偈等，当知此处，一切世间天、人、阿修罗，皆应供养，如佛塔庙，何况有人尽能受持读诵。须菩提，当知是人成就最上第一希有之法，若是经典所在之处，则为有佛，若尊重弟子。
>
> 依法受持分第十三 ②

172.Or.12380-3734.2（K.K.Ⅱ.0245.e）残存 3 页 21 行，上下栏线单栏，刻本经折装，刊布者将其定名为《梁朝傅大士颂金刚经》，现将西夏文录文并对译如下：

[illegible]
尔时须菩提佛对言说世尊是经典何
[illegible]

---

① 西夏文“[illegible]”译为“依法受持”，汉文本为“如法受持”。

② （后秦）鸠摩罗什译《金刚般若波罗蜜经》，《大正藏》第 8 册，第 235 号，第 750 页上栏 6~10。

名我等何云受持应佛须菩提对说是

经典者金刚般若波罗蜜名为是名字

依汝受持应是者何云须菩提佛般若

波罗蜜之般若波罗蜜非故般若波罗

蜜也说须菩提意于何云如来说应法

已有须菩提佛对言说世尊如来说应

无也须菩提意于何云三千大千世界

中微尘一切所宁多也须菩提言多也

世尊须菩提如来诸微尘之微尘非故

微尘名为说如来世界之世界非故世

界名成说须菩提意于何云三十二相

以如来所见不也世尊三十二相所如

来见处无何云也如来三十二相之相

非故三十二相名成说须菩提若善男

子善女人恒河沙等如身命布施若及

[illegible]

人有是经典中乃至四句偈等受持彼

[illegible]

之言为故彼福最多

[illegible]

相离寂灭分十四第

[illegible]

尔时须菩提是经典说闻义趣深解哭

[illegible]

泣悲说佛对言说希有世尊佛是如最

在对译基础上翻译如下：

尔时，须菩提对佛言说："世尊，是经典何名？我应等云何受持？"佛对须菩提说："是经典者名为《金刚般若波罗蜜》，依是名字，汝应受持，是者云何？"须菩提，佛说般若波罗蜜，故非之般若波罗蜜般若波罗蜜也。须菩提，于意云何？如来已有应说法？须菩提对佛言说："世尊，如来应无说也。"须菩提，于意云何？三千大千世界中，一切微尘所宁多也？须菩提言："多也，世尊。"须菩提，如来说诸微尘非之微尘，故名为微尘。如来说世界非之世界，故名为世界。须菩提，于意云何？以三十二相所见如来？不也，世尊。无三十二相所见如来处，云何也？如来说三十二相非之相，故名成三十二相。须菩提，若善男子、善女人，如恒河沙等身命布施，若及人有是经典中，乃至四句偈等受持，为彼之说，故彼福最多。

离相寂灭分第十四

尔时，须菩提闻说是经典，深解义趣，哭泣悲泣，对佛言说："希有，世尊，佛是如最……"

残经为鸠摩罗什译《金刚般若波罗蜜经》三十二分本"如法受持分第十三""离相寂灭分第十四"的相应内容：

尔时，须菩提白佛言："世尊，当何名此经？我等云何奉持？"

佛告须菩提："是经名为《金刚般若波罗蜜》。以是名字，汝当奉持。所以者何？须菩提，佛说般若波罗蜜，则非般若波罗蜜。须菩提，于意云何？如来有所说法不？"

须菩提白佛言："世尊，如来无所说""须菩提，于意云何？三千大千世界所有微尘是为多不？"

须菩提言："甚多，世尊。"

"须菩提，诸微尘，如来说非微尘，是名微尘。如来说世界，非世界，是名世界。须菩提，于意云何？可以三十二相见如来不？""不也，世尊。不可以三十二相得见如来。何以故？如来说三十二相，即是非相，是名三十二相。""须菩提，若有善男子、善女人，以恒河沙等身命布施；若复有人于此经中，乃至受持四句偈等，为他人说，其福甚多。"

离相寂灭分第十四

尔时，须菩提闻说是经，深解义趣，涕泪悲泣，而白佛言："希有，世尊。佛说如是甚深经典……"①

Or.12380-3734.2（K.K.Ⅱ.0245.e）为《金刚般若波罗蜜经》三十二分本"如法受持分第十三"的全部内容和"离相寂灭分第十四"的开头，不能定名为《梁朝傅大士颂金刚经》。Or.12380-3734.2（K.K.Ⅱ.0245.e）与 Or.12380-3734.1（K.K.Ⅱ.0245.f）为同一版本佛经的残存，内容可以缀合，为"尊重正教分第十二"与"如法受持分第十三"的全部内容，以及"离相寂灭分第十四"的开头。

173.Or.12380-3742.1（K.K.Ⅱ.0250.b）残存 2 页 12 行，刊布者将残页顺序排反，每行 15 字，上下栏线单栏，刻本经折装，残经上有编号 3742，刊布者将其定名为《梁朝傅大士颂金刚经》。下面将西夏文录文并对译如下：

---

① （后秦）鸠摩罗什译《金刚般若波罗蜜经》,《大正藏》第 8 册，第 235 号，第 750 页上栏 11~27。

（右面）

[illegible]

尊何云也须陀洹者昔入已入可不也

[illegible]

色声香味触法于不入故须陀洹名为

[illegible]

须菩提意于何云斯陀含是如念为我

[illegible][1][illegible]

斯陀含果得我所说须菩提言不也世

[illegible]

尊何云也斯陀含者一来往说实来往

[illegible]

不故斯陀含名为须菩提意于何云也

在对译基础上翻译如下：

……尊，何云也？须陀洹者昔已入，不可入也，不入于色、声、香、味、触、法，故名为须陀洹。须菩提，于意云何？斯陀含为如是念："我所说我得斯陀含果？"须菩提言："不也，世尊。何云也？斯陀含者说一来往，实不来往，故名为斯陀含。"须菩提，于意何云也？

（左面）

[illegible]

那含是如念为我阿那含果得我所说

[illegible]

须菩提言不也世尊何云也阿那含者

[illegible]

---

① 西夏文"[illegible]"译为"斯陀含果"，四果之一。四果旧译为须陀洹果、斯陀含果、阿那含果、阿罗汉果；新译为预流果、一来果、不还果、阿罗汉果。

不归说实归应不故是缘阿那含名为

[illegible]

须菩提意于何云阿罗汉是如念为我

[illegible]

阿罗汉道得我所□说须菩提言不也

[illegible]

世尊何云也阿罗汉说应实法不有世

在对译基础上翻译如下：

那含为如是念："我所说我得阿那含果？"须菩提言："不也，世尊。何云也？阿那含者说不归，实应不归，故是缘名为阿那含。"须菩提，于意云何？阿罗汉为如是念："我所言我得阿罗汉道？"须菩提言："不也，世尊，何云也？应不有实法说阿罗汉。世……"

Or.12380-3742.1（K.K.Ⅱ.0250.b）残经非《梁朝傅大士颂金刚经》，应是鸠摩罗什译《金刚般若波罗蜜经》三十二分本"一相无相分第九"的相应内容。Or.12380-3742.1（K.K.Ⅱ.0250.b）残经左面内容在前，右面内容在后，顺序调整后相应内容如下：

> 须菩提言："不也，世尊。何以故？须陀洹名为入流，而无所入，不入色、声、香、味、触、法，是名须陀洹。""须菩提，于意云何？斯陀含能作是念'我得斯陀含果'不？"须菩提言："不也，世尊。何以故？斯陀含名一往来，而实无往来，是名斯陀含。""须菩提，于意云何？阿那含能作是念'我得阿那含果'不？"须菩提言："不也，世尊。何以故？阿那含名为不来，而实无来，是故名阿那含。""须菩提，于意云何？阿罗汉能作是念'我得阿罗汉道'不？"[①]

174.Or.12380-3742.2（K.K.Ⅱ.0250.b）残存1页6行，上下栏线单

① （后秦）鸠摩罗什译《金刚般若波罗蜜经》，《大正藏》第8册，第235号，第749页中栏27~下栏6。

栏，刻本经折装，存分题“一切无相分第九”，刊布者将其定名为《梁朝傅大士颂金刚经》。现将西夏文录文并对译如下：

[illegible]
也须菩提诸佛一切及诸佛阿耨多罗
[illegible]
三藐三菩提法者皆是经典依出须菩
[illegible]
提佛法说者佛法非也
[illegible]
一切相无分九第
[illegible]
须菩提意于何云须陀洹是如念为我
[illegible]
须陀洹果得我所说 须菩提言不也世

在对译基础上翻译如下：

……也。须菩提，一切诸佛及诸佛阿耨多罗三藐三菩提法者，皆依是经典出。须菩提，说佛法者非佛法也。

一切无相分九第

须菩提，于意云何？须陀洹为如是念：“我所说我得须陀洹果？”须菩提言：“不也，世……”

此残经非《梁朝傅大士颂金刚经》，应是鸠摩罗什译《金刚般若波罗蜜经》三十二分本“依法出生分第八”“一相无相分第九”的相应内容：

> “须菩提，一切诸佛，及诸佛阿耨多罗三藐三菩提法，皆从此经出。须菩提，所谓佛法者，即非佛法。”
>
> 一相无相分第九
>
> “须菩提，于意云何？须陀洹能作是念：‘我得须陀洹果不？’”

须菩提言："不也，世……"[①]

175.Or.12380-3742.2V（K.K.Ⅱ.0250.b）残存1页6行，上下栏线单栏，每行15字，刻本经折装，刊布者将其定名为《梁朝傅大士颂金刚经》。现将西夏文录文并对译如下：

[illegible]
须菩提意于何云若人三千大千世界
[illegible]
七宝有满彼以布施故彼得应福德所
[illegible]
宁多也须菩提言多也世尊何云也彼
[illegible]
福德者福德性非是缘如来福德多说
[illegible]
须菩提若及人有是经典中乃至四句
[illegible]
偈等受持彼之说为故福德勤胜何云

在对译基础上翻译如下：

须菩提，于意云何？若人有三千大千世界满七宝，以彼布施，故应得彼福德所宁多也？须菩提言："多也，世尊。何云也？彼福德者非福德性，是缘如来说福德多。"须菩提，若及有人受持是经典中，乃至四句偈等，为彼说之，故福德勤胜，云何？

此残经非《梁朝傅大士颂金刚经》，应是鸠摩罗什译《金刚般若波罗蜜经》三十二分本"依法出生分第八"的相应内容：

① （后秦）鸠摩罗什译《金刚般若波罗蜜经》，《大正藏》第8册，第235号，第749页中栏21~26。

“须菩提，于意云何？若人满三千大千世界七宝以用布施，是人所得福德，宁为多不？”须菩提言：“甚多，世尊。何以故？是福德即非福德性，是故如来说福德多。”“若复有人，于此经中受持，乃至四句偈等，为他人说，其福胜彼。何以故？”①

比对 Or.12380-3742.2V（K.K.Ⅱ.0250.b）、Or.12380-3742.2（K.K.Ⅱ.0250.b）和 Or.12380-3742.1（K.K.Ⅱ.0250.b），可知它们为同部残经，所存内容顺序如下：Or.12380-3742.2V（K.K.Ⅱ.0250.b）+ Or.12380-3742.2（K.K.Ⅱ.0250.b）+ Or.12380-3742.1（K.K.Ⅱ.0250.b）（右面）+ Or. 12380-3742.1（K.K.Ⅱ.0250.b）（左面）。这些残经与 Or.12380-3734.2（K.K.Ⅱ.0245.e）、Or.12380-3734.1（K.K.Ⅱ.0245.f）皆为同一版本佛经。它们的内容为“依法出生分第八”、“一相无相分第九”、“尊重正教分第十二”、“如法受持分第十三”和“离相寂灭分第十四”等。

176.Or.12380-3767.01（K.K.Ⅱ.0232.ee）残存 2 页 11 行，上栏线单栏，下栏线无存，刻本经折装，有分题，刊布者将其定名为《梁朝傅大士颂金刚经》“法界通化分第十九”。现将西夏文录文并对译如下：

□□□□[illegible]□□□

□□□□所宁多也多也世尊□□□

□□□[illegible]□□□

□□□而许国土中众生一切□□□

[illegible]□□□□

种心如来皆知何云也如来□□□□

[illegible]□□□[illegible]

心非故心名为说是者何云□□□已

① （后秦）鸠摩罗什译《金刚般若波罗蜜经》，《大正藏》第 8 册，第 235 号，第 749 页中栏 18~21。

[illegible][1][illegible][2][illegible]□□□□

过心得可无如住心得可无□□□□

[illegible]

得可无

[illegible]

法界皆化分十九第

[illegible]□□□□□□□

须菩提意于何云若□□□□□□□

[illegible]□□□□□□

七宝有满彼以布施故□□□□□□

[illegible]□□□□□

所多多也世尊彼人是缘□□□□□

[illegible]□□□□

也须菩提若福德实有故如□□□□

在对译基础上翻译如下：

□□□□宁所多也？多也，世尊。□□□□□□□若干国土中，一切众生□□□种心，如来皆知。何云也？如来说□□□□非心，故是名为心者。何云□？□□过去心无可得，现在心无可得，□□□□无可得。

法界皆化分第十九

须菩提，于意云何？若有□满□□□□□□□七宝，以彼布施，故□□□□□□□所多？多也，世尊。彼人是缘□□□□□□也？须菩提，若福德有实，故如□□□□……

根据“法界通化分第十九”的分题，确定其非《梁朝傅大士颂金刚经》，应是鸠摩罗什译《金刚般若波罗蜜经》三十二分本“一体同观分

① 西夏文“[illegible]”译为“过去心”。

② 西夏文“[illegible]”字义为“现住心”“如住心”，译为“现在心”。

第十八”“法界通化分第十九”的相应内容：

> “是诸恒河所有沙数佛世界，如是宁为多不？”“甚多，世尊。”佛告须菩提：“尔所国土中，所有众生，若干种心，如来悉知。何以故？如来说诸心，皆为非心，是名为心。所以者何？须菩提，过去心不可得，现在心不可得，未来心不可得。”
>
> 法界通化分第十九
>
> “须菩提，于意云何？若有人满三千大千世界七宝以用布施，是人以是因缘，得福多不？”“如是，世尊。此人以是因缘，得福甚多。”“须菩提，若福德有实，如来不说得福德多；以福德无故，如来说得福德多。”①

177.Or.12380-3767.02（K.K.Ⅱ.0232.ee）残存 2 页 13 行，上栏线单栏，下栏线无存，刻本经折装，有分题，刊布者将其定名为《梁朝傅大士颂金刚经》“究竟无我分第十七”。现将西夏文录文并对译如下：

[illegible]□□□
善男子善女人后世于是经典□□□
[illegible]□□□□
诵依获得功德者具说（述）我如□□□□
[illegible]□□□□
人意迷乱疑惑不信须菩提□□□□
[illegible]□□□□
思说可无果报亦思说可无
[illegible]
最终我无分十七第
[illegible]

① （后秦）鸠摩罗什译《金刚般若波罗蜜经》，《大正藏》第 8 册，第 235 号，第 751 页中栏 21~下栏 3。

尔时须菩提佛之言说世尊善男子善
[illegible]
女人阿耨多罗三藐三菩提心者发何
[illegible]
云安住何云何云心降伏应佛须菩提
[illegible]
说善男子善女人阿耨多罗三藐三菩
[illegible]□□□□
提心发时是如心发我众生□□□□
□□[illegible]□□□□
□□我众生一切知度度终□□□□
□□□[illegible]□□□□
□□□度度者无说应何云□□□□
□□□□[illegible]□□□□
□□□□众生相命者相有□□□□

在对译基础上翻译如下：

善男子、善女人，于后世，依是经典□□诵□，获得功德者，我如□具说（述），□人□，□意迷乱，疑惑不信。须菩提，□□□□不可思议，果报亦不可思议。

最终无我分第十七

尔时，须菩提对佛言说："世尊，善男子、善女人，发阿耨多罗三藐三菩提心者，云何安住？云何云何应降伏心？"佛说须菩提："善男子、善女人，发阿耨多罗三藐三菩提心时，发如是心，我□□□□众生，所灭度一切众生已，所度□□□者，无应说？何云□？□□□有□□□□众生相、命者相□□□□。"

根据"究竟无我分第十七"的分题，确定其非《梁朝傅大士颂金刚经》"究竟无我分第十七"，应是鸠摩罗什译《金刚般若波罗蜜经》三十二分本"能净业障分第十六""究竟无我分第十七"的相应内容：

“若善男子、善女人，于后末世，有受持读诵此经，所得功德，我若具说者，或有人闻，心则狂乱，狐疑不信。须菩提，当知是经义不可思议，果报亦不可思议。”

究竟无我分第十七

尔时，须菩提白佛言：“世尊，善男子、善女人，发阿耨多罗三藐三菩提心，云何应住？云何降伏其心？”佛告须菩提：“善男子、善女人，发阿耨多罗三藐三菩提者，当生如是心：‘我应灭度一切众生。灭度一切众生已，而无有一众生实灭度者。’何以故？须菩提，若菩萨有我相、人相、众生相、寿者相，则非菩萨。所以者何？须菩提，实无有法发阿耨多罗三藐三菩提者。”[①]

178.Or.12380-3767.03（K.K.Ⅱ.0232.ee）残存2页14行，上栏线单栏，下栏线无存，刻本经折装，没有分题，刊布者将其定名为《梁朝傅大士颂金刚经》“一体同观分第十八”。现将西夏文录文并对译如下：

□□□□[illegible]

□□□□须菩提阿耨多罗三藐三菩

[illegible]□□□

提心发者实法不有也须菩提□□□

□[illegible]

□如来彼燃灯佛所阿耨多罗三藐三

[illegible]□□□□

菩提得用法所得不也世尊□□□□

[illegible]

义而悟我依佛彼燃灯佛所阿耨多罗

[illegible]□□□□□

三藐三菩提得者法不有□□□□□

① （后秦）鸠摩罗什译《金刚般若波罗蜜经》，《大正藏》第8册，第235号，第751页上栏4~10。

[illegible]

也须菩提如来阿耨多罗三藐三菩提

[illegible]

得实法不有须菩提若如来阿耨多罗

[illegible]□□□□□

三藐三菩提得者法有故□□□□□

[illegible]

之授记汝后佛成名者释迦牟尼佛曰

[illegible]□□□

阿耨多罗三藐三菩提得实法□□□

□[illegible]□□□

□燃灯佛我之授记汝后佛成□□□

□□□□[illegible]□□□□

□□□□何云也如来者诸□□□□

□□□□[illegible]□

□□□□之阿耨多罗三藐三菩提□

在对译基础上翻译如下：

□□□□，须菩提，实不有法，发阿耨多罗三藐三菩提心者也。须菩提，□□□□，如来于彼燃灯佛用法所得阿耨多罗三藐三菩提？不也，世尊。依我而悟□□□□义，佛于燃灯佛不有法得阿耨多罗三藐三菩提者。□□□□□也。须菩提，实不有法得如来阿耨多罗三藐三菩提。须菩提，若有法如来得阿耨多罗三藐三菩提者，故□□□□□之授记：汝后成佛名者，曰释迦牟尼佛。实□□法得阿耨多罗三藐三菩提□，燃灯佛□我之授记，汝后佛成□□□□□□□，何云也？如来者，诸□□□□□□□□之，阿耨多罗三藐三菩提□。

可确定残经非《梁朝傅大士颂金刚经》“一体同观分第十八”，应是鸠摩罗什译《金刚般若波罗蜜经》三十二分本“究竟无我分第十七”的相应内容：

"所以者何？须菩提，实无有法得阿耨多罗三藐三菩提者。须菩提，于意云何？如来于然灯佛所，有法得阿耨多罗三藐三菩提不？""不也，世尊。如我解佛所说义，佛于然灯佛所，无有法得阿耨多罗三藐三菩提。"佛言："如是，如是！须菩提，实无有法如来得阿耨多罗三藐三菩提。须菩提，若有法如来得阿耨多罗三藐三菩提者，然灯佛则不与我受记：'汝于来世，当得作佛，号释迦牟尼。'以实无有法得阿耨多罗三藐三菩提，是故然灯佛与我受记，作是言：'汝于来世，当得作佛，号释迦牟尼。'何以故？如来者，即诸法如义。若有人言：'如来得阿耨多罗三藐三菩提。'须菩提，实无有法佛得阿耨多罗三藐三菩提。"①

179.Or.12380-3767.04（K.K.Ⅱ.0232.ee）残存2页14行，上栏线单栏，下栏线无存，刻本经折装，有分题，刊布者将其定名为《梁朝傅大士颂金刚经》"能净业障分第十六"。现将西夏文录文并对译如下：

□□□□□[illegible]□□□□□

□□□□□阿修罗一切□□□□□

□□□□[illegible]□□□

□□□□如恭敬礼所彼围绕□□□

□[illegible]

□应

[illegible]

业障净能分十六第

[illegible]□□□□

及又须菩提善男子善女人□□□□

[illegible]□□□□□

受持读诵时彼行为谤也□□□□□

① （后秦）鸠摩罗什译《金刚般若波罗蜜经》，《大正藏》第8册，第235号，第751页上栏10~27。

[illegible]□□□□□

罪业所为恶道中堕可是□□□□□

[illegible]

先世罪业立即消灭后（当）阿耨多罗三藐

[illegible]□□[illegible]

三菩提得须菩提我念过去□□阿僧

[illegible]

祇劫中燃灯佛勤前面八万四千万亿

[illegible]□□□

那由他诸佛与所遇悉皆供养□□□

[illegible]□□□□

为空经未不若人后世于是□□□□

□□□□[illegible]□□□□□

□□□□获得功德者我诸□□□□□

□□□□□[illegible]□□□□□□

□□□□□中一不百□□□□□□

在对译基础上翻译如下：

一切□□□□□阿修罗□□□□□□□□□如恭敬礼所围绕，应彼□□□□。

能净业障分第十六

及又，须菩提，善男子、善女人，□□□□受持读诵时，谤彼行为也，□□□所□□罪业，应堕恶道中，可是□□□□□先世罪业立即消灭，后（当）得阿耨多罗三藐三菩提。须菩提，我念过去□□阿僧祇劫中，勤燃灯佛前面，与所遇八万四千万亿那由他诸佛，悉皆供养□□□为不空未经。若人于后世是□□□□□□□□获得功德者，我诸□□□□□□□□□中百不□一□□□□□。

此残经非为《梁朝傅大士颂金刚经》"能净业障分第十六"，应是鸠摩罗什译《金刚般若波罗蜜经》三十二分本"持经功德分第十五""能净业障分第十六”的相应内容：

一切世间天、人、阿修罗，所应供养。当知此处，则为是塔，皆应恭敬，作礼围绕，以诸华香而散其处。

能净业障分第十六

复次，须菩提，善男子、善女人，受持读诵此经，若为人轻贱，是人先世罪业，应堕恶道。以今世人轻贱故，先世罪业则为消灭，当得阿耨多罗三藐三菩提。须菩提，我念过去无量阿僧祇劫，于然灯佛前，得值八百四千万亿那由他诸佛，悉皆供养承事，无空过者。若复有人，于后末世，能受持读诵此经，所得功德，于我所供养诸佛功德，百分不及一，千万亿分，乃至算数譬喻所不能及。[1]

180.Or.12380-3767.05（K.K.Ⅱ.0232.ee）残存 2 页 14 行，上栏线单栏，下栏线无存，刻本经折装，分题无存，刊布者将其定名为《梁朝傅大士颂金刚经》。现将西夏文录文并对译如下：

□□□□□[illegible]

□□□□□佛阿耨多罗三藐三菩提

□□□□[illegible]□[illegible]

□□□□不有须菩提如来□阿耨多

[illegible]□□□□[illegible]

罗三藐三菩提彼中实无□□□□如

[illegible]□□□

来法一切皆佛法也曰须菩提□□□

[illegible]□□[illegible]

说者法一切非故是缘法一切□□须

[illegible]□□□□

① （后秦）鸠摩罗什译《金刚般若波罗蜜经》，《大正藏》第 8 册，第 235 号，第 751 页上栏 27~ 中栏 5。

菩提如人身于大须菩提言□□□□

[illegible]□□□□□[illegible]

何云身于大之身非□□□□□须菩

[illegible]□□□□□[illegible]

提菩萨亦彼与所礼若□□□□□无

[illegible]□□□

量众生之度过我说故菩萨不□□□

[illegible]□□[illegible]

也须菩提菩萨说应实法不有□□世

[illegible]□□□□

尊法一切我无人无众生无□□□□

[illegible]□□□□□

菩提提若菩萨是如言说□□□□□

□□□[illegible]□□□□□

□□□菩萨不说何云也□□□□□

□□□□□[illegible]□□□□□

□□□□□故庄严名为□□□□□

在对译基础上翻译如下：

□□□□□佛□阿耨多罗三藐三菩提，□□□不有，须菩提，如来□阿耨多罗三藐三菩提，彼中无实□□□□如来曰：“一切法皆佛法也。”须菩提□□□说一切法者非故是缘一切法□□。须菩提，如人身于大。须菩提言：“□□□□何云？于大身之非身□□□□□。”须菩提，菩萨亦与彼所礼。若□□□□□我说所度无量之众生，故不□菩萨□□也。须菩提，应说菩萨实不有法□□。世尊，一切法无我、无人、无众生、□□□□菩提也，若菩萨说如是言：“□□□□□。”不说□□□菩萨。何云也？□□□□□□□□□□故名为庄严□□□□□。

此残经非为《梁朝傅大士颂金刚经》，应是鸠摩罗什译《金刚般若波罗蜜经》三十二分本“究竟无我分第十七”的相应内容：

“须菩提，实无有法佛得阿耨多罗三藐三菩提。须菩提，如来所得阿耨多罗三藐三菩提，于是中无实无虚。是故如来说一切法皆是佛法。须菩提，所言一切法者，即非一切法，是故名一切法。须菩提，譬如人身长大。”须菩提言：“世尊，如来说人身长大，则为非大身，是名大身。”“须菩提，菩萨亦如是。若作是言：‘我当灭度无量众生。’则不名菩萨。何以故？须菩提，实无有法名为菩萨。是故佛说：‘一切法无我、无人、无众生、无寿者。’须菩提，若菩萨作是言：‘我当庄严佛土。’是不名菩萨。何以故？如来说庄严佛土者，即非庄严，是名庄严。须菩提……”①

181.Or.12380-3767.06（K.K.Ⅱ.0232.ee）残存2页14行，上栏线单栏，下栏线无存，刻本经折装，有分题，刊布者将其定名为《梁朝傅大士颂金刚经》。现将西夏文录文并对译如下：

[illegible]□□□□□□□□
菩萨故如来彼之□□□□□□□□
[illegible]
体独同观分十八第
[illegible]□□□
须菩提意于何云如来之肉眼□□□
[illegible]□□□□
也世尊如来肉眼有须菩提□□□□
[illegible]□□□□
如来之天眼所有是也世尊□□□□
[illegible]□□□□□
有须菩提意于何云如来□□□□□
[illegible]□□□□□[illegible]

① （后秦）鸠摩罗什译《金刚般若波罗蜜经》，《大正藏》第8册，第235号，第750页下栏20~27。

是也世尊如来慧眼有□□□□□何

[illegible]□□□□□

云如来之法眼所有是也□□□□□

[illegible]□□□□□□

眼有须菩提意于何云□□□□□□

[illegible]□□□□□

有是也世尊如来佛眼有□□□□□

[illegible]□□□□

何云恒河河水中沙一切佛□□□□

[illegible]□□□

是也世尊如来彼沙说须菩提□□□

□[illegible]□□□□□

□一恒河河水中沙一切□□□□□

□□□□[illegible]□□□□

□□□□彼诸恒河河水中□□□□

在对译基础上翻译如下：

菩萨……故如来彼之□□□□□□□□。

一体同观分第十八

须菩提，于意云何？如来之肉眼□□□也，世尊，如来有肉眼？须菩提，□□□□？如来之所有天眼？是也，世尊。□□有□□？须菩提，于意云何？如来□□□□□？是也，世尊。如来有慧眼□□□□□何云？如来之所有法眼？是也，□□。□□有□眼？须菩提，于意云何？□□有□□□□？是也，世尊。如来有佛眼□□□□□何云？恒河河水中一切沙，佛□□□□□□□□彼诸恒河河水中□□□□。

此残经非《梁朝傅大士颂金刚经》，应是鸠摩罗什译《金刚般若波罗蜜经》三十二分本“究竟无我分第十七”的结尾和“一体同观分第十八”的相应内容：

若菩萨通达无我法者，如来说名真是菩萨。

一体同观分第十八

“须菩提，于意云何？如来有肉眼不？”“如是，世尊。如来有肉眼。”“须菩提，于意云何？如来有天眼不？”“如是，世尊。如来有天眼。”“须菩提，于意云何？如来有慧眼不？”“如是，世尊。如来有慧眼。”“须菩提，于意云何？如来有法眼不？”“如是，世尊。如来有法眼。”“须菩提，于意云何？如来有佛眼不？”“如是，世尊。如来有佛眼。”“须菩提，于意云何？恒河中所有沙，佛说是沙不？”“如是，世尊。如来说是沙。”“须菩提，于意云何？如一恒河中所有沙，有如是等恒河，是诸恒河所有沙数佛世界，如是宁为多不？”[①]

Or.12380-3767.05（K.K.II.0232.ee）与 Or.12380-3767.03（K.K.II.0232.ee）内容相连，Or.12380-3767.03（K.K.II.0232.ee）内容在前，Or.12380-3767.05（K.K.II.0232.ee）内容在后。Or.12380-3767.06（K.K.II.0232.ee）接在 Or.12380-3767.05（K.K.II.0232.ee）后面。

182.Or.12380-3767.07（K.K.II.0232.ee）[②]残存 2 页 11 行，上栏线单栏，下栏线无存，刻本经折装，刊布者将其定名为《梁朝傅大士颂金刚经》。现将西夏文录文并对译如下：

[illegible]

波罗蜜名是说须菩提辱忍波罗蜜之

[illegible]

如来辱忍波罗蜜非说何云也须菩提

[illegible]

我昔往哥利王业作身而割腿我此时

① （后秦）鸠摩罗什译《金刚般若波罗蜜经》，《大正藏》第 8 册，第 235 号，第 751 页中栏 5~21。

② Or.12380-3767.07（K.K.II.0232.ee）与 Or.12380-3083bRV（K.K.II.0242.p）内容有一些重合，并据 Or.12380-3083bRV（K.K.II.0242.p）补录。

[illegible]

我相无人相无众生相无命者相无何

[illegible]

云也我往昔节支所分离作时我相人

[illegible]

相众生相命者相及生故嗔恨生可须

[illegible]

菩提及思过去五百世正辱忍仙人所

[illegible]

作若干世等我相无人相无生有相无

[illegible]

命者相无是因须菩提众生相一切离

[illegible]

阿耨多罗三藐三菩提心生当色居心

[illegible]

勿生音□□□□如住非□□□□□□

在对译基础上翻译如下：

……须菩提，安忍波罗蜜，如来说非安忍波罗蜜，云何也？须菩提，我往昔为哥利王作身业而割截肢体。我是时无我相、无人相、无众生相、无寿相者，云何也？我往昔节……作分离时，我相、人相、众生相、寿相者，故生嗔恨。须菩提，又思念过去五百世作忍辱仙人，所作若干世等，无我相、无人相、无众生相、无寿相者。是因须菩提，菩萨离一切相，发阿耨多罗三藐三菩提心，勿应住色生心生音。

不能将 Or.12380-3767.07（K.K.II.0232.ee）定名为《梁朝傅大士颂金刚经》，其应是鸠摩罗什译《金刚般若波罗蜜经》三十二分本“离相寂灭分第十四”的相应内容：

须菩提，忍辱波罗蜜，如来说非忍辱波罗蜜。何以故？须菩提，如我昔为歌利王割截身体，我于尔时无我相、无人相、无众生相、无寿者相。何以故？我于往昔节节支解时，若有我相、人相、众生相、寿者相，应生瞋恨。须菩提，又念过去，于五百世作忍辱仙人，于尔所世，无我相、无人相、无众生相、无寿者相。是故，须菩提，菩萨应离一切相，发阿耨多罗三藐三菩提心，不应住色生心，不应住声、香、味、触、法生心……①

183.Or.12380-3767.08（K.K.Ⅱ.0232.ee）残存 2 页 13 行，上栏线单栏，下栏线无存，刻本经折装，刊布者将其定名为《梁朝傅大士颂金刚经》。现将西夏文录文并对译如下：

（右面）

□□□□□□[illegible]□□□□□□

□□□□□□之利益□□□□□□

□□□□[illegible]□□□□□

□□□□一切相非说及□□□□□

[illegible]□□□□

众生非说须菩提如来者真□□□□

[illegible]□□□

语不语妄不异语者也须菩提□□□

[illegible]□□□□

应法者实无虚无须菩提若□□□□

[illegible]□[illegible]□□□□

于住以布施行□如人冥（暗）入□□□□

[illegible]□□□□

也若菩萨心法于不住布施□□□□

[illegible]□□

① （后秦）鸠摩罗什译《金刚般若波罗蜜经》，《大正藏》第 8 册，第 235 号，第 750 页中栏 13~26。

[illegible]□□
眼有日光照种种色见如须菩提□□
[illegible]□□[illegible]
世于若善男子善女人是经典□□读
[illegible]□□□□
诵能故如来佛智慧以彼人□□□□

在对译基础上翻译如下：

□□□□□□之利益□□□□□□□□□□说一切相及非□□□说□□非众生。须菩提，如来真□□□□语者、不妄语、不异语者也。须菩提，□□应□法者，无实无虚。须菩提，若以□□□□于住行布施，□如人入冥（暗），□□□□也。若菩萨心不住于法□布施□，有□□眼，日光照如见种种色，须菩提，于□□世，若善男子、善女人，能□□读诵是经典，故如来以佛智慧，彼人□□□□。

（左面）

[illegible]□□□□
皆见皆无量边无功德成就□□□□
[illegible]
经持功德分十五第
[illegible]□□□□□
须菩提若善男子善女人□□□□□

在对译基础上翻译如下：

皆……皆见□□……，□□成就无量边无功德。

持经功德分第十五

须菩提，若善男子、善女人，□□□□□。

根据“持经功德分第十五”的分题，可以确定其非《梁朝傅大士颂金刚经》，应是鸠摩罗什译《金刚般若波罗蜜经》三十二分本“离相寂灭分第十四”和“持经功德分第十五”开头相应内容：

须菩提，菩萨为利益一切众生，应如是布施。如来说："一切诸相，即是非相。"又说："一切众生，则非众生。"须菩提，如来是真语者、实语者、如语者、不诳语者、不异语者。须菩提，如来所得法，此法无实无虚。须菩提，若菩萨心住于法而行布施，如人入暗，则无所见；若菩萨心不住法而行布施，如人有目，日光明照，见种种色。须菩提，当来之世，若有善男子、善女人，能于此经受持读诵，则为如来以佛智慧，悉知是人，悉见是人，皆得成就无量无边功德。

持经功德分第十五

须菩提，若善男子、善女人，□□□□□。[1]

Or.12380-3767.08（K.K.Ⅱ.0232.ee）与 Or.12380-3767.07（K.K.Ⅱ.0232.ee）残经内容基本可以缀合。

184.Or.12380-3767.09（K.K.Ⅱ.0232.ee）残存 2 页 14 行，上栏线单栏，下栏线无存，刻本经折装，刊布者将其定名为《梁朝傅大士颂金刚经》。现将西夏文录文并对译如下：

□□□□□[illegible]□□□□□

□□□□□恒河河水沙□□□□□

□□□□□[illegible]□□□□

□□□□□劫等自身布施□□□□

[illegible][2][illegible]□□□□

是经典闻时愿发自然故先□□□□

[illegible]□□□□□

敬受持读诵彼之解说者□□□□□

[illegible][3][illegible]□□□□

① （后秦）鸠摩罗什译《金刚般若波罗蜜经》，《大正藏》第 8 册，第 235 号，第 750 页中栏 24~ 下栏 3。

② 西夏文"[illegible]"译为"自然"。

③ 西夏文"[illegible]"译为"要言且尽"，意为"以要言之"。

须菩提要尽言且故是经典□□□□
[illegible]□□□□□
无量测可无边无功德有□□□□□
[illegible]□□□[illegible]
者之说为最上乘发者之可□□□经
[illegible]□□□□
典读诵彼之广说能故如来□□□□
[illegible]□□□
彼人皆见皆量可无说可无边□□□
[illegible]□□□□
说可无功德成就得是如人□□□□
[illegible]□□□□□□
阿耨多罗三藐三菩提□□□□□□
[illegible]□□□
须菩提若小法乐故我见人见□□□
□□□□□[illegible]□□□□□
□□□□□是经典者受□□□□□
□□□□□□[illegible]□□□□□□□□
□□□□□□何□□□□□□□□

在对译基础上翻译如下：

□□□□□恒河河水沙□□□□□□□□□□劫等自身布施，□□□□闻是经典时，发愿自然，故先□□□□敬受持读诵，彼之解说者□□□□□。须菩提，要言且尽，故是经典□□□□有不可思议，无边无功德，□□之说□□□者，为发最上乘者之可□，□□经典读诵，能彼之广说，故如来□□□□彼人皆见，皆得成就无可量、无可说、□边□□、不可思议功德。如是人□□□□阿耨多罗三藐三菩提□□□□□□。须菩提，若乐小法，故□我见、人见、□□□□□□□□是经典者，受□□□□□□□□□□□□何□□□□□□□□□。

Or.12380-3767.09（K.K.II.0232.ee）残经非《梁朝傅大士颂金刚经》，应是鸠摩罗什译《金刚般若波罗蜜经》三十二分本“持经功德分第十五”开头的相应内容：

> 后日分亦以恒河沙等身布施，如是无量百千万亿劫以身布施；若复有人闻此经典，信心不逆，其福胜彼，何况书写、受持、读诵、为人解说。须菩提，以要言之，是经有不可思议、不可称量、无边功德。如来为发大乘者说，为发最上乘者说。若有人能受持读诵，广为人说，如来悉知是人，悉见是人，皆得成就不可量、不可称、无有边、不可思议功德，如是人等，则为荷担如来阿耨多罗三藐三菩提。何以故？须菩提，若乐小法者，著我见、人见、众生见、寿者见，则于此经，不能听受读诵、为人解说。①

比对 Or.12380-3767.07（K.K.Ⅱ.0232.ee）、Or.12380-3767.08（K.K.Ⅱ.0232.ee）、Or.12380-3767.09（K.K.Ⅱ.0232.ee），其内容基本可以缀合，它们的顺序是 Or.12380-3767.07（K.K.Ⅱ.0232.ee）+Or.12380-3767.08（K.K.Ⅱ.0232.ee）+Or.12380-3767.09（K.K.Ⅱ.0232.ee）。

185.Or.12380-3767.10（K.K.Ⅱ.0232.ee）残存 2 页 14 行，上栏线单栏，下栏线无存，刻本经折装，有分题，刊布者将其定名为《梁朝傅大士颂金刚经》“无法可得分第二十二”“净心行善分第二十三”。现将西夏文录文并对译如下：

□□□□[illegible][illegible][illegible][illegible][illegible]□□□□□□

□□□□彼菩萨中不□□□□□□

[illegible][illegible][illegible][illegible][illegible][illegible][illegible]□□□□□□□[illegible]

众生众生者如来□□□□□□□众

[illegible][illegible][illegible][illegible]

① （后秦）鸠摩罗什译《金刚般若波罗蜜经》，《大正藏》第 8 册，第 235 号，第 750 页下栏 7~12。

生名为说

[illegible]

得可法无分二十二第

[illegible]

须菩提佛对言说世尊佛阿耨多罗三

[illegible]

藐三菩提得者得应无也佛言是也是

[illegible]

也须菩提我阿耨多罗三藐三菩提依

[illegible]

乃至得应少许法无故是者阿耨多罗

[illegible]

三藐三菩提名为

[illegible]

净心善行分二十三第

[illegible]

及又须菩提诸法正等下高不有是阿

[illegible]

耨多罗三藐三菩提名成我无人无众

[illegible]□□□□□

生无命者无修善法一切□□□□□

[illegible]□□□

阿耨多罗三藐三菩提得是如□□□

在对译基础上翻译如下：

□□□□，彼菩萨中不□□□□□□□，众生众生者，如来说□□□□□□□名为众生。

无法可得分第二十二

须菩提对佛言说：“世尊，佛得阿耨多罗三藐三菩提者，应无得也?”佛言:“是也、是也。须菩提，我依阿耨多罗三藐三菩提，乃至少许法无应得，故是者名为阿耨多罗三藐三菩提。”

净心行善分第二十三

及又，须菩提，诸法正等，无有下高，是名为阿耨多罗三藐三菩提。无我、无人、无众生、无命者，修一切善法，□□□□□得阿耨多罗三藐三菩提，是如□□□。

很明显，Or.12380-3767.10（K.K.Ⅱ.0232.ee）不是《梁朝傅大士颂金刚经》，应是鸠摩罗什译《金刚般若波罗蜜经》三十二分本“非说所说分第二十一”、“无法可得分第二十二”和“净心行善分第二十三”的相应内容:

> 佛言:“须菩提，彼非众生，非不众生。何以故?须菩提，众生众生者，如来说非众生，是名众生。”
>
> 无法可得分第二十二
>
> 须菩提白佛言:“世尊，佛得阿耨多罗三藐三菩提，为无所得耶?”佛言:“如是，如是。须菩提，我于阿耨多罗三藐三菩提，乃至无有少法可得，是名阿耨多罗三藐三菩提。”
>
> 净心行善分第二十三
>
> “复次，须菩提，是法平等，无有高下，是名阿耨多罗三藐三菩提。以无我、无人、无众生、无寿者，修一切善法，则得阿耨多罗三藐三菩提。须菩提，所言善法者，如来说非善法，是名善法。”①

186.Or.12380-3767.11（K.K.Ⅱ.0232.ee）残存2页12行，上栏线单栏，下栏线无存，刻本经折装，有分题，刊布者将其定名为《梁朝傅大士颂金刚经》“化无可化分第二十五”。现将西夏文录文并对译如下:

[illegible]□□□□

① （后秦）鸠摩罗什译《金刚般若波罗蜜经》,《大正藏》第8册，第235号，第751页下栏17~28。

须菩提若三千大千世界中□□□□
[illegible]□□□□
王一切如是如等诸七宝积□□□□
[illegible]□□□[illegible]
以布施若人是般若波罗蜜□□□乃
[illegible]□□□
至四句偈等受持读诵彼之言□□□
[illegible]□□
福德如胜百分中一百千万亿分□□
[illegible]
乃至算数如测以及不能
[illegible]
化化应无分二十五第

[illegible]□□□
须菩提意于何云如等如来是□□□
[illegible]□□
佛众生之度过说可说且须菩提□□
□□[illegible]□□□□
□□何云也如来之度过实□□□□
□□□□[illegible]□□□□□
□□□□众生有故如来□□□□□
□□□□[illegible]□□□□□□
□□□□须菩提如来□□□□□□

在对译基础上翻译如下：

须菩提，若三千大千世界中，一切□□□□王，如是如等诸七宝积（聚），□□以□□布施。若人是般若波罗蜜□□□，乃至四句偈等，受持读诵，彼之言□□□福德如胜百分之一，百千万亿分□□，乃至算数如测以不能及。

化无应（所）化分第二十五

须菩提，于意云何？如等如来是□□□佛可说：说所度众生之。须菩提，□□□□何云也？实如来之应所度□□□□□□□□□有众生。故如来□□□□□□□□□□须菩提，如来□□□□□□□。

根据“化无所化分第二十五”分题，可以确定此残经不能定名为《梁朝傅大士颂金刚经》“化无可化分第二十五”，应是鸠摩罗什译《金刚般若波罗蜜经》三十二分本“福智无比分第二十四”“化无所化分第二十五”的相应内容：

> 须菩提，若三千大千世界中所有诸须弥山王，如是等七宝聚，有人持用布施；若人以此般若波罗蜜经，乃至四句偈等，受持读诵、为他人说，于前福德百分不及一，百千万亿分，乃至算数譬喻所不能及。
>
> 化无所化分第二十五
>
> 须菩提，于意云何？汝等勿谓如来作是念：“我当度众生。”须菩提，莫作是念。何以故？实无有众生如来度者，若有众生如来度者，如来则有我、人、众生、寿者。须菩提，如来说：“有我者，则非有我，而凡夫之人以为有我。”①

187.Or.12380-3767.12（K.K.Ⅱ.0232.ee）② 残存 1 页 7 行，上下栏线无存，刻本经折装，有分题，刊布者将其定名为《梁朝傅大士颂金刚经》。现将西夏文录文并对译如下：

……[illegible]

① （后秦）鸠摩罗什译《金刚般若波罗蜜经》，《大正藏》第 8 册，第 235 号，第 751 页下栏 29~752 页上栏 5。

② Or.12380-3767.12（K.K.Ⅱ.0232.ee）残经与 Or.12380-0808（K.K.Ⅱ.0281.a.xvi）残经内容有一些重合，故据后者录文。

……为令须菩提凡夫者

[illegible]

非说

[illegible]

身法相非分第二十六

[illegible]

须菩提何云三十二相以如来观

[illegible]

故须菩提言是也是也三十二相

[illegible]

以如来观之佛言须菩提若三十二相

[illegible]

以如来观故轮转圣王亦如来是也须

在对译基础上翻译如下：

须菩提，凡夫者，如来说则非凡夫。

法身非相分第二十六

须菩提，云何？以三十二相观如来？故须菩提言："是也，是也！以三十二相观之如来。"佛言："须菩提，若以三十二相观如来，故转轮圣王是如来也。须……"

根据"法身非相分第二十六"分题，可以确定此残经不能定名为《梁朝傅大士颂金刚经》，应是鸠摩罗什译《金刚般若波罗蜜经》三十二分本"化无所化分第二十五"结尾和"法身非相分第二十六"开头的相应内容：

须菩提，凡夫者，如来说则非凡夫。

法身非相分第二十六

"须菩提，于意云何？可以三十二相观如来不？"须菩提言："如是，如是！以三十二相观如来。"佛言："须菩提，若以三十二相观如来者，转轮圣王则是如来。须……”①

从 Or.12380-3767.11（K.K.II.0232.ee）、Or.12380-3767.12（K.K.II.0232.ee）内容判断，二者可以缀合。Or.12380-3767.11（K.K.II.0232.ee）在前，Or.12380-3767.12（K.K.II.0232.ee）在后。

188.Or.12380-3767.13（K.K.II.0232.ee）残存 2 页 14 行，上栏线单栏，下栏线无存，刻本经折装，有分题，刊布者将其定名为《梁朝傅大士颂金刚经》“非说所说分第二十一”。现将西夏文录文并对译如下：

□□□□□[illegible]□□□□□

□□□□□如来具足色□□□□□

□□□□□[illegible]□

□□□□□如来具足色身之具足□

[illegible]

故具足色身名为说须菩提意于何云

[illegible]

如来者具足诸相以所见不也世尊如

[illegible]□□□□

来具足诸相以见应非何云□□□□

[illegible]□□□

相具足之具足非故诸相具足□□□

[illegible]

说说所非分二十一第

[illegible]□□□□

须菩提汝如来是如念为我□□□□

[illegible]□□□□

说敬说令是念敬为何云也□□□□

① （后秦）鸠摩罗什译《金刚般若波罗蜜经》，《大正藏》第 8 册，第 235 号，第 752 页上栏 5~14。

[illegible]□□□□

说应法有说故佛对谤为我□□□□

[illegible]□□□

能也须菩提法说者说者法无□□□

[illegible]

名为

□□□[illegible]□□□□

□□□及又须菩提对言说□□□□

□□□□□[illegible]□□□□□□□

□□□□□是法闻时□□□□□□□

在对译基础上翻译如下：

□□□□□如来□□说具足色□□□故名为具足色身。须菩提，于意云何？如来者以具足诸相所见？不也，世尊。如来非应以具足诸相见。何云□□□□相具足之非具足，故诸相具足□□□。

非说所说分第二十一

须菩提，汝说如来为如是念：我□□□□敬说，令是念为敬，何云也？说□□□□有应说法，故为谤佛之，□能□我□□也。须菩提，说法者无法□说，名为□□。□□及又□须菩提对□言说：□□□□□□□□□是闻法时□□□□□□□。

根据“非说所说分第二十一”分题，可以确定此残经非《梁朝傅大士颂金刚经》“非说所说分第二十一”，应是鸠摩罗什译《金刚般若波罗蜜经》三十二分本“离色离相分第二十”和“非说所说分第二十一”的相应内容：

“不也，世尊。如来不应以具足色身见。何以故？如来说具足色身，即非具足色身，是名具足色身。”“须菩提，于意云何？如来可以具足诸相见不？”“不也，世尊。如来不应以具足诸相见。何以故？如来说诸相具足，即非具足，是名诸相具足。”

非说所说分第二十一

“须菩提，汝勿谓如来作是念：‘我当有所说法。’莫作是念，何以故？若人言：‘如来有所说法。’即为谤佛，不能解我所说故。须菩提，说法者，无法可说，是名说法。”尔时，慧命须菩提白佛言：“世尊，颇有众生，于未来世，闻说是法，生信心不？”①

从 Or.12380-3767.1（K.K.Ⅱ.0232.ee）至 Or.12380-3767.13（K.K.Ⅱ.0232.ee）内容有“离相寂灭分第十四”“持经功德分第十五”“能净业障分第十六”“究竟无我分第十七”“一体同观分第十八”“法界通化分第十九”“离色离相分第二十”“非说所说分第二十一”“无法可得分第二十二”“净心行善分第二十三”“福智无比分第二十四”“化无所化分第二十五”“法身非相分第二十六”，很多残页可以拼接缀合。

189.Or.12380-3824（K.K）残经为汉文本，存 1 页 7 行，上栏线单栏，下栏线无存，刻本，刊布者将其定名为《梁朝傅大士颂金刚经》“庄严净土分第十”，残经经文上有编号 3824，其残存汉文本内容与《大正藏》本内容基本相同，其应为鸠摩罗什译《金刚般若波罗蜜经》三十二分本“庄严净土分第十”的相应内容：

佛告须菩提：“于意云何？如来昔在然灯佛所，于法有所得不？”“世尊，如来在然灯佛所，于法实无所得。”“须菩提，于意云何？菩萨庄严佛土不？”“不也，世尊。何以故？庄严佛土者，则非庄严，是名庄严。”“是故须菩提，诸菩萨摩诃萨应如是生清净心，不应住色生心，不应住声、香……”②

190.Or.12380-3824V（K.K.）残经为汉文，存 1 页 7 行，上栏线单

① （后秦）鸠摩罗什译《金刚般若波罗蜜经》，《大正藏》第 8 册，第 235 号，第 751 页下栏 6~16。

② （后秦）鸠摩罗什译《金刚般若波罗蜜经》，《大正藏》第 8 册，第 235 号，第 749 页下栏 16~19。

栏，下栏线无存，刻本经折装，刊布者将其定名为《梁朝傅大士颂金刚经》“庄严净土分第十”。现将汉文录文如下：

……净三昧人中最为第一，是第一离欲阿罗汉。世尊，我不作是念：“我是离欲阿罗汉。”世尊，我若作是念“我得阿罗汉道”，世尊则不说须菩提是乐阿兰那行者。以须菩提实无所行，而名须菩提是乐阿兰那行。

庄严净土分第十

刊布者定名不准确，不能定名为《梁朝傅大士颂金刚经》，因为没有颂文，残页内容中存在分题，残经为“一相无相分第九”结尾和“庄严净土分第十”分题。Or.12380-3824V（K.K.）在前，Or.12380-3824（K.K.）在后，二者可以缀合。

191.Or.12380-3828（K.K.）[①]残存1页，上栏线单栏，下栏线无存，刻本经折装，刊布者将其定名为《金刚经》，残经上有编号3828。现将西夏文录文并对译如下：

[illegible]……	若人金刚经……
[illegible]	金刚四菩萨请
[illegible]	常守护也
[illegible]□	口业净言真
□□[illegible]□□□□	□□修唎修唎□□□□
[illegible]	土神镇真言

[illegible]

南无　萨满多　没驮喃　唵度噜度噜　地邪[②]　莎婆诃

[illegible]	请八金刚

① Or.12380-3833（K.K.）残经内容与Or.12380-3229（K.K.II.0262.d）残经内容、版式基本相同，二者可相互补充。

② 俄藏黑水城汉文本为“尾”。

[illegible] [illegible] [illegible]　　奉请　青灾除　金刚

Or.12380-3828（K.K.）为《金刚般若波罗蜜经》之“金刚经启请”“净口业真言”“镇土地真言”“请八金刚”等内容。俄藏黑水城汉文《金刚般若波罗蜜经》的相应内容如下：

> 金刚经启请
>
> 若有人受持《金刚经》者，先须志心念净口业真言，然后启请八金刚、四菩萨，名号所在之处，常常拥护。
>
> 净口业真言
>
> 唵　修唎　修唎　摩诃修唎　修修唎　莎婆诃
>
> 安土地真言
>
> 南无　萨满多　没驮喃　唵度噜度噜　地邪　莎婆诃
>
> 请八金刚
>
> 奉请青除灾金刚、奉请辟毒金刚、奉请黄随求金刚、奉请白净水金刚、奉请赤声金刚、奉请定除灾金刚、奉请紫贤金刚、奉请大神金刚。

192.Or.12380-3831.3（K.K.）存左右两个残页，汉文本。右面存5行，栏线无存，刻本；左面刻本，下栏线单栏。刊布者将残页定名为《妙法莲华经观世音菩萨普门品》。从字迹判断，左右残页非同一版本。据汉文残存内容，可以确定，Or.12380-3831.3（K.K.）内容非《妙法莲华经观世音菩萨普门品》，其右面为鸠摩罗什译《金刚般若波罗蜜经》的相应内容：

> 须菩提白佛言：“世尊，如来无所说。”“须菩提，于意云何？三千大千世界所有微尘是为多不？”须菩提言：“甚多，世尊。”“须菩提，诸微尘，如来说非微尘，是名微尘。如来说世界，非世界，是名世界。”

其左面有从他处粘来的痕迹，为鸠摩罗什译《金刚般若波罗蜜经》三十二分本之“离相寂灭分第十四”的相应内容：

> 须菩提，菩萨为利益一切众生，应如是布施。如来说：“一切诸相，即是非相。”又说：“一切众生，则非众生。”须菩提，如来是真语者、实语者、如语者、不诳语者、不异语者。

斜着的内容则是鸠摩罗什译《金刚般若波罗蜜经》三十二分本之“持经功德分第十五”的相应内容：

> 则为荷担如来阿耨多罗三藐三菩提，何以故？须菩提，若乐小法者，著我见、人见、众生见、寿者见，则于此经，不能听受读诵、为人解说。

故此，Or.12380-3831.3（K.K.）应定名为鸠摩罗什译《金刚般若波罗蜜经》。

193.Or.12380-3833（K.K.）[①] 存 1 页 7 行，每行 17 字，上下栏线单栏，右面栏线单栏，刻本蝴蝶装，刊布者将其定名为《金刚经》“大乘正宗分”，残经上有编号 3833。现将西夏文录文并对译如下：

[illegible]
佛须菩提对说诸菩萨摩诃萨是如腹心降
[illegible]
服应若卵生若胎生若湿生若化生若色有
[illegible]
若色无若思有若思无若思无有思无无有
[illegible]

① Or.12380-3833（K.K.）与 Or.12380-3229（K.K.II.0262.d）内容、版式基本相同，可据其补充。

有众生部一切之我皆余无涅槃于入度灭

[illegible]

令我是如无量数无边无众生之所度灭真

[illegible]

众生度灭得者无何云也须菩提若菩萨我

[illegible]□□

相人相众生相寿者相有故菩萨实非□□

在对译基础上翻译如下：

佛对须菩提说，诸菩萨摩诃萨应如是降服腹心，若卵生、若胎生、若湿生、若化生，若有色、若无色，若有思（想）、若无思（想），若非有思（想）非无有思（想），我皆令一切众生部入无余于涅槃灭度之，我如是所灭度之无量数无边无众生，真无众生得灭度者，云何也？须菩提，若菩萨有我相、人相、众生相、寿者相，故菩萨实非□□……

Or.12380-3833（K.K.）应是鸠摩罗什译《金刚般若波罗蜜经》三十二分本"大乘正宗分第三"的相应内容：

> 佛告须菩提，诸菩萨摩诃萨应如是降伏其心，所有一切众生之类，若卵生、若胎生、若湿生、若化生，若有色、若无色，若有想、若无想、若非有想非无想，我皆令入无余涅槃，而灭度之。如是灭度无量无数无边众生，实无众生，得灭度者。何以故？须菩提，若菩萨有我相、人相、众生相、寿者相，即非菩萨。①

194.Or.12380-3834（K.K.）残经为汉文本，存 1 页 7 行，上下栏线单栏，写本经折装，刊布者将其定名为《金刚经》"无为福胜分第十一"，残经上有编号 3834。现将汉文本相应内容列于下面：

---

①（后秦）鸠摩罗什译《金刚般若波罗蜜经》，《大正藏》第 8 册，第 235 号，第 749 页上栏 5~11。

"不应住声、香、味、触、法生心，应无所住而生其心。须菩提，譬如有人，身如须弥山王，于意云何？是身为大不？"须菩提言："甚大，世尊。何以故？佛说非身，是名大身。"

无为福胜分第十一

"须菩提，如恒河中所有沙数，如是沙等恒河，于意云何？是诸恒河沙宁为多不？"①

由此可见，刊布者将其定名为《金刚经》"无为福胜分第十一"欠妥，其应为《金刚般若波罗蜜经》三十二分本"庄严净土分第十"和"无为福胜分第十一"的内容。

195.Or.12380-3834V（K.K.）残经为汉文本，存1页7行，上下栏线单栏，写本经折装，刊布者将其定名为《金刚经》"无为福胜分第十一"。现将汉文本相应内容列于下面：

须菩提言："甚多，世尊。但诸恒河尚多无数，何况其沙。""须菩提，我今实言告汝。若有善男子、善女人，以七宝满尔所恒河沙数三千大千世界，以用布施，得福多不？"须菩提言："甚多，世尊。"佛告须菩提："若善男子、善女人，于此经中，乃至受持四句偈等，为他人说，而此福德胜前福德。"②

Or.12380-3834（K.K.）、Or.12380-3834V（K.K.）可以确定为同一部经，二者可以缀合，Or.12380- 3834（K.K.）在前，后接Or.12380-3834V（K.K.）。但刊布者将其定名为《金刚经》"无为福胜分第十一"欠妥，分析残经内容和分题，其应为鸠摩罗什译《金刚般若波罗蜜经》之"庄严净土分第十"和"无为福胜分第十一"的内容。

① （后秦）鸠摩罗什译《金刚般若波罗蜜经》,《大正藏》第8册，第235号，第749页下栏23~25。

② （后秦）鸠摩罗什译《金刚般若波罗蜜经》,《大正藏》第8册，第235号，第749页下栏28~750页上栏2。

196.Or.12380-3882.2（K.K.）存 1 页 3 行，上下栏线无存，写本经折装，右面栏线双栏，刊布者将其定名为《金刚经》。现将西夏文录文并对译如下：

……[illegible]	……如来见也
……[illegible]	……第
……[illegible]	……是如句□言

Or.12380-3882.2（K.K.）为鸠摩罗什译《金刚般若波罗蜜经》三十二分本“如理实见分第五”结尾和“正信希有分第六”开头的相应内容：

“……若见诸相非相，则见如来也。”

正信希有分第六

须菩提白佛言：“世尊，颇有众生，得闻儒释言说章句，生实信不?”

197.Or.12380-3930（K.K.）残存 1 页 7 行，上下栏线单栏，写本经折装，刊布者将其定名为《金刚经》，残经上有编号 Or.12380（3930）。现将西夏文录文并对译如下：

[illegible]	云也若人如来说应法有说故
[illegible]	佛之谤为我所说解无能也须
[illegible]	菩提法说者说应法无故法说
[illegible]	名为
[illegible]	尔时慧命须菩提佛对言说世
[illegible]	尊若众生未来世于是法闻时
[illegible]	信心发所能佛言须菩提彼众

在对译基础上翻译如下：

云何也？若人如来应有说法，故说谤佛之，无能解为我所说也。须菩提，说法者，无法应说，故名为说法。尔时，慧命须菩提对佛言说："世尊，若众生，于未来世，闻是法时，发能所信心？"佛言："须菩提，彼众……"

刊布者定名不正确，应是鸠摩罗什译《金刚般若波罗蜜经》三十二分本"非说所说分第二十一"的相应内容：

> "何以故？若人言：'如来有所说法。'即为谤佛，不能解我所说故。须菩提，说法者，无法可说，是名说法。"尔时，慧命须菩提白佛言："世尊，颇有众生，于未来世，闻说是法，生信心不？"佛言："须菩提，彼非众生……"①

198.Or.12380-3931（K.K.）残存1页7行，上下栏线单栏，写本经折装，刊布者将其定名为《金刚经》，残经上有编号Or.12380（3931）。Or.12380-3931（K.K.）与Or.12380-3930（K.K.）内容完全相同，只是Or.12380-3931（K.K.）的西夏文不是很清楚，此处不赘述。

综上内容，可以确定西夏文本《金刚般若波罗蜜经》主要是依据鸠摩罗什汉译本翻译的，仅有个别词语稍有差异，这可能与西夏文重译本参照梵文本有关。这与俄藏汉文及西夏文本《金刚般若波罗蜜经》的题记记载是一致的。在上述近200件英藏西夏文残经中，基本是鸠摩罗什汉译本《金刚般若波罗蜜经》三十二分本。

鸠摩罗什译本最初并没有三十二分，那么三十二分《金刚般若波罗蜜经》从何时开始？一般认为是梁昭明太子分《金刚般若波罗蜜经》为三十二分。《金刚般若波罗蜜经注解》载：

> 此经乃姚秦三藏法师鸠摩罗什所译，分三十二分者，相传为梁

① （后秦）鸠摩罗什译《金刚般若波罗蜜经》，《大正藏》第8册，第235号，第751页下栏11~17。

昭明太子所立。尤译本无，又与本论科节不同，破碎经意，故不取焉。今注一本天亲等论。取其意而不尽用其语。以其语深难便初学故也。[①]

达照在《〈金刚经赞〉研究》中认为三十二分《金刚经》在晚唐才出现。[②] 在敦煌文献中也保存多件三十二分《金刚般若波罗蜜经》。学界虽对昭明太子三十二分之说持不同观点，但此经却被分为三十二部分，而且这一版本也传到西夏，以汉文和西夏文形式流传开来。

从上述英藏西夏文残经看，三十二分本内容和分题基本具备，但每分之间没有出现颂文，故此我们把它定为三十二分本《金刚般若波罗蜜经》。英藏西夏文《金刚般若波罗蜜经》有多个版本，有写本、刻本，有经折装、蝴蝶装等，每行 11 字、12 字、14 字、15 字、17 字、18 字不等。我们知道，宋代有《开宝藏》《崇宁藏》，辽代有《契丹藏》，金代有《赵城藏》等。《崇宁藏》的装帧不同于《开宝藏》和《契丹藏》的卷轴装，而为经折装，一纸折为 6 页或 5 页，每页 6 行，每行 17 字。宋刻本经折装的版式被西夏广为吸收。在黑水城藏品中，不同刻经版式都有所保存，《崇宁藏》装帧和版式在黑水城出土值得我们特别注意。

B.《梁朝傅大士颂金刚经》

《金刚般若波罗蜜经》赞颂是《梁朝傅大士颂金刚经》，署名为“梁朝傅大士”，实际可能并非如此。学界对其研究很早，主要集中在对其作者的考证、对其创作年代和版本流传等方面的研究。最为系统的研究当数达照和张勇（张子开）的研究。

达照利用敦煌藏经洞出土文献和房山石经等对《金刚经赞》的流变演绎过程进行探讨研究，他把出土文献分为早期诸本、中期诸本、后期诸本，他通过对中期《金刚经注颂释》几种写本的分析，找出《金刚经赞》由“赞”到“颂”的发展轨迹，确定了中期传本在《金刚经赞》发展过程

---

① 《金刚般若波罗蜜经注解》,《大正藏》第 33 册，第 1703 号，第 228 页中栏 1~5。

② 达照:《〈金刚经赞〉研究》，宗教文化出版社，2002，第 62 页。

中的重要地位，总结出《金刚经赞》的最初创作是没有带《金刚经》原文的，有很大随意性。他后来依据《无著论》又找到了《金刚经》的原文，与之相对应。与此同时，根据佛教的义理，对《金刚经赞》进行了某种程度的修改，越到后来，修改的地方就越多，传本的内容和形式也就越复杂。[①] 在后期诸本中又出现《〈金刚经〉道场前仪》和三个真言。[②]

张子开对傅大士进行了全面系统的研究，在《傅大士研究》“中编”第八章“敦煌写本《梁朝傅大士颂金刚经》”中对傅翕解讲《金刚经》的故实、版本源流和撰写年代、作者进行了考辨。[③]

另外，还有学者对出土《梁朝傅大士颂金刚经》个案进行了考证。王菲的《回鹘文〈梁朝傅大士颂金刚经〉中的独特片段》，对藏于柏林吐鲁番文献中心、敦煌研究院和吐鲁番博物馆的 10 件回鹘文《梁朝傅大士颂金刚经》进行了考证，对回鹘文中部分与汉文本不符的颂文做了翻译并查考了其他汉文异本，认为这些颂文译自《梁朝傅大士颂金刚经》。[④] 日本学者小林雪峰的《关于敦煌发掘的〈傅大士颂金刚经〉》、中村不折的《关于〈傅大士颂金刚经序〉及其颂文》对敦煌出土的《傅大士颂金刚经》的装帧和字体进行了考证，认为敦煌遗书《梁朝傅大士颂金刚经》（S.1846）在唐初高祖（618~626）或睿宗（684）时代已经流传于世。矢吹庆辉的《鸣沙余韵》之“解说篇”提出“傅大士颂”并非傅大士所作，而是相宗学人所作。川崎ミチゴ在《通俗诗类・杂诗文类》中提到《梁朝傅大士颂金刚经》形成于 9 世纪之后，有“弥勒颂”单行本传世。周叔迦先生对《梁朝傅大士颂金刚经》进行了研究，认为此颂没有单行本，是唐人假托傅大士之名所作，时间在唐玄奘重译《金刚经》之前。[⑤]

综合众多学者的研究，《梁朝傅大士颂金刚经》非“梁朝傅大士”所作已成为定论。有学者认为“傅大士颂”的作者是相宗学人，而张子

---

① 达照：《〈金刚经赞〉研究》，宗教文化出版社，2002，第 60 页。

② 达照：《〈金刚经赞〉研究》，宗教文化出版社，2002，第 62 页。

③ 张子开：《傅大士研究》（修订增补本），上海人民出版社，2012，第 189~230 页。

④ 王菲：《回鹘文〈梁朝傅大士颂金刚经〉中的独特片段》，《新疆大学学报》（哲学・人文社会科学版）2010 年第 1 期。

⑤ 《周叔迦佛学论著全集》（第 5 册），中华书局，2006，第 1909 页。

开等学者认为是“佛窟遗则”所作，是佛窟遗则晚年受本门尊崇《金刚经》的影响，因景仰傅大士而撰，并以之托名傅翕。[①]学者们对于《梁朝傅大士颂金刚经》的研究则以敦煌文献为主，而黑水城文献中的《梁朝傅大士颂金刚经》尚未被学界关注，或者不为学界所知。

通过对英藏黑水城西夏文佛经残页的解读，我们可以确定下列编号的残经是《梁朝傅大士颂金刚经》。这为研究黑水城文献与敦煌文献的渊源提供了珍贵资料，并为考证英藏黑水城西夏文《梁朝傅大士颂金刚经》的源流提供了材料。

1.Or.12380-0069（K.K.Ⅱ.0283.zzz）存 3 个残片，字数不能确定，栏线无存，刻本，刊布者将其定名为“佛经”。现将西夏文录文并对译如下：

（右面）

……[illegible]…… ……边不有不可思议……

……[illegible]…… ……得是如人等……

……[illegible]…… ……三藐三菩提……

……[illegible]…… ……若法小乐……

在对译基础上翻译如下：

得……不有边、不可思议……如是人等……三藐三菩提……若乐小法……

Or.12380-0069（K.K.Ⅱ.0283.zzz）右面残片为鸠摩罗什译《金刚般若波罗蜜经》三十二分本“持经功德分第十五”结尾处的相应内容：

> ……皆得成就不可量、不可称、无有边、不可思议功德。如是人等，则为荷担如来阿耨多罗三藐三菩提。何以故？须菩提，若乐小法者……[②]

① 张子开:《傅大士研究》(修订增补本)，上海人民出版社，2012，第 226 页。

② (后秦) 鸠摩罗什译《金刚般若波罗蜜经》,《大正藏》第 8 册，第 235 号，第 750 页下栏 15~19。

（中间）

……[illegible] [illegible]…… ……实非 兔角……

……[illegible] [illegible]…… ……身舍 心迷……

……[illegible] [illegible]…… ……譬 经持……

在对译基础上翻译如下：

……实非 兔角……

……舍身 心迷……

……譬 持经……

中间残片为《梁朝傅大士颂金刚经》之“持经功德分第十五”弥勒颂的相应内容：

众生及寿者，蕴上假虚名；如龟毛不实，似兔角无形；

舍身由妄识，施命为迷情；详论福比智，不及受持经。[①]

（左面）

[illegible]（三用皆可）｛[illegible] 寂菩；[illegible] 提也｝

[illegible]（十二佛故菩萨）｛[illegible] 有也；[illegible] 止疑｝

[illegible]…… 须菩提……

[illegible]…… 佛于……

① 《梁朝傅大士颂金刚经》，《大正藏》第85册，第2732号，第5页下栏16~19。

□𗁅𗊬𗉣

□疑处名

科文标题仅存“三用皆可”“十二佛故菩萨”“□疑处名”等。

在对译基础上翻译如下：

须菩提……佛于……

根据残存内容，结合右面和中间残片的内容，初步确定Or.12380-0069（K.K.Ⅱ.0283.zzz）左面残片为《梁朝傅大士颂金刚经》“持经功德分第十五”的相应内容。三个残片的顺序为Or.12380-0069（K.K.Ⅱ.0283.zzz）残经中间残片+右面残片+左面残片。汉文相应内容如下：

众生及寿者，蕴上假虚名；如龟毛不实，似兔角无形。

舍身由妄识，施命为迷情；详论福比智，不及受持经。

须菩提，以要言之。是经有不可思议不可称量无边功德。如来为发大乘者说，为发最上乘者说。若有人能受持读诵，广为人说，如来悉知是人，悉见是人，皆得成就不可量不可称无有边不可思议功德。如是人等，则为荷担如来阿耨多罗三藐三菩提。何以故？须菩提，若乐小法者，著我见、人见、众生见、寿者见，则于此经不能听受读诵为人解说。须菩提，在在处处若有此经，一切世间天人阿修罗所应供养。[①]

2. Or.12380-0070（K.K.Ⅱ.0283.a.i）存3个残片，字数不能确定，下栏线单栏，上栏线无存，写本经折装，刊布者将其定名为“佛经”。现将西夏文录文并对译如下：

（右面）

𗗙𗆧□□𗆧𗅲　　　　实语□□语不

① 《梁朝傅大士颂金刚经》，《大正藏》第85册，第2732号，第5页下栏15~20。

□[illegible]	□语不异语者也
□□□□[illegible]　[illegible]	□□□□与　名别体异非
□□□□□　[illegible]	□□□□□　迷情依有余

在对译基础上翻译如下：

……实语□不□语、□语、不异语者也。

□□□□与，名别体非异；□□□□□，依迷情有余。

残经为《梁朝傅大士颂金刚经》之“离相寂灭分第十四”的经文和弥勒颂，相应内容如下：

> 须菩提，如来是真语者、实语者、如语者、不诳语者、不异语者。
>
> 众生与蕴界，名别体非殊；了知心似幻，迷情见有余。①

（中间）

□□□□□　□[illegible]□□□	□□□□□　□等□□□
□□□□□　[illegible]□	□□□□□　一念疲未□
□□□□[illegible]　[illegible]	□□□□如　皆人天师为
……[illegible]	……相一切非及众生
……[illegible]	……说

在对译基础上翻译如下：

□□□□□，□等□□□；□□□□□，未□一念疲。

□□□□如，皆为人天师。

……一切相非及众生……说……

残经为《梁朝傅大士颂金刚经》之“离相寂灭分第十四”的经文和弥勒颂，相应内容如下：

① 《梁朝傅大士颂金刚经》，《大正藏》第 85 册，第 2732 号，第 5 页中栏 17~20。

菩萨怀深智，何时不带悲；投身忧虎饿，割肉恐鹰饥。
精勤三大劫，曾无一念疲；如能同此行，皆得作天师。
如来说一切诸相即是非相，又说一切众生则非众生。[①]

（左面）

……[illegible]□	……发声香味触法住□
……[illegible]	……心发应若心住有

在对译基础上翻译如下：

……发……住声、香、味、触、法□……应发……心，若住有心……

残经应是鸠摩罗什译《金刚般若波罗蜜经》的内容，汉文本相应内容如下：

是故须菩提，诸菩萨摩诃萨应如是生清净心，不应住色生心，不应住声、香、味、触、法生心，应无所住而生其心。[②]

根据 Or.12380-0070（K.K.II.0283.a.i）左面、中间、右面残片的内容，可确定其不是鸠摩罗什译《金刚般若波罗蜜经》，而应为《梁朝傅大士颂金刚经》之“庄严净土分第十”和“离相寂灭分第十四”的相关内容，其顺序为 Or.12380-0070（K.K.II.0283.a.i）左面残片 + 中间残片 + 右面残片。

3.Or.12380-0708（K.K.III.021.oo）存 3 个残片。刻本，上面 2 个残片，分为左右面，上半部分残缺，上栏线无存，下栏线单栏；下面 1 个残片，上半部分残缺，上栏线无存，下栏线单栏。刊布者将其定名为

① 《梁朝傅大士颂金刚经》，《大正藏》第 85 册，第 2732 号，第 5 页中栏 12~17。

② （后秦）鸠摩罗什译《金刚般若波罗蜜经》，《大正藏》第 8 册，第 235 号，第 749 页下栏 19~23。

"佛经"。现将西夏文录文并对译如下：

（右上残片）

□□□□□	□[illegible][illegible][illegible][illegible]	□□□□□	□中喜悲共
□□□□□	□[illegible][illegible][illegible][illegible]	□□□□□	□知应已离
□□□□□	□[illegible][illegible][illegible][illegible]	□□□□□	□成是时证
□□□□□	□□[illegible][illegible][illegible]	□□□□□	□□人持令

在对译基础上翻译如下：

□□□□□，□中共喜悲；□□□□□，□已离应知。□□□□□，□成证是时；□□□□□，□□令人持。

残经为《梁朝傅大士颂金刚经》"离相寂灭分第十四"的弥勒颂，相应内容如下：

> 闻经深解义，心中喜且悲；昔除烦恼障，今能离所知。
> 遍计于先了，圆成证此时。宿乘无碍慧，方便劝人持。①

（左上残片）

□□□□□	□[illegible]□□[illegible]	□□□□□	□香□□见
□□□□□	□[illegible][illegible][illegible][illegible]	□□□□□	□海出及没
□□□□[illegible]	[illegible][illegible][illegible][illegible][illegible]	□□□□所	至四句颂（偈）等
□□□□□	□[illegible][illegible][illegible][illegible]	□□□□□	□彼福最多
□□□□□	□□□[illegible][illegible]	□□□□□	□□□应离

在对译基础上翻译如下：

□□□□□，□香□□见；□□□□□，□海出及没。

① 《梁朝傅大士颂金刚经》，《大正藏》第85册，第2732号，第4页下栏16~19。

□□□□所，至四句颂（偈）等。

□□□□□，□彼福最多。

□□□□□，□□□应离。

残经为《梁朝傅大士颂金刚经》“如法受持分第十三”的经文和弥勒颂，相应内容如下：

猿猴探水月，莨菪拾花针；爱河浮更没，苦海出还沈。

若复有人于此经中，乃至受持四句偈等，为他人说，其福甚多。

经中持四句，应当不离身。①

下残片残缺严重，现依据俄藏黑水城西夏文《金刚般若波罗蜜经》赞颂科文（馆藏第 7580 号，西夏特藏第 386 号）② 补录及对译如下：

[illegible]	[illegible]	尘积（集）世界成　界分尘埃为
[illegible]	[illegible]	界人天果譬（如）　尘漏有缘等
[illegible]	[illegible]	缘尘缘无实　界果果真非
[illegible]	[illegible]	缘果幻如知　自在人真为

在对译基础上翻译如下：

积尘为世界，分界为尘土（微尘）；界如人天果，尘等有漏缘（因）。

尘缘缘（因因）无实，界果果非真；缘果（因果）知如幻，真为自在人。

根据 Or.12380-0708（K.K.Ⅲ.021.oo）下残片，可以确定其为《梁朝傅大士颂金刚经》“如法受持分第十三”的弥勒颂，相应内容如下：

弥勒颂曰：

① 《梁朝傅大士颂金刚经》,《大正藏》第 85 册，第 2732 号，第 4 页下栏 2~5。

② 〔日〕荒川慎太郎：《西夏文〈金刚经〉的研究》，博士学位论文，京都大学，2002，经文附录第 92~93 页。

积尘成世界，析界作微尘；界喻人天果，尘为有漏因。

尘因因不实，界果果非真；果因知是幻，逍遥自在人。[①]

Or.12380-0708（K.K.Ⅲ.021.oo）左上和下残片为《梁朝傅大士颂金刚经》“如法受持分第十三”的内容，下残片在前，左上残片在后，右上残片为“离相寂灭分第十四”的相应内容。

4.Or.12380-0708V（K.K.Ⅲ.021.oo）存 3 个残片。刻本，上面存 2 个残片，上部分残缺，上栏线无存，下栏线单栏；下面存 1 个残片，上部分残缺，上栏线无存，下栏线单栏。刊布者将其定名为“佛经”。现将西夏文录文并对译如下：

（左上残片）

□□□□□　□□[illegible][illegible][illegible]	□□□□□　□□境亦无
□□□□□　□[illegible][illegible][illegible][illegible]	□□□□□　□妙义量深
□□□□□　□[illegible][illegible][illegible][illegible]	□□□□□　□小悟无证
……[illegible][illegible][illegible][illegible]	……闻信解受

在对译基础上翻译如下：

□□□□□，□□境亦无；□□□□□，□妙义量深。□□□□□，□小无证悟。

……闻……信解受……

Or.12380-0708V（K.K.Ⅲ.021.oo）左上残片可以确定为《梁朝傅大士颂金刚经》“离相寂灭分第十四”的弥勒颂及后面的经文，相应内容如下：

弥勒颂曰：

境忘心自灭，心灭无境心；

经中称实相，语妙理能深；证知唯有佛，小圣讵堪任。

① 《梁朝傅大士颂金刚经》，《大正藏》第 85 册，第 2732 号，第 4 页中栏 19~22。

世尊，我今得闻如是经典，信解受持不足为难。[①]

（右上残片）

……[illegible]	……趣
……[illegible]	……言说希有
……[illegible]	……经典所宣使
……[illegible]	……是如经典

在对译基础上翻译如下：

……趣……言说：“希有……使所宣经典……是如经典……”

Or.12380-0708V（K.K.Ⅲ.021.oo）左上残片为《梁朝傅大士颂金刚经》“离相寂灭分第十四”开头部分经文，相应内容如下：

尔时，须菩提，闻说是经深解义趣，涕泪悲泣而白佛言：“希有，世尊。佛说如是甚深经典，我从昔来所得慧眼，未曾得闻如是之经。”[②]

（下面残片）

……[illegible]	……善女人恒河
……[illegible]?	……施
……[illegible]	……业殊深
……[illegible][illegible]□[illegible]	……出心□能

Or.12380-0708V（K.K.Ⅲ.021.oo）下面残片残缺严重，初步确定其

---

① 《梁朝傅大士颂金刚经》,《大正藏》第85册，第2732号，第4页下栏24~5页上栏1。

② 《梁朝傅大士颂金刚经》,《大正藏》第85册，第2732号，第4页下栏12~15。

为《梁朝傅大士颂金刚经》“持经功德分第十五”开头部分经文，相应内容如下：

> 须菩提，若有善男子、善女人，初日分以恒河沙等身布施，中日分复以恒河沙等身布施，后日分亦以恒河沙等身布施，如是无量百千万亿劫以身布施，若复有人，闻此经典，信心不逆，其福胜彼……[①]

Or.12380-0708V（K.K.Ⅲ.021.oo）左上、右上残片为《梁朝傅大士颂金刚经》“离相寂灭分第十四”的内容，右上残片在前，左上残片在后。下面残片为《梁朝傅大士颂金刚经》“持经功德分第十五”的开头。

5.Or.12380-0785（K.K.Ⅱ.0244.a.xi）存1页6行，字数不能确定，下栏线单栏，刊布者将其定名为“佛经经颂”，刻本。现将西夏文录文并对译如下：

西夏文	对译
□□□[illegible] [illegible]□	□□□见察　今彼非也□
□□□[illegible] [illegible]	□□□生及　寂趣依无知
……[illegible]	……意于何云阿罗汉是如
……[illegible]	……何云也阿
……[illegible]	……世尊若阿
……[illegible]	……阿罗汉道

在对译基础上翻译如下：

□□□察见，今彼非也□；□□□生及，依趣寂无知。

……于意云何？阿罗汉如是……何云也？阿……世尊，若阿……阿罗汉道……

Or.12380-0785（K.K.Ⅱ.0244.a.xi）为《梁朝傅大士颂金刚经》“一

① 《梁朝傅大士颂金刚经》，《大正藏》第85册，第2732号，第5页下栏9~15。

切无相分第九”颂文及经文，相应内容如下：

缘尘及身见，今者乃知非；七返人天后，趣寂不知归。

“须菩提，于意云何？阿罗汉能作是念：‘我得阿罗汉道不？’”须菩提言：“不也，世尊。何以故？实无有法名阿罗汉。世尊，若阿罗汉作是念：‘我得阿罗汉道。’……”[①]

6.Or.12380-3826.2（K.K.）残存1页6行，上栏线单栏，下栏线无存，刊布者将其定名为《金刚经》。现将西夏文录文并对译如下：

西夏文	对译
……[illegible]	……说
[illegible][illegible][illegible][illegible]□　[illegible][illegible][illegible]□□	尘积世界□　经闻意□□
[illegible][illegible][illegible][illegible]□　[illegible][illegible][illegible][illegible]□	界人天果□　曾烦恼障□
[illegible][illegible][illegible][illegible][illegible]　[illegible][illegible][illegible][illegible][illegible]	因尘因不实　譬喻预流者
□[illegible][illegible]□□　□[illegible][illegible][illegible][illegible]	□果幻□□　□碍无慧依
……[illegible]……	……若……

在对译基础上翻译如下：

……说

积尘世界□，闻经意□□；界人天果□，曾□烦恼障。

尘因因不实，譬喻预流者；□果幻□□，逍遥自在人。

……若……

这段内容非常不连贯，属于残经不同部分的拼接。此残片残缺严重，依据俄藏黑水城西夏文《金刚般若波罗蜜经》赞颂科文（馆藏第7580号，西夏特藏第386号）[②]补录如下：

---

① 《梁朝傅大士颂金刚经》,《大正藏》第85册，第2732号，第3页中栏29~下栏5。

② 〔日〕荒川慎太郎：《西夏文〈金刚经〉的研究》，博士学位论文，京都大学，2002，经文附录第92~93页。

西夏文	对译
[illegible]	尘积（集）世界成　界分尘埃为
[illegible]	界人天果譬（如）尘漏有缘等
[illegible]	缘尘缘无真　界果果真非
[illegible]	缘果幻如知　自在人真为

在对译基础上翻译如下：

积尘为世界，分界为尘土（微尘）；界如人天果，尘等有漏缘（因）。

尘缘缘（因因）无实，界果果非真；缘果（因果）知如幻，真为自在人。

残经为《梁朝傅大士颂金刚经》之“如法受持分第十三”的相应内容：

> ……如来说世界非世界，是名世界。
>
> 积尘成世界，析界作微尘；界喻人天果，尘为有漏因。
>
> 尘因因不实，界果果非真；果因知是幻，逍遥自在人。
>
> “须菩提，于意云何，可以三十二相见如来不?”“不也，世尊。”①

7.Or.12380-3826.2V（K.K.）残存 1 页 7 行，上下栏线无存，每行残存内容不连贯，刊布者将其定名为《金刚经》。现将西夏文录文并对译如下：

西夏文	对译
……[illegible]……	……无境……
……[illegible]……	……离心亦无……
……[illegible]……	……中实相说……
……[illegible]……	……须菩提若善男子善女人……
……[illegible]□[illegible]……	……沙等如身□唯佛证知……
……[illegible]□[illegible]……	……沙等如□世尊我……
[illegible]……	须菩提……

① 《梁朝傅大士颂金刚经》,《大正藏》第 85 册，第 2732 号，第 4 页中栏 16~24。

Or.12380-3826.2（K.K.）和 Or.12380-3826.2V（K.K.）为《梁朝傅大士颂金刚经》之“如法受持分第十三”“离相寂灭分第十四”的相应内容。刊布者虽然将残片放在一起，但从内容上判断，Or.12380-3826.2（K.K.）和 Or.12380-3826.2V（K.K.）每个残片上下内容并不连贯。相应内容如下：

> 未有无心境，曾无无境心；境忘心自灭，心灭无境心。
> 经中称实相，语妙理能深；证知唯有佛，小圣讵堪任。[①]

“须菩提，若有善男子善女人，以恒河沙等身命布施”[②]应为“如法受持分第十三”的相应内容。

“世尊，我今得闻如是经典”[③]应为“离相寂灭分第十四”的相应内容。

（二）《金刚般若波罗蜜经》科文

科文，又作科章、科节、科段、分科等。科文即分析章段，为了方便解释经论而将内容分成数段，再以精简扼要之文字标示各部分之内容。科目全部以图示者，称科图。《佛学大辞典》载：

> 科文，释经论，分科其文句之段落者，是由秦之道安为始，知一经之大意不可缺。文句一曰：“古讲师俱敷弘义理不分章段，若纯用此意，后生殆不识起尽。又佛说贯散，集者随义立品。……天亲作论以七功德分序品，五示现分方便品，其余品各有处分。昔河西凭，江东瑶，取此意节目经文，末代尤烦，光宅转细。……昙鸾云：细科烟扬，杂砺尘飞。盖若过若不及也。”[④]

① 《梁朝傅大士颂金刚经》,《大正藏》第 85 册，第 2732 号，第 4 页下栏 24~27。

② 《梁朝傅大士颂金刚经》,《大正藏》第 85 册，第 2732 号，第 4 页中栏 23~24。

③ 《梁朝傅大士颂金刚经》,《大正藏》第 85 册，第 2732 号，第 4 页下栏 28。

④ 丁福保编《佛学大辞典》，上海书店出版社，1991，第 1705 页。

《佛光大辞典》对科文也有详细记载：

（科文）一般系将经典区别为序分、正宗分（本论部分）与流通分（说明该经之功德而劝人流通之部分），称为三分科经。将一经分成三部分之作法，在印度始于《佛地经论》卷一，在我国则始于苻秦道安之时。序又分为二种，即：（一）通序，指从“如是我闻”至该经所举听众之经文部分（如“与大比丘众千二百五十人俱”云云），乃共通于一切经典之体裁。（二）别序，指通序下之经文，依各经而异。又通序乃是使众生起信之部分，故又称证信序；别序则为述说该经因缘之部分，故又称发起序。然依善导之主张，“如是我闻”四字才是证信序，以下则皆为发起序；而发起序之中相当于通序之部分，称为“化前序”，以上三者合称三序。通序又分六成就，即信（如是）、闻（我闻）、时（一时）、主（佛）、处（在……）、众（与大比丘众……）。所谓成就乃指在每一句子里面，完全具备欲说之内容而言；佛教认为佛经之通序必须具备上述六个条件。此外，亦有将主、处成就合一，而称为“五成就”者；亦有将闻成就分为我、闻二成就者，则为七成就。科文之法虽有其功能，然因过于复杂，难免受到非议。[①]

随着佛经翻译数量的不断增多，科分阐释经文，至刘宋而益盛，其详情不可知。其中最知名之人为释法瑶。法瑶为“涅槃”“法华”科分章段。至若科判，则亦时愈后者分愈密。可分经文的传统也传入西夏，在黑水城文献中不仅存在《金刚般若波罗蜜经》科文，也存在《梁朝傅大士颂金刚经》科文。具体内容见下文。

A.《金刚般若波罗蜜经》科文

1.Or.12380-0709（K.K.Ⅱ.021.pp）以图表形式出现，仅残存上面内容，经文部分无存，刊布者定名为“佛经”。现将西夏文录文并对译如下：

---

① 佛光大藏经编修委员会编《佛光大辞典》，北京图书馆出版社，1993，第3923页。

（右面）

[illegible][1]	三常心
[illegible]	四不颠倒心

（左面）

[illegible]	一广大心
[illegible]	二第一心

Or.12380-0709（K.K.II.021.pp）是《金刚般若波罗蜜经》赞颂的科文，对照俄藏黑水城《金刚般若波罗蜜经》赞颂科文（馆藏第 7580 号，西夏特藏第 386 号）[2]，可以判断其为“大乘正宗分第三”的相应内容，因为经文内容残缺，故此处不列。科文标题仅仅存在“三常心”“四不颠倒心”“一广大心”“二第一心”。

2.Or.12380-0710（K.K.）以图表形式出现，仅残存上面内容，经文部分无存，刊布者定名为“佛经科文”。现将西夏文录文并对译如下：

[illegible]□□□□□

须菩提若人无量□□□□□

[illegible]

中七宝有满彼以布施若善男

[illegible]

子善女人菩萨心起者是经典

[illegible]　[illegible]

二十六化身说法　福无疑止

① 〔日〕荒川慎太郎：《西夏文〈金刚经〉的研究》，博士学位论文，京都大学，2002，经文附录第 46 页，方框中的西夏文根据荒川论文附录补充。

② 〔日〕荒川慎太郎：《西夏文〈金刚经〉的研究》，博士学位论文，京都大学，2002，经文附录第 54 页。

Or.12380-0710（K.K.）是《金刚般若波罗蜜经》赞颂的科文，对照俄藏黑水城《金刚般若波罗蜜经》赞颂科文（馆藏第 7580 号，西夏特藏第 386 号）[①]，可以判断其为“应化非真分第三十二”的相应内容，经文内容如下：

须菩提，若有人以满无量阿僧祇世界七宝，持用布施。若有善男子、善女人，发菩提心者，持于此经……

科文标题仅存“二十六化身说法，无福止疑”。

3.Or.12380-0718（K.K.）以图表形式出现，经文内容不全，刊布者定名为“佛经科文”。现将西夏文录文并对译如下：

[illegible]	[illegible]
一名字解	姚秦三藏法师鸠摩罗什
	[illegible]……
	大梁……
[illegible]	[illegible]
二本文释	法会因缘分一第
	[illegible]……
	是如闻我也……
[illegible]	[illegible]……
第异分	树林木……
	[illegible]……
	五十人大……

Or.12380-0718（K.K.）是《金刚般若波罗蜜经》赞颂的科文，对照俄藏黑水城《金刚般若波罗蜜经》赞颂科文（馆藏第 7580 号，西夏

① 〔日〕荒川慎太郎：《西夏文〈金刚经〉的研究》，博士学位论文，京都大学，2002，经文附录第 54 页。

特藏第 386 号）[①]，可以判断其应为“法会由因分第一”的相应内容，经文内容如下：

姚秦三藏法师鸠摩罗什

大梁……

法会由因分第一

如是我闻，一时，佛在舍卫国祇树给孤独园，与大比丘众千二百五十人俱。

科文标题仅存“一解名字”“二释本文”“第异分”。

4.Or.12380-0809（K.K.Ⅱ.0281.a.xiv）以图表形式出现，仅残存上面内容，经文部分仅剩几个字，经文存 1 页 4 行，刊布者定名为“佛经科文”。现将西夏文录文并对译如下：

[illegible]	[illegible]……
一倒（颠）悟显	也世尊彼……
	[illegible]……
	何云也世……
[illegible]	[illegible]……
二言受止	寿者见之……
	[illegible]……
	者见非……

Or.12380-0809（K.K.Ⅱ.0281.a.xiv）是《金刚般若波罗蜜经》赞颂的科文，对照俄藏黑水城《金刚般若波罗蜜经》赞颂科文（馆藏第

① 〔日〕荒川慎太郎：《西夏文〈金刚经〉的研究》，博士学位论文，京都大学，2002，经文附录第 54 页。

7580 号，西夏特藏第 386 号）[①]，其应为“知见不生分第三十一”的相应内容，经文内容如下：

> ……也，世尊，彼……何云也？世尊……寿者见…非者见……

科文标题仅存“一显倒（颠）悟”“二言止受”。

5.Or.12380-0811（K.K.Ⅲ.015.d）以图表形式出现，经文内容不全，刊布者定名为“佛经科文”。现将西夏文录文并对译如下：

[illegible]	[illegible]……
异说应无故信疑问	说名成……
	[illegible]……
	尔时慧……
[illegible]	[illegible]……
一信无依疑名	尊若众……
	[illegible]……
	时信心……
……[illegible]	[illegible]……
……疑断	佛……
	[illegible]……
	何云……
	[illegible]……
	来……

Or.12380-0811（K.K.Ⅲ.015.d）是《金刚般若波罗蜜经》赞颂的科文，对照俄藏黑水城《金刚般若波罗蜜经》赞颂科文（馆藏第 7580 号，

① 〔日〕荒川慎太郎:《西夏文〈金刚经〉的研究》，博士学位论文，京都大学，2002，经文附录第 54 页。

西夏特藏第 386 号）[①]，可以判断其应为“非说所说分第二十一”的相应内容，经文内容如下：

> 是名说法。尔时，慧……世尊，若众……时……信心……佛……何以故？……来……

科文标题仅存“应无异说 故信疑问”“一依无信疑名”“……断疑”。

6.Or.12380-0817（K.K.Ⅲ.017.）以图表形式出现，存 1 页，刊布者定名为“佛经”。实际上科判图表不存，只存经文内容，现将西夏文录文并对译如下：

……[illegible][illegible]	……不动
……[illegible][illegible][illegible]	……何云也
……□[illegible][illegible][illegible][illegible]　[illegible]□□□□	……为法一切　梦□□□□
……[illegible][illegible]□□□　□□□□□	……露如□□□　□□□□□

Or.12380-0817（K.K.Ⅲ.017.）为《金刚般若波罗蜜经》三十二分本之“应化非真分第三十二”结尾处的内容：

> 如如不动。何以故？一切有为法，如梦、幻、泡、影；如露亦如电，应作如是观。

考虑到经文上面为图表形式，可确定其为《金刚般若波罗蜜经》科文，但图表部分残缺无存。

7.Or.12380-1862（K.K.）存 1 页，上面是图表内容，刊布者定名为“佛经科文”。现将西夏文录文并对译如下：

---

① 〔日〕荒川慎太郎：《西夏文〈金刚经〉的研究》，博士学位论文，京都大学，2002，经文附录第 54 页。

[illegible]	一安
[illegible]	一广大心
[illegible]	二上
[illegible]	三常心

Or.12380-1862（K.K.）残存内容与《俄藏黑水城文献》馆藏第7580号内容一致，可确定其为《金刚般若波罗蜜经》三十二分本之"大乘正宗分第三"的科判，仅存科文内容，对应经文残缺。科文标题仅存"一安""一广大心""二上""三常心"。

8.Or.12380-2291RV（K.K.Ⅱ.0234.i）存图表形式，2页，刊布者定名为"佛经科文"，残页基本完整，属于刻本经折装，原残经上有编号2291。现将西夏文录文并对译如下：

（右面）

[illegible]	[illegible]
一多佛养（供）中具足福	中失理是处彼诽谤依昔世罪
	[illegible]
	业立即消灭后阿耨多罗三藐
	[illegible]
	三菩提得
	[illegible]
	须菩提我念过去无量阿僧祇
	[illegible]
	劫中灯燃佛如前面八百四千
[illegible]	[illegible]
二经持令中希分福	万亿那由他诸佛与一遇悉皆
	[illegible]
	供养侍传所为空经未

（左面）

[illegible]
若人末世于是经典受持诵读
[illegible]
能故获得功德者我诸佛之所
[illegible]
供养功德如胜百分中一不及
[illegible]
千万亿分乃至算譬如量以亦
[illegible]
及处不

[illegible]	[illegible]
九具闻故疑	须菩提若善男子善女人后世
	[illegible]
	于是经典受持诵读依所得功

Or.12380-2291RV（K.K.Ⅱ.0234.i）为《金刚般若波罗蜜经》的科文，对照俄藏黑水城《金刚般若波罗蜜经》科文（馆藏第 7580 号，西夏特藏第 386 号）[1]，可以确定它是第 69、70 折页的内容，即“能净业障分第十六”的相应内容，内容与俄藏黑水城《金刚般若波罗蜜经》科文（馆藏第 7580 号，西夏特藏第 386 号）完全一致，佛经相应内容如下：

……是人先世罪业，应堕恶道，以今世人轻贱故，先世罪业则为消灭，当得阿耨多罗三藐三菩提。须菩提，我念过去无量阿僧祇劫，于然灯佛前，得值八百四千万亿那由他诸佛，悉皆供养承事无空过者。若复有人，于后末世，能受持读诵此经，所得功德，于我

① 〔日〕荒川慎太郎：《西夏文〈金刚经〉的研究》，博士学位论文，京都大学，2002，经文附录第 79 页。

所供养诸佛功德，百分不及一，千万亿分，乃至算数譬喻所不能及。须菩提，若善男子、善女人，于后末世，有受持读诵此经，所得功德……[①]

科文标题存“一多供佛（中具足福）”“二令持经（中希分福）”“九具疑闻故”。

9.Or.12380-2754（K.K.Ⅱ.0295.c）存图表形式，1 页，刻本，刊布者定名为“佛经科文”。现将西夏文录文并对译如下：

	[illegible]
	持能著难换不算若后来世于
[illegible]	[illegible]
三三空信解佛殊胜	后五百时是经典闻信解受
	[illegible]
	持者者彼人一第希有真也
	[illegible]
	云何也彼人我相人相众生相
	[illegible]
	命者相无是者何云我相者相
[illegible]	[illegible]
一信解圆名	非是人相众生相命者相亦相
	[illegible]
	非也何云也诸相一切离故诸

Or.12380-2754（K.K.Ⅱ.0295.c）为《金刚般若波罗蜜经》三十二分本的科文，经文为“离相寂灭分第十四”的相应内容：

---

① （后秦）鸠摩罗什译《金刚般若波罗蜜经》，《大正藏》第 8 册，第 235 号，第 750 页下栏 27~751 页上栏 5。

……世尊，我今得闻如是经典，信解受持，不足为难。若当来世，后五百岁，其有众生，得闻是经，信解受持，是人则为第一希有。何以故？此人无我相、人相、众生相、寿者相。所以者何？我相即是非相，人相、众生相、寿者相即是非相。何以故？离一切诸相，则名诸佛。[①]

科文标题仅存“三三空信解佛殊胜”“一信解圆名”。

10.Or.12380-2759（K.K.Ⅱ.0291.j）存图表形式，1 页，刻本，刊布者定名为“十二宫吉祥颂”。现将西夏文录文并对译如下：

	[illegible]
	诵读能故获得功德者我
	[illegible]
	诸佛之所供养功德如胜
	[illegible]
	百分中一不及千万亿分
[illegible]	[illegible]
九具闻故疑	乃至算计如测以亦及处
	[illegible]
	无
	[illegible]
	须菩提若善男子善女人

Or.12380-2759（K.K.Ⅱ.0291.j）非“十二宫吉祥颂”，而是《金刚般若波罗蜜经》三十二分本的科文，经文为“能净业障分第十六”的相应内容：

① （后秦）鸠摩罗什译《金刚般若波罗蜜经》，《大正藏》第 8 册，第 235 号，第 750 页上栏 3~9。

……能受持读诵此经，所得功德，于我所供养诸佛功德，百分不及一，千万亿分，乃至算数譬喻所不能及。须菩提，若善男子、善女人……[①]

科文标题存“九具疑闻故”。

11.Or.12380-2767（K.K.II.0239.jjj）存图表形式，1页，刻本，刊布者定名为“十二宫吉祥颂”，残经上有编号2767。现将西夏文录文并对译如下：

[illegible]	[illegible]□[illegible]
二定	供养及□于已还
	□□[illegible]□□□□□[illegible]
	□□已为钵□□□□□毕及
	[illegible]
	坐毡已张彼上已坐
	[illegible]
	善现启请分二第
[illegible]□□[illegible]	[illegible]□
二第如文分天亲□□依疑断	时尊老须菩提大众中住坐□
	[illegible]
	所起左肩半穿右膝地著合掌
[illegible]	[illegible]
一善现请问	写敬佛对言说希有世尊如来
	[illegible]□
	诸菩萨之念若能诸菩萨之□

Or.12380-2767（K.K.II.0239.jjj）并非“十二宫吉祥颂”，而是《金刚

① （后秦）鸠摩罗什译《金刚般若波罗蜜经》，《大正藏》第8册，第235号，第750页上栏1~4。

般若波罗蜜经》三十二分本的科文，经文为“法会由因分第一”和“善现启请分第二”的相应内容：

……于其城中，次第乞已，还至本处。饭食讫，收衣钵，洗足已，敷座而坐。

时，长老须菩提在大众中，即从座起，偏袒右肩，右膝著地，合掌恭敬而白佛言：希有，世尊，如来善护念诸菩萨，善付嘱诸菩萨……[1]

科文标题存“二定”“第二如文分天亲依□□断疑”“一善现请问”。

12.Or.12380-2882（K.K.）存1页，刻本，以图表形式出现，刊布者定名为“佛经科文”。现将西夏文录文并对译如下：

	[illegible]……	须……
[illegible]	[illegible]……	句……
三信能之缘说	[illegible]……	佛……

Or.12380-2882（K.K.）是《金刚般若波罗蜜经》赞颂的科文，对照俄藏黑水城《金刚般若波罗蜜经》赞颂科文（馆藏第7580号，西夏特藏第386号）[2]，经文为《金刚般若波罗蜜经》“正信希有分第六”的相应内容：

须菩提白佛言：“世尊，颇有众生得闻如是言说章句，生实不？”佛告须菩提……[3]

科文标题存“三能信之缘说”。

---

① （后秦）鸠摩罗什译《金刚般若波罗蜜经》，《大正藏》第8册，第235号，第748页下栏22~29。

② 〔日〕荒川慎太郎：《西夏文〈金刚经〉的研究》，博士学位论文，京都大学，2002，经文附录第54页。

③ 《梁朝傅大士颂金刚经》，《大正藏》第85册，第2732号，第2页中栏28~下栏2。

13.Or.12380-3033RV（K.K.II.0253.r）存2页，刻本，原文献上有编号3033，刊布者定名为“佛经科文”。现将西夏文录文并对译如下：

（右面）

[illegible]
何云须菩提佛般若波罗蜜之般
[illegible]
若波罗蜜非故般若波罗蜜也说
[illegible]
须菩提于意云何如来说应法

（左面）

[illegible]
尔时须菩提佛对言说世尊是
[illegible]
经典何名我等何云受持应佛须菩
[illegible]
提之说是经典者金刚般若波罗
[illegible]　　[illegible]
三佛异说无胜　　蜜名成是名字依汝受持应是者

Or.12380-3033RV（K.K.II.0253.r）是《金刚般若波罗蜜经》三十二分本“如法受持分第十三”或者《梁朝傅大士颂金刚经》“如法受持分第十三”的内容，但残经内容左面在前，右面在后，调整后相应内容如下：

尔时须菩提白佛言：“世尊，当何名此经？我等云何奉持？”佛告须菩提：“是经名为《金刚般若波罗蜜》，以是名字汝当奉持。所以者何？须菩提，佛说般若波罗蜜，则非般若波罗蜜。须菩提，于意云何？如来有所说法不？”①

科文标题存“三佛说无胜异”。

14.Or.12380-3040RV（K.K.）存图表形式，左右共2页，写本，刊布者定名为“佛经科文”。现将西夏文录文并对译如下：

（右面）

[illegible] ┌ [illegible] 思界
三方便不 └ [illegible] 界毁

[illegible] ┌ [illegible] 依合
四界尘具 └ [illegible] 合毁

[illegible] ┌ [illegible] 无中虚
五佛 └ [illegible] 有受印

（左面）

[illegible] ┌ [illegible] 法身化身
二十五（二） └ [illegible] 一别疑止

[illegible] ┌ [illegible] 别
一界尘依一（五） └ [illegible] 毁

[illegible] ┌ [illegible] 末方便
一细 └ [illegible] 色尘毁

① 《梁朝傅大士颂金刚经》,《大正藏》第85册，第2732号，第4页中栏3~8。

[illegible]	[illegible]	思少
二方便无	[illegible]	尘毁

将 Or.12380-3040RV（K.K.）与俄藏黑水城《金刚般若波罗蜜经》科文（馆藏第 7580 号，西夏特藏第 386 号）[①] 比对，可以确定其为《金刚般若波罗蜜经》科文，仅存图表解释经文的内容。下面经文残缺，但根据俄藏黑水城《金刚般若波罗蜜经》科文内容，可以确定 Or.12380-3040RV（K.K.）残页左面内容在前，右面内容在后，具体标题为“三方便不思界毁界”“四依尘界具合毁合”“五无佛中虚有受印”“二十五化身法身一别止疑（二）”“一依尘界一毁别（五）”“一细末（碎）方便毁色尘”“二方便无少思毁尘”。

15.Or.12380-3042RV（K.K.II.0243.n）存图表形式，左右共 2 页，写本，刊布者定名为“佛经科文”。现将西夏文录文并对译如下：

（右面）

[illegible]	二不受故不彼
[illegible]	一如说
[illegible]	二问起

（左面）

[illegible]	三成说
[illegible]	二十四化身出现福受疑止
[illegible]	一颠悟止
[illegible]	二正见示

将 Or.12380-3042RV（K.K.II.0243.n）与俄藏黑水城《金刚般若

① 〔日〕荒川慎太郎:《西夏文〈金刚经〉的研究》，博士学位论文，京都大学，2002，经文附录第 79 页。

波罗蜜经》科文（馆藏第 7580 号，西夏特藏第 386 号）[①] 比对，可以确定其为《金刚般若波罗蜜经》科文，图表解释经文的内容。下面经文残缺，但根据俄藏黑水城《金刚般若波罗蜜经》科文内容，Or.12380-3042RV（K.K.Ⅱ.0243.n）与 Or.12380-3040RV（K.K.）为同一版本，其排列顺序为 Or.12380-3042RV（K.K.Ⅱ.0243.n）右面 + Or.12380-3042RV（K.K.Ⅱ.0243.n）左面 + Or.12380-3040RV（K.K.）左面 + Or.12380-3040RV（K.K.）右面。

科文标题存“二不受故不彼”“一如说”“二起问”“三成说”“二十四出现化身福受止疑”“一止颠悟”“二示正见”。

16.Or.12380-3164RV（K.K.Ⅱ.0281.a.x）存正反两面，刊布者定名为“佛经科文”，残缺严重，刻本，很难具体判定版式，但是通过解读残经内容可以确定其为《金刚般若波罗蜜经》的科文，对照俄藏黑水城《金刚般若波罗蜜经》科文（馆藏第 7580 号，西夏特藏第 386 号）[②]，可以确定它是第 74、75 折页的内容，从而也确定了英藏黑水城残页的刊布者将两个科文残页的内容左右颠倒，正常顺序是右边内容在前，左边内容在后。现将西夏文录文并对译如下：

（右面）

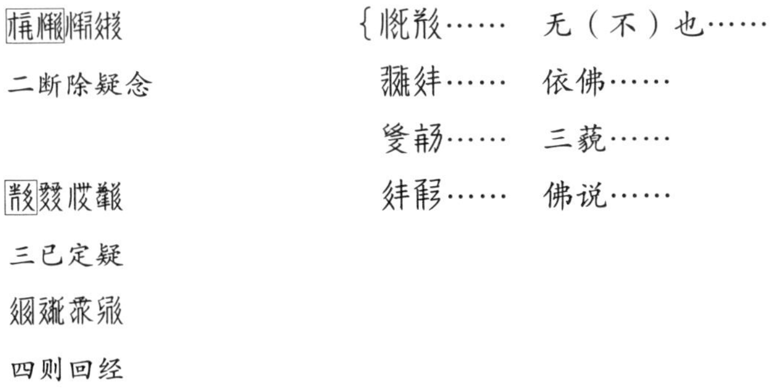

[illegible][illegible][illegible][illegible]　　{[illegible][illegible]……　无（不）也……
二断除疑念　　[illegible][illegible]……　依佛……
　　[illegible][illegible]……　三[illegible]……
[illegible][illegible][illegible][illegible]　　[illegible][illegible]……　佛说……
三已定疑
[illegible][illegible][illegible][illegible]
四则回经

① 〔日〕荒川慎太郎：《西夏文〈金刚经〉的研究》，博士学位论文，京都大学，2002，经文附录第 79 页。

② 〔日〕荒川慎太郎：《西夏文〈金刚经〉的研究》，博士学位论文，京都大学，2002，经文附录第 79 页。

（左面）

[illegible] [illegible] 寂菩

三用皆可 [illegible] 提也

[illegible] [illegible] 有也

十二佛故菩萨 [illegible] 止疑

[illegible]…… 须菩提……

[illegible]…… 佛于……

Or.12380-3164RV（K.K.Ⅱ.0281.a.x）残存经文有：

依佛……三藐……佛说……

须菩提……佛于……

科文标题存“二断除疑念”“三已定疑”“四则回经”“三用皆可寂菩提也”“十二佛故有菩萨也止疑”。

17.Or.12380-3480（K.K.Ⅱ.0274.w）存1页，刻本，原文献上有编号3480，刊布者定名为《金刚般若波罗蜜经》，有残缺，但是从版式上判断其不应为《金刚般若波罗蜜经》。现将西夏文录文并对译如下：

[illegible] [illegible][1]

一佛先信说 我说故我人众生命者于中也

[illegible]

世尊佛我之争无三昧得者中

[illegible]

最上第为上第欲离阿罗汉也说

① 此残经据俄藏黑水城《金刚般若波罗蜜经》赞颂科文（馆藏第7580号，西夏特藏第386号）补充。

[illegible]	[illegible]
二自得无显	世尊我欲离阿罗汉也无说我
	[illegible]
	世尊我若是如念为阿罗汉道
[illegible]	[illegible]
三重佛□解	得我说我故世尊须菩提阿兰
	[illegible]
	那行乐者也不说

Or.12380-3480（K.K.Ⅱ.0274.w）为《金刚般若波罗蜜经》赞颂科文，对照俄藏黑水城《金刚般若波罗蜜经》赞颂科文（馆藏第 7580 号，西夏特藏第 386 号）[①]，可以确定英藏残经和俄藏黑水城西夏文版式基本一致，残缺内容可以参照俄藏西夏文补足，其内容可以确定为“一相无相分第九”：

> 世尊，若阿罗汉作是念“我得阿罗汉道”，即为著我、人、众生、寿者。世尊，佛说我得无诤三昧，人中最为第一，是第一离欲阿罗汉。我不作是念：“我是离欲阿罗汉。”世尊，我若作是念“我得阿罗汉道”，世尊则不说须菩提是乐阿兰那行者。[②]

科文标题存“一佛先说信”“二自得无显”“三重解佛□”。

18.Or.12380-3513（K.K.Ⅱ.0265.k）存 1 页，刻本，原文献上有编号 3513，刊布者定名为“佛经科文”，残缺严重，不仅科文标题残缺，而且经文内容也残缺严重，幸好俄藏黑水城遗存有西夏文《金刚般若波罗

① 〔日〕荒川慎太郎：《西夏文〈金刚经〉的研究》，博士学位论文，京都大学，2002，经文附录第 59 页。

② （后秦）鸠摩罗什译《金刚般若波罗蜜经》，《大正藏》第 8 册，第 235 号，第 749 页下栏 8~15。

蜜经》赞颂科文（馆藏第 7580 号，西夏特藏第 386 号）[①]，且版式与英藏基本一致，可以借助《俄藏黑水城文献》补足英藏黑水城西夏文残经。现将西夏文录文并对译如下：

[illegible]	[illegible]
三福相无失说	是念莫为
	[illegible]
	须菩提汝若是如念为阿耨多
	[illegible]
	罗三藐三菩提心生故诸法断
[illegible]	[illegible]
四言缘无失显	灭说成是念莫为
	[illegible]
	何云也阿耨多罗三藐三菩提
[illegible]	[illegible]
一忍得故无失	心起者者法于断灭相无说
	[illegible]
	不受不贪分二十八第
[illegible]	[illegible]
二无受故无失	须菩提汝若菩萨恒河沙数世界
	[illegible]
	中七宝有满彼以布施若人法
	[illegible]
	一切我无知忍成能得故彼菩
[illegible]	[illegible]
一如说	萨先菩萨获得功德勤胜
	[illegible]

① 〔日〕荒川慎太郎:《西夏文〈金刚经〉的研究》，博士学位论文，京都大学，2002，经文附录第 92~93 页。

	须菩提彼诸菩萨者福德无受
	[illegible]
	缘也
[illegible]	[illegible]
二问起	须菩提佛对言说世尊何云菩
	[illegible]
	萨正无受
[illegible]	[illegible]
三成说	须菩提菩萨为为福德贪著应
[illegible]	
二十四化身出现	
[illegible]	[illegible]
福受疑止	非是缘福德无受说
	[illegible]
	威仪寂静分二十九第
[illegible]	[illegible]
一颠悟止	须菩提若人如来者来往乘卧
	[illegible]
	有说故彼人我所言义不悟
[illegible]	[illegible]
二德见示	何云也如来则来无无往无亦

Or.12380-3513（K.K.II.0265.k）是《金刚般若波罗蜜经》赞颂科文，可以确定其应为《金刚般若波罗蜜经》之“无断无灭分第二十七”、“不受不贪分第二十八”和“威仪寂静分第二十九”的相应内容：

“……若作是念，发阿耨多罗三藐三菩提者，说诸法断灭。莫作是念。何以故？发阿耨多罗三藐三菩提心者，于法不说断灭相。”

“须菩提，若菩萨以满恒河沙等世界七宝布施，若复有人，知一切法无我，得成于忍，此菩萨胜前菩萨所得功德。何以故？须菩提，以诸菩萨不受福德故。”须菩提白佛言：“世尊，云何菩萨不受福德？”“须菩提，菩萨所作福德，不应贪著，是故说不受福德。”

“须菩提，若有人言：‘如来若来若去，若坐若卧。’是人不解我所说义。何以故？如来者，无所从来，亦无所去，故名如来。”①

科文标题存“三福相无失说”“四言缘无失显”“一得忍故无失”“二无受故无失”“一如说”“二起问”“三成说”“二十四出现化身”“福受止疑”“一止颠悟”“二示见德”等。

19.Or.12380-3545a（K.K.Ⅱ.0246.b）存 1 页，刻本，原文献上有编号 3545a，刊布者定名为《金刚般若波罗蜜经》“威仪寂静分第二十”。但从版式上判断，应为《金刚般若波罗蜜经》赞颂科文，而科文标题残缺。幸好俄藏黑水城遗存有西夏文《金刚般若波罗蜜经》赞颂科文（馆藏第 7580 号，西夏特藏第 386 号）②，且版式与英藏基本一致，可以借助《俄藏黑水城文献》补足英藏黑水城西夏文残经。现将西夏文录文并对译如下：

[illegible]	[illegible]
二无受故无失	须菩提汝若菩萨恒河沙数世界
	[illegible]
	中七宝有满彼以布施若人法
	[illegible]
	一切我无知忍成能得故彼菩
[illegible]	[illegible]
一如说	萨先菩萨获得功德勤胜
	[illegible]

① （后秦）鸠摩罗什译《金刚般若波罗蜜经》，《大正藏》第 8 册，第 235 号，第 752 页上栏 22~中栏 5。

② 〔日〕荒川慎太郎：《西夏文〈金刚经〉的研究》，博士学位论文，京都大学，2002，经文附录第 92~93 页。

	须菩提彼诸菩萨者福德无受
	[illegible]
	缘也
[illegible]	[illegible]
二问起	须菩提佛对言说世尊何云菩
	[illegible]
	萨正无受
[illegible]	[illegible]
三成说	须菩提菩萨为为福德贪著应
[illegible]	
二十四化身出现	
[illegible]	[illegible]
福受疑止	非是缘福德无受说
	[illegible]
	威仪寂静分二十九第

Or.12380-3545a（K.K.Ⅱ.0246.b）是《金刚般若波罗蜜经》赞颂科文，可以确定经文应为《金刚般若波罗蜜经》之“不受不贪分第二十八”的内容和“威仪寂静分第二十九”的标题：

> “须菩提，若菩萨以满恒河沙等世界七宝布施，若复有人，知一切法无我，得成于忍，此菩萨胜前菩萨所得功德。何以故？须菩提，以诸菩萨不受福德故。”须菩提白佛言：“世尊，云何菩萨不受福德？”“须菩提，菩萨所作福德，不应贪著，是故说不受福德。”
>
> 威仪寂静分第二十九[①]

科文标题存“二无受故无失”“一如说”“二起问”“三成说”“二十四

① （后秦）鸠摩罗什译《金刚般若波罗蜜经》，《大正藏》第8册，第235号，第752页上栏25~中栏4。

出现化身”“福受止疑”。

20.Or.12380-3545b（K.K.II.0246.b）存 1 页，原文献上有编号 3545a，刊布者定名为《金刚般若波罗蜜经》“威仪寂静分第二十”。但从版式上判断，其应为《金刚般若波罗蜜经》赞颂科文，而科文标题残缺，Or.12380-3545b（K.K.II.0246.b）内容紧接 Or.12380-3545a（K.K. II.0246.b）内容。幸好俄藏黑水城遗存西夏文《金刚般若波罗蜜经》赞颂科文（馆藏第 7580 号，西夏特藏第 386 号）[①]，且版式与英藏基本一致，可以借助《俄藏黑水城文献》补足英藏黑水城西夏文残经。现将西夏文录文并对译如下：

	[illegible]
	萨正无受
[illegible]	[illegible]
三成说	须菩提菩萨为为福德贪著应
[illegible]	
二十四化身出现	
[illegible]	[illegible]
福受疑止	非是缘福德无受说
	[illegible]
	威仪寂静分二十九第
[illegible]	[illegible]
一颇悟止	须菩提若人如来者来往乘卧
	[illegible]
	有说故彼人我所言义不悟
[illegible]	[illegible]
二德见示	何云也如来则来无无往无亦
[illegible]	[illegible]
二十五法身化身	无故方如来说

① 〔日〕荒川慎太郎:《西夏文〈金刚经〉的研究》，博士学位论文，京都大学，2002，经文附录第 92~93 页。

[illegible]
一异疑止
[illegible]
一界尘依一异
[illegible]
一细毛（末）方便色
[illegible]
尘毁
[illegible]
二方便无念希（思少）
[illegible]
尘毁

[illegible]
一合相理分三十第
[illegible]
须菩提若善男子善女人三千
[illegible]
毁
[illegible]
大千世界碎微尘如成意于何
[illegible]
云是尘埃数所宁多也须菩提
[illegible]
言多也世尊
[illegible]
何云也若是微尘数真有故佛

Or.12380-3545b（K.K.II.0246.b）是《金刚般若波罗蜜经》赞颂科文，可以确定经文为《金刚般若波罗蜜经》之“不受不贪分第二十八”、“威仪寂静分第二十九”和“一合理相分第三十”的相应内容：

须菩提白佛言：“世尊，云何菩萨不受福德?”“须菩提，菩萨所作福德，不应贪著，是故说不受福德。”

威仪寂静分二十九第

“须菩提，若有人言：‘如来若来若去，若坐若卧。’是人不解我所说义。何以故？如来者，无所从来，亦无所去，故名如来。须菩提，若善男子、善女人，以三千大千世界碎为微尘，于意云何?是微尘众宁为多不?”“甚多，世尊。何以故？若是微尘众实有者，佛则不说是微尘众，所以者何？佛说微尘众，则非微尘众，是名微尘众。世尊，如来所说三千大千世界，则非世界，是名世界。何以故？若世界实有者，则是一合相。”[①]

科文标题存“三成说”“二十四出现化身”“福受止疑”“一止颠悟”“二示见德”“二十五化身法身”“一止异疑”“一依界尘一异”“一细毛（末）方便毁色尘”“二方便无希念（少思）毁尘”。

21.Or.12380-3653（K.K.Ⅱ.013）存1页，写本，刊布者定名为《金刚般若波罗蜜经》，有残缺，但是通过解读残经内容可以确定其为《金刚般若波罗蜜经》赞颂科文，对照俄藏黑水城《金刚般若波罗蜜经》赞颂科文（馆藏第7580号，西夏特藏第386号）[②]，可以确定英藏残页和俄藏黑水城西夏文版式不一致，是两个不同的版本，内容可以参照俄藏黑水城西夏文补足。现将西夏文录文并对译如下：

	[illegible]
	受持应佛须菩提对言是
[illegible]	[illegible]
三佛异说无胜	经典者金刚般若波罗蜜
	[illegible]
	名成是名字依汝受持应
	[illegible]
	是者何云须菩提佛般若
	[illegible]
	波罗蜜之般若波罗蜜非
	[illegible]
	故般若波罗蜜是说

① （后秦）鸠摩罗什译《金刚般若波罗蜜经》，《大正藏》第8册，第235号，第752页上栏28~中栏13。

② 〔日〕荒川慎太郎：《西夏文〈金刚经〉的研究》，博士学位论文，京都大学，2002，经文附录第79页。

通过解读可以确定科文标题下对应的佛经为《金刚般若波罗蜜经》之“如法受持分第十三”的内容，在对译基础上翻译如下：

……应受持？佛对须菩提言，是经典者《金刚般若波罗蜜》，依是名字为名，汝应受持。是者云何？须菩提，佛说般若波罗蜜之非般若波罗蜜，故般若波罗蜜也。

科文标题存“三佛说无胜异”。

22.Or.12380-3686（K.K.Ⅲ.015.b）残缺严重，刻本，刊布者定名为“佛经科文”，通过解读残经内容可以确定其为《金刚般若波罗蜜经》赞颂科文，对照俄藏黑水城《金刚般若波罗蜜经》赞颂科文（馆藏第 7580 号，西夏特藏第 386 号）[①]，可以确定它是第 20~22 折页的内容，英藏和俄藏黑水城西夏文版式基本一致。现将西夏文录文并对译如下：

[illegible]

二摄受因缘智

[illegible]（以下内容残缺）

慧显乐

[illegible][②]	[illegible]
一问	云何也
[illegible]	
二解	
[illegible]	[illegible]
一我执（受）无	彼诸众生无复我相人相众生相命者相
[illegible]	[illegible]
二法执无	无法相亦无非法相

① 〔日〕荒川慎太郎：《西夏文〈金刚经〉的研究》，博士学位论文，京都大学，2002，经文附录第 79 页。

② 根据俄藏黑水城《金刚般若波罗蜜经》赞颂科文（馆藏第 7580 号，西夏特藏第 386 号），可以确定在“[illegible]”和“[illegible]”之间缺少一项内容，即“[illegible]”（一□执断终如显）。

[illegible]
二细执未断从显

[illegible]
一圆说

[illegible]
云何也是诸众生若心取相故
[illegible]
我人众生命者于著也若法相
[illegible]
取故我人众生命者于著也

[illegible]
二异说

[illegible]
云何也若非法相取故我人众
[illegible]
生命者于著也

从俄藏黑水城馆藏第 7580 号、西夏特藏第 386 号西夏文内容可以确定，此科文是对《金刚般若波罗蜜经》颂赞的注释，俄藏西夏文存在 5 字一句的颂文，而英藏黑水城西夏文残缺严重，无法判断英藏西夏文是否存在颂文的内容，从现存西夏文内容可以确定科文解释的是《金刚般若波罗蜜经》“正信希有分第六”的内容，只能先将 Or.12380-3686（K.K.Ⅲ.015.b）确定为《金刚般若波罗蜜经》科文。

科文标题仅存“二摄受因缘智”“乐慧显”“一问”“二解”“一我无执（受）”“二法无执”“二细执从显未断”“一圆说”“二异说”。

23.Or.12380-3688aRV（K.K.Ⅲ.017.a）刊布者定名为《金刚般若波罗蜜经》，上半部分残存严重，但是通过解读残经内容可以确定其为《金刚般若波罗蜜经》赞颂科文，对照俄藏黑水城《金刚般若波罗蜜经》赞颂科文（馆藏第 7580 号，西夏特藏第 386 号）[1]，可以确定它是第 107~108 折页的内容，英藏和俄藏黑水城西夏文版式基本一致。现将西夏文录文并对译如下：

① 〔日〕荒川慎太郎：《西夏文〈金刚经〉的研究》，博士学位论文，京都大学，2002，经文附录第 79 页。

（右面）

[illegible]
者也名成说
[illegible]
须菩提阿耨多罗三藐三菩提
[illegible]
心生者法一切于是如知是如
[illegible]
见是如信解法相无生应
[illegible]
须菩提法相说者如来法相非
[illegible]
故法相名成说

[illegible]
二本寂显

[illegible]
二十六化身说法
[illegible]
四无疑止
[illegible]
一说法功德显

[illegible]
应化非真分第三十二

（左面，上面内容看不清楚，只能将下面对应的经文录文如下）

[illegible]□□□□□□ 诸比丘比丘尼□□□□□□
[illegible]□ 中人天阿修罗一切佛所□
[illegible]□□□□□ 大心欢信受然行□□□□□
[illegible] 般若波罗蜜多

[illegible] 之宣说故昔如福胜
[illegible] 云何之宣说

通过比对这几句残经，可以发现它们之间不连贯，仔细对照《金刚般若波罗蜜经》原文可以发现，刊布者把这几句话的顺序排列颠倒了，前三句在后，后边两句在前，没有中间的四句偈文。现将鸠摩罗什译《金刚般若波罗蜜经》相应内容列于下面：

……为人宣说，其福胜彼。云何为人宣说？不取于相，如如不动，何以故？

一切有为法，如梦幻泡影，如露亦如电，应作如是观。

佛说是经已，长老须菩提及诸比丘、比丘尼、优婆塞、优婆夷，一切世间天、人、阿修罗，闻佛所说，皆大欢喜，信受奉行。[①]

科文标题存“二显本寂”“二十六化身说法”“四止无疑”“一说法显功德”。

24.Or.12380-3826.1（K.K.）以图表形式出现，残缺严重，为2个残片，上残片有图表的线条，下残片上栏线单栏，下栏线无存，图解经文科文与经文对应混乱，刊布者定名为《金刚经》。现将西夏文录文并对译如下：

（上残片）

[illegible]…… 不无……
[illegible]…… 我皆……
[illegible]…… 是如……
[illegible]…… 众生之所……

① （后秦）鸠摩罗什译《金刚般若波罗蜜经》,《大正藏》第8册，第235号，第752页中栏26~下栏2。

初步确定其为《金刚般若波罗蜜经》三十二分本之“大乘正宗分第二”的“若非有想非无想，我皆令入无余涅槃而灭度之”。

（下残片）

[illegible]…… 自诵……
[illegible]…… 乐河中……
[illegible]…… 若人是经典……
[illegible]…… 受持彼之言……
[illegible]…… 中四句……

初步确定其为鸠摩罗什译《金刚般若波罗蜜经》三十二分本“如法受持分第十三”之“须菩提，若有善男子、善女人，以恒河沙等身命布施；若复有人，于此经中，乃至受持四句偈等，为他人说，其福甚多”。

25.Or.12380-3826.1V（K.K.）以图表形式出现，残缺严重，为2个残片，图解经文内容与经文刊布时比较混乱，刊布者定名为《金刚经》。现将西夏文录文并对译如下：

（上残片）

[illegible]…… 得者无……
[illegible]…… 何云也须菩提……
[illegible]…… 相人相……

初步确定其为《金刚般若波罗蜜经》三十二分本“大乘正宗分第二”的“如是灭度无量无数无边众生，实无众生得灭度者。何以故？须菩提，若菩萨有我相、人相、众生相、寿者相，即非菩萨”。

（下残片）

……[illegible]…… ……须菩提……
……[illegible]…… ……菩萨涕泪悲泣……

……[illegible]……	……世尊佛如是……
……[illegible]……	……者我慧眼……
……[illegible]……	……无宁……

初步确定其为《金刚般若波罗蜜经》三十二分本“离相寂灭分第十四”之相应内容：

尔时，须菩提闻说是经，深解义趣，涕泪悲泣，而白佛言：“希有，世尊。佛说如是甚深经典，我从昔来所得慧眼，未曾得闻如是之经。世尊，若复有人，得闻是经，信心清净，则生实相，当知是人成就第一希有功德。”

比对 Or.12380-3826.1（K.K.）和 Or.12380-3826.1V（K.K.），结合残片字体等，可以确定两个残片上半部分为《金刚般若波罗蜜经》三十二分本“大乘正宗分第二”的科判，但从 Or.12380-3826.1（K.K.）存在栏线情况判断，残片下半部分不属于《金刚般若波罗蜜经》的科判，而为鸠摩罗什所译《金刚般若波罗蜜经》“如法受持分第十三”和“离相寂灭分第十四”的内容，因为被刊布者刊布在一起，故将残片下半部分内容也列于此处。

26.Or.12380-3832（K.K.）以图表形式出现，残缺严重，刻有西夏文的残纸横竖排列，相互叠压，并以表格形式残存，刊布者定名为《金刚经》“离相寂灭分”。现将其中西夏文录文并对译如下：

[illegible]	阿耨多罗三藐
[illegible]	云何胎生
[illegible]	善男子善女人
[illegible]	提心发者实
[illegible]	生重请问
[illegible]	问
[illegible]	时是

[illegible]　　　　非
[illegible]　　　　命

根据 Or.12380-3832（K.K.）内容和形式，可以确定其为《金刚般若波罗蜜经》三十二分本“大乘正宗分第三”的科判，而非“离相寂灭分第十四”的内容。科文标题几乎不可识别。

27.Or.12380-3832V（K.K.）以图表形式出现，残缺严重，相似乱纸横竖排列，并以表格形式残存，刊布者定名为《金刚经》“离相寂灭分”。因西夏文重叠或相互覆盖，现将部分西夏文录文并对译如下：

图表内容：

[illegible]□[illegible]　　　　二□功德赞

经文内容：

[illegible]
提若菩萨心于
[illegible]
布施行故如人冥（暗）入见正无如也
[illegible]
若菩萨心法于不（无）住布施行故
[illegible]
无人眼有日光照种种欲
[illegible]
须菩提后来世
[illegible]
人是经典受持
[illegible]□[illegible]□[illegible]
如来佛智慧□彼□知彼人一切

经文相应内容如下：

> 须菩提，若于菩萨心住于法而行布施，故如人入暗，则无见正也；若菩萨心不住于法而行布施，如人有目（眼），日光照，见种种色。须菩提，后来世，若有善男子、善女人，能于此经受持读诵，则为如来以佛智慧，悉知是人，悉见是人。

比对《金刚般若波罗蜜经》三十二分本的内容，残经属于“离相寂灭分第十四”的内容，故 Or.12380-3832V（K.K.）应为《金刚般若波罗蜜经》之“离相寂灭分第十四”的科分。

科文标题仅存“二□功德赞”，其他不可识。

B.《梁朝傅大士颂金刚经》科文

1.Or.12380-0379（K.K.Ⅱ.0285.eee）残存 1 页，刻本，以图表形式出现，刊布者定名为“般若经”。现将西夏文录文并对译如下：

[illegible] [illegible]

尔如我无观　虚悟真实成

[illegible] [illegible]

生无忍证欲　贪嗔远离应

[illegible]　　[illegible] [illegible]

一颠悟止　　人法我无知　自主（在）六尘度

[illegible]

化化应无分二十五第

[illegible]

须菩提意于何云汝等如来是

[illegible]

如念为我众生之所度说不说

[illegible]□

且须菩提是念不□

在对译基础上翻译如下：

尔如无我观，虚悟成真实；欲证无生忍，应远离贪嗔。人法知无我，自在度六尘。

化无应化分第二十五

须菩提，于意云何？汝等不说如来为如是念："我且说所度之众生。"须菩提，不□是念。

残经为《梁朝傅大士颂金刚经》"福智无比分第二十四"的偈颂文和"化无所化分第二十五"的相应内容：

> 不如无我观，了妄乃名真；欲证无生忍，要假离贪瞋。人法知无我，逍遥出六尘。
>
> 化无所化分第二十五
>
> 须菩提，于意云何？汝等勿谓如来作是念："我当度众生。"须菩提，莫作是念。[1]

科文标题存"一止颠悟"。

2.Or.12380-0490（K.K.Ⅱ.0229.aa）残存3页，刻本，上半部分以图表形式出现，下半部分为佛经，但不全，刊布者将其定名为"佛经"。现将西夏文录文并对译如下：

（右面）

[illegible][illegible][illegible]□[illegible]

一佛初□说

[illegible][illegible][illegible][illegible]　　　　[illegible][illegible][illegible]……

二自取显　　　　世尊我……

[illegible][illegible][illegible]……

世尊我……

① 《梁朝傅大士颂金刚经》,《大正藏》第85册，第2732号，第7页下栏2~8。

[illegible]	[illegible]……
三重佛意解二	得我说……
	[illegible]……
	那行喜者也不说……

（中间）

	[illegible]……
	须菩提……
[illegible]	[illegible]……
四不生果	念为……
	[illegible]……
	菩提……
	[illegible]……
	含者不……
	[illegible]……
	阿那含名……
[illegible]	[illegible]
一得应名以问	愚舍初圣入　烦恼后又成
	[illegible]
	人我执所断　初为深至时

（左面）

	[illegible]
	尘及身见察　今彼非也威
[illegible]	[illegible]
二取无以答说	人天七生后　寂趣依无知
	[illegible]……

须菩提意于何云……

[illegible]……

念为我阿罗汉……

[illegible]……

须菩提……

[illegible]……

罗汉……

[illegible]……

罗汉……

[illegible]

三身于指（示）以信令三

在对译基础上翻译如下：

世尊，我……世尊，我……我说得……不说……那行喜者也……须菩提……为念……菩提……不……含者……阿那含名……

舍愚初入圣，后又成烦恼；所断人我执，初为至深时。尘及身察见，今彼非威也；人七生天后， 依趣寂无知。

须菩提，于意云何……为念：我阿罗汉……须菩提……罗汉……罗汉……

可以确定残经部分为《梁朝傅大士颂金刚经》，虽然过于残缺，但是俄藏黑水城存西夏文《金刚般若波罗蜜经》赞颂科文（馆藏第 7580 号，西夏特藏第 386 号）[①]，且二者版式基本一致，可以借助《俄藏黑水城文献》判断英藏黑水城西夏文残经顺序应为 Or.12380-0490（K.K.Ⅱ.0229.aa）中间 + Or.12380-0490（K.K.Ⅱ.0229.aa）左面 + Or.12380-0490（K.K. Ⅱ.0229. aa）右面，其应为“一切无相分第九”的经文、颂文，相应内容如下：

……“须菩提，于意云何？阿那含能作是念‘我得阿那含果’不？”须菩提言：“不也，世尊。何以故？阿那含名为不来，而实无来，是故名阿那含。”

---

① 〔日〕荒川慎太郎：《西夏文〈金刚经〉的研究》，博士学位论文，京都大学，2002，经文附录第 92~93 页。

弥勒颂曰：

舍凡初至圣，烦恼渐轻微；断除人我执，创始至无为。

缘尘及身见，今者乃知非；七返人天后，趣寂不知归。

“须菩提，于意云何？阿罗汉能作是念‘我得阿罗汉道’不？”须菩提言：“不也，世尊。何以故？实无有法名阿罗汉。世尊，若阿罗汉作是念‘我得阿罗汉道’，即为著我、人、众生、寿者。世尊，佛说我得无诤三昧，人中最为第一，是第一离欲阿罗汉。我不作是念‘我得阿罗汉道’，世尊则不说须菩提是乐阿兰那行者。”①

科文标题存“一佛说初□”“二自显取”“三重解佛意二”“四不生果”“一以应得名问”“二以无取答说”“三于身以示令信三”等。

3.Or.12380-2293（K.K.II.0231.p）存图表形式，1残页，刻本，刊布者定名为“佛经科文”，原残经上有编号2293。现将西夏文录文并对译如下：

[illegible]

佛阿耨多罗三藐三菩提法者

[illegible]

皆是经典依出

[illegible] [illegible]

二重解 须菩提佛法说者佛法非也

[illegible] [illegible]□

三千界宝满 彼及福田□

在对译基础上翻译如下：

佛阿耨多罗三藐三菩提法者，皆是经典出。须菩提，说佛法者非佛法也。

宝满三千界，彼及□福田。

① 《梁朝傅大士颂金刚经》，《大正藏》第85册，第2732号，第3页中栏25~下栏7。

Or.12380-2293（K.K.Ⅱ.0231.p）为《梁朝傅大士颂金刚经》的科文，对照俄藏黑水城《金刚般若波罗蜜经》赞颂科文（馆藏第 7580 号，西夏特藏第 386 号）[①]，可以确定它是第 29 折页的内容，即“依法出生分第八”的相应内容，与俄藏《金刚般若波罗蜜经》颂文（馆藏第 7580 号，西夏特藏第 386 号）版式完全一致，是对下列内容的解释：

> 一切诸佛及诸佛阿耨多罗三藐三菩提法，皆从此经出。须菩提，所谓佛法者，即非佛法。
>
> 弥勒颂曰：
>
> 宝满三千界，赍持作福田。[②]

科文标题仅存“二重解”。

4.Or.12380-2295（K.K.Ⅱ.0252.c）残存图表形式，1 残页，刻本，上栏线双栏，下栏线单栏，刊布者定名为“佛经科文”。现将西夏文录文并对译如下：

[illegible]
我无人无众生无命者无以善法一切
[illegible]
修方故阿耨多罗三藐三
[illegible]
菩提得须菩提善法说者
[illegible]
如来善法非故善法名成说
[illegible]
陆水真际同　鸟飞体一真

① 〔日〕荒川慎太郎：《西夏文〈金刚经〉的研究》，博士学位论文，京都大学，2002，经文附录第 79 页。

② 《梁朝傅大士颂金刚经》，《大正藏》第 85 册，第 2732 号，第 3 页上栏 5~ 中栏 11。

[illegible]　　　　[illegible]　[illegible]

二十说应记无缘非疑止　　　　法中此彼无　理于亲远无

在对译基础上翻译如下：

以无我、无人、无众生、无命者，方修一切善法，故得阿耨多罗三藐三菩提。须菩提，说善法者，如来说非善法，故名成善法。

水陆同真际，鸟飞体一真（如）；法中无此彼，于理无亲远。

Or.12380-2295（K.K.Ⅱ.0252.c）残经为梁朝傅大士颂《金刚般若波罗蜜经》的科文，对照俄藏黑水城《金刚般若波罗蜜经》赞颂科文（馆藏第7580号，西夏特藏第386号）[①]，可以确定它是第93折页的内容，即“净心行善分第二十三”的相应内容。Or.12380-2295（K.K.Ⅱ.0252.c）与俄藏《金刚般若波罗蜜经》颂文（馆藏第7580号，西夏特藏第386号）版式不一致，应是不同版本，而内容是一样的，相应内容如下：

> ……以无我、无人、无众生、无寿者，修一切善法，则得阿耨多罗三藐三菩提。须菩提，所言善法者，如来说即非善法，是名善法。
>
> 弥勒颂曰：
>
> 水陆同真际，飞行体一如；法中无彼此，理上岂亲疏。[②]

科文标题存“二十应说记无缘止非疑”。

5.Or.12380-2296RV（K.K.）存图表形式，左右共2残页，刻本，刊布者定名为“佛经科文”，左残页上有编号2296。现将西夏文录文并对译如下：

（右面）

---

① 〔日〕荒川慎太郎：《西夏文〈金刚经〉的研究》，博士学位论文，京都大学，2002，经文附录第79页。

② 《梁朝傅大士颂金刚经》，《大正藏》第85册，第2732号，第7页中栏14~19。

[illegible]　　[illegible]

二人利得显　　及皆受持诵读能者说处岂有

[illegible]

须菩提所定彼人最上一第希

[illegible]

有法成就

[illegible]

若是经典何处各佛有及尊上

[illegible]

弟子有与所礼

[illegible]　　[illegible]　[illegible]

三彼处佛有显　　恒沙量譬为　分六种多成（为）

[illegible]　[illegible]

经中四句持　七宝如超度

[illegible]　[illegible]

法门戏行各　修罗供养为

[illegible]　　[illegible]　[illegible]

二理依名胜显　　经中最胜说　尊上佛已如

[illegible]

法依受持分十三第

[illegible]

尔时须菩提佛对言说世尊是经

[illegible]

典何名我等云何受持应佛须菩

[illegible]

提对说是经典者金刚般若波罗

[illegible]

蜜名成是名字依汝受持应是者

在对译基础上翻译如下：

及皆受持诵读能者，岂有说处。须菩提，彼人所定成就最上一第希有法。在处各有佛，及有尊高弟子，与所礼。

恒沙为譬量，分为六种多；持经中四句，七宝如超度。

法门各戏行，供养为修罗；经中说最胜，尊上已如佛。

依法受持分第十三

尔时，须菩提对佛言说："世尊，何名是经典？我等应云何受持？"佛对须菩提说："是经典者，名成《金刚般若波罗蜜》，依是名字，汝应是受持者……"

Or.12380-2296RV（K.K.）为《梁傅大士颂金刚经》的科文，对照俄藏黑水城《金刚般若波罗蜜经》赞颂科文（馆藏第 7580 号，西夏特藏第 386 号）[①]，可以确定它是第 43~44 折页的内容，即"尊重正教分第十二"和"如法受持分第十三"的相应内容，与俄藏《金刚般若波罗蜜经》颂文（馆藏第 7580 号，西夏特藏第 386 号）版式完全一致，是对下列内容的解释：

> "……何况有人，尽能受持读诵。须菩提，当知是人成就最上第一希有之法。若是经典所在之处，则为有佛，若尊重弟子。"
>
> 弥勒颂曰：
>
> 恒沙为比量，分为六种多；持经取四句，七宝讵能过。
>
> 法门游历处，供养感修罗；经中称最胜，尊高似佛陀。
>
> 如法受持分第十三
>
> 尔时，须菩提白佛言："世尊，当何名此经？我等云何奉持？"佛告须菩提："是经名为《金刚般若波罗蜜》。以是名字，汝当奉持。所以者何？"[②]

---

① 〔日〕荒川慎太郎：《西夏文〈金刚经〉的研究》，博士学位论文，京都大学，2002，经文附录第 79 页。

② 《梁朝傅大士颂金刚经》，《大正藏》第 85 册，第 2732 号，第 4 页上栏 21~中栏 3。

科文标题仅存“二人得利显”“三彼处有佛显”“二依理名胜显”。

6.Or.12380-2752RV（K.K.Ⅲ.023.e）残存 2 页，刻本，原文献上有编号 2752，刊布者定名为“佛经科文”。但从版式判断，应为《金刚般若波罗蜜经》赞颂科文，而科文标题残缺。幸好俄藏黑水城遗存西夏文《金刚般若波罗蜜经》赞颂科文（馆藏第 7580 号，西夏特藏第 386 号）[①]，且版式与英藏基本一致，可以借助《俄藏黑水城文献》补足英藏黑水城西夏文残经。现将西夏文录文并对译如下：

（右面）

[illegible] [②]

以如来见可无所

[illegible] [③]

三十二相知相非故三十二相名

[illegible]

成说

[illegible]	[illegible] [④]
一命施无及	须菩提若善男子善女人恒河
[illegible]	[illegible]
二经持胜显	沙数（等）如身命布施
	[illegible] [illegible]
	沙数如命施 人天业殊深
	[illegible] [illegible]
	菩提相所障 涅槃心障能

① 〔日〕荒川慎太郎:《西夏文〈金刚经〉的研究》，博士学位论文，京都大学，2002，经文附录第 92~93 页。

② 〔日〕荒川慎太郎:《西夏文〈金刚经〉的研究》，博士学位论文，京都大学，2002，经文附录第 66 页。

③ 〔日〕荒川慎太郎:《西夏文〈金刚经〉的研究》，博士学位论文，京都大学，2002，经文附录第 66 页。

④ 〔日〕荒川慎太郎:《西夏文〈金刚经〉的研究》，博士学位论文，京都大学，2002，经文附录第 66 页。

在对译基础上翻译如下：

无可以……所见如来……说知……相非三十二相，故名成三十二相。须菩提，若善男子、善女人，如恒河沙等身命布施。

施命如沙数，人天业殊深；所障菩提相，能障涅槃心。

（左面）

[illegible]

成说

[illegible]

尘集世界为　界分尘土为

[illegible]

界人天果如　尘漏有缘等

[illegible]

缘尘缘无真　界果果实非

[illegible] ①

缘果幻如知　自主（在）人真为

[illegible]

二中财（物）疑虚经殊胜显

[illegible] ②

须菩提于意云何三十二相以

[illegible] ③

如来所见不也世尊三十二相

在对译基础上翻译如下：

---

① 〔日〕荒川慎太郎：《西夏文〈金刚经〉的研究》，博士学位论文，京都大学，2002，经文附录第65页。

② 〔日〕荒川慎太郎：《西夏文〈金刚经〉的研究》，博士学位论文，京都大学，2002，经文附录第65页。

③ 〔日〕荒川慎太郎：《西夏文〈金刚经〉的研究》，博士学位论文，京都大学，2002，经文附录第65页。

……说……成……

积尘为世界，分界为尘土（微尘）；界如人天果，尘等有漏缘（因）。

尘缘缘（因因）无实，界果果非真；缘果（因果）知如幻，真为自在人。

须菩提，于意云何？以三十二相所见如来？不也，世尊，三十二相……

Or.12380-2752RV（K.K.Ⅲ.023.e）为《梁朝傅大士颂金刚经》的科文，对照俄藏黑水城《金刚般若波罗蜜经》赞颂科文（馆藏第 7580 号，西夏特藏第 386 号）[①]，可以确定它是“如法受持分第十三”的相应内容，但残页内容应该左面在前，右面在后，二者可以缀合，调整后相应内容如下：

> ……如来说世界非世界，是名世界。
>
> 弥勒颂曰：
>
> 积尘成世界，析界作微尘；界喻人天果，尘为有漏因。
>
> 尘因因不实，界果果非真；果因知是幻，逍遥自在人。
>
> “须菩提，于意云何？可以三十二相见如来不？”“不也，世尊。不可以三十二相得见如来。何以故？如来说三十二相，即是非相，是名三十二相。”“须菩提，若有善男子、善女人，以恒河沙等身命布施。”弥勒颂曰：
>
> 施命如沙数，人天业转深；既掩菩提相，能障涅槃心。[②]

科文标题仅存“一施命无及”“二持经显胜”“二中疑物经虚显殊胜”。

7.Or.12380-2766（K.K.Ⅱ.0275.bb）残存图表形式，存 1 页，上半部分残存，栏线双栏，下半部分残缺，刊布者定名为“十二宫吉祥颂”，残经上有编号 2766。现将西夏文录文并对译如下：

---

① 〔日〕荒川慎太郎：《西夏文〈金刚经〉的研究》，博士学位论文，京都大学，2002，经文附录第 79 页。

② 《梁朝傅大士颂金刚经》，《大正藏》第 85 册，第 2732 号，第 4 页中栏 23~28。

	[illegible]
	功者具说我故若人闻时心意
	[illegible]
	迷乱疑鬼不信
[illegible]	[illegible]
十深渊皆意	须菩提是经典义不可思议果
	[illegible]
	报亦不可思议知应
	[illegible] ① [illegible] [illegible] ② [illegible]
	前世报业有　是刻经持时
[illegible]	[illegible]
十一修住降服我是疑拒	暂时彼诽谤　重变化轻为
	[illegible]　[illegible]□□
	彼依起解故　至虚识□□

在对译基础上翻译如下：

……功德者，我具说，故若人闻时，心意迷乱，疑鬼不信。须菩提，是经典义不可思议，应知果报亦不可思议。

前世有报业，是刻持经时；暂时诽谤彼，变重化为轻。

依彼解起故，至虚识□□。

Or.12380-2766（K.K.II.0275.bb）为《梁朝傅大士颂金刚经》的科文，对照俄藏黑水城《金刚般若波罗蜜经》赞颂科文（馆藏第7580号，西夏特藏第386号）[3]，可以确定它是"能净业障分第十六"的相应内容，而非"十二宫吉祥颂"的内容：

① 西夏文"[illegible]"译为"前世"，汉文本为"先身"。

② 西夏文"[illegible]"译为"是时""此刻"，汉文本为"今天""今日"。

③ 〔日〕荒川慎太郎：《西夏文〈金刚经〉的研究》，博士学位论文，京都大学，2002，经文附录第79页。

……所得功德，我若具说者，或有人闻，心则狂乱，狐疑不信。须菩提，当知是经义不可思议，果报亦不可思议。

弥勒颂曰：

先身有报障，今日受持经；暂被人轻贱，转重复还轻。

若了依他起，能除遍计情。①

科文标题存“十深渊皆意”“十一修住降服我是拒疑”。

8.Or.12380-2766V（K.K.Ⅱ.0275.bb）存图表形式，存1页，存上半部分，栏线双栏，下半部分无存，刊布者定名为“究竟无我分第十”。现将西夏文录文并对译如下：

[illegible] [illegible]□

常般若观故　圆成证可□

[illegible]　[illegible]

一问　究竟我无分十七第

[illegible]

尔时须菩提佛对言说世尊善

[illegible]

男子善女人阿耨多罗三藐三

[illegible]

菩提心起时何云安住何云腹

[illegible]　[illegible]

二答　心降服应

[illegible]

佛须菩提对说善男子善女人

在对译基础上翻译如下：

① 《梁朝傅大士颂金刚经》,《大正藏》第85册，第2732号，第6页上栏8~21。

常观般若故，□可证圆成。

究竟无我分第十七

尔时，须菩提对佛言说："世尊，善男子、善女人，发阿耨多罗三藐三菩提心时，何云安住？何云应降服腹心？"佛对须菩提说："善男子，善女人……"

Or.12380-2766V（K.K.Ⅱ.0275.bb）为《梁朝傅大士颂金刚经》的科文，对照俄藏黑水城《金刚般若波罗蜜经》赞颂科文（馆藏第 7580 号，西夏特藏第 386 号）[①]，可以确定它是"能净业障分第十六"和"究竟无我分第十七"的相应内容：

> 常依般若观，何虑不圆成。
>
> 究竟无我分第十七
>
> 尔时，须菩提白佛言："世尊，若善男子、善女人，发阿耨多罗三藐三菩提心，云何应住？云何降伏其心？"佛告须菩提："善男子、善女人……"[②]

Or.12380-2766（K.K.Ⅱ.0275.bb）和 Or.12380-2766V（K.K.Ⅱ.0275.bb）残经内容可以缀合，前后衔接。

科文标题仅存"一问""二答"。

9.Or.12380-2883（K.K.Ⅱ.0252.b）存 1 页，以图表形式出现，刊布者定名为"福智无比分第二十四"。现将西夏文录文并对译如下：

[illegible]　　[illegible][③] [illegible]

自彼（他）分离起　下上执心除

[illegible]　[illegible]

---

① 〔日〕荒川慎太郎：《西夏文〈金刚经〉的研究》，博士学位论文，京都大学，2002，经文附录第 79 页。

② 《梁朝傅大士颂金刚经》，《大正藏》第 85 册，第 2732 号，第 6 页上栏 21~27。

③ 西夏文"[illegible]"译为"上下"，汉文本为"高低"。

是正等性悟　悉皆余无入

[illegible]

福智比无分二十四第

[illegible]

须菩提若三千大千世界

[illegible]

中诸须弥山王一切如是

[illegible]

如等诸七宝积放人有彼

[illegible]

一珍宝布施福弱说

在对译基础上翻译如下：

自他分离除，下上执心除；悟是正（平）等性，悉皆入无余。

福智无比分第二十四

须菩提，若三千大千世界中，诸一切须弥山王，如是如等诸七宝积（聚）放，有人彼……

Or.12380-2883（K.K.Ⅱ.0252.b）是《金刚般若波罗蜜经》赞颂科文，为《梁朝傅大士颂金刚经》“净心行善分第二十三”和“福智无比分第二十四”的相应内容：

> 自他分别遣，高下执情除；了斯平等性，咸共入无余。
>
> 福智无比分第二十四
>
> 须菩提，若三千大千世界中所有诸须弥山王，如是等七宝聚有人持用布施。[①]

科文标题仅存“一布施珍宝福弱说”。

10.Or.12380-2884（K.K.Ⅱ.0290.r）残存1页，以图表形式出现，仅残存上面内容，经文部分仅剩几个字，刊布者定名为“佛经科文”。

---

① 《梁朝傅大士颂金刚经》,《大正藏》第85册，第2732号，第7页中栏19~25。

现将西夏文录文并对译如下：

[illegible]

二摄受因缘智慧显门

[illegible]　　[illegible]

二疑言若以信显　　身有

[illegible]

正

Or.12380-2884（K.K.Ⅱ.0290.r）是《金刚般若波罗蜜经》赞颂科文，对照俄藏黑水城《金刚般若波罗蜜经》赞颂科文（馆藏第 7580 号，西夏特藏第 386 号）[①]，其为《梁朝傅大士颂金刚经》“如理实见分第五”颂文和“正信希有分第六”的分题，但内容并不衔接，相应内容如下：

有身非觉体，无相乃真形。

正信希有分第六[②]

科文标题仅存“二摄受因缘智慧显门”“二以疑言若信显”。

11.Or.12380-2885（K.K.）残存 1 页 4 行，刻本，以图表形式出现，由两个部分组成，但右边残片排版时放倒了，仅残存上面内容，经文部分仅剩几个字，刊布者定名为“佛经科文”。现将西夏文录文并对译如下：

（左面）

[illegible]　　[illegible]……

三体经为有异　　须……

① 〔日〕荒川慎太郎：《西夏文〈金刚经〉的研究》，博士学位论文，京都大学，2002，经文附录第 54 页。

② 《梁朝傅大士颂金刚经》，《大正藏》第 85 册，第 2732 号，第 2 页中栏 22。

（右面）

[illegible] [illegible]……

一以无信疑名 虚也……

[illegible]

也

[illegible]……

如……

Or.12380-2885（K.K.）是《金刚般若波罗蜜经》赞颂科文，对照俄藏黑水城《金刚般若波罗蜜经》赞颂科文（馆藏第 7580 号，西夏特藏第 386 号）[①],其内容为《梁朝傅大士颂金刚经》“如理实见分第五”的相应内容：

……虚妄，若见诸相非相则见如来……

如来举身相，为顺世间情。[②]

科文标题仅存“三有体经为异”“一以无信疑名”。

12.Or.12380-2906a（K.K.）存 1 页，以图表形式出现，仅残存上面内容，经文部分仅剩几个字，残经上有 2906 号，刊布者定名为“佛经科文”。现将西夏文录文并对译如下：

[illegible]□□[illegible]□[illegible] [illegible][③]……

一善亲□□信缘□集 是……

① 〔日〕荒川慎太郎:《西夏文〈金刚经〉的研究》，博士学位论文，京都大学，2002，经文附录第 54 页。

② 《梁朝傅大士颂金刚经》,《大正藏》第 85 册，第 2732 号，第 2 页中栏 22。

③ 〔日〕荒川慎太郎:《西夏文〈金刚经〉的研究》，博士学位论文，京都大学，2002，经文附录第 51 页。

[illegible]　　[illegible]……

二善亲摄受信正成就　　缘深……

Or.12380-2906a（K.K.）残经是《金刚般若波罗蜜经》赞颂科文，对照俄藏黑水城《金刚般若波罗蜜经》赞颂科文（馆藏第 7580 号，西夏特藏第 386 号）[①]，其内容为《梁朝傅大士颂金刚经》“正信希有分第六”的相应内容：

……于此章句能生信心以此为实。

因深果亦深，理密奥难寻。[②]

科文标题仅存“一善亲□□信缘□集”“二善亲摄受成就正信”等。

13.Or.12380-2906bRV（K.K.）残存 1 页，以图表形式出现，仅残存上面内容，经文部分仅剩几个字，残经上有编号 2906，刊布者定名为“佛经科文”。现将西夏文录文并对译如下：

[illegible]　（[illegible]）

二因果俱深　（难信止疑）

Or.12380-2906bRV（K.K.）是《金刚般若波罗蜜经》赞颂科文，对照俄藏黑水城《金刚般若波罗蜜经》赞颂科文（馆藏第 7580 号，西夏特藏第 386 号）[③]，其应为《梁朝傅大士颂金刚经》“如理实见分第五”的相应内容，经文残缺，在此不录。科文标题仅存“二因果俱深难信止疑”。

---

① 〔日〕荒川慎太郎：《西夏文〈金刚经〉的研究》，博士学位论文，京都大学，2002，经文附录第 54 页。

② 《梁朝傅大士颂金刚经》，《大正藏》第 85 册，第 2732 号，第 2 页中栏 28~下栏 3。

③ 〔日〕荒川慎太郎：《西夏文〈金刚经〉的研究》，博士学位论文，京都大学，2002，经文附录第 54 页。

14.Or.12380-3481（K.K.Ⅱ.0230.b）存 1 页，刻本，原文献上有编号 3481，刊布者定名为《金刚般若波罗蜜经》，有残缺，但是从版式上判断其不应为《金刚般若波罗蜜经》。现将西夏文录文并对译如下：

[illegible]
二著观依我法坏

[illegible] □□ [illegible] [1] □
须菩提□□相者说无也□
[illegible]
民愚人彼事贪著
[illegible]
界尘一异无　果报亦所持
[illegible]
缘（因）无果亦非　谁先谁后为
[illegible]
事中一合也　义依俱二无
[illegible]
生无道悟欲　根本行悟应
[illegible]
知见不生分三十一第

在对译基础上翻译如下：

须菩提，□□相者，无说也□，彼愚民人贪著事。

界尘无一异，果报亦所持；无因亦非果，谁先为谁后。

事中一合也，依义俱无二；欲悟无生道，应悟根本行。

知见不生分第三十一

Or.12380-3481（K.K.Ⅱ.0230.b）为《金刚般若波罗蜜经》赞颂科文，对照俄藏黑水城《金刚般若波罗蜜经》赞颂科文（馆藏第 7580 号，

---

① 根据俄藏黑水城《金刚般若波罗蜜经》赞颂科文（馆藏第 7580 号，西夏特藏第 386 号）补充。

西夏特藏第 386 号）[①]，可以确定英藏残页和俄藏黑水城西夏文版式基本一致，残缺内容可以参照俄藏西夏文补足。内容可以确定为“一合理相分第三十”的结尾和“知见不生分第三十一”的分题，相应内容为：

> 须菩提，一合相者，则是不可说，但凡夫之人贪著其事。
> 弥勒颂曰：
> 界尘何一异，报应亦同然；非因亦非果，谁后复谁先。
> 事中通一合，理则两俱捐；欲达无生路，应当识本源。
> 知见不生分第三十一[②]

科文标题仅存“二依观著我法坏”。

15.Or.12380-3485（K.K.Ⅱ.0243.n）残存 1 页，刻本，原文献上有编号 3485，刊布者定名为《金刚般若波罗蜜经》，有残缺，但是从版式判断，其不应为《金刚般若波罗蜜经》。现将西夏文录文并对译如下：

[illegible]	[illegible]□□□□□□□□□□
二言导证	应□□□□□□□□□□
	[illegible][③][illegible]　[illegible]
	缘有匠名说　相无亦名有
	[illegible]　[illegible]
	有无异体无　有无相不有
[illegible]（[illegible]）	[illegible]　[illegible]
三证同故（何云证言疑止）	有无自性无　妄有无心生
	[illegible][④][illegible]　[illegible]

① 〔日〕荒川慎太郎：《西夏文〈金刚经〉的研究》，博士学位论文，京都大学，2002，经文附录第 94 页。

② 《梁朝傅大士颂金刚经》，《大正藏》第 85 册，第 2732 号，第 8 页上栏 16~25。

③ 西夏文“[illegible]”译为“匠名”，汉文本为“假名”，原文献此处“[illegible]”字有错，应是“[illegible]”字，为“借”“贷”“租”等意义。

④ 西夏文“[illegible]”译为“山回”“山谷回音”，汉文本为“谷响”。

有无山回如　有无生敬著

[illegible]

是义缘故如来常汝等比

[illegible]

丘之我所言法舟船如知应

[illegible][1] [illegible]

说法亦舍应又无法者说

在对译基础上翻译如下：

应□□□□□□□□□□。

有因说匠名，无相亦有名；有无无异体，有无不有相。

有无无自性，妄有无生心；有无如山回，有无生敬著。

是义缘故，如来常说："汝等之比丘，知我所言法，应如舟船，说法亦应舍，又无说法者。"

Or.12380-3485（K.K.Ⅱ.0243.n）是《金刚般若波罗蜜经》赞颂科文，对照俄藏黑水城《金刚般若波罗蜜经》赞颂科文（馆藏第7580号，西夏特藏第386号）[2]，可以确定英藏残页和俄藏黑水城西夏文版式基本一致，残缺内容可以参照俄藏西夏文补足。内容可以确定为"正信希有分第六"的相应内容：

弥勒颂曰：

有因名假号，无相乃驰名；有无无别体，无有有无形。

有无无自性，妄起有无情；有无如谷响，勿著有无声。

不应取非法。以是义故，如来常说：汝等比丘，知我说法，如

---

① 根据俄藏黑水城《金刚般若波罗蜜经》赞颂科文（馆藏第7580号，西夏特藏第386号）补充。

② 〔日〕荒川慎太郎：《西夏文〈金刚经〉的研究》，博士学位论文，京都大学，2002，经文附录第54页。

筏喻者，法尚应舍，何况非法。[①]

科文标题仅存“二证导言”“三证同故（何云证言止疑）”。

16.Or.12380-3486（K.K.Ⅱ.0231.Ⅰ）残存 1 页，原文献上有编号 3486，刊布者定名为《金刚般若波罗蜜经》，有残缺，上半部分残缺，上面栏线 3 行，下面栏线单栏，参照俄藏黑水城遗存的《金刚般若波罗蜜经》赞颂科文（馆藏第 7580 号，西夏特藏第 386 号），将西夏文录文并对译如下：

[illegible]	[illegible]
二法受无	命者相无
	[illegible]
	法相无不法相亦无
[illegible]	[illegible]
二细受未断随显	何云也彼诸众生若心相取故
	[illegible]
	我人众生命者于著也若法相
[illegible]	[illegible]
一圆说	取故我人众生命者于著也
[illegible]	[illegible]
二异说	何云也若无法相取故我人众
	[illegible]
	生命者于著也
	[illegible]　[illegible]
	人空法亦空　二相本于同
[illegible]	[illegible]　[illegible]
四间（中）道妙门开	至（遍）虚妄分离　彼（他）依害（碍）无显

① 《梁朝傅大士颂金刚经》，《大正藏》第 85 册，第 2732 号，第 2 页下栏 28~3 页上栏 4。

[illegible]

圆道慧海沉　生轮草驰如

[illegible]

一间（中）趣如意　生无性慧欲　心又恭（敬）寻找

[illegible]

是缘法不取不法亦不取应

[illegible]

二言万亦证　缘有借名言　相无亦名有

[illegible]

有无异体无　有无相不有

在对译基础上翻译如下：

……无命者相，无法相亦无不法相。何云也？彼诸众生，若心取相，故著于我、人、众生、命者也。若取法相，故著于我、人、众生、命者也。何云也？若取无法相，故著于我、人、众生、命者也。

人空法亦空，二相本于同；遍妄虚分离，依他碍无显。

圆道沉慧海，生轮如草驰；欲生无性慧，寻找心及敬。

是缘（故）不取法，亦不应取不法。

有缘言借名，无相亦有名；无有无异体，无有不有相。

Or.12380-3486（K.K.II.0231.I）是《梁朝傅大士颂金刚经》“正信希有分第六”的科文，对照俄藏黑水城《金刚般若波罗蜜经》赞颂科文（馆藏第 7580 号，西夏特藏第 386 号）[①]，可以确定英藏残经和俄藏黑水城西夏文版式基本一致，Or.12380-3486（K.K.II.0231.I）残经偈诵应十字一句，前面半句即前 5 个字基本残缺，皆参照俄藏西夏文补足。通过与俄藏黑水城《金刚般若波罗蜜经》赞颂科文比较，可以发现 Or.12380-3486（K.K.II.0231.I）残经科文名称与经文对不上，刊布者应是把另一残经的经文放在此科文的下面，上文笔者参照俄藏内容进行

① 〔日〕荒川慎太郎:《西夏文〈金刚经〉的研究》，博士学位论文，京都大学，2002，经文附录第 54 页。

补录，以方便读者阅读和理解。通过比对Or.12380-3486（K.K.II.0231.I）和Or.12380-3485（K.K.II.0243.n）残经，发现二者可以缀合，Or.12380-3485（K.K.II.0243.n）在Or.12380-3486（K.K.II.0231.I）的后面。Or.12380-3486（K.K.II.0231.I）残经内容可以确定为“正信希有分第六”的相应内容：

> 无复我相、人相、众生相、受者相，无法相亦无非法相。何以故？是诸众生，若心取相，则为著我、人、众生、寿者；若取法相，即著我、人、众生、寿者。何以故？若取非法相，即著我、人、众生、寿者。是故不应取法，不应取非法。
>
> 弥勒颂曰：
>
> 人空法亦空，二相本来同；遍计虚分别，依他碍不通。
>
> 圆成说识海，流转若飘蓬；欲识无生忍，心外断行踪。
>
> 是故不应取法，不应取非法。
>
> 弥勒颂曰：
>
> 有因名假号，无相乃驰名；有无无别体，无有有无形。①

科文标题存“二无受法”“二未断受细随显”“一圆说”“二异说”“四中道开妙门”“一中趣如意”“二亦证万言”等。

英藏西夏文残经中《梁朝傅大士颂金刚经》有“如理实见分第五”“正信希有分第六”“依法出生分第八”“一切无相分第九”“尊重正教分第十二”“如法受持分第十三”“离相寂灭分第十四”“能净业障分第十六”“净心行善分第二十三”“福智无比分第二十四”“一合理相分第三十”等弥勒颂，因为西夏文残缺严重，英藏西夏文《梁傅大士颂金刚经》和科文尚待进一步释读和研究。

① 《梁朝傅大士颂金刚经》，《大正藏》第85册，第2732号，第2页下栏17~27。

（三）《金刚般若波罗蜜经注解》

Or.12380-0714（K.K.）残存1页3行，上栏线无存，下栏线单栏，刻本，字数无法确定，刊布者定名为“佛经”。现将西夏文录文并对译如下：

……[illegible]	……乃至一念净信
……[illegible]	……来皆知皆见
……[illegible]□□□□[illegible]	……如□□□□得

Or.12380-0714（K.K.）为鸠摩罗什译《金刚般若波罗蜜经注解》，“二断因果俱深无信疑”“此疑从前无住行施非相见佛”两段经文的相应内容：

> ……乃至一念净信，佛智佛眼无不知见，所以得福无量。[①]

总之，《英藏黑水城文献》中，西夏文《金刚般若波罗蜜经》主要为三十二分本，《金刚般若波罗蜜经》增加了“陀罗尼”，此外，还有《金刚般若波罗蜜经》科文、《梁朝傅大士颂金刚经》、《梁朝傅大士颂金刚经》科文、《金刚般若波罗蜜经注解》等。《金刚般若波罗蜜经》及其相关内容的存在，说明西夏文《金刚般若波罗蜜经》非常流行。

---

① （后秦）鸠摩罗什译《金刚般若波罗蜜经注解》，《大正藏》第33册，第1703号，第230页上栏9~10。

三 《佛说佛母出生三法藏般若波罗蜜多经》

宋太祖赵匡胤有感于后周灭佛对国家社稷不利，下令禁止灭佛，积极复兴佛教，复建和新建寺院、佛塔，宣讲佛法，开展佛事活动，推动中外佛教文化交流。宋初西去求法、东来弘教的僧众日渐增多，其中以法天、法贤和施护等人最为著名，他们携带大量梵文经典等东来，在宋朝从事译经弘法活动，为宋朝译经事业做出了很大贡献。

《佛说佛母出生三法藏般若波罗蜜多经》由宋施护于太平兴国七年（982）翻译完成，共25卷，属于“般若部”经典之一。“般若部”经典是《大藏经》中部头最大的经典，约占经藏的1/3。先有支娄迦谶译《道行般若经》、支谦译《大明度无极经》、鸠摩罗什译《小品般若波罗蜜经》，之后出现鸠摩罗什译《摩诃般若波罗蜜经》(《大品般若经》)、《金刚般若波罗蜜经》等。而支娄迦谶译《道行般若经》、支谦译《大明度无极经》、竺佛念译《摩诃般若波罗蜜多钞经》、鸠摩罗什译《摩诃般若波罗蜜经》、施护译《佛说佛母出生三法藏般若波罗蜜多经》与《大般若波罗蜜多经》第四会为同本异译本，相当于现存梵文八千颂般若。

随着西夏向宋请赐藏经，《佛说佛母出生三法藏般若波罗蜜多经》传入西夏并被翻译成西夏文。译成西夏文的时间应在仁孝大庆二年（1141）以前。俄藏黑水城西夏文《佛说佛母出生三法藏般若波罗蜜多经》存在帙号，而英藏西夏文过于残缺，未见帙号保存。

《英藏黑水城文献》中遗存西夏文《佛说佛母出生三法藏般若波罗蜜多经》数量较多，刊布者漏定和错定的情况也较多。下面对《英藏黑水城文献》中所存《佛说佛母出生三法藏般若波罗蜜多经》进行整理译

释，在释读过程中对漏定或错定的内容进行纠正。

1.Or.12380-0003（K.K.Ⅱ.0283.c）残存 1 页 6 行，字数不能确定，上栏线双栏，下栏线无存，刻本，刊布者定名为“佛经论释”。现将西夏文录文并对译如下：

[illegible]①[illegible]……	不起（生）过去法已生已……
[illegible]②[illegible]……	灭无现在法如（现）生如（现）……
[illegible]……	已如相一切离……
[illegible]……	不往彼诸法相……
[illegible]③……	依随喜彼随喜……
□□[illegible]……	□□法一切中……

在对译基础上翻译如下：

不生……无过去法已生已灭，无现在法现生现……已如……离一切相……不往，彼诸法相……依随喜，彼随喜……□□一切法中……

Or.12380-0003（K.K.Ⅱ.0283.c）为西天译经三藏朝奉大夫试光禄卿传法大师赐紫臣施护译《佛说佛母出生三法藏般若波罗蜜多经》卷七“随喜回向品第六之二”的相应内容：

> 无过去法已生已灭，无未来法未生未灭，无现在法即生即灭，当观诸法犹如虚空，离一切相无所动转，不生不灭、不来不去。彼诸法相即诸法性，如其法性如实随喜，如所随喜回向亦然。须菩提，若菩萨于一切法能起此心者……④

2.Or.12380-0059（K.K.Ⅱ.0283.ppp）残存 1 页，上栏线单栏，下

---

① 西夏文“[illegible]”译为“过去法”。

② 西夏文“[illegible]”译为“现在法”。

③ 西夏文“[illegible]”译为“随喜”。见人有善事，随生欢喜之心。或随他修善，喜他得成。

④（宋）施护译《佛说佛母出生三法藏般若波罗蜜多经》卷 7，《大正藏》第 8 册，第 228 号，第 612 页上栏 27~ 中栏 3。

栏线无存，刻本，刊布者将其定名为“佛经”。现将西夏文录文并对译如下：

[illegible]……	大……
[illegible][illegible] [1]……	色青……
[illegible][illegible]……	飞禽……
[illegible]……	自……
[illegible][illegible][illegible][illegible]……	彼诸众生……
[illegible][illegible][illegible][illegible]……	深法门故……

翻译如下：

大……青色……飞禽……自……彼诸众生……深法门故……

Or.12380-0059（K.K.Ⅱ.0283.ppp）为施护译《佛说佛母出生三法藏般若波罗蜜多经》卷二十四“常啼菩萨品第三十之二”的相应内容：

> 是一一华大如车轮，青色青光，黄色黄光，赤色赤光，白色白光。一一池中复有白鹤、凫、雁、鸳鸯等种种异鸟游集其上。是诸园林浴池，城中人民自在游适无所系属，但以众生先业所感。彼诸众生于长夜中，修行般若波罗蜜多，清净信解甚深法门故，获如是最胜果报。[2]

3.Or.12380-0106（K.K.）残存2页，残缺严重，单栏无存，刻本，刊布者定名为“佛经”。现将左面西夏文录文并对译如下：

……[illegible]……	……无……
……[illegible][illegible]……	……闻独……

① 西夏文“[illegible][illegible]”译为“青色”。

② （宋）施护译《佛说佛母出生三法藏般若波罗蜜多经》卷24，《大正藏》第8册，第228号，第669页中栏7~13。

……[illegible]……	……若善男子善女人……
……[illegible]……	……最大最胜……
……[illegible]……	……故是……

在对译基础上翻译如下：

……无……闻、独……若善男子、善女人……最大、最胜……故是……

Or.12380-0106（K.K.）左面为施护译《佛说佛母出生三法藏般若波罗蜜多经》卷二十二之“坚固义品第二十七”的相应内容：

> ……于一切行中最上、最大、最胜、最妙，无上中无上、无等、无等等，非一切声闻、缘觉而能等比。是故，憍尸迦！若善男子、善女人，欲于一切众生中，最上、最大、最胜、最妙，无上中无上、无等、无等等者，当学菩萨摩诃萨行是般若波罗蜜多。[1]

4.Or.12380-0215（K.K.Ⅱ.0284.）残存1页6行，每行16字，右上角残缺严重，上下栏线单栏，刻本经折装，在西夏文中夹杂手写字，刊布者将其定名为《般若波罗蜜多经》。现将西夏文录文并对译如下：

□□□□□□□[illegible][2][illegible][3][illegible]

□□□□□□□民庶茂盛安利乐安及

□□□□□□□[illegible][4][illegible][5][illegible][6]

① （宋）施护译《佛说佛母出生三法藏般若波罗蜜多经》卷22，《大正藏》第8册，第228号，第663页下栏15~20。

② 西夏文“[illegible]”译为“庶民”“百姓”“人民”，“[illegible]”译为“人民炽盛”。

③ 西夏文“[illegible]”译为“安利乐安”“安稳快乐”，汉文本为“安隐丰乐”。

④ 西夏文“[illegible]”译为“缚司”“拘司”，汉文本没有，因为前面内容残缺，不知具体意思。

⑤ 西夏文“[illegible]”译为“桥渠”。

⑥ 西夏文“[illegible]”译为“桥渠平坦”，汉文本为“桥津平正”。

□□□□□□□有随于拘司桥渠平坦

□□□□□[illegible][1][illegible]

□□□□□七重城七宝以装饰一一城

□□□□□□[illegible]

□□□□□□金以楼阁成七宝树周围

□□[illegible][2][illegible]

□□及七多罗树立彼七宝树行上自各

[illegible][3]

种种宝花宝果垂一一树宝众宝以装饰

在对译基础上翻译如下：

□□□□□□□民庶茂盛、安利安乐及□□□□□□□有……随于拘司，桥渠平坦，□□□□□七重城以七宝装饰，一一城□□□□以□□金成楼阁，七宝树周围□□及七多罗树立，彼七宝行树上各自种种宝花、宝果垂，一一宝树以众宝装饰。

Or.12380-0215（K.K.II.0284.）是施护译《佛说佛母出生三法藏般若波罗蜜多经》卷二十四“常啼菩萨品第三十之二”的相应内容：

> 人民炽盛、安隐丰乐，有五百街道，处处连接，桥津平正，人所爱乐。其七重城七宝严饰，一一城上皆以阎浮檀金而为楼阁，七宝行树，周匝围绕。复有七多罗树，彼七宝行树各有种种宝华、宝果，一一树间众宝间错。[4]

---

① 西夏文“[illegible]”译为“装饰”“妆夸”。

② 西夏文“[illegible]”译为“多罗树”，指“娑罗树”，又作娑罗双树、钵罗叉树、波罗叉树、摩诃娑罗树、沙罗树、无忧树等。

③ 西夏文“[illegible]”译为“一一树以众宝装饰”，汉文本为“一一树间众宝间错”。

④（宋）施护译《佛说佛母出生三法藏般若波罗蜜多经》卷24，《大正藏》第8册，第228号，第669页上栏20~25。

5.Or.12380-0215V（K.K.Ⅱ.0284.）残存 1 页 5 行，每行 16 字，残缺严重，上下栏线单栏，刻本经折装，刊布者将其定名为《般若波罗蜜多经》。现将西夏文录文并对译如下：

蕜貓祾[①] 蘢蒶緭裖絾[②] 挩裖綫蘒[③] 蕜貓蘶玹[④]

诸宝网有自交结合城上遮盖诸宝铃珠

靴隝荿綖[⑤] 纚絣蘏綂[⑥] 偀粇謻挩絾𦈉緳綖

风击声出最中喜应五种乐如声善已出

祾蔽絽駊蕔纖絣𦈉緳挩𦈉敄綁綐𦈉蘢

清净句合闻者欢喜彼如四方泉源洗池

祾蔽賟絺秖絣紓蓨貓□□敄蘢豖緳纚

清净具足彼中船七宝□□绚池水彼然

□□蘐㪍敄蘐蘏豥□□蘢帰䊭貓蘼緂[⑦]

□□足够人所喜为□□池中优钵罗花

在对译基础上翻译如下：

有诸宝网自交结合，城上遮盖诸宝铃珠，风击声出，最中应喜，如已出五种妙乐声，清净句合，闻者欢喜。彼如四方泉源、洗池，清净具足，彼中船七宝□□绚，池水彼然□□足够为人所喜，□□池中优钵罗花……

Or.12380-0215V（K.K.Ⅱ.0284.）是施护译《佛说佛母出生三法藏

---

① 西夏文“貓祾”译为“宝网”，也称因陀罗网，是珍宝的罗网。帝释宫的罗网为帝网，亦云因陀罗网。

② 西夏文“裖絾”译为“结合”“结构”，“蒶緭裖絾”译为“自交结合”，汉文本为“互映交络”。

③ 西夏文“綫蘒”译为“遮盖”“掩盖”，汉文本为“弥覆”。

④ 西夏文“貓蘶玹”译为“宝铃珠”。

⑤ 西夏文“靴隝荿綖”译为“风吹出声”“风触出声”。

⑥ 西夏文“靴隝荿綖纚絣蘏綂”译为“风吹出声最终所乐”，汉文本为“风吹铃声甚可爱乐”。

⑦ 西夏文“䊭貓蘼緂”译为“优钵罗花”，花名，又作乌钵罗、优钵剌，也译作青莲花、黛花、红莲花。

般若波罗蜜多经》卷二十四“常啼菩萨品第三十之二”的相应内容：

> 有诸宝网互映交络，弥覆城上垂诸宝铃，风吹铃声，甚可爱乐，如五种乐巧出音声，清妙和雅，闻者适悦，其城四边流泉、浴池，清净具足，中有诸船七宝装饺，池水自然冷暖调适人所爱乐，是诸池中有众色华，所谓优钵罗华。[①]

Or.12380-0215（K.K.Ⅱ.0284.）和 Or.12380-0215V（K.K.Ⅱ.0284.）为同版佛经，可以缀合。

6.Or.12380-0217（K.K.Ⅱ.0284.c）残存 1 页 7 行，上下栏线单栏，刻本经折装，刊布者将其定名为“佛经集颂”。现将西夏文录文并对译如下：

[illegible][②] [illegible][③]

长依虚伪欺诈诸不善法一切自然自灭

[illegible]

是灭缘故心清净得心清净依声闻独觉

[illegible][④] [illegible]

地如度能故是缘菩萨心清净名成须菩

[illegible][⑤] [illegible]

提若是如相具足故不退转菩萨摩诃萨

[illegible]

是也

[illegible]

① （宋）施护译《佛说佛母出生三法藏般若波罗蜜多经》卷 24，《大正藏》第 8 册，第 228 号，第 669 页上栏 25~ 中栏 1。

② 西夏文“[illegible]”译为“虚伪欺诈”。

③ 西夏文“[illegible]”译为“自然自灭”，汉文本为“自销灭”。

④ 西夏文“[illegible]”译为“能度”，汉文本为“能过”。

⑤ 西夏文“[illegible]”译为“不退转”，指所修之功德善根愈增愈进，不更退失转变。

复次须菩提彼及退转菩萨摩诃萨者贪
[illegible]□□□[illegible][1][illegible][2][illegible]
爱远离□□□不世间名扬利养不求食

在对译基础上翻译如下：

依……长，虚伪欺诈，诸一切不善法自然自灭，是灭缘故，得心清净，依心清净，如能度声闻独觉地，故是因名为菩萨心清净。须菩提，若如是具足相，故不退转菩萨摩诃萨是也。复次，须菩提，彼及退转菩萨摩诃萨者，远离贪爱不□□□，不求世间名扬利养，食……

残经为施护译《佛说佛母出生三法藏般若波罗蜜多经》卷十六“不退转菩萨相品第十七”的相应内容：

> ……长已，即彼一切谄曲欺诳，诸不善法而自销灭，以是灭故得心清净，由心清净故即能过于声闻缘觉之地，如是名为菩萨心清净。须菩提，若有具足如是相者，是为不退转菩萨摩诃萨。
>
> 复次，须菩提，彼不退转菩萨摩诃萨，远离贪爱无悭嫉心，不求世间名闻利养。[3]

7.Or.12380-0219（K.K.Ⅱ.0284.f）残存1页6行，上半部分残缺，字数不能确定，上栏线无存，下栏线单栏，刻本经折装，刊布者将其定名为《般若波罗蜜多经》。现将西夏文录文并对译如下：

……[illegible]　　……不可思议诸功德法
……[illegible]　　……可不是缘菩萨法一
……[illegible]　　……如事缘菩萨摩诃萨法

---

① 西夏文“[illegible]”译为“扬名”“显名”，汉文本为“闻名”。

② 西夏文“[illegible]”译为“利养”，即以利养身。

③（宋）施护译《佛说佛母出生三法藏般若波罗蜜多经》卷16，《大正藏》第8册，第228号，第641页下栏7~13。

……[illegible]　　……行故般若波罗蜜多行也

……[illegible]　　……与佛对言说希有世尊是

……[illegible]　　……波罗蜜多法门者大宝集最上

在对译基础上翻译如下：

……不可思议，诸功德法……可不思议，是缘菩萨一切法……如事缘（故）。菩萨摩诃萨法……行，故行般若波罗蜜多也。……与对佛言说："希有，世尊。是……波罗蜜多法门者，大宝集最上……"

Or.12380-0219（K.K.II.0284.f）为施护译《佛说佛母出生三法藏般若波罗蜜多经》卷十"赞持品第十之二"的相应内容：

> ……所有如来十力、四无所畏不可思议，诸功德法，乃至一切智皆不可思议，是故菩萨于一切法无所分别，由如是故，菩萨摩诃萨于法无所行而行，是行般若波罗蜜多。尔时，尊者须菩提白佛言："希有，世尊。此甚深般若波罗蜜多法门，是大宝聚最上无染般若波罗蜜多。"[①]

8.Or.12380-0236（K.K.II.0284.w）残存1页12行，残缺严重，字数不能确定，右面栏线单栏，刻本，存经名和品题，但不全，有校勘者，刊布者将其定名为《佛说佛母出生三法藏般若波罗蜜多经》，现将西夏文录文并对译如下：

[illegible][②][illegible][③][illegible]……

佛说佛母三法藏出生……

[illegible]

① （宋）施护译《佛说佛母出生三法藏般若波罗蜜多经》卷10，《大正藏》第8册，第228号，第622页中栏17~23。

② 西夏文"[illegible]"译为"佛母"。佛从法生，故以法名佛母。

③ 西夏文"[illegible]"译为"三法藏"。

卷十六第

[illegible]

奉天显道耀武宣文神谋睿智制义去邪惇睦懿恭皇帝嵬名

……[illegible]……

……不退转菩萨相品十……

……[illegible]……

……尊者须菩提佛……

……[illegible]……

……菩萨摩诃萨者何如……

……[illegible]……

……何云知识能世……

……[illegible]……

……应不退转菩萨摩诃萨……

……[illegible]① [illegible]②……

……菩提异生地声闻地……

……[illegible]……

……是如诸地如真法……

……[illegible]……

……菩萨是如真依诸……

……[illegible]……

……如真也是……

在对译基础上翻译如下：

佛说佛母出生三法藏……

卷第十六

奉天显道耀武宣文神谋睿智制义去邪惇睦懿恭皇帝嵬名

---

① 西夏文“[illegible]”译为“异生地”。

② 西夏文“[illegible]”译为“声闻地”。

……不退转菩萨相品十……

……尊者须菩提佛……菩萨摩诃萨者如何……云何能知识世……应不退转菩萨摩诃萨……

菩提异生地、声闻地……如是诸地，如真法……菩萨依是如真诸……如真也。是……

Or.12380-0236（K.K.II.0284.w）是施护译《佛说佛母出生三法藏般若波罗蜜多经》卷十六“不退转菩萨相品第十七”的相应内容：

> 佛说佛母出生三法藏般若波罗蜜多经卷第十六
>
> 奉天显道耀武宣文神谋睿智制义去邪惇睦懿恭皇帝嵬名
>
> 不退转菩萨相品第十七
>
> 尔时，尊者须菩提白佛言：“世尊，不退转菩萨摩诃萨当有何相？我等云何而能识知是不退转者？”佛告须菩提言：“汝今当知，不退转菩萨摩诃萨有种种相。须菩提，所有异生地、声闻地、缘觉地、菩萨地、如来地，如是诸地，于真如中无二无别，无疑无坏，菩萨从是真如入诸法性，虽入是法，而亦于中不生分别。”①

9.Or.12380-0238a（K.K.II.0284.bb）残存 2 页 8 行，每行存 4~6 字不等，上栏线无存，下栏线单栏，刻本，刊布者将其定名为《般若波罗蜜多经》，现将西夏文录文并对译如下：

（右面）

……[illegible]	……是何受持
……[illegible]	……故彼罪最
……[illegible]	……法中已忘失
……[illegible]	……波罗蜜多者最

① （宋）施护译《佛说佛母出生三法藏般若波罗蜜多经》卷 16，《大正藏》第 8 册，第 228 号，第 641 页上栏 9~16。

在对译基础上翻译如下：

……是何受持……故彼罪最……法中已忘失……波罗蜜多者最……

（左面）

……[illegible]	……波罗蜜多者最
……[illegible]	……菩萨摩诃萨此
……[illegible][①] [illegible]	……心诚者想
……[illegible]	……菩萨摩诃萨

在对译基础上翻译如下：

……波罗蜜多者最……菩萨摩诃萨此……心诚者想……菩萨摩诃萨……

刊布者将 Or.12380-0238a（K.K.II.0284.bb）定名为《般若波罗蜜多经》不准确，应为施护译《佛说佛母出生三法藏般若波罗蜜多经》卷十五“贤圣品第十五之二”和卷二十二“散华缘品第二十八之一”的相应内容：

> 当知是菩萨摩诃萨于阿耨多罗三藐三菩提得不退转，于先佛所已曾得闻此甚深法，而复于中请问其义。由此因缘，今复得闻此甚深法，不惊不怖乃至心生欢喜信解。须菩提白佛言：“世尊，若菩萨摩诃萨闻此甚深般若波罗蜜多不惊怖已，应当云何观此甚深般若波罗蜜多？”[②]
>
> 若有人受持此法门时，乃至一字一句错误忘失者，其罪甚重，是人不令我心生喜；若于余法有所忘失，其罪乃轻。何以故？般若

① 西夏文“[illegible]”译为“一心”“诚心”“至心”“专心”“归一”。

② （宋）施护译《佛说佛母出生三法藏般若波罗蜜多经》卷15，《大正藏》第8册，第228号，第637页下栏2~8。

波罗蜜多微妙甚深。……[1]

10.Or.12380-0238b（K.K.Ⅱ.0284.bb）残存 3 页 12 行，残缺严重，下栏线单栏，刻本，刊布者将其定名为《般若波罗蜜多经》。现将西夏文录文并对译如下：

（右面）

……[Tangut, illegible]□□□□	……是□□□□
……[Tangut, illegible]	……正觉成能是
……[Tangut, illegible]	……行欲故是
……[Tangut, illegible]□	……若是□

在对译基础上翻译如下：

……是□□□□……成能正觉是……欲行……故是……若是□……

（中间）

……[Tangut, illegible]	……何云是般若
……[Tangut, illegible]	……诸佛之法身
……[Tangut, illegible]	……喜心起尊敬
……[Tangut, illegible]	……般若波罗蜜

在对译基础上翻译如下：

……云何是般若……诸佛之法身……喜心起尊敬……般若波罗蜜……

（左面）

……[Tangut, illegible]	……是般若波罗蜜

[1] （宋）施护译《佛说佛母出生三法藏般若波罗蜜多经》卷 22，《大正藏》第 8 册，第 228 号，第 664 页中栏 14~17。

……[illegible]　……天阿修罗等

……[illegible]　……人是般若波

……[illegible]　……诵读

在对译基础上翻译如下：

……是般若波罗蜜……天阿修罗等……人是般若波……诵读……

Or.12380-0238b（K.K.II.0284.bb）右面内容为：

是诸苾刍在在处处作大利益，乃至最后得成正觉。是故，阿难，若菩萨摩诃萨乐欲行彼最上行者，应当行是般若波罗蜜多。[①]

Or.12380-0238b（K.K.II.0284.bb）中间内容为：

此般若波罗蜜多，即是过去、未来、现在诸佛法身故。又复，阿难，若人于我生欢喜心，尊重恭敬瞻礼供养者，是人即以此心，当于般若波罗蜜多法门，尊重、恭敬、瞻礼供养。[②]

Or.12380-0238b（K.K.II.0284.bb）左面内容为：

有大因缘，能为一切世间天人、阿修罗等作大利益。又复，阿难，若人不离此般若波罗蜜多法门，能于其中受持读诵，记念思惟，为人演说，乃至书写者。[③]

Or.12380-0238b（K.K.II.0284.bb）和 Or.12380-0238a（K.K.II.0284.bb）

---

① （宋）施护译《佛说佛母出生三法藏般若波罗蜜多经》卷 22，《大正藏》第 8 册，第 228 号，第 664 页上栏 16~19。

② （宋）施护译《佛说佛母出生三法藏般若波罗蜜多经》卷 22，《大正藏》第 8 册，第 228 号，第 664 页中栏 27~ 下栏 2。

③ （宋）施护译《佛说佛母出生三法藏般若波罗蜜多经》卷 22，《大正藏》第 8 册，第 228 号，第 664 页下栏 12~16。

字迹相同，版式一致，因为过于残缺，可以初步确定其亦为《佛说佛母出生三法藏般若波罗蜜多经》卷二十二“散华缘品第二十八之一”的相应内容。Or.12380-0238b（K.K.Ⅱ.0284.bb）的顺序为右面 + 中间 + 左面。因为残缺，残存内容不能缀合，有佚文。

11.Or.12380-0278（K.K.Ⅱ.0284.hhh）残存 1 页 5 行，残缺严重，字数不能确定，栏线无存，写本，刊布者将其定名为“佛经”。现将西夏文录文并对译如下：

……[illegible]……	……世尊佛言须……
……[illegible]……	……中生又及生应……
……[illegible]……	……菩提言不也世尊……
……[illegible]……	……是如相了故……
……[illegible]……	……阿耨多……

在对译基础上翻译如下：

……世尊，佛言：“须……中生又及应生……”菩提言：“不也，世尊。”……了如是相，故……阿耨多……

Or.12380-0278（K.K.Ⅱ.0284.hhh）为施护译《佛说佛母出生三法藏般若波罗蜜多经》卷二十“善知识品第二十二之二”的相应内容：

> ……世尊。佛言：“须菩提，若法无所得即法不可见，是中有生可生，有灭可灭不?”须菩提言：“不也，世尊。”佛言：“须菩提，若菩萨摩诃萨了如是相，即得无生法忍，菩萨摩诃萨具是忍者，即得授阿耨多罗三藐三菩提记。”①

12.Or.12380-0279（K.K.Ⅱ.0284.iii）残存 1 页 6 行，残缺严重，字数不能确定，上栏线单栏，下栏线无存，写本，刊布者将其定名为“佛

① （宋）施护译《佛说佛母出生三法藏般若波罗蜜多经》卷 20，《大正藏》第 8 册，第 228 号，第 656 页上栏 14~19。

经”。现将西夏文录文并对译如下：

[illegible]……	佛如……
[illegible]……	供养……
[illegible]……	依他人……
[illegible]……	等获得……
[illegible]……	世尊若善男子……
□[illegible]……	□若人佛之舍利次……

在对译基础上翻译如下：

佛如……供养……依他人……获得……等……世尊，若善男子……□若人佛之舍利，次……

Or.12380-0279（K.K.Ⅱ.0284.iii）为施护译《佛说佛母出生三法藏般若波罗蜜多经》卷四“正福品第五之一”的相应内容：

> ……以其舍利尊重恭敬，种种供养。若复有善男子、善女人，以佛舍利自供养，已转授他人，令其尊重恭敬供养。如是善男子、善女人，所获福德何者为多？帝释天主白佛言：“世尊，若善男子、善女人，虽自供养如来舍利，不如有人以佛舍利转授他人，令其供养，此所获福其数甚多。”①

13.Or.12380-0280（K.K.Ⅱ.0284.jjj）残存2页8行，残缺严重，字数不能确定，上栏线单栏，下栏线无存，写本，刊布者将其定名为《般若波罗蜜多经》。现将西夏文录文并对译如下：

（右面）

[illegible]……	须菩提言不也世……

① （宋）施护译《佛说佛母出生三法藏般若波罗蜜多经》卷4，《大正藏》第8册，第228号，第603页中栏13~19。

[illegible]……	世间菩萨法……
[illegible]……	人昔菩萨乘……
[illegible]……	多法门惟闻观……

在对译基础上翻译如下：

诸菩提言：不也，世……世间菩萨法……人昔菩萨乘……多法门，惟闻观……

（左面）

[illegible]……	罗蜜多……
[illegible]……	般若波罗蜜多……
[illegible]……	一惟是法门……
[illegible]……	多文字相离尽……

在对译基础上翻译如下：

罗蜜多……般若波罗蜜多……一惟是法门……多文字相离尽……

Or.12380-0280（K.K.II.0284.jjj）为施护译《佛说佛母出生三法藏般若波罗蜜多经》卷十一“恶者障法品第十一之一”的相应内容，残经残缺严重，汉文相应内容如下：

> 须菩提言：“不也，世尊。”佛告须菩提：“未来世中所有退失菩萨法者亦复如是。是人先已安住菩萨乘中，于此甚深般若波罗蜜多法门。虽复听受修习，不能于中请问其义，不能如实了知胜行，由不了故，于此法门生弃舍心，而返于彼声闻缘觉法中，求一切智……”尔时，尊者须菩提白佛言：“世尊，般若波罗蜜多为可书写耶？”佛言：“不也，须菩提，般若波罗蜜多非文字可得，所有文字但为显示此法门故，而般若波罗蜜多离文字相。”[①]

---

① （宋）施护译《佛说佛母出生三法藏般若波罗蜜多经》卷11，《大正藏》第8册，第228号，第625页中栏4~25。

14.Or.12380-0322b（K.K.II.0285.）存4个残片，残缺严重，字数不能确定，栏线无存，写本，仅一个残片上的西夏文可识读，刊布者将其定名为“残片”。现将西夏文录文并对译如下：

……[illegible]……　　……须菩提对说……

……[illegible]……　　……菩萨摩诃萨者种种……

……[illegible][1]……　　……觉地菩萨地……

……[illegible]……　　……二……

在对译基础上翻译如下：

……对须菩提说：……菩萨摩诃萨者种种……觉地、菩萨地……二……

Or.12380-0322b（K.K.II.0285.）为施护译《佛说佛母出生三法藏般若波罗蜜多经》卷十六“不退转菩萨相品第十七”的相应内容，残经残缺严重，汉文相应内容如下：

> 佛告须菩提言：“汝今当知，不退转菩萨摩诃萨有种种相。须菩提，所有异生地、声闻地、缘觉地、菩萨地、如来地，如是诸地于真如中无二、无别、无疑、无坏。”[2]

15.Or.12380-0345RV（K.K.）残存2页12行，残缺严重，字数不能确定，栏线无存，刻本，刊布者将其定名为《般若波罗蜜多经》。现将西夏文录文并对译如下：

（右面）

……[illegible]……

---

① 西夏文“[illegible]”译为“菩萨地”，佛教修行的十地之一。

② （宋）施护译《佛说佛母出生三法藏般若波罗蜜多经》卷16，《大正藏》第8册，第228号，第641页上栏12~16。

……知悟何云如来众生之解脱……

……[illegible][1]□[illegible]……

……众生自性解脱□众生自性解脱……

……[illegible]……

……如来般若波罗蜜多依无量……

……[illegible]……

……心知般若波罗蜜多……

……[illegible]……

……菩提如真依知悟何云……

……[illegible]……

……解脱非……

在对译基础上翻译如下：

……知悟……何云如来众生之解脱……众生自性解脱□，众生自性解脱……如来依般若波罗蜜多，知无量……心般若波罗蜜多……菩提，依如真知悟……何云？……非解脱……

（左面）

……[illegible]……

……般若波罗蜜多……

……[illegible]……

……知悟何云如来菩……

……[illegible]……

……无者心平等也……

……[illegible]……

……菩萨是因如来般若波罗蜜多……

---

① 西夏文“[illegible]”译为“自性解脱”。

……[illegible][1][illegible]……

……之是如不定心知能……

……[illegible]……

……般若波罗蜜多依无量等……

在对译基础上翻译如下：

……般若波罗蜜多……知悟……何云如来菩……无者心平等也……菩萨……是故如来般若波罗蜜多……能知……之如是不定心……依般若波罗蜜多……无量等……

Or.12380-0345RV（K.K.）非《般若波罗蜜多经》，而为施护译《佛说佛母出生三法藏般若波罗蜜多经》卷十二“显示世间品第十二之一”的相应内容。Or.12380-0345RV（K.K.）左面内容在前，右面内容在后，缀合后相应内容如下：

> 如来因般若波罗蜜多故，如实了知无量无数众生非定心，云何如来知众生非定心耶？须菩提，所谓了知心无等等即心平等，心平等故而不可得非定心相，是故如来因般若波罗蜜多故，能知无量无数众生如是非定心。复次，须菩提，如来因般若波罗蜜多故，如实了知无量无数众生解脱心，云何如来知众生解脱心耶？须菩提，所谓了知众生自性解脱，彼众生性即解脱性，是故如来因般若波罗蜜多故，能知无量无数众生如是解脱心。复次，须菩提，如来因般若波罗蜜多故，如实了知无量无数众生非解脱心。[2]

16.Or.12380-0375（K.K.Ⅱ.0285.aaa）残存1页10行，每行16字，右下角残缺，上下栏线单栏，刻本，刊布者将其定名为《般若波罗蜜多经》。现将西夏文录文并对译如下：

---

① 西夏文“[illegible]”译为“非定心”“不定心”。

② （宋）施护译《佛说佛母出生三法藏般若波罗蜜多经》卷12，《大正藏》第8册，第228号，第630页下栏7~13。

[illegible]□□□□

彼宝器与同一切智智者盛应□□□□

[illegible]□□□□□□

义因故如来舍利之恭敬□□□□□□

[illegible]□□□□□

若佛如来世一切中是般若□□□□□

[illegible]□[illegible]□□[illegible]

说故真实供养出生□若法说师□□般

[illegible]

若波罗蜜多说亦真实供养出生也世尊

[illegible][1] [illegible][2] [illegible]

如王臣相王诏言受王威力依多人集中

[illegible][3] [illegible]

畏惧不起诸法说师亦彼与所礼大法功

[illegible][4] [illegible]

德力依众一切中法等惟说时畏惧不起

[illegible]□□[illegible]

也是因法说师之尊敬供养法□□供养

[illegible]□[illegible]

因故如来舍利之供养亦得□依前所言

在对译基础上翻译如下：

同与彼宝器，一切智智者盛应□□□，因□义故，如来舍利之恭敬□□□□□□，若佛如来一切世中说是般若□□□□□，故出生□真实供养。若法说师说□□般若波罗蜜多，亦出生真实供养也。世尊，如王

---

① 西夏文“[illegible]”译为“王臣相”，汉文本为“王臣”，没有“相”。

② 西夏文“[illegible]”译为“依王威力”，汉文本为“王命”。

③ 西夏文“[illegible]”译为“畏惧”“恐惧”，汉文本为“怖畏”。

④ 西夏文“[illegible]”译为“以大法功德力”，汉文本为“依其王威德力”。

臣相受王诏言，依王威力多人集中不起畏惧，诸法说师亦与彼所礼，依大法功德力，一切众中惟说法等时不起畏惧也，是因法说师之尊敬供养，因法□□供养故，亦得如来舍利之供养，依□前所言……

残经非《般若波罗蜜多经》，而为施护译《佛说佛母出生三法藏般若波罗蜜多经》卷四“称赞功德品第四”的相应内容：

> 是故如来舍利同彼宝器，一切智智如所盛宝，以是义故，如来舍利得瞻礼供养。世尊，若佛如来于一切世界，宣说般若波罗蜜多，有是即出生真实供养。若说法师能为人说般若波罗蜜多者，亦即出生真实供养。世尊，譬如王臣受王命出于多人聚中不生怖畏，以依其王威德力故，诸说法师亦复如是，于一切众中宣说法要不生怖畏，以依大法功德力故，是故于说法师尊重供养，以供养法师故如来舍利亦得供养。世尊，如前所说满三千大千世界如来舍利。[①]

17.Or.12380-0391（K.K.Ⅱ.0285.qqq）残存 1 页 2 行，每行 16 字，上下栏线单栏，刻本，刊布者将其定名为“佛经”。现将西夏文录文并对译如下：

[illegible]
藐三菩提如相回向也故真实回向名成
[illegible][②][illegible]
复次须菩提善造方便有者菩萨摩诃萨

在对译基础上翻译如下：

……藐三菩提如相回向也，故名成真实回向。复次，须菩提，有善造方便者菩萨摩诃萨。

---

① （宋）施护译《佛说佛母出生三法藏般若波罗蜜多经》卷 4，《大正藏》第 8 册，第 228 号，第 602 页中栏 23~ 下栏 8。

② 西夏文“[illegible]”译为“巧善方便”。

Or.12380-0391（K.K.II.0285.qqq）为施护译《佛说佛母出生三法藏般若波罗蜜多经》卷十七“空性品第十八”的相应内容：

以是阿耨多罗三藐三菩提如相回向，故名为真实回向。复次，须菩提，具善巧方便菩萨摩诃萨。①

18.Or.12380-0397（K.K.II.0285.yyy）残存1页6行，上栏线单栏，下栏线无存，刻本，刊布者将其定名为《般若波罗蜜多经》。现将西夏文录文并对译如下：

[illegible]……	知……
[illegible]……	人中……
□[illegible]……[illegible]	□复次阿……波罗
[illegible]……	蜜多行故……
[illegible]……	察应为……
[illegible]……	波罗蜜多法门……

在对译基础上翻译如下：

知……人中（间）……□复次阿……行波罗蜜多故……应为……察……波罗蜜多法门……

Or.12380-0397（K.K.II.0285.yyy）为施护译《佛说佛母出生三法藏般若波罗蜜多经》卷二十二“散华缘品第二十八之一”的相应内容：

或知足天命终已后而来生此。何以故？人间及知足天，于般若波罗蜜多易所修行故。又复，阿难，若菩萨摩诃萨行此般若波罗蜜多者，当知是菩萨摩诃萨常得诸佛共所观察。又复，阿难，若菩萨

① （宋）施护译《佛说佛母出生三法藏般若波罗蜜多经》卷17，《大正藏》第8册，第228号，第645页中栏26~下栏6。

摩诃萨于此般若波罗蜜多法门……[1]

19.Or.12380-0403（K.K.Ⅱ.0285.a.v）残存1页6行，字数无法确定，上栏线无存，下栏线单栏，写本，刊布者将其定名为《般若波罗蜜多经》。现将西夏文录文并对译如下：

……[illegible]	……罗三藐三菩提
……[illegible]	……起正念正意安
……[illegible]	……多罗三藐三
……[illegible]	……善根于取应相
……[illegible]	……阿耨多罗三藐
……[illegible]	……应若是

在对译基础上翻译如下：

……罗三藐三菩提……起……安……正念正意……多罗三藐三……于善根应取相……阿耨多罗三藐……应若是

刊布者将Or.12380-0403（K.K.Ⅱ.0285.a.v）定名为《般若波罗蜜多经》非常不准确，太笼统，比对《大正藏》，可以确定其为施护译《佛说佛母出生三法藏般若波罗蜜多经》卷六“随喜回向品第六之一”的相应内容：

> 若取相者即于阿耨多罗三藐三菩提，住不平等邪念相应，生疑惑想不能安住正念正意，邪所思觉，如是即不名回向阿耨多罗三藐三菩提。若菩萨摩诃萨，于诸善根无所取相无所得心，以是心回向者，是为回向阿耨多罗三藐三菩提。[2]

① （宋）施护译《佛说佛母出生三法藏般若波罗蜜多经》卷22，《大正藏》第8册，第228号，第644页上栏20~25。

② （宋）施护译《佛说佛母出生三法藏般若波罗蜜多经》卷6，《大正藏》第8册，第228号，第610页上栏23~28。

20.Or.12380-0479（K.K.）残存 1 页 5 行，残缺严重，字数无法确定，栏线无存，刻本，刊布者将其定名为“佛经”。现将西夏文录文并对译如下：

……[illegible]……	……波罗蜜……
……[illegible]……	……卷二十四第愁忧……
……[illegible]……	……化赞叹……
……[illegible]……	……如来应供正等……
……[illegible]……	……求……

在对译基础上翻译如下：

……波罗蜜……卷第二十四愁忧……

……化赞叹……如来应供、正等……求……

根据 Or.12380-0479（K.K.）经题和卷数，可以确定其应为施护译《佛说佛母出生三法藏般若波罗蜜多经》卷二十四之“常啼菩萨品第三十之二”的相应内容：

> 尔时，佛告须菩提：“彼常啼菩萨摩诃萨，如是忧愁啼泣时，忽然见有如来形像住立其前，作是赞言：‘善哉，善哉！善男子！诸佛如来、应供、正等正觉本行菩萨道时求般若波罗蜜多，亦如汝今如是勤求等，无有异。’”①

21.Or.12380-0506（K.K.Ⅱ.0229.a.）残存 1 页 9 行，字数无法确定，上栏线单栏，下栏线无存，刻本，刊布者将其定名为《般若波罗蜜多经》。现将西夏文录文并对译如下：

[illegible]……	佛对……

① （宋）施护译《佛说佛母出生三法藏般若波罗蜜多经》卷 24，《大正藏》第 8 册，第 228 号，第 669 页上栏 13~18。

[illegible]……	提般若波罗蜜多宣说能……
[illegible]……	是法受持若诸佛如来之……
[illegible]……	与不远离故我彼之恭敬……
[illegible][1] [illegible]……	尔时世尊释帝天主大梵……
[illegible][2]……	众一切对言说是也是也……
[illegible][3] [illegible]……	最上灯如燃灯如来……
[illegible]……	菩提行所修我……
[illegible]……	依彼燃灯如来……

在对译基础上翻译如下：

佛对……提，能宣说般若波罗蜜多……受持是法。若与诸佛如来之不远离……故我恭敬彼之……尔时，世尊，对帝释天主、大梵……一切众言说：是也，是也……最上灯如燃灯如来……所修菩提行我依……彼燃灯如来……

不能将 Or.12380-0506（K.K.Ⅱ.0229.a.）笼统称为《般若波罗蜜多经》，可以确定其为施护译《佛说佛母出生三法藏般若波罗蜜多经》卷二“帝释天主品第二”的相应内容：

> 尊者须菩提，能善宣说般若波罗蜜多，菩萨摩诃萨受持此法。若不离诸佛如来般若波罗蜜多者，我当尊敬如诸佛想。尔时，世尊，告帝释天主、大梵天王并余一切天仙众言：如是，如是！汝等当知，我于往昔最上灯城燃灯如来，应供、正等正觉所修菩提行。我于尔时亦不离般若波罗蜜多，彼燃灯如来……[4]

① 西夏文“[illegible]”译为“帝释天主”。

② 西夏文“[illegible]”译为“是也，是也”，汉文本为“如是，如是”。

③ 西夏文“[illegible]”译为“如灯”，汉文本为“等城”。残页中“[illegible]”为“如”“犹”“而”，与“[illegible]”字不同。

④（宋）施护译《佛说佛母出生三法藏般若波罗蜜多经》卷 2，《大正藏》第 8 册，第 228 号，第 594 页中栏 15~21。

22.Or.12380-0525（K.K.Ⅱ.0229.z.）残存 1 页 6 行，字数无法确定，上栏线单栏，下栏线无存，刻本，刊布者将其定名为“佛经”。现将西夏文录文并对译如下：

𗧓……	也……
𗼃𗹬𗾆……	心喜令……
𗏴𗏣𗣼……	如远离……
𗗚𗗙𗊏……	须菩提……
𗦻𗤓……	见时……
𗟻……	坏……

在对译基础上翻译如下：

也…… 令心喜……如远离……须菩提……见时……坏……

Or.12380-0525（K.K.Ⅱ.0229.z.）为施护译《佛说佛母出生三法藏般若波罗蜜经》卷十九之“辩魔相品第二十一”的相应内容：

> 如是远离，我不听许，亦不能令我心生喜。何以故？如我所说远离行中，即不见有如是远离行人，名真远离。又，须菩提，有诸恶魔见彼住空寂处修远离行者……①

23.Or.12380-0572（K.K.Ⅱ.0233.mm）残存 1 页 2 行，字数无法确定，上栏线无存，下栏线单栏，写本，刊布者将其定名为《般若波罗蜜多经》。现将西夏文录文并对译如下：

……𗗙𗖻𗏁𗹦𗫂𗒘𗟲𗤓𗕣	……波罗蜜多法门闻时信
……□𗼃𗯨	……□佛处（所）

① （宋）施护译《佛说佛母出生三法藏般若波罗蜜多经》卷 19，《大正藏》第 8 册，第 228 号，第 653 页上栏 20~ 中栏 18。

在对译基础上翻译如下：

……闻波罗蜜多法门时，信……□佛处……

Or.12380-0572（K.K.II.0233.mm）残经非《般若波罗蜜多经》，而为施护译《佛说佛母出生三法藏般若波罗蜜多经》卷八“地狱缘品第七之二”的相应内容：

于诸佛所若闻说是般若波罗蜜多法门时，从会起者，须菩提，彼人于先佛所，已种如是障法因缘。[①]

24.Or.12380-0616（K.K.II.0230.jj）残存 1 页 5 行，字数无法确定，栏线无存，刻本，刊布者将其定名为“佛经”。现将西夏文录文并对译如下：

……[illegible][②]……	……地法一切相离三摩地……
……[illegible]……	……三摩地法一切于懒……
……[illegible]……	……明三摩地等高……
……[illegible]……	……三摩地……
……[illegible]……	……三摩地如来……

在对译基础上翻译如下：

……地，一切法相离三摩地……三摩地一切法于懒……明三摩地，等高……三摩地……三摩地，如来……

Or.12380-0616（K.K.II.0230.jj）不能笼统称为《般若波罗蜜多经》，可以确定其为施护译《佛说佛母出生三法藏般若波罗蜜多经》卷二十四“常啼菩萨品第三十之二”的相应内容：

① （宋）施护译《佛说佛母出生三法藏般若波罗蜜多经》卷 8，《大正藏》第 8 册，第 228 号，第 615 页上栏 8~10。

② 西夏文“[illegible]”译为“三摩地”，旧称三昧、三摩提、三摩帝、三摩底；新称三么地、三昧地；还译为定、等持、正定、一境性。

大法光明三摩地，一切法离相三摩地，解脱一切着三摩地，一切法无懈三摩地，甚深法光明三摩地，等高三摩地，不可夺三摩地，破魔境界三摩地，三界最胜三摩地，光明门三摩地，见一切如来三摩地。①

25.Or.12380-0647（K.K.II.0244.a.v）残存 1 页 5 行，字数无法确定，栏线无存，刻本，存经题和译经者，但内容不全，刊布者将其定名为“佛经”。现将西夏文录文并对译如下：

……[illegible]……
……佛母三法……
……[illegible]
……十三第
[illegible]
奉天显道耀武宣文神谋睿智制义去邪惇睦懿恭皇帝嵬名
……[illegible]……
……显示品十……
……[illegible]……
……须菩提之说……

在对译基础上翻译如下：
……佛母三法……第十三
奉天显道耀武宣文神谋睿智制义去邪惇睦懿恭皇帝嵬名
……显示品十……
……须菩提之说……

此残经非《般若波罗蜜多经》，而为施护译《佛说佛母出生三法藏般若波罗蜜多经》卷十三“显示世间品第十二之二”的相应内容：

① （宋）施护译《佛说佛母出生三法藏般若波罗蜜多经》卷 24，《大正藏》第 8 册，第 228 号，第 669 页上栏 28~ 中栏 4。

佛告须菩提："又复，如来因般若波罗蜜多故……"①

26.Or.12380-0649（K.K.Ⅱ.0244.a.xii）残存1页4行，字数无法确定，每行存1~5字不等，上栏线无存，下栏线单栏，刻本，刊布者将其定名为《般若波罗蜜多经》。现将西夏文录文并对译如下：

……[illegible]	……第
……[illegible]	……阿耨多罗三
……[illegible]	……须菩提
……[illegible]	……阿耨多罗

翻译如下：

……第

……阿耨多罗三……须菩提……阿耨多罗……

Or.12380-0649（K.K.Ⅱ.0244.a.xii）非《般若波罗蜜多经》，而为施护译《佛说佛母出生三法藏般若波罗蜜多经》，因为过于残缺，卷数暂且定为卷十九"善知识品二十二之一"的相应内容：

尔时，世尊告尊者须菩提言："若菩萨摩诃萨深心欲得阿耨多罗三藐三菩提者，应当亲近恭敬诸善知识。"须菩提白佛言："世尊，有诸菩萨摩诃萨，深心欲得阿耨多罗三藐三菩提，若能爱乐善知识者，云何是菩萨摩诃萨善知识耶？"②

27.Or.12380-0696（K.K.Ⅱ.0121.v）残存1页2行，字数无法确定，上栏线单栏，下栏线无存，写本，刊布者将其定名为"佛经"。现将西

① （宋）施护译《佛说佛母出生三法藏般若波罗蜜多经》卷13，《大正藏》第8册，第228号，第631页上栏15。

② （宋）施护译《佛说佛母出生三法藏般若波罗蜜多经》卷19，《大正藏》第8册，第228号，第653页下栏24~26。

夏文录文并对译如下：

[illegible]…… 彼禅定波……

[illegible]…… 彼定相得……

在对译基础上翻译如下：

彼禅定波……彼定相得……

Or.12380-0696（K.K.Ⅱ.0121.v）为施护译《佛说佛母出生三法藏般若波罗蜜多经》卷十七“空性品第十八”的相应内容：

……作是念：“彼禅定波罗蜜多但以名字所分别故，而不见彼定相可得。”菩萨以是善根回向阿耨多罗三藐三菩提。①

28.Or.12380-0726（K.K.）残存1页2行，字数无法确定，栏线无存，写本，刊布者将其定名为“佛经”。现将西夏文录文并对译如下：

……[illegible]…… ……一切亦障碍无……

……[illegible]…… ……阿耨多罗三藐三……

在对译基础上翻译如下：

……一切□亦无障碍……阿耨多罗三藐三……

Or.12380-0726（K.K.）为施护译《佛说佛母出生三法藏般若波罗蜜多经》卷一“了知诸行相品第一之一”的相应内容：

菩萨于一切法无所障碍，于一切法如实了知，乃至阿耨多罗三

---

①（宋）施护译《佛说佛母出生三法藏般若波罗蜜多经》卷17，《大正藏》第8册，第228号，第645页下栏1~5。

藐三菩提亦无障碍，亦如实知。[1]

29.Or.12380-0727（K.K.Ⅱ.0244.aaa）残存 1 页 4 行，字数无法确定，上栏线无存，下栏线单栏，写本，刊布者将其定名为“佛经”。现将西夏文录文并对译如下：

……[illegible]	……如修学彼菩萨摩诃萨
……[illegible]	……成就
……[illegible]	……三法藏般若
[illegible]	波罗蜜多经典卷一第

在对译基础上翻译如下：

……如修学，彼菩萨摩诃萨……成就……

三法藏般若波罗蜜多卷第一

Or.12380-0727（K.K.Ⅱ.0244.aaa）为施护译《佛说佛母出生三法藏般若波罗蜜多经》卷一“了知诸行相品第一之一”结尾处的相应内容：

> 须菩提，如是，如是！须菩提，菩萨摩诃萨于大乘法如是修学，彼菩萨摩诃萨即得成就一切智。
>
> 佛说佛母出生三法藏般若波罗蜜多经卷第一[2]

比较 Or.12380-0726（K.K.）和 Or.12380-0727（K.K.Ⅱ.0244.aaa），可确定它们为同版次的《佛说佛母出生三法藏般若波罗蜜多经》。

30.Or.12380-0923（K.K.Ⅱ.0274.s）残存 1 页 4 行，字数无法确定，上栏线双栏，下栏线无存，刻本，刊布者将其定名为“佛经”。现将西

---

① （宋）施护译《佛说佛母出生三法藏般若波罗蜜多经》卷 1，《大正藏》第 8 册，第 228 号，第 589 页下栏 12~16。

② （宋）施护译《佛说佛母出生三法藏般若波罗蜜多经》卷 1，《大正藏》第 8 册，第 228 号，第，第 590 页下栏 12~14。

夏文录文并对译如下：

[illegible][①][illegible]…… 菩萨诸化人处是……

[illegible][②][illegible]…… 无知速增殊慢……

[illegible][③][illegible]…… 慢增盛自慢缘……

[illegible]…… 云也我者昔佛……

在对译基础上翻译如下：

菩萨诸化人处，是……无……知速增殊慢……慢增盛，自慢缘……云也我者昔佛……

Or.12380-0923（K.K.Ⅱ.0274.s）为施护译《佛说佛母出生三法藏般若波罗蜜多经》卷十九“辩魔相品第二十一”的相应内容：

> 彼菩萨闻诸化人，如是语已，不能觉知是魔所化，实（即）时起增上慢及诸慢心，由慢心故增长贡高，以贡高故轻易恶贱，诸余菩萨自谓已从先佛得记。[④]

31.Or.12380-0938（K.K.Ⅱ.0280.sss）残存1页1行，上栏线无存，下栏线单栏，刻本，刊布者将其定名为“佛经”。现将西夏文录文并对译如下：

[illegible] 不分离如来之诸功德法

Or.12380-0938（K.K.Ⅱ.0280.sss）为施护译《佛说佛母出生三法藏般若波罗蜜多经》卷十“赞持品第十之二”的相应内容：

① 西夏文“[illegible]”译为“化人”，即神佛权自变形为人者，或以神佛之通力化作人形者。

② 西夏文“[illegible]”译为“殊胜”“殊妙”，事理超绝而世所稀有者。

③ 西夏文“[illegible]”译为“自慢”，汉文本为“贡高”。

④（宋）施护译《佛说佛母出生三法藏般若波罗蜜多经》卷19，《大正藏》第8册，第228号，第652页中栏20~24。

……不分别如来之诸功德法。[①]

32.Or.12380-0950（K.K.Ⅱ.0229.o）残存 1 页 6 行，字数无法确定，上栏线无存，下栏线单栏，刻本，刊布者将其定名为“佛经”。现将西夏文录文并对译如下：

……[illegible]	……亦我之
……[illegible]	……远离行中是
……[illegible]	……者不暂经我
……[illegible][②][illegible]	……彼空寂各住远离行修
……[illegible]	……往虚空间住是如言说
……[illegible]	……男子汝等修者远离行真也

在对译基础上翻译如下：

……亦我之……远离行中是……暂不经我……彼各住空寂，远离行修……往住虚空间，如是言说……男子，汝等修者真远离行也。

Or.12380-0950（K.K.Ⅱ.0229.o）为施护译《佛说佛母出生三法藏般若波罗蜜多经》卷十九“辩魔相品第二十一”的相应内容：

如是远离，我不听许，亦不能令我心生喜，何以故？如我所说，远离行中，即不见有如是远离行人，名真远离。又须菩提，有诸恶魔见彼住空寂处修远离行者，即到其所，于虚空中作如是言：“善哉，善哉。善男子，汝所修者真远离行。”[③]

---

① （宋）施护译《佛说佛母出生三法藏般若波罗蜜多经》卷 10，《大正藏》第 8 册，第 228 号，第 622 页中栏 13。

② 西夏文“[illegible]”译为“空寂”。无诸相是空，无起灭是寂。

③ （宋）施护译《佛说佛母出生三法藏般若波罗蜜多经》卷 19，《大正藏》第 8 册，第 228 号，第 653 页上栏 20～中栏 18。

33.Or.12380-0956（K.K.Ⅱ.0274.j）残存 1 页 4 行，字数无法确定，残缺严重，下栏线单栏，刻本，刊布者将其定名为《般若波罗蜜多经》。现将西夏文录文并对译如下：

……[illegible]

……善女人是般若波罗蜜多

……[illegible]

……读传能者向（曾）阿耨多罗三藐三

……[illegible][1] [illegible]□□[illegible]

……诸天子众彼□□往护

……[illegible]

……行

在对译基础上翻译如下：

……善女人，是般若波罗蜜多……读能传者，阿耨多罗三藐三……诸天子众彼□□往护……行……

Or.12380-0956（K.K.Ⅱ.0274.j）非《般若波罗蜜多经》，而为施护译《佛说佛母出生三法藏般若波罗蜜多经》卷四“宝塔功德品第三之三”的相应内容：

> 若善男子、善女人，以此般若波罗蜜多，书写经卷，安置供养。随诸方地有是经处，即有四大王天住阿耨多罗三藐三菩提心者，诸天子众为敬法，故往诣其所，瞻礼称赞，随喜顶受，得瞻礼顶受已，即还彼天。[2]

34.Or.12380-0964（K.K.Ⅱ.0240.o）残存 1 页 4 行，残缺严重，字

---

① 西夏文“[illegible]”译为“诸天子众”。

② （宋）施护译《佛说佛母出生三法藏般若波罗蜜多经》卷 4，《大正藏》第 8 册，第 228 号，第 600 页中栏 29~ 下栏 5。

数无法确定，上栏线无存，下栏线单栏，刻本，刊布者将其定名为“佛经”，在第一行和第二行间有个小写的“𗕘”（三）字。现将西夏文录文并对译如下：

……[illegible]
……等欲界诸天子众及色界
𗕘
三
……𗣼[illegible]𗣼[illegible]𗣼[illegible]𗣼
……天大梵天光少天光无量天
……𗣼[illegible]𗣼
……天云无天
……𗣼
……天

在对译基础上翻译如下：

……等欲界诸天子众，及色界……天、大梵天、少光天、无量光天……天、无云天……天……

Or.12380-0964（K.K.Ⅱ.0240.o）为施护译《佛说佛母出生三法藏般若波罗蜜多经》卷七“随喜回向品第六之二”的相应内容：

> 如是等欲界诸天子众，复有色界梵众天、梵辅天、大梵天、少光天、无量光天、光音天、少净天、无量净天、遍净天、无云天、福生天、广果天、无烦天、无热天、善见天、善现天、色究竟天，如是等天中诸天子众……[1]

35.Or.12380-0965（K.K.Ⅱ.0291.f）残存 1 页 3 行，字数无法确定，

① （宋）施护译《佛说佛母出生三法藏般若波罗蜜多经》卷 7，《大正藏》第 8 册，第 228 号，第 611 页下栏 19~25。

上栏线单栏，刻本，刊布者将其定名为“佛经”。现将西夏文录文并对译如下：

豼豟豗豘豙豚[1]豛……	上皆阎浮檀金以……
豜豝豞豟豠象豢……	围绕及七多罗树……
豣豣豤豥豤豦……	种种宝花宝果……

在对译基础上翻译如下：

……上皆以阎浮檀金……围绕，及七多罗树……种种宝花、宝果……

Or.12380-0965（K.K.II.0291.f）为施护译《佛说佛母出生三法藏般若波罗蜜多经》卷二十四“常啼菩萨品第三十之二”的相应内容：

> 一一城上皆以阎浮檀金而为楼阁，七宝行树周匝围绕，复有七多罗树，彼七宝行树各有种种宝华果。[2]

Or.12380-0964（K.K.II.0240.o）和 Or.12380-0965（K.K.II.0291.f）为同版残经，只是内容不相连。

36.Or.12380-0972（K.K.II.0281.v.xxvi）残存 1 页 3 行，残缺严重，字数无法确定，上下栏线无存，刻本，刊布者将其定名为《般若波罗蜜多经》。现将西夏文录文并对译如下：

……豞豧豨豩豪豫豬……	……及是般若波罗蜜……
……豭豤豮豯……	……香华灯涂……
……豰豱……	……所定……

① 西夏文“豙豚豛豜”译为“阎浮檀金”，又作炎浮檀金、阎浮那提金、阎浮那陀金、剡浮那他金，为金子名称，其色赤黄，带紫焰气。

② （宋）施护译《佛说佛母出生三法藏般若波罗蜜多经》卷 24，《大正藏》第 8 册，第 228 号，第 669 页上栏 22~25。

在对译基础上翻译如下：

……及是般若波罗蜜……香华灯涂……所定……

残经为施护译《佛说佛母出生三法藏般若波罗蜜多经》卷三“宝塔功德品第三之二”的相应内容：

又复，书此般若波罗蜜多经置清净处，以诸香华灯涂、幢幡宝盖、上妙衣服，作如是等种种供养。憍尸迦！当知此善男子、善女人得福甚多。复次，憍尸迦！如前所说造七宝塔满中千世界，且置是数。[①]

37.Or.12380-0976（K.K.Ⅱ.0281.a.xxii）残存1页3行，字数无法确定，栏线无存，刻本，刊布者将其定名为“佛经”。现将西夏文录文并对译如下：

……[illegible]……	……佛释帝天主……
……[illegible]……	……善男子善女人诸……
……[illegible]……	……数无百……

在对译基础上翻译如下：

……佛帝释天主……善男子、善女人……诸……数无百……

Or.12380-0976（K.K.Ⅱ.0281.a.xxii）为施护译《佛说佛母出生三法藏般若波罗蜜多经》卷四“宝塔功德品第三之三”的相应内容：

佛告帝释天主言：“善哉，善哉！憍尸迦，若有善男子、善女人，于诸方处说此般若波罗蜜多时，有无数百千天子。”[②]

① （宋）施护译《佛说佛母出生三法藏般若波罗蜜多经》卷3，《大正藏》第8册，第228号，第597页中栏23~下栏4。

② （宋）施护译《佛说佛母出生三法藏般若波罗蜜多经》卷4，《大正藏》第8册，第228号，第600页中栏8~10。

38.Or.12380-0977（K.K.Ⅱ.0280.a.xvi）残存1页5行，字数无法确定，上栏线无存，下栏线单栏，刻本，刊布者将其定名为“佛经”。现将西夏文录文并对译如下：

……[illegible]□	……生□
……[illegible]	……成就无能
……[illegible]□[illegible]	……心不□移
……[illegible]	……摩诃萨
……[illegible]	……也

在对译基础上翻译如下：

……生□……无能成就……心不□移……摩诃萨……也……

Or.12380-0977（K.K.Ⅱ.0280.a.xvi）为施护译《佛说佛母出生三法藏般若波罗蜜多经》卷二“了知诸行相品第一之二”的相应内容：

> 若离无生法者，菩萨摩诃萨无能成就彼菩提行。世尊，若菩萨摩诃萨闻作是说心无所动，不惊不怖亦不退没，当知是菩萨摩诃萨行般若波罗蜜多。①

39.Or.12380-0992（K.K.Ⅱ.0276.kk）残存1页5行，字数无法确定，上栏线单栏，下栏线无存，刻本，刊布者将其定名为“佛经”。现将西夏文录文并对译如下：

[illegible]……	如来依应平等……
[illegible]……	菩提记得深心清净阿……
[illegible]……	提成就欲缘声闻独觉心行……
[illegible]……	净依后我所定阿耨多罗三……

① （宋）施护译《佛说佛母出生三法藏般若波罗蜜多经》卷2，《大正藏》第8册，第228号，第590页上栏18~21。

□□□□□[illegible]……　　　　□□□□□非……

在对译基础上翻译如下：

如来应供、平等……得……菩提记，深心清净欲成就阿……提故。闻声独觉心依所行……净，我后定阿耨多罗三……□□□□□非……

Or.12380-0992（K.K.Ⅱ.0276.kk）为施护译《佛说佛母出生三法藏般若波罗蜜多经》卷十九“善巧方便品第二十之二”的相应内容：

> 若我已于先佛如来应供、正等正觉所，得授阿耨多罗三藐三菩提记，深心清净为欲成就阿耨多罗三藐三菩提故。远离声闻缘觉之心所行清净，我当决定于阿耨多罗三藐三菩提，是所应得非不应得。①

40.Or.12380-0993（K.K.Ⅱ.0279.v）残存1页4行，字数无法确定，上栏线单栏，下栏线无存，刻本，刊布者将其定名为“佛经”。现将西夏文录文并对译如下：

[illegible]……　　　　最胜最妙……

[illegible]……　　　　名成是心以随喜……

[illegible]……　　　　成是随喜善根以……

[illegible]②[illegible]……　　　　回向趣故是……

在对译基础上翻译如下：

是名成最胜、最妙……以心随喜……成是以随喜善根……回向故是……

Or.12380-0993（K.K.Ⅱ.0279.v）不能笼统称为《般若波罗蜜多

---

①（宋）施护译《佛说佛母出生三法藏般若波罗蜜多经》卷19，《大正藏》第8册，第228号，第651页下栏2~7。

② 西夏文“[illegible]”译为“回向趣”，汉文意译为“回向”，与“[illegible]”意义相同，西夏文表述上有差异。

经》，可以确定其为施护译《佛说佛母出生三法藏般若波罗蜜多经》卷七“随喜回向品第六之二”的相应内容：

> 是即名为最上、最极、最胜、最妙、广大无量无等无等等心，即以此心而随喜者，乃可得名如实随喜，以此随喜善根，回向阿耨多罗三藐三菩提者，是故名为如实回向。[①]

41.Or.12380-1000（K.K.II.0254.i）残存1页3行，刻本，字数无法确定，下栏线单栏，刊布者将其定名为《金刚般若波罗蜜多经》。现将西夏文录文并对译如下：

……[illegible][②][illegible]
……依理正等正觉于波
……[illegible]
……尔时般若波罗蜜多与不离
……[illegible]
……来我之阿耨多罗三藐三菩提

在对译基础上翻译如下：

……于理应供、正等正觉。……尔时，与般若波罗蜜多不离……来我之……阿耨多罗三藐三菩提果。

此残经过于残缺，初步判断其为施护译《佛说佛母出生三法藏般若波罗蜜多经》卷十八“甚深义品第十九之二”的相应内容：

> ……应供、正等正觉所，发阿耨多罗三藐三菩提心。尔时，我于燃灯如来、应供、正等正觉所，持以五茎优钵罗华而为供养，我

---

① （宋）施护译《佛说佛母出生三法藏般若波罗蜜多经》卷7，《大正藏》第8册，第228号，第612页上栏2~7。

② 西夏文“[illegible]”译为“随理”“依应”，汉文本为“应供”，如来十号之一。

时证得无生法忍，彼燃灯如来知我善根成熟，即为授阿耨多罗三藐三菩提记。[①]

42.Or.12380-1060（K.K.Ⅱ.0281.ppp）残存 1 页 2 行，上栏线无存，下栏线单栏，写本，刊布者将其定名为“佛教戒律”。现将西夏文录文并对译如下：

……緂腅㒧繂綖荿絣莻䛃狝荿緂 ……去未来现在诸佛世尊之诸过

……𧬇㑩蓅㬰緁𢒇𢑺 ……起及随喜善根以

在对译基础上翻译如下：

……去、未来、现在之诸佛世尊，诸起过……及以随喜善根……

Or.12380-1060（K.K.Ⅱ.0281.ppp）非“佛教戒律”，而为施护译《佛说佛母出生三法藏般若波罗蜜多经》卷八“清净品第八之一”的相应内容：

若有菩萨于过去、未来、现在诸佛世尊所，有诸无漏法起随喜心，以此随喜善根，回向阿耨多罗三藐三菩提者，亦即是著。[②]

43.Or.12380-1073（K.K.Ⅱ.）残存 1 页 2 行，栏线无存，写本，刊布者将其定名为“佛经”。现将西夏文录文并对译如下：

……蘒𦒃繂㽞蓩……

……趣也如真实……

……𢇲絣狝𢒱㲃莻䛃豗腗㚘䕙……

……提佛对言说世尊阿耨多罗……

① （宋）施护译《佛说佛母出生三法藏般若波罗蜜多经》卷 18，《大正藏》第 8 册，第 228 号，第 648 页下栏 21~24。

② （宋）施护译《佛说佛母出生三法藏般若波罗蜜多经》卷 8，《大正藏》第 8 册，第 228 号，第 617 页上栏 10~13。

在对译基础上翻译如下：

……趣也，如真实……提对佛言说："世尊，阿耨多罗……"

Or.12380-1073（K.K.Ⅱ.）为施护译《佛说佛母出生三法藏般若波罗蜜多经》卷十七"空性品第十八"的相应内容：

> ……以阿耨多罗三藐三菩提如相回向，故名为真实回向。尔时，尊者须菩提白佛言："世尊，阿耨多罗三藐三菩提者是何义……"①

44.Or.12380-1090（K.K.Ⅱ.0282.a.xxxvii）残存 1 页 2 行，上栏线无存，下栏线单栏，刻本，刊布者将其定名为《金刚经》。现将西夏文录文并对译如下：

……[illegible][illegible][illegible]	……须菩提
……[illegible][illegible]	……真如

在对译基础上翻译如下：

……须菩提……真如

Or.12380-1090（K.K.Ⅱ.0282.a.xxxvii）非《金刚经》，而是施护译《佛说佛母出生三法藏般若波罗蜜多经》卷十五"真如品第十六"的相应内容：

> "不也，须菩提。"须菩提言："离色真如，有法于阿耨多罗三藐三菩提有所证不？"②

45.Or.12380-1097（K.K.Ⅱ.0244.n）残存 1 页 4 行，上栏线无存，

① （宋）施护译《佛说佛母出生三法藏般若波罗蜜多经》卷 17，《大正藏》第 8 册，第 228 号，第 646 页上栏 10~13。

② （宋）施护译《佛说佛母出生三法藏般若波罗蜜多经》卷 15，《大正藏》第 8 册，第 228 号，第 640 页上栏 1~5。

下栏线单栏，写本，刊布者将其定名为《大般若波罗蜜多经》。现将西夏文录文并对译如下：

……[illegible]

……藏出生般若波罗蜜多经

[illegible]

奉天显道耀武宣文神谋睿智制义去邪惇睦懿恭皇帝嵬名

……[illegible]

……二第之二

……[illegible]

……说及如来般若波罗蜜多经

在对译基础上翻译如下：

……藏出生般若波罗蜜多经

奉天显道耀武宣文神谋睿智制义去邪惇睦懿恭皇帝嵬名

……第……二之二

……说及如来般若波罗蜜多经

Or.12380-1097（K.K.II.0244.n）非《大般若波罗蜜多经》，而是施护译《佛说佛母出生三法藏般若波罗蜜多经》卷十三“显示世间品第十二之二”的相应内容：

佛说佛母出生三法藏般若波罗蜜多经

奉天显道耀武宣文神谋睿智制义去邪惇睦懿恭皇帝嵬名

显示世间品第十二之二

佛告须菩提：“又复，如来因般若波罗蜜多故……”[1]

---

① （宋）施护译《佛说佛母出生三法藏般若波罗蜜多经》卷13，《大正藏》第8册，第228号，第631页上栏15~20。

46.Or.12380-1136（K.K.Ⅱ.0275.cc）残存1页6行，上栏线无存，下栏线单栏，写本，刊布者将其定名为《大般若波罗蜜多经》。现将西夏文录文并对译如下：

……[illegible][1][illegible]

……见补特伽罗之诸行出

……[illegible]

……行出出者色依具起（生）

……[illegible]

……何云色受想行识依具起（生）

……[illegible]□[illegible]

……依起（生）也□诸异见补特伽

[illegible]……[illegible]

罗……也色常也我及世间不（无）常

……[illegible]

……不（无）常亦非是如我及世间

在对译基础上翻译如下：

……见补特伽罗之诸行出……出……行出者，依色具起（生）……何云依色、受、想、行、识具起（生）……依……起（生）也。□诸异见补特伽罗……也色常也，我及世间不（无）常……亦非不（无）常，如是我及世间……

Or.12380-1136（K.K.Ⅱ.0275.cc）为施护译《佛说佛母出生三法藏般若波罗蜜多经》卷十三“显示世间品第十二之二”的相应内容：

……及诸异见补特伽罗诸行出没耶？须菩提，所谓了知众生所

① 西夏文“[illegible]”译为“补特伽罗”。《佛学大辞典》载：“补特伽罗，又称‘富特伽罗、福伽罗、补伽罗、富伽罗、弗伽罗、富特伽耶’。旧译曰‘人、众生’。新译‘数取趣，数者，取五趣而轮回之义’。”

起诸行出没，依色而生，依受、想、行、识而生。云何依色、受、想、行、识生耶？谓诸异见补特伽罗起，如是见我及世间是常，色是常，我及世间是无常，亦常亦无常，非常非无常。如是我及世间是常，受、想、行、识是常……[1]

47.Or.12380-1145（K.K.Ⅱ.0275.iii）残存1页3行，残缺严重，上栏线无存，下栏线单栏，写本，存经题，但不全。现将西夏文录文并对译如下：

□□□□□□[illegible]
□□□□□□藏出生般若波罗蜜多经典卷
……[illegible]
……无量数无众
[illegible]……[illegible]
生……知了何

在对译基础上翻译如下：
□□□□□□藏出生般若波罗蜜多经典卷
……无量无数众生……知了何……

残经为宋施护译《佛说佛母出生三法藏般若波罗蜜多经》卷十三“显示世间品第十二之二”的相应内容：

佛告须菩提：“又复，如来因般若波罗蜜多故，如实了知无量无数众生，及诸异见补特伽罗诸行出没。云何如来知诸众生，及诸异见补特伽罗诸行出没耶？须菩提，所谓了知众生所起诸行出没，依色而生，依受、想、行、识而生。”[2]

---

① （宋）施护译《佛说佛母出生三法藏般若波罗蜜多经》卷13，《大正藏》第8册，第228号，第631页上栏19~24。

② （宋）施护译《佛说佛母出生三法藏般若波罗蜜多经》卷13，《大正藏》第8册，第228号，第631页上栏15~20。

48.Or.12380-1185（K.K.Ⅱ.0237.i.v）残存 1 页 1 行，仅为题签，写本，刊布者将其定名为“新刻出生般若卷第六题签”。现将西夏文录文并对译如下：

[illegible]　　新刻出生般若六第

其为宋施护译《佛说佛母出生三法藏般若波罗蜜多经》卷六的内容，但内容不存，只存题签，说明西夏时对此经不止一次进行过雕刊。

49.Or.12380-1200（K.K.）残存 1 页 3 行，栏线无存，写本，刊布者将其定名为“佛经”。现将西夏文录文并对译如下：

……[illegible]……　　……蜜多一切智自性……

……[illegible]……　　……别离故何云菩萨……

……[illegible]□[illegible]……　　……不离□也须……

在对译基础上翻译如下：

……蜜多，一切智自性……别离故。何云？菩萨……不离□也。须……

Or.12380-1200（K.K.）是施护译《佛说佛母出生三法藏般若波罗蜜多经》卷一“了知诸行相品第一之一”的相应内容：

> ……般若波罗蜜多，复离一切智自性，一切智离一切智自性者，云何说？菩萨摩诃萨不离般若波罗蜜多。须菩提……①

50.Or.12380-1371（K.K.Ⅱ.0264.e）残存 1 页 3 行，上栏线单栏，下栏线无存，写本，残缺严重，刊布者将其定名为“佛经”。现将西夏文录文并对译如下：

---

① （宋）施护译《佛说佛母出生三法藏般若波罗蜜多经》卷 1，《大正藏》第 8 册，第 228 号，第 588 页中栏 9~12。

[illegible][①][illegible]……

一时退转不发及阿耨多罗三藐三菩提……

[illegible]□□□[illegible]……

得者亦一念之时□□□是……

[illegible]……

三藐三菩提当成说我何云……

在对译基础上翻译如下：

不发……一时退转，及得阿耨多罗三藐三菩提者，亦一念之时□□□是我说当成……三藐三菩提。云何……

Or.12380-1371（K.K.Ⅱ.0264.e）为施护译《佛说佛母出生三法藏般若波罗蜜多经》卷二十一“幻喻品第二十六”的相应内容：

> 我不欲令初发阿耨多罗三藐三菩提心者，于一念中有所退转，又不欲令已得安住阿耨多罗三藐三菩提者，于一念中或生退转，是故我欲普令成就阿耨多罗三藐三菩提，何以故？[②]

51.Or.12380-1890（K.K.）残存 1 页 9 行，字数无法确定，上栏线单栏，下栏线不存，刻本，残经原版上有编号 1890，残缺十分严重，刊布者将其定名为“陀罗尼”。现将西夏文录文并对译如下：

[illegible]……

清净爱可法上……

[illegible]……

人天四众一……

（有 2 行西夏字无法辨认）

① 西夏文“[illegible]”译为“退转”，表示退失所修证而转变其位地。

② （宋）施护译《佛说佛母出生三法藏般若波罗蜜多经》卷 21，《大正藏》第 8 册，第 228 号，第 660 页上栏 23~29。

[illegible]……[illegible]……

养法上菩萨……说……

[illegible]……

蜜多广……

□[illegible]……

□诵读亦思念或亦……

□□[illegible]……

□□或亦阿耨多罗三藐三菩提……

……[illegible]……

……彼法上菩萨摩诃萨法……

在对译基础上翻译如下：

清净、可爱，法上……人天、四众一……

（有2行西夏字无法辨认）

供养法上菩萨……蜜多……说，广……□诵读亦思念或亦……□□或亦阿耨多罗三藐三菩提……彼法上菩萨摩诃萨法……

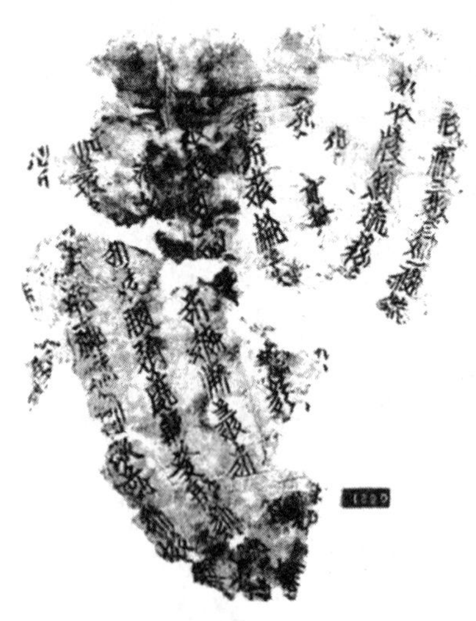

图1　Or.12380-1890（K.K.）

Or.12380-1890（K.K.）非“陀罗尼”，而是施护译《佛说佛母出生三法藏般若波罗蜜多经》卷二十四“常啼菩萨品第三十之二”的相应内容：

> 烧众妙香，严好、殊特、清净、可爱，法上菩萨摩诃萨处其法座，天人、四众集会一处，恭敬围绕以重法故，各各烧香散华，供养法上菩萨摩诃萨，是时菩萨广为一切天人、四众，宣说般若波罗蜜多随应说已，中有受持者、有读诵者、有思惟者、有书写者、有如说行者、有不退转于阿耨多罗三藐三菩提者。善男子，彼法上菩萨摩诃萨，说法会中有如是等功德利益。①

52.Or.12380-1948（K.K.）残存 1 页 6 行，字数无法确定，栏线不存，刻本，残经原版上有编号 1948，刊布者将其定名为《大般若波罗蜜多经》。现将西夏文录文并对译如下：

……[illegible]……	……处求应……
……[illegible]……	……般若波罗……
……[illegible]……	……主……
……[illegible]……	……般若波罗蜜多……
……[illegible]……	……是也舍利子言乔……
……[illegible]……	……佑助（加持）缘是何知应……

在对译基础上翻译如下：

……应求处……般若波罗……主……般若波罗蜜多……是也。舍利子言：“峤……应何知佑助（加持）故，是……”

Or.12380-1948（K.K.）不是《大般若波罗蜜多经》，而是施护译《佛说佛母出生三法藏般若波罗蜜多经》卷二“帝释天主品第二”的相应内容：

① （宋）施护译《佛说佛母出生三法藏般若波罗蜜多经》卷 24，《大正藏》第 8 册，第 228 号，第 669 页上栏 12~22。

……般若波罗蜜多，当于何求？舍利子言：“憍尸迦，菩萨摩诃萨般若波罗蜜多，当于须菩提所转中求。”帝释天主言：“尊者，舍利子，彼须菩提所说般若波罗蜜多，是何神力所加持？”舍利子言：“憍尸迦，当知是佛神力所加持故，是时，尊者须菩提。”①

53.Or.12380-1949（K.K.）残存1页3行，字数不能确定，栏线无存，刻本，存经名、品题，但不全，原残经上有编号1949，刊布者将其定名为《佛说佛母出生三法藏般若波罗蜜多经》。现将西夏文录文并对译如下：

……𗹙𗹙𘓐𘃡𗫂□□𘝞……	……一切佛所说□□大……
……𗫂𘓐𗴂𘕕𗂧𗾞𗱠𗒐𗏁……	……说佛母三法藏出生般……
……𘏨𗍫𗰗𗏁𗗙……	……卷二十五第……

在对译基础上翻译如下：

……一切，□佛所说□大……

佛说佛母出生三法藏般……

……卷第二十五……

Or.12380-1949（K.K.）为施护译《佛说佛母出生三法藏般若波罗蜜多经》卷二十五“常啼菩萨品第三十之三”的结尾处内容：

……乃至一切世间天、人、阿修罗等，闻佛所说，皆大欢喜，信受奉行。

佛说佛母三法藏出生般若波罗蜜多经卷第二十五②

① （宋）施护译《佛说佛母出生三法藏般若波罗蜜多经》卷2，《大正藏》第8册，第228号，第593页下栏27~29。

② （宋）施护译《佛说佛母出生三法藏般若波罗蜜多经》卷25，《大正藏》第8册，第228号，第676页下栏10~13。

54.Or.12380-2099（K.K.Ⅱ.0282.i）残存2页10行，其中1行无法辨识，字数不能确定，上栏线无存，下栏线单栏，写本，原残经上有编号2099，刊布者将其定名为“佛经”，有涂改的西夏字。现将西夏文录文并对译如下：

……[illegible]……

……如言说善男子……

……[illegible][1][illegible]……

……菩萨道也汝是法中……

……[illegible]……

……即阿耨多罗三藐三……

……[illegible]

……诸众生界一切尽终皆如真实际安

……[illegible]

……不及（不如）憍尸迦彼善男子善女

[illegible]……[illegible]……

人……得者最中多也复次憍尸迦是……

……[illegible][2][illegible]……

……一当处若人四大河洲中众生……

……[illegible][3][illegible]……

……皆十善业修令事亦当处……

……[illegible]……

……一切之教化（指教）皆十善业修……

在对译基础上翻译如下：

① 西夏文“[illegible]”译为“菩萨道”。菩萨道圆满自利、利他二利而成佛果之道。

② 西夏文“[illegible]”译为“四大河洲”，汉文本为“四大洲”。四大洲，也称四洲，住须弥山四方咸海之四大洲，即南赡部洲、东胜神洲、西牛贺洲、北俱芦洲。

③ 西夏文“[illegible]”译为“十善业”。十善业即不杀、不盗、不邪淫、不妄语、不两舌、不恶口、不绮语、不贪、不恼害、不邪见。

……如言说："善男子……菩萨道也，汝是法中……即阿耨多罗三藐三……终尽一切诸众生界皆不如安如真实际……"憍尸迦，彼善男子、善女人得……中者最多也。复次，憍尸迦是……当……一处，若人令四大河洲中众生……皆修十善业，亦当事处……一切之……指教皆修十善业……

Or.12380-2099（K.K.II.0282.i）是施护译《佛说佛母出生三法藏般若波罗蜜多经》卷四"正福品第五之一"的相应内容：

> 转劝他人使其受持，作如是言："汝善男子，此般若波罗蜜多是菩萨道，汝于是中应当修学，如是学者即能速证阿耨多罗三藐三菩提，能尽一切诸有情界，普令安住真如实际。"憍尸迦，是善男子、善女人得福甚多。复次，憍尸迦，置是满阎浮提所有众生，若人以满四大洲所有众生，各各教令修十善业，复置是数。若满小千世界所有众生，而复各各教修十善，亦置是数。①

55.Or.12380-2128（K.K.II.0275.c）残存1页10行，每行17字，上下栏线单栏，写本，原残经上有编号2128，刊布者将其定名为《大般若波罗蜜多经》。现将西夏文录文并对译如下：

□□[illegible]□□□□□□□□□□□□□□
□□住□□□□□□□□□□□□□□
[illegible][illegible][illegible]□□[illegible][illegible]□□□□□[illegible][illegible][illegible][illegible][illegible]
如我前□□见是□□□□□子是于起依
[illegible][illegible][illegible][illegible][illegible][illegible][illegible][illegible][illegible]□[illegible][illegible]□[illegible][illegible]□□
方往五百由旬岸于城□有名□众香□□
[illegible][illegible][illegible][illegible][illegible][illegible][illegible][illegible][illegible][illegible]□[illegible][illegible][illegible][illegible]□[illegible]
彼中往菩萨摩诃萨住名□法上汝等□往

① （宋）施护译《佛说佛母出生三法藏般若波罗蜜多经》卷4，《大正藏》第8册，第228号，第603页下栏6~16。

[illegible]□□

前所定般若波罗蜜多使说我彼言闻□□

[illegible]□[illegible]

欢喜起立即彼处一心□大者又及般若波

[illegible]

罗蜜多之思念时我法一切依避无想起于

[illegible]

住立即无量数无三摩地门入彼三摩乘依

[illegible]□□□□□[illegible]

十方无量阿僧祇乘门□□□□□佛如来依

[illegible]□□□□□□□□□□□□□□□□

等正□□□□□□□□□□□□□□□□

在对译基础上翻译如下：

见□□住□□□□□□□□□□□□□□如我前□□，是□□□□□子，于依是起方往五百由旬岸，于有城□名□众香，□□往彼中住菩萨摩诃萨，名□法上。汝等前往彼所定使□般若波罗蜜多，说我闻彼言，起□□欢喜，立即彼处一心□大者，又及思念般若波罗蜜多之时，我住于一切法起无依避想，立即入无量无数三摩地门，依彼三摩乘十方无量阿僧祇乘门□□□□□佛如来、应□、正等□□□□□□□□□□□□□□□□□□……

Or.12380-2128（K.K.II.0275.c）非《大般若波罗蜜多经》，而是施护译《佛说佛母出生三法藏般若波罗蜜多经》卷二十五“常啼菩萨品第三十之三”的相应内容：

忽然见有如来形像，住于我前，作如是言：“善男子，从是东行五百由旬，有城名众香，彼有菩萨摩诃萨，名曰‘法上’，汝可往彼，当得闻般若波罗蜜多。”我时闻是说已，心大欢喜，即于彼处一心谛想大士，思惟般若波罗蜜多。我于尔时住一切法无依止想，实时得入无量无数三摩地门，于三摩地中，见十方无量阿僧祇世界，诸佛如来、应供、正等正觉，各各为诸菩萨摩诃萨宣说般若波罗蜜多。①

56.Or.12380-2227（K.K.）残存 1 页 4 行，残缺严重，字数不能确定，栏线无存，刻本，原残经上有编号 2227，刊布者定名为“佛经”。现将西夏文录文并对译如下：

……[illegible]……	……非……
……[illegible]……	……非常无常无……
……[illegible]……	……大乘尊也妙也世……
……[illegible]　[illegible]	……十六第　广

在对译基础上翻译如下：

……非……非无常无常……大乘，尊也，妙也。世……

……第十六　广

Or.12380-2227（K.K.）为施护译《佛说佛母出生三法藏般若波罗蜜多经》卷十五“贤圣品第十五之二”的结尾处和“真如品第十六”品题的相应内容，且 Or.12380-2227（K.K.）经题后出现帙号，说明刻本西夏文佛经属于入藏本。

是时，梵王、帝释及诸天子复白佛言：“希有，世尊。希有，善逝。佛所说法世间诸行，难可得信、难可得解。何以故？世间行有着，佛说法无着，是故一切法离诸有著。”

真如品第十六　广②

---

① （宋）施护译《佛说佛母出生三法藏般若波罗蜜多经》卷 25，《大正藏》第 8 册，第 228 号，第 673 页中栏 28~ 下栏 8。

② （宋）施护译《佛说佛母出生三法藏般若波罗蜜多经》卷 15，《大正藏》第 8 册，第 228 号，第 638 页上栏 15~20。

57.Or.12380-2235（K.K.Ⅱ.0282.a.ii）残存 2 页，右面存 5 行，左面存 5 行，残缺严重，字数不能确定，栏线无存，刻本，原残经上有编号 2235，刊布者定名为“佛经”。现将西夏文录文并对译如下：

（右面）

……[illegible]……	……尽……
……[illegible]……	……者最上……
……[illegible]……	……等无心……
……[illegible]	……阿耨多罗三藐三菩提
……[illegible][①]……	……言说愿我是善根……

在对译基础上翻译如下：

……尽……者最上……无等心……阿耨多罗三藐三菩提……言说，愿我是善根……

（左面）

……[illegible][②][illegible]……	……无学无漏无善……
……[illegible]……	……善根一切及……
……[illegible]……	……多布施……
……[illegible]……	……夜叉乾闼婆……
……[illegible]……	……无……

在对译基础上翻译如下：

……无……无学无漏，善……一切……善根，及……夷布施……夜叉乾闼婆……无……

Or.12380-2235（K.K.Ⅱ.0282.a.ii）为施护译《佛说佛母出生三法

① 西夏文“[illegible]”译为“善根”，指身口意三业的善固不可拔。

② 西夏文“[illegible]”译为“无学无漏”。无学声闻乘四果中，前三果为有学，第四阿罗汉果为无学。

藏般若波罗蜜多经》卷六“随喜回向品第六之一”的相应内容。但Or.12380-2235（K.K.Ⅱ.0282.a.ii）残经左右面的内容需要颠倒过来，右面内容在后，左面内容在前，调整顺序后，汉文本相应内容如下：

> 行于布施持戒修定所有功德，及诸有学无漏、无学无漏，如是善根。又复，所有诸愚异生所种善根，及其四众苾刍、苾刍尼、优婆塞、优婆夷所行布施、持戒、修定功德，乃至天龙、夜叉、乾闼婆、阿修罗、迦楼罗、紧那罗、摩睺罗、伽人及非人傍生异类，闻佛说法所种善根。……一切众生于佛法僧所种善根，如是等种种善根、种种功德，尽无尽相、和合聚集、称计较量，修菩萨者以最上、最极、最胜、最妙、广大无量无等无等等心皆悉随喜，以如是随喜功德，回向阿耨多罗三藐三菩提作如是言，愿我以此善根，当得阿耨多罗三藐三菩提果。[①]

58.Or.12380-2385（K.K.Ⅱ.0237.f）残存1页4行，字数不能确定，上栏线双栏，下栏线无存，刻本，刊布者定名为“佛经”。现将西夏文录文并对译如下：

西夏文	对译
[illegible]……	色受想行识想不起（生）……
[illegible]……	自相空知解（了）法一切于……
[illegible]……	生无及诸法中生无……
[illegible]……	相具足如……

在对译基础上翻译如下：

不生色、受、想、行、识想……了知自相空法，于一切……无生，及诸法中无生……具足如相……

Or.12380-2385（K.K.Ⅱ.0237.f）为施护译《佛说佛母出生三法藏般

---

① （宋）施护译《佛说佛母出生三法藏般若波罗蜜多经》卷6，《大正藏》第8册，第228号，第609页中栏13~22。

若波罗蜜多经》卷十六“不退转菩萨相品第十七”的相应内容：

> 于诸法中不作色想、不生色想，不作受、想、行、识想，不生受、想、行、识想。何以故？是菩萨了知诸法自相空故，于一切法毕竟无所得、无作无生，于诸法中得无生忍。须菩提，若有具足如是相者，是为不退转菩萨摩诃萨。①

59.Or.12380-2388（K.K.II.0276.ww）残存1页5行，字数不能确定，上栏线无存，下栏线单栏，刻本，刊布者定名为“佛经”。现将西夏文录文并对译如下：

……[illegible]　　……一切众生
……[illegible]　　……彼诸心发菩萨
……[illegible]　　……修持身善为
……[illegible]②　　……众生恒河沙
……[illegible]　　……若菩萨摩诃萨

在对译基础上翻译如下：

……一切众生……彼诸发心菩萨……修持……身善为……众生恒河沙……菩萨摩诃萨

Or.12380-2388（K.K.II.0276.ww）为施护译《佛说佛母出生三法藏般若波罗蜜多经》卷七“随喜回向品第六之二”的相应内容：

> 若殑伽沙数三千大千世界一切众生，皆发阿耨多罗三藐三菩提心，是诸发心菩萨，一一于其殑伽沙数劫中，修持净戒，身善所作，语善所作，意善所作，彼诸菩萨于殑伽沙数劫中如是持戒不生

---

① （宋）施护译《佛说佛母出生三法藏般若波罗蜜多经》卷16，《大正藏》第8册，第228号，第642页中栏20~25。

② 西夏文“[illegible]”译为“恒河沙”，汉文本为“殑伽沙”，恒河即殑伽河、殑伽河。

过失。[①]

60.Or.12380-2397（K.K.II.0282.uu）残存 1 页 3 行，字数不能确定，上栏线单栏，下栏线无存，刻本，在残经空白处有编号 K.K.II.0282.uu，刊布者定名为“佛经”。现将西夏文录文并对译如下：

[illegible]……[illegible]　依乃至世间种事一切……般若波
[illegible]……　罗蜜多与不自然者悉皆……
[illegible]……　令须菩提若是如相具足……

在对译基础上翻译如下：

依……乃至世间一切种事……不……与般若波罗蜜多自然者，悉皆令……须菩提，若具足如是相……

Or.12380-2397（K.K.II.0282.uu）为施护译《佛说佛母出生三法藏般若波罗蜜多经》卷十六“不退转菩萨相品第十七”的相应内容：

> 菩萨因般若波罗蜜多故，乃至世间一切种事，而不见有与般若波罗蜜多不相应者，皆悉安住实相法中。须菩提，若有具足如是相者，是为不退转菩萨摩诃萨。[②]

61.Or.12380-2398（K.K.II.0282.gg）残存 1 页 4 行，字数不能确定，上栏线单栏，下栏线无存，刻本，刊布者定名为“佛经”。现将西夏文录文并对译如下：

[illegible]……

① （宋）施护译《佛说佛母出生三法藏般若波罗蜜多经》卷 7，《大正藏》第 8 册，第 228 号，第 612 页中栏 10~15。

② （宋）施护译《佛说佛母出生三法藏般若波罗蜜多经》卷 16，《大正藏》第 8 册，第 228 号，第 641 页下栏 18~21。

菩萨摩诃萨是也……

……𗼃𗏁　𗋽

……六第　神

𗋕𗆨𗫂𗗙𗉣𗍁𗓻𗆗𗏴[①]𗂧𗑗𗗙𗋕𗄊……

复次须菩提若诸魔恶菩萨处来八……

𗕑𗎘𗍫𗆐𗉻[②]𗋕𗊔𗓁𗏣𗅲……

为一一地狱中各自百千……

在对译基础上翻译如下：

菩萨摩诃萨是也……

佛说佛母出生三法藏般若波罗蜜多经卷第十六　神

复次，须菩提，若诸恶魔来菩萨处，为八……一一地狱中，各自百千……

Or.12380-2398（K.K.II.0282.gg）为施护译《佛说佛母出生三法藏般若波罗蜜多经》卷十六“不退转菩萨相品第十七”的相应内容：

> ……是为不退转菩萨摩诃萨。
>
> 佛说佛母出生三法藏般若波罗蜜多经卷第十六　神
>
> 复次，须菩提，有诸恶魔来菩萨所，化作八大地狱，一一地狱，其中各有百千万数不退转菩萨……[③]

Or.12380-2397（K.K.II.0282.uu）和 Or.12380-2398（K.K.II.0282.gg）为同一版本同卷残经，只是二者内容不能完全缀合。

62.Or.12380-2399（K.K.II.0282.a.v）残存 1 页 3 行，字数不能确定，上栏线无存，下栏线单栏，刻本，刊布者定名为“佛经”，残页上

---

① 西夏文“𗆗𗏴”译为“恶魔”，指障碍佛道恶神的总称。

② 西夏文“𗆐𗉻”译为“地狱”，还可译为不乐、可厌、苦具、苦器、无有等。

③（宋）施护译《佛说佛母出生三法藏般若波罗蜜多经》卷 16，《大正藏》第 8 册，第 228 号，第 641 页下栏 22~24。

有编号 2399。现将西夏文录文并对译如下：

……[illegible]□　　……之劝受持令□
……[illegible]　　……波罗蜜多者菩萨
……[illegible]　　……依皆修

在对译基础上翻译如下：

……之，劝令受持□……波罗蜜多者菩萨……依皆修……

Or.12380-2399（K.K.Ⅱ.0282.a.v）为施护译《佛说佛母出生三法藏般若波罗蜜多经》卷二十二“坚固义品第二十七”的相应内容：

> 常以佛眼观察是修行般若波罗蜜多菩萨摩诃萨，又复以佛威神常所护念。须菩提，是菩萨摩诃萨以修行般若波罗蜜多故，即得不退转于阿耨多罗三藐三菩提。[①]

63.Or.12380-2524（K.K.）残存 1 页 7 行，上栏线单栏，下栏线无存，刻本，字数无法确定，残经上有编号 2524，刊布者将其定名为“佛经”。现将西夏文录文并对译如下：

[illegible]……　　之护持般若波罗蜜多……
[illegible]……　　彼菩萨之功德者无……
[illegible]……　　尔时须菩提佛对言……
[illegible]……　　分离（分别）也世尊何云多……
[illegible]……　　之说诸菩萨摩诃萨……
[illegible]……　　自诸为起法相分别……
[illegible]……　　无及彼法中分离应……

---

① （宋）施护译《佛说佛母出生三法藏般若波罗蜜多经》卷 22，《大正藏》第 8 册，第 228 号，第 662 页中栏 22~25。

在对译基础上翻译如下：

之护持般若波罗蜜多……彼菩萨之功德者无……尔时，须菩提对佛言："……分离（分别）也。世尊，何云？多……"……之说，诸菩萨摩诃萨……自诸起为法相分别……无，及彼法中应分离……

Or.12380-2524（K.K.）为施护译《佛说佛母出生三法藏般若波罗蜜多经》卷十七"空性品第十八"的相应内容：

> 复能护持般若波罗蜜多，不暂远离般若波罗蜜多，是菩萨所获福德无量无边不可称计。尔时，须菩提白佛言："世尊，诸起作法是相分别。云何？世尊，作如是说得福多耶？"佛言："须菩提，诸菩萨摩诃萨行般若波罗蜜多时，而自了知诸起作法是相分别，虚妄不实、空无所有，于是法中无所分别。"[①]

64.Or.12380-2534（K.K.Ⅱ.0282.qqq）残存1页6行，上栏线单栏，下栏线无存，刻本，字数无法确定，残经上有编号2534，刊布者定名为"佛经"。现将西夏文录文并对译如下：

□□□[illegible]……

□□□未得不……

□□□[illegible]……

□□□解（了）者不退转菩萨摩诃萨……

□□□[illegible]……

□□□能明已问法中应示……

[illegible]……[illegible]

须菩提佛对言说世尊彼无……菩萨摩

[illegible]……

诃萨者云何明也佛须菩提……

① （宋）施护译《佛说佛母出生三法藏般若波罗蜜多经》卷17，《大正藏》第8册，第228号，第645页上栏12~20。

[illegible]……

归菩萨摩诃萨者是甚深……

在对译基础上翻译如下：

不得□□□传……□□□解者，不退转菩萨摩诃萨……□□□能明已问法中应示……须菩提对佛言说："世尊，彼无……菩萨摩诃萨者。云何明也？"佛…… 须菩提…… 归菩萨摩诃萨者，是甚深……

Or.12380-2534（K.K.Ⅱ.0282.qqq）为施护译《佛说佛母出生三法藏般若波罗蜜多经》卷十八"善巧方便品第二十之一"的相应内容：

> 当知是菩萨未于先佛如来应供、正等正觉所得授阿耨多罗三藐三菩提记，未住不退转地，何以故？是菩萨不能宣说不退转菩萨摩诃萨不共相，不能于其所问法中正示正答。须菩提白佛言："世尊，应云何知是不退转菩萨摩诃萨？"佛言："须菩提，当知彼不退转菩萨摩诃萨者，于此甚深般若波罗蜜多法门。"①

65.Or.12380-2535（K.K.Ⅱ.0289.m）残存1页6行，上栏线单栏，下栏线无存，刻本，残缺严重，字数无法确定，残经上有编号2535，刊布者定名为"佛经"。现将西夏文录文并对译如下：

西夏文	对译
[illegible]……[illegible]	安住善……阿耨
[illegible]……	多罗三藐三菩提……
[illegible]□[illegible]……	罗蜜多依然善□一切及诸……
[illegible]□[illegible]……	独觉记受□之善根一切及诸……
[illegible]……	之布施戒持禅定修行善根……
□□[illegible]……	□□无学无漏无一切善根

① （宋）施护译《佛说佛母出生三法藏般若波罗蜜多经》卷18，《大正藏》第8册，第228号，第650页下栏8~15。

在对译基础上翻译如下：

安住善……阿耨多罗三藐三菩提……罗蜜多，依然（自然）一切善□及诸……独觉记受□之一切善根，及诸……之布施持戒禅定修行善根……□无□无学无漏一切善根。

Or.12380-2535（K.K.Ⅱ.0289.m）为施护译《佛说佛母出生三法藏般若波罗蜜多经》卷六“随喜回向品第六之一”的相应内容：

> 一切众生于是中学信解安住所有善根。及佛世尊为诸菩萨授阿耨多罗三藐三菩提记，是诸菩萨所有六波罗蜜多相应善根。又复为诸缘觉乘人授缘觉记，而彼所有一切善根。又复有诸声闻乘人，行于布施、持戒、修定所有善根，及诸有学无漏、无学无漏如是善根。[①]

66.Or.12380-2536（K.K.Ⅱ.0231.n）残存1页6行，上栏线单栏，下栏线无存，刻本，字数无法确定，残经上有编号2536，刊布者定名为“佛经”。现将西夏文录文并对译如下：

[illegible]……	数劫中布施行修者彼数……
[illegible]……	恒河沙数三千大千世界中……
[illegible]……	阿耨多罗三藐三菩提心生……
[illegible]……	解一一恒河沙数劫中净戒……
[illegible]……	作言善为作意善为作彼……
[illegible]……	数劫中如是持戒罪过无……

在对译基础上翻译如下：

……数劫中修布施行者，彼数……恒河沙数三千大千世界中……生阿耨多罗三藐三菩提心……解一一恒河沙数劫中，净戒……作，言善为

① （宋）施护译《佛说佛母出生三法藏般若波罗蜜多经》卷6，《大正藏》第8册，第228号，第609页上栏14~20。

作，意善为作，彼……数劫中如是持戒，无……罪过……

Or.12380-2536（K.K.II.0231.n）为施护译《佛说佛母出生三法藏般若波罗蜜多经》卷七“随喜回向品第六之二”的相应内容：

……一一于其殑伽沙数劫中修布施行，且置是数。须菩提，若殑伽沙数三千大千世界一切众生，皆发阿耨多罗三藐三菩提心，是诸发心菩萨，一一于其殑伽沙数劫中，修持净戒，身善所作，语善所作，意善所作，彼诸菩萨于殑伽沙数劫中如是持戒不生过失。①

67.Or.12380-2537（K.K.II.0275.pp）残存 1 页 6 行，上栏线单栏，下栏线无存，刻本，字数无法确定，残经上有编号 2537，刊布者将其定名为《大般若波罗蜜多经》。现将西夏文录文并对译如下：

□□[illegible]……　　□□尊者须菩提……

□□[illegible]……　　□□波罗蜜多……

[illegible]□[illegible]……　　加□缘（故）也菩萨

[illegible]……　　于求应说者……

[illegible]……　　色中无求……

[illegible]……　　识中无求应……

在对译基础上翻译如下：

□□尊者须菩提……□□波罗蜜多……加□故也。应说菩萨……于求者……无……色中求……无……识中求应……

Or.12380-2537（K.K.II.0275.pp）为施护译《佛说佛母出生三法藏般若波罗蜜多经》卷二“帝释天主品第二”的相应内容，刊布者定名为《大般若波罗蜜多经》有误，汉文本“帝释天主品第二”的相应内容：

① （宋）施护译《佛说佛母出生三法藏般若波罗蜜多经》卷 7，《大正藏》第 8 册，第 228 号，第 612 页中栏 9~15。

……当知是佛神力所加持故。是时，尊者须菩提告帝释天主言：我所说般若波罗蜜多，当知皆是如来神力所加持故。所言菩萨摩诃萨般若波罗蜜多当于何求者？当知菩萨摩诃萨般若波罗蜜多，不应于色中求，不应离色中求，如是不应于受、想、行、识中求，不应离受、想、行、识中求。①

68.Or.12380-2538RV（K.K.Ⅱ.0230.ix）残存 2 页，共存 9 行。右面存 6 行，上栏线无存，下栏线单栏，刻本，字数无法确定，残经上有编号 2538；左面虽存 6 行，但有 3 行为从右面残经粘连的反字，不录。刊布者将其定名为“佛经”。现将西夏文录文并对译如下：

（右面）

……[illegible]	……宫殿起一宫殿
……[illegible]	……地上道行未曾
……[illegible]	……佛国（刹）起一佛国（刹）
……[illegible]	……星宿劫中
……[illegible]	……理正等正觉
……[illegible]	……最上

在对译基础上翻译如下：

……宫殿起一宫殿……未曾行地上道……佛刹起一佛刹……星宿劫中……理、正等正觉……最上……

（左面）

……[illegible]	……显也
……[illegible]	……女人后佛

① （宋）施护译《佛说佛母出生三法藏般若波罗蜜多经》卷 2，《大正藏》第 8 册，第 228 号，第 593 页下栏 29~594 页上栏 6。

② 西夏文“[illegible]”译为“宫殿”。

……[illegible]□[illegible]　　　　……诸佛□与

在对译基础上翻译如下：

……显也……后女人佛……诸佛□与……

Or.12380-2538RV（K.K.Ⅱ.0230.ix）为施护译《佛说佛母出生三法藏般若波罗蜜多经》卷十八“甚深义品第十九之二”的相应内容：

……从一宫殿至一宫殿，自生至终足不履地。今此女人亦复如是，从一佛刹至一佛刹不离诸佛，乃至于未来世星宿劫中当得成佛，号金华如来、应供、正等正觉、明行足、善逝、世间解、无上士、调御丈夫、天人师、佛、世尊，出现世间。

尔时，尊者阿难作如是念：“今此女人当成佛时，于彼刹中所有众会诸菩萨等，如诸佛会等无异不？”①

69.Or.12380-2556（K.K.Ⅱ.0262.k）残存1页6行，刻本，上栏线单栏，下部分残缺，下栏线无存，残经上有编号2556，刊布者将其定名为《大般若波罗蜜多经》。现将西夏文录文并对译如下：

[illegible]……　　　　受想行识生无故……

[illegible]……　　　　识灭无故受想行识……

[illegible]②[illegible]……　　　　与无二无别灭无亦……

[illegible]……　　　　异（别）若受想行识无二……

[illegible]……　　　　诃萨般若波罗蜜多于……

[illegible]……　　　　行识于受应（所）无生无……

在对译基础上翻译如下：

① （宋）施护译《佛说佛母出生三法藏般若波罗蜜多经》卷18，《大正藏》第8册，第228号，第648页中栏26~下栏8。

② 西夏文“[illegible]”译为“无二无别”。

受、想、行、识生无故……识灭无故。受、想、行、识……与……无二无别，亦无灭……别，若受、想、行、识无二……诃萨于般若波罗蜜多……于……行识无所受、无所生……

Or.12380-2556（K.K.II.0262.k）非《大般若波罗蜜多经》，而是施护译《佛说佛母出生三法藏般若波罗蜜多经》卷二“了知诸行相品第一之二”的相应内容：

> 若受、想、行、识无生，即非受、想、行、识。若受想行识无灭，即非受、想、行、识。此无生与受、想、行识无二无别，无灭与受、想、行、识亦无二无别，若说受、想、行、识，即是无二法。世尊，菩萨摩诃萨于般若波罗蜜多如是观已，即于色、受、想、行、识无所受，无所生，无所灭。乃至一切法、一切相亦复如是。[①]

70.Or.12380-2560（K.K.II.0279.cc）残存 1 页 6 行，上栏线单栏，下栏线无存，刻本，残经上有编号 2560，残经下半部分残缺严重，刊布者将其定名为“佛经”。现将西夏文录文并对译如下：

緂繈綀敍覶……	我何云也法……
梲敍	二十
緁緂覶禰禰……	故我法一切……
檨緗綩緢……	及得应不……
蘦籽蘶蘨蘵……	帝释天主赞……
孺燮蘦籽蘶……	尔时天帝释

在对译基础上翻译如下：

我何云也法……

① （宋）施护译《佛说佛母出生三法藏般若波罗蜜多经》卷 2，《大正藏》第 8 册，第 228 号，第 590 页上栏 27~ 中栏 5。

二十

故我法一切……及得应不……帝释天主赞……尔时帝释天……

Or.12380-2560（K.K.Ⅱ.0279.cc）为施护译《佛说佛母出生三法藏般若波罗蜜多经》卷二十“善知识品第二十二之二”“帝释天主赞叹品第二十三”的相应内容：

须菩提言：“我不见是法有所记别，亦复不见有授记法。何以故？一切法无所得故。世尊，以是义故，我知一切法无证、是中无证者，一切法无得、是中无所得。”

帝释天主赞叹品第二十三

尔时，帝释天主在大会中，即从座起前白佛言：“世尊，如佛所说般若波罗蜜多最上甚深，难可得见、难可得闻，亦复于中难解难入。”①

71.Or.12380-2561（K.K.Ⅱ.0280.a.iv）残存1页6行，上栏线单栏，下栏线无存，刻本，残经上有编号2561，残经下部分残缺，刊布者将其定名为“佛经”。现将西夏文录文并对译如下：

[illegible]……[illegible]……	诵记念……乃至他（彼）……
[illegible]……	生障碍为如须菩提……
[illegible]②……	彼魔恶行为诸魔障……
[illegible]……	人若持读诵乃至……
[illegible]……	依为应及诸善男子善……
[illegible]……	蜜多法门若各写若彼……

① （宋）施护译《佛说佛母出生三法藏般若波罗蜜多经》卷20，《大正藏》第8册，第228号，第656页上栏28~中栏4。

② 西夏文“[illegible]”译为“魔障”，指恶魔之障碍。

在对译基础上翻译如下：

……诵、记念……乃至彼……生如为障碍。须菩提……彼恶魔行为诸魔障……人若持读诵，乃至……依……应为……及诸善男子、善……若各写，若彼……蜜多法门……

Or.12380-2561（K.K.Ⅱ.0280.a.iv）为施护译《佛说佛母出生三法藏般若波罗蜜多经》卷十“赞持品第十之二”的相应内容：

> 受持读诵、记念、思惟，乃至为人说其义时，多难事起而为障碍。须菩提，汝今当知，难事起时，是其恶魔作诸魔障，是故善男子、善女人，诸有受持读诵，乃至为人演说者，应当速疾如理所作。
>
> 又复有诸善男子、善女人，若欲自书，若使人书此般若波罗蜜多法门者。①

72.Or.12380-2592（K.K.I.ii.02.f）残存1页，上栏线单栏，下栏线无存，写本，原文献上有编号2592，刊布者定名为《佛说佛母出生三法藏般若波罗蜜多经》。现将西夏文录文并对译如下：

[illegible]……	佛说佛母三法藏出……
[illegible]	三第
[illegible]……	世间显现品十二第之二……
[illegible]……	佛须菩提对说如来般若波……
□[illegible]……	□及又诸异见布楼伽罗……

在对译基础上翻译如下：

佛说佛母三法藏出……第……三

世间显现品第十二之二

佛对须菩提说：如来般若波……□，及又诸异见布楼伽罗……

---

①（宋）施护译《佛说佛母出生三法藏般若波罗蜜多经》卷10，《大正藏》第8册，第228号，第622页中栏26~下栏4。

根据“世间显现品第十二之二”，可确定残经是施护译《佛说佛母出生三法藏般若波罗蜜多经》卷十三之“显示世间品第十二之二”的相应内容：

> 佛说佛母出生三法藏般若波罗蜜多经卷第十三
>
> 显示世间品第十二之二
>
> 佛告须菩提：“又复，如来因般若波罗蜜多故，如实了知无量无数众生，及诸异见补特伽罗诸行出没。云何如来知诸众生，及诸异见补特伽罗诸行出没耶？”[①]

73.Or.12380-2593（K.K.II.0275.d）残存 1 页，上栏线无存，下栏线单栏，写本，下边残缺，原文献上有编号 2593，刊布者将其定名为《佛说佛母出生三法藏般若波罗蜜多经》。现将西夏文录文并对译如下：

[illegible]……

般若波罗蜜多之护持般若……

[illegible]……

离能故此菩萨之德功者无量无边……

[illegible]……

尔时须菩提佛对言说世尊诸为……

[illegible]……

尊何云多福得说也佛须菩提对说……

[illegible]……

若般若波罗蜜多时自诸为……

[illegible]……

虚诈无实虚有无应及此法……

---

① （宋）施护译《佛说佛母出生三法藏般若波罗蜜多经》卷 13，《大正藏》第 8 册，第 228 号，第 631 页上栏 14~20。

在对译基础上翻译如下：

护持之般若波罗蜜多，能离般若……故此菩萨之德功者无量无边。

尔时，须菩提对佛言说："世尊，诸为……尊，何云？说得福多也？"佛对须菩提说："……若般若波罗蜜多时，自诸为……虚诈无实虚无应有，及此法……"

Or.12380-2593（K.K.II.0275.d）为施护译《佛说佛母出生三法藏般若波罗蜜多经》卷十七之"空性品第十八"的相应内容：

> ……复能护持般若波罗蜜多，不暂远离般若波罗蜜多，是菩萨所获福德无量无边不可称计。
>
> 尔时，须菩提白佛言："世尊，诸起作法是相分别，云何？世尊，作如是说得福多耶？"佛言："须菩提，诸菩萨摩诃萨行般若波罗蜜多时，而自了知诸起作法是相分别，虚妄不实空无所有，于是法中无所分别。"①

74.Or.12380-2594（K.K.I.ii.02.g）残存1页，上栏线单栏，下栏线无存，写本，下半部分内容残缺，原文献上有编号2594，刊布者将其定名为"佛经"。现将西夏文录文并对译如下：

[illegible]…… 何如来诸众生复次诸异……
[illegible]…… 没知也须菩提众生……
[illegible]…… 受想行识依生起知者……
[illegible]…… 知悟云何色受想行识……
[illegible]…… 罗是如见生我及世间……
[illegible]…… 见及常是无常亦是常……

在对译基础上翻译如下：

① （宋）施护译《佛说佛母出生三法藏般若波罗蜜多经》卷17，《大正藏》第8册，第228号，第645页上栏11~19。

……何如来知诸众生，复次，诸异……没也？须菩提，知悟众生起……依受、想、行、识生者……云何？色、受、想、行、识……罗生，如是见我及世间……见及常是无常，亦是常……

Or.12380-2594（K.K.I.ii.02.g）为施护译《佛说佛母出生三法藏般若波罗蜜多经》卷十三之“显示世间品第十二之二”的相应内容：

> ……云何如来知诸众生，及诸异见补特伽罗诸行出没耶？须菩提，所谓了知众生所起诸行出没，依色而生，依受、想、行、识而生。云何依色、受、想、行、识生耶？谓诸异见补特伽罗起，如是见我及世间是常，色是常我及世间是无常，亦常亦无常。[①]

从 Or.12380-2593（K.K.Ⅱ.0275.d）和 Or.12380-2594（K.K.I.ii.02.g）的版式和字迹判断，两个残页为同部残经，但不能缀合。

75.Or.12380-2635a（K.K.Ⅱ.0230.f）残存 1 页 4 行，字数不能确定，栏线无存，写本，残页上有编号 2635，刊布者将其定名为“佛经”。现将西夏文录文并对译如下：

……[illegible]……

……法世间二万劫……

……[illegible][②]……

……寿有亦彼与所礼（法）阿难……

……[illegible][③][illegible]……

……丘等是之及向也生住各佛之法……

……[illegible][④][illegible]□□□□[illegible]……

① （宋）施护译《佛说佛母出生三法藏般若波罗蜜多经》卷 13，《大正藏》第 8 册，第 228 号，第 631 页上栏 20~23。

② 西夏文“[illegible]”译为“阿难”，阿难陀之略。译曰欢喜、庆喜。斛饭王之子，提婆达多之弟，佛之从弟，十大弟子之一。

③ 西夏文“[illegible]”译为“之后”“以后”。

④ 西夏文“[illegible]”译为“出家修道”。

……出家道修依所□□□□城宅说亦……

在对译基础上翻译如下：

……法世间，有寿二万劫……亦与彼所法。阿难……丘等是之后也住生各佛之法……依出家修道，所□□□□城宅，说亦……

Or.12380-2635a（K.K.Ⅱ.0230.f）为施护译《佛说佛母出生三法藏般若波罗蜜多经》卷二十二"散华缘品第二十八之一"的相应内容：

……出现世间。是诸如来所有寿量二万劫数皆悉同等，正法住世亦二万劫。是诸佛会有声闻众，彼彼数量亦复相等。阿难，当知此六万苾刍从是已后在在所生，于佛法中出家修道，所向方处王城聚落，悉以正法为人演说，随说法处彼彼世界。①

76.Or.12380-2651RV（K.K.I.ii.02.d）残存 2 页 12 行，每行 18~19 字，上下栏线单栏，写本经折装，原文献上有编号 2651，刊布者将其定名为《佛说佛母出生三法藏般若波罗蜜多经》。现将西夏文录文并对译如下：

（右面）

□絹糀繡衚綋蕤䏲繧薾繉絹糀繡衚□薾叕

□无众生之济护者为依（恃）应（所）无众生之□依（恃）可

繧繺絹糀繡②衚繺䏹③繧䕸叕絹糀繡④衚䕸叕繧𦄵

成帐无众生之帐城为趣可无众生之趣可成乐

①（宋）施护译《佛说佛母出生三法藏般若波罗蜜多经》卷 22，《大正藏》第 8 册，第 228 号，第 664 页上栏 10~15。

② 西夏文"繺絹糀繡"译为"无帐众生"，汉文本为"无舍众生"。

③ 西夏文"繺䏹"译为"城帐"，汉文本为"住舍"，西夏文的用法比较接近西夏现实生活状况。

④ 西夏文"䕸叕絹糀繡"译为"无可趣众生"，汉文本为"无趣众生"。

[illegible][1] [illegible][2] [illegible]
洲无众生之乐洲成毕竟道无知者最终（毕竟）道
[illegible][3] [illegible]
示正道无知者之正道昭示夜深处（住、在）者之光明成
[illegible]
能菩萨摩诃萨修般若波罗蜜多故是如功德
[illegible]
成能须菩提及菩萨摩诃萨般若波罗蜜多行

在对译基础上翻译如下：

□无……之众生者，应恃为济护。无众生□之为可恃，无帐众生之为帐城。无可趣众生之成可趣。无乐洲众生之成乐洲。无知毕竟道者示毕竟道。无知正道者之昭示正道。在夜深者之能成光明。菩萨摩诃萨修般若波罗蜜多修故，能成如是功德。须菩提，及菩萨摩诃萨行般若波罗蜜多……

Or.12380-2651RV（K.K.I.ii.02.d）右面为《佛说佛母出生三法藏般若波罗蜜多经》卷二十二之“坚固义品第二十七”的相应内容：

……无救众生而为救度，无归众生为作所归，无舍众生为作住舍，无趣众生而为作趣，无洲众生而为作洲，不识毕竟道者为示毕竟道，不识正道者为示正道，在黑暗者为作光明，菩萨摩诃萨行般若波罗蜜多者，成就如是功德。须菩提，又菩萨摩诃萨行是般若波罗蜜多者。[4]

① 西夏文“[illegible]”译为“无洲众生”“无园众生”。

② 西夏文“[illegible]”译为“成乐洲”，汉文本为“为作洲”。

③ 西夏文“[illegible]”译为“深夜”，汉文本为“黑暗”。

④ （宋）施护译《佛说佛母出生三法藏般若波罗蜜多经》卷22，《大正藏》第8册，第228号，第662页下栏14~19。

（左面）

[illegible][1] [illegible][2]
不能二者何可也是者言依行能又及诸佛赞叹
[illegible]
等也须菩提若菩萨摩诃萨是如般若波罗蜜
[illegible][3] [illegible]
多行能故诸天子等常彼之礼敬写敬来是如言
[illegible]
说善男子汝速是般若波罗蜜多修如立即阿
[illegible]
耨多罗三藐三菩提证有使何云也善男子汝
□[illegible][4] [illegible]
□般若波罗蜜多修缘依无众生之依（恃）众可成

在对译基础上翻译如下：

不能……何可二者也？是者依言能行，又及诸佛赞叹等也。须菩提，若菩萨摩诃萨，如是能行般若波罗蜜多，故诸天子等常来彼处，礼敬恭敬，说如是言："善男子，汝速修是般若波罗蜜多，如立即使证有阿耨多罗三藐三菩提。何云也？善男子，汝依□修般若波罗蜜多故……无众生之可成依众处。"

Or.12380-2651RV（K.K.I.ii.02.d）左面为施护译《佛说佛母出生三法藏般若波罗蜜多经》卷二十二"坚固义品第二十七"的相应内容：

不为诸魔伺得其便。何等为二？所谓如说能行，诸佛称赞，是

① 西夏文"[illegible]"译为"依言能行"，汉文本为"如说能行"。

② 西夏文"[illegible]"译为"赞叹""称赞"。"[illegible]"译为"诸佛称赞""诸佛赞叹"。

③ 西夏文"[illegible]"译为"诸天子"。

④ 西夏文"[illegible]"译为"无依众生"。

为二法。又须菩提，若菩萨摩诃萨，如是行般若波罗蜜多者，有诸天子常来其所，瞻礼恭敬，作如是言："善男子，汝速修行是般若波罗蜜多，速证阿耨多罗三藐三菩提。何以故？善男子，汝修行是般若波罗蜜多故，能与无依众生而作依怙，无救众生而为救度，无归众生为作所归。"①

比对 Or.12380-2651RV（K.K.I.ii.02.d）两折页残经内容，二者可以拼接，左面内容在前，右面内容在后。

77.Or.12380-2652（K.K.Ⅱ.0232.a）残存 1 页 6 行，上下栏线单栏，写本，残经上有编号 2652，刊布者将其定名为《大般若波罗蜜多经》。现将西夏文录文并对译如下：

[illegible]②[illegible]

之护应成依善巧方便具足诸善根以一切智向

[illegible]③[illegible]

回趣能寻空相无为无三摩地解脱门修正

[illegible]④[illegible]

实际无证菩萨摩诃萨诸烦恼又及烦恼界度诸

[illegible]

魔恶又及魔祐者亦度声闻地及独觉地度三

[illegible]⑤[illegible]□[illegible]

摩地住亦漏无尔□云何也菩萨摩诃萨诸力

[illegible]⑥[illegible]

① （宋）施护译《佛说佛母出生三法藏般若波罗蜜多经》卷 22，《大正藏》第 8 册，第 228 号，第 662 页下栏 5~15。

② 汉文本没有"具足"二字。

③ 西夏文"[illegible]"译为"解脱门"。

④ 西夏文"[illegible]"译为"烦恼界"，汉文本为"烦恼分"。

⑤ 西夏文"[illegible]"译为"无漏"，汉文本为"无尽漏"。

⑥ 西夏文"[illegible]"译为"坚固"。

具足精进坚固般若波罗蜜多力之护应成何

在对译基础上翻译如下：

依成……之……应护，善巧方便具足，以诸善根能回向一切智，寻修正空无相无为三摩地解脱门，无证实际，菩萨摩诃萨度诸烦恼又及烦恼界，亦度诸魔恶又及魔祐者，亦度声闻地及独觉地，度住三摩地，尔亦无漏□。云何也？菩萨摩诃萨诸力具足，精进坚固，应何成般若波罗蜜多力之护……

其内容为施护译《佛说佛母出生三法藏般若波罗蜜多经》卷十八“善巧方便品第二十之一”的相应内容：

> ……得般若波罗蜜多力所护，故具善巧方便，以诸善根回向一切智。虽修空无相无作三摩地解脱门而不证实际，菩萨摩诃萨过诸烦恼及烦恼分，过诸恶魔及助魔者，过声闻地及住缘觉地，三摩地亦不尽漏。何以故？菩萨摩诃萨诸力具足，精进坚固，得般若波罗蜜多力所护故。[①]

78.Or.12380-2653（K.K.II.0261.a）残存1页6行，上下栏线单栏，写本，每行19~21字，残经上有编号2653，刊布者将其定名为“佛经”。现将西夏文录文并对译如下：

[illegible]

菩提向回趣欲故诸法虚空已如相一切离观应

[illegible]

云何也若诸法中无心无心不真依知悟能者知者也

[illegible]

法无法不无者知应相也若菩萨如是法中回趣

① （宋）施护译《佛说佛母出生三法藏般若波罗蜜多经》卷18，《大正藏》第8册，第228号，第649页中栏22~28。

[illegible]
能故最上回趣（回向）者也彼依菩萨摩诃萨福德（正）行修
[illegible]
名得何云也彼种种法及种种行皆寂静也随喜
[illegible]
功德一切阿耨多罗三藐三菩提向回趣（回向）亦彼与

在对译基础上翻译如下：

欲回向……菩提，故观应诸法虚空已如离一切相。云何也？若诸法中依无心、无不（非）心，能真知悟者，知者也。无法不无法者，应知相也。若菩萨如是法中能回向，故最上回向者也。依彼得名菩萨摩诃萨正修福行。何云也？彼种种法及种种行皆寂静也，随喜一切功德，回向阿耨多罗三藐三菩提亦彼与……

Or.12380-2653（K.K.II.0261.a）为施护译《佛说佛母出生三法藏般若波罗蜜多经》卷六“随喜回向品第六之一”的相应内容：

……菩萨摩诃萨，若欲如实回向阿耨多罗三藐三菩提者，当观诸法犹如虚空离一切相。何以故？若于诸法如实了知，即无心无非心，是能知者，无法无非法，为所知相。若菩萨于如是法中能回向者，是名最上回向，是故得名菩萨摩诃萨正修福行。何以故？若种种法及种种行皆寂静故，所有随喜功德，回向阿耨多罗三藐三菩提亦复如是。[①]

79.Or.12380-2653V（K.K.II.0261.a）残存1页6行，上下栏线单栏，写本，每行18~20字，残经上有编号2653，刊布者将其定名为“佛经”。现将西夏文录文并对译如下：

① （宋）施护译《佛说佛母出生三法藏般若波罗蜜多经》卷6，《大正藏》第8册，第228号，第610页上栏8~15。

[illegible]

所礼诸行寂皆动应不有真依知故彼菩萨摩诃萨

[illegible]

者般若波罗蜜多方便具足能者也诸佛世尊

[illegible]

涅槃入后若体增是自性若法性善根一切皆真依

[illegible]

知故阿耨多罗三藐三菩提向回趣能何云也诸

[illegible] [1] [illegible]

佛世尊之依然行法一切三世非也彼过去世法

[illegible] [2] [illegible]

离终灭终尽终未来世法不至现世法不住及得

在对译基础上翻译如下：

……所礼诸行，有寂不应皆动，依真知故，彼菩萨摩诃萨者，能具足般若波罗蜜多方便者也。诸佛世尊入涅槃后，若体相、若自性、若法性、一切善根，皆依真知，故能回向阿耨多罗三藐三菩提。云何也？诸佛世尊，一切依然行法非三世也。彼过去世法终离、终灭、终尽，未来世法不至，现世法不住及得……

Or.12380-2653V（K.K.II.0261.a）是施护译《佛说佛母出生三法藏般若波罗蜜多经》卷六“随喜回向品第六之一”的相应内容：

……若如实知诸行，皆寂无所动者，是菩萨摩诃萨，即能具足般若波罗蜜多方便，于佛世尊入涅槃后，所有善根，若体、若相、若自性、若法性，皆如实知，即能回向阿耨多罗三藐三菩提。何以故？诸佛世尊，所有一切相应行法非三世故，若过去世彼法已离、

① 西夏文“[illegible]”译为“一切自然行法”“一切相应行法”。

② 西夏文“[illegible]”译为“未来世法”，汉文本缺“法”字，直接用“未来世”。

已灭、已尽，若未来世当所未至，若现在世今即无住，复无所得非境界相……①

Or.12380-2653（K.K.II.0261.a）和 Or.12380-2653V（K.K.II.0261.a）可缀合，Or.12380-2653（K.K.II.0261.a）在前，Or.12380-2653V（K.K.II. 0261.a）在后。

比对 Or.12380-2651RV（K.K.I.ii.02.d）、Or.12380-2652（K.K.II.0232.a）、Or.12380-2653（K.K.II.0261.a）和 Or.12380- 2653V（K.K.II.0261.a），可确定它们为施护译《佛说佛母出生三法藏般若波罗蜜多经》卷六“随喜回向品第六之一”、卷十八“善巧方便品第二十之一”、卷二十二“坚固义品第二十七”的相应内容，其中 Or.12380-2651RV（K.K.I.ii.02.d）左右可缀合，Or.12380-2653（K.K.II.0261.a）和 Or.12380-2653V（K.K.II.0261.a）可缀合。

80.Or.12380-2662（K.K.II.0265.g）残存 1 页 5 行，上下栏线单栏，写本，原文献上有编号 2662，刊布者将其定名为《佛说佛母出生三法藏般若波罗蜜多经》。现将西夏文录文并对译如下：

[illegible]□□□□□□□□□□□□□□
佛说佛母三法藏□□□□□□□□□□□□□□
[illegible]
二第
[illegible]
恶为者法障品第十一之二
[illegible]
尔时尊者须菩提佛对言说世尊何缘魔恶常勤
[illegible]
方便以诸障恶□为诸菩萨法修之般若波罗蜜

① （宋）施护译《佛说佛母出生三法藏般若波罗蜜多经》卷 6，《大正藏》第 8 册，第 228 号，第 610 页上栏 14~23。

在对译基础上翻译如下：

佛说佛母三法藏□□□□□□□□□□□□□第……二

为恶者障法品第十一之二

尔时，尊者须菩提对佛言说：“世尊，何缘恶魔以常勤方便，诸□障恶，为诸菩萨法修之般若波罗蜜……”

Or.12380-2662（K.K.Ⅱ.0265.g）为施护译《佛说佛母出生三法藏般若波罗蜜多经》卷十二之“恶者障法品第十一之二”的相应内容：

> 佛说佛母出生三法藏般若波罗蜜多经卷第十二
>
> 恶者障法品第十一之二
>
> 尔时，尊者须菩提白佛言：“世尊，何故恶魔于其长时勤作方便，起诸障难，而令诸修菩萨法者不得般若波罗蜜多正法听受，修习书持读诵。”①

81.Or.12380-2663（K.K.Ⅱ.0258.g）残存 1 页 6 行，上下栏线单栏，每行 16~18 字，写本，残经上有编号 2663，刊布者将其定名为《佛说佛母出生三法藏般若波罗蜜多经》。现将西夏文录文并对译如下：

[illegible]②[illegible]③[illegible]

说若远离欲故理依山峰树下空旷寂野各往

[illegible]

应是如修□者远离真□是远离真之佛亦

[illegible]

赞叹须菩提我诸菩萨摩诃萨山峰树下空

[illegible]

① （宋）施护译《佛说佛母出生三法藏般若波罗蜜多经》卷 12，《大正藏》第 8 册，第 228 号，第 627 页下栏 17~20。

② 西夏文“[illegible]”译为“依理”“随理”。

③ 西夏文“[illegible]”译为“空旷寂野”“空寂旷野”。

旷寂野各住故远离真也说者无□经我

[illegible]

须菩提佛对言说世尊若菩萨摩诃萨山峰

[illegible][1][illegible]

树下空旷寂野各住故远离者非说使者及

在对译基础上翻译如下：

……说："若欲远离，故应依理各往山峰树下空旷寂野，如是修□者。真远离□是真远离，佛亦对赞叹。须菩提，我无说经我，诸菩萨摩诃萨各住山峰树下空旷寂野，故真远离也者。"须菩提对佛言说："世尊，若菩萨摩诃萨各住山峰树下，使空旷寂野非故远离者，说者及……"

Or.12380-2663（K.K.II.0258.g）为施护译《佛说佛母出生三法藏般若波罗蜜多经》卷十九"辩魔相品第二十一"的相应内容：

来菩萨所作如是言："若远离者，应当往彼山岩树下空寂旷野，如是修习是真远离，此远离行佛所称赞。须菩提，我不说诸菩萨摩诃萨住山岩树下空寂旷野，是真远离。"须菩提白佛言："世尊，若菩萨摩诃萨住山岩树下，空寂旷野不名远离者，复有何相说名菩萨摩诃萨是真远离？"[2]

82.Or.12380-2861RV（K.K.II.0239.mmm）残存 2 页 12 行，上栏线单栏，下栏线无存，刻本，左右两面都曾相互粘连，而揭开后，左右面有的西夏文互为反字。现将正面的西夏文录文并对译如下：

（右面）

□[illegible]……　　　　□轮转圣王……

① 西夏文"[illegible]"译为"非者远离"，汉文本为"非名远离"。

② （宋）施护译《佛说佛母出生三法藏般若波罗蜜多经》卷 19，《大正藏》第 8 册，第 228 号，第 653 页上栏 14~20。

□□□□[illegible]……	□□□□生世一于所……
□[illegible]……	□此女人亦彼与……
□□[1][illegible]……	□□佛与不离……
□□□[illegible]……	□□□为名者金……
□□□□[illegible][2][illegible]……	□□□□善逝世……

在对译基础上翻译如下：

□轮转圣王……□□□□生世一于所……□此女人亦彼与……与佛不离……名为者金……善逝、世……

（左面）

[illegible][3][illegible]……	者天人师佛世……
[illegible]……（“……”为右面西夏文反字，不录）	尔时尊……
[illegible]……（“……”为右面西夏文反字，不录）	为……

（最后三行皆为右面西夏文反字，不录）

在对译基础上翻译如下：

者、天人师、佛、世……尔时，尊……为……

残经为施护译《佛说佛母出生三法藏般若波罗蜜多经》卷十八“甚深义品第十九之二”的相应内容：

“……譬如转轮圣王尊贵自在，从一宫殿至一宫殿，自生至终足不履地。今此女人亦复如是，从一佛刹至一佛刹不离诸佛，乃至于未来世星宿劫中当得成佛，号金华如来、应供、正等正觉、明行足、善逝、世间解、无上士、调御丈夫、天人师、佛、世尊，出现

① 第4~6行前面□表示左面西夏文的反字，不录。

② 西夏文“[illegible]”译为“善逝”，也称“好去”，是佛十号之一，第五号称“善逝”，表示不再退没生死海轮回。

③ 西夏文“[illegible]”译为“天人师”，佛的十号之一。

世间。”尔时，尊者阿难作如是念：“今此女人当成佛时……”①

83.Or.12380-2870a（K.K.）残存 1 页 5 行，字数不能确定，上栏线单栏，下栏线无存，刻本，刊布者将其定名为《金光明最胜王经》。现将西夏文录文并对译如下：

緈纖㼌㾊□䋼緈……	如者须陀□果故……
㾊㪚䋼緈䍲䋼㾊㪚䋼……	陀含果如也斯陀含果……
緈䍲㕊㛐㪚䋼緈緈……	如也阿那含果如如……
□□□䕂䊁䋼緈緈纖䕥䌲䋼……	□□□罗汉果如如者独觉果……
緈䍲䓖絾緈……	如也是缘如……

在对译基础上翻译如下：

如者，须陀□果故……陀含果如也。斯陀含果……如也，阿那含果如如……□□□罗汉果如如者独觉果……如也，是缘如……

Or.12380-2870a（K.K.）非《金光明最胜王经》，而是施护译《佛说佛母出生三法藏般若波罗蜜多经》卷十三“显示世间品第十二之二”的相应内容：

> 一切法如如须陀洹果如，须陀洹果如如斯陀含果如，斯陀含果如如阿那含果如，阿那含果如如阿罗汉果如，阿罗汉果如如缘觉果如，缘觉果如如如来如。②

84.Or.12380-2872RV（K.K.Ⅱ.0252.n）残存 2 页，字数不能确定，上栏线单栏，下栏线无存，刻本，残经中间两行残缺十分严重，左面折

① （宋）施护译《佛说佛母出生三法藏般若波罗蜜多经》卷 18，《大正藏》第 8 册，第 228 号，第 648 页下栏 2~10。

② （宋）施护译《佛说佛母出生三法藏般若波罗蜜多经》卷 13，《大正藏》第 8 册，第 228 号，第 631 页中栏 20~24。

页的前 5 行是右面折页后 5 行的反面，粘连导致的西夏字反字用“……”表示，不录。刊布者将其定名为“佛经”。现将西夏文录文并对译如下：

（右面）

蘒頦骸㶲……	蜜多习应……
𗃮𗓱𗋅𗏁𗖵……	尔时帝释天……
𗗙𗏹𗊢𗔀𗞞𗖰……	诃萨般若波罗……
𗃢□𗐱𗢳𗌽……	如□名得也……
𗙼𗏁𗋅𗧓[1]𗖵……	哉憍尸迦汝……
𗆧𗆹𗈪□𗏵……	最深意□能……
□□𗌭……	□□贤（神）……

在对译基础上翻译如下：

应习……蜜多……尔时，帝释天……诃萨般若波罗……得名如□也……哉！憍尸迦，汝……最深意（义）。□能……□□神……

（左面）

……	……
……	……
□□𗒗𗑗𗊢𗔀𗞞𗖰蘒頦……	□□出生般若波罗蜜多
𗒗𗑗𗗙𗞞𗏹……	出生诸菩萨……
𗏁𗃢𗊢𗔀𗞞𗖰……	是如般若波罗……

在对译基础上翻译如下：

……□□出生般若波罗蜜多，出生诸菩萨……如是般若波罗……

Or.12380-2872RV（K.K.Ⅱ.0252.n）是施护译《佛说佛母出生三法藏般若波罗蜜多经》，右面为卷九“赞持品第十之一”的相应内容，

---

① 西夏文“𗏁𗋅𗧓”译为“憍尸迦”。

左面为卷二十二“散华缘品第二十八之一”的相应内容：

……诸菩萨摩诃萨行般若波罗蜜多时，当如是住般若波罗蜜多、如是习般若波罗蜜多。

尔时，帝释天主复白佛言：“世尊，菩萨摩诃萨行般若波罗蜜多时，云何得名如是住、如是习?”佛赞帝释天主言：“善哉，善哉！憍尸迦，汝今善问如来应供、正等正觉，此甚深义。然汝能问，皆是如来神力护念。憍尸迦，若菩萨摩诃萨行般若波罗蜜多时……”①

般若波罗蜜多而能出生诸波罗蜜多故。又此般若波罗蜜多是诸菩萨母，而能出生诸菩萨故。而诸波罗蜜多亦能出生阿耨多罗三藐三菩提。何以故？诸波罗蜜多皆从般若波罗蜜多中来，由是般若波罗蜜多所生诸波罗蜜多，亦能助阿耨多罗三藐三菩提。②

85.Or.12380-2875（K.K.II.0297.w）残存1页5行，字数不能确定，上栏线单栏，下栏线无存，刻本，刊布者将其定名为“佛经”。现将西夏文录文并对译如下：

[illegible]□[illegible]……	如者须陀□果如……
[illegible]……	陀含果如也斯陀含果……
[illegible]……	如也阿那含果如如……
[illegible]……	阿罗汉果如如者独觉果……
[illegible]……	如也是缘如……

在对译基础上翻译如下：

① （宋）施护译《佛说佛母出生三法藏般若波罗蜜多经》卷9，《大正藏》第8册，第228号，第620页中栏28~下栏7。

② （宋）施护译《佛说佛母出生三法藏般若波罗蜜多经》卷22，《大正藏》第8册，第228号，第664页下栏29~65页上栏7。

……如者。须陀□果如……陀含果如也。斯陀含果……如也。阿那含果如如……阿罗汉果如如者。独觉果……如也是。缘如……

残经是施护译《佛说佛母出生三法藏般若波罗蜜多经》卷十三“显示世间品第十二之二”的相应内容：

> 一切法如如须陀洹果如，须陀洹果如如斯陀含果如，斯陀含果如如阿那含果如，阿那含果如如阿罗汉果如，阿罗汉果如如缘觉果如，缘觉果如如如来如。[1]

比对 Or.12380-2875（K.K.Ⅱ.0297.w）、Or.12380-2870a（K.K.）的字迹版式，确定二者为同版次的《佛说佛母出生三法藏般若波罗蜜多经》卷十三内容。

86.Or.12380-2876RV（K.K.）残存 2 页 10 行，字数不能确定，上栏线单栏，下栏线无存，刻本经折装，残经中间处残缺十分严重，刊布者将其定名为“佛经”。现将西夏文录文并对译如下：

（右面）

[illegible][2][illegible]……	真依知悟（知了）须菩提是……
[illegible]……	等正觉般若波罗蜜多……
[illegible]……	及诸异见布德迦罗（补特伽罗）……
[illegible]……	复次须菩提如来般若……
□□□□[illegible]……	□□□□之色受……

在对译基础上翻译如下：

依真了知。须菩提，是……等正觉，般若波罗蜜多……及诸异见补特伽罗……复次，须菩提，如来般若……□□□□之色受……

---

① （宋）施护译《佛说佛母出生三法藏般若波罗蜜多经》卷 13，《大正藏》第 8 册，第 228 号，第 631 页中栏 20~24。

② 西夏文“[illegible]”译为“依实”“依真”，汉文本为“如实”。

（左面）

□□□□[illegible]……	□□□□想行识……
[illegible]……	如义依如来所说众生……
[illegible][①][illegible]……	如见五蕴如者世间如……
[illegible]……	世间如异异无也是缘……
[illegible]……	如也世间如如者法一……

在对译基础上翻译如下：

□□□□想、行、识……依如义，如来所说众生……如见五蕴如者，世间如……世间如异无异也。是缘……如也。世间如如者一……法……

Or.12380-2876RV（K.K.）是施护译《佛说佛母出生三法藏般若波罗蜜多经》卷十三“显示世间品第十二之二”的相应内容：

> 如来一一如实了知。须菩提，以是义故，如来应供、正等正觉，因般若波罗蜜多故，能知无量无数众生，及诸异见补特伽罗如是出没。复次，须菩提，如来因般若波罗蜜多故，如实了知无量无数众生色、受、想、行、识相，云何如来知众生色相耶？须菩提，所谓了知色如如，云何如来知众生受、想、行、识相耶？须菩提，所谓了知受、想、行、识如如。须菩提，以是义故，如来所说众生出没如即五蕴如。五蕴如即世间如，何以故？五蕴及世间如无异故，是故五蕴如如世间如，世间如如一切法如。[②]

87.Or.12380-2878（K.K.II.0276.c）残存1页5行，残缺严重，字数不能确定，上栏线单栏，刻本，刊布者将其定名为“佛经”。现将西夏文录文并对译如下：

① 西夏文“[illegible]”译为“五蕴”。

② （宋）施护译《佛说佛母出生三法藏般若波罗蜜多经》卷13，《大正藏》第8册，第228号，第631页中栏9~20。

[illegible]……	云也我……
[illegible]……	皆佛处受……
[illegible]……	彼而智一切……
[illegible]……	三藐三菩提……
[illegible]……	与不亲近……

在对译基础上翻译如下：

……云也？我……皆佛受记处……彼而一切智……三藐三菩提……不与亲近……

Or.12380-2878（K.K.II.0276.c）为施护译《佛说佛母出生三法藏般若波罗蜜多经》卷十九“辩魔相品第二十一”的相应内容：

> 何以故？随我所愿即得成就。彼诸菩萨未得授记，无是力故。菩萨于此起增上慢及诸慢心，由慢心故增长贡高，以贡高故轻易恶贱诸余菩萨，自谓已从先佛得记，余悉未得从佛授记。由此因缘，远离佛无上智、自然智、一切智、一切智智，乃至远离阿耨多罗三藐三菩提，菩萨于此若不亲近诸善知识……①

88.Or.12380-2878V（K.K.II.0276.c）残存1页6行，残缺严重，字数不能确定，上栏线单栏，刻本，刊布者将其定名为“佛经”。现将西夏文录文并对译如下：

[illegible]……	依……
[illegible]……	记得不……
[illegible]……	是如正……
[illegible]……	菩萨诸化人……
[illegible]……	无知速胜……

① （宋）施护译《佛说佛母出生三法藏般若波罗蜜多经》卷19，《大正藏》第8册，第228号，第652页上栏4~11。

[illegible]……	顶（傲慢）增长自……

在对译基础上翻译如下：

依……得……记不……如是正……菩萨诸化人……无知速胜……增长傲慢自……

Or.12380-2878V（K.K.Ⅱ.0276.c）为《佛说佛母出生三法藏般若波罗蜜多经》卷十九“辩魔相品第二十一”的相应内容：

> ……已得授阿耨多罗三藐三菩提记已，住不退转地。何以故？汝已具足如是功德相貌故。须菩提，彼菩萨闻诸化人如是语已，不能觉知是魔所化，实时起增上慢及诸慢心，由慢心故增长贡高……[1]

比对 Or.12380-2878（K.K.Ⅱ.0276.c）和 Or.12380-2878V（K.K.Ⅱ.0276.c），可以确定二者为同部佛经，是施护译《佛说佛母出生三法藏般若波罗蜜多经》卷十九“辩魔相品第二十一”的相应内容，Or.12380-2878（K.K.Ⅱ.0276.c）在前，Or.12380-2878V（K.K.Ⅱ.0276.c）在后。

89.Or.12380-2909（K.K.Ⅱ.0280.a.xxii）残存 2 页 5 行，字数不能确定，残缺极为严重，栏线无存，刻本，残经上有编号 2909，刊布者将其定名为“佛经”。现将西夏文录文并对译如下：

（右面）

……[illegible]……	……之（对）……
……[illegible]……	……于亦……
……[illegible]……	……不……

（左面）

---

① （宋）施护译《佛说佛母出生三法藏般若波罗蜜多经》卷 19，《大正藏》第 8 册，第 228 号，第 652 页中栏 19~23。

……[illegible]…… ……憍尸迦……

……[illegible]…… ……是如……

比对 Or.12380-2910（K.K.Ⅱ.0281.a.xxxvii）和 Or.12380-2909（K.K.Ⅱ.0280.a.xxii），尽管 Or.12380-2909（K.K.Ⅱ.0280.a.xxii）残缺严重，但从字体判断，其与 Or.12380-2910（K.K.Ⅱ.0281.a.xxxvii）应为同一部经，因过于残缺，初步确定其为施护译《佛说佛母出生三法藏般若波罗蜜多经》卷二“帝释天主品第二”的相应内容：

“……此尊者须菩提智慧甚深，于名句文而善宣说，随其所说，不坏假名说如实义。”作是念已，即白须菩提言：“如尊者所说，菩萨摩诃萨应如是学。”尔时，尊者须菩提告帝释天主言：“憍尸迦！如是，如是！菩萨摩诃萨当如是学。如是学者，不学须陀洹果、不学斯陀含果、不学阿那含果、不学阿罗汉果、不学缘觉果。若不学如是果，是即学一切智安住佛法。”①

90.Or.12380-2910（K.K.Ⅱ.0281.a.xxxvii）残存 2 页 6 行，字数不能确定，残缺严重，上栏线单栏，下栏线无存，刻本，残经上有编号 2910，刊布者将其定名为“佛经”。现将西夏文录文并对译如下：

（右面）

[illegible]…… 阿耨多罗三藐三菩提……

[illegible]…… 彼菩萨之是……

在对译基础上翻译如下：

……阿耨多罗三藐三菩提……彼菩萨之是……

（左面）

① （宋）施护译《佛说佛母出生三法藏般若波罗蜜多经》卷 2，《大正藏》第 8 册，第 228 号，第 593 页下栏 1~5。

[illegible]……　　皆（悉）一礼（法）彼……

[illegible]……　　解脱知见亦……

[illegible]……　　喜福行亦一（而）……

[illegible]……　　法亦一（而）法……

在对译基础上翻译如下：

……皆一法，彼……解脱知见亦……喜福行亦一……法亦一……

Or.12380-2910（K.K.II.0281.a.xxxvii）是施护译《佛说佛母出生三法藏般若波罗蜜多经》卷七“随喜回向品第六之二”的相应内容：

> ……阿耨多罗三藐三菩提。须菩提，此菩萨如是……如所解脱，解脱亦如是；如所解脱，解脱知见亦如是；如所解脱，随喜心及随喜福行亦如是；如所解脱，回向心及回向法亦如是；如所解脱，过去已灭法、未来未生法、现在无住法皆亦如是。[1]

91.Or.12380-3026（K.K.II.0257.h）残存 1 页 6 行，字数不能确定，下半部分残缺严重，上栏线单栏，下栏线无存，写本，残经上有编号 3026，刊布者将其定名为“佛经”。现将西夏文录文并对译如下：

[illegible]

应无境界相非若相取故阿耨多罗三藐三菩提

[illegible][2][illegible]□[illegible]□□□□□□□

于住不正等邪念与自然□惑想□□□□□□□

[illegible][3][illegible]

住无能邪念障思是如为者阿耨多罗三藐三

---

① （宋）施护译《佛说佛母出生三法藏般若波罗蜜多经》卷 7，《大正藏》第 8 册，第 228 号，第 613 页上栏 8~27。

② 西夏文“[illegible]”译为“不平等邪念”，汉文本为“不平等邪念相”。

③ 西夏文“[illegible]”译为“邪念障思”，汉文本为“邪所思觉”。

[illegible]□□□□□
菩提回向趣非若菩萨摩诃萨诸□□□□□
[illegible]□[illegible]
不得应欲□是如心向回向为故阿耨多罗三藐
[illegible]□□□□□
三菩提向回向也是如回向法菩萨□□□□□

在对译基础上翻译如下：

无应非境界相，若取相故，于阿耨多罗三藐三菩提住不正等邪念□与自然，惑想□□□□□无能□住，邪念思障，如是非为回向者阿耨多罗三藐三菩提。若菩萨摩诃萨，诸□□□欲不应得□□，□如是心为回向，故回向阿耨多罗三藐三菩提也。如是回向法，菩萨□□□□□……

Or.12380-3026（K.K.II.0257.h）是施护译《佛说佛母出生三法藏般若波罗蜜多经》卷六“随喜回向品第六之一”的相应内容：

> 复无所得非境界相，若取相者，即于阿耨多罗三藐三菩提，住不平等邪念相应，生疑惑想不能安住正念正意，邪所思觉，如是即不名回向阿耨多罗三藐三菩提。若菩萨摩诃萨，于诸善根无所取相无所得心，以是心回向者，是为回向阿耨多罗三藐三菩提。如是回向法，菩萨应当学……①

92.Or.12380-3150a（K.K.II.0298.d）残存 1 页，仅存下部分，上栏线无存，下栏线单栏，刻本，残经上有编号 3150-1，刊布者定名为《大般若波罗蜜多经》。现将西夏文录文并对译如下：

……□□□□□[illegible]　　……□□□□□也
……[illegible]　　……善哉须菩提是也

① （宋）施护译《佛说佛母出生三法藏般若波罗蜜多经》卷 6，《大正藏》第 8 册，第 228 号，第 610 页上栏 22~28。

……□[illegible]	……□觉自尽寿于虚
……□□[illegible]	……□□依不增不颂（赞）
……□□□[illegible]	……□□□喻其变幻
……□□[illegible]	……□□颂时不增不
……□□□[illegible]	……□□□如说说非
……□□[illegible]	……□□所言世尊般
……□□[illegible]	……□□摩诃萨之行
……□[illegible]	……□空动无变相无
……□[illegible]	……□与所持世尊菩
……□[illegible]？□[illegible]	……□寿？□也众生

在对译基础上翻译如下：

……□□□□□也。……善哉！须菩提，是也……于自□觉尽寿，依虚……□□不增不赞……□□□喻其变幻……□□颂时不增不……□□□如说非说……□□所言："世尊，般……□□摩诃萨之行……□空无动无变相……亦复如是。世尊，菩……□寿？□也众生……"

Or.12380-3150a（K.K.II.0298.d）非《大般若波罗蜜多经》，而是施护译《佛说佛母出生三法藏般若波罗蜜多经》卷八"清净品第八之一"的相应内容：

若说不增，不说亦不减，说亦不减，不说亦不增。佛赞须菩提言："善哉，善哉！须菩提，如是，如是！若如来应供正等正觉，尽其寿量，称赞虚空，而彼虚空赞亦不增不赞亦不减，赞亦不减不赞亦不增。譬如称赞幻所化人，赞亦不喜不赞亦不恚，赞亦不增不赞亦不减。须菩提，诸法性如是离说非说不增不减。"须菩提白佛言："世尊，般若波罗蜜多广大甚深，菩萨摩诃萨所行甚难，譬如虚空无动无转无相无作，般若波罗蜜多亦复如是。世尊，菩萨为众生故。"[①]

① （宋）施护译《佛说佛母出生三法藏般若波罗蜜多经》卷8，《大正藏》第8册，第228号，第617页下栏15~26。

93.Or.12380-3150b（K.K.II.0298.d）残存 2 页，仅存下部分，上栏线无存，下栏线单栏，刻本，刊布者定名为《大般若波罗蜜多经》，原卷上有编号 3150/2-3。现将西夏文录文并对译如下：

（右面）

……□□[illegible]	……□□成就及众生
[illegible]	十三
……□[illegible]	……□多修学世尊如
……□[illegible]	……□空者本于平等
……□□[illegible]	……□□悟勇健为及
……□□□□[illegible]	……□□□□时常胜
……□□□[illegible]	……□□□波罗蜜多

在对译基础上翻译如下：

……□□成就及众生

十三

修学……□多。世尊如……于□空者本平等……为□□悟勇健，及……□□□□时常胜……□□□波罗蜜多……

（左面）

……□□□□[illegible]	……□□□□若是如
……□□□[illegible]	……□□□何云依然（自然）
……□□[illegible]	……□□观起应如般
……□[illegible]	……□与所持憍尸迦
……□□□[illegible]	……□□□行学欲故

在对译基础上翻译如下：

……□□□□，若如是……□□□何云自然？……□□观应起，如般……□与所持（亦复如是）。憍尸迦……欲学□□□行故……

Or.12380-3150b（K.K.II.0298.d）非《大般若波罗蜜多经》，而是施护译《佛说佛母出生三法藏般若波罗蜜多经》卷八“清净品第八之一”的相应内容，右面内容在前，左面内容在后，左右两页可以缀合：

菩萨为欲成就阿耨多罗三藐三菩提果，度诸众生，是故修学般若波罗蜜多。世尊，如人被甲与彼虚空共相斗战，而彼虚空本来平等，法界平等，众生平等，而诸菩萨虽复勇猛成就精进波罗蜜多，毕竟不能战空得胜，是故诸菩萨摩诃萨难行般若波罗蜜多。

尔时，帝释天主白尊者须菩提言：“若如是者即般若波罗蜜多行而无所生，云何相应?”须菩提言：“憍尸迦，如虚空行所生，般若波罗蜜多行亦如是生。憍尸迦，诸菩萨摩诃萨欲学般若波罗蜜多行者，当如虚空行，如是学者，是即相应。”①

比对 Or.12380-3150a（K.K.II.0298.d）和 Or.12380-3150b（K.K.II.0298.d），二者字迹、版式一致，可以确定为同部佛经，Or.12380-3150a（K.K.II.0298.d）在前，Or.12380-3150b（K.K.II.0298.d）在后，二者正好缀合。

94.Or.12380-3157（K.K.II.0254.k.vii）残存 1 页，写本，刊布者将其定名为《大般若波罗蜜多经》，史金波先生改为《佛说佛母出生三法藏般若波罗蜜多经》题签，西夏文内容为“[illegible]”。

95.Or.12380-3184（K.K.II.0260.m）残存 1 页 5 行，每行 10 字，上下栏线单栏，刻本，刊布者定名为“佛经”。现将西夏文录文并对译如下：

[illegible]② 修行所有善根及最善智

[illegible] 所有善根一切结集数计

[illegible]□[illegible] 量□一切阿耨多罗三藐

① （宋）施护译《佛说佛母出生三法藏般若波罗蜜多经》卷 8，《大正藏》第 8 册，第 228 号，第 617 页下栏 22~618 页上栏 5。

② 西夏文“[illegible]”译为“最善智”，汉文本为“种种善智”。

[illegible]　　三菩提常回拜我过去未
[illegible]　　来如住诸佛所为回施如

在对译基础上翻译如下：

……修行……所有善根及所有最善智，一切善根结集，数□量计，回拜（回向）一切阿耨多罗三藐三菩提常，我过去、未来现住诸佛所，为回施如……

残经为施护所译《佛说佛母出生三法藏般若波罗蜜多经》卷七“随喜回向品第六之二”的相应内容：

> 修习般若波罗蜜多方便，为般若波罗蜜多所护者，于诸善根能以最上最极最胜最妙，广大无量无等无等等心，如实随喜回向阿耨多罗三藐三菩提。世尊，当云何是最上最极乃至无等等心？又复，何名如实随喜？[①]

96.Or.12380-3383（K.K.Ⅱ.0261.d）残存1页6行，每行16字，上下栏线单栏，刻本经折装，原卷上有编号3383，在第4、第5行间有两个小的西夏字，可译为“第七”，刊布者定名为《大般若波罗蜜多经》。现将录西夏文并对译如下：

[illegible]
般若波罗蜜多者一切智藏是烦恼等障
[illegible][②][illegible]
皆摄除灭使也般若波罗蜜多者生无法
[illegible]
灭无法生无法为无法是般若波罗蜜多

① （宋）施护译《佛说佛母出生三法藏般若波罗蜜多经》卷7,《大正藏》第8册，第228号，第611页上栏20~25。

② 西夏文“[illegible]”译为“皆摄”“普摄”。

[illegible]

者自相本空般若波罗蜜多者诸菩萨之

[illegible]

母也般若波罗蜜多者诸法眼以诸佛为

[illegible]

十力四恐应无一切显照也般若波罗蜜

在对译基础上翻译如下：

……般若波罗蜜多者是一切智藏，皆摄烦恼等障，使除灭也。般若波罗蜜多者是无生法、无灭法、无起法、无为（作）法。般若波罗蜜多者自相本空，般若波罗蜜多者诸菩萨之母也，般若波罗蜜多者以诸法眼为诸佛，显照一切十力、四应无恐也。般若波罗蜜……

残经为施护所译《佛说佛母出生三法藏般若波罗蜜多经》卷七“地狱缘品第七之一”的相应内容：

> 般若波罗蜜多是一切智藏，普摄烦恼等障，为作断灭。般若波罗蜜多是无生法、无灭法、无起法、无作法。般若波罗蜜多自相本空，般若波罗蜜多是诸菩萨母，般若波罗蜜多为诸法眼，照明诸佛所有十力、四无所畏，般若波罗蜜多是所依怙。[1]

97.Or.12380-3392RV（K.K.Ⅱ.0227.c）残存 2 页，每页 6 行，上下栏线单栏，刻本经折装，刊布者定名为“佛经”。现将西夏文录文并对译如下：

（右面）

[illegible][2][illegible][3][illegible]

---

① （宋）施护译《佛说佛母出生三法藏般若波罗蜜多经》卷 7，《大正藏》第 8 册，第 228 号，第 613 页中栏 1~6。

② 西夏文“[illegible]”中“[illegible]”为“谁”“孰”“何”，“[illegible]”为“由旬”，“[illegible]”为“百由旬”。

③ 西夏文“[illegible]”中“[illegible]”音译“旃檀”，“[illegible]”为“旃檀香”。

使妙向各百由旬而皆旃檀香闻使尔时释

[illegible]

帝天主常啼菩萨摩诃萨之赞言善哉善

[illegible][1] [illegible]

哉善男子汝今最上法求因大精进发者

[illegible]

已过诸佛如来依应正等正觉本菩萨道

[illegible][2] [illegible]

行时今汝为所与一法不异说尔时常啼

[illegible][3]

菩萨摩诃萨复是念作法上菩萨摩诃萨

在对译基础上翻译如下：

使妙向各百由旬，而使皆闻旃檀香。尔时，帝释天主常啼菩萨摩诃萨之赞言："善哉，善哉！善男子，汝今因求最（无）上法，发大精进者，过去诸佛如来应依正等正觉，本行菩萨道时，今汝所为说，与一法不异。"过去诸佛如来应依正等正觉，本行菩萨道时，今汝所为说，与一法不异。尔时，常啼菩萨摩诃萨，复作是念，法上菩萨摩诃萨……

（左面）

[illegible]

法说时时我香花无何以供施我释帝天

[illegible][4] [illegible]

主是念者知立即千斛天曼陀罗花以常

[illegible]

---

① 西夏文"[illegible]"为"最上法""无上法"。

② 西夏文"[illegible]"译为"一法不异"。

③ 西夏文"[illegible]"为"法上菩萨摩诃萨"。

④ 西夏文"[illegible]"为"曼陀罗花"。

啼菩萨摩诃萨之所奉尔时常啼菩萨摩

[illegible]

诃萨此花受及分二分为□一分座边于

[illegible]

散入

[illegible]

尔时法上菩萨摩诃萨七岁所过及□三

在对译基础上翻译如下：

……说法时，时我无花香，以何供施？我帝释天主知是念者，立即以千斛天曼陀罗花所奉常啼菩萨摩诃萨。尔时，常啼菩萨摩诃萨已受此花，分为二分，一分散入于座边。尔时，法上菩萨摩诃萨，所过七岁及□三……

残经为施护译《佛说佛母出生三法藏般若波罗蜜多经》卷二十五之“法上菩萨品第三十一”的相应内容：

> ……变成赤栴檀香水，面百由旬皆栴檀香。尔时，帝释天主，即赞常啼菩萨摩诃萨言：“善哉，善哉！善男子，汝等为求无上法故发大精进，过去诸佛如来、应供、正等正觉本行菩萨道时，亦如汝今等无有异。”尔时，常啼菩萨摩诃萨复作是念：“法上菩萨摩诃萨当说法时，我无香华，将何供养？”帝释天主知所念已，即以千斛天曼陀罗华奉上常啼菩萨摩诃萨。尔时，常啼菩萨摩诃萨受是华已，等分其半，先散座侧。尔时，法上菩萨摩诃萨，过是七岁，已从三摩地出……①

Or.12380-3392RV（K.K.II.0227.c）右面内容与左面内容可以缀合。

98.Or.12380-3393RV（K.K.II.0227.i）残存 1 页，上栏线单栏，下

① （宋）施护译《佛说佛母出生三法藏般若波罗蜜多经》卷 25，《大正藏》第 8 册，第 228 号，第 675 页中栏 12~下栏 12。

栏线无存，刻本，原文献上有编号 3393，刊布者将此残经分成两页，其实左面内容是残页的反面，刊布者将其定名为《大般若波罗蜜多经》。现将西夏文录文并对译如下：

（右面）

菝彝[①] 屌㳀贬舭頦……	道场中住阿耨多……
皭縭蘢譺藙豨……	是最深般若波……
荗腠莌[②] 禰劾□……	诸天子对说□……
縭絻縭蘢氼□……	最上最深边□……
巌豼豥絾……	来依理应……
紕皭繆……	于是义……
豨荄……	菩提……

在对译基础上翻译如下：

住道场中，阿耨多……是最深般若波……对……诸天子说……最上最深边……来、应理供……于是义……菩提……

（左面）

前 3 行第 1、2 字为反字，其余为正字，第 4~6 行每行第 1 字为反字，其余为正字。左面第 7 行的第 1 个字为右面第 1 行第 1 个字的反字。

豨荄□……	菩提□……
紕皭□……	于是□……
巌豼豥□……	来依理（应供）□……
縭絻巌繖……	最上来到……
荗絾巎粆敠……譺蘶	诸应皈依面……般若
蘢𧅸頦纖縭……	罗蜜多者最……

① 西夏文“菝彝”译为“道场”。

② 西夏文“腠莌”中“莌”为“堡垒”“城邑”，“腠莌”译为“天子”。

[illegible]……	见难悟难如来依……

在对译基础上翻译如下：

菩提□……于是□……来、应（理）供……最上来到……诸应皈依面……是罗蜜多者最……难见难悟。如来、应供……

Or.12380-3393RV（K.K.Ⅱ.0227.i）为施护译《佛说佛母出生三法藏般若波罗蜜多经》卷十五之“贤圣品第十五之二”的相应内容：

> ……故，安处道场，成就阿耨多罗三藐三菩提果，说此甚深般若波罗蜜多耶。佛告梵王、帝释、诸天子言：“如是，如是！般若波罗蜜多最上甚深，不能得其边际源底、难见难解。如来、应供、正等正觉，于此甚深般若波罗蜜多，见是义故，安处道场，成就阿耨多罗三藐三菩提果，宣说甚深般若波罗蜜多。”[①]

Or.12380-3393RV（K.K.Ⅱ.0227.i）左右两面内容有一定重合。

99.Or.12380-3399（K.K.Ⅱ.0235.h）残存 3 页，上面残缺严重，上栏线无存，下栏线单栏，刻本，原佛经上有编号 3399，刊布者定名为《大般若波罗蜜多经》。现将西夏文录文并对译如下：

……[illegible]	……衣服乃至种种伎乐舞曲
……[illegible]	……供养又尊敬礼拜赞叹故
……[illegible]	……彼诸众生是因缘依
……[illegible]	……对言说多也世尊
……[illegible]	……善女人大菩提趣
……[illegible][②][illegible]	……多于信悟（解）心起自

① （宋）施护译《佛说佛母出生三法藏般若波罗蜜多经》卷 15，《大正藏》第 8 册，第 228 号，第 637 页下栏 29~638 页上栏 6。

② 西夏文“[illegible]”译为“信解心”，“[illegible]”译为“发信解心”。

……[illegible][1][illegible]	……广言（说）传行正法常
……[illegible]	……依佛眼无断正法无
……[illegible]	……自各受持故法眼无
……[illegible]	……波罗蜜多经典书写清
……[illegible]	……幢幡宝盖是如等种种
……[illegible]	……是善男子善女人福得

在对译基础上翻译如下：

……衣服乃至种种伎乐舞曲……供养，又尊敬礼拜赞叹。故……彼诸众生依是因缘……对言说："多也，世尊。"……善女人，大菩提，于施……多起信悟心。自……广言传行正法常……依佛眼无断正法无……自各受持，故法眼无……波罗蜜多经典书写清……幢幡宝盖，如是等种种……是善男子、善女人得福……

Or.12380-3399（K.K.Ⅱ.0235.h）为施护译《佛说佛母出生三法藏般若波罗蜜多经》卷三之"宝塔功德品第三之二"的相应内容：

> "……以诸香华灯涂、幢幡宝盖、上妙衣服，乃至种种伎乐歌舞，作如是等广大供养。又复尊重瞻礼称赞。憍尸迦，于汝意云何？彼诸众生以是因缘得福多不？"帝释天主白佛言："甚多，世尊。"佛言："憍尸迦，若善男子、善女人，为欲趣求大菩提故。于此般若波罗蜜多发信解心，自当受持读诵记念。复为他人广说流布，使其正法久住世间，以是因缘佛眼不断正法不灭，而诸菩萨摩诃萨众各各受持，即得法眼不坏不灭，又复书此般若波罗蜜多经置清净处，以诸香华灯涂、幢幡宝盖，作如是等种种供养，憍尸迦当知，此善男子、善女人得福甚多。"[2]

① 西夏文"[illegible]"译为"广说传行""广为流传""广为传布"。

② （宋）施护译《佛说佛母出生三法藏般若波罗蜜多经》卷3，《大正藏》第8册，第228号，第597页下栏10~27。

Or.12380-3399（K.K.Ⅱ.0235.h）三残页内容可以缀合。

100.Or.12380-3400（K.K.Ⅱ.0290.h）残存 1 页 6 行，每行 16~17 字不等，上栏线单栏，下栏线无存，刻本经折装，残缺严重，但存有编号 3400，刊布者定名为《大般若波罗蜜多经》。现将西夏文录文并对译如下：

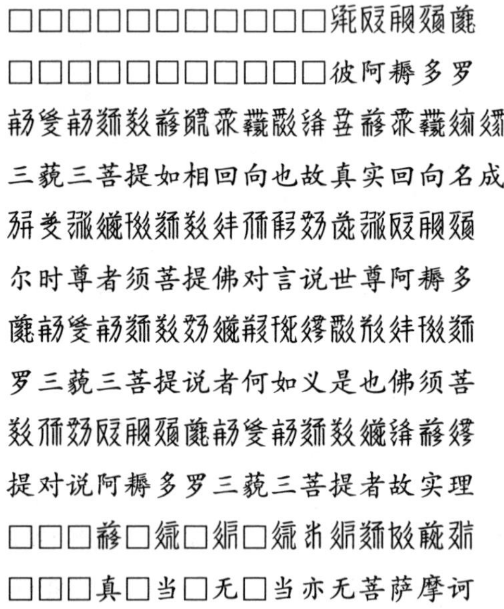

□□□□□□□□□□□□□彼阿耨多罗

三藐三菩提如相回向也故真实回向名成

尔时尊者须菩提佛对言说世尊阿耨多

罗三藐三菩提说者何如义是也佛须菩

提对说阿耨多罗三藐三菩提者故实理

□□□真□当□无□当亦无菩萨摩诃

在对译基础上翻译如下：

□□□□□□□□□□□□□彼阿耨多罗三藐三菩提如相回向也，故为名真实回向。尔时，尊者须菩提对佛言说："世尊，阿耨多罗三藐三菩提说者是何如义也?"佛对须菩提说："阿耨多罗三藐三菩提者，故实理□□□真□当□无□当亦无菩萨摩诃……"

残经为施护译《佛说佛母出生三法藏般若波罗蜜多经》卷十七之"空性品第十八"的相应内容，刊布者定名为《大般若波罗蜜多经》有误，汉译本的相应内容是：

……以阿耨多罗三藐三菩提如相回向，故名为真实回向。尔时，尊者须菩提白佛言："世尊，阿耨多罗三藐三菩提者是何义？"佛言："须菩提，阿耨多罗三藐三菩提者即如如义，如如者无所增无所减，菩萨摩诃萨于是法中应如实住。"[1]

101.Or.12380-3401（K.K.Ⅱ.0297.x）残存1页5行，上栏线无存，下栏线单栏，刻本经折装，根据Or.12380-3401V（K.K.Ⅱ.0297.x）可以确定满行16字，残缺严重，但存有编号3401，刊布者定名为《大般若波罗蜜多经》。现将西夏文录文并对译如下：

[illegible][2] [illegible][3]
法门闻未闻当无彼已问依一一正示正
[illegible]□□□□
答皆能是相俱故不退转菩萨□□□□
[illegible]□□□□□□
是须菩提佛对言说世尊□□□□□□
□□[illegible][4] [illegible]□□□□□□□
□□正答能者稀少也□□□□□□□
[illegible][5] [illegible]□□□□□□
不退转地住者稀少故是□□□□□□

在对译基础上翻译如下：

……法门，未闻当无闻，随彼已问，皆能一一正示正答，是相俱故，是不退转菩萨□□□□。须菩提对佛言说："世尊□□□□□□□□少有能正答者也，□□□□□□□少有住不退转地者，故是□□□

① （宋）施护译《佛说佛母出生三法藏般若波罗蜜多经》卷17，《大正藏》第8册，第228号，第646页上栏6~13。

② 西夏文"[illegible]"译为"未闻当无闻"，汉文本为"若闻若不闻"。

③ 根据Or.12380-3401V（K.K.Ⅱ.0297.x）补足。

④ 西夏文"[illegible]"译为"稀少""少有"。

⑤ 西夏文"[illegible]"译为"不退转地"，汉文本为"不退转"。

□□□。”

残经为施护译《佛说佛母出生三法藏般若波罗蜜多经》卷十八之“善巧方便品第二十之一”的相应内容，刊布者定名为《大般若波罗蜜多经》有误，汉译本的相应内容是：

> ……于此甚深般若波罗蜜多法门，若闻若不闻，随有所问，皆能于中正示正答，具是相者是为不退转菩萨摩诃萨。须菩提白佛言：“世尊，菩萨多行菩提少能正答。”佛言：“须菩提，少有住不退转者，是故不能正答。须菩提，若有已住不退转者，彼能正答，当知是菩萨善根明净，具足方便。”[①]

102.Or.12380-3401V（K.K.Ⅱ.0297.x）残存1页6行，每行16字，残缺严重，上下栏线单栏，刻本经折装，刊布者定名为《大般若波罗蜜多经》。现将西夏文录文并对译如下：

[illegible]
法门闻未闻当无彼已问依一一正示正
[illegible]□□□□
答皆善是相俱故不退转菩萨□□□□
[illegible]□□□□□□
是须菩提佛对言说世尊□□□□□□
□□[illegible]□□□□□□□
□□德答善者稀少也□□□□□□□
[illegible]□□□□□□
住不退转地者稀少故是□□□□□□
[illegible]
亦□也须菩提假若菩萨不退转地得故

① （宋）施护译《佛说佛母出生三法藏般若波罗蜜多经》卷18，《大正藏》第8册，第228号，第650页下栏13~17。

在对译基础上翻译如下：

法门未闻当无闻，依彼已问，皆能一一正示正答，是相俱故，是不退转菩萨□□□□。须菩提对佛言说：“世尊□□□□□□□□□少有能正答者也，□□□□□□□□少有住不退转地者，故是□□□□□□□亦□也。须菩提，假若菩萨得不退转地故……”

Or.12380-3401V（K.K.Ⅱ.0297.x）为施护译《佛说佛母出生三法藏般若波罗蜜多经》卷十八之“善巧方便品第二十之一”的相应内容，刊布者定名为《大般若波罗蜜多经》有误，汉译本的相应内容是：

> ……于此甚深般若波罗蜜多法门，若闻若不闻，随有所问，皆能于中正示正答，具是相者是为不退转菩萨摩诃萨。须菩提白佛言：“世尊，菩萨多行菩提少能正答。”佛言：“须菩提，少有住不退转者，是故不能正答。须菩提，若有已住不退转者，彼能正答，当知是菩萨善根明净，具足方便。”[①]

103.Or.12380-3402（K.K.Ⅱ.0288.b）残存1页6行，前两行残缺严重，上下栏线单栏，刻本经折装，但存有编号3402，刊布者定名为《大般若波罗蜜多经》。现将西夏文录文并对译如下：

□□□□[illegible][②]□□[illegible]

□□□□实依安住理依思念□□依顺

□□[illegible]

□□菩萨者阿耨多罗三藐三菩提方亲（近）

[illegible]

阿耨多罗三藐三菩提成就增减应无也

---

① （宋）施护译《佛说佛母出生三法藏般若波罗蜜多经》卷18，《大正藏》第8册，第228号，第650页下栏13~17。

② 西夏文“[illegible]”译为“思念”，汉文本为“作意”。“[illegible]”译为“依理思念”，汉文本为“如理作意”。

[illegible]
须菩提是缘说可不义者所定增无减无
[illegible]
乃至法一切亦增无减无也须菩提菩萨
[illegible]
摩诃萨是如相知是如思念是如修行故

在对译基础上翻译如下：

□□□□依实安住，依理思念□□依顺□，□菩萨者方近阿耨多罗三藐三菩提，成就阿耨多罗三藐三菩提应无增减也。须菩提，是缘不可说义者，所定无增无减，乃至一切法亦无增无减也。须菩提，菩萨摩诃萨知如是相、如是思念、如是修行故。

Or.12380-3402（K.K.II.0288.b）非《大般若波罗蜜多经》，应为施护译《佛说佛母出生三法藏般若波罗蜜经》卷十七“空性品第十八”的相应内容：

> ……如如者，无所增、无所减，菩萨摩诃萨于是法中应如实住，如理作意修习相应，是菩萨即近阿耨多罗三藐三菩提，即成就阿耨多罗三藐三菩提无所增减。须菩提，是故当知不可说义无增无减，乃至一切法亦多无增无减。须菩提，菩萨摩诃萨知如是相、如是作意、如是修行。[①]

比对 Or.12380-3400（K.K.II.0290.h）、Or.12380-3401（K.K.II.0297.x）、Or.12380-3401V（K.K.II.0297.x）、Or.12380-3402（K.K.II.0288.b）残经，可确定它们为同一版次的《佛说佛母出生三法藏般若波罗蜜多经》，它们的顺序为 Or.12380-3400（K.K.II.0290.h）、Or.12380-3402（K.K.II.0288.b）、Or.12380-3401（K.K.II.0297.x）、Or.12380-3401V（K.K.II.0297.x），中间有佚文。

---

① （宋）施护译《佛说佛母出生三法藏般若波罗蜜多经》卷 17，《大正藏》第 8 册，第 228 号，第 646 页上栏 13~22。

104.Or.12380-3403（K.K.II.0234.h）残存 1 页，上栏线无存，下栏线单栏，刻本，原文献上有编号 3403，左面残缺严重，刊布者定名为《大般若波罗蜜多经》。现将西夏文录文并对译如下：

□□[illegible]

□□得也复次憍尸迦若菩萨摩诃萨般

[illegible]

若波罗蜜多也护欲者虚空之也若与所

[illegible]

护如故行般若波罗蜜多也憍尸迦汝意

[illegible]□□□□□□□□[illegible]

于何云彼声音□□□□□□□□天主尊

[illegible]□□□□□□□□□□□[illegible]

者须菩提□□□□□□□□□□□萨波

□□□□□□□□□□□□□□[illegible]

□□□□□□□□□□□□□□声与

在对译基础上翻译如下：

得□□也。复次，憍尸迦，若菩萨摩诃萨，是欲护般若波罗蜜多者，若与所护之虚空也。故行般若波罗蜜多也。憍尸迦，于汝意云何？彼声音□□□□□□□□天主：尊者须菩提□□□□□□□□□□□萨波□□□□□□□□□□□□□□声与……

残经非《大般若波罗蜜多经》，而是施护译《佛说佛母出生三法藏般若波罗蜜多经》卷九“清净品第八之二”的相应内容：

> “复次，憍尸迦，若菩萨摩诃萨，为欲守护般若波罗蜜多者，当如守护虚空，是为行般若波罗蜜多。憍尸迦，于汝意云何？彼呼声响能守护耶？”帝释天主言：“尊者须菩提，彼呼声响不能守护。”须菩提言：“如是，如是！憍尸迦，当知一切法如声响，若如是知，

即于诸法无所观、无所示、无所生、无所得。是为菩萨摩诃萨行般若波罗蜜多。”①

105.Or.12380-3412（K.K.Ⅱ.0246.n）②残存1页10行，上下栏线单栏，刻本，右上角残缺严重，原佛经上有编号3412，刊布者定名为《佛说佛母出生三法藏般若波罗蜜多经》。现将西夏文录文并对译如下：

□□□□□□□□□□[illegible]③

□□□□□□□□□□未来世于阿尸（那）伽

[illegible]

十五

□□□□□□□[illegible]

□□□□□□□成名者释迦牟尼如来

□□□[illegible]

□□□正等觉明行圆满善逝世间解丈

[illegible]

夫之降服最上者天人师佛世尊说尔时

[illegible]

帝释天主及诸天众皆佛对言说希有世

[illegible]

尊希有善逝是般若波罗蜜多者一切智

[illegible]

摄能也菩萨摩诃萨是如学当

[illegible]

① （宋）施护译《佛说佛母出生三法藏般若波罗蜜多经》卷9，《大正藏》第8册，第228号，第618页上栏26~中栏5。

② 段玉泉认为Or.12380-3412（K.K.Ⅱ.0246.n）为《佛说一切如来悉皆摄受三十五佛忏悔仪轨》。

③ 西夏文“[illegible]”译为“阿那迦”，汉文本为“阿僧衹”，或译“无数”“无央数”，印度的数量词。

宝塔功德品三第之一

[illegible]

尔时世尊苾刍苾刍尼优婆塞优婆夷四

在对译基础上翻译如下：

□□□□□□□□□于未来世……阿那伽……成□□□□□□□，说名者释迦牟尼如来、□□□、正等觉、明行圆满、善逝、世间解、降服之丈夫、最上者、天人师、佛、世尊。尔时，帝释天主及诸天众皆对佛言说：“希有，世尊。希有，善逝。是般若波罗蜜多者能摄一切智也，菩萨摩诃萨当如是学。”

宝塔功德品第三之一

尔时，世尊……四……苾刍、苾刍尼、优婆塞、优婆夷……

残经为施护译《佛说佛母出生三法藏般若波罗蜜多经》卷二之“帝释天主品第二”结尾处和“宝塔功德品第三之一”开头的相应内容：

> ……汝于来世过阿僧祇劫当得成佛，号释迦牟尼如来、应供、正等正觉、明行足、善逝、世间解、无上士、调御丈夫、天人师、佛、世尊。是时，帝释天主并诸天众，俱白佛言：“希有，世尊。希有，善逝。此般若波罗蜜多能摄一切智，菩萨摩诃萨当如是学。”
>
> 宝塔功德品第三之一
>
> 尔时，世尊普告四众——苾刍、苾刍尼、优婆塞、优婆夷——帝释天主等，欲界诸天众……[1]

106.Or.12380-3417（K.K.II.0253.p）残存1，上栏线无存，下栏线单栏，刻本经折装，存6行，每行字数不等，原残卷上有编号3417，刊布者将其定名为《大般若波罗蜜多经》。现将西夏文录文并对译如下：

---

① （宋）施护译《佛说佛母出生三法藏般若波罗蜜多经》卷2，《大正藏》第8册，第228号，第594页中栏21~下栏4。

□□□□[西夏文]

□□□□说须菩提若菩萨摩诃萨之方

[西夏文]

便善巧最胜智知解（了）欲故是最深般若波

[西夏文]

罗蜜多法中实依趣求应若其声闻独觉

□□□□□□[西夏文]

□□□□□□者魔事也知应

□□□□□□□□[西夏文]

□□□□□□□□波罗蜜多法门若闻

□□□□□□□□□□□□[西夏文]

□□□□□□□□□□□□事也知应

在对译基础上翻译如下：

说□□□□。须菩提，若欲了知菩萨摩诃萨之方便善巧最胜智，故应是最深般若波罗蜜多法中依实趣求，若其声闻独觉□□□□□□者，应知魔事也。□□□□□□□□波罗蜜多法门，若闻□□□□□□□□□□□□应知□事也。

Or.12380-3417（K.K.II.0253.p）不是《大般若波罗蜜多经》，而是施护译《佛说佛母出生三法藏般若波罗蜜多经》卷十一“恶者障法品第十一之一”的相应内容：

须菩提，若欲了知菩萨摩诃萨善巧方便最胜智者，应当于此甚深般若波罗蜜多法中如实趣求，若复于余声闻缘觉法门而修习者，应当觉知是为魔事。

复次，须菩提，此般若波罗蜜多法门，若听者乐闻说者懈倦，应当觉知是为魔事。[①]

① （宋）施护译《佛说佛母出生三法藏般若波罗蜜多经》卷11，《大正藏》第8册，第228号，第626页下栏5~13。

107.Or.12380-3418（K.K.）残存 1 页，上栏线无存，下栏线单栏，刻本经折装，存 6 行，每行字数不等，原残卷上有编号 3418，刊布者将其定名为《大般若波罗蜜多经》。现将西夏文录文并对译如下：

[illegible][1][illegible]

知若说者说乐闻者懈怠故是者魔事也

[illegible]

知应

[illegible]

及若法闻者是般若波罗蜜多法门闻受

□□□[illegible]

□□□及书写诵读彼法说者即不尔（是）说

□□[illegible]

□□又心以异（他）经法说为是因缘诵无尔（是）和

□[illegible]

□彼法闻者般若波罗蜜多写持诵读无（不）

在对译基础上翻译如下：

知……若说者乐说闻者懈怠，故应知是者魔事也。及若闻法者，闻受□□是般若波罗蜜多法门□，及书写诵读，彼法说者不即是说，□□又以心为说他经法，是因缘无诵？是和□，闻彼法者，不……般若波罗蜜多写持读诵……

刊布者定名有误，残经非《大般若波罗蜜多经》，应为施护译《佛说佛母出生三法藏般若波罗蜜多经》卷十一“恶者障法品第十一之一”的相应内容：

又复，若时说者乐说，听者懈倦，应当觉知是为魔事。又复，

① 西夏文“[illegible]”译为“魔事”，与魔障意思相同，表示恶魔之所作，为佛道障碍之事柄。

若时彼听法者，乐欲听受此般若波罗蜜多法门，听已书写读诵，而说法者不即为说，以戏论心说余经法，由此因缘不能和合，令听法者不得般若波罗蜜多书持读诵。[①]

Or.12380-3417（K.K.II.0253.p）和 Or.12380-3418（K.K.）应为同版刻本残经，二者内容相缀合。

108.Or.12380-3419（K.K.II.0253.v）残存 1 页，上下栏线单栏，刻本经折装，存 8 行，估计每行 16 字，残缺严重，原残卷上有编号 3419，刊布者将其定名为《大般若波罗蜜多经》，下面将西夏文录文并对译如下：

[illegible]□□□□□□□□
最终最胜最妙广大□□□□□□□□

□[illegible]□□
□实依随喜阿耨多罗三藐三菩提□□

□□□□□□□[illegible]
□□□□□□□最上最终乃至等等无

□□□□□□□[illegible]□
□□□□□□□依随喜说者何云佛□

□□□□□[illegible]
□□□□□菩萨摩诃萨过去未来现在

□□□□□□□□[illegible]□□□
□□□□□□□□得无实信喜□□□

□□□□□□□□[illegible]
□□□□□□□□灭无法一切观虚空

□□□□□□□□[illegible]□□□□□□□
□□□□□□□□生□□□□□□□

① （宋）施护译《佛说佛母出生三法藏般若波罗蜜多经》卷 11，《大正藏》第 8 册，第 228 号，第 626 页下栏 15~17。

在对译基础上翻译如下：

最终（极）、最胜、最妙广大□□□□□□□□□□依实随喜阿耨多罗三藐三菩提□□□□□□□□□□最上、最终乃至无等等□□□□□□云何说依□随喜者？佛□□□□□□菩萨摩诃萨，过去、未来、现在□□□□□□□□□无得，实信喜□□□□□□□□□□□□难无观一切法虚空□□□□□□□□□生□□□□□□□□……

Or.12380-3419（K.K.Ⅱ.0253.v）不是《大般若波罗蜜多经》，应为施护译《佛说佛母出生三法藏般若波罗蜜多经》卷七“随喜回向品第六之二”的相应内容：

“……于诸善根能以最上、最极、最胜、最妙广大无量、无等、无等等心，如实随喜回向阿耨多罗三藐三菩提。世尊，当云何是最上、最极，乃至无等等心？又复，何名如实随喜?”佛告须菩提：“若菩萨摩诃萨，于过去、未来、现在诸法，不取、不舍、无念、无得，离诸疑惑，不生分别——无过去法已生已灭，无未来法未生未灭，无现在法即生即灭——当观诸法犹如虚空，离一切相无所动转，不生不灭不来不去……”①

109.Or.12380-3635（K.K.）残存1页，行数不能确定，上栏线无存，下栏线单栏，写本，刊布者将其定名为“残片”，上半部分有几行西夏文，下面几行西夏字为反字，为从他处粘贴而来。现将西夏文录文并对译如下：

……[illegible]……　　……也须菩提……

……[illegible]……　　……般若波罗蜜多……

……[illegible]　　……能

① （宋）施护译《佛说佛母出生三法藏般若波罗蜜多经》卷7，《大正藏》第8册，第228号，第612页上栏21~中栏1。

在对译基础上翻译如下：

……也。须菩提……般若波罗蜜多……能……

Or.12380-3635（K.K.）为施护译《佛说佛母出生三法藏般若波罗蜜多经》卷十二“显示世间品第十二之一”的相应内容：

> 云何如来知众生痴心耶？须菩提，所谓了知若心住于痴即心不如实，若心如实即不住于痴。是故如来因般若波罗蜜多故，能知无量无数众生如是痴心。[①]

110.Or.12380-3635V（K.K.）残存1页，上栏线单栏，下栏线无存，写本，刊布者将其定名为“佛经”。现将西夏文录文并对译如下：

[illegible][illegible][illegible][illegible]……	……须菩提若……
[illegible][illegible]□[illegible][illegible]……	……住如□相依……
[illegible][illegible][illegible][illegible][illegible]……	……复次须菩提……
[illegible][illegible]□[illegible][illegible]……	……德之□离心……

在对译基础上翻译如下：

……须菩提……住如□依相……复次，须菩提……德之□离心……

Or.12380-3635V（K.K.）为施护译《佛说佛母出生三法藏般若波罗蜜多经》卷十二“显示世间品第十二之一”的相应内容：

> 须菩提，所谓了知心住空寂，离所缘相无诸分别。是故如来因般若波罗蜜多故，能知无量无数众生如是恚心。
>
> 复次，须菩提，如来因般若波罗蜜多故，如实了知无量无数众生恚心。云何如来知众生恚心耶？须菩提，所谓了知心住空寂，离

① （宋）施护译《佛说佛母出生三法藏般若波罗蜜多经》卷12，《大正藏》第8册，第228号，第629页下栏15~20。

所缘相无诸分别。[①]

Or.12380-3635（K.K.）、Or.12380-3635V（K.K.）为同一版本残经，Or.12380-3635（K.K.）内容在后，Or.12380-3635V（K.K.）内容在前，因残缺严重，二者不能完全缀合，有佚文。

111.Or.12380-3636a（K.K.Ⅱ.0275.ccc）残存1页3行，上栏线单栏，下栏线无存，刻本，刊布者将其定名为“佛经”。现将西夏文录文并对译如下：

蒱祇缬阸……	味令妙食……
阸形𦪂𦭊𧣃𧖷……	食取吃及喜（爱）乐……
𦖷𧝅𧝃𧖞𦘝𧆧𦝑……	而宁智也须菩提……

在对译基础上翻译如下：

令……味妙食……取食吃及爱乐……而宁智也。须菩提……

Or.12380-3636a（K.K.Ⅱ.0275.ccc）为施护译《佛说佛母出生三法藏般若波罗蜜多经》卷十一“恶者障法品第十一之一”的相应内容：

“又如有人饥渴所逼周行求食，见彼百味精妙饮食，生弃舍心而不能取，返取于彼六十日饭，食已爱乐。须菩提，于汝意云何？是人为智不？”须菩提言……[②]

112.Or.12380-3636b（K.K.Ⅱ.0275.jjj）残存1页4行，上栏线单栏，下栏线无存，刻本，刊布者将其定名为“佛经”。残经上有编号3636/1-4，现将西夏文录文并对译如下：

---

① （宋）施护译《佛说佛母出生三法藏般若波罗蜜多经》卷12，《大正藏》第8册，第228号，第629页下栏5~10。

② （宋）施护译《佛说佛母出生三法藏般若波罗蜜多经》卷11，《大正藏》第8册，第228号，第626页上栏5~8。

□[illegible]□[illegible]……	□诸菩萨□中……
[illegible]……[illegible]	菩提果成就令……般若
[illegible]……	波罗蜜多法门……
[illegible]……	示现实依学习……

在对译基础上翻译如下：

□诸菩萨□中……令成就阿耨多罗三藐三菩提果。……般若波罗蜜多法门……示现、依实学习……

Or.12380-3636b（K.K.II.0275.jjj）为施护译《佛说佛母出生三法藏般若波罗蜜多经》卷十一“恶者障法品第十一之一”的相应内容：

> 令诸菩萨于中修学，即能成就阿耨多罗三藐三菩提果。须菩提，是故如来以此般若波罗蜜多法门，为诸菩萨摩诃萨如理表示、如实教授、如所利益、如理生喜，趣入安住胜义法门……①

Or.12380-3636a（K.K.II.0275.ccc）、Or.12380-3636b（K.K.II.0275.jjj）为同一版本残经，只是 Or.12380-3636a（K.K.II.0275.ccc）在后，Or.12380-3636b（K.K.II.0275.jjj）在前，二者残缺严重，不能缀合。

113.Or.12380-3677（K.K.II.0268.i）残存 1 页，写本，刊布者将其定名为《大般若波罗蜜多经》第四卷题签，史金波先生改为《佛说佛母出生三法藏般若波罗蜜多经》题签，西夏文内容仅存“[illegible]”，译为“出生般若波罗蜜经典卷第四”。

114.Or.12380-3706（K.K.II.0285.ttt）残存 1 页，上下皆残，刻本，每行存 3~5 字，刊布者定名为《圣胜慧彼岸到功德宝集颂》。现将西夏文录文并对译如下：

……[illegible]……	……蜜多观欲故……

① （宋）施护译《佛说佛母出生三法藏般若波罗蜜多经》卷 11，《大正藏》第 8 册，第 228 号，第 625 页下栏 21~27。

……[illegible][illegible][illegible][illegible]……	……一切智心……
……[illegible][illegible][illegible]	……十五第
……[illegible][illegible][illegible][illegible]……	……依观如一……
……[illegible][illegible]□[illegible][illegible]……	……观名□须菩……
……[illegible][illegible][illegible][illegible]……	……方一切智……

在对译基础上翻译如下：

欲观……蜜多，故……一切智心……

第十五

……依观如一……观……，名□须菩……方（故）一切智……

此残经并非《圣胜慧彼岸到功德宝集颂》，而是施护译《佛说佛母出生三法藏般若波罗蜜多经》卷十五之“贤圣品第十五之二”的相应内容：

> 菩萨摩诃萨欲观般若波罗蜜多者，当随一切智心观。须菩提言：“云何名为随一切智心观？”佛言：“须菩提，若随虚空观即随一切智心观……”①

115.Or.12380-3706V（K.K.II.0285.ttt）残存1页，写本，刊布者定名为《大般若波罗蜜多经》，实际上这一残页情况复杂，由三部分组成。右面分为上下两部分，上部分三行西夏文是从他处粘来，为西夏文反字；下部分为一行4个西夏字，要把西夏字倒过来看。左面存一行5个西夏字。故仅录右面下部分四行4个西夏字和左面一行5个西夏字。现将西夏文录文并对译如下：

……[illegible]	……心
……[illegible]	……菩

---

①（宋）施护译《佛说佛母出生三法藏般若波罗蜜多经》卷15，《大正藏》第8册，第228号，第637页下栏9~12。

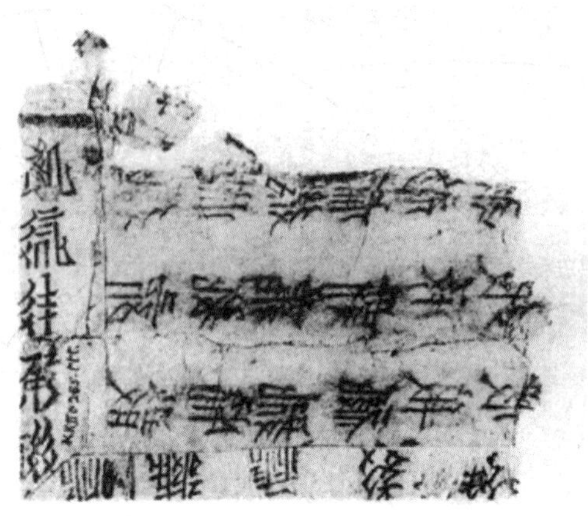

图 2　Or.12380-3706V（K.K.Ⅱ.0285.ttt）

……[illegible]　　　　……一

……[illegible]　　　　……依（随）

……[illegible]　　　　……观应佛言须

在对译基础上翻译如下：

……心……菩……一……依（随）……观应佛言须……

比对 Or.12380-3706（K.K.Ⅱ.0285.ttt）、Or.12380-3706V（K.K.Ⅱ.0285.ttt），可以发现 Or.12380-3706V（K.K.Ⅱ.0285.ttt）残存西夏字与 Or.12380-3706（K.K.Ⅱ.0285.ttt）下面最后西夏字相同。另外，Or.12380-3706V（K.K.Ⅱ.0285.ttt）与 Or.12380-3706（K.K.Ⅱ.0285.ttt）在版式、字体上一致，可以确定前者为施护译《佛说佛母出生三法藏般若波罗蜜多经》卷十五之“贤圣品第十五之二”的相应内容，其内容基本与 Or.12380-3706（K.K.Ⅱ.0285.ttt）重合，而非《大般若波罗蜜多经》，刊布者定名错误。

116.Or.12380-3737（K.K.Ⅱ.0275.aa）残存 1 页 11 行，字数不能确定，上下栏线无存，刻本，刊布者定名为《大般若波罗蜜多经》。现将西夏文录文并对译如下：

……[illegible]……　　　　……禅定法及诸福行……

……[illegible]……	……何云彼人是因缘……
……[illegible][1] [illegible]……	……佛对言说多也世尊……
……[illegible]……	……善男子善女人……
……[illegible]……	……般若波罗蜜多……
……[illegible]……	……法住及……
……[illegible]……	……读诵欢喜……
……[illegible]……	……解说为……
……[illegible]……	……依他之劝……
……[illegible]……	……波罗蜜……
……[illegible]……	……其依皆修……

在对译基础上翻译如下：

……禅定法及诸福行……云何？彼人是因缘……对佛言说：“多也，世尊。”……善男子、善女人……般若波罗蜜多……住……法及……读诵，欢喜……为……解说……依他之劝……波罗蜜……依其皆修……

Or.12380-3737（K.K.Ⅱ.0275.aa）为施护译《佛说佛母出生三法藏般若波罗蜜多经》卷五之“正福品第五之二”的相应内容：

“各各教修无量无边神通梵行诸禅定法及诸福行。憍尸迦，于汝意云何？是人以是因缘得福多不？”帝释天主白佛言：“甚多，世尊。”佛言：“憍尸迦！是善男子、善女人，以是因缘得福虽多，不如有人于此般若波罗蜜多，发信解心、发菩提心住菩萨法，以此般若波罗蜜多，书写经卷，受持读诵，生欢喜心为人演说，或复为人解释其义，于此正法生清净心离诸疑惑，转劝他人使其受持，作如是言：‘汝善男子！此般若波罗蜜多是菩萨道，汝于是中如所宣说应当修学。’”[2]

---

① 西夏文“[illegible]”译为“多也”，汉文本为“甚多”。

② （宋）施护译《佛说佛母出生三法藏般若波罗蜜多经》卷5，《大正藏》第8册，第228号，第604页下栏4~21。

117.Or.12380-3753（K.K.Ⅱ.0275.aa）残存1页20行，字数不能确定，下栏线单栏，上栏线无存，刻本经折装，刊布者定名为《大般若波罗蜜多经》。现将西夏文录文并对译如下：

……[illegible]	……皆阿罗汉也过（漏）
……[illegible]	……解脱慧善解脱大
……[illegible]	……已足重担所（已）失大
……[illegible]	……损（碍）无心无净处自
……[illegible]	……一普（补）特迦罗中氏
……[illegible]	……对言说汝乐（意）欲依
……[illegible]	……般若波罗蜜多法
……[illegible]	……是如念为今尊者
……[illegible]	……菩萨摩诃萨之般
[illegible]……[illegible]	若波罗蜜多……威神及祐助力依
……[illegible]	……神依舍利子是如
……[illegible]	……是如知及舍利子
……[illegible]	……声闻弟子一切诸
……[illegible]	……诸佛之威神力
……[illegible]	……时修学能者诸法
……[illegible]	……如言言（说）皆诸法与
……[illegible]	……佛所言法诸法性
……[illegible]	……知应
……[illegible]	……言说世尊佛我之
[illegible]	菩萨摩诃萨之般若波罗蜜

在对译基础上翻译如下：

……皆阿罗汉也。漏……解脱、慧善解脱，大……已足，已舍重担……大……无碍无无心净处，自……一补特迦罗中氏……对言说：依汝意欲……般若波罗蜜多法……如是为念，今尊者……菩萨摩诃萨之般若波罗蜜多……依威神及祐助力……依威神，知舍利子如是……如是……及舍利子……声闻弟子，一切诸……诸佛之威神力。……时能修学者，诸法……如言说皆诸法与……佛所言法……诸法性……应知……言说：世尊，佛……我之菩萨摩诃萨之般若波罗蜜

Or.12380-3753（K.K.Ⅱ.0275.aa）非《大般若波罗蜜多经》，而是施护译《佛说佛母出生三法藏般若波罗蜜多经》卷一“了知诸行相品第一之一”的相应内容：

……皆是阿罗汉——一切漏尽无余烦恼，心善解脱、慧善解脱，如大龙王，诸有所作皆悉具足；舍彼重担得大善利，尽诸有结正智无碍，心住寂静已得自在——唯一尊者住补特伽罗，所谓阿难。尔时，世尊告尊者须菩提言：“随汝乐欲，为诸菩萨摩诃萨如其所应，宣说般若波罗蜜多法门。”

是时，尊者舍利子即起是念：“今尊者须菩提，为以自智慧辩才而为宣说菩萨摩诃萨般若波罗蜜多耶？为以佛威神及加持力而为说耶？”尔时，尊者须菩提承佛威神，知舍利子于如是色、如是心有所思念。既知是已，即告舍利子言：“汝今当知，世尊所有声闻弟子，于诸法中若自宣说、或为他说，一切皆是佛威神力。何以故？佛所说法，若于是中能修学者，彼能证得诸法自性。以证法故，有所言说皆与诸法无所违背。是故，舍利子，佛所说法顺诸法性，诸善男子当如是知。”尔时，尊者须菩提白佛言：“世尊，佛作是言，令我随所乐欲，如其所应宣说菩萨摩诃萨般若波罗蜜多……”①

118.Or.12380-3765.2（K.K.）残存2页，左右明显不是同一残片。左面内容不清楚，几乎看不出来；右面存4行，字数不能确定，上栏线单栏，下栏线无存，刻本经折装，残页上有3765/1-6，刊布者定名为“佛经”。现将西夏文录文并对译如下：

---

①（宋）施护译《佛说佛母出生三法藏般若波罗蜜多经》卷1，《大正藏》第8册，第228号，第587页上栏9~29。

（右面）

[illegible]……	复次……
[illegible]……	欲界于……
[illegible]……	定彼菩萨……
[illegible]……	也亦大国中……

在对译基础上翻译如下：

复次……于欲界……定彼菩萨……也亦大国中……

Or.12380-3765.2（K.K.）为宋施护译《佛说佛母出生三法藏般若波罗蜜多经》卷十六“不退转菩萨相品第十七”的相应内容：

> 复次，须菩提，当知不退转菩萨摩诃萨，多从欲界、色界诸天命终，而来生此阎浮提中。当知是菩萨少生边地，设复生者亦在大国……[1]

119.Or.12380-3884（K.K.）非常不清楚，写本卷轴装，有墨印，上有编号3884，刊布者定名为“佛经”。现将西夏文录文并对译如下：

[illegible][2][illegible]

住果欲若阿那含果得欲若阿罗汉果得

[illegible][3][illegible]

欲若独觉果得欲独觉果住欲若阿耨多

[illegible]

① （宋）施护译《佛说佛母出生三法藏般若波罗蜜多经》卷16，《大正藏》第8册，第228号，第643页中栏5~9。

② 写本此处丢字，根据上下文补录。

③ “[illegible]”（若欲得阿那含果，欲得阿罗汉果）在抄写时有遗漏，汉文本为“若欲得阿那含果、欲住阿那含果，若欲得阿罗汉果、欲住阿罗汉果”。

罗三藐三菩提果住欲故阿耨多罗三

[illegible][1] [illegible]

藐三菩提果住欲故皆安忍于住应说者诸天

[illegible]□[illegible]□□□[illegible]□□

子是言闻及心□思尊者□□□须菩提□□

在对译基础上翻译如下：

欲住……果，若欲得阿那含果，若欲得阿罗汉果，若欲得独觉果，欲住独觉果，若欲住阿耨多罗三藐三菩提果，故欲住阿耨多罗三藐三菩提果。故皆住于安忍，应说者，诸天子闻是言，及心□思：尊者□□□须菩提□□……

残经为施护译《佛说佛母出生三法藏般若波罗蜜多经》卷二“帝释天主品第二”的相应内容：

> 若欲得斯陀含果、欲住斯陀含果，若欲得阿那含果、欲住阿那含果，若欲得阿罗汉果、欲住阿罗汉果，若欲得缘觉果、欲住缘觉果，若欲得阿耨多罗三藐三菩提果、欲住阿耨多罗三藐三菩提果者，皆住是忍。时诸天子闻是说已，又复思惟：“当有何人能听受尊者须菩提说法？”[2]

120.Or.12380-3884V（K.K.）非常不清楚，为写本卷轴装，有墨印，刊布者定名为“佛经”。现将西夏文录文并对译如下：

[illegible][3]……

---

① “[illegible]”（若欲住阿耨多罗三藐三菩提果，故欲住阿耨多罗三藐三菩提果）存在抄混的现象，汉文本为“若欲得阿耨多罗三藐三菩提果、欲住阿耨多罗三藐三菩提果者”。

②（宋）施护译《佛说佛母出生三法藏般若波罗蜜多经》卷 2，《大正藏》第 8 册，第 228 号，第 593 页上栏 12~19。

③ 西夏文“[illegible]”译为“诸天子”。

诸天子……

[illegible]

除解难广大深远最上最妙我等天

[illegible]

众入于也得

[illegible]

尔时尊者须菩提与及诸天子心里及而觉

[illegible]

所言说汝等知应若须陀洹果得欲

[illegible][1][illegible]

得欲如是安住应若斯陀含果得欲

[illegible]

斯陀含果住欲若阿那含果得欲阿那

在对译基础上翻译如下：

诸天子……除难解，广大深远最上最妙，我等天众于得入也。尔时，尊者须菩提及与诸天子心里及而所觉言说：汝等应知，若欲得须陀洹果，欲得须陀洹果。如是应安住。若欲得斯陀含果，欲住斯陀含果。若欲得阿那含果，阿那……

Or.12380-3884V（K.K.）为施护译《佛说佛母出生三法藏般若波罗蜜多经》卷二“帝释天主品第二”的相应内容：

> ……是时诸天子众复作是念：“如尊者须菩提所说，转复难解，广大深远最上微妙，我等天众难可得入。尔时，尊者须菩提又复知诸天子心所念已，实时告言：‘汝等当知，若欲得须陀洹果、欲住须陀洹果者，当住是忍。若欲得斯陀含果、欲住斯陀含果，若欲得

---

① “[illegible]”（若欲得须陀洹果，欲得）在第二个“欲得”前应是丢掉了“须陀洹果”，“欲得”应该是“欲住”。

阿那含果……'" ①

比较 Or.12380-3884（K.K.）和 Or.12380-3884V（K.K.）的内容，可以确定，Or.12380-3884（K.K.）内容在后，Or.12380-3884V（K.K.）内容在前，二者可缀合，皆为宋施护译《佛说佛母出生三法藏般若波罗蜜多经》卷二“帝释天主品第二”的相应内容。

121.Or.12380-3886（K.K.Ⅱ.0278.b3）非常不清楚，为写本卷轴装，有墨印，上有编号 Or.12380（K.K.Ⅱ.0278. b3），是反字，西夏文为正字，分为三部分，刊布者定名为“残片”，依据国际敦煌项目数据库照片录入西夏文并对译如下：

[西夏文]□□□□□□□□□□□□

言是也是也□□□□□□□□□□□□

[西夏文]□□□□□□□□□□□□□

无生灭无□□□□□□□□□□□□□

[西夏文]□□□□□□□□□□□□□

智学是也□□□□□□□□□□□□□

[西夏文] ② [西夏文]

尔时释帝天主尊者舍利子对言说菩萨摩

[西夏文]

诃萨般若波罗蜜多者何如求应舍利子

[西夏文]

言憍尸迦菩萨摩诃萨般若波罗蜜多者

[西夏文]□□□□□□□□□[西夏文]

须菩提已传中□□□□□□□□□舍

① （宋）施护译《佛说佛母出生三法藏般若波罗蜜多经》卷 2，《大正藏》第 8 册，第 228 号，第 593 页上栏 9~12。

② 西夏文“[西夏文]”译为“舍利子”，汉文本为“舍利弗”。“[西夏文]”译为“尊者舍利子”。

[illegible]□□

利子彼须菩提所言般若波罗蜜多□□

[illegible][1][illegible]

之神力以祐护故是也舍利子言憍尸迦

[illegible]

是者佛之神力以祐护故是也知应

[illegible]

尔时尊者须菩提释帝天主对言说我所说

[illegible]

般若波罗蜜多所定皆如来之神力以

[illegible]□[illegible]

祐护□菩萨摩诃萨般若波罗蜜多何

□□□□[illegible]

□□□□菩萨摩诃萨般若波罗蜜多

□□□□[illegible]□□□□□□□□[illegible]

□□□□中□□□□□□□□受想行

□□[illegible]□[illegible]

□□应受想行识离中不求□何云

□□[illegible]

□□般若波罗蜜多非色离亦般若波

[illegible]

罗蜜多非受想行识般若波罗蜜多非受

[illegible]

想行识离亦般若波罗蜜多非释帝天

[illegible]

主言尊者须菩提大波罗蜜多者般若波罗

[illegible]

---

① 西夏文“[illegible]”译为“祐助”“资助”，汉文本为“加持”。

蜜多而（是、乃）也无量波罗蜜多者般若波罗蜜

[illegible]

多而（是、乃）也无边波罗蜜多者般若波罗蜜多

[illegible]

而（是、乃）也须菩提言是也是也憍尸迦大波罗

[illegible]

蜜多者般若波罗蜜多也无量波罗蜜多

[illegible]

者般若波罗蜜多也无边波罗蜜多者般

[illegible]

若波罗蜜多也何云也色广大故般若波

[illegible]

罗蜜多亦广大受想行识广大故般若波

[illegible]

罗蜜多亦广大色受想行识无量般若

[illegible]

波罗蜜多亦无量色受想行识无边故般

[illegible]

若波罗蜜多亦无边也

[illegible]

复次憍尸迦缘无边故般若波罗蜜多边

[illegible]

无般若波罗蜜多无边故众生亦无边何

[illegible]

如义依缘无边也色受想行识前边（际）得可

[illegible]

无中边（际）得可无后边（际）得可无乃至法一切

[illegible]

前后中边（际）亦得可无是如义依缘无边故

[illegible]
般若波罗蜜多无边□□何如义依众生
[illegible]
无边也憍尸迦知应前后中边（际）众生得
[illegible]
可无释帝天主言何云须菩提彼众生界
[illegible]
无边乎须菩提言众生无量不可思议
[illegible]
是如义依众生无边也释帝天主及尊者
[illegible]
须菩提对□□□言说何如义依众生名
[illegible]
也须菩提言法一切义者众生义也憍尸
[illegible]
迦汝意于何云何如义之众生义也说令
[illegible]
释帝天主言我心中如我故不法义者众
[illegible]
生义也不法非义者众生义也是缘众生
[illegible]
者本无缘（因）无我无缘无方便依名字设置
[illegible]
须菩提憍尸迦我昔所言众生无边者
[illegible]
汝意于何云□□□□示应而有释帝
[illegible]
天主言不也须菩提时须菩提言若诸众
[illegible]

生所言示应不有故是缘我众生无边所

[illegible]

言憍尸迦若如来依理正等正觉寿等恒

[illegible][1][illegible]

河沙劫如当住方便语言说以众生一切若

[illegible]

前生若现世若来世若前灭若现灭若后

[illegible]

灭言依边界（边际）言尽而能释帝天主言不也

在对译基础上翻译如下：

言："是也，是也！□□□□□□□□□□□无□□无生灭□□□□□□□□□□□□学□□智是也。□□□□□□□□□□□□□□□□。"尔时，帝释天主对尊者舍利子言说："菩萨摩诃萨般若波罗蜜多者，应如何求？"舍利子言："憍尸迦，菩萨摩诃萨般若波罗蜜多者，□须菩提已传中□。"□□□□□□□□舍利子，彼须菩提所言般若波罗蜜多，□□是以之神力祐护故也？舍利子言："憍尸迦，是应知者是佛之神力以祐护故也。"尔时，尊者须菩提对帝释天主言说："我所说般若波罗蜜多，所定皆如来之神力以祐护□。菩萨摩诃萨般若波罗蜜多何□□□□菩萨摩诃萨般若波罗蜜多。□□□□中□□□□□□□□受、想、行□□，不应离受、想、行、识中求□。云何□？□非般若波罗蜜多，离色亦非般若波罗蜜多。受、想、行、识非般若波罗蜜多受，离受、想、行、识亦非般若波罗蜜多。"帝释天主言："尊者须菩提大波罗蜜多者是（乃）般若波罗蜜多也。无量波罗蜜多者是般若波罗蜜多也。无边波罗蜜多者是般若波罗蜜多也。"须菩提言："是也，是也！憍尸迦，大波罗蜜多者般若波罗蜜多也。无量波罗蜜多者般若波罗蜜多也。无边波罗蜜多者般若波罗蜜多也。何云也？色广大故，般若波罗蜜多亦广大。受、想、行、识广大故，般若波罗蜜多亦

---

① 西夏文"[illegible]"译为"方便语言"。

广大。色、受、想、行、识广大故，般若波罗蜜多亦无量，色、受、想、行、识无边故，般若波罗蜜多亦无边也。”

复次，憍尸迦缘无边故，般若波罗蜜多无边。般若波罗蜜多无边故，众生亦无边。依如何义缘无边也？前际色、受、想、行、识无可得，中际无可得，后际无可得，乃至一切法，前后中际亦无可得，依如是义缘无边故，般若波罗蜜多无边。□□依何如义众生无边也。憍尸迦，知应前后中际众生无可得。帝释天主言：“云何，须菩提，彼众生界无边乎？”须菩提言：“众生无量不可思议，依如是义众生无边也。”帝释天主又对尊者须菩提□□□言说：“依如何义名众生也。”须菩提言：“一切法义者众生义也。憍尸迦，汝于意云何？令说如何义之众生义也？”帝释天主言：“如我心中，故非法义者众生义也，非非法义者众生义也，是缘众生者无本、无因、无我、无缘、依方便设置名字。”

须菩提：“憍尸迦，我昔所言众生无边者，汝于意云何？□□□□应示而有？”帝释天主言：“不也，须菩提。”时须菩提言：“若诸众生不应有所言示，是缘故我所言众生无边。憍尸迦，若如来依理（应供）、正等正觉住寿当如等恒河沙劫，以方便语言说一切众生，若前生、若现生、若来生，若前（已）灭、若现灭、若后灭，而能依言说边际尽？”帝释天主言：“不也……”

Or.12380-3886（K.K.II.0278.b3）为施护译《佛说佛母出生三法藏般若波罗蜜多经》卷二“帝释天主品第二”的相应内容：

> 须菩提言：“如是，如是！彼一切智乃至一切佛法，无所取、无生灭，如是修学者，是为菩萨摩诃萨学一切智。”尔时，帝释天主白尊者舍利子言：“菩萨摩诃萨，般若波罗蜜多，当于何求？”舍利子言：“憍尸迦！菩萨摩诃萨般若波罗蜜多，当于须菩提所转中求。”帝释天主言：“尊者舍利子，彼须菩提所说般若波罗蜜多，是何神力所加持故？”舍利子言：“憍尸迦，当知是佛神力所加持故。”
>
> 是时，尊者须菩提告帝释天主言：“我所说般若波罗蜜多，当

知皆是如来神力所加持故。所言菩萨摩诃萨般若波罗蜜多当于何求者，当知菩萨摩诃萨般若波罗蜜多，不应于色中求，不应离色中求。如是，不应于受、想、行、识中求，不应离受、想、行、识中求。何以故？色非般若波罗蜜多，离色亦非般若波罗蜜多；受、想、行、识非般若波罗蜜多，离受、想、行、识亦非般若波罗蜜多。”帝释天主言：“尊者须菩提，大波罗蜜多是般若波罗蜜多耶？无量波罗蜜多是般若波罗蜜多耶？无边波罗蜜多是般若波罗蜜多耶？”须菩提言：“如是，如是！憍尸迦，大波罗蜜多是谓般若波罗蜜多，无量波罗蜜多是谓般若波罗蜜多，无边波罗蜜多是谓般若波罗蜜多。何以故？色广大故，般若波罗蜜多亦广大；受、想、行、识广大故，般若波罗蜜多亦广大。色、受、想、行、识无量故，般若波罗蜜多亦无量。色、受、想、行、识无边故，般若波罗蜜多亦无边。”

“复次，憍尸迦，缘无边故，即般若波罗蜜多无边。以般若波罗蜜多无边故，众生亦无边。以何义故名缘无边？所谓色、受、想、行、识前际不可得，中际不可得，后际不可得；乃至一切法，于前后中际亦不可得。以是义故名缘无边，即般若波罗蜜多无边。又复，以何义故说众生无边？憍尸迦，当知前后中际无众生可得。”帝释天主言：“云何，须菩提，彼众生界岂无边耶？”须菩提言：“众生无量算数不及，以是义故众生无边。”

帝释天主复白尊者须菩提言：“所言众生者，以何义故名为众生？”须菩提言：“一切法义是众生义。憍尸迦，于汝意云何？当说何义为众生义？”帝释天主言：“如我意者，非法义是众生义，非非法义是众生义，当知众生无本、无因、无我、无缘，而以方便立彼名字。”须菩提言：“憍尸迦，我先所说众生无边，于汝意云何？实有众生可说可示不？”帝释天主言：“不也，须菩提。”时须菩提言：“若诸众生无有其实、不可说示者，是故我说众生无边。憍尸迦，假使如来、应供、正等正觉住寿如殑伽沙劫，以方便语言，说一切众生——若已生，若现生，若当生；若已灭，若现灭，若当灭——

而能说其边际不？”帝释天主言：“不也……”[①]

Or.12380-3886（K.K.II.0278.b3）中间缺少一行，基本是连贯的，属于宋施护译《佛说佛母出生三法藏般若波罗蜜多经》卷二“帝释天主品第二”的相应内容。

122.Or.12380-3887（K.K.II.0278.K）基本不见西夏字，因为是墨印写本卷轴装，墨迹模糊，西夏字无法辨识。上有编号 Or.12380（K.K.II.0278.K），刊布者定名为“残片”，依据国际敦煌项目数据库照片录入西夏文并对译如下：

[illegible][②][illegible]

众释帝天主等欲界诸天众大梵天王等

[illegible]

色界诸天众乃至色最终（究竟）天天子众

[illegible]

一切对言说汝等知应若善男子善女人是

[illegible][③][illegible]

最（甚）深般若波罗蜜多法门听受读诵言依

[illegible][④][illegible]

修行能故彼人魔及又魔之亲属人及人

[illegible]

等之方便得应不为毒恶之损害应不为

[illegible][⑤][illegible]

① （宋）施护译《佛说佛母出生三法藏般若波罗蜜多经》卷 2，《大正藏》第 8 册，第 228 号，第 593 页下栏 17~594 页中栏 13。

② 西夏文“[illegible]”译为“欲界”，为三界（欲界、色界、无色界）之一，指贪欲、淫欲、食欲都强的众生所居之处。

③ 西夏文“[illegible]”译为“甚深般若波罗蜜多法门”。

④ 西夏文“[illegible]”译为“亲属”“亲人”。

⑤ 西夏文“[illegible]”译为“夭折”，非正常死亡。

夭折以寿命不衰（丧）

[illegible]

复次若善男子善女人是般若波罗蜜多

[illegible]

于听受读诵未先前阿耨多罗三藐三

[illegible]

菩提心发者诸天子众彼人于□□□劝

[illegible]

以是般若波罗蜜多□□听受读诵言依修行

（西夏文不清，无法录文）

[illegible]

□□□□天王佛对言说世尊若善男子

[illegible]

善女人是般若波罗蜜多者听受读诵言依

在对译基础上翻译如下：

众帝释天主等欲界诸天众、大梵天王等色界诸天众，乃至色究竟天一切天子众言说："汝等应知，若善男子、善女人听受是甚深般若波罗蜜多法门，能依言读诵修行，故不应为得彼魔及魔之亲属、人及人等之方便，不应为毒恶之损害，不夭折以丧寿命。"

复次，若善男子、善女人，于是般若波罗蜜多未听受读诵，先前发阿耨多罗三藐三菩提心者，诸天子众彼人于□□□，□劝□以是般若波罗蜜多，听受依言读诵修行（西夏文不清楚，无法录文）□□□□天王对佛言说："世尊，若善男子、善女人，是般若波罗蜜多者，听受依言读诵……"

Or.12380-3887（K.K.II.0278.K）为宋施护译《佛说佛母出生三法藏般若波罗蜜多经》卷二"宝塔功德品第三之一"的相应内容：

尔时，世尊普告四众——苾刍、苾刍尼、优婆塞、优婆夷——帝释天主等欲界诸天众，大梵天王等色界诸天众，乃至色究竟天、一切天子众："汝等当知，若有善男子、善女人，于此甚深般若波罗蜜多法门能听受读诵，如说修行者，是人不为魔及魔民、人非人等伺得其便，不为恶毒所能伤害，不以横夭舍其寿命。复次，若有善男子、善女人，于此般若波罗蜜多，未能听受读诵者，所有已发阿耨多罗三藐三菩提心，诸天子众往彼人所为作护念。劝令于此般若波罗蜜多，听受读诵如说修行。【复次，若有善男子、善女人，于此般若波罗蜜多，受持读诵如说修行者，是人若在空室，若入众中，若在树下及旷野处，若行道路及非道中乃至大海，如是等处，若行若住、若坐、若卧，离诸怖畏，诸天护念。"尔时，】[①] 四大天王白佛言："世尊，若有善男子、善女人，于此般若波罗蜜多，听受读诵如说修行者，我当往彼护念其人，使令精进不生退屈。"[②]

123.Or.12380-3888（K.K.II.0278.C）非常不清楚，为写本卷轴装，有墨印，上有编号 Or.12380 3888（K.K.II.0278.C），存残经封面的一部分，无西夏文，刊布者定名为"残片"，依据国际敦煌项目数据库照片录入西夏文并对译如下：

[illegible]□□□□□[illegible][③] [illegible][④] [illegible]□[illegible]

诵应□□□□□恶法所生起亦彼□各灭

[illegible]□□□□□□□□□□□

知应憍尸迦□□□□□□□□□□□

（西夏文不清，无法录文）

□□□□□□□□□□□□□□[illegible]

□□□□□□□□□□□□□□尔时毒龙

① 【 】中的内容为西夏文所残缺。

② （宋）施护译《佛说佛母出生三法藏般若波罗蜜多经》卷 2，《大正藏》第 8 册，第 228 号，第 594 页下栏 4~21。

③ 西夏文译为"恶法"。

④ 西夏文"[illegible]""[illegible]"两个词的意义相同，皆可译为"生起"。

□□□□□□□□□[illegible]□□[illegible][1][illegible]□

□□□□□□□□□退□□虫毒蛇之□

□[illegible][2][illegible]□□□□[illegible]

□不为何云也彼清只（祇）药诸毒□□□□憍

[illegible][3][illegible]

尸迦善男子善女人亦彼与所礼是般若

[illegible]

波罗蜜多受持读诵各宣说若彼之言

[illegible]

依修行故彼人恶法一切之损害应不为

[illegible]□□□[illegible]

恶法所乃起亦彼而各□□□何云也

[illegible]□□□[illegible]□□

般若波罗蜜多功德力□□□住（处）□□

[illegible]

无般若波罗蜜多者贪等烦恼一切除能

[illegible]

最（甚）上涅槃得趣能知应憍尸迦若是般若

[illegible]

波罗蜜多受持读诵者有者四大天王释

[illegible]

帝天主大梵天王乃至诸佛菩萨常彼人

[illegible]

之护损恼无令

[illegible]

复次憍尸迦若善男子善女人是般若波

① 西夏文“[illegible]”译为“毒蛇”。

② 西夏文“[illegible]”译为“清祇药”，汉文本为“末祇药”。

③ 西夏文“[illegible]”译为“亦彼与所礼”，意译为“亦复如是”。

[illegible]

罗蜜多受持读诵故彼人常信顺语言柔

[illegible]

和语言白净语言不杂语言嗔怒不起

[illegible][1] [illegible][2] [illegible]

我慢之覆盖应不为常慈心发嗔怒不

[illegible]

起怒等烦恼不增长令彼善男子善女人

□□□□□[illegible]□□

□□□□□阿耨多罗三藐三菩提□□

在对译基础上翻译如下：

应诵□□□□□恶法所生起，亦应知彼□各灭。憍尸迦，□□□□□□□□□□□□（西夏文不清，无法录文，内容缺）□□□□□□□□□□□□□□。尔时，毒龙□□□□□□□□□退□□虫毒蛇之不为□□。何云也？彼清祇药□□诸毒□□。憍尸迦，善男子、善女人亦彼与所礼，是般若波罗蜜多，受持读诵，若彼之各宣说，依言修行，彼人不应为一切恶法之损害。恶法所乃起亦彼而各□□□。何云也？般若波罗蜜多功德力□□□处无□□。般若波罗蜜多者能除贪等一切烦恼，应知能趣得最上涅槃。憍尸迦，若有受持诵读是般若波罗蜜多者，四大天王、帝释天主、大梵天王，乃至诸佛、菩萨常护之彼人，令无损恼。

复次，憍尸迦，若善男子、善女人，受持读诵是般若波罗蜜多，故彼人常信顺语言、柔和语言、白净语言、不杂语言、不起嗔怒、不应为我慢之覆盖，常发慈心，不起嗔怒等烦恼，不令增长。彼善男子、善女人，□□□□□阿耨多罗三藐三菩提□□……

残经为施护译《佛说佛母出生三法藏般若波罗蜜多经》卷二“宝塔

---

① 西夏文“[illegible]”译为“我慢”，表示倨傲视高，看不起其他人或事物。

② 西夏文“[illegible]”译为“不应为我慢所覆盖”。

功德品第三之一”的相应内容：

> 以受持读诵般若波罗蜜多功德力故，恶法虽生而自销灭。憍尸迦，【譬如世间有诸毒蛇周行求食，见诸小虫即欲食啖。是时有药名为末祇，能销诸毒，而彼小虫即诣药所，】[①]是时毒蛇闻是药气即自退还，彼诸小虫不为所食。何以故？此末祇药能销诸毒。憍尸迦，善男子、善女人亦复如是，于此般若波罗蜜多受持读诵，自所宣说或为他说，如说修行，是人不为一切恶法所能伤害，恶法虽生即自销灭。何以故？当知皆是般若波罗蜜多功德力故，在在处处无所动转。般若波罗蜜多，能除贪等一切烦恼，而能趣证无上涅槃。憍尸迦，若有受持读诵此般若波罗蜜多者，彼四大天王、帝释天主、大梵天王，乃至诸佛菩萨，常护是人，令无衰恼。复次，憍尸迦，若善男子、善女人，受持读诵此般若波罗蜜多者，是人常出信顺语言、柔软语言、白净语言、不杂语言，不生忿怒，不为我慢所覆，常生慈心；不起恨、恚、忿等烦恼，不令增长。彼善男子、善女人常作是念：“我为趣求阿耨多罗三藐三菩提故……”[②]

124.Or.12380-3899（K.K.II.0278.I）为写本卷轴装，《英藏黑水城文献》收录编号，国际敦煌项目数据库中刊布了Or.12380-3899（K.K.II.0278.I）Or.12380-3900（K.K.II.0278.m）两个残页，Or.12380-3899（K.K.II.0278.I）残经西夏文录文并对译如下：

□□□□[illegible]

□□□□天王佛对言说世尊若善男子

[illegible]

善女人是般若波罗蜜多听受读诵言依

① 【 】中的内容为西夏文所残缺。

② （宋）施护译《佛说佛母出生三法藏般若波罗蜜多经》卷2，《大正藏》第8册，第228号，第595页上栏10~29。

[illegible]

修行故我等彼往□□护精进不退归

[illegible]

令且说

[illegible]

尔时释帝天主佛对言说世尊若善男子

[illegible]

善女人是般若波罗蜜多听受读诵言依

[illegible]

修行故我等彼往护损恼无令且说

[illegible]

尔时大梵天王及诸梵众皆佛对言说世

[illegible]

尊若善男子善女人是般若波罗蜜多听

[illegible]

受读诵言依修行故我等彼之护往损恼

[illegible]

无令且说

[illegible]

尔时释帝天主及佛对言说希有世尊是

[illegible]

最深般若波罗蜜多者善男子善女人受

[illegible]

持读诵故现世是如功德得何云若

[illegible]

人是般若波罗蜜多受持故诸波罗蜜多

---

① 此处应该漏“[illegible]”（护）字，补录。

② 西夏文“[illegible]”有“损坏”“恼怒”等义，译为“损恼”，汉文本为“衰恼”。

③ 西夏文“[illegible]”译为“现世”。

[illegible]

摄而能佛言憍尸迦也是也若人般若波

[illegible]

罗蜜多受持故诸波罗蜜多摄能也憍尸

[illegible]

迦是般若波罗蜜多若人受持读诵故获

[illegible]

得功德广大最（甚）深汝等觉悟善善思念汝

[illegible]

对述我释帝天主言善哉世尊所言为我

[illegible]

说佛言憍尸迦我是般若波罗蜜多法

[illegible]

者恶法一切之损恼灭毁应不为若诸恶

[illegible][1] [illegible]

法生起损恼欲时彼法立即渐渐各灭暂

[illegible]□[illegible]

时所起已（所）超（过）损害□能何云也憍尸迦定

[illegible]□□□□□□□□□□[illegible]

彼□□□□□□□□□□波罗蜜多受持读

[illegible]□□□□□[illegible][2] [illegible]□[illegible]

诵应□□□□□恶法所生起亦彼□各灭

[illegible]□□□□□□□□□□□

知应憍尸迦□□□□□□□□□□□

在对译基础上翻译如下：

① 西夏文“[illegible]”二字叠用，译为“渐渐”“逐渐”。

② 西夏文“[illegible]”“[illegible]”两个词的意义相同，皆可译为“生起”。

□□□□天王对佛言说：“世尊，若善男子、善女人，听受是般若波罗蜜多，依言读诵修行，故我等彼往护□□，且说令精进不退归。”尔时，帝释天主对佛言说：“世尊，若善男子、善女人，听受是般若波罗蜜多，依言读诵修行，故我等彼往护，且说令无损恼。”尔时，大梵天王及诸众皆对佛言说：“世尊，若善男子、善女人，听受是般若波罗蜜多，依言读诵修行，故我等之往护，且说无令损恼。”尔时，帝释天主又对佛言说：“希有，世尊。是最深般若波罗蜜多者，善男子、善女人受持读诵，故现世得如是功德。何云？若人受持是般若波罗蜜多，故而能摄诸波罗蜜多。”佛言：“憍尸迦，是也！若人受持般若波罗蜜多，能摄诸波罗蜜多也。憍尸迦，是般若波罗蜜多，若人受持读诵，故获得功德广大甚深。汝等觉悟，善善思念，我对汝述。”帝释天主言：“善哉，世尊。为我所言说。”佛言：“憍尸迦，我是般若波罗蜜多法者，应不为一切恶法之损恼灭毁。若诸恶法生起损恼时，彼法立即渐渐各灭，暂时所起□能已过损害。何云也？憍尸迦，所定彼□□□□□□□应受持读诵□□波罗蜜多□□□□□□应知恶法所生起，亦彼□各灭。憍尸迦，□□□□□□□□□□□□□……”

残经为施护译《佛说佛母出生三法藏般若波罗蜜多经》卷二“宝塔功德品第三之一”的相应内容：

> 尔时，四大天王白佛言：“世尊，若有善男子、善女人，于此般若波罗蜜多，听受读诵如说修行者，我当往彼护念其人，使令精进不生退屈。”尔时，帝释天主白佛言：“世尊，若善男子、善女人，于此般若波罗蜜多，听受读诵如说修行者，我亦往护其人，令无衰恼。”尔时，大梵天王并诸梵众，俱白佛言：“世尊，若善男子、善女人，于此般若波罗蜜多，听受读诵如说修行者，我当往护其人，令无衰恼。”尔时，帝释天主复白佛言：“希有，世尊。此甚深般若波罗蜜多，善男子、善女人受持读诵者，于现世中获如是功德。云何，世尊，若人受持此般若波罗蜜多，而能摄诸波罗蜜多不？”佛言：“憍尸迦，如是！若人受持此般若波罗蜜多，即能摄诸波罗蜜

多。憍尸迦，此般若波罗蜜多，若人受持读诵者，所有功德广大甚深。汝当谛听，如善作意，当为汝说。”帝释天主言：“善哉，世尊，愿为宣说。”佛言：“憍尸迦，我此般若波罗蜜多法门，不为一切恶法损恼破坏。若诸恶法起时，欲生损恼，彼法即当渐自销灭，虽复暂起而不为害。何以故？憍尸迦，当知此善男子、善女人，以受持读诵般若波罗蜜多功德力故，恶法虽生而自销灭。憍尸迦……”①

125.Or.12380-3900（K.K.Ⅱ.0278.m）为写本卷轴装，《英藏黑水城文献》收录编号，国际敦煌项目数据库中刊布了 Or.12380-3900（K.K.Ⅱ.0278.m）残页图片，据此将西夏文录文并对译如下：

[illegible]
须菩提何云也众生一切本于来清净须
[illegible]□□□□□□□□□□□□□
菩提言说□□□□□□□□□□□□□
□□□□□□□□□□[illegible]
□□□□□□□□□□释帝天主大梵天
[illegible]□□□□□□[illegible]②[illegible]
王及大□□□□□□天女仙圣众等皆
[illegible]③[illegible]
佛对言说善哉善哉如来世出世尊须菩
[illegible]
提般若波罗蜜多宣说能也菩萨
[illegible]
摩诃萨是法受持若诸佛如来之般若波罗蜜

① （宋）施护译《佛说佛母出生三法藏般若波罗蜜多经》卷 2，《大正藏》第 8 册，第 228 号，第 594 页下栏 21~595 页上栏 10。

② 西夏文“[illegible]”译为“天女、神仙众”。

③ 西夏文“[illegible]”译为“善哉，善哉”，汉文本为“快哉，善哉”。

[illegible]

与不远离故我彼之恭敬诸佛如想我

[illegible]

尔时世尊释帝天主大梵天王及彼天仙

[illegible][1] [illegible]

众一切对言说是也是也汝等知应我昔

[illegible]

最上灯城灯燃如来依理正等觉于菩

[illegible]□

提行所修行尔时般若波罗蜜多与□

[illegible]□□[illegible]

依此（彼）燃灯如来□□阿耨多罗三藐三菩

[illegible][2] [illegible][3]

提授记是如言说汝未来世于阿僧祇劫

[illegible]

过去及向所定佛成号者释迦牟尼如来

[illegible]

依理正等正觉明行圆满善逝世间解丈

[illegible]

夫之降伏最上者天人师佛世尊说尔时

[illegible]

释帝天主及诸天众皆佛对言说希有世

[illegible]

尊希有善逝是般若波罗蜜多一切智

---

① 西夏文“[illegible]”译为“是也，是也”，汉文本为“如是，如是”。

② 西夏文“[illegible]”译为“未来世”。

③ 西夏文“[illegible]”译为“阿僧祇劫”。“阿僧祇”，又称阿僧伽、阿僧企耶、阿僧、僧只，表示不可算计、无量数。“劫”指“时节”，是印度表示数目的词语，即无量数或极大。

[illegible]

摄能也菩萨摩诃萨是如习（学）应

[illegible]

宝塔功德品□□之一

[illegible]

尔时世尊苾刍苾刍尼优婆塞优婆夷妙

[illegible]

众释帝天主等欲界诸天众大梵天王等

[illegible]

色界诸天众乃至色最终天□天子众

[illegible]

一切对言说汝等知应若善男子善女人是

[illegible]

最上般若波罗蜜多法门听受读诵言依

在对译基础上翻译如下：

“须菩提，何云也？一切众生于本来清净。”须菩提言说：“□□□□□□□□□□□□□□□□□□□□□□□□□。”帝释天主、大梵天王及大□□□□□□□天女、神仙众等皆对佛言说：“善哉，善哉！如来世出，世尊须菩提能宣说般若波罗蜜多也。菩萨摩诃萨受持是法，若与诸佛如来之般若波罗蜜不远离故，我恭敬彼诸佛如我想。”

尔时，世尊对帝释天主、大梵天王及彼天一切仙众言说：“是也，是也！汝等应知，我于昔最上灯城灯燃如来、依理、正等觉所修行菩提行。尔时般若波罗蜜多与依□，彼燃灯如来□□阿耨多罗三藐三菩提授记，说如是言：‘汝于未来世已过阿僧祇劫及所向定成佛者，号说（曰）释迦牟尼如来。依理、正等正觉、明行圆满、善逝、世间解、降伏之丈夫、最上者、天人师、佛、世尊。’”尔时，帝释天主及诸天众皆对佛言说：“希有，世尊。希有，善逝。是般若波罗蜜多摄能一切智也。菩萨摩诃萨应如是学。”

宝塔功德品第三之一

尔时，世尊对苾刍、苾刍尼、优婆塞、优婆夷妙众，帝释天主等欲界诸天众，大梵天王等色界诸天众，乃至色最终（究竟）天□一切天子众言说："汝等应知，若善男子、善女人，听受是最上般若波罗蜜多法门，依言读诵……"

残经为施护译《佛说佛母出生三法藏般若波罗蜜多经》卷二"帝释天主品第二""宝塔功德品第三之一"的相应内容：

"……须菩提，何以故？一切众生本来清净。"须菩提言："如是！众生无边故，当知般若波罗蜜多亦无边。"是时，会中帝释天主、大梵天王及大世主并余诸天、天女、神仙众等，俱白佛言："快哉，善哉！如来出世，尊者须菩提能善宣说般若波罗蜜多，菩萨摩诃萨受持此法，若不离诸佛如来般若波罗蜜多者，我当尊敬如诸佛想。"尔时，世尊告帝释天主、大梵天王并余一切天仙众言："如是，如是！汝等当知，我于往昔最上灯城燃灯如来、应供、正等正觉所修菩提行，我于尔时亦不离般若波罗蜜多。彼燃灯如来即为我授阿耨多罗三藐三菩提记，作如是言：'汝于来世过阿僧祇劫当得成佛，号释迦牟尼如来、应供、正等正觉、明行足、善逝、世间解、无上士、调御丈夫、天人师、佛、世尊。'"是时，帝释天主并诸天众，俱白佛言："希有，世尊。希有，善逝。此般若波罗蜜多能摄一切智，菩萨摩诃萨当如是学。"

宝塔功德品第三之一

尔时，世尊普告四众——苾刍、苾刍尼、优婆塞、优婆夷——帝释天主等欲界诸天众，大梵天王等色界诸天众，乃至色究竟天一切天子众："汝等当知，若有善男子、善女人，于此甚深般若波罗蜜多法门能听受读诵，如说修行者……"①

① （宋）施护译《佛说佛母出生三法藏般若波罗蜜多经》卷2，《大正藏》第8册，第228号，第594页中栏13~下栏4。

Or.12380-3884（K.K.）、Or.12380-3884V（K.K.）、Or.12380-3886（K.K.Ⅱ.0278.b3）、Or.12380-3887（K.K.Ⅱ.0278.K）、Or.12380-3888（K.K.Ⅱ.0278.C）、Or.12380-3899（K.K.Ⅱ.0278.I）、Or.12380-3900（K.K.Ⅱ.0278.m）等7个编号残页为同部残经，残存内容基本可以缀合，只有Or.12380-3884（K.K.）、Or.12380-3886（K.K.Ⅱ.0278.b3）之间有佚文。根据残存内容，其顺序可重新排列为Or.12380-3884V（K.K.）+Or.12380-3884（K.K.）+Or.12380-3886（K.K.Ⅱ.0278.b3）+Or.12380-3900（K.K.Ⅱ.0278.m）+Or.12380-3887（K.K.Ⅱ.0278.K）+Or.12380-3899（K.K.Ⅱ.0278.I）+ Or.12380-3888（K.K.Ⅱ.0278.C）。

四 《佛说圣佛母般若波罗蜜多经》

在黑水城文献中还发现宋施护汉译《佛说圣佛母般若波罗蜜多经》的西夏文本，其内容短小，西夏文本为《佛说圣佛母般若波罗蜜多心经》，《大正藏》中称为《佛说圣佛母般若波罗蜜多经》，没有“心”字。从核心内容判断，此经应与玄奘译《般若波罗蜜多心经》属于同本异译。北宋新译大小乘经律论集传及著述，共有274部691卷71帙入藏保存，在童玮《北宋〈开宝大藏经〉雕印考释及目录还原》中《佛说佛母出生三法藏般若波罗蜜多经》（25卷，宋帝释宫寺三藏施护译）与《佛说佛母宝德藏般若波罗蜜经》（3卷，宋西天三藏明教大师法贤译）、《圣佛母般若波罗蜜》（1卷，宋帝释宫寺三藏施护译）、《了义般若波罗蜜多心经》（1卷，宋帝释宫寺三藏施护译）帙号为“尹、佐、时”，共有4经30卷3帙。[①] 署名帝释宫寺三藏施护的译经还有《佛说无能胜幡王如来庄严陀罗尼经》《佛说守护大千国土经》《一切如来正法秘密箧印心陀罗尼经》《佛顶放无垢光明入普门观察一切如来心陀罗尼经》《息除中夭陀罗尼经》《佛说圣最上灯明如来陀罗尼经》《消除一切闪电障难随求如意陀罗尼经》《赞法界颂》等。

《佛说圣佛母般若波罗蜜多经》是施护于宋景德二年（1005）依据中天竺梵文本译出，沙门惟净证梵文，沙门清沼、致宗笔受，沙门仁彻、启冲缀文，翰林学士驾部郎中知制诰梁周翰润文等，最初收录在宋《大中祥符法宝录》之中。不仅在黑水城汉文佛经文献中有收藏，例如

① 童玮编著《北宋〈开宝大藏经〉雕印考释及目录还原》，书目文献出版社，1991，第150页。

TK128 号为《佛说圣佛母般若波罗蜜多心经》《持诵圣佛母般若多心经要门》，刻本经折装，上下单边，有佛经经首版画 2 页，上方中央榜题“一切如来般若佛母众会”，在首题《佛说圣佛母般若波罗蜜多心经》后有双行小字“兰山觉行国师沙门德慧奉敕译，奉天显道耀武宣文神谋睿智制义去邪惇睦懿恭皇帝仁宗详定”；而且在黑水城西夏文佛教文献中也多有保存，例如《佛说圣佛母般若波罗蜜多心经》（第 70~77 号，西夏特藏第 138、139 号）有写本卷子装、写本小册子、刻本经折装等不同装帧形式，馆册第 4336、5605、6360 和 7036 号等有题记，即“兰山觉行国师沙门德慧奉敕译，雕版发愿者御前内侍庚童喜、刻雕版者啰未那征哇于天盛乙酉十七年（1165）八月一日”。

同样在英藏黑水城西夏文佛经文献中也存在多件西夏文《佛说圣佛母般若波罗蜜多心经》残经，刊布者将 7 件错定名为《大般若波罗蜜多经》或《金刚般若波罗蜜经》。

1.Or.12380-1817（K.K.Ⅱ.0239.j）残存 1 页 6 行，上栏线单栏，下栏线无存，写本，刊布者将其定名为《金刚般若波罗蜜经》，现将西夏文录文并对译如下：

[illegible]……	自性皆空观应……
[illegible]……	性皆空何云色……
[illegible]……	自空也空者自应……
[illegible]……	色空与不异色空与不 ……
[illegible]……	受想行识皆昔已如……
[illegible]……	舍利子是如诸法一切 ……

在对译基础上翻译如下：

应观……自性皆空……云何……性皆空？色……自空也，空者应自……色，空与色不异，空与不 ……受、想、行、识皆昔已如……舍利子，如是一切诸法……

Or.12380-1817（K.K.Ⅱ.0239.j）为施护译《佛说圣佛母般若波罗蜜

多经》的相应内容：

当观五蕴自性皆空，何名五蕴自性空耶？所谓即色是空，即空是色；色无异于空，空无异于色。受、想、行、识，亦复如是。舍利子，此一切法如是空相，无所生无所灭，无垢染无清净，无增长无损减。①

2.Or.12380-1869（K.K.）残存2页9行，上下栏线单栏，刻本，残缺非常严重，其内容与Or.12380-3221b（K.K.II.0251.b）有一定重复，并依此补录相应内容。刊布者将其定名为《大般若波罗蜜多经》。现将西夏文录文并对译如下：

□□□[illegible]

□□□菩萨摩诃萨般若波罗蜜多

□□□□□□[illegible]□□[illegible]

□□□□□□无障碍亦□□无障

□□□□[illegible]□□[illegible]□□□

□□□□无颠倒□□一切□□□

[illegible]

寂究竟三世佛一切是般若波罗蜜

[illegible]

多依阿耨多罗三藐三菩提得是故般

[illegible]

若波罗蜜多者广大明是最上明是等

[illegible]□[illegible]

无比明是□故苦恼一切断能其依真实

□[illegible]□[illegible]

① （宋）施护译《佛说圣佛母般若波罗蜜多经》，《大正藏》第8册，第257号，第852页中栏17~22。

□虚□法是诸修学者是如学应我今

[illegible]（以下内容无法辨认）

般若波罗蜜多大明咒曰

在对译基础上翻译如下；

□□□菩萨摩诃萨般若波罗蜜多□□□□□□无障碍亦□□无障□□□□无颠倒□□一切□□，究竟□寂，一切三世佛依是般若波罗蜜多，得阿耨多罗三藐三菩提，是故般若波罗蜜多者广大明，是最上明，是无比等明，是□故能断一切苦恼，依其真实□虚□法，是诸修学者，应如是学，我今般若波罗蜜多大明咒曰□□□□□……

Or.12380-1869（K.K.）为施护译《佛说圣佛母般若波罗蜜多经》的相应内容，而不是《大般若波罗蜜多经》，刊布者定名有误，具体内容如下：

菩萨摩诃萨，依般若波罗蜜多相应行故。心无所著，亦无挂碍，以无著无碍故，无有恐怖，远离一切颠倒妄想，究竟圆寂。所有三世诸佛，依此般若波罗蜜多故，得阿耨多罗三藐三菩提，是故应知，般若波罗蜜多，是广大明，是无上明，是无等等明。而能息除一切苦恼，是即真实无虚妄法。诸修学者，当如是学，我今宣说般若波罗蜜多大明曰……[①]

3.Or.12380-2474（K.K.Ⅱ.0246.q）残存1页10行，上栏线单栏，下栏线无存，写本，残经上有编号2474，有尾题，刊布者定名为《佛说圣佛母般若波罗蜜多经》。现将西夏文录文并对译如下：

[illegible]…… 佛是经典所说已毕……

[illegible]…… 萨又及诸比丘乃至……

① （宋）施护译《佛说圣佛母般若波罗蜜多经》，《大正藏》第8册，第257号，第852页中栏28～下栏8。

[illegible]……	乾婆等大众一切佛……
[illegible][1]……	信受顺行……
[illegible]……	佛说圣佛母般若波……
[illegible]……	大千国守护吉祥颂……
[illegible]……	是世界又若……
[illegible]……	高宅中有胜……
[illegible]……	如是人中上……
[illegible]……	如来尊与等……

Or.12380-2474（K.K.II.0246.q）实际上为两部佛经写到一起，即西夏文《佛说圣佛母般若波蜜多经》结尾和《守护大千国吉祥颂》开头部分。

在对译基础上翻译如下：

佛是经典所说已毕……萨又及诸比丘，乃至……乾婆等一切大众佛……信受奉行……

佛说圣佛母般若波……

守护大千国吉祥颂……

是世界又若……高宅中有胜……如是人中上……如来尊与等……

Or.12380-2474（K.K.II.0246.q）前五行为施护译《佛说圣佛母般若波罗蜜多经》的相应内容：

> 佛说此经已。观自在菩萨摩诃萨并诸苾刍，乃至世间天、人、阿修罗、乾闼婆等一切大众，闻佛所说皆大欢喜，信受奉行。[2]

后半部分西夏文为《守护大千国吉祥颂》，在俄藏黑水城汉文文献中没有发现此经，而在西夏文中却保存有《守护大千国吉祥颂》（西夏

---

① 西夏文“[illegible]”译为“信受顺行”“信受奉行”。

② （宋）施护译《佛说圣佛母般若波罗蜜多经》，《大正藏》第8册，第257号，第852页下栏17~19。

特藏第477号，馆册第7100号）。其为写本经折装，存4页，存经尾，每页6行，每行9个字，上边距1.7厘米，下边距1厘米，结尾处重复经题。

4.Or.12380-3220RV（K.K.II.0228.e）残存2页，刻本经折装，每页6行，每行15字，上下栏线单栏，分左右两面，刊布者将其定名为《大般若波罗蜜多经》。可是根据版式、字体和内容可以确定，刊布者所刊布的两个残页实际上是同一内容，所以我们只将其中一页残经录文并对译如下：

[illegible]
云学也时观自在菩萨摩诃萨尊者舍
[illegible]
利子对言说汝今谛听我说为使若善
[illegible]
男子善女人是最深般若波罗蜜多法
[illegible]
门修学欲时五蕴自性皆空观□五蕴
[illegible]
自性皆空者何云色者自空是空者自
[illegible]
色是色空与无异空色与无异然想行

在对译基础上翻译如下：

……云何学也？时观自在菩萨摩诃萨对尊者舍利子言说："汝今谛听，使我为说，若善男子、善女人，欲修学是最深般若波罗蜜多法门时，观五蕴自性皆空，云何□五蕴自性皆空者？色者是自空，空者是自色，色与空无异，空与色无异，然想、行……"

Or.12380-3220RV（K.K.II.0228.e）是施护所译《佛说圣佛母般若波罗蜜多经》，而非《大般若波罗蜜多经》，汉译本的相应内容为：

……当云何学？时观自在菩萨摩诃萨告尊者舍利子言："汝今谛听为汝宣说，若善男子、善女人，乐欲修学此甚深般若波罗蜜多法门者，当观五蕴自性皆空，何名五蕴自性空耶？所谓即色是空，即空是色，色无异于空，空无异于色。受、想、行、识亦复如是……"①

5.Or.12380-3221a（K.K.Ⅱ.0251.b）残存2页，上栏线无存，下栏线双栏，刻本经折装，残页上有编号3221，此残经上半部分残缺严重，仅有下半部分内容，刊布者将其定名为《大般若波罗蜜多经》。现将西夏文录文并对译如下：

……[illegible]

……阿耨多罗三藐三菩提得是故般

……□□□□[illegible]②

……□□□□者广大明是最上明是等

……[illegible]

……故苦恼一切断能其依真实

……[illegible]

……法是诸修学者是如学应我今

……[illegible]……（以下内容没有）

……蜜多大明咒曰

……[illegible]

……菩萨摩诃萨若是般若波

……[illegible]

……句诵善故方最深般若波罗

……□□□[illegible]

① （宋）施护译《佛说圣佛母般若波罗蜜多经》,《大正藏》第8册，第257号，第852页中栏17~22。

② 根据Or.12380-3221b（K.K.Ⅱ.0251.b）的内容补录，下同。

……□□□见

……[illegible]

……地于安乐而起观自在

在对译基础上翻译如下：

……得阿耨多罗三藐三菩提，是故般……者，是广大明，是最上明……等……故能断一切苦恼，依其是真实……法，诸修学者，应如是学。我今……蜜多大明咒曰：（以下内容缺）

……菩萨摩诃萨，若能诵是般若波……句故，方……最深般若波罗……□□□见于地安乐而起，观自在……

Or.12380-3221a（K.K.Ⅱ.0251.b）非《大般若波罗蜜多经》，而是施护所译《佛说圣佛母般若波罗蜜多经》的相应内容：

> ……得阿耨多罗三藐三菩提，是故应知，般若波罗蜜多，是广大明，是无上明，是无等等明。而能息除一切苦恼，是即真实无虚妄法。诸修学者，当如是学，我今宣说般若波罗蜜多大明咒曰……
>
> 【舍利子，诸菩萨摩诃萨，若能诵是般若波罗蜜多明句，是即修学甚深般若波罗蜜多。尔时，世尊，从三摩地安详而起，赞观自在菩萨摩诃萨言】[①]：“善哉，善哉！善男子，如汝所说，如是，如是，般若波罗蜜多，当如是学，是即真实最上究竟，一切如来亦皆随喜。”[②]

6.Or.12380-3221b（K.K.Ⅱ.0251.b）残存3折页，每页6行，共18行，上栏线无存，下栏线双栏，刻本经折装，上半部分残缺严重，仅有下半部分内容，刊布者将其定名为《大般若波罗蜜多经》。现将残经录文并对译如下：

---

① 【 】中的内容为西夏文所残缺。

② （宋）施护译《佛说圣佛母般若波罗蜜多经》，《大正藏》第8册，第257号，第852页下栏3~8。

……[illegible]

……阿耨多罗三藐三菩提得是故般

……□□□□[illegible]

……□□□□者广大明是最上明是等

……□□□□[illegible]

……□□□□故苦恼一切断能其依真实

……[illegible]

……法是诸修学者是如学应我今

……[illegible]

……蜜多大明咒曰

……□□ □[illegible] □[illegible] □□□[illegible]

……□□ □帝 □帝 □□□帝

……□[illegible] [illegible] [illegible]

……□帝 冒提 莎诃

……[illegible]

……菩萨摩诃萨若是般若波

……[illegible]

……句诵能故方最深般若波罗

……[illegible]

……蜜地于安乐而起观自在

……[illegible]

……摩诃萨颂言善哉善哉善男子

……[illegible]

……者是也是也若是如以般若身

……[illegible]□[illegible]

……真实最上□竟如是如来

……[illegible]

……欢（喜）

……[illegible]

……说已终观自在菩萨摩诃

……[illegible]……[illegible]

……萨……乃至世间人天阿修罗

……[illegible]

……一切佛所说闻皆欢心

在对译基础上翻译如下：

……得阿耨多罗三藐三菩提，是故般……□□□□者，是广大明，是最上明……等……□□□□故能断一切苦恼，依其是真实……法，诸修学者，应如是学。我今……蜜多大明咒曰：

……□□　□帝　□帝　□□□帝

……□帝　冒提　莎诃

……菩萨摩诃萨，若能诵是般若波……句故，方最深般若波罗蜜……于地安乐而起，颂观自在菩萨摩诃萨言："善哉，善哉！善男子……者，是也，是也。若以如是，般若身，是如真实最上□竟，如来……欢喜。"

……说已终，观自在菩萨摩诃萨……所至世间天、人、阿修罗……一切……闻佛所说，皆欢心……

Or.12380-3221b（K.K.Ⅱ.0251.b）非《大般若波罗蜜多经》，而是施护所译《佛说圣佛母般若波罗蜜多经》的相应内容：

> ……得阿耨多罗三藐三菩提，是故应知，般若波罗蜜多，是广大明，是无上明，是无等等明。而能息除一切苦恼，是即真实无虚妄法。诸修学者，当如是学。我今宣说般若波罗蜜多大明咒曰：
>
> 怛宁也（切身）他（引一句）唵（引）誐帝（引）誐帝（引引二）播（引）啰誐帝（引三）播（引）啰僧誐帝（引四）冒提莎（引）贺（引五）

舍利子，诸菩萨摩诃萨，若能诵是般若波罗蜜多明句，是即修学甚深般若波罗蜜多。尔时，世尊，从三摩地安详而起，赞观自在菩萨摩诃萨言：“善哉，善哉！善男子，如汝所说，如是，如是，般若波罗蜜多，当如是学，是即真实最上究竟，一切如来亦皆随喜。”

佛说此经已，观自在菩萨摩诃萨并诸苾刍，乃至世间天、人、阿修罗、乾闼婆等一切大众，闻佛所说皆大欢喜，信受奉行。[①]

7.Or.12380-3221bV（K.K.Ⅱ.0251.b）残存2页，上栏线无存，下栏线双栏，刻本经折装，上半部分残缺严重，仅有两行字是正字，其他几行字全是反字，仔细辨认可以确定这些反字应是Or.12380-3221b（K.K.Ⅱ.0251.b）残页的字的反面，刊布者将其定名为《大般若波罗蜜多经》。现将残经录文并对译如下：

……[illegible]

……天眼所有是也世尊如

[illegible]……

来天眼有须菩提意于何云如来……

在对译基础上翻译如下：

即……所有天眼是也，世尊，如来有天眼。须菩提，于意云何？如来……

Or.12380-3221bV（K.K.Ⅱ.0251.b）应是《金刚般若波罗蜜经》卷十八“一体同观分”的内容，而反字的内容则为《佛说圣佛母般若波罗蜜多经》，应与Or.12380-3221b（K.K.Ⅱ.0251.b）内容相同，故不再重新录文和翻译。几行正字的内容即《金刚般若波罗蜜经》的“‘……如来有天眼不?’‘如是，世尊。如来有天眼。’‘须菩提，于意云何……’”。

① （宋）施护译《佛说圣佛母般若波罗蜜多经》,《大正藏》第8册，第257号，第852页中栏28~下栏17。

8.Or.12380-3222（K.K.II.0251.a）残存 2 页，每页 6 行，上下栏线双栏，刻本经折装，有经题，原卷子上有编号 3222，刊布者将其定名为《佛说圣佛母般若波罗蜜多经》，此残经基本完整，现将残经录文并对译如下：

[illegible]　信受奉行

[illegible]　[illegible]

佛说圣佛母般若波罗蜜多心经典　终

[illegible]　大千护国吉祥颂

[illegible]　是世界及若又彼世界

[illegible]　高宫中有胜殊宝珠者

[illegible]　是如人中一第皇中皇

[illegible]　如来尊界已者希无有

[illegible]　方此最中胜殊宝是说

[illegible]　此真谛力今皆当离乐

[illegible]　空尽欲灭医药为无者

[illegible]　智者释迦牟尼真解说

[illegible]　是如寂静医药闷无实

在对译基础上翻译如下：

……信受奉行。

佛说圣佛母般若波罗蜜多心经典　终

守护大千国吉祥颂

是世界若复及彼世界　高宫中有胜殊宝珠者

如是人中第一皇中皇　如来尊界已无有希者

方是说此最中胜殊宝　今皆当离乐此真谛力

空尽灭欲为医药无者　智者释迦牟尼真解说

如是寂静医药闷无实

Or.12380-3222（K.K.II.0251.a）和 Or.12380-2474（K.K.II.0246.q）结构

相同，皆是由两部分经文组成，第一部分是《佛说圣佛母般若波罗蜜多经》，第二部分为《守护大千国吉祥颂》。Or.12380-3222（K.K.Ⅱ.0251.a）中《佛说圣佛母般若波罗蜜多经》仅存经文最后几个字和尾题。尾题之后是另一部经——《守护大千国吉祥颂》，此颂文存首题和9行内容，颂文每行9字，其内容要比Or.12380-2474（K.K.Ⅱ.0246.q）中的《守护大千国吉祥颂》完整。

从内容、版式、字体上可以判断Or.12380-3221a（K.K.Ⅱ.0251.b）、Or.12380-3221b（K.K.Ⅱ.0251.b）、Or.12380-3221bV（K.K.Ⅱ.0251.b）和Or.12380-3222（K.K.Ⅱ.0251.a）是同一版本佛经，且Or.12380-3221a（K.K.Ⅱ.0251.b）、Or.12380-3221b（K.K.Ⅱ.0251.b）的部分内容是相同的，因Or.12380-3221b（K.K.Ⅱ.0251.b）残页比较清楚，可以以此补证Or.12380-3221a（K.K.Ⅱ.0251.b）的内容，这一点在前文中已经做了标注，在此不再重复。Or.12380-3221bV（K.K.Ⅱ.0251.b）反字内容基本与Or.12380-3221b（K.K.Ⅱ.0251.b）内容相同，而Or.12380-3221bV（K.K.Ⅱ.0251.b）残页正面的西夏文内容则是《金刚般若波罗蜜经》的内容。

9.Or.12380-3487（K.K.Ⅱ.0238.i）残存2页，每页5行，上下栏线单栏，刻本经折装，原文献上有编号3487，刊布者定名为《大般若波罗蜜多经》。现将西夏文录文并对译如下：

（右面）

般若波罗蜜多学故真实最上究竟

故也如来一切亦悉皆随喜佛是经

典所说已终观自在菩萨摩诃萨复

及诸比丘乃至世间人天阿修罗乾

闼婆等大众一切佛所说闻皆大心

在对译基础上翻译如下：

学般若波罗蜜多故，真实最上究竟故也。一切如来亦悉皆随喜。佛所说是经典已终，观自在菩萨摩诃萨复及诸比丘，乃至世间人、天、阿修罗、乾闼婆等一切大众闻佛所说皆大心。

（左面）

[illegible]
罗蜜多明句诵能故方甚深般若波
[illegible]
罗蜜多修学真（实）也
[illegible]
尔时世尊三昧地于安稳所生（起）观自
[illegible]
在菩萨摩诃萨之赞言善哉善哉善
[illegible]
男子汝所言者是也是也若是如以

在对译基础上翻译如下：

能诵……罗蜜多明句故，方实修学甚深般若波罗蜜多也。

尔时，世尊于（从）三昧地安稳所起，观自在菩萨摩诃萨之赞言："善哉，善哉！善男子，汝所言者，是也，是也！若如是当……"

Or.12380-3487（K.K.II.0238.i）为施护译《佛说圣佛母般若波罗蜜多经》的相应内容，而不是《大般若波罗蜜多经》，刊布者定名有误，刊布残经的顺序也有误。《佛说圣佛母般若波罗蜜多经》左面内容在前，右面内容在后，二者可以缀合，调整顺序后内容如下：

舍利子，诸菩萨摩诃萨，若能诵是般若波罗蜜多明句，是即修学甚深般若波罗蜜多。尔时，世尊从三摩地安详而起，赞观自在菩萨摩诃萨言："善哉，善哉！善男子，如汝所说，如是，如是，般若波罗蜜多。当如是学，是即真实最上究竟，一切如来亦皆随喜。"

佛说此经已，观自在菩萨摩诃萨并诸苾刍，乃至世间天、人、阿修罗、乾闼婆等一切大众，闻佛所说皆大欢喜，信受奉行。[①]

综合上述解读，我们可以确定，英藏西夏文残经中保存了《佛说圣佛母般若波罗蜜多经》的内容，其中刊布者将Or.12380-1869（K.K.）、Or.12380-3220RV（K.K.II.0228.e）、Or.12380-3221a（K.K.II.0251.b）、Or.12380-3221b（K.K.II.0251.b）、Or.12380-3221bV（K.K.II.0251.b）、Or.12380-3487（K.K.II.0238.i）残经定名为《大般若波罗蜜多经》，将Or.12380-1817（K.K.II.0239.j）定名为《金刚般若波罗蜜经》，实际上它们皆是《佛说圣佛母般若波罗蜜多经》，刊布者的定名存在错误。Or.12380-3222（K.K.II.0251.a）和Or.12380-2474（K.K.II.0246.q）的情况比较复杂，刊布者定名为《佛说圣佛母般若波罗蜜多经》，但是没有概括残经的全部内容。这两件残经结构非常相似，它们是由两部残经组成，前半部分是《佛说圣佛母般若波罗蜜多经》，存在经名，而在经名后则是《守护大千国吉祥颂》的内容，所以不能仅仅以《佛说圣佛母般若波罗蜜多经》概括整个编号残经的内容。

① （宋）施护译《佛说圣佛母般若波罗蜜多经》，《大正藏》第8册，第257号，第852页下栏11~19。

五 《仁王护国般若波罗蜜多经》

《仁王护国般若波罗蜜多经》传入中土后先后四次被翻译成汉文，一是竺法护译本，二是鸠摩罗什译本，三是真谛译本，四是不空译本，晋陈二译缺本，以不空译本流传最广。《宋高僧传》记载：

> 永泰中，不空盛行传译，实难其人，贲预其翻度，代宗请为菩萨戒师，因新出《仁王护国经》，敕令撰疏解判，曲尽经意，以所住寺为疏目：曰“青龙”也。原夫是经已当三译，一晋太始三年法护译一卷，名《仁王般若》；次秦罗什出，名《仁王护国般若波罗蜜》；次梁承圣三年真谛于洪州宝因寺译，名《仁王般若》，并疏六卷。然则晋本初翻，方言尚隔。梁朝所译，隐而不行。伪秦之经，传流宇内。奈何止言波罗蜜而阙多字，则是亏其到义。是以肃宗皇帝斋心沐德，请不空重译。及肃皇晏驾，代宗成先圣之愿言，诏兴译务，敕军容使鱼朝恩监护于南桃园，起乎告朔，终乎望日，帝御承明殿灌顶道场躬执旧经，对译新本，而复为序冠于经首，仍敕贲造疏通经。[①]

《历代三宝纪》也载：“《仁王护国般若波罗蜜经》一卷（见《别录》，第二出，与晋世竺法护出者文少异）。”[②]

① （宋）赞宁：《宋高僧传》卷 5，范祥雍点校，中华书局，1997，第 99~100 页。

② （隋）费长房：《历代三宝纪》，《大正藏》第 49 册，第 2034 号，第 78 页上栏 23~24。

《仁王护国般若波罗蜜多经》因其护国功能，自传入中土以来，就比较受统治者的重视，先后多次被翻译，唐朝《仁王护国般若波罗蜜多经》的翻译开始于肃宗时期，完成于代宗时期。出于种种原因，肃宗时感慨以往所译《仁王护国般若波罗蜜多经》内容不全，令不空重译，可惜，此经在肃宗时尚未译完，肃宗去世，代宗即位，此经得以继续翻译完成。《仁王护国般若波罗蜜多经》与《法华经》和《金光明经》并称为“护国三经”。

不空不仅翻译了《仁王护国般若波罗蜜多经》，还别出《仁王陀罗尼释》和《仁王般若念诵法》等，以明总持及修行之法。《仁王护国般若波罗蜜多经》在代宗时期翻译完成，代宗为其作序，只要有外敌入侵，代宗就在宫中向 100 多位僧人施食，并令他们讲述《仁王护国般若波罗蜜多经》，从此，这一风俗流行开来。《旧唐书·王缙传》记载，王缙好佛，舍宅为寺，为亡妻追福，每节度使、观察使入朝，王缙延请至寺院，施财、助己修缮。代宗受喜佛大臣的影响，“尝令僧百余人于宫中陈设佛像，经行念诵，谓之内道场。其饮膳之厚，穷极珍异，出入乘厩马，度支具廪给。每西蕃入寇，必令群僧讲诵《仁王经》，以攘虏寇。苟幸其退，则横加锡赐”[①]。可见代宗对《仁王护国般若波罗蜜多经》的重视和偏爱。

《仁王护国般若波罗蜜多经》在唐朝以前十分流行，深受统治者的喜爱，西夏统治者也很重视此经，英藏、俄藏西夏文残经[②]中皆有保存，俄藏汉文中也有保存，见《俄藏黑水城文献》（第 3 册）（TK141），刻本经折装，每页 6 行，每行 15 字。另外，俄藏汉文 TK307 为西夏刻本，据苏州戒幢佛学研究所宗舜研究，残经内容为《仁王护国般若波罗蜜多经》“奉持品第七”的内容。

---

① （后晋）刘昫等撰《旧唐书》卷 118，中华书局，1975，第 3417 页。

② 根据克恰诺夫目录，第 65~67 号为《仁王护国般若波罗蜜多经》，刻本经折装，馆册第 683 号第 5 卷，全文保存，题记内容为“[illegible]”（特进试鸿胪卿大兴善寺三藏沙门大广智不空奉诏汉译），“[illegible]”（德成主国、增福正民、大明皇帝依汉本贤译），施经的时间是天庆元年（1194）九月二十日，由罗皇太后敬施。

《英藏黑水城文献》中也保存了西夏文残经，但数量不多，仅有下列内容。

1.Or.12380-0232（K.K.Ⅱ.0284.s）残存1页6行，上下栏线单栏，刻本经折装，刊布者将其定名为“心经”。现将西夏文录文并对译如下：

[illegible]　　远离众生皆利益也

[illegible][1][illegible][2][illegible]

复次胜难地菩萨摩诃萨四恐无以如

[illegible][3][illegible][4][illegible]

真（实）顺依清净平等异别相无乘小涅槃

[illegible]

求愿障断诸功德集诸谛具观是者苦

[illegible]

圣谛集灭道谛世俗胜义无量谛观也

[illegible]

众生之利益故诸技行学文字修法唱

在对译基础上翻译如下：

远离……皆利益众生也。复次，难胜地菩萨摩诃萨，以四无恐，依然（随顺）真如，清净平等，无异（差）别相，断小乘障，愿求涅槃，集诸功德，具观诸谛，是者苦、圣谛，集、灭、道谛，世俗胜义，无量谛观也。利益之众生故，学诸行技、修文字，唱法……

残经为不空奉诏译《仁王护国般若波罗蜜多经》卷下“奉持品第七”的相应内容：

---

① 西夏文“[illegible]”译为“难胜地菩萨摩诃萨”。

② 西夏文“[illegible]”译为“无恐”“无畏”，“[illegible]”译为“四无畏”“四无恐”。

③ 西夏文“[illegible]”译为“依然”“依顺”“自然”，汉文本为“随顺”。

④ 西夏文“[illegible]”译为“无异别相”，汉文本为“无差别相”。

……远离懈怠，普利众生。

复次，难胜地菩萨摩诃萨，以四无畏，随顺真如，清净平等，无差别相，断随小乘，乐求涅槃，集诸功德，具观诸谛，此苦、圣谛，集、灭、道谛，世俗胜义，观无量谛，为利众生习诸技艺、文字、医方，赞咏戏笑。[①]

2.Or.12380-0255（K.K.Ⅱ.0284.kk）残存1页8行，字数不能确定，上栏线单栏，下栏线无存，下部分残缺，刻本，刊布者将其定名为“佛经”。现将西夏文录文并对译如下：

[illegible]……	行修广大饶益调伏……
[illegible]□[illegible]……	观察住□行修……
[illegible]□[illegible]……	复次□喜地菩……
[illegible]……	来觉生我等忍……
[illegible]……	照一相所……
[illegible][②][illegible]……	无断三界贪灭未来无……
□[illegible][③][illegible]……	□大悲以首为诸大……
□[illegible]……	□无量胜……

在对译基础上翻译如下：

……修行，广大饶益，调伏……住……观察□修行……复次，□喜地菩……来生觉我等（平）忍……照一相所……断……无……灭三界贪，未来无……□以大悲为始，诸大……□无量胜……

残经为不空奉诏译《仁王护国般若波罗蜜多经》卷下“奉持品第七”的相应内容：

① （唐）不空译《仁王护国般若波罗蜜多经》卷下“奉持品第七”，《大正藏》第8册，第246号，第842页上栏15~20。

② 西夏文“[illegible]”译为“灭三界贪”。

③ 西夏文“[illegible]”译为“以大悲为首”。

……行，广大饶益，得善调伏诸三摩地，住胜观察修出离行，能证平等圣人地故。复次，欢喜地菩萨摩诃萨，超愚夫地生如来家住平等忍，初无相智照胜义谛，一相平等非相无相，断诸无明灭三界贪，未来无量生死永不生故，大悲为首起诸大愿，于方便智念念修习无量胜行。①

3.Or.12380-0676（K.K.Ⅲ.015.e）残存 1 页 3 行，字数不能确定，残缺严重，上栏线无存，下栏线单栏，写本，刊布者将其定名为“佛经”。现将西夏文录文并对译如下：

……[illegible]	……布
……[illegible]	……曾是句
……[illegible]□	……一念净信起□

Or.12380-0676（K.K.Ⅲ.015.e）为不空译《仁王护国般若波罗蜜多经》卷上“观如来品第二”的相应内容：

……满中七宝以用布施，大千世界一切有情皆得阿罗汉果，不如有人于此经中，乃至起于一念净信。②

由此可知，这几个编号的西夏文残经为《仁王护国般若波罗蜜多经》卷上“观如来品第二”和卷下“奉持品第七”的内容，此经既是般若类经典，也属于密教重要经典。

① （唐）不空译《仁王护国般若波罗蜜多经》卷下“奉持品第七”，《大正藏》第 8 册，第 246 号，第 841 页中栏 23~下栏 6。

② （唐）不空译《仁王护国般若波罗蜜多经》卷上“观如来品第二”，《大正藏》第 8 册，第 246 号，第 836 页上栏 4~6。

六 《小品般若波罗蜜经》与《摩诃般若波罗蜜经》

般若类经典在印度形成较早，其思想源于印度大乘佛教龙树系的中观学说，主要依据的佛教经典有《般若经》，龙树及其弟子阐述般若思想的《大智度论》《中论》《百论》《十二门论》等。般若类经典翻译始于汉末，兴盛于南北朝时期，逐渐以“般若义理”为主形成了“佛教般若学”。般若学与魏晋玄学相互促进、互相影响，高僧、名士相结合，般若学广为流行。在般若学影响下，佛教出现“六家七宗”之说。汤用彤讲道:“其后《般若》大行于世，而僧人立身行事又在在与清谈者契约合。夫《般若》理趣，同符《老》《庄》。而名僧风格，酷肖清流，宜佛教玄风，大振于华夏也。”[①]

般若类经典根据篇幅多寡，分为“大品般若”和“小品般若”。“小品般若”译本有东汉竺佛朔译《道行经》(1卷)，吴国康僧会译《吴品经》(5卷)，吴国支谦译《大明度无极经》(4卷)，西晋竺法护译《新道行经》(10卷)，前秦竺佛念等译《摩诃般若波罗蜜多钞经》(5卷)，后秦鸠摩罗什译《小品般若波罗蜜经》(10卷)。“大品般若”翻译较晚，开始于西晋，主要有朱士行西行求得二万颂大品般若梵本，西晋无罗叉译《放光般若经》(20卷)、西晋竺法护译《光赞般若经》(10卷)、后秦鸠摩罗什译《摩诃般若波罗蜜经》(27卷)。西夏文般若类经典内容丰富，从西晋无罗叉译《放光般若经》，鸠摩罗什译《小品

① 汤用彤:《汉魏两晋南北朝佛教史》，北京大学出版社，1997，第108页。

般若波罗蜜经》《金刚经》，《梁朝傅大士颂金刚经》，唐玄奘译《大般若经》（600 卷），不空译《仁王护国般若波罗蜜多经》到宋代法贤《佛说最上根本大乐金刚不空三昧大教王经》、施护《佛说圣佛母般若波罗蜜多经》《佛说佛母出生三法藏般若波罗蜜多经》等，可见般若类经典在西夏非常流行，这些经典也是西夏做各类法会时常常诵读和学习的佛经。

《摩诃般若波罗蜜经》是较早传入我国的大乘经典之一。般若类经典翻译始于汉末，其中竺佛朔译《道行经》应属于最早的译经。之后有支亮弟子支谦重译《摩诃般若波罗蜜多经》，即《道行经》，又称《大明度无极经》。

南北朝时期，般若类经典的翻译更多，流传久远。在英藏黑水城西夏文般若类残经中，除了罗什译《摩诃般若波罗蜜经》外，还有无罗叉译《放光般若经》，它们为同本异译。

1.Or.12380-0614（K.K.Ⅱ.0230.hh）残存 1 页 3 行，残缺严重，字数不能确定，上栏线单栏，刻本，刊布者将其定名为“佛经”。现将西夏文录文并对译如下：

[illegible]……	无何云受想行……
[illegible]……	故著无生无法性……
[illegible]……	生无亦生无我……

在对译基础上翻译如下：

无（不）云何受、想、行、识……故无著无生，法性……无生亦无生，我……

Or.12380-0614（K.K.Ⅱ.0230.hh）为后秦鸠摩罗什译《小品般若波罗蜜经》卷一“初品第一”的相应内容：

> ……此中何等是色不著不生，何等是受、想、行、识不著不生，诸法性如是，是性亦不生，不生亦不生。世尊，我今当教不生

法入般若波罗蜜耶？①

2.Or.12380-0990（K.K.）残存1页3行，残缺严重，字数不能确定，下栏线单栏，刻本，刊布者将其定名为“佛经”。现将西夏文录文并对译如下：

……[illegible]□[illegible]……　　……成为有□不……

……[illegible]……　　……也须菩提言是……

……[illegible]……　　……萨彼如来是……

在对译基础上翻译如下：

……成有为□不……也。须菩提言：“是……萨彼如来是……”

Or.12380-0990（K.K.）为后秦鸠摩罗什译《摩诃般若波罗蜜经》卷八“幻听品第二十八”的相应内容：

“……乃至一切种智，亦不为受学，亦不为灭学？”

须菩提言：“是色不可受亦无受色者，乃至一切种智不可受亦无受者，内外空故。如是，舍利弗，菩萨摩诃萨一切法不受故，能到一切种智。”是时舍利弗语须菩提：“菩萨摩诃萨如是学般若波罗蜜，能到一切种智耶？”②

① （后秦）鸠摩罗什译《小品般若波罗蜜经》卷1，《大正藏》第8册，第227号，第539页中栏18~21。

② （后秦）鸠摩罗什译《摩诃般若波罗蜜经》卷8，《大正藏》第8册，第223号，第278页上栏2~10。

七 《圣胜慧到彼岸功德宝集偈》

《圣胜慧到彼岸功德宝集偈》是西夏非常流行的一部经典，既是般若类经典，也属于密教经典。黑水城文献的刊布为我们更好地了解其真正内容提供了便利。

俄罗斯科学院东方学研究所藏有西夏文《圣胜慧到彼岸功德宝集偈》，最初著录于 1963 年戈尔巴乔娃与克恰诺夫合著的《西夏文写本与刊本》，书中仅简单列举了经目和馆藏号。[①] 后来，克恰诺夫在《西夏文写本与刊本》基础上重新对俄藏西夏文佛经文献进行整理编号，1999 年出版了《俄藏黑水城西夏文佛经叙录》，修正了《西夏文写本与刊本》中的错误并对一些编号进行调整，共收入西夏文《圣胜慧到彼岸功德宝集偈》十余个编号。[②] 克恰诺夫与西田龙雄的观点一致，认为《圣胜慧到彼岸功德宝集偈》译自藏文。

日本国立民族学博物馆和天理图书馆也藏有此经，西田龙雄在《西夏文华严经》（第三卷）之“西夏译佛典目录”中对此经也有收录，还标出西夏文《圣胜慧到彼岸功德宝集偈》在大英博物馆的收藏编号，即

---

① З.И.Горбачёва и Е.И.Кычанов, *Тангутские рукописи и ксилографы*. Москва: Издательство восточной литературы.1963г.“佛经目录”№66,инв.№595-598、602-605、687、2727、3705、5711、6888、7440 和 №294，инв.№5564。又见白滨译文，载中国社会科学院民族研究所历史研究室资料组编译《民族史译文集》（3），1978。

② 克恰诺夫在《俄藏黑水城西夏文佛经叙录》中所列《圣胜慧到彼岸功德宝集偈》为инв.№4087、6888、3705、605、602、598、596、595、5711、597、687 等，纠正了《西夏文写本与刊本》中的错误，去掉其中 инв.№ 603、604、7440、5564，把 инв.№ 2727 重新定名为《圣胜慧到彼岸八千颂》。

№3086、3206、3726、3692、3693、3935（刊本）。[①]荒川慎太郎对日本国立民族学博物馆收藏的西夏文《圣胜慧到彼岸功德宝集偈》残片做了解读，内容为第二品、第九品和第十品，并把西夏文与藏文对应内容相比较，指出藏夏文本佛经用字的某些特点。[②]段玉泉在《西夏〈功德宝集偈〉跨语言对勘研究》中列出英藏黑水城西夏文编号30多个，但实际上数量远多于这些。[③]

在甘肃、内蒙古等地也藏有《圣胜慧到彼岸功德宝集偈》，[④]陈炳应先生对武威天梯山石窟出土的《圣胜慧到彼岸功德宝集偈》卷下（刻本，编号22）题记进行译释，判定其翻译时间大致为仁孝初期。[⑤]1981年，北京房山云居寺文管所发现了千余卷藏文佛经，其中一种为藏汉合璧西夏译、明朝正统十二年（1447）重刊本《圣胜慧到彼岸功德宝集偈》。罗炤先生对其进行研究，公布了经文汉文全文，认为藏汉合璧《圣胜慧到彼岸功德宝集偈》与北宋淳化二年（991）法贤译本《佛说佛母宝德藏般若波罗蜜经》为相近梵本之异译。[⑥]

比较西夏文本与房山云居寺藏汉合璧本，可以看出西夏文本在用

---

① 〔日〕西田龙雄编著《西夏文华严经》（第3卷），第257、258号，京都大学出版社，1977，第50~51页。

② 〔日〕荒川慎太郎：《日本藏〈圣胜慧到彼岸功德宝集颂〉考释》，李范文主编《西夏研究》（第3辑），中国社会科学出版社，2006，第413~418页。

③ 段玉泉：《西夏〈功德宝集偈〉跨语言对勘研究》，上海古籍出版社，2014，第19~25页。

④ 甘肃省博物馆收藏有G21·039［T25-3］西夏文刻本经折装《圣胜慧到彼岸功德宝集偈》，上下栏线双栏，存1页6行，每行11字。G21·053［T23-2］号西夏文佛经残页，刻本经折装，上下栏线单栏，存5页，每页6行，每行11字，内容为《圣胜慧到彼岸功德宝集偈》卷上之"一切种智行品第一"、"地狱品第七"、"清净品第八"和"魔行品第十一"。武威博物馆藏G31·023［6739］刻本经折装《圣胜慧到彼岸功德宝集偈》，上下栏线单栏，每页6行，每行11字，内容为"精微品第二十七""散花品第二十八"，刊布时顺序被排错；G31·026［6746］西夏文刻本经折装《圣胜慧到彼岸功德宝集偈》，上下栏线双栏，每页6行，每行11字，内容为"方便善解根本品第二十""魔业品第二十一""善知识品第二十二"。内蒙古文物考古研究所也藏有西夏文《圣胜慧到彼岸功德宝集偈》。

⑤ 陈炳应：《天梯山石窟西夏文佛经译释》，《考古与文物》1983年第3期。

⑥ 罗炤：《藏汉合璧〈圣胜慧到彼岸功德宝集偈〉考略》，《世界宗教研究》1983年第4期。

词、版式和题记上更接近房山云居寺本，更多受到藏传佛教的影响，这一点在《俄藏黑水城文献》中也得到证实。西夏文《圣胜慧到彼岸功德宝集偈》与房山云居寺本相同，分为三十二品，从 Or.12380-2939（K.K. II.0253.k）结尾看，西夏文《圣胜慧到彼岸功德宝集偈》每品结尾处都有品题。房山云居寺本全文分为三卷三十二品，俄藏黑水城西夏文《圣胜慧到彼岸功德宝集偈》馆册第 3705、6888、602、598、596、595、5711、597、678 号标注有卷上、中、下字样，可以说明俄藏西夏文《圣胜慧到彼岸功德宝集偈》与房山云居寺本一样也分为三卷。[①]英藏黑水城西夏文《圣胜慧到彼岸功德宝集偈》虽然残缺严重，但 Or.12380-3726.3（K.K.I.ii.02.i）等也存有“卷上”内容，说明英藏西夏文本也分上、中、下三卷。《俄藏黑水城文献》中西夏特藏第 66 号，馆藏号共 11 个编号，除馆册第 4087 号为写本外，其余皆为刻本经折装，每页大致 6 行或 7 行，多数为每行 11 字，个别情况为 13 字，上下栏线双栏或单栏。日本学者西田龙雄和俄罗斯学者克恰诺夫考证后认为此经译自藏文。《圣胜慧到彼岸功德宝集偈》见于《西藏大藏经——甘殊尔勘同目录》第 735 号，名为《圣般若波罗蜜多辑摄偈》，[②]二者为同一部经之异译本。北京版和德格版《大藏经》收录的《圣胜慧到彼岸功德宝集偈》是吐蕃赤松德赞时期由印度堪布慧明狮子（Vidyqkarasixha）和吐蕃著名译师噶瓦白则（Dpal-brtseds）共同译出的。噶瓦白则是吐蕃赤松德赞时期著名的译经师，他先后翻译了《毗奈耶十七奉》《贤劫经》《百智论》等 90 余部经论，对吐蕃佛教的发展和佛经的传播起了积极作用。唐代《圣胜慧到彼岸功德宝集偈》已经在吐蕃流行。估计随着吐蕃对河西地区的占领和弘教事业的发展，此经也传到河西并在这一地区广泛流行。及至西夏时期，由于汉藏佛教得到一定程度的发展，此经多次被翻译成西夏文，在境内广为流行。

① 〔俄〕叶·伊·克恰诺夫:《俄藏黑水城西夏文佛经叙录》，崔红芬、文志勇译，甘肃文化出版社，2021，第 446~450 页。

② 〔日〕大谷大学图书馆编《西藏大藏经——甘殊尔勘同目录》，大谷大学图书馆，1930~1932，第 219 页。

学界对西夏文《圣胜慧到彼岸功德宝集偈》的来源也有不同观点。罗炤先生在《藏汉合璧〈圣胜慧到彼岸功德宝集偈〉考略》一文中认为房山藏汉合璧《圣胜慧到彼岸功德宝集偈》与北宋淳化二年（991）法贤译本《佛说佛母宝德藏般若波罗蜜经》为相近梵本之异译。他还推测，《圣胜慧到彼岸功德宝集偈》应首先由梵文译成西夏文，然后仿照西夏译文的格式译为藏文和汉文。[①]但仔细分析西夏文本、房山本与法贤译本的文意，法贤本与前两个版本的用词差异还是非常大的。另外，在版式上，法贤本七字一句，而西夏文本与房山本十一字一句，此经的藏译本也是十一个音节为一句。法贤本与西夏文本版式差别也很明显。日本学者西田龙雄和俄罗斯学者克恰诺夫虽都认为西夏文《圣胜慧到彼岸功德宝集偈》由藏文翻译而来，但在注释西夏文本用词的过程中，我们发现西夏文本的用词具有明显的西夏特色，同时有多元文化融合特色。

英藏黑水城残经虽没有出现译经时间，但结合俄藏《圣胜慧到彼岸功德宝集偈》和甘肃出土《圣胜慧到彼岸功德宝集偈》的题记可大致判断其翻译时间和译经情况。俄藏馆册第 598 号《圣胜慧到彼岸功德宝集偈》（下部）题记为：

贤觉帝师讲经律论者、功德司正、偏袒都大提点、囔卧勒（受具足）[②]沙门波罗显胜证义。西天大般密怛、五明显密国师、讲经律论者、功德司正、囔乃将（受安仪）[③]沙门拶耶阿难答自执梵本证义。讲（演）义法师、路赞讹（哇）、囔赏则（受俱覆）[④]沙门遏啊

① 罗炤：《藏汉合璧〈圣胜慧到彼岸功德宝集偈〉考略》，《世界宗教研究》1983 年第 4 期。

② 波罗显胜官居功德司正并且有“受具足”（音为“囔卧勒”）的封号。此封号在官职封号表残片中与大国王同属一级，相当于西夏上、西、中、下、末五等官品中的上等官品，也就是说此封号的品级很高。见文志勇《〈西夏官阶封号表〉残卷新译及考释》，《宁夏社会科学》2009 年第 1 期。

③ 相当于西夏上、西、中、下、末五等官品中的下品，见文志勇《〈西夏官阶封号表〉残卷新译及考释》，《宁夏社会科学》2009 年第 1 期。

④ 相当于西夏上、西、中、下、末五等官品中的末品，见文志勇《〈西夏官阶封号表〉残卷新译及考释》，《宁夏社会科学》2009 年第 1 期。

难捺吃哩底[①]梵译。显密法师、功德司副使、嚷卧英（受平义）[②]沙门周慧海番译。御前抄净本者李童光。[③]

北京房山云居寺收藏的藏汉合璧《圣胜慧到彼岸功德宝集偈》题记的内容和译经人员与俄藏西夏文本基本相同，并存有仁孝皇帝尊号，二者可以相互补充。云居寺藏经题记为：

诠教法师、番汉三学院并偏袒提点、嚷美则沙门鲜卑宝源汉译。显密法师、功德司副使、嚷卧英沙门［周慧海］。演义法师、路赞讹、嚷赏则沙门遏啊难捺吃哩底梵译。天竺大钵弥怛、五明显密国师、讲经律论、功德司正、嚷乃将沙门拶也阿难答亲执梵本证义。贤觉帝师、讲经律论、功德司正、偏袒都大提点、嚷卧勒沙门波罗显胜。奉天显道耀武宣文神谋睿智制义去邪惇睦懿恭皇帝再详勘。[④]

从这两则题记可以知道，《圣胜慧到彼岸功德宝集偈》是由鲜卑宝源汉译，周慧海译为西夏文的。云居寺本出现带“制义去邪”的仁孝尊号，此尊号是在大庆二年（1141）以后开始使用的。大德五年（1139）仁孝即位。大庆元年四月，夏州慕浚叛乱，十月任得敬平定叛乱。二年春正月，使贺金正旦，请上尊号。大庆二年八月受尊号，群臣上仁孝尊号曰“制义去邪”。[⑤]故带有“制义去邪”的尊号从大庆二年八月以后才开始使用。

① 克恰诺夫没有给出“遏啊难捺吃哩底”的俄语注音和索夫洛诺夫的注音。

② 相当于西夏上、西、中、下、末五等官品中的末品，见文志勇《〈西夏官阶封号表〉残卷新译及考释》，《宁夏社会科学》2009 年第 1 期。

③ 〔俄〕叶·伊·克恰诺夫：《俄藏黑水城西夏文佛经叙录》，崔红芬、文志勇译，甘肃文化出版社，2021，第 447 页。

④ 罗炤：《藏汉合璧〈圣胜慧到彼岸功德宝集偈〉考略》，《世界宗教研究》1983 年第 4 期。

⑤ （元）脱脱等撰《宋史》卷 486《夏国传》，中华书局，1977，第 14024 页。

天梯山石窟出土《圣胜慧到彼岸功德宝集偈》（下卷）题记中也有类似内容，皇帝尊号有所不同，出现“奉天显道耀武宣文圣智惇睦懿恭皇帝”尊号。此尊号中没有“制义去邪”，陈炳应先生认为这是仁孝皇帝在1139~1140年使用的尊号。①可以说在仁孝即位初期或乾顺时期《圣胜慧到彼岸功德宝集偈》已被译成西夏文。

另外，俄藏馆册第6888号的标题后标有“仁孝皇帝重译并校勘”的字样，馆册第4087号和馆册第602号标题后也有“仁孝皇帝重译并校勘”，尊号都为“奉天显道耀武宣文神谋睿智制义去邪惇睦懿恭皇帝”。②这说明《圣胜慧到彼岸功德宝集偈》在西夏很受重视，遗存西夏本应是仁孝时重译本，那之前也应翻译过此经。经过多次翻译和校正，逐渐形成净本，净本由御前李童光抄写完成。

英藏黑水城西夏文《圣胜慧到彼岸功德宝集偈》残片多为经折装，每页6行，每行11字。众所周知，《开宝藏》开了雕版佛经的先河，但为刻本卷轴装。到《崇宁藏》（刊刻于1080~1112年）一改《开宝藏》《契丹藏》的卷轴装为经折装，每版经文36行或30行，每页5~6行，每行17字。我们可以确定，《崇宁藏》只有在刊刻印刷完毕后，才能流传到西夏境内。我们见到的《圣胜慧到彼岸功德宝集偈》残经每页6行，符合《崇宁藏》的特点，可以理解为《崇宁藏》刻本经折装的版式传到西夏境内，西夏人结合国内纸张情况，改为每页6行，每行11字左右的版式。虽然《崇宁藏》刊刻于南方福州，但这并未妨碍它的传播和交流，西夏已接受新的佛经雕刻版式，并运用到佛经的刊刻之中。

《英藏黑水城文献》遗存的《圣胜慧到彼岸功德宝集偈》残缺严重，其中对残经的形制、尺寸、字数和保存状况等都未做介绍。刊布者已定名的西夏文《圣胜慧到彼岸功德宝集偈》有十余件，远远不能体现英藏西夏文的全貌。③

---

① 陈炳应:《西夏文物研究》，宁夏人民出版社，1985，第56页。

② 〔俄〕叶·伊·克恰诺夫:《俄藏黑水城西夏文佛经叙录》，崔红芬、文志勇译，甘肃文化出版社，2021，第445~446页。

③ 《英藏黑水城文献》（第1~4册），上海古籍出版社，2005。

下面对英藏黑水城西夏文《圣胜慧到彼岸功德宝集偈》进行译读，对未定题的残经进行定名。

1.Or.12380-0019RV（K.K.Ⅱ.0283.x）残存 2 页，左右两面，实际上是 1 页 6 行，仅存上半部分内容，上栏线单栏，下栏线无存，刻本，刊布者将其定名为“佛经”。现将西夏文录文并对译如下：

[illegible]□□□□□	菩提勇识胜慧□□□□□
[illegible]□□□□□□	赡部洲土有□□□□□□
[illegible]□□□□	彼数一切上菩提□□□□
[illegible]□□□□□	百千俱胝岁内□□□□□
[illegible]□□□□□	皆亦行往治缘□□□□□
[illegible]□□□□□	何所胜慧彼岸□□□□□

在对译基础上翻译如下：

菩提勇识胜慧□□□□□，赡部洲土有□□□□□□。

彼一切数上菩提□□□□，百千俱胝岁内□□□□□。

亦皆行往治（拥）缘（因）□□□□□，何所胜慧彼岸□□□□□。

比对 Or.12380-0019RV（K.K.Ⅱ.0283.x）与房山云居寺存汉文本《圣胜慧到彼岸功德宝集偈》，可以确定其为《圣胜慧到彼岸功德宝偈颂》“善知识品第二十二”的相应内容：

菩提勇识若了胜慧到彼岸，赡部洲中所有众生无有余。

悉皆发起最上无比菩提心，慧施于彼经历百千俱胝岁。

亦为有情皆悉回向菩提因，若勤精进于此胜慧到彼岸。

2.Or.12380-0047（K.K.Ⅱ.0283.ddd）残存 2 页 14 行，上下栏线单栏，刻本，左面是右面的反字，刊布者将其定名为“佛经”。现将西夏文录文并对译如下：

[illegible][1][illegible][2][illegible]

家住寂灭等持真寂安乐有

[illegible]

所有皆中最上又及超无也

[illegible]

羽（翅）有（挂）空中家住行亦不坠也

[illegible][3]

鱼者水中住（游）亦噎以不死亡

[illegible]

彼如菩提勇识寂思力等以

[illegible][4][illegible]□□[illegible]

彼岸到时空住□□度不入

[illegible]

诸有情如功德最上到成又

[illegible][5][illegible]

明满智者上有未曾上证又

[illegible]

法施殊妙最中上妙施欲者

[illegible]

诸治为之最上家于依避应

[illegible][6][illegible]　[illegible]

中心真品第二十七　终

□□[illegible]

---

① 西夏文“[illegible]”译为“寂灭”，指涅槃，离一切相。

② 西夏文“[illegible]”（等持），依据 Or.12380-3059RV（K.K.）补录。

③ 西夏文“[illegible]”译为“死亡”。

④ 西夏文“[illegible]”译为“到彼岸”，即波罗蜜多，表示越生死海到涅槃岸的正道。

⑤ 西夏文“[illegible]”译为“明满智者”，“明满”指“佛”，也就有“佛智者”，表示“最上智、无上智”。

⑥ 西夏文“[illegible]”译为“真心品”“纯心品”，汉文本为“精微品”。

□□应者上者教应何所说

□□[illegible]

□□所有最中胜又超度无

□□□[illegible]

□□□翻（返）皆教（学）彼岸到欲者

在对译基础上翻译如下：

有安住寂灭等持真寂安乐，皆所有中最上复次无胜也。

有羽空中行安住而不坠也，鱼者水中亦住以噎不死亡。

彼如菩提勇识以寂思力等，到彼岸时空住□□不入度。

如诸有情最上功德又到成，上有明满智者未曾上又证。

施殊妙法最中上妙施欲者，为诸治之最上于家应依避。

中真心品第二十七　终

应□□者应教上者何所说，□□所有最中胜又无超度。

□□□皆返欲学者到彼岸。

残经为房山云居寺存汉文本《圣胜慧到彼岸功德宝集偈》之“精微品第二十七”和“散花品第二十八”的相应内容：

所有寂灭等持真实寂安乐，住于此者胜一切住复无边。

譬如羽鸟虽翔空中而不坠，鱼游水内不被气闭之所没。

菩提勇识以静虑故到彼岸，得住于空不归圆寂亦如是。

超诸有情欲至最上功德聚，欲证正觉最胜希有无上智。

欲施胜法欲行真实妙施者，应当依止诸救度者依胜处。

散花品第二十八

救度所说所有一切学处中，即此学处胜过一切无能及。

若有大智欲学一切到彼岸。

3.Or.12380-0218（K.K.II.0284.e）残存 1 页 6 行，上下栏线单栏，刻本，刊布者将其定名为“佛经集颂”。现将西夏文录文并对译如下：

[illegible]	彼如胜势五彼岸到是数也
[illegible]	胜慧彼岸到之名真获得能
[illegible]	一切智因真实回向所说故
[illegible]	六菩提说是皆一味正等成
[illegible]	集颂中功德说品四第　终
[illegible]	菩提勇识假若真实不了（悟）而

在对译基础上翻译如下：

如彼胜势五到彼岸是数也，能获得胜慧到彼岸之名真。

所说因真实故回向一切智，是说六菩提一味皆成正等。

集颂中说功德品第四　终

菩提勇识假若真实而不了。

比对房山云居寺存汉文本《圣胜慧到彼岸功德宝集偈》，确定其为“功德品第四”和“福德名数品第五”的相应内容：

> 如是胜势五到彼岸亦复然，皆无差别名为胜慧到彼岸。
>
> 若能真实悉皆回向一切智，即六菩提如是一味皆平等。
>
> 福德名数品第五
>
> 菩提勇识若或真实未了达。

4.Or.12380-0481（K.K.）残存1页6行，栏线无存，残缺严重，刻本，刊布者将其定名为“佛经”。现将西夏文录文并对译如下：

□□[illegible]□□□□□	□□独觉闻声□□□□□
[illegible]□□□□	何所最上胜慧彼□□□□
□□□□[illegible]□□□□□	□□□□布施□□□□□
[illegible]□□□□□	何所菩提勇识□□□□□
[illegible]□□□□□□□□	彼于起时□□□□□□□□
[illegible]□[illegible]□□□□□□□□	彼□行行（往）□□□□□□□□

Or.12380-0481（K.K.）残缺非常严重，见房山云居寺汉文本《圣胜慧到彼岸功德宝集偈》之“空相品第十八”的相应内容：

设行声闻独觉施行持禁戒，若说最上胜慧彼岸相应法。
布施持戒比此善根无少分，菩提勇识若有修习最圣慧。
从彼而出亦无染心而演说，为数趣故若能回向菩提因。

5.Or.12380-0757（K.K.）残存1页6行，上栏线双栏，下栏线无存，刻本，残缺严重，刊布者将其定名为“佛经”。现将西夏文录文并对译如下：

[illegible][illegible][1][illegible][illegible][illegible][illegible]□□□□□	烦恼已除灭亦□□□□□
[illegible][illegible][illegible][illegible][illegible][illegible][illegible]□□□□	老及病死无亦死□□□□
[illegible][illegible][illegible][illegible][illegible][illegible][illegible]□□□□	此诸所行名及色□□□□
[illegible]□[illegible][illegible][illegible][illegible][illegible][illegible]□□□	风□圆如流转轮中□□□
[illegible][illegible]□□□□[illegible][illegible]□□□	所行□□□□入如□□□
[illegible][illegible]□□□□[illegible][illegible]□□□	胜慧□□□□鸟如□□□

在对译基础上翻译如下：

烦恼已除灭亦□□□□□，无老及病死亦死□□□□。
此诸所行名及色□□□□，□风如圆流转□□□轮中。
所行□□□□如入□□□，胜慧□□□□鸟如□□□。

比对 Or.12380-0757（K.K.）与房山云居寺汉文本《圣胜慧到彼岸功德宝集偈》，确定其为“清净品第八”的相应内容：

远离惑染亦复示观受生相，离老病死亦复示现死灭相。
此诸数趣著于名色之淤泥，如旋风轮妄历生死轮回中。

① 西夏文“[illegible][illegible]”译为“烦恼”，指贪欲瞋恚愚痴等诸惑烦心恼身。

数趣昏醉如兽滞于笼网中，了达智者似鸟飞腾于虚空。

6.Or.12380-0767（K.K.Ⅱ.0243.x）残存1页6行，下栏线双栏，上栏线无存，上部分残缺，刻本，刊布者将其定名为“佛经”。现将西夏文录文并对译如下：

□□□□□□□[illegible][illegible][illegible][illegible]	□□□□□□□于修行非
□□□□□□□□[illegible][illegible][illegible]	□□□□□□□□中捕（射）时
□□□□□□□[illegible][illegible][illegible][illegible]	□□□□□□□依续续以
□□□□□□□□□[illegible][illegible]	□□□□□□□□□劫无
□□□□□□□[illegible][illegible][illegible][illegible]	□□□□□□□上堕为也
□□□□□[illegible][illegible][illegible][illegible][illegible][illegible]	□□□□□最上所行者也

Or.12380-0767（K.K.Ⅱ.0243.x）残缺严重，比对房山云居寺汉文本《圣胜慧到彼岸功德宝集偈》，确定其为“方便善巧摧[①]折品第二十”的相应内容：

不修于相于其圆寂无染著，譬如善射士夫射于虚空中。
箭箭相柱相续次第而升去，由相柱故初所射箭无堕时。
欲堕地者其箭即坠于地上，是行如是胜慧彼岸上行者。

7.Or.12380-0778（K.K.I.ii.02.w）[②]残存1页6行，栏线无存，刻本，残缺严重，刊布者将其定名为“佛经”。现将西夏文录文并对译如下：

□[illegible]□□□□□□□□□□	□慧□□□□□□□□□□
□[illegible][illegible][illegible]□□□□□□□□	□舍邪道□□□□□□□□

① 罗炤《藏汉合壁〈圣胜慧到彼岸功德宝集偈〉考略》一文中用“推”字。

② Or.12380-0778（K.K.I.ii.02.w）与Or.12380-2970（K.K.Ⅱ.0254.j）、Or.12380-3109a（K.K.Ⅱ.0227.g）有些重复内容，并依此补录。

□[illegible]□□□□□□□□	□等宝□□□□□□□□
□[illegible]□□□□□□□□	□所宁□□□□□□□□
□[illegible]□□□□□	□等处者时一□□□□□
□□[illegible]□□□□□	□□胜势胜慧□□□□□

图 3　Or.12380-0778（K.K.I.ii.02.w）

因 Or.12380-0778（K.K.I.ii.02.w）残缺严重，残存西夏字也比较混乱，根据 Or.12380-2970（K.K.Ⅱ.0254.j）、Or.12380-3109a（K.K.Ⅱ.0227.g）、Or.12380-3109bRV（K.K.Ⅱ.0227.g）补录后调整顺序。

其中有 2 行与 Or.12380-2970（K.K.Ⅱ.0254.j）、Or.12380-3109a（K.K.Ⅱ.0227.g）的前 2 行相同：

[illegible]	道弃邪道往者此者魔行是（也）
[illegible][1][illegible]	何所尔时劫于（上）敬爱信生依

在对译基础上翻译如下：

弃正道往邪道者是魔行者，何所丁尔时劫依生敬爱信。

① 西夏文“[illegible]”译为“疑惑”。

另外 4 行与 Or.12380-3109bRV（K.K.II.0227.g）的 4 行内容相同：

[illegible]□□

胜慧彼岸是者受敬无□□

[illegible][1][illegible]

何数（等）宝大商价无者得难依

[illegible]

此数（等）处者时一切中（间）伤者多

[illegible]

此如胜势胜慧彼岸到之上

在对译基础上翻译如下：

敬受是胜慧彼岸者无□□，何等大宝依无价商者得难。

此等处者一切时间多伤者，此如胜势胜慧到彼岸之上。

比对 Or.12380-3109a（K.K.II.0227.g）、Or.12380-3109bRV（K.K.II.0227.g）残经，可知，Or.12380-0778（K.K.I.ii.02.w）前 2 行与后 4 行中间相差 6 行。Or.12380-0778（K.K.I.ii.02.w）为《圣胜慧到彼岸功德宝集偈》“魔行品第十一”的相应内容：

弃背正路趣邪途者是魔事，若时于此发起信敬欣乐心。

（中间缺）

不会受持如是胜慧到彼岸，诸有特殊无价异宝难得故。

于处恒有种种触恼之阻隔，善逝最上胜慧彼岸大法宝。

8.Or.12380-0793（K.K.II.0282.a.xxxiii）残存 1 页 5 行，上栏线无存，下栏线单栏，刻本，残缺严重，刊布者将其定名为“佛经”。现将西夏文录文并对译如下：

---

① 西夏文“[illegible]”译为“无量价”“无量商”。

□□□□□□□□□□[illegible][1]	□□□□□□□□□□修行
□□□□□□□□□□[illegible]	□□□□□□□□□□念作
□□□□□□□□□[illegible]	□□□□□□□□□彼亦作
□□□□□□□□[illegible]	□□□□□□□□令作见亦
□□□□□□□□□[illegible]	□□□□□□□□□不有也

Or.12380-0793（K.K.Ⅱ.0282.a.xxxiii）残缺严重，比对房山云居寺本汉文《圣胜慧到彼岸功德宝集偈》，确定其为“幻化品第二十六”的相应内容：

……，亦如虚空即能修习寂灭行。

如众人前术力幻出于士夫，彼不念言令生奇异作此事。

虽见于彼呈显种种之幻术，彼终无身无心亦无其名号。

9.Or.12380-0794（K.K.Ⅱ.0282.a.xxiv）残存1页4行，上栏线无存，下栏线单栏，刻本，残缺严重，刊布者将其定名为“佛经”。现将西夏文录文并对译如下：

□□□□□□□□[illegible]	□□□□□□□□提不求寻
□□□□□□□□[illegible]	□□□□□□□□到（至）上于勤
□□□□□□□□□[illegible]	□□□□□□□□□彼违背
□□□□□□□□□□[illegible]	□□□□□□□□□□不得

Or.12380-0794（K.K.Ⅱ.0282.a.xxiv）残缺严重，比对房山云居寺本汉文《圣胜慧到彼岸功德宝集偈》，确定其为“幻化品第二十六”的相应内容：

① 西夏文“[illegible]”译为“修行”。

即彼不以将二种慧求菩提，其禅定者进修最上慧彼岸。
如虚空界与其虚空无相违，是故若有究竟不可有所得。

西夏文 Or.12380-0793（K.K.Ⅱ.0282.a.xxxiii）、Or.12380-0794（K.K.Ⅱ.0282.a.xxiv）内容为同部经的残页，Or.12380-0794（K.K.Ⅱ.0282.a.xxiv）在前，Or.12380-0793（K.K.Ⅱ.0282.a.xxxiii）在后，二者内容如下：

即彼不以将二种慧求菩提，其禅定者进修最上慧彼岸。
如虚空界与其虚空无相违，是故若有究竟不可有所得。
□□□□□□□□□□□□□，亦如虚空即能修习寂灭行。
如众人前术力幻出于士夫，彼不念言令生奇异作此事。
虽见于彼呈显种种之幻术，彼终无身无心亦无其名号。

10.Or.12380-0831（K.K.Ⅲ.024.gg）残存 1 页 6 行，上栏线单栏，下栏线无存，刻本，残缺严重，刊布者将其定名为“佛经”。现将西夏文录文并对译如下：

[illegible]□□□□□□□□□□□	最□□□□□□□□□□□
[illegible][1][illegible]□□□□□□	若（一）日若（一）夜许□□□□□□□
[illegible]□□□□□□□□□	巧智明□□□□□□□□□
[illegible]□□□□□□□□□□	假若□□□□□□□□□□
[illegible]□□□□□□□	以后最上菩□□□□□□□
□□□□[illegible]□□□□□□[2]	□□□□心发□□□□□□

Or.12380-0831（K.K.Ⅲ.024.gg）残缺严重，比对房山云居寺本汉文《圣胜慧到彼岸功德宝集偈》，确定其为“常谛品第三十”的相应内容：

① 西夏文“[illegible]”译为“一日一夜”“一朝一夕”。
② 西夏文“□□□□[illegible]□□□□□□”与汉文本内容顺序不一致。“[illegible]”译为“发心”。

始从最初法起无上菩提心，乃至最后证于无上大菩提。
而作此念同于一昼一夜量，应知大智明了之者行精进。
菩提勇识忽闻有说如是言，能破须弥汝方得证无上果。

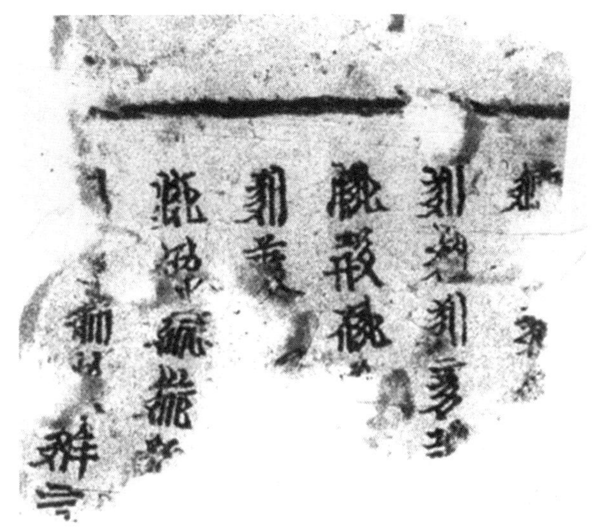

图 4 Or.12380-0831（K.K.Ⅲ.024.gg）

11.Or.12380-0837（K.K.）残存 1 页 4 行，栏线无存，刻本，刊布者将其定名为“佛经”。现将西夏文右面录文并对译如下：

□□[illegible]□□□□□□□□
□□时□□□□□□□□
□□[illegible][illegible][illegible][illegible]□□□□□
□□过（度）中往谓（说）□□□□□
□[illegible][illegible][illegible][1][illegible][illegible]□□□□□
□如火熄彼之□□□□□
□□[illegible][illegible][illegible][illegible]□□□□□
□□故依彼者□□□□□

① 西夏文“[illegible][illegible]”译为“熄火”。

Or.12380-0837（K.K.）内容残缺严重，比对房山云居寺本汉文《圣胜慧到彼岸功德宝集偈》，可确定其为“一切种智行品第一”的相应内容：

若有乘此住逝于方无所缘，言住涅槃即其所住无所缘。
譬如火灭即无所住之方处，是故即彼真实说为归圆寂。

12.Or.12380-0843（K.K.）残存2页8行，栏线无存，刻本经折装，刊布者将其定名为“佛经”。现将西夏文录文并对译如下：

□□□[illegible]□□□□□□□□	□□□穿□□□□□□□□
□□[illegible][illegible][illegible][illegible][illegible]□□□□	□□则（故）方大勇识□□□□
□□[illegible][illegible][illegible][illegible]□□□□□	□□幻术善（巧）一□□□□□
□□[illegible][illegible][illegible][illegible]□□□□□	□□众之俱胝□□□□□
□□[illegible][illegible][illegible][illegible]□□□□□	□□杀所已如□□□□□
□□[illegible][illegible][illegible][illegible]□□□□□	□□化如实悟□□□□□
□□[illegible][illegible][1][illegible][illegible][illegible]□□□□	□□受蕴及复想□□□□
□□□[illegible]□□□□□□□□	□□□缚□□□□□□□□

Or.12380-0843（K.K.）为房山云居寺本汉文《圣胜慧到彼岸功德宝集偈》之“一切种智行品第一”的相应内容：

著大甲胄摧伏诸魔之谄曲，以是义故名为菩提大勇识。
譬如幻士于四衢路作幻化，将众俱胝生类悉皆取其首。
如彼所戳菩提勇识亦如是，了达众生皆如变化无怖畏。
即是色蕴受蕴想蕴行识蕴，非实有故即是解脱非缠缚。

① 西夏文“[illegible][illegible]”译为“受蕴”，五蕴之一。

13.Or.12380-0852（K.K.）残存1页3行，栏线无存，残缺严重，刻本，刊布者将其定名为“佛经”。现将西夏文录文并对译如下：

□□□□□□□□□[illegible][illegible][illegible]	□□□□□□□□□依失故
□□□□□□□[illegible][illegible][illegible][illegible][illegible]	□□□□□□□所常苦厄起
□□□□□□□[illegible][illegible][illegible][illegible][illegible]	□□□□□□□入者宝大如

Or.12380-0852（K.K.）为云居寺本汉文《圣胜慧到彼岸功德宝集偈》之“善知识品第二十二”的相应内容：

其事未久因慢意故而失坠，未获其珠由推寻故生苦恼。

趣入最上大菩提宝亦如是。

14.Or.12380-0867（K.K.）残存1页2行，栏线无存，刻本，残缺严重，刊布者将其定名为“佛经”。现将西夏文录文并对译如下：

□□[illegible][illegible][illegible][illegible]□□[illegible]□□	□□船师巧健□□来□□
□□□□□□□[illegible][illegible]□□□	□□□□□□□不住□□□

Or.12380-0867（K.K.）为云居寺本汉文《圣胜慧到彼岸功德宝集偈》之“殑伽天母请问品第十九”的相应内容：

譬如船翁由巧便故往彼此，不住二边亦复不住于海中。

15.Or.12380-0871（K.K.）残存1页6行，栏线无存，残缺严重，刻本，刊布者将其定名为“佛经”。现将西夏文录文并对译如下：

□□[illegible][illegible][illegible][illegible][illegible][illegible][illegible]□□	□□作能行往饶益作□□
□□□[illegible][illegible][illegible][illegible][illegible]□□□	□□□及子妻而顺□□□

□□□[illegible][illegible][illegible][illegible][illegible]□□□	□□□敌多众有道□□□
□□□[illegible][illegible]□□□□□□□	□□□数夫□□□□□□□
□□□[illegible][illegible]□□□□□□□	□□□复又□□□□□□□
□□□[illegible]□□□□□□□□	□□□巧□□□□□□□□

Or.12380-0871（K.K.）为云居寺本汉文《圣胜慧到彼岸功德宝集偈》之“方便善巧摧折品第二十”的相应内容：

能作幻化欣乐饶益于有情，将诸眷属父母妻妾及儿女。
若经旷野当于险贼道路中，彼人幻作众多健敌之士夫。
安隐而过复能还达于家中，菩提勇识当尔巧便亦复然。

16.Or.12380-0988（K.K.）残存1页6行，栏线无存，刻本，残缺严重，刊布者将其定名为“佛经”。现将西夏文录文并对译如下：

[illegible][illegible]□□□□□□□□□	譬如□□□□□□□□□□
[illegible][illegible][illegible]□□□□□□□□	明满舍□□□□□□□□□
[illegible][illegible][illegible][illegible][illegible]□□□□□□	宝珠功德皆□□□□□□
[illegible][illegible][illegible][illegible]□□□□□□□	何如器中□□□□□□□
[illegible][illegible]□□□□□□□□□	彼已□□□□□□□□□
[illegible][illegible][illegible]□□□□□□□□	彼等功□□□□□□□□

Or.12380-0988（K.K.）具体内容可参见云居寺藏汉合璧《圣胜慧到彼岸功德宝集偈》之“功德品第四”的相应汉文：

如恭敬于仁王所重之臣佐，如来舍利依仗胜慧到彼岸。
如摩尼珠具诸功德价无比，若置器中于彼应合伸敬礼。
设虽取出于器亦生欢悦心，此等皆是摩尼宝珠之功德。

17.Or.12380-1950b（K.K.）残存 2 页 12 行，只存上半部分，每行只存 1~3 字，刻本经折装，刊布者将其定名为“佛经”。现将西夏文录文并对译如下：

（右面）

[illegible]□□□□□□□□□□	地□□□□□□□□□□
[illegible]□□□□□□□□□□	自□□□□□□□□□□
[illegible][illegible]□□□□□□□□□	法因□□□□□□□□□
[illegible][illegible]□□□□□□□□□	不退□□□□□□□□□
[illegible][illegible]□□□□□	颂中□□□□□
[illegible][illegible]□□□□□□□□□	色以□□□□□□□□□

（左面）

[illegible][illegible]□□□□□□□□□	最深□□□□□□□□□
[illegible][illegible]□□□□□□□□□	譬如□□□□□□□□□
[illegible][illegible]□□□□□□□□□	慧以□□□□□□□□□
[illegible][illegible][illegible]□□□□□□□□	何所菩□□□□□□□□
[illegible][illegible][illegible]□□□□□□□□	大乘胜□□□□□□□□
[illegible]□□□□□□□□□□	界□□□□□□□□□□

Or.12380-1950b 虽残缺严重，但可确定为《圣胜慧到彼岸功德宝集偈》相应内容，具体内容参见云居寺藏汉合璧《圣胜慧到彼岸功德宝集偈》之“不退转祥瑞品第十七”及“空相品第十八”的相应汉文：

真实弃舍边地边国蔑戾车，于其自地恒无疑惑如须弥。
为法亡躯于其惮定能勤修，应知此等即是不退转之相。
偈颂第十七品　终
色蕴受蕴想行及与种种识，甚深自性无有相状性寂灭。

譬如执箭欲测海底之浅深，由以智慧推穷其蕴无穷尽。
菩提勇识若能了远此甚深，胜义大乘于此无有所染著。
即非五蕴亦非处界了此者。

18.Or.12380-2292（K.K.II.0244.nn）残存 1 页 1 行，11 字，刻本经折装，刊布者将其定名为“佛经”。现将西夏文录文并对译如下：

[illegible]　　何故谓则巧健功德彼于出

可参见云居寺藏汉合璧《圣胜慧到彼岸功德宝集偈》之“论天品第十五”的相应汉文：

为何如是智慧功德从彼生？

19.Or.12380-2363（K.K.II.0274.aaa）残存 1 页 4 行，写本，上下栏线单栏，每行 11 字，较为完整，刊布者定名为“残片”。现将西夏文录文并对译如下：

[illegible]□[illegible]　　是是胜慧彼岸到□善行也
[illegible][1][illegible]　　或者恒伽河水沙数（等）国土中
[illegible]□[illegible]　　有情何许住□敌毁成令如
[illegible][2][illegible]　　或人是如胜慧彼岸到书写

可参见云居寺藏汉合璧《圣胜慧到彼岸功德宝集偈》之“福德名数品第五”的相应汉文：

---

① 西夏文“[illegible]”译为“恒伽河水沙等”“恒伽河水沙数”，汉文本为“恒河沙数”。

② 西夏文“[illegible]”译为“胜慧到彼岸”，汉文本为“慧彼岸”。

是行胜慧到彼岸之最上行，若有量等恒河沙数之刹土。
所有众生悉令证得应供养，不如有人书写如是慧彼岸。

20.Or.12380-2381（K.K.II.0296.pp）残存 1 页 6 行，只存上部分，上栏线单栏，刻本经折装，每行存 1~4 字不等，刊布者将其定名为“佛经”。现将西夏文录文并对译如下：

[illegible]□□□□□□□□□□	世□□□□□□□□□□
[illegible][illegible]□□□□□□□□□	功德□□□□□□□□□
[illegible][illegible]□□□□□□□□□	大威□□□□□□□□□
[illegible][illegible]□□□□□□□□□	彼如□□□□□□□□□
[illegible][illegible][illegible]□□□□□□□□	差别想□□□□□□□□
[illegible][illegible][illegible][illegible]①□□□□□□□	余（彼）诸善净□□□□□□□

Or.12380-2381（K.K.II.0296.pp）具体内容可参见云居寺藏汉合璧《圣胜慧到彼岸功德宝集偈》之“不退转祥瑞品第十七”的相应汉文：

尊者善现恭敬请问佛世尊，唯愿演说具功德海无惑相。
诸大威德云何应知不退转，如是功德胜势愿垂少分记。
离差别相所出之言应正理，不复依凭诸馀沙门婆罗门。

21.Or.12380-2555（K.K.III.029.a）残存 1 页 6 行，仅存上半部分内容，上栏线单栏，写本，残经上有编号 2555，刊布者将其定名为“佛经”。现将西夏文录文并对译如下：

[illegible]□□□□□□[illegible]□[illegible][illegible]	如□□□□□□三□清净
[illegible][illegible][illegible]□[illegible][illegible][illegible][illegible][illegible]□□	何清净□为道也说戏□□

① 西夏文“[illegible][illegible]”译为“善净”，汉文本为“沙门”。

西夏文	对译
[illegible]□□	是者胜慧彼岸之上行□□
[illegible]□□	菩提勇识巧健解有何□□
[illegible]□[illegible]？[illegible]□□	生无真□思寻？是如□□
[illegible][①][illegible]□□	大悲起亦识有（有情）也说思□□

在对译基础上翻译如下：

如□□□□□□三□清净，何为清净□□□道也戏说。

是者□胜慧彼岸之□上行，菩提勇识巧健有解何□□。

无生真□如是思寻？□□，起大悲亦说有情也思□□。

Or.12380-2555（K.K.Ⅲ.029.a）为《圣胜慧到彼岸功德宝偈颂》“一切种智行品第一”的相应内容：

及亦不缘现在三世皆清净，若是清净即谓无为无戏论。

是行胜慧到彼岸之最上行，菩提勇识智慧明解若了达。

谛观无生如是审察行诸行，发大慈悲亦无众生之想念。

22.Or.12380-2677（K.K.Ⅱ.0282.ppp）残存1页8行，上栏线无存，下栏线双栏，刻本，残经上有编号2677，刊布者将其定名为“佛经”。现将西夏文录文并对译如下：

西夏文	对译
□□[illegible]□□□□□□□□	□□胜慧□□□□□□□□
□□[illegible]□□□□□□□□	□□意触□□□□□□□□
[illegible][②][illegible]	舍依彼盖无为彼者不断失（落）
[illegible][③]	彼依假若明满最上百殊智
[illegible][④][illegible]	若得欲故是胜势母愿起应

① 西夏文“[illegible]”译为“发大悲”，汉文本为“发大慈悲”。

② 残缺西夏文字根据 Or.12380-3684a（K.K.）补录。

③ 西夏文“[illegible]”译为“百殊智”，汉文本为“菩提佛智”。

④ 西夏文“[illegible]”译为“胜势母”，汉文本为“佛母”。

[illegible][1][illegible]　　譬如商者大宝河洲中往时

[illegible][2][illegible]　　财尽复归彼如为故胜非也

[illegible]　　集颂中地狱品七第　终

在对译基础上翻译如下：

□□胜慧□□□□□□□，□□意触□□□□□□□。

为舍此故无盖彼者不断落，假若依彼明满最上百殊胜智。

若欲得故是胜势母应起愿，譬如商者往大宝河洲中时。

财尽复归如是为故非胜也。

集颂中地狱品第七　终

通过解读 Or.12380-2677（K.K.Ⅱ.0282.ppp）残经，可知其内容是《圣胜慧到彼岸功德宝集偈》之“地狱品第七”的相应内容：

疑惑不信善逝胜慧到彼岸，由少智故闻此教时便弃舍。

由舍此故无救无依堕阿鼻，是故欲得最上菩提佛智者。

于此佛母胜慧彼岸应谛信，譬如商客得达大海之宝洲。

贫窘而还如是于理甚不可。

圣胜慧到彼岸功德宝集偈地狱品第七　终

23.Or.12380-2756（K.K.Ⅱ.0259.k）残存 1 页 1 行，11 字，刻本，刊布者将其定名为“佛经”。现将西夏文录文并对译如下：

[illegible]　　若或厌倦心生分量亦想则

此残存内容可参见云居寺藏汉合璧《圣胜慧到彼岸功德宝集偈》之“常谛品第三十”的相应汉文：

---

① 西夏文“[illegible]”译为“商人”“商者”。

② 西夏文“[illegible]”译为“财尽”，汉文本为“贫穷”。

闻己于彼念其分量生退屈。

24.Or.12380-2870b（K.K.）残存1页5行，只存下半部分，下栏线单栏，每行存1~2字不等，刻本经折装，刊布者将其定名为“佛经”。现将西夏文录文并对译如下：

□□□□□□□□□[illegible][illegible]	□□□□□□□□□依数
□□□□□□□□□□[illegible]	□□□□□□□□□□乎
□□□□□□□□□□[illegible]	□□□□□□□□□□生
□□□□□□□□□□[illegible]	□□□□□□□□□□当
□□□□□□□□□□[illegible]	□□□□□□□□□□时

此残经残缺非常严重，具体内容可参见云居寺藏汉合璧《圣胜慧到彼岸功德宝集偈》之“魔行品第二十一”的相应汉文：

若以实谛神力所致种种相，便作是念我得记别心高举。
菩提勇识或被他记心高举，住慢心故应知即彼是少智。
依于名因欲恼乱故魔来至。

25.Or.12380-2871RV（K.K.Ⅱ.0280.a.xxiii）残存2页12行，但左面残页下半部分的西夏字无法识别，下栏线单栏，每行存1字，刻本经折装，刊布者将其定名为“佛经”。现将西夏文右面录文并对译如下：

□□□□□□□□□□[illegible]	□□□□□□□□□□也
□□□□□□□□□□[illegible]	□□□□□□□□□□也
□□□□□□□□□□[illegible]	□□□□□□□□□□时
□□□□□□□□□□[illegible]	□□□□□□□□□□说
□□□□□□□□□□[illegible]	□□□□□□□□□□者
□□□□□□□□□□[illegible]	□□□□□□□□□□当

此残经残缺严重，具体内容可参见云居寺藏汉合璧《圣胜慧到彼岸功德宝集偈》之“魔行品第二十一”的相应汉文：

当知是汝七代先祖之名字，汝于某时当得作佛名如是。
净行禅定由此出现于如是，汝曾所修功德之行今亦然。
若闻此语菩提勇识贡高者，应知即此魔所发起是少智。

比对 Or.12380-2870b（K.K.）和 Or.12380-2871RV（K.K.Ⅱ.0280.a.xxiii），可以确定它们为同版次《圣胜慧到彼岸功德宝集偈》魔行品的内容。

26.Or.12380-2892RV（K.K.）存 5 残片，栏线无存，刻本经折装，残页上有编号 2892，右面 2 个残片，左面 3 个残片。刊布者将其定名为“佛经”。现将西夏文录文并对译如下：

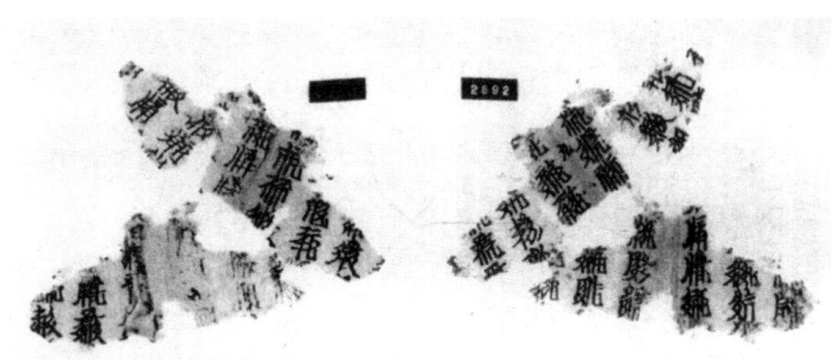

图 5　Or.12380-2892RV（K.K.）

（右面上）

□□□□□□[illegible][illegible]□□□　　□□□□□□功德□□□
□□□□□□[illegible][illegible]□□□　　□□□□□□艺行□□□
□□□□[illegible][illegible][illegible]□□□□　　□□□□多事胜□□□□
□□□□[illegible][illegible][illegible]□□□□　　□□□□行行饶□□□□
□□□□□[illegible][illegible][illegible]□□□　　□□□□□妻而顺□□□
□□□□□[illegible][illegible][illegible]□□□　　□□□□□事有道□□□

Or.12380-2892RV（K.K.）（右面上）残缺严重，具体内容可参见云居寺藏汉合璧《圣胜慧到彼岸功德宝集偈》之“方便善巧摧折品第二十”的相应汉文：

替如士夫具足巧便诸功德，善解艺术勤勇强力无能屈。
众多伎艺工巧能射胜超群，能作幻化欣乐饶益于有情。
将诸眷属父母妻妾及儿女，若经旷野当于险贼道路中。

（右面下）

□□□□□□[illegible]□□□□　　□□□□□□家□□□□
□□□□□[illegible][illegible]□□□□　　□□□□□者地□□□□
□□□□[illegible][illegible][illegible]□□□□　　□□□□勇识解□□□□
□□□□[illegible][illegible][illegible]□□□□　　□□□□不著相□□□□
□□□□□[illegible][illegible]□□□□　　□□□□□夫虚□□□□
□□□□□□[illegible]□□□□　　□□□□□□次□□□□

Or.12380-2892RV（K.K.）（右面下）残缺严重，具体内容可参见云居寺藏汉合璧《圣胜慧到彼岸功德宝集偈》之“方便善巧摧折品第二十”的相应汉文：

如鸟飞空无有所依之住所，不住彼者即无所坠堕于地。
菩提勇识修行如是解脱门，不修于相于其圆寂无染著。
譬如善射士夫射于虚空中，箭箭相柱相续次第而升去。

（左面上）

□□□□□□[illegible]□□□□　　□□□□□□水□□□□
□□□□□[illegible][illegible]□□□□　　□□□□□依彼□□□□

□□□□[illegible][illegible][illegible]□□□□　　□□□□行之因□□□□

Or.12380-2892RV（K.K.）（左面上）残缺严重，具体内容可参见云居寺藏汉合璧《圣胜慧到彼岸功德宝集偈》之“方便善巧摧折品第二十”的相应汉文：

数趣依地大地复依于水轮，水轮依风风轮复依于虚空，
有情于业所行之因亦复然。

（左面左下）

□□□□[illegible][illegible]□□□□□　　□□□□道中□□□□□
□□□□□[illegible][illegible]□□□□　　□□□□□畏彼□□□□
□□□□□[illegible][illegible]□□□□　　□□□□□常勇□□□□

Or.12380-2892RV（K.K.）（左面左下）残缺严重，具体内容可参见云居寺藏汉合璧《圣胜慧到彼岸功德宝集偈》之“殑伽天母请问品第十九”的相应汉文：

于世疾疫饥馑旷野险道中，见无怖畏由此著于坚甲胄。
由了远此尽未来际恒勤勇。

（左面下）

□□□□[illegible][illegible]□□□□□　　□□□□依止□□□□□
□□□□□[illegible][illegible]□□□□　　□□□□□识空□□□□
□□□□□[illegible][illegible]□□□□　　□□□□□令及□□□□

Or.12380-2892RV（K.K.）（左面下）残缺严重，具体内容可参见

云居寺藏汉合璧《圣胜慧到彼岸功德宝集偈》之“方便善巧摧折品第二十”的相应汉文：

应当思惟虚空复依于何法，菩提勇识安住如是空性中。

为诸有情令悟具足所依愿。

Or.12380-2892RV（K.K.）存 5 残片，内容很复杂，比对残存内容，有“殑伽天母请问品第十九”“方便善巧摧折品第二十”的相应内容，有佚文。

27.Or.12380-2939（K.K.Ⅱ.0253.k）残存 1 页 6 行，写本，上下栏线单栏，原卷子上有编号 2939。刊布者定名为“集颂中方便于善健本流品第二十”。通过对内容进行解读，可知其应为“方便善解根本品第二十”的最后几句。现将西夏文录文并对译如下：

[illegible]

此乃不归所记受是知悟应

[illegible]

世间人之生者魔及伤害多

[illegible]

饶益悲心有因实真（谛）力以止

[illegible]

而亦高心不生慢心不生故

[illegible]

此乃不归（退）所记受是（也）知悟应

[illegible]　[illegible]

集颂中方便于善解根本品二十第　终

在对译基础上翻译如下：

应知悟此乃是所受不归记，及魔多伤害世间人之生者。

因有悲心饶益以真实力止，尔亦不生高心故不生慢心。

应知悟此乃是所受不归记。

集颂方便善解根本品第二十　终

房山云居寺本汉文本《圣胜慧到彼岸功德宝集偈》“方便善巧摧折品第二十”的相应内容是：

应知即是亦受不退转记别，若逢众灾或被部多魔所执。

以悲愍心实力所除作饶益，尔时不生高举我慢之心者。

应知即是亦受不退转记别。

28.Or.12380-2953RV（K.K.Ⅱ.0281.a.iv）残存2页12行，每页6行，每行11字，刻本，上下栏线单栏，刊布者定名为“佛经”。现将西夏文录文并对译如下：

（右面）

[illegible]　道弃邪道往者此者魔行是

[illegible][1][illegible]　何所尔时劫于敬爱信生依

[illegible]　法中最妙是者听受往欲正

[illegible][2]　闻者是等法说事有知悟时

[illegible]　欢悦问无意不安乐以所去

[illegible]　尔时劫于是如魔行出生也

（左面）

[illegible][3]　上食得时食恶寻求祈（供）已如

[illegible]　菩提勇识胜慧彼到是得时

---

① 西夏文“[illegible]”译为“信”，“[illegible]”译为“敬爱信”，而云居寺汉文本为“敬爱心”。

② 残缺西夏文字根据 Or.12380-2970（K.K.Ⅱ.0254.j）补录。

③ 残缺西夏文字根据 Or.12380-3086dRV（K.K.Ⅱ.0294.k）补录。

[illegible][1] [illegible]　　敌破地以菩提祈求者其如

[illegible]　　恭敬愿求（祈）及又得财祈求又

[illegible]　　贪心以者家与寻求为有也

[illegible]　　正法行舍非法为所行修行

比对云居寺藏汉合璧《圣胜慧到彼岸功德宝集偈》，可以确定残经左面在前，右面在后，译文为：

得上食时已如寻求祈食恶，菩提勇识得是胜慧到彼时。

以破敌地其如祈求菩提者，复次祈愿恭敬又祈求得财。

以贪心者为与寻求有家也，舍正法行为所修行非法行。

弃正道往邪道者是魔行者，何所于尔时劫依生敬爱信。

是者正欲往听受法中最妙，闻者知悟是等说法有事时。

无问欢悦意不依安乐所去，于尔时劫如是魔行出生也。

Or.12380-2953RV（K.K.Ⅱ.0281.a.iv）应为《圣胜慧到彼岸功德宝集偈》之“魔行品第十一”的相应内容：

得已弃舍反求弊恶之饮食，菩提勇识获此胜慧到彼岸。

于声闻地求菩提者亦复然，若为希求恭敬及与浮财利。

以贪欲心访认族戚聚落中，舍彼正法受乐行诸非法事。

弃背正路趣邪途者是魔事，若时于此发起信敬欣乐心。

意欲往诣听受微妙于此法，听者知彼法师所作之事务。

无有欢悦意戚懊恼而散去，当尔之时感起如是之魔事。

29.Or.12380-2954（K.K.Ⅱ.0233.fff）残存 1 页 6 行，每行 11 字，上下栏线单栏，刻本经折装，刊布者将其定名为“佛经”。现将西夏文录文并对译如下：

---

① 西夏文“[illegible]”译为“破敌地”，汉文本为“声闻地”。

[illegible]	吝啬者者魔鬼宅中趣中生
[illegible]	若及人中生亦尔时穷弱为
[illegible]	尔时菩提勇识有情穷悟依
[illegible]	舍于爱乐为以永常广大舍
□□□□[illegible]	□□□□庄严唾液舍已如
□□□□□[illegible]	□□□□□依河（洲）得彼无如

在对译基础上翻译如下：

所吝啬者生魔鬼宅中趣中，若及生人中亦尔时为穷弱。

尔时菩提勇识依悟有情穷，舍于爱乐以为永常广大舍。

舍□□□□庄严已如唾液，得依洲彼无如□□□□□。

译读 Or.12380-2954（K.K.II.0233.fff）残经内容，可知其为《圣胜慧到彼岸功德宝集偈》，具体内容可参见云居寺藏汉合璧《圣胜慧到彼岸功德宝集偈》之"法上品第三十一"的相应汉文：

诸悭悕者当来生于饿鬼趣，设得人身他时必受于贫穷。

菩提勇识若时观诸贫穷者，以爱乐心恒行无边广大施。

布施四洲美妙庄严如唾涕，得洲所悦不及舍施之欢喜。

30.Or.12380-2960RV（K.K.）残存 2 页 14 行，上下栏线单栏，刻本经折装，较为完整，刊布者定名为《佛说佛母宝德藏般若波罗蜜多经》。现将西夏文录文并对译如下：

（右面）

[illegible]

虚测不有智以为应一切为

[illegible] [illegible]

集颂中幻骗如说品二十六第　终

[illegible]

彼如生巧（勇）等之诸天众集数（等）

[illegible]

掌合敬持为时恭以敬礼也

[illegible][1][illegible]

十方世界明满何许所有皆

[illegible]

功德赞现璎珞真实最（皆）宣说

[illegible]

恒河沙与平等国土情有等

（左面）

[illegible]	譬如明满幻化明满为应为
[illegible]	彼为造（作）于无礼少许不生起
[illegible]	彼如慧行勇健菩提勇识亦
[illegible]□[illegible]	化又幻如为应一切□显造
[illegible]	譬如木师匠巧行（艺）为男女又
[illegible]	像所为时彼亦为应皆为令
[illegible]	彼如胜慧行巧菩提勇识亦

通过译读 Or.12380-2960RV（K.K.）残经，可以确定其为《圣胜慧到彼岸功德宝集偈》之“幻化品第二十六”“精微品第二十七”的内容，左面内容在前，右面内容在后，二者可以相互衔接，左右残经调整后翻译如下：

譬如明满为幻化应为明满，于彼为造无礼少许不生起。

彼如菩提勇识亦慧行勇健，应如又幻化为一切□显造。

譬如木工巧匠又刻为男女，所为像时令彼亦为应皆为。

① 西夏文“[illegible]”译为“明满”，即“明满佛”，汉文本为“佛”。

彼如菩提勇识亦巧行胜慧，以不有智应为虚测一切为（作）。

集颂中幻化品第二十六　终

彼如生巧等之诸天众集会，为合掌敬持时以恭敬礼也。

十方所有世界何许皆明满，真实皆宣说功德赞现璎珞。

与恒河沙平等国土有情等。

云居寺藏汉合璧《圣胜慧到彼岸功德宝集偈》“幻化品第二十六”“精微品第二十七”的相应汉文为：

譬如世尊化出化佛作佛事，于彼所作无有少分而自矜。

菩提勇识能行慧行亦如是，示现种种犹如幻化所作事。

譬如木工巧艺刻作男女像，令彼运转造作种种之事业。

菩提勇识能行胜慧亦复然，以无念智造作种种之事业。

幻化品第二十六　终

诸有如是大智能行胜慧者，诸天集会恭敬合掌而作礼。

所有十方一切世界诸如来，真实演畅赞彼所有功德曼。

如恒河沙所有国土众生类。

31.Or.12380-2969（K.K.）残存1页6行，每行11字，刻本经折装，上下栏线双栏，刊布者定名为“佛经”。现将西夏文录文并对译如下：

[illegible]　　染著断时行于染著无以趣

[illegible][1][illegible]　　日者罗睺星离光艳明住与

[illegible]　　火放树及柴草树林烧犹如

[illegible]　　诸法一切自性清净极中净

[illegible]　　菩提勇识胜慧彼到清净故

[illegible]　　作者缘无诸法等亦缘无也

① 西夏文“[illegible]”译为“罗睺星”，又称罗云、罗吼罗、罗睺罗、罗睺、曷罗怙罗、何罗怙罗、罗怙罗等。

在对译基础上翻译如下：

断无染时行于无染以无趣，离罗睺星日者光艳明与住。

犹如放火焚烧树木及柴草，一切诸法自性清净极中净。

菩提勇识胜慧到彼故清净，无缘作者诸法等亦无缘也。

Or.12380-2969（K.K.）应为《圣胜慧到彼岸功德宝集偈》之“称赞品第九”最后几句内容，汉文本相应内容如下：

断除染著不著有情而趣向，譬如日轮脱罗睺障光炽然。

猛火焚烧柴薪卉木及树林，一切诸法自性清净极清净。

菩提勇识胜慧彼岸若清净，无能作者一切法亦无所缘。

32.Or.12380-2969V（K.K.）残存1页6行，刻本经折装，上下栏线双栏，刊布者定名为“集颂中高赞章第九”。现将西夏文录文并对译如下：

[illegible]	是者胜慧彼岸到之上行也
[illegible]	集颂中高赞品九第　终
[illegible][1][illegible][2][illegible]	胜势入者天王百施诏祈求
[illegible]	菩提勇识胜慧行者何云勤
[illegible]	蕴其界于尘微许复勤不作
[illegible]	蕴于不勤是者菩提勇识勤

在对译基础上翻译如下：

是者胜慧到彼岸之上行也。

集偈中称赞品第九　终

天王百施诏祈求入胜势者，行菩提勇识胜慧者云何勤。

于其蕴界不作微尘许复勤，于蕴不勤是者勤菩提勇识。

---

① 西夏文“[illegible]”译为“胜势”，房山云居寺本汉文为“世尊”。

② 西夏文“[illegible]”译为“天王”。

房山云居寺本《圣胜慧到彼岸功德宝集偈》“称赞品第九”“受持功德品第十”汉文相应内容是：

是行胜慧到彼岸之最上行。
受持功德品第十
天主百施恭敬请问佛世尊，菩提勇识云精进胜慧行。[1]
于其蕴界不作微尘许精进，于酝不进菩提勇识是精进。

Or.12380-2969（K.K.)、Or.12380-2969V（K.K.）为《圣胜慧到彼岸功德宝集偈》之“称赞品第九”的最后七句和“受持功德品第十”的前四句，二者可以缀合。

33.Or.12380-2970（K.K.II.0254.j）残存1页6行刻本经折装，上下栏线单栏，原卷子上有编号2970，刊布者定名为《佛说佛母宝德藏般若波罗蜜多经》。通过对残经内容的考证，可知其应为《圣胜慧到彼岸功德宝集偈》之“魔行品第十一”的相应内容。现将西夏文录文并对译如下：

[illegible] 道弃邪道往者此者魔行是
[illegible] 何所尔时劫于敬爱信生依
[illegible] 法中最妙是者听受往欲正
[illegible] 闻者是等法说事有知悟时
[illegible] 欢悦问无意不安乐以所去
[illegible] 尔时劫于是如魔行出生也

在对译基础上翻译如下：
弃正道往邪道者是魔行者，何所于尔时劫依生敬爱信。
是者正欲往听受法中最妙，闻者知悟是等说法有事时。
无问欢悦意不依安乐所去，于尔时劫如是魔行出生也。

① 房山云居寺本为十个字。

云居寺藏汉合璧《圣胜慧到彼岸功德宝集偈》“魔行品第十一”的相应汉文是：

弃背正路趣邪途者是魔事，若时于此发起信敬欣乐心。
意欲往诣听受微妙于此法，听者知彼法师所作之事务。
无有欢悦意戚懊恼而散去，当尔之时感起如是之魔事。

Or.12380-2970（K.K.Ⅱ.0254.j）与 Or.12380-2953RV（K.K.Ⅱ.0281.a.iv）部分内容重合。

34.Or.12380-2971（K.K.Ⅱ.i.02.j）残存 1 页 6 行，每行 11 字，刻本经折装，上下栏线单栏，原卷子上有编号 2971，刊布者定名为“佛经”。现将西夏文录文并对译如下：

[illegible]□□□	世间尊于众主善现□□□
[illegible][1][illegible]	德功海具烦恼无相所说令
[illegible]	大威力等更不退转何云为
[illegible]	如是德功少分胜势所记令
[illegible]	差别思离宣说正理相随奉
[illegible][2][illegible]	余诸善净[3]婆罗门于不依凭

在对译基础上翻译如下：
世间尊于众主善现□□□，令所说德功海具无烦恼相。
大威力等云何更为不退转，如是德功胜势愿少分所记。
思离差别随奉宣说正理相，不依凭于诸余善净婆罗门。

Or.12380-2971（K.K.Ⅱ.i.02.j）为《圣胜慧到彼岸功德宝集偈》的内容，房山云居寺本汉文《圣胜慧到彼岸功德宝集偈》之“不退转祥瑞

① 西夏文“[illegible]”译为“无烦恼相”，房山云居寺汉文本为“无惑相”。
② 西夏文“[illegible]”译为“婆罗门”。
③ “善净”指“沙门”。

品第十七”的相应内容是：

尊者善现恭敬请问佛世尊，唯愿演说具功德海无惑相。

诸大威德云何应知不退转，如是功德胜势愿垂少分记。

离差别相所出之言应正理，不复依凭诸余沙门婆罗门。

35.Or.12380-3001（K.K.Ⅱ.0274.u）残存 1 页 4 行，上栏线单栏，下栏线无存，写本，残经上有编号 3001，刊布者将其定名为“佛经”。现将西夏文录文并对译如下：

[illegible]□[illegible]	巧健常亦诸法□者不毁坏
[illegible]□	何于色非受非思于亦不□
[illegible]□	种识有（有情）应不成思亦观应□
[illegible]□□□□□□□	诸法一切□□□□□□□

在对译基础上翻译如下：

巧健常亦不毁坏诸法□者，于何非色非受于思亦不□。

当种有情不成思亦应□观，一切诸法□□□□□□□。

Or.12380-3001（K.K.Ⅱ.0274.u）为《圣胜慧到彼岸功德宝集偈》的内容，房山云居寺本汉文《圣胜慧到彼岸功德宝集偈》之“福德名数品第五”的相应内容如下：

一切时中智者不损于诸法，非色非受于想亦复无所缘。

众识非有思亦不可有所缘，能如是知一切诸法空无生。

36.Or.12380-3001V（K.K.Ⅱ.0274.u）残存 1 页 3 行，上栏线单栏，写本，刊布者将其定名为“集颂中语功德品第四”。现将西夏文录文并对译如下：

[illegible]□□[illegible]□□	六菩提说是□□具正□□

[illegible]	集颂中功德说品四第　终
[illegible]□□□	菩提勇识假若真实□□□

Or.12380-3001V（K.K.Ⅱ.0274.u）为《圣胜慧到彼岸功德宝集偈》之“功德品第四”最后一句和“福德名数品第五”的第一句，在对译基础上翻译如下：

说六菩提是□□具正□□。

集颂中说功德品第四　终

菩提勇识假若真实□□□。

云居寺藏汉合璧《圣胜慧到彼岸功德宝集偈》之“功德品第四”“福德名数品第五”相应汉文是：

即六菩提如是一味皆平等。

圣胜慧到彼岸功德宝集功德品第四　终

菩提勇识若或真实未了达。

比对 Or.12380-3001（K.K.Ⅱ.0274.u）和 Or.12380-3001V（K.K.Ⅱ.0274.u），二者为同版次的《圣胜慧到彼岸功德宝集偈》内容，只是 Or.12380-3001V（K.K.Ⅱ.0274.u）内容在前，Or.12380-3001（K.K.Ⅱ.0274.u）内容在后。

37.Or.12380-3059RV（K.K.）残存 2 页 12 行，每行 11 字，刻本经折装，上下栏线单栏，原卷子上有编号 3059，此残卷字迹清晰美观，刊布者仅定名为“佛经”。现将西夏文录文并对译如下：

（右面）

[illegible]	譬如空中云如住无依住也
[illegible][1][illegible]	明咒持以空行住无住住欲
[illegible]	咒曰威力时非花垂树摄受

① 西夏文“[illegible]”译为“明咒”，“[illegible]”译为“持明咒”。

[illegible]	如是行者菩提勇识[①]善明利
[illegible][②][illegible]	醒悟令及明满法[③]等缘所无
[illegible]	说者及复法求观者无缘也

（左面）

[illegible]

是者寂灭欲功爱于安住也

[illegible]

故破解脱如来等之除又故

[illegible]

是宅（安）住者声闻独觉众然之

[illegible]

宅（安）住寂灭等持真寂安乐具（有）

[illegible]

所有皆中最上及复胜（超）无也

[illegible][④][illegible]

羽有空中宅（安）住行及不坠也

在对译基础上翻译如下：

（右面）

譬如空中如云无住依住也，以持明咒空行无住欲安住。

咒曰威力非时摄受花垂树，菩提勇识行者如是善明利。

令得醒悟及明满法无所缘，复次说者求法观者无缘也。

（左面）

---

① “菩提勇识”指“菩萨”或“菩提萨埵”。

② 西夏文“[illegible]”译为“醒悟”“觉悟”。

③ “明满法”之“明满”指“佛”，“明满法”即“佛法”，汉文本为“正觉法”。

④ 西夏文“[illegible]”译为“不坠”“不掉”。

是者欲寂灭安住于功爱也，除破敌解脱又诸如来等故。

然之是家（安）住者声闻独觉众，有宅（安）住寂灭等持真寂安乐。

所有皆中最上复次无胜（超）也，有羽空中行安住而不坠也。

其为房山云居寺本汉文《圣胜慧到彼岸功德宝集偈》“精微品第二十七”的相应内容：

譬如浮云由无住故住空中，由持明咒履空欲住无住处。
以咒威神非时摄受花敷树，菩提勇识行如是行极明利。
令得了悟及正觉法无所缘，能宣说者求法观者无所缘。
示欣寂灭爱乐安住于功德，除诸如来所余一切安处住。
应供解脱声闻及与独觉众，所有寂灭等持真实寂安乐。
住于此者胜一切住复无边，譬如羽鸟虽翔空中而不坠。

Or.12380-3059RV（K.K.）左右可以完全缀合。

38.Or.12380-3060RV（K.K.II.0240.a）残存 2 页 12 行，每行 11 字，刻本经折装，上下栏线单栏，原卷子上有编号 3060，刊布者定名为“佛经”。现将西夏文录文并对译如下：

（右面）

西夏文	对译
[illegible]	此如菩提因故上菩提于入
[illegible]	行往皆之仆如侍以住应也
[illegible]	此依菩提证得德功皆了毕
[illegible]	树及草于所生火以是如重
[illegible]	自之安乐当弃（舍）悔求无心以
[illegible]	诸情有之利益为因日夜勤

（左面）

西夏文	对译
[illegible]	母子独之长久侍奉为犹如

[illegible]	实心归（诚）以不厌倦依长住所
[illegible]	集颂中顺随品二十九第 终
[illegible]	何云菩提勇识时长轮回欲
[illegible]	情有治及国净勇勤隐修者
□□[illegible]	□□心者尘埃少许无生故

在对译基础上翻译如下：

如此因菩提故入于上菩提，往行皆如仆者以侍应住也。

依此证得菩提功德皆了毕，于草木所生之以火如重燃。

以无求心当弃悔之自安乐，因昼夜勤为诸有情之利益。

犹如母亲长久侍奉其独子，以诚实心不厌倦长依所住。

集偈中随顺品第二十九 终

云何菩提勇识欲长时轮回，治有情及净国勇勤隐修者。

□□心者少许尘埃无生故。

通过比对房山云居寺本汉文《圣胜慧到彼岸功德宝集偈》，可确定其为“随顺品第二十九”的最后八句和“常啼品第三十”的前三句，相应内容是：

为菩提故趣上菩提亦复然，于诸有情如仆侍主而安住。

由此圆证无上菩提诸功德，犹如草木所生之火复能然。

以无私心应当弃舍自安乐，于昼夜中勤于众生作饶益。

譬如慈母志心鞠育于一子，应恒一心莫起厌倦退屈意。

随顺品第二十九 终

菩提勇识若欲长时住轮回，为利有情净诸国土勤定者。

即无尘许所起疲劳厌倦心。

比对 Or.12380-3059RV（K.K.）和 Or.12380-3060RV（K.K.Ⅱ.0240.a），可以确定二者为同一版次《圣胜慧到彼岸功德宝集偈》，Or.12380-3059RV（K.K.）内容在前，Or.12380-3060RV（K.K.Ⅱ.0240.a）内容在后，有佚文。

39.Or.12380-3061（K.K.II.0237.n）残存 1 页 6 行，每行 11 字，刻本经折装，上下栏线单栏，原卷子上有编号 3061，刊布者仅定名为“佛经”。现将西夏文录文并对译如下：

[illegible]　　施者大及知大及复威力大

[illegible]　　诸胜势之大乘上于入因及（又）

[illegible][1] [illegible][2] [illegible][3] [illegible]　　大甲胄著魔之谄曲降服依

[illegible][4] [illegible]　　其因故方大勇识曰实名说

[illegible]　　譬如幻术善有四衢路于变

[illegible]　　生者众之俱胝悉多首割为

在对译基础上翻译如下：

大施者及大知复及大威力，诸胜势于大乘上之又入因。

依著（穿）大甲胄降服魔之谄曲，因其故方说名实曰大勇识。

譬如幻术于四衢路有善变，为生者众之俱胝悉多割首。

比对西夏文内容与房山云居寺本汉文《圣胜慧到彼岸功德宝集偈》，可确定其为“一切种智行品第一”的相应内容：

广大舍施大慧及有大威德，即能趋入诸佛最上乘之中。

著大甲胄摧伏诸魔之谄曲，以是义故名为菩提大勇识。

譬如幻士于四衢路作幻化，将众俱胝生类悉皆取其首。

40.Or.12380-3086a（K.K.II.0294.k）残存 1 页 1 行，仅存有标题，刻本经折装，上下栏线双栏，原卷子标有编号 3086/1。现将西夏文录文并对译如下：

---

① 西夏文“[illegible]”译为“大甲胄”“大盔甲”。

② 西夏文“[illegible]”译为“谄曲”“谄诈”。

③ 西夏文“[illegible]”译为“降伏”“调伏”，以威力降伏他人。

④ 西夏文“[illegible]”译为“大勇识”。

[illegible]

圣胜慧彼岸到德功宝集颂说上卷

Or.12380-3086a（K.K.Ⅱ.0294.k）仅存“《圣胜慧到彼岸功德宝集偈》卷上”。

41.Or.12380-3086b（K.K.Ⅱ.0294.k）残存1页5行，刻本经折装，上下栏线双栏，原卷子标有编号3086/2，刊布者定名为“集颂中魔行品第十一”。现将西夏文录文并对译如下：

[illegible]　学新乘入者以意少情有者

[illegible]　何所得难是大宝者未得故

[illegible][1]　其以间断为故魔者喜乐生

[illegible][2] [illegible][3] [illegible]　十方明满其数受持于行增

[illegible]　集颂中魔行品十一第　终

在对译基础上翻译如下：

入新乘者以学少意有情者，为何所得是难得大宝者故。

以其间为断故魔者生喜乐，十方明满于受持其数增行。

Or.12380-3086b（K.K.Ⅱ.0294.k）为《圣胜慧到彼岸功德宝集偈》“魔行品第十一”最后几句内容，相应汉文是：

创入大乘亲学劣慧有情类，若未得此极难值遇大法宝。

诸魔踊跃于彼作诸障碍事，十方诸佛护念于彼而摄持。

《圣胜慧到彼岸功德宝集偈》“魔行品第十一”　终

① 西夏文“[illegible]”译为“生喜乐”。喜乐，或为禅乐，指眼耳鼻舌身五识无分别而悦豫，为乐，意识分别而悦豫，为喜。

② 西夏文“[illegible]”译为“十方明满”，云居寺汉文本为“十方诸佛”。

③ 西夏文“[illegible]”译为“受持”，受者领受，持者忆持。以信力故受，以念力故持。

42.Or.12380-3086cRV（K.K.Ⅱ.0294.k）残存2页12行，每页6行，每行11字，上下栏线双栏，刻本经折装，原卷子上有编号3086/3，刊布者定名为“佛经”。现将西夏文录文并对译如下：

（右面）

[illegible]①[illegible]　种种间断异亦甚多出生也
[illegible]　尔时何数（等）以者善生众乱令
[illegible]　胜慧彼岸是者受敬无成也
[illegible]　何数（等）宝大价无量者得难依
[illegible]　此数于者时一切中（间）伤者多
[illegible]　此如胜势胜慧彼岸到之上

在对译基础上翻译如下：

间断种种异亦出生甚多也，尔时以何等者令乱善生众。

受持是胜慧彼岸者无成也，何等大宝依无价商者得难。

此等处者一切时间多伤者，此如胜势胜慧到彼岸之上。

Or.12380-3086cRV（K.K.Ⅱ.0294.k）为《圣胜慧到彼岸功德宝集偈》之“魔行品第十一”的相应内容：

复有种种差别障碍之魔事，若时以此恼乱无数比丘众。
不会受持如是胜慧到彼岸，诸有特殊无价异宝难得故。
于处恒有种种触恼之阻隔，善逝最上胜慧彼岸大法宝。

（左面）

[illegible]　道弃邪道往者此者魔行是
[illegible]　何所尔时劫于敬爱信生依

① 西夏文“[illegible]”译为“多有”“甚多”。

[illegible]　法中最妙是者听受往欲正
[illegible]　闻者是等法说事有知悟时
[illegible]　欢悦应无意不安乐以所去
[illegible]　尔时劫于是如魔行出生也

在对译基础上翻译如下：

弃正道往邪道者是魔行者，何所于尔时劫依生敬爱信。
是者正欲往听受法中最妙，闻者知悟是等说法有事时。
无问欢悦意不依安乐所去，于尔时劫如是魔行出生也。
云居寺藏汉合璧《圣胜慧到彼岸功德宝集偈》相应汉文是：
弃背正路趣邪途者是魔事，若时于此发起信敬欣乐心。
意欲往诣听受微妙于此法，听者知彼法师所作之事务。
无有欢悦意戚懊恼而散去，当尔之时感起如是之魔事。

从内容上可以看出，Or.12380-3086cRV（K.K.Ⅱ.0294.k）前后顺序颠倒了，应该左面内容在前，右面内容在后。

43.Or.12380-3086dRV（K.K.Ⅱ.0294.k）残存 2 页 12 行，每页 6 行，每行 11 字，上下栏线双栏，刻本经折装，原卷子上有编号 3086/4，刊布者定名为“佛经”。现将西夏文录文并对译如下：

（右面）

[illegible]　上食得时食恶寻求祈已如
[illegible]　菩提勇识胜慧彼到是得时
[illegible]　敌破地以菩提祈求者其如
[illegible]　恭敬愿求及又得财祈求又
[illegible]　贪心以者家与寻求为有也
[illegible]　正法行舍非法为所行修行

在对译基础上翻译如下：

得上食时已如寻求祈食恶，菩提勇识得是胜慧到彼时。

以敌破地其如祈求菩提者，复次愿求恭敬又祈求得财。

以贪心者为与寻求有家也，舍正法行为所修行非法行。

（左面）

[illegible]	是者不听是弃舍故魔行也
[illegible]	其如不悟彼数（等）根者弃舍时
[illegible]	愚痴者者枝及叶数寻求也
[illegible]	大象获（得）亦大象迹经寻求如
[illegible]	胜慧彼岸闻时经寻亦此如
[illegible]	譬如数（等）或百味有之食得故

在对译基础上翻译如下：

弃舍是者不听故是魔行也，不悟如其彼数弃舍根者时。

所愚痴者寻求枝及叶数也，亦获大象如寻求大象经迹。

闻胜慧彼岸时亦如寻此经，譬如有得数或百味之食故。

云居寺藏汉合璧《圣胜慧到彼岸功德宝集偈》之“魔行品第十一”相应汉文是：

弃舍于此不听受者是魔事，不达如是彼等弃舍于根本。

由愚痴故寻逐枝末及萼叶，如有获象舍彼反求于脚迹。

闻此胜慧反求余经亦复然，譬如有人先得百味之肴膳。

得已弃舍反求弊恶之饮食，菩提勇识获此胜慧到彼岸。

于声闻地求菩提者亦复然，若为希求恭敬及与浮财利。

以贪欲心访认族戚聚落中，舍彼正法受乐行诸非法事。

Or.12380-3086dRV（K.K.II.0294.k）为《圣胜慧到彼岸功德宝集偈》之“魔行品第十一”的相应内容，左面内容在前，右面内容在后。

从内容和版式上看，Or.12380-3086a（K.K.II.0294.k）、Or.12380-

3086b（K.K.Ⅱ.0294.k）、Or.12380-3086cRV（K.K.Ⅱ.0294.k）、Or.12380-3086dRV（K.K.Ⅱ.0294.k）为同部同品遗存，它们的顺序为Or.12380-3086a（K.K.Ⅱ.0294.k）+Or.12380-3086dRV（K.K.Ⅱ.0294.k）（左面）+Or.12380- 3086dRV（K.K.Ⅱ.0294.k）（右面）+ Or.12380-3086cRV（K.K.Ⅱ.0294.k）（左面）+ Or.12380-3086cRV（K.K.Ⅱ.0294.k）（右面）+Or.12380-3086b（K.K.Ⅱ.0294.k），有佚文，只有Or.12380-3086dRV（K.K.Ⅱ.0294.k）、Or.12380-3086cRV（K.K.Ⅱ.0294.k）的内容相连。

44.Or.12380-3109a（K.K.Ⅱ.0227.g）残存1页4行，每行11字，刻本经折装，上下栏线单栏，页原卷子上有编号3109/1，刊布者定名为“佛经”。现将西夏文录文并对译如下：

[illegible]	道弃邪道往者此者魔行是
[illegible]	何所尔时劫于敬爱信生依
[illegible]	法中最妙是者听受往欲正
[illegible]	闻者是等法说事有知悟时

在对译基础上翻译如下：

弃正道往邪道者是魔行者，何所于尔时劫依生敬爱信。

是者正欲往听受法中最妙，闻者知悟是等说法有事时。

云居寺藏汉合璧《圣胜慧到彼岸功德宝集偈》“魔行品第十一”相应汉文是：

弃背正路趣邪途者是魔事，若时于此发起信敬欣乐心。

意欲往诣听受微妙于此法，听者知彼法师所作之事务。

Or.12380-3109a（K.K.Ⅱ.0227.g）与Or.12380-2970（K.K.Ⅱ.0254.j）、Or.12380-3086cRV（K.K.Ⅱ.0294.k）（左面）等部分内容相同，可相互比对。

45.Or.12380-3109bRV（K.K.Ⅱ.0227.g）每行11字，刻本经折装，上下栏线单栏，原卷子上有编号3109/2，其背面内容应有3行字，前2

行几乎不存，第 3 行仅存 5 个西夏字，刊布者定名为“残片”。现将西夏文录文并对译如下：

（正面）

[illegible]□□　胜慧彼岸是者受敬无□□
[illegible]　何数（等）宝大商价无者得难依
[illegible]　此数（等）处者时一切中（间）伤者多
[illegible]　此如胜势胜慧彼岸到之上

在对译基础上翻译如下：

受持是胜慧彼岸者无成也，何等大宝依无价商者得难。

此等处者一切时间多伤者，此如胜势胜慧到彼岸之上。

（背面）

[illegible]□□□□□□□　何所得难是□□□□□□□

在对译基础上翻译如下：

为何所得是难得大宝者故。

云居寺藏汉合璧《圣胜慧到彼岸功德宝集偈》“魔行品第十一”相应汉文是：

不会受持如是胜慧到彼岸，诸有特殊无价异宝难得故。
于处恒有种种触恼之阻隔，善逝最上胜慧彼岸大法宝。
【由难值故恒多触恼亦复然，创入大乘亲学劣慧有情故。】[①]
若未得此极难值遇大法宝。

Or.12380-3109a（K.K.II.0227.g）、Or.12380-3109bRV（K.K.II. 0227.

① 【 】中的内容为 Or.12380-3109bRV（K.K.II.0227.g）背面所缺的前 2 行内容。

g）可缀合，为“魔行品第十一”的内容。

46.Or.12380-3166（K.K.）残存1页6行，写本，上下栏线单栏，刊布者定名为《圣胜慧到彼岸功德宝集颂》“百施品第二十三”。[①]根据残存品题，其应为《圣胜慧到彼岸功德宝集偈》之“天主品第二十三”的最后一句和“正慢品第二十四”的前四句内容。现将西夏文录文并对译如下：

[illegible][②][illegible]

法王住处为故其于说何有

[illegible][③] [illegible]

集颂中百施品二十三第　终

[illegible]?[illegible]

此时于时魔者侵恼生起为

[illegible]

悲哀劳苦苦罚无乐意势弱

[illegible]

何云菩提勇识是者意迁为

[illegible][④][illegible]

及恐令故诸方焚烧星流放

在对译基础上翻译如下：

为法王住处故于其有何说。

集颂中天主品第二十三　终

---

① 《英藏黑水城文献》(第4册)，上海古籍出版社，2005，第26页。

② 西夏文“[illegible]”译为“法王”。佛于法自在，称法王。

③ 西夏文“[illegible]”译为“百施品第二十三”，与房山云居寺汉文本“天主品第二十三”内容不一致，查阅云居寺汉文本，其中有“百施天主品第二”，但西夏文的内容与“百施天主品第二”的内容不符，而与“天主品第二十三”的内容相符，故Or.12380-3166（K.K.）残经的品题错误。

④ 西夏文“[illegible]”译为“流星”。

此时于时魔者为生起侵恼，悲哀劳苦苦罚无乐意势弱。

意迁为何云是菩提勇识者，及令恐故诸方焚烧流星放（矢）。

云居寺藏汉合璧《圣胜慧到彼岸功德宝集偈》相应汉文是：

得法王位趣入于彼有何言。

当尔之时其魔即起懊恼心，忧愁逼迫苦悴不乐心怯弱。

念言云何令此勇识心退屈，为恐怖故焚烧诸方流星矢。

47.Or.12380-3200（K.K.Ⅱ.0264.b）残存 1 页 6 行，每行 11 字，上下栏线双栏，刻本经折装，刊布者定名为“佛经”，原卷子标有编号 3200。现将西夏文录文并对译如下：

[illegible]	道弃邪道往者此者魔行是
[illegible]	何所尔时劫于敬爱信生依
[illegible]	法中最妙是者听受往欲正
[illegible]	闻者是等法说事有知悟时
[illegible]	欢悦问无意不安乐以所去
[illegible]	尔时劫于是如魔行出生也

在对译基础上翻译如下：

弃正道往邪道者是魔行者，何所于尔时劫依生敬爱信。

是者正欲往听受法中最妙，闻者知悟是等说法有事时。

无问欢悦意不依安乐所去，于尔时劫如是魔行出生也。

云居寺藏汉合璧《圣胜慧到彼岸功德宝集偈》“魔行品第十一”的相应汉文是：

弃背正路趣邪途者是魔事，若时于此发起信敬欣乐心。

意欲往诣听受微妙于此法，听者知彼法师所作之事务。

无有欢悦意戚懊恼而散去，当尔之时感起如是之魔事。

这一残页与 Or.12380-2970（K.K.Ⅱ.0254.j）等残经内容完全一致，应为《圣胜慧到彼岸功德宝集偈》之“魔行品第十一”的相应内容。

48.Or.12380-3201（K.K.Ⅱ.0259.b）残存 1 页 6 行，每行 11 字，上下栏线单栏，刻本经折装，刊布者定名为“佛经”，原卷子标有编号 3201。现将西夏文录文并对译如下：

[illegible]	虚空何于依靠是义思念应
[illegible]	其如菩提勇识空性中家住
[illegible]	行之识（情）有悟令及又愿依有
[illegible]	为造应者种诸多众□现以
[illegible]	悲思度于无著空于无家住
[illegible]	何所时于菩提勇识善明慧

在对译基础上翻译如下：

应思念虚空依靠是义于何，菩提勇识家住其如空性中。

有情行之令有悟及又依愿，以□现众多种种应为造者。

悲思于度不著于空无家住，于何所时菩提勇识慧善明。

云居寺藏汉合璧《圣胜慧到彼岸功德宝集偈》之“方便善巧摧折品第二十”的相应汉文是：

应当思惟虚空复依于何法，菩提勇识安住如是空性中。

为诸有情令悟具足所依愿，示现众多种种差别所作事。

于住于空于其圆寂无所染，菩提勇识智慧明解了达者。

比对 Or.12380-3200（K.K.Ⅱ.0264.b）和 Or.12380-3201（K.K.Ⅱ.0259.b），二者为同版次《圣胜慧到彼岸功德宝集偈》，佚文较多。

49.Or.12380-3202（K.K.Ⅱ.0259.a）残存 1 页 6 行，每行 11 字，上下栏线单栏，刻本经折装，刊布者定名为“佛经”，原卷子标有编号 3202。现将西夏文录文并对译如下：

[illegible]　最上菩提初心所生其于生
[illegible]　最上比无菩提证得于所到
[illegible]　若日若夜几一意以思念故
[illegible]
巧智聪利奉（精）纯（进）生起知悟应
[illegible]　假若或人是说须弥山所毁
[illegible]　愚方最上菩提获得使说时

在对译基础上翻译如下：

所生最上菩提初心于其生，证得最上无比菩提于所到。

若日若夜以几许意思念故，应知悟巧智聪利具生精进。

假若或人是说所毁须弥山，使愚方说获得最上菩提时。

云居寺藏汉合璧《圣胜慧到彼岸功德宝集偈》之“常啼品第三十”相应汉文是：

始从最初发起无上菩提心，乃至最后证于无上大菩提。
而作此念同于一昼一夜量，应知大智明了之者行精进。
菩提勇识忽闻有说如是言，能破须弥汝方得证无上果。

50.Or.12380-3206（K.K.II.0266.c）残存 2 折页 12 行，每行 11 字，上下栏线单栏，刻本经折装，刊布者定名为《胜圣慧到彼岸功德宝集颂》，原卷子标有编号 3206。现将西夏文录文并对译如下：

[illegible]　譬如王于依人□侍得□□
[illegible]　明满舍利胜慧彼岸到于□
[illegible]　宝珠德功皆有价量□□□
[illegible]　何如具（器）中有者礼敬拂应□
[illegible]　其已收亦篓之欢乐欢喜生
[illegible]　其数（等）德功其宝珠之威德□

[illegible]	其如胜慧彼岸到之德功□
[illegible]	胜势悲者度亦舍利供养应
[illegible]	其如何所胜势德功□欲者
[illegible]	胜慧彼岸到取是者解脱也
[illegible]	布施行时初生胜慧彼岸也
[illegible]	戒忍进精静思彼到其所如

在对译基础上翻译如下：

譬如于依人王得侍□□□，明满舍利于□胜慧到彼岸。

宝珠德功皆有□□□量价，如何器中有者应拂礼敬。

亦已收其篓之生欢乐欢喜，其数德功之□其宝珠威德。

其如胜慧到彼岸之德功□，度胜势悲者亦应供养舍利。

如其何所□欲胜势德功者，是取胜慧到彼岸者解脱也。

行布施时初生胜慧彼岸也，戒忍进精静思到彼其所如。

云居寺藏汉合璧《圣胜慧到彼岸功德宝集偈》之“功德品第四”的相应汉文是：

如恭敬于仁王所重之臣佐，如来舍利依仗胜慧到彼岸。

如摩尼珠具诸功德价无比，若置器中于彼应合伸敬礼。

设虽取出于器亦生欢悦心，此等皆是摩尼宝珠之功德。

胜慧彼岸所有功德亦复然，善逝虽灭所有舍利应供养。

若有欲持如是胜势功德者，应取于此胜慧彼岸之解脱。

胜慧为首应行布施到彼岸，戒忍精进静虑彼岸亦复然。

51.Or.12380-3206V（K.K.Ⅱ.0266.c）残存 1 页 6 行，每行 11 字，上下栏线单栏，刻本经折装，刊布者定名为《胜圣慧到彼岸功德宝集颂》，通过解读可以确定其内容为《圣胜慧到彼岸功德宝集偈》之“功德品第四”的相应内容。现将西夏文录文并对译如下：

[illegible][1] 善法不□令故真实受持也
[illegible] 是者诸法一切所法指示说
[illegible] 譬如赡部胜洲树数千俱胝
[illegible] 种诸种种余色具足及又多
[illegible] 影显现者名数依说所然异
[illegible] 种诸影无分离本经（释）有非也

在对译基础上翻译如下：

令善法不□故真实受持也，是者说一切诸法所指示法。

譬如赡部胜洲千俱胝树林，种种种种具足多色及又多。

显现影者依名数说所异然，分离种种无影非有本释也。

云居寺藏汉合璧《圣胜慧到彼岸功德宝集偈》之“功德品第四”的相应汉文是：

为诸善法令不废故应坚持，此是平等表示所有一切法。
譬如赡部所有千俱胝林木，种类浩汗具足差别色甚多。
所现之影但以种种名言说，其影无有如是种种差别义。

Or.12380-3206（K.K.II.0266.c）和 Or.12380-3206V（K.K.II.0266.c）为同部残经，二者可以缀合。

52.Or.12380-3207（K.K.II.0295.v）残存 2 页 11 行，每行 11 字，上下栏线单栏，刻本经折装，刊布者定名为“佛经”。现将西夏文录文并对译如下：

[illegible] 物□□□□□□如□□如
[illegible] 其如□□□□信之真熏亦
[illegible] 胜慧□□菩提于者速毁为

① 西夏文“[illegible]”译为“善法”，五戒十善为世间之善法。

[illegible]	其者胜慧彼岸妙者最有故
[illegible]	无裂无毁胜势菩提获得也
[illegible]□□□[illegible]	百二十成□□□罚者人者
[illegible]	起亦自独诸方行驿无敢也
[illegible]	其之左右胁下二处人扶故
[illegible]□[illegible]	倒（毁）之畏惧不依容易行驿能
[illegible]□□□□□□[illegible]	其如□□□□□□慧威力少
[illegible]□□□□□□□□[illegible]	真□□□□□□□□中间毁

在对译基础上翻译如下：

物□□□□□□□如□□如，其如□□□□之人亦真熏。

胜慧□□为速毁于菩提者，故其有者胜慧彼岸最妙者。

获得无裂无毁胜势菩提也，百二十成□□□罚者人者。

起亦独自无敢行驿诸方也，故人扶其之左右胁下二处。

不依畏惧倒之容易能行驿，其如□□□□□□慧威力少。

真□□□□□□□□中间毁。

云居寺藏汉合璧《圣胜慧到彼岸功德宝集偈》之“功德品第十四”相应汉文是：

运济人物俱能得达于彼岸，菩提勇识如彼虽复信所熏。

无胜慧故速归破灭失菩提，若有最上微妙胜慧到彼岸。

速能得证无损无坏佛菩提，百二十岁衰老苦恼逼迫者。

虽复自立不能涉履于诸方，被人扶持擎助左右两腋下。

不畏倒地易能行履于方处，菩提勇识如彼智慧力下劣。

设得趣入于其中间必破坏。

53.Or.12380-3208（K.K.II.0243.n）残存1页6行，每行11字，上下栏线双栏，刻本经折装，刊布者定名为“佛经”。现将西夏文录文并对译如下：

西夏文	对译
[illegible]	边无劫中施行声闻功求故
[illegible]	菩提勇识巧健利求有者有
[illegible]	其数福利求修体之随喜时
[illegible]	慧（情）有饶因上菩提于回向故
[illegible]	其回向以行往一切皆监督
[illegible]	胜非珠聚复及大所愿（当）是亦

在对译基础上翻译如下：

边无劫中行施声闻求功故，所有巧健求利菩提勇识者。

求其数福利修体之随喜时，因饶有慧于回向上菩提故。

以其行往一切回向皆监督，复次非胜大珠聚亦是所愿。

云居寺藏汉合璧《圣胜慧到彼岸功德宝集偈》之“法上品第三十一”的相应汉文是：

以此善根求证声闻诸功德，若有权巧菩提勇识大智慧。

于前所修所有福聚生随喜，为诸有情善能回向上菩提。

以此回向能镇一切诸有情，如少价值广大杂类珍宝聚。

54.Or.12380-3384（K.K.I.ii.02.m）残存 1 页 7 行（但有 1 行基本看不清楚），每行 11 字，上下栏线单栏，写本经折装，刊布者定名为“□□设置品第十四”，通过解读可以确定其内容为《圣胜慧到彼岸功德宝集偈》之“施设譬喻品第十四”的最后 1 行和“论天品第十五”的前 5 句。现将西夏文录文并对译如下：

西夏文	对译
□□□□□□□□□□[illegible]	□□□□□□□□□□□也
□□[illegible][1] [illegible]	□□譬喻设置品第十四终
[illegible]	菩提勇识初学地于住者何

① 西夏文“□[illegible]”译为“设置□喻品”，汉文本为“施设譬喻品”。

[illegible]	胜殊心以明满菩提上于入
[illegible]	妙殊弟子上师敬奉为者等
[illegible]	巧健上师等于永常亲近应
[illegible]	何缘说故巧健德功彼于生

在对译基础上翻译如下：

□□□□□□□□□□□也。

设置□喻品第十四　终

菩提勇识何者于住初学地，以殊胜心入于明满上菩提。

殊妙弟子为者敬奉上师等，巧健应常常亲近于上师等。

何缘故说巧健功德于彼生。

云居寺藏汉合璧《圣胜慧到彼岸功德宝集偈》之“施设譬喻品第十四”的最后1行和“论天品第十五”的相应汉文是：

无所破坏能证诸佛胜菩提。

施设譬喻品第十四　终

菩提勇识若有依止初学地，以殊胜心趣入最上佛菩提。

殊圣弟子诸有敬事上师者，智者应恒于诸上师而亲近。

为何如是智慧功德从彼生。

55.Or.12380-3384V（K.K.I.ii.02.m）残存1页7行，每行11字，上下栏线单栏，刻本经折装，刊布者定名为“佛经”，通过解读可以确定其内容为《圣胜慧到彼岸功德宝集偈》之“论天品第十五”的内容。现将西夏文录文并对译如下：

[illegible]	彼等胜慧彼岸从依依然示
[illegible]	明满法等善知觉于依应说
[illegible]	最上功有诸胜□等彼言说
[illegible]	布施戒持辱忍复及进精及

[illegible]	静思胜慧上菩提向回趣应
[illegible]	菩提蕴于染著胜执不作说
[illegible]	昔初学者其对是如言示应

在对译基础上翻译如下：

彼等依从依然示胜慧彼岸，善知觉依于应说明满法等。

有最上功诸胜□等说彼言，布施戒持复及辱忍及精进。

静思胜慧应施回向上菩提，于菩提蕴不作染著说执胜。

对昔初学者应其如是言（教）示。

云居寺藏汉合璧《圣胜慧到彼岸功德宝集偈》之“论天品第十五”相应汉文是：

彼等善能随顺教示胜慧行，佛功德法皆从依于善友得。

具最上德诸善逝等说此言，布施持戒忍辱及与精进行。

静虑胜慧皆应回向胜菩提，于菩提蕴勿令染著而执胜。

为初学者应当如是善教示。

比对 Or.12380-3384（K.K.I.ii.02.m）和 Or.12380-3384V（K.K.I.ii.02.m），可确定二者为同版次《圣胜慧到彼岸功德宝集偈》，上下相接。

56.Or.12380-3413（K.K.Ⅱ.0244.q）残存 1 页 7 行，每行 11 字，上下栏线单栏，刻本经折装，刊布者定名为“佛经”。现将西夏文录文并对译如下：

[illegible]	□□□亦□□□□□□□也
[illegible]	□□□亦□□□□□□□□
[illegible]	是世皆中善□□□□□□
[illegible]	彼智无故功德□□□□□
[illegible]	大海已如明满法亦无为也
[illegible]	是世间者明令命生□有皆

[illegible] 明照令因光明数者遇□如

在对译基础上翻译如下：

□□□亦□□□□□□□也，□□□亦□□□□□□□□。

是皆世中善□□□□□□□，无彼智故功德□□□□□□。

已如大海明满法亦无为也，是世间者令明皆有生命□。

令明照因如遇□光明数者。

云居寺藏汉合璧《圣胜慧到彼岸功德宝集偈》之“福德名数品第五”的相应汉文是：

大海亦无种种异色之宝贝，今亦如是若无大菩提心者。

于此世间善逝之智无所出，无彼智故无功德芽无菩提。

类若大海正觉法亦不可有，能照于世所有一切物命类。

为除暗故发出种种之光明。

57.Or.12380-3684a（K.K.）残存 3 页，上下栏线单栏，刻本经折装，刊布者定名为《圣胜慧到彼岸集颂》。现将西夏文录文并对译如下：

（第 1 页）

[illegible] 舍依彼盖无为彼者不断失（落）

[illegible] 彼依假若明满最上百殊智

[illegible] 若得欲故是胜势母愿起应

[illegible] 譬如商者大宝河洲中往时

[illegible] 财尽复归彼如为故胜非也

[illegible] 集颂中地狱品七第　终

[illegible][illegible]① □ 色之清净果清净者知悟□

① “[illegible]”是据甘肃省博物馆收藏的 G21・053［T23-2］号西夏文佛经残页补充的，见史金波、陈育宁主编《中国藏西夏文献》第 16 册，甘肃人民出版社、敦煌文艺出版社，2005，第 315~319 页。

（第 2 页）

[illegible][1]　　果色清净一切智智清净说
[illegible]　　一切智智果清净及色清净
[illegible]　　虚空界如无异复次无断也
[illegible]　　勇健何于经行胜慧彼到以
[illegible]　　广界真实度时解脱从亦无
[illegible]　　烦恼已除离亦生受现相显
[illegible][2]　　老及病死无亦死受示相现

（第 3 页）

[illegible]　　是诸行往名及色之泥于中
[illegible]　　风之轮如经回轮中妄依行
[illegible]　　行往迷惑兽网入如知悟时
[illegible]　　胜慧有者空中鸟如真飞行
[illegible]　　行皆清净何所色于行无行
[illegible]　　行识受思想于是行无行故

在对译基础上翻译如下：
为舍此故无盖彼者不断落，假若依彼明满最上百殊智。
若得欲故是胜势母应起愿，譬如商者往大宝河洲中时。
财尽复归如是为故非胜也。
集颂中地狱品第七　终
色清净故应知即□果清净，果色清净一切智智亦清净。

---

① “[illegible]”是据甘肃省博物馆收藏的 G21 · 053［T23-2］号西夏文佛经残页补充的，见史金波、陈育宁主编《中国藏西夏文献》第 16 册，甘肃人民出版社、敦煌文艺出版社，2005，第 315~319 页。

② □中的西夏文依据 Or.12380-3769.b2（K.K.）补录。

一切智智果清净与色清净，如虚空界即无别异无断故。

何于巧便以此胜慧彼岸行，度广界真实时于解脱亦非。

已除离烦恼亦显现受生相，无老及病死亦死受示现相。

是诸往行于名及色之泥中，如风之轮妄经依行轮回中。

往行迷惑如入兽网知悟时，有胜慧者真如鸟飞行空中。

行皆清净何于色所行无行，受思想行识于是无行行故。

Or.12380-3684a（K.K.）应是《圣胜慧到彼岸功德宝集偈》之“地狱品第七”和“清净品第八”的内容。云居寺藏汉合璧《圣胜慧到彼岸功德宝集偈》的相应汉文是：

由舍此故无救无依堕阿鼻，是故欲得最上菩提佛智者。

于此佛母胜慧彼岸应谛信，譬如商客得达大海之宝洲。

贫窘而还如是于理甚不可。

《圣胜慧到彼岸功德宝集偈》清净品第八

色清净故应知即是果清净，果色清净一切智智亦清净。

一切智智果清净与色清净，如虚空界即无别异无断故。

若于巧便以此胜慧彼岸行，能度三界亦复不住于解脱。

远离惑染亦复示现受生相，离老病死亦复示现死灭相。

此诸数趣着于名色之淤泥，如旋风轮妄历生死轮回中。

数趣昏醉如兽滞于笼网中，了达智者似鸟飞腾于虚空。

行诸净行若有于色无所著，受想行识于彼亦行无染行。

行此行者即能远离一切染。

58.Or.12380-3684b（K.K.）残存 4 页，每页 7 行，共 28 行，上下栏线单栏，刻本经折装，刊布者定名为《圣胜慧到彼岸集颂》。现将西夏文录文并对译如下：

（第 1 页）

[illegible]　　彼诸常亦情有是说思不起

[illegible]　　譬如狮子山谷依避以恐无

[illegible][1][illegible]　　众多□兽□诸恐令声嚎如

[illegible]　　人中狮子胜慧彼到于依避

[illegible]　　道及众诸恐令世间声嚎□

[illegible]　　譬如空中宅住日之光明者

[illegible]　　是地干令□亦显现令已如

在对译基础上翻译如下：

彼诸常不起亦说思是有情，譬如狮子依避山谷以无恐。

嚎声如令诸众多□兽□恐，人中狮子依避于胜慧到彼。

□吼声令世间及诸众道恐，譬如日之光明空中宅住者。

令是地干□亦令显现已如。

云居寺藏汉合璧《圣胜慧到彼岸功德宝集偈》之“演说世界品第十二”的相应汉文是：

菩提勇识恒不起于有情想，譬如狮子依止山谷无所畏。

哮吼能怖众多下劣之群兽，人中狮子依止胜慧到彼岸。

哮吼能怖于诸世间外道众，譬如日轮光明赫奕住空中。

令地干燥照显一切诸色相。

Or.12380-3684b（K.K.）第 2~4 页西夏文录文并对译如下：

（第 2 页）

[illegible]　　著于解脱诸善行等胜慧行

[illegible]　　集颂中清净品八第　终

[illegible]　　是如行行菩提勇识巧健明

[illegible][2][illegible]　　染著断时行于染著无以趣

---

① 西夏文“[illegible]”译为“嚎声”“吼声”。

② 据 Or.12380-2969（K.K.）补录，下同。

[illegible] 日者罗睺星离光辉显住及（与）
[illegible] 燃放木及柴草树林燃已如
[illegible] 诸法一切自性清净最（极）中净

（第 3 页）

[illegible] 菩提勇识胜慧彼到清净故
[illegible] 为（作）者缘无诸法等亦缘无也
[illegible] 是者胜慧彼岸到之上行也
[illegible] 集颂中称赞品九第　终
[illegible][1] [illegible][2] □[illegible] 胜势于者天王百施□求寻
[illegible] 菩提勇识胜慧行者何云勤
[illegible] 蕴及界于尘少许亦勤不作

（第 4 页）

[illegible] 蕴于不勤彼者菩提勇识勤
[illegible] 何所是法化显幻术如闻时
[illegible] 疑无心以学于屡屡（重复）行增者
[illegible] 彼情有者往昔大乘于入悟
[illegible] 明满俱胝那由染于（处）敬侍为
[illegible] 旷野道内多由（旬）依而入者人
[illegible]？[illegible] 放牧草户？林木具足集见故

在对译基础上翻译如下：

（第 2 页）

解脱于著诸善行等行胜慧。

---

① 西夏文“[illegible]”译为“胜势”，汉文本为“世尊”。

② 西夏文“[illegible]”译为“天王百施”，汉文本为“天主百施”。

集颂中清净品第八　终

如是行行菩提勇识巧健明，断无染时行于无染以无趣。

离罗睺星日者光艳明与住，犹如放火燃（焚）烧树木及柴草。

一切诸法自性清净极中净。

（第 3 页）

菩提勇识胜慧到彼清净故。

无缘作者诸法等亦无缘也，是者胜慧到彼岸之上行也。

集颂中称赞品第九　终

天王百施□求寻于胜势者，菩提勇识云何勤行胜慧者。

于蕴及界不作尘埃亦许勤。

（第 4 页）

于蕴不勤彼者菩提勇识勤。

何所闻是法时如化显幻术，以无疑心于重复学增行者。

彼有情者往昔悟入于大乘，染处为敬侍俱胝那由明满。

人者依多旬而入旷野道内，放牧草户？集见林木具足故。

云居寺藏汉合璧《圣胜慧到彼岸功德宝集偈》“清净品第八”“称赞品第九”“受持功德品第十”的相应汉文是：

解脱于染即行诸佛之慧行。

《圣胜慧到彼岸功德宝集偈》称赞品第九

如是行行菩提勇识明了远，断除染著不著有情而趋向。

譬如日轮脱罗睺障光炽然，猛火焚烧柴薪卉木及树林。

一切诸法自性清净极清净，菩提勇识胜慧彼岸若清净。

无能作者一切法亦无所缘，是行胜慧到彼岸之最上行。

《圣胜慧到彼岸功德宝集偈》受持功德品第十

天主百施恭敬请问佛世尊，菩提勇识云精进胜慧行。[①]

于其蕴界不作微尘许精进，于蕴不进菩提勇识是精进。

① 云居寺藏汉合璧《圣胜慧到彼岸功德宝集偈》本为十个字。

若有闻于此法如化亦如幻，无疑惑心数数修学加行者。
知彼有情往昔曾行大乘行，亦曾敬事俱胝那由他诸佛。
如人往趣旷野经过多由旬，或见丛林繁茂放牧之边界。

Or.12380-3684a（K.K.）和 Or.12380-3684b（K.K.）为《圣胜慧到彼岸功德宝集偈》之“地狱品第七”“清净品第八”“称赞品第九”“受持功德品第十”“演说世界品第十二”等内容。

Or.12380-3684a（K.K.）和 Or.12380-3684b（K.K.）为同版本佛经，除了 Or.12380-3684b（K.K.）（第 1 页）外，其他页可以缀合，顺序为 Or.12380-3684a（K.K.）第 1 页、第 2 页、第 3 页 + Or.12380-3684b（K.K.）第 2 页、第 3 页、第 4 页，最后为 Or.12380-3684b（K.K.）第 1 页的内容。

59.Or.12380-3692a（K.K.）残存 2 页 14 行，每行 11 字，上下栏线单栏，刻本经折装，刊布者定名为《圣胜慧到彼岸功德宝集颂》，通过解读可以确定其为《圣胜慧到彼岸功德宝集偈》之“回向福德品第六”的内容。现将西夏文录文并对译如下：

（右面）

西夏文	对译
[illegible]	过去缘中俱胝那由明满等
[illegible]	边无众国千俱胝中住者及
[illegible]	又诸圆寂入者世间尊者等
[illegible]	苦罚灭令缘故大宝法示说
[illegible]	昔初最上菩提心起彼于生
[illegible]	诸度者之妙法灭之时劫到
[illegible]	彼俱中间彼等胜势何福念

（左面）

西夏文	对译
[illegible]	彼岸到与由（依）及明满之法又
[illegible]	何及明满诸子等及声闻又

[illegible] 学及学无漏有又及漏无能
[illegible] 集合菩提勇识随喜心生起
[illegible] 行往益缘菩提缘故皆回向
[illegible] 真实回向假若心是想生起
[illegible] 菩提想起回向有情思生时

在对译基础上翻译如下：

（右面）

过去缘中俱胝那由明满等，及游住无边众千俱胝国中。

又诸入圆寂者世间尊者等，令灭苦罚缘故示说大宝法。

昔初起最上菩提心于彼生，诸度者之灭妙法之时到劫。

彼俱中间彼诸胜势念何福。

（左面）

依与到彼岸及又明满之法，何及明满诸子等又及声闻。

能学及无学有漏又及无漏，菩提勇识合集生起随喜心。

缘（因）益往行菩提缘故皆回向，真实回向假若生起是心想。

起菩提想回向有情生思时。

云居寺藏汉合璧《圣胜慧到彼岸功德宝集偈》之“回向福德品第六”相应汉文是：

所有过去俱胝那由他正觉，安住无边众千俱胝世界中。

及归圆寂所有世间尊重者，为除困恼垂示演说大法宝。

始从创初发起最上菩提心，乃至最后入于圆寂法灭尽。

于其中间彼诸善逝之功德，相应度行及彼正觉功德法。

诸胜势子并与一切声闻众，有学无学有漏无漏诸善根。

菩提勇识悉皆合集而随喜，为益有情皆悉回向于菩提。

真实回向若起是心之想念，起菩提想回施有情之想念。

Or.12380-3692a（K.K.）左右面可以缀合，为“回向福德品第六”

的相应内容。

60.Or.12380-3692b（K.K.）（2-1）（2-2）残存 6 页 42 行，上下栏线单栏，刻本经折装，刊布者定名为《圣胜慧到彼岸功德宝集颂》。其中有两页内容，即（2-1）的第 3 页内容和（2-2）的第 1 页内容是重复的，重复内容不录。现将西夏文录文并对译如下：

（2-1 第 1 页）

西夏文	对译
[illegible]	想生缘故见住心者三于中
[illegible]	缘应有依真实回向中不入
[illegible]	假若是如法者灭尽令缘及
[illegible]	何处最真回向彼亦灭尽又
[illegible]	法以法之常无回向悟为故
[illegible]	彼如真实悟者回向真是也
[illegible]	假若相于受持是如回向非

（2-1 第 2 页）

西夏文	对译
[illegible]	若相无故最上菩提回向也
[illegible]	譬如毒有食饮妙殊善食如
[illegible][1] [illegible]	白法等于缘亦彼如胜势说
[illegible]	彼依是如真实回向学应也
[illegible]	譬如胜势彼等善者醒悟之
[illegible]	种何生处何如性气何也于
[illegible]	何云随喜彼如彼如回向应

（2-1 第 3 页）

西夏文	对译
[illegible]	是如福德（益）最上菩提回向如

① 西夏文“[illegible]”译为“白法”，也称“清白法”。

[illegible]　　毒无明满不舍胜势话者说
[illegible]　　是如回向勇健世中缘有之
[illegible]　　菩提勇识所有一切皆监督
[illegible]　　集颂中福德回向品六第　终
[illegible]　　本参领者无有俱胝那由他
[illegible]　　道亦不知城邑中入岂能也

（2-2 第 2 页）

[illegible]
胜慧无故是五彼岸眼（目）无数（等）
[illegible]
领（导）者无由（依）最上菩提到不能
[illegible]
何时胜慧以者真实所持故
[illegible]
彼时眼得为时其之名亦得
[illegible]
譬如画事前了已毕眼无者
[illegible]
眼不书画是方买赏不得如
[illegible][1]
何时为有复次为无白黑法

（2-2 第 3 页）

[illegible]　　胜慧以破尘几真实缘无时

① 西夏文“[illegible]”译为“白黑法”。

[illegible]	世间等于胜慧彼到等中入
[illegible]	虚空何于少许无住彼与似（类）
[illegible]	假若我者胜势之慧行行以
[illegible]	情有苦罚受者那由他度思
[illegible]	情有思以真察菩提勇识者
[illegible]	是者胜慧彼岸到之上行非

在对译基础上翻译如下：

缘生想故住见心者于三中，应依有缘不入真实回向中。

假若及缘令灭尽如是法者，何处彼亦最真回向又灭尽。

以法之法为悟常无回向故，彼如悟真实者是真回向也。

假若于受持相如是非回向，若无相故回向最上菩提也。

譬如饮有毒食如妙殊善食，缘于白法等亦如彼说胜势。

依彼应学如是真实回向也，譬如胜势醒悟彼等之善者。

何种生何处如性气于何也，云何随喜如是如是应回向。

如是福益如回向最上菩提，不舍无毒明满说话胜势者。

如是回向勇健世中之有缘，所有一切菩提勇识皆监督。

集颂中福德回向品第六　终

无有本参领（导）者俱胝那由他，亦不知道岂能入城邑中也。

无胜慧故是五彼岸无目等，由无领者不能到最上菩提。

何时以胜慧者所持真实故，彼时为得眼时其之名亦得。

譬如画事了已毕前无眼者，眼不书画是如施买方不得。

何时有为复次无为黑白法，以胜慧破尘几无真实缘时。

于世间等入胜慧到彼等中，似与彼虚空于何少许无住。

假若我者以胜势之行慧行，有情受苦罚者思度那由他。

以思有情真察菩提勇识者，是者胜慧到彼岸之非上行。

云居寺藏汉合璧《圣胜慧到彼岸功德宝集偈》之“回向福德品第六”“地狱品第七”的相应汉文是：

为有想故滞见之心著三事，由有所缘不预真实善回向

若复善能令得灭尽如是法，亦能灭尽最极真实所回向。

以法于法了达恒无所回向，了达如是即名真实善回向。

若执著相是即不名善回向，若无相者即是回向大菩提。

如人餐饮杂毒甘美之食味，缘于白法胜势说为亦复然。

是故应学如是真实善回向，譬如胜势了达诸法之种类。

亦复了知所出之处及自性，云何随喜如是依被应回向。

如是福善回向无上菩提者，不舍正觉无毒是说如佛说。

若能如是回施勇猛巧便者，能镇世间诸有缘虑觉勇识。

《圣胜慧到彼岸功德宝集偈》之“地狱品第七”

盲无导者具数俱胝那由他，尚不知道岂能入于城邑中。

无胜慧者五到彼岸名无目，由无导者不达无上菩提岸。

若时胜慧真实摄持于彼者，尔时具眼彼得名为到彼岸。

譬如画师所画之功虽了毕，未开眼目终须不能得佣直。

若时有为及与无为黑白法，能以胜慧破令纤尘无所缘。

时诸世间得预胜慧到彼岸，类若虚空于一切处无少住。

若作是念我以胜势之慧行，度那由他无量苦恼众生类。

以众生想思度菩提勇识者。

Or.12380-3692a（K.K.）和 Or.12380-3692b（K.K.）总共 8 页残经，它们的内容是相连的，顺序是 Or.12380-3692a（K.K.）右面 +Or.12380-3692a（K.K.）左面 +Or.12380-3692b（K.K.）（2-1）第 1 页 + Or.12380-3692b（K.K.）（2-1）第 2 页 +Or.12380-3692b（K.K.）（2-1）第 3 页 + Or.12380-3692b（K.K.）（2-2）第 2 页 + Or.12380-3692b（K.K.）（2-2）第 3 页，Or.12380-3692a（K.K.）和 Or.12380-3692b（K.K.）为《圣胜慧到彼岸功德宝集偈》“回向福德品第六”“地狱品第七”的内容。

61.Or.12380-3693a（K.K.）残存 3 页 21 行，上下栏线单栏，刻本经折装，刊布者定名为“佛经”。通过解读可以确定其内容为《圣胜慧到彼岸功德宝集偈》之“演说世界品第十二”的内容。现将西夏文录文

并对译如下：

（第 1 页）

西夏文	对译
[illegible]□	圣胜慧彼岸到德功宝集颂□
[illegible]	卷
[illegible]	母有病遇子多多有彼等皆
[illegible]	意不安依其对侍奉敬恭作
[illegible]	其如十方世界明满彼等亦
[illegible]	母为胜慧是最妙之思念作
[illegible]	何数（等）过去十方中住世尊及

（第 2 页）

西夏文	对译
[illegible]	未来世生彼等是于常出生
[illegible]	世间学者胜势等之出生母
[illegible]	他（彼）情有之心行指示解说为
[illegible]	世间如真性及敌毁如真性
[illegible]	独觉如真胜势子之如真性
[illegible]	一是异非性离他非者如真
[illegible]	胜慧彼岸到以如来等知解（悟）

（第 3 页）

西夏文	对译
[illegible]	巧健世间住乎懊恼度所言
[illegible]	法性害无诸法等空是宅住
[illegible]	菩提勇识是如真性随醒悟
[illegible]	其因如来是说明满之名为
[illegible]	胜慧彼到欢喜林于此依避
[illegible]	十力救者诸之境界者是也

[illegible]　　情有诸之恶趣苦中救拔亦

在对译基础上翻译如下：

圣胜慧到彼岸功德宝集颂卷□

有母得病彼等皆有诸多子，依意不安对其作恭敬侍奉。

亦其如十方世界彼明满等，为母作胜慧是思念之最妙。

及何等过去住十方中世尊，生于未来世彼等是常出生。

世间学者胜势等之从母出，他有情为指示解说之心行。

世间真如性及毁敌真如性，独觉如真胜势子之真如性。

是一非异离性非他者真如，诸如来以知悟胜慧到彼岸。

巧健住乎世间言所度懊恼，无害法性诸法等空是宅住。

菩提勇识是随醒悟真如性，因其如来说是名之为明满。

依避于此胜慧到彼欢喜林，十力诸救者之境界者是也。

亦救拔诸有情之恶趣苦中。

云居寺藏汉合璧《圣胜慧到彼岸功德宝集偈》之“演说世界品第十二”的相应汉文是：

如有慈母忽然其身患疴疾，所有诸子咸作敬事心忧恼

今亦如是十方世界诸如来，咸皆念此胜慧佛母妙法门

所有过去住十方界诸如来，于未来世所有一切诸正觉。

化诸世间一切胜势从此出，善能演示所余众生之心行。

世间真如及与声闻真如性，独觉真如诸胜势子真如性。

是一非异离性非余是真如，诸佛以此胜慧彼岸而了知。

知者住世或趣圆寂皆同等，安住于此无非法性诸法空。

菩提勇识随顺了此真如性，故名如来亦复得名为正觉。

依止于此胜慧彼岸欢喜林，即是十力诸救度者之境界。

度诸有情设令远离恶趣苦。

62.Or.12380-3693b（K.K.）残存 2 页 14 行，每行 11 字，上下栏线

单栏，刻本经折装，刊布者定名为“佛经”。通过解读可以确定其内容为《圣胜慧到彼岸功德宝集偈》之“受持功德品第十”的内容。现将西夏文录文并对译如下：

（第 1 页）

西夏文	对译
[illegible]	此等家村城邑已近相是思
[illegible]	息休（止）弃得群盗畏恐无如也
[illegible]	是如菩提求何时上胜势之
[illegible]	胜慧彼岸是者何所闻听者
[illegible]	彼者息休（止）得时惧忧无有依
[illegible]	敌毁地非缘觉地于亦非也
[illegible]	若人大海水之看欲缘往时

（第 2 页）

西夏文	对译
[illegible] [1] [illegible]	假若树及树林山见暂时远
[illegible]	假若彼相无有见如大海者
[illegible]	所近思起是于信鬼（疑惑）无已如
[illegible]	彼如最妙菩提于入胜势之
[illegible]	胜慧彼到是者听闻知悟应
[illegible]	真实度者如前无尔记受亦
[illegible]	明满菩提无度立即获得能

在对译基础上翻译如下：

是思此等村落城邑已近相，息止得弃群盗如无畏恐也。

如是何时求上菩提之胜势，何所听闻者是胜慧彼岸者。

彼者得息止时如无有惧忧，非敌毁地亦非于缘觉地也。

① 西夏文“[illegible]”译为“暂时”。

若人缘往欲看大海之水时，假若暂见树林及山谷遥远。

假若无有如见大海彼相者，近思所起是于如已无信鬼。

如彼最妙菩提入于之胜势，听闻胜慧到彼是者应知悟。

真实度者无如前而亦受记，明满无度立即获得善菩提。

云居寺藏汉合璧《圣胜慧到彼岸功德宝集偈》“受持功德品第十”的相应汉文是：

应念近有城邑聚落人烟众，即近止息远离险贼之怖畏。

若时欣求无上菩提亦复然，善能听受胜势胜慧到彼岸。

即得止息远离于彼所怖畏，非声闻地亦非缘觉之地故。

或复有人为观大海而往彼，若见山谷及与林木知遥远。

若不见彼如是种种之形状，应知海近于彼不须起疑惑。

今亦如是趣求最妙菩提者，若能听受如是胜慧到彼岸。

假使不蒙诸佛世尊亲记别，应知不远速能证得佛菩提。

比对 Or.12380-3693a（K.K.）和 Or.12380-3693b（K.K.），可知其为同版残经，为《圣胜慧到彼岸功德宝集偈》“受持功德品第十”“演说世界品第十二”的相应内容，有佚文。

63.Or.12380-3720.4（K.K.Ⅲ.0254.k）残存 1 页 7 行，上下栏线单栏，刻本经折装，刊布者将其定名为“佛经”。现将西夏文录文并对译如下：

[illegible]	何所菩提勇识昔（前）世行行时
[illegible]	时彼到行巧健二心疑惑无
[illegible]	闻时立即彼者导师想生起
[illegible]	彼者菩提寂灭立即悟能为
[illegible][1][illegible]	昔世行时那由明满之恭亦

① 西夏文“[illegible]”即为“[illegible]”（那由他）。那由他，又作那庾多、那由多、那术、那述，数量词，相当于亿。

[illegible]	胜势胜慧彼到不信疑起故
[illegible]	闻时意少行为是者实舍离

在对译基础上翻译如下：

菩提勇识前世行何所行时，时行到彼巧健无二疑惑心。

闻时立即彼者生起导师想，彼者立即为能悟菩提寂灭。

昔世行时恭亦那由之明满，胜势胜慧到彼不信起疑故。

闻时少意为行是者实舍离。

比对云居寺藏汉合璧《圣胜慧到彼岸功德宝集偈》，可确定 Or.12380-3720.4（K.K.Ⅲ.0254.k）为“地狱品第七”的相应内容：

菩提勇识若于过去曾修行，行此彼岸权巧无有疑惑心。

暂时得闻便能生起导师想，彼即速能了达菩提寂灭理。

往曾修行虽供那由他诸佛，疑惑不信善逝胜慧到彼岸。

由少智故闻此教时便弃舍。

64.Or.12380-3726.1（K.K.I.ii.02.i）残存 2 页 10 行，上下栏线单栏，残缺严重，刻本经折装，刊布者将其定名为《圣胜慧到彼岸功德宝集颂》，残页上有编号 3726.1。现将西夏文录文并对译如下：

（右面）

[illegible][①] [illegible][②] [illegible]	何所尔时劫于敬爱信生依
[illegible]	法中最妙是者听受往欲者
[illegible]	闻者是等法说事有知悟时
[illegible]	欢喜应无意不安乐依已起
[illegible]	尔时劫上是如魔行出发也

① 依据 Or.12380-3109a（K.K.Ⅱ.0227.g）、Or.12380-3109bRV（K.K.Ⅱ.0227.g）补录。

② 西夏文本此处用“[illegible]”（信），汉文本用“心”。

在对译基础上翻译如下：

何所于尔时劫依生敬爱信，是者正欲往听受法中最妙。

闻者知悟是等说法有事时，无问欢悦意不依安乐所去。

于尔时劫如是魔行出生也。

（左面）

[illegible][1] [illegible]　种种间断异亦多余出生也

[illegible]　尔时何数（等）以者善生众乱令

[illegible]　胜慧彼岸是者受敬无成也

[illegible]　何数（等）宝大价无量者得难依

[illegible]　此数（等）于者时一切中伤者多

在对译基础上翻译如下：

间断种种异亦出生甚多也，尔时以何等者令乱善生众。

受持是胜慧彼岸者无成也，何等大宝依无价商者得难。

此等处者一切时中伤者多。

云居寺藏汉合璧《圣胜慧到彼岸功德宝集偈》之“魔行品第十一”的相应汉文是：

若时于此发起信敬欣乐心，意欲往诣听受微妙于此法。

听者知彼法师所作之事务，无有欢悦意戚懊恼而散去。

当尔之时感起如是之魔事，复有种种差别障碍之魔事。

若时以此恼乱无数比丘众，不会受持如是胜慧到彼岸。

诸有特殊无价异宝难得故，于处恒有种种触恼之阻隔。

将 Or.12380-3726.1（K.K.I.ii.02.i）与房山云居寺汉文本比对，可知 Or.12380-3726.1（K.K.I.ii.02.i）为《圣胜慧到彼岸功德宝集偈》之

① 依据 Or.12380-3086cRV（K.K.II.0294.k）补录。

"魔行品第十一"的相应内容，左右可缀合。

65.Or.12380-3726.2（K.K.I.ii.02.i）残存 2 页 9 行，上下栏线单栏，残缺严重，刻本经折装，刊布者将其定名为《圣胜慧到彼岸功德宝集颂》，残页上有编号 3726.2。现将西夏文录文并对译如下：

（右面）

西夏文	对译
[illegible][1][illegible]	愚痴者者枝及叶数寻求也
[illegible]	大象获亦大象迹经寻求如
[illegible]	胜慧彼岸闻时经寻亦此如
[illegible]	譬如数或百味有之食得故

在对译基础上翻译如下：

所愚痴者寻求枝及叶数也，亦获大象如寻求大象经迹。

闻胜慧彼岸时亦如寻此经，譬如有得数或百味之食故。

（左面）

西夏文	对译
[illegible]	上食得时食恶寻求祈（供）已如
[illegible]	菩提勇识胜慧彼到是得时
[illegible]	敌破地以菩提祈求者其如
[illegible]	恭敬愿求及又得财祈求又
[illegible]	贪心以者家与寻求为有也

在对译基础上翻译如下：

得上食时已如寻求供食恶，菩提勇识得是胜慧到彼时。

以破敌地其如祈求菩提者，复次祈愿恭敬又祈求得财。

以贪心者为与寻求有家也。

云居寺藏汉合璧《圣胜慧到彼岸功德宝集偈》之"魔行品第十一"

① 依据 Or.12380-3086dRV（K.K.II.0294.k）补录。

相应汉文是：

由愚痴故寻逐枝末及萼叶，如有获象舍彼反求于脚迹。
闻此胜慧反求余经亦复然，譬如有人先得百味之肴膳。
得已弃舍反求弊恶之饮食，菩提勇识获此胜慧到彼岸。
于声闻地求菩提者亦复然，若为希求恭敬及与浮财利。
以贪欲心访认族戚聚落中。

66.Or.12380-3726.3（K.K.I.ii.02.i）残存2页6行，下栏线单栏，上栏线无存，残缺严重，刻本经折装，刊布者将其定名为《圣胜慧到彼岸功德宝集颂》，残页上有编号3726.3。现将西夏文录文并对译如下：

西夏文	对译
[illegible][1]	学新乘入者以意少情有者
[illegible]	何所得难是大宝者未得故
[illegible]	其以间断为故魔这喜乐起（生）
[illegible]	十方明满彼等受持于行增
[illegible]	集颂中魔行品十一第　终
[illegible]	圣胜慧彼岸到功德宝集颂卷上

在对译基础上翻译如下：

入新乘者以学少意有情者，为何所得是难得大宝者故。

以其间为断故魔者生喜乐，十方明满于受持其数增行。

集颂中魔行品第十一　终

《圣胜慧到彼岸功德宝集颂》卷上

房山云居寺本汉文《圣胜慧到彼岸功德宝集偈》之“魔行品第十一”结尾处内容如下：

① Or.12380-3726.3（K.K.I.ii.02.i）与Or.12380-3086b（K.K.II.0294.k）内容基本相同，且后者基本完整，依据后者补录内容置于□内。

创入大乘亲学劣慧有情类，若未得此极难值遇大法宝。

诸魔踊跃于彼作诸障碍事，十方诸佛护念于彼而摄受。

魔行品第十一

《圣胜慧到彼岸功德宝集颂》卷上

比对 Or.12380-3726.1（K.K.I.ii.02.i）、Or.12380-3726.2（K.K.I.ii.02.i）、Or.12380-3726.3（K.K.I.ii.02.i）残经内容，可以确定它们的顺序与刊布者的标号有一定差异，改正后的残经顺序为 Or.12380-3726.2（K.K.I.ii.02.i）+ Or.12380-3726.1（K.K.I.ii.02.i）+ Or.12380-3726.3（K.K.I.ii.02.i），它们之间缺少几句话，基本可以缀合。

67.Or.12380-3735.1（K.K.）残存 1 页 6 行，上栏线无存，下栏线双栏，残缺严重，刊布者将其定名为“佛经”。现将西夏文录文并对译如下：

□□□□□□□□[illegible][illegible][illegible]　　□□□□□□□□生无解

□□□□□□□[illegible][illegible][illegible][illegible]　　□□□□□□□之悲心发

□□□□□□□□[illegible][illegible][illegible]　　□□□□□□□□实不坏

□□□□□□□□[illegible][illegible][illegible]　　□□□□□□□□皆具足

□□□□□□□□[illegible][illegible][illegible]　　□□□□□□□□种集解

□□□□□□□□[illegible][illegible][illegible]　　□□□□□□□□超远为

将 Or.12380-3735.1（K.K.）与房山云居寺本汉文《圣胜慧到彼岸功德宝集偈》比较，确定其应为“方便善巧摧折品第二十”相应内容。残经残缺严重，云居寺汉文相应内容如下：

于此诸蕴了达本空无所生，住妙等持于有情界生慈悲。

当尔之时于正觉法亦不坏，譬如士夫具足巧便诸功德。

善解艺术勤勇强力无能屈，众多伎艺工巧能射胜超群。

68.Or.12380-3735.1V（K.K.）残存 1 页 6 行，上栏线无存，下栏线双

栏，残缺严重，刊布者将其定名为“佛经”。现将西夏文录文并对译如下：

西夏文	对译
□□□□□□□□□[illegible][illegible][1][illegible]	□□□□□□□□□患病有
□□□□□□□□□[illegible][illegible][illegible]	□□□□□□□□□坚甲穿
□□□□□□□□□[illegible][illegible][illegible]	□□□□□□□□□实解依
□□□□□□□□[illegible][illegible][illegible][illegible]	□□□□□□□□许不发（生）也
□□□□□[illegible][illegible][illegible][illegible][illegible]	□□□□□寻（求）品十九第
□□□□□□□□□[illegible]□[illegible]	□□□□□□□□□修□依

将 Or.12380-3735.1V（K.K.）与房山云居寺本汉文《圣胜慧到彼岸功德宝集偈》比较，并结合残经中遗存的品题，确定该残经为“殑伽天母请问品第十九”[2]结尾处和“方便善巧摧折品第二十”的相应内容，云居寺汉文相应内容如下：

于世疾疫饥馑旷野险道中，见无怖畏由此著于坚甲胄。
由了远此尽未来际恒勤勇，即不生起如微尘许厌离心。
殑伽天母请问品第十九
菩提勇识修行善逝胜慧故

比对 Or.12380-3735.1（K.K.）和 Or.12380-3735.1V（K.K.），可以确定它们为同版佛经遗存，Or.12380-3735.1V（K.K.）内容在前，Or.12380-3735.1（K.K.）内容在后，二者可缀合。

69.Or.12380-3735.2（K.K.）残存 1 页 6 行，上栏线无存，下栏线双栏，残缺严重，刊布者将其定名为“佛经”。现将西夏文录文并对译如下：

① 西夏文“[illegible][illegible]”译为“患病”。

② 段玉泉认为《圣胜慧到彼岸功德宝集偈》之“殑伽天母请问品第十九”全缺的观点值得再商榷。

西夏文	对译
□□□□□□□[illegible]	□□□□□□□行修行者
□□□□□□□□[illegible]	□□□□□□□□真不修习
□□□□□□□□□[illegible]	□□□□□□□□□寂灭行
□□□□□□□□□[illegible]	□□□□□□□□□有非也
□□□□□□□□□[illegible]	□□□□□□□□□无宁坠
□□□□□□□[illegible]	□□□□□□□解脱门行者

将 Or.12380-3735.2（K.K.）与房山云居寺本汉文《圣胜慧到彼岸功德宝集偈》比较，可确定该残经为“方便善巧摧折品第二十”的相应内容。云居寺汉文相应内容如下：

若修最妙空寂等持行门持，当尔之时不住于相勤修习。
住于无相即出寂静寂灭行，如鸟飞空无有所依之住所。
不住彼者即无所坠堕于地，菩提勇识修行如是解脱门。

70.Or.12380-3735.2V（K.K.）残存 1 页 6 行，上栏线无存，下栏线双栏，残缺严重，刊布者将其定名为“佛经”。现将西夏文录文并对译如下[①]：

西夏文	对译
[illegible]	虚空何于依靠是义思念应
[illegible]	其如菩提勇识空性中家住
[illegible]	行之识（情）有悟令及又愿依有
[illegible]□[illegible]	为造应者种诸多余□现以
[illegible]	悲思度于无著空于无家住
[illegible]	何所时于菩提勇识善明慧

在对译基础上翻译如下：

① Or.12380-3735.2V（K.K.）与 Or.12380-3201（K.K.II.0259.b）内容相同，据后者补录。

应思念虚空依靠是义于何，菩提勇识家住其如空性中。

有情行之令有悟及又依愿，以□现众多种种应为造者。

悲思于度不著于空无家住，于何所时菩提勇识慧善明。

Or.12380-3735.2V（K.K.）应为《圣胜慧到彼岸功德宝集偈》的相应内容，云居寺藏汉合璧《圣胜慧到彼岸功德宝集偈》之“方便善巧摧折品第二十”相应汉文为：

应当思惟虚空复依于何法，菩提勇识安住如是空性中。

为诸有情令悟具足所依愿，示现众多种种差别所作事。

于住于空于其圆寂无所染，菩提勇识智慧明解了达者。

71.Or.12380-3735.3（K.K.）残存 1 页 6 行，上栏线无存，下栏线双栏，残缺严重，刊布者将其定名为“佛经”。现将西夏文录文并对译如下：

□□□□□□[illegible][illegible][illegible][illegible][illegible]	□□□□□□利益为欲有
□□□□□□□□[illegible][illegible][illegible]	□□□□□□□□集令时
□□□□□□□□[illegible][illegible][illegible]	□□□□□□□□若去（往）故
□□□□□□□□[illegible][illegible][illegible]	□□□□□□□□多幻时
□□□□□□□□[illegible][illegible][illegible]	□□□□□□□□来已如
□□□□□□□□[illegible][illegible][illegible]	□□□□□□□□勇识亦

Or.12380-3735.3（K.K.）为《圣胜慧到彼岸功德宝集偈》的相应内容，西夏文残缺严重，具体内容参见云居寺藏汉合璧《圣胜慧到彼岸功德宝集偈》之“方便善巧摧折品第二十”的相应汉文：

能作幻化欣乐饶益于有情，将诸眷属父母妻妾及儿女。

若经旷野当于险贼道路中，彼人幻作众多健敌之士人。

安隐而过复能还达于家中，菩提勇识当尔巧便亦复燃。

72.Or.12380-3735.3V（K.K.）残存 1 页 6 行，上栏线无存，下栏线双栏，残缺严重，刊布者将其定名为“佛经”。现将西夏文录文并对译如下：

□□□□□□□□[illegible][illegible][illegible]	□□□□□□□□悲心发
□□□□□□□[illegible][illegible][illegible][illegible]	□□□□□□□亦多（余）度时
□□□□□□□□[illegible][illegible][illegible]	□□□□□□□□得不欲
□□□□□□□□[illegible][illegible][illegible]	□□□□□□□□依靠也
□□□□□□□□[illegible][illegible][illegible]	□□□□□□□□所行依
□□□□□□□[illegible][illegible][illegible][illegible]	□□□□□□□者彼与像

Or.12380-3735.3V（K.K.）为《圣胜慧到彼岸功德宝集偈》的相应内容，西夏文残缺严重，具体内容参见云居寺藏汉合璧《圣胜慧到彼岸功德宝集偈》之“方便善巧摧折品第二十”的相应汉文：

于诸情界咸生广大悲愍心，即得超过四魔及亦二乘地。
依止等持即不欣求证菩提，数趣依地大地复依于水轮。
水轮依风风轮复依于虚空，有情于业所行之因亦复燃。

比对 Or.12380-3735.1（K.K.）、Or.12380-3735.1V（K.K.）、Or.12380-3735.2（K.K.）、Or.12380-3735.2V（K.K.）、Or.12380-3735.3（K.K.）、Or.12380-3735.3V（K.K.）6 个编号的残经，可以确定它们为同一版本的残经，具体为《圣胜慧到彼岸功德宝集偈》之“殑伽天母请问品第十九”和“方便善巧摧折品第二十”的内容，它们的顺序为 Or.12380-3735.1V（K.K.）+ Or.12380-3735.1（K.K.）+ Or.12380-3735.3（K.K.）+ Or.12380-3735.3V（K.K.）+ Or.12380-3735.2V（K.K.）+ Or.12380-3735.2（K.K.）。

73.Or.12380-3751（K.K.Ⅲ.0268.e）残存 4 页，左面 2 个残页共 14 行，排列比较整齐，右面 2 个残页排列比较混乱，上下栏线单栏，刻本经折装，刊布者将其定名为《圣胜慧到彼岸功德宝集颂》。现将西夏文录文并对译如下：

是者行行利入等之寂静也
查目[1]菩提勇识彼者自身坏
集颂中魔行品二十一第　终
彼依妙真最上菩提即求心
有者巧健[2]自傲[3]实真坏损时
诸病患者治缘治者[4]于依如
不懈怠等善知识于依避应
明满之上菩提于入勇识等
彼岸到及而然善知识[5]也说
彼等自然颂言实者求修处
二种以缘明满菩提立即证
胜势[6]已过未来十方中住等
皆之道者是彼岸也智非也
是彼岸者上菩提于入等之

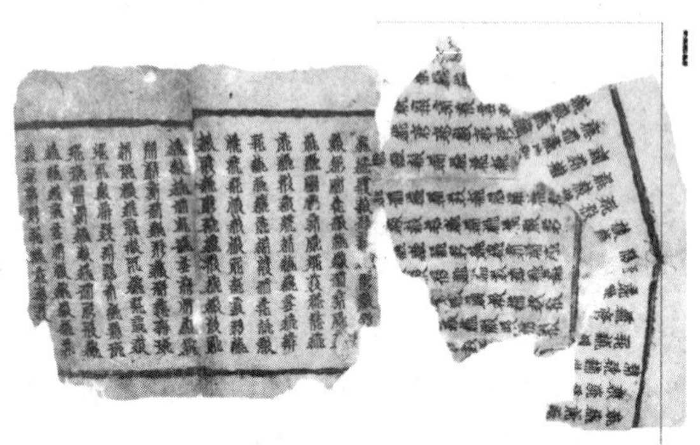

图6　Or.12380-3751（K.K.Ⅱ.0268.e）

① 西夏文“[西夏字]”译为“目测”“目查”。

② 西夏文“[西夏字]”译为“勇健”，汉文本为“大智”。

③ 西夏文“[西夏字]”译为“自谩”“自慢”“自傲”，汉文本为“我慢”。

④ 西夏文“[西夏字]”译为“治者”“疗者”，指“医生”“良医”等。

⑤ 西夏文“[西夏字]”译为“善知识”，教人令以是智慧回向阿耨多罗三藐三菩提。知识者，知其心识其形之义，知人乃朋友之义，非博知博识之谓，善者于我为益，导我于善道者。

⑥ 西夏文“[西夏字]”译为“胜势”，与“[西夏字]”“[西夏字]”（善逝）意义基本相同。

右面 2 个残页顺序非常混乱，录文时依据俄藏黑水城西夏文内容拼合：

（第 1 页）

西夏文	对译
[illegible]	显现烛及明及上师也说言
[illegible]	何云胜慧彼岸到之自性空
[illegible]	是法一切自性彼与相同悟
[illegible]	诸法数空相无依者实悟故
[illegible]	彼依行者诸善逝之善行也
[illegible]	有情虚思以思食于爱乐依
[illegible]	流传于著意有等者常轮回

（第 2 页）

西夏文	对译
[illegible]	我及我之二法实真非空者
[illegible]	顽童自之行为空中结缚如
[illegible]	譬如疑想发以毒者生发时
[illegible]	彼毒腹中无宁入亦闷忧如
[illegible]	彼如顽童我及我之言取者
[illegible]	我依想起实非思者常死生
[illegible]□□	何云受著彼依诸恼染□□

Or.12380-3751（K.K.Ⅲ.0268.e）内容在对译基础上翻译如下：

是者入所行利等之寂静也，菩提勇识彼者目查自身坏。

集颂中魔行品第二十一　终

依彼真妙最上即求菩提心，有巧健者真实坏损自傲时。

诸病患者缘治如依于治者，不懈怠等应依避于善知识。

明满之于人勇识等上菩提，及到彼岸而然说善知识也。

彼等自然颂言实者求修处，以二种缘立即证明满菩提。

住十方中等已过未来胜势，皆之道者是彼岸也非智也。

是彼岸者于入等之上菩提，言说显现烛及明及上师也。
云何到胜慧彼岸之自性空，是一切法自性悟彼与相同。
诸法等空依无相者故实悟，依彼行者诸善逝之善行也。
有情以虚思思于食依爱乐，于流传有著意等者常轮回。
我及我之二法实真非空者，顽童之行如为空中自结缚。
譬如以发疑想发毒者生时，彼毒入腹中无宁亦如闷忧。
彼如顽童取言我及我之者，起依我想实非思者常死生。
云何执著依彼诸恼染□□。

将 Or.12380-3751（K.K.Ⅲ.0268.e）与云居寺藏汉合璧《圣胜慧到彼岸功德宝集偈》比对，可以确定该残经为“方便善巧摧折品第二十”“魔行（业）品第二十一”“善知识品第二十二”的相应内容，云居寺本相应汉文是：

趣离他行是寂名为注寂静，菩提勇识试探彼者名自坏。
集颂中魔行（业）品第二十一　终
是故速希真妙最上菩提心，大智应当真实摧伏我慢时。
如诸病者为除病故凭良医，以不放逸应依伏于善知识。
菩提勇识诸有趣入上菩提，与到彼岸应知俱是善知识。
彼等显示相应之行所修处，以二种因速能证得佛菩提。
住十方界过现未来诸善逝，悉皆行此彼岸之道无有异。
所有趣口于此最上菩提心，彼到彼岸说如明烛是上师。
胜慧彼岸如彼所有空自性，此一切法所了性空亦复燃。
诸法皆空依无相门了达者，能行此行是行诸佛之慧行。
有情虚妄欣乐计著于饮食，诸有染意着轮回者恒流传。
我及我所二俱空无非实有，愚童无智如虚空中自作结。
如于饮食疑例起于毒药想，虽复毒药未曾入腹亦闷绝。
如是愚童执著我及我所者，起我想故恒计非实住生死。
如彼意著依彼说为诸惑染。

74.Or.12380-3769.a1（K.K.）残存 2 页 12 行，下栏线单栏，上栏线无存，残缺严重，刊布者将其定名为《大般若波罗蜜多经》卷五百四十五“第四分清净品第八”。现将西夏文录文并对译如下：

（右面）

西夏文	对译
[illegible]	染著断时行于染著无以趣
[illegible][①] [illegible]	日者罗富（睺）星离光明显住与
[illegible]	火放树及柴草森林烧已（犹）如
[illegible]	诸法一切自性清净最（极）中净
[illegible]	菩提勇识胜慧彼到清净故
[illegible]	为（作）者察（缘）无诸法等亦缘无也

在对译基础上翻译如下：

断无染时行于无染以无趣，离罗睺星日者光艳明与住。

犹如放火焚烧树木及柴草，一切诸法自性清净极中净。

菩提勇识胜慧到彼故清净，无缘作者诸法等亦无缘也。

（左面）

[illegible]

是者胜慧彼岸到之上行也

[illegible]

集颂中高赞品九第　终

[illegible]

胜势于（入）者天王百施旨（诏）祈求

[illegible]

菩提勇识胜慧行者何云勤

① 西夏文“[illegible]”按音译为“罗富”，即“rar fu”，其中作为星曜应为“罗睺”，而“[illegible]”（fu）与“hou”音有很大不同，疑为西北方音所致。

[illegible]

蕴及（其）界于尘微许亦（复）勤不为（作）

[illegible]

蕴于不勤彼者菩提勇识勤

在对译基础上翻译如下：

是者胜慧到彼岸之上行也。

集颂（偈）中高赞（称赞）品第九　终

天王百施诏祈求入胜势者，行菩提勇识胜慧者云何勤。

于其蕴界不作微尘许复勤，于蕴不勤是者勤菩提勇识。

刊布者定名错误，云居寺藏汉合璧《圣胜慧到彼岸功德宝集偈》之“称赞品第九”和“受持功德品第十”的相应汉文是：

□□□□□□□□□□□□，断除染著不著有情而趣向。

譬如日轮脱罗睺障光炽然，猛火焚烧柴薪卉木及树林。

一切诸法自性清净极清净，菩提勇识胜慧彼岸若清净。

无能作者一切法亦无所缘，是行胜慧到彼岸之最上行。

集颂中高赞品第九　终

天主百施恭敬请问佛世尊，菩提勇识云精进胜慧行。[①]

于其蕴界不作微尘许精进，于蕴不进菩提勇识是精进。

Or.12380-3769.a1（K.K.）左右可缀合，残经为“称赞品第九”“受持功德品第十”的相应内容。

75.Or.12380-3769.b2（K.K.）残存2页12行，下栏线单栏，上栏线无存，残缺严重，刊布者将其定名为《大般若波罗蜜多经》卷五百四十五“第四分清净品第八”。现将西夏文录文并对译如下：

（右面）

---

① 房山云居寺本为十个字。

[illegible]	烦恼已除灭亦生受示相现
[illegible]	老及病死无亦死受示相现
[illegible]	是诸行往名及色之泥于中
[illegible]	风之轮如经回轮中妄依行
[illegible]	行往迷惑兽网坠（入）如知悟时
[illegible]	胜慧有者空中鸟如实（真）飞行

在对译基础上翻译如下：

已除离烦恼亦显现受生相，无老及病死亦死受示现相。

是诸往行于名及色之泥中，如风之轮妄经依行轮回中。

往行迷惑如入兽网知悟时，有胜慧者真如鸟飞行空中。

（左面）

[illegible]	行皆清净何所色于行不行
[illegible]	行识受想思于是行不行故
[illegible]	彼如行者著一切者皆舍离
[illegible]	染于解脱诸善逝等胜慧行
[illegible]	集颂中清净品八第　终
[illegible]	彼如行行菩提勇识巧健明

在对译基础上翻译如下：

行皆清净何所于色行不行，于行识受想思是行不行故。

彼如行者皆舍离一切著者，解脱于染诸善逝等行胜慧。

集颂中清净品第八　终

彼如行行菩提勇识巧健明。

解读 Or.12380-3769.b2（K.K.）残经内容，可知刊布者定名错误。云居寺藏汉合璧《圣胜慧到彼岸功德宝集偈》“清净品第八”和“称赞品第九”的相应汉文是：

远离惑染亦复示现受生相，离老病死亦复示现死灭相。
此诸数趣著于名色之淤泥，如旋风轮妄历生死轮回中。
数趣昏醉如兽滞于笼网中，了达智者似鸟飞腾于虚空。
行诸净行若有于色无所著，受想行识于彼亦行无染行。
行此行者即能远离一切染，解脱于染即行诸佛之慧行。
集颂中清净第八品 终
如是行行菩提勇识明了远。

76.Or.12380-3769.c3（K.K.）残存 2 页 12 行，下栏线单栏，上栏线无存，残缺严重，刊布者将其定名为《大般若波罗蜜多经》卷五百四十五“第四分清净品第八”。现将西夏文录文并对译如下：

（右面）

西夏文	对译
[illegible][1] [illegible]	此等家村城邑已近相也思
[illegible][2] [illegible]	息休（止）弃得群盗畏恐无如也
[illegible]	是如菩提求何时上胜势之
[illegible]	胜慧彼岸是者何所闻听者
[illegible]	彼者息休（止）得时忧患无有依
[illegible]	敌毁地非缘觉地于亦非也

在对译基础上翻译如下：
是思此等村落城邑已近相，息止得弃群盗如无畏恐也。
如是何时求上菩提之胜势，何所听闻者是胜慧彼岸者。
彼者得息止时如无有惧忧，非敌毁地亦非于缘觉地也。

（左面）

---

① Or.12380-3769.c3（K.K.）残缺内容依据 Or.12380-3693b（K.K.）补录。

② 西夏文“[illegible]”译为“群盗”。

[illegible]　　或人大海水之看欲缘往时
[illegible]　　假若树及树林山见暂时远
[illegible]　　假若彼相无有见如大海者
[illegible]　　所近思起是于信鬼（疑惑）无已如
[illegible]　　彼如最妙菩提于入胜势之
[illegible]　　胜慧彼到是者听闻知悟应

在对译基础上翻译如下：

若人缘往欲看大海之水时，假若暂见树林及山谷遥远。

假若无有如见大海彼相者，近思所起是于如已无信鬼。

如彼最妙菩提入于之胜势，听闻胜慧到彼是者应知悟。

Or.12380-3769.c3（K.K.）刊布者定名错误，可参见云居寺藏汉合璧《圣胜慧到彼岸功德宝集偈》之“受持功德品第十”的相应汉文：

应念近有城邑聚落人烟众，即近止息远离险贼之怖畏。
若时欣求无上菩提亦复燃，善能听受胜势胜慧到彼岸。
即得止息远离于彼所怖畏，非声闻地亦非缘觉之地故。
或复有人为观大海而往彼，若见山谷及与林木知遥远。
若不见彼如是种种之形状，应知海近于彼不须起疑惑。
今亦如是趣求最妙菩提者，若能听受如是胜慧到彼岸。

77.Or.12380-3769.4（K.K.）残存2页12行，下栏线单栏，上栏线无存，残缺严重，刊布者将其定名为《大般若波罗蜜多经》卷五百四十五“第四分清净品第八”。现将西夏文录文并对译如下：

（右面）

[illegible]　　何所是法化显幻术如闻时
[illegible]　　疑无心以学于屡屡（重复）行增者
[illegible]　　彼情有者往昔大乘于入悟

[illegible][1][illegible]	明满俱胝那由染于（处）敬侍为
[illegible]	旷野道内多由（旬）依而入者人
[illegible]？[illegible]	放牧草户？林木具足集见故

在对译基础上翻译如下：

何所闻是法时如化显幻术，以无疑心于重复学增行者。

彼有情者往昔悟入于大乘，染处为敬侍俱胝那由明满。

人者依多旬而入旷野道内，放牧草户？集见林木具足故。

Or.12380-3769.4（K.K.）残经右面内容刊布者定名错误，云居寺藏汉合璧《圣胜慧到彼岸功德宝集偈》之"受持功德品第十"相应汉文如下：

> 若有闻于此法如化亦如幻，无疑惑心数数修学加行者。
>
> 知彼有情往昔曾行大乘行，亦曾敬事俱胝那由他诸佛。
>
> 如人往趣旷野经过多由旬，或见丛林繁茂放牧之边界。

西夏文左面录文及对译如下：

（左面）

□□□□□[illegible]	□□□□□众多生起也
□□□□□[illegible]	□□□□□电如立即亦
□□□□□[illegible]	□□□□□是者魔行也
□□□[illegible]	□□□或者二心疑惑起
□□[illegible]	□□中我之名亦实不言
□□[illegible]	□□姓地宅者亦不言说

在对译基础上翻译如下：

□□□□□生起众多也，□□□□□电亦如立即。

---

① 西夏文"[illegible]"（俱胝），在同部残经中还用"[illegible]"表示"俱胝"。

□□□□□是者魔行也，□□□或者二心起疑惑。

□□中我之名亦实不言，□□姓地宅者亦不言说。

Or.12380-3769.4（K.K.）残经左面内容刊布者定名错误，云居寺藏汉合璧《圣胜慧到彼岸功德宝集偈》之“魔行品第十一”相应汉文如下：

尔时横生种种差别之妄念，无暇利生速入电光已破坏。

即此说为被彼魔事所障碍，若演说时或于此中生疑惑。

救度于此亦复不说我名字，又无诠显姓氏族类及乡土。

78.Or.12380-3769.5（K.K.）残存 2 页 12 行，下栏线单栏，上栏线无存，刊布者将其定名为《大般若波罗蜜多经》卷五百四十五“第四分清净品第八”。现将西夏文录文并对译如下：

（右面）

西夏文	对译
□□□□□[illegible]	□□□□□非法界不见也
□□□□□□□[illegible]	□□□□□□□者慧处住
□□□□[illegible]	□□□□明满法等不思释
□□[illegible]	□□神足菩提寂灭于不思
□□[illegible]	□□思灭摄受威德以行行
□[illegible]	□者胜慧彼岸到之上行也

在对译基础上翻译如下：

□□不见□□□非法界也，□□□□□□□者住慧处。

□□□□不思释明满法等，□□神足菩提于寂灭不思。

灭□□思以威德行行摄受，□者胜慧到彼岸之上行也。

（左面）

西夏文	对译
[illegible]	集颂中受持功德品十第 终

□□[illegible]	□□月述处者善现旨求证
□□□□[illegible]	□□□□等之间断何所也
□□□□□□□[illegible]	□□□□□□□为者众多也
□□□□□□□[illegible]	□□□□□□□时有实宣说
□□□□□□□[illegible]	□□□□□□□是文书写时

在对译基础上翻译如下：

集颂中受持功德品第十　终

善现旨述处者求证□□月，□□□□等之间断何所也。

□□□□□□□为者众多也，□□□□□□□时实有宣说。

书写是文□□□□□□□时。

解读 Or.12380-3769.5（K.K.）残经内容，可知刊布者定名错误，其残存内容为《圣胜慧到彼岸功德宝集偈》之“受持功德品第十”结尾和“魔行品第十一”开头的内容，云居寺汉文本相应内容如下：

亦复不见是法非法法界性，不住圆寂彼即安住于慧中。

若有行此于正觉法不分别，力及神足菩提寂灭不分别。

无念离念摄受成力行此行，是行胜慧到彼岸之最上行。

集颂中受持功德品十第　终

善现请言世尊垂诰如朗月，诸乐功德于彼障碍有几何。

导师答言作障碍者数甚多，且于其中我今略说于少分。

书写于此善逝胜慧到彼岸。

79.Or.12380-3769.6RV（K.K.）残存 2 页 12 行，下栏线单栏，上栏线无存，刊布者将其定名为《大般若波罗蜜多经》卷五百四十五“第四分清净品第八”。现将西夏文录文并对译如下：

（右面）

□□□□□[illegible]	□□□□□前无而授记亦

□□□□□□[illegible]	□□□□□□立即获得能
□□[illegible][1][illegible]□[illegible][2][illegible]	□□时节善□树叶失落故
□□[illegible][3][illegible]	□□树于叶及花果出长成
□[illegible]	□彼岸是者谁之手中坠落
□[illegible]	□长不停处者等之菩提证

在对译基础上翻译如下：

□□无□□□前而授记亦，□□□□□□立即能获得。

□□时节善□树叶失落故，于□□树叶及花果长成出。

是□彼岸者坠落谁之手中，□长不停处者等之证菩提。

（左面）

□□[illegible][4][illegible][5][illegible]	□□女人身重苦以逼迫故
□□[illegible]	□□彼之出生时节知悟应
□□[illegible]	□□菩提勇识胜势知慧闻
□□□□□□[illegible]	□□□□□□立即菩提到（至）
□□□□□□[illegible]	□□□□□□行时默有者
□□□□□□[illegible]	□□□□□□最减无而见

在对译基础上翻译如下：

□□女人身重以苦逼迫故，应知悟□□彼之出生时节。

□□菩提勇识胜势闻知慧，□□□□□□立即至菩提。

□□□□□□行时默有者，而无见□□□□□□最减。

解读 Or.12380-3769.6RV（K.K.）残经内容，可知刊布者定名错

① 西夏文“[illegible]”译为“时节”。

② 西夏文“[illegible]”同“[illegible]”，“[illegible]”同“[illegible]”，译为“失落”“落失”。

③ 西夏文“[illegible]”译为“花果”。

④ 西夏文“[illegible]”译为“女人身重”，指“怀孕”。

⑤ 西夏文“[illegible]”译为“以苦逼迫”。

误，其应为《圣胜慧到彼岸功德宝集偈》之“受持功德品第十”的内容，云居寺汉文本相应内容如下：

假使不蒙诸佛世尊亲记别，应知不远速能证得佛菩提。
譬如阳春旋叶堕落于林中，于枝不远萼叶花果得繁茂。
若有手得如是胜慧到彼岸，即能克证救度菩提亦非遥。
譬如孕妇觉体沉重苦所逼，应知即彼诞生时至极最近。
菩提勇识听受善逝之胜慧，生欣乐者速至菩提亦复燃。
若行最上胜慧彼岸之行者，不见于色增长及与极损减。

从 Or.12380-3769.a1（K.K.）到 3769.6RV（K.K.），共 12 个残页，为同版本佛经遗存，其顺序为 Or.12380-3769.b2（K.K.）右面 + Or.12380-3769.b2（K.K.）左面 + Or.12380-3769.a1（K.K.）右面 + Or.12380-3769.a1（K.K.）左面 +Or.12380-3769.4（K.K.）右面 + Or.12380-3769.c3（K.K.）右面 + Or.12380-3769.c3（K.K.）左面 +Or.12380-3769.6RV（K.K.）右面 +Or.12380-3769.6RV（K.K.）左面 + Or.12380-3769.5（K.K.）右面 + Or.12380-3769.5（K.K.）左面 +Or.12380-3769.4（K.K.）左面。具体为《圣胜慧到彼岸功德宝集偈》之“清净品第八”部分内容、“称赞品第九”全部内容、“受持功德品第十”全部内容和“魔行品第十一”部分内容。

80.Or.12380-3935（K.K.）残存 1 页 8 行，上下栏线单栏，刻本经折装，存经题和品题，刊布者将其定名为《金刚经》。现将西夏文录文并对译如下：

纟祈養豾犕纖続賻獥祋琡……㵪　圣胜慧彼岸到功德宝集颂……第
𦎷緌緐[1] 蓘𦈡𦟀敗𢓭𢐃蕆[2] 𦈏　大日云与已离光明显现有

① 西夏文“𦎷緌緐”译为“大日云”。
② 西夏文“敗𢓭𢐃蕆”译为“光明显现”。

[illegible]①[illegible]②[illegible]	夜晚暗黑一切破坏邪出者
[illegible]③[illegible]④[illegible]	虫萤火及出者命生一切及
[illegible]⑤[illegible]	诸星曜及月光悉皆监督能
[illegible]	彼如菩提勇识胜慧彼岸到
[illegible]	上行空及相无于者修行者
[illegible]	巧健见暗邪时破坏诸行及

在对译基础上翻译如下：

圣胜慧彼岸到功德宝集颂……第

大日云已离与光明有显现，夜晚一切暗黑破坏出邪者。

虫萤火及出者又一切生命，诸星曜及月光悉皆能监督。

彼如菩提勇识胜慧到彼岸，修行者上行空及于无相者。

巧健破坏暗邪见时及诸行。

Or.12380-3935（K.K.）残经内容可参见云居寺藏汉合璧《圣胜慧到彼岸功德宝集偈》之“天主品第二十三”，相应汉文是：

圣胜慧到彼岸功德宝集颂天主品第二十三

譬如日出离于云翳光赫奕，一切黑暗悉皆照破而显现。

所有萤光照耀物命之流类，星月诸光悉皆映蔽令不现。

菩提勇识胜慧彼岸亦如是，修行最上空性无相之行者。

智者善能摧破一切黑暗见。

综上所述，《圣胜慧到彼岸功德宝集偈》与其他般若类经典，如《大般若波罗蜜多经》《摩诃般若波罗蜜经》《圣胜慧到彼岸八千经》《佛

① 西夏文“[illegible]”译为“夜晚”“夜间”。

② 西夏文“[illegible]”译为“黑暗”。

③ 西夏文“[illegible]”译为“萤火虫”。

④ 西夏文“[illegible]”译为“一切生命”。

⑤ 西夏文“[illegible]”译为“月光”。

说佛母出生三法藏般若波罗蜜多经》《金刚般若波罗蜜经》《佛说遍照般若波罗蜜经》《仁王护国般若波罗蜜多经》《佛说帝释般若波罗蜜多心经》《佛说圣佛母般若波罗蜜多心经》等在西夏一同流行。《圣胜慧到彼岸功德宝集偈》在西夏多次被翻译成西夏文，及至大庆二年（1141）以后再次重译或校勘时由天竺大钵弥怛、五明显密国师、讲经律论、功德司正、嚷乃将沙门拶也阿难答亲执梵本证义。可见西夏文《圣胜慧到彼岸功德宝集偈》的翻译由不同民族僧人共同完成，翻译时参阅了不同文字版本。